刑 法 各 論

[第15訂版]

任　　雄
李 炫 政
朴 成 敏

共著

法 文 社

Strafrecht

Besonderer Teil
15. Auflage

von

Prof. Dr. Woong YIM
Prof. Dr. Hyun Jung LEE
Prof. Dr. Sung Min PARK

2025
Bobmun Sa
Paju Bookcity, Korea

第15訂版　序文

　공저의 체계 정합성을 유지하기 위해서는 저자들 간 유기적인 소통 과정이 무엇보다 중요하다. 제15정판 개정 작업에서는 집필한 원고를 단순 취합하는 것에 그치지 않고, 각자 집필한 부분에 대해 서로 의견을 공유하고 보정하는 과정을 거쳤다. 공동 집필 과정에서 체계적 정합성에 틈이 생기지 않도록 저자들이 배전(倍前)의 노력을 다할 것을 재차 다짐한다.

　이번 개정 작업에서는 주로 법률의 제·개정사항을 반영하고 대법원 및 헌법재판소의 주요 판례를 보완하는 데 집중하였다. 2024. 10. 26. 성폭력처벌법이 개정되었는데, 개정법에서는 허위영상물의 편집·반포 등에 대한 처벌이 강화되고(제14조의 2 제1항), 허위영상물을 소지·구입·저장 또는 시청하는 행위(동조 제4항)와 편집물 등을 이용하여 사람을 협박하는 행위(제14조의 3 제1항)에 대한 처벌규정이 신설되었다. 디지털기기 및 영상편집기술에 대한 사회일반인의 접근성이 확대되면서 허위영상물의 제작 및 유통으로 인한 사회적 폐해가 급증함에 따른 입법적 대응으로 풀이된다.

　형사판례에서는 친족상도례 규정에 대한 헌법재판소 결정이 특기할 만하다. 2024. 6. 27. 친족간 재산범죄에 대해 형을 면제하는 형법 제328조 제1항이 헌법불합치 결정을 받았다. 핵가족화로 가족 간의 정의(情義)가 예전 같지 않은 상황에서 재산범죄에 대한 일률적인 형면제는 피해자의 재판절차진술권을 침해한다는 것이 헌법재판소 결정의 골자라 할 수 있다. 헌법재판소가 제328조 제1항과 제2항의 법적 취급의 불균형이 아니라 제1항의 일률적인 형면제에 대한 위헌성에 방점을 둠에 따라, 국회도 친족간 재산범죄를 소추요건으로 일원화하는 개정안을 마련할 가능성이 크다.

　그 밖에도 '특정중대범죄 피의자 등 신상정보 공개에 관한 법률'이 제정됨에 따라 그 내용을 본문에 반영하고, 스토킹처벌법 및 소송사기 관련 대법원 판례 등 본문 구석구석 개정법률 및 판례의 내용을 충실히 보완하였다.

　이번 개정 작업에도 지난 14정판과 마찬가지로 저자의 제자들인 신한대학교 경찰행정학과의 이현정 교수와 경상국립대학교 법과대학의 박성민 교수가 필진으로 참여하였다. 교육과 연구로 바쁜 중에도 출간 일정에 맞추어 개정 작업을 함께 한 제자들에게 감사를 표한다. 아울러 20여년 한결같은 모습으로 편집 작업에 도움을 주고 있는 법문사 김용석 차장과 제15정판의 발간을 위해 애써 준 유진걸 과장에게도 지면을 빌려 감사의 마음을 전한다.

2025년 1월

임 웅

第14訂版 序文

형법각론의 개정판도 총론 제14정판 서문에서 밝힌 바와 같이 제자들과의 공저로 펴내기로 하였다. 신한대학교 경찰행정학과의 이현정 교수와 경상대학교 법과대학의 박성민 교수가 필진에 참여한다. 공저는 전체적 맥락에서 체계적 정합성에 틈이 생기기 쉬운데, 저자들은 이 점을 십분 의식하고, 공저의 약점을 지양할 수 있도록 노력하겠다.

형법각칙에 있어서는 영아살해죄(제251조)와 영아유기죄(제272조)를 폐지한 2023. 12. 22.의 형법개정(2024. 2. 9. 시행)이 특기할 만하다. 영아살해죄를 존속살해죄에 비하여 가볍게 처벌하는 것과 영아유기죄의 처벌을 단순유기죄에 비하여 가볍게 하고 있는 것은 헌법상 평등의 원칙에 반할 우려가 있다는 비판이 반영된 결과이다.

끝으로 변함없이 치밀하게 편집작업을 맡아준 법문사 편집부의 김용석 차장과 여러모로 어려운 뒷바라지를 감당해준 기획영업부의 유진걸 과장에게 진심으로 감사한다.

2024년 2월

임 웅

第13訂版 序文

13정판 개정작업에서는 형법전의 용어와 문장을 일반국민이 알기 쉽게 변경한 형법개정(법률 17571호, 2020. 12. 8. 개정: 2021. 12. 9. 시행)을 반영하는 일을 주안점으로 삼았다. 이 법률개정의 취지에는 십분 공감하면서도, 취지를 살리기에는 아쉬운 점이 한둘이 아니었다. 예컨대 제164조 제1항 현주건조물방화죄에서 행위의 객체 중 광갱(鑛坑)을 지하채굴시설로, 행위태양을 소훼(燒毀)에서 불태움으로 변경하였는데, 제177조 제1항 현주건조물일수죄에서는 행위의 객체 중 광갱을 그대로 두고, 행위태양에서도 침해(浸害)를 그대로 존치하고 있다. 아마도 일수(溢水)나 침해라는 용어를 쉬운 말로 변경하기에 어려움이 커서 조문을 그대로 둔 것이 아닌가 한다. 그러나 마치 수술을 다하지 못하고 그대로 둔 것 같은 느낌을 지울 수 없다.

형사판례에서는 '주거침입죄'의 분야에 있어서 의미있는 판례 변경이 다수 행해졌다. 음식점이나 대형마트, 대형서점 등 공중에게 출입이 개방된 장소에 범죄목적으로 들어간 경우에 주거침입죄의 성립을 부정하는 판례들이 잇따르고 있다(대판 2022. 3. 24, 2017 도 18272-전원합의체: 대판 2022. 9. 7, 2021 도 9055 등). 남편 부재 중 간통의 목적으로 처의 양해하에 주거에 들어간 경우에도 주거침입죄의 성립을 부정하는 판례 변경이 주목을 받고 있다(대판 2021. 9. 9, 2020 도 12630-전원합의체).

마지막으로 변함없이 본서의 개정작업에 도움을 아끼지 않은 제자들에게 감사를 표한다. 한국외국어대학교 법학전문대학원의 김성규 교수, 신한대학교 경찰사법학과의 이현정 교수, 경상대학교 법과대학의 박성민 교수 등 세 사람이 출간 준비에 힘을 보태어 주었다. 형사판례에서는 대법원 판례조사위원인 소재용 박사의 도움이 컸다. 주식회사 대상에서 근무하는 나광주 박사는 비록 학계에 있지는 않지만, 저자가 평안한 환경에서 연구에 진력할 수 있도록 여러 가지 어려움을 손수 해결해 주어, 그 은혜를 잊을 수 없다. 출판사 편집부

의 김용석 차장과 기획영업부의 유진걸 과장, 이 두 분도 개인적으로 어려움
에 처해있는 저자에게 집필에의 용기를 주고 격려를 아끼지 않았다. 이 자리
를 빌어 깊이 감사한다.

2023년 1월, 미사리에서

저 자 씀

第12訂版 序文

본서 11정판을 출간한 이래, 형법분야에서는 굵직한 법률이 여럿 제정되었다. '스토킹범죄의 처벌 등에 관한 법률'(약칭: 스토킹처벌법; 2021. 4. 20. 제정), '인신매매등방지 및 피해자보호 등에 관한 법률'(약칭: 인신매매방지법; 2021. 4. 20. 제정), '중대재해 처벌 등에 관한 법률'(약칭: 중대재해처벌법; 2021. 1. 26. 제정)이 그것이다.

저자는 스토킹을 당해 고통받은 개인적 경험이 있는 만큼, 만시지탄(晚時之歎)의 감으로 스토킹처벌법의 제정을 반겨하고 있다. 본서에 비중 있는 항목을 스토킹범죄에 할애하여, 비교적 상세한 설명을 시도하였다(94면 이하).

형법 제289조 제1항 '단순인신매매죄' 처벌조항은 "사람을 매매한 사람"이라는 매우 불명확한 구성요건만을 설정하고 있기 때문에 죄형법정주의 위배라는 비난을 피하기 어려울 뿐만 아니라 형법학자들이 해석하기에도 어려움이 컸다. 인신매매방지법은 제2조에서 인신매매 개념을 상세히 정의하고 있기 때문에 형법과의 '체계적 해석'을 통하여 이러한 결함들이 대부분 해소될 수 있게 되었다. 이 법률을 본서 186면 이하에서 언급하였다.

중대재해처벌법은 인명피해가 난 중대 산재사고에서 '경영책임자'(사업주)를 자연인으로서 직접 형사처벌(징역형과 벌금형)할 수 있는 명문규정을 두고 있다(제6조). 이 법률에 대하여는 죄형법정주의의 관점에서 면밀한 검증이 필요하다고 본다. 일단 제정된 법률도 검증을 거쳐 개정을 거듭하면서, '법률도 성장하고 발전한다'는 것을 보여주게 될 것이다. 본서 114면에서 이 법률을 다루었다.

그 밖에 형법전의 용어와 문장을 일반국민이 알기 쉽게 이해할 수 있도록 변경하는 형법개정이 있었다(법률 제17571호, 2020. 12. 8. 개정; 2021. 12. 9. 시행). 저자는 법문장론(法文章論)의 차원에서 그 개정 내용을 충분히 검토할 시간적 여유가 필요하다고 본다. 검토한 결과는 다음 개정판에 반영할 예정이다.

형사판례에 대해서는 특별히 序文의 자리에서 지적할 사항은 없다. 다만 지난 1년간의 판례를 살펴보면서 저자에게 들어온 다음 느낌을 적어본다. 형법교과서에 대법원과 헌법재판소의 판례를 풍부히 소개하는 것도 중요하겠지만, 독자들에게 대한 길 안내로서는 판례의 취사선택, 요약과 정리가 더욱 중요하다. 그리고 결론, 즉 主文을 끌어낸 법원의 다수의견이 물론 중요하겠지만, 반대의견이나 소수의견이 일찌감치 시대변화를 대변하는 설득력을 담고 있을 수 있기 때문에, 후자를 경청할 필요가 있다. 판례는 언제든지 뒤바뀔 수 있다.

마지막으로 12정판 개정 원고를 가다듬는 작업에 있어서 성의를 다하여 도와준 제자들에게 감사 인사를 전하고자 한다. 도우미 제자들이 관련 자료를 성심껏 조사·송부하여 주고, 저자와 수시로 쟁점을 논의하는 통화를 하면서, 본서는 해마다 나이테를 더해간다. 한국외국어대학교 법학전문대학원의 김성규 교수, 신한대학교 경찰사법학과의 이현정 교수, 경상대학교 법과대학의 박성민 교수, 이 세 제자가 노년의 저자에게 尊과 氣와 情을 실어 보내고 있다. 출판사에서는 편집부 김용석 과장과 기획영업부 유진걸 대리가 좋은 책 만들기에 성심성의를 다하고 있다. 내심의 감사를 표한다. 김과장은 저자가 아끼는 제자임을 이 자리에서 밝힌다.

저자는 아직도 문학적 노작을 계속하고 있다. 2020년 12월에는 短文集인 '센타크논 傳文集'(센타크논 시리즈 제4권)을 출간하였다. 저자의 정신줄은 법학서와 문학서라는 두 가닥에 모아져 있다.

2021년 7월, 강원도 평창에서

저 자 씀

第11訂版　序文

저자는 작년 11월에 강원도 평창으로 거처를 옮겼다. 평창군 대관령면에 터전을 잡고, 말년을 보낼 자아 정립에 들어갔다. 새로운 환경에 적응하자마자, 금년 초 코로나19 사태가 발생했다. 인류는 Post-Corona 시대에 전대미문의 세상을 경험하고 있다. 생활의 모든 영역에 대변혁이 일어나면서 새로운 질서와 패러다임이 들어서고 있다.

형사법영역도 시대변혁의 물결에 휩쓸렸다. 무엇보다도 우려스러운 것은 죄형법정주의가 후퇴하는 세태였다. 국민의 생명과 건강이라는 국가적 법익의 근간을 보호하기 위하여 인권 및 사생활이라는 개인적 법익에 대한 침해는 감수해야 한다는 공감대가 형성되었다. 그 결과, 위하형(威嚇刑) 사상이 득세하면서 형벌의 최후수단성은 형벌우선주의로 대체되고, 죄형균형이 상실된 과잉처벌 그리고 범죄와 행정의무위반행위 사이의 혼돈이 만연하였다. 2020. 3. 4.에 '감염병예방법'이 개정되면서 제79조의3 벌칙규정이 신설되었다. 이 법률에서 행정의무위반행위에 대하여 과태료를 부과할 것인가 또는 벌금형에 처할 것인가 하는 입법정책이 헌법원리에 부합하는지를 심사숙려해야 한다. COVID-19가 죄형법정주의까지도 집어삼키는 시대를 목도하면서 형사법학자들은 무슨 소리를 내야 할 것인가?

형법각론 11정판에서 저자가 손을 댄 내용을 형사법령과 형사판례 순서로 개관해 본다.

성폭력범죄의 '예비·음모'를 처벌하는 규정이 형법($^{제305조}_{의3}$), 성폭력처벌법($^{제15조}_{의2}$), 청소년성보호법($^{제7조}_{의2}$) 등에 신설되었기에 관련 부분에 반영하였다. 그리고 성범죄의 처벌을 강화하거나 새로운 성범죄유형을 신설하는 성형법(性刑法) 개정도 update 작업에 들어갔다. 스쿨존에서의 어린이 교통사고를 처벌하는 세칭 '민식이법'도 업무상과실치사상죄 항목에서 언급하였다.

형사판례에서는 '배임죄의 성립범위를 축소'하려는 흐름이 뚜렷하다. 대법원은 금년 들어 '동산의 점유개정에 의한 양도담보물 처분' 사건($^{대판\ 2020.\ 2.\ 20.}_{2019\ 도\ 9756}$),

'부동산의 이중저당' 사건($\binom{\text{대판 2020. 6. 18.}}{\text{2019 도 14340}}$), '주권발행 전 주식의 이중양도' 사건 ($\binom{\text{대판 2020. 6. 4.}}{\text{2015 도 6057}}$)에서 배임죄의 성립을 부정하였다. 앞의 둘은 전원합의체 판결이다.

정권교체 후 前 정권을 단죄하려는 '직권남용죄' 관련 대법원판결도 올해에 다수 선고되었다. 직권남용죄에서 '의무 없는 일을 하게 한다'라는 구성요건이 모호한 만큼, 그 해석과 관련된 대법원판결($\binom{\text{2018 도 2236: 2019 도}}{\text{5186: 2019 도 11698 등}}$)을 가급적 소개하였다.

끝으로 11정판 출간을 위한 개정작업에 도움을 주신 분들을 밝히고자 한다. 신한대학교 경찰사법학과의 이현정 교수와 경상대학교 법과대학의 박성민 교수가 공사다망함에도 불구하고 힘을 보태어 주었다. 이 지면을 빌려, 깊은 감사의 정을 전한다. 출판사에서는 편집부 김용석 과장과 기획영업부 유진걸 대리가 한결같이 좋은 책 만들기에 정성을 쏟아주었다. 이 분들께도 충심으로 감사를 표한다.

2020년 7월, 강원도 평창에서

저 자 씀

第10訂版　序文

　형법총·각론의 개정판을 준비하면서 그 본문 내용을 보정하는 일은 '이론적' 작업에 속한다. 그러나 그 '서문'을 쓰는 일은 성격이 다르다. 서문에는 개정판 보정내용의 골자와 윤곽을 그려 보이는 안내 내지 소개, 형사법학과 형사사법의 주시할만한 변화상, 법령과 판례를 update한 자료 중 특기사항, 저자 개인의 신상 변동, 개정판 발간에 이르기까지 도움을 주신 분들에게 표하는 감사의 뜻, 독자에게 하고 싶은 심중(心中)의 말 등을 담는다. 그래서 서문은 보고서나 감상문의 성격을 띤다.

　각론 제10정판에서 내용을 전면적으로 고쳐 쓴 부분은 횡령죄 중 〈문제사례: 대포통장(차명계좌통장) 명의인의 예금인출행위의 죄책〉이다. 제목도 〈문제: '보이스피싱 범죄'에 있어서 대포통장(차명계좌통장) 명의인의 통장제공행위와 예금인출행위의 죄책〉으로 바꿔 달았다. 근래 창궐하는 '보이스피싱' 범죄에 대한 형법적 대응이 중요하고, 2018년 7월과 8월에 선고된 보이스피싱 범죄관련 대법원판결 세 건(대판 2018. 7. 19, 2017 도 17494 - 전원합의체; 2018. 7. 26, 2017 도 21715; 2018. 8. 1, 2018 도 5255)을 정리해서 반영할 필요가 있다고 보았기 때문이다. 이들 대법원 판결을 놓고, 대법원 판례심사위원회 전문위원인 소재용 박사와 밤늦도록 토론을 벌이기도 했다. 대법원의 논지와 저자의 이론 정비에 아직 미흡한 점이 있는데, 차후 개정판에서 계속 손을 보기로 한다.

　각론 중 중요한 시대적 전기를 맞은 범죄는 '낙태죄'이다. 헌법재판소는 임신한 여성의 '자기결정권'을 보다 더 존중하여, 여성의 낙태할 자유를 확장하였다. 2019. 4. 11.에 헌재 전원재판부는 형법 제269조 제1항과 제270조 제1항 중 '의사'에 관한 부분에 대하여 과잉금지원칙에 위배된다는 이유로 헌법불합치 결정을 선고하였다(2017 헌바 127). 이에 따라 해당 조항은 국회에서 개정되기를 기다리고 있다.

　그 밖에 각칙상 '특수'폭행치상죄를 처벌하는 별개의 규정이 존재하지 아니하므로, 적용할 처벌규정을 둘러싸고 대법원(대판 2018. 7. 24. 2018 도 3443)과 헌법재판소(헌재 2018.

^{7. 26. 2018 헌바}
^{5−전원재판부})의 견해가 갈린다. 법적용상 통일성의 관점에서 문제가 있기에 별도
항목을 설정하여, 논점을 부각하였다.

저자의 총·각론 개정판 준비작업에 콜래보(collabo)하는 제자들 팀에 빠져
있어서, 그 동안 무척이나 아쉽게 생각하던 제자가 한 사람 있다. 동서대학교
경찰행정학과의 이현정 교수가 저자가 아끼는 바로 그 제자이다. 여건이 호전
되어, 이교수가 이번 개정판부터 힘을 보태게 되었다. 특히 이교수가 각론의
법령 update작업에 헌신적이고도 detail한 노력을 기울여 준 덕택에, 본서는
형사법령에 관한 한 거의 완벽에 가까운 수준을 보이고 있다. 이 자리를 빌어
이교수에게 각별히 감사한다.

이 책 출간을 위하여 콜래보한 한국외국어대학교 법학전문대학원의 김성
규 교수, 경상대학교 법과대학의 박성민 교수, 여러 대학에서 강사로 진력하
고 있는 도규엽 박사 등 세 사람의 제자들에게도 깊은 감사의 뜻을 전한다.
그리고 이번에는 특이한 경험을 했다. 개정자료 준비에 제자들이 쏟은 정성이
지극했던지, 보내온 자료를 한장 한장 넘기면서 제자들의 손길과 숨결이 느껴
졌다. 제자들이 마치 내 옆에 있는 듯했다. 여기에 거명된 제자들 중 두 사람
은 저자가 재직하던 시절에 같은 연구실 한방에서 수년간 생활을 함께 했기에
그럴 만도 했다. 같은 방에서 몇 년간 생활을 같이 한다는 것이 알게 모르게
뇌리에, 또 폐부에 그토록 사무치는 일인 모양이다.

그 밖에 법문사 편집부에서 땀 흘려 수고해준 제자 김용석 과장과 출간하
기까지 지원을 아끼지 않은 기획영업부의 유진걸 대리에게도 충심으로 감사
를 표한다.

저자가 심혈을 기울이고 있는 '문학'작업도 지난 6월에 또 하나의 결실을
보았다. 센타크논 시리즈 제3권이 출간된 것이다. 장편소설인데, 제목이 '영성
지수'(靈性指數)이다. 정년퇴임한 지 5년여의 세월 동안 세 권의 장편소설을
써내었다는 사실에 감회가 새롭다.

2019년 7월, 가회동에서

저 자 씀

第9訂版 序文

　형법총・각론을 개정하는 작업을 하다가 가슴이 철렁하는 일을 겪곤 한다. 이번 각론 제9정판 개정작업을 하면서도 그런 일이 발생했다. 대법원판결 (2016 도 18024)이 계기가 되어, 단순명예훼손죄(형법 제307조 제1항)에서 '적시되는 사실' 항목 중 저자의 해석론에 잘못된 곳이 있음을 깨닫고, 그 잘못을 바로잡으면서 차제에 관련된 부분을 손질하였다. 손질을 끝낸 후, 이 저서 어딘가에 아직 저자가 의식하지 못하고 있는 잘못된 곳들이 숨어 있을 수 있다는 생각이 들자, 가슴이 철렁하였다. 그 철렁하는 짧은 시간 동안에 자신을 되돌아보는 반성, 어리석은 실수에서 나오는 겸허함, 책 쓰는 자세를 다시금 가다듬는 정신무장 같은 것들이 저자의 머릿속을 헤집어놓는다.

　저서의 잘못과 결함에 대하여 저자는 하자담보책임을 진다. 저자가 저서를 개정하는 작업은 하자를 시정하는 사후관리이고, 소비자인 독자에게 AS를 제공하는 배려이다. 저자는 개정작업을 통하여 자신의 작품이 좀 더 나은 제품, 우수한 제품, 소비자가 믿을 수 있는 제품이 되도록 정성을 다한다. 저자에게는 형법 각론과 총론의 개정판을 낼 기회가 해마다 주어져서, 독자들에게 '日新又日新'까지는 되지 않지만, '年新又年新'으로 나아갈 수 있음을 천만다행으로 생각한다.

　저자는 교수직에서 정년퇴임한 이래, 법학 이외에 문학에도 발을 들여놓았다. 작년 10월에는 장편소설 '탁란조의 비밀'을 출간하였다. 센타크논 시리즈의 제2권에 해당한다. 지금은 시리즈 제3권을 집필하고 있는데, 논리적 설득을 앞세우는 법학서적이 아니고 뭉클한 감동을 자아내는 소설을 쓰는 기쁨이 삶에 생기를 더해준다.

　본서의 개정작업에 콜레보(collabo)한 제자들이 있다. 외국어대학교 법학전문대학원의 김성규 교수, 경상대학교 법과대학의 박성민 교수, 국회 입법조사처의 도규엽 입법조사관 등 세 사람이다. 이 자리를 빌려, 아끼는 제자 세 사람에게 깊은 감사의 뜻을 전한다. 그리고 앞으로도 계속 힘과 성의를 다해 도와주기를 당부한다. 무더운 여름철에 세심한 편집 작업을 하느라 애쓴 법문사의 김용석 과장과 출간하기까지의 뒷감당을 맡아서 수고해주신 법문사의 유진걸 선생에게도 충심으로 감사를 표한다.

2018년 7월, 가회동에서
저 자 씀

第8訂版 序文

올 여름 폭우로 인해 물난리가 심했던 무렵에 형법총론 제9정판의 개정작업을 마감하였다. 곧 이어 각론 제8정판의 개정작업에 들어가, 8월에 개정 원고가 마무리되었다. 그러고 보니 아직 여름이 다 간 것은 아니지만, 무더위 기간을 총론과 각론을 손질하는 일로 바쁘게 보낸 셈이다.

각론 7정판을 작년 여름에 출간하고 나서 1년여의 시간이 흘렀다. 그간의 형사'입법' 동향을 본서에 반영하였는데, 이곳에서 특기할 사항은 없다. 그러나 형사'사법', 무엇보다도 대법원판결에 있어서는 물줄기의 방향이 바뀌는 것을 감지한다. 종래 저자는 대법원 판결문을 읽으면서 무언가 미진한 것, 두루뭉술한 것, 끝내는 답답한 느낌이 드는 경우가 많았다. 그러나 이제 대법원은 판결을 근거지우는 법리를 보다 더 정치(精緻)하게, 선명하게, 그래서 설득력 있게 전개하고자, 형사사건을 다루는 자세를 가다듬은 것이 아닌가 한다. '바라는 것은 잘도 믿는다'라는 말이 판례를 검토하고 있는 저자에게 들어맞는지도 모른다. 그러나 우리나라의 형사사법에 상술한 변화가 있다면, 정말 박수칠 만한 일이다.

몇몇 예를 들어보기로 한다. 사기죄에 있어서 피기망자의 처분의사 내지 처분행위의 유무를 쟁점으로 하여 2017. 2. 16.에 선고된 대법원 전원합의체 판결(2016 도 13362)은 다수의견과 반대의견 사이에 치열한 법리 공방(攻防)이 있음을 보여주고 있다. 위탁자의 재물을 관리하고 있는 수탁자가 그 재물을 유용한 경우에 위탁자인 재물 소유자의 이익을 위하여 처분하였다면 불법영득의사가 부정되어 횡령죄가 성립하지 않는다는 판결도 거듭 선고되고 있다 (대판 2016. 8. 30, 2013 도 658; 2017. 2. 15, 2013 도 14777). 구체적 타당성을 기하고자 형사사건 간의 미묘한 차이를 짚어낸 것으로 여겨진다. 이른바 '차용사기'에 있어서 채무불이행과 기망 사이의 변별력을 높이는 판결도 거듭 선고되고 있다(대판 2016. 4. 28, 2012 도 14516; 2016. 6. 9, 2015 도 18555). 배임수·증재죄에 있어서 수재자가 받은 재물을 증재자에게 반환한 경우에 그 재물의 몰수·추징의 상대방이 중재자임을 분명하게 밝히는 판결(대판 2017. 4. 7, 2016 도 18104)도 있다. 이 모두가 우리나라의 형사사법이 한 단계 올라섰음을 시사한다.

본서의 개정작업에 힘을 아끼지 않고 도움을 준 제자들이 있다. 한국외국 어대학교 법학전문대학원의 김성규 교수, 경상대학교 법과대학의 박성민 교수, 한국형사정책연구원에서 인턴 연구원으로 근무하는 도규엽 박사 등 세 사람이다. 도규엽 박사는 교정까지 맡아서 세심한 정성을 기울여 주었다. 이 세 사람에게 충심으로 감사의 뜻을 전한다. 무더위와 싸우는 수고를 마다하지 않으신 법문사의 김용석 과장과 유진걸 선생에게도 깊은 감사를 표한다.

2017년 8월, 영종도에서

저 자 씀

제7정판 서문

작년 7월 하순에 각론 제6정판을 출간하고 나서, 1년여가 지난 여름철 무더위에 제7정판을 펴내게 되었다. 교과서가 어느 정도 틀이 잡히면, 개정판을 내는 작업은 '법령과 판례를 update'하는 일이 대부분을 차지한다. 각론 분야에서 지난 1년간 형사입법과 형사사법이 그려낸 큰 그림을 보이자면, 다음과 같다.

2016년 1월 6일에 있은 형법개정에서 각칙 부분에 적지 않은 손질이 가해졌다. 제일 먼저 지적할 것은 헌법재판소의 위헌결정($^{2015. 2. 26. 2009 \text{헌바}}_{17: 2011 \text{헌가} 31 \text{등}}$)을 받은 제241조(간통죄)가 형법에서 삭제된 개정이다.

그 다음으로 지적할 것은 특별형법상의 상당수의 가중처벌규정들을 형법에 체계적으로 통합한 개정이다. 이 법률개정작업의 계기는 '폭력행위 등 처벌에 관한 법률'과 '특정범죄 가중처벌 등에 관한 법률'에서의 몇몇 조항 — 예컨대 폭처법 제3조 제1항 중 특수폭행죄 — 이 '위헌'이라는 헌법재판소의 결정에 있다. 그 대표적인 위헌결정이 헌재 2015. 9. 24. 2015 헌가 17(전원재판부)이다. 이들 위헌결정에서 명시된 위헌취지와 입법개선을 바라는 보충의견을 수용하여, 2016. 1. 6.의 법률개정에서 관련 규정에 큰 변화가 왔다. 폭처법에서는 제3조 제1항(특수폭력범죄의 가중처벌), 제2조 제1항(상습폭력범죄의 가중처벌), 제3조 제3항(상습특수폭력범죄의 가중처벌)이 삭제되었고, 특가법에서는 제5조의 4 제1항(상습절도죄의 가중처벌), 제3항(상습강도죄의 가중처벌), 제4항(상습장물죄의 가중처벌), 제10조(통화위조죄의 가중처벌)가 삭제되었다. 삭제된 규정들을 헌법원리에 부합되도록 형법에 통합하는 형법개정도 동시에 수행되었다. 이에 따라 형법에 신설된 조문은 제258조의 2(특수상해죄), 제324조의 2(특수강요죄), 제350조의 2(특수공갈죄)이며, 제264조의 상습범가중처벌규정에 특수상해죄가 추가되었다. 중벌주의를 지양하는 법정형의 조정도 이루어졌다. 형법에서는 제258조 제3항(존속중상해죄)과 제324조 제1항(강요죄), 특가법에서는 제5조의 4 제2·5·6항에서 법정형이 조정되었다. 특가법 제5

조의 2 미성년자약취·유인죄에서는 그 대상이 미성년자에서 13세 미만의 미
성년자로 축소되었고 법정형도 부분적으로 조정되었다. 이러한 일련의 법률
개정은 형사입법의 큰 진전이라고 평할 수 있다.

살인죄의 위법성조각사유로 이론상 논의되어 오던 안락사와 관련해서는
2016. 2. 3.에 '호스피스·완화의료 및 임종과정에 있는 환자의 연명의료결정
에 관한 법률'(세칭 존엄사법 또는 Well Dying법)이 제정됨으로써 소극적 안락
사가 '법제화'되는 역사적 전기를 맞았다. 그리고 2015. 7. 31.의 형사소송법 개
정에서 신설된 제253조의 2는 사형에 해당하는 살인죄에 대하여는 공소시효
의 적용을 배제하였다(세칭 태완이법).

각칙 중 살인죄 영역에서는 '부작위'와 '미필적 고의'에 의한 살인죄의 성립
을 긍정함에 있어서 상세한 법리를 전개한 대법원판결(대판 2015. 11. 12, 2015
도 6809-전원합의체)이 학계
의 주목을 받았다. 이 판결은 세월호침몰사고(2014. 4. 16.)의 주역이라고 할 세
월호 '선장'에게 무기징역을 선고한 원심을 확정한 것이다.

'대법원의 판례변경'이 행해진 것으로는 대법원 2016. 5. 19, 2014 도 6992
(전원합의체)와 대법원 2015. 6. 25, 2015 도 1944(전원합의체) 판결을 꼽을 수
있다. 두 판결 모두 횡령죄의 성립에 관한 것이다.

헌법재판소의 헌법불합치결정(헌재 2015. 12. 23, 2013
헌가 9-전원재판부)이 내려진 것으로는 '성폭력범
죄자의 성충동약물치료에 관한 법률' 제8조 제1항이 있다. 이 조항은 2017. 12.
31.을 시한으로 입법자의 개정이 있기까지 적용된다.

그리고 헌법재판소는 2016. 7. 28.에 '김영란법'이 합헌이라는 결정(2015 헌마 236
-전원재판부)
을 선고하였다. 그 결정요지 중 일부를 7정판에 언급하였다.

저자는 금년 6월 장편소설 '센타크논'을 출간하였다. 2014년 2월말 교수직
에서 정년퇴임한 이래 몰두해온 소설 집필의 성과물이다. 형법교수를 지낸 사
람으로서 장편소설을 펴낸다는 것은 쉽지 않은 일이었다. 아마도 집필 동기가
강했기 때문에 가능했을 것이다. 그 집필 동기는 소설 중 '작가 후기'부분에서
밝힌 바 있다. 형법총론 제8정판 서문에서도 말했듯이 저자의 노년은 형법교
과서의 개정판과 소설 센타크논의 연작물을 써나가는 생활로 채워질 것이다.

각론 7정판은 한국외국어대학교 법학전문대학원의 김성규 교수와 경상대
학교 법과대학의 박성민 교수 두 사람의 도움을 크게 받았다. 앞으로 저자의
제자이기도 한 두 교수의 협력하에, 보다 진일보한 각론 교과서로 개편해 나

가리라고 기대하고 있다. 그리고 7정판의 편집에는 법문사의 김용석 과장이 힘을 쏟았고, 교정에는 성균관대학교 형사법전공 박사과정을 마친 김낙현 조교가 수고를 아끼지 않았다. 이 네 분에게 깊은 감사의 뜻을 표하면서, 각론 출간과 더불어 이 분들과 함께 할 자축의 자리를 고대하고 있다.

2016년 8월, 영종도에서

著 者 씀

제6정판 서문

제5정판이 출간된 이래, 형법각론분야는 형사입법과 형사사법에 걸쳐 여러 가지 굵직한 획이 그어졌다. 헌법재판소가 간통죄 위헌결정을 내린 것, 국회가 부정청탁 및 금품 등 수수의 금지에 관한 법률을 제정한 것, 이석기 등 내란음모사건에 대한 대법원의 판결이 있은 것 등이 그 대표적인 획이다. 크다고 하면 클 수 있는 형법의 변혁이기에 본서를 개정판으로 내기로 하고, 편제와 내용에 대폭 손을 댄 후, 각론을 총론에 맞추어 '제6정판'으로 간행하게 되었다.

헌재의 '간통죄 위헌결정'(2015. 2. 26.)은 2014. 5. 20. 개정된 헌법재판소법 제47조에 위헌결정의 소급효를 '제한'하는 제3항 단서규정이 신설되어, 이 단서를 발판으로 위헌결정에 적극적 자세를 취할 수 있게 된 헌법재판소가 최초로 성범죄에 대하여 국가형벌권의 개입을 자제하고자 한 역사적 결정사례이다. 저자는 간통죄의 비범죄화를 오래 전부터 주장해 왔던 바, 헌재의 위헌결정을 환영하면서 제6정판에 간통에 대한 시대사조의 변화를 담아보고자 했다.

2015. 3. 27.에 제정된 '부정청탁 및 금품 등 수수의 금지에 관한 법률'(세칭 김영란법)은 뇌물범죄에 대한 혁명적 입법조치이다. 저자는 뇌물범죄의 성립여부에 관건이 되는 '직무관련성'을 폭넓게 인정하기 위하여 '소극적 공제판단 형식'이라는 해석론을 주장해 왔었는데, 이 법률은 해석론으로 풀기 어려운 난제를 입법의 칼로 단번에 해결한 – 풀리지 않는 고르디아스의 매듭(Gordian Knot)을 단 칼로 베어내 듯 – 통쾌한 역사적 단안(斷案)이다. 한편 이 법률에 비판의 여지도 있는 만큼, 제6정판 뇌물범죄 부분에서 적절히 다루어 보고자 애썼다.

형법의 '정치적 색채'가 짙은 '내란죄'에 있어서도 대법관 전원의 숙려와 고심의 산물인 판결(2015. 1. 22.)이 내려졌다. 기소시에 국회의원이었던 이석기를 피고인으로 한 소위 '이석기 등 내란죄 사건'에서 대법원은 내란음모부분은 무죄, 내란선동부분은 유죄를 선고하였다. 이석기 등 내란죄사건에서 내란죄에 관한 한, 본격적인 법리전개로서는 최초라고 할 만한 상세하고도 장문의 대법원 판결문이 작성되었다. 당연히 이 판결을 본서의 내란죄 부분에서 각주로 소개할 필요가 있었는데, 이 판결문의 분량이 다대한 만큼 이를 나름대로 압축·정리하여 수록하고자 노력하였지만, 과도한 생략이 있은 것은 아닌가 하여 걱정이 앞선다.

그 밖에 6정판에서 손질 한 부분이 꽤나 많다. 그러나 서문에서 일일이 언급할 사항이 아니라고 보아, 이만 그치기로 한다. 서문의 말미에서 늘 그러하듯이, 원고의 작성과 책의 출간에 정성을 기울여 도와준 주위의 분들에 대한 감사의 글을 빠뜨릴 수 없다.

틈틈이 판례와 법령의 추이에 유의하여 저자에게 정확한 자료를 제공해 주는 대법원 판례심사위원회 소재용 조사위원과 세밀한 교정 작업이라는 수고를 마다하지 않는 성균관대 형사법 박사과정의 김낙현 조교, 그리고 오랜 경험으로 노련한 편집 솜씨를 자랑하는 법문사 김용석 과장이 특히나 감사할 분들이다.

2015년 7월

著 者 씀

제5정판 서문

형법전은 작년, 즉 2012년 12월 18일에 한 차례 개정되면서 제32장 '강간과 추행의 죄' 부분이 획기적인 변화를 맞이하였고, 금년 4월 5일에는 제31장 '약취, 유인 및 인신매매의 죄' 부분이 대폭 개정되는 또 한번의 전기를 맞이하였다. 이 두 차례의 형법 개정은 다른 저자들에게도 마찬가지이겠지만, 형법'각론 교과서'의 '전면 개정'작업을 요구하였다. 그러므로 저자의 이 5정판은 최근의 형법 개정에 따른 대폭적이고도 전면적인 보정작업의 결실이다.

형법개정에서 성폭력범죄의 변화가 심했는데, 성폭력범죄의 비친고죄화, 강간죄의 객체가 부녀에서 사람으로 바뀐 것, 유사강간죄의 신설, 혼인빙자간음죄의 폐지 등이 그것이고, 그 밖에 인신매매죄라는 범죄유형의 도입, 제31장의 범죄에 대한 세계주의 규정의 신설 이외에도 범죄단체조직죄, 음행매개죄, 도박죄 등의 구성요건상의 수정이 최근 형법개정의 골자로 지적될 수 있다. 저자는 이러한 내용상의 변화에 응하여 새로운 해석론을 전개하는 일에 적지 않은 노력을 기울였다. 특히 단순인신매매죄(제289조제1항)는 참조할 만한 국내외의 관련문헌을 찾아보기 어려워, 거의 독자적인 해석론을 머리에서 짜내야만 했다. 현 단계에서의 해석론이 미흡하다는 것을 고백하거니와, 단순인신매매죄는 구성요건이 불명확하고 간략하기 때문에 죄형법정주의상 명확성의 원칙에 위배될 소지가 있는 만큼, 장래의 연구과제로 남겨두고자 한다. 그리고 행위형법의 원칙과 죄형균형사상에 위배되는 범죄'단체'조직죄(제114조)의 개정은 구성요건상 집단 개념의 도입으로 말미암아 범죄'집단'조직죄로 변질되는 改惡을 맞았다는 점도 비판하였다.

그동안 형사법분야도 광범위하게 국가적인 '법령정비'작업의 대상이 되었던 덕에 '관계 법령의 update' 역시 제5정판의 주요 목표였다. '판례'의 첨삭과 평석도 각론 전체에 걸쳐 재점검하고 update하였다.

이번 여름은 건물을 전면 보수하듯이 형법각론 교과서를 거의 새로 쓰는 듯한 일로 보내었다. 이러한 전면개정작업을 거쳐 제5정판이 출간되는 데에는 변함없이 성실하고 든든한, 그래서 전폭적으로 신뢰할 수 있는 협력자들이 있었다. 성균관대학교 대학원 박사과정의 김낙현 조교와 법문사 편집부의 김용석 과장 그리고 대법원 판례심사위원회 소재용 전문위원이 그분들이다. 만족하리만큼 만들어져서 이 책에 애정이 가는 것은 전적으로 이분들 덕이다. 이 자리를 빌어 충심으로 감사의 뜻을 전한다.

2013년 8월

著 者 씀

제4정판 서문

형법각론교과서 '초판'을 2001년에 내어놓은 후 2011년에 이르기까지 저자는 개정판을 두 번밖에 출간하지 않았다. 다소간의 내용 수정보완은 해마다 刷를 더하여 출간되는 版에 반영하였을 뿐, '전면'개정이 아니면 개정판이라는 명칭을 사용하지 않았다. 그런데 본서의 제3정판이 2011년 2월에, 제3정판 보정은 같은 해 7월에 발간되었으니, 이제 제4정판이 3정판 출간 이래 1년도 안되어 개정판의 옷을 입고 세상에 나오게 된 셈이다. 그간에 저자는 제4정판이라는 명칭을 쓰는 데 주저하였다. 출판사 측과 주위 제자들의 권유도 있었지만, 내용상 다음과 같은 수정 및 보완의 분량이 상당하다고 판단되어, 마지막에는 본서를 '제4정판'으로 내기로 결정하였다.

각론 제3정판부터 저자는 재산범죄에 있어서 '재산상의 이익'개념에 '재물' 개념을 포함시키는 견해를 전개하기 시작함으로써 재산범죄의 체계에 일대 '변혁'ー재산범죄체계의 이러한 변혁은 적어도 국내에서는 저자가 처음으로 펼쳐낸 것이고, 과문한 탓인지는 몰라도 외국의 문헌에서도 발견하지 못하였다ー이 일어났는데, 이에 따른 재산범죄론의 '정비'가 구석구석 치밀하게 미치지는 못하였다. 그리하여 제4정판에서 그 세부적인 정비작업을 어느 정도 수행하였다. 예컨대 종래 장물죄의 본범에 배임죄가 제외되었으나, '재물'을 객체로 한 배임죄의 성립을 인정하는 경우에는 배임죄도 장물죄의 '본범'이 될 수 있다고 한 부분(다만 이 부분은 각주로 처리됨)이다.

최근에는 형사법률의 제·개정이 활발하여ー무엇보다도 성범죄의 영역에서 그러하다. 그 대표적인 예가 2011. 11. 17.에 공포·시행된 세칭 '도가니법'이다ー, 이에 따른 각론 교과서에의 반영작업은 그 속도가 빨라졌을 뿐만 아니라 내용상의 수정·보완도 만만치가 않을 정도에 이르렀다. 세태의 영향이 본서에 미치는 바가 클 수밖에 없다.

그리고 2011년에 주목할 만한 가치가 있는 형사판례가 몇몇 등장하여ー저자는 이러한 판례들을 매우 반갑게 맞이하였다ー본서에 소개할 필요를 느꼈다. 예컨대 유기죄의 주체와 관련된 [술집주인사례]에서 선고된 대법원판결 (2011도12302)과 그 원심인 항소심판결(^{서울고등법원}_{2011노2024}) 및 부부강간죄의 성립을 긍정한 서울고법판결(2011노2052) 등이 그러하다.

저자의 견해를 보다 더 선명히 해야 할 필요성을 느낀 부분에서도 뚜렷한 論旨로써 보강하였다. 예컨대 정신적 고통을 주는 '심리적' 폭행을 폭행개념에 포함시켜 해석하는 견해에 대한 저자의 反論이 그러하다. 그 밖에 아직도 소소하게 손을 대어야 할 곳이 많았다.

이승에 완벽은 존재하지 않지만, 저자는 끈질긴 개정작업을 통하여 형법교과서의 완벽에 접한 '근사치'(近似値)에 도달하고자 노력한다.

끝으로 제4정판의 출간에도 변함 없이 기울여준 법문사 편집부 김용석 과장의 정성과 성균관대 박사과정생인 황인수 조교가 교정을 보아준 노고에 깊이 감사한다.

그리고 많지는 않지만, 본인의 저서를 높이 평가하여 주변 사람들에게, 특히 학생들에게 읽기를 권하는 형법교수님들이 몇 분 계시다는 사실을 '요즈음에서야' 알게 되어, 마음 뭉클한 바가 있었고, 이 자리를 빌어 그 분들에게(이름을 거명할 자리는 아니라고 본다) 각별한 감사의 인사를 올린다. 독자들의 호응은 두텁지만, 형법학자들 사이에서는 본인의 저서가 별로 환영받지 못하고 있다는 학문적 외로움이 있었는데, 저자가 고군분투하는 것은 아니었나 보다.

2012년 1월

著 者 씀

제3정판 서문

작년 8월에 형법총론 제3정판을 출간한 이래, 총론과 마찬가지 연유로 형법각론도 3정판을 펴낼 필요가 있었다. 그래서 2011년 1~2월의 겨울방학을 이용하여 각론의 전면개정 작업에 몰두하였다. 상대적으로 보아, 형법총론분야는 그 이론이 추상적이고 관념적 성격을 띠며 원리와 명제의 간결·단순화를 도모함에 비하여, 형법각론분야는 총론의 구체적 모습인 만큼 그 이론이 다양하고 풍부하며 현실(범죄현실, 입법현실, 사법현실)에서의 생동감이 여실히 포착되는 영역이다. 더구나 본서의 전면적 개정작업은 제2개정판을 낸 지 거의 8년 만의 일인 만큼, 이번의 손질은 양이 방대하면서도 구석구석을 치밀하게 검토하는 노고를 요구하였다.

3정판에서 손질한 주요사항은 총론에서처럼 형법각론 '문헌'의 update, '분량'의 증가에 따른 page 및 각주번호의 전면적 조정, 한글 전용에의 접근 등 기술적 차원의 작업에 있기도 하였지만, 이외에 이론적 내용에 있어서의 보정작업도 적지 않았다.

3정판에서의 내용 변화를 이곳에서 몇 가지 언급하자면, ① 재산범죄에서의 '재물'개념과 '재산상의 이익'개념을 종개념(특수개념)과 유개념(일반개념)의 관계로 파악하는 견해(이러한 발단은 저자의 논문, "재산범죄에 있어서 '재물'과 '재산상의 이익'개념에 대한 비판적 고찰", 형사법연구, 제21권 제4호, 한국형사법학회, 2009. 12. 31, 359-374면)를 취하게 됨에 따라―그 결과 재산범죄의 분류에 있어서도 '순이득죄'를 인정하지 않게 됨에 따라―재산범죄분야에서 전면적 체계 개편작업이 이루어진 점이 가장 두드러진 변화이고, ② 혼인빙자간음죄에 대한 헌법재판소의 위헌결정(헌재 2009. 11. 26. 2009 헌바 191)에 따라 제304조의 '위계간음죄'부분의 내용수정이 있었으며, ③ 대포통장(차명계좌통장) 명의인의 예금인출행위의 죄책론을 신설하였고, 그 외 ④ 사기죄에서 내용이 보강되었으며, ⑤ 채무면탈목적의 채권자 살해행위와 강도살인죄의 성립여부 부분에 수정이 있었고, ⑥ 최근에 행해진 빈번한 법령개정을 적시하면서 이를 罪數論에 반영하였으며, ⑦ 판례를 대폭 충실히 소개하고자 하였다.

3정판부터 몇 군데 「학문적 견해를 변경」-이른바 改說-하였는데, 처음부터 학문적 소신이 없이 우왕좌왕하는 자의 改說과 窮理가 있은 후 開明하여 취하게 된 改說을 현명한 독자들은 분별할 수 있으리라고 믿는다.

제3정판으로 개편함에 있어서 무엇보다도 문헌처리 작업이 지대한 부담이었는데, 이 어려운 일은 성균관대학교 대학원 형사법전공 박사과정의 황인수 조교가 헌신적으로 수고해주었다. 그 밖에 박성민 박사도 자신의 형법박사학위논문을 마무리해야 하는 시점에 본서를 개편하는 데 도움을 아끼지 않았다. 이 두 제자에게, 그리고 언제나 그러하였듯이 자료제공으로 큰 힘을 보태준 대법원 판례심사위원회 전문조사위원인 소재용 박사에게 깊은 감사의 뜻을 표한다.

마지막으로 이 모든 작업을 총괄편집하여 열매로 맺어내는 産苦는 법문사 편집부 김용석 과장의 몫이었다. 김과장은 성균관대 법대생이 된 1991년 이후 저자와 사제지간의 緣을 맺어오다가, 졸업하고 법문사 편집부에 취업하여-책의 편집이란 항상 저자의 그늘에서 묵묵히 문자와 씨름하는 인내의 과정임에도 불구하고-벌써 10년 넘게 책만드는 일에 自足하고 자부심을 가지면서 살아오고 있다. 비록 저자의 제자이지만, 그의 匠人精神과 직업에 충실한 생활자세는 훌륭하고 자랑스러우며 존경스럽기까지 하다. 이러한 숨은 일꾼에게 하늘의 복이 가득 내리기를 기원하면서, 본서의 편집에 김과장이 기울인 노고에 대하여 뜨거운 감사의 말을 전한다. 그리고 본서가 출간되기에는 다른 저자들의 각론 교과서를 조달하는 일에서부터 소소한 조언 등 법문사 영업부 김영훈 부장님의 조력도 남달랐다. 이 자리를 빌어 김부장님에게도 심심한 고마움을 표한다.

이제 본서 3정판의 서문을 마감하는 글은 형법총론 3정판 서문의 마지막 글을 그대로 옮겨 적고 싶다. 이 옮김의 글은 그만큼 저자의 마음 깊이 뭉클한 정서에서 우러나오는 글귀이기 때문이다.

"저자의 형법교과서를 높이 평가해주고 아껴주면서 저자에게 격려를 보내준 독자들에게 재삼 마음에서 우러나오는 감사를 올리고 싶다. '남자는 자신을 알아주는 사람을 위하여 목숨을 바친다'는 옛 말이 있는데, 학문적 노력의 결실인 자신의 저서를 알아주는 독자에게 아까울 것이 무엇이 있겠는가?"

2011년 2월

著 者 씀

개정판 서문

완벽에 가까운 책, 흠잡을 데 없는 책, 외람된 표현이지만 형법학의 바이블이라고 불리울 만한 교과서를 펴내고자 하는 소망을 가지고 있다. 그런데 각론 개정판을 쓰면서 지금의 총·각론 저서가 저자의 그러한 소망과는 아직 거리가 멀다는 것을 실감하고 있다. 더구나 형법학은 인간과 사회에 대한 통찰이 깔려 있어야 하는 학문인 만큼, 저자의 세상보는 눈이 어둡다면, 형법교과서를 표준서로 올려놓는 작업은 단숨에 이루어질 수는 없고, 오랜 연륜을 두고 가꾸어 나가야 하겠구나라는 생각, 책도 오래 묵혀야 하는구나라는 깨달음을 갖게 된다.

저서를 한 차원 높이 탈바꿈시키는 매듭짓기가 바로 개정판을 내는 작업이다. 형법교과서 쓰기에 저자의 머리를 지도하는 원리는 무엇보다도 총·각론의 전체적·유기적 체계와 맥락 속에서 논지전개의 일관성 및 논리의 정합성을 지키는 일, 쉽고도 간명하게 표현하는 일, 헌법정신을 구현하는 일, 전체와 부분 그리고 이론과 현실의 조화를 기하는 일, 서술의 편제를 과학화하고 용어를 세심히 선택하는 일, 내 스스로 우러난 학문적 견해를 확신을 가지고 펼치는 일 등이다. 이번 형법각론 개정판을 쓰면서도 이러한 원리가 저자의 뇌리에서 떠나지 않았다. 그밖에 이 자리에서 밝힐 점은 적절한 판례의 발굴과 인용에 신경을 썼다는 것이다. 새삼 판례를 중요시하게 되어서라기보다는, 이제 우리나라의 판례수준이 높아져서, 진지하게 읽고 음미해야 할 판례가 적지 않게 나오게 된 것이 그 연유이다. 그리고 각론의 여러 논점에 있어서 저자와 다른 견해도 가급적 소개하고자 노력하였다. 아직도 남아 있는 많은 미흡한 점들은 앞으로 계속될 개정작업에서 차근차근 손보아 나가기로 다짐한다. 저자가 의식하지 못하고 있는 책 속의 흠은 부디 관심있는 독자들이 지적해 주기를 고대한다.

끝으로, 저자 못지 않게 개정작업에 정성을 쏟아 도움을 준 성균관대 朴成敏 조교, 편집작업에 노고를 기울여주신 법문사의 玄根宅 과장님, 뒷바라지를

마다 않으신 법문사의 柳知勳 과장님, 저자가 외부와 절연하고 책쓰기에 매달
리는 동안 세상살이를 든든하게 맡아 준 아내에게 깊은 감사의 뜻을 전하고자
한다.

2003년 3월

著 者 씀

서   문

본서는 '개인적 법익에 대한 범죄' 부분을 내용으로 해서 작년 10월에 출간된 「형법각론(上)」에 '공공적 법익에 대한 범죄' 부분을 추가하여 한 권의 「형법각론」 교과서로 펴낸 것이다. 각론 상권은 다행히도 독자들의 호평을 받아, 한시바삐 각론의 남은 부분을 마저 집필해 달라는 요청이 많이 들어 왔다. 그런데 남은 집필작업이 난관에 봉착한 것은 필자가 금년 2월초 법과대학 학장직을 맡게 되면서부터였다. 최근 경쟁과 변화에 휩싸인 법과대학 환경은 보직자들에게 개인생활을 허여하지 않을 정도로 신경쓸 일들을 양산했다. 公務를 소홀히 하지 않으면서 개인적인 저술작업까지 해낸다는 것은 결코 쉬운 일이 아니었다. 이 과정에 있어서 필자의 생활은 사법시험에 임박한 수험생들의 꽉 짜인 하루하루를 상상하면서 밀도있게 나아갔다. 그 결과 형법총론 교과서의 집필을 본격적으로 시작한지 거의 4년만에 이제 각론교과서의 저술까지 마감하기에 이른 것이다. 그러나 벌써 필자의 머리 속에서는 총론교과서의 개정작업에 대한 구상이 일고 있다. '인생은 무거운 짐을 지고 먼길을 가는 것과 같다'는 말과 '인간은 완성을 지향하는 본성을 가지고 있다'는 말을 누가 했는지는 중요하지 않다. 단지 이 말들이 진리라고 여겨진다. 나에게 이 두 말은 "형법교과서를 완벽하게 만들기 위하여 무거운 짐을 지고 먼길을 걸어간다"는 다짐으로 수용되고 있다.

이제 마감의 장에서는 형법총론부터 형법각론이 간행되기까지 필자에게 큰 힘이 되었던 분들을 다시 한번 떠올리게 된다. 특히 필자의 著作에 격려와 좋은 지적을 보내준 많은 讀者들이 뇌리에 남아 있다. 이곳에서 한분 한분마다 謝恩의 뜻을 올리지 못함을 애석하게 생각한다. 다만 좋은 책으로 만들어 주신 법문사의 崔福鉉 상무님, 玄根宅 과장님, 柳知勳 과장님, 본서의 각주작업과 교정에 수고한 성균관대 대학원 형사법전공의 羅光柱 석사, 李炫政 석사, 朴廣珉 조교 등에게 이 자리를 빌어 깊은 감사의 뜻을 표하고자 한다. 그

리고 필자가 저술에 전념하는 세월 동안 숨죽이며 살아왔던 아내에게도 무언
가 보답을 하고 싶다.

2001년 9월

著 者 씀

형법각론(上) 서문

작년 봄 형법'총론' 교과서를 발간한 이후, 독자들로부터 빠른 시일 내에 형법'각론' 교과서를 출간해 달라는 요청이 강해서 저자에게 큰 자극을 주었다. 형법총론과 형법각론은 서로 짝이 되어 형법학의 통일체를 이루는 만큼, 저자 스스로도 각론 교과서를 마저 저술해야 한다는 사명감을 갖고 있었다. 그러나 한 문장, 한 구절을 가다듬어 가는 각론 교과서의 저술은 지지부진할 수밖에 없었다. 따라서 '너무 늦기 전에' 총론 교과서의 독자들과 '가시적인' 학문적 유대를 지속하는 길은 '개인적 법익에 대한 범죄'부분만이라도 형법각론 '상권'으로 해서 출간하는 일이라고 생각했다. 아울러 가까운 시일 내에 공공적 법익에 대한 범죄부분을 집필·보완하고 상권의 미흡한 부분을 제대로 손질해서 차후에 한 권의 온전한 형법각론책으로 펴낼 것을 마음 속으로 다짐하고, 우선 「형법각론(上)」을 출간하기로 용기를 내었다.

본서에는 저자의 특유한 견해가 여기 저기 표명되어 있다. 적극적 안락사의 합법화론, 생명에 대한 개인의 처분권론, 존속살해가중처벌규정의 위헌론, 낙태의 전면적 자유화론, 불법원인급여물에 대한 횡령죄성립 긍정론 등이 그것이다. 이러한 견해들은 과거 20여 년간 형법과 법철학을 강의·연구해오면서 천착해온 생각들을 가급적 형법각론 교과서에 담아보고자 한 노력의 결실이다. 내 자신의 주장을 담고자 한 것 이외에, 본서를 집필하면서 유념한 것은 한글전용에 가까운 글과 가급적 쉬운 문장으로 쓰고자 한 점이다.

본서 집필이 막바지에 이르렀던 금년 여름에는 정말 치열한 나날을 보냈다. 그런 가운데 글쓰기의 원동력이 된 것은 저자의 총론 교과서를 접했던 독자들이 보내준 뜨거운 관심이었다. 이 자리를 빌어 독자들에게 진심으로 고마움을 전하면서, 본서의 출간 후에도 계속 질책과 격려의 소리를 들을 수 있기를 기대한다.

그 밖에 저자와 學問的 交感을 나누어온 동아대의 許一泰 교수님, 우리 형법학의 독자성을 강조하여 학문의식을 돋우어준 서울대의 申東雲 교수님, 원고정리와 교정작업에 정성을 쏟아준 성균관대 형사법 박사과정의 姜碩九 조교, 李宰旭 석사, 석사과정의 朴成敏 조교, 그리고 본서의 출판을 맡아준 법문사의 崔福鉉 상무님, 柳知勳 과장님, 玄根宅 과장님 등 여러분들이 음양으로 큰 힘이 되었기에, 이곳에서 깊은 감사의 뜻을 표한다. 끝으로 저자의 치열했던 집필작업의 유일한 목격자이면서 內助者였던 아내와 저술을 마감하는 기쁨을 함께 나누고자 한다.

2000년 9월

著 者 씀

차 례

제 6 장   유기와 학대의 죄 (130-142)

제 11 장 강간과 추행의 죄

제 3 편   재산적 법익에 대한 범죄

제 1 장 총   설 (317–322)

제 2 장 절도의 죄 (323–380)

제 3 장 강도의 죄

제 5 장　공갈의 죄　　　　　　　　　　　　　　　　　　　(477-488)

제 7 장 배임의 죄 (540-576)

제 8 장　장물에 관한 죄　　　　　　　　　　　　(577-598)

제 3 장 폭발물에 관한 죄　　　　　　　　　　　　　　(650-657)

제 6 장　교통방해의 죄 (697-705)

제 8 장 유가증권·우표와 인지에 관한 죄　　　　　(721-736)

제 15 장   도박과 복표에 관한 죄　　　　　　　　　(854-867)

제 16 장 신앙에 관한 죄

제 5 편   국가적 법익에 대한 범죄

제 1 장 총   설 (879-880)

제 7 장　공무방해에 관한 죄

제 10 장 무고의 죄

참고문헌

1. 국내문헌

1) **형법각론 교과서**(저자명 가나다 순. 형법각론 교과서는 저자와 면수만을 밝힘)

강구진,　　　　　　　형법강의 각론 I, 박영사, 1984.

권오걸,　　　　　　　형법각론, 형설출판사, 2009.

김성돈,　　　　　　　형법각론, 성균관대학교 출판부, 2009.

김성천,　　　　　　　형법, 소진출판사, 2009.

김일수,　　　　　　　형법각론, 박영사, 1999.

김일수/서보학,　　　　형법각론, 박영사, 2009. (김/서, 면수로 略함)

김종원,　　　　　　　형법각론(상), 법문사, 1971.

남흥우,　　　　　　　형법강의(각론), 고려대학교 출판부, 1965.

박상기,　　　　　　　형법각론, 박영사, 2008.

배종대,　　　　　　　형법각론, 홍문사, 2010.

백형구,　　　　　　　형법각론, 청림출판, 1999.

서일교,　　　　　　　형법각론, 박영사, 1982.

손동권,　　　　　　　형법각론, 율곡출판사, 2010.

오영근,　　　　　　　형법각론, 박영사, 2010.

유기천,　　　　　　　형법학[각론강의 上], 일조각, 1985; 형법학[각론강의 下],
　　　　　　　　　　　일조각, 1983.

이건호,　　　　　　　형법각론, 일신사, 1976.

이재상,　　　　　　　형법각론, 박영사, 2010.

이정원,　　　　　　　형법각론, 법지사, 1999.

이형국,　　　　　　　형법각론, 법문사, 2007.

정성근,　　　　　　　형법각론, 법지사, 1996.

정성근/박광민,　　　　형법각론, 삼지원, 2008. (정/박, 면수로 略함)

정영석,　　　　　　　형법각론, 법문사, 1985.

정창운,　　　　　　　형법학각론, 박영사, 1960.

정영일,　　　　　　　형법각론, 박영사, 2008.

진계호,　　　　　　　형법각론, 대왕사, 1996.

진계호/이존걸,　　　　형법각론, 대왕출판사, 2008. (진/이, 면수로 略함)

황산덕,	형법각론, 방문사, 1985.
김종원 등 7인 공저,	형법각론, 한국사법행정학회, 1986.

2) 기타 참고문헌(형법각론 주석서 등)

임 웅,	형법총론, 제14정판, 법문사, 2024.
임 웅,	비범죄화의 이론, 법문사, 1999.
편집대표 박재윤,	주석 형법각칙(1-6), 한국사법행정학회, 2006.
법무부,	형법개정법률안 제안이유서, 1992년 10월.
한국형사판례연구회,	형사판례연구[1]-[18], 박영사, 1993-2010.
허일태,	형법연구(Ⅰ), 세종출판사, 1997.
김기춘,	형법개정시론, 삼영사, 1984.

2. 외국문헌

1) 독일 · 오스트리아 문헌(괄호 안은 약어)

a) 교과서

Christian Bertel/Klaus Schwaighofer, österreichisches Strafrecht, Besonderer Teil
Ⅰ, 1. Aufl., 1989.

Hermann Blei, Strafrecht Ⅱ, 12. Aufl., 1983.

Albin Eser, Strafrecht Ⅲ, 2. Aufl., 1981; Strafrecht Ⅳ, 4. Aufl., 1983.
(Eser, Strafrecht)

Karl Heinz Gössel, Strafrecht, Besonderer Teil, Band 1, 1. Aufl., 1987.

Fritjof Haft, Strafrecht, Besonderer Teil, 5. Aufl., 1995. (Haft, BT)

Diethelm Kienapfel, Grundriß des österreichischen Strafrechts, Besonderer Teil,
Band Ⅰ, 1. Aufl., 1978; Band Ⅱ, 1. Aufl., 1980.

Volker Krey, Strafrecht, Besonderer Teil, Band 1, 9. Aufl., 1994; Band 2, 10.
Aufl., 1995.

Georg Küpper, Strafrecht, Besonderer Teil 1, 1. Aufl., 1996.

Maurach/Schröder/Maiwald, Strafrecht, Besonderer Teil, Teilband 1, 7. Aufl.,
1988; Teilband 2, 7. Aufl., 1991.

Harro Otto, Grundkurs Strafrecht, Die einzelnen Delikte, 2. Aufl., 1984.

Eberhard Schmidhäuser, Strafrecht, Besonderer Teil, Grundriß, 1. Aufl., 1980.

Hans Welzel, Das Deutsche Strafrecht, 11. Aufl., 1969.

Johannes Wessels, Strafrecht, Besonderer Teil/1, 18. Aufl., 1994; Teil/2, 17. Aufl.,
1994. (Wessels, BT-1, BT-2)

b) 주석서

Schönke/Schröder, Strafgesetzbuch, Kommentar, 25. Aufl., 1997. (Sch/Sch/집필자, StGB)

Dreher/Tröndle, Strafgesetzbuch, Kommentar, 44. Aufl., 1988. (Dreher/Tröndle, StGB)

Jescheck/Ruß/Willms, Strafgesetzbuch, Leipziger Kommentar, 10. Aufl., 1978. (LK)

Rudolphi/Horn/Samson, Systematischer Kommentar zum Strafgesetzbuch, 6. Aufl., 1993. (SK)

Karl Lackner, Strafgesetzbuch, Kommentar, 21. Aufl., 1994. (Lackner, StGB)

2) 영미문헌

LaFave/Scott, Criminal Law, 2. ed., St. Paul : West Publishing Co., 1987.

Smith/Hogan, Criminal Law, 6. ed., London : Butterworths, 1988.

Ryan/Scanlan, Criminal Law, 3. ed., London : Blackstone, 1991.

3) 일본문헌(최근간행연도 순)

福田 平, 刑法各論, 全訂3版, 1996.

內田文昭, 刑法各論, 第3版, 1996.

町野 朔, 刑法各論の現在, 1996.

前田雅英, 刑法各論講義, 第2版, 1995.

曾根威彦, 刑法各論, 新版, 1995.

大谷 實, 刑法講義 各論, 第4版 補訂版, 1995.

團藤重光, 刑法綱要 各論, 第3版, 1990.

大塚 仁, 刑法概說 各論, 改訂版, 1987.

西原春夫, 刑法各論, 2版, 1983.

佐伯千仞, 刑法各論, 訂正版, 1981.

平野龍一, 刑法概說, 1977.

藤木英雄, 刑法講義各論, 1976.

中 義勝, 犯罪各論, 1975.

木村龜二, 刑法各論, 復刊, 1957.

草野豹一郎, 刑法要論, 1956.

小野清一郎, 新訂 刑法講義各論, 第3版, 1950.

牧野英一, 刑法各論 上・下, 1950・1951.

약 어 표

aaO = am angegebenen Ort

Aufl = Auflage

Bd = Band

BGH St. = Entscheidungen des Bundesgerichtshofs in Strafsachen

BT = Besonderer Teil

f = folgende/ff = fortfolgende

GA = Goltdammer's Archiv für Strafrecht

JuS = Juristische Schulung

JZ = Juristenzeitung

LK = Strafgesetzbuch, Leipziger Kommentar

MDR = Monatsschrift für Deutsches Recht

NJW = Neue Juristische Wochenschrift

RG = Entscheidungen des Reichsgerichts

Rn = Randnummer

S = Seite

SK = Systematischer Kommentar zum Strafgesetzbuch

Vor = Vorbemerkungen

ZStW = Zeitschrift für die gesamte Strafrechtswissenschaft

제 1 편

서　설

서　장

서   장

I. 형법각론의 성격과 형법총론과의 관계—
총론에 대한 각론의 우선원칙

형법각론은 형법각칙에 규정된 개별범죄와 이에 부과되는 형벌을 연구대상으로 삼는다. 형법각론은 형법각칙상의 범죄구성요건에 대한 정당한 해석을 주된 임무로 한다. 형법각칙은 범죄가 될 행위를 개별적으로 유형화하고 또 개별범죄에 대하여 과해질 형벌의 종류와 범위를 규정한 것이다. 이에 반하여 형법총칙은 범죄와 형벌에 관한 공통적 · 일반적 규정으로서 실질적 의의의 형법에 널리 적용된다(형법 제8조). 비유적으로 말하자면, 형법총칙은 형법각칙의 공통분모에 해당하는 규정이다. 형법각칙은 개별범죄에 특유한 불법유형과 책임유형을 규정하고 있다. 따라서 형법각칙을 대상으로 하는 형법각론의 연구는 '구체적 · 개별적 특수원리'에 입각하고 있고, 형법총칙을 대상으로 하는 형법총론의 연구는 '추상적 · 공통적 일반원리'를 바탕으로 하고 있다.

형법각론은 개별범죄에 대한 형법총론의 적용이다. 그러므로 형법각칙을 해석함에 있어서 형법총론지식은 최대한 활용되어야 한다. 그러나 총론이 통용될 수 없는 각칙 특유의 해석론이 필요하게 되면, 총론은 각론에 자리를 양보하지 않을 수 없다. 특수원리 내지 개별규정은 일반원리 내지 공통규정에 우선하므로, '(형법)총론에 대한 (형법)각론의 우선원칙' 그리고 '(형법)총칙에 대한 (형법)각칙의 우선원칙'이 지켜져야 한다. "총론과 각론이 상충하게 되면, 각론이 우선한다."

형법각론의 타당성과 유용성은 ① '관련판례를 통하여' 구체적으로 실현되면서 검증을 받을 수 있고, ② '관련판례에 대하여' 변경을 요청하면서 실천적인 영향력을 행사할 수도 있다. 그러므로 형법각론을 연구함에 있어서 이론과 실무의 접촉점으로서 관련판례를 예의주시할 가치가 있다고 하겠다.

II. 형법각칙

'형식적 의의'의 형법각칙은 형법전 제2편이며, 형법각론의 주된 연구대상을 이룬다. 형법전 제2편 이외에도 개별범죄와 형벌을 규정하고 있는 법률이라면 '실질적 의의'의 형법각칙에 속한다고 하겠는데, 여기에는 특별형법·행정형법과 같은 '부수형법'(Nebenstrafrecht)이 있다. 범죄유형에 따라서는 형법전보다도 부수형법이 실제 적용도가 높은 만큼, 부수형법은 결코 소홀히 취급해서는 안될 영역이다.

이곳에서 중요한 부수형법을 지적하자면, 특별형법으로서 '폭력행위 등 처벌에 관한 법률', '특정범죄가중처벌 등에 관한 법률', '특정경제범죄가중처벌 등에 관한 법률', '특정강력범죄의 처벌에 관한 특례법', '가정폭력범죄의 처벌 등에 관한 특례법', '성폭력범죄의 처벌 등에 관한 특례법', '특정범죄자에 대한 보호관찰 및 전자장치 부착 등에 관한 법률'(세칭 전자발찌법), '성폭력 범죄자의 성충동 약물치료에 관한 법률'(세칭 화학적 거세법), '아동·청소년의 성보호에 관한 법률', '국가보안법', '군형법', '국민보호와 공공안전을 위한 테러방지법' 등이 있고, 행정형법으로서 '경범죄처벌법', '도로교통법', '교통사고처리특례법', '조세범처벌법', '마약류관리에 관한 법률', '부정수표단속법', '환경범죄의 단속에 관한 특별조치법', '보건범죄단속에 관한 특별조치법', '집회 및 시위에 관한 법률', '통신비밀보호법', '여신전문금융업법', '성매매알선 등 행위의 처벌에 관한 법률', '정보통신망이용촉진 및 정보보호 등에 관한 법률', '범죄수익은닉의 규제 및 처벌 등에 관한 법률'(세칭 돈세탁처벌법) 등이 있다.[1]

III. 형법각칙과 형법각론의 체계화

형법각칙상의 모든 구성요건은 형벌을 부과함으로써 보호하고자 하는 객체, 즉 보호법익을 갖고 있다. 보호법익은 구성요건에 명시되어 있지 아니하므로 개개의 구성요건해석과 다른 범죄유형과의 체계해석에 의하여 도출된

---

1) 부수형법으로서 특별형법과 행정형법 중 어디에 속하느냐 하는 판단은 어디까지나 '상대적'이다.

다. 또 한편 개개의 구성요건요소의 해석은 보호법익에 의하여 지도된다. '보호법익'은 형법각칙의 해석원리이면서 개별범죄의 본질을 규명해 줌으로써 형법각칙을 '체계화'하는 주요기준이 된다. 형법각론의 체계도 형법전 제2편 각칙을 주된 연구대상으로 하는 이상, 형법각칙의 체계를 따르게 된다.

보호법익에 따른 형법각칙의 체계화는 법익의 분류방법에 상응하여, ① 개인적 법익에 대한 범죄와 공공적 법익에 대한 범죄로 2대별(大別)하거나 ② 공공적 법익을 다시 사회적 법익과 국가적 법익으로 나누어, 개인적 법익에 대한 범죄, 사회적 법익에 대한 범죄, 국가적 법익에 대한 범죄로 3대별하기도 한다. 학자들은 대체로 3대별법을 취하고 있다.

형법전 제2편은 국가적 법익에 대한 범죄, 사회적 법익에 대한 범죄, 개인적 법익에 대한 범죄의 순서로 규정하고 있으나, 규정의 순서가 범죄의 중요도를 나타내는 것은 아니다. 다만 학자들은 개인주의·자유주의 가치관에 입각하여, 개인적 법익에 대한 범죄를 앞세우고 그 다음 사회적 법익에 대한 범죄와 국가적 법익에 대한 범죄의 순으로 형법각론을 전개해 나가는 것이 보편적인 입장이다. 개인적 법익에 대한 범죄는 또다시 인격적 법익에 대한 범죄와 재산적 법익에 대한 범죄로 2대분된다.

Ⅳ. 범죄의 기본유형과 수정유형

형법각칙상의 개별범죄는 공통된 보호법익을 중심으로 일정한 범죄'군'(群)을 형성하고 있다. 또한 일정한 범죄군은 기본유형에 해당하는 범죄와 기본범죄에 대한 수정유형으로 편성된다. 수정유형에는 (형벌)가중유형과 (형벌)감경유형이 있다. 그리고 범죄의 기본유형에 대응하여 기본적 구성요건이, 수정유형에 대응하여 수정적 구성요건으로서 가중적 구성요건과 감경적 구성요건이 규정되어 있다.

형법각칙의 해석은 기본적 구성요건을 중심으로 해서, 일반적으로 ① 먼저 당해 범죄의 본질을 밝혀줄 보호법익을 도출하고 법익보호의 정도를 확정한 후, ② 구성요건의 해석론에 들어가 범죄성립의 첫 단계를 윤곽지우고, ③ 당해 범죄와 관련하여 특별히 언급할 필요가 있는 경우에 위법성, 책임, 미수와 기수, 공범, 죄수, 형벌 등의 문제를 다루게 된다.

 '구성요건'의 해석에 있어서는 '객관적' 구성요건요소를 '주관적' 요소보다 앞서서 취급하게 된다. 그 까닭은, 법실무가들이 구체적인 형사사건에 접하여 범죄의 성립 여부를 규명함에 있어서, 객관적 구성요건해당성은 외부적 표지에 의하여 신속·명확하게 판단을 내릴 수 있음에 비하여, 주관적 구성요건해당성은 쉽사리 알아낼 수 없는 내심의 세계를 판단해야 하는 것이기 때문이다.

제 2 편

인격적 법익에 대한 범죄

제1장 총 설

Ⅰ. 인격범죄의 의의

인격적 법익에 대한 범죄, 즉 인격적 법익을 침해하거나 위태롭게 하는 범죄를 '인격범죄'라고 한다. 형법전 제24장에서부터 제36장에 이르는 범죄가 인격범죄에 속한다. 형법전에 규정($\frac{제250조-제322조, 제324조-}{제324조의 6 및 제326조}$)되어 있는 인격범죄를 유형별로 살펴보면, 살인죄, 상해와 폭행의 죄, 과실치사상죄, 낙태죄, 유기와 학대의 죄, 협박죄, 강요죄, 체포와 감금의 죄, 약취, 유인 및 인신매매의 죄, 강간과 추행의 죄, 명예훼손죄, 신용·업무·경매에 대한 죄, 비밀침해죄, 주거침입죄 등 14가지로 구성되어 있다.

Ⅱ. 인격범죄의 분류

인격범죄는 크게 보아 생명과 신체에 대한 범죄, 자유에 대한 범죄, 명예와 신용에 대한 범죄, 사생활의 평온에 대한 범죄로 분류할 수 있다.

개인의 '생명과 신체'를 보호법익으로 하는 범죄로는 살인죄(제24장), 상해와 폭행의 죄(제25장), 과실치사상죄(제26장), 낙태죄(제27장), 유기와 학대의 죄(제28장)가 있다. 그리고 개인의 '자유'를 보호법익으로 하는 범죄로는 협박죄(제30장), 강요죄($\frac{제37장 중 제324조-제}{324조의 6 및 제326조}$), 체포와 감금의 죄(제29장), 약취, 유인 및 인신매매의 죄(제31장), 강간과 추행의 죄(제32장)가 있으며, 개인의 '명예와 신용'을 보호법익으로 하는 범죄로는 명예훼손죄(제33장), 신용·업무·경매에 대한 죄(제34장)가 있고, 개인의 '사생활의 평온'을 보호법익으로 하는 범죄로는 비밀침해죄(제35장)와 주거침입죄(제36장)가 있다.

제 2 장 살인의 죄

제 1 절 개 설

I. 생명보호의 의의

살인의 죄는 살해행위에 의하여 타인의 생명을 침해하는 범죄이며, 그 보호법익은 인간의 '생명'이다. 인간의 생명은 모든 법익의 기초이고 출발점이며, 법익 중 최상의 지위에 있다. 생명을 잃으면 재산도, 명예도, 국가와 사회도, 그 무엇도 아무런 의미가 없다. 인간의 생명은 그 질(質)이나 유용성을 고려하지 않고 보호되며, 수(數)나 질에 있어서 타인의 생명과 비교형량할 수 없는 법익에 속한다. 헌법상 인간으로서의 존엄과 가치($\frac{제10}{조}$)는 인간의 '생명권'의 존중을 한 내용으로 하며, 형법상으로는 살인죄를 처벌함으로써 인간의 생명보호를 최대한 구현하고자 한다.

생명이라고 하는 법익의 특수성 때문에 형법학자들은 흔히 인간의 생명만큼은 개인이 자유로이 처분할 수 없는 법익이라고 하든가 신성불가침의 가치라는 점을 들어 '절대적 생명보호의 원칙'을 주장한다.[1] 그러나 형법학의 영역에서 인간생명의 보호를 신학적 논거로 뒷받침하는 것은 합당치 못하며, 형법상 생명은 절대적으로 보호되고 있지 못하다는 사실, 그리고 과학적 담론에서는 '절대적'이라는 용어는 피해야 할 것이라는 점을 고려하여, '절대적 생명보호의 원칙'보다는 「최대한 생명보호의 원칙」이란 표현이 더 적절하다고 생각한다.[2]

---

[1] 살인죄에서 절대적 생명보호의 원칙을 내세우는 것이 우리나라와 독일 형법학계의 지배적 견해이다(권오걸, 3면; 김/서, 17면; 김종원, 25면; 박상기, 18면; 손동권, 5면; 이정원, 25면; 이형국, 7면; 정/박, 15면).

[2] 비슷한 논지에서 절대적 생명보호의 원칙이란 표현 대신에 '포괄적 생명보호의 원칙'이라는

살인죄는 최근 의료기술과 생명공학의 비약적 발전으로 인하여 법학과 의학이 첨예한 긴장관계를 일으키고 있는 범죄영역이다. 생명의 종기에 관한 뇌사설의 대두와 그 수용 여부, 안락사의 합법화를 둘러싼 논쟁 등이 그 대표적 예이다. 인간의 생명과 죽음을 살인죄라고 하는 범죄의 관점에서 조명해 보고자 하는 형법학은 최근의 사조변화(思潮變化) 및 자연과학의 발달을 주시하면서, 생명존중의 윤리학과 법의학(法醫學)이라는 학문분야에 관심을 두고 있다.

Ⅱ. 입법례 및 입법론

외국, 특히 서양의 입법례를 보면, 살인을 '중살인'과 '단순살인'으로 구분하여, 전자를 더 무겁게 처벌하는 것이 대체적 경향이다. 중살인과 단순살인의 구별기준으로 윤리적 요소와 심리적 요소를 들 수 있는데, 게르만법계는 살해욕·살해방법 등과 같은 윤리적 요소를 중시하고, 로마법계는 예모·계획 등과 같은 심리적 요소를 중시한다.

예컨대 게르만법계에 속하는 독일형법은 중살인(Mord)과 단순살인(Totschlag)을 구별하여, 살해욕·성욕만족 등 비열한 동기로 또는 잔인한 방법으로 범한 살인죄를 중살인($\frac{제211}{조}$)으로 규정하고 무기의 자유형에[3] 처하는 반면에, 단순살인($\frac{제212}{조}$)은 5년 이상의 자유형에 처하고 있다. 로마법계에 속하는 프랑스형법은 고의살인(故殺)과 모의살인(謀殺)을 구별하여, 고살($\frac{제221-}{1조}$)은 30년의 징역에 처하는 반면에, 예비 또는 음모의 과정을 거친 모살($\frac{제221-3}{조 제1항}$)은 무기징역에 처하고 있다. 미국 모범형법전은 모살(murder)과 고살(manslaughter)을 구별하여, 모살($\frac{제210.}{2조.}$)은 제1급 중죄(felonies of the first degree: 제6장 제6조 제1항)로서 단기는 1년 이상 10년 미만의 징역, 장기는 무기징역에 처하며, 또한 제210.6조에 규정된 바에 따라 사형선고를 내릴 수도 있고($\frac{제210.2조}{제2항}$), 고살($\frac{제210.}{3조}$)은 제2급 중죄(felonies of the second degree: 제6장 제6조 제2항)로서 단기는 1년 이상 3년 미만의 징역, 장기는 10년의 징역에 처하도록 규정하고 있다.

표현을 쓰는 학자가 있다(전지연, "현행형법에 따른 안락사의 허용 여부에 대한 검토", 명형식교수화갑기념논문집, 1998, 162면). 또한 배종대, 51면에서는 사형이 폐지되지 않은 국가에서는 '절대적 생명보호'란 있을 수 없다고 말하면서 '상대적 생명보호'의 원칙을 언급하고 있다.
  3) 독일형법상 무기의 자유형이 부과되는 범죄는 공소시효가 없다(제79조 제2항).

외국형법의 공통된 경향은 예모(豫謀) 내지 비열한 동기와 같은 내심적 측면 또는 범행방법의 잔인성과 같은 외부적 측면, 그리고 영아살해와 같은 행위객체의 측면 등의 관점에서 살인죄를 유형화하고 각각의 범죄유형의 경중에 상응하여 법정형의 차등을 둠으로써, 죄형균형의 원칙을 실현하고자 한다는 것이다. 여기에는 살인죄에 있어서 법관에게 넘겨진 양형의 여지가 과도하다고 할 만큼 법정형의 범위가 넓어서는 안된다는 점도 고려되어 있다.

우리 형법은 살인을 중살인과 단순살인으로 구별하고 있지 않지만, 살인죄에 있어서 ① 법관의 재량에 의한 양형범위가 과도할 만큼 법정형의 폭이 넓어서는 안된다는 점과 ② 살인의 경중과 그에 상응한 형벌의 구분이 바람직하다는 죄형균형론[4] 등을 고려하여, 입법론으로는 양자를 구별함이 타당하다고 본다.

Ⅲ. 살인죄의 체계

살인의 죄는 보통살인죄($\substack{제250조\\제1항}$)를 기본유형으로 하여, 책임가중유형으로 존속살해죄($\substack{제250조\\제2항}$), 불법감경유형으로 촉탁·승낙살인죄($\substack{제252조\\제1항}$)와 자살관여죄($\substack{제252조\\제2항}$)가 규정되어 있다. 책임감경유형으로 영아살해죄($\substack{제251\\조}$)를 규정하고 있었으나, 존속살해는 무겁게 영아살해를 가볍게 처벌하는 것은 헌법상 평등의 원칙에 반할 가능성이 있으며, 영아의 생명권을 부당하게 경시한다는 비판을 반영하여 2023. 8. 8.의 형법 개정(2024. 2. 9. 시행)으로 이를 폐지하였다. 그 밖에 위계·위력에 의한 촉탁·승낙살인과 자살교사를 살인죄의 예에 의하여 처벌하고 있다($\substack{제253\\조}$). 살인죄의 미수($\substack{제254\\조}$)와 예비·음모($\substack{제255\\조}$)도 처벌한다.

살인죄가 형사사건의 수사 또는 재판과 관련하여 '보복 등의 목적'으로 행해진 때에는 '특정범죄가중처벌 등에 관한 법률' 제5조의 9[보복범죄의 가중처벌 등] 제1항에 의하여 사형·무기 또는 10년 이상의 징역으로 가중처벌된다.

그리고 제250조와 제253조의 살인죄에 대하여는 '특정강력범죄의 처벌에 관한 특례법'이 적용된다($\substack{동법 제2조 제1항\\제1호 참조}$).

---

4) 형법은 상해죄에 있어서는 단순상해(제257조 제1항)와 중상해(제258조 제1항·제2항)를 구별하여 법정형의 차등을 두고 있으면서, 살인죄에 있어서의 경중은 구별하지 않고 있다.

2015. 7. 31.의 형사소송법 개정에서는 제253조의 2를 신설하여, "사람을 살해한 범죄(종범은 제외한다)로 사형에 해당하는 범죄에 대하여는 제249조부터 제253조까지에 규정된 공소시효를 적용하지 아니한다"라고 함(세칭 태완이법)으로써, 살인죄는 공소시효가 적용 배제되는 중대범죄에 속한다.

제 2 절   개별적 범죄유형

I. 보통살인죄

제250조 제1항 [살인] "사람을 살해한 자는 사형, 무기 또는 5년 이상의 징역에 처한다."

1. 의의, 보호법익

보통살인죄는 "사람을 살해함으로써 성립하는 범죄"로서, 살인죄의 기본유형이다. 살인죄의 보호법익은 '사람의 생명'이고, 보호의 정도는 '침해범'이다.

2. 객관적 구성요건

(1) 행위의 주체

살인죄에 있어서 행위의 주체는 자연인에 한한다. 법인의 행위주체성을 긍정한다고 하더라도 법정범(행정범)에 한하여 가능하고, 살인죄와 같은 자연범에서는 법인이 행위의 주체가 될 수는 없다.

(2) 행위의 객체

살인죄에 있어서 행위의 객체는 '사람'이다. 여기에서 사람이라 함은 살아있는 사람, 즉 '생명있는 사람'으로서 '자연인'을 의미하며, 제252조 제2항과의 체계해석상 '타인'에 한한다. 생명있는 사람만이 살인죄의 행위의 객체가 되기 때문에, 사람의 (생명의) '시기'(始期)와 '종기'(終期)가 문제된다.

(가) 사람의 시기

(a) 사람과 태아의 구별과 그 실익   사람의 시기는 출생에 있다. 출생하기 이전의 단계에 있는 '태아'는 살인죄의 객체가 되지 못하고 '낙태죄'의 객체로서 보호될 따름이다. 태아는 살아있는 사람에 비하여 상대적으로 그 보호가

철저하지 못하다. 예컨대 모체 내의 태아를 과실로 치사케 한 경우에 과실치
사죄가 성립하지 않을 뿐만 아니라 형법상 과실낙태의 처벌규정도 없다. 또한
모체 내의 태아를 고의로 상해한 태아상해도 형법상 처벌받지 않는다. 따라서
사람의 시기를 확정하는 문제는 그 초점이 '사람과 태아의 한계'를 분명히 함에
있으며, 그 구별실익은 '형법적 보호의 차이'에 있다고 하겠다.

이와 관련하여 모체 내의 태아에 대하여 고의 또는 과실로 손상을 가한 결
과 상해를 입은 태아가 출생하여 사람이 된 경우라든가 손상으로 말미암아 출
생한 후 사망한 경우에, 태아에 대한 죄로서가 아니라 '사람'에 대한 죄로서
생명·신체에 대한 범죄가 성립하겠는가라는 질문에 대하여는[5] 부정적 견해
가 우세하다.[6]

(b) 학 설 임신부는 수태한 지 대략 9달(270일) 만에 출산에 들어간
다. 그러나 출산에 있어서 구체적으로 언제부터 사람이 출생한 것으로 보느냐
하는 시기의 확정에 관하여는 다음과 같이 학설이 나뉘고 있다.

(i) '진통설'은 규칙적인 진통을 동반하면서 태아가 태반으로부터 분리되기
시작한 시점을 사람의 시기로 보는데, 우리나라와 독일의 통설·판례이다.[7]
그런데 ① 이 학설에서 말하는 진통은 출산과 무관한 단순한 진통을 의미하는
것은 아니고 '분만의 개시를 뜻하는 진통'에 국한된다는 점, ② 구(舊) 제251
조의 "분만 중 또는 분만 직후의 영아"라는 구성요건에 비추어 볼 때 분만이
개시된 이상 사람으로 취급하였다는 점, ③ 인공분만에서는 진통설에서 말하
는 진통이 없을 수도 있다는 점 등을 고려하여, 진통설보다는 「분만개시설」이
라는 명칭이 보다 더 적합하다고 생각한다.[8]

(ii) '일부노출설'은 태아의 신체의 일부가 모체로부터 노출된 시점을 사람

---

5) 태아에 대한 고의를 후에 출생하는 사람에 대한 고의로 전용하는 것은 타당치 못하다고 하
겠다.

6) 후술하는 상해죄 중 [태아에 대한 상해] 부분을 참조.

7) "태아가 어느 시기에 사람이 되는가에 관하여는 그 출산과정과 관련하여 여러 가지 설이 있
는 바이나, 사람의 생명과 신체의 안전을 보호법익으로 하고 있는 형법상의 해석으로는 규칙적
인 진통을 동반하면서 태아가 태반으로부터 이탈되기 시작한 때, 다시 말하여 분만이 개시된 때
(소위 진통설 또는 분만개시설)가 사람의 시기라고 봄이 타당하다고 여겨지며, 이는 형법 제251
조(영아살해)에서 분만 중의 태아도 살인죄의 객체가 된다고 규정하고 있는 점을 미루어 보아서
도 그 근거를 찾을 수 있다"(**대판 1982. 10. 12, 81 도 2621.** 同旨, 대판 2007. 6. 29, 2005 도
3832).

8) 분만개시설이란 용어를 주장하는 학자는 김성돈, 32면; 박상기, 19면; 손동권, 8면; 유기천,
상권, 27면.

의 시기로 보는데, 일본의 통설·판례이다. 이 학설의 단점으로는, 출산의 현상을 보면 태아의 신체의 일부가 모체로부터 노출된 이후에 다시 모체 안으로 끌려 들어가는 경우가 있으므로 사람과 태아의 한계가 불분명하다는 점이 지적되고 있다.[9]

(iii) '전부노출설'은 분만이 완료되어 태아가 모체로부터 완전히 분리된 시점을 사람의 시기로 보는데, 우리 민법학에서의 통설이다. 이 학설은, 일상용어법에 의하면 사람이라고 하기 위해서는 적어도 태아가 모체로부터 분리되어 직접 침해의 객체가 될 수 있는 상태에 도달해야 할 것이라는 점에서 문언해석에 적합한 장점이 있다.

(iv) '독립호흡설'은 태아가 태반에 의한 호흡을 그치고 독립하여 폐에 의한 호흡을 하게 된 시점을 사람의 시기로 보는 학설이다. 이 학설은, 폐에 의한 호흡과 태반에 의한 호흡이 확연히 분리될 수 없고 또 두 가지 호흡이 병존할 수도 있다는 점에서 사람과 태아의 구별이 명확하지 못하다는 단점을 지닌다.

(v) 결 론   이상의 학설은 각각 장·단점을 지니고 있지만, 분만이 개시된 시점부터 사람으로 보는 것이 타당하다. 비록 2023. 8. 8. 형법 개정으로 제251조 영아살해죄가 삭제되었지만, 영아살해죄에서 "분만 중 또는 분만 직후의 영아"를 행위의 객체로 규정하고 있었는데, 여기서 "분만 중"이라 함은 '분만의 개시로부터 분만의 종료까지'를 의미하므로, 형법은 분만이 개시된 태아를 영아, 즉 사람으로 인정했단 것을 알 수 있다. 또한 생명이라는 법익의 보호를 최대화하기 위하여 '사람으로서의 보호시점'을 보다 앞당길 필요가 있다는 '목적론적 해석'이 의미가 있다고 보고,[10] 형법에 있어서의 사람이란 분만의 완료가 아니라 분만의 시작으로써 이미 인정된다고 하겠다. 비록 일상의 용어법에 맞지는 않지만 일종의 '확장해석'을 통하여 사람으로서의 보호시기를 민법학보다 더 일찍 정하고자 하는 입장이 분만개시설이다.

자연적 분만이 아니고 '수술'에 의한 인공분만, 이른바 제왕절개수술에 의한 분만인 경우에는 분만에 대치되는 수술에 착수하여 '자궁을 절개'함으로써 그 태아는 이미 사람으로 인정된다.[11]

---

9) 김종원, 22면.
10) Heinrich Henkel, Einführung in die Rechtsphilosophie, 2. Aufl., 1977, S. 200.
11) 권오걸, 7면; 김성돈, 31면; 김/서, 21면; 박상기, 19면; 배종대, 53면; 손동권, 9면; 오영근, 17면; 이재상, 15면; 정/박, 19면. Wessels, BT-1, S. 3.

(나) **사람의 종기**　사람의 종기는 '사망'(죽음)이다. 사망함으로써 생명이 소멸된 신체는 '시체'(屍體)로서 시체 등의 오욕죄($^{제159}_{조}$) 또는 시체 등의 유기죄($^{제161조}_{제1항}$) 등의 객체가 될 수 있을 뿐이다.

사람의 종기, 즉 사망의 시기에 관하여는 다음과 같은 학설이 대립하고 있다.

(a) '호흡종지설'은 호흡기능이 불가역적(不可逆的)으로－되살아날 수 없는 상태로－[12] 정지한 시점을 사망으로 본다.

(b) '심장고동종지설'(맥박종지설; 심장사설)은 심장이 활동을 그쳐서 고동이 되살아날 수 없는 상태로 정지한 시점 내지 맥박이 되살아날 수 없는 상태로 정지한 시점을 사망으로 본다.[13]

(c) '3징후설'(三徵候說; 종합판정설)은 호흡과 맥박의 불가역적 정지 및 동공의 확대·고정이라는 세 가지 징후가 있은 시점을 사망으로 본다.[14]

(d) '뇌사설'은 뇌기능이 되살아날 수 없는 상태로 소실된 시점을 사망으로 본다.[15] 뇌사설은 다시금 ㉠ 대뇌기능이 되살아날 수 없는 상태로 소실된 것을 뇌사라고 하는 '대뇌사설', ㉡ 뇌간(腦幹)의 기능이[16] 되살아날 수 없는 상태로 소실된 것을 뇌사라고 하는 '뇌간사설', ㉢ 뇌간을 포함한 전뇌(全腦)의 기능이 되살아날 수 없는 상태로 소실된 것을 뇌사라고 하는 '전뇌사설'로 세분된다.

(e) **결 론**　전통적으로는 심장과 호흡의 불가역적 정지를 죽음으로 간주하여 왔고(心肺死說), 또한 심폐사를 모든 생명현상의 소멸과 동일시하여도 별 문제가 없었다. 또 심장사설에는 죽음의 시기판정이 확실하다는 장점이 있다.

그러나 ① 의술이 획기적으로 발전하여 뇌기능은 소실되었어도 심장박동과 호흡을 인공적으로 기능하도록 할 수 있는 의료수준과 ② 1967년 심장이식

---

12) "불가역적으로"라는 한자어를 우리말로 풀이함에 있어서 '장기 등 이식에 관한 법률' 중 "되살아날 수 없는 상태로"라는 표현(동법 제4조 제5호 및 뇌사판정기준 별표)이 여기에 해당한다고 해석되어, 그대로 사용하기로 한다.

13) 김/서, 23면; 김종원, 30면; 백형구, 18면; 서일교, 19면; 정영석, 217면; 허일태, "생명의 종기", 형법연구(Ⅰ), 세종출판사, 1997, 380면; 황산덕, 163면. 소위 이원설, 즉 심폐기능의 정지 후 아직 뇌기능이 유지되는 경우에는 뇌사설을, 뇌기능의 소실 후 아직 심폐기능이 유지되는 경우에는 맥박종지설을 이원적으로 채택하는 견해(진/이, 32면)도 넓게는 맥박종지설에 속한다고 본다.

14) 3징후설은 일본의 다수설이다. 大谷, 11面; 大塚, 9面; 福田, 143面; 前田, 20面 등.

15) 김성천, 522면; 손동권, 8면; 이재상, 16면; 이정원, 35면; 이형국, 14면; 임상규, "장기이식법상의 뇌사관련규정의 문제점", 형사법연구, 제13호, 2000. 6, 한국형사법학회, 162면; 정/박, 21면.

16) 뇌간(腦幹)은 호흡, 순환, 대사, 체온조절과 같이 생명유지에 필수적인 기능, 즉 '식물적' 기능을 관장한다. 한편 대뇌는 정신작용을 관장하고, 소뇌는 몸의 평균운동을 조절한다.

수술이 처음으로 성공한 이래, 심장과 폐가 기능하고 있는 뇌사자의 심장 등 장기를 적출하여 다른 환자에게 이식할 가능성과 필요성이 대두한 시대상황은 사망에 관한 새로운 정의로서 뇌사설의 수용을 촉구하게 되었다.[17]

이러한 시대변화에 즉응하여, 우리나라에서도 1999년에 '장기 등 이식에 관한 법률'(1999. 2. 8. 법률) (약칭: 장기이식법)을 제정하여 뇌사자의 장기이식을 법적으로 허용하고 있다. 다만 이 법률이 뇌사자를 사망한 자로 선언한 것인가에 관하여는 학자들 사이에 해석이 갈리고 있다(상세히는 후술함).

뇌사설에 대하여는 현대의학의 수준에 비추어 뇌기능이 되살아날 수 없는 상태로 소실된 시점을 확실하게 판정할 수 있는 신뢰할 만한 방법과 기준이 아직도 존재하지 않는다는 이유를 들어 반대하는 입장도[18] 만만치 않다. 그러나 ① 뇌세포는 재생이 불가능하며 한 번 손상되면 회복이 불가능하다는 특수성, 즉 뇌사에 대한 '치료가 불가능'하다는 특수성이 있고, ② 인간의 생명은 생물적·사회적·인격적 통일체로서 그 중 사회적·인격적 정체성(正體性)을 구성하는 뇌를 '생명중추'로 봄이 타당하며,[19] ③ 뇌사판정의 확실함과 신중함은 '장기 등 이식에 관한 법률'에 의하여 충분히 강구되어 있다고 보고, ④ 장기이식의 필요성과 유용성이라는 시대적 요청에 부응할 수 있다는 관점에서, 결론적으로 '뇌사설'이 죽음의 정의에 합당하다고 생각한다. 또 뇌사설 중에서는, 장기 등 이식에 관한 법률이 뇌사판정에 전뇌사를 채택하였고,[20] 그 밖에 대뇌사설에 의하면 대뇌기능이 소실된 식물인간이나 대뇌가 없는 무뇌아를[21] 뇌사자로 보아야 하는 부당함이 있으므로, 「전뇌사설」이 타당하다고 하겠다.

---

17) 예컨대 1968년 8월 9일 세계의사학회에서 채택된 Sydney선언은 사망의 시기결정에 뇌파계(腦波計)가 가장 유효하고 유일한 진단장치라고 하였으며, 우리나라에서는 대한의학협회가 1993년 3월 4일 사망을 "심폐기능의 불가역적 정지(심폐사) 또는 뇌간을 포함한 전뇌기능의 불가역적 소실(뇌사)"로 판단한다고 선언함으로써, 의학계에서 사망의 정의로 뇌사가 공식인정되었다.

18) 강구진, 24면; 김/서, 22면; 김종원, 30면.

19) 장기이식에 있어서 뇌 이외의 장기를 이식한 경우에는 이식수술을 받은 자의 정체성이 그대로 유지되지만, 뇌를 이식한 경우에는 뇌를 적출당한 자의 정체성이 옮겨가는 특수성이 있다는 점을 숙고해 보아야 할 것이다. 뇌이식의 가능성과 그 방법에 관하여는 동아일보 1999. 8. 30. A10면 해당기사 참조.

20) 동법 제4조 (정의) 제5호 "…'뇌사자'란 이 법에 따른 뇌사판정기준 및 뇌사판정절차에 따라 뇌 전체의 기능이 되살아날 수 없는 상태로 정지되었다고 판정된 사람을 말한다."

21) '무뇌아'란 대뇌없이 또 뇌간의 일부분이 없이 태어난 선천성 기형아이다. 그러나 무뇌아도 뇌간의 일부와 소뇌를 가지고 출생한다. 무뇌아를 처음부터 생명있는 사람으로 볼 것인가에 관하여는 논의가 있을 수 있다.

다만 통상의 죽음에 있어서는 심폐기능이 정지한 후 이윽고 뇌사가 뒤따르기 때문에 심폐사만으로 죽음을 확정하면 되고 엄격한 뇌사판정절차를 거칠 필요가 없지만, 심폐기능이 활동 중인 뇌사자의 사망확정이 필요한 때에는 뇌사설이 요구하는 신중한 판정절차(장기 등 이식에 관한 법률상의 뇌사판정기준과 뇌사판정절차)를 거쳐야 한다.

〈『장기 등 이식에 관한 법률』의 해석〉

'장기 등 이식에 관한 법률'(약칭: 장기이식법)은 "뇌사자는 사망한 자인가? 또는 살아있는 자인가?"라는 질문에 대하여 입법기술의 묘를 발휘하여 명확한 답을 주고 있지 않다. 예컨대 제4조(정의) 제5호에서 "'살아있는 사람'이란 사람 중에서 뇌사자를 제외한 사람을 말하고,…"라고 한 것은, 뇌사자를 사람으로 보면서도 살아있는 자에서 제외하고 있는 3분법적 표현이다.[22]

2010년 5월 31일에 전면개정된 이 법률은 제21조 제2항에서 "뇌사자의 사망시각은 뇌사판정위원회가 제18조 제2항에 따라 뇌사판정을 한 시각으로 한다"라고 규정하고 있다. 이 조항은 '뇌사자'에 한하여 그 사망시각을 규정한 것이고, 상술한 3분법적인 표현에 있어서 '살아있는 사람'의 사망시각이나 '사람'의 사망시각에 대해서는 별도로 명시한 바가 없기 때문에, 뇌사설을 채택한 법률이라고 단정할 수는 없다. 그리고 이 법률은 사망한 자로부터 장기를 무단 적출한 때에는 5년 이하의 징역 또는 5천만원 이하의 벌금($\substack{제48조\\제3호}$)에 처하는 반면에, 뇌사자로부터 장기를 무단 적출한 때에는 무기징역 또는 2년 이상의 유기징역($\substack{제44조\ 제1\\항\ 제9호}$)에 처한다고 규정하여, 뇌사자로부터의 무단 장기적출을 사망한 자의 경우보다 더 무겁게 처벌함으로써, 법적 취급에 있어서 뇌사자와 사망한 자를 구별하고 있다.

형법학계에서는, ㉠ 이 법률이 사망의 시기에 관하여 뇌사설의 입장을 채택한 것이라고 평가 내지 해석하는 학자들도 있고,[23] ㉡ 맥박종지설의 입장을 고수하면서, 이 법률은 뇌사자의 장기이식을 법적으로 허용하였을 뿐이고 뇌사를 사람의 종기(사망)로 단정한 것이라고 해석할 필연성은 없다고 하는 학자들도 있다.[24] ㉡의 입장에서는 뇌사자의 장기적출행위가 살아있는 인간에 대한 살해행위에 해당하지만 — 즉 제250조 살인죄 또는 제252조 제1항 동의살인죄의 구성요건해당성이 있지만 — , 장기이식을 위한 뇌사자의 장기적출에 한하여 이 법률 제22조에 의하여 그 위법성

---

22) 임상규, 앞의 글, 145면.

23) 김재봉, "치료중단과 소극적 안락사", 형사법연구, 제12호, 1999. 11, 한국형사법학회, 169면 주 62); 박상기, 22면.

24) 김성돈, 34면; 김성천, 521면; 배종대, 57면; 안동준, 30면; 오영근, 20면; 이재상, 16면 주 4); 정/박, 21면.

이 조각($^{제20조\ 법령에}_{의한\ 정당행위}$)된다고 해석한다. 다만 이 입장은, 뇌사자의 장기적출행위를 허용하는 법률이 헌법 제10조 인간으로서의 존엄과 가치에 반하고, 또 헌법상의 인간 생명의 존엄을 구현하고자 피해자의 승낙이 있는 경우에도 동의살인죄($^{제252조}_{제1항}$)로 처벌하는 형법정신에 반하는 위헌법률이 아닌가 하는 시비를 피할 수 없다는 약점이 있다.[25]

ⓒ 본서는 뇌사설에 입각하고 있지만, 이 법률이 죽음의 시기에 관하여 뇌사를 입법적으로 선언한 것이 아니라고 보고, 뇌사자의 장기적출행위의 형사책임에 관한 문제를 살인죄의 구성요건해당성은 있으나 법령에 의하여 위법성이 조각되는 것으로 해결하고자 하는 취지를 가진 법률로 해석한다. 비록 이 법률이 뇌사설을 채택한 것은 아니라고 하더라도, 죽음의 시기에 관하여 '이론상' 뇌사설을 지지하는 이상, 인간의 존엄에 반하는 위헌법률이라는 의문은 가지지 아니한다. 입법론으로는 이 법률이 뇌사설을 정면으로 채택함이 바람직하다고 본다.

(다) 생존가치없는 생명은 없다　생명이라는 법익은 모든 법익의 출발점이고 으뜸가는 위치에 있으므로, 생명의 보호는 특별한 성격을 지닌다. 살인죄에서 행위의 객체가 되는 사람은 '행위시에 생명이 있음'으로써 충분하고, 생존능력이나 생존가치를 불문한다. 따라서 인큐베이터에서 살아갈 수밖에 없는 조산아(早産兒), 심한 기형아, 고도의 정신장애자, 자살 직전의 자포자기자, 사형집행 직전의 사형수, 임종 직전의 노쇠자 등, 생명은 그 유용성과 질을 고려함이 없이 그 자체로서 보호된다. 독일 나치시대에는 "생존가치없는 생명은 훼멸해도 좋다"라는 기치 아래 이른바 '도태적 안락사'가 행해졌으나, 오늘날 "생존가치없는 생명은 없다"라는 명제가 확립되어 있다.

학자에 따라서는 생명보호의 특성을 강조하기 위하여 '절대적 생명보호의 원칙'이란 표현을 사용하기도 하는데, 전술한 바와 같이 '최대한 생명보호의 원칙'이란 표현이 타당하다고 본다.

(3) 실행행위

실행행위는 살해이다. '살해'란 자연적인 죽음에 앞서서 사람의 생명을 끊는 행위, 즉 사기(死期)를 단축하는 행위를 말한다. 살해의 수단·방법은 묻지 않지만, 경험법칙상 사람의 생명을 침해할 위험성이 있는 행위로서의 성질을 지녀야 한다. 따라서 살인의 고의를 가졌다고 하더라도 '미신범'(불능범)은 처음부터 살인죄의 구성요건적 행위, 즉 살해행위에 해당하지 않는다고 보아야

---

25) 이 법률의 위헌성에 관하여는 임상규, 앞의 글, 149면 이하 참조.

한다.

살해는 사살(射殺)·자살(刺殺)·타살(打殺)·독살(毒殺)·교살(絞殺)·익살(溺殺) 등과 같은 '유형적 방법'뿐만 아니라 정신적 충격이나 정신적 고통을 주어 죽게 하는 '무형적 방법'으로도 가능하다. 또한 살해행위는 작위 이외에 부작위에 의해서도 실현된다.[26] 유모가 갓난아이에게 젖을 주지 않아 사망케 하는 것처럼 보증인의 지위에 있는 자가 보호의무를 이행하지 아니하는 부작위로써 살해할 수도 있다. '부작위'와 '미필적 고의'에 의한 살인죄의 성립을 긍정한 대법원판결로는 '세월호침몰사고'(2014. 4. 16.)에서 세월호 '선장'에게 무기징역을 확정지은 판결($^{대판\ 2015.\ 11.\ 12,\ 2015}_{도\ 6809-전원합의체}$)이 국민의 관심을 모았었다. 살해는 행위자가 직접으로 하거나 정신병자 등을 이용한 간접정범의 형태로 행해질 수도 있다.

간접적 방법에 의한 살해로서는 '위증에 의한 살인'을 인정할 수 있는가의 문제가 있다. 형사소송에서는 실체적 진실발견주의가 지배한다고 하더라도, 소송사기에서처럼 법원에 대한 기망이 인정되는 이상, 위증과 법원의 사형선고 사이에 인과관계가 입증될 것을 전제로 하여, 살인죄의 성립을 긍정할 수 있다고 본다.[27]

살해행위는 생명이 침해됨으로써, 즉 사망의 결과가 발생함으로써 기수가 된다. 살해행위가 있었으나 사망의 결과가 발생하지 아니하든지, 사망의 결과에 대하여 인과관계가 부정되면, 살인죄의 미수범($^{제254}_{조}$)이 성립한다.

3. 주관적 구성요건: 고의

살인죄의 주관적 구성요건은 살인의 고의이다. 살인의 고의는 행위의 객체인 사람에 대한 인식, 그리고 살해행위로써 사망의 결과가 발생하리라는 가능성에 대한 인식과 인용이다(인용설). 행위자의 인식에 착오가 있을 때 '구체적 사실의 착오'에 속하는 객체의 착오나 방법의 착오는 고의의 성립에 영향을 주지 않는다(죄질부합설).

살인의 고의는 확정적 고의[28] 이외에 미필적 고의로써도 충분하다.[29] 예컨

---

26) 부작위에 의한 살인죄의 성립을 긍정한 판례로는 대판 2004. 6. 24, 2002 도 995; 1992. 2. 11, 91 도 2951; 1982. 11. 23, 82 도 2024 참조.

27) 김성천, 532면; 유기천, 상권, 26면; 이정원, 37면. 반대설은 김성돈, 35면; 김/서, 24면; 박상기, 24면; 배종대, 63면; 이재상, 19면; 이형국, 16면; 정/박, 23면.

대 과도로 복부를 찌른 경우,[30] 버스를 운전하여 도로를 차단하고 있던 전경을 향하여 시속 50km로 돌진한 경우에[31] 사망의 결과에 대한 미필적 고의를 인정할 수 있다.[32]

---

28) 우발범죄에 있어서도 살인의 확정적 고의를 인정한 판례로는 "판결요지: 피고인이 정교관계를 가졌던 피해자로부터 금품요구와 협박을 받아 오다가 위 피해자를 타이르던 중 반항하는 위 피해자를 순간적으로 살해하기로 결의하고 양손으로 피해자의 목을 졸라 질식·사망케 한 사실이 인정된다면 피고인에게 살인의 확정적 범의가 있었음이 분명하다"(대판 1983. 9. 13, 83 도 1817).

29) "살인죄의 범의는 자기의 행위로 인하여 피해자가 사망할 수도 있다는 사실을 인식, 예견하는 것으로 족하고 피해자의 사망을 희망하거나 목적으로 할 필요는 없고, 또 확정적인 고의가 아닌 미필적 고의로도 족한 것이다"(**대판 1994. 12. 22, 94 도 2511.** 同旨, 대판 1988. 6. 14, 88 도 692; 1988. 2. 9, 87 도 2564; 1987. 7. 21, 87 도 1091).

30) "피고인이 범행 전 과도를 숨기고 범행현장에서 피해자를 기다리고 있다가 단번에 피해자의 복부를 찔러 복대동맥좌창으로 인한 실혈로 병원으로 옮기는 도중 사망케 한 점 등 위 사실관계에 비추어 피고인에게 살의를 인정한 원심의 조치는 정당하다"(대판 1986. 5. 27, 86 도 420).

31) "시내버스를 탈취한 후, 술이 취한 채 탈취한 버스를 운전하여 그 때 시위대를 진압하기 위하여 차도를 차단하여 포진하고 있는 충남경찰국 기동대원을 향하여 시속 50킬로미터의 속력으로 돌진하자, 이러한 경우 그들이 버스에 치어 사망할 것이라는 정을 충분히 인식할 수 있음에도 불구하고 계속 같은 속도로 운행하면서 차도에서 인도 쪽으로 피하는 대원들을 따라 일부러 핸들을 우측으로 틀면서 돌진하여 위 버스 전면차체부위로 피해자들을 들이받아 쓰러뜨려 대원중 일경 박○○은 두개골 골절 등으로 사망케 하여 그를 살해하고…피고인의 위 범행에 대하여 미필적인 살의가 있었다고 본 제1심 판결과 이를 유지한 원심의 조처는 정당하게 수긍이 가고"(대판 1988. 6. 14, 88 도 692).

32) 그 외 살인죄의 미필적 고의를 인정한 판례로는 다음과 같은 것이 있다. ① "살인죄에 있어서의 범의는 반드시 살해의 목적이나 계획적인 살해의 의도가 있어야 인정되는 것은 아니고, 자기의 행위로 인하여 타인의 사망의 결과를 발생시킬 만한 가능 또는 위험이 있음을 인식하거나 예견하면 족한 것이고 그 인식이나 예견은 확정적인 것은 물론 불확정적인 것이라도 소위 미필적 고의로 인정되는 것인바(대법원 2000. 8. 18. 선고 2000도2231 판결 참조), 피고인이 범행 당시 살인의 범의는 없었고 단지 상해 또는 폭행의 범의만 있었을 뿐이라고 다투는 경우에 피고인에게 범행 당시 살인의 범의가 있었는지 여부는 피고인이 범행에 이르게 된 경위, 범행의 동기, 준비된 흉기의 유무·종류·용법, 공격의 부위와 반복성, 사망의 결과발생가능성 정도 등 범행 전후의 객관적인 사정을 종합하여 판단할 수밖에 없다. 원심판결 이유에 의하면, 원심은 제1심판결이 채택한 증거들과 피고인의 원심법정에서의 진술 등을 종합하여, 피고인은 건장한 체격의 군인으로서 키 150cm, 몸무게 42kg의 왜소한 피해자를 상대로 폭력을 행사하였고 특히 급소인 목을 15초 내지 20초 동안 세게 졸라 피해자의 설골이 부러질 정도였던 사실을 인정한 다음, 이러한 폭력의 태양 및 정도에 비추어 보면 이 사건 범행 당시 피고인에게 최소한 살인의 미필적 고의는 있었다고 판단하여 이 사건 살인의 공소사실을 유죄로 인정하였는바, 앞서 본 법리와 기록에 비추어 살펴보면, 원심의 위와 같은 사실인정과 판단은 정당한 것"(대판 2001. 3. 9, 2000 도 5590). ② "피고인이 무술교관출신으로서 인체의 급소를 잘 알고 있으면서도 무술의 방법으로 피해자의 울대를 가격하여 피해자를 사망케 한 행위에 살인의 범의가 있다"(대판 2000. 8. 18, 2000 도 2231).

〈문제: '에이즈감염행위'에 있어서 살인의 고의의 인정 여부〉

에이즈(Aids)감염행위란 "Aids에 감염된 자가 상대방에게 자신의 감염사실을 알리지 않고 예방조치 - 예컨대 콘돔의 사용 - 없이 성교섭을 한 경우"를 말한다. 에이즈감염행위에 있어서는 행위자에게 '살인의 고의'를 인정할 수 있느냐가 문제된다.[33]

이 문제의 해결에 필요한 선지식(先知識)으로서 '에이즈의 감염과 발병과정'을 요약하자면, 다음과 같다. ① Aids감염자의 예방조치없는 성행위 → (상대방의 Aids 감염률 약 1~2%, 2~12주 경과 후 감염여부판명) → ② 상대방의 Aids감염 → (감염 후 발병률 50~70%, 감염 후 평균발병기간 10년) → ③ Aids발병 → (발병 후 치사율 100%, 발병 후 생존기간 대략 1년, 최장생존기간 5년) → ④ 사망.

문제의 관건은, 행위자가 상대방의 에이즈감염가능성을 희박하다고 인식하면서 감염의 결과를 인용한 경우에도 고의의 성립을 인정할 것인지, 아니면 이로써는 부족하고 에이즈감염의 어느 정도의 가능성 내지 개연성을 인식하고 그 결과발생을 인용한 경우에 고의가 성립한다고 보아야 할 것인가에 있다. 즉 예방조치없는 1회의 성교섭으로 상대방이 에이즈에 감염될 확률은 1% 정도로 그 가능성이 희박하고 감염 후의 발병률도 50~70%이며 발병기간(잠복기)도 10여년인 점에 비추어,[34] 비록 사망의 결과발생에 대한 인용이 있더라도 결과발생의 막연한 가능성을 인식한 데 지나지 않는 행위자에게 살인의 고의가 있는 것으로 무거운 형벌을 부과해야 할 것인가라는 의문이 제기될 수 있다. 고의의 본질에 관한 '인용설'에 서더라도, 정도의 차이를 불문하고 결과발생가능성을 인식하기만 하면 고의가 성립된다고 할 것인지, 아니면 결과발생의 가능성을 상당한 정도로 인식하는 경우에 고의가 성립된다고 볼 것인지의 문제이다. 이 문제에 대하여는 다음과 같은 시각에서 논점을 검토해 봄으로써 고의의 성립을 긍정할 수 있다고 생각한다.

매우 희박하더라도 - 예컨대 1/1000의 확률로 - 결과발생이 가능한 것으로 인식하였다면, 행위자는 결과발생이 가능한 행위를 할 것인가 말 것인가의 여부를 결정할 수 있고, 결과발생 여부는 행위자의 지배범위에 있게 되며, 이 때 행위자는 그 결과발생을 회피할 법적 의무 - 대개의 경우에는 결과발생이 가능한 행위를 하지 아니할 부작위의무, 앞의 예에서 결과발생의 불가능성이 999/1000의 확률인 부작위

---

33) 이 문제에 관하여 상세히는 임웅, "Aids감염행위의 형사책임", 형사법연구, 제8호, 1995. 12, 98-124면 참조.

34) 에이즈를 치료하기 위한 인류의 노력은 비록 완치단계는 아니지만, 에이즈감염 후 어느 정도 발병을 저지하거나 지연시키는 약제를 개발하는 성과를 가져왔다. 그러므로 요즈음 에이즈(후천성 면역결핍증)가 치명적인 질병이라고 하기는 곤란하다는 주장이 있을 수 있다. 이러한 주장을 감안한다면, 이 책 21면에서부터 다루고 있는 '에이즈감염행위에 있어서 살인의 고의의 인정 여부'라는 문제와 그 풀이는 이른바 '교과서적 사례'로서 이해해주기 바란다.

행위로 나아갈 의무, 에이즈감염행위에 있어서는 성행위를 하지 아니할 의무 또는 상대방의 감염회피를 위하여 예방조치없는 성행위를 하지 아니할 의무—가 있고, 만약 결과발생이 가능한 작위로 나아가는 의지적 태도를 보인다면 고의범으로서의 강한 형벌적 비난을 가해야 할 것이다. 따라서 결과발생의 희박한 가능성만을 인식했다고 하더라도 현실화될 위험행위를 회피하지 아니하고 작위로 나아가는 인용적 태도를 보인 이상, 살인의 고의를 긍정할 수 있다고 하겠다.[35] 학자에 따라서는 살인의 고의를 인정하지 아니하고, 중상해의 고의를 인정함으로써 중상해죄($\frac{제258}{조}$) 또는 상해치사죄($\frac{제259}{조}$)의 범위에서 형사책임을 긍정하는 견해도 있다.[36]

1987년에 제정된 '후천성면역결핍증 예방법'(약칭: 에이즈예방법)(제25조 제2호: 에이즈전파매개죄)은 에이즈감염자가 감염의 예방조치없이 성행위를 한 경우 3년 이하의 징역에 처하고 있다. 그러므로 에이즈감염행위는 형법상의 살인행위 이외에 후천성면역결핍증 예방법상의 에이즈전파매개행위에 해당하게 되는데, 이 때 살인죄와 에이즈전파매개죄는 상상적 경합의 관계에 선다고 본다. 다만 실무상으로는 살인죄의 입증이 곤란할 것이기 때문에 살인죄의 인정을 주저하게 될 것이라고 생각한다.

4. 위 법 성

(1) 살인죄의 위법성조각사유 일반

살인죄의 위법성조각사유로서는 정당행위(예: 교도관의 사형집행행위), 정당방위, 정당화적 의무의 충돌 등이 있으나,[37] 무엇보다도 '안락사의 허용 여부'가 논쟁의 핵심을 이루고 있다. 살인죄에 있어서 피해자의 승낙은 위법성을 조각하지 아니하고 촉탁·승낙살인죄($\frac{제252조}{제1항}$)가 성립하지만, 안락사의 경우에는 촉탁·승낙살인죄의 위법성마저 조각하느냐가 논의대상이 되고 있다.

(2) 안락사

(가) 개 념   「안락사」(安樂死, Euthanasie)란 "심한 육체적 고통에 시달리며 사기(死期)가 임박한 불치 또는 난치의 환자의 촉탁·승낙을 받아 그 고통

---

35) 김성천, 526면; 임웅, 앞의 글, 115-6면; 전지연, "성행위를 통한 AIDS전염의 형법적 취급에 대한 고찰", 성시탁교수화갑기념논문집, 1993년, 695면. Bernd-Dieter Meier, "Strafrechtliche Aspekte der Aids-Übertragung", Goltdammer's Archiv für Strafrecht, 1989, S. 227. 살인의 고의를 인정한 독일 하급심판결로는 LG München Ⅰ, Urteil v. 20. 7. 1987(MedR 1987, S. 288).

36) 김성돈, 35면; 김/서, 70면; 박상기, 54면; 배종대, 106면; 백형구, 50면; 오영근, 67면; 이형국, 73면; 정/박, 54면; 진/이, 35면.

37) 생명 대 생명의 긴급피난은 위법성이 조각되는 것이 아니라 책임이 조각된다(총론, 270-1면 참조).

을 제거하거나 완화하기 위한 의료적 조처가 생명의 단축을 가져오는 경우" 를 말한다. 이러한 정의로부터 도출되는 안락사의 개념요소는 ① 환자가 사기 에 임박해 있을 것(사기임박), ② 불치 또는 난치의 질병에 걸린 환자일 것(불 치의 질병), ③ 환자가 격심한 육체적 고통에 처해 있을 것(육체적 고통), ④ 안 락사의 시행목적이 육체적 고통의 제거 내지 완화에 있을 것(고통제거목적), ⑤ 안락사에 대한 환자 본인의 명시적인 촉탁·승낙의사 또는 추정적 의사가 있을 것(본인의 승낙), ⑥ 안락사의 시행이 환자의 생명을 단축할 것(생명단축) 등이다.

그러나 최근 안락사 논쟁의 초점이 되어 있는 이른바 '소극적 안락사'에서 는 식물인간과 같이 육체적 고통에 시달리지 '않는' 환자의 안락사까지도 허 용하고자 하므로 위의 ③과 ④는 더 이상 안락사의 개념요소로서 필수적인 것 은 아니라고 하겠으며, 이른바 '적극적 안락사'에서도 고통제거를 목적으로 한 직접적 안락사는 환자에 대한 진통의술(鎭痛醫術)의 발달로 말미암아 그 의의 가 반감되었다고 보아, 위 ④의 개념요소는 안락사의 개념정의에 그다지 적합 하지 않게 되었다고 하겠다. 그리고 '육체적 고통제거'에 중점을 두었던 과거 의 안락사와는 달리 오늘날 논의되는 안락사는 "존엄하게 죽을 환자의 권 리"(헌법 제10 조의 적용)에 초점을 두고 있으므로 시대변화에 따라 안락사를 보는 문제의 시각이 전혀 달라져 있다는 점을 인식해야 할 것이며, 당연히 안락사의 개념 정의도 달라져야 한다고 생각한다.[38]

이러한 관점에서 안락사 개념의 새로운 정의는 "사기가 임박한 불치 또는 난 치의 환자의 촉탁·승낙을 받아 인간다운 죽음을 맞이하도록 하는 의료적 조처가 생 명의 단축을 가져오는 경우"라고 함이 타당하다고 하겠고, 환자의 '육체적 고통 과 관계없이' 안락사의 허용 여부를 논의하는 것이 시의적절하다고 본다.[39] 그 리고 죽음에 임박한 환자를 육체적 고통으로부터 해방시키기 위한 의료적 처 치가 생명단축을 가져오는 경우－예컨대 간접적 안락사－라고 하더라도 넓게 는 '인간다운 죽음'을 맞이하도록 하는 시술(施術)의 일환(一環)으로 파악할

---

38) 이러한 관점에서 안락사라고 하는 명칭도 '존엄사'로 부르는 것이 적절하다고 본다.

39) 허일태 교수는 안락사에 대한 두 가지 관점을 구별하여, ① 환자의 육체적 고통 여부에 관 계없는 안락사를 '광의(廣義)의' 안락사, ② 환자의 육체적 고통을 제거하기 위한 안락사를 '협의 (狹義)의' 안락사라고 정의하고, 이 중 광의의 안락사를 '존엄사(尊嚴死)'라고 부르고 있다(허일 태, "안락사에 관한 연구", 형법연구(Ⅰ), 391-3면).

수 있을 것이다.[40] 이제 새로운 정의에 따르자면, 안락사의 개념요소는 ① 환자가 사기에 임박해 있을 것(사기임박), ② 불치 또는 난치의 질환에 걸린 환자일 것(불치의 질환), ③ 안락사의 시행목적이 인간다운 죽음에 있을 것(존엄사), ④ 안락사에 대한 환자 본인의 명시적인 촉탁·승낙의사 또는 추정적 의사가 있을 것(본인의 촉탁·승낙), ⑤ 안락사의 시행이 환자의 생명을 단축할 것(생명단축)이며, 이 중 ③의 개념요소에 특히 주목해야 할 것이다.

(나) 유형과 형사책임

(a) 진정안락사와 부진정안락사   안락사의 유형은 먼저 그 시행이 생명의 단축을 초래하느냐의 여부로 분류할 수 있다. 생명의 단축을 가져오는 안락사는 살인죄의 성립 여부가 문제되고, 생명의 단축을 가져오지 않는 안락사, 즉 '진정안락사'는 살해행위의 개념에 해당하지 않으므로 형법상 처음부터 아무런 문제가 되지 않는다.

형법학자들은 생명의 단축을 가져오는 '부진정안락사'를 다시금 ① 적극적 안락사와 소극적 안락사 ② 직접적 안락사와 간접적 안락사로 구별하고 있다.

(b) 적극적 안락사와 소극적 안락사

(i) 적극적 안락사   고통완화를 목적으로 하지만 그 시술방식이 '적극적인 처치'(작위)에 의하여 행해지는 안락사를 '적극적 안락사'(aktive Euthanasie)라고 한다. 또한 적극적 안락사는 ① 고통제거를 위하여 행해지는 안락사가 환자의 생명단축을 직접적인 목적으로 해서 시술되는 '직접적 안락사'와 ② 환자의 생명단축을 직접적 목적으로 하는 것은 아니고 다만 환자의 고통을 완화하기 위한 적극적 처치가 불가피하게-부작용으로-환자의 생명단축을 초래하는 '간접적 안락사'로 나누어진다.

㉠ 직접적 안락사: 암의 말기에 환자의 고통이 거의 참을 수 없는 정도에 이르러 치명적인 용량의 모르핀을 환자에게 주사함으로써 생명을 마감케 하는 의사의 적극적인 처치가 '직접적 안락사'(direkte Euthanasie)에 해당한다. 형법학자들은 '적극적' 안락사라는 용어를 '직접적' 안락사의 의미로 사용

---

40) 상술한 바와 같이 오늘날 육체적 고통제거만의 목적은 별 의미가 없는 이상 안락사와 존엄사를 구별할 필요는 없다고 본다. 그러므로 죽음에 임박한 환자를 육체적 고통으로부터 해방시키기 위한 의료적 처치를 '안락사'라고 정의하고, 육체적 고통과는 관계없이 인간다운 죽음을 위한 의료적 처치를 '존엄사'라고 부르는 2분법(김/서, 26-7면)은 안락사개념의 새로운 정의 안에 하나로 포괄될 수 있다.

하는 것이 일반적인 경향이므로, 본서에서도 이러한 용어법을 따르기로 한다.

생명의 단축을 직접적 목적으로 하는 적극적 안락사는 비록 환자의 명시적인 요구가 있다고 하더라도 ① 형법상 절대적 생명보호의 원칙에 위배되고 생명보호의 상대화를 초래하게 되며, ② 생명의 신성불가침이 무너지고, ③ 안락사 남용의 위험성이 있다는 등의 이유를 들어 위법하다고 보아 허용하지 않으려고 하는 것이 현재 우리 형법학계의 통설적 견해이다.[41]

그러나 개인적으로는 후술하는 간접적 안락사와 소극적 안락사 이외에 '적극적 안락사'까지도 일정한 요건하에 위법성이 조각된다고 생각한다. 즉 ① 적극적 안락사를 허용하지 않으려는 주장의 논거가 되어 있는 '절대적' 생명보호원칙의 '실상'은, 사형제도, 정당행위(예: 전시에 적군의 사살), 정당방위, 위법조각적 의무의 충돌, 면책적 긴급피난 등에서 보는 바와 같이 생명의 보호가 '상대화'되어 있다고 해야 하며, ② 생명의 신성불가침이라는 서양의 기독교적 생명관에 대비하여 인간으로서 추하지 않은 명예로운 죽음, 즉 존엄사를 존중하는 '동양의 사생관(死生觀)'을 고려해야 하고, ③ 오늘날 신기원(新紀元)을 열고 있는 생명공학에 의하여 생명의 신성관(神聖觀)은 동요하고 있으며, 인간생명도 더 이상 신사(神事)가 아니라 인사(人事)에 속하는 것으로서 "인간이 취급하고 인간이 판단하며 인간이 통제할 문제, 인간이 과학과 윤리와 법의 논리로 재단하며 그 결과에 대해서도 인간이 책임져야 할 문제"가 되었다는 엄연한 과학적 사실을 받아 들여야 하고, ④ 현대의학은 죽음을 목전에 둔 회복불가능한 환자의 고통스럽거나 무상(無常)한 삶을 억지로 연장하는 경우가 많다는 사실을 직시해야 하며, ⑤ 이 경우에 본인이 안락사를 원한다면 그 의사를 외면할 것이 아니라 존엄사할 자기결정권으로서 최대한 존중해 줄 필요가 있고, ⑥ 생명은 개인이 처분할 수 있는 법익이지만 개인의 생명처분권은 '법률정책'에 의하여 일정한 제한을 받는 것으로 이해함으로써, 「적극적 안락사」도 '일정한 요건'하에 허용해야 할 것으로 본다.[42] [43]

---

41) 권오걸, 15면; 김일수, "안락사 문제의 실정법적 연구", 현대사회, 1984년 봄호, 187면; 박상기, 형법총론, 박영사, 2009, 162면; 배종대, 71면; 이재상, "안락사의 형태와 허용한계", 김종원교수화갑기념논문집, 1991, 578면; 이정원, 41-2면; 이형국, 20면; 전지연, "현행형법에 따른 안락사의 허용여부에 대한 검토", 명형식교수화갑기념논문집, 1998, 163면; 진/이, 형법총론, 대왕출판사, 2007, 329면; 허일태, 앞의 글, 428 및 436면.

42) 상세히는 임웅, "안락사의 정당화", 고시연구, 1999, 12, 47-57면 참조.

43) 적극적 안락사의 허용은 미국 오리건(Oregan) 주(1994년), 워싱턴(Washington) 주(2009

적극적 안락사는 ① 본인의 명시적인 의사에 기한 경우에는 형법 제20조 '사회상규에 위배되지 아니하는 행위'로서 촉탁·승낙살인죄($\frac{제252조}{제1항}$)의 '위법성이 조각'된다고 보고, ② 본인이 의사를 표명할 수 없는 경우에는 '추정적 승낙의 법리'에 의하여 살인죄($\frac{제250}{조}$)의 위법성이 조각될 수 있다.

본인의 명시적인 의사에 기한 적극적 안락사의 경우에는 안락사의 의미를 이해할 능력이 있는 환자의 자유롭고도 진지한 요구 또는 승낙이 있어야 한다.

의식불명의 상태에 있는 등 환자 자신이 의사를 표명할 수 없는 경우의 적극적 안락사에서는 본인의 의사를 추정하는 수밖에 없고, 이 때 '추정적 승낙의 법리'에서 도출되는 요건이 부가된다.[44] 추정적 승낙에 있어서는 환자의 가족 등 보호자의 의사를 존중하기는 하되, 가족의 의사만으로 환자의 의사를 대신하게 해서는 안된다.[45] 왜냐하면 환자의 가족에 의하여 안락사가 남용될 위험성이 있기 때문이다. 따라서 환자 본인의 이익을 위하여 환자 가족의 의사에 반하는 추정이 내려질 수도 있다. 환자의 진의에 대한 추정은 '객관적' 추정이어야 한다. 따라서 의사는 환자의 진의(眞意)를 파악하기 위하여 '성실한 검토의무'를 다하여야 한다. '신뢰할 만한 근거'를 바탕으로 하여 환자의 의사를 추정해야 한다는 의미이다. 예컨대 의식불명인 환자가 과거 정상상태에서 보였던 뚜렷한 가치관, 사생관(死生觀), 신앙 등이 환자의 진의를 추정할 만한 좋은 근거가 될 것이다.[46] 또 의사뿐만 아니라 환자의 가족, 법관 등도 객관적 추정작업에 참가해야 할 것이며, 보다 신중을 기하기 위해서는 안락사 심사위원회를 구성하여 그 판단에 맡기는 것이 바람직하다고 생각한다.

ⓛ 간접적 안락사:　　환자가 자연사할 때까지 오로지 고통을 경감시켜줄 목적으로 의사가 모르핀을 투여하였는데, 필요한 모르핀의 단위용량이 점차 증가할 수밖에 없었고 이러한 처치의 부작용으로 불가피하게 환자의 생명단축이라는 결과를 초래한 경우가 '간접적 안락사'(indirekte Euthanasie)에 해당한다.

년), 버몬트(Vermont) 주(2013년)의 안락사법, 네덜란드의 안락사법(1993년) 등의 입법례가 보여주듯이 안락사를 합법화할 법률을 제정하여, 안락사 허용의 요건, 절차 등을 명확히 규정하고 안락사가 남용될 위험성을 차단하는 것이 바람직하다.

44) 추정적 승낙의 성립요건과 효과에 관하여는 총론, 297-99면 참조.
45) 소극적 안락사에 있어서 같은 견해로는 전지연, 앞의 글, 183면.
46) 소극적 안락사에 있어서 비슷한 견해로는 허일태, 앞의 글, 413면.

우리나라 형법학자들은 고통경감을 위한 의료적 처치가 부수적으로 생명단축을 초래한 간접적 안락사만큼은 환자의 반대의사가 없는 한, ① 사회상규에 위배되지 아니하는 행위($\frac{제20}{조}$)로서[47] 또는 ② 긴급피난($\frac{제22}{조}$)으로서[48] 또는 ③ 업무로 인한 행위로서($\frac{제20}{조}$)[49] 위법하지 않다거나 ④ 허용된 위험으로서[50] 인정하고자 한다.

(ii) 소극적 안락사   「소극적 안락사」(passive Euthanasie)란 "사기가 임박하고 현대의학의 견지에서 불치의 환자, 특히 식물인간의 상태에 있는 환자에 대하여 의사가 생명유지에 필요한 의료적인 처치를 취하지 않거나 이미 부착된 인공생명유지장치를 제거하는 경우"를 말한다. 이 때 의사가 환자에 대한 치료의무 내지 생명유지의무, 즉 작위의무를 이행하지 않는다는 의미에서 '소극적' 안락사 또는 '부작위에 의한' 안락사라고 부른다. 환자의 병세가 암의 말기에 심한 기능장애로 말미암아 절망적으로 악화됨으로써 의사가 혈액순환촉진제의 투여와 인공호흡기의 연결을 단념함으로써, 즉 '치료중단'에 의하여 환자로 하여금 자연적인 죽음을 맞이하도록 하는 것이 소극적 안락사에 해당한다.

환자의 명시적 의사 또는 추정적 승낙에 기하여 행해진 소극적 안락사에 대하여는 ① 환자의 자기결정권 내지 치료거부권을 존중하고, ② 존엄사(자연사)할 권리($\frac{헌법}{제10조}$)를 인정해야 하며, ③ 의사의 치료의무가 소멸한다는 논거를 들어 살인죄가 성립되지 않는다고 하는 것이 우리 형법학계의 지배적 견해이다.[51]

이 입장에서는 소극적 안락사를 ① 촉탁·승낙살인죄($\frac{제252조}{제1항}$) 또는 보통살

---

47) 김성돈, 39면; 김/서, 25면; 오영근, 27면; 이재상, 앞의 글, 581면; 진/이, 형법총론, 331면.

48) 배종대, 69면; 전지연, 앞의 글, 171면. 우리 형법 제20조와 같은 규정이 없는 독일형법에서는 정당화적 긴급피난(독일형법 제34조)으로서 '간접적' 안락사의 위법성이 조각된다고 보는 것이 통설적 견해이다. 정당화적 긴급피난으로 보는 경우에 비교형량의 대상법익은 '생명의 보호' 대 '고통의 완화'이다. 한편 면책적 긴급피난으로서 불가벌이라는 견해로는 허일태, 앞의 글, 439면.

49) 정/박, 형법총론, 삼지원, 2008, 285면.

50) 이정원, 43면; 이형국, 18면; 최우찬, "안락사와 존엄사", 고시계, 1989. 2, 42면.

51) 김일수, 앞의 글, 186면; 박상기, 26면; 배종대, 68면; 이재상, 앞의 글, 581-3면; 이형국, 18면; 정/박, 형법총론, 289면; 진/이, 형법총론, 328면; 허일태, 앞의 글, 437면. 소극적 안락사에 있어서 안락사를 원하는 환자의 명시적인 의사가 있는 경우뿐만 아니라 환자가 의식불명인 경우에도 추정적 승낙의 법리에 의하여 허용될 수 있고, 안락사가 환자의 의사에 반하는 경우에는 부작위에 의한 살인죄를 구성한다고 본다.

인죄($\frac{제250}{조}$)의 구성요건에 해당하지만 '사회상규에 위배되지 아니하는 행위'($\frac{제20}{조}$)로서 위법성이 조각되는 것으로 이해하거나[52] ② 환자에 대하여 생명유지의무를 부담하고 있는 의사는 소극적 안락사에 있어서 부작위범의 성립만이 문제가 되는데 일정한 요건이 갖추어진 경우에 의사의 생명유지의무가 소멸함으로써 의사의 치료중단은 살인죄의 부작위범으로서 성립하지 않는다고 한다.[53]

대법원은 최근 선고한 민사판결(전원합의체판결)에서 소극적 안락사가 사회상규에 부합되고 헌법정신에도 어긋나지 않는다고 보아 특별한 사정이 없는 한 허용될 수 있음을 분명히 하였다.[54]

(3) 소극적 안락사의 법제화

2016. 2. 3.에 제정되고, 2018. 3. 27.에 일부 개정된 「호스피스·완화의료 및 임종과정에 있는 환자의 연명의료결정에 관한 법률」(약칭: 연명의료결정법; 세칭: 존엄사법 또는 Well Dying법)에 의하여 종래 이론상 논의되어 오던 '소극

---

52) 김성돈, 39면: 배종대, 69면: 오영근, 28면: 이재상, 앞의 글, 583-4면: 진/이, 형법총론, 330면.

53) 김/서, 26면: 이정원, 44면: 전지연, 앞의 글, 172면 이하.

54) "다수의견: 의학적으로 환자가 의식의 회복가능성이 없고 생명과 관련된 중요한 생체기능의 상실을 회복할 수 없으며 환자의 신체상태에 비추어 짧은 시간 내에 사망에 이를 수 있음이 명백한 경우(이하 「회복불가능한 사망의 단계」라 한다)에 이루어지는 진료행위(이하 「연명치료」라 한다)는 원인이 되는 질병의 호전을 목적으로 하는 것이 아니라 질병의 호전을 사실상 포기한 상태에서 오로지 현 상태를 유지하기 위하여 이루어지는 치료에 불과하므로, 그에 이르지 아니한 경우와는 다른 기준으로 진료중단 허용가능성을 판단하여야 한다. 환자가 회복불가능한 사망의 단계에 진입한 경우, 환자는 전적으로 기계적인 장치에 의존하여 연명하게 되고, 전혀 회복가능성이 없는 상태에서 결국 신체의 다른 기능까지 상실되어 기계적인 장치에 의하여서도 연명할 수 없는 상태에 이르기를 기다리고 있을 뿐이므로, 의학적인 의미에서는 치료의 목적을 상실한 신체침해행위가 계속적으로 이루어지는 것이라 할 수 있으며, 이는 죽음의 과정이 시작되는 것을 막는 것이 아니라 자연적으로는 이미 시작된 죽음의 과정에서의 종기를 인위적으로 연장시키는 것으로 볼 수 있다. 생명권이 가장 중요한 기본권이라고 하더라도 인간의 생명 역시 인간으로서의 존엄성이라는 인간 존재의 근원적인 가치에 부합하는 방식으로 보호되어야 할 것이다. 따라서 이미 의식의 회복가능성을 상실하여 더 이상 인격체로서의 활동을 기대할 수 없고 자연적으로는 이미 죽음의 과정이 시작되었다고 볼 수 있는 회복불가능한 사망의 단계에 이른 후에는, 의학적으로 무의미한 신체침해행위에 해당하는 연명치료를 환자에게 강요하는 것이 오히려 인간의 존엄과 가치를 해하게 되므로, 이와 같은 예외적인 상황에서 죽음을 맞이하려는 환자의 의사결정을 존중하여 환자의 인간으로서의 존엄과 가치 및 행복추구권을 보호하는 것이 사회상규에 부합되고 헌법정신에도 어긋나지 아니한다고 할 것이다. 그러므로 회복불가능한 사망의 단계에 이른 후에 환자가 인간으로서의 존엄과 가치 및 행복추구권에 기초하여 자기결정권을 행사하는 것으로 인정되는 경우에는 특별한 사정이 없는 한 연명치료의 중단이 허용될 수 있다"(**대판 2009. 5. 21. 2009 다 17417**-전원합의체). 한편 이 경우 '연명치료의 중단에 관한 기준, 절차 및 방법 등에 관한 법률'을 두고 있지 아니한 입법부작위 위헌확인 헌법소원(각하결정)에 대해서는 헌재 2009. 11. 26. 2008 헌마 385-전원재판부 참조.

적 안락사'는 '법제화'라는 획기적인 전기를 맞았다(개정된 일부 규정은 2019. 3. 28.부터 시행). 이 법률상의 요건과 절차에 따라 행해진 의사의 안락사시술행위(연명의료중단시술행위)는 형법상 촉탁·승낙살인죄($^{제252조}_{제1항}$)의 구성요건에 해당하더라도 형법 제20조의 '법령에 의한 행위'로서 위법성이 조각된다. 이 법률의 골자는 다음과 같다.

이 법률상의 '연명의료중단시술'이 소극적 안락사의 시술에 해당하는데, 여기에서 담당의사가 시행하지 아니하거나 중단할 수 있는 '연명의료'란 "임종과정에 있는 환자에게 하는 심폐소생술, 혈액투석, 항암제투여, 인공호흡기 착용 및 그 밖에 대통령령으로 정하는 의학적 시술로서 치료효과 없이 임종과정의 기간만을 연장하는 것"을 말한다(제2조 제4호. 밑줄 부분은 2018. 3. 27.의 개정에서 추가됨). 이 때에도 "통증 완화를 위한 의료행위와 영양분 공급, 물 공급, 산소의 단순 공급은 시행하지 아니하거나 중단되어서는 아니 된다"($^{제19조}_{제2항}$). 연명의료중단시술은 '임종과정에 있는 환자'($^{제2조\ 제1}_{호.\ 제2호}$)의 '연명의료중단결정을 원하는 환자의 의사(意思)'($^{제15조}_{제1호}$)에 따라 담당의사($^{제2조}_{제7호}$)가 '연명의료중단결정'($^{제2조}_{제5호}$)을 이행하는 행위이다($^{제19}_{조}$).

'임종과정에 있는 환자'란 "제16조에 따라 담당의사와 해당 분야의 전문의 1명으로부터 임종과정에 있다는 의학적 판단을 받은 자"를 말하는데($^{제2조}_{제2호}$), '임종과정'이란 "회생의 가능성이 없고, 치료에도 불구하고 회복되지 아니하며, 급속도로 증상이 악화되어 사망에 임박한 상태"를 말한다($^{동조}_{제1호}$). '연명의료중단결정을 원하는 환자의 의사(意思)'는 "제17조에 따라 연명의료계획서($^{제2조}_{제8호}$), 사전연명의료의향서($^{동조}_{제9호}$) 또는 환자가족의 진술($^{제15조,\ 제17조}_{제1항\ 제3호}$)을 통하여 환자의 의사(意思)로 보는 의사(意思)가 연명의료중단등결정을 원하는 것이고, 임종과정에 있는 환자의 의사에도 반하지 아니하는 경우"를 말한다($^{제15조}_{제1호}$). 연명의료계획서($^{제2조}_{제8호}$)는 말기환자($^{동조}_{제3호}$)[55] 또는 임종과정에 있는 환자($^{동조}_{제2호}$)가 담당의사에게 요청하여 작성한다($^{제10}_{조}$). 환자의 의사의 '확인'은 제17조에 따라 행해진다. 환자의 의사를 확인할 수 없고 환자가 의사표현을 할 수 없는 의학

---

55) 연명의료결정법 제2조 제3호: '말기환자'(末期患者)란 다음 각 목의 어느 하나에 해당하는 질환에 대하여 적극적인 치료에도 불구하고 근원적인 회복의 가능성이 없고 점차 증상이 악화되어 보건복지부령으로 정하는 절차와 기준에 따라 담당의사와 해당 분야의 전문의 1명으로부터 수개월 이내에 사망할 것으로 예상되는 진단을 받은 환자를 말한다. 가) 암, 나) 후천성면역결핍증, 다) 만성 폐쇄성 호흡기질환, 라) 만성 간경화, 마) 그 밖에 보건복지부령으로 정하는 질환.

적 상태인 경우에는 환자의 의사에 대한 간주규정($^{제18}_{조}$)이 마련되어 있다.

5. 책 임

단순살인죄의 책임가중유형으로서 존속살해죄가 있다.

6. 죄 수

사람의 생명은 고도의 일신전속적 법익에 속하는 것이기 때문에 피해자의 수에 따라 죄수(罪數)가 결정된다. 예컨대 동일한 기회에 동종의 방법으로 연속해서 수인을 살해한 경우에 수개의 살인죄의 실체적 경합범이 되고, 1개의 행위로 수인을 살해한 경우에는 살인죄의 동종류의 상상적 경합이 발생한다.

7. 형 벌

형벌은 사형, 무기 또는 5년 이상의 징역이다($^{제250조}_{제1항}$). 그 밖에 유기징역에 처할 때에는 10년 이하의 자격정지를 병과할 수 있다($^{제256}_{조}$).

살인죄의 미수($^{제254}_{조}$)와 예비·음모($^{제255}_{조}$)는 처벌한다. 살인예비·음모죄에 관하여 상세히는 후술하기로 한다.

8. 공소시효의 적용 배제

2015. 7. 31.의 형사소송법 개정에서는 "사람을 살해한 범죄(종범은 제외한다)로 사형에 해당하는 범죄에 대하여는 제249조부터 제253조까지에 규정된 공소시효를 적용하지 아니한다"라고 하는 제253조의 2를 신설(세칭 태완이법)하였다. 이제 살인죄는 공소시효가 적용되지 않는 범죄이다.

II. 존속살해죄

<u>제250조 제2항 [존속살해]</u> "자기 또는 배우자의 직계존속을 살해한 자는 사형, 무기 또는 7년 이상의 징역에 처한다."

1. 의의, 입법취지

존속살해죄(사형·무기 또는 7년 이상의 징역)는 보통살인죄(사형·무기 또는 5년 이상의 징역)에 대하여 신분으로 인한 책임가중유형이며,[56] '부진정신분범'에 속한다. 행위의 객체가 자기 또는 배우자의 직계존속인 경우에 형을 가중하는 범죄(존속살해죄, 존속학대죄 등 이른바 '존속범죄(尊屬犯罪)')의 입법취지는 효(孝)를 인륜(人倫)의 근본으로 삼는 가족주의 윤리관에서 유래한다. 그러므로 존속살해죄를 보통살인죄에 비하여 가중처벌하는 것은 직계존속의 생명을 보다 더 두텁게 보호하고자 하는 것이 아니라 존속에 대한 숭앙(崇仰)의 도덕을 형법이 강행하고자 하는 것이다.

2. 가중처벌의 위헌성

존속범죄의 가중처벌규정은 헌법상 평등의 원칙에 위배되는 위헌규정이 아닌가 하는 논의가 있다.[57] 대표적 존속범죄로서 존속살해죄가 직계비속이라는 '신분상의 이유'로 행위자를 가중처벌하고 있으므로, 헌법 제11조 제1항에 규정된 '법 앞의 평등과 사회적 신분에 의한 차별금지' 조항에 위배되는 것이 아닌가 하는 논의에 관한 학설을 먼저 고찰해 본 후에 사견을 밝히고자 한다.

(1) 위헌설[58]

소수설은 ① 직계비속의 직계존속에 대한 도덕적 의무를 형법이 강요하는

---

56) 존속살해죄는 보통살인죄에 대하여 '불법'가중유형이라는 소수설도 있다(김성돈, 41면; 김/서, 27면; 이정원, 46면).

57) 헌법재판소는 존속범죄 중에서 상해치사죄(동조 제1항: 3년 이상의 징역)에 대한 가중처벌규정인 존속상해치사죄(제259조 제2항: 무기 또는 5년 이상의 징역)를 헌법상 평등의 원칙 및 인간으로서의 존엄과 가치 등에 반하지 않으므로, 위헌이 아니라고 판시하고 있다. "결정요지: 비속의 직계존속에 대한 존경과 사랑은 봉건적 가족제도의 유산이라기보다는 우리 사회윤리의 본질적 구성부분을 이루고 있는 가치질서로서, 특히 유교적 사상을 기반으로 전통적 문화를 계승·발전시켜 온 우리나라의 경우는 더욱 그러한 것이 현실인 이상, '비속'이라는 지위에 의한 가중처벌의 이유와 그 정도의 타당성 등에 비추어 그 차별적 취급에는 합리적 근거가 있으므로, 이 사건 법률조항은 헌법 제11조 제1항의 평등원칙에 반한다고 할 수 없다. 존속상해치사죄와 같은 범죄행위가 헌법상 보호되는 사생활의 영역에 속한다고 볼 수 없을 뿐만 아니라, 이 사건 법률조항의 입법목적이 정당하고 그 형의 가중에 합리적 이유가 있으며, 직계존속이 아닌 통상인에 대한 상해치사죄도 처벌되고 있는 이상, 그 가중처벌에 의하여 가족관계상 비속의 사생활이 왜곡된다거나 존속에 대한 효의 강요나 개인윤리문제에의 개입 등 외부로부터 부당한 간섭이 있는 것이라고는 말할 수 없으므로, 이 사건 법률조항은 헌법 제17조의 사생활의 자유를 침해하지 아니한다. 또한 위 가중처벌에 의하여 가족 개개인의 존엄성 및 양성의 평등이 훼손되거나 인간다운 생활을 보장받지 못하게 되리라는 사정은 찾아볼 수 없고, 오히려 패륜적·반도덕적 행위의 가중처벌을 통하여 친족 내지 가족에 있어서의 자연적·보편적 윤리를 형법상 보호함으로써 개인의 존엄과 가치를 더욱 보장하고, 이를 통하여 올바른 사회질서가 형성될 수 있다고 보아야 할 것이므로, 이 사건 법률조항은 혼인제도와 가족제도에 관한 헌법 제36조 제1항에 위배되거나 인간으로서의 존엄과 가치 또는 행복추구권도 침해하지 아니한다"(헌재 2002. 3. 28, 2000 헌바 53).

58) 강구진, 34면; 유기천, 상권, 32면.

것은 봉건적·비민주주의적 사상에 기반을 둔 것으로서 존속살 가중처벌규정
은 가족주의 사회에서나 통용될 성질의 것이며, ② 존속살해죄를 가중처벌하
는 것은 직계존속의 생명을 보다 더 두텁게 보호하는 결과를 가져오는 것으로
서 법률상 불평등한 취급에 해당하고, ③ 도덕적 의무는 자발적으로 준수될
경우에 가치가 있는 것으로서 효라고 하는 도덕적 의무는 법, 특히 형법에 의
하여 강제될 성질의 것이 아니며(법과 도덕의 분리사상), ④ 인간은 출생'하게
할' 자유는 가지지만 출생'하는' 자유는 갖지 못하는데, 부자유한 출생을 기초
로 한 어떤 제약이든지 헌법의 이른바 신분적인 요소에서 법의 강제성이 발생
되는 것이라고 판단하지 않을 수 없다는 점,[59] 즉 직계비속이라는 신분은 자유
로이 취득한 것이 아니므로 이를 기초로 한 차별취급은 위헌이라는 점을 논거
로 하여, 형법 제250조 제2항은 평등의 원칙에 반하는 위헌규정이라고 한다.

(2) 합헌설[60]

다수설은 다음과 같은 논거로 존속살 가중처벌규정이 합헌이라고 주장한
다. ① 헌법상의 평등은 절대적 평등이 아니라 상대적 평등으로서 '합리적' 차
별을 금지하는 것은 아니다. 따라서 직계비속의 직계존속에 대한 숭앙의 도덕
적 의무는 동서고금을 막론하고 자연법에 속하는 것으로서 특히 이를 중시하
여 그 위반에 대하여 가중처벌하는 것이 평등의 원칙에 반하는 것은 아니다.
② 존속살해죄를 가중처벌하는 근거는 직계존속의 생명을 특별히 보호하고자
하는 것이 아니고 직계비속의 패륜성을 무겁게 비난하는 데 있으며, 직계존속
의 생명은 반사적으로 일층 강한 보호를 받을 따름이다.[61]

다만 합헌설에서도 제250조 제2항이 위헌은 아니지만 '입법론상' 바람직하
지 않으므로 폐지함이 타당하다는 견해가 제기되기도 한다.

(3) 사 견

① 합헌설의 주장과 같이, 직계'비속'의 직계존속에 대한 도덕적 의무는 자
연법에 속하는 것으로서 특히 이를 중시하여 그 위반에 대하여 가중처벌하는
것이 평등의 원칙에 반하는 것은 아니라고 한다면, 직계'존속'의 직계비속에
대한 도덕적 의무도 마찬가지로 중시하여 형법상 직계비속에 대한 범죄(대비

---

59) 유기천, 상권, 37면 주 940).
60) 김성돈, 42면; 김성천, 535면; 김/서, 32면; 김종원, 38면; 박상기, 27면; 배종대, 83면; 백
형구, 27면; 손동권, 17면; 오영근, 39면; 이재상, 26면; 정/박, 28-9면; 진/이, 40면.
61) 김종원, 37면.

속범죄(對卑屬犯罪))를 가중처벌하는 규정을 두는 것이 마땅하다. 그러나 우리 형법은 직계존속의 직계비속에 대한 범죄를 가중처벌하는 규정을 두지 아니하고 있음을 볼 때, 존속범죄의 가중처벌규정은 봉건적 법사상의 잔재라고 판단할 수밖에 없다. 다시 말하자면, 법의 불평등 여부만을 논할 것은 아니고, 그 토대에 도덕이 자리잡고 있다면 그 토대를 이루고 있는 '도덕'의 불평등 여부에도 비판적 시선을 던져볼 필요가 있다고 생각한다. '반인륜성(反人倫性)'에 있어서는 동일함에도 불구하고, 우리 형법이 '비속'살해죄의 가중처벌규정은 두지 아니하면서도 '존속'살해죄의 가중처벌규정을 특별히 두고 있는 것은 직계존속의 도덕적 의무는 도외시하고 직계비속의 효(孝)만을 강행하려는 점에서 평등한 도덕관에 기초한 것이 아니라 '일방적이고 불평등한 유교적 도덕관'에서 유래한 것이라고 볼 수밖에 없고,[62] 따라서 위헌규정이라고 하지 않을 수 없다.

② 또한 존속살해죄의 실례를 보면, 직계비속의 패륜성보다는 직계존속의 반인륜성이 동기가 된 경우가 더 많은데, 존속살해의 경우를 획일적으로 가중처벌하는 것은 구체적 타당성을 상실하고 일반인의 정의감에 반할 여지가 크다고 하겠다.

③ 보통살인죄의 최고형으로 사형이 규정되어 있는 이상 존속살해죄를 가중처벌하고자 하는 취지는 보통살인죄의 법정형의 범위 내에서 얼마든지 달성될 수 있으며, 직계비속의 패륜성은 보통살인죄의 법정형의 범위 내에서 양형요소로서 고려하면 충분하다고 본다. 1995년의 형법개정에서 존속살해죄의 형벌을 종래의 "사형 또는 무기징역"에서 "사형, 무기 또는 7년 이상의 징역"으로 낮추면서까지 이 규정을 존치시킬 필요성이 과연 있었겠는가는 극히 의문이다.

④ 입법례: 존속살해죄의 가중처벌규정은 대부분의 국가에서 이미 폐지되었고, 일본에서는 존속살해를 가중처벌하는 형법 제200조가 1973년 4월 4일

---

62) 평등한 민주사회란 가부장적 사회가 아니라 남녀평등이 보장되는 사회, '부모와 어른이 공경받는 사회'만큼이나 '자식과 아동이 보살핌을 받는 사회'를 의미한다. 우리 사회에서 아직도 자녀 개개인이 인격체로서 대우받지 못하고 부모의 소유물로 취급되는 관념, 그리고 자녀동반자살과 부모에 의한 아동학대가 허다한 현실은 유교적 도덕관에 대한 반성의 계기가 되고 있다. '가정폭력범죄의 처벌 등에 관한 특례법'(1997. 12. 13. 법률 제5436호)도 가부장적 사회에서 은폐되고 묵살되어 오던 '가정내 범죄'를 법률이 더 이상 방치할 수 없다는 판단에서, 뒤늦게나마 제정된 것이라고 할 수 있다.

에 최고재판소에 의하여 위헌판결을[63] 받은 후 사문화되어 있다가, 1995년 형법을 개정하면서 존속살해죄($_{조}^{제200}$)를 비롯한 존속범죄 가중처벌규정을 모두 폐지하였다($_{부터\ 시행}^{통년\ 6월\ 1일}$).

3. 행위의 주체와 객체

존속살해죄에 있어서 행위의 주체와 객체는 상관적 관계에 있다. 즉 존속살해죄에 있어서 행위의 객체는 자기 또는 배우자의 직계존속이므로, 행위의 객체와 주체는 상호간에 직계존·비속의 관계에 있다. 따라서 존속살해죄는 행위의 주체가 '직계비속'이라는 신분을 가진 자에 국한되며, 이른바 '부진정 신분범'에 속한다.

자기 또는 배우자의 직계존속은 '법률상의' 개념, 즉 민법상의 개념이고, 사실상의 관계를 제외한다는 것이 통설이다. 또한 민법상의 직계존속은 혈족에 한하고, 인척은 제외된다.

직계존속은 직계친(直系親)과 존속친(尊屬親)을 의미하는데, 원래 부모·조부모·외조부모와 같이 본인을 출생케 한 친족을 말한다. 타가(他家)에 입양한 자와 실친(實親) 사이($_{판례ᆞ}^{통설ᆞ}$),[64] 사생자와 생모 사이, 양자와 양친 사이에는 직계존·비속관계가 인정되고, 인지 이전의 사생자(혼인외의 출생자)와 생부 사이, 전부소생자(前夫所生子, 가봉자(加捧子))와 계부 사이, 계자와 계모 사이, 인지된 서자와 적모(嫡母) 사이에는 직계존·비속관계가 부정된다.[65]

배우자의 직계존속이란 법률상의 개념이므로 내연관계에 있는 배우자는 제외되고, 또 문언해석상 배우자와 배우자였던 자는 구별함이 타당하므로 배

---

63) 1973. 4. 4.의 일본 최고재판소 판결(刑集 27-3, 265)에서 최고재판소의 15인 법관 중 6인은 존속살 가중처벌규정이 헌법상 평등규정에 반하는 위헌규정이라고 하였고, 8인은 보통살인죄에 비하여 형량의 현격한 차이로 위헌이라고 하였으며, 1인은 합헌이라는 입장이었다.

64) 김성천, 538면; 김/서, 29면; 김종원, 40면; 박상기, 28면; 배종대, 84면; 오영근, 35면; 이재상, 27면; 이정원, 49면; 이형국, 27면; 정/박, 30면; 진/이, 40면. 타가(他家)의 양자로 입양된 사실이 있다 할지라도 생가를 중심으로 사는 종전의 친족관계는 소멸되는 것이 아니라는 판례가 있다(대판 1967. 1. 31, 66 도 1483). 하지만 민법개정(2008. 1. 1. 시행)으로 신설된 친양자제도(민법 제908조의 3)에 의하면 "입양한 양자는 원칙적으로 양친과의 친족관계는 인정되고, 종전의 친족관계는 종료된다"는 점을 들어 친양자가 친부모를 살해한 경우는 보통살해죄가 된다는 견해가 있다(김성돈, 43면).

65) 계자와 계모 사이, 인지된 서자와 적모(嫡母) 사이는 민법개정(제773-774조 삭제; 1991. 1. 1. 발효)에 의하여 친자관계가 부인되었다.

우자는 '생존'배우자에 한정된다($\frac{통}{설}$).

이러한 신분관계는 살해행위에 착수할 시점에 존재하면 족하다.

4. 실행행위

보통살인죄의 경우와 마찬가지로 살해이다.

5. 고의 및 착오

존속살해죄에 있어서는 자기 또는 배우자의 직계존속을 살해한다는 고의가 필요하다. 따라서 행위자는 행위의 객체가 자신의 직계존속이라는 것을 인식해야 한다.

만일 ① 보통살인의 고의로 존속살해의 결과를 발생시켰을 경우에 보통살인죄의 고의·기수책임을 진다.[66] 그러나 ② 존속살해의 고의로 보통살인의 결과를 발생시켰을 경우에는 ㉠ 존속살해죄의 불능미수범과 보통살인죄의 고의·기수범의 상상적 경합이 된다(법정적 부합설).[67] ②의 착오시에 ㉡ 법정적 부합설에 의하더라도 보통살인죄의 고의·기수책임을 진다는 견해가[68] 있으나, 타당치 않다고 생각한다. ②의 착오시에 구체적 부합설에 의하면, '객체'의 착오가 발생한 경우에는[69] 존속살해죄의 불능미수범과 보통살인죄의 고의·기수범의 상상적 경합이 되지만,[70] '방법'의 착오가 발생한 경우에는[71] 견해가 대립한다. 즉 ㉢ 방법의 착오가 발생한 경우에도 객체의 착오시와 마찬가지로 존속살해죄의 불능미수범과 보통살인죄의 고의·기수범의 상상적 경합이 된다는 견해와[72] ㉣ 객체의 착오시와는 달리 존속살해죄의 장애미수범과 과실치사죄의 상상적 경합이 된다는 견해로[73] 나뉜다.

---

66) 예컨대 보통살인의 고의로 甲을 향해 쏜 총알이 빗나가서 자신의 부친인 乙이 맞아 사망한 경우에, 乙의 사망결과에 대하여 '보통살인죄'로서의 고의·기수책임을 지우게 된다. 이러한 결론은 법정적 부합설에 의하든, 구체적 부합설에 의하든 동일하다. 대판 1960. 10. 31, 4293 형상 494.

67) 이와 유사한 결론으로 김종원, 41면; 이정원, 50면; 이형국, 30면.

68) 이재상, 27면; 정/박, 30면.

69) 예컨대 자신의 부친 甲인줄 알고 총을 발사하였는데, 사망한 사람은 甲과 꼭 같이 닮은 甲의 쌍둥이 동생 乙인 경우이다.

70) 김/서, 30면; 박상기, 29면; 배종대, 85면; 손동권, 19면.

71) 예컨대 자신의 부친 甲을 향하여 총을 발사하였는데, 총알이 빗나가 甲의 옆에 있던 乙에게 맞아 乙이 사망한 경우이다.

72) 박상기, 32면.

73) 김성돈, 44면; 김/서, 30면; 배종대, 85면; 백형구, 26면; 손동권, 19면.

6. 공   범

존속살해죄는 보통살인죄에 대한 신분적 가중유형이므로 존속살해죄에 가공한 공범이 비신분자인 경우에는 제33조의 '단서'를 적용하여 보통살인죄의 공범으로 처벌한다.

7. 형   벌

형벌은 사형, 무기 또는 7년 이상의 징역이다($\frac{제250조}{제2항}$). 그 밖에 유기징역에 처할 때에는 10년 이하의 자격정지를 병과할 수 있다($\frac{제256}{조}$).

Ⅲ. 영아살해죄

<u>제251조 [영아살해]</u> "직계존속이 치욕을 은폐하기 위하거나 양육할 수 없음을 예상하거나 특히 참작할 만한 동기로 인하여 분만중 또는 분만직후의 영아를 살해한 때에는 10년 이하의 징역에 처한다."(2023. 8. 8. 삭제)

1. 의   의

영아살해죄는 2023. 8. 8. 형법 개정(2024. 2. 9. 시행)으로 폐지되었다. 이는 최근 아동학대 살해범죄에 대한 반성적 고려와 영아살해를 보통살해에 비해 가볍게 처벌하는 것은 영아의 생명권을 부당하게 경시한다는 비판이 반영된 것이다. 본서에서는 존속살해죄를 가중처벌하면서 직계비속인 영아를 살해한 경우에 감경처벌하는 것은 헌법상 평등의 원칙에 반하여 폐지되어야 한다고 주장해왔다. 폐지된 영아살해죄에서 책임감경사유로 규정된 살해'동기'는 보통살인죄의 법정형의 범위 내에서 정상참작감경사유($\frac{제53}{조}$)로서 또한 양형의 조건($\frac{제51}{조}$)으로 고려하여야 한다. 비록 영아살해죄는 폐지되었으나, 사람의 시기와 관련하여 구성요건의 해석이 의미가 있기에 기존의 구성요건에 대한 간략한 검토를 남겨두고자 한다.

2. 행위의 주체

영아살해죄의 주체는 '직계존속'이다(부진정신분범). 여기에서의 직계존속은 존속살해죄의 경우와는 달리 법률상의 직계존속뿐만 아니라 '사실상의' 직계존속을 포함한다고 해석함이 타당하다($^{다수}_{설}$). 영아살해죄의 실례를 보면, 사실상의 직계존속에 의하여 범해지는 경우가 많다. 그러나 판례는 본죄의 주체를 법률상의 직계존속에 국한시키고 있다.[74)]

3. 행위의 객체

행위의 객체는 '분만중 또는 분만직후의 영아(嬰兒)'이다. 본죄의 행위의 객체는 영아 일반이 아니라 분만중 또는 분만직후의 영아에 국한된다. '분만중'이라 함은 사람의 시기(始期)가 되는 분만의 개시로부터 분만이 완료되기까지를 말한다. '분만직후'라 함은 보통 분만으로 인한 비정상적인 심리상태가 계속되고 있는 동안을 의미한다($^{통}_{설}$).[75)] '영아'는 젖먹이를 말하는데, 아직 사람으로 취급되지 아니하는 '태아'와 구별된다. 본죄의 영아는 적출(嫡出)이든 비적출이든 묻지 않는다.

4. 실행행위

영아살해죄의 실행행위도 살해이다.

5. 동   기

영아살해죄는 고의 이외에 치욕을 은폐하기 위하거나 양육할 수 없음을 예상하거나 특히 참작할 만한 동기로 인하여 행해져야 한다. 이 동기는, 본죄가 보통살인죄에 비하여 책임이 감경되는 중심요소로 작용하고 있다. 따라서 이러한 동기'없이' 분만직후의 영아를 살해한 생모는 영아살해죄가 아니라 보통살인죄의 죄책을 지게 된다.

'치욕을 은폐'하기 위한 동기라 함은 강간으로 임신하여 출산하거나 처녀 또는 과부가 사생아를 출산하는 등 개인 혹은 가문의 명예를 지키기 위한 경우를 말한다. '양육할 수 없음을 예상'한 동기라 함은 경제적 곤란으로 말미암아 출산한 아이를 양육할 수 없는 경우를 말한다. '특히 참작할 만한 동기'라

---

74) "판결요지: 남녀가 사실상 동거한 관계가 있고 그 사이에 영아가 분만되었다 하여도 그 남자와 영아와의 사이에 법률상 직계존속, 비속의 관계가 있다 할 수 없으므로 그 남자가 영아를 살해한 경우에는 보통살인죄에 해당한다"(**대판** 1970. 3. 10, 69 **도** 2285).

75) 스위스형법 제116조는 영아살해죄의 행위'상황'을 "분만중 또는 분만과정의 영향하에 (unter dem Einfluss des Geburtsvorganges) 있는 동안에"라고 규정하고 있다. 오스트리아형법 제79조도 유사한 표현을 쓰고 있다.

함은 위의 동기 이외에 책임을 감경할 만한 사유가 있는 경우를 널리 포괄할 수 있는 '일반조항'이다. 기형아나 장애아를 출산한 경우가 이에 속한다.

Ⅳ. 촉탁·승낙살인죄

제252조 제1항 [촉탁, 승낙에 의한 살인 등] "사람의 촉탁이나 승낙을 받아 그를 살해한 자는 1년 이상 10년 이하의 징역에 처한다."

1. 의의, 성격

촉탁·승낙살인죄는 "사람의 촉탁이나 승낙을 받아 그를 살해함으로써 성립하는 범죄"이다. 본죄는 보통살인죄에 대한 **불법감경유형**이다.[76] 본죄는 보통살인죄에 대한 책임감경유형이라는 견해(책임감경유형설)[77] 또는 불법과 책임의 양자가 감경된다는 견해(불법·책임감경유형설)도[78] 있다.

살인죄에 있어서는 피해자의 승낙($\frac{제24}{조}$)이 있다고 하더라도 위법성을 조각시키지는 못하고 불법이 감경될 따름이다. 촉탁 또는 승낙에 의한 살인죄는 양자를 묶어 '동의'살인죄라고 부른다.

2. 행위의 객체

사람이다. 여기에서 사람이란 타인을 의미한다. 행위자의 직계존속을 포함한다. 본죄의 객체는 죽음의 의미를 이해할 능력이 있고, 살해에 대한 촉탁·승낙의 효과를 판단할 능력이 있는 자에 국한된다. 따라서 죽음에 대한 이해능력과 판단능력이 없는 정신병자, 연소자 등은 동의살인죄의 객체가 될 수 없다.

3. 피해자의 촉탁·승낙

동의살인죄는 피해자(피살자)의 촉탁이나 승낙이 있어야 한다.

'촉탁'이라 함은 이미 죽음을 결의한 자로부터 살해의 부탁을 받는 것을 말

---

76) 권오걸, 21면; 김성돈, 47면; 김/서, 36면; 손동권, 23면; 오영근, 44면; 이재상, 81면; 정/박, 35면; 진/이, 46면.

77) 김종원, 47면; 배종대, 90면.

78) 김성천, 543면; 박상기, 34면; 이형국, 38면; 정영일, 20면.

한다. 행위자는 피해자의 촉탁을 받아 비로소 살해의 의사가 야기되었음을 요
하고, 촉탁을 받기 이전에 살해의사가 있었다면 촉탁살인죄가 아니라 승낙살
인죄의 문제가 된다. 촉탁은 명시적이고 진지한 것이어야 한다. 일시적 기분
이나 명정상태 혹은 심리적으로 교란된 상태에서 나온 촉탁은 유효한 촉탁이
라고 할 수 없다.

'승낙'이라 함은 이미 살해의 의사를 가진 자가 피해자의 동의를 얻는 경우
를 말한다. 승낙은 촉탁과 달리 반드시 명시적일 필요는 없고 묵시적 승낙도
인정된다고 본다(^{다수}_설).[79] 그러나 승낙을 얻고자 하는 행위자(가해자) 측에서는
자신의 살해의사를 명시적으로 표명해야 하고, 묵시적 표명은 인정될 수 없다
고 본다. 그리고 피해자의 승낙은 진지한 의사에서 나온 것이어야 한다. 또 승
낙은 늦어도 행위시까지 존재해야 하며, 사후승낙은 인정되지 않는다.

동의살인죄에 있어서의 촉탁·승낙은 자유로운 의사에서 나온 것이어야
한다. 위계 또는 위력에 의하여 나온 촉탁·승낙일 경우에는 제253조의 살인
죄가 성립한다.

4. 고의 및 착오

동의살인죄에 있어서 피해자의 촉탁이나 승낙은 객관적 구성요건요소이
다. 그러므로 동의살인죄의 고의에는 피해자의 촉탁이나 승낙을 받았다는 인
식이 필요하다. ① 피해자의 촉탁·승낙이 없음에도 불구하고 있다고 오신하
여 살해한 경우 — 즉 동의살인의 고의로 보통살인의 결과가 발생한 경우 — 에
는 제15조 제1항이 적용되어 동의살인죄의 고의·기수범이 된다.[80] 이와 반대
로 ② 피해자의 촉탁·승낙이 있음에도 불구하고 없다고 오신하여 살해한 경
우 — 즉 보통살인의 고의로 동의살인의 결과가 발생한 경우 — 에는 보통살인죄
의 불능미수범과 동의살인죄의 고의·기수범의 상상적 경합이 된다.[81] 이 때
보통살인죄의 (장애)미수와 동의살인죄의 고의·기수와의 상상적 경합이 된
다고 하는 견해[82] 또는 동의살인죄의 기수책임만을 진다는 견해[83]도 있다.

---

79) 묵시적 승낙을 인정하지 않으려는 반대설로는 권오걸, 23면; 박상기, 34면; 백형구, 31면;
오영근, 44면.

80) 권오걸, 24면; 김성천, 546면; 박상기, 37면; 오영근, 45면; 이재상, 33면; 이형국, 41면; 정/
박, 38면.

81) 이 경우에 형법 제27조를 유추적용함이 타당하다.

82) 김성돈, 48면; 김/서, 38면; 이정원, 60면; 이형국, 41면.

5. 공   범

동의살인죄는 신분범이 아니므로 본죄에 가공한 공범이 있는 경우에 제33조가 적용되지 않고, 각 관여자는 자신의 고의의 내용과 착오론에 따라 형사책임을 지게 된다. 예컨대 피살자 丙의 촉탁·승낙사실을 甲은 인식하였으나 乙은 인식하지 못하고 공동으로 丙을 살해한 경우에 甲은 동의살인죄로서, 乙은 보통살인죄의 불능미수범과 동의살인죄의 고의·기수범의 상상적 경합으로서 서로 공동정범의 책임을 지게 된다.

6. 미   수

본죄의 미수범은 처벌한다($^{제254}_{조}$).

7. 형   벌

1년 이상 10년 이하의 징역이다. 또 10년 이하의 자격정지를 병과할 수 있다($^{제256}_{조}$).

Ⅴ. 자살관여죄

제252조 제2항 "사람을 교사하거나 방조하여 자살하게 한 자도 제1항의 형에 처한다."

1. 의의, 성격

자살관여죄는 "사람을 교사 또는 방조하여 자살하게 함으로써 성립하는 범죄"이며, '자살교사죄'와 '자살방조죄'라는 두 가지 태양의 범죄로 구성되어 있다.

자살관여죄는 총칙상의 공범이 아니라 '독립된' 공범처벌규정이다($^{통}_{설}$). 즉 현행 형법은 자살행위 그 자체를 범죄로 규정하지 아니하였으므로─즉 자살행위는 구성요건해당성이 없으므로─정범에 대한 공범성립의 종속성을 규정한 총칙($^{제31조}_{제32조}$)에 따르면 자살에의 교사·방조를 처벌할 수 없게 된다. 따라서 자살 자체는 처벌하지 않지만, 타인의 자살에 관여한 행위는 당벌성이 있다고

---

83) 강구진, 41면; 백형구, 32면; 유기천, 상권, 40면. 그외에 보통살인죄의 불능미수로 처벌해야 한다는 오영근, 45면도 있다.

보아 각칙에 '특별규정'을 두어 처벌하고자 하는 취지이다.[84)]

〈형법학에 있어서의 자살관(自殺觀)〉

실정형법은 자살 자체를 처벌하고 있지 않지만, 자살이 '실질적' 의미에서 범죄(실질적 범죄개념)인가라는 질문이 제기된다.

① 구성요건해당성이 없다는 견해[85)] 자살은 형법이 구성요건을 두지 않았기 때문에 범죄가 아니고 처벌받지도 않는다는 법실증주의적 입장이다. 이 견해는 "자살은 왜 범죄가 아닌가"라는 질문에 대하여 "자살은 자살을 처벌하는 구성요건을 두지 않았기 때문에 범죄가 아니다"라고 하는 형식적 범죄개념으로 대답하는 것인데, 이 대답에 대하여 또다시 던져져야 할 당연한 질문, 즉 "그렇다면 형사입법자는 왜 자살을 처벌하는 구성요건을 두지 않았는가"라는 질문에 대하여는 아무런 해명도 없으므로, 동어반복에 불과한 주장이다. 자살은 '실질적으로' 범죄가 아니기 때문에 구성요건을 두지 않은 것인지, 아니면 실질적으로는 범죄이지만 어떤 다른 이유에서 구성요건을 두지 않은 것인지 하는 문제가 우리의 관심사이다.

② 범죄가 아니라는 견해(실질적으로 위법하지 않다는 견해)[86)] 개인주의 · 자유주의 생명관의 입장에서는 인간의 생명을 개인이 자유로이 처분할 수 '있는' 법익으로 이해하여, 법익의 주체가 생명이라는 법익을 스스로 처분하는 자살이 실질적 의미의 범죄가 될 수 없다고 주장한다.

③ 생명은 개인이 자유로이 처분할 수 '없는' 법익으로서 자살은 실질적으로 범죄이지만, 다만 형사정책적 견지에서[87)] 처벌하지 않는 것이 바람직하므로 구성요건을 두지 않았다는 견해.[88)] 자살을 범죄로 보는 견해는 무엇보다도 서양의 '기독교사상'에[89)] 깊은 뿌리를 두고 있다.

---

84) 한편 독일형법은 자살교사와 자살방조의 처벌규정을 두고 있지 않다. 따라서 독일에서는 자살자의 자살을 돕는 방조행위가 불가벌이다. 타인을 안락사시키는 행위도 자살방조에 해당하는 한, 불가벌이라는 점에서 우리나라와는 안락사 논의의 법률적 소지가 다르다는 것에 유의해야 한다. 다만 독일은 2015. 12. 3.의 형법 개정에서 제217조를 신설하여 「업무상 자살방조」 (Geschäftsmäßige Förderung der Selbsttötung)를 처벌하고 있다.

85) 권오걸, 25면; 김/서, 38면; 박상기, 38면; 배종대, 91면; 이재상, 34면; 이형국, 44면; 정/박, 38면; 정영일, 24면; 진/이, 49면.

86) Michael Marx, Zur Definition des Begriffs 'Rechtsgut', 1972, S. 66.

87) 이미 사망한 자살자를 처벌하는 것(예컨대 재산형의 부과)은 무의미하고, 비록 실패했으나 죽음을 각오했던 자살의 미수자를 처벌하는 것은 형사정책상 바람직하지 못하다. 삶을 마감하려는 자살미수자에게는 아무런 형벌효과를 기대할 수 없다.

88) 김종원, 48-9면.

89) 기독교 십계명의 하나는 "살인하지 마라. 타인도 네 자신도"이다. 중세 유럽에서 자살은 기독교 계율을 어긴 중대한 종교범죄로서, 자살자는 교회묘지에 매장될 수 없었으며 자살자의 유산도 자손에게 상속되지 않고 국가가 몰수하는 등 심한 불이익을 받았다(Albin Eser/임웅 역, "독일형법의 변천에 있어서 생명의 보호ㅡ법사적 비교(法史的 比較)에 있어서 생명의 '신성(神

④ 사 견   생명은 개인이 자유로이 처분할 수 있는 법익으로서 기본적으로
자살에 대한 자기결정권(자살권)이 인정되지만,[90] — 따라서 자살은 실질적으로 또
기본적으로 범죄가 아니지만, — 법률이 개인에 대한 후견적 지위(legal paternalism :
법률후견주의)에서 자살의 자유에 대하여 일정한 정책적 '제한'을 가할 수 있다고
보는 견해를 취한다. 우리나라의 **법률정책**은 자살방조죄를 처벌하고 있지만, 독일은
법률정책상 자살방조죄를 처벌하지 않고 있다. 자살이 도덕적·종교적 관점에서 죄
악이라는 것은 별개의 논의대상이다.

2. 행위의 객체

타인인 사람이다. 행위자의 직계존속을 포함한다. 본죄의 객체는 자살의
의미를 이해할 능력이 있고, 자살을 판단할 능력이 있는 자에 국한된다. 따라
서 자살의 의미를 이해할 능력이 없는 정신병자, 연소자는 본죄의 행위의 객
체가 될 수 없다. 자살의 의미를 이해할 능력이 없는 자를 교사·방조하여 자
살하게 한 경우에는 살인죄의 간접정범이 성립한다.[91]

3. 실행행위

자살관여죄에 있어서의 실행행위는 타인의 자살을 교사 또는 방조하는 것
이다.

자살을 '교사'한다고 함은 자살할 의사가 없는 자로 하여금 자살을 결의하
게 하는 것을 말한다. 교사의 수단·방법에는 제한이 없다. 위계나 위력에 의
한 교사로써 자살을 결의하게 한 경우에는 제253조의 살인죄가 성립한다.[92]

자살을 '방조'한다고 함은 이미 자살을 결의한 자의 자살행위를 돕는 일체
의 행위를 말한다. 타인이 자살함에 있어서 총이나 독약 등 자살도구를 제공
하는 유형적 방법과 고통없이 자살할 수 있는 기술적 조언이나 정신적 격려를

聖)'과 '질(質)'에 관하여 — ", 고시계, 1985. 5, 170-1면 참조).

90) 생명은 자기자신 이외에 그 누구에게도 처분권을 인정할 수 없다. 본서의 안락사 부분 중
존엄사할 권리를 참조.

91) "피고인이 7세, 3세 남짓 된 어린 자식들에 대하여 함께 죽자고 권유하여 물속에 따라 들
어오게 하여 결국 익사하게 하였다면, 비록 피해자들을 물속에 직접 밀어서 빠뜨리지는 않았다
고 하더라도 자살의 의미를 이해할 능력이 없고 피고인의 말이라면 무엇이나 복종하는 어린 자
식들을 권유하여 익사하게 한 이상 살인죄의 범의는 있었음이 분명하고 살인죄의 법리를 오해한
위법이 없다"(대판 1987. 1. 20, 86 도 2395).

92) 이 때 교사자는 위계·위력에 의한 살인죄(제253조)의 간접정범이 아니라 '직접'정범의 죄
책을 진다.

해 주는 무형적 방법이 있다. 자살용 독극물을 판매한다는 일방적인 광고행위 만으로는 자살'방조'에 해당하지 않는다.[93] 자살의 방조행위($\frac{제252조}{제2항}$)는 촉탁에 의한 살해행위($\frac{동조}{제1항}$)와 구별할 필요가 있다.

〈자살방조죄와 촉탁살인죄의 구별〉 ▓▓▓▓▓▓▓

　자살방조죄와 촉탁살인죄는 피살자(자살자)에게 이미 죽음에의 결의가 존재한 다는 점에서는 공통된다. 양자는 자살자의 죽음에 관여하는 행위의 성질에 따라 구 별된다. 그 구별기준은 죽음에 이르는 과정에 대한 '행위지배'가 누구에게 있느냐에 있다.[94] 즉 주도적인 지위에 서서 살해행위 및 죽음을 최종적으로 좌우(지배)한 사 람이 누구인가에 의하여 판단된다. 자살행위에 관여하였는데 자살과정에 대한 행위 지배가 자살자에게 있다고 판단되는 경우에는 자살방조죄가 성립하고, 자살의 과정 에 관여한 타인에게 자살의 행위지배가 있다고 판단되면 촉탁살인죄가 성립한다.

4. 고　의

자살교사죄에 있어서는 타인으로 하여금 자살의 의사를 불러일으킨다는 교사의 고의가 있어야 하고, 자살방조죄에 있어서는 타인의 자살을 용이하게 돕겠다는 방조의 고의가 있어야 한다.

5. 미수와 기수

자살관여죄의 미수범은 처벌한다($\frac{제254}{조}$).

자살관여죄에 있어서의 실행행위는 자살의 '교사 · 방조행위'이므로, 실행 의 착수시점도 교사 · 방조행위에 있다. 따라서 자살의 교사 · 방조행위가 있 은 이상, ① 상대방이 자살을 거절하거나 자살행위에 나아가지 않은 경우와 ② 상대방의 자살행위가 있었으나 실패에 그친 경우 모두 자살관여죄의 미수범 이 성립한다($\frac{통}{설}$). 자살관여죄의 성격을 총칙상의 공범으로 이해한다면, ①의 경우(실패한 교사 · 방조 또는 효과없는 교사 · 방조)에는 자살관여죄의 미수범이

---

93) "자살방조죄가 성립하기 위해서는 그 방조 상대방의 구체적인 자살의 실행을 원조하여 이 를 용이하게 하는 행위의 존재 및 그 점에 대한 행위자의 인식이 요구된다. 피고인이 인터넷 사 이트 내 자살 관련 카페 게시판에 청산염 등 자살용 유독물의 판매광고를 한 행위가 단지 금원 편취 목적의 사기행각의 일환으로 이루어졌고, 변사자들이 다른 경로로 입수한 청산염을 이용하 여 자살한 사정 등에 비추어, 피고인의 행위는 자살방조에 해당하지 않는다"(대판 2005. 6. 10. 2005 도 1373).
94) 권오걸, 28면; 김성천, 550면; 배종대, 93면; 오영근, 47면; 이재상, 37면; 이형국, 47면; 정/ 박, 40면. Wessels, BT-1, S. 34-35. BGH St 19/135; OLG München NJW 1987, S. 2940.

성립하지 아니하고, ②의 경우에만 미수범이 성립하게 된다.[95] 그러나 전술한
바와 같이 자살관여죄는 총칙상의 공범이 아니라 독립된 공범처벌규정이므로,
'기도된 교사'에 관한 총칙 제31조 제2항과 제3항이 적용되지 않는다.

본죄는 상대방이 교사·방조를 받고 자살하여 '사망'함으로써 기수가 된다.

6. 합의동사

함께 자살하기로 합의하고 자살을 시도한 합의동사(合意同死) 내지 남녀
간의 정사(情死)에 있어서 그 중 1인이 살아남았다면 어떠한 형사책임을 질
것인가의 문제가 있다. 이 문제는 '사실관계'에 따라 해결해야 할 것인데, ① 상
대방을 좇아서 함께 자살할 의사로 자살을 시도하였으나 실패한 경우에는 원
칙적으로 불가벌이고, ② 함께 자살할 의사로 자살을 시도하여 실패하였지만
타인의 자살을 방조한 사실이 있다면 자살방조죄가 성립하며, ③ 자살할 의사
가 없는 상대방에게 함께 자살하자고 설득하여 자살을 시도하였는데 상대방
만이 사망한 경우에는 자살교사죄가 성립하고, ④ 자신은 전혀 자살할 의사가
없으나 함께 자살할 것처럼 기망하여 상대방만을 자살케 한 경우에는 제253
조의 위계에 의한 살인죄가 성립할 수 있다.

7. 죄　수

타인에게 자살을 교사하고 더 나아가 타인의 자살을 방조까지 한 경우에
는 자살교사죄만이 성립하고, 자살방조죄는 전자에 흡수된다.

타인을 교사하여 자살을 결의하게 한 후 더 나아가 타인의 촉탁을 받아 타
인을 살해까지 한 경우에는 자살교사죄는 촉탁살인죄에 대하여 법조경합 중
보충관계에 있다고 보아 촉탁살인죄만이 성립하고, 자살교사죄는 전자에 흡
수된다(다수설).[96]

8. 형　벌

1년 이상 10년 이하의 징역이다. 또 10년 이하의 자격정지를 병과할 수 있
다(제256조).

95) 황산덕, 174면.
96) 김성돈, 51면; 배종대, 93면; 백형구, 36면; 이재상, 37면; 이정원, 64면; 이형국, 50면; 정/
박, 40면; 진/이, 50면.

Ⅵ. 위계·위력에 의한 살인죄

제253조 [위계 등에 의한 촉탁살인 등] "전조의 경우에 위계 또는 위력으로써 촉탁 또는 승낙하게 하거나 자살을 결의하게 한 때에는 제250조의 예에 의한다."

1. 의   의

본죄는 "위계 또는 위력으로써 촉탁 또는 승낙을 받아 사람을 살해하거나 자살하게 함으로써 성립하는 범죄"이다. 동의살인죄나 자살교사죄는 피해자의 자유로운 의사결정에 기한 경우에만 성립할 것이므로, 피해자의 의사가 행위자의 위계·위력에서 나온 것일 경우에는 보통살인죄 또는 존속살해죄와 동일하게 처벌함이 마땅하다는 취지이다.

2. 위계·위력

'위계'라 함은 상대방의 부지(不知) 또는 착오를 이용하는 것을 말한다. 예컨대 자신은 자살할 의사가 없으면서 함께 자살할 것처럼 기망하여 상대방만을 자살케 한 경우이다.

'위력'이라 함은 사람의 의사를 제압할 만한 유형·무형의 힘을 사용하는 것을 말한다.[97]

본죄에 있어서의 위계와 위력은 그 '정도'에 있어서 상대방의 의사결정의 자유를 억압할 만한 것이어야 한다. 이 정도에 못미친다면 제252조의 살인죄가 성립할 따름이다. 저항할 수 없는 위력(폭력, 협박)을 행사하여 자살하게 한 경우에는 살인죄의 간접정범이 아니라 본죄의 직접정범이 성립한다.

3. 형   벌

본죄의 처벌은 제250조의 예에 의한다. 따라서 보통살인죄 내지 존속살해죄와 동일한 처벌을 받는다.

---

97) 1998년 우리나라가 소위 IMF관리체제하에 있던 시절에는 변제불능의 채무자로 하여금 고액의 생명보험을 들게 한 후 사고사를 가장한 자살을 함으로써 타게 되는 보험금으로 채무변제에 충당시키고자, 채무자를 자살하도록 채권자 측에서 위력을 행사하는 사례들이 있었다.

Ⅶ. 살인예비·음모죄

<u>제255조 [예비, 음모]</u> "제250조와 제253조의 죄를 범할 목적으로 예비 또는 음모한 자는 10년 이하의 징역에 처한다"

1. 의   의

'예비'는 범죄실현을 위한 외부적 준비행위이며, '음모'는 2인 이상이 범죄실현을 위하여 모의하는 행위인데, 양자는 모두 실행행위에 착수하기 이전의 준비단계에 있다. 살인의 예비·음모가 있은 후 실행의 착수에 나아가 살인의 미수 또는 기수의 단계에 도달하면, 예비·음모는 미수 또는 기수에 흡수된다(법조경합 중 보충관계).

살인예비·음모죄는 '목적범'이다. 따라서 살인예비·음모죄의 주관적 구성요건은 ① 살인죄를 범할 목적과 ② 살인죄를 준비한다는 예비·음모의 고의(준비행위에 대한 고의) 두 부분으로 구성된다.

2. 살인예비의 중지

살인예비행위를 한 자가 살해행위에 착수하기 전에 자의로 범행을 포기하거나 예비행위 자체를 자의로 중지한 경우에 중지미수를 규정한 제26조를 준용하여 형의 필요적 감경 또는 면제를 인정할 수 있는가의 문제가 있다. 예컨대 살인의 예비로 권총을 구입했다가 자의로 범행을 포기하고 그 권총을 강물에 내버린 경우에 살인예비죄($_조^{제255}$)의 중지범으로 처벌할 것인가, 아니면 이를 부정하고 살인예비죄로 처벌할 것인가 하는 문제이다.

판례는 제26조의 중지미수가 "실행에 착수한 행위"의 중지를 요건으로 하고 있기 때문에, 실행의 착수가 있기 전인 예비행위에는 중지범의 관념을 인정할 수 없다는 부정설의 입장을 취하고 있다.[98] 그러나 부정설의 입장에 선다면 살인예비의 중지에 형의 감경·면제가 따르지 않게 되는 '처벌의 불균형'이 발생하므로, 학설로는 이 처벌의 불균형을 시정하기 위하여 살인예비의 중지에 제26조를 준용해야 한다는 것이 다수견해이다.[99]

---

98) 대판 1966. 4. 21, 66 도 152; 1966. 7. 12, 66 도 617.
99) 상세히는 총론, 399-400면 참조.

3. 살인예비의 공범

살인예비죄에 대하여 공동정범, 교사범, 방조범이 성립될 수 있는가 하는 문제가 있다.

살인예비의 '공동정범' 성립은 긍정되지만, 실제로는 예비의 공동정범자 사이에 범행을 공동실행한다는 합의가 당연히 존재할 것이므로 직접 살인'음모죄'로의 처벌이 가능하다. 살인예비의 '교사'에 있어서는 피교사자가 살인예비에 그치면 이른바 효과없는 교사로서 제31조 제2항이 적용되어, 교사자와 피교사자를 모두 살인예비·음모에 준하여 처벌하게 된다.

살인예비의 '방조'란, 예컨대 살인예비로 권총을 구입하는 사람에게 구입자금을 제공한 경우인데, 이를 살인예비죄의 방조범으로 처벌할 수 있는가가 문제된다. ① 공범종속성설의 입장에서 방조범이 성립하려면 정범의 실행행위가 있어야 하지만 정범의 예비행위는 아직 실행행위성이 없으므로 이에 대한 방조범이 성립될 수 없고, ② 예비행위는 구성요건적 정형성을 갖추지 못하므로 예비에 대한 방조범을 처벌하면 처벌의 범위가 부당하게 확대될 위험이 있으며, ③ 기도된 교사와는 달리 '기도된 방조'를 처벌하지 않는 형법의 취지 등을 고려하여, 살인예비의 방조를 처벌하지 않는 것(불가벌설)이 타당하다.[100] 판례도 예비의 방조에 대하여 불가벌설의 입장을 취한다.[101]

---

100) 상세히는 총론, 398면.
101) 대판 1979. 11. 27, 79 도 2201; 1978. 2. 28, 77 도 3406; 1976. 5. 25, 75 도 1549.

제3장 상해와 폭행의 죄

제1절 개 설

I. 보호법익, 상해죄와 폭행죄의 구별

상해와 폭행의 죄는 사람의 신체에 대한 범죄이다. 양자의 보호법익은 널리 사람의 '신체'라고 할 수 있는데, 신체는 생명 다음으로 소중한 법익이다.

상해죄와 폭행죄는 범죄현실에서 보면 폭행을 수단으로 한 상해가 많기 때문에 서로 구별하기가 어렵다. 특히 행위자가 상해의 고의로 유형력을 행사했는가 또는 폭행의 고의로 유형력을 행사했는가 하는 점을 실제로 분간하기란 쉽지 않다.

현재 우리나라 학자들은 상해죄와 폭행죄를 '구별'함에 있어서 양자의 구체적인 '보호법익'이 무엇인가 하는 것을 먼저 규명한 후에 양자의 차이점, 즉 상해와 폭행의 차이점 및 고의의 차이점을 제시하고자 하는 것이 일반적인 태도이다. 그러나 보호법익은 지각적 대상이 아니라 관념적 대상으로서 현행형법상의 '구성요건의 해석'으로부터 도출될 것이므로, 상해죄와 폭행죄의 보호법익을 규명하기가 쉽지 않다는 점에 비추어, '상해와 폭행이라는 행위개념의 정의'를 먼저 확정한 다음에 그 행위개념의 차이로부터 두 범죄의 보호법익이 각각 무엇인가를 고찰해 보는 것이 보다 더 논리적인 사고라고 생각한다.

상해(傷害)의 문언적 의미는 "상처를 내어 해를 입히는 것"이고,[1] 폭행은 "난폭한 행동"을[2] 일컫는 말이다(문언해석). 상해는 상대방에게 무엇인가 신체적인 실해(實害)를 끼치는 행위이고, 폭행은 상대방에게 부당한 물리적 힘

---

1) 김민수 외 3인 편, 국어대사전, 금성출판사, 1991, 1550면.
2) 앞의 사전, 3250면.

을 행사하는 행위 자체를 뜻한다. 이러한 문언적 의미를 고려하여, 상해는 "타인의 신체적 건강을 훼손하는 행위"라고 정의함이 타당하고, 폭행은 "타인의 신체적 안전을 해할 유형력의 행사"라고 정의할 수 있다. 여기에서 상해의 고의는 신체적 '건강'에 대한 훼손의사가 되며, 폭행의 고의는 신체적 '안전'에 대한 침해의사가 된다. 상해와 폭행의 개념정의로부터 당연히 도출되는 상해죄의 보호법익은 '신체의 건강 (또는 생리적 기능)'이며, 폭행죄의 보호법익은 '신체의 안전 (또는 건재(健在))'이다. 이 때 상해죄의 보호의 정도는 '침해범', 폭행죄의 보호의 정도는 '추상적 위험범'으로서 '형식범'에 속한다.

상해죄와 폭행죄의 보호법익에 관한 학자들의 견해는 크게 둘로 나누어져서, 양자의 보호법익을 동일한 것으로 보고 구별하지 않는 입장과 구별하는 입장이 있다.

(1) 불구별설[3]

상해죄와 폭행죄의 보호법익은 모두 신체의 완전성 내지 불가침성이라고 한다. 양자의 보호법익을 동일한 것으로 보아, 상해죄와 폭행죄는 보호법익으로는 구별되지 않고, 보호의 '정도'에서 구별된다고 한다. 즉 상해죄는 침해범인데 비하여, 폭행죄는 유형력의 행사라는 행위 자체를 범죄로 보는 형식범이라는 것이다. 따라서 신체의 완전성에 대한 '침해'가 있으면 상해죄가 성립하고, 신체의 완전성에 대한 행위 자체는 폭행죄가 된다고 한다. 이 학설에 의하면, 타인의 모발·눈썹·손톱을 절단하는 행위는 신체의 완전성을 해하므로 원칙적으로 상해죄가 성립한다고 주장해야겠지만, 보통은 제한해석을 가하여 신체적 외모에 중대한 변화를 준 정도에 이르렀을 때 상해가 된다고 한다.[4]

그러나 이 학설은 상해죄를 폭행죄의 결과적 가중범으로 이해하게 될 위험성이 있다.

(2) 구별설[5]

상해죄의 보호법익은 신체의 건강 또는 생리적 기능이고, 폭행죄의 보호법

---

3) 김성천, 570면; 배종대, 97면; 백형구, 41면; 유기천, 상권, 47면; 정영석, 226면; 박상기, 44면은 상해죄와 폭행죄의 보호법익은 모두 신체의 완전성으로 동일하지만, 고의의 면에서 서로 다르다고 한다.

4) 정영석, 227면. 다만 상해죄와 폭행죄의 보호법익을 모두 신체의 완전성으로 파악하면서도, 신체적 외모에 중대한 변화를 준 정도에 이르른 경우에 폭행죄가 된다는 견해도 있다(박상기, 44면).

5) 강구진, 74면; 권오걸, 31면; 김성돈, 56면; 김/서, 59면; 김종원, 54면; 손동권, 33면; 오영근, 52면; 이재상, 42면; 이형국, 59면; 정/박, 45면; 정영일, 30면; 진/이, 56면.

익은 신체의 건재라고 한다($\frac{달}{설}$수). 이 학설에 의하면, 상해죄와 폭행죄는 보호
법익에 있어서 구별된다. 이 학설에서는 타인의 모발·눈썹·손톱을 절단하
는 행위는 정신적 고민으로 인하여 건강을 해할 정도가 아닌 한 상해가 되지
않는다고 한다.

Ⅱ. 입 법 례

상해죄는 이미 고대법에서 등장하고 있었지만, 이에 대한 민사·형사책임
의 구분이 명확하지 아니하였다. 로마법에 있어서는 상해죄의 독자적 구성요
건이 없었고, 고의적으로 행하는 신체적·정신적 학대는 민법상의 개념인
injuria에 포괄되었다. 신체상해는 1803년의 오스트리아형법, 1810년의 프랑스
형법, 1813년의 바이에른형법에 이르러서야 독립된 취급을 받게 되었다.

오늘날 다수의 입법례는 상해와 폭행을 구별하지 않고 하나의 구성요건에
포괄하여 처벌하고 있다. 상해와 폭행을 구별하지 않고 포괄적으로 규정하는
입법례로는 독일형법($\frac{제223}{조}$)과 오스트리아형법($\frac{제83}{조}$)이 있다. 독일형법은 폭행
죄와 상해죄를 구별하지 않고, 제223조 제1항에서 신체침해(Körperverletzung)
를 처벌하면서 그 행위태양으로서 신체적 부당취급(körperliche Mißhandlung)
과 건강훼손(Gesundheitsbeschädigung)을 규정하고 있다. 신체적 부당취급은
우리 형법상 폭행과 신체적 학대에 해당하고 건강훼손은 상해에 해당한다고
볼 수 있는데, 독일형법은 이들을 묶어 하나의 복합개념으로서 신체침해죄로
규정하고 있으므로, 그 보호법익을 '통일적으로' 파악하여 신체의 '불가침성'
(Unversehrtheit)이라고 한다.[6]

우리 형법은 이러한 입법례와는 달리 상해죄와 폭행죄를 분리하여 규정하
고 있다. 우리와 유사한 입법례로는 스위스형법이 있다. 스위스형법은 상해죄
를 '신체 또는 건강에 대한 훼손'("an Körper oder Gesundheit schädigt")이라는
행위태양으로 규정하면서($\frac{제123}{조}$), 신체 또는 건강에 대한 훼손의 결과를 가져
오지 않는 폭행(Tätlichkeiten) 자체를 별도로 처벌하고 있다($\frac{제126}{조}$).

일본형법은 폭행죄($\frac{제208}{조}$)를 "폭행을 가한 자가 사람을 상해함에 이르지 아

---

6) 독일형법 제17장의 죄명은 Straftaten gegen die körperliche 'Unversehrtheit'로 되어 있다.

니한 때"로 규정하고 있으며, 또 폭행치상과 상해미수의 처벌규정을 두고 있지 않아서, 일본의 다수설은 상해죄($제204_조$)를 폭행죄의 결과적 가중범으로서의 폭행치상죄와 고의범인 상해죄를 포함하는 복합형으로 해석하고 있다.[7] 상해죄를 폭행죄의 결과적 가중범으로 이해하게 되면, 고의의 면에서 상해와 폭행을 구별하기가 어렵다.

우리 형법은 독일형법과 달리 상해죄와 폭행죄를 구별하고 있고, 일본형법과 달리 폭행치상($제262_조$)과 상해미수($제257조_제3항$)의 처벌규정을 두고 있으므로, 우리 형법에 맞는 독자적인 해석론이 필요하다고 하겠다.

Ⅲ. 상해와 폭행의 죄의 체계

상해죄와 폭행죄는 보호법익을 달리하는 별개의 독립된 범죄이다.

상해죄는 단순상해죄($제257조_제1항$)를 기본유형으로 하여, 행위방법으로 인한 불법가중유형으로서 특수상해죄($제258조_의2$)가 신설되었으며, 책임가중유형으로 존속상해죄($동조_제2항$)와 상습상해죄($제264_조$)가 규정되어 있고, 그 결과적 가중범으로서 중상해죄·존속중상해죄($제258_조$)와 상해치사죄($제259_조$)가 있다. 상해죄의 미수는 처벌한다($제257조_제3항$).

폭행죄는 단순폭행죄($제260조_제1항$)를 기본유형으로 하여, 책임가중유형으로 존속폭행죄($동조_제2항$)와 상습폭행죄($제264_조$)가 규정되어 있고, 행위방법으로 인한 불법가중유형으로서 특수폭행죄($제261_조$)가 있으며, 결과적 가중범으로서 폭행치사상죄($제262_조$)가 규정되어 있다.

상해와 폭행의 죄에 대하여는 이를 가중처벌하는 특별형법으로서 '폭력행위 등 처벌에 관한 법률'(약칭: 폭력행위처벌법)이 그동안 전면적으로 적용되어 왔다. 그러나 2016. 1. 6.에 폭력행위처벌법이 대폭 개정되면서 종래 폭력행위처벌법에서 가중처벌하던 제3조 제1항(특수폭력범죄)과 제2조 제1항(상습폭력범죄) 및 제3조 제3항(상습특수폭력범죄)이 삭제되고, 형법에 제258조의 2(특수상해죄)가 신설되면서 제264조(상습범 가중처벌규정)에 특수상해죄가 추가되었다. 다만 폭력행위처벌법 제2조 제2항은 "2인 이상이 공동하여" 폭행·존속폭

---

7) 前田, 41面; 團藤, 412面; 大塚, 29面; 曾根, 19面.

행 또는 상해·존속상해를 범한 경우에는 형법 각 해당 조항에서 정한 형의 2분의 1까지 가중하도록 규정하고 있다.

폭력행위처벌법(이하 폭처법)의 상술한 개정은 헌법재판소가 2015. 9. 24.에 구 '폭력행위 등 처벌에 관한 법률' 제3조 제1항 중 '특수폭행죄'의 가중처벌규정이 '위헌'이라고 결정($^{2015\ 헌가\ 17-}_{전원재판부}$)하고, 이와 더불어 위헌소지가 있기 때문에 '입법개선'이 필요한 폭처법상의 조항을 '보충의견'으로서 제시한 결과물이다. 헌재 결정($^{2015\ 헌가}_{17}$)의 위헌의견과 보충의견의 요지는 다음과 같다. 같은 취지의 헌재 결정은 2015. 9. 24, 2014 헌바 154, 398; 2015 헌가 3·9·14·18·20·21·25(병합) 등에서도 명시되었다.

"위헌 결정요지: 형법 제261조(특수폭행)는 위험한 물건을 휴대하여 형법상의 폭행죄를 범한 사람에 대한 가중처벌을 규정하고 있는데, 그 법정형이 5년 이하의 징역 또는 1천만 원 이하의 벌금으로 되어 있다. 반면 폭처법상 제3조 제1항의 특수폭행죄 처벌규정(이하 '폭처법상 폭행죄 조항'이라 한다)은 흉기 기타 위험한 물건을 휴대하여 형법상의 폭행죄를 범한 사람에 대하여 1년 이상의 유기징역형에 처한다고 규정하고 있다. 폭처법상 폭행죄 조항은 형법 제261조와 똑같은 내용의 구성요건을 규정하면서 징역형의 하한을 1년으로 올리고, 벌금형을 제외한 것이다. 따라서 폭처법상 폭행죄 조항이 형법 제261조와의 관계에서 형벌체계상의 균형을 잃어 평등원칙에 위반되는지 여부가 문제된다. … 어떤 유형의 범죄에 대하여 특별히 형을 가중할 필요가 있는 경우라 하더라도, 그 가중의 정도가 통상의 형사처벌과 비교하여 현저히 형벌체계상의 정당성과 균형을 잃은 것이 명백한 경우에는 인간의 존엄성과 가치를 보장하는 헌법의 기본원리에 위배될 뿐 아니라, 법의 내용에 있어서도 평등원칙에 반하는 위헌적 법률이 된다. 이 사건과 같이 흉기 기타 위험한 물건을 휴대하여 폭행죄를 범하는 경우, 검사는 집단적 또는 상습적으로 폭력행위 등을 범하거나 흉기 그 밖의 위험한 물건을 휴대하여 폭력행위 등을 범한 사람 등을 처벌한다는 폭처법의 입법목적($^{제1}_{조}$)에 따라 폭처법상 폭행죄 조항을 적용하여 기소하는 것이 특별법 우선의 법리에 부합한다. 그러나 범인의 성행, 범행의 경위, 범죄전력, 결과발생의 정도 등 여러 사정을 고려하여 형법조항을 적용하여 기소할 수도 있는데, 이러한 기소가 적법함은 물론 이 경우 법원은 공소장의 변경 없이는 형이 더 무거운 폭처법상 폭행죄 조항을 적용할 수 없게 된다. 그런데 폭처법상 폭행죄 조항으로 기소된 피고인은 벌금형을 선고받을 수 없고, 1년 이상 30년 이하의 유기징역형을 선고받아야 하며, 한 차례의 법률상 감경이나 작량감경에 의하더라도 6월 이상 15년 이하의 유기징역형을 선고받아야 함에 비하여, 형법 제261조로 기소된 피고인은 벌금형의 선고도 가능할 뿐만 아니라 1월 이상 5년 이하의 유기징역형을 선고받게 된다. 이와 같이 어느 법률조항이 적용되는지에 따라 벌금형이 선고될 수 있는지 여부가 달라지고, 징역형의 하한을 기준으로 최대 6배에 이르는 심각한 형의 불균형이 발생한다. … 일반법에 대비되는 특별법은 개념적으로 특별법의 구성요건이 일반법의 모든 구성요건을 포함하면서 그 밖의 특별한 표지까지 포함한 경우를 뜻한다. 폭처법에서 말하는 가중처벌도 단순히 법정형만의 가중을 뜻하는 것이 아니라, 일반법 조항의 구성요건 이외에 특별한 구성요건 표지를 추가한 가중처벌의 근거를 마련하는 것을 포함한다고 해석하여야 한다. 만일 구성요건 표지의 추가 없이 법정형만을 가중하려고 한다면 일반법의 법정형을 올리면 되지 따로 특별법을 제정할 필요가 없기 때문이다. 따라서 폭처법상 폭행죄 조항이 형법 제261조보다 법정형을 가중하기 위해서는 범행방법, 신분 등 별도의 가중적 구성요건의 표지를 규정하는 것이 필요하다. 폭처법상 폭행죄 조항은 가중적 구성요건의 표지가 전혀 없이 법적용을 오로지 검사의 기소재량에만 맡기고 있으므로, 법집행기관 스스로도 법적용에 대한 혼란을 겪을 수 있고, 이는 결과적으로 국민의 불이익으로 돌아올 수밖에 없다. 한편, 법집행기관이 이러한 사정을 피의자나 피고인의 자백을 유도하거나 상소를 포기하도록 하는 수단으로 악용할 소지도 있다. 결국 위험한 물건 휴대 폭행행위에 대하여 특별히 형을 가중할 필요가 있다는 사정이 인정된다고 할지라도, 형법 제261조와 똑같은 구성요건을 규정하면서 법정형만 상향 조정한 폭처법상 폭행죄 조항은 형사특별법으로서 갖추어야 할 형벌체계상의 정당성과 균형을 잃은 것이 명백하다. 따라서 폭처법상 폭행죄 조항은 인간의 존엄성과 가치를 보장하는 헌법의 기본원리에 위배될 뿐만 아니라 그 내용에 있어서도 평등원칙에 위반된다."

"보충의견의 요지: 폭처법상 폭행죄 조항 이외에도 폭처법에는 형법 조항과 똑같은 구성요건을 규정하면서 법정형만 상향 조정한 조항들이 상당수 있는바, 그와 같은 조항들에 대하여 위헌법률심판이 제청되거나 헌법소원이 청구될 경우 위 판시 내용을 그대로 적용하면 위헌으로 결정될 수 있다. 이러한 상황에서 폭처법의 존재가 여전히 필요한지, 헌법재판소가 위와 같은 논리를 계속 유지할 수 있는지 여부에 대하여 의문이 제기될 수 있다. … 형법과 폭처법을 정비하는 입법개선이 필요하다고 생각하므로, 다음과 같이 보충의견을 개진한다. 폭처법의 조항들 중 형법 조항과 똑같은 구성요건을 규정하면서 법정형만 상향 조정한 조항들이 상당수 있다. 예를 들어 ① 폭처법 제2조 제1항 제1호 중 "상습적으로 형법 제260조 제1항(폭행), 제283조 제1항(협박)의 죄를 범한 자"에 관한 부분, 같은 항 제2호 중 "상습적으로 형법 제260조 제2항(존속폭행), 제276조 제1항(체포, 감금), 제283조 제2항(존속협박)의 죄를 범한 자"에 관한 부분, 같은 항 제3호 중 "상습적으로 형법 제257조 제1항(상해)·제2항(존속상해), 제276조 제2항(존속체포, 존속감금), 제350조(공갈)의 죄를 범한 자"에 관한 부분은 형법 제264조(상습범), 제279조(상습범), 제285조(상습범), 제351조(상습범) 중 각 관련 부분과 그 구성요건이 동일하다. ② 폭처법 제3조 제1항 중 "단체나 다중의 위력으로써 또는 흉기나 그 밖의 위험한 물건을 휴대하여 형법 제260조 제1항(폭행)·제2항(존속폭행), 제276조 제1항(체포, 감금)·제2항(존속체포, 존속감금), 제283조 제1항(협박)·제2항(존속협박), 제319조(주거침입, 퇴거불응), 제366조(재물손괴)의 죄를 범한 자"에 관한 부분은 형법 제261조(특수폭행), 제278조(특수체포, 특수감금), 제284조(특수협박), 제320조(특수주거침입), 제369조(특수손괴) 중 각 관련 부분과 그 구성요건이 동일하다. ③ 폭처법 제3조 제3항 중 "상습적으로 단체나 다중의 위력으로써 또는 상습적으로 흉기나 그 밖의 위험한 물건을 휴대하여 형법 제260조 제1항(폭행)·제2항(존속폭행)의 죄를 범한 자"에 관한 부분은 형법 제264조(상습범) 중 제261조(특수폭행)의 상습범에 관한 부분과 그 구성요건이 동일하다. 따라서 위 폭처법 조항들에 대하여 위헌법률심판이 제청되거나 헌법소원이 청구될 경우 선례에 따라 위헌으로 결정될 수 있다. 위와 같이 상습, 공동, 집단·흉기휴대 폭력범죄 등에 대한 가중처벌을 규정하고 있는 폭처법 제2조 제1항, 제2항 및 제3조 제1항, 제3항의 내용 중 상당 부분이 별도의 가중적 구성요건의 표지 없이 형법과 동일한 내용을 규정하면서 법정형만 상향 조정하고 있어, 선례에 의할 경우 위헌으로 결정될 수 있다. … 폭처법 제2조 제1항, 제2항 및 제3조 제1항, 제3항은 형법으로 통합하고, 각 범죄들 간의 법정형에 균형이 맞도록 법정형을 상호 조정하는 것이 바람직하다고 생각한다."

상해 또는 폭행이 형사사건의 수사 또는 재판과 관련하여 '보복 등의 목적'으로 행해진 때에는 '특정범죄 가중처벌 등에 관한 법률'(약칭: 특정범죄가중법) 제5조의 9[보복범죄의 가중처벌 등] 제2항에 의하여 가중처벌된다.

상해 또는 폭행이 '가정구성원 사이'에서 발생한 경우에는 '가정폭력범죄의 처벌 등에 관한 특례법'(약칭: 가정폭력처벌법)이 적용된다. 이 특례법은 가정폭력범죄의 형사처벌절차에 관한 특례와 가정폭력범죄를 범한 자에 대한 '보호처분'(^{제40조: 피해자접근제한, 친권행사의 제}_{한, 사회봉사·수강명령, 보호관찰 등})을 규정하고 있다.

2021. 4. 20.에 '스토킹범죄의 처벌 등에 관한 법률'(약칭: 스토킹처벌법)이 제정되었다. 스토킹범죄는 그 보호법익이 개인의 '신체적 안전(건재)'과 '심리적 안정'을 포괄하는 '생활상의 지속적인 평온'이라는 관점에서 폭행죄의 연장선상에 놓을 수 있다. 또한 폭행죄의 폭행개념에 물리적 폭행 이외에 '심리적' 폭행을 포함시킬 것인가 하는 해석론상의 논의가 첨예한 만큼, 스토킹범죄의 심리적 안정이라는 보호법익이[8] 폭행죄와 얽혀있다. 그러므로 본서 제12정판부터 범죄론체계에 있어서 상해와 폭행의 죄라는 장(章) 마지막 절로 스토킹범죄를 언급하고자 한다.

제 2 절 상해죄의 개별적 범죄유형

I. 단순상해죄

제257조 제1항 [상해] "사람의 신체를 상해한 자는 7년 이하의 징역, 10년 이하의 자격정지 또는 1천만원 이하의 벌금에 처한다."

1. 의의, 보호법익

상해죄는 "사람의 신체를 상해하여 신체적 건강을 훼손하는 범죄"이다. 단순상해죄는 상해죄의 기본유형으로서 그 보호법익은 '신체의 건강 내지 생리적 기능'

---

8) 스토킹범죄의 '심리적' 안정이라는 보호법익에 중점을 둔다면, 범죄론체계상 학대죄 또는 협박죄, 강요죄의 맥락에 스토킹범죄를 위치시킬 수 있다.

이며, 보호의 정도는 '침해범'이다. 상해죄는 '즉시범'이면서 '상태범'에 속한다.

2. 행위의 객체

행위의 객체는 사람의 신체이다. 여기에서 사람이라 함은 '자연인'인 '타인'을 의미한다. '자기'의 신체에 대한 상해, 즉 자상행위(自傷行爲)는 본죄의 구성요건해당성이 없으므로 원칙적으로 범죄가 되지 아니하고, 특별법(예: 병역법 제86조, 군형법 제41조 제1항)에 의하여 예외적으로 처벌될 따름이다.[9] 자상행위를 저항할 수 없을 정도로 강요한 경우에는 구성요건에 해당하지 않는 타인의 행위를 이용하여 상해죄를 실현하는 것으로서 상해죄의 간접정범이 성립한다.[10]

〈문제: 태아에 대한 상해〉

　상해죄에 있어서는 출생 전의 '태아'에 대한 상해를 출생 후 '사람'에 대한 상해로 처벌할 수 있는가가 문제되고 있다.[11]

　즉 태아에게 고의 또는 과실로 상해를 가한 결과, 그 태아가 기형아로 또는 장애를 입은 채로 출생하였다면, 사람에 대한 상해죄 내지 과실치상죄로 처벌할 수 있겠는가라는 문제이다.

　① 상해죄의 객체는 '살아있는 사람'이고 형법상 태아와 사람은 구별되고 있으므로, 태아에 대한 상해를 출생 후의 '사람'에 대한 상해로 처벌하는 것은 문언해석에 반한다고 본다.[12] 이는 낙태행위로 태아를 일단 살아있는 채로 배출하였으나 조산(早産) 등 생존능력의 부족으로 인하여 출생한 후에 사망한 경우에, 낙태행위를 사람에 대한 살인죄 내지 과실치사죄로 처벌할 수 없는 것과 동일한 논리이다. ② 또한

---

9) 병역법 제86조의 "병역의무를 기피하거나 감면받을 목적으로… 신체를 손상하거나"라는 규정 중에서 '신체손상'의 의미는 신체의 완전성을 해하거나 생리적 기능에 장애를 초래하는 '상해' 개념과 일치되어야 하는 것은 아니며, 병역의무의 기피 또는 감면사유에 해당되도록 문신 등 신체의 변화를 인위적으로 조작하는 행위까지를 포함하는 개념으로 해석한 대법원판결(대판 2004. 3. 25, 2003 도 8247)은 병역법의 특성상 신체손상의 개념을 일상용어법과는 달리 '목적론적 확장해석'을 함으로써 병역법 제86조의 입법취지를 달성하고자 한 것이라고 이해할 수 있다.

10) "판결요지: 피고인이 피해자를 협박하여 그로 하여금 자상케 한 경우에 피고인에게 상해의 결과에 대한 인식이 있고 또 그 협박의 정도가 피해자의 의사결정의 자유를 상실케 함에 족한 것인 이상 피고인에 대하여 상해죄를 구성한다"(대판 1970. 9. 22, 70 도 1638).

11) 독일에서는 신경안정제인 Contergan을 복용했던 여성이 임신 후 기형아를 출산한 1960년대의 이른바 Contergan사건이 계기가 되어, 이 문제가 논의되기 시작하였다.

12) 사람에 대한 상해로 처벌할 수 없다는 견해로는 권오걸, 33면; 김성돈, 57면; 김성천, 577면; 김/서, 62면; 박상기, 46면; 배종대, 98면; 오영근, 54면; 이재상, 44-5면; 이형국, 58면; 정/박, 47면; 정영일, 31면; 진/이, 58면. BVerfG NJW 1988, S. 2945; BGH St 31/348; LK-Hirsch, Kommentar, Rn. 7 vor §223; Wessels, BT-1, S. 52.

낙태행위없이 모체 내의 태아를 상해 또는 치상케 한 경우를 처벌하는 규정이 없는
한, '태아'에 대한 범죄로서 처벌할 수도 없다. ③ 마지막으로 검토할 수 있는 것은
태아를 출생한 '母'에 대한 상해죄로 처벌하자는 주장이다. 이 때 태아를 모체(母
體)의 일부로 보아 태아에 대한 상해를 모체의 건강을 훼손하는 상해죄가 된다거나
건강한 자녀를 출산할 모체의 기능을 훼손하는 상해죄로 처벌하는 것이다.[13] 그러
나 이 견해는 태아의 '상해'를 통한 母의 상해가 7년 이하의 징역임에 비하여, 태아
의 '살해'를 통한 낙태가 기껏해야 3년 이하의 징역($^{제270조}_{제2항}$)에 처해진다는 형의 불균
형이라는 문제점을 내포하고 있다. 따라서 이 문제는 현행법으로는 해결하기 어렵
고 입법론에 기대해야 할 것으로 본다.[14]

3. 실행행위

상해죄의 실행행위는 '상해'이다.

(1) 상해의 개념

「상해」의 개념에 관하여는 ① 상해죄와 폭행죄의 보호법익을 구별하면서,
상해란 신체의 건강을 훼손하는 행위 내지 신체의 생리적 기능에 장해를 일으키는
행위라는 견해(^{다수}),[15] ② 상해죄와 폭행죄의 보호법익(신체의 완전성)을 동일
하게 보면서, ㉠ 상해란 신체의 완전성을 해하는 행위라는 견해,[16] ㉡ 상해란
생리적 기능에 장해를 주는 행위라는 견해,[17] ㉢ 상해란 생리적 기능에 장해를
주는 행위 및 신체의 외모에 중대한 변화를 일으키는 행위라는 견해(^{절충})가[18]
대립한다. 상술한 바와 같이 ①의 견해가 타당하다고 본다.

타인의 모발·눈썹·손톱을 절단하는 행위 기타 외모에 변화를 가져오는
행위는 정신적 고민으로 인하여 건강이 훼손될 정도이면 상해에 해당하지

---

13) 대법원은 태아를 사망에 이르게 하는 행위가 임산부에 대한 상해가 될 수 없다는 입장이
다. "판결요지: 우리 형법은 태아를 임산부 신체의 일부로 보거나, 낙태행위가 임산부의 태아양
육, 출산 기능의 침해라는 측면에서 낙태죄와는 별개로 임산부에 대한 상해죄를 구성하는 것으
로 보지는 않는다고 해석된다. 따라서 태아를 사망에 이르게 하는 행위가 임산부 신체의 일부를
훼손하는 것이라거나 태아의 사망으로 인하여 그 태아를 양육, 출산하는 임산부의 생리적 기능
이 침해되어 임산부에 대한 상해가 된다고 볼 수는 없다"(대판 2007. 6. 29, 2005 도 3832).

14) 前田, 37-40면 참조.

15) 권오걸, 34면; 김성돈, 58면; 김/서, 64면; 김종원, 56면; 백형구, 44면; 손동권, 37면; 오영
근, 54면; 이재상, 46면; 이형국, 59면; 정/박, 49면; 진/이, 59면.

16) 유기천, 상권, 47면. 상해죄의 보호법익을 신체의 완전성으로 파악하는 입장에 선다면, 이
러한 개념정의가 논리적으로 합당하다고 본다.

17) 박상기, 47면.

18) 배종대, 99-100면.

만,[19] 건강상태가 불량하게 될 정도에 이르지 않으면 상해에 해당하지 않는다 (판례).[20] 그러나 소량의 모발을 절단하는 등 외모의 변화가 경미한 정도이면 신체적 안전을 해하는 행위로서 폭행에 해당한다고 본다.

건강훼손 내지 생리적 기능의 장해라 함은 신체 또는 정신에 병적 상태를 야기하거나 악화시키는 것을 의미한다. 상처를 주는 것, 감각기능 또는 생리적 기능의 상실 내지 감퇴를 가져오는 것, 병을 감염시키는 것, 구토 · 설사 · 실신을[21] 일으키게 하는 것, 스트레스 장애를 야기하는 것[22] 등이 이에 속한다.

상해의 '정도'는 '현저성의 원칙'을 고려하여 판단해야 한다. 범죄구성요건은 법익침해의 일정한 '강도'(强度, Intensität)를 미리 예상해서 규정된 것이므로, 상해행위의 개념은 어느 정도의 현저함을 갖추고 있어야 한다. 따라서 피부의 미세한 부위가 가볍게 긁힌 정도, 모세혈관에 가벼운 울혈이 생긴 정도, 정신적으로 격앙되어 혈압이 다소 올라간 정도, 재채기를 몇번 하게 한 정도, 즉

---

19) 신체의 외모에 중대한 변화를 가져오는 행위를 폭행으로 파악하는 견해는 박상기, 50면.

20) "피고인이 피해자를 강제로 눕혀 옷을 벗긴 뒤 1회용 면도기로 피해자의 음모를 위에서 아래로 가로 약 5cm, 세로 약 3cm 정도 깎은 사실은 인정되나, 위와 같은 정도의 음모의 절단은 이로 인하여 신체의 완전성이 손상되고 생활기능에 장애가 왔다거나 건강상태가 불량하게 변경되었다고 보기 어려우므로 이를 강제추행치상죄의 상해에 해당한다고 할 수 없고,…강제추행치상죄에 있어서의 상해는 피해자의 신체의 건강상태가 불량하게 변경되고 생활기능에 장애가 초래되는 것을 말하는 것으로서(대법원 1996. 11. 22. 선고 96도1395 판결, 1997. 9. 5. 선고 97도1725 판결 참조), 신체의 외모에 변화가 생겼다고 하더라도 신체의 생리적 기능에 장애를 초래하지 아니하는 이상 상해에 해당한다고 할 수 없다. 그런데 음모는 성적 성숙함을 나타내거나 치부를 가려주는 등의 시각적 · 감각적인 기능 이외에 특별한 생리적 기능이 없는 것이므로, 원심이 확정한 바와 같이 피해자의 음모의 모근(毛根) 부분을 남기고 모간(毛幹) 부분만을 일부 잘라냄으로써 음모의 전체적인 외관에 변형만이 생겼다면, 이로 인하여 피해자에게 수치심을 야기하기는 하겠지만, 병리적으로 보아 피해자의 신체의 건강상태가 불량하게 변경되거나 생활기능에 장애가 초래되었다고 할 수는 없을 것이므로, 그것이 폭행에 해당할 수 있음은 별론으로 하고 강제추행치상죄의 상해에 해당한다고 할 수는 없다"(대판 2000. 3. 23, 99 도 3099).

21) 대판 1996. 12. 10, 96 도 2529.

22) "성폭력범죄의 처벌 및 피해자보호 등에 관한 법률 제9조 제1항의 상해는 피해자의 신체의 완전성을 훼손하거나 생리적 기능에 장애를 초래하는 것으로, 반드시 외부적인 상처가 있어야만 하는 것이 아니고, 여기서의 생리적 기능에는 육체적 기능뿐만 아니라 정신적 기능도 포함된다…강간행위로 인하여 피해자 신○○이 불안, 불면, 악몽, 자책감, 우울감정, 대인관계 회피, 일상생활에 대한 무관심, 흥미상실 등의 증상을 보였고, 이와 같은 증세는 의학적으로는 통상적인 상황에서는 겪을 수 없는 극심한 위협적 사건에서 심리적인 충격을 경험한 후 일으키는 특수한 정신과적 증상인 외상 후 스트레스 장애에 해당하고…신○○이 겪은 위와 같은 증상은 강간을 당한 모든 피해자가 필연적으로 겪는 증상이라고 할 수도 없으므로, 결국 신○○은 피고인들의 강간행위로 말미암아 위 법률 제9조 제1항이 정하는 상해를 입은 것"(대판 1999. 1. 26, 98 도 3732).

자연적인 생활에 의하여 단기간에 저절로 치유되며 특별한 처치가 필요하지 않은 정도의 건강훼손행위는 상해라고 할 수 없다.[23]

(2) 상해의 방법, 태양

상해의 방법은 불문한다. 상해는 폭행과 같은 '유형적' 방법 이외에, 병을 감염시킨다든가, 상한 음식물을 주어 식중독을 일으키게 한다든가, 정신적 충격·고민을 주어 건강을 해하는 경우처럼 '무형적' 방법에 의해서도 가능하다.

또한 상해는 작위 또는 부작위, 직접 또는 간접(타인을 이용한다든가 피해자의 착오 또는 부지(不知)를 이용하는 경우)으로 행해질 수 있다. 질병에 걸린 어린 자녀로 하여금 의사의 치료를 받게 할 의무가 있는 친권자가 그 의무를 이행하지 아니한 경우에는 부작위에 의한 상해죄가 성립한다.

4. 고 의

상해의 고의가 있어야 한다. 상해의 고의는 타인의 신체적 '건강'을 훼손하려는 의사, 타인의 '생리적 기능'에 장해를 일으키려는 의사를 말한다. 단순한 폭행의 의사, 타인의 신체적 안전을 해할 의사만으로는 상해죄가 성립하지 않는다. 폭행의 의사로써 상해의 결과를 발생시킨 경우에는 폭행죄의 결과적 가중범인 '폭행치상죄'($\frac{제262}{조}$)가 성립할 따름이다. 또 상해의 고의로 유형력을 행사하였으나 건강훼손의 결과가 발생하지 않았다면, 폭행죄가 아니라 '상해미수죄'($\frac{제257조}{제3항}$)가 성립한다.

5. 위 법 성

(1) 피해자의 승낙

살인죄에 있어서는 피해자의 승낙이 있어도 위법성이 조각되지 아니하고 촉탁·승낙살인죄가 성립하지만, 상해죄에 있어서는 이와 같은 특별규정이 없으므로 피해자의 승낙이 원칙적으로 위법성을 조각한다($\frac{제24}{조}$). 다만 피해자의 승낙에 의한 상해행위가 사회상규에 위배되지 않아야 한다($\frac{제20}{조}$). 장기제공자

---

23) "피고인이 피해자와 연행문제로 시비하는 과정에서 치료도 필요없는 가벼운 상처를 입었으나, 그 정도의 상처는 일상생활에서 얼마든지 생길 수 있는 극히 경미한 상처이므로 굳이 따로 치료할 필요도 없는 것이어서 그로 인하여 인체의 완전성을 해하거나 건강상태를 불량하게 변경하였다고 보기 어려우므로, 피해자가 약 1주간의 안정을 요하는 좌측 팔 부분의 동전크기의 멍이 든 것이 상해죄에서 말하는 상해에 해당되지 않는다"(**대판** 1996. 12. 23, 96 도 2673).

의 승낙에 의하여 의사가 장기를 적출하는 수술행위는 '장기 등 이식에 관한 법률' 제22조에 의하여 (중)상해죄의 위법성이 조각된다(형법 제20조의 법령에 의한 행위).

(2) 업무로 인한 행위

프로권투·레슬링 등 위험한 운동경기중의 상해행위 또는 폭행치상행위가 '업무로 인한 행위'로서 위법성이 조각되는 것으로 볼 것인가, 아니면 '허용된 위험'으로서 사회적 상당성을 벗어나지 아니하므로 구성요건해당성을 배제한다고 보아야 할 것인가가 문제된다. 허용된 위험에 있어서는 위험을 최소화하기 위하여 필요한 주의의무를 다해야 하는데, 위험한 운동경기에 있어서 이러한 주의의무가 있다고 하기는 어려우므로, 운동규칙에 따른 운동경기중의 상해행위 또는 폭행치상행위는 '업무로 인한 행위'로서 위법성이 조각된다고 봄이 타당하다. 그러나 직업선수가 아니고, 학교체육시간에 행해지는 운동경기중의 상해행위 내지 폭행치상행위는 피해자의 승낙으로 위법성이 조각된다고 본다.

(3) 의사의 치료행위, 수술행위

의사의 치료행위란 "치료의 목적으로 의술의 법칙에 따라 행해지는 신체침해행위"를 말한다. 의사의 신체침해행위로서의 치료행위, 특히 수술행위(예컨대 난소종양환자를 치료하기 위한 난소제거수술행위)가 상해죄를 구성하겠는가에 관하여는 ① 상해죄의 구성요건에는 해당하지만 업무로 인한 행위로서 위법성이 조각된다는 견해,[24] ② 치료행위에 있어서의 고의는 신체의 건강을 회복·유지·증진시키겠다는 의사이므로 건강을 훼손하려는 상해의 고의와는 전혀 다른 것으로서 (고의범으로서의) 상해죄의 구성요건해당성이 없다는 견해,[25] ③ 의사의 치료행위에 상해의 고의는 없으므로 상해죄의 고의범은 성립될 여지가 없고 '과실범'의 성립문제로 파악하면서, 의사의 치료행위에 과실이 없으면 (업무상과실치사상죄의) 구성요건해당성이 없고, 과실이 있으면 업무로 인한 행위로서도 위법성이 조각되지 않으며 실패한 치료결과에 대하여 업무상과실치사상죄의 책임을 진다는 견해,[26] ④ 의사의 치료행위에는 상해의 고

---

24) 배종대, 101면.

25) 김/서, 67면: 김종원, 59면: 이재상, 50면: 정영일, 34면: 진/이, 62면. 통상의 치료행위는 구성요건해당성이 없고, 위험한 치료행위는 피해자의 승낙에 의하여 위법성이 조각된다는 이론구성으로는 이형국, 62-3면.

26) 정/박, 51면.

의가 인정되고 따라서 상해죄의 구성요건에 해당하지만, 환자인 피해자의 승낙 또는 추정적 승낙에 의해서 위법성이 조각된다는 견해가[27] 대립한다.

대법원은 종래 위 ①의 입장에 서서 의사의 치료행위는 그 수단과 방법이 현대의술에 적합하면 정당행위로서 위법성이 조각된다는 견해를 취하고 있으나,[28] 1990년대에 들어와 의사의 치료행위의 위법 여부를 피해자의 승낙이론에 의하여 구성한 주목할 만한 판결을[29] 내린 바 있다.

그런데 위 ①②③의 세 견해는 '환자의 의사'를 전혀 고려하지 않는 점에서 문제가 있다. 즉 의사의 치료행위에 있어서는 환자가 자신의 신체에 대하여 '자기결정권'을 행사할 수 있도록 하는 이론을 구성할 필요가 있다. 환자의 신체를 의사의 치료행위의 객체로 취급함에 그쳐서는 안되고, 수술에 앞서서 의사는 환자에게 수술에 관한 충분한 '설명의무'를 다함으로써 환자가 수술 여부에 대하여 주체적으로 자기결정을 내릴 수 있도록 하고, 의사의 수술은 환자의 진정한 동의에 기초해서만 허용될 수 있다는 이론, 즉 의사의 수술행위는 상해죄의 구성요건에 해당하지만 환자인 '피해자의 승낙'($\frac{제24}{조}$) 또는 '추정적 승낙'에 의하여 위법성이 조각된다는 견해가 타당하다고 생각한다.[30] 이와 관련하여 환자의 동의가 없는 의사의 '독단적 치료행위', 즉 의사의 강제치료는 허용될 수 없으며, 환자의 치료거부권 내지 자기결정권이 의사의 치료권 내지 치료의무에 우선한다.[31]

---

27) 김성돈, 60면; 박상기, 50면; 손동권, 40면; 오영근 59면.

28) "의사가 인공분만기인 '샥숀'을 사용하면 통상 약간의 상해 정도가 있을 수 있으므로 그 상해가 있다 하여 '샥숀'을 거칠고 험하게 사용한 결과라고는 보기 어려워 의사의 정당업무의 범위를 넘은 위법행위라고 할 수 없다"(**대판 1978. 11. 14. 78 도 2388**). "피고인이 태반의 일부를 떼어낸 행위는 그 의도, 수단, 절단부위 및 그 정도 등에 비추어 볼 때 의사로서의 정상적인 진찰행위의 일환이라고 볼 수 있으므로 형법 제20조 소정의 정당행위에 해당한다"(**대판 1976. 6. 8. 76 도 144**).

29) "피고인인 의사가 피해자의 병증이 자궁외 임신인지, 자궁근종인지를 판별하기 위한 정밀한 진단방법을 실시하지 아니한 채 피해자의 병명을 자궁근종으로 오진하고 이에 근거하여 의학에 대한 전문지식이 없는 피해자에게 자궁적출술의 불가피성만을 강조하였을 뿐 위와 같은 진단상의 과오가 없었으면 당연히 설명받았을 자궁외 임신에 관한 내용을 설명받지 못한 피해자로부터 수술승낙을 받았다면 위 승낙은 부정확 또는 불충분한 설명을 근거로 이루어진 것으로서 수술의 위법성을 조각할 유효한 승낙이라고 볼 수 없다"라고 하면서, 의사의 업무상과실치상죄의 책임을 인정한 판결이다(**대판 1993. 7. 27. 92 도 2345**).

30) 이러한 견해가 독일의 일관된 판례이다(RG 25/375; BGH St. 11/111, 12/379, 16/309; BGH Z. 29/33, 46/176).

31) 同旨, 박상기, 50면.

의사의 설명의무는 2016. 12. 20.의 의료법 개정에서 신설된 제24조의2[의료행위에 관한 설명]에 규정됨으로써 '법정화'되었다. 이제 의사의 설명의무는 의료법에 명시된 법적 의무이다. 설명의무 위반에 대하여는 300만원 이하의 과태료가 부과된다(제92조제1항). 의료법 제24조의2에 규정된 설명의무는 다음과 같다.

제1항: 의사·치과의사 또는 한의사는 사람의 생명 또는 신체에 중대한 위해를 발생하게 할 우려가 있는 수술, 수혈, 전신마취(이하 이 조에서 "수술 등"이라 한다)를 하는 경우 제2항에 따른 사항을 환자(환자가 의사결정능력이 없는 경우 환자의 법정대리인을 말한다)에게 설명하고 서면으로 그 동의를 받아야 한다.

제2항: 제1항에 따라 환자에게 설명하고 동의를 받아야 하는 사항은 다음 각 호와 같다.

1. 환자에게 발생하거나 발생 가능한 증상의 진단명
2. 수술 등의 필요성, 방법 및 내용
3. 환자에게 설명을 하는 의사, 치과의사 또는 한의사 및 수술 등에 참여하는 주된 의사, 치과의사 또는 한의사의 성명
4. 수술 등에 따라 전형적으로 발생이 예상되는 후유증 또는 부작용
5. 수술 등 전후 환자가 준수하여야 할 사항

그리고 의료법 시행령 제10조의12 제1항과 제2항은 의사의 의료행위에 관한 설명의 방식을 정하고 있으며, 제3항은 환자의 동의서를 2년간 보존·관리해야 한다고 규정하고 있다.

그리고 환자인 피해자의 승낙이 있는 경우에는 승낙의 '범위'를 구체적으로 검토하여, 그 승낙이 의사의 과실에까지 미친다면 의사의 과실로 실패한 수술이라고 하더라도 위법성이 조각되고(과실범에 있어서의 피해자의 승낙), 승낙의 범위가 의사의 과실에 미치지 않는다면 의사는 실패한 수술결과에 대하여 업무상과실책임을 져야 할 것이다.

위 견해의 대립은 환자(예: 난소종양환자)가 의사에게 치료거부(난소제거수술거부)의 의사를 명백히 한 경우에도 이를 무시하고 수술행위를 한 의사가 어떠한 형사책임을 질 것인가에 있어서 큰 차이가 난다. ①②③의 세 견해는 의사에게 고의범으로서의 상해죄의 성립을 부정할 것이지만, ④의 견해에 의하면 고의범으로서의 상해죄의 성립을 긍정하게 된다.

(4) 육체적 징계행위

법령에 의한 징계행위로는 학교장이 교육상 필요할 때에 행할 수 있는 학생에 대한 징계(초중등제18조 제1항, 동 시행령), 소년원장이 수용된 소년의 규율위반시에 행할 수 있는 징계(보호소년 등의 처우에 관한 법률 제15조) 등이 있다.[32] 그런데 법령상 징계권을 가진 자가 훈육의 목적으로 행한 '상해행위'는 제20조 법령에 의한 행위로서 위법성이 조각되는가가 문제된다. 특히 교사의 육체적 징계(체벌)를 이른바 사랑의 매로서 허용될 수 있는가가 문제된다. 체벌은 후술하는 바와 같이 '폭행'의 정도인 때에는 일정한 요건하에 허용될 수 있으나, '상해'의 정도인 때에는 허용되지 않는다고 본다.

체벌의 허용 '여부'와 그 '정도'는 근본적으로 우리나라의 '사회상규' 및 교육여건·교육풍토에 달려 있다고 생각한다.[33] 대법원은 '교사'의 체벌이 '폭행'에 그친 정도인 경우에는 허용하고,[34] '상해'나 '폭행치상'의 정도에 이른 경우에는 위법한 것으로 판단하고 있다.[35]

6. 책임: 존속상해죄

제257조 제2항 [존속상해] "자기 또는 배우자의 직계존속에 대하여 제1항의 죄를 범한 때에는 10년 이하의 징역 또는 1천500만원 이하의 벌금에 처한다."

행위의 객체가 자기 또는 배우자의 직계존속인 경우에는 존속상해죄가 성립한다. 존속상해죄는 행위자의 신분(직계비속)으로 말미암아 단순상해죄에

---

32) 친권자가 자녀를 보호 또는 교양하기 위하여 징계할 수 있다는 민법 제915조는 2021. 1. 26. 개정에 의하여 삭제되었다.

33) 초중등교육법 시행령 제31조 제8항은 신체에 고통을 가하는 체벌을 금지하고 있으나, 엄격한 요건하에 행해진 폭행 정도의 체벌은 형법 제20조 '사회상규에 위배되지 아니하는 행위'로서 위법성이 조각될 수 있다.

34) "중학교 교장직무대리자가 훈계의 목적으로 교칙위반학생에게 뺨을 몇 차례 때린 정도는 감호교육상의 견지에서 볼 때 징계의 방법으로서 사회관념상 비난의 대상이 될 만큼 사회상규를 벗어난 것으로는 볼 수 없어 처벌의 대상이 되지 아니한다"(대판 1976. 4. 27, 75 도 115).

35) 체벌을 위법하다고 본 판결로는 "교사가 국민학교 5학년생을 징계하기 위하여 양손으로 교탁을 잡게 하고 길이 50cm, 직경 3cm 가량 되는 나무 지휘봉으로 엉덩이를 두번 때리고, 학생이 아파서 무릎을 굽히며 허리를 옆으로 틀자 다시 허리부분을 때려 6주간의 치료를 받아야 할 상해를 입힌 경우 위 징계행위는 그 방법 및 정도가 교사의 징계권행사의 허용한도를 넘어선 것으로서 정당한 행위로 볼 수 없다"(대판 1990. 10. 30, 90 도 1456). "피고인이 교육자로서 대나무 막대기로 나이 어린 피교육자인 피해자의 전신을 수회 구타하여 상해까지 입힌 경우라면 그 제재의 범위를 넘어선 행위가 되어 정당한 징계행위로 볼 수 없다"(대판 1978. 3. 14, 78 도 203).

비하여 책임이 가중되는 범죄이다(부진정신분범). 본죄의 법정형은 종래 "1년 이상 10년 이하의 징역"이었던 것이 1995년 형법개정에서 "10년 이하의 징역"으로 낮추어지고 또 벌금형이 선택형으로 신설되었다.

7. 미 수

상해의 고의로 폭력(유형력)을 행사하였으나 상해의 결과가 발생하지 아니하면 상해미수죄가 성립하고, 폭행죄가 되는 것은 아니다. 폭행의 고의로 폭력을 행사하여 상해의 결과가 발생하면 상해죄가 성립하는 것이 아니라 폭행치상죄가 성립한다. 상해죄와 폭행죄는 고의의 내용에 의하여 처음부터 구별된다.

8. 죄 수

살인죄와 상해죄는 법조경합 중 흡수관계에 선다. 따라서 살인미수가 상해의 결과를 수반한 경우에 양죄의 상상적 경합이 아니라 살인미수죄만이 성립한다.

9. 형 벌

7년 이하의 징역, 10년 이하의 자격정지 또는 1천만원 이하의 벌금에 처한다.

Ⅱ. 중상해죄·존속중상해죄

제258조 [중상해, 존속중상해] 제1항 "사람의 신체를 상해하여 생명에 대한 위험을 발생하게 한 자는 1년 이상 10년 이하의 징역에 처한다."
제2항 "신체의 상해로 인하여 불구 또는 불치나 난치의 질병에 이르게 한 자도 전항의 형과 같다."
제3항 "자기 또는 배우자의 직계존속에 대하여 전 2항의 죄를 범한 때에는 2년 이상 15년 이하의 징역에 처한다."

1. 의의, 성격

중상해죄는 "사람의 신체를 상해하여 생명에 대한 위험을 발생하게 하거나, 불구 또는 불치나 난치의 질병에 이르게 함으로써 성립하는 범죄"이다. 중

상해죄는 상해로 인하여 특별히 중한 결과를 발생시킨 경우에 단순상해죄보다 형을 가중하는 '결과적 가중범'에 해당하고, 존속중상해죄는 자기 또는 배우자의 직계존속에 대한 중상해를 가중처벌하는 책임가중유형이다.

본죄는 결과적 가중범으로서 중상해의 결과에 대하여 '과실'이 있는 경우뿐만 아니라 '고의'가 있는 경우에도 성립하는 '부진정 결과적 가중범'으로 해석되고 있다(^통_설).[36] 중상해죄를 부진정 결과적 가중범으로 이해하는 것은 중상해의 '고의범'을 단순상해죄에 비하여 무겁게 처벌하는 별도의 규정이 존재하지 않기 때문에 불가피하게 도출되는 해석이다.

2. 중상해의 결과

중상해죄가 성립하기 위하여는 '생명에 대한 위험'이나 '불구 또는 불치나 난치의 질병'이라는 중상해의 결과가 발생해야 한다.

(1) 생명에 대한 위험발생

'생명에 대한 위험발생'이란 치명상을 가한 경우처럼 생명에 대한 '구체적 위험'을 발생시킨 경우를 말한다(구체적 위험범).

(2) 불 구

중상해죄에서의 불구는 불치나 난치의 질병과 병렬적으로 규정된 점을 고려하여 정도가 높은 불구로 해석해야 한다(축소해석). 따라서 '불구'란 전체로서의 신체조직으로 볼 때 '중요부분'의 절단 내지 중요부분의 기능상실을 의미한다. 외형적 신체기능의 상실뿐만 아니라 신체 내부에 있는 장기의 기능상실도 불구에 포함된다고 본다.[37] 신체조직의 중요부분인가 하는 판단은 피해자의 개인적 사정을 고려할 것이 아니라 '객관적으로' 판단할 성질의 것이다(^다_수).[38] 실명하여 시각기능이 상실된다든가[39] 청각기능 또는 발성기능이 상실된 경우는 불구에 해당하지만, 치아 2개가 빠진다거나[40] 새끼손가락 한 개가

---

36) 강구진, 66면: 권오걸, 41면: 김성돈, 61면: 김성천, 581면: 김/서, 69면: 박상기, 53면: 배종대, 105면: 손동권, 43면: 오영근, 66면: 이재상, 53면: 이정원, 76면: 이형국, 70면: 정영일, 37면: 진/이, 64면.

37) 권오걸, 42면: 김성돈, 62면: 박상기, 54면: 배종대, 106면: 정영일, 38면. 외형적 부분에 한정하는 반대설로는 김성천, 585면: 김/서, 70면: 이재상, 53면: 이형국, 71면: 정/박, 53면: 진/이, 65면.

38) 김성돈, 62면: 김성천, 585면: 김/서, 70면: 박상기, 54면: 배종대, 106면: 손동권, 43면: 오영근, 66-7면: 이재상, 53면: 이형국, 72면: 정/박, 53면: 정영일, 38면: 진/이, 65면.

39) 대결 1960. 4. 6, 4292 형상 395.

절단된 것으로는 본죄의 불구라고 할 수 없다.

(3) 불치 또는 난치의 질병

'불치 또는 난치의 질병'이란 의학적 견지에서 보아 치료가능성이 없거나 희박한 질병을 말한다. 에이즈가 그 예이다. 그리고 육체적 질병 이외에 정신적 질환을 포함한다.

3. 적용범위

본죄는 결과적 가중범으로서 당연히 기본행위인 상해의 고의가 있어야 한다. 그리고 ① 중상해죄는 '부진정' 결과적 가중범이므로 중상해의 결과발생에 대하여 과실뿐만 아니라 '고의'가 있는 경우에도 적용된다. 그 밖에 ② 상해가 아니라 '폭행'의 고의로 중상해의 결과를 발생시킨 때에도 본죄가 성립되느냐 하는 논의가 있다. 본죄의 구성요건이 "신체를 상해하여" 또는 "신체의 상해로 인하여"라고 명시하고 있으며, 상해의 고의와 폭행의 고의가 성질상 다른 것인 이상, 피고인에게 불리한 방향으로 문언해석에 반하는 결론을 내릴 수는 없다. 따라서 폭행의 고의로 중상해의 결과를 발생시킨 때에는 중상해죄가 아니라 폭행치상죄($^{제262}_{조}$)가 성립할 따름이다($^{답수}_{설}$).[41] 결론은 이렇다고 하더라도, 폭행치사상죄의 규정($^{제262}_{조}$)이 제257조 내지 제259조에 의하여 처벌한다고 하고 있으므로, '죄명'만이 다를 뿐이지 형벌상의 문제점은 발생하지 않는다.

4. 미   수

중상해의 '고의'를 가지고 상해행위를 했으나 미수에 그친 경우에는 중상해죄의 미수범처벌규정이 없으므로, ① 중상해의 결과가 발생하지 아니하고 단순상해의 결과가 발생하였다면 단순상해죄의 기수범으로 처벌되고, ② 단순상해의 결과조차 발생하지 않았다면 단순상해죄의 미수범으로 처벌된다.[42]

5. 죄   수

제258조 제1항과 제2항은 법조경합 중 택일관계에 있다.

---

40) 대결 1960. 2. 29, 4292 형상 413.
41) 권오걸, 43면; 김/서, 71면; 김종원, 62면; 박상기, 55면; 배종대, 106면; 백형구, 50면; 손동권, 44면; 오영근, 68면; 이재상, 54면; 이형국, 74면; 정/박, 55면; 정영일, 39면; 진/이, 66면.
42) 권오걸, 43면; 김성돈, 63면; 김성천, 587면; 오영근, 68면; 정/박, 54면; 정영석, 230면.

6. 형   벌

중상해죄는 1년 이상 10년 이하의 징역, 존속중상해죄는 2년 이상 15년 이하의 징역에 처한다. 10년 이하의 자격정지를 병과할 수 있다(제265조).

Ⅲ. 특수상해죄

제258조의 2 [특수상해] 제1항 "단체 또는 다중의 위력을 보이거나 위험한 물건을 휴대하여 제257조 제1항 또는 제2항의 죄를 범한 때에는 1년 이상 10년 이하의 징역에 처한다."
제2항 "단체 또는 다중의 위력을 보이거나 위험한 물건을 휴대하여 제258조의 죄를 범한 때에는 2년 이상 20년 이하의 징역에 처한다."
제3항 "제1항의 미수범은 처벌한다.

1. 의의, 성격

특수상해죄는 "단체 또는 다중의 위력을 보이거나 위험한 물건을 휴대하여 사람의 신체를 상해함으로써 성립하는 범죄"이다. 본죄는 상해의 '행위방법'에 있어서 집단적 위력을 보이거나 위험한 물건을 가지고 행해진다는 위험성 때문에 단순상해죄에 비하여 불법이 가중되는 유형이다(불법가중유형).

2. 입법 연혁

종래 특수상해죄는 형법이 아니라 '폭력행위 등 처벌에 관한 법률' 제3조 제1항에 규정되어 있었다. 이 규정에 대하여 헌법재판소는 합헌이라고 결정(2015. 9. 24. 2015 헌가 17-전원재판부)하였으나, 이 결정에서 '보충의견'으로서 '폭처법 제3조 제1항을 형법에 통합하고, 법정형에 균형이 맞도록 법정형을 상호 조정하는 것이 바람직하다'라는 '입법개선'의견을 제시하였다. 2016. 1. 6.의 관련 법률개정에서는 헌법재판소의 입법개선의견을 받아들여, 폭처법 제3조 제1항이 삭제되고, 형법 제258조의 2(특수상해죄)가 신설되었다.

3. 행위방법, 실행행위, 고의

특수상해죄의 구성요건 해석에 있어서 '행위방법'과 '고의'는 특수폭행죄에서의 해당 부분을 참조하고, '실행행위'는 단순상해죄에서의 '상해' 부분을 참조할 것.

4. 형　벌

특수상해·존속상해죄는 1년 이상 10년 이하의 징역에 처하고, 특수중상해·존속중상해죄는 2년 이상 20년 이하의 징역에 처한다. 10년 이하의 자격정지를 병과할 수 있다($\frac{제265}{조}$). 특수상해죄의 상습범은 가중처벌되고($\frac{제264}{조}$), 제258조의 2 제1항의 미수범은 처벌한다($\frac{제258조의}{2\ 제3항}$).

5. 누범의 가중처벌

소정의 요건을 충족한 특수상해의 누범은 '폭력행위 등 처벌에 관한 법률' 제3조 제4항에 의하여 가중처벌된다.

Ⅳ. 상해치사죄·존속상해치사죄

제259조 [상해치사] 제1항 "사람의 신체를 상해하여 사망에 이르게 한 자는 3년 이상의 유기징역에 처한다."
제2항 "자기 또는 배우자의 직계존속에 대하여 전항의 죄를 범한 때에는 무기 또는 5년 이상의 징역에 처한다."

1. 의의, 성격

상해치사죄는 "사람의 신체를 상해하여 사망에 이르게 함으로써 성립하는 범죄"이다. 상해치사죄는 상해죄의 '진정 결과적 가중범'이다. 존속상해치사죄는 존속상해죄에 대하여는 진정 결과적 가중범에 해당하며, 상해치사죄에 대하여는 신분으로 인한 책임가중유형에 해당한다. 사망의 결과에 대하여 과실이 아니라 '고의'가 있는 때에는 본죄가 성립하지 않고, 직접 살인죄가 성립한다.

2. 구성요건

본죄의 성립에는 결과적 가중범의 일반이론에 따라, 상해와 사망의 결과 사이에 인과관계가 있어야 하고, 발생한 결과를 행위자에게 객관적으로 귀속시킬 수 있어야 하며, 사망의 결과에 대하여 예견가능성(과실)이 있을 것이 필요하다($\substack{\text{제15조} \\ \text{제2항}}$).

(1) 인과관계, 결과의 객관적 귀속

상해와 사망의 결과 사이의 인과관계는 합법칙적 조건설에 따라 확정된다. 상해가 사망의 유일한 원인일 필요는 없다. 따라서 '비유형적 인과과정'으로서 사망의 결과발생에 대하여 ① 피해자의 지병,[43] ② 도피하던 피해자의 실족· 추락,[44] ③ 피해자의 불충분한 치료,[45] ④ 의사의 의료과실 등이 개입했다고 하더라도, 상해행위와 사망의 결과 사이에 인과관계를 인정할 수 있다. 다만 피해자나 제3자의 행위에 의하여 실현된 사망의 결과를 행위자에게 객관적으로 귀속시키기 위해서는 별개의 척도를 검토해야 한다(객관적 귀속론).

(2) 예견가능성

행위자는 사망의 결과발생을 예견할 수 있어야 한다($\substack{\text{제15조} \\ \text{제2항}}$). '예견가능성'이란 정상적인 주의를 했더라면 사망의 결과발생을 인식하거나 회피할 수 있었을 경우, 즉 '과실'이 있는 경우를 말한다. 판례는 안면이나 흉부와 같이 인체의 중요한 부위를 강타하면 이로 인하여 정신적 흥분과 혈압의 항진을 초래하여 사망에 이를 수 있다는 것은 누구나 예견할 수 있다고 하여 상해치사죄의 성립을 인정하고 있다.[46]

3. 상해치사죄의 공동정범의 성립 여부

공동정범의 성립범위는 공동자 사이에 '의사의 연락'이 있었고 각자의 '기능적 행위지배'가 인정되는 고의범에 한정되기 때문에, 상해치사죄에 있어서 '고의범'인 상해죄에 대해서만 공동정범의 성립이 가능하고, 결과적 가중범인 상해치사죄의 공동정범은 성립되지 않는다고 함이 타당하다. 즉 기본범죄인 상해죄에 대한 공동정범의 성립은 인정하지만, 상해치사죄에서 사망이라는 중한 결과에 대해서는 공동자 '각자의' 과실 여부를 검토하여 과실있는 자에게 '개

---

43) 대판 1979. 10. 10, 79 도 2040; 1970. 9. 22, 70 도 1387.

44) "피고인들이 공동으로 피해자를 폭행하여 당구장 3층에 있는 화장실에 숨어 있던 피해자를 다시 폭행하려고 피고인 갑은 화장실을 지키고, 피고인 을은 당구치는 기구로 문을 내려쳐 부수자 위협을 느낀 피해자가 화장실 창문 밖으로 숨으려다가 실족하여 떨어짐으로써 사망한 경우에는 피고인들의 위 폭행행위와 피해자의 사망 사이에는 원인관계가 있다고 할 것이므로 폭행치사죄의 공동정범이 성립된다"(대판 1990. 10. 16, 90 도 1786). 기타 관련판례로는 대판 1996. 5. 10, 96 도 529.

45) 대판 1961. 9. 21, 4294 형상 447.

46) 대판 1984. 12. 11, 84 도 2183; 1981. 3. 10, 80 도 3321.

별적으로' 상해치사죄의 책임을 지우는 것이 타당하다($\frac{다수}{설}$).[47)]

판례는 상해치사죄(또는 폭행치사죄)의 공동정범은 죽일 의사없이 폭행 기타 신체침해행위를 공동으로 할 의사가 있으면 성립되고, 결과를 공동으로 할 의사는 필요없다는 이유로, 결과적 가중범인 상해치사죄의 공동정범의 성립을 인정하고 있다.[48)] 예컨대 패싸움 중 한 사람이 상대방을 칼로 찔러 죽게 한 경우에 다른 공범자에게 결과에 대한 인식이 없더라도 상해치사죄의 공동정범이 성립한다고 한다.[49)]

다만 판례는 '예견이 가능한' 공범의 가해행위로 사망의 결과가 초래된 경우에 상해치사죄의 죄책을 인정하는 것으로 표현하고 있는 점에서,[50)] 결과적 가중범인 상해치사죄의 공동정범이 성립할 수 있음을 긍정하되, 사망에 대한 '예견가능성'을 요건으로 하고 있다고 판단된다. 그러나 다수인의 상해행위(또는 폭행행위)로 상해치사(또는 폭행치사)의 결과가 발생한 경우에 그 다수인이 공동정범자가 아니고 또한 사망의 원인된 행위가 판명되지 않더라도 상해의 동시범규정($\frac{제263}{조}$)을 적용하여 가담자 모두에게 상해치사죄(또는 폭행치사죄)의 성립을 긍정하는 판례($\frac{대판 1985. 5. 14.}{84 도 2118 등}$)의 입장에서는 상해치사죄의 공동정범의 죄책을 지우기 위하여 가담자들이 공동정범이라는 것과 또 공동자 각자의 사망에 대한 '예견가능성'을 요건으로 하는 것은 거의 무의미하다고 생각한다.

4. 형 벌

상해치사죄는 3년 이상의 유기징역, 존속상해치사죄는 무기 또는 5년 이상의 징역에 처한다.

---

47) 권오걸, 46면; 김성천, 589면; 김/서, 73면; 박상기, 57-8면; 배종대, 109면; 이형국, 76면. 공동자 각자에게 과실이 있는 경우에 결과적 가중범인 상해치사죄의 공동정범 성립을 인정하는 견해로는 김성돈, 65면; 백형구, 56면; 손동권, 49면; 이재상, 56면; 정/박, 57면.

48) 대판 1991. 5. 14, 91 도 580.

49) "판결요지: 결과적 가중범인 상해치사죄의 공동정범은 폭행 기타의 신체침해행위를 공동으로 할 의사가 있으면 성립되고 결과를 공동으로 할 의사는 필요 없다 할 것이므로, 패싸움중 한 사람이 칼로 찔러 상대방을 죽게 한 경우에 다른 공범자가 그 결과의 인식이 없다 하여 상해치사죄의 책임이 없다고 할 수 없다"(**대판** 1978. 1. 17, 77 **도** 2193).

50) "피고인이 살인행위를 공모하거나 공범의 살인행위에 관여하지 아니하였기 때문에 살인죄의 죄책은 지지 아니한다고 하더라도, 상해나 폭행행위에 관하여는 서로 인식이 있었고 예견이 가능한 공범의 가해행위로 사망의 결과가 초래된 이상, 상해치사죄의 죄책은 면할 수 없는 것"(**대판** 1991. 5. 14, 91 **도** 580. 同旨, 대판 1988. 9. 13, 88 도 1046).

V. 상해의 동시범

제263조 [동시범] "독립행위가 경합하여 상해의 결과를 발생하게 한 경우에 있어서 원인된 행위가 판명되지 아니한 때에는 공동정범의 예에 의한다."

1. 의의, 입법취지

동시범이란 "2인 이상이 공동실행의 의사없이 동일한 객체에 대하여 각각 구성요건실현행위를 한 경우"를 말한다. 동시범은 '단독정범의 병렬관계'에 있는 것으로서, 2인 이상의 행위자 사이에 범죄실행을 위한 의사의 연락이 없다는 점에서 공동정범과 구별된다. 동시범에 있어서 ① 결과발생의 원인행위가 판명된 경우에는 인과관계와 개인책임의 원칙에 따라 각자의 형사책임을 정하면 된다. 문제는 동시범에 있어서 ② 결과발생의 원인행위가 판명되지 아니한 경우에 일어난다. 이 경우를 '독립행위의 경합'이라고 하며, 제19조가 적용된다. 제19조는 "동시(同時) 또는 이시(異時)의 독립행위가 경합한 경우에 그 결과발생의 원인된 행위가 판명되지 아니한 때에는 각 행위를 미수범으로 처벌한다"라고 규정하고 있다.

그런데 제263조는 상해죄에 있어서 만큼은 동시범의 '특례'를 인정하여, "독립행위가 경합하여 상해의 결과를 발생하게 한 경우에 있어서 원인된 행위가 판명되지 아니한 때에는 공동정범의 예에 의한다"라고 함으로써, 제19조에 대한 예외를 규정하고 있다. 제263조는 제19조에 대한 유일한 예외규정이다.

제263조를 둔 입법취지는 집단적 상해와 폭행을 방지하고자 하는 일반예방주의와 집단상해행위 또는 집단폭행행위의 경우에 상해결과발생의 원인된 행위에 대한 입증의 곤란을 구제하고자 하는 형사정책적 이유에 있다.[51]

---

51) 형법 제263조가 책임주의에 반하는 위헌규정인가에 대하여 헌법재판소 재판관 5인이 위헌입장을 취하였으나, 위헌결정에 필요한 정족수 6인에 이르지 못하여 합헌으로 선고된 결정이 있다. "결정요지: [합헌의견] 신체에 대한 가해행위는 그 자체로 상해의 결과를 발생시킬 위험을 내포하고 있으므로, 독립한 가해행위가 경합하여 상해가 발생한 경우 상해의 발생 또는 악화에 전혀 기여하지 않은 가해행위의 존재라는 것은 상정하기 어렵고, 각 가해행위가 상해의 발생 또는 악화에 어느 정도 기여하였는지를 계량화할 수 있는 것도 아니다. 이에 입법자는 피해자의 법익 보호와 일반예방적 효과를 높일 필요성을 고려하여 다른 독립행위가 경합하는 경우와 구분하여 심판대상조항(형법 제263조)을 마련한 것이다. 심판대상조항을 적용하기 위하여 검사는 실제로 발생한 상해를 야기할 수 있는 구체적인 위험성을 가진 가해행위의 존재를 입증하여야 하므

2. 법적 성격

본조의 법적 성격에 관하여는, 소송법상 피고인에게 자기의 행위로 상해의 결과가 발생하지 않았음을 증명해야 할 거증책임을 지운 것이라는 '거증책임전환설'(통설)과[52] 검사의 입증곤란을 구제하기 위하여 공동정범에 관한 법률상의 책임을 추정한 것이라는 '법률상 책임추정설'이[53] 있다. 법률상 추정설은, 반대사실의 입증을 허용하지 않는 법률상 추정의 의미라면 제263조는 '의제규정' 내지 '간주규정'이 되어 증거재판주의 및 자유심증주의에 반하므로 받아들일 수 없고, 반대사실의 입증을 허용하는 법률상 추정의 의미라면 거증책임전환설과 다름이 없다고 할 수 있다. 다만 법문의 표현형식으로 보자면[54] 거증책임전환규정으로 이해하는 것이 합당하다.

제263조는 실체법상으로는 공동정범의 성립범위를 확장하는 의제규정이라는 견해가 있다.[55] 제263조는 피고인이 자신의 행위가 상해의 결과발생의 원인이 되지 않는다는 입증을 함으로써 공동정범의 책임을 면하는 것을 부정하

로, 이를 통하여 상해의 결과에 대하여 아무런 책임이 없는 피고인이 심판대상조항으로 처벌되는 것을 막을 수 있고, 피고인도 자신의 행위와 상해의 결과 사이에 개별 인과관계가 존재하지 않음을 입증하여 상해의 결과에 대한 책임에서 벗어날 수 있다. 또한 법관은 피고인이 가해행위에 이르게 된 동기, 가해행위의 태양과 폭력성의 정도, 피해 회복을 위한 피고인의 노력 정도 등을 모두 참작하여 피고인의 행위에 상응하는 형을 선고하므로, 가해행위자는 자신의 행위를 기준으로 형사책임을 부담한다. 이러한 점을 종합하여 보면, 심판대상조항은 책임주의원칙에 반한다고 볼 수 없다.

[재판관 5인의 위헌의견] 심판대상조항은 독립행위가 경합하여 상해의 결과가 발생한 경우에는 원인행위가 밝혀지지 아니한 불이익을 피고인이 부담하도록 함으로써 인과관계에 관한 입증책임을 피고인에게 전가하고 있다. 수사권을 가진 검사도 입증할 수 없는 상황에서 수사권도 없는 피고인에게 인과관계를 입증하여 상해의 결과에 대한 책임에서 벗어나라고 하는 것은 사실상 불가능한 것을 요구하는 것이다. 이에 따라 독립행위가 경합하여 상해의 결과가 발생하기만 하면 가해행위자는 사실상 상해의 결과에 대하여 책임을 부담하게 될 위험이 있고, 이는 상해의 결과에 대해 책임이 없는 사람도 원인행위가 판명되지 않는다는 이유로 자신의 행위에 대한 책임 이상의 처벌을 받게 되는 것을 의미한다. 이러한 점을 모두 고려하여 보면, 심판대상조항은 법치주의와 헌법 제10조의 취지로부터 도출되는 책임주의원칙에 반한다"(헌재 2018. 3. 29, 2017 헌가 10).

52) 권오걸, 48면; 김성천, 593면; 김/서, 76면; 박상기, 59면; 손동권, 52-3면; 이재상, 58면; 정영일, 43면; 진/이, 72면. 한편 오영근, 75면에서 거증책임전환설과 유사한 영미의 증거제출책임설을 주장하고 있다.

53) 강구진, 70면.

54) 법률상 추정규정의 대표적 표현형식으로는 민법 제262조 제2항("공유자의 지분은 균등한 것으로 추정한다")이 있다.

55) 김종원, 64면; 이형국, 65-6면; 정/박, 59면.

는 규정은 아니라는 점에 비추어 보면, 공동정범 '의제'설은 부당한 견해라고
하겠다. 제263조는 거증책임을 피고인에게 전환하는 '소송법적 규정'이지, 공동
정범의 성립범위를 확장하는 '실체법적 규정'이 아니다.[56]

3. 적용요건 및 적용범위

(1) 독립행위가 경합할 것

'독립행위가 경합'한다고 함은 2개 이상의 행위가 서로 의사의 연락없이 동
일한 객체에 대하여 행해짐을 말한다. 서로 의사의 연락이 있었다면, 동시범
이 아니라 공동정범의 문제가 된다.[57] 경합하는 독립행위는 ① 시간적으로 이
시(異時)의 독립행위라도 무관하다는 견해가[58] 있으나, ② 본조의 입법취지에
비추어 독립행위는 동시 또는 근접한 시간에 행해짐을 요한다는 견해가 타당
하다.[59] 다만 독립행위가 행해지는 '장소'는 동일하거나 근접할 필요가 없다고
본다.[60]

경합하는 독립행위는 상해행위에 한하지 않고 폭행행위(이 경우에는 폭행치상
죄가 성립한다)라도 족하다(통). 다만 문제는, 경합하는 독립행위에 강도행위
또는 강간행위, 과실행위도 포함된다고 보아, 본조가 강도치상죄, 강간치상죄,
과실치상죄에도 적용된다고 할 것인가 하는 점이다. 이를 긍정하는 것은 ①
본조를 피고인에게 불이익한 방향으로 유추적용하는 것이 되고, ② 집단상해
나 집단폭행을 방지하고자 하는 본조의 입법취지에 어긋나는 해석이 되므로,
부당하다고 본다.[61] 판례도 강간치상의 경우에 본조의 적용을 부정한다.[62]

(2) 상해의 결과가 발생할 것

상해의 결과가 발생해야 한다. 중상해의 결과가 발생한 경우에도 본조가

---

56) 최근 이러한 의견에 비추어 규정폐지론이 제기되고 있는데, '이 규정은 인과관계의 추정을
인정한 규정이 아니기 때문에 검사가 유죄의 입증책임이 있다'고 하며, 폐지를 주장하고 있다(김
성돈, 67-8면). 이와 같은 폐지의견으로는 배종대, 114면.
57) 대판 1985. 12. 10, 85 도 1892; 1997. 11. 28, 97 도 1740(서울성수대교붕괴사건).
58) 권오걸, 49면; 김/서, 75면; 배종대, 114면; 백형구, 53면; 이재상, 59면; 이정원, 83면; 이
형국, 66면; 정영일, 43면. 대판 1981. 3. 10, 80 도 3321.
59) 강구진, 72면; 김성돈, 68면; 김종원, 63면; 박상기, 60면; 정/박, 61면.
60) 강구진, 72면; 김종원, 63면.
61) 권오걸, 49면; 김성돈, 69면; 김성천, 595면; 김/서, 77면; 박상기, 60-1면; 배종대, 114면;
백형구, 53-4면; 오영근, 76-7면; 이재상, 60면; 정영일, 45면; 진/이, 73-4면.
62) "형법 제263조의 동시범은 상해와 폭행죄에 관한 특별규정으로서 동 규정은 그 보호법익을
달리하는 강간치상죄에는 적용할 수 없다고 할 것"(**대판 1984. 4. 24, 84 도 372**).

적용된다고 본다. 상해행위 또는 폭행행위로 상해 이외의 결과가 발생한 때에는 본조가 적용되지 않고, 제19조에 의하여 발생된 결과의 미수범으로 처벌하거나, 인과관계의 입증에 따라 자기행위로 인한 결과에 대해서만 개별책임을 부담할 뿐이다.

문제는 '사망'의 결과가 발생한 경우에도 본조를 적용할 것인가, 즉 '상해치사죄' 또는 '폭행치사죄'에 있어서도 본조의 적용을 긍정할 것인가 하는 점에 있다. 판례는 "동시범의 특례를 규정한 형법 제263조가 상해치사죄에도 적용되는 관계상, 위 피해자의 사망이 피고인의 범행에 인한 것인지, 강○○의 범행에 인한 것인지가 판명되지 아니하는 때에 예외적으로 공동정범의 예에 의할 수 있을 것"이라고 함으로써(대판 1985. 5. 14.), [63] 긍정설의[64] 입장에 있다.

그러나 ① 본조는 동시범(제19조)에 대한 예외규정이므로 가급적 제한해석을 할 필요가 있고, ② 법문이 "상해"의 결과를 발생하게 한 경우라고 명시하고 있으므로 '사망'의 결과가 발생한 경우까지 그 적용을 확대하는 것은 피고인에게 불리한 유추적용에 해당하여 죄형법정주의에 위배된다고 보아, 상해치사죄 또는 폭행치사죄에 있어서 본조의 적용을 부정함이 타당하다.[65]

(3) 원인된 행위가 판명되지 않을 것

원인된 행위가 판명된 경우에는 보통의 동시범으로서 각자 자기의 행위로 인하여 발생한 결과에 대해서만 책임을 진다. 이 때 그 원인된 행위의 거증책임은 검사가 아니라 행위자가 부담한다(거증책임전환설).

4. 효   과

공동정범의 예에 의한다. 즉 상해의 동시범에 있어서는 서로 의사의 연락이 없고 원인된 행위가 판명되지 않더라도 각자가 상해의 결과에 대하여-상해죄 또는 폭행치상죄로서-책임을 진다.

---

63) 同旨, 대판 2000. 7. 8, 2000 도 2466; 1981. 3. 10, 80 도 3321; 1970. 6. 30, 70 도 991.
64) 정/박, 60면.
65) 강구진, 71면; 권오걸, 51면; 김성돈, 69면; 김성천, 595면; 김/서, 77면; 김종원, 64면; 박상기, 61면; 배종대, 115면; 손동권, 53면; 오영근, 77면; 이형국, 76면; 진/이, 73-4면. 이를 상해치사죄의 공동정범의 문제로 해결하고자 하는 견해(이재상, 60면; 정/박, 60면; 정영일, 44-5면)가 있으나, 결과적 가중범의 공동정범성립을 부정하는 입장에서는 부당하다고 하겠다.

VI. 상습상해죄

제264조 [상습범] "상습으로 제257조, 제258조, 제258조의 2, 제260조 또는 제261
조의 죄를 범한 때에는 그 죄에 정한 형의 2분의 1까지 가중한다."

1. 의의, 성격

본죄는 "상습으로 상해·존속상해·중상해·존속중상해·특수상해의 죄를
범함으로써 성립하는 범죄"이다. 행위자의 상습성으로 인한 상해죄의 책임가중
유형이다(부진정신분범). 본죄의 입법취지는 상해의 상습화경향에 따라 형사정
책적 견지에서 비상습범보다 가중처벌하려는 데 있다. 그러나 상습성은 행위자
를 둘러싼 잘못된 사회환경과 행위자의 인격적 결함 및 사회적 도움의 결핍 등
에 원인이 있을 수 있고, 전적으로 개인에게 책임을 돌릴 수만은 없는 '결정론'
적 측면이 있기 때문에, 상습범 가중처벌규정이 책임주의와 전적으로 부합하기
는 어렵다고 보아, 입법론상 폐지함이 타당하다는 목소리가 고조되고 있다.[66]

2. 상 습 성

본죄 성립의 핵심요건인 '상습성'이란 일정한 행위를 반복하여 행하는 습벽
을 말한다. 이는 행위관련적 성질이 아니라 '행위자'관련적 성질이다. 따라서 상
습성을 인정하기 위해서는 상해행위의 반복만으로는 부족하고 행위자의 '습
벽'이 발현된 것으로 인정할 만한 것이어야 한다. 다만 상해나 폭행 이외에 다
른 유형의 범죄까지 고려하여 상습성을 판단할 것은 아니다.[67]

3. 공   범

본죄는 상습성으로 인하여 책임이 가중되는 부진정신분범이므로 상습자와
비상습자가 공범관계에 있는 때에는 제33조 '단서'가 적용된다.

---

66) 김성돈, 70면; 김성천, 592면; 박상기, 61면; 오영근, 73면; 정/박, 63-4면.
67) "판결요지: 상해죄 및 폭행죄의 상습범에 관한 형법 제264조는 '상습으로 제257조, 제258
조, 제258조의2, 제260조 또는 제261조의 죄를 범한 때에는 그 죄에 정한 형의 2분의 1까지 가중
한다'라고 규정하고 있다. 형법 제264조에서 말하는 '상습'이란 위 규정에 열거된 상해 내지 폭행
행위의 습벽을 말하는 것이므로, 위 규정에 열거되지 아니한 다른 유형의 범죄까지 고려하여 상
습성의 유무를 결정하여서는 아니 된다"(대판 2018. 4. 24, 2017 도 21663).

4. 죄 수

상습으로 행해진 다수의 상해행위는 집합범으로서 상습상해의 '포괄일죄'가 된다(다수설[68] 및 판례[69]). 그러나 실체적 경합범이 된다는 견해도 있다.[70]

5. 형 벌

상습상해죄는 그 죄에 정한 형의 2분의 1까지 가중한다.[71]

상습상해가 누범에 해당하는 때에는 상습범가중을 하는 이외에 형법 제35조에 의한 누범가중도 가능하다. 상해의 상습누범은 종래 사회보호법에 의하여 일정한 요건하에 보호감호처분도 함께 부과될 수 있었으나($\frac{제5}{조}$), '이중처벌금지의 원칙' 및 '과잉처벌금지의 원칙'에 반한다고 하는 위헌판단의 소지가 있어서 2005. 8. 4.자로 사회보호법은 폐지되었다.

제3절 폭행죄의 개별적 범죄유형

I. 단순폭행죄

제260조 제1항 [폭행] "사람의 신체에 대하여 폭행을 가한 자는 2년 이하의 징역, 500만원 이하의 벌금, 구류 또는 과료에 처한다."

1. 의의, 보호법익

단순폭행죄는 "사람의 신체에 대하여 폭행을 가함으로써 성립하는 범죄"로서, 폭행죄의 기본유형이다. 본죄의 보호법익은 '신체의 안전(건재)'이며, 보호의 정도는 '추상적 위험범'으로서 '형식범'에 속한다.

상해죄는 신체의 건강을 훼손하는 죄라는 점에서 신체의 안전 자체를 형식적

---

68) 강구진, 73면; 권오걸, 52면; 김성돈, 71면; 김/서, 79면; 김종원, 63면; 백형구, 55면; 오영근, 72면; 이형국, 78면; 정/박, 63면.

69) 대판 1981. 4. 14, 81 도 69.

70) 김성천, 592면; 박상기, 62면; 이재상, 72면.

71) "판결요지: 형법 제264조는 상습특수상해죄를 범한 때에 형법 제258조의2 제1항에서 정한 법정형의 단기와 장기를 모두 가중하여 1년 6개월 이상 15년 이하의 징역에 처한다는 의미로 새겨야 한다"(대판 2017. 6. 29, 2016 도 18194).

으로 보호하고자 하는 폭행죄와 구별되고, 협박죄가 의사의 건재에 대한 무형적
인 공격이라면 본죄는 신체의 건재에 대한 유형적인 공격이란 점에서 구별된다.

2. 행위의 객체

행위의 객체는 사람의 신체이다. 사람이란 자연인인 타인을 의미한다. 다
만 폭행의 객체가 외국원수 또는 외교사절인 경우에는 외국원수에 대한 폭행
죄($^{제107조}_{제1항}$) 또는 외교사절에 대한 폭행죄($^{제108조}_{제1항}$)가 성립한다.

3. 실행행위

실행행위는 폭행을 가하는 것이다. 일반적으로 「폭행」이란 "사람의 신체에
대한 유형력의 행사"를 의미한다.[72]

〈형법상 '폭행'의 개념〉 ▮▮▮▮▮▮▮▮▮▮▮▮▮▮▮▮▮▮▮▮▮▮▮▮▮▮▮▮

　　형법상 폭행개념은 그 '대상'과 '정도'에 따라, 최광의, 광의, 협의, 최협의의 네 가
지 의미로 사용되고 있다.
　　① 최광의의 폭행　　폭행의 대상이 사람이든지 물건이든지를 불문하고, 일체의
유형력의 행사를 말한다. 소요죄($^{제115}_{조}$), 다중불해산죄($^{제116}_{조}$)에서의 폭행이 여기에
해당한다. 단 소요죄에서 물건에 대한 폭행은 손괴에 이르지 않는 경우에 한한다고
해석된다.
　　② 광의의 폭행　　사람에 대한 직접 또는 간접의 유형력의 행사를 말한다. 공무
집행방해죄($^{제136}_{조}$), 강요죄($^{제324}_{조}$), 특수도주죄($^{제146}_{조}$)에서의 폭행이 여기에 해당한다.
　　③ 협의의 폭행　　사람의 신체에 대한 유형력의 행사를 말한다. 폭행죄($^{제260}_{조}$),
특수공무원의 폭행·가혹행위죄($^{제125}_{조}$)에서의 폭행이 여기에 해당한다.
　　④ 최협의의 폭행　　상대방의 반항을 억압하거나 현저히 곤란하게 할 정도의
폭행을 말한다. 강도죄($^{제333}_{조}$)에서의 폭행이 전자에 해당하고, 강간죄($^{제297}_{조}$)에서의
폭행이 후자에 해당한다.

폭행죄에서의 폭행은 '협의'의 개념으로서 "사람의 신체에 대한 유형력의 행
사"를 말한다. 유형력이란 보통 물리력을 의미한다. 주먹으로 타격을 가하는
것, 따귀를 때리는 것, 모발을 자르는 것, 몽둥이를 휘두르는 것, 침을 뱉는 것,

---

72) "폭행죄에 있어서의 폭행이라 함은 사람의 신체에 대하여 물리적 유형력을 행사함을 뜻하
　 는 것"(대판 1990. 2. 13, 89 도 1406).

옷을 밀치고 잡아당기는 것, 넘어진 사람 위에 올라타는 것 등이 유형력의 행사에 해당한다. '소음'도 고함을 쳐서 상대방의 고막을 멍멍하게 만드는 것과 같이, 물리력으로 행사되는 한 폭행에 해당한다.

〈문제: 폭행으로서의 소음〉

　산업사회에 살고 있는 현대인은 각종 소음에 시달리고 있다. 기계작동소리, 자동차경적소리, 확성기소리, 발파음 등과 같은 소음은 신체의 안전 내지 건재를 해할 음파(音波)라고 하는 '물리력'으로서 파악될 수 있으므로, '소음의 야기행위'는 원칙적으로 폭행개념에 해당할 수 있다고 보아야 한다.[73] 다만 소음의 정도가 심하고 지속적인 경우에는 환경형법의 규제대상이 된다.

　소음이 단순히 불쾌감, 혐오감, 불안감을 주는 정도에 그쳐서 '심리적' 폭행으로 이해되는 경우에도 확장해석을 시도하여 폭행죄가 성립한다는 견해가[74] 있으나, 이 정도의 소음야기행위는 ① 일반적으로 사회상규불위배행위($\binom{형법}{제20조}$) 또는 허용된 위험의 법리에 의하여 구성요건해당성이 배제된다고 보아야 하며, ② 기껏해야 경범죄처벌법의 적용대상($\binom{동법~제3조~제1항~제21호~일}{근소란,~제19호~불안감조성}$)에 그친다고 보아야 하고, 폭행죄의 폭행개념에 해당한다고 할 것은 아니다.

---

73) 따라서 타인의 업소(業所) 앞에서 확성기 등으로 소음을 야기하는 행위는 위력에 의한 업무방해죄(제314조)가 성립할 수 있다. 관련판례로는 "집회나 시위의 목적달성의 범위를 넘어 사회통념상 용인될 수 없는 정도로 타인에게 심각한 피해를 주는 소음을 발생시킨 경우에는 위법한 위력의 행사로서 정당행위라고는 할 수 없다.…당시 집회 및 시위소음은 82.9dB 내지 100.1dB에 이르렀고, 이로 인하여 중구청사 내에서는 전화통화, 대화 등이 어려웠으며, 밖에서는 부근을 통행하기조차 곤란하였고, 인근 음식점, 자전거대리점, 제과점 등의 상인들도 소음으로 인한 고통을 호소한 사실을 인정한 다음, 이는 위력으로 중구청 인근 상인 및 사무실 종사자들의 업무를 방해한 업무방해죄를 구성하고, 형법 제20조의 사회상규에 위배되지 아니하는 정당한 행위에 해당하여 위법성이 조각된다고 볼 수 없다고 판단하였는바…원심의 위와 같은 인정과 판단은 정당하고"(대판 2004. 10. 15, 2004 도 4467). 또한 집회·시위 과정에서 음향을 발생시킨 행위가 공무집행방해죄(형법 제136조)에서의 '폭행'에 해당할 수 있음을 긍정한 판례도 있다. "민주사회에서 공무원의 직무수행에 대한 시민들의 건전한 비판과 감시는 가능한 한 널리 허용되어야 한다는 점에서 볼 때, 공무원의 직무수행에 대한 비판이나 시정 등을 요구하는 집회·시위 과정에서 일시적으로 상당한 소음이 발생하였다는 사정만으로는 이를 공무집행방해죄에서의 음향으로 인한 폭행이 있었다고 할 수는 없을 것이나, 그와 같은 의사전달수단으로서 합리적 범위를 넘어서 상대방에게 고통을 줄 의도로 음향을 이용하였다면 이를 폭행으로 인정할 수 있을 것인바, 구체적인 상황에서 공무집행방해죄에서의 음향으로 인한 폭행에 해당하는지 여부는 음량의 크기나 음의 높이, 음향의 지속시간, 종류, 음향발생 행위자의 의도, 음향발생원과 직무를 집행 중인 공무원과의 거리, 음향발생 당시의 주변 상황을 종합적으로 고려하여 판단하여야 할 것"(대판 2009. 10. 29, 2007 도 3584).

74) 이재상, 63면.

유형력의 행사는 사람의 '신체'에 대하여 가하여짐으로써 족하고, 반드시 사람의 신체에 접촉함을 요하지 않는다.[75] 예컨대 사람을 향해 돌을 던졌으나 맞지 않은 경우에도 폭행이 된다. 그리고 폭행은 유형력의 행사만으로 '기수' 가 된다(형식범). '물건'에 대한 유형력의 행사는 폭행이 아니다. 홧김에 방문 을 발로 차거나,[76] 남의 집 마당에 인분을 던지는 것만으로는[77] 본죄의 폭행이 라고 할 수 없다.

'무형력'의 행사는 협박 또는 모욕과의 구별상 폭행에 해당하지 않는다고 보아야 한다. 따라서 욕설을 퍼붓는 것[78] 내지 폭언은 유형력의 행사가 아니 다. 이와 관련하여 다음과 같은 문제가 있다.

〈문제: 폭행개념에 유형력 이외에 무형력의 행사 또는 심리적 폭행도 포함시킬 것인가?〉

폭행은 육체적 고통을 주는 '물리적 폭행' 이외에 정신적 고통을 주는 '심리적 폭 행'(예: 연좌농성, 전화로 괴롭히기)도 포함한다는 견해가 있다($^{다수}_{설}$).[79]

---

75) "폭행죄에 있어서의 폭행이라 함은 사람의 신체에 대하여 물리적 유형력을 행사함을 뜻하 는 것으로서 반드시 피해자의 신체에 접촉함을 필요로 하는 것은 아니므로, 피해자에게 근접하 여 욕설을 하면서 때릴 듯이 손발이나 물건을 휘두르거나 던지는 행위를 한 경우에 직접 피해자 의 신체에 접촉하지 않았다고 하여도 피해자에 대한 불법한 유형력의 행사로서 폭행에 해당한 다"(**대판 1990. 2. 13, 89 도 1406**).

76) 대판 1984. 2. 14, 83 도 3186.

77) 대판 1977. 2. 8, 75 도 2673.

78) "단순히 눈을 부릅뜨고 '이 십팔놈아, 가면 될 것 아니냐'라고 욕설을 한 것만으로는 피해 자에게 불쾌감을 주는 데 그칠 뿐 피해자의 신체에 대한 유형력의 행사라고 보기 어려워 폭행죄 를 구성한다고 할 수 없다"(대판 2001. 3. 9, 2001 도 277). "폭행죄에 있어서의 폭행이라 함은 사 람의 신체에 대하여 물리적 유형력을 행사함을 뜻하는 것으로서 반드시 피해자의 신체에 접촉함 을 필요로 하는 것은 아니므로, 피해자에게 근접하여 욕설을 하면서 때릴 듯이 손발이나 물건을 휘두르거나 던지는 행위를 한 경우에 직접 피해자의 신체에 접촉하지 않았다고 하여도 피해자에 대한 불법한 유형력의 행사로서 폭행에 해당한다. 그런데 이 사건에서 문제된 공소사실부분에 보면, 피고인들이 피해자 이○○에게 '너의 가족 씨를 말려 버린다. 저놈이 이 재산을 빼앗아 국 회의원에 나올려고 한다. 이 도둑놈'이라고 욕설을 하면서 곧 때릴 것처럼 위세를 보여 폭행하고, 또 피해자 박○○에게 '이년 왜 문중 산을 빼앗아 가려고 그러느냐, 선거 때 남편을 위하여 쓴 100,000원을 빨리 내놓아라'고 소리를 치면서 동인을 때릴 듯이 위력을 보여 폭행하였다는 것인 바, 위와 같이 때릴 듯이 위세 또는 위력을 보인 구체적인 행위내용이 적시되어 있지 않으므로, 결국 위 공소사실은 욕설을 함으로써 위세 또는 위력을 보였다는 취지로 해석할 수밖에 없고, 이 와 같이 욕설을 한 것 외에 별다른 행위를 한 것이 없다면, 이는 유형력의 행사라고 보기 어려울 것이다"(대판 1990. 2. 13, 89 도 1406).

79) 강구진, 77면; 권오걸, 55면; 김성천, 597-8면; 김/서, 81면; 박상기, 65면; 배종대, 119면; 손동권, 58면; 이재상, 63면; 이형국, 81면.

이 견해는 공포심을 유발시키는 행위도 심리적 폭행으로서 폭행개념에 포함시킨다. 그러나 다수설에 의하면, 폭행개념이 정신적 고통을 가하는 '학대' 및 공포심을 유발시키는 '협박' 그리고 무형적 힘까지를 의미하는 '위력'이라는 행위개념과 혼동될 우려가 있다. 그리고 다수설에 의하면, 최근 문제되고 있는 성희롱행위,[80] 스토킹(stalking)행위,[81] 집단따돌림행위도 정신적 고통을 준다는 점에서 심리적 폭행에 해당한다고 보아 폭행죄의 성립을 긍정하게 될 것인데, 이러한 해석은 확장해석이 아니라 폭행의 문언적 의미를 벗어나는 유추적용이 된다고 보아 부당하다고 하겠다. 이러한 행위들을 처벌하려면 별도의 입법적 조치*가 있어야 하고, 기존의 폭행죄로 처벌할 수는 없다고 본다. 또 폭행죄의 구성요건은 폭행이 "신체"에 대하여 가해질 것을 명시하고 있기 때문에, '정신'에 가해진 고통을 제외하는 해석이 타당하다. 따라서 폭행을 유형력의 행사에 국한시키는 견해가 타당하다.[82]

대법원도 '전화를 걸어 고성으로 폭언과 욕설을 하는 행위'는 특별한 사정이 없는 한 폭행으로 보기 어렵다고 한다.[83]

* 논의 대상인 행위를 별도로 처벌하는 입법적 조치로서 2021. 4. 20.에 제정된 '스토킹처벌법'과 2012. 3. 21. 개정에서 신설된 경범죄처벌법 제3조 제1항 제41호(지속적 괴롭힘)를 들 수 있다.

4. 고 의

폭행의 고의가 있어야 한다. 폭행의 고의는 상해의 고의와 구별된다. 폭행의 고의는 타인의 신체적 '안전' 내지 건재를 해할 의사이다. 신체적 안전을 넘어 신체적 '건강'을 해할 의사이면 상해의 고의에 해당한다. 또 폭행의 고의

80) '양성평등기본법'은 제3조 제2호에서 '성희롱'의 개념을 정의(성희롱이란 공공단체의 사용자 등이 ㉮ 지위를 이용하거나 업무 등과 관련하여 성적 언동 또는 성적 요구 등으로 상대방에게 성적 굴욕감이나 혐오감을 느끼게 하는 행위 또는 ㉯ 상대방이 성적 언동 또는 요구에 대한 불응을 이유로 불이익을 주거나 그에 따르는 것을 조건으로 이익 공여의 의사표시를 하는 행위를 말한다)하고, 제30조에서 국가와 지방자치단체가 성희롱을 예방하고 방지할 의무가 있음을 규정하고 있다. 그 밖에 '남녀고용평등과 일·가정 양립 지원에 관한 법률'(약칭: 남녀고용평등법)은 제2조 제2호에서 '직장 내 성희롱'개념을 정의하고, 제12조에서 사업주, 상급자 또는 근로자의 직장 내 성희롱을 금지하며, 제14조에서 직장 내 성희롱 발생시 사업주가 취해야 할 조치를 규정하고 있고, 제39조 제2항에서는 사업주의 제12조 위반에 대하여 과태료 부과를 규정하고 있다. 이 두 법률에서 성희롱행위에 대한 형사처벌규정은 보이지 아니한다.
81) 독일은 2007년에 '스토킹피해자의 형법적 보호법률'을 제정하여, 형법 제238조에 '스토킹행위'의 처벌조문을 신설하였다.
82) 김성돈, 73면; 백형구, 59면; 오영근, 79면; 이정원, 87면; 정/박, 65면.
83) "거리상 멀리 떨어져 있는 사람에게 전화기를 이용하여 전화하면서 고성을 내거나 그 전화대화를 녹음 후 듣게 하는 경우에는, 특수한 방법으로 수화자의 청각기관을 자극하여 그 수화자로 하여금 고통스럽게 느끼게 할 정도의 음향을 이용하였다는 등의 특별한 사정이 없는 한, 신체에 대한 유형력을 행사한 것으로 보기 어렵다"(**대판** 2003. 1. 10, 2000 **도** 5716-가수 심수봉사건).

로 상해의 결과가 발생한 때에는 폭행치상죄($\substack{제262 \\ 조}$)가 성립할 뿐이다.

5. 위 법 성

(1) 피해자의 승낙

상대방의 승낙에 의한 폭행은 사회상규에 반하지 않는 한 원칙적으로 위법성이 조각된다($\substack{제24 \\ 조}$).

(2) 육체적 징계행위로서의 폭행

징계권자의 육체적 징계행위*, 즉 교사의 '체벌'은 상해의 경우와는 달리, '폭행'의 정도에 그치는 한, 다음과 같은 요건이 갖추어지면 법령에 의한 행위($\substack{제20 \\ 조}$)로서 허용될 수 있다고 본다.[84] ① 주관적 요건으로서 교육의 목적, 훈육의 목적으로 행해질 것, ② 객관적 요건으로서 ㉠ 다른 징계수단으로는 그 목적을 달성할 수 없을 것, ㉡ 필요한 한도 내에서 행해질 것, ㉢ 징계대상자의 비행(非行)의 정도, 연령, 성별, 건강, 체력 등에 상응하는 징계일 것이라는 요건이 그것이다.[85] 체벌의 허용 '여부'와 그 '정도'는 근본적으로 우리나라의 '사회상규' 및 교육여건·교육풍토에 달려있다고 생각한다. 대법원은 '교사'의 체벌이 '폭행'에 그친 정도인 경우에는 허용하고,[86] '상해'나 '폭행치상'의 정도에 이른 경우에는 위법한 것으로 판단하고 있다.[87]

　• 학교장·교사의 경우 초중등교육법 제18조 제1항·동시행령 제31조 제1항 및 제8항, 소

---

84) 초중등교육법 시행령 제31조 제8항은 신체에 고통을 가하는 체벌을 금지하고 있으나, 엄격한 요건하에 행해진 폭행 정도의 체벌은 형법 제20조 '사회상규에 위배되지 아니하는 행위'로서 위법성이 조각될 수 있다. 교사의 체벌이 폭행의 정도라고 하더라도 허용될 수 없다는 반대설로는 김/서, 83면; 배종대, 121면; 이재상, 64면.

85) "그 규정들(구 초·중등교육법 제18조 제1항 및 제20조 제3항, 동법 구 시행령 제31조 제1항 및 제7항-저자 註)에 따르건대, 교사는 학교장의 위임을 받아 교육상 필요하다고 인정할 때에는 징계를 할 수 있고, 징계를 하지 않는 경우에는 그 밖의 방법으로 지도를 할 수 있는데, 그 지도에 있어서는 교육상 불가피한 경우에만 신체적 고통을 가하는 방법인 이른바 체벌로 할 수 있고 그 외의 경우에는 훈육, 훈계의 방법만이 허용되어 있는 것이다. 그러하니, 교사가 학생을 징계 아닌 방법으로 지도하는 경우에도 징계하는 경우와 마찬가지로 교육상의 필요가 있어야 될 뿐만 아니라 특히 학생에게 신체적, 정신적 고통을 가하는 체벌, 비하(卑下)하는 말 등의 언행은 교육상 불가피한 때에만 허용되는 것이어서, 학생에 대한 폭행, 욕설에 해당되는 지도행위는 학생의 잘못된 언행을 교정하려는 목적에서 나온 것이었으며, 다른 교육적 수단으로는 교정이 불가능하였던 경우로서 그의 방법과 정도에서 사회통념상 용인될 수 있을 만한 객관적 타당성을 갖추었던 경우에만, 법령에 의한 정당행위로 볼 수 있을 것이다"(대판 2004. 6. 10, 2001 도 5380).

86) "중학교 교장직무대리자가 훈계의 목적으로 교칙위반학생에게 뺨을 몇 차례 때린 정도는 감호교육상의 견지에서 볼 때 징계의 방법으로서 사회관념상 비난의 대상이 될 만큼 사회상규를 벗어난 것으로는 볼 수 없어 처벌의 대상이 되지 아니한다"(대판 1976. 4. 27, 75 도 115).

년원장의 경우 보호소년 등의 처우에 관한 법률 제15조 등. 자녀에 대한 친권자의 징계권을 규정한 민법 제915조는 2021. 1. 26. 개정에 의하여 삭제되었다.

(3) 소극적인 방어수단으로서의 폭행

판례는 상대방의 폭행에 대하여 '소극적인 방어수단'으로서 유형력을 행사한 경우(예컨대 상대방이 멱살을 쥐므로 이를 뿌리치는 행위)에는 사회상규상 ($\frac{제20}{조}$) 위법성이 조각된다고 본다.[88]

6. 책임: 존속폭행죄

> 제260조 제2항 [존속폭행] "자기 또는 배우자의 직계존속에 대하여 제1항의 죄를 범한 때에는 5년 이하의 징역 또는 700만원 이하의 벌금에 처한다."

행위의 객체가 자기 또는 배우자의 직계존속인 경우에는 존속폭행죄가 성립한다. 존속폭행죄는 행위자의 신분(직계비속)으로 말미암아 단순폭행죄에 비하여 책임이 가중되는 범죄이다(부진정신분범). 1995년 형법개정에서 벌금형을 선택형으로 신설하였다.

7. 형   벌

2년 이하의 징역, 500만원 이하의 벌금, 구류 또는 과료이다. 폭행이 2인

---

87) 체벌을 위법하다고 본 판결로는 "교사가 국민학교 5학년생을 징계하기 위하여 양손으로 교탁을 잡게 하고 길이 50cm, 직경 3cm 가량 되는 나무 지휘봉으로 엉덩이를 두번 때리고, 학생이 아파서 무릎을 굽히며 허리를 옆으로 틀자 다시 허리부분을 때려 6주간의 치료를 받아야 할 수단으로서의 폭행상해를 입힌 경우, 위 징계행위는 그 방법 및 정도가 교사의 징계권행사의 허용한도를 넘어선 것으로서 정당한 행위로 볼 수 없다"(대판 1990. 10. 30, 90 도 1456). "피고인이 교육자로서 대나무 막대기로 나이 어린 피교육자인 피해자의 전신을 수회 구타하여 상해까지 입힌 경우라면, 그 제재의 범위를 넘어선 행위가 되어 정당한 징계행위로 볼 수 없다"(대판 1978. 3. 14, 78 도 203).
88) "외관상 서로 격투를 하는 것처럼 보이는 경우라고 할지라도, 한쪽 당사자가 일방적으로 불법한 공격을 가하고 상대방은 이러한 불법한 공격으로부터 자신을 보호하고 이로부터 벗어나기 위한 저항수단으로 유형력을 행사한 경우라면, 그 행위가 적극적인 반격이 아니라 소극적인 방어의 한도를 벗어나지 않는 한, 그 행위에 이르게 된 경위와 그 목적, 수단 및 행위자의 의사 등 제반사정에 비추어 사회통념상 허용될 만한 상당성이 있는 행위로서 위법성이 조각된다는 것이 당원의 견해이다.…피고인이 바로 이웃집에서 술을 먹고 확성기를 틀어 노래를 부르는 등 소란스러운 행위를 한 피해자들에게 항의하러 갔다가 술에 취한 피해자 등과 시비가 되어 위 피고인 변소내용과 같이 피해자에게 멱살을 잡히고 놓아주지 아니하여, 이를 떼려다가 넘어짐으로써 피해자가 다치게 된 것이라면, 피고인의 위와 같은 유형력행사는 위 피해자의 불법한 공격으로부터 벗어나기 위한 저항수단으로서의 방어행위에 지나지 않는 것으로서, 그 행위에 이르게 된 경위와 목적, 수단 및 행위자의 의사 등 제반사정에 비추어 사회통념상 허용될 만한 상당성있는 행위라고 못볼 바 아니다"(대판 1985. 10. 22, 85 도 1455; 同旨, 대판 1984. 9. 11, 84 도 1440).

이상에 의해 공동하여 행해진다면, '폭력행위 등 처벌에 관한 법률' 제2조 제2항에 의하여 가중처벌된다.

운행중인 자동차의 '운전자'를 폭행하거나, 이로 인하여 '사람'을 상해 또는 사망에 이르게 한 때에는 특가법 제5조의 10에 의하여 가중처벌된다($^{2007.\ 1.\ 3.}_{신설조항}$). 여기에서 '사람'이라 함은 운전자뿐만 아니라 승객 또는 보행자를 포함하는 넓은 의미이다.[89]

재판, 검찰, 경찰 그 밖에 인신구속에 관한 직무를 수행하는 자 또는 이를 보조하는 자가 그 직무를 수행하면서 형사피의자나 그 밖의 사람에 대하여 폭행 또는 가혹행위를 한 경우에는 '특수공무원폭행죄'($^{제125}_{조}$)로 가중처벌된다.

8. 반의사불벌죄

단순폭행죄와 존속폭행죄는 피해자의 명시한 의사에 반하여 공소를 제기할 수 없다($^{제260조}_{제3항}$). 그러나 '폭력행위 등 처벌에 관한 법률' 제2조 제4항은 ① 2인 이상이 공동하여 폭행죄를 범하거나, ② 동법 위반으로 2회 이상 징역형을 받은 자로서 다시 폭행죄를 범하여 누범으로 처벌할 경우에는 반의사불벌죄가 아닌 것으로 규정하고 있다.

Ⅱ. 특수폭행죄

제261조 [특수폭행] "단체 또는 다중의 위력을 보이거나 위험한 물건을 휴대하여 제260조 제1항 또는 제2항의 죄를 범한 때에는 5년 이하의 징역 또는 1천만원 이하의 벌금에 처한다."

---

89) "판결요지: 특정범죄 가중처벌 등에 관한 법률(이하 '특정범죄가중법'이라 한다) 제5조의10 제1항, 제2항은 운행 중인 자동차의 운전자를 폭행하거나 협박하여 운전자나 승객 또는 보행자 등의 안전을 위협하는 행위를 엄중하게 처벌함으로써 교통질서를 확립하고 시민의 안전을 도모하려는 목적에서 특정범죄가중법이 2007. 1. 3. 법률 제8169호로 개정되면서 신설된 것이다. 법 해석의 법리에 따라 법률에 사용된 문언의 통상적인 의미에 기초를 두고 입법취지와 목적, 보호법익 등을 함께 고려하여 살펴보면, 특정범죄가중법 제5조의10의 죄는 제1항, 제2항 모두 운행 중인 자동차의 운전자를 대상으로 하는 범행이 교통질서와 시민의 안전 등 공공의 안전에 대한 위험을 초래할 수 있다고 보아 이를 가중처벌하는 이른바 추상적 위험범에 해당하고, 그중 제2항은 제1항의 죄를 범하여 사람을 상해나 사망이라는 중한 결과에 이르게 한 경우 제1항에 정한 형보다 중한 형으로 처벌하는 결과적 가중범 규정으로 해석할 수 있다. 따라서 운행 중인 자동차의 운전자를 폭행하거나 협박하여 운전자나 승객 또는 보행자 등을 상해나 사망에 이르게 하였다면, 이로써 특정범죄가중법 제5조의10 제2항의 구성요건을 충족한다"(대판 2015. 3. 26, 2014 도 13345).

1. 의의, 성격

특수폭행죄는 "단체 또는 다중의 위력을 보이거나 위험한 물건을 휴대하여 사람의 신체에 대하여 폭행을 가함으로써 성립하는 범죄"이다. 본죄는 폭행의 '행위방법'에 있어서 집단적 위력을 보이거나 위험한 물건을 가지고 행해진다는 위험성 때문에 단순폭행죄에 비하여 불법이 가중되는 유형이다(불법가중유형). 본죄의 행위방법에 관한 설명은 다른 범죄에 있어서 동일한 행위방법에 의한 가중처벌규정, 예컨대 특수상해죄($^{제258조}_{의2}$), 특수체포·감금죄($^{제278}_{조}$), 특수협박죄($^{제284}_{조}$), 특수주거침입죄($^{제320}_{조}$), 특수손괴죄($^{제369}_{조}$) 등에 대하여 그대로 적용된다.

'2인 이상이 공동'하여 폭행한 경우에는 형법 제260조 제1항(폭행)과 제2항(존속폭행)에서 정한 형의 2분의 1까지 가중한다($^{폭력행위 등 처벌에 관}_{한 법률 제2조 제2항}$).

2. 행위방법

특수폭행의 행위방법은 ① 단체 또는 다중의 위력을 보이거나 ② 위험한 물건을 휴대하여 행하는 것이다.

(1) 단체 또는 다중의 위력을 보이거나

(가) 단 체   '단체'란 공동의 목적을 가진 다수인의 계속적·조직적 결합체를 말한다. 그 목적이 불법일 필요는 없다. 따라서 범죄를 목적으로 하는 폭력조직·공갈배 등과 같은 불법단체뿐만 아니라, 정당·노동조합·종교단체와 같은 적법단체도 포함된다. 계속적·조직적 결합체여야 하므로, '일시적으로' 시위할 목적으로 조직된 결합체는 여기의 단체가 아니라 '다중'에 해당한다. 단체의 구성원은 그 위력을 보일 수 있을 정도의 다수여야 한다. 그러나 그 구성원은 반드시 동일한 장소에 현재 집결되어 있을 필요는 없으며, 소집이나 연락에 의하여 집합할 가능성이 있으면 족하다.

(나) 다 중   '다중'이란 단체를 이루지 못한 다수인의 집합을 말한다. 계속성·조직성이 필요하지 않은 단순한 집합이므로, 다수인이 현재 같은 장소에 집결해 있어야 한다. 다중을 구성할 인원수는 소요죄($^{제115}_{조}$)에 있어서와 같이 한 지방의 평온을 해할 정도의 다수일 필요는 없고, 집단적 위력을 보일 정도이면 충분하다. 대법원은 구체적인 경우에 따라 집단적 세력을 배경으로

한 것이면 불과 5명이라도 다중에 해당한다고 하였다.[90]

(다) **위력을 보임**   '위력'이란 사람의 의사를 제압할 수 있는 유형·무형의 세력을 말한다. 위력을 '보인다'고 함은 사람의 의사를 제압할 만한 세력을 상대방에게 인식시키는 것을 말한다. 위력을 인식시키는 방법에는 제한이 없으므로 시각상으로 또는 청각상·촉각상으로 하건 불문한다. 그러나 위력을 보일 것을 요하므로, 단순히 위력을 이용한다거나, 상대방이 위력하에 있는 것만으로는 충분하지 않다. 예컨대 단체와 무관한 제3자가 이미 단체의 위력에 제압되어 있는 사람을 폭행한 때에는 본죄가 성립하지 않는다.

단체나 다중의 위력을 보이기 위해서는 단체나 다중이 현장에 집결해 있을 필요가 있다는 견해가 있다.[91] 그러나 본죄는 단체 또는 다중의 '위력'을 보이는 것이지, '단체 또는 다중'을 보일 것을 요하는 것은 아니므로, 폭행의 현장에 단체 또는 다중이 현존할 것을 요하지 않는다(^통_설). 그러나 단체 또는 다중은 실제로 존재해야 하며, 존재하지 않는 "단체나 집단을 가장하여 위력을 보임으로써" 폭행한 경우에는 본죄에 해당하지 않고, 단순폭행죄(^{제260조}_{제1항})가 성립할 따름이다.

(2) **위험한 물건을 휴대하여**

(가) **위험한 물건**   '위험한 물건'이란 제조의 목적을 불문하고 그 물건의 객관적 성질 및 사용방법에 따라서는 사람을 능히 살상할 수 있는 것을 말한다. 위험한 물건이란 개념은 흉기란 개념과의 구별이 문제된다. 흉기라는 용어는 특수절도죄(^{제331조}_{제2항})와 특수강도죄(^{제334조}_{제2항})에서 사용되고 있다. '흉기'는 무기와 같이 제조의 목적이 처음부터 사람을 살상하려고 만들어진 물건을 말한다. 이에 반하여 '위험한 물건'은 망치·가위 등과 같이 본래 제조의 목적이 사람을 살상하는 데 있지는 않지만, 사람의 생명·신체에 해를 가하는 데 사용될 수 있는 물건을 널리 지칭한다.[92] 이와 같이 사전적 의미에서는 양자가

---

90) 대결 1961. 1. 18, 4293 형상 896.

91) 유기천, 상권, 59면.

92) "폭력행위 등 처벌에 관한 법률 제3조 제1항에서 흉기 기타 '위험한 물건'이라 함은 사람을 살상할 특성을 갖춘 총, 칼과 같은 물건은 물론 그 밖의 물건이라도 사회통념상 이를 사용하면 상대방이나 제3자가 살상의 위험성을 느낄 수 있는 것을 포함한다 할 것인 바, 소론의 마요네즈병은 이로써 사람을 구타하거나 깨어진 부분으로 찌른다면 생명신체에 해를 끼칠 수 있어 사람을 해할 목적으로 이를 들고 대하면 그 상대방이나 일반 제3자가 위험성을 느낄 수 있음은 경험칙에 속한다 할 것이므로, 원심이 피고인이 이 건 마요네즈병을 들고 구타한 소위를 위험한 물건을

구별되지만, 형법해석상으로는 두 개념이 동의어에 불과하다는 견해가 지배적이다(^통_설).

위험한 물건인가의 여부는 구체적인 경우에 물건의 성질과 용법을 종합하여 사회통념에 비추어 제3자가 살상의 위험을 느낄 수 있는지에 따라 판단한다.[93] 장난감 총을 진짜 총으로 가장하는 것은 위험한 물건의 휴대라고 할 수 없다. 위험한 물건은 물리적 수단에 국한할 필요는 없고, 염산·독극물 등과 같은 화학물질이나 개·뱀과 같은 동물도 포함된다. 판례는 면도칼,[94] 깨진 병,[95] 드라이버,[96] 쪽가위,[97] 샤프펜슬,[98] 500cc 용량의 맥주잔,[99] 곡괭이자루,[100] 시멘트벽돌,[101] 최루탄과 최루분말,[102] 자동차[103] 등이 위험한 물건에 해당한다고 한다.

위험한 물건은 '휴대가 가능'할 정도의 '가동물건'(可動物件, 동산)에 국한된다. 그러므로 사람의 머리를 '벽'에 부딪치게 하거나, 신체의 일부인 '주먹'이나 '발'은 위험한 물건이라고 할 수 없다.

(나) 휴 대 '휴대'라 함은 '몸에 지닌다'는 뜻이다. 반드시 몸에 부착할 필요는 없으며, 몸 가까이에 두고 쉽게 사용할 수 있는 위치에 두면 족하다고 본다. 휴대사실은 범행 이전부터 존재할 필요가 없으며, 위험한 물건을 범행 현장에서 집어들어 몸에 지니는 경우도 휴대에 포함된다.[104]

휴대는 '이용'행위 또는 '사용'행위와는 구별해야 한다. 그러므로 달리는 흉기

휴대한 경우에 해당한다고 인정한 조치에 아무런 위법이 없다"(대판 1984. 6. 12, 84 도 647).

93) "폭력행위 등 처벌에 관한 법률 제3조 제1항에서 정한 '위험한 물건'의 위험성 여부는 구체적인 사안에서 사회통념에 비추어 그 물건을 사용하면 상대방이나 제3자가 곧 살상의 위험을 느낄 수 있는지 여부에 따라 판단하여야 한다"(대판 1999. 11. 9, 99 도 4146).

94) 대판 1978. 10. 10, 78 도 2027.

95) 대판 1984. 6. 12, 84 도 647.

96) 대판 1984. 2. 14, 83 도 3165.

97) 대판 1984. 1. 17, 83 도 2900.

98) 대판 2010. 6. 10, 2010 도 4040.

99) 대판 2010. 8. 19, 2010 도 8135.

100) 대판 1990. 1. 25, 89 도 2245.

101) 대판 1990. 1. 23, 89 도 2273.

102) 대판 2014. 6. 12, 2014 도 1894.

103) 대판 2003. 1. 24, 2002 도 5783.

104) "폭력행위 등 처벌에 관한 법률 제3조 제1항에서 말하는 위험한 물건의 휴대라고 함은 소론과 같이 손에 드는 등 몸에 지닌 것을 말하나, 이 휴대라 함은 반드시 몸에 지니고 다니는 것을 뜻한다고는 할 수 없으니 범행 현장에서 범행에서 사용할 의도 아래 이를 소지하거나 몸에 지니는 경우도 휴대라고 볼 것이므로, 본건에서 피고인이 깨어진 유리조각을 들고 피해자의 얼굴에 던졌다면, 이는 위험한 물건을 휴대하였다고 볼 것"(**대판 1982. 2. 23, 81 도 3074**).

라고 불리우는 '자동차를 사용'하여 고의로 타인을 폭행 또는 상해한 경우에 특수폭행죄나 특수상해죄가 성립된다고 볼 수는 없다.[105) 106)]

휴대는 호주머니나 가방 속에 넣어두고 있는 경우처럼 몸에 지니고 있는 것으로 충분하고, 휴대사실을 상대방에게 인식시킬 필요는 없다(통설 및 판례[107)]). 다만 입법론상으로는 상대방에게 '보여'라고 고침으로써, 단체 또는 다중의 위력을 '보여'라고 하는 행위태양과 일치시킬 필요가 있다고 본다.[108)]

휴대하는 위험한 물건의 소유자가 누구인가는 묻지 않는다.

---

105) 따라서 '자동차를 이용한 난폭운전'을 폭력행위 등 처벌에 관한 법률 제3조 제1항의 위험한 물건을 "휴대"한 폭행에 해당한다고 본 다음의 판례는 부당하다고 하겠다. "폭력행위등처벌에관한법률 제3조 제1항에서 '위험한 물건'이라 함은 흉기가 아니더라도 널리 사람의 생명·신체에 해를 가하는 데 사용할 수 있는 일체의 물건을 포함한다고 보아야 할 것이므로, 본래 살상용·파괴용으로 만들어진 것뿐만 아니라, 다른 목적으로 만들어진 칼·가위·유리병·각종 공구·자동차는 물론 화학약품 또는 사주된 동물 등도 그것이 사람의 생명·신체에 해를 가하는 데 사용되었다면, '위험한 물건'에 해당하며, 한편 이러한 물건을 '휴대하여'라는 말은 소지뿐만 아니라 널리 이용한다는 뜻도 포함하는 것이다(대법원 1984. 10. 23. 선고 84도2001, 84감도319 판결 참조).…피고인이…2000. 7. 26. 22:00경부터 이튿날 01:00경까지 사이에 고속도로상에서 아반떼 승용차로 피해자 신○○과 그의 처인 김○○가 타고가는 소나타 승용차 뒤를 바짝 따라붙어 운전을 방해하고, 아반떼를 소나타 앞으로 몰고 가 급제동을 하여 신○○로 하여금 충돌을 피하기 위하여 급제동하거나 급차로변경을 하게 하고, 아반떼를 소나타의 옆으로 바짝 밀어붙여 신○○로 하여금 중앙분리대와 충돌할 위험에 처하게 하고, 신○○이 고속도로를 빠져나가려 하자 진로를 가로막아 빠져나가지 못하게 하였다면, 이는 위험한 물건인 자동차를 이용하여 피해자들을 폭행한 것이라고 하지 않을 수 없다"(**대판 2001. 2. 23, 2001 도 271**). "'휴대하여'라는 말은 소지뿐만 아니라 널리 이용한다는 뜻도 포함하고 있다 할 것인데…피고인은 견인료 납부를 요구하면서 피고인 운전의 광주 1라87XX호 캐피탈 승용차의 앞을 가로막고 있는 교통관리직원인 피해자 이○○의 다리 부분을 위 승용차 앞범퍼 부분으로 들이받고 약 1m 정도 진행하여 동인을 땅바닥에 넘어뜨려 폭행하였다는 것이므로, 피고인의 이러한 행위는 위험한 물건인 자동차를 이용하여 위 이○○를 폭행하였다 할 것인즉, 같은 취지에서 피고인의 위 행위를 폭력행위등처벌에관한법률 제3조 제1항, 제2조 제1항, 형법 제260조 제1항을 적용한 원심의 조치에는 상고이유의 주장과 같은 '위험한 물건'에 관한 법리오해의 위법이 있다고 할 수 없다"(**대판 1997. 5. 30, 97 도 597**). 그 외 자동차를 이용한 경우에 특수공무집행방해죄(제144조)의 성립을 긍정한 판례로는 대판 1984. 10. 23, 84 도 2001 참조.

106) 한편 자동차를 이용하여 다른 자동차를 충격한 사안에서, 충격 당시 차량의 크기, 속도, 손괴 정도 등 제반사정에 비추어 위 자동차가 폭력행위 등 처벌에 관한 법률 제3조 제1항에 정한 '위험한 물건'에 해당하지 않는다고 한 판례가 있음에 유의할 필요가 있다(대판 2009. 3. 26, 2007 도 3520).

107) "과도를 범행 현장에서 호주머니 속에 지니고 있었던 이상, 이는 위험한 물건을 휴대한 경우"(**대판 1984. 4. 10, 84 도 353**).

108) 김성돈, 79면; 김종원, 72면 주 6); 박상기, 69면; 백형구, 64면; 이형국, 92면; 진/이, 83면. 유사한 견해로 '휴대하여'라는 용어를 '사용하여'로 개정하는 것이 낫다는 견해도 있다(오영근, 86면).

3. 실행행위

실행행위는 폭행이다.

4. 고   의

본죄의 고의는, 행위자가 단체 또는 다중의 위력을 보이거나 위험한 물건을 휴대하고 폭행한다는 사실에 대한 인식·인용이다. 미필적 고의로도 족하다. 행위자가 위험한 물건을 휴대하였다고 할지라도 휴대사실을 인식하지 못하고 폭행한 때에는 특수폭행죄가 성립하지 않는다. 예컨대 빌려 입고 간 친구의 잠바 호주머니 안에 우연히 흉기가 들어 있었는데 이 사실을 모르고 폭행하였다면, 특수폭행죄가 아니라 단순폭행죄가 성립할 따름이다.

행위자는 위험한 물건을 휴대하고 있다는 사실을 상대방에게 인식시킬 필요는 없으며, 또 상대방이 그 사실을 인식할 필요도 없다.

위험한 물건의 휴대라고 하는 구성요건은 행위자가 폭행과는 무관하게 우연히 위험한 물건을 휴대하게 된 것만으로는 부족하고, 행위자가 '폭행에 사용하려는 의도'로 범행현장에서 위험한 물건을 휴대하고 있는 경우를 의미하는 것으로 해석된다(축소해석).[109]

5. 형   벌

5년 이하의 징역 또는 1천만원 이하의 벌금이다. 10년 이하의 자격정지를 병과할 수 있다.

6. 누범의 가중처벌

소정의 요건을 충족한 특수폭행의 누범은 '폭력행위 등 처벌에 관한 법률' 제3조 제4항에 의하여 가중처벌된다.

---

109) "폭력행위 등 처벌에 관한 법률의 목적과 그 제3조 제1항의 규정취지에 비추어 보면, 같은법 제3조 제1항 소정의 흉기 기타 위험한 물건(이하 흉기라고 한다)을 휴대하여 그 죄를 범한 자란 범행현장에서 그 범행에 사용하려는 의도 아래 흉기를 소지하거나 몸에 지니는 경우를 가리키는 것이지, 그 범행과는 전혀 무관하게 우연히 이를 소지하게 된 경우까지를 포함하는 것은 아니라고 할 것이다. …버섯을 채취하러 산에 가면서 칼을 휴대한 것일 뿐, 판시 주거침입에 사용할 의도 아래 이를 소지한 것이 아니고, 판시 주거침입시에 이를 사용한 것도 아니라는 것인바,…같은 법 제3조 제1항 소정의 흉기를 휴대하여 주거침입의 죄를 범한 자라고 할 수는 없으므로"(**대판** 1990. 4. 24, **90 도** 401. 同旨, 대판 2004. 6. 11, 2004 도 2018).

Ⅲ. 폭행치사상죄

<u>제262조 [폭행치사상]</u> "제260조와 제261조의 죄를 지어 사람을 사망이나 상해에 이르게 한 경우에는 제257조부터 제259조까지의 예에 따른다."

1. 의의, 성격

본죄는 "단순폭행죄·존속폭행죄·특수폭행죄를 지어 사람을 사망이나 상해에 이르게 함으로써 성립하는 범죄"이다. 폭행죄의 '진정 결과적 가중범'이다.

2. 구성요건

본죄의 구성요건은 결과적 가중범의 일반이론에 따라 폭행과 사상의 결과 사이에 인과관계가 있어야 하고, 사상의 결과발생에 대한 예견가능성($^{제15조}_{제2항}$)이 있어야 한다.

폭행과 사상의 결과 사이의 인과관계는 합법칙적 조건설에 확정된다. 폭행으로 인하여 사상의 결과가 발생한 이상, 피해자의 지병이 사망의 결과에 영향을 주었다든가,[110] 의사의 수술지연이 공동원인으로 개입되었다고 하더라도[111] 인과관계가 부정되지는 않는다.

행위자가 '과실'로 자신의 폭행으로 인하여 사상의 결과를 발생하리라는 것을 예견하지 못한 경우에 본죄가 성립한다. 과실이 없는 경우에는 폭행죄 또는 특수폭행죄가 성립할 뿐이다. 판례에 의하면, 피해자를 넘어뜨려 머리를 부딪치게 하거나 두부나 복부를 강타한 때에는 사망의 결과에 대한 예견가능성을 인정하였으나,[112] 피해자의 뺨을 한 번 살짝 때렸는데 피해자의 특이체질 때문에 사망하였거나[113] 상대방의 삿대질을 피하려고 뒷걸음질치다가 넘어져 두개골 골절로 사망한 경우에는[114] 예견가능성을 부정하였다.

---

110) 대판 1989. 10. 13, 89 도 556; 1983. 1. 18, 82 도 697.
111) 대판 1984. 6. 26, 84 도 831.
112) 대판 1970. 9. 22, 70 도 1387.
113) 대판 1982. 1. 12, 81 도 1811.
114) 대판 1990. 9. 25, 90 도 1596.

3. 형 벌

폭행치사상죄는 제257조부터 제259조까지의 예에 따라 처벌된다. 그러므로 발생된 결과에 따라 상해죄, 존속상해죄, 중상해죄, 존속중상해죄 또는 상해치사죄에 정한 형으로 처벌된다.

4. 특수폭행치상죄의 처벌규정

각칙상 '특수'폭행치상죄를 처벌하는 별개의 규정은 존재하지 아니하므로, 제262조의 해석론으로 해결하여야 한다. 제262조는 단순폭행 또는 특수폭행으로 인하여 사상의 결과가 발생한 경우에 '제257조 내지 제259조의 예에 의한다'고 규정하고 있다. 그렇다면 특수폭행치상죄에 적용할 수 있는 규정은 ⓐ 제257조 제1항(단순상해죄)이거나 ⓑ 제258조의2 제1항(특수상해죄)이다.

대법원은 ⓐ의 입장(대판 2018. 7. 24.)임에[115] 반하여, 헌법재판소는 ⓑ의 견해(헌재 2018. 7. 26. 2018 헌바 5－전원재판부)가 합헌이라고[116] 한다. 특수폭행치상죄의 처벌규정을 둘러싸고

---

115) "판결요지: [1] 죄형법정주의는 국가형벌권의 자의적인 행사로부터 개인의 자유와 권리를 보호하기 위하여 범죄와 형벌을 법률로 정할 것을 요구한다. 그러한 취지에 비추어 보면 형벌법규의 해석은 엄격하여야 하고, 명문의 형벌법규의 의미를 피고인에게 불리한 방향으로 지나치게 확장해석하거나 유추해석하는 것은 죄형법정주의의 원칙에 어긋나는 것으로서 허용되지 아니하나, 형벌법규의 해석에서도 법률문언의 통상적인 의미를 벗어나지 않는 한 그 법률의 입법 취지와 목적, 입법연혁 등을 고려한 목적론적 해석이 배제되는 것은 아니다. [2] 특수폭행치상죄의 해당규정인 형법 제262조, 제261조는 형법 제정 당시부터 존재하였는데, 형법 제258조의2 특수상해죄의 신설 이전에는 형법 제262조의 "전 2조의 죄를 범하여 사람을 사상에 이르게 한 때에는 제257조 내지 제259조의 예에 의한다."라는 규정 중 '제257조 내지 제259조의 예에 의한다'의 의미는 형법 제260조(폭행, 존속폭행) 또는 제261조(특수폭행)의 죄를 범하여 상해, 중상해, 사망의 결과가 발생한 경우, 그 결과에 따라 상해의 경우에는 형법 제257조, 중상해의 경우에는 형법 제258조, 사망의 경우에는 형법 제259조의 예에 준하여 처벌하는 것으로 해석·적용되어 왔고, 따라서 특수폭행치상죄의 경우 법정형은 형법 제257조 제1항에 의하여 '7년 이하의 징역, 10년 이하의 자격정지 또는 1천만원 이하의 벌금'이었다. 그런데 2016. 1. 6. 형법 개정으로 특수상해죄가 형법 제258조의2로 신설됨에 따라 문언상으로 형법 제262조의 '제257조 내지 제259조의 예에 의한다'는 규정에 형법 제258조의2가 포함되어 특수폭행치상의 경우 특수상해인 형법 제258조의2 제1항의 예에 의하여 처벌하여야 하는 것으로 해석될 여지가 생기게 되었다. 이러한 해석을 따를 경우 특수폭행치상죄의 법정형이 형법 제258조의2 제1항이 정한 '1년 이상 10년 이하의 징역'이 되어 종래와 같이 형법 제257조 제1항의 예에 의하는 것보다 상향되는 결과가 발생하게 된다. 그러나 형벌규정 해석에 관한 법리와 폭력행위 등 처벌에 관한 법률의 개정 경과 및 형법 제258조의2의 신설 경위와 내용, 그 목적, 형법 제262조의 연혁, 문언과 체계 등을 고려할 때, 특수폭행치상의 경우 형법 제258조의2의 신설에도 불구하고 종전과 같이 형법 제257조 제1항의 예에 의하여 처벌하는 것으로 해석함이 타당하다"(대판 2018. 7. 24. 2018 도 3443).
116) "결정요지: 심판대상조항(위험한 물건을 휴대하여 폭행의 죄를 범하여 사람을 상해에 이

대법원판결과 헌법재판소의 결정이 서로 다른 것은 법률적용상 통일성의 관점에서 문제가 있다.

Ⅳ. 상습폭행죄

<u>제264조 [상습범]</u> "상습으로 제260조 또는 제261조의 죄를 범한 때에는 그 죄에 정한 형의 2분의 1까지 가중한다."

폭행죄, 존속폭행죄, 특수폭행죄가 '상습'으로 범해지면 그 죄에 정한 형의 2분의 1까지 가중한다. 본죄의 설명은 상습상해죄에 상응한다.

제 4 절   스토킹범죄

<u>스토킹범죄의 처벌 등에 관한 법률</u>˙ 제2조 [정의]   "이 법에서 사용하는 용어의 뜻은 다음과 같다.
1. "스토킹행위"란 상대방의 의사에 반(反)하여 정당한 이유 없이 다음 각 목의 어느 하나에 해당하는 행위를 하여 상대방에게 불안감 또는 공포심을 일으키는 것을 말한다.
    가. 상대방 또는 그의 동거인, 가족(이하 "상대방등"이라 한다)에게 접근하거나 따라다니거나 진로를 막아서는 행위
    나. 상대방등의 주거, 직장, 학교, 그 밖에 일상적으로 생활하는 장소(이하 "주거

    • 약칭: 스토킹처벌법. 법률 제19518호, 2023. 7. 11. 개정; 시행 2024. 1. 12.

르게 한 때에는 1년 이상 10년 이하의 징역에 처한다고 규정한 형법 제262조 중 '제261조 가운데 위험한 물건을 휴대하여 제260조 제1항의 죄를 범하여 사람을 상해에 이르게 한 때에는 제258조의2 제1항의 예에 의한다.'는 부분)은 신체의 완전성 내지 신체의 불가침성을 보호하기 위한 것으로서 목적의 정당성 및 수단의 적합성이 인정된다. 한편, 위험한 물건을 휴대하고 폭행죄를 범하여 사람을 상해에 이르게 한 경우에는 이미 그 행위 자체에 내재되어 있는 불법의 정도가 크고, 중대한 법익 침해를 야기할 가능성이 높다고 할 것이어서, 그 구체적인 행위의 결과가 어떠하든지 간에 이미 그 책임이 무겁다. 특수폭행치상에서 상해의 결과는 폭행 과정에서 우연히 발생한 결과가 아니라 폭행행위에 내재되어 있는 전형적인 위험성이 실현된 것이므로, 비록 상해 자체에 대한 고의는 없다 하더라도 이를 상해의 고의가 있는 경우에 준하여 무겁게 처벌할 필요가 있다. 심판대상조항에 의할 경우 비록 벌금형을 선택할 수는 없으나, 법정형의 하한이 징역 1년으로 그다지 높지 않고, 작량감경을 하지 않더라도 집행유예 결격사유가 없는 한 징역형의 선고유예나 집행유예를 선고할 수 있다. 따라서 심판대상조항은 형벌과 책임 간의 비례원칙에 위배되지 않는다"(헌재 2018. 7. 26, 2018 헌바 5-전원재판부).

등"이라 한다) 또는 그 부근에서 기다리거나 지켜보는 행위

   다. 상대방등에게 우편·전화·팩스 또는「정보통신망 이용촉진 및 정보보호 등
에 관한 법률」제2조제1항제1호의 정보통신망(이하 "정보통신망"이라 한다)
을 이용하여 물건이나 글·말·부호·음향·그림·영상·화상(이하 "물건
등"이라 한다)을 도달하게 하거나 정보통신망을 이용하는 프로그램 또는 전
화의 기능에 의하여 글·말·부호·음향·그림·영상·화상이 상대방등에
게 나타나게 하는 행위

   라. 상대방등에게 직접 또는 제3자를 통하여 물건등을 도달하게 하거나 주거등
또는 그 부근에 물건등을 두는 행위

   마. 상대방등의 주거등 또는 그 부근에 놓여져 있는 물건등을 훼손하는 행위

   바. 다음의 어느 하나에 해당하는 상대방등의 정보를 정보통신망을 이용하여 제
3자에게 제공하거나 배포 또는 게시하는 행위

     1)「개인정보 보호법」제2조제1호의 개인정보

     2)「위치정보의 보호 및 이용 등에 관한 법률」제2조제2호의 개인위치정보

     3) 1) 또는 2)의 정보를 편집·합성 또는 가공한 정보(해당 정보주체를 식
별할 수 있는 경우로 한정한다)

   사. 정보통신망을 통하여 상대방등의 이름, 명칭, 사진, 영상 또는 신분에 관한
정보를 이용하여 자신이 상대방등인 것처럼 가장하는 행위

 2. "스토킹범죄"란 지속적 또는 반복적으로 스토킹행위를 하는 것을 말한다.

 3. "피해자"란 스토킹범죄로 직접적인 피해를 입은 사람을 말한다.

 4. "피해자등"이란 피해자 및 스토킹행위의 상대방을 말한다.

1. 의   의

스토킹(stalking)범죄란 상대방의 의사에 반하여 다양한 방법으로 상대방에
게 불안감 또는 공포심을 일으키는 행위를 지속적 또는 반복적으로 범하는 경
우에 성립하는 범죄이다.

2. 보호법익

스토킹범죄의 보호법익은 '생활상의 지속적인 평온'이다. 평온이라 함은 개
인의 신체적 안전과 심리적 안정을 포괄한다. 스토킹행위가 지속적·반복적
으로 행해질 것을 요하기 때문에(제2조 제2호), 생활상의 평온이라는 법익은 일시적
이 아니고 지속적으로 보호되어야 한다.

보호의 정도는 추상적 위험범으로서 형식범에 속한다. 본죄의 미수범 처벌

규정은 없다.

3. 행위의 주체

행위의 주체는 자연인이다. 주체에 특별한 제한은 없으므로, 본죄는 신분범이 아니다. 피해자의 가족도 주체가 될 수 있다.

행위자를 세칭 '스토커'(stalker)라고 부른다. 스토커 중에는 치료를 요하는 인격장애자가 있다(제19조 보안처분 참조).

4. 행위의 객체

행위의 객체에는 피해자뿐만 아니라 그 동거인, 가족도 포함된다. 피해자에게 불안감 또는 공포심을 일으키는 수단으로 피해자의 가족 — 예컨대 피해자의 어린 자녀 — 에게 스토킹행위가 행해질 수 있다.

5. 실행행위

실행행위는 스토킹처벌법 제2조 제1호 가에서부터 사 목(目)까지에 규정된 행위이다. 그 행위 태양이 매우 다양하다.[117] [118] 스토킹행위가 불안감이나 공포심을 주려고 행위자가 의도한 피해자의 동거인 또는 가족에게 행해진 경우에는 실행행위로서 2중적인 의미를 갖는다.

실행행위는 상대방에게 '불안감 또는 공포심을 일으킬 정도'이어야 한다. 이 정도에 이르지 못한 행위는 스토킹행위에 해당하지 않는다. 이는 불법의 정도에 있어서 현저성의 원칙과 경미성의 원칙을 적용한 해석이다.

실행행위는 '지속적 또는 반복적으로' 행해져야 한다(제2조 제2호). 지속적·반복적이라 함은 '집요하게'(beharrlich) 행해진다는 의미이다. 1회적인 행위로써는 스토킹행위임을 판단하기 어렵다.

---

117) 전화를 걸어 상대방의 휴대전화에 벨소리가 울리게 하거나 부재중 전화 문구 등이 표시되도록 하여 상대방에게 불안감이나 공포심을 일으키는 행위가 실제 전화통화가 이루어졌는지와 상관없이 스토킹처벌법 제2조 제1호 (다목)에서 정한 스토킹행위에 해당한다(대판 2023. 5. 18, 2022 도 12037).

118) 빌라 아래층에 살던 피고인이 불상의 도구로 여러 차례 벽 또는 천장을 두드려 '쿵쿵' 소리를 내어 이를 위층에 살던 피해자의 의사에 반하여 피해자에게 도달하게 한 일련의 행위는 스토킹범죄를 구성한다(대판 2023. 12. 14, 2023 도 10313).

6. 고   의

고의는 실행행위와 행위의 객체에 대한 인식·인용이다. 행위자는 자신의 행위가 상대방에게 불안감 또는 공포심을 일으킨다는 것을 인식·인용하여야 한다. 미필적 고의로 족하다.

7. 형벌과 보안처분

형벌은 3년 이하의 징역 또는 3천만원 이하의 벌금이다(제18조 제1항). 흉기 또는 그 밖의 위험한 물건을 휴대하거나 이용하여 스토킹범죄를 저지른 사람은 5년 이하의 징역 또는 5천만원 이하의 벌금에 처한다(동조 제2항).

스토킹범죄자에게는 형벌 이외에 수강명령·치료프로그램 이수명령·보호관찰·사회봉사처분 등의 보안처분을 병과할 수 있다(제19조).

8. 피해자의 보호

스토킹범죄는 피해자에게 일상생활을 순탄하게 영위하기 어려운 타격을 준다. 그리고 범죄학상 폭행·상해·약취·살인 등의 강력범죄로 발전하는 경향이 있기 때문에 범행 초기에 가해자를 피해자로부터 차단할 필요가 있다. 이러한 측면에서 스토킹처벌법은 접근금지조치 등의 응급조치(제3조), 긴급응급조치(제4~6조), 잠정조치(제8~10조)를 규정하고 있다.

제9조 제1항 제2호 또는 제3호의 잠정조치를 이행하지 아니한 사람은 2년 이하의 징역 또는 2천만원 이하의 벌금에 처한다(제20조: 잠정조치 불이행죄).

9. 다른 법률과의 관계

스토킹행위는 넓게 보자면, 상대방을 '괴롭히는 행위', 상대방에게 고통을 주는 행위이다. 그런데 상대방을 괴롭히는 행위로는 '직장 내 괴롭힘'행위와 스토킹 정도에 이르지 못하는 '지속적 괴롭힘'행위 그리고 '일상생활 수준의 단순 괴롭힘'행위가 있다. 앞 두 종류의 괴롭힘은 법률상 고찰할 필요가 있다.

2019. 1. 15. 근로기준법 개정법률은 "사용자 또는 근로자는 직장에서의 지위 또는 관계 등의 우위를 이용하여 업무상 적정범위를 넘어 다른 근로자에게 신체적·정신적 고통을 주거나 근무환경을 악화시키는 행위(이하 "직장 내 괴

롭힘"이라 한다)를 하여서는 아니 된다"라고 규정한 제76조의2(직장 내 괴롭힘의 금지)를 신설하였다(이른바 <u>직장 내 괴롭힘 금지법</u>). '직장 내 성희롱행위'는 직장 내 괴롭힘으로서 이 규정의 적용을 받을 수 있다. 그런데 직장 내 괴롭힘행위에 대한 형사처벌규정이 근로기준법에 마련되어 있지 않다는 점에 유의할 필요가 있다. 그러므로 직장 내 괴롭힘행위는 스토킹처벌법상의 스토킹행위에 해당하거나 후술하는 경범죄처벌법상의 지속적 괴롭힘행위에 해당하는 경우에만 형사처벌된다.

경범죄처벌법은 2012. 3. 21.에 전부 개정되면서 "상대방의 명시적 의사에 반하여 지속적으로 접근을 시도하여 면회 또는 교제를 요구하거나 지켜보기, 따라다니기, 잠복하여 기다리기 등의 행위를 반복하여 하는 사람"을 처벌하는 제3조 제1항 제41호(지속적 괴롭힘)를 신설하였다. 따라서 스토킹범죄에 이르지 못하는 지속적 괴롭힘행위는 경범죄처벌법에 의하여 처벌될 수 있다. 폭행·협박으로 면회·교제를 요구하는 괴롭힘행위는 형법상 강요죄($^{제324}_{조}$)를 구성한다.

제4장 과실치사상의 죄

제1절 개 설

I. 의의, 보호법익

과실치사상의 죄는 "과실로 인하여 사람을 사망에 이르게 하거나, 사람의 신체를 상해에 이르게 함으로써 성립하는 범죄"이다. 과실치사상죄의 보호법익은 '사람의 생명 및 신체의 건강'이며, 보호의 정도는 '침해범'이다. 살인죄와 상해죄도 사람의 생명과 신체의 건강을 보호법익으로 하지만, 고의범이라는 점에서 과실범인 본죄와 구별된다. 형법은 고의범을 원칙으로 처벌하고($\frac{제13}{조}$), 과실범은 예외적으로 처벌한다($\frac{제14}{조}$). 그런데 사람의 생명과 신체는 매우 중요한 법익일 뿐만 아니라 기술문명의 발달과 더불어 고도로 산업화된 현대사회의 거의 모든 부문, 특히 교통·건설·공장시설·의료·식품 등의 영역에서 위험에 처할 가능성이 높기 때문에,[1] 과실로 인한 사상일지라도 과실범으로서 처벌하고자 본장을 두고 있다.

II. 과실치사상죄의 체계

과실치사상죄의 기본유형은 과실치상죄($\frac{제266}{조}$)와 과실치사죄($\frac{제267}{조}$)이고, 이에 대한 가중유형으로 업무상과실·중과실치사상죄($\frac{제268}{조}$)가 규정되어 있다.[2]

---

1) 형법범(형법각칙상의 범죄) 중 '교통사고처리특례법' 위반을 과실범죄(업무상과실치사상죄, 과실치사상죄, 실화죄)에 포함시키고, '폭력행위 등 처벌에 관한 법률' 위반을 강력범죄에 포함시켜서 작성한 범죄통계를 보면, 1995년도에 전체 형법범 발생건수는 747,201이고, 과실범 발생건수는 238,987이다(법무연수원 간, 범죄백서, 1996, 33-4면). 이 통계에 의하면, 전체 형법범 중 과실범이 32%를 차지하고 있을 정도로 현대사회에서는 과실범의 비중이 크다.

1995년의 형법개정에서는 종래 과실상해라고 하던 죄명을 '과실치상'으로 바꾸고, 벌금형을 인상하여 그 액수를 현실화하였다. 그 밖에 자동차운전자의 업무상과실치사상에 있어서는 '교통사고처리 특례법'(약칭: 교통사고처리법)상의 특칙이 적용되고, 교통사고 후의 도주에 대하여는 '특정범죄 가중처벌 등에 관한 법률'(약칭: 특정범죄가중법) 제5조의 3이 가중처벌하고 있다.

Ⅲ. 공통적 구성요건

과실치사상죄에 대해서는 총론상의 과실범이론이 적용된다. 과실치상죄와 과실치사죄 및 업무상과실·중과실치사상죄의 모두에 공통된 구성요건은 다음과 같다.[3]

(1) 구성요건적 결과의 발생과 인과관계

형법상 과실범은 결과범으로 되어 있다. 과실치사상죄에 있어서는 상해 또는 사망이라는 구성요건적 결과가 발생해야 한다. 그리고 과실행위와 결과발생 사이에 인과관계가 있어야 한다. 과실행위가 있었으나 상해 또는 사망의 결과발생이 없다든지, 과실행위와 결과발생 사이에 인과관계가 없으면, 과실범의 미수가 성립하는데, 형법은 과실범의 미수를 처벌하지 않는다.

(2) 과실행위가 있을 것

과실행위란 "정상의 주의를 태만함으로 인하여 죄의 성립요소인 사실을 인식하지 못한 행위"를 말한다($^{제14}_{조}$). 과실행위를 처벌한다는 것은 법질서가 일반국민에게 구성요건적 결과가 발생하지 않도록 정상의 '주의의무'를 다할 것을 요구함을 의미한다.

주의의무의 내용은 결과발생의 가능성을 '예견'할 의무와 결과발생을 '회피'하기 위하여 필요한 조치를 취할 의무이다. 따라서 주의의무는 '결과발생예견의무'와 '결과발생회피의무'로 구성되어 있다. 그리고 주의의무는 주의의 '가능성'을 전제로 하므로 주의의무의 내용이 되는 결과발생예견의무와 결과발생회피의무는 각각 '결과발생예견가능성'과 '결과발생회피가능성'을 전제로 한다.

오늘날 주의의무의 범위를 '한정'하는 원리로서 '신뢰의 원칙'이 판례와 학

---

2) 독일형법은 일반의 과실에 대하여 '업무상'과실을 가중처벌하는 규정을 두고 있지 않다.
3) 상세히는 총론의 과실범부분을 참조.

설에 정착되어 있다. 신뢰의 원칙이란 "행위자가 스스로 주의의무를 다하면서 타인도 주의의무를 준수할 것이라고 신뢰하는 것이 상당한 경우에는, 비록 타인이 주의의무를 준수하지 않음으로 말미암아 구성요건적 결과가 발생했다고 하더라도 행위자는 그 결과에 대하여 과실책임을 지지 않는다는 원칙"인데, 특히 교통사고에서 널리 적용되고 있다.

제 2 절 개별적 범죄유형

Ⅰ. 과실치상죄

제266조 [과실치상] 제1항 "과실로 인하여 사람의 신체를 상해에 이르게 한 자는 500만원 이하의 벌금, 구류 또는 과료에 처한다."
제2항 "제1항의 죄는 피해자의 명시한 의사에 반하여 공소를 제기할 수 없다."

1. 의의, 보호법익, 성격

본죄는 "과실로 인하여 사람의 신체를 상해에 이르게 함으로써 성립하는 범죄"이다. 과실치상죄의 보호법익은 사람의 '신체의 건강'이다.

본죄는 상해의 고의없이 상해의 결과를 발생시킨 경우에 성립하는 과실범이다. 따라서 상해에 대한 고의가 있을 때에는 상해죄가 성립하고, 폭행의 고의로 상해의 결과를 발생시킨 때에는 폭행치상죄가 성립할 뿐, 본죄는 성립하지 않는다.

본죄는 피해자의 명시한 의사에 반하여 공소를 제기할 수 없는 '반의사불벌죄'이다.

2. 구성요건

과실행위, 즉 주의의무위반행위로 인하여 상해의 결과를 발생시키는 것이다.
(1) 과실행위 – 주의의무위반행위
주의의무위반은 "사회생활상 필요한 주의의무의 불이행"이다. 제14조의 표현을 인용하자면 '정상의 주의태만'이라고 할 수 있다. 주의의무위반 여부는 '사회일반인'의 주의능력을 표준으로 해서 객관적으로 판단하자는 '평균인표준설'(객관설)이 통설·판례이다.

판례에 의하면, 임대한 방실의 부엌으로 통하는 문과 벽 사이에 0.4cm 정도의 틈으로 스며든 연탄가스 중독사고에서 임대인에게 수리의무가 있는 대규모의 것이 아닌 임차인의 통상의 수리·관리의무에 속한 것이어서 임대인의 과실을 인정할 수 없다고 한다.[4]

(2) 상해의 결과발생 및 인과관계

상해의 결과가 발생해야 한다. 그리고 과실행위와 상해의 결과발생 사이에 인과관계가 있어야 한다. 인과관계는 합법칙적 조건관계로 인정되며, 더 나아가 상해의 결과를 행위자에게 객관적으로 귀속시킬 수 있어야 한다. 그러나 과실행위가 결과발생의 유일한 원인일 필요는 없다. 따라서 제3자의 행위가 개입하였거나, 피해자에게 과실이 있는 때(이른바 피해자의 기여과실)에도 본죄의 성립에 영향이 없다.

판례는 과실행위가 결과발생의 '직접적 원인'이 된 경우에만 인과관계를 인정하고 있다. 예컨대 차량운행 도중의 브레이크 고장시 사이드 브레이크를 조작하지 않은 행위,[5] 제한속도를 넘은 운전행위가 사고의 직접원인이 되지 않은 경우,[6] 운전자가 차주 또는 조수에게 운전케 하여 사고를 낸 경우에 무면허운전을 방치한 행위,[7] 교실 안쪽에서 유리창만을 닦도록 한 지시를 무시하고 베란다로 넘어 갔다가 떨어져 사망한 경우에 유리창을 닦도록 한 행위[8] 등과 결과발생 사이에는 인과관계가 부정되고, 공장운전 전반에 대한 실무감독자가 따로 있는 경우에 공장경영자 또는 공장 전체의 안전관리책임자라고 하여 피해자인 공원에 대한 직접적인 감독책임이 있다고 할 수 없는 반면에,[9] 피고인이 운전하던 차에 충격되어 쓰러진 사람이 다른 차에 치어서 사망한 경우에는[10] 인과관계를 긍정하고 있다.

---

4) 대판 1985. 3. 12, 84 도 2034.
5) 대판 1977. 3. 8, 76 도 4174.
6) 대판 1980. 2. 12, 79 도 3004.
7) 대판 1974. 7. 23, 74 도 778; 1971. 9. 28, 71 도 1082.
8) 대판 1989. 3. 28, 89 도 108.
9) 대판 1984. 11. 27, 84 도 2025; 1983. 10. 11, 83 도 2108.
10) 대판 1990. 5. 22, 90 도 580; 1972. 4. 25, 72 도 433.

3. 형   벌

500만원 이하의 벌금, 구류 또는 과료에 처한다.

Ⅱ. 과실치사죄

제267조 [과실치사] "과실로 인하여 사람을 사망에 이르게 한 자는 2년 이하의 금고 또는 700만원 이하의 벌금에 처한다."

1. 의의, 보호법익, 성격

본죄는 "과실로 인하여 사람을 사망에 이르게 함으로써 성립하는 범죄"이다. 과실치사죄의 보호법익은 '사람의 생명'이다. 본죄도 과실범이므로, 사망의 결과발생에 대한 고의가 있는 경우에는 살인죄, 상해의 고의로 사망의 결과를 발생시킨 때에는 상해치사죄, 폭행의 고의로 사망의 결과를 발생시킨 때에는 폭행치사죄가 성립한다. 본죄는 반의사불벌죄가 아니다.

2. 구성요건

과실행위, 즉 주의의무위반행위로 인하여 사망의 결과를 발생시키는 것이다.[11] 그 내용은 과실치상죄에 상응한다.

---

11) "피고인들 외에는 달리 피해자를 돌보아 줄 사람도 없었던 터이므로, 술에 취한 피해자가 정신없이 몸부림을 치다가 발이나 이불자락으로 촛불을 건드리는 경우, 그것이 넘어져 불이 이불이나 비닐장판 또는 벽지 등에 옮겨 붙어 화재가 발생할 가능성이 있고, 또한 화재가 발생하는 경우 화재에 대처할 능력이 없는 피해자가 사망할 가능성이 있음을 예견할 수 있으므로, 이러한 경우 피해자를 혼자 방에 두고 나오는 피고인들로서는 촛불을 끄거나 양초가 쉽게 넘어지지 않도록 적절하고 안전한 조치를 취하여야 할 주의의무가 있다 할 것인바, 비록 피고인들이 직접 촛불을 켜지 않았다 할지라도 위와 같은 주의의무를 다하지 않은 이상, 피고인들로서는 이 사건 화재발생과 그로 인한 피해자의 사망에 대하여 과실책임을 면할 수는 없다"(대판 1994. 8. 26, 94도 1291). "임대차목적물인 판시 방실이 비록 가옥 준공시 창고용으로 허가된 곳이고 반 지하실로서 부엌에서 방으로 통하는 통로가 매우 비좁으며, 연탄아궁이가 방바닥보다 30센치 미터 가량 높은 위치에 있고, 연통이 4번이나 굽어서야 밖으로 연결되어 있다고 하더라도, 그와 같은 사유만으로는 피고인이 위 방을 타인에게 주거용으로 임대하여서는 절대로 아니된다거나 연탄아궁이를 낮게 하고 연통의 굽은 횟수를 적게 만든 다음 위 방을 임대하여야 할 주의의무가 있다고는 할 수 없으며, 또한 부엌과 창고 홀로 통하는 문에 그 판시와 같은 틈이 있었던 사실은 인정되지만, 그 정도의 하자는 임차목적물을 사용할 수 없을 정도의 것이거나 임대인에게 수선의무가 있는 대규모의 것이 아니고, 임차인의 통상의 수선 및 관리의무의 범위에 속하는 것이며, 나아가 판시와 같은 문틈의 방치가 임대인인 피고인의 주의의무위반이라고 하더라도, 판시 방의

3. 죄 수

1개의 과실행위로 인하여 다수인을 치사케 한 경우에는 동종류의 상상적 경합이 발생한다. 실화로 인하여 사람을 치사케 한 경우에는 실화죄($\frac{제170조 또}{는 제171조}$)와 과실치사죄의 상상적 경합이 된다.

4. 형 벌

2년 이하의 금고 또는 700만원 이하의 벌금에 처한다.

Ⅲ. 업무상과실·중과실치사상죄

제268조 [업무상 과실·중과실치사상] "업무상 과실 또는 중대한 과실로 사람을 사망이나 상해에 이르게 한 자는 5년 이하의 금고 또는 2천만원 이하의 벌금에 처한다."

1. 업무상과실치사상죄

(1) 의의, 보호법익, 성격

본죄는 "업무상 과실로 사람을 사망이나 상해에 이르게 함으로써 성립하는 범죄"이다. 업무상과실치사상죄의 보호법익은 '사람의 생명과 신체의 건강'이다. 또 업무자라는 신분관계로 인하여 책임이 가중되는 유형에 속한다(부진정신분범).

(2) 가중처벌의 근거

업무상과실치사상죄가 보통의 과실치사상죄에 비하여 형벌이 가중되는 근거에 관하여는 ① 업무자에게는 일반인보다 더 무거운 주의의무가 요구되기 때문이라는 견해,[12] ② 업무자는 일반인보다 결과발생에 대한 예견가능성, 즉 주의능력이 높기 때문이라는 견해,[13] ③ 업무자에게는 일반인보다 고도의 주의의무와 예견가능성이 인정되기 때문이라는 절충적 견해[14] 등이 대립하고 있다.

방문에는 아무런 하자가 없었던 점이 인정되므로 위 방문을 잘 닫았더라면 위와 같은 하자만으로써는 피해자가 연탄가스에 중독될 리가 없다 할 것이고, 달리 위 하자와 본건 사고발생간에 인과관계를 인정할 만한 증거가 없으므로"(대판 1986. 7. 8, 86 도 383).

12) 권오걸, 71면; 김성천, 620면; 김/서, 99-100면; 김종원, 78면; 이형국, 103면; 진/이, 93면.
13) 김성돈, 86면; 배종대, 137면; 유기천, 상권, 68면; 이재상, 78면; 이정원, 97면; 정/박, 80면; 정영석, 239면; 정영일, 60면.
14) 박상기, 76면; 손동권, 78면.

그런데 업무자라고 해서 반드시 일반인보다 주의능력이 높다고 말할 수는 없으므로, 사람의 생명·신체에 대하여 위험성있는 업무에 종사하는 자에게는 통상인과는 달리 각별한 주의의무를 다하도록 요구하는 것이 형법의 취지라고 이해하는 ①설의 입장이 타당하다고 본다.

(3) 업무상과실치사상죄에 있어서의 업무의 개념

「업무」란 "사람이 사회생활상의 지위에 기하여 계속해서 행하는 사무"를 말한다. 이러한 정의로부터 ① 사회생활상의 지위 ② 계속성[15] ③ 사무라고 하는 업무의 개념요소가 도출된다.

(a) 사회생활상의 지위 업무는 사회생활상의 지위에 따른 사무이어야 한다. 따라서 자연적인 생활현상과 관련된 일, 예컨대 가사(家事)로서의 취사·세탁·냉난방·육아 등은 사회생활상의 지위에 따른 것이 아니므로 업무가 될 수 없다.

(b) 계속성 업무는 객관적으로 상당한 횟수 반복하여 행해지거나 또는 반복·계속할 의사로 행해진 것이어야 한다. 따라서 호기심으로 단 1회 운전한 것만으로는 업무라고 할 수 없다.[16] 그러나 단 1회의 행위라도 장차 반복할 의사로 행한 것이라면 업무에 해당한다. 자동차를 구입한 첫날 운전에서 교통사고를 내거나, 의사가 개업한 첫날 의료사고를 낸 때에도 업무상과실에 해당한다.

(c) 사 무 사무는 사회생활상의 계속적인 일이다. 그것이 사무인 이상 본무·겸무·부수적 업무인가를[17] 불문하고, 또 공무·사무 여부도 불문하며, 영리를 위한 것이건 오락을 위한 것이건 상관없다. 사회생활상 용인되는 사무인 이상, 적법한 업무인가 또는 부적법한 업무인가도 불문한다. 따라서 무면허운전자의 운전행위나 무면허의사의 치료행위도 업무에 속한다. 다만 소매치기·밀수 등과 같이 불법한 사무는 사회생활상 용인되지 않으므로 형법상의 업무라고 할 수 없다.

---

15) '계속성'이 없으므로, 업무상과실치상죄의 성립을 '부정'한 대판 2017. 12. 5, 2016 도 16738 참조.

16) 대판 1966. 5. 31, 66 도 536.

17) "피고인이 위와 같이 완구상 점원으로서 완구배달을 하기 위하여 자전거를 타고 소매상을 돌아다니는 일을 하고 있었다고 한다면 그는 자전거를 운전하는 업무에 종사하고 있다고 보아야 할 것"(대판 1972. 5. 9, 72 도 701).

대법원은 "업무상과실치사상죄에 있어서의 업무라고 함은 사람의 사회생활 면에 있어서의 하나의 지위로서 계속적으로 종사하는 사무를 말하고, 반복·계속의 의사 또는 사실이 있는 한 그 사무에 대한 각별한 경험이나 법규상의 면허를 필요로 하지 아니한다"라고 정의하고 있다.[18]

(d) 위험한 업무　　업무상과실치사상죄에서의 업무란, 본죄의 보호법익이 생명·신체의 건강에 있다는 점에 비추어, 그 성질상 '생명·신체에 대하여 위험성있는' 업무여야 한다. 그러므로 업무상과실치사상죄에서의 업무에는 '생명·신체에 대한 위험성'이라는 개념요소가 하나 더 추가된다. 자동차·선박·항공기의 운전, 의료행위, 건설·토목공사, 위험시설물의 관리, 가스·폭발물 등 위험물의 제조·판매·취급행위, 식품의 제조·판매행위, 유치원·양로원·장애자보호시설의 노약자보호행위 등이 이에 속한다.

〈형법상 업무의 취급〉

(i) 총칙상의 업무　　총칙상 정당행위($\frac{제20}{조}$)의 요건이 되는 업무는 범죄구성요건의 한 요소로서의 업무가 아니라, 위법성이 조각되는 근거로서의 업무라는 점에서 각칙상의 업무와는 다르다. 제20조의 업무는 법령상 인정되는 업무 이외에 업무내용이 사회상규에 위배되지 않음으로써 족하고, 반드시 업무 자체가 정당하거나 적법일 것을 요하지 않는다. 따라서 무면허의사의 치료행위도―의료법 위반은 별론으로 하고―제20조의 업무행위로서 위법성이 조각된다.

(ii) 각칙상의 업무　　형법각칙도 업무라는 용어를 각종의 구성요건에서 사용하고 있다. 각칙상의 업무개념은 개개의 구성요건의 보호법익과 입법취지를 고려하여 해석된다.

㉠ 과실범에서의 업무:　　업무상과실치사상죄($\frac{제268}{조}$), 업무상실화죄($\frac{제171}{조}$), 업무상과실교통방해죄($\frac{제189조}{제2항}$), 업무상과실장물죄($\frac{제364}{조}$) 등의 업무가 이에 해당한다. 업무상의 과실범은 통상의 과실범에 비하여 가중처벌된다. 형법은 과실범에서의 업무자에게는 고도의 주의의무를 요구하기 때문이다. 따라서 과실범에서의 업무는 보호법익과 관련된 업무로 해석된다. 예컨대 업무상과실치사상에서의 업무는 사람의 생명·신체에 위험성있는 업무에 국한된다.

㉡ 진정신분범에서의 업무:　　일정한 업무자의 행위만이 범죄를 구성하는 경우이다(범죄구성적 업무). 업무상비밀누설죄($\frac{제317}{조}$), 허위진단서작성죄($\frac{제233}{조}$)에서의 업무가 이에 해당한다.

---

18) 대결 1961. 3. 22, 4294 형상 5.

ⓒ 부진정신분범에서의 업무: 업무자의 행위가 일반인의 행위에 비하여 형벌이 가중되는 경우이다(형벌가중적 업무). 업무상과실치사상죄, 업무상실화죄, 업무상과실교통방해죄, 업무상낙태죄($\frac{제270조}{제1항}$), 업무상횡령·배임죄($\frac{제356}{조}$)에서의 업무가 이에 해당한다.

ⓔ 보호법익으로서의 업무: 업무가 형법상 직접적인 보호의 객체가 되는 경우이다. 업무방해죄($\frac{제314}{조}$)에서의 업무가 그것이다. 업무방해죄에서의 업무는 ① 사회생활상 용인되는 업무로서 형법상 보호할 가치있는 업무이어야 하지만, ② 생명·신체에 대하여 위험성있는 업무에 국한되지는 않는다.

ⓜ 행위태양으로서의 업무: 업무가 구성요건적 행위태양으로 규정된 경우이다. 아동혹사죄($\frac{제274}{조}$)에서의 업무가 이에 해당한다. 아동혹사죄는 16세 미만의 자를 생명 또는 신체에 위험한 업무에 사용할 영업자 또는 그 종업자에게 인도함으로써 성립한다. 그러므로 이 죄에서의 업무는 인도행위의 한 요소를 이루고 있으며, 생명·신체에 대한 위험성있는 업무에 국한된다.

(4) 업무상 과실

'업무상 과실'이란 업무상 요구되는 주의의무를 위반하는 것을 말한다. 무엇보다도 주의의무의 '범위'가 문제된다. 주의의무의 범위는 법규에[19] 규정된 것에 한하지 않고, 업무의 성질과 구체적 사정에 비추어 관습·조리·판례가 요구하는 주의의무를 포함한다. 그리고 주의의무는 사회일반인의 주의능력을 표준으로 하여 요구된다고 하더라도, 결과발생을 예견하고 회피할 모든 주의의무가 아니라, '사회적으로 상당한(sozialadäquat) 범위'의 주의의무만이 요구된다. 주의의무의 범위를 '한정'하는 원리로서 오늘날 판례와 학설에 정착된 '신뢰의 원칙'이 중시되고 있다.[20]

〈자동차운전자의 업무상 주의의무〉

자동차운전자는 운전 중 다른 차량이나 보행자 또는 승객에 대한 사상의 결과를 방지할 주의의무가 있다. 예컨대 자동차운전자는 미리 차체를 정비·점검하여 고장여부를 조사·수리해야 하고,[21] 운행중에는 교통규칙을 준수하면서 전방좌우를 주시하며 언제나 급제동할 수 있는 준비를 취하고 있어야 하며,[22] 보행자의 불시 횡단

---

19) 업무상 주의의무를 규정한 법규로는 의료법, 약사법, 도로교통법, 식품위생법, 건축법, 산업안전보건법, 중대재해처벌법 및 그 시행령, 시행규칙 등이 있다.

20) 신뢰의 원칙에 관하여는 총론, 563-7면 참조.

21) 대판 1968. 2. 20, 68 도 16.

22) 대판 1970. 2. 24, 70 도 62; 1967. 9. 19, 67 도 1025.

이나[23] 차도에 뛰어드는 경우까지도[24] 예견해야 할 주의의무가 있고, 앞차를 뒤따라 주행하는 경우에는 앞차에 의하여 전방의 시야가 가리는 관계상 앞차의 어떠한 돌발적인 운전 또는 사고에 의해서라도 자기 차량에 연쇄적인 사고가 일어나지 않도록 앞차와 충분한 안전거리를 유지하고 진로의 전방 좌우를 잘 살펴 진로의 안전을 확인하면서 진행할 주의의무가 있으며,[25] 후진할 경우에도 후사경으로 후방의 상태를 주시하면서 서행해야 할 주의의무가 있고,[26] 자동차운행을 종료한 후에는 차가 미끄러지거나 타인이 운전하지 않도록 안전조치를 취해야 할 주의의무가 있다.[27]

〈의료인의 업무상 주의의무〉

의료업무는 고도의 전문지식과 숙련된 경험 및 기술이 요구되는 한편, 환자의 생명·신체에 대하여 위해를 초래할 가능성이 매우 높은 업무이므로, 의료인에게는 각별한 주의의무가 요구된다.

의료인의 주의의무에 관하여, 대법원은 "의료사고에 있어서 의료종사원의 과실을 인정하기 위하여서는 의료종사원이 결과발생을 예견할 수 있음에도 불구하고 그 결과발생을 예견하지 못하였고, 그 결과발생을 회피할 수 있었음에도 불구하고 그 결과발생을 회피하지 못한 과실이 검토되어야 할 것이고, 또한 이와 같은 과실은 일반적 보통인을 표준으로 하여 요구되는 주의의무를 결한 것으로서 여기에서 일반적 보통인이라 함은 이는 추상적인 일반인이 아니라, 그와 같은 업무와 직무에 종사하는 사람을 뜻하는 것이므로, 결국 이와 같은 사람이라면 보통 누구나 할 수 있는 주의의 정도를 표준으로 하여 과실 유무를 논하여야 하며, 이에는 사고 당시의 일반적인 의학의 수준과 진료환경 및 조건, 의료행위의 특수성 등이 고려되어야

---

23) 대결 1960. 4. 27, 4292 형상 968.
24) 대판 1970. 8. 18, 70 도 1875.
25) "판결요지: 앞차를 뒤따라 진행하는 차량의 운전사로서는 앞차에 의하여 전방의 시야가 가리는 관계상 앞차의 어떠한 돌발적인 운전 또는 사고에 의하여서라도 자기 차량에 연쇄적인 사고가 일어나지 않도록 앞차와의 충분한 안전거리를 유지하고 진로 전방좌우를 잘 살펴 진로의 안전을 확인하면서 진행할 주의의무가 있다. 피고인이 사고 당시의 도로상황에 맞추어 속도를 줄이고 전방시계의 확보를 위하여 선행차량과의 적절한 안전거리를 유지한 채 전방 좌우를 잘 살펴 진로의 안전을 확인하면서 운전하는 등 자동차 운전자에게 요구되는 통상의 주의의무를 다하였더라면, 진행 전방 도로에 누워있는 피해자를 상당한 거리에서 미리 발견하고 좌측의 1차로로 피양하는 등 사고를 미연에 방지할 수 있었음에도 불구하고, 위와 같은 주의를 게을리 한 탓으로 피해자를 미리 발견하지 못하고 역과한 것이라고 할 것이므로, 업무상 과실이 없다고 할 수는 없다.…선행차량에 이어 피고인 운전 차량이 피해자를 연속하여 역과하는 과정에서 피해자가 사망한 경우, 피고인 운전 차량의 역과와 피해자의 사망 사이에 상당인과관계가 있다"(대판 2001. 12. 11, 2001 도 5005).
26) 대판 1977. 9. 28, 77 도 1875.
27) 대판 1970. 10. 23, 70 도 1611.

할 것이다"라고 한다.[28]

판례에 의하면, 의사는 수술 전에 환자를 정밀검사하여 수술을 감당할 수 있는가를 확인할 주의의무가 있고,[29] 항생제를 주사할 때마다 부작용을 예상하여 사전·사후의 적절한 조치를 취할 주의의무가 있으며,[30] 부작용이 우려되는 마취제를 정맥주사할 때는 의사 스스로 주사를 놓든지 부득이 간호사로 하여금 주사케 할 때도 상세한 지시를 하고 입회하여 주사가 잘못없이 끝나도록 조치할 주의의무가 있고,[31] 조수 또는 간호사의 의료행위에 대하여도 업무상과실책임을 진다.[32] 간호사가 의사의 진료를 보조할 경우에 특별한 사정이 없는 한 간호사는 의사의 지시에 따라 진료를 보조할 의무가 있다.[33]

그러나 치료방법으로서 어떠한 조치를 취하여야 할 것인가는 의사 스스로 환자의 상황 기타 이에 터잡은 전문적 지식·경험에 따라 결정해야 할 것이고, 생각할 수 있는 몇 가지의 조치가 의사로서 취할 조치로서 합리적인 것인 한, 그 어떤 것을 선택할 것이냐는 당해 의사의 재량의 범위 내에 속하고 반드시 그 중 어느 하나만이 정당하고 이와 다른 조치를 취한 것은 모두 과실이 있는 것이라고 할 수는 없다.[34]

〈공사책임자·감독자의 업무상 주의의무〉

공사책임자·감독자의 감독·관리행위도 생명·신체에 대한 위해를 초래할 가능성이 큰 업무에 속하므로, 고도의 주의의무가 요구된다.

판례에 의하면, 국도확장공사의 현장소장으로서 시공 및 안전관리업무를 총괄하는 자는 지반의 붕괴 및 토석의 낙하 등에 의하여 근로자에게 위험을 미칠 우려가 있는 때에는 그 위험을 방지하기 위하여 지반을 안전한 경사로 하고 낙하의 위험이 있는 토석을 제거하거나 옹벽 및 흙막이 지보공 등을 설치해야 할 의무가 있으며,[35] 공사감독관이 건축공사가 불법 하도급되어 무자격자에 의하여 시공되고 있는 점을 알고도 이를 묵인하였거나 그와 같은 사정을 쉽게 적발할 수가 있었음에도 직무상의 의무를 태만히 하여 무자격자로 하여금 공사를 계속하게 함으로써 붕괴사고 등의 재해가 발생한 경우에 공사감독관의 직무상의 의무위반과 붕괴사고 등의 재해로 인한 치사상의 결과 사이에는 상당인과관계가 있으므로 업무상과실치사상죄의 책임을 진다.[36]

---

28) 대판 1987. 1. 20, 86 다카 1469. 同旨, 대판 2018. 5. 11, 2018 도 2844; 1996. 11. 8, 95 도 2710.
29) 대판 1986. 10. 14, 85 도 1789.
30) 대판 1976. 12. 28, 74 도 816.
31) 대판 1990. 5. 22, 90 도 579.
32) 대판 1998. 2. 27, 97 도 2812; 1990. 5. 22, 90 도 579.
33) 대판 2010. 10. 28, 2008 도 8606.
34) 대판 1984. 6. 12, 82 도 3199.
35) 대판 1991. 12. 10, 91 도 2642.

그러나 공사로 파놓은 구덩이에 접근하지 못하도록 추락주의표지판을 부착하고 각목과 쇠파이프로 입구를 막아 놓았다면, 그 이상의 주의의무를 요구할 수는 없다.[37]

〈교통사고에서의 '신뢰의 원칙'의 적용〉

신뢰의 원칙은 과실에 있어서 주의의무의 범위를 '한정'하는 기능을 수행한다. 이 원칙은 차량교통에서뿐만 아니라 의료행위 등 위험한 행위의 '분업적 공동작업'에도 널리 적용될 수 있다. 이 때 신뢰의 원칙은 분업적 공동작업에 참가한 다수자 사이에 '주의의무 내지 위험부담의 적정한 분배기능'을 수행한다고 할 수 있다. 아래에서는 신뢰의 원칙을 적용한 판례를 소개하고자 한다.

대법원은 자동차 대 자동차의 사고에 있어서는 폭넓게 신뢰의 원칙을 적용하지만, 보행자에 대한 사고에서는 제한적으로 적용하고 있다.

㉠ 먼저 '자동차 대 자동차'의 교통사고에 있어서, 상대 차량이 정지신호를 무시하고 계속 질주하여 올 것을 예견하고 이에 대한 사전조치를 기대할 수는 없고,[38] 우선통행권을 가진 차량은 상대 차량이 대기할 것을 신뢰하면 족하며,[39] 상대방이 차선을 침범하여 운행하는 것까지 예상하여 이에 대비할 주의의무는 없고,[40] 무모하게 앞지르려는 차량을 위하여 서행해야 할 주의의무는 없으며,[41] 진행신호에 따라 이미 교차로의 상당부분을 통과한 운전자는 뒤늦게 교통신호를 무시하고 교차로에 진입할 차량이 있을 것을 예상하여 사고발생을 미연에 방지할 주의의무는 없다.[42]

㉡ 다음으로 '자동차 대 보행자'의 교통사고에 있어서는, 운전자는 육교 밑을 무단 횡단하는 보행자에 대하여 차도를 횡단하지 아니하고 육교를 이용하여 횡단할 것을 신뢰하여 운행하면 족하고,[43] 직진하는 차량의 운전자는 횡단보도의 신호가 적색인 상태에서 반대 차선상에 정지하여 있는 차량의 뒤로 보행자가 횡단보도를 건너오지 않을 것이라고 신뢰하는 것이 당연하고 그렇지 아니할 사태까지 예상하여 그에 대한 주의의무를 다해야 한다고는 할 수 없다.[44]

㉢ 그리고 '자동차 대 자전거'의 교통사고에 있어서는, 자동차운전자는 자전거를 탄 사람이 도로를 횡단하다가 넘어질 것을 예상할 의무는 없고,[45] 자동차전용도로에 자전거를 탄 사람이 나타날 것을 예견할 수 없으며,[46] 야간에 등을 켜지 않은 자

---

36) 대판 1995. 9. 15, 95 도 906.
37) 대판 1986. 12. 9, 86 도 1933.
38) 대판 1983. 2. 22, 82 도 3071.
39) 대판 1983. 8. 23, 83 도 1288.
40) 대판 1984. 2. 14, 83 도 3086.
41) 대판 1984. 5. 29, 84 도 483.
42) 대판 1972. 2. 22, 71 도 2354.
43) **대판 1985. 9. 10, 84 도 1572**; 1983. 5. 10, 83 도 606.
44) **대판 1993. 2. 23, 92 도 2077**; 1987. 9. 8, 87 도 1332.
45) 대판 1983. 2. 8, 82 도 2617.

전거를 타고 차도를 횡단하는 것을 예상할 주의의무는 없다.[47]

ㄹ 그 밖에 대법원은 "약사가 의약품을 판매하거나 조제함에 있어서 약사로서는 그 의약품이 그 표시 포장상에 있어서 약사법 소정의 검인, 합격품이고 또한 부패·변질·변색되지 아니하고 유효기간이 경과되지 아니함을 확인하고 조제·판매한 경우에는 우연히 그 내용에 불순물 또는 표시된 의약품과는 다른 성분의 약품이 포함되어 있어 이를 사용하는 등 사고가 발생하였다면…관능시험 및 기기시험까지 하여야 할 주의의무가 있다 할 수 없고 따라서 그 표시를 신뢰하고 그 약을 사용한 점에 과실이 있었다고는 볼 수 없다"라고 판시함으로써,[48] 약사와 제약회사 사이에서도 신뢰의 원칙을 적용한 바 있다.

〈기타 업무상과실을 부정한 판례〉

찜질방 영업주 및 직원의 업무상과실을 부정한 판례: "피해자는 정문으로 들어와 계산대에서 근무하고 있던 피고인 1에게 이용요금을 지불하고 발한복을 대여받은 후, 다시 자신의 옷으로 갈아입고 후문으로 나가 술을 더 마신 다음, 위 피고인 몰래 후문으로 다시 들어와 발한실에서 잠을 자다가 사망한 점, 부검결과 피해자의 혈중알콜농도는 0.270%로 밝혀진 점 등의 사정을 종합하여 보면, 피고인들에게 손님이 피고인들 몰래 후문으로 나가 술을 더 마시고 들어올 경우까지 예상하여 직원을 추가로 배치하거나 후문으로 출입하는 모든 자를 통제·관리하여야 할 업무상 주의의무가 있다고 보기도 어렵다"(대판 2010. 2. 11. 2009 도 9807).

(5) 죄 수

도로교통법을 위반한 자동차운전행위 중에 업무상과실치사상의 결과가 발생한 경우에는 도로교통법위반범죄와 업무상과실치사상죄의 실체적 경합이 된다. 예컨대 무면허운전을 하다가 업무상과실치사상의 결과가 발생하면, 무면허운전죄(도로교통법 제152조 제1호)와 업무상과실치사상죄의 실체적 경합범이 성립한다.[49] 이때 무면허운전행위 이외에 별개의 업무상과실행위가 존재한다고 봄이 타당하다. 마찬가지로 타인의 자동차를 불법사용하여 운전하다가 업무상과실치사상의 결과를 발생시킨 경우에도 자동차불법사용죄(형법 제331 조의 2)와 업무상과실치사상죄의 실체적 경합범이 성립한다. 다만 '음주운전'(또는 약취(藥醉)운전)을 하다가 '치사상'의 결과가 발생하면, '특정범죄 가중처벌 등에 관한 법률'상의

---

46) 대판 1980. 8. 18. 80 도 1446.
47) 대판 1984. 9. 25. 84 도 1695.
48) 대판 1976. 2. 10. 74 도 2046.
49) 대판 1972. 10. 31. 72 도 2001.

'위험운전치사상죄'($^{제5조의}_{의 11}$)[50]만이 성립한다. 위험운전치사상죄는 1개의 구성요건에 음주운전행위와 (업무상)과실치사상행위가 결합된 '결합범'으로서 도로교통법상의 '음주운전죄'($^{제148조의}_{2 제1호}$)는 전자에 흡수된다. 그러나 판례에 의하면, 음주운전죄와 위험운전치사상죄는 '실체적 경합관계'[51]에 있고, '형법 제268조의 죄'를 내용으로 하는 '교통사고처리 특례법 위반죄'는 '위험운전치사상죄'에 '흡수'[52]된다고 한다.

(6) 형벌 및 특칙

5년 이하의 금고 또는 2천만원 이하의 벌금에 처한다.

업무상과실치사상죄에 있어서 자동차운전자가 어린이 보호구역(스쿨존)에서 주의의무에[53] 위반한 교통사고로 인하여 어린이(13세 미만인 사람)를 사망에 이르게 한 경우에는 무기 또는 3년 이상의 징역으로, 어린이를 상해에 이르게 한 경우에는 1년 이상 15년 이하의 징역 또는 500만원 이상 3천만원 이하의 벌금으로 가중처벌된다(세칭 민식이법: 특정범죄가중처벌 등에 관한 법률 제5조의 13).

자동차운전자가 교통사고를 낸 후 피해자를 구호하지 않고 도주하거나 장소를 옮겨 유기하고 도주한 경우에는 '특정범죄 가중처벌 등에 관한 법률'(약칭: 특정범죄가중법) 제5조의 3에 의하여 가중처벌된다('교통사고 후 도주죄').[54]

---

50) 특가법 제5조의 11 [위험운전치사상] "음주 또는 약물의 영향으로 정상적인 운전이 곤란한 상태에서 자동차(원동기장치자전거를 포함한다)를 운전하여 사람을 상해에 이르게 한 사람은 1년 이상 15년 이하의 징역 또는 1천만원 이상 3천만원 이하의 벌금에 처하고, 사망에 이르게 한 사람은 무기 또는 3년 이상의 유기징역에 처한다"(2007. 12. 21.의 특가법 개정에서 신설된 범죄이며, 2018. 12. 18. 개정-세칭 윤창호법-으로 형이 가중됨).

51) "음주로 인한 특정범죄 가중처벌 등에 관한 법률 위반(위험운전치사상)죄와 도로교통법 위반(음주운전)죄는 입법취지와 보호법익 및 적용영역을 달리하는 별개의 범죄로서, 양 죄가 모두 성립하는 경우 두 죄는 실체적 경합관계에 있는 것"(대판 2008. 11. 13, 2008 도 7143).

52) "음주로 인한 특정범죄 가중처벌 등에 관한 법률 위반(위험운전치사상)죄는 그 입법취지와 문언에 비추어 볼 때, 주취상태에서의 자동차운전으로 인한 교통사고가 빈발하고 그로 인한 피해자의 생명·신체에 대한 피해가 중대할 뿐만 아니라 사고발생 전 상태로의 회복이 불가능하거나 쉽지 않은 점 등의 사정을 고려하여, 형법 제268조에서 규정하고 있는 업무상과실치사상죄의 특례를 규정하여 가중처벌함으로써 피해자의 생명·신체의 안전이라는 개인적 법익을 보호하기 위한 것이므로, 그 죄가 성립되는 때에는 차의 운전자가 형법 제268조의 죄를 범한 것을 내용으로 하는 교통사고처리 특례법 위반죄는 그 죄에 흡수되어 별죄를 구성하지 아니한다"(대판 2008. 12. 11, 2008 도 9182).

53) 민식이법에서 운전자가 준수해야 할 주의의무로서 도로교통법 제12조 제3항 및 제1항(어린이 보호구역의 지정과 자동차 통행속도의 시속 30킬로미터 이내로의 제한)이 명시되어 있다.

54) 특정범죄 가중처벌 등에 관한 법률 제5조의 3 [도주차량운전자의 가중처벌]:

「교통사고 후 도주죄」는 ① (업무상)과실치사상행위 ② 구호의무불이행행위 (부작위) 또는 작위의 유기행위 ③ 도주행위라고 하는 세 가지 행위의 '결합범'으로 되어 있다. 따라서 교통사고후 도주죄와 업무상과실치사상죄는 법조경합 중 보충관계에 있다고 본다.

'교통사고처리 특례법'(약칭: 교통사고처리법)은 자동차운전자의 업무상과실치'상'죄의 경우에 일정한 사유를 제외하고는 '반의사불벌죄'로 하고 있으며 (제3조),55) 제4조 [보험 등에 가입된 경우의 특례] 제1항에서는 사고차량이 보험

제1항 「도로교통법」 제2조의 자동차, 원동기장치자전거 또는 「건설기계관리법」 제26조제1항 단서에 따른 건설기계 외의 건설기계(이하 "자동차등"이라 한다)의 교통으로 인하여 「형법」 제268조의 죄를 범한 해당 자동차등의 운전자(이하 "사고운전자"라 한다)가 피해자를 구호(救護)하는 등 「도로교통법」 제54조제1항에 따른 조치를 하지 아니하고 도주한 경우에는 다음 각 호의 구분에 따라 가중처벌한다. 〈개정 2022. 12. 27.〉
　1. 피해자를 사망에 이르게 하고 도주하거나, 도주 후에 피해자가 사망한 경우에는 무기 또는 5년 이상의 징역에 처한다.
　2. 피해자를 상해에 이르게 한 경우에는 1년 이상의 유기징역 또는 500만원 이상 3천만원 이하의 벌금에 처한다.
제2항 사고운전자가 피해자를 사고 장소로부터 옮겨 유기하고 도주한 경우에는 다음 각 호의 구분에 따라 가중처벌한다.
　1. 피해자를 사망에 이르게 하고 도주하거나, 도주 후에 피해자가 사망한 경우에는 사형, 무기 또는 5년 이상의 징역에 처한다.
　2. 피해자를 상해에 이르게 한 경우에는 3년 이상의 유기징역에 처한다.
55) 교통사고처리특례법 제3조 [처벌의 특례]:
제1항 "차의 운전자가 교통사고로 인하여 형법 제268조의 죄를 범한 경우에는 5년 이하의 금고 또는 2천만원 이하의 벌금에 처한다."
제2항 "차의 교통으로 제1항의 죄 중 업무상과실치상죄 또는 중과실치상죄와 「도로교통법」 제151조의 죄를 범한 운전자에 대하여는 피해자의 명시적인 의사에 반하여 공소를 제기할 수 없다. 다만, 차의 운전자가 제1항의 죄 중 업무상과실치상죄 또는 중과실치상죄를 범하고도 피해자를 구호하는 등 「도로교통법」 제54조 제1항에 따른 조치를 하지 아니하고 도주하거나 피해자를 사고 장소로부터 옮겨 유기하고 도주한 경우, 같은 죄를 범하고 「도로교통법」 제44조 제2항을 위반하여 음주측정 요구에 따르지 아니한 경우(운전자가 채혈 측정을 요청하거나 동의한 경우는 제외한다)와 다음 각 호의 어느 하나에 해당하는 행위로 인하여 같은 죄를 범한 경우에는 그러하지 아니하다."
　1. 「도로교통법」 제5조에 따른 신호기가 표시하는 신호 또는 교통정리를 하는 경찰공무원 등의 신호를 위반하거나 통행금지 또는 일시정지를 내용으로 하는 안전표지가 표시하는 지시를 위반하여 운전한 경우
　2. 「도로교통법」 제13조 제3항을 위반하여 중앙선을 침범하거나 같은 법 제62조를 위반하여 횡단, 유턴 또는 후진한 경우
　3. 「도로교통법」 제17조 제1항 또는 제2항에 따른 제한속도를 시속 20킬로미터 초과하여 운전한 경우
　4. 「도로교통법」 제21조 제1항, 제22조, 제23조에 따른 앞지르기의 방법·금지시기·금지장소 또는 끼어들기의 금지를 위반하거나 같은 법 제60조 제2항에 따른 고속도로에서의 앞

업법, 여객자동차운수사업법, 화물자동차운수사업법에 따라 '보험 또는 공제에 가입된 경우'에는 업무상과실치'상'죄 또는 중과실치'상'죄를 범한 당해 차량의 운전자에 대하여 '공소를 제기할 수 없다'라고 규정하고 있다. 다만 "피해자가 신체의 상해로 인하여 생명에 대한 위험이 발생하거나 불구 또는 불치나 난치의 질병에 이르게 된 경우", 즉 업무상과실치'상' 또는 중과실치'상'이라고 하더라도 불구·불치·난치의 질병 등과 같은 '중상해'를 야기한 경우에는 공소를 제기할 수 있다(특례에 대한 예외사유: 제4조 제1항 제2호). 제2호의 예외사유는, 헌법재판소 전원재판부가 동법 제4조 제1항 본문 중 업무상 과실 또는 중대한 과실로 인한 교통사고로 말미암아 피해자로 하여금 '중상해'에 이르게 한 경우에도 공소를 제기할 수 없도록 규정한 부분이 교통사고 피해자의 재판절차진술권과 평등권을 침해한다는 이유로 '위헌'결정(2009. 2. 26. 선고)[56]을 선고한 후, 2010년 1월 25일에

지르기 방법을 위반하여 운전한 경우
5. 「도로교통법」 제24조에 따른 철길건널목 통과방법을 위반하여 운전한 경우
6. 「도로교통법」 제27조 제1항에 따른 횡단보도에서의 보행자 보호의무를 위반하여 운전한 경우
7. 「도로교통법」 제43조, 「건설기계관리법」 제26조 또는 「도로교통법」 제96조를 위반하여 운전면허 또는 건설기계조종사면허를 받지 아니하거나 국제운전면허증을 소지하지 아니하고 운전한 경우. 이 경우 운전면허 또는 건설기계조종사면허의 효력이 정지 중이거나 운전의 금지 중인 때에는 운전면허 또는 건설기계조종사면허를 받지 아니하거나 국제운전면허증을 소지하지 아니한 것으로 본다.
8. 「도로교통법」 제44조 제1항을 위반하여 술에 취한 상태에서 운전을 하거나 같은 법 제45조를 위반하여 약물의 영향으로 정상적으로 운전하지 못할 우려가 있는 상태에서 운전한 경우
9. 「도로교통법」 제13조 제1항을 위반하여 보도가 설치된 도로의 보도를 침범하거나 같은 법 제13조 제2항에 따른 보도 횡단방법을 위반하여 운전한 경우
10. 「도로교통법」 제39조 제3항에 따른 승객의 추락 방지의무를 위반하여 운전한 경우
11. 「도로교통법」 제12조 제3항에 따른 어린이 보호구역에서 같은 조 제1항에 따른 조치를 준수하고 어린이의 안전에 유의하면서 운전하여야 할 의무를 위반하여 어린이의 신체를 상해에 이르게 한 경우
12. 「도로교통법」 제39조 제4항을 위반하여 자동차의 화물이 떨어지지 아니하도록 필요한 조치를 하지 아니하고 운전한 경우
56) "결정요지: 이 사건 법률조항(교통사고처리 특례법 제4조 제1항-저자 註)은 자동차 수의 증가와 자가운전 확대에 즈음하여 운전자들의 종합보험 가입을 유도하여 교통사고 피해자의 손해를 신속하고 적절하게 구제하고, 교통사고로 인한 전과자 양산을 방지하기 위한 것으로 그 목적의 정당성이 인정되며, 그 수단의 적절성도 인정된다. 그러나 교통사고 피해자가 신체의 상해로 인하여 생명에 대한 위험이 발생하거나 불구 또는 불치나 난치의 질병에 이르게 된 경우, 즉 중상해를 입은 경우(형법 제258조 제1항 및 제2항 참조), 사고발생 경위, 피해자의 특이성(노약자 등)과 사고발생에 관련된 피해자의 과실 유무 및 정도 등을 살펴 가해자에 대하여 정식 기소 이외에도 약식기소 또는 기소유예 등 다양한 처분이 가능하고 정식 기소된 경우에는 피해자의 재판절차진술권을 행사할 수 있게 하여야 함에도, 이 사건 법률조항에서 가해차량이 종합보험

교통사고처리법이 개정되면서 신설된 것이다.

한편 '선박'교통사고 후 피해자에 대한 충분한 구호조치를 하지 않고 도주하는 선장 등의 행위(일명 '뺑소니')는 특정범죄 가중처벌 등에 관한 법률 제5조의12에 따라 가중처벌된다. 2013. 7. 30.에 신설된 위 규정은, 「해사안전기본법」 제3조 제2호에 따른 선박의 교통으로 인하여 「형법」 제268조의 죄를 범한 해당 선박의 선장 또는 승무원이 피해자를 구호하는 등 「수상에서의 수색·구조 등에 관한 법률」(약칭: 수상구조법) 제18조 제1항 단서에 따른 조치를 하지 아니하고 도주한 경우를 가중처벌하고 있다.

'보건의료인'의 업무상과실치상죄에 대해서는 '의료사고 피해구제 및 의료분쟁 조정 등에 관한 법률'(약칭: 의료분쟁조정법)이 적용된다. 이 법률에 의하면, 보건의료인이 '업무상과실치상죄'를 범하였더라도 조정이 성립하거나 조정절차 중 합의로 조정조서가 작성된 경우에는 피해자의 명시한 의사에 반하여 공소를 제기할 수 없도록 함(제51조 참조)으로써 '반의사불벌죄'로 규정하고 있다.

(7) 중대재해 처벌 등에 관한 법률

2021. 1. 26.에 제정된 '중대재해 처벌 등에 관한 법률'(약칭: 중대재해처벌법: 시행 2022. 1. 27.)은 사업을 운영하면서 안전·보건 조치의무를 위반하여

등에 가입하였다는 이유로 교통사고처리특례법 제3조 제2항 단서조항에 해당하지 않는 한 무조건 면책되도록 한 것은 기본권침해의 최소성에 위반된다. 한편 우리나라 교통사고율이 OECD 회원국에 비하여 매우 높고, 교통사고를 야기한 차량이 종합보험 등에 가입되어 있다는 이유만으로 그 차량의 운전자에 대하여 공소제기를 하지 못하도록 한 입법례는 선진 각국의 사례에서 찾아보기 힘들며, 가해자는 자칫 사소한 교통법규위반을 대수롭지 않게 생각하여 운전자로서 요구되는 안전운전에 대한 주의의무를 해태하기 쉽고, 교통사고를 내고 피해자가 중상해를 입은 경우에도 보험금 지급 등 사고처리는 보험사에 맡기고 피해자의 실질적 피해회복에 성실히 임하지 않는 풍조가 있는 점 등에 비추어 보면 이 사건 법률조항에 의하여 중상해를 입은 피해자의 재판절차진술권의 행사가 근본적으로 봉쇄된 것은 교통사고의 신속한 처리 또는 전과자의 양산 방지라는 공익을 위하여 위 피해자의 사익이 현저히 경시된 것이므로 법익의 균형성을 위반하고 있다. 따라서 이 사건 법률조항은 과잉금지원칙에 위반하여 업무상 과실 또는 중대한 과실에 의한 교통사고로 중상해를 입은 피해자의 재판절차진술권을 침해한 것이라 할 것이다. …이 사건 법률조항이 교통사고로 인한 피해자에게 중상해가 아닌 상해의 결과만을 야기한 경우 가해 운전자에 대하여 가해차량이 종합보험 등에 가입되어 있음을 이유로 공소를 제기하지 못하도록 규정한 한도 내에서는, 그 제정목적인 교통사고로 인한 피해의 신속한 회복을 촉진하고 국민생활의 편익을 도모하려는 공익과 동 법률조항으로 인하여 침해되는 피해자의 재판절차에서의 진술권과 비교할 때 상당한 정도 균형을 유지하고 있으며, 단서조항에 해당하지 않는 교통사고의 경우에는 대부분 가해 운전자의 주의의무태만에 대한 비난가능성이 높지 아니하고, 경미한 교통사고 피의자에 대하여는 비형벌화하려는 세계적인 추세 등에 비추어도 위와 같은 목적의 정당성, 방법의 적절성, 피해의 최소성, 이익의 균형성을 갖추었으므로 과잉금지의 원칙에 반하지 않는다"(헌재 2009. 2. 26, 2005 헌마 764, 2008 헌마 118 병합－전원재판부. 밑줄은 저자).

인명피해를 발생하게 한 사업주, 경영책임자, 공무원 및 법인의 처벌 등을 규정함으로써 중대재해를[57] 예방하고 시민과 종사자의 생명과 신체를 보호함을 목적으로 한다(제1조). 기존의 산업안전보건법 체계에서는 산업재해사고가 발생한 경우에 양벌규정에 의하여 법인을 처벌(벌금형)하는 이외에 자연인으로서는 해석상 현장책임자를 형사처벌하는 선에서 그치고 있었다. 그러나 중대재해처벌법은 인명피해가 난 중대산재사고에서 '경영책임자'(사업주)를 자연인으로서 직접 형사처벌(징역형과 벌금형)할 수 있는 명문규정을 두고 있다(제6조, 제10조). 이 법률에 대하여는 책임주체(경영책임자 등)의 포괄성, 경영책임자의 주의의무(안전 및 보건 확보의무) 범위의 불명확성, 기타 죄형법정주의의 관점에서 비판할 소지가 있다.[58]

2. 중과실치사상죄

본죄는 "중대한 과실로 사람을 사망이나 상해에 이르게 함으로써 성립하는 범죄"이다.

중대한 과실이란 주의의무의 위반이 심한 경우, 즉 조금만 주의하였더라면 결과의 발생을 회피할 수 있었을 경우를 말한다. 중대한 과실 여부는 구체적 사정에 비추어 사회통념을 고려하여 판단한다.[59] [60]

---

57) 이 법률 제2조는 '중대재해', '사업주', '경영책임자 등'이란 용어의 뜻을 정의하고 있다.

58) 관련 논문으로는 이근우, "중대재해처벌법 경과와 제정 법률에 대한 비판적 검토", 형사정책, 제32권 제4호, 2021. 1, 215-45면 참조.

59) "중과실은 행위자가 극히 근소한 주의를 함으로써 결과발생을 인식할 수 있었음에도 불구하고 부주의로 이를 인식하지 못한 경우를 지적하는 것으로서 중과실인가 경과실인가의 구별은 결국 구체적인 경우에 사회통념을 고려하여 결정될 문제라 할 것"(대결 1960. 3. 9, 4292 형상 761).

60) "판결요지: 경찰관인 피고인들은 동료 경찰관인 갑 및 피해자 을과 함께 술을 많이 마셔 취하여 있던 중, 갑자기 위 갑이 총을 꺼내 을과 같이 총을 번갈아 자기의 머리에 대고 쏘는 소위 '러시안 룰렛' 게임을 하다가 을이 자신이 쏜 총에 맞아 사망한 경우, 피고인들은 위 갑과 을이 '러시안 룰렛' 게임을 함에 있어 갑과 어떠한 의사의 연락이 있었다거나 어떠한 원인행위를 공동으로 한 바가 없고, 다만 위 게임을 제지하지 못하였을 뿐인데, 보통사람의 상식으로서는 함께 수차에 걸쳐서 흥겹게 술을 마시고 놀았던 일행이 갑자기 자살행위와 다름없는 위 게임을 하리라고는 쉽게 예상할 수 없는 것이고(신뢰의 원칙), 게다가 이 사건 사고는 피고인들이 '장난치지 말라'며, 말로 위 갑을 만류하던 중에 순식간에 일어난 사고여서, 음주만취하여 주의능력이 상당히 저하된 상태에 있던 피고인들로서는 미처 물리력으로 이를 제지할 여유도 없었던 것이므로, 경찰관이라는 신분상의 조건을 고려하더라도 위와 같은 상황에서 피고인들이 이 사건 '러시안 룰렛' 게임을 즉시 물리력으로 제지하지 못하였다 한들, 그것만으로는 위 갑의 과실과 더불어 중과실치사죄의 형사상 책임을 지울 만한 위법한 주의의무위반이 있었다고 평가할 수 없다"(러

시안룰렛게임 사건: 대판 1992. 3. 10, 91 도 3172). "고령의 여자노인이나 나이 어린 연약한 여자
아이들은 약간의 물리력을 가하더라도 골절이나 타박상을 당하기 쉽고, 더욱이 배나 가슴 등에
그와 같은 상처가 생기면 치명적 결과가 올 수 있다는 것은 피고인 정도의 연령이나 경험 지식
을 가진 사람으로서는 약간의 주의만 하더라도 쉽게 예견할 수 있을 것임에도 불구하고, 그와 같
은 예견될 수 있는 결과에 대해서 주의를 다하지 않아 사람을 죽음으로까지 가게 한 행위는 중
대한 과실이라고 하지 않을 수 없고"(대판 1997. 4. 22, 97 도 538). "판결요지: 농약을 평소에 신
문지에 포장하여 판매하여 온 '중조'와 같은 모양으로 포장하여 점포선반에 방치하고 가족에게
알리지 아니하여 사고가 발생하였다면 중과실치사의 죄책을 면할 수 없다"(대결 1961. 11. 16,
4294 형상 312).

제5장 낙태의 죄

제1절 개 설

I. 낙태의 개념

낙태라 함은 "태아를 자연적인 분만기에 앞서서 인위적으로 모체 밖으로 분리·배출하거나 태아를 모체 안에서 살해하는 행위"이다(_통^설). 낙태는 '인공임신중절수술'과는 구별된다. 인공임신중절수술이란 "태아가 모체 밖에서는 생명을 유지할 수 없는 시기에 태아와 그 부속물을 인공적으로 모체 밖으로 배출시키는 수술"을 말한다(모자보건법
제2조 제7호). 낙태는 태아가 모체 밖에서 생명을 유지할 수 '있는' 시기에 행해질 수도 있으므로, 인공임신중절수술보다 더 넓은 개념이다.

낙태의 개념은 태아를 모체 밖으로 배출하는 것만으로는 부족하고 이로 인하여 태아를 '살해할 것'을 요한다고 이해하는 견해도 있다(_{소수}).[1] 소수설에 의하면, 낙태죄의 '고의'란 태아를 살해하는 것을 내용으로 한다고 한다.[2] 즉 낙태의 고의가 태아의 사망에 대한 인식·인용까지 포함하는 것이 된다. 그리고 태아의 사망은 모체 밖에서 즉각 일어날 것을 요하지 않고 태아의 미성숙으로 인한 것이면 족하다고 한다. 따라서 소수설에 의하면, 자연적 분만기 이전에 생존능력있는 태아를 모체 밖으로 배출하는 것만으로는 낙태죄를 구성하지 않게 되고, ① 태아를 모체 밖으로 배출하고 이로 인하여 태아가 사망하거나 ② 모체 내에서 태아를 고의로 살해한 후 배출한 경우에 낙태죄의 성립을 긍정하게 된다.

이와 같은 학설의 대립은 태아의 생명이라는 법익을 어느 정도로 보호할

---

1) 김성천, 560-1면; 이재상, 87면.
2) 이재상, 87면.

것인가 하는 견해의 차이에서 비롯되는 것이다. 소수설은 낙태죄란 태아의 생명이 침해될 것을 요한다는 입장이다(침해범설). 이에 반하여 통설은 자연적인 분만기 이전에 태아를 모체 밖으로 배출하는 행위만으로도 태아의 생명은 위태롭게 되는 것이며, 낙태죄가 성립하기 위해서는 태아의 생명에 대한 위태화로 족하다는 것이다(위험범설).

생각건대 ① 언어의 용법상 낙태란 개념은 반드시 태아의 사망을 내포하는 것은 아니라고 보고, ② 현행형법이 낙태미수를 처벌하지 않는다는 점을 고려하여 태아의 생명을 보다 더 두텁게 보호하기 위해서는 태아의 생명을 침해하는 행위가 아니라 그 위태화를 초래하는 행위만으로도 낙태죄를 구성한다고 함(목적론적 해석)이 타당하며, ③ 특히 부동의낙태죄($\frac{제270조}{제2항}$)의 성립에 있어서 태아의 사망을 요하지 않는 것으로 해석해야 할 것이다. 대법원도 이러한 통설과 같은 입장이다.[3]

낙태의 개념에 관한 학설대립은 다음과 같은 경우에 그 죄책의 상이를 가져온다. 즉 자연적 분만기 이전에 태아를 모체 밖으로 배출하고 모체 밖에서 태아를 고의로 살해한 경우에 통설에 의하면 낙태기수죄와 살인죄(또는 영아살해죄)의 실체적 경합범이 성립한다. 그러나 소수설에 의하면 낙태미수죄와 살인죄의 상상적 경합이 되지만 낙태미수를 처벌하지 않으므로 살인죄만이 성립한다고 한다.[4] 또 태아를 인공적으로 배출하였는데 태아가 생존하고 있는 경우에 통설에 의하면 낙태기수가 되고, 소수설에 의하면 낙태미수가 되어 불가벌이다.

II. 보호법익

낙태죄의 주된 보호법익은 '태아의 생명'이고, 부차적인 보호법익은 '임부의 생명·신체'이다($\frac{통}{설}$).[5] 그 밖에 낙태죄의 보호법익으로서 국가의 인구정책적 이

---

3) "판결요지: 낙태죄는 태아를 자연분만기에 앞서서 인위적으로 모체 밖으로 배출하거나 모체 안에서 살해함으로써 성립하고, 그 결과 태아가 사망하였는지 여부는 낙태죄의 성립에 영향이 없다"(대판 2005. 4. 15, 2003 도 2780).

4) 이재상, 88면.

5) 강구진, 92면; 권오걸, 82면; 김성돈, 92면; 김/서, 46-7면; 김종원, 79면; 배종대, 162면; 백형구, 78면; 손동권, 89면; 오영근, 101-2면; 유기천, 상권, 78면; 이재상, 88면; 이형국, 120면; 정/박, 88면; 정영일, 71면. 이에 대하여 낙태죄의 보호법익은 태아의 생명이고, 임부의 생명·신

익 또는 성도덕을 고려하는 견해도 있다.

태아의 생명은 사람의 생명과는 달리 '비교형량할 수 있는 법익'에 속한 다.[6] 그러므로 살인행위에 대해서는 위법조각적 긴급피난이 허용될 수 없고 면책적 긴급피난만이 가능함에 비하여, 낙태행위는 위법조각적 긴급피난으로 서 허용될 수 있다. 사회적·경제적 적응에 기한 낙태가 그 예이다.

태아의 생명이라는 법익에 대한 '보호의 정도'는 '추상적 위험범'이다(닭수).[7] 이에 대하여 침해범이라는 견해와[8] 구체적 위험범이라는 견해도[9] 있다. 전술 한 바와 같이 추상적 위험범설이 타당하다.

III. 법사회학적 관점에서 본 낙태죄

낙태죄는 암수(暗數)가 매우 높은 범죄에 속한다. 요즈음 우리나라에서 행 해지는 낙태 건수는 연간 약 35만건으로 추산되고 있으나,[10] 자낙태 및 동의낙 태가 실제로 처벌되는 예는 거의 없다.[11] 따라서 자기낙태죄(제269조 제1항) 및 동의낙태 죄(제269조 제2항, 제270조 제1항)는 사문화(死文化)되어 있다고 하겠다.

우리나라에서 엄청난 규모의 낙태가 행해지는 원인을 짚어 보자면, ① 우 리 사회의 낙태에 대한 죄의식이 아주 희박하다는 것을 들 수 있으며,[12] ② 미 혼여성의 낙태는 성문란과 성에 대한 무지에, 기혼여성의 낙태는 출산자녀 수 (數)의 조절에 기인하는 것으로 추측되고, ③ 다른 한편으로는 과거 인구증가 를 완화하는 한 수단으로서 국가가 방임해 왔다는 측면도 생각해 볼 수 있다.

체는 태아의 생명보호에 수반되는 부수적인 의미밖에 없다고 하는 소수설이 있다(김성천, 556 면; 박상기, 83면; 이정원, 102면).

6) 낙태가 도덕적, 종교적 입장에서는 – 장차 사람으로 출생할 생명을 살해한다는 점에서 – '살 인'이라고 할 수 있으나, '형법상'으로는 살인이 아니다. 형법상 낙태와 살인은 구별된다.

7) 권오걸, 83면; 김성돈, 93면; 김/서, 47면; 김종원, 83면; 박상기, 84면; 백형구, 78면; 유기 천, 상권, 78면; 이형국, 121면; 정/박, 89면; 정영일, 71면; 진/이, 109면.

8) 김성천, 557면; 오영근, 102면; 이재상, 88면.

9) 강구진, 98면; 배종대, 162면.

10) 조선일보 2009. 10. 12. A12면 참조.

11) 2002년 1년간 우리나라에서 자낙태행위에 대한 검찰의 기소인원수는 5인(모두 약식기소로 처리), 업무상촉탁낙태행위에 대한 검찰의 기소인원수는 5인, 합 10인에 불과하다(대검찰청 간, 검찰연감, 2003, 642-643면).

12) 우리나라의 낙태실태 및 낙태에 대한 일반인의 법의식에 관하여는 형사정책연구원, 낙태의 실태 및 의식에 관한 연구, 1991년 참조.

④ 특히 우리나라에서는 남아선호사상으로 인하여 성감별 후[13] 행해지는 여성 태아의 낙태건수만도 연간 약 3만건에 달하는 것으로 추산되고 있다.[14]

Ⅳ. 낙태죄의 체계

낙태죄의 기본유형에 관하여는 제270조 제2항의 단순낙태죄(부동의낙태죄) 라는 견해와[15] 제269조 제1항의 자기낙태죄라는 견해가[16] 대립하고 있다. 전자 의 견해에 의하면, 제269조 제1항의 자기낙태죄는 단순낙태죄에 대한 신분적 감경유형이 된다. 후자의 견해에 의하면, 제270조 제2항의 부동의낙태죄는 자 기낙태죄에 대한 불법가중유형이 된다. 후자의 견해는 용어에 있어서 행위의 주체가 임부인 경우에는 자낙태(自落胎), 임부의 동의 여부를 불문하고 행위 의 주체가 임부 이외의 사람인 경우에는 타낙태(他落胎)라고 한다.

법문을 보자면, 자낙태의 경우에는 부녀가 "낙태한 때"로 규정되어 있고, 타낙태의 경우에는 "낙태하게 한 때"로 규정되어 있는데, 이를 '문언해석'하자 면 낙태죄의 '정범'은 임부로 되어 있다고 보아, 우리 형법의 규정형식상 '자기 낙태죄'($^{제269조}_{제1항}$)가 낙태죄의 기본유형이라고 함이 타당하다.

자기낙태죄의 불법감경유형으로서 제269조 제2항의 동의낙태죄,[17] 신분적 가중유형으로서 제270조 제1항의 업무상동의낙태죄, 결과적 가중유형으로서 제269조 제3항과 제270조 제3항의 낙태치사상죄가 규정되어 있다. 낙태죄의

---

13) 의료법 제20조 제1항은 의료인의 태아 성감별행위를 금지하고, 제2항은 의료인이 임신 32 주 이전에 태아나 임부를 진찰하면서 알게 된 태아의 성(性)을 임부·임부의 가족·그 밖의 다 른 사람에게 알리는 행위를 금지하며, 제88조의 2에서는 제20조 위반에 대하여 2년 이하의 징역 또는 1천만원 이하의 벌금에 처하도록 규정하고 있다.

14) 동아일보 1996. 10. 2. 37면 참조. 그러나 21세기에 들어와 우리나라에서 남아선호사상은 퇴 조하고 있다.

15) 김종원, 80면.

16) 김성돈, 94면; 김성천, 558면; 김/서, 45-6면; 손동권, 90면; 오영근, 102면; 유기천, 상권, 77면; 이재상, 88-9면; 정영일, 71면; 황산덕, 195면.

17) 자기낙태죄(제269조 제1항)와 동의낙태죄(제269조 제2항)의 법정형이 '동일'하므로, 후자 를 전자의 불법'감경'유형으로 볼 수 있는가 하는 의문이 들 수 있다. 본질적으로 낙태의 정범(자 낙태)은 임부이고, 임부 이외의 사람은 낙태의 공범(타낙태)이라고 이해한다면, 행위불법의 면 에서 공범인 동의낙태죄는 정범인 자기낙태죄보다 그 정도가 낮다고 할 수 있다. 이는 마치 교사 범을 정범과 '동일'한 형으로 처벌한다고 규정(제31조 제1항)하고 있으나, 공범인 교사범은 본질 적으로 그 불법의 정도가 정범보다 낮은 것으로 파악하는 논리와 흡사하다. 비록 불법의 정도에 차이가 있더라도 '형사정책적' 견지에서 또는 '입법기술상' 양자를 동일한 형으로 처벌할 수 있다.

미수는 처벌하지 않는다.

V. 낙태의 허용 여부와 입법례

낙태를 법률상 허용하는 방식에는 대체로 ① 기한방식 ② 적응방식 ③ 기한방식과 적응방식의 결합방식이라는 세 가지가 있다.

1. 기한방식

기한방식은 임신 후 일정한 기간 내에 행해진 낙태를 전면적으로 허용(자유화)하는 방식이다. 1973년에 미국 연방대법원이[18] 임신 후 3개월 이내의 낙태를 임부의 절대적 낙태권으로서-여성의 privacy에 대한 권리로서-인정하면서, 낙태를 금지한 텍사스 주법을 위헌으로 판결한 것이 그 대표적 예에 속한다.

2. 적응방식

적응방식은 낙태를 원칙적으로 범죄로 규정하면서 처벌하되, 일정한 적응 (適應: Indikation, indication)이 있을 경우에는 낙태를 허용하는 방식이다. 우리 나라(모자보건법), 일본(모체보호법과 우생보호법), 스칸디나비아 제국이 채택하고 있는 방식이다. 낙태가 허용되는 적응으로는 의학적 적응, 우생학적 적응, 윤리적 적응, 사회적 · 경제적 적응 등이 제시되고 있다. 의학적 적응이란 임신의 지속이 보건의학적 이유로 임부의 생명 및 건강을 심히 해하는 경우를 말하고, 우생학적 적응이란 임부 또는 그 배우자에게 우생학적 내지 유전학적 사유가 있는 경우를 말하며, 윤리적 적응이란 강간 · 준강간으로 임신된 경우 및 법률상 혼인할 수 없는 혈족 또는 인척간에 임신된 경우를 말한다. 사회적 · 경제적 적응이란 임신의 지속이나 출산이 임부 또는 그 가족의 사회적 · 경제적 사정을 현저히 위태롭게 할 염려가 있는 경우를 말한다.

〈우리나라의 모자보건법〉

• 모자보건법 제14조 [인공임신중절수술의 허용한계] 제1항 "의사는 다음 각 호의 어느 하나에 해당되는 경우에만 본인과 배우자(사실상의 혼인관계에 있는 사람을 포함한다. 이하 같다)의 동의를 받아 인공임신중절수술을 할 수 있다."

---

18) Roe v. Wade, 410 U.S. 113.

1. 본인이나 배우자가 대통령령으로 정하는 우생학적 또는 유전학적 정신장애나 신체질환이 있는 경우
2. 본인이나 배우자가 대통령령으로 정하는 전염성 질환이 있는 경우
3. 강간 또는 준강간에 의하여 임신된 경우
4. 법률상 혼인할 수 없는 혈족 또는 인척 간에 임신된 경우
5. 임신의 지속이 보건의학적 이유로 모체의 건강을 심각하게 해치고 있거나 해칠 우려가 있는 경우

제2항 "제1항의 경우에 배우자의 사망·실종·행방불명, 기타 부득이한 사유로 동의를 받을 수 없으면 본인의 동의만으로 그 수술을 행할 수 있다."

제3항 "제1항의 경우 본인이나 배우자가 심신장애로 의사표시를 할 수 없을 때에는 그 친권자 또는 후견인의 동의로, 친권자나 후견인이 없을 때에는 부양의무자의 동의로 각각 그 동의를 갈음할 수 있다."

• 모자보건법시행령 제15조 [인공임신중절수술의 허용한계] 제1항 "모자보건법 제14조에 따른 인공임신중절수술은 임신 24주일 이내인 사람만 할 수 있다."

• 모자보건법 제28조 [형법의 적용배제] "이 법에 따른 인공임신중절수술을 받은 자와 수술을 한 자는 형법 제269조 제1항·제2항 및 제270조 제1항에도 불구하고 처벌하지 아니한다."

우리나라 모자보건법상 인공임신중절수술을 허용하고 있는 제14조 제1항의 경우 중 제1호와 제2호는 우생학적 적응에 해당하고, 제3호와 제4호는 윤리적 적응에 해당하며, 제5호는 의학적 적응에 해당한다. 다만 사회적·경제적 적응은 허용하고 있지 아니하다.

3. 결합방식

기한방식과 적응방식을 결합한 방식으로는 독일형법과 오스트리아형법이 있다.

독일형법 제218조a 제1항은 임신 후 12주 이내의 낙태는 상담을 거칠 것과 의사가 행할 것 등의 요건을 갖춘 경우에 낙태죄의 구성요건해당성이 부정되는 것으로 하고(기한방식), 제2항은 임신 12주 이후라도 의학적 적응이 있으면 위법하지 않은 것으로(적응방식), 제4항은 임신 22주 이내에 상담을 거친 임부의 낙태를 형의 면제사유로 규정함으로써, 결합방식을 채택하고 있다.[19]

---

19) 결합방식은 1995년 이후의 독일형법이 채택하고 있다. 1990년 독일 통일 전에 서독은 적응방식, 동독은 임신 3개월까지의 기한방식을 채택하고 있었다.

오스트리아형법 제97조는 임신 3개월까지의 낙태는 의사와의 상담을 거친 후에 불벌(不罰)사유로 하고(기한방식), 3개월 이후에는 의학적 적응, 우생학적 적응, 사회적 적응을 불벌사유로 규정하고 있다(적응방식).

4. 입법론

낙태의 허용여부, 낙태의 범죄화와 비범죄화에는 다양한 관점이 작용한다. ① 무엇보다도 태아는 '생성 중인 인간'으로서 태아의 생명을 인간의 생명에 준하는 법익으로 두터이 보호해야 한다는 '생명존중의 사상'이 있다. ② 그리고 임신한 여성의 법익도 고려해야 할 것인데, 여성은 일면 건강한 태아의 출산에 대한 기대권을 가지면서, 타면 임신과 육아로 인하여 여성의 자아실현이 지장을 받는다는 양가적(兩價的) 측면이 존재한다. ③ 한 국가의 인구정책도 낙태의 허용 여부에 간접적으로 작용한다. 출산을 조절해야 할 인구폭증국가와[20] 자녀양육보조금을 지급하면서 출산을 장려하는 인구감소국가를 대조해 보면, 이러한 점이 명백해진다.

사견으로는, 임신과 출산 및 양육은 기본적으로 母의 지배영역에 속한다는 점, 따라서 원하지 않은 임신, 원하지 않는 출산이 母와 태아 모두에게 불행한 삶이 될 수도 있다는 사회현실─우리 사회가 기아문제(棄兒問題)를 해결하고 떠맡을 능력이 없으면서도 임부 개인에게는 낙태하지 말 것을 강요하는 모순적 현실─을 인정한다면, 임부의 '자기결정권'을 존중하여 '자낙태'의 경우에 법정기관에서의 상담을 거친 후 기한과 적응사유를 묻지 않고 낙태를 허용(비범죄화)하는 것이 어떨까 한다. 이것은 자낙태규정이 사문화된 현실과 법규범을 일치시키는 길이기도 하다.

그리고 우리 모자보건법이 허용하고 있지 않은 '사회적·경제적 적응'을 제14조에 추가할 필요가 있다고 본다. 일본의 모체보호법은 임신의 계속 또는 분만이 신체적 또는 '경제적 이유'로 모체의 건강을 현저히 해할 우려가 있는 경우에 낙태를 허용하고 있다. 여기에서 경제적 이유란 단순히 경제적 빈곤만으로는 부족하고 그 이유가 모체의 건강을 해할 가능성이 있어야 하지만, 그 조사·확인은 실제로 본인의 신고만으로 행해진다고 한다.[21]

---

20) 한 자녀 낳기가 법제화되어 있던 중국은 2015년 10월말부터 두 자녀 출산을 허용하는 방향으로 인구정책이 변화하였다.

21) 大谷, 62面 참조.

5. 헌법재판소의 헌법불합치 결정

헌법재판소는 2019. 4. 11.에 형법 제269조 제1항('자기낙태죄 조항'이라 한다)과 의사가 임신한 여성의 촉탁 또는 승낙을 받아 낙태하게 한 경우를 처벌하는 제270조 제1항 중 '의사'에 관한 부분('의사낙태죄 조항'이라 한다)이 각각 ① 입법목적을 달성하기 위하여 필요한 최소한의 정도를 넘어 임신한 여성의 자기결정권을 제한하고 있어 '침해의 최소성'을 갖추지 못하였고, ② 태아의 생명보호라는 공익에 대하여만 일방적이고 절대적인 우위를 부여함으로써 '법익균형성의 원칙'에도 위반하였고, ③ 따라서 '과잉금지원칙'을 위반하여 임신한 여성의 '자기결정권을 침해'하는 것이므로, '위헌'이라고 보아야 하지만, ④ 단순위헌결정을 할 경우, 임신기간 전체에 걸쳐 행해진 모든 낙태를 처벌할 수 없게 됨으로써 용인하기 어려운 법적 공백이 생기게 된다는 이유로, ⑤ 2020. 12. 31. 이전에 입법자의 개선입법이 이루어질 때까지 위 조항들을 계속 적용하도록 하는 '헌법불합치 결정'을 선고하였다(^{2017 헌바 127}／_{－전원재판부}).[22] 만일 위 일자까

---

22) "결정요지: [재판관 4인의 헌법불합치 의견] 자기낙태죄 조항은 모자보건법이 정한 예외를 제외하고는 임신기간 전체를 통틀어 모든 낙태를 전면적·일률적으로 금지하고, 이를 위반할 경우 형벌을 부과함으로써 임신의 유지·출산을 강제하고 있으므로, 임신한 여성의 자기결정권을 제한한다. 자기낙태죄 조항은 태아의 생명을 보호하기 위한 것으로서, 정당한 입법목적을 달성하기 위한 적합한 수단이다.…임신·출산·육아는 여성의 삶에 근본적이고 결정적인 영향을 미칠 수 있는 중요한 문제이므로, 임신한 여성이 임신을 유지 또는 종결할 것인지 여부를 결정하는 것은 스스로 선택한 인생관·사회관을 바탕으로 자신이 처한 신체적·심리적·사회적·경제적 상황에 대한 깊은 고민을 한 결과를 반영하는 전인적(全人的) 결정이다. 현 시점에서 최선의 의료기술과 의료인력이 뒷받침될 경우 태아는 임신 22주 내외부터 독자적인 생존이 가능하다고 한다. 한편 자기결정권이 보장되려면 임신한 여성이 임신 유지와 출산 여부에 관하여 전인적 결정을 하고 그 결정을 실행함에 있어서 충분한 시간이 확보되어야 한다. 이러한 점들을 고려하면, 태아가 모체를 떠난 상태에서 독자적으로 생존할 수 있는 시점인 임신 22주 내외에 도달하기 전이면서 동시에 임신 유지와 출산 여부에 관한 자기결정권을 행사하기에 충분한 시간이 보장되는 시기(이하 착상 시부터 이 시기까지를 '결정가능기간'이라 한다)까지의 낙태에 대해서는 국가가 생명보호의 수단 및 정도를 달리 정할 수 있다고 봄이 타당하다. 낙태갈등 상황에서 형벌의 위하가 임신종결 여부 결정에 미치는 영향이 제한적이라는 사정과 실제로 형사처벌되는 사례도 매우 드물다는 현실에 비추어 보면, 자기낙태죄 조항이 낙태갈등 상황에서 태아의 생명보호를 실효적으로 하지 못하고 있다고 볼 수 있다. 낙태갈등 상황에 처한 여성은 형벌의 위하로 말미암아 임신의 유지 여부와 관련하여 필요한 사회적 소통을 하지 못하고, 정신적 지지와 충분한 정보를 제공받지 못한 상태에서 안전하지 않은 방법으로 낙태를 실행하게 된다. 모자보건법상의 정당화사유에는 다양하고 광범위한 사회적·경제적 사유에 의한 낙태갈등 상황이 전혀 포섭되지 않는다. 예컨대, 학업이나 직장생활 등 사회활동에 지장이 있을 것에 대한 우려, 소득이 충분하지 않거나 불안정한 경우, 자녀가 이미 있어서 더 이상의 자녀를 감당할 여력이 되지 않는 경우, 상대 남성과 교제를 지속할 생각이 없거나 결혼 계획이 없는 경우, 혼인이 사실상 파탄에 이른 상태에서

지 개선입법이 이루어지지 않는 경우 위 조항들은 2021. 1. 1.부터 그 효력을 상실한다. 이 효력 상실은 소급효를 갖기 때문에(^{헌법재판소법 제}_{47조 제3항 본문}), 위 조항들을 적용하여 낙태죄로 공소가 제기되는 형사사건은 입법 시한 전후를 불문하고 법원에서 '무죄판결'이 선고된다(^{대판 2020. 5. 28. 2017 도 8610; 2011.}_{6. 23. 2008 도 7562 – 전원합의체}). 이 경우에 내려지는 무죄판결은 형사소송법 제325조 전단 '피고사건이 범죄로 되지 아니하는 때'에 해당한다.

위 결정에서 재판관 9인 중, 헌법불합치 의견이 4인, 단순위헌 의견이 3인, 합헌의견이 2인이었다.

제 2 절 개별적 범죄유형

I. 자기낙태죄

제269조 제1항 [낙태] "부녀가 약물 기타 방법으로 낙태한 때에는 1년 이하의 징역 또는 200만원 이하의 벌금에 처한다."

배우자의 아이를 임신했음을 알게 된 경우, 결혼하지 않은 미성년자가 원치 않은 임신을 한 경우 등이 이에 해당할 수 있다. 자기낙태죄 조항은 모자보건법에서 정한 사유에 해당하지 않는다면 결정가능기간 중에 다양하고 광범위한 사회적·경제적 사유를 이유로 낙태갈등 상황을 겪고 있는 경우까지도 예외 없이 전면적·일률적으로 임신의 유지 및 출산을 강제하고, 이를 위반한 경우 형사처벌하고 있다. 따라서, 자기낙태죄 조항은 입법목적을 달성하기 위하여 필요한 최소한의 정도를 넘어 임신한 여성의 자기결정권을 제한하고 있어 침해의 최소성을 갖추지 못하였고, 태아의 생명보호라는 공익에 대하여만 일방적이고 절대적인 우위를 부여함으로써 법익균형성의 원칙도 위반하였으므로, 과잉금지원칙을 위반하여 임신한 여성의 자기결정권을 침해한다. 자기낙태죄 조항과 동일한 목표를 실현하기 위하여 임신한 여성의 촉탁 또는 승낙을 받아 낙태하게 한 의사를 처벌하는 의사낙태죄 조항도 같은 이유에서 위헌이라고 보아야 한다. 자기낙태죄 조항과 의사낙태죄 조항에 대하여 각각 단순위헌결정을 할 경우, 임신기간 전체에 걸쳐 행해진 모든 낙태를 처벌할 수 없게 됨으로써 용인하기 어려운 법적 공백이 생기게 된다. 더욱이 입법자는 결정가능기간을 어떻게 정하고 결정가능기간의 종기를 언제까지로 할 것인지, 결정가능기간 중 일정한 시기까지는 사회적·경제적 사유에 대한 확인을 요구하지 않을 것인지 여부까지를 포함하여 결정가능기간과 사회적·경제적 사유를 구체적으로 어떻게 조합할 것인지, 상담요건이나 숙려기간 등과 같은 일정한 절차적 요건을 추가할 것인지 여부 등에 관하여 앞서 헌법재판소가 설시한 한계 내에서 입법재량을 가진다. 따라서 자기낙태죄 조항과 의사낙태죄 조항에 대하여 단순위헌결정을 하는 대신 각각 헌법불합치 결정을 선고하되, 다만 입법자의 개선입법이 이루어질 때까지 계속 적용을 명함이 타당하다"(헌재 2019. 4. 11. 2017 헌바 127 – 전원재판부).

1. 의의 및 헌법불합치 결정

본죄는 "부녀가 약물 기타 방법으로 낙태함으로써 성립하는 범죄"이다. 본죄를 '자낙태'라고 하고, 임부 이외의 자가 행하는 낙태를 '타낙태'라고 한다. 본죄는 낙태죄의 기본유형이다.

제269조 제1항에 대하여 헌법재판소가 선고한 헌법불합치 결정(헌재 2019. 4. 11. 2017 헌바 127)은 124면의 설명과 앞의 각주 22)를 참조하기 바란다. 이 조항, 즉 자기낙태죄 조항은 낙태죄의 '기본적' 구성요건이므로, 적어도 해석론에 관한 한, 존치 내지 언급할 필요가 있다.

2. 행위의 주체

부녀이다. 여기에서 부녀라 함은 임신한 부녀, 즉 임부를 의미한다. 따라서 본죄는 '신분범'에 속한다.

3. 행위의 객체

살아있는 태아이다. '태아'란 수태 후 분만이 개시되기 전까지를 말한다. 수태(受胎)와 수정(受精)은 구별되는 용어로서, 수태란 수정된 난자(수정란)가 자궁에 착상(着床, Nidation)한 시점 이후를 의미한다. 착상은 수정 후 9~13일 사이에 이루어진다고 한다. 따라서 태아란 "수정된 난자가 착상한 후 분만이 개시되기 전까지"를 말한다. 착상 '전의' 수정란은 태아가 아니므로, 수정된 난자를 착상하기 전에 인공적으로 배출하는 것은 낙태가 아니다. '인간배아복제실험'의 허용 여부도 수정 후 14일 미만의 수정란을 대상으로 해서만 논의될 수 있다.

2004년 1월 29일에 제정된 '생명윤리 및 안전에 관한 법률'(법률 제7150호, 2012. 2. 1. 전부개정)(약칭: 생명윤리법)은 일반적으로 인간복제행위를 금지하고(제20조 제1항), 임신 외의 목적으로 배아를[23] 생성하는 행위를 금지하며(제23조), 난임치료법 및 피임기술의 개발을 위한 연구와 희귀·난치병의 치료를 위한 연구 등의 목적으로 체외에서 잔여배아를 이용할 수 있도록 하면서(제29조), 희귀·난치병의 치료를 위한 연구목적 외의 체세포핵이식행위를 금지하고(제31조 제1항), 제20조 제1항의 위반시에

---

23) 생명윤리 및 안전에 관한 법률 제2조(정의) 제3호는 "'배아'란 인간의 수정란 및 수정된 때부터 발생학적으로 모든 기관이 형성되기 전까지의 분열된 세포군을 말한다"라고 정의하고 있다.

10년 이하의 징역($^{제64조}_{제1항}$), 제23조 제1항 또는 제31조 제1항의 위반시에 3년 이하의 징역($^{제66조}_{제1항}$), 제29조 제1항의 위반시에 3년 이하의 징역 또는 5천만원 이하의 벌금형($^{제66조}_{제2항}$)에 처하도록 규정하고 있다.

4. 실행행위

실행행위는 낙태이다. '낙태'라 함은 "태아를 자연적인 분만기에 앞서서 인위적으로 모체로부터 분리·배출하거나 태아를 모체 안에서 살해하는 행위"를 말한다(통설 및 판례[24]). 낙태란 태아를 모체 밖으로 배출하는 것만으로는 부족하고 이로 인하여 태아를 살해할 것을 요한다고 이해하는 소수설이[25] 있다는 것은 전술하였다.

낙태의 '방법'으로는 약물 이외에 기타 방법이라는 일반조항을 두고 있다. '기타 방법'에는 부녀가 스스로 낙태하지 아니하고 '타인으로 하여금' 낙태를 시술하게 하는 경우를 포함한다.[26] 따라서 임부가 산부인과의사에게 낙태수술을 의뢰하여 낙태한 경우에 의사는 업무상동의낙태죄($^{제270조}_{제1항}$), 임부는 업무상동의낙태죄의 교사범이 아니라 자기낙태죄($^{제269조}_{제1항}$)의 정범으로서의 형사책임을 지게 된다.

5. 고   의

낙태죄는 고의범이다. 과실에 의한 낙태는 처벌하지 않는다.

소수설에 의하면, 낙태행위는 태아를 모체 밖으로 배출하는 것만으로는 부족하고 이로 인하여 태아를 '살해할 것'을 요한다고 이해하고 있으므로, 고의에 있어서도 '태아를 살해하는 것'을 내용으로 한다고 한다.[27]

6. 위 법 성

낙태의 위법성조각사유를 규정하고 있는 모자보건법 제14조에 관하여는

---

24) 대판 2005. 4. 15, 2003 도 2780.

25) 김/김, 560-1면; 이재상, 96면.

26) 임부 甲의 촉탁을 받아 의사 아닌 타인 乙이 甲의 낙태를 도운 경우에 乙은 자낙태(제269조 제1항)의 방조범 또는 공동정범이 아니라, 타낙태(동의낙태죄: 제269조 제2항)의 정범으로서 처벌된다. 현행형법은 자낙태의 방조범 또는 공동정범을 타낙태의 정범이라는 독립된 범죄로 규정(제269조 제2항, 제270조 제1항)하고 있다.

27) 김/김, 560-1면; 이재상, 96면.

전술하였다.

7. 미   수

낙태죄의 미수는 처벌하지 않는다. 낙태죄의 '기수시기'는 태아가 자연적 분만기 이전에 모체 밖으로 배출된 때 또는 모체 내에서 살해된 때이다(통). 소수설에 의하면 태아의 사망으로 본죄는 기수가 됨(침해범설)에 비하여, 통설에 의하면 태아가 산채로 배출된 경우에도 본죄의 기수로 처벌된다(추상적 위험범설).

8. 형   벌

1년 이하의 징역 또는 200만원 이하의 벌금이다.

Ⅱ. 동의낙태죄

<u>제269조 제2항</u> "부녀의 촉탁 또는 승낙을 받아 낙태하게 한 자도 제1항의 형과 같다."

본죄는 "부녀의 촉탁 또는 승낙을 받아 낙태하게 함으로써 성립하는 범죄"이다. 본죄의 부녀란 임부를 말하며, 촉탁·승낙은 낙태의 의미를 이해하고 판단할 능력이 있는 자의 자유로운 의사에 기한 것이어야 한다.

임부의 촉탁·승낙이 있더라도 처벌하는 것은 낙태죄의 주된 보호법익이 태아의 생명이기 때문이다.

본죄는 임부의 촉탁·승낙을 받은 자가 스스로 낙태행위를 한 경우에 성립한다. 그러므로 임부로 하여금 낙태하도록 교사한 때에는 자기낙태죄(제269조제1항)의 교사범이 성립할 뿐이다.

임부의 촉탁·승낙을 받아 낙태를 하다가 임부의 생명에 위험을 초래하게 되자 이번에는 임부의 생명을 구하기 위하여 의사의 정당화적 긴급피난을 이용하여 낙태하게 한 경우에는 본죄의 간접정범으로 처벌된다.

Ⅲ. 업무상동의낙태죄

<u>제270조 제1항 [의사 등의 낙태]</u> "의사, 한의사, 조산사, 약제사 또는 약종상이 부

녀의 촉탁 또는 승낙을 받아 낙태하게 한 때에는 2년 이하의 징역에 처한다."

본죄의 주체는 의사, 한의사, 조산사, 약제사 또는 약종상이라는 업무자에 국한된다.28) 본죄는 동의낙태죄($\frac{제269조}{제2항}$)에 대한 신분적 가중유형이다(책임가중). '부진정신분범'에 속한다. 업무상동의낙태도 모자보건법 제14조에 의하여 위법성이 조각된다.

이 조항 중 '의사'에 관한 부분(이른바 '의사낙태죄 조항')에 대하여 선고된 헌법불합치 결정($\frac{2017 헌바}{127}$)은 124면의 설명과 앞의 각주 22)를 참조하기 바란다.

임부와 조산사 아닌 타인(예: 임부의 여동생)이 함께 조산사를 교사하여 낙태시술을 하도록 한 경우에 임부는 자기낙태죄($\frac{제269조}{제1항}$)의 정범, 낙태시술을 한 조산사는 업무상동의낙태죄($\frac{제270조}{제1항}$)의 정범, 조산사를 교사한 타인은 제33조 단서의 적용을 받아 동의낙태죄($\frac{제269조}{제2항}$)의 교사범의 죄책을 진다.29)

동의낙태죄에 비하여 조산사 등 업무자의 동의낙태를 가중처벌하는 것은 부당하다는 입법론이 제기되고 있다.30)

Ⅳ. 부동의낙태죄

제270조 제2항 [부동의낙태] "부녀의 촉탁 또는 승낙없이 낙태하게 한 자는 3년 이하의 징역에 처한다."

본죄의 주체는 제한이 없으므로, 누구나 주체가 될 수 있다. 임부의 촉탁ㆍ

---

28) 의사의 업무상동의낙태죄를 처벌한 판례: "인간의 생명은 잉태된 때부터 시작되는 것이고 회임된 태아는 새로운 존재와 인격의 근원으로서 존엄과 가치를 지니므로 그 자신이 이를 인식하고 있던지 또 스스로를 방어할 수 있는지에 관계없이 침해되지 않도록 보호되어야 한다 함이 헌법 아래에서 국민일반이 지니는 건전한 도의적 감정과 합치되는 바이고, 비록 모자보건법이 모성의 생명과 건강을 보호하고 건전한 자녀의 출산과 양육을 도모함으로써 국민의 보건향상에 기여하기 위하여 같은 법 제8조 소정의 특별한 의학적, 우생학적 또는 윤리적 적응이 인정되는 경우에 한하여 임산부와 배우자의 동의 아래 인공임신중절수술을 허용하였다 하더라도, 이로써 의사가 부녀의 촉탁 또는 승낙을 받으면 일체의 낙태행위가 정상적인 행위이고 형법 제270조 제1항 소정의 업무상촉탁낙태죄에 의한 처벌이 무가치하게 되었다고 할 수는 없으며, 임산부의 촉탁이 있으면 의사로서 낙태를 거절하는 것이 보통의 경우 도저히 기대할 수 없게 되었다고 할 수도 없다. 그러므로 이 건 낙태행위가 사회상규에 반하지 아니하여 위법성이 조각된다는 상고 논지는 독자적 견해로서 받아들일 수 없다"(대판 1985. 6. 11, 84 도 1958).

29) 김성돈, 98면; 이형국, 131면.

30) 김종원, 86면; 서일교, 50면; 유기천, 상권, 73면; 이재상, 98면.

승낙이 있더라도 진정한 의미에서의 촉탁·승낙이 아니면, 본죄로 처벌된다. 부동의낙태에 있어서 낙태에 당연히 수반되는 신체상해는 법조경합 중 흡수관계에 있으므로 의미가 없다. 그 정도를 초과하는 상해는 고의가 있는 경우에는 상해죄와 본죄의 상상적 경합이 되고, 고의가 없는 경우에는 낙태치상죄의 죄책을 진다.

V. 낙태치사상죄

제269조 제3항 "제2항의 죄를 범하여 부녀를 상해에 이르게 한 때에는 3년 이하의 징역에 처한다. 사망에 이르게 한 때에는 7년 이하의 징역에 처한다."
제270조 제3항 "제1항 또는 제2항의 죄를 범하여 부녀를 상해에 이르게 한 때에는 5년 이하의 징역에 처한다. 사망에 이르게 한 때에는 10년 이하의 징역에 처한다."

본죄는 동의낙태죄, 업무상동의낙태죄, 부동의낙태죄에 대한 진정 결과적 가중범이다. 본죄의 미수범 처벌규정은 없다.

본죄가 결과적 가중범임에 비추어 기본범죄인 낙태행위가 '미수'이더라도 치사상의 결과가 발생한 이상 본죄가 성립한다고 볼 것인가가 문제된다. 즉 낙태수술을 하다가 임부의 신체를 치상케 하였으나 낙태 자체는 기수에 이르지 못한 경우에도 본죄가 성립한다고 볼 것인가 하는 문제이다. 낙태치사상죄의 구성요건이 "(제1항 또는) 제2항의 죄를 범하여"라고 규정하고 있는데 현행형법은 낙태의 미수를 처벌하지 않고 있으므로, 본죄가 성립하자면 낙태가 기수이어야 한다는 견해가[31] 타당하다고 본다. 만일 낙태가 미수에 그친 채로 임부에게 치사상의 결과를 초래한 경우에는 낙태미수를 처벌하지 않기 때문에 (업무상)과실치사상죄만이 성립한다. 본죄의 성립에 낙태의 미수·기수를 불문한다는 견해도 있다.[32]

---

31) 김성돈, 100면; 김성천, 568면; 김종원, 84면; 박상기, 89면; 오영근, 107면; 유기천, 상권, 81면; 이재상, 100면; 이정원, 114면; 정/박, 97-8면; 정영일, 77-8면; 진/이, 118면.
32) 권오걸, 90면; 김/서, 57면; 배종대, 180면; 백형구, 89면; 서일교, 51면; 이형국, 133면; 정영석, 244면.

제6장 유기와 학대의 죄

제1절 개 설

Ⅰ. 의의, 보호법익

유기죄는 "나이가 많거나 어림, 질병 그 밖의 사정으로 도움이 필요한 사람을 법률상 또는 계약상 보호할 의무가 있는 자가 유기함으로써 성립하는 범죄"이다. 유기죄의 보호법익은 도움이 필요한 사람의 '생명·신체의 안전'이다. 보호의 정도는 단순유기죄(제271조 제1항)의 경우에 '추상적 위험범'이고, 제271조 제3항과 제4항의 경우는 구체적 위험범이다(통설).

유기죄는 도덕적, 종교적 영향을 크게 받는 범죄인데, 우리나라는 전통적인 대가족주의로부터 핵가족화하는 현상과 사회에 팽배한 개인주의의 부작용을 우려하여, 최근 유기죄의 의의가 재음미되고 있다.

학대죄의 보호법익은 '인격권'이고, 보호의 정도는 '추상적 위험범'이다.

Ⅱ. 입법례

유기죄는 로마법 및 중세 독일법에서는 범죄로 인정되지 아니하였지만, 1532년의 교회법에 이르러서 어머니가 신생아를 유기하는 범죄를 독립된 범죄로서 인정하였고, 독일 보통법에서도 신생아 사망에 대하여 고의가 있는 유기를 영아살해에 준하는 것으로 다루고 있었다. 1813년의 바이에른형법에 이르러서는 누구나 유기죄의 주체가 될 수 있었고, 유기죄의 객체 역시 모든 부조를 요하는 자로 확대되었다(제174조).

현행 독일형법은 제221조 제1항 제1호에서 적극적 유기의 경우에 행위의 주체를 보호의무자로 제한하고 있지 않으며, 동 제2호에서는 보호의무자의 유기를 처벌하고, 동조 제2항 제1호에서는 자신의 아동에 대한 유기를 처벌하고 있다. 또 독일형법 제323조c는 타인의 중대한 법익이 현재의 위난에 처한 때 자신에게 현저한 위험이 없이 용이하게 구조할 수 있음에도 불구하고 구조하지 아니한 부작위 자체를 처벌하고 있다(긴급구조의무위반죄).[1] 그 외에 긴급구조의무위반죄를 규정하고 있는 입법례로는 프랑스형법 제223-6조 제2항, 오스트리아형법 제95조 등이 있다. 일본형법은 제217조에서 보호의무없는 자의 유기를, 제218조에서는 보호책임자의 유기를 처벌하고 있다. 오스트리아형법도 보호의무없는 자의 유기(제82조 제1항)와 보호의무자의 유기(동조 제2항)를 각각 처벌하고 있다. 프랑스형법은 제223-3조에서 보호의무없는 자의 일반적 유기를 처벌하고, 제227-1조에서는 15세 미만의 미성년자를 유기하는 행위를 처벌하고 있으며, 제227-3조에서는 가족관계에 기한 부양의무를 이행하지 않는 경제적 유기를 처벌하고 있다.

이와는 달리 우리 형법은 보호의무'없는' 자의 유기는 벌하지 아니하고, 보호의무자의 유기만을 처벌함으로써 개인주의적 성격이 뚜렷한 특색을 보이고 있다.

III. 유기와 학대의 죄의 체계

유기의 죄에 있어서의 기본유형은 단순유기죄(제271조 제1항)이고, 그 신분적 가중유형으로서 존속유기죄(제271조 제2항), 결과적 가중유형으로서 중유기죄(제271조 제3항, 제4항)와 유기치사상죄(제275조)가 규정되어 있다. 그리고 신분적 감경유형으로서 영아유기죄(제272조)가 규정되어 있었으나, 영아유기죄의 형벌을 단순유기죄에 비하여 가볍게 하고 있는 것은 입법론상 부당하다는 비판[2]과 저항 능력이 없거나 현저히 부족한 사회적 약자인 영아를 범죄로부터 보호할 필요성이 강하게 제기되어 영아살해죄와 함께 2023. 8. 8. 형법 개정으로 삭제되었다.

학대의 죄에 있어서의 기본유형은 단순학대죄(제273조 제1항)이고, 그 신분적 가중

---

1) 독일형법 제323조c "사고시에 또는 일반적 위험이나 긴급시에 구조가 필요하며 상황에 비추어 구조가 기대됨에도 불구하고, 특히 자신에게 현저한 위험이 없고 다른 중요한 의무에 위배됨이 없이 구조가 가능함에도 불구하고 구조를 행하지 아니한 자는 1년 이하의 자유형 또는 벌금형에 처한다."

2) 권오걸, 98면; 박상기, 97면; 오영근, 119면; 이정원, 128면.

유형으로서 존속학대죄($\frac{제273조}{제2항}$)와 아동혹사죄($\frac{제274}{조}$), 결과적 가중유형으로서 학대치사상죄($\frac{제275}{조}$)가 규정되어 있다.

유기와 학대의 죄에 대하여는 '가정폭력범죄의 처벌 등에 관한 특례법'(약칭: 가정폭력처벌법)이 적용된다. 아동복지법은 아동에 대한 유기와 학대를 금지하고($\frac{제17조 제2 \cdot}{3 \cdot 5 \cdot 6호}$), 그 위반행위를 가중처벌한다($\frac{제71조}{제1항}$).

제2절 유기죄의 개별적 범죄유형

I. 단순유기죄

제271조 제1항 [유기] "나이가 많거나 어림, 질병 그 밖의 사정으로 도움이 필요한 사람을 법률상 또는 계약상 보호할 의무가 있는 자가 유기한 경우에는 3년 이하의 징역 또는 500만원 이하의 벌금에 처한다."

1. 의 의

단순유기죄는 "나이가 많거나 어림, 질병 그 밖의 사정으로 도움이 필요한 사람을 법률상 또는 계약상 보호할 의무가 있는 자가 유기함으로써 성립하는 범죄"이다.

2. 행위의 객체

단순유기죄의 객체는 "나이가 많거나 어림, 질병 그 밖의 사정으로 도움이 필요한 사람", 즉 '요부조자(要扶助者)'이다. '질병'이란 육체적 질병 이외에 정신적 질병(예: 정신병자, 뇌성마비환자 등)을 포함한다.

'도움이 필요한 사람'이라 함은 "신체적·정신적 결함으로 말미암아 타인의 조력이 없으면 스스로 일상생활에 필요한 동작을 할 수 없는 자"를 말한다. 경제적으로 궁핍한 자라고 하더라도 스스로 일상생활에 필요한 동작을 할 수 있다면 본죄의 객체가 되지 않는다. 즉 '경제적' 도움이 필요한 사람은 본죄의 객체가 아니다(축소해석).

도움을 필요로 하게 되는 원인으로서는 나이가 많거나 어림, 질병 이외에 '그 밖의 사정'이라는 일반조항을 두었으므로, 불구, 부상, 분만, 백치, 명정과 같은 신체적·정신적 장애 등이 폭넓게 여기에 포함된다.

도움이 필요하게 된 원인이 도움이 필요한 사람의 고의·과실로 야기된 경우에도 유기죄의 객체가 된다.

3. 행위의 주체

단순유기죄의 주체는 도움이 필요한 사람을 "법률상 또는 계약상 보호할 의무가 있는 자"이다. 우리 형법은 유기죄의 주체를 '보호의무자'에 국한하는 특색을 보이고 있다. 따라서 본죄는 '진정신분범'에 속한다.

(1) '법률상'의 보호의무자

법률에 의한 보호의무의 발생은 공법이든 사법이든 불문한다. 공법상의 보호의무의 예로는 경찰관직무집행법 제4조에 기한 경찰관의 보호조치의무, 도로교통법 제54조에 기한 사고운전자의 피해자구호의무가 있다. 사법상의 보호의무로는 민법상 친족관계에 기한 부양의무($_{조}^{제974}$)가 있다. 그러나 보호의무가 민법상의 부양의무와 일치하는 것은 아니다. 유기죄에서의 도움이 필요한 사람은 일상생활을 하기 위한 동작에 타인의 조력이 필요한 자임에 비하여, 민법상의 피부양자는 경제적 곤궁으로 인하여 경제적 부양이 필요한 자이므로, 보호의무자와 부양의무자의 의무의 내용이 다르다. 따라서 민법상 선순위 부양의무자가 있다고 하더라도 후순위부양의무자가 도움이 필요한 사람을 사실상 보호하고 있다면, 후자가 유기죄의 주체가 된다.

(2) '계약상'의 보호의무자

보호의무의 발생근거가 되는 계약은 보호의무자와 도움이 필요한 사람 간의 계약뿐만 아니라 보호의무자와 제3자 간에 체결된 계약을 포함한다. 유아에 대한 육아계약, 노인·장애자에 대한 보호계약, 환자에 대한 간호·간병계약이 그 예이다.

(3) '조리상'의 보호의무자

법문은 본죄의 주체를 "법률상 또는 계약상"의 보호의무자로 명시하고 있지만, 해석상 사회상규·관습·선행행위·사무관리 등 '조리상'의 보호의무자를 인정할 것인가가 논의된다. 이 논의는 피고인에게 불이익한 방향으로 유기죄의 주체를 확장할 수 있느냐 하는 것과 관련되기 때문에, 실제로 매우 중요한 쟁점사항에 속한다. 학설로는 조리상의 보호의무를 인정하는 견해(긍정설)와[3]

부정하는 견해(부정설)로[4] 나뉘고 있다. 대법원은 사회상규상의 보호의무를 부정하고 있다.[5]

이와 관련하여 논의가 될 만한 사례를 제시하자면, 실화행위자가 실화 후에 불이 난 건물 안에 우연히 술취한 사람이 자고 있는 것을 발견했으나 살해의 고의없이 방치하여 자고 있던 사람이 소사한 경우[실화사례]를 들 수 있다. 이 사례에서 조리상의 보호의무자(실화(失火)라고 하는 선행행위에 기한 안전의무자)를 유기죄의 주체가 된다고 긍정하는 견해에 의하면 실화죄와 유기치사죄의 실체적 경합범이 성립하고, 부정설에 의하면 실화죄와 과실치사죄(과실의 부작위행위)의 실체적 경합범이 성립한다.

이와 유사한 논의는 술집주인이 추운 겨울에 만취한 손님을 방치함으로써 취객이 동사한 경우[술집주인사례]에서도 제기된다. 이 사례에서 술집주인에게 '자의에 의한 보호기능의 인수'를 근거로 해서 조리상의 보호의무자(유기죄의 주체)가 됨을 긍정하고, 취객 사망에 대하여 유기치사죄의 죄책을 지울 수 있다고 본다. 술집주인이 유기죄의 주체가 되지 못한다는 입장에서는 과실치사죄의 죄책을 지우게 될 것이다. 대법원은 술집주인사례에서 술집주인이 취객에게 '계약상의 부조의무'를 부담한다고 하여 유기죄의 주체가 됨과 함께 유기치사죄의 죄책을 긍정하였다.[6]

---

3) 김종원, 90-1면; 서일교, 54면; 유기천, 상권, 86면; 이정원, 121면; 정영석, 249면. 이형국 교수는 '부진정부작위범'의 형태로 행해지는 유기죄의 성립을 긍정하면서 보호의무자의 범위를 확장하고 있으므로(141면), 넓게 보자면 조리상의 보호의무자를 인정하는 입장에 선다. 같은 의견으로 정영일, 82-3면.

4) 강구진, 121면; 권오걸, 94면; 김성돈, 104면; 김성천, 631면; 김/서, 110면; 박상기, 93면; 배종대, 185-6면; 손동권, 98면; 오영근, 115-6면; 이재상, 104-6면; 정/박, 103-4면; 진/이, 124면.

5) "현행형법은 유기죄에 있어서 구법과는 달리 보호법익의 범위를 넓힌 반면에 보호책임없는 자의 유기죄는 없애고 법률상 또는 계약상의 의무있는 자만을 유기죄의 주체로 규정하고 있으니 명문상 사회상규상의 보호책임을 관념할 수 없다고 하겠으며, 유기죄의 죄책을 인정하려면 보호책임이 있게 된 경위, 사정관계 등을 설시하여 구성요건이 요구하는 법률상 또는 계약상 보호의무를 밝혀야 될 것이다. 본건에 있어서 원 판결이 설시한 대로 피고인과 피해자가 특정지점에서 특정지점까지 가기 위하여 길을 같이 걸어간 관계가 있다는 사실만으로서는 피고인에게 설혹 동행자가 구조를 요하게 되었다 하여도, 보호할 법률상, 계약상의 의무가 있다고 할 수 없으니, 밑도 끝도 없이 일정거리를 동행한 사실만으로 유기죄의 주체로 인정한 원 판결은 본죄의 보호책임의 법리를 오해한 위법이 있다고 하겠다"(대판 1977. 1. 11, 76 도 3419).

6) "원심이 피고인이 운영하는 주점의 손님인 피해자가 피고인의 지배 아래 있는 위 주점에서 3일 동안에 걸쳐 과도하게 술을 마셔 추운 날씨에 난방이 제대로 되지 아니한 주점 내 소파에서 잠을 자면서 정신을 잃은 상태에 있었다면, 피고인으로서는 위 주점의 운영자로서 피해자에게 생명 또는 신체에 대한 위해가 발생하지 아니하도록 피해자를 위 주점 내실로 옮기거나 인근에

(4) 사 견

생각건대 조리상의 보호의무를 인정할 것인가의 문제는 유기죄의 주체를 '부진정부작위범에서의 보증인적 지위'와 동일한 것으로 볼 수 있을 것인가의 문제에 귀착한다. ① 그런데 유기죄의 주체를 '법률상의' 보호의무자로 규정하고 있는 제271조 제1항에서의 '법률'에 '형법 제18조'를 제외할 이유가 없다고 본다. 제271조 제1항에서의 법률에 형법 제18조를 포함시킨다면, 결국 체계해석에 의하여 유기죄의 주체는 '부진정부작위범에 있어서의 작위의무자'와 동일하게 된다. 그러므로 부진정부작위범에 있어서 보증인의 지위와 의무의 발생근거에 관한 형식설과 실질설의 입장(결합설)에서 유기죄의 주체를 확정하면 된다고 하겠다. ② 또 제273조 제1항은 단순학대죄의 주체를 '보호 또는 감독하는 자'로 규정하고 있는데, 학대죄에서의 보호·감독자에는 조리상의 보호·감독자가 포함된다고 해석하는 이상(통), 유기죄와 학대죄의 균형있는 해석을 위해서도 긍정설이 타당하다고 하겠다. ③ 그리고 우리 형법은 외국의 입법례와는 달리 유기죄의 주체를 일정한 보호의무자로 제한하고 있는 극히 개인주의적인 특성을 보이고 있는데, 구태여 그 주체를 '법률상·계약상의' 보호의무자로 좁게 해석할 적극적 이유가 없으며, 조리상의 보호의무자를 포함시킴으로써 상부상조정신·공동체정신에 기한 '부조의무'를 '법적' 의무로 승화시키는 길을 모색해야 할 것이다. 제271조 제1항에서의 '법률'에 형법 제18조를 포함시키는 해석은 죄형법정주의에 반하는 유추적용에 해당하지는 않는다고 본다. 결론적으로 '조리상의' 보호의무자도 본죄의 주체가 된다.

4. 실행행위

실행행위는 유기이다. 유기(遺棄)란 "신체적·정신적 결함으로 말미암아 도움이 필요한 사람을 보호받지 못하는 상태에 둠으로써 생명·신체의 위험에 놓이게 하는 것"을 말한다. 유기의 개념은 ① 협의로는 도움이 필요한 사람의 장소적 이전을 수반하는 경우(예: 고려장), ② 광의로는 장소적 이전을 수반하지 않더라도 행위자가 도움이 필요한 사람을 내버려두고 떠나는 것처럼 장소적 격리를

있는 여관에 데려다 주어 쉬게 하거나 피해자의 지인 또는 경찰에 연락하는 등의 필요한 조치를 강구하여야 할 계약상의 부조의무를 부담한다고 판단하여, 이 사건 유기치사의 공소사실에 관하여 피고인을 유죄로 인정한 것은 앞서 본 법리에 비추어 정당한 것으로 수긍할 수 있다"(대판 2011. 11. 24, 2011 도 12302. 원심인 항소심의 판결은 서울고등법원 2011. 9. 9, 2011 노 2024).

가져오는 경우.[7] ③ 최광의로는 장소적 격리가 없더라도 생존에 필요한 보호의무를 다하지 아니하는 '부작위'의 형태를 포함하는 넓은 의미이다(톻).

단순유기죄는 '추상적 위험범'이므로 유기행위만으로 성립(기수)하며, 도움이 필요한 사람의 생명·신체에 대한 위험(구체적 위험)이 발생할 필요는 없다. 따라서 유기한 후 제3자가 도움이 필요한 사람을 구호할 가능성이 있더라도 단순유기죄가 성립한다. 본죄의 미수범 처벌규정은 없다.

5. 주관적 구성요건

본죄는 비록 추상적 위험범이지만, '유기행위' 자체가 도움이 필요한 사람을 '생명·신체의 위험'에 놓이게 한다는 것을 개념요소로 하고 있으므로, 유기죄의 고의에는 유기로 인하여 도움이 필요한 사람이 생명·신체의 위험에 빠지리라는 것을 미필적으로라도 인식·인용해야 한다.

보호의무자라고 하는 신분은 본죄의 구성요건요소이므로, 이에 대한 착오는 구성요건적 착오가 된다.

6. 위 법 성

피해자(도움이 필요한 사람)의 승낙에 의한 유기(예: 고려장)가 위법성을 조각한다고 볼 것인가가 문제된다. 여기서는 먼저 피해자의 승낙이 있어도 과연 진정한 승낙인가 하는 문제가 관건이 된다고 보며, 진정한 의미에서의 승낙이 있다고 하더라도 승낙에 의한 유기는 사회상규에 위배된다는 판단을 받게 될

---

7) "피고인이 질병으로 인하여 이와 같이 보호를 요하는 딸을 병원에 입원시켜 놓고 의사가 그 당시 국내의 의료기술상 최선의 치료방법이라는 수혈을 하려 하여도 이를 완강하게 거부하고 방해하였다면, 이는 결과적으로 요부조자를 위험한 장소에 두고 떠난 것이나 다름이 없다고 할 것이어서…의사가 권하는 최선의 치료방법인 수혈이라도 하지 않으면 그 환자가 사망할 것이라는 위험이 예견가능한 경우에 아무리 생모라고 할지라도 자신의 종교적 신념이나 후유증 발생의 염려만을 이유로 환자에 대하여 의사가 하고자 하는 위의 수혈을 거부하여 결과적으로 그 환자로 하여금 의학상 필요한 치료도 제대로 받지 못한 채 사망에 이르게 할 수 있는 정당한 권리가 있다고는 할 수 없는 것이며, 그때에 사리를 변식할 지능이 없다고 보아야 마땅할 11세 남짓의 환자 본인이 가사 그 생모와 마찬가지로 위의 수혈을 거부한 일이 있다고 하여도, 이것이 피고인의 위와 같은 수혈거부행위가 위법한 것이라고 판단하는 데 어떠한 영향을 미칠만한 사유가 된다고 볼 수는 없으므로, 같은 취지에서 피고인의 판시 소위가 유기치사죄에 해당한다"(여호와의 증인 사건: 대판 1980. 9. 24, 79 도 1387). 이 사건에서 부작위에 의한 살인죄가 성립한다는 견해에 관해서는 최우찬, "유기치사죄와 부작위에 의한 살인죄 및 양심범과의 관계", 형사판례연구(1), 100면 참조.

것이다.

7. 형 벌

3년 이하의 징역 또는 500만원 이하의 벌금이다.

Ⅱ. 존속유기죄

<u>제271조 제2항 [존속유기]</u> "자기 또는 배우자의 직계존속에 대하여 제1항의 죄를
지은 경우에는 10년 이하의 징역 또는 1천500만원 이하의 벌금에 처한다."

존속유기죄는 행위의 객체가 '자기 또는 배우자의 직계존속'이고, 주체가
'직계비속'이라는 신분으로 인하여, 단순유기죄에 비하여 책임이 가중되는 유
형이다(부진정신분범). 본죄에서 직계존속과 직계비속이라는 개념은 법률상의
의미이며, 존속살해죄에서와 동일하다.

Ⅲ. 중유기죄 · 존속중유기죄

<u>제271조 제3항</u> "제1항의 죄(단순유기죄)를 지어 사람의 생명에 위험을 발생하게
한 경우에는 7년 이하의 징역에 처한다."
<u>제4항</u> "제2항의 죄(존속유기죄)를 지어 사람의 생명에 위험을 발생하게 한 경우
에는 2년 이상의 유기징역에 처한다."

중유기죄는 유기행위로 인하여 도움이 필요한 사람의 생명에 대한 위험이
발생해야 하므로 '구체적 위험범'에 속한다. 그리고 본죄는 단순유기죄와 존속
유기죄의 '부진정 결과적 가중범'에 해당한다. 따라서 생명의 위험발생에 대하여
'과실'이 있을 경우뿐만 아니라 '고의'가 있을 경우에도 본죄가 성립한다.

Ⅳ. 유기치사상죄

<u>제275조 [유기 등 치사상]</u> 제1항 "제271조 내지 제273조의 죄를 범하여 사람을
상해에 이르게 한 때에는 7년 이하의 징역에 처한다. 사망에 이르게 한 때에는 3년
이상의 유기징역에 처한다."

제2항 "자기 또는 배우자의 직계존속에 대하여 제271조 또는 제273조의 죄를 범하여 상해에 이르게 한 때에는 3년 이상의 유기징역에 처한다. 사망에 이르게 한 때에는 무기 또는 5년 이상의 징역에 처한다."

유기치사상죄는 단순유기·존속유기·영아유기의 죄를 범하여 도움이 필요한 사람을 사망이나 상해에 이르게 한 때에 성립하는 '진정 결과적 가중범'이다. 사상의 결과발생에 대하여 고의를 가지고 유기한 때에는 살인죄 또는 상해죄와 유기죄의 상상적 경합이 된다.

자동차운전자가 교통사고를 내고 도주함으로써 부상한 피해자를 유기하여 치사케 한 경우에 유기치사죄와 교통사고 후 도주죄(특정범죄 가중처벌 등에 관한 법률 제5조의3)는 법조경합 중 보충관계에서 후자의 범죄만이 성립한다.

제 3 절 학대죄의 개별적 범죄유형

Ⅰ. 단순학대죄

제273조 제1항 [학대] "자기의 보호 또는 감독을 받는 사람을 학대한 자는 2년 이하의 징역 또는 500만원 이하의 벌금에 처한다."

1. 의의, 보호법익

단순학대죄는 "자기의 보호 또는 감독을 받는 사람을 학대함으로써 성립하는 범죄"이다. 학대죄의 보호법익은 학대행위의 개념파악에 따라 다르다. ① 학대행위를 '육체적·정신적으로 고통을 주는 가혹한 대우를 하는 것'이라고 이해하는 입장에서는 학대죄의 보호법익을 널리 '인격권'이라고 함이 논리적이고,[8] ② 학대행위를 육체적 고통을 가하는 것에 국한하여 이해하는 입장에서는 보호법익을 '생명·신체의 안전'이라고 함이 논리적이다.[9] 후술하는 바와 같이 ①설의 입장이 타당하다고 본다.

인격권이라는 법익의 보호의 정도는 '추상적 위험범'이다.

---

8) 김/서, 115면; 박상기, 99면; 손동권, 106면; 오영근, 119면; 유기천, 상권, 90면; 이형국, 47면; 황산덕, 200면.
9) 김종원, 94면; 이재상, 111면.

2. 행위의 주체와 객체

행위의 주체는 타인을 '보호 또는 감독하는 자'이고(진정신분범), 행위의 객체는 행위자의 '보호 또는 감독을 받는 자'이다.

법문은 보호·감독의 근거를 유기죄의 경우와는 달리 법률상·계약상의 보호·감독에 제한하고 있지 않다. 따라서 관습·사무관리 등 '조리상'의 보호·감독자도 본죄의 주체가 될 수 있다(^통_설).

학대죄에 있어서 행위의 객체가 '아동'(만 18세 미만자)인 경우에는 '아동복지법'에서도 처벌규정을 두고 있다. 동법 제17조는 아동에 대한 여러 유형의 학대행위를 금지하고, 제71조 제1항 제2호에서는 그 위반자를 5년 이하의 징역 또는 5천만원 이하의 벌금에 처한다고 규정하고 있으며,[10] 제72조(상습범)에서는 '상습으로' 아동을 학대한 자를 그 죄에 정한 형의 2분의 1까지 가중처벌하고 있다. 또 학대죄에 대하여는 '가정폭력범죄의 처벌 등에 관한 특례법'(약칭: 가정폭력처벌법)이 적용된다.

보호자에 의한 '아동학대범죄'에 대해서는 2014. 1. 28.에 제정된 '아동학대범죄의 처벌 등에 관한 특례법'(약칭: 아동학대처벌법)이 적용된다. 이 특례법 제2조 제4호는 아동학대범죄에 해당하는 범죄를 열거하고 있다.

3. 실행행위

실행행위는 학대이다. '학대'의 개념은 ① 광의로 파악하여, "육체적·정신적으로 고통을 주는 가혹한 대우를 하는 것"이라는 견해(광의설)와[11] ② 협의로 파악하여, "육체적 고통을 가하는 것"에 국한하는 견해(협의설)가[12] 대립한다. 학대개념은 '일상용어례'에 비추어 '정신적' 고통을 주는 행위도 포함시키는 것(광의설)이 타당하다고 본다.[13] 판례도 광의설의 입장이다.[14] 따라서 육체적

---

10) 아동복지법 제17조 제2호는 아동에 대한 '성적 학대행위'를 금지하고, 제71조 제1항 1의2호는 그 위반에 대하여 10년 이하의 징역 또는 1억원 이하의 벌금에 처하고 있다.

11) 권오걸, 99면; 김성돈, 109면; 김성천, 639면; 김/서, 115면; 박상기, 99면; 배종대, 192면; 백형구, 107면; 손동권, 106면; 오영근, 119면; 유기천, 상권, 90면; 이정원, 131면; 이형국, 147면; 정/박, 111면; 정영석, 250면; 정영일, 90면; 진/이, 131면; 황산덕, 200면.

12) 김종원, 93면; 이재상, 111면.

13) 아동복지법 제17조 제5호에서도 아동의 정신건강 및 발달에 해를 끼치는 '정서적' 학대행위를 학대행위의 한 유형으로 명시하고 있다.

14) "학대라 함은 육체적으로 고통을 주거나 정신적으로 차별대우를 하는 행위를 가리키고"

고통을 가하는 유형적 학대 이외에 폭언(언어적 학대)·구박·어두운 곳에의 감금 등 무형적 학대도 학대죄를 구성한다. 유형적 학대에는 폭행·구타뿐만 아니라 부패하거나 불결한 음식을 제공하는 행위, 수면 등 적절한 휴식을 취하지 못하게 하는 행위, 혹독한 훈련을 가하는 행위 등이 포함된다.

그 '정도'에 있어서 생명·신체의 안전을 위태롭게 할 만한 행위만이 학대의 개념에 해당한다고 본다('현저성의 원칙').[15]

4. 경 향 범

학대죄는 경향범으로 해석된다.[16] 그러므로 학대죄의 성립에는 고의 이외에 초과주관적 구성요건요소로서 행위자의 일정한 주관적 경향－학대성향: 상대방을 인격적으로 가혹하게 대우하는 경향－이 표출될 것을 요한다.

5. 위 법 성

학대행위가 피해자의 승낙에 의하여 행해진 경우(예: 마조히즘)에는 구성요건해당성을 배제한다기보다는 위법성을 조각한다고 함이 타당하다.

II. 존속학대죄

제273조 제2항 [존속학대] "자기 또는 배우자의 직계존속에 대하여 전항의 죄를 범한 때에는 5년 이하의 징역 또는 700만원 이하의 벌금에 처한다."

존속학대죄는 직계비속이라는 신분으로 인하여 단순학대죄에 비하여 책임이 가중되는 유형이다(부진정신분범). 본죄에 관한 설명은 존속유기죄에 상응한다.

(**대판** 2000. 4. 25, 2000 도 223. 同늘, 대판 1986. 7. 8, 84 도 2922).

15) "이러한 학대행위는…인격에 대한 반인륜적 침해만으로는 부족하고 유기에 준할 정도에 이르러야 한다"(대판 2000. 4. 25, 2000 도 223).

16) 김성돈, 108면; 김/서, 114면; 정/박, 109면; 정영일, 90면.

Ⅲ. 아동혹사죄

제274조 [아동혹사] "자기의 보호 또는 감독을 받는 16세 미만의 자를 그 생명 또는 신체에 위험한 업무에 사용할 영업자 또는 종업자에게 인도한 자는 5년 이하의 징역에 처한다. 그 인도를 받은 자도 같다."

1. 의의, 보호법익

아동혹사죄는 "자기의 보호 또는 감독을 받는 16세 미만의 자를 그 생명 또는 신체에 위험한 업무에 사용할 영업자 또는 종업자에게 인도함으로써 성립하는 범죄"이다. 본죄의 보호법익은 '아동의 복지(권)'이고, 보호의 정도는 '추상적 위험범'이다.

2. 행위의 주체와 객체

행위의 주체는 '16세 미만의 아동을 보호 또는 감독하는 자'이고(진정신분범), 객체는 '자기의 보호 또는 감독을 받는 16세 미만의 아동'이다.

3. 실행행위

실행행위는 생명 또는 신체에 위험한 업무에 사용할 영업자 또는 종업자에게 인도하는 행위 또는 그 인도를 받는 행위이다. 본죄는 인도자와 인수자의 대향관계(대향범)로 구성되는 '필요적 공범'이다.

인도와 인수는 인도·인수의 계약만으로는 부족하고 '사실상의' 인도·인수가 있을 것을 요한다. 또 인도·인수계약의 유효·무효와 취소 여부는 불문한다.

근로기준법 제65조 제1항은 임산부와 18세 미만인 자를 '도덕상 또는 보건상 유해·위험한 사업'에 사용하지 못하도록 금지하고(금지직종은 대통령령으로 정함), 제109조(벌칙)에서는 이에 위반한 자를 3년 이하의 징역 또는 3천만원 이하의 벌금에 처한다고 규정하고 있다. 아동혹사죄에서의 업무는 근로기준법 제65조 제1항의 금지직종보다 좁은 개념으로 해석된다(통). 전자는 생명·신체에 위험한 업무임에 비하여 후자는 '도덕상' 유해한 업무를 포함하고 있으며, 또 아동혹사죄의 법정형이 더 무거운 까닭이다.

4. 위 법 성

본죄는 피해자인 아동의 승낙이 있어도 위법성이 조각되지 않는다. 법률이
후견적 지위에서 아동의 복지권을 보호하고자 하기 때문에, 피해자의 승낙을
불문하고 처벌한다(법률후견주의: legal paternalism).

Ⅳ. 학대치사상죄

제275조 제1항 "제271조 내지 제273조의 죄를 범하여 사람을 상해에 이르게 한
때에는 7년 이하의 징역에 처한다. 사망에 이르게 한 때에는 3년 이상의 유기징역
에 처한다."

제2항 "자기 또는 배우자의 직계존속에 대하여 제271조 또는 제273조의 죄를 범
하여 상해에 이르게 한 때에는 3년 이상의 유기징역에 처한다. 사망에 이르게 한 때
에는 무기 또는 5년 이상의 징역에 처한다."

학대치사상죄는 단순학대·존속학대의 죄를 범하여 사람을 사망이나 상해
에 이르게 한 때에 성립하는 '진정 결과적 가중범'이다. 사망이나 상해의 결과발
생에 대하여 고의를 가지고 학대한 때에는 살인죄 또는 상해죄와 학대죄의 상
상적 경합이 된다.

한편 2014. 1. 28.에 제정된 '아동학대범죄의 처벌 등에 관한 특례법'(약칭:
아동학대처벌법)은 아동학대치사죄 및 아동학대중상해죄, 그리고 아동학대범
죄의 상습범을 가중처벌하고 있다($\binom{제4조}{제6조}$).

제7장 체포와 감금의 죄

제1절 개   설

I. 의의, 보호법익, 성격

체포·감금죄는 "사람을 불법하게 체포 또는 감금하여 사람의 신체적 활동의 자유를 침해하는 것을 내용으로 하는 범죄"이다. 체포·감금죄의 보호법익은 사람의 '신체적 활동의 자유'이다. 여기에서 신체적 활동의 자유를 ① '현실적' 자유로 해석하는 견해와 ② '잠재적' 자유, 즉 신체적 활동의 '가능성'으로 해석하는 견해(통설)가 대립한다. 학설의 적용상의 차이점은 신체적으로 이동할 의사가 없는 자(예: 수면 중인 자) 또는 체포·감금사실을 인식하지 못한 자에게도 체포·감금죄가 성립할 것인가 하는 문제에서 드러난다. 여기서 ①설은 체포·감금죄의 성립을 부정하지만, ②설은 긍정한다. 물론 신체이동의 가능성조차 없는 자(예: 신생아)－잠재적으로도 신체적 활동의 자유가 전혀 없는 자－에 대하여는 체포·감금죄가 성립하지 않는다.

법익보호의 정도는 '침해범'이다. 그런데 침해범이라고는 하지만, 구체적으로 본죄의 '기수시기'를 신체적 활동의 자유가 '현실적으로' 침해되었을 때라고 보아야 할 것인지, 아니면 신체적 활동의 '가능성의' 침해만으로도 기수가 된다고 보아야 할 것인지가 문제된다. 생각건대 체포·감금행위의 해석에 있어서 그 행위가 다소의 시간 지속되어야만 기수에 도달한다고 한다면(통설),[1] 이러한 해석은 신체적 활동의 자유가 '현실적으로' 침해될 것을 전제로 하는 것이라고 본다. 본죄의 미수범은 처벌한다(제280조).

---

1) 권오걸, 134면; 김성천, 651면; 김/서, 134면; 김종원, 109면; 박상기, 123면; 배종대, 219면; 손동권, 122면; 오영근, 127면; 이재상, 121-2면; 정/박, 115면; 정영일, 95면.

Ⅱ. 체포와 감금의 죄의 체계

체포·감금죄에 있어서의 기본유형은 단순체포·감금죄($\frac{제276조}{제1항}$)이고, 그 신분적 가중유형으로서 존속체포·감금죄($\frac{제276조}{제2항}$), 결합적 가중유형으로서 중체포·감금죄($\frac{제277}{조}$), 방법적 가중유형으로서 특수체포·감금죄($\frac{제278}{조}$), 상습범가중유형으로서 상습체포·감금죄($\frac{제279}{조}$), 이상의 미수유형으로서 체포·감금미수죄($\frac{제280}{조}$), 결과적 가중유형으로서 체포·감금치사상죄($\frac{제281}{조}$)가 규정되어 있다.

체포·감금죄에도 '폭력행위 등 처벌에 관한 법률'이 적용된다. 그리고 인신구속에 관한 직무를 행하는 자가 직권을 남용하여 체포·감금한 때에는 형법 제124조의 죄책을 진다.

제 2 절   개별적 범죄유형

Ⅰ. 단순체포·감금죄

제276조 제1항 [체포, 감금] "사람을 체포 또는 감금한 자는 5년 이하의 징역 또는 700만원 이하의 벌금에 처한다."

1. 의의, 보호법익, 성격

본죄는 "사람의 신체적 활동의 자유를 침해하고자 사람을 체포 또는 감금함으로써 성립하는 범죄"이다. 본죄의 보호법익은 '신체적 활동의 (잠재적) 자유'이고, 보호의 정도는 '침해범'이다. 또 본죄는 '계속범'에 속한다.

2. 행위의 객체

행위의 객체는 사람이다. 사람이란 자연인인 타인을 의미한다. 그런데 본죄의 보호법익이 신체적 활동의 자유이므로 모든 자연인이 객체가 되는 것은 아니고, 해석상 일정한 제한이 필요하다(축소해석).

이에 관하여는 ① 신체적 활동의 가능성이 있는 자연인은 포함시키되, 신생아와 같이 신체적 활동의 가능성조차 없는 자는 제외된다는 견해와(광의설)[2] ② 신체적 활동의 가능성이 있다고 하더라도 수면 중인 자, 명정자와 같이 신체활동의 의사가 없는 자는 제외된다는 견해(협의설)가 있다. 본죄의 보호법익이 '잠재적인' 신체활동의 자유이므로, 신체활동의 의사가 없더라도 신체활동의 가능성이 있는 한 본죄의 객체가 된다는 ①설이 타당하다고 본다.

또 하나의 문제는 행위의 객체가 자신의 신체적 활동의 자유가 침해되고 있다는 사실을 인식하고 있어야만 본죄가 성립한다고 해야 할 것인가 하는 점이다. 예컨대 실험에 열중하고 있는 과학자의 실험실을 밖에서 오랜 시간 잠그어 두었다가 열어 놓았는데, 과학자는 그 동안 감금된 사실을 몰랐던 경우이다[에디슨실험사례]. 학설은 본죄의 성립에 피해자의 감금사실에 대한 인식이 필요하지 않다는 입장이지만, 체포·감금죄의 '기수'의 성립과 관련해서는 ① 행위의 객체(피해자)가 신체적 활동의 자유가 침해된 것을 인식한 때에 기수가 된다는 견해와[3] ② 본죄의 보호법익이 잠재적 자유이므로 인식하지 못하더라도 기수가 성립한다고 하는 견해가 대립한다.[4]

생각건대 본죄의 보호법익을 신체활동의 잠재적 자유라고 하더라도 본죄의 미수범을 처벌하는 이상($\frac{제280}{조}$), 그 자유가 현실적으로 침해되었을 때 기수가 되고, 현실적 침해없이 침해의 위험성이 있는 것만으로는 미수에 불과하다고 해야 한다. 따라서 피해자가 신체자유의 침해사실을 인식하지 못했다면 신체적 활동의 자유가 현실적으로 침해되지 않은 것이므로, 체포·감금죄의 '미수범'이 성립한다고 하는 ①설이 타당하다. 이 문제는 본죄의 보호법익 및 보호의 정도와 상관적으로 해석해야 한다.

3. 실행행위

(1) 체 포

체포란 "사람의 신체에 직접적 속박을 가하여 신체적 활동의 자유를 박탈하는 행위"를 말한다. 체포에는 결박과 같은 유형적 방법, 협박·위계와 같은

---

2) 권오걸, 136면; 김성돈, 131면; 김/서, 136면; 김종원, 108면; 배종대, 221면; 오영근, 126면; 이재상, 121-2면; 이형국, 179면; 정/박, 117면; 진/이, 139면.

3) 강구진, 151면; 김성천, 648면; 김종원, 108면; 배종대, 224면; 백형구, 228면; 유기천, 상권, 98면; 진/이, 141면.

4) 권오걸, 136면; 김성돈, 131면; 김/서, 136면; 박상기, 126면; 손동권, 121면; 오영근, 126면; 이재상, 123면; 이형국, 182면; 정/박, 118면; 정영일, 98면.

무형적 방법, 작위 또는 부작위 등 수단·방법과 행위태양을 묻지 않는다.

(2) 감 금

감금이란 "사람으로 하여금 일정한 장소로부터 벗어날 수 없게 하거나 현저히 곤란케 함으로써 신체적 활동의 자유를 제한하는 행위"를 말한다. 피해자를 방 안에 넣고 문을 걸어 잠그는 유형적 방법, 협박·위계로써 일정한 장소를 벗어나지 못하게 하는 무형적 방법, 작위 또는 부작위 등 감금의 수단·방법과 행위태양을 불문한다. 목욕 중인 여자의 옷을 감추어 수치심으로 그 장소를 떠나지 못하게 하거나, 달리는 자동차 안에서 공포심으로 인하여 뛰어내리지 못하게 한 경우도[5] 감금에 해당한다.

'체포와의 차이'는 감금에 있어서는 신체적 활동의 일정한 장소적 제한이 있다는 점이다.[6] 즉 체포에 있어서는 피해자의 신체적 활동의 자유가 '박탈'됨에 반하여, 감금에 있어서는 신체적 활동의 자유가 일정한 구역 내로 '제한'되는 점에서 차이가 난다.

(3) 기수시기

본죄의 기수시기는 신체적 활동의 자유가 현실적으로 침해되었을 때이다(침해범). 본죄의 미수범은 처벌한다($\frac{제280}{조}$).

신체적 활동의 자유가 현실적으로 침해되었다고 하기 위해서는 체포·감금행위가 다소의 시간 동안 지속되어야 한다($\frac{통}{설}$). 즉 체포·감금행위는 다소의 시간 동안 지속되어야 '기수'에 도달한다(현저성의 원칙). 지속될 시간은 일률적으로 단정할 수 없고, 구체적 사정에 비추어 사회통념에 따라 판단할 성질의 것이다. 행위자가 감금하고자 완력을 행사하여 피해자를 방안에 밀어 넣고 문을 잠그었으나 피해자가 곧바로 창문을 깨고 탈출하였다면, 신체적 활동의 자유에 대한 현실적 침해가 다소간 지속되지 않았으므로 감금'미수죄'가 성립한다고 볼 것이다.

---

5) 대판 1984. 8. 21, 84 도 1550; 1983. 4. 26, 83 도 323.

6) "감금죄에 있어서의 감금행위는 사람으로 하여금 일정한 장소 밖으로 나가지 못하도록 하여 신체의 자유를 제한하는 행위를 가리키는 것이고, 그 방법은 반드시 물리적, 유형적 장애를 사용하는 경우뿐만 아니라 심리적, 무형적 장애에 의하는 경우도 포함되는 것인바, 설사 재항고인이 경찰서 안에서 판시와 같이 식사도 하고 사무실 안팎을 내왕하였다 하여도, 재항고인을 경찰서 밖으로 나가지 못하도록 그 신체의 자유를 제한하는 유형, 무형의 억압이 있었다면, 이는 바로 감금행위에 해당할 수도 있는 것"(**대결 1991. 12. 30, 91 모 5**). "감금에 있어서의 사람의 행동의 자유의 박탈은 반드시 전면적이어야 할 필요가 없으므로, 감금된 특정구역 내부에서 일정한 생활의 자유가 허용되어 있었다고 하더라도 감금죄의 성립에는 아무 소장이 없다"(대판 1984. 5. 15, 84 도 655).

(4) 계속범

체포·감금죄는 피해자의 신체적 활동의 자유가 현실적으로 침해되어 기수에 달한 이후에도 법익침해가 계속되는 한 실행행위도 계속되고, 법익침해가 종료된 시점, 즉 피해자가 신체적 활동의 자유를 회복한 시점에 실행행위가 종료되는 것으로 평가된다. 체포·감금행위가 종료하기까지는 공범의 성립이 가능하고, 피해자의 정당방위도 가능하며, 공소시효가 진행하지 않는다. 이러한 점에서 본죄는 '계속범'에 속한다. 본죄가 기수에 이르기 위해서는 실행행위가 다소간 지속될 필요가 있다는 점을 계속범의 표지로 이해해서는 안될 것이다.[7]

4. 위 법 성

검사 또는 사법경찰관의 체포영장 및 구속영장에 의한 체포·감금(형소법 제200조의 2, 제201조), 검사 또는 사법경찰관의 긴급체포(형소법 제200조의 3), 민간인의 현행범인 체포(형소법 제212조), '경찰관 직무집행법' 제4조에 의한 경찰관의 보호유치, 고액·상습과태료체납자에 대한 감치(질서위반행위규제법 제54조), 담당공무원이 감염병환자 또는 감염병의심자를 입원시키거나 격리하는 강제감금처분(감염병의 예방 및 관리에 관한 법률, 약칭: 감염병예방법 제42조, 제47조 제3호, 제49조 제1항 제14호),[8] '정신건강증진 및 정신질환자 복지서비스 지원에 관한 법률'(약칭: 정신건강복지법) 제43조와 제44조에 의한 정신질환자의 감금 등은 법령에 의한 행위(제20조)로서 위법성이 조각된다.[9]

흉기난동자의 체포·감금은 타인을 위한 정당방위가 된다. 체포·감금행위

---

7) 이러한 점에서 다음 대법원판결은 계속범의 본질에 대해 오해의 소지가 있다. "판결요지: 체포죄는 계속범으로서 체포의 행위에 확실히 사람의 신체의 자유를 구속한다고 인정할 수 있을 정도의 시간적 계속이 있어야 하나, 체포의 고의로써 타인의 신체적 활동의 자유를 현실적으로 침해하는 행위를 개시한 때 체포죄의 실행에 착수하였다고 볼 것이다"(대판 2018. 2. 28, 2017 도 21249. 同旨, 대판 2020. 3. 27, 2016 도 18713).

8) 감염병예방법의 형사법적 문제점에 관하여는 다음 논문을 참조. 주현경, "코로나19와 감시의 형사정책의 한계", 형사정책, 제32권 제4호, 2021. 1, 157-84면.

9) 그러나 자의로 정신의료기관에 입원한 환자가 퇴원을 요구한 경우에는 "판결이유: 구 정신보건법(2015. 1. 28. 법률 제13110호로 개정되기 전의 것, 이하 같다) 제23조 제2항은 '정신의료기관의 장은 자의(自意)로 입원 등을 한 환자로부터 퇴원 신청이 있는 경우에는 지체 없이 퇴원을 시켜야 한다'고 정하고 있다(2016. 5. 29. 법률 제14224호로 전부 개정된 정신건강증진 및 정신질환자 복지서비스 지원에 관한 법률 제41조 제2항은 '정신의료기관 등의 장은 자의입원 등을 한 사람이 퇴원 등을 신청한 경우에는 지체 없이 퇴원 등을 시켜야 한다'고 정하고 있다). 환자로부터 퇴원 요구가 있는데도 구 정신보건법에 정해진 절차를 밟지 않은 채 방치한 경우에는 위법한 감금행위가 있다고 보아야 한다"(대판 2017. 8. 18, 2017 도 7134).

에 있어서 피해자의 승낙은 구성요건해당성을 배제하는 양해가 된다는 견해와[10] 위법성을 조각한다는 견해가[11] 대립하고 있는데, 후자의 견해가 타당하다고 본다.

5. 죄   수

행위자가 동일인을 체포하고 감금한 경우에는 체포죄와 감금죄의 두 범죄가 성립하는 것이 아니라, 포괄적으로 제276조 제1항의 단순일죄가 성립한다(협의의 포괄적 일죄). 그리고 체포·감금의 수단으로 행해진 폭행·협박은 법조경합 중 흡수관계에 서서 그 의미를 잃는다.[12]

강간의 수단으로 감금한 경우에, ① 감금행위와 강간행위가 별개로 행해졌다면 강간죄와 감금죄의 실체적 경합범이 되고, ② 감금의 수단이 된 폭행·협박행위가 지속적으로 여성의 공포심을 조성함으로써 동시에 강간의 수단도 되었다면 행위의 부분적 동일성에 의하여 강간죄와 감금죄의 상상적 경합이[13] 성립한다고 본다.

6. 형   벌

5년 이하의 징역 또는 700만원 이하의 벌금이다. 그 밖에 10년 이하의 자격정지를 병과할 수 있다(제282조).

II. 존속체포·감금죄

제276조 제2항 [존속체포, 존속감금] "자기 또는 배우자의 직계존속에 대하여 제1항의 죄를 범한 때에는 10년 이하의 징역 또는 1천500만원 이하의 벌금에 처한다."

---

10) 권오걸, 140면; 김성돈, 134면; 김성천, 654면; 손동권, 122면; 오영근, 128면; 이재상, 127면; 이정원, 165면; 이형국, 182면; 정/박, 121면; 정영일, 99면; 진/이, 142면.

11) 김종원, 110면; 배종대, 225면; 백형구, 289면; 서일교, 62면; 유기천, 상권, 94면.

12) "감금을 하기 위한 수단으로서 행사된 단순한 협박행위는 감금죄에 흡수되어 따로 협박죄를 구성하지 아니한다"(대판 1982. 6. 22, 82 도 705).

13) "위 협박은 감금죄의 실행의 착수임과 동시에 강간미수죄의 실행의 착수라고 할 것이고, 감금과 강간미수의 두 행위가 시간적, 장소적으로 중복될 뿐 아니라 감금행위 그 자체가 강간의 수단인 협박행위를 이루고 있는 경우로서 이 사건 감금과 강간미수죄는 일개의 행위에 의하여 실현된 경우로서 형법 제40조의 상상적 경합이라고 해석함이 상당할 것"(대판 1983. 4. 26, 83 도 323).

존속체포·감금죄는 직계비속이라는 신분으로 인하여 단순체포·감금죄에 비하여 책임이 가중되는 유형이다(부진정신분범).

Ⅲ. 중체포·감금죄, 존속중체포·감금죄

제277조 제1항 [중체포, 중감금] "사람을 체포 또는 감금하여 가혹한 행위를 가한 자는 7년 이하의 징역에 처한다."
제2항 [존속중체포, 존속중감금] "자기 또는 배우자의 직계존속에 대하여 전항의 죄를 범한 때에는 2년 이상의 유기징역에 처한다."

중체포·감금죄는 체포·감금행위와 가혹행위가 결합된 '결합범'이다. 본죄에서 가혹한 행위란 "사람에게 육체적·정신적 고통을 주는 유형적·무형적 행위"를 말한다. 체포·감금 후의 폭행뿐만 아니라 음식을 제공하지 않는다든가, 잠을 재우지 않는다든가, 기타 고문을 가하는 행위, 추행을 하는 행위 등이 가혹한 행위에 해당한다.

본죄의 미수범도 처벌한다($\frac{제280}{조}$). 본죄의 미수범은, 체포·감금하여 가혹한 행위를 할 의사로 범행을 기도하였으나 체포·감금에 성공하지 못한 경우, 체포 또는 감금하여 가혹한 행위를 할 의사로 범행을 기도하여 체포·감금에는 성공하였으나 가혹한 행위를 하지 못한 경우, 가혹한 행위가 미수에 그친 경우에 성립한다.

Ⅳ. 특수체포·감금죄

제278조 [특수체포, 특수감금] "단체 또는 다중의 위력을 보이거나 위험한 물건을 휴대하여 전 2조의 죄를 범한 때에는 그 죄에 정한 형의 2분의 1까지 가중한다."

본죄는 단체 또는 다중의 위력을 보이거나 위험한 물건을 휴대하여 단순체포·감금죄, 존속체포·감금죄, 중체포·감금죄, 존속중체포·감금죄를 범한 경우에 성립한다. "단체 또는 다중의 위력을 보이거나 위험한 물건을 휴대하여"의 해석은 특수폭행죄($\frac{제261}{조}$)에서와 동일하다. 그리고 특수체포·감금죄에는 '폭력행위 등 처벌에 관한 법률'(약칭: 폭력행위처벌법)이 적용된다.

V. 상습체포 · 감금죄

제279조 [상습범] 상습으로 제276조 또는 제277조의 죄를 범한 때에는 전조의 예에 의한다.

본죄는 상습으로 단순체포 · 감금죄, 존속체포 · 감금죄, 중체포 · 감금죄, 존속중체포 · 감금죄를 범한 경우에 성립한다.

VI. 체포 · 감금치사상죄, 존속체포 · 감금치사상죄

제281조 [체포, 감금 등의 치사상] 제1항 "제276조 내지 제280조의 죄를 범하여 사람을 상해에 이르게 한 때에는 1년 이상의 유기징역에 처한다. 사망에 이르게 한 때에는 3년 이상의 유기징역에 처한다."
제2항 "자기 또는 배우자의 직계존속에 대하여 제276조 내지 제280조의 죄를 범하여 상해에 이르게 한 때에는 2년 이상의 유기징역에 처한다. 사망에 이르게 한 때에는 무기 또는 5년 이상의 징역에 처한다."

체포 · 감금치사상죄는 체포 · 감금행위가 사망이나 상해의 결과를 발생시킨 경우에[14) 성립하는 '진정 결과적 가중범'이다. 사망이나 상해의 결과가 발생한 이상 체포 · 감금죄의 기수 · 미수를 불문하고 본죄가 성립한다. 감금 중에 감금행위로 인하여 피감금자가 탈진상태에 빠져 이를 그대로 방치하면 사망이나 상해에 이를 것을 인식 · 인용(고의)하였음에도 불구하고 피감금자를 구호하지 아니하는 부작위로 나아감으로써 피감금자에게 사망이나 상해의 결과가 발생한 경우에는 감금죄와 부작위에 의한 살인죄[15) 또는 상해죄와의 실체

---

14) "피고인이 당초 그의 승용차로 피해자를 가로막음으로써 피해자로 하여금 할 수 없이 위 차량에 승차하게 한 후, 피해자가 내려달라고 요청하였음에도 불구하고 당초 목적지라고 알려준 장소가 아닌 다른 장소를 향하여 시속 약 60km 내지 70km의 속도로 진행하여서 피해자를 위 차량에서 내리지 못하도록 하였다면, 그와 같은 피고인의 행위는 감금죄에 해당함이 분명하고, 나아가 피해자가 위와 같은 감금상태를 벗어날 목적으로 위 차량의 뒷좌석 창문을 통하여 밖으로 빠져 나오려다가 길바닥에 떨어져 상해를 입고 그 결과 사망에 이르렀다면, 피고인의 위 감금행위와 피해자의 사망 사이에는 상당인과관계가 있다고 할 것이므로, 피고인으로서는 감금치사죄의 죄책을 면할 수 없다"(대판 2000. 2. 11, 99 도 5286).
15) "피고인이 원 판시 미성년자를 유인하여 포박 · 감금한 후 단지 그 상태를 유지하였을 뿐인데도 피감금자가 사망에 이르게 된 것이라면 피고인의 죄책은 소론과 같이 감금치사죄에만 해

적 경합범이 성립한다.

당한다 하겠으나, 나아가서 그 감금상태가 계속된 어느 시점에서 피고인에게 살해의 범의가 생겨 위험발생을 방지함이 없이 포박·감금상태에 있던 피감금자를 그대로 방치함으로써 사망케 하였다면 피고인의 부작위는 살인죄의 구성요건적 행위를 충족하는 것이라고 평가하기에 충분하므로 피고인의 소위는 부작위에 의한 살인죄를 구성한다고 보아야 할 것"(**대판** 1982. 11. 23, 82 도 2024).

제 8 장 협박의 죄

제 1 절 개 설

I. 의의, 보호법익

협박죄는 "사람의 의사결정에 영향을 주고자 해악을 가할 것을 고지함으로써 성립하는 범죄"이다. 협박죄의 보호법익은 사람의 '의사결정의 자유'(의사결정권)이다. 즉 사람의 의사가 부당한 외부적 간섭을 받지 않을 자유를 보호하고자 한다. 보호의 정도는 '침해범'이다($\frac{\text{통}}{\text{설}}$). 따라서 본죄는 의사결정의 자유가 침해됨으로써 기수가 된다. 폭행죄와 달리, 협박죄의 미수범은 처벌한다($\frac{\text{제286}}{\text{조}}$). 대법원은 보호의 정도를 위험범으로 파악한다($\frac{\text{후술하는 대판 2007. 9. 28, 2007}}{\text{도 606 - 전원합의체 참조}}$).

강요죄는 의사결정뿐만 아니라 의사결정에 따른 행동의 자유까지 보호법익으로 하는 점에서 협박죄와 구별된다. 독일형법(제18장)과 일본형법(제32장)은 협박죄와 강요죄를 같은 장에서 함께 규정하고 있음에 비하여, 우리 형법은 협박죄(제30장)와 강요죄를 분리하여 후자를 권리행사방해죄의 장(제37장)에서 다루고 있다.

II. 협박죄의 체계

협박죄에 있어서의 기본유형은 단순협박죄($\frac{\text{제283조}}{\text{제1항}}$)이고, 그 신분적 가중유형으로 존속협박죄($\frac{\text{제283조}}{\text{제2항}}$), 방법적 가중유형으로 특수협박죄($\frac{\text{제284}}{\text{조}}$), 상습범가중유형으로 상습협박죄($\frac{\text{제285}}{\text{조}}$)가 규정되어 있다. 또 이들 범죄의 미수를 처벌한다($\frac{\text{제286}}{\text{조}}$).

'2인 이상이 공동'하여 협박한 경우에는 형법 제283조 제1항(협박)과 제2항

(존속협박)에서 정한 형의 2분의 1까지 가중한다(폭력행위 등 처벌에 관 한 법률 제2조 제2항).

제 2 절 개별적 범죄유형

I. 단순협박죄

<u>제283조 제1항 [협박]</u> "사람을 협박한 자는 3년 이하의 징역, 500만원 이하의 벌금, 구류 또는 과료에 처한다."

1. 의의, 보호법익

협박죄는 "사람을 협박함으로써 성립하는 범죄"이다. 협박죄의 보호법익은 사람의 '의사결정의 자유'이고, 보호의 정도는 '침해범'이다. 본죄는 의사결정의 자유가 침해됨으로써 기수가 된다. 그러나 대법원은 보호의 정도를 위험범으로 파악한다(대판 2007. 9. 28, 2007 도 606 - 전원합의체).

2. 행위의 객체

행위의 객체는 사람이다. 사람은 자연인인 타인을 말한다. 법인은 협박행위의 객체가 될 수 없다.[1] 보호법익에 비추어 행위의 객체인 사람은 해악의 고지에 의하여 공포심을 가질 만한 정신적 능력이 있는 자에 국한된다(축소해석). 따라서 젖먹이(영아), 명정자, 정신병자, 수면 중인 자 등은 본죄의 객체에서 제외된다(통설).

협박의 객체가 외국원수 또는 외교사절인 경우에는 외국원수에 대한 협박죄(제107조 제1항) 또는 외교사절에 대한 협박죄(제108조 제1항)가 성립한다.

3. 실행행위

실행행위는 협박이다. 일반적으로 「협박」이란 개념은 "상대방으로 하여금 공포심을 일으키게 할 의사로 해악(害惡)을 가할 것을 고지하는 행위"라고 정의되고 있다.

---

1) 대판 2010. 7. 15, 2010 도 1017.

⟨형법상 '협박'의 개념⟩

형법상 협박개념은 그 '정도'에 따라, 광의, 협의, 최협의의 세 가지 의미로 사용되고 있다.

① 광의의 협박   광의의 협박은 상대방으로 하여금 공포심(외포심)을 일으키게 할 의사로 해악을 가할 것을 고지하는 것인데, 상대방의 의사결정의 자유를 제한할 정도-상대방으로 하여금 현실적으로 공포심을 일으키게 할 정도-일 필요는 없다. 따라서 상대방이 현실로 공포심을 가졌을 것을 요하지 아니한다. 공무집행방해죄($\frac{제136조}{제1항}$), 직무강요죄($\frac{제136조}{제2항}$), 소요죄($\frac{제115}{조}$), 특수도주죄($\frac{제146}{조}$)에서의 협박이 광의의 협박에 속한다.

② 협의의 협박   협의의 협박은 광의와 의미가 같지만, 상대방의 의사결정의 자유를 제한할 정도-상대방으로 하여금 현실적으로 공포심을 일으키게 할 정도-여야 한다. 협박의 정도의 판단은 구체적 사정을 고려한 객관적 판단이다. 협의의 협박으로 인하여 상대방의 의사결정의 자유가 침해(제한)되었느냐 하는 것, 즉 상대방이 현실로 공포심을 가졌느냐 하는 것은 기수·미수의 문제가 될 뿐이다. 협박죄($\frac{제283}{조}$), 강요죄($\frac{제324}{조}$), 공갈죄($\frac{제350}{조}$)에서의 협박이[2] 협의의 협박에 속하며, 각각

---

[2] 피고인이, 甲주식회사가 특정 신문들에 광고를 편중했다는 이유로 기자회견을 열어 甲회사에 대하여 '소비자불매운동'을 하겠다고 하면서, 특정 신문들에 대한 광고를 중단할 것과 다른 신문들에 대해서도 동등하게 광고를 집행할 것을 요구하고, 甲회사 인터넷 홈페이지에 그와 같은 내용의 팝업창을 띄우게 한 사안에서, 제반 사정을 고려할 때 피고인의 행위가 강요죄나 공갈죄의 수단인 협박에 해당한다고 본 대법원판결이 있다. 즉, "판결요지: [1] 강요죄나 공갈죄의 수단인 협박은 사람의 의사결정의 자유를 제한하거나 의사실행의 자유를 방해할 정도로 겁을 먹게 할 만한 해악을 고지하는 것을 말하는데, 해악의 고지는 반드시 명시적인 방법이 아니더라도 말이나 행동을 통해서 상대방으로 하여금 어떠한 해악에 이르게 할 것이라는 인식을 갖게 하는 것이면 족하고, 피공갈자 이외의 제3자를 통해서 간접적으로 할 수도 있으며, 행위자가 그의 직업, 지위 등에 기하여 불법한 위세를 이용하여 재물의 교부나 재산상 이익을 요구하고 상대방으로 하여금 그 요구에 응하지 않을 때에는 부당한 불이익을 당할 위험이 있다는 위구심을 일으키게 하는 경우에도 해악의 고지가 된다. [2] 소비자가 구매력을 무기로 상품이나 용역에 대한 자신들의 선호를 시장에 실질적으로 반영하기 위한 집단적 시도인 소비자불매운동은 본래 '공정한 가격으로 양질의 상품 또는 용역을 적절한 유통구조를 통해 적절한 시기에 안전하게 구입하거나 사용할 소비자의 제반 권익을 증진할 목적'에서 행해지는 소비자보호운동의 일환으로서 헌법 제124조를 통하여 제도로서 보장되나, 그와는 다른 측면에서 일반 시민들이 특정 사회, 경제적 또는 정치적 대의나 가치를 주장·옹호하거나 이를 진작시키기 위한 수단으로 소비자불매운동을 선택하는 경우도 있을 수 있고, 이러한 소비자불매운동 역시 반드시 헌법 제124조는 아니더라도 헌법 제21조에 따라 보장되는 정치적 표현의 자유나 헌법 제10조에 내재된 일반적 행동의 자유의 관점 등에서 보호받을 가능성이 있으므로, 단순히 소비자불매운동이 헌법 제124조에 따라 보장되는 소비자보호운동의 요건을 갖추지 못하였다는 이유만으로 이에 대하여 아무런 헌법적 보호도 주어지지 아니한다고 단정하여서는 아니 된다. 다만 대상 기업에 특정한 요구를 하면서 이에 응하지 않을 경우 불매운동의 실행 등 대상 기업에 불이익이 되는 조치를 취하겠다고 고지하거나 공표하는 것과 같이 소비자불매운동의 일환으로 이루어지는 것으로 볼 수 있는 표현이나

침해범으로서 그 미수범 처벌규정($^{제286조, 제324조}_{의 5, 제352조}$)이 있다.

③ 최협의의 협박　최협의로는 상대방의 반항을 억압하거나 현저히 곤란하게 할 정도의 공포심을 일으킬 해악을 고지하는 것이다. 강도죄($^{제333}_{조}$)에서의 협박이 전자에 해당하고, 강간죄($^{제297}_{조}$)에서의 협박이 후자에 해당한다.

협박죄에서의 협박은 '협의'로서 상대방으로 하여금 공포심을 일으키게 할 정도의 해악을 가할 것을 고지하는 것을 말한다.

(1) 협박의 정도

협박은 사람에게 현실적으로 공포심을 일으키게 할 만한 것이어야 한다. 즉 상대방의 의사결정의 자유를 제한할 정도의 협박이어야 한다. 이 정도의 협박인가 아니면 단순한 폭언 내지 욕설에 그치는가 하는 것은 협박행위자와 상대방 그리고 양자의 관계 및 구체적인 사정을 고려하여 객관적으로 판단할 성질의 것이다($^{구체적 사정을 고}_{려한 객관적 판단}$).[3] 예컨대 상대방에게 "앞으로 재미없을 줄 알아라"라고 한 말이 장차 상종하지 않겠다는 정도의 의미인지, 아니면 장차 장사도 못하고 구타도 당하는 등 혼이 날 것이라는 의미여서 협박이 될 것인지는 구체적 사정에 따라 판단될 문제이다.[4]

(2) 해악의 내용

고지되는 해악의 내용에는 제한이 없다. 생명, 신체, 자유, 명예, 재산, 정조, 업무, 비밀 등에 대한 해악이 그 내용에 포함된다. 고지되는 해악의 내용이 불법적일 필요도 없다. 고소권의 행사와 같이 정당한 권리행사의 고지도

행동이 정치적 표현의 자유나 일반적 행동의 자유 등의 관점에서도 전체 법질서상 용인될 수 없을 정도로 사회적 상당성을 갖추지 못한 때에는 그 행위 자체가 강요죄나 공갈죄에서 말하는 협박의 개념에 포섭될 수 있으므로, 소비자불매운동 과정에서 이루어진 어떠한 행위가 강요죄나 공갈죄의 수단인 협박에 해당하는지 여부는 해당 소비자불매운동의 목적, 불매운동에 이르게 된 경위, 대상 기업의 선정이유 및 불매운동의 목적과의 연관성, 대상 기업의 사회·경제적 지위와 거기에 비교되는 불매운동의 규모 및 영향력, 대상 기업에 고지한 요구사항과 불이익 조치의 구체적 내용, 그 불이익 조치의 심각성과 실현가능성, 고지나 공표 등의 구체적인 행위 태양, 그에 대한 상대방 내지 대상 기업의 반응이나 태도 등 제반 사정을 종합적·실질적으로 고려하여 판단하여야 한다"(대판 2013. 4. 11, 2010 도 13774).

  3) "피고인이 피해자 이○○에게 '입을 찢어 버릴라'라고 한 말은 원심이 인정한 피해자와의 관계, 피고인이 그와 같은 폭언을 하게 된 동기와 그 당시의 주위사정 등에 비추어 단순한 감정적인 욕설이었다고 보기에 충분하고, 피해자에게 해악을 가할 것을 고지한 행위라고 볼 수 없다. 원심이 같은 이유로 피고인의 폭언이 형법상의 협박에 해당하지 않는다고 본 것도 정당하고"(대판 1986. 7. 22, 86 도 1140).

  4) "두고 보자"라고 한 말(대판 1974. 10. 8, 74 도 1892).

목적과 수단의 관계에서 협박이 될 수 있다.

협박의 상대방 본인과 '밀접한 관계에 있는 제3자'에 대한 법익 침해를 내용으로 하는 해악을 고지하는 경우에도 협박죄가 성립할 수 있다. 여기에서의 '제3자'에는 자연인뿐만 아니라 법인도 포함된다.[5]

(3) 경고와의 구별

해악의 발생은 행위자에 의하여 좌우될 수 있는 것으로 고지될 것을 요한다. 이 점에서 협박은 경고와 구별된다. '경고'는 천재지변의 발생과 같이 행위자의 지배력이 미치지 않는 해악이 도래할 것을 고지하는 것이다. 협박자가 해악을 발생시킬 의사를 갖고 있지 않거나 해악을 발생시킬 능력이 없더라도, 해악의 도래가 자신의 의사에 의하여 좌우되는 것으로 고지하면 협박이 된다. 협박자 자신이 직접 해악을 가할 것으로 고지할 수도 있고 간접적으로 자신의 영향력에 의하여 제3자가 해악을 가할 것으로 고지할 수도 있다. 후자의 경우에 자신이 제3자의 가해 여부에 영향을 줄 수 있다는 것을 알림으로써 충분하고, 실제로 자신이 그러한 지위에 있는가의 여부, 심지어 그러한 제3자가 실제로 존재하는가의 여부도 문제되지 않는다. 해악의 도래는 현재이든, 장래이든, 조건부이든 관계없다.

〈문제: 길흉화복의 도래를 고하는 역술인의 행위〉

역술인의 발언이 단순히 길흉화복의 도래를 고하는 것에 그친다면 경고에 해당한다. 그러나 길흉화복의 도래를 자신이 좌우할 수 있는 것으로 고지하고 상대방이 공포심을 가질 정도가 되면 협박에 해당한다. 이 때 돈(복채)을 받으면 공갈죄가 성립할 수 있다. 다만 협박·공갈에 해당한다고 하더라도, 업무로 인한 행위 내지 사회상규에 위배되지 아니하는 행위($제20조$)로서 위법성이 조각될 여지가 있다.

관련판례: "공갈죄의 수단으로서의 협박은 객관적으로 사람의 의사결정의 자유를 제한하거나 의사실행의 자유를 방해할 정도로 겁을 먹게 할 만한 해악을 고지하

---

5) "피해자 본인이나 그 친족뿐만 아니라 그 밖의 '제3자'에 대한 법익 침해를 내용으로 하는 해악을 고지하는 것이라고 하더라도 피해자 본인과 제3자가 밀접한 관계에 있어 그 해악의 내용이 피해자 본인에게 공포심을 일으킬 만한 정도의 것이라면 협박죄가 성립할 수 있다. 이 때 '제3자'에는 자연인뿐만 아니라 법인도 포함된다 할 것인데, 피해자 본인에게 법인에 대한 법익을 침해하겠다는 내용의 해악을 고지한 것이 피해자 본인에 대하여 공포심을 일으킬 만한 정도가 되는지 여부는 고지된 해악의 구체적 내용 및 그 표현방법, 피해자와 법인의 관계, 법인 내에서의 피해자의 지위와 역할, 해악의 고지에 이르게 된 경위, 당시 법인의 활동 및 경제적 상황 등 여러 사정을 종합하여 판단하여야 한다"(대판 2010. 7. 15, 2010 도 1017).

는 것을 말하고, 그 해악에는 인위적인 것뿐만 아니라 천재지변 또는 신력이나 길
흉화복에 관한 것도 포함될 수 있으나, 다만 천재지변 또는 신력이나 길흉화복을
해악으로 고지하는 경우에는 상대방으로 하여금 행위자 자신이 그 천재지변 또는
신력이나 길흉화복을 사실상 지배하거나 그에 영향을 미칠 수 있는 것으로 믿게 하
는 명시적 또는 묵시적 행위가 있어야 공갈죄가 성립한다 할 것이다. 피고인은…'묘
소에 있는 시아버지 목뼈가 왼쪽으로 돌아가, 아들이 형편없이 빗나가 학교에도 다
니지 못하게 되고, 부부가 이별하게 되고, 하는 사업이 망하고, 집도 다른 사람에게
넘어가게 된다. 조상천도를 하면 모든 것이 다 잘 된다. 조상천도를 하지 않으면 큰
일난다'고 말하여, 만일 조상천도를 하지 아니하면 피해자와 그의 가족의 생명과 신
체 등에 어떤 위해가 발생할 것처럼 겁을 주고, 이에 외포된 피해자로부터 1998. 1.
5. 피고인의 예금계좌로 835,000원을 송금받아 이를 갈취하였다는 이 사건 각 공갈
의 공소사실에 대하여, 위 공소사실과 같은 해악의 고지는 길흉화복이나 천재지변
의 예고로서 피고인에 의하여 직접, 간접적으로 좌우될 수 없는 것이고, 가해자가
현실적으로 특정되어 있지도 않으며, 해악의 발생가능성이 합리적으로 예견될 수
있는 것이 아니므로, 이는 협박으로 평가될 수 없다"(대판 2002. 2. 8. 2000 도 3245).

　한편 '사기죄'의 성립을 긍정한 대법원판결이 있다. 피고인이 피해자의 가족들에
게 귀신이 씌었다며 자신이 기도와 기치료를 하여 낫게 해줄 수 있다고 말하고, 피
해자로부터 장기간에 걸쳐 합계 1억889만 원을 송금받은 사건에서 "판결이유: 사
기죄의 구성요건인 편취의 범의는 피고인이 자백하지 아니하는 이상 범행 전후의
피고인의 재력, 환경, 범행의 내용, 기망 대상 행위의 이행가능성 및 이행과정 등과
같은 객관적인 사정 등을 종합하여 판단할 수밖에 없다. 그리고 피고인이 피해자에
게 불행을 고지하거나 길흉화복에 관한 어떠한 결과를 약속하고 기도비 등의 명목
으로 대가를 교부받은 경우에 전통적인 관습 또는 종교행위로서 허용될 수 있는 한
계를 벗어났다면 사기죄에 해당한다"(대판 2017. 11. 9. 2016 도 12460).

(4) 해악고지의 방법

　해악고지의 방법에는 제한이 없다. 구두, 문서(협박장), 태도 내지 거동 등
의 방법을 불문한다. 또한 해악의 고지는 명시적이든 묵시적이든 상관없다.
행위자가 실제로 해악을 가할 의도를 가지고 있지 않아도 되고, 상대방에게
그렇게 인식시키는 것으로서 충분하다. 해악의 고지방법은 '부작위'로도 가능
하다고 본다. 다만 그 부작위의 '사회적 의미'가 상대방에게 공포심을 주어 의
사결정에 영향을 미칠 만한 것이 되어야 한다. '부작위의 고지', 예컨대 절도범
인 여자를 붙잡은 후 성관계를 갖는다면 경찰에 넘기지 않겠다고 말하는 것도
(강요죄에서의) 협박에 해당할 수 있다.[6]

(5) 기수와 미수

협박에 의하여 상대방이 현실로 공포심을 가졌을 때에 본죄는 기수에 달한다. 즉 공포심을 일으켜 의사결정의 자유가 침해되었을 때 기수가 된다(침해범). 협박을 하였으나 상대방이 공포심을 갖지 않아서 의사결정의 자유가 침해되지 않았다면 협박미수죄가 성립한다. 형법은 협박미수죄를 처벌하고 있다($\frac{제286}{조}$).

그러나 대법원은 협박죄를 위험범으로 파악하면서 공포심을 일으키게 할 정도의 해악을 고지함으로써 상대방이 그 의미를 인식한 이상, 상대방이 현실적으로 공포심을 일으켰는지 여부와 관계없이 협박죄의 기수에 이른다고 해석하고 있다.[7] 협박죄의 미수범 처벌조문은 해악의 고지가 현실적으로 상대방에게 도달하지 아니한 경우나, 도달은 하였으나 전혀 지각하지 못한 경우 혹은 고지된 해악의 의미를 상대방이 인식하지 못한 경우 등에 적용될 뿐이라는 것이 판례의 입장이다.

4. 고   의

협박의 고의는 해악을 가할 것을 고지함으로써 상대방으로 하여금 공포심을 갖게 한다는 의사이다. 고지한 해악을 실제로 발생케 하겠다는 의사는 필요하지 않다.[8]

---

6) 권오걸, 109면; 박상기, 105면; 오영근, 137면; 이재상, 117면; 이형국, 160면; 정/박, 131면; 정영일, 107면. Sch/Sch/Eser, StGB, §240 Rn. 10 u. 20; Dreher/Tröndle, StGB, §240 Rn. 18.

7) "협박죄가 성립되려면 고지된 해악의 내용이 … 일반적으로 사람으로 하여금 공포심을 일으키게 하기에 충분한 것이어야 할 것이지만, 상대방이 그에 의하여 현실적으로 공포심을 일으킬 것까지 요구되는 것은 아니며, 그와 같은 정도의 해악을 고지함으로써 상대방이 그 의미를 인식한 이상, 상대방이 현실적으로 공포심을 일으켰는지 여부와 관계없이 그로써 구성요건은 충족되어 협박죄의 기수에 이르는 것으로 해석하여야 할 것이다. 우리 형법은 제286조에서 협박죄의 미수범을 처벌하는 조항을 두고 있으나 미수범 처벌조항이 있다 하여 반드시 침해범으로 해석할 것은 아니며, 지극히 주관적이고 복합적이며 종종 무의식의 영역에까지 걸쳐 있는 상대방의 정서적 반응을 객관적으로 심리·판단하는 것이 현실적으로 불가능에 가깝고, 상대방이 과거 자신의 정서적 반응이나 감정상태를 회고하여 표현한다 하여도 공포심을 일으켰는지 여부의 의미나 판단기준이 사람마다 다르며 그 정도를 측정할 객관적 척도도 존재하지 아니하는 점 등에 비추어 보면, 상대방이 현실적으로 공포심을 일으켰는지 여부에 따라 기수 여부가 결정되는 것으로 해석하는 것은 적절치 아니하기 때문이다. 결국, 협박죄는 사람의 의사결정의 자유를 보호법익으로 하는 위험범이라 봄이 상당하고, 위 미수범 처벌조항은 해악의 고지가 현실적으로 상대방에게 도달하지 아니한 경우나, 도달은 하였으나 전혀 지각하지 못한 경우, 혹은 고지된 해악의 의미를 상대방이 인식하지 못한 경우 등에 적용될 뿐이라 할 것이다"(대판 2007. 9. 28, 2007 도 606-전원합의체).

8) "협박죄에 있어서의 협박이라 함은 일반적으로 보아 사람으로 하여금 공포심을 일으킬 수

5. 위 법 성

협박죄의 위법성은 협박이 '권리행사의 수단'으로 행해진 경우에 문제된다. 예컨대 교통사고를 당한 피해자가 사고운전자에게 손해를 배상하지 않으면 형사상 고소하겠다는 식으로 고소권의 행사를 협박수단으로 사용한 경우에 협박죄가 성립할 것인가 하는 점이다. 이 문제는 '목적과 수단의 관계'에 비추어 결정된다.[9] 즉 정당한 목적을 위하여 사회상규상 용인될 만한 수단이라고 평가된다면, 원칙적으로 협박행위의 위법성이 조각된다.[10] 그러나 권리의 남용으로 평가되면 위법하다고 해야 한다.[11]

협박이 일정한 행위를 강요할 수단으로 행해진 경우에 강요죄의 성립을 인정할 것인가 하는 문제가 논의되지만, 주로 채권행사의 수단으로 행해져서[12] '공갈죄'의 성립 여부와 관련하여 논의되고 있다(후술하는 권리행사와 공갈죄의 성부 부분을 참조). 판례는 권리행사의 목적으로 협박수단이 행해진 경우에 그 수단이 사회통념상 허용되는 범위를 넘은 때에는 위법성을 긍정함으로써 공갈죄가 성립한다고 한다.[13]

있는 정도의 해악을 고지하는 것을 의미하므로, 그 주관적 구성요건으로서의 고의는 행위자가 그러한 정도의 해악을 고지한다는 것을 인식, 인용하는 것을 그 내용으로 하고, 고지한 해악을 실제로 실현할 의도나 욕구는 필요로 하지 아니한다"(**대판** 1991. 5. 10, 90 도 2102).

9) 권오걸, 114면; 김성돈, 118면; 김/서, 123-4면; 박상기, 106면; 배종대, 204면; 손동권, 115면; 이재상, 118-9면; 이형국, 161면; 정/박, 132면. Dreher/Tröndle, StGB, §240 Rn. 22 ff.

10) "해악의 고지가 있다 하더라도 그것이 사회의 관습이나 윤리관념 등에 비추어 볼 때에 사회통념상 용인할 수 있을 정도의 것이라면 협박죄는 성립하지 아니한다"(대판 1998. 3. 10, 98 도 70).

11) "친권자는 자를 보호하고 교양할 권리의무가 있고(민법 제913조), 그 자를 보호 또는 교양하기 위하여 필요한 징계를 할 수 있기는 하지만(민법 제915조), 인격의 건전한 육성을 위하여 필요한 범위 안에서 상당한 방법으로 행사되어야만 할 것인데, 원심이 확정한 사실관계에 의하면 스스로의 감정을 이기지 못하고 야구방망이로 때릴 듯이 피해자에게 '죽여 버린다'고 말하여 협박하는 것은 그 자체로 피해자의 인격 성장에 장해를 가져올 우려가 커서, 이를 교양권의 행사라고 보기도 어렵다"(대판 2002. 2. 8, 2001 도 6468).

12) 우리나라에서는 채권자가 채권의 만족을 위하여 형사고소권 등을 협박수단으로 사용하는 '민사의 형사화 현상'('사법(私法)의 형법에로의 도피현상')이 만연하여 우려할 만한 사태를 야기하고 있다. 그 근본적인 원인은 우리나라 민사소송제도의 저효율성에 있다고 본다.

13) 사회통념상 허용되는 범위를 넘은 것으로 공갈죄의 성립을 '긍정'한 판결: "피해자에 대하여 금전채권이 있다고 하더라도 그 권리행사를 빙자하여 사회통념상 용인되기 어려운 정도를 넘는 협박을 수단으로 사용하였다면 공갈죄가 성립한다 할 것이므로, 피해자에 대한 채권이 있다 하여 공갈죄가 성립되지 않는다는 주장도 이유 없다"(대판 1996. 9. 24, 96 도 2151. 同旨, 대판 1991. 12. 13, 91 도 2127; 1987. 10. 26, 87 도 1656 등).

6. 공동절교의 통고 및 집단따돌림(이른바 왕따) 행위

일정한 지역의 주민이 결속하여 그 지역에 거주하는 특정인에게 공동절교의 결의를 통고하는 행위가 협박죄가 될 것인가의 문제이다. 공동절교의 통고가 명예에 대한 협박이 된다고 긍정하는 견해와[14] 부정하는 견해가[15] 있다. 이는 위법성의 문제로서 사회상규위배 여부로 판단함이 타당하다.

최근에 논의되고 있는 '집단따돌림행위'에 있어서, 집단따돌림 자체는－처벌법규가 없는 한－범죄행위라고 할 수 없으나, 집단따돌림하겠다는 통고행위는 명예 내지 행복추구권(헌법제10조)에 대한 협박이 될 수 있으며 사회상규상으로도 위법하다고 볼 수 있다.

7. 형 벌

3년 이하의 징역, 500만원 이하의 벌금, 구류 또는 과료이다.

8. 반의사불벌죄

본죄는 피해자의 명시한 의사에 반하여 공소를 제기할 수 없다(제283조제3항). 그러나 '폭력행위 등 처벌에 관한 법률' 제2조 제4항은 ① 2인 이상이 공동하여 협박죄를 범하거나, ② 동법 위반으로 2회 이상 징역형을 받은 자로서 다시 협박죄를 범하여 누범으로 처벌할 경우에는 반의사불벌죄가 아닌 것으로 규정하고 있다.

II. 존속협박죄

제283조 제2항 [존속협박] "자기 또는 배우자의 직계존속에 대하여 제1항의 죄를

사회통념상 용인될 정도의 것으로서 협박이 성립하지 않는다고 '부정'한 판결: "피고인에게 여관을 명도하기가 어렵게 되자 피고인은 위 이○○에게 '삼광여관을 당장 명도해 주든가 명도소송비용을 내놓아라 그렇지 않으면 내가 당신에게 속은 것이니 고소하여 당장 구속시키겠다'고 말하였고,…위와 같은 사실관계에 비추어 보면 피고인이 매도인의 대리인인 위 피해자에게 위 여관의 명도 또는 명도소송비용을 요구한 것은 매수인으로서 정당한 권리행사라 할 것이며, 위와 같이 다소 위협적인 말을 하였다고 하여도 이는 사회통념상 용인될 정도의 것으로서 협박으로 볼 수 없다고 판단한 원심조치는 정당하다"(대판 1984. 6. 26, 84 도 648).

14) 강구진, 138면; 황산덕, 209면.
15) 정/박, 132면.

범한 때에는 5년 이하의 징역 또는 700만원 이하의 벌금에 처한다."

존속협박죄는 직계비속이라는 신분으로 인하여 단순협박죄에 비하여 책임이 가중되는 유형이다(부진정신분범).

Ⅲ. 특수협박죄

제284조 [특수협박] 단체 또는 다중의 위력을 보이거나 위험한 물건을 휴대하여 전조 제1항, 제2항의 죄를 범한 때에는 7년 이하의 징역 또는 1천만원 이하의 벌금에 처한다."

본죄는 단체 또는 다중의 위력을 보이거나 위험한 물건을 휴대하여 단순협박죄 또는 존속협박죄를 범한 경우에 그 행위방법으로 말미암아 불법이 가중되는 유형이다. "단체 또는 다중의 위력을 보이거나 위험한 물건을 휴대하여"의 해석은 특수폭행죄($\frac{제261}{조}$)에서와 동일하다.

Ⅳ. 상습협박죄

제285조 [상습범] "상습으로 제283조 제1항, 제2항 또는 전조의 죄를 범한 때에는 그 죄에 정한 형의 2분의 1까지 가중한다."

본죄는 상습으로 단순협박죄, 존속협박죄, 특수협박죄를 범한 경우에 성립한다.

제 9 장 강 요 의 죄

제 1 절 개   설

I. 의의, 보호법익

강요죄는 "폭행 또는 협박으로 사람의 권리행사를 방해하거나 의무없는 일을 하게 함으로써 성립하는 범죄"이다. 강요죄의 보호법익은 '의사결정과 의사결정에 따른 행동의 자유'(의사결정의 자유와 의사실현의 자유)이고, 보호의 정도는 '침해범'이다.

II. 강요죄의 체계와 입법론

강요죄에 있어서의 기본유형은 단순강요죄($\frac{제324조}{제1항}$)이다. 그리고 단순강요죄에 대한 방법적 가중유형으로서 특수강요죄($\frac{제324조}{제2항}$), 인질강요죄($\frac{제324조}{의 2}$), 인질강요죄의 불법가중유형으로서 인질상해·치상죄($\frac{제324조}{의 3}$)와 인질살해·치사죄($\frac{제324조}{의 4}$)가 규정되어 있다. 이상의 범죄의 미수범은 처벌한다($\frac{제324조}{의 5}$). 그 밖에 단순강요죄의 결과적 가중유형으로서 중강요죄($\frac{제326}{조}$)가 규정되어 있다.

강요죄를 '2인 이상이 공동'하여 범한 경우에는 '폭력행위 등 처벌에 관한 법률' 제2조 제2항에 의하여 가중처벌된다.

1995년 형법개정에서 제324조의 표제를 '폭력에 의한 권리행사방해'에서 '강요'로 바꾸었고, 강요죄의 미수범 처벌규정($\frac{제324조}{의 5}$)과 인질강요죄($\frac{제324조의}{2, 3, 4}$)를 신설하였다.

우리 형법은 재산죄인 제37장의 권리행사방해죄 속에 강요죄($\frac{제324}{조}$)와 1995년 형법개정에서 신설된 인질강요죄($\frac{제324조}{의 2}$) 및 인질상해·치상죄($\frac{제324조}{의 3}$)와 인질살해·치사죄($\frac{제324조}{의4}$)를 함께 규정하고 있는 특색을 보이고 있다. 그러나 강요죄는 보호법익이 의사결정과 의사실현의 자유이고 인질범죄는 보호법익이 의사결정의 자유 및 신체적 자유라는 점에서, 모두 '인격적 법익'에 대한 범죄이지 재산죄라고 할 수 없기 때문에, 강요죄와 인질범죄를 권리행사방해죄의 장에 함께 규정하는 것은 적절치 못하다. 입법론으로는 강요죄와 인질범죄를 위한 별도의 장을 마련하여, 협박죄 다음에 규정하는 것이 바람직하다.

제 2 절   개별적 범죄유형

Ⅰ. 단순강요죄

제324조 [강요] 제1항 "폭행 또는 협박으로 사람의 권리행사를 방해하거나 의무 없는 일을 하게 한 자는 5년 이하의 징역 또는 3천만원 이하의 벌금에 처한다."

1. 의의, 보호법익

단순강요죄는 "폭행 또는 협박으로 사람의 권리행사를 방해하거나 의무없는 일을 하게 함으로써 성립하는 범죄"이다. 보호법익은 '의사결정과 의사결정에 따른 행동의 자유'(의사결정의 자유와 의사실현의 자유)이고, 보호의 정도는 '침해범'이다. 본죄의 미수범은 처벌한다($\frac{제324조}{의5}$).

폭행·협박의 방법을 쓰지 않더라도 공무원이 직권을 남용하여 강요한 경우에는 제123조의 직권남용죄가 성립한다.

2. 행위의 객체

객체는 사람이다. 사람은 자연인인 타인을 말한다. 협박죄와 마찬가지로 공포심을 가질 만한 정신적 능력이 있는 자에 국한된다. 강요죄에 있어서는 폭행·협박의 상대방과 권리행사를 방해당한 자가 동일인일 필요는 없다(이른바 3각강요의 관계). 예컨대 가수를 폭행·협박하여 그 가수의 매니저가 일정한 유흥업소와 계약을 체결하지 못하도록 한 경우이다.

3. 구성요건

강요죄의 구성요건은 폭행 또는 협박으로 사람의 권리행사를 방해하거나 의무없는 일을 하게 하는 것이다.

(1) 폭행 또는 협박

(가) 폭 행 강요죄에 있어서의 폭행은 '광의'의 폭행이다. 즉 사람에 대한 직접·간접의 유형력의 행사를 말하고, 반드시 신체에 가해질 필요는 없다. 예컨대 지체장애자의 휠체어를 일시 탈취하여 그로 하여금 법정에서 증언을 못하도록 하는 경우에 간접적인 유형력을 행사한 강요죄가 성립한다. 이에 반하여 폭행죄에서의 폭행은 협의로서 사람의 신체에 대하여 가해져야 한다.

폭행은 상대방을 밧줄로 묶는다든가 약물로 혼수상태에 빠지게 한다든가 하는 절대적 폭력 이외에 상대방의 의사결정에 영향을 미치고자 구타하는 심리적 폭력(강제적 폭력)을 포함한다.

폭행의 강도는 의사결정과 행동의 자유를 제한할 정도여야 하고, 상대방의 반항을 곤란하게 할 정도일 필요는 없다. 공갈죄에서의 폭행과 그 정도가 같다.

(나) 협 박 강요죄에 있어서의 협박은 '협의'의 협박이다. 이는 협박죄에서의 협박과 동일하다. 즉 강요죄에서의 협박은 상대방에게 해악을 가할 것을 고지하여 상대방이 현실로 공포심을 일으킬 것을 요한다(침해범). 협박이 있었으나 상대방이 현실로 공포심을 일으키지 아니하면 강요미수죄가 성립할 따름이다.

협박의 강도도 의사결정과 행동의 자유를 제한할 정도여야[1] 하지만, 상대방의 반항을 곤란하게 할 정도일 필요는 없다.

(2) 사람의 권리행사를 방해하거나 의무없는 일을 하게 하는 것

여기에서 권리행사를 방해한다고 함은 반드시 권리에 한하지 않고 널리 '법률상 허용된 행위를 행하지 못하게 하는 것'을 의미한다. 강요죄는 좁게 권리의 행사를 방해하는 폭행·협박뿐만이 아니라 넓게 행동의 자유를 제한하는 일체의 폭행·협박을 처벌하고자 하는 것이다. 따라서 이 요건은 "법률상 허용된 행위를 행하지 못하게 하거나 법률상 의무없는 행위를 하게 하는 것"이다. 이 때의 강요된 행위는 법률행위이든 사실행위이든, 작위이든 부작위이든 묻지 않

---

1) 대판 2017. 10. 26, 2015 도 16696; 2020. 1. 30, 2018 도 2236 − 전원합의체; 2020. 2. 13, 2019 도 5186.

는다. 권리행사를 방해하는 예는 피해자로 하여금 고소를 못하게 하는 것, 증언을 못하게 하는 것, 해외여행을 못하게 하는 것,[2] 교수로 하여금 강의를 못하게 하는 것, 학생으로 하여금 강의를 못듣게 하거나 시험을 못치게 하는 것 등이고, 의무없는 일을 하게 하는 예는 사죄광고를 내게 하는 것, 소송을 취하하게 하는 것, 매도의사가 없는데 부동산을 매도하게 하는 것, 종업원으로 취업하게 하는 것, 술을 마시게 하는 것, 무릎을 꿇고 기어가게 하는 것 등이다.

(3) 기수와 미수

본죄는 폭행 또는 협박으로 인하여 현실적으로 권리행사가 방해되거나 의무없는 일을 하게 됨으로써 기수에 달한다.[3] 즉 의사결정의 자유뿐만 아니라 의사결정에 따른 행동의 자유가 현실적으로 침해되었을 때 기수가 된다(침해범). 권리행사가 방해되지 않았다든가 폭행·협박과 권리행사방해 사이에 인과관계가 없을 경우에는 본죄의 미수범이 성립한다. 강요미수죄는 처벌된다(제324조의 5).

4. 주관적 구성요건

강요죄의 고의가 성립하자면, 폭행·협박의 고의 이외에 권리행사를 방해하거나 의무없는 일을 하게 한다는 고의가 있어야 한다.

5. 위 법 성

(1) 권리행사와 강요죄

강요행위는 권리행사의 수단으로 행해질 수 있다. 예컨대 폭행·협박의 수단으로 공장주로 하여금 폐수를 방출하지 못하게 하는 경우이다. 이 문제도 '목적과 수단의 관계'에 비추어 결정된다.[4] 즉 정당한 목적을 위하여 사회상규상 용인

---

2) 대판 1993. 7. 27, 93 도 901.

3) "판결요지: 형법 제324조 소정의 폭력에 의한 권리행사방해죄는 폭행 또는 협박에 의하여 권리행사가 현실적으로 방해되어야 할 것인바, 피해자의 해외도피를 방지하기 위하여 피해자를 협박하고 이에 피해자가 겁을 먹고 있는 상태를 이용하여 동인 소유의 여권을 교부하게 하여, 피해자가 그의 여권을 강제 회수당하였다면 피해자가 해외여행을 할 권리는 사실상 침해되었다고 볼 것이므로, 권리행사방해죄의 기수로 보아야 한다"(대판 1993. 7. 27, 93 도 901).

4) "판결이유: 해악의 고지가 비록 정당한 권리의 실현 수단으로 사용된 경우라고 하여도 그 권리실현의 수단 방법이 사회통념상 허용되는 정도나 범위를 넘는다면 강요죄가 성립한다고 보아야 할 것이고, 여기서 어떠한 행위가 구체적으로 사회통념상 허용되는 정도나 범위를 넘는 것인지는 그 행위의 주관적인 측면과 객관적인 측면, 즉 추구된 목적과 선택된 수단을 전체적으로 종합하여 판단하여야 한다"(대판 2017. 10. 26, 2015 도 16696). 권오걸, 125면; 박상기, 113면; 손동권, 175면; 이재상, 153-4면; 정/박, 139면. Dreher/ Tröndle, StGB, §240 Rn. 22 ff.

될 만한 수단이라고 평가된다면, 강요행위의 위법성이 조각된다고 볼 것이다.
 (2) 피해자의 승낙
 강요죄에서 피해자의 승낙은 구성요건해당성을 배제하는 양해가 되지만, 피해자의 승낙이 있다면 처음부터 폭행·협박의 수단이 행해지지 않을 것으로 생각된다.
 (3) 사회상규에 위배되지 아니하는 행위
 음주운전을 막기 위한 폭행, 자살하려는 자로 하여금 자살하지 못하도록 행한 폭행 등은 사회상규에 위배되지 아니하는 행위로서 위법성이 조각된다.
 (4) 노동쟁의행위
 합법적인 노동쟁의(_{노동관계조정법 제2조 제6호})의 범위 내에서 사용자에게 임금을 인상하도록 강요한다든가 근로시간을 단축하도록 강요하는 행위는 법령에 의한 행위(_{제20조})로서 위법성이 조각된다(_{노동조합 및 노동관계조정법 제4조}).[5]

6. 죄　수

 폭행 또는 협박의 수단으로 체포·감금·약취·유인·강도·강간·공갈[6] 등의 행위를 한 경우에 체포·감금죄 등의 범죄와 강요죄는 법조경합 중 특별관계에 서서, 강요죄는 성립하지 않는다.
 타인에게 범죄를 강요하고 타인이 강요당한 범죄를 실행한 경우에 ① 강요의 수단인 폭행·협박이 의사의 자유를 단지 제한하는 정도이면 강요자는 피강요자가 실행한 범죄의 교사범과 강요죄의 상상적 경합으로서 처벌되고, ② 폭행·협박이 피강요자의 저항을 불가능하게 할 정도(_{제12조})이면 강요자는 피강요자가 실행한 범죄의 간접정범(또는 제34조 제2항의 특수간접정범)과 강요죄의 상상적 경합으로서 처벌된다.

---

 5) 노동쟁의행위가 형법상 정당행위가 되기 위한 '요건'에 관해서는 **대판** 2001. 10. 25, 99 도 4837 - 전원합의체(총론, 233-4면)을 참조.
 6) "판결요지: 피고인이 투자금의 회수를 위해 피해자를 강요하여 물품대금을 횡령하였다는 자인서를 받아낸 뒤 이를 근거로 돈을 갈취한 경우, 피고인의 주된 범의가 피해자로부터 돈을 갈취하는 데에 있었던 것이라면, 피고인은 단일한 공갈의 범의하에 갈취의 방법으로 일단 자인서를 작성케 한 후 이를 근거로 계속하여 갈취행위를 한 것으로 보아야 할 것이므로, 위 행위는 포함하여 공갈죄 일죄만을 구성한다고 보아야 한다"(대판 1985. 6. 25, 84 도 2083).

7. 형   벌

5년 이하의 징역 또는 3천만원 이하의 벌금에 처한다.

Ⅱ. 특수강요죄

<u>제324조 제2항</u> "단체 또는 다중의 위력을 보이거나 위험한 물건을 휴대하여 제1항의 죄를 범한 자는 10년 이하의 징역 또는 5천만원 이하의 벌금에 처한다."

특수강요죄는 "단체 또는 다중의 위력을 보이거나 위험한 물건을 휴대하여 강요죄를 범한 경우에 성립하는 범죄"이다. 본죄는 강요의 '행위방법'에 있어서 집단적 위력을 보이거나 위험한 물건을 가지고 행해진다는 위험성 때문에 단순강요죄에 비하여 불법이 가중되는 유형이다(불법가중유형).

종래 특수강요죄는 형법이 아니라 '폭력행위 등 처벌에 관한 법률' 제3조 제1항에 규정되어 있었다. 그러나 2016. 1. 6.의 관련 법률개정에서 폭처법 제3조 제1항이 삭제되고, 형법 제324조 제2항(특수강요죄)이 신설되었다.

특수강요죄의 구성요건 해석은 특수폭행죄와 단순강요죄에서의 해당 부분을 참조할 것.

본죄의 미수범은 처벌한다(제324조의 5).

Ⅲ. 중강요죄

<u>제326조</u> [중권리행사방해] "제324조 또는 제325조의 죄를 범하여 사람의 생명에 대한 위험을 발생하게 한 자는 10년 이하의 징역에 처한다."

본죄는 "단순강요죄를 범하여 사람의 생명에 대한 위험을 발생하게 함으로써 성립하는 범죄"이다. 중강요죄는 '구체적 위험범'이고, 단순강요죄의 '부진정 결과적 가중범'에 해당한다.[7]

---

7) 김성돈, 125면; 오영근, 163면. 이에 반해 진정 결과적 가중범이라는 견해는 박상기, 114면; 이정원, 152면; 정영일, 115면.

Ⅳ. 인질강요죄

제324조의 2 [인질강요] "사람을 체포·감금·약취 또는 유인하여 이를 인질로 삼아 제3자에 대하여 권리행사를 방해하거나 의무없는 일을 하게 한 자는 3년 이상 의 유기징역에 처한다."

1. 의의, 입법취지, 입법례

본죄는 "사람을 체포·감금·약취 또는 유인하여 이를 인질로 삼아 제3자 에 대하여 권리행사를 방해하거나 의무없는 일을 하게 함으로써 성립하는 범 죄"이다. 외국의 입법례를 본받아, 사람을 체포·감금·약취 또는 유인한 후 에 이를 인질로 삼아 체포를 면하려고 하거나 정치범의 석방을 요구하거나 정 치적 목적을 달성하려는 범죄를 무겁게 처벌하기 위하여 1995년 형법개정에 서 인질강요죄를 신설하였다.[8]

독일형법상의 인질납치죄(제239조b: Geiselnahme)는 대체로 우리 형법상 인 질강요죄에 해당하고, 인질공갈죄(제239조a: erpresserischer Menschenraub)는 우리 형법상 인질강도죄($\frac{제336}{조}$)에 해당한다. 미국은 연방법에서 인질강요죄를 처벌하고 있으며(18 U.S.C. §1203. Hostage Taking), 일본은 1977년에 '인질에 의 한 강요행위 등 처벌에 관한 법률'을 제정하여 인질강요죄를 처벌하고 있다. 인질강요죄는 반인류적인 범죄로 보아 국제조약에 의하여 세계가 연대하여 처벌하고자 한다. 예컨대 1979년의 '인질행위방지협약'(International Convention against the Taking of Hostage, 우리나라에서는 1983. 6. 3.부터 발효)이 있다.

2. 보호법익, 성격

인질강요죄의 보호법익은 '피강요자의 의사결정과 의사활동의 자유 및 인질의 신체적 자유(장소이전의 자유)'이다. 보호의 정도는 '침해범'이다.[9] 인질강요죄는 체포·감금행위 또는 약취·유인행위와 '강요행위'의 '결합범'으로서 '인격범죄' 에 속한다. 그러나 인질강도죄($\frac{제336}{조}$)는 체포·감금행위 또는 약취·유인행위와

---

8) 인질범죄의 입법취지에 관하여는 형법개정법률안 제안이유서, 153면 이하 참조.
9) 권오걸, 128면; 김성돈, 127면; 김/서, 132면; 박상기, 115면; 배종대, 215면; 손동권, 178면; 오영근, 164면; 정/박, 141면; 정영일, 116면.

'공갈행위'의 결합범으로서 '재산범죄'에 속한다.

3. 구성요건

인질강요죄의 구성요건은 ① 사람을 체포·감금·약취 또는 유인할 것, ② 이를 인질로 삼을 것, ③ 제3자에 대하여 권리행사를 방해하거나 의무없는 일을 하게 할 것(강요행위) 등 셋으로 되어 있다.

'인질로 삼는다'는 것은 "체포·감금·약취 또는 유인된 자의 생명, 신체 등의 안전에 관한 제3자의 우려를 이용하여 석방이나 생명, 신체에 대한 안전을 보장하는 대상(代償)으로 제3자를 강요할 목적하에 체포·감금·약취 또는 유인된 자의 자유를 구속하는 것"을 의미한다.[10] 법문에 의하면, 강요의 상대방은 '제3자'로 명시되어 있다. 따라서 '인질'에 대한 강요는 본죄를 구성하지 않는다.[11]

제3자는 자연인 이외에 국가·공공기관·기업체 등의 법인과 법인격없는 단체를 포함한다.

4. 미수와 기수

인질강요죄의 미수범은 처벌한다($\frac{제324조}{의 5}$). 본죄의 실행의 착수시기는 체포·감금·약취·유인행위를 개시한 때라는 견해와[12] 강요행위를 개시한 때라는 견해가[13] 대립한다. 생각건대 결합범에 있어서 실행의 착수시기를 정하는 일반원칙에 따라 해결해야 할 것이므로 앞의 견해가 타당하다고 본다.

본죄의 기수시기는 권리행사를 방해받았거나 의무없는 일을 하였을 때라는 견해와[14] 인질범이 제3자에 대하여 일정한 행위를 하거나 하지 못하도록 시도한 시점이라는 견해가[15] 대립한다. 본죄가 침해범이고 미수범 처벌규정이 있다는 점에 비추어, 또 결합범에 있어서 기수시기를 정하는 일반원칙에 따라

---

10) 형법개정법률안 제안이유서, 153면.
11) 독일형법상(제239조b 인질납치죄)으로는 '인질'에 대한 강요도 인질범죄를 구성한다.
12) 권오걸, 130면; 김성천, 741면; 김/서, 131면; 박상기, 119면; 손동권, 178면; 정/박, 143면; 정영일, 118면.
13) 김성돈, 127면; 배종대, 216면; 백형구, 272면; 이재상, 156면; 이정원, 153면; 이형국, 172면.
14) 김성돈, 127면; 김성천, 741면; 김/서, 131면; 배종대, 216면; 손동권, 178면; 오영근, 164-5면.
15) 권오걸, 131면; 박상기, 120면.

해결해야 한다면, 앞의 견해가 타당하다고 하겠다.

5. 형   벌

3년 이상의 유기징역에 처한다.

6. 형의 감경

제324조의 6 [형의 감경] "제324조의 2 또는 제324조의 3의 죄를 범한 자 및 그 죄의 미수범이 인질을 안전한 장소로 풀어준 때에는 그 형을 감경할 수 있다."

본조는 인질범죄에 대한 '석방감경규정'이다. 일종의 '중지범'이라고 할 수 있지만, ① 행위자의 '자의성'을 요건으로 하지 않는다는 점, ② 기수에 도달한 이후에도 인정된다는 점, ③ 필요적 감면이 아니라 임의적 감경사유라는 점에서 총칙상의 중지범($\frac{제26}{조}$)과는 성격이 다르다.[16] 범인을 위한 것이라기보다는 인질(피해자)의 안전을 도모하기 위한 형사정책적 규정이다.

인질범죄에 있어서의 석방감경규정은 인질강요죄($\frac{제324조}{의 2}$)와 인질상해·치상죄($\frac{제324조}{의 3}$)에는 적용되지만, 인질살해·치사죄($\frac{제324조}{의 4}$)에는 적용되지 않는다.

V. 인질상해·치상죄

제324조의 3 [인질상해·치상] 제324조의 2의 죄를 범한 자가 인질을 상해하거나 상해에 이르게 한 때에는 무기 또는 5년 이상의 징역에 처한다."

인질상해·치상죄는 "인질강요죄를 범한 자가 인질을 상해하거나 상해에 이르게 함으로써 성립하는 범죄"이다.

본죄의 미수범은 처벌한다($\frac{제324조}{의 5}$). 고의범인 인질상해죄의 미수는 강요행위의 미수·기수를 불문하고 상해행위가 미수에 그친 경우에 성립하고, 결과적 가중범인 인질치상죄의 미수는 과실로 상해의 결과가 발생하였으나 강요행위가 미수에 그친 경우에 성립한다.[17] 그러나 본조의 미수범 처벌규정은 인질상해죄에 대해서만 적용되고, 결과적 가중범인 인질치상죄에는 적용되지 않는다는

---

16) 새로운 유형의 중지범이라는 견해는 박상기, 120면; 배종대, 216면.
17) 박상기, 121면; 배종대, 217면; 이정원, 155면.

주장도 있다.[18]

VI. 인질살해·치사죄

제324조의 4 [인질살해·치사] "제324조의 2의 죄를 범한 자가 인질을 살해한 때에는 사형 또는 무기징역에 처한다. 사망에 이르게 한 때에는 무기 또는 10년 이상의 징역에 처한다."

인질살해·치사죄의 미수범은 처벌한다($\frac{제324조}{의 5}$). 고의범인 인질살해죄의 미수는 강요행위의 미수·기수를 불문하고 살해행위가 미수에 그친 경우에 성립하고, 결과적 가중범인 인질치사죄의 미수는 과실로 사망의 결과가 발생하였으나 강요행위가 미수에 그친 경우에 성립한다.

---

18) 백형구, 273면; 오영근, 166면; 이형국, 174면; 정/박, 145면.

제10장 약취, 유인 및 인신매매의 죄

제1절 개 설

I. 의의, 보호법익

약취·유인죄는 "사람을 보호받는 상태로부터 이탈시켜 자기 또는 제3자의 실력적 지배하에 두는 범죄"이다. 약취·유인죄의 보호법익은 '피인취자의 자유'인데, 피인취자가 친권자의 보호감독하에 있는 때에는 '친권자(보호자)의 보호감독권'도 부차적인 보호법익이 된다(통설 및 판례[1]). 보호의 정도는 '침해범'이다. 약취·유인죄의 미수범은 처벌한다($^{제294}_{조}$).

약취·유인죄는 인신매매죄의 범주에 속한다. 다만 형법은 돈을 노리는 유괴범(약취·유인범)은 인질강도죄($^{제336}_{조}$)로 처벌하고 있다.

II. 약취, 유인 및 인신매매의 죄의 체계

제31장의 죄는 2013년 4월 5일의 형법개정을 통하여 대폭 손질되었다. 이 개정은 기본적으로 '국제연합 국제조직범죄 방지협약'(United Nations Convention against Transnational Organized Crime) 및 '인신매매방지 의정서'의 국내적 이행 입법이었다. 그 개정 내용을 보면, 제31장의 제명을 '약취와 유인의 죄'에서 '약취, 유인 및 인신매매의 죄'로 변경하고, 제289조의 표제도 '국외이송을 위한 약취, 유인, 매매'를 '인신매매'로 바꾸면서, 인신매매죄의 기본적 구성요건이라고 할 '단순 인신매매죄'($^{제289조}_{제1항}$)를 신설하였다. 또한 제31장의 범죄를 "대한민국 영역 밖에서 범한 외국인에게도" 우리 형법을 적용한다는 명시적

---

1) 대판 2003. 2. 11, 2002 도 7115.

제10장 약취, 유인 및 인신매매의 죄 **173**

규정, 즉 제296조의 2를 신설하면서, 이 조문의 표제를 '세계주의'라고 붙였다. 그 밖에 본 장의 죄에 대한 가중적 결합범 및 결과적 가중범으로서 약취, 유인, 매매, 이송 상해·치상죄($\frac{제290}{조}$)와 약취, 유인, 매매, 이송 살인·치사죄($\frac{제291}{조}$)를 신설하고, 추행·간음목적 약취·유인죄 등 여러 범죄에 대한 친고죄 규정($\frac{개정 전의}{제296조}$)과 상습범 가중처벌규정($\frac{제293}{조}$)을 삭제하였다.

약취, 유인 및 인신매매의 죄의 체계는 두 가지 범죄유형, 즉 약취·유인죄($\frac{제287}{288조}$)와 인신매매죄($\frac{제289}{조}$)로 나누어진다. 전자의 기본유형은 미성년자 약취·유인죄($\frac{제287조}{제1항}$)이고, 후자의 기본유형은 단순 인신매매죄($\frac{제289조}{제1항}$)이다. 두 범죄유형에 대한 가중적 결합범 및 결과적 가중범으로서 제290조와 제291조가 규정되어 있으며, 두 범죄유형에 대한 각칙상의 독자적인 방조유형으로서 피인취자, 피매매자, 피이송자에 대한 수수·은닉 등의 죄($\frac{제292}{조}$)가 있다. 약취, 유인, 매매, 이송 살인·치사죄($\frac{제291}{조}$)를 제외한 본 장의 죄에 대하여는 석방감경 규정이 적용된다($\frac{제295}{조의 2}$). 그 밖에 미수범($\frac{제294}{조}$), 벌금의 병과($\frac{제295}{조}$), 예비·음모($\frac{제296}{조}$)의 처벌규정이 있다.

'특정범죄가중처벌 등에 관한 법률' 제5조의 2는 13세 미만의 미성년자에 대한 약취·유인죄를 가중처벌하고 있다.[2] 아동복지법은 아동매매행위를 금

---

2) 2016. 1. 6.에 개정된 '특정범죄가중처벌 등에 관한 법률' 제5조의 2(약취·유인죄의 가중처벌) 제1항: 13세 미만의 미성년자에 대하여 「형법」 제287조의 죄를 범한 사람은 그 약취 또는 유인의 목적에 따라 다음 각 호와 같이 가중처벌한다.
　1. 약취 또는 유인한 미성년자의 부모나 그 밖에 그 미성년자의 안전을 염려하는 사람의 우려를 이용하여 재물이나 재산상의 이익을 취득할 목적인 경우에는 무기 또는 5년 이상의 징역에 처한다.
　2. 약취 또는 유인한 미성년자를 살해할 목적인 경우에는 사형, 무기 또는 7년 이상의 징역에 처한다.
　제2항: 13세 미만의 미성년자에 대하여 「형법」 제287조의 죄를 범한 사람이 다음 각 호의 어느 하나에 해당하는 행위를 한 경우에는 다음 각 호와 같이 가중처벌한다.
　1. 약취 또는 유인한 미성년자의 부모나 그 밖에 그 미성년자의 안전을 염려하는 사람의 우려를 이용하여 재물이나 재산상의 이익을 취득하거나 이를 요구한 경우에는 무기 또는 10년 이상의 징역에 처한다.
　2. 약취 또는 유인한 미성년자를 살해한 경우에는 사형 또는 무기징역에 처한다.
　3. 약취 또는 유인한 미성년자를 폭행·상해·감금 또는 유기(遺棄)하거나 그 미성년자에게 가혹한 행위를 한 경우에는 무기 또는 5년 이상의 징역에 처한다.
　4. 제3호의 죄를 범하여 미성년자를 사망에 이르게 한 경우에는 사형, 무기 또는 7년 이상의 징역에 처한다.
　제3항: 제1항 또는 제2항의 죄를 범한 사람을 방조하여 약취 또는 유인된 미성년자를 은닉하거나 그 밖의 방법으로 귀가하지 못하게 한 사람은 5년 이상의 유기징역에 처한다.

지하고($^{제17조}_{제1호}$), 그 위반행위를 10년 이하의 징역에 처한다($^{제71조 제}_{1항 제1호}$).

우리나라는 2015년에 국제연합의 '국제조직범죄방지협약을 보충하는 여성과 아동을 대상으로 하는 인신매매 예방·억제·처벌을 위한 의정서'를 비준하였다. 그런데 '인신매매'(Human Trafficking)의 개념을 폭넓게 정의하는 의정서 등 국제사회와 달리, 현행형법은 '인신매매'를 '매매'(買賣)에 한정하여 협소하게 규정하고 있으며, '청소년성보호법'과 '아동복지법' 등 다른 개별 법률에도 관련규정이 산재하여, 피해자의 조기 발견·보호에 미흡한 측면이 있었다. 이에 따라 2021. 4. 20.에 「인신매매등방지 및 피해자보호 등에 관한 법률」(약칭: 인신매매방지법; 시행 2023. 1. 1.)을 제정하여, 인신매매 등의 개념과 관련 범죄군을 국제기준에 부합하도록 정의하고, 피해자를 조기에 효과적으로 발견하고 보호하는 법체계를 정비하였다.

제 2 절 개별적 범죄유형

I. 미성년자약취·유인죄

제287조 [미성년자의 약취, 유인] "미성년자를 약취 또는 유인한 사람은 10년 이하의 징역에 처한다."

1. 의의, 보호법익, 성격

본죄는 "미성년자를 약취 또는 유인함으로써 성립하는 범죄"이다. '성년자'에 대한 약취·유인은 일반적으로 처벌되지 아니하고, ① 약취·유인의 수단이 다른 범죄(폭행죄, 협박죄 등)를 구성하는 경우와 ② 일정한 목적을 가지고 행해짐으로써 제288조, 제289조의 범죄를 구성하는 경우에 처벌된다.

제4항: 삭제

제5항: 삭제

제6항: 제1항 및 제2항(제2항 제4호는 제외한다)에 규정된 죄의 미수범은 처벌한다.

제7항: 제1항부터 제3항까지 및 제6항의 죄를 범한 사람을 은닉하거나 도피하게 한 사람은 3년 이상 25년 이하의 징역에 처한다.

제8항: 제1항 또는 제2항 제1호·제2호의 죄를 범할 목적으로 예비하거나 음모한 사람은 1년 이상 10년 이하의 징역에 처한다.

미성년자약취·유인죄의 주된 보호법익은 '미성년자의 자유'이고, 부차적인 보호법익은 '친권자(보호자)의 보호감독권'이다. 따라서 피해자의 승낙으로 본죄의 위법성이 조각되려면, 미성년자와 친권자 양측 모두의 승낙을 받아야 한다. 보호의 정도는 '침해범'이다. 본죄의 미수범과 예비·음모는 처벌한다($\substack{\text{제294·} \\ \text{296조}}$).

본죄의 성격에 관하여는 계속범설($\substack{\text{통} \\ \text{설}}$)과[3] 상태범설이[4] 대립한다. 상태범설은 친권자의 보호감독권에 착안한 견해라고 하겠으나, 공소시효의 기산점, 공범성립의 가능성, 피해자의 정당방위의 허용성 등 계속범을 인정하는 이유를 염두에 두고 판단한다면, '계속범'으로 보는 견해가 타당하다.

2. 행위의 주체

행위의 주체는 미성년자 본인을 제외한 모든 자연인이다. 실부모도 타가(他家)에 입양한 미성년자인 자녀를 약취·유인할 수 있으므로, 본죄의 주체가 될 수 있다. 미성년자도 다른 미성년자를 약취·유인할 수 있으므로 본죄의 주체에 포함된다.

3. 행위의 객체

행위의 객체는 미성년자이다. 민법상 만 19세 미만자를 말한다($\substack{\text{민법} \\ \text{제4조}}$). 문제는 민법 제826조의 2가 '혼인한 미성년자'를 성년으로 의제하고 있으므로, 본죄의 객체에 혼인한 미성년자가 포함된다고 해석할 것인가 하는 점이다. 민법상 부부의 혼인생활의 독립성을 위한 취지에서 마련된 성년의제규정은 형법의 취지와는 다르다고 해야 할 것이므로, 혼인한 미성년자도 객체에 포함된다고 함이 타당하다($\substack{\text{다수} \\ \text{설}}$).[5]

4. 실행행위

실행행위는 약취·유인, 즉 인취(引取)하는 것이다. 인취란 "폭행·협박·기망·유혹 등을 수단으로 해서 사람을 보호받고 있는 생활관계로부터 이탈

---

3) 김성돈, 138면; 김성천, 677면; 김/서, 145면; 박상기, 132면; 배종대, 235면; 손동권, 134면; 오영근, 146면; 이재상, 136면; 이형국, 194면; 정/박, 147면; 정영일, 123면.

4) 권오걸, 149면; 김종원, 116면.

5) 강구진, 157면; 김성돈, 140-1면; 김성천, 675면; 김/서, 145면; 박상기, 134면; 배종대, 232-3면; 손동권, 131면; 오영근, 144면; 유기천, 상권, 116면; 이형국, 193면; 정/박, 150면. 반대설은 권오걸, 151면; 이재상, 135면.

시키거나 보호받는 상태를 배제함으로써 자기 또는 제3자의 실력적 지배하에 옮기는 것"을 말한다.

(1) 약 취

'약취'란 폭행 또는 협박의 수단을 사용하는 경우이다. 그 강도는 자기 또는 제3자의 실력적 지배하에 둘 수 있을 정도여야 한다.[6]

(2) 유 인

'유인'이란 기망 또는 유혹의 수단을 사용하는 경우이다. '기망'이란 허위의 사실로써 상대방을 착오에 빠뜨리는 것을 말하고, '유혹'이란 기망의 정도에 이르지 않는 감언이설로써 상대방을 현혹시켜 판단을 그르치게 하는 것을 말한다.

(3) 인취의 대상·내용·방법

폭행·협박·기망·유혹은 피인취자에게 행해질 필요는 없고 보호자에게 행해질 수도 있다.

그리고 인취는 자기 또는 제3자의 실력적 지배하에 두려는 행위가 있어야 한다.[7] 따라서 미성년자를 단순히 가출하게 하는 행위, 즉 부모로부터 이탈케 하

---

6) "형법 제288조에 규정된 약취행위는 피해자를 그 의사에 반하여 자유로운 생활관계 또는 보호관계로부터 범인이나 제3자의 사실상 지배하에 옮기는 행위를 말하는 것으로서, 폭행 또는 협박을 수단으로 사용하는 경우에 그 폭행 또는 협박의 정도는 상대방을 실력적 지배하에 둘 수 있을 정도이면 족하고, 반드시 상대방의 반항을 억압할 정도의 것임을 요하지는 아니하는 것이다(당원 1990. 2. 13. 선고 89도2558 판결 참조)"(대판 1991. 8. 13, 91 도 1184).

7) 베트남 국적 여성인 피고인이 한국인인 남편의 동의 없이 생후 13개월 된 자녀를 한국에서 베트남의 친정으로 데려간 행위에 대하여 국외이송약취 및 피약취자 국외이송의 공소사실로 기소된 사안에서, 피고인의 행위는 실력을 행사하여 자녀를 평온하던 종전의 보호·양육 상태로부터 이탈시킨 것이라기보다 친권자인 모(母)로서 출생 이후 줄곧 맡아왔던 보호·양육을 계속 유지한 행위에 해당하여, 이를 폭행, 협박 또는 불법적인 사실상의 힘을 사용하여 자녀를 자기 또는 제3자의 지배하에 옮긴 약취행위로 볼 수 없다고 판단함으로써, 원심의 무죄판결을 수긍한 대법원판결이 있다. 즉, "판결요지: 형법 제287조의 미성년자약취죄, 제288조 제3항 전단의 국외이송약취죄 등의 구성요건요소로서 약취란 폭행, 협박 또는 불법적인 사실상의 힘을 수단으로 사용하여 피해자를 그 의사에 반하여 자유로운 생활관계 또는 보호관계로부터 이탈시켜 자기 또는 제3자의 사실상 지배하에 옮기는 행위를 의미하고, 구체적 사건에서 어떤 행위가 약취에 해당하는지 여부는 행위의 목적과 의도, 행위 당시의 정황, 행위의 태양과 종류, 수단과 방법, 피해자의 상태 등 관련 사정을 종합하여 판단하여야 한다. 한편 미성년자를 보호·감독하는 사람이라고 하더라도 다른 보호감독자의 보호·양육권을 침해하거나 자신의 보호·양육권을 남용하여 미성년자 본인의 이익을 침해하는 때에는 미성년자에 대한 약취죄의 주체가 될 수 있는데, 그 경우에도 해당 보호감독자에 대하여 약취죄의 성립을 인정할 수 있으려면 그 행위가 위와 같은 의미의 약취에 해당하여야 한다. 그렇지 아니하고 폭행, 협박 또는 불법적인 사실상의 힘을 사용하여 그 미성년자를 평온하던 종전의 보호·양육 상태로부터 이탈시켰다고 볼 수 없는 행위에 대하여까

는 행위만으로는 본죄를 구성하지 않는다.

인취행위는 피인취자를 종전의 장소로부터 이전할 필요는 없다. 보호자를 떠나가게 하여 피인취자와 보호자 사이에 장소적 격리를 가져옴으로써 인취할 수도 있다. 스스로 가출하여 자신의 지배하에 들어오게 된 미성년자를 보호자에게 알리지 않음으로써, 즉 '부작위'에 의한 기망수단으로써 인취할 수도 있다.

(4) 기 수

미성년자가 자기 또는 제3자의 실력적 지배하에 놓이게 된 때, 즉 피인취자의 자유가 침해된 때에 본죄는 기수가 된다(침해범).

(5) 계속범

약취·유인죄의 실행행위는 피인취자의 자유가 침해되어 기수에 달한 이후에도 법익침해가 계속되는 한 실행행위도 계속되고, 법익침해가 종료된 시점, 즉 피인취자의 자유가 회복된 때 종료하는 것으로 평가된다. 따라서 본죄는 '계속범'에 속한다.

대다수의 학자들은 계속범을 '구성요건적 행위가 시간적 계속을 요하는 범죄'라고 이해함으로써, 약취·유인행위도 어느 정도 시간적 계속성을 요한다고 보아 약취·유인죄를 계속범이라고 설명한다.[8] 그리고 약취·유인행위가 어느 정도 계속되어야만 '기수'에 도달한다고 풀이한다. 그러나 이러한 견해는 근본적으로 잘못되어 있다. 계속범에서의 계속은 '기수 이후부터 범죄행위의 종료시까지'의 행위의 계속에 중점을 두는 것이지, 기수시점에 도달하기까지의 행

지 다른 보호감독자의 보호·양육권을 침해하였다는 이유로 미성년자에 대한 약취죄의 성립을 긍정하는 것은 형벌 법규의 문언 범위를 벗어나는 해석으로서 죄형법정주의의 원칙에 비추어 허용될 수 없다고 할 것이다. 따라서 부모가 이혼하였거나 별거하는 상황에서 미성년의 자녀를 부모의 일방이 평온하게 보호·양육하고 있는데, 상대방 부모가 폭행, 협박 또는 불법적인 사실상의 힘을 행사하여 그 보호·양육 상태를 깨뜨리고 자녀를 탈취하여 자기 또는 제3자의 사실상 지배하에 옮긴 경우, 그와 같은 행위는 특별한 사정이 없는 한 미성년자에 대한 약취죄를 구성한다고 볼 수 있다. 그러나 이와 달리 미성년의 자녀를 부모가 함께 동거하면서 보호·양육하여 오던 중 부모의 일방이 상대방 부모나 그 자녀에게 어떠한 폭행, 협박이나 불법적인 사실상의 힘을 행사함이 없이 그 자녀를 데리고 종전의 거소를 벗어나 다른 곳으로 옮겨 자녀에 대한 보호·양육을 계속하였다면, 그 행위가 보호·양육권의 남용에 해당한다는 등 특별한 사정이 없는 한 설령 이에 관하여 법원의 결정이나 상대방 부모의 동의를 얻지 아니하였다고 하더라도, 그러한 행위에 대하여 곧바로 형법상 미성년자에 대한 약취죄의 성립을 인정할 수는 없다"(대판 2013. 6. 20, 2010 도 14328—전원합의체).

8) 김성천, 677면; 김/서, 147면; 박상기, 132면; 배종대, 235면; 손동권, 134면; 오영근, 146-7면; 이재상, 136면; 이형국, 194-5면; 정/박, 152면; 정영일, 123면.

위의 계속에 중점을 두는 것이 아니라는 점에 유의해야 한다.[9]

5. 주관적 구성요건

본죄의 고의는 ① 행위의 객체가 미성년자라는 것, ② 폭행·협박·기망·유혹의 행위수단을 사용한다는 것, ③ 자기 또는 제3자의 실력적 지배하에 옮긴다는 것에 대한 인식·인용이다. 인취의 목적이나 동기는 불문이므로, 남의 아이를 그 부모보다 월등히 훌륭하게 키우겠다는 목적으로 인취한 경우에도 본죄가 성립한다. 다만 미성년자를 추행·간음·영리·결혼·국외이송 등의 목적으로 인취한 경우에는 본죄가 아니라, 제288조의 범죄가 성립한다(법조경합). 또 목적 여하에 따라 '특정범죄가중처벌 등에 관한 법률' 제5조의 2의 적용을 받아 가중처벌된다.

6. 위 법 성

피해자의 승낙은 본죄의 위법성을 조각한다.[10] 승낙은 미성년자와 친권자 양자로부터 받아야 한다. 따라서 미성년자의 승낙이 있더라도 친권자의 승낙이 없는 한 미성년자약취·유인죄가 성립한다.[11] 피해자의 승낙이 유효하자면 미성년자는 동의능력이 있어야 한다. 예컨대 7~8세 된 연소자의 경우에는 동의능력이 없다고 보아야 한다.

피해자의 승낙이 있는 경우에 행위자는 구태여 폭행·협박의 수단을 쓰지는 않을 것이고, 대체로 기망·유혹의 수단을 사용하게 될 것이다.

7. 죄   수

본죄의 인취행위가 인질강도죄 또는 인질강요죄의 수단으로 행해지면, 인질강도죄 또는 인질강요죄만이 성립한다(법조경합 중 흡수관계). 그리고 본죄

---

9) 김성돈, 142면.

10) 김성돈, 143면; 김성천, 678면; 손동권, 133면. 이 때 양해가 된다고 하는 견해는 권오걸, 154면; 김/서, 148-9면; 박상기, 135면; 백형구, 298면; 오영근, 145-6면; 이재상, 139면; 이형국, 195면; 정/박, 153면.

11) "피해자(15세)가 스스로 가출하여 피고인 등의 한국복음전도회 부산 및 마산 지관에 입관할 것을 호소하였다고 하더라도 피고인들의 독자적인 교리설교에 의하여 하자있는 의사로 가출하게 된 것이고, 동 피해자의 보호감독권자의 보호관계로부터 이탈시키고, 피고인들의 지배하에서 그들 교리에서 말하는 소위 '주의 일'(껌팔이 등 행상)을 하도록 도모한 이상 미성년자 유인죄의 성립에 소장이 없다."(대판 1982. 4. 27, 82 도 186. 同旨, 대판 1976. 9. 14, 76 도 2072).

의 인취수단으로 체포·감금행위가 행해지면, 본죄와 체포·감금죄의 상상적 경합관계가 발생한다. 미성년자를 인취한 후 감금하면, 본죄와 감금죄의 실체적 경합범이 된다.

8. 형 벌

10년 이하의 징역이다. '특정범죄 가중처벌 등에 관한 법률' 제5조의 2는 13세 미만의 미성년자에 대한 약취·유인죄를 가중처벌하고 있다.

9. 형의 감경

제295조의 2 [형의 감경] "제287조부터 제290조까지, 제292조와 제294조의 죄를 범한 사람이 약취, 유인, 매매 또는 이송된 사람을 안전한 장소로 풀어 준 때에는 그 형을 감경할 수 있다."

인질강요죄의 석방감경규정($^{제324조}_{의\ 6}$)과 같이 1995년 형법개정에서 신설된 조문이다. 본조도 일종의 '중지범'이라고 할 수 있지만, ① 행위자의 '자의성'을 요건으로 하지 않는다는 점, ② 기수에 도달한 이후에도 인정된다는 점, ③ 필요적 감면이 아니라 임의적 감경사유라는 점에서 총칙상의 중지범($^{제26}_{조}$)과는 성격이 다르다. 범인을 위한 것이라기보다는 피인취자(미성년자)의 안전을 도모하기 위한 형사정책적 규정이다.

10. 세계주의

본조($^{제287}_{조}$)는 '대한민국 영역 밖에서 본죄를 범한 외국인에게도' 적용된다 ($^{제296}_{조의\ 2}$). 형법의 적용에 관하여 '세계주의'를 규정한 이 조문은 2013년 4월 5일의 형법개정에서 신설되었다.

Ⅱ. 추행·간음·결혼·영리목적 약취·유인죄

제288조 [추행 등 목적 약취, 유인 등] 제1항 "추행, 간음, 결혼 또는 영리의 목적으로 사람을 약취 또는 유인한 사람은 1년 이상 10년 이하의 징역에 처한다."

1. 의 의

본죄는 "추행, 간음, 결혼 또는 영리의 목적으로 사람을 약취 또는 유인함으로써 성립하는 범죄"이다. 본죄의 미수범과 예비·음모는 처벌한다($\frac{제294}{296조}$·).

2. 구성요건

행위의 객체는 성년자·미성년자, 남자·여자, 미혼자·기혼자임을 불문한다.

본죄는 '목적범'이다. '추행의 목적'이란 '자기 또는 제3자의 성적 욕구를 충족시켜 줄 목적'을 말한다. '간음의 목적'이란 '결혼이 아닌 성교의 목적'을 말한다.

'결혼'의 목적에서의 결혼을 ① 법률혼으로 해석하는 입장과[12] ② 사실혼으로 해석하는 입장이[13] 있지만, ③ 양자 모두로 해석하는 입장이 타당하다고 본다($^{다수}_{설}$).[14] 법률혼도 아니고 사실혼도 아닌 성교의 목적으로 약취·유인한 때에는 간음목적 약취·유인죄가 성립한다고 보아야 하기 때문이다. 결혼목적으로 미성년자를 인취한 경우에는 미성년자인취죄($\frac{제287}{조}$)와 결혼목적인취죄($\frac{제288조}{제1항}$)의 상상적 경합이 성립한다.

'영리의 목적'이란 '재산적 이익을 취득할 목적'을 말한다. 계속·반복되지 않고 1회의 이익을 위한 경우, 그리고 피인취자의 노동의 대가를 취득하는 등 합법적인 이익취득을 목적으로 한 경우도 포함된다. 그러나 피인취자의 석방의 대가로 재물 또는 재산상의 이익을 취득하기 위한 목적으로 인취한 경우에는 본죄가 아니라 인질강도죄($\frac{제336}{조}$)가 성립한다(법조경합 중 흡수관계).[15] 석방대가로 재물 또는 재산상의 이익을 취득할 목적으로 인취하였으나 아직 재물 또는 재산상의 이익을 요구하지 못한 단계에서는 인질강도죄의 미수가 성립한다. 장래 석방의 대가로 재물 또는 재산상의 이익을 요구하기 위하여 약취·유인하는 행위만으로는 인질강도죄가 성립할 수 없다고 하는 반대설($^{다수}_{설}$)이 있으나,[16] 약취·유인행위시에 인질강도죄의 실행의 착수가 있다고 보아야

---

12) 황산덕, 217면.

13) 유기천, 116면; 이재상, 131면.

14) 강구진, 168면; 김일수, 134면; 김종원, 125면; 박상기, 139면; 배종대, 216면; 이형국, 254면; 정성근, 214면.

15) 강구진, 162면; 권오걸, 157면; 김성돈, 143면; 김종원, 118면; 오영근, 149면; 정/박, 156면; 정영일, 126면.

한다.

목적의 달성 여부는 본죄의 기수·미수와 무관하다.

3. 형벌 및 석방감경규정, 세계주의

형벌은 1년 이상 10년 이하의 징역이다. 본죄와 그 미수범에 대하여는 5천만원 이하의 벌금을 병과할 수 있다(제295조). 본죄에도 석방감경규정(제295조의 2)이 적용된다. 본조는 대한민국 영역 밖에서 본죄를 범한 외국인에게도 적용된다(세계주의: 제296조의 2).

Ⅲ. 노동력착취 등 목적 약취·유인죄

제288조 제2항 "노동력 착취, 성매매와 성적 착취, 장기적출을 목적으로 사람을 약취 또는 유인한 사람은 2년 이상 15년 이하의 징역에 처한다."

1. 의   의

본죄는 "노동력 착취, 성매매와 성적 착취, 장기적출을 목적으로 사람을 약취 또는 유인함으로써 성립하는 범죄"이다. 본죄의 미수범과 예비·음모는 처벌한다(제294·296조).

2. 구성요건

본죄는 '목적범'이다. '노동력 착취의 목적'이란 '대가적 급부를 주지 않거나 현저히 낮은 대가적 급부를 주고 노동력을 이용할 목적'을 말한다.

성매매 목적에서의 '성매매'란 '불특정인을 상대로 금품이나 그 밖의 재산상의 이익을 수수하거나 수수하기로 약속하고 성교행위 또는 유사성교행위를 하거나 그 상대방이 되는 것'을 말한다.[17] '성적 착취의 목적'이란 '대가적 급부를 주지 않거나 현저히 낮은 대가적 급부를 주고 성매매를 시킬 목적'을 말한다. 법문이 "성매매나 성적 착취"가 아니라 "성매매와 성적 착취"라고 규정하

---

16) 김성천, 680면; 김/서, 151면; 박상기, 137면; 배종대, 238면; 백형구, 300면; 유기천, 상권, 114면; 이재상, 140면; 이형국, 197면.

17) '성매매'의 정의에 관하여는 '성매매알선 등 행위의 처벌에 관한 법률' 제2조 제1항 제1호 참조.

고 있으므로, 성매매의 목적과 성적 착취의 목적의 경우에는 두 가지 목적이 '중첩적'으로 존재할 것을 요한다.

장기적출 목적에서의 '장기적출'이란 '사람의 내장이나 그 밖에 손상되거나 정지된 기능을 회복하기 위하여 다른 사람의 장기(신장 · 간장 · 췌장 · 심장 · 폐 · 골수 · 안구 등의 인체 조직)를[18] 신체 밖으로 끄집어내는 것'을 말한다.

목적의 달성 여부는 본죄의 기수 · 미수와 무관하다.

3. 죄   수

① 성매매와 성적 착취의 목적으로 인취한 자가 피인취자와 '성매매행위' 까지 한 경우에는 본죄와 '성매매알선 등 행위의 처벌에 관한 법률'(약칭: 성매매처벌법) 제21조 제1항의 '성매매죄'와의 실체적 경합범이 성립하고, ② 성매매와 성적 착취의 목적으로 인취한 자가 '폭행 · 협박'으로 피인취자로 하여금 '성을 파는 행위를 하게 한' 경우에는 본죄와 '성매매알선 등 행위의 처벌에 관한 법률' 제18조 제1항 제1호의 범죄와의 실체적 경합범이 성립하며, ③ 성매매와 성적 착취의 목적으로 사람을 인취한 후 폭행 · 협박 없이 그 사람으로 하여금 성매매행위, 즉 성을 파는 행위를 하도록 '알선'한 경우에는 본죄와 '성매매알선 등 행위의 처벌에 관한 법률' 제19조의 범죄와의 실체적 경합범이 성립한다. ④ 장기적출목적으로 인취한 자가 피인취자의 동의 없이 '장기적출행위'까지 한 경우에는 본죄와 '장기 등 이식에 관한 법률'(약칭: 장기이식법) 제44조의 범죄와의 실체적 경합범이 성립한다. 이 때 후자의 범죄는 형법상 상해죄($\frac{제}{조}$257), 중상해죄($\frac{제}{조}$258) 또는 살인죄($\frac{제}{조}$250)와 상상적 경합의 관계에 선다.

4. 형벌 및 석방감경규정, 세계주의

형벌은 2년 이상 15년 이하의 징역이다. 본죄와 그 미수범에 대하여는 5천만원 이하의 벌금을 병과할 수 있다($\frac{제}{조}$295). 본죄에도 석방감경규정($\frac{제295}{조의 2}$)이 적용된다. 본조는 대한민국 영역 밖에서 본죄를 범한 외국인에게도 적용된다($\frac{세}{주의: 제296}{조의 2}$).

---

18) 장기적출에서의 '장기'의 개념에 관하여는 '장기 등 이식에 관한 법률' 제4조 제1호 참조.

Ⅳ. 국외이송목적 인취죄 및 피인취자 국외이송죄

제288조 제3항 "국외에 이송할 목적으로 사람을 약취 또는 유인하거나 약취 또는 유인된 사람을 국외에 이송한 사람도 제2항과 동일한 형으로 처벌한다."

1. 의의, 구성요건

본죄는 "국외에 이송할 목적으로 사람을 약취·유인하거나 약취·유인된 사람을 국외에 이송함으로써 성립하는 범죄"이다. 본죄의 미수범과 예비·음모는 처벌한다($\frac{제294\cdot}{296조}$).

국외이송목적 인취죄는 '목적범'이지만, 피인취자 국외이송죄는 목적범이 아니다.

본죄에서 '국외'라 함은 피해자의 거주국 외를 의미한다는 견해도[19] 있으나, '대한민국 영역 외'를 의미한다고 해석함이 타당하다($\frac{통}{설}$).

국외이송목적으로 인취한 후 피인취자를 국외로 이송한 행위까지를 한 경우에는 약취·유인행위와 국외이송행위라는 2개의 행위가 '협의의 포괄적 1죄'의 관계에 서서 제288조 제3항의 단순1죄가 성립한다고 본다.

피인취자 국외이송죄는 대한민국 영역을 벗어남으로써 '기수'가 된다.

2. 형벌 및 석방감경규정, 세계주의

형벌은 2년 이상 15년 이하의 징역이다. 본죄와 그 미수범에 대하여는 5천만원 이하의 벌금을 병과할 수 있다($\frac{제295}{조}$). 본죄에도 석방감경규정($\frac{제295}{조의 2}$)이 적용된다. 본조는 대한민국 영역 밖에서 본죄를 범한 외국인에게도 적용된다($\frac{세계}{주의: 제296}$
$\frac{}{조의 2}$).

Ⅴ. 단순인신매매죄

제289조 [인신매매] 제1항 "사람을 매매한 사람은 7년 이하의 징역에 처한다."

---

19) 김성천, 684면; 김종원, 121면.

1. 의의, 보호법익 및 성격

단순인신매매죄는 "사람을 매매함으로써 성립하는 범죄"이다. 본죄를 규정한 제289조 제1항은 인신매매죄의 '기본적 구성요건'으로서, 2013. 4. 5.의 형법 개정에서 신설되었다.

본죄의 보호법익은 '사람(피매매자)의 자유'이고, 보호의 정도는 침해범이다.

본죄는 매도자와 매수자를 동일한 법정형으로 처벌하는 '대향범'으로서 '필요적 공범'에 속한다.

본죄의 미수범과 예비·음모는 처벌한다($^{제294 \cdot}_{296조}$). 본죄는 목적범이 아니다.

2. 구성요건

단순인신매매죄의 구성요건은 '사람을 매매하는 것'이다. 이 구성요건은 ① '사람 매매'로 극히 단순화되어 있고, ② 객관적 구성요건으로서 폭행·협박이나 기망이 매매의 수단으로 행해져야 하는 것도 아니며, ③ 주관적 구성요건으로서 일정한 '목적'이 요구되는 것도 아니므로, 죄형법정주의의 한 내용인 '명확성의 원칙'에 위배된다는 논쟁[20]을 불러일으킬 우려가 있다. 구성요건만으로는 어떠한 행위가 금지되는 것인지 예측하기 어렵다('예측가능성'의 쟁점). 그러므로 구성요건 중 '매매'라는 문언은 해석을 통하여 명확히 구체화할 필요성이 크다.

인신매매죄는 2021. 4. 20.에 제정한 '인신매매등방지 및 피해자보호 등에 관한 법률'(약칭: 인신매매방지법)에[21] 의거해서 형법상 인신매매죄의 구성요건

---

[20] 독일형법은 우리 형법과 같이 구성요건이 막연한 '단순인신매매죄'를 설정하고 있지는 않고, '성적 착취 목적의 인신매매죄'(제232조)와 '노동착취 목적의 인신매매죄'(제233조), 또 이들 두 가지 인신매매를 조장한 범죄(제233조a) 등 세 가지 유형의 인신매매죄만을 규정하고 있으며, 그 구성요건이 매우 '상세'하다.

[21] 인신매매방지법 제2조(정의) "이 법에서 사용하는 용어의 뜻은 다음과 같다.
1. "인신매매등"이란 성매매와 성적 착취, 노동력 착취, 장기적출 등의 착취를 목적으로 다음 각 목의 어느 하나에 해당하는 행위를 하여 사람을 모집, 운송, 전달, 은닉, 인계 또는 인수하는 것을 말한다. 다만, 「아동·청소년의 성보호에 관한 법률」 제2조 제1호에 따른 아동·청소년(이하 "아동·청소년"이라 한다) 또는 「장애인복지법」 제2조에 따른 장애인(이하 "장애인"이라 한다)을 모집, 운송, 전달, 은닉, 인계 또는 인수하는 경우에는 다음 각 목의 어느 하나에 해당하는 행위를 요하지 아니한다.
가. 사람을 폭행, 협박, 강요, 체포·감금, 약취·유인·매매하는 행위
나. 사람에게 위계 또는 위력을 행사하거나 사람의 궁박한 상태를 이용하는 행위

을 구체적으로 유형화하고(입법론), 해석의 지표로 삼아야 한다고(체계해석) 본다.

(1) **실행행위: 매매**

인신매매죄의 실행행위는 '매매'이다. 매매(賣買)란 매도와 매수, 쉽게 말하자면 팔고 사는 것을 말한다. 그런데 사람은 권리의 주체이지 객체가 될 수 없으므로, 사람(인신)을 팔고 사는 계약은 사법상 무효(민법 제103조)가 된다. 따라서 본죄의 매매란 사법상의 유효·무효를 불문한다. 특히 '사법상' 불법이어서 무효인 인신매매행위를 '형법상' 처벌하고자 하는 것이 본죄의 취지이다. 이러한 형법상의 취지를 고려한다면, 본죄의 매매를 민법상의 매매에 국한해서 해석할 것은 아니고, 교환·증여 등 인신(사람의 신체)의 수수(授受)를 내용으로 하는 일체의 계약을 포함하는 의미로 넓게 해석해야 할 것이다.

다만 관건이 되는 해석론은 '매매'를 ① 무효인 '사법상의 매매계약'만을 의미하는 것으로 해석할 것인지, 아니면 ② 형법 독자적인 견지에서 '매매 계약과 매매 계약에 따른 사실상의 인도·인수행위를 포함하는 개념'으로 해석할 것인지 하는 점이다. 이 해석은 인신매매죄의 적용범위에 다대한 영향을 미치는 논의인 만큼, 실익이 큰 쟁점에 속한다.

저자의 견해로는 ㉠ 인신매매죄의 보호법익이 피매매자의 자유이고, ㉡ 법익보호의 정도가 '침해범'인 점, ㉢ 그리고 본죄의 예비·음모를 처벌함을 고려하여, '매매계약과 매매계약에 따른 사실상의 인도·인수행위를 포함하는 개념'으로 해석함이 타당하다고 생각한다. 매매 계약을 체결한 단계에서는 피매매자의 자유라는 법익이 침해되지 아니하고 '침해될 위험성'만 존재하기 때문에 인신매매죄의 '예비·음모 또는 미수 단계'에 불과하고, 매매 계약에 따른 사실상의 인도·인수가 있을 때 비로소 피매매자의 자유라는 법익이 '침해'되어 '기수 단계'에 도달한다고 보아야 한다.

그러므로 인신매매죄의 '실행의 착수시기'는 매매할 사람을 사실상 인도·인수하려는 행위에 착수한 때에 두어진다. 예컨대 피매매자를 인도·인수할 차량을 출발시킨 때이다. 사법상 매매 계약의 체결, 인도·인수할 차량의 사전 준비만으로는 인신매매죄의 예비·음모(제296조)에 불과하다.

인신매매죄의 '기수시기'는 피매매자를 사실상 인도·인수한 때이다. 사람

다. 업무관계, 고용관계, 그 밖의 관계로 인하여 사람을 보호·감독하는 자에게 금품이나 재산상의 이익을 제공하거나 제공하기로 약속하는 행위"

을 사실상 인도하거나 인수함으로써 즉시 기수가 되고(즉시범), 인도·인수행위가 종료될 필요는 없다.

(2) 행위의 객체

매매행위의 객체는 '사람'이다. 사람은 사법상 권리의 주체가 될 수 있을지언정 권리의 객체가 될 수는 없으므로, 인신매매죄는 사람의 신체가 권리의 객체로 취급되는 것을 금지하고자 하는 취지로 이해된다. 한편 노동과 같은 사람의 '행위' 그리고 모발과 같은 사람의 신체의 '일부분'은 합법적인 매매의 객체가 될 수 있음에 비추어, 본죄의 객체인 사람은 '개체(個體)로서의 사람의 신체'를 의미한다고 본다.

3. 위법성: 피해자의 승낙

매매행위의 객체인 '피매매자'가 매매에 '동의'한 경우에 인신매매죄의 성립 여부가 문제된다. 피매매자의 동의를 양해로 이해하는 것은 비논리적이라고 생각하며, '피해자의 승낙'($^{제24}_{조}$)으로서 인신매매죄의 '위법성이 조각'된다고 함이 타당하다. 예컨대 프로운동경기를 사업으로 하는 구단(球團) 사이에서 프로운동선수를 자본의 논리로 scout하는 전속계약은 인신매매계약에 해당한다고 할 수 있고, 이 계약에 프로운동선수가 동의한다면 계약 이행에 따른 선수의 인도·인수행위의 위법성이 조각된다. 예술가나 연예인이 예능회사 내지 연예기획사 간의 전속계약에 동의한 경우에도 마찬가지의 법리가 적용된다고 하겠다.

피해자의 승낙에 의한 행위의 위법성이 조각되자면 일정한 요건을 갖추어야 하는데, 특히 '승낙에 의한 행위가 사회상규에 위배되지 않아야 한다는 요건'에 유념해야 할 것이다. 운동선수나 연예인이 동의한 전속계약이 이른바 노예계약이라면 위법성이 조각되기 어렵다. 더욱이 후술하는 추행·간음·노동력착취·성매매·장기적출 등을 목적으로 한 인신매매($^{제289조 \ 제2항}_{및 \ 제3항}$)는 피매매자가 매매계약에 동의한 경우에도 그 위법성이 조각되지 않는다고 보아야 한다.

4. 죄   수

사람을 (인신)매매한 후 '폭행 또는 협박'으로 피매매자로 하여금 '성매매행위, 즉 성을 파는 행위를 하게 한' 경우에는 본죄와 '성매매알선 등 행위의 처벌에 관한 법률' 제18조 제1항 제1호의 범죄와의 실체적 경합범이 성립한다.

사람을 매수한 후 폭행·협박 없이 그 사람으로 하여금 성매매행위, 즉 성을 파는 행위를 하도록 '알선'한 경우에는 단순인신매매죄($^{제289조}_{제1항}$)와 '성매매알선 등 행위의 처벌에 관한 법률' 제19조의 범죄와의 실체적 경합범이 성립한다.

5. 형벌 및 석방감경규정, 세계주의

형벌은 7년 이하의 징역이다. 본죄와 그 미수범에 대하여는 5천만원 이하의 벌금을 병과할 수 있다($^{제295}_{조}$). 본죄에도 석방감경규정($^{제295}_{조의 2}$)이 적용된다. 본조는 대한민국 영역 밖에서 본죄를 범한 외국인에게도 적용된다($^{세계주의:}_{제296조의 2}$).

아동을 매매한 사람은 아동복지법 제71조 제1항 제1호에 의하여 가중처벌된다(아동매매죄).

VI. 추행·간음·결혼·영리목적 인신매매죄

<u>제289조 제2항</u> "추행, 간음, 결혼 또는 영리의 목적으로 사람을 매매한 사람은 1년 이상 10년 이하의 징역에 처한다."

1. 의   의

본죄는 "추행, 간음, 결혼 또는 영리의 목적으로 사람을 매매함으로써 성립하는 범죄"이다. 본죄의 미수범과 예비·음모는 처벌한다($^{제294·}_{296조}$).

2. 구성요건

본죄는 '목적범'이다. 즉 인신매매가 추행, 간음, 결혼 또는 영리의 목적으로 행해져야 한다. 여기에서 '추행, 간음, 결혼 또는 영리의 목적'이라 함은 '추행·간음·결혼·영리목적 약취·유인죄'($^{제288조}_{제1항}$)에서 이미 언급한 바 있는 목적과 동일하므로, 해당 부분을 참조하기 바란다. 목적의 달성 여부는 본죄의 기수·미수와 무관하다.

본죄의 구성요건 중 '사람을 매매'하는 행위의 해석은 '단순인신매매죄'($^{제289}_{조 제}_{1항}$)에서의 해당 부분과 동일하므로, 역시 전술한 부분을 참조하기 바란다.

3. 죄　　수

간음의 목적으로 사람을 인취한 후, 폭행·협박으로 간음하고, 또 피인취자를 영리목적으로 매매한 경우에는 간음목적 약취·유인죄($\frac{제288조}{제1항}$), 강간죄($\frac{제}{조}297$), 영리목적 인신매매죄($\frac{제289조}{제2항}$) 등 세 가지 범죄의 실체적 경합범이 성립한다.

영리의 목적으로 사람을 매수한 후 폭행·협박하여 그 사람으로 하여금 성매매행위, 즉 성을 파는 행위를 하게 한 경우에는 영리목적 인신매매죄($\frac{제289}{조}$ $\frac{제2}{항}$)와 '성매매알선 등 행위의 처벌에 관한 법률' 제18조 제1항 제1호의 범죄와의 실체적 경합범이 성립한다.

영리의 목적으로 사람을 매수한 후 폭행·협박 없이 그 사람으로 하여금 성매매행위, 즉 성을 파는 행위를 하도록 '알선'한 경우에는 영리목적 인신매매죄($\frac{제289조}{제2항}$)와 '성매매알선 등 행위의 처벌에 관한 법률' 제19조의 범죄와의 실체적 경합범이 성립한다.

4. 형벌 및 석방감경규정, 세계주의

형벌은 1년 이상 10년 이하의 징역이다. 본죄와 그 미수범에 대하여는 5천만원 이하의 벌금을 병과할 수 있다($\frac{제295}{조}$). 본죄에도 석방감경규정($\frac{제295}{조의 2}$)이 적용된다. 본조는 대한민국 영역 밖에서 본죄를 범한 외국인에게도 적용된다($\frac{세계}{주의: 제296}$ $\frac{}{조의 2}$).

Ⅶ. 노동력착취 등 목적 인신매매죄

<u>제289조 제3항</u> "노동력 착취, 성매매와 성적 착취, 장기적출을 목적으로 사람을 매매한 사람은 2년 이상 15년 이하의 징역에 처한다."

1. 의　　의

본죄는 "노동력 착취, 성매매와 성적 착취, 장기적출을 목적으로 사람을 매매함으로써 성립하는 범죄"이다. 본죄의 미수범과 예비·음모는 처벌한다($\frac{제294 \cdot}{296조}$).

2. 구성요건

본죄는 '목적범'이다. 즉 인신매매가 노동력 착취, 성매매와 성적 착취, 장기적출을 목적으로 행해져야 한다. 여기에서 '노동력 착취, 성매매, 성적 착취, 장기적출의 목적'이라 함은 '노동력착취 등 목적 약취·유인죄'($\frac{제288조}{제2항}$)에서 이미 언급한 바 있는 목적과 동일하므로, 해당 부분을 참조하기 바란다. 다만 유의해야 할 해석은 "성매매'와' 성적 착취"의 목적의 경우에 두 가지 목적이 '중첩적'으로 존재해야 한다는 점이다.

목적의 달성 여부는 본죄의 기수·미수와 무관하다.

본죄의 구성요건 중 '사람을 매매'하는 행위의 해석은 '단순인신매매죄'($\frac{제289조}{제1항}$)에서의 해당 부분과 동일하므로, 역시 전술한 부분을 참조하기 바란다.

3. 죄   수

성매매와 성적 착취의 목적으로 사람을 인취한 후 피인취자를 성매매와 성적 착취의 목적으로 매매한 경우에는 성매매목적 약취·유인죄($\frac{제288조}{제2항}$)와 본죄(성매매목적 인신매매죄)와의 실체적 경합범이 성립한다.

영리의 목적으로 사람을 매수한 후 재차 그 사람을 성매매와 성적 착취의 목적으로 매매한 경우에는 영리목적 인신매매죄($\frac{제289조}{제2항}$)와 본죄와의 실체적 경합범이 성립한다.

성매매와 성적 착취의 목적으로 사람을 매매한 후 폭행·협박하여 그 사람으로 하여금 성매매행위, 즉 성을 파는 행위를 하게 한 경우에는 성매매목적 인신매매죄($\frac{제289조}{제3항}$)와 '성매매알선 등 행위의 처벌에 관한 법률' 제18조 제1항 제1호의 범죄와의 실체적 경합범이 성립한다.

성매매와 성적 착취의 목적으로 사람을 매수한 후 폭행·협박 없이 그 사람으로 하여금 성매매행위, 즉 성을 파는 행위를 하도록 '알선'한 경우에는 성매매목적 인신매매죄($\frac{제289조}{제3항}$)와 '성매매알선 등 행위의 처벌에 관한 법률' 제19조의 범죄와의 실체적 경합범이 성립한다.

4. 형벌 및 석방감경규정, 세계주의

형벌은 1년 이상 10년 이하의 징역이다. 본죄와 그 미수범에 대하여는 5천만원 이하의 벌금을 병과할 수 있다($\frac{제295}{조}$). 본죄에도 석방감경규정($\frac{제295}{조의 2}$)이 적용된다. 본조는 대한민국 영역 밖에서 본죄를 범한 외국인에게도 적용된다($\frac{세계}{주의: 제296}$).

Ⅷ. 국외이송목적 인신매매죄 및 피매매자 국외이송죄

<u>제289조 제4항</u> "국외에 이송할 목적으로 사람을 매매하거나 매매된 사람을 국외로 이송한 사람도 제3항과 동일한 형으로 처벌한다."

1. 의의, 구성요건

본죄는 "국외에 이송할 목적으로 사람을 매매하거나 매매된 사람을 국외로 이송함으로써 성립하는 범죄"이다. 본죄의 미수범과 예비·음모는 처벌한다($\frac{제294·}{296조}$).

국외이송목적 인신매매죄는 '목적범'이지만, 피매매자 국외이송죄는 목적범이 아니다.

본죄에서 '국외'란 '대한민국 영역 외'를 의미한다.

국외이송목적으로 사람을 매매한 후 피매매자를 국외로 이송한 행위까지를 한 경우에는 매매행위와 국외이송행위라는 2개의 행위가 '협의의 포괄적 1죄'의 관계에 서서 제289조 제4항의 단순1죄가 성립한다고 본다.

피매매자 국외이송죄는 대한민국 영역을 벗어남으로써 '기수'가 된다.

2. 형벌 및 석방감경규정, 세계주의

형벌은 2년 이상 15년 이하의 징역이다. 본죄와 그 미수범에 대하여는 5천만원 이하의 벌금을 병과할 수 있다($\frac{제295}{조}$). 본죄에도 석방감경규정($\frac{제295}{조의 2}$)이 적용된다. 본조는 대한민국 영역 밖에서 본죄를 범한 외국인에게도 적용된다($\frac{세계}{주의: 제296}$).

Ⅸ. 약취, 유인, 매매, 이송 등 상해·치상죄

<u>제290조 [약취, 유인, 매매, 이송 등 상해·치상] 제1항</u> "제287조부터 제289조까

지의 죄를 범하여 약취, 유인, 매매 또는 이송된 사람을 상해한 때에는 3년 이상 25년 이하의 징역에 처한다."

제2항 "제287조부터 제289조까지의 죄를 범하여 약취, 유인, 매매 또는 이송된 사람을 상해에 이르게 한 때에는 2년 이상 20년 이하의 징역에 처한다."

약취, 유인, 매매, 이송 등 상해·치상죄는 2013년 4월 5일의 형법개정에서 신설된 범죄이다. 제290조는 대한민국 영역 밖에서 본죄를 범한 외국인에게도 적용된다($^{세계주의:}_{제296조의 2}$).

1. 약취, 유인, 매매, 이송 등 상해죄

'약취, 유인, 매매, 이송 등 상해죄'($^{제1항의}_{범죄}$)는 "인취죄나 인신매매죄를 범하여 약취, 유인, 매매 또는 이송된 사람을 상해함으로써 성립하는 범죄"이다.

본죄는 인취행위 또는 인신매매행위와 상해행위와의 '결합범'이고, 두 행위 모두 고의가 있을 것을 요한다(고의범).

본죄의 미수범과 예비·음모는 처벌한다($^{제294·}_{296조}$). 본죄에도 석방감경규정($^{제295}_{조의 2}$)이 적용되고, 본죄와 그 미수범에 대하여는 5천만원 이하의 벌금을 병과할 수 있다($^{제295}_{조}$).

2. 약취, 유인, 매매, 이송 등 치상죄

'약취, 유인, 매매, 이송 등 치상죄'($^{제2항의}_{범죄}$)는 "인취죄나 인신매매죄를 범하여 약취, 유인, 매매 또는 이송된 사람을 상해에 이르게 함으로써 성립하는 범죄"이다.

본죄는 인취죄 또는 인신매매죄의 '결과적 가중범'이다. 따라서 상해의 결과에 대한 '과실'을 필요로 한다($^{제15조}_{제2항}$).

본죄의 미수범과 예비·음모는 처벌하지 않는다. 제294조의 미수범 처벌규정과 제296조 예비·음모의 처벌규정에서 그 처벌대상범죄 중 결과적 가중범인 제2항의 치상죄는 제외되어 있다. 그러나 본죄에 석방감경규정($^{제295}_{조의 2}$)은 적용되며, 5천만원 이하의 벌금을 병과할 수 있다($^{제295}_{조}$).

X. 약취, 유인, 매매, 이송 등 살인·치사죄

<u>제291조 [약취, 유인, 매매, 이송 등 살인·치사] 제1항</u> "제287조부터 제289조까지의 죄를 범하여 약취, 유인, 매매 또는 이송된 사람을 살해한 때에는 사형, 무기 또는 7년 이상의 징역에 처한다."
<u>제2항</u> "제287조부터 제289조까지의 죄를 범하여 약취, 유인, 매매 또는 이송된 사람을 사망에 이르게 한 때에는 무기 또는 5년 이상의 징역에 처한다."

약취, 유인, 매매, 이송 등 살인·치사죄는 2013년 4월 5일의 형법개정에서 신설된 범죄이다. 제291조는 대한민국 영역 밖에서 본죄를 범한 외국인에게도 적용된다(세계주의: 제296조의 2).

1. 약취, 유인, 매매, 이송 등 살인죄

'약취, 유인, 매매, 이송 등 살인죄'(제1항의 범죄)는 "인취죄나 인신매매죄를 범하여 약취, 유인, 매매 또는 이송된 사람을 살해함으로써 성립하는 범죄"이다.

본죄는 인취행위 또는 인신매매행위와 살해행위와의 '결합범'이고, 두 행위 모두 고의가 있을 것을 요한다(고의범).

본죄의 미수범과 예비·음모는 처벌한다(제294·296조). 본죄와 그 미수범에 대하여는 5천만원 이하의 벌금을 병과할 수 있다(제295조).

본죄는 석방감경규정(제295조의 2)의 적용대상에서 제외되어 있다. 본죄는 피해자를 살해한 경우에 성립하는 범죄이므로 피해자의 석방이란 있을 수 없고, 따라서 애초부터 석방감경규정이 적용될 여지가 없기 때문이다.

2. 약취, 유인, 매매, 이송 등 치사죄

'약취, 유인, 매매, 이송 등 치사죄'(제2항의 범죄)는 "인취죄나 인신매매죄를 범하여 약취, 유인, 매매 또는 이송된 사람을 사망에 이르게 함으로써 성립하는 범죄"이다.

본죄는 인취죄 또는 인신매매죄의 '결과적 가중범'이다. 따라서 사망의 결과에 대한 '과실'을 필요로 한다(제15조 제2항).

본죄의 미수범과 예비·음모는 처벌하지 않는다. 제294조의 미수범 처벌규정과 제296조 예비·음모의 처벌규정에서 그 처벌대상범죄 중 결과적 가중범인 제2항의 치사죄는 제외되어 있다. 본죄에도 석방감경규정($\frac{제295}{조의 2}$)은 적용되지 않는다. 5천만원 이하의 벌금의 병과 규정은 적용된다($\frac{제295}{조}$).

XI. 피인취자·피매매자 등 수수·은닉죄

제292조 [약취, 유인, 매매, 이송된 사람의 수수·은닉 등] 제1항 "제287조부터 제289조까지의 죄로 약취, 유인, 매매 또는 이송된 사람을 수수(授受) 또는 은닉한 사람은 7년 이하의 징역에 처한다."
제2항 "제287조부터 제289조까지의 죄를 범할 목적으로 사람을 모집, 운송, 전달한 사람도 제1항과 동일한 형으로 처벌한다."

1. 의의, 성격

피인취자·피매매자 등 수수·은닉죄($\frac{제1항의}{범죄}$)는 "피인취자, 피매매자, 피이송자를 수수하거나 은닉함으로써 성립하는 범죄"이다. 인취 등 목적 모집·운송·전달죄($\frac{제2항의}{범죄}$)는 "인취·인신매매의 목적으로 사람을 모집, 운송, 전달함으로써 성립하는 범죄"이다.

제292조는 약취·유인죄와 인신매매죄에 대한 '방조행위'를 각칙상의 독자적인 범죄유형으로 구성요건화한 특별규정이다. 따라서 형법 제32조는 본죄에 적용되지 않는다. 미수범과 예비·음모의 처벌대상 범죄로서 제1항의 범죄는 포함되어 있는 반면에, 제2항의 범죄는 제외되어 있다($\frac{제294 \cdot}{296조}$).

제2항의 범죄는 목적범이다.

2. 구성요건

제1항의 범죄의 '실행행위'는 '수수 또는 은닉'이다. '수수'란 '유상·무상을 불문하고 피인취자·피매매자·피이송자를 사실상 주고 받음으로써 자기의 실력적 지배하에 두는 행위'를 말한다. '수수'는 수수의 계약이 아니라, '사실상'의 수수행위를 의미하는 것으로 해석해야 한다. '은닉'이란 '피인취자·피매매자·피이송자의 발견을 곤란하게 하는 일체의 행위'를 말한다. 수수·은닉행위는 인취죄 또는 인신매매죄 등의 '방조행위'에 해당한다.

제2항의 범죄의 실행행위는 '모집, 운송, 전달'이다. '모집'이란 '널리 구하

여 모으는 행위'를 말하고, '운송'이란 '운반하여 보내는 행위'를 의미하며, '전달'이란 '제3자의 부탁·의뢰·지시 등을 받아 전해주는 행위'를 뜻한다.

3. 형벌 및 석방감경규정, 세계주의

형벌은 7년 이하의 징역이다. 제1항의 죄와 그 미수범에 대하여는 5천만원 이하의 벌금을 병과할 수 있다($\substack{제295 \\ 조}$).

제292조의 범죄에 석방감경규정($\substack{제295 \\ 조의 2}$)이 적용되며, 세계주의 규정도 적용된다($\substack{제296 \\ 조의 2}$).

제11장 강간과 추행의 죄

제1절 개 설

Ⅰ. 의의, 보호법익

강간과 추행의 죄는 "개인의 성적 자유를 침해하는 범죄"이다. 강간과 추행의 죄의 보호법익은 개인의 '성적 자유(性的 自由)'(성적 자기결정권)이고, 보호의 정도는 '침해범'이다. 엄밀히 보자면, '정조'를 본죄의 보호법익이라고 할 수는 없으므로, 1995년의 형법개정에서 제32장의 죄명을 '정조에 관한 죄'로부터 '강간과 추행의 죄'로 고쳤다.

강간과 추행의 죄는 '개인적 법익'에 대한 범죄이므로 '사회적 법익'으로서의 '건전한 성풍속'을 보호하고자 하는 제22장의 성풍속범죄(음란물죄, 공연음란죄 등)와 구별해야 한다. 그러나 인간의 성적 생활영역에서 일어나는 범죄군으로서 강간·추행죄를 성풍속범죄와 묶어서 고찰할 수도 있다.

성범죄와 '성적 일탈행위'는 구별되어야 한다. 성적 일탈행위(예: 동성애행위)는 폭행·협박수단을 쓰는 등 행위태양이 다른 범죄에 해당하지 않는 한, 기본적으로 형법이 개입하지 않아야 할 영역에 속한다. 다만 '미성년자'를 보호하기 위하여 별도의 성범죄 처벌규정을 마련하는 것은 '법률후견주의'의 입장에서 필요하다고 하겠다.

Ⅱ. 강간과 추행의 죄의 체계

강간과 추행의 죄에 있어서의 기본적 범죄유형은 강제추행죄($\frac{제298}{조}$)라고 할 수 있지만, 성범죄의 대명사라고 할 만한 범죄, 또 범죄학상 논의의 핵심이 되

는 범죄는 강간죄이다. 강간의 죄에 있어서 기본적 범죄유형은 단순강간죄
($\frac{제297}{조}$)이고, 추행의 죄에 있어서 기본적 범죄유형은 단순강제추행죄($\frac{제298}{조}$)이
다. 단순강간죄에 대한 불법감경유형으로서, 동시에 단순강제추행죄에 대한
불법가중유형으로서 '유사강간죄'($\frac{제297}{조의 2}$)가 신설되었다($\frac{2012. 12. 18.}{형법개정}$). 단순강간죄
와 유사강간죄 및 단순강제추행죄에 대한 방법적 가중유형 및 결과적 가중유
형으로서 강간 또는 강제추행의 상해·치상죄($\frac{제301}{조}$)와 살인·치사죄($\frac{제301조}{의 2}$)가
규정되어 있고, 그 밖에 준강간죄·준강제추행죄($\frac{제299}{조}$)와 13세 미만자 등 의제
강간죄·의제강제추행죄($\frac{제305}{조}$)를 강간죄 또는 강제추행죄에 유사한 범죄로 규
정하고 있으며, 미성년자간음죄($\frac{제302}{조}$), 업무상 위력 등에 의한 간음죄($\frac{제303}{조}$)를
독립된 성범죄유형으로 다루고 있다. 강간죄, 유사강간죄, 강제추행죄, 준강간
죄·준강제추행죄의 미수범은 처벌한다($\frac{제300}{조}$). 상습으로 제297조부터 제300조
까지, 제302조, 제303조 또는 제305조의 죄를 범한 자는 그 죄에 정한 형의 2
분의 1까지 가중한다($\frac{제305조}{의 2}$). 이 상습범 가중처벌규정은 2010. 4. 15. 개정에서
신설되었다.

　제32장의 강간·추행죄는 2012년 12월 18일의 '형법개정'에 의하여 '획기적
인 변화'를 맞게 되었다. 획기적인 개정 내용은 제297조 강간죄의 객체를 종래
의 "부녀"에서 "사람"으로 변경하고, 이러한 객체의 변경을 다른 모든 강간·
추행죄에 확장한 점, 그리고 친고죄 규정인 '제306조를 삭제'한 점이다. 따라
서 제32장 '강간과 추행의 죄'는 형법전상 더 이상 친고죄가 아니다. 그 밖에
'유사강간죄'($\frac{제297}{조의 2}$)를 신설하고, 유사강간이라는 행위태양을 제299조, 제300조,
제301조, 제301조의 2, 제305조, 제305조의 2에 반영하였다. 이 개정에서 '혼인
빙자간음죄'를 위헌으로 선고한 헌법재판소의 결정($\frac{2009. 11. 26.}{2008 헌바 58}$)에 응하여 '제304
조를 삭제'한 점도 특기할 만하다.[1]

---

　1) 종래 제304조는 '혼인빙자 등에 의한 간음'이라는 죄명으로 그 법문은 "혼인을 빙자하거나
기타 위계로써 음행의 상습없는 부녀를 기망하여 간음한 자는 2년 이하의 징역 또는 500만원 이
하의 벌금에 처한다"라고 되어 있었다. 혼인빙자간음죄는 입법론상 '성형법의 탈윤리화사상'에
비추어 폐지됨이 타당하다는 주장이 학계의 대세를 이루고 있었다. 혼인빙자간음죄의 운용실태
를 보면, 자칫 피해자 측인 여성이 협박·공갈의 수단으로 사용하거나 감정적 복수심을 충족시
키기 위하여 악용하는 경우가 적지 않았다. 그리고 혼전 성관계가 범죄 또는 불법행위를 구성하
지 아니하는 우리나라 법제하에서 혼인을 전제로 한 성관계에 있어서도 여성의 자유로운 판단과
결정을 기초로 해서 여성 스스로가 책임져야 할 문제이지 형법이 개입할 것은 아니라고 하는 목
소리가 높았다. 헌법재판소는 과거 혼인빙자간음죄가 위헌이 아니라는 입장(헌재 2002. 10. 31.

2020. 5. 19. 형법개정에서는 강간죄, 유사강간죄, 준강간죄, 강간상해죄, 의
제강간죄·의제강제추행죄의 '예비·음모'를 처벌하는 제305조의 3을 신설하
였다. 그리고 13세 이상 16세 미만의 사람에 대하여 간음 또는 추행을 한 19
세 이상의 사람을 의제강간죄 또는 의제강제추행죄로 처벌하는 제305조 제2
항을 신설하였다. 후자의 조항은 행위의 '객체'와 '주체'에 '연령 제한'을 둔 점
에 특징이 있다.

'성폭력범죄의 처벌 등에 관한 특례법'[2](약칭: 성폭력처벌법)에서는 ① 흉기나

99 헌바 40, 2002 헌바 50 병합)이었는데, 2009년 11월 26일 전원재판부에서 종전의 태도를 바꾸
어 제304조 중 "혼인을 빙자하여 음행의 상습없는 부녀를 기망하여 간음한 자"라는 부분은 위헌
이라는 결정(헌재 2009. 11. 26, 2008 헌바 58, 2009 헌바 191 병합─전원재판부)을 선고하였다.
그 결정요지는 다음과 같다. "가) 이 사건 법률조항의 경우 입법목적에 정당성이 인정되지 않는
다. 첫째, 남성이 위력이나 폭력 등 해악적 방법을 수반하지 않고서 여성을 애정행위의 상대방으
로 선택하는 문제는 그 행위의 성질상 국가의 개입이 자제되어야 할 사적인 내밀한 영역인데다
또 그 속성상 과장이 수반되게 마련이어서 우리 형법이 혼전 성관계를 처벌대상으로 하지 않고
있으므로 혼전 성관계의 과정에서 이루어지는 통상적 유도행위 또한 처벌해야 할 이유가 없다.
다음 여성이 혼전 성관계를 요구하는 상대방 남자와 성관계를 가질 것인가의 여부를 스스로 결
정한 후 자신의 결정이 착오에 의한 것이라고 주장하면서 상대방 남성의 처벌을 요구하는 것은
여성 스스로가 자신의 성적자기결정권을 부인하는 행위이다. 또한 혼인빙자간음죄가 다수의 남
성과 성관계를 맺는 여성 일체를 '음행의 상습 있는 부녀'로 낙인찍어 보호의 대상에서 제외시키
고 보호대상을 '음행의 상습 없는 부녀'로 한정함으로써 여성에 대한 남성우월적 정조관념에 기
초한 가부장적·도덕주의적 성 이데올로기를 강요하는 셈이 된다. 결국 이 사건 법률조항은 남
녀 평등의 사회를 지향하고 실현해야 할 국가의 헌법적 의무(헌법 제36조 제1항)에 반하는 것이
자, 여성을 유아시(幼兒視)함으로써 여성을 보호한다는 미명 아래 사실상 국가 스스로가 여성의
성적자기결정권을 부인하는 것이 되므로, 이 사건 법률조항이 보호하고자 하는 여성의 성적자기
결정권은 여성의 존엄과 가치에 역행하는 것이다. 나) 결혼과 성에 관한 국민의 법의식에 많은
변화가 생겨나 여성의 착오에 의한 혼전 성관계를 형사법률이 적극적으로 보호해야 할 필요성은
이미 미미해졌고, 성인이 어떤 종류의 성행위와 사랑을 하건, 그것은 원칙적으로 개인의 자유 영
역에 속하고, 다만 그것이 외부에 표출되어 명백히 사회에 해악을 끼칠 때에만 법률이 이를 규제
하면 충분하며, 사생활에 대한 비범죄화 경향이 현대 형법의 추세이고, 세계적으로도 혼인빙자간
음죄를 폐지해 가는 추세이며 일본, 독일, 프랑스 등에도 혼인빙자간음죄에 대한 처벌규정이 없
는 점, 기타 국가 형벌로서의 처단기능의 약화, 형사처벌로 인한 부작용 대두의 점 등을 고려하
면, 그 목적을 달성하기 위하여 혼인빙자간음행위를 형사처벌하는 것은 수단의 적절성과 피해의
최소성을 갖추지 못하였다. 다) 이 사건 법률조항은 개인의 내밀한 성생활의 영역을 형사처벌의
대상으로 삼음으로써 남성의 성적자기결정권과 사생활의 비밀과 자유라는 기본권을 지나치게
제한하는 것인 반면, 이로 인하여 추구되는 공익은 오늘날 보호의 실효성이 현격히 저하된 음행
의 상습 없는 부녀들만의 '성행위 동기의 착오의 보호'로서 그것이 침해되는 기본권보다 중대하
다고는 볼 수 없으므로, 법익의 균형성도 상실하였다. 라) 결국 이 사건 법률조항은 목적의 정당
성, 수단의 적절성 및 피해최소성을 갖추지 못하였고 법익의 균형성도 이루지 못하였으므로, 헌
법 제37조 제2항의 과잉금지원칙을 위반하여 남성의 성적자기결정권 및 사생활의 비밀과 자유를
과잉제한하는 것으로 헌법에 위반된다."
2) 종래의 '성폭력범죄의 처벌 및 피해자보호 등에 관한 법률'은 폐지되고, 이 법률이 둘로 분

그 밖의 위험한 물건을 지닌 채 또는 2인 이상이 합동하여 강간·강제추행·
준강간·준강제추행의 죄를 범한 경우에 '특수강간 등'의 죄로 규정하여 가중처
벌하고 있으며($\frac{제4}{조}$), ② 친족관계인[3] 사람의 강간·강제추행·준강간·준강제
추행의 죄를 가중처벌하고($\frac{제5}{조}$), ③ 신체적인 또는 정신적인 장애인에 대한 강
간·유사강간·강제추행의 죄를 가중처벌하며($\frac{제6조}{제1-3항}$), 장애인에 대하여 항거
곤란상태를 이용하여[4] 간음·추행을 한 경우도 제1항부터 제3항까지의 예에
따라 가중처벌하는($\frac{동조}{제4항}$) 한편, 위계·위력에 의한 장애인 간음죄를 규정하고
($\frac{동조}{제5항}$), 장애인 보호·교육시설 종사자의 장애인에 대한 성범죄를 가중처벌하
고 있다($\frac{동조}{제7항}$). 그리고, ④ 13세 미만의 미성년자에 대한 강간·유사강간·강
제추행·준강간·준강제추행의 죄를 가중처벌하고($\frac{제7}{조}$), ⑤ 특수강간의 결과적

리되어 '성폭력범죄의 처벌 등에 관한 특례법'과 '성폭력방지 및 피해자보호 등에 관한 법률'이
2010. 4. 15.에 신규제정되었다. 그리고 '장애인'과 '13세 미만의 미성년자'에 대한 성폭력범죄로부
터 이들을 보다 두터이 보호하고자 '성폭력범죄의 처벌 등에 관한 특례법'을 개정(세칭 '도가니
법': 2011. 11. 17. 공포·시행)하여 별도의 법적 보호장치를 마련하였다. 이 특례법은 2012. 12.
18.의 개정을 통하여 더욱 강화되었다.
  3) 특례법 제5조 제1항은 친족관계인 사람의 강간 등을 가중처벌하면서, 동조 제4항은 이 친족
의 범위를 4촌 이내의 혈족·인척과 동거하는 친족으로 규정하고, 제5항에서는 사실상의 관계에
의한 친족을 포함한다고 규정하고 있다. 친족의 범위를 규정한 제5조 제4항과 제5항이 합헌이라
는 헌재 결정이 있다. "[결정요지] 강간범행의 피해자들은 심각한 정신적 장애를 경험할 수 있
고, 그 후유증으로 장기간 사회생활에 큰 지장을 받을 수 있는데, 이러한 강간죄를 4촌 이내의
인척 관계에 있는 사람을 상대로 범할 경우에는 친족관계라는 특별한 신뢰관계를 해치는 것으로
그 죄질이 매우 나쁘고, 이러한 범행은 개인의 차원을 넘어 관련된 가족 내지 친족관계를 근간부
터 흔들어 놓을 수 있다는 점에서 더욱 심각하다. 또한 4촌 이내의 가까운 인척을 상대로 한 강
간범행은 일반적으로 그 자체로서 피해자와 친족 구성원에게 매우 큰 정신적 충격과 후유증을
남기는 반인륜적인 범죄인 점 등에 있어서는 동거·보호·부양 여부 또는 친소(親疎)관계에 따
라 반드시 구별된다고 볼 수 없다. 한편, 사실상의 친족관계는 그 실질에서 이미 친족관계가 형
성되었음을 전제로 하는 것이므로, 강간범행이 사실상의 친족관계에서 발생했다 하더라도 불법
성, 죄질 등을 달리 보기 어렵다. 따라서 심판대상조항들(성폭력범죄의 처벌 등에 관한 특례법
제5조 제1항, 제4항 중 '4촌 이내의 인척' 부분 및 제5항)은 책임과 형벌 간의 비례원칙에 위배되
지 아니한다"(헌재 2015. 9. 24, 2014 헌바 453).
  4) "심판대상조항(성폭력범죄의 처벌 등에 관한 특례법 제6조 제4항) 중 '이용한다'의 의미는
피해자가 정신적인 장애로 인한 항거불능 또는 항거곤란 상태를 인식하고 이에 편승하여 간음에
나아갔다는 의미이다. 장애인준강간죄 사건에 있어 가해자가 간음 당시 피해자가 성적 자기결정
권을 행사하지 못할 정도의 정신장애를 가지고 있음을 인식하였음에도 간음행위로 나아간 행위
가 바로 정신적인 장애로 항거불능 또는 항거곤란 상태에 있음을 '이용한' 행위로 평가된다. 형법
상 준강간죄, 준사기죄, 부당이득죄에도 '이용하여'라는 표현은 널리 사용되고 있다. 따라서 통상
의 판단능력을 가진 사람이라면 '이용하여'라는 표현을 통해 금지되는 행위가 무엇인지를 충분히
예견할 수 있으므로 심판대상조항 중 '이용하여' 부분은 명확성 원칙에 위배되지 아니한다"(헌재
2016. 11. 24, 2015 헌바 136).

가중범(특수강간치상죄와 특수강간치사죄)에 대한 '미수범'처벌규정을 두고 있다(동법 제8조, 제9조, 제15조). ⑥ 제12조는 "자기의 성적 욕망을 만족시킬 목적으로 화장실, 목욕장·목욕실 또는 발한실(發汗室), 모유수유시설, 탈의실 등 불특정 다수가 이용하는 다중이용장소에 침입하거나 같은 장소에서 퇴거의 요구를 받고 응하지 아니하는" 행위를 1년 이하의 징역 또는 1천만원 이하의 벌금에 처하는 '성적 목적을 위한 다중이용장소 침입죄'를 규정하고 있다. 이 법률 제3조는 "「형법」 제319조 제1항(주거침입), 제330조(야간주거침입절도), 제331조(특수절도) 또는 제342조(미수범. 다만, 제330조 및 제331조의 미수범으로 한정한다)의 죄를 범한 사람이 같은 법 제297조(강간), 제297조의2(유사강간), 제298조(강제추행) 및 제299조(준강간, 준강제추행)의 죄를 범한 경우에는 무기징역 또는 7년 이상의 징역에 처한다"고 규정하고 있으며(제1항),5) "「형법」 제334조(특수강도) 또는 제342조(미수범. 다만, 제334조의 미수범으로 한정한다)의 죄를 범한 사람이 같은 법 제297조(강간), 제297조의2(유사강간), 제298조(강제추행) 및 제299조(준강간, 준강제추행)의 죄를 범한 경우에는 사형, 무기징역 또는 10년 이상의 징역에 처한다"라고 규정하고 있다(제2항).6) 한편 공소시효에 관한 특례를 규정하여, 미성년자에 대한 성폭력범죄는 피해자가 성년에 달한 날부터 공소시효가 진행하며, 13세 미만의 사람 및 장애인에 대한 강간·유사강간·강제추행·준강간·준강제추행·강간살인치사·강간상해치상 등의 죄는 공소시효의 적용이 배제된다(제21조 제3항). 공소시효의 '연장'에 관한 특칙도 있으며(제21조 제2항), '강간살인'의 경우에는 강간의 객체인 사람에 하등 제한 없이 공소시효의 적용이 배

---

5) 성폭력범죄의 처벌 등에 관한 특례법 제3조 제1항 중 '형법 제319조 제1항(주거침입)의 죄를 범한 사람이 같은 법 제298조(강제추행), 제299조(준강제추행) 가운데 제298조의 예에 의하는 부분의 죄를 범한 경우에는 무기징역 또는 7년 이상의 징역에 처한다.'는 부분은 헌법에 위반된다(단순위헌, 헌재 2023. 2. 23, 2021 헌가 9).

6) 특수강도범의 강제추행을 사형, 무기징역 또는 10년 이상의 징역에 처한다고 규정한 특례법 제3조 제2항(구 '성폭력범죄의 처벌 및 피해자보호 등에 관한 법률' 제5조 제2항)이 합헌이라는 헌재 결정이 있다. "[결정요지] 피해자가 흉기휴대 또는 2인 이상의 합동에 의한 특수강도범행을 당하면서 강제추행까지 당하게 되면, 그로 인한 피해는 개인의 생명·신체와 재산 및 인격·정신에까지 매우 심각하고 광범위하게 나타날 수 있다. 이와 같은 중대한 법익 침해자의 죄질, 책임의 정도 및 일반예방이라는 형사정책의 측면 등을 고려하면, 입법자가 흉기휴대 또는 2인 이상의 합동에 의한 특수강도강제추행죄라는 새로운 구성요건을 신설하고 법정형을 사형·무기 또는 10년 이상의 징역으로 정하여 법관의 작량감경만으로는 집행유예를 선고하지 못하도록 한 것에는 합리적인 이유가 있으므로, 심판대상조항은 책임과 형벌 간의 비례원칙에 위반되지 않는다"(헌재 2016. 12. 29, 2016 헌바 258).

제된다(^{통조}_{제4항}). 종래 친고죄의 대상범죄를 규정하고 있었던 舊 제15조는 삭제
되었다. 그리고 법원이 성폭력범죄를 범한 사람에 대하여 유죄판결(선고유예
는 제외한다)을 선고하거나 약식명령을 고지하는 경우에는 500시간의 범위에
서 재범예방에 필요한 수강명령 또는 성폭력 치료프로그램의 이수명령을 병
과하여야 한다(^{제16조 제}_{2항 이하}). 일정한 성폭력범죄로 유죄판결이나 약식명령이 확정
된 자 또는 「아동·청소년의 성보호에 관한 법률」 제49조 제1항 제3호에 따라
공개명령이 확정된 자는 '신상정보'가 등록되는데(^{제42조.}_{제43조}), 이 등록과 관리는 법
무부장관이 행하며(^{제44조}_{이하}), 여성가족부장관은 등록된 신상정보를 공개하거나
(^{제47}_조), 고지할 수 있다(^{제49}_조). 신상정보 등록대상인 성범죄는 제42조 제1항에
규정되어 있다. 또 제45조 제1항은 신상정보의 등록기간을 '차등화'하고 있다.
신상정보 등록대상자(^{제42조}_{제1항})가 국외로 출국 또는 입국하는 경우에는 관할 경찰
서장에게 신고할 의무가 있다(^{제43조의2.}_{제52조}). 그 밖에 이 법률은 공중밀집장소에서
의 추행죄(^{제11}_조),⁷⁾ 통신매체이용음란죄(^{제13}_조), 성적 욕망 또는 수치심을 유발할
수 있는 타인신체에 대한 카메라 등 이용촬영죄(^{제14}_조)⁸⁾ 등을 규정하고 있다.

2020. 5. 19. 성폭력처벌법 개정법률은 ① 특수강도강간 등 제3조 제1항의
범죄와 특수강간 등 제4조 제1항의 범죄에 대한 처벌을 종래 무기징역 또는 5
년 이상의 징역에서 무기징역 또는 7년 이상의 징역으로 강화하였고, ② 제14
조 제1항과 제2항의 불법 성적 촬영물 또는 복제물을 소지·구입·저장 또는

---

7) "대중교통수단, 공연·집회 장소, 그 밖에 공중이 밀집하는 장소에서 사람을 추행한 사람"
을 처벌하는 구 '성폭력범죄의 처벌 등에 관한 특례법' 제11조(공중밀집장소에서의 추행—구성
요건은 현행 성폭력처벌법 제11조와 동일함) 중 '추행' 부분이 죄형법정주의의 명확성원칙에 위
반되지 않는다는 헌법재판소의 결정(헌재 2021. 3. 25, 2019 헌바 413—전원재판부)이 있다.
8) 현행 성폭력처벌법 제14조 제1항(카메라 등 이용촬영죄)과 실질적인 내용이 같은 구 성폭
력처벌법 제13조 제1항 중 '카메라나 그 밖에 이와 유사한 기능을 갖춘 기계장치를 이용하여 성
적 욕망 또는 수치심을 유발할 수 있는 다른 사람의 신체를 그 의사에 반하여 촬영한 자'에 관한
부분(심판대상조항)이 죄형법정주의의 명확성원칙에 위배되지 않는다는 헌법재판소의 합헌 결
정(헌재 2019. 11. 28, 2017 헌바 182—전원재판부)이 있다. 그 결정요지 중에서 다음과 같은 반
대의견을 소개하기로 한다.
"재판관 이은애, 재판관 김기영의 반대의견: 성적 욕망이나 수치심은 주관적 감정이 개입되는
상대적 개념이므로, '성적 욕망 또는 성적 수치심을 유발'한다는 것이 무엇인지, '성적 욕망 또는
수치심을 유발할 수 있는 다른 사람의 신체'가 어디까지인지 분명하지 않다. 심판대상조항이 '성
적 욕망 또는 수치심'이라는 불명확한 개념으로만 대상을 한정함에 따라, 그 수범자로서는 동 조
항에 의해 처벌되는 행위와 처벌되지 않는 행위 사이의 경계를 알기가 매우 어렵다. 외국 입법례
에 비추어 보면 심판대상조항의 구성요건을 보다 구체적으로 규정할 수 있고, 그렇게 규정하더
라도 입법목적 달성에 큰 지장이 없다."

시청한 자를 3년 이하의 징역 또는 3천만원 이하의 벌금에 처하는 제14조 제4항을 신설하였으며, ③ 성적 욕망 또는 수치심을 유발할 수 있는 촬영물 또는 복제물을 이용하여 사람을 협박 또는 강요한 자를 각각 1년 이상, 3년 이상의 징역에 처하는 제14조의 3을 신설하였고, ④ 특수강도강간·특수강간·장애인강간·13세 미만자 강간 등 제3조부터 제7조까지의 죄의 '예비·음모'를 처벌하는 제15조의 2를 신설하였다.

2024. 10. 26. 성폭력처벌법 개정법률은 딥페이크 기술을 이용한 딥페이크 성범죄가 심각한 사회 문제로 대두되어, ① 허위영상물의 편집·반포 등의 법정형을 불법촬영물의 반포 등의 법정형과 같도록 상향하고($\frac{제14조의}{2}$제1항), ② 허위영상물 등을 소지·구입·저장 또는 시청한 자는 3년 이하의 징역 또는 3천만원 이하의 벌금에 처하는 처벌규정($\frac{통조}{제4항}$)과 편집물 등을 이용하여 사람을 협박한 자에 대해서도 1년 이상의 유기징역에 처하도록 처벌 규정($\frac{제14조의}{3}$제1항)을 신설하였다.

그리고 '아동·청소년의 성보호에 관한 법률'(약칭: 청소년성보호법; 법률 제9765호 -종래 '청소년의 성보호에 관한 법률'은 2009. 6. 9. 전부개정되면서 법률명칭이 위와 같이 변경되었다)은 아동과 청소년(만 19세 미만의 자)에 대한 강간죄·유사강간죄·강제추행죄·준강간죄·준강간추행죄·위계위력간음추행죄를 가중처벌하고($\frac{제7}{조}$), '아동·청소년의 성을 사는 행위를 한 자'를 1년 이상 10년 이하의 징역 또는 2천만원 이상 5천만원 이하의 벌금에 처하며($\frac{제13조}{제1항}$), 아동·청소년대상 성폭력범죄를 저지른 자 또는 13세 미만의 아동·청소년을 대상으로 한 성범죄자 등에 대하여 판결로 범죄자의 신상정보와 성범죄요지를 정보통신망을 이용하여 공개하도록 하는 명령(공개명령)과 취업제한명령을 선고하도록 규정하고 있다($\frac{제49}{조}$).[9] 종래 반의사불벌죄의 대상범죄를 규정하고 있었던 舊 제16조는 삭제되었다. 제20조에는 아동·청소년대상 성범죄의 공소시효에 대한 특례를 두고 있다. 동조 제3항과 제4항은 공소시효의 적용배제에 관한 특칙을, 제1항은 공소시효의 진행에 관한 특칙을, 제2항은 공소시효의 연장에 관한 특칙을 규정하고 있다. 위계·위력에 의한 아동·청소년 간음 및 추행죄

---

9) 청소년 성매수자의 처벌에 있어서 '신상공개'를 규정한 종래의 법률 제20조 제2항 제1호가 이중처벌금지원칙(헌법 제13조 제1항)과 과잉금지원칙 등 헌법상의 여러 원칙에 위반되지 않으므로, 합헌이라는 헌법재판소의 결정이 있다(헌재 2003. 6. 26, 2002 헌가 14 - 전원재판부).

($_{제5항}^{제7조}$)에 대하여도 공소시효의 특례를 규정한 제20조 제3항이 적용된다.

청소년성보호법은 2019. 1. 15. 개정에서 아동·청소년에 대한 성보호를 한 층 더 강화하였다. 개정에서 신설된 조항을 보자면, ① 19세 이상의 사람이 13세 이상 16세 미만인 아동·청소년(제8조에 따른 장애 아동·청소년으로서 16세 미만인 자는 제외한다.)의 궁박한 상태를 이용하여 해당 아동·청소년을 간음하거나 해당 아동·청소년으로 하여금 다른 사람을 간음하게 하는 경우에는 3년 이상의 유기징역에 처한다($_{제1항}^{제8조의2}$). 이 범죄의 성립에 폭행·협박이나 위계·위력이라는 행위태양은 필요하지 아니하고, '궁박한 상태를 이용'한 간음으로 족하다. ② 실행행위가 제1항의 간음이 아니고, '추행'인 경우에는 10년 이하의 징역 또는 5천만원 이하의 벌금에 처한다($_{제2항}^{동조}$).

2020. 6. 2. 청소년성보호법 개정법률은 ① 아동·청소년'이용음란물'을 아동·청소년'성착취물'이라는 용어로 변경하고($_{제5호}^{제2조}$), ② 아동·청소년성착취물의 제작·판매·대여·배포·전시·상영·광고·소개 등에 대한 '처벌을 강화'하였으며($_{조}^{제11}$), ③ 아동·청소년성착취물의 '단순소지죄'를 1년 이하의 징역 또는 2천만원 이하의 벌금에 처하도록 한 제11조 제5항을 개정하여, "아동·청소년성착취물을 구입하거나 아동·청소년성착취물임을 알면서 이를 소지·시청한 자는 1년 이상의 징역"에 처하고, ④ 아동·청소년대상 성폭력범죄($_{조}^{제7}$)의 '예비·음모'를 처벌하는 제7조의 2를 신설하였다.

청소년성보호법은 2021. 3. 23. 개정에서 ① 아동·청소년에 대한 성착취 목적 대화죄를 신설하고($_{의2}^{제15조}$), ② 아동·청소년의 성을 사기 위하여 아동·청소년을 유인하거나 성을 팔도록 권유한 행위에 대한 법정형을 강화하여, 3년 이하의 징역 또는 3천만원 이하의 벌금에 처하도록 하며($_{제2항}^{제13조}$), ③ 아동·청소년성착취물 제작·수입·수출죄에 대하여 형사소송법상의 공소시효를 적용하지 아니하고($_{항 제2호}^{제20조 제4}$), ④ 아동·청소년 대상 디지털 성범죄에 대한 신분비공개수사 및 신분위장수사를 허용하는 수사특례규정을 신설하였다($_{조의 9까지 신설}^{제25조의 2부터 제25}$).

청소년성보호법은 2023. 10. 26. 개정에서 아동·청소년성착취물을 이용한 범죄로부터 아동·청소년을 두텁게 보호하기 위해 ① 아동·청소년성착취물을 이용하여 그 아동·청소년을 협박·강요한 죄에 대해서는 성폭력처벌법보다 강화된 처벌기준을 적용하여 협박의 경우 3년 이상의 유기징역, 강요의 경우 5년 이상의 유기징역에 처하고($_{2 신설}^{제14조의}$), 야간·공휴일 등 긴급한 경우에는 사전승인을 받지 않더라도 신속히 신분비공개수사가 개시될 수 있는 근거(제25조의 4 신설)를 마련하였다.

나아가 성폭력범죄의 재발을 막기 위하여, 징역형을 선고받는 특정 성폭력범죄자 중에서 다시 성폭력범죄를 범할 위험성이 있다고 인정되는 자에 대하여는 출소 후 위치를 확인할 수 있는 전자장치를 부착시켜 그 행적을 추적할 수 있도록 한 「전자장치 부착 등에 관한 법률」(약칭: 전자장치부착법; 세칭: 전자발찌법)이 2008. 9. 1.부터 시행되었으며(2007. 4. 27. 제정. 법률 제8394호.),[10] 한편 동 법률은 성폭력범죄 외에 '미성년자 대상 유괴범죄', '살인범죄', '강도범죄' 및 '스토킹범죄'에까지 그 적용을 확대하고 있다(제1조, 제2조. 제5조.).

2010. 7. 23.에 제정된 '성폭력범죄자의 성충동 약물치료에 관한 법률'(약칭: 성충동약물치료법; 세칭: 화학적 거세법)은 성폭력범죄를 저지른 성도착증 환자로서 성폭력범죄를 다시 범할 위험성이 있다고 인정되는 19세 이상의 사람에 대하여 검사가 정신건강의학과 전문의의 진단이나 감정을 받은 후 법원에 약물치료명령을 청구하고(제4조), 법원은 15년의 범위에서 치료기간을 정하여 판결로 약물치료명령을 선고하며(제8조 제1항),[11] 약물치료명령을 선고받은 사람은

---

10) "동법에 의한 '전자감시제도'는 징역형을 종료한 이후에도 성폭력범죄를 다시 범할 위험성이 있다고 인정되는 자에 대하여 일정한 요건 아래 검사의 청구에 의해 성폭력범죄사건의 판결과 동시에, 10년의 범위 내에서 부착기간을 정하여 선고되는 법원의 부착명령에 의해 이루어지는 점에서 일종의 '보안처분'으로 볼 수 있고, 이러한 보안처분은 범죄행위를 한 자에 대한 응보를 주된 목적으로 그 책임을 추궁하는 사후적 처분인 '형벌'과 구별되어 그 본질을 달리하는 것으로서 형벌에 관한 일사부재리의 원칙이 그대로 적용되지 않으며, 성폭력범죄사건의 양형은 부착명령의 요건에 대한 심사, 그에 따른 부착명령의 선고여부와 선고되는 부착기간의 결정 등과는 구별된다"(대판 2009. 5. 14, 2009 도 1947, 2009 전도 5).

11) 성폭력범죄자의 성충동약물치료에 관한 법률 제8조 제1항은 2015. 12. 23.에 헌재의 헌법불합치 결정을 받았으며, 2017. 12. 31.을 시한으로 입법자의 개정이 있기까지 적용된다. 다음은 그 판시사항과 결정요지이다. "[판시사항] 성폭력범죄를 저지른 성도착증 환자로서 재범의 위험성이 인정되는 19세 이상의 사람에 대해 법원이 15년의 범위에서 치료명령을 선고할 수 있도록 한 '성폭력범죄자의 성충동 약물치료에 관한 법률'(2012. 12. 18. 법률 제11557호로 개정된 것) 제4조 제1항(이하 '이 사건 청구조항'이라 한다) 및 '성폭력범죄자의 성충동 약물치료에 관한 법률'(2010. 7. 23. 법률 제10371호로 제정된 것) 제8조 제1항(이하 '이 사건 명령조항'이라 하며, 이 사건 청구조항과 합하여 '심판대상조항들'이라 한다)이 치료명령 피청구인의 신체의 자유 등 기본권을 침해하는지의 여부.

[결정요지] 가. 심판대상조항들은 성폭력범죄를 저지른 성도착증 환자의 동종 재범을 방지하기 위한 것으로서 그 입법목적이 정당하고, 성충동 약물치료는 성도착증 환자의 성적 환상이 충동 또는 실행으로 옮겨지는 과정의 핵심에 있는 남성호르몬의 생성 및 작용을 억제하는 것으로서 수단의 적절성이 인정된다. 또한 성충동 약물치료는 전문의의 감정을 거쳐 성도착증 환자로 인정되는 사람을 대상으로 청구되고, 한정된 기간 동안 의사의 진단과 처방에 의하여 이루어지

치료기간 동안 보호관찰을 받고(제8조 제2항,제10조), 약물치료명령은 검사의 지휘를 받아 보호관찰관이 집행하도록(제13조) 규정하고 있다. 이 법률은 보안처분의 일종으로서 성충동 약물치료를 실시하여 성폭력범죄자의 재범을 방지하고 사회복귀를 촉진하는 것을 목적(제1조)으로 한다.

특수강간죄와 강간치사상죄 등 비교적 죄질이 중한 성폭력범죄는 '특정강력범죄'에 해당하여 '특정강력범죄의 처벌에 관한 특례법'(약칭: 특정강력범죄법)의 적용을 받는다(제2조). 또한 2005. 8. 4.자로 「사회보호법」이 폐지됨에 따라, 종래 보호감호청구의 주요대상이 되었던 성폭력사범에 대한 강화된 형사정책의 필요성에서 '성폭력범죄로 두 번 이상 실형을 선고받은 사람이 다시 성폭력범죄를 범하는 경우' 역시 동법의 적용대상인 '특정강력범죄'에 새로이 추가되었다(동조 제1항 제4호).

2010. 1. 25.에 제정된 '디엔에이(DNA) 신원확인정보의 이용 및 보호에 관한 법률'(약칭: 디엔에이법)은 최근 빈발하고 있는 성폭력범죄, 살인죄, 강도죄, 방화죄, 인신매매죄 등 강력사건의 범죄수법이 흉포화, 지능화, 연쇄범죄화됨에 따라, 강력범죄를 저지른 사람의 DNA신원확인정보를 미리 확보·관리하는 DNA신원확인정보 데이터베이스 제도를 도입함으로써, 강력범죄가 발생하였을 때 등록된 DNA신원확인정보와의 비교를 통하여 신속히 범인을 특정·

며, 부작용 검사 및 치료가 함께 이루어지고, 치료가 불필요한 경우의 가해제제도가 있으며, 치료 중단시 남성호르몬의 생성과 작용의 회복이 가능하다는 점을 고려할 때, 심판대상조항들은 원칙적으로 침해의 최소성 및 법익균형성이 충족된다. 다만 장기형이 선고되는 경우 치료명령의 선고시점과 집행시점 사이에 상당한 시간적 간극이 있어 집행시점에서 발생할 수 있는 불필요한 치료와 관련한 부분에 대해서는 침해의 최소성과 법익균형성을 인정하기 어렵다. 따라서 이 사건 청구조항은 과잉금지원칙에 위배되지 아니하나, 이 사건 명령조항은 집행 시점에서 불필요한 치료를 막을 수 있는 절차가 마련되어 있지 않은 점으로 인하여 과잉금지원칙에 위배되어 치료명령 피청구인의 신체의 자유 등 기본권을 침해한다.

나. 이 사건 명령조항에는 위헌적 부분과 합헌적 부분이 공존하고 있고, 장기형 선고로 치료명령 선고시점과 집행시점 사이에 상당한 시간적 간극이 존재하는 경우 불필요한 치료가 이루어질 가능성을 배제할 수 있는 구체적인 방법과 절차의 형성은 입법자의 판단에 맡기는 것이 바람직하다. 또한 이 사건 명령조항의 위헌적 부분은 치료명령의 선고에 의하여 곧바로 현실화되는 것이 아니라 집행시점에서 비로소 구체적으로 문제가 되며, 그 집행시점까지 개선입법을 함으로써 제거될 수 있으므로, 법적 혼란의 방지를 위하여 헌법불합치 결정을 선고하되, 2017. 12. 31.을 시한으로 입법자가 개정할 때까지 계속 적용하도록 한다"(헌재 2015. 12. 23, 2013 헌가 9 - 전원재판부).

위에 소개한 헌재의 헌법불합치 결정에 따라 2017. 12. 19.에 성충동약물치료법이 개정되면서 약물치료명령의 집행면제 규정(제8조의2, 3, 4)이 신설되었다.

검거하고, 무고한 용의자를 수사선상에서 조기에 배제하며, 더 나아가 DNA 신원확인정보가 등록된 사람의 재범방지 효과를 제고하고자 한다.

제 2 절   개별적 범죄유형

Ⅰ. 단순강간죄

<u>제297조 [강간]</u> "폭행 또는 협박으로 사람을 강간한 자는 3년 이상의 유기징역에 처한다."

1. 의의, 보호법익

단순강간죄는 "폭행 또는 협박으로 사람을 강간함으로써 성립하는 범죄"이다. 강간죄의 보호법익은 '사람의 성적(性的) 자기결정(自己決定)의 자유'(성적 자기결정권)이다. 성적 자기결정권은 성행위 여부와 파트너선택에 있어서의 자기결정권을 내포한다.[12] 보호의 정도는 '침해범'이다.

2. 행위의 주체

강간죄의 행위의 주체는 자연인이다. 남녀를 불문한다. 남자가 여자를 강간하거나 여자가 남자를 강간할 각각의 경우에 남자와 여자는 공동정범으로서 또는 정신병자나 백치를 이용한 간접정범으로서 강간죄의 주체가 될 수 있다.

3. 행위의 객체

행위의 객체는 '사람'이다. 남녀를 불문한다. 강간죄의 객체는 종래 '부녀'로 규정되어 있었는데, 2012. 12. 18.에 '사람'으로 개정되었다.[13] [14]

---

12) "간통행위를 규제하고 처벌하는 것은 성적 자기결정권의 본질적 내용을 침해하여 인간으로서의 존엄과 가치 및 행복추구권을 부당하게 침해하거나 헌법 제36조 제1항의 규정에 반하는 것이 아니다"(헌재 1990. 9. 10, 89 헌마 82).

13) 종래—즉 제297조가 개정되기 전—'성전환수술에 의하여 여성이 된 자'를 강간죄의 객체 (구법상 '부녀')에 포함시킬 수 있는가라는 해석상의 논의와 관련하여, 이를 긍정한 대법원판결이 있다(대판 2009. 9. 10, 2009 도 3580 참조).

14) 이에 따라 '남자'(내연남)를 상대로 단독으로 강간을 시도한 여자 피의자를 강간(미수)죄

강간죄의 객체에서 남자를 제외하고 여자에 국한할 경우에 남자에 대한 강간은 강간죄가 아니라, 보다 경한 범죄인 강제추행죄($_{\Xi}^{제298}$)로 처벌될 것이다. 그러나 남자에 대한 강간도 강간죄로 처벌하려는 형법개정의 취지는 여자와의 육체적 · 생리적 차이(임신과 출산능력의 차이)에도 불구하고 남자의 성적 자기결정권을 여자의 성적 자기결정권과 동등하게 보호하고자 하는 것으로 이해된다.

강간죄의 객체에 있어서 '성전환수술에 의하여 여성이 된 자'를 남자가 강간한 경우에 해석상 다소의 논의가 있을 수 있다. 문제는 성전환수술에 의하여 여성의 성기를 갖추었다고 하더라도 법적으로는 여성이 아니라 아직 남성으로 취급될 자를 상대로 강간한 경우에, 행위자의 주관적 인식으로는 여성이지만 객관적 사실로는 남성이라는 '착오'가 발생할 수 있다. 이 때 상대방이 여성의 성기를 갖춘 이상, 강간죄의 '행위태양'인 '강간행위'(폭행 · 협박에 의한 남자 성기와 여자 성기의 결합)는 성립한다. 다만 행위의 '객체'에 있어서 여성인가 남성인가라는 주관과 객관의 불일치, 즉 착오의 문제가 발생하는 것이다. 그런데 이 착오는 '구성요건적 착오의 태양'에 있어서 '구체적 사실의 착오'(동일한 구성요건 내에서의 착오) 중 '객체의 (성질에 관한) 착오'에 속하는 것으로서 제297조가 개정된 이래 법정적 부합설에 의하든 구체적 부합설에 의하든 그 착오는 형법상 아무런 의미가 없고, 행위자는 '강간죄의 고의 · 기수'책임을 진다.

대법원은 '성전환수술에 의하여 여성이 된 자'를 모두 법률상 여성으로 취급하는 것은 아니고, 생물학적 요소 이외에 정신적 · 사회적 요소를 종합적으로 고려하여 사회통념상 여성으로 평가되는 경우에 법률상으로도 여성으로 취급된다고 한다. 법률상 여성으로 취급될 '판단기준'에 관하여 민사사건으로는 대결 2006. 6. 22, 2004 스 42 - 전원합의체, 형사사건으로는 대판 2009. 9. 10, 2009 도 3580 참조.

〈문제: 배우자인 상대방이 강간죄의 객체가 될 수 있는가? 특히 자기의 처가 강간죄의 객체가 될 수 있는가?〉 ▮▮▮▮▮▮▮▮▮▮▮▮▮▮

종래 대법원은 법률상의 처가 강간죄의 객체가 될 수 없다는 부정설의 입장에[15]

로 기소한 첫 사례도 보도되고 있다(2015. 4. 3.자 '법률신문' 참조).

15) "판결요지: 처가 다른 여자와 동거하고 있는 남편을 상대로 간통죄로 고소하고 이혼소송

있었으나, 2013. 5. 16.의 전원합의체 판결에서 '긍정설'로[16] 변경하였다('판례변경').
이 판결은 강간죄의 객체가 '부녀'로 되어 있었던 구법 하에서 선고된 것이기는 하
지만, 법률상의 부부 사이에서도 강간죄가 성립할 수 있다는 성관념(性觀念)의 시
대변천에 부응하여 판례를 변경한 것으로 이해된다. 이 판결에서 대법원은 "[다수
의견] 민법 제826조 제1항은 부부의 동거의무를 규정하고 있고, 여기에는 배우자와
성생활을 함께 할 의무가 포함된다. 부부의 일방이 정당한 이유 없이 서로 동거하
여야 할 부부로서의 의무를 포기하고 다른 일방을 버린 경우에는 재판상 이혼사유
인 악의의 유기에 해당할 수 있다. 그러나 부부 사이에 민법상의 동거의무가 인정
된다고 하더라도 거기에 폭행, 협박에 의하여 강요된 성관계를 감내할 의무가 내포
되어 있다고 할 수 없다. 혼인이 개인의 성적 자기결정권에 대한 포기를 의미한다
고 할 수 없고, 성적으로 억압된 삶을 인내하는 과정일 수도 없기 때문이다. 결론적
으로, 위와 같은 헌법이 보장하는 혼인과 가족생활의 내용, 가정에서의 성폭력에 대
한 인식의 변화, 형법의 체계와 그 개정 경과, 강간죄의 보호법익과 부부의 동거의
무의 내용 등에 비추어 보면, 형법 제297조가 정한 강간죄의 객체인 '부녀'에는 법
률상 처가 포함되고, 혼인관계가 파탄된 경우뿐만 아니라 혼인관계가 실질적으로
유지되고 있는 경우에도 남편이 반항을 불가능하게 하거나 현저히 곤란하게 할 정
도의 폭행이나 협박을 가하여 아내를 간음한 경우에는 강간죄가 성립한다고 보아
야 한다"라고 판시하고 있다(대판 2013. 5. 16, 2012 도 14788, 2012 전도 252—전원합의체).

그러나 저자는 대법원의 판례변경과 제297조의 개정에도 불구하고 법률상의 부
부 사이에는 강간죄가 성립할 수 없다는 '부정설'의[17] 입장을 견지한다. 이러한 입
장은 강간죄의 객체에서 법률상의 배우자는 제외된다는 목적론적 '축소해석'을 취
하는 것이다. 위의 변경판례에서 대법원은 민법상 부부간의 동거의무가 '폭행, 협박
에 의하여 강요된 성관계를 감내할 의무'를 내포하는 것은 아니라고 하는데, 여기에
서 '폭행, 협박을 감내할 의무'와 '성관계를 감내할 의무'는 구별해야 한다고 본다.
부부 간의 동거의무는 성생활을 함께 할 의무를 내포하는 것이므로, 부부 간에 '폭
행, 협박을 감내할 의무'는 없지만, '성관계를 감내할 의무'는 있다고 해야 한다. 우리
나라는 일부일처제하에서 성매수죄(성매매알선 등 행위의 처벌에 관한 법률 제21조 제1항)를 처벌하고 있다. 우리나라에
서 혼인한 부부의 합법적인 성적 출구는 오직 배우자 상대방 한 사람뿐이다. 성적
욕구와 자녀출산본능이라는 사물의 본성론, 그리고 부부는 인격적 결합체이면서 또

을 제기하였으나 그 후 부부간에 다시 새 출발을 하기로 약정하고 간통죄의 고소를 취하한 경우
에는 설령 남편이 폭력으로써 강제로 처를 간음하였다 하더라도 강간죄는 성립되지 아니한다"
(대판 1970. 3. 10, 70 도 29).

16) 긍정설은 김성돈, 157면; 김성천, 695면; 박상기, 149면; 배종대, 246면; 백형구, 313면; 오
영근, 171면; 유기천, 상권, 124면.

17) 부정설은 김/서, 160면; 손동권, 147면; 이재상, 162면; 이형국, 213면; 정/박, 170면; 정영
석, 272면; 황산덕, 214면.

한 '성적' 결합체라는 관점에 비추어 부부 간에는 상대방의 성적 요구에 응할 의무가 있다. 부부 간에 강간죄는 성립될 수 없을 뿐만 아니라 부부간의 성생활이 법률상 의무 없는 행위가 아니므로 강요죄도 성립하지 않는다. 다만 그 '수단'으로 행해진 '폭행·협박'만을 폭행·협박죄로 처벌할 수 있을 뿐이라고 하겠다. 이러한 견해와 관련하여 판례변경한 대법원판결 중 '반대의견'을[18] 경청할 가치가 있다고 본다.

4. 실행행위

강간죄의 실행행위는 폭행 또는 협박으로 강간하는 것이다. 강간죄는 폭행·협박행위와 강간행위의 '결합범'이다.

(1) 폭행 또는 협박

강간죄에서의 폭행과 협박은 '최협의'이다. 강간죄에서의 폭행·협박은 사람의 반항을 불가능하게 할 것을 요하지 아니하고 '반항을 현저히 곤란하게 할 정도'로 충분하다(통설 및 판례[19]). 이에 반하여 '협의'의 폭행·협박이면 충분하다는 견해(협의설)가 있다.[20] 협의설에 의하면, 방문이나 승용차의 문을 걸어 잠그는 행위, 한적한 곳으로 사람을 데리고 간 행위만으로도 강간죄의 폭행·협박이 되기에 족하다고 한다. 폭행·협박을 최협의로 이해한다면 사람으로 하여금 강간시도에 대하여 강하게 저항하였음을 입증해야 할 책임을 부담시키기 때문이라고 한다. 그러나 협의설은 부당하다. 강간당한 사람의 입장뿐만 아니라 강간범으로 몰려 평생을 망치게 되는 사람의 입장도 생각해보아야 할

---

18) "대법관 이상훈, 김용덕의 반대의견의 요지: 다수의견에 대하여는 다음과 같은 이유로 찬성할 수 없다. 첫째, '간음(姦淫)'의 사전적 의미는 '부부 아닌 남녀가 성적 관계를 맺음'이고, 강간은 '강제적인 간음'을 의미하므로 강간죄는 폭행 또는 협박으로 부부 아닌 남녀 사이에서 성관계를 맺는 것이라 할 것이다. 그리고 강간죄는 '부녀'를 대상으로 삼고 있으므로, 결국 강간죄는 그 문언상 '폭행 또는 협박으로 부인이 아닌 부녀에 대하여 성관계를 맺는 죄'라고 해석된다. 둘째, 강간죄는 제정 당시부터 '배우자가 아닌 사람에 의한 성관계'를 강요당한다는 침해적인 요소를 고려하여 형량을 정하였는데, 특별한 구성요건의 변화 없이 형법 제32장의 제목 변경만으로 강간죄를 부부관계에까지 확대하는 것은 강간죄의 규정 취지와 달리 부부관계에 대하여 과도한 처벌이 이루어지게 되어 죄형균형의 원칙을 벗어나게 된다. 셋째, 혼인생활과 가족관계의 특수성이 갖는 이익과 성적 자기결정권이 갖는 이익의 형량 등을 고려하여 강간죄에 의한 처벌 여부를 가려야 한다면, 차라리 일반적인 강간죄가 성립된다고 보지 않고 그 폭행 또는 협박에 상응한 처벌을 하는 것이 다양한 유형의 성적 자기결정권 침해에 대처할 수 있고 처의 혼인생활 및 권리보호에 충실할 수 있다."

19) "강간죄에 있어서의 폭행 또는 협박은 피해자의 반항을 현저히 곤란하게 할 정도의 것이어야 하는 바"(**대판 1991. 5. 28, 91 도 546**. 同旨, 대판 2000. 8. 18, 2000 도 1914; 1979. 2. 13, 78 도 1792).

20) 박상기, 151면.

것인데, 성교섭을 자의로 한 사람이 상대방으로부터 강간당했다고 무고할 위험성을[21] 염두에 둔다면, 입증의 문제를 논거로 해서 '강'(强)간의 개념을 전도(顚倒)하는 것은 올바른 입론(立論)이 아니라고 하겠다.

사람의 반항을 현저히 곤란하게 할 정도의 폭행·협박이었는가는 '구체적 사정을 고려한 객관적 판단'이다. 구체적으로 피해자의 연령·건강·정신상태, 행위의 장소·시각, 범행수단이 된 도구, 가해자의 성질 등 제반사정에 처하여, 사회일반인의 입장에서 반항할 수 있었는가 하는 판단이다. 판례는 강간에 해당하는 폭행·협박이 있었는가 하는 판단의 주요표지를, 피해자가 '구조요청'을 할 수 있는 상황이었음에도 불구하고 구조요청을 하지 않았다는 정황증거에 두고 있다.

〈관련판례〉

"피고인의 하숙집 주인에게 구조를 요청하지 아니하였다는 점에 이르기까지 강간 행위로 인정하는 데는 어느 것이나 쉽게 수긍이 가지 않는 사항들이다"(대판 1990. 9. 28, 90 도 1562).
"범행장소 또한 다수의 사람이 기숙하는 곳으로서 피해자가 얼마간의 반항을 하여도 주위에서 곧 알아차릴 수 있는 상황이었는데도 그 방 밖에서 연탄불을 갈고 있던 공소외인도 피해자의 거부의 의사표시나 다투는 소리 이외에는 별다른 저항이나 고함을 알아차리지 못하였다는 것"(대판 1990. 12. 11, 90 도 2224).
피해자가 도망쳐 나오거나 구조요청이 쉽지 않았을 것이라는 등의 이유로 강간 미수죄의 폭행을 인정한 판례: "판결이유: 원심은, 피고인은 당시 피해자를 침대에 던지듯이 눕히고 피해자의 양손을 피해자의 머리 위로 올린 후 피고인의 팔로 누르고 피고인의 양쪽 다리로 피해자의 양쪽 다리를 누르는 방법으로 피해자를 제압한 점, 피고인은 73kg의 건장한 체격이고 피해자는 50kg의 마른 체격으로서 상당한 신체적 차이가 있는 점, 당시 피고인과 피해자가 있던 곳은 피고인의 집이었으므로 피해자가 피고인을 피하여 도망쳐 나오거나 다른 사람에게 구조를 요청하기가 쉽지 않았을 것으로 보이는 점 등 증거에 의하여 인정되는 여러 사정을 종합하여, 피고인이 피해자의 반항을 억압하거나 현저히 곤란하게 할 정도의 유형력을 행사하였다고 판단하였다. … 위와 같은 원심의 판단에 상고이유 주장과 같이 강간미수죄에서의 폭행에 관한 법리를 오해한 잘못이 있다고 볼 수 없다"(대판 2018. 2. 28, 2017 도 21249).
이러한 판단에 대하여 신중을 기하려는 대법원판결도 있다. "판결요지: 강간죄가 성립하기 위한 가해자의 폭행·협박이 있었는지 여부는 그 폭행·협박의 내용

---

21) 동아일보 2013년 9월 14일 1·4·5·6면, "성폭력 무고에 우는 남자들 이야기" 참조.

과 정도는 물론 유형력을 행사하게 된 경위, 피해자와의 관계, 성교 당시와 그 후의 정황 등 모든 사정을 종합하여 피해자가 성교 당시 처하였던 구체적인 상황을 기준으로 판단하여야 하며, 사후적으로 보아 피해자가 성교 이전에 범행 현장을 벗어날 수 있었다거나 피해자가 사력을 다하여 반항하지 않았다는 사정만으로 가해자의 폭행·협박이 피해자의 항거를 현저히 곤란하게 할 정도에 이르지 않았다고 섣불리 단정하여서는 아니 된다"(대판 2018. 10. 25.
2018 도 7709). 이 판결은, 법원이 성폭행사건을 심리함에 있어서 다음과 같이 '<u>성인지 감수성</u>'을 잃지 않을 것을 강조하고 있다. "법원이 성폭행이나 성희롱 사건의 심리를 할 때에는 그 사건이 발생한 맥락에서 성차별 문제를 이해하고 양성평등을 실현할 수 있도록 '성인지 감수성'을 잃지 않도록 유의하여야 한다(양성평등기본법
제5조 제1항 참조). 우리 사회의 가해자 중심의 문화와 인식, 구조 등으로 인하여 성폭행이나 성희롱 피해자가 피해사실을 알리고 문제를 삼는 과정에서 오히려 피해자가 부정적인 여론이나 불이익한 처우 및 신분 노출의 피해 등을 입기도 하여 온 점 등에 비추어 보면, 성폭행 피해자의 대처 양상은 피해자의 성정이나 가해자와의 관계 및 구체적인 상황에 따라 다르게 나타날 수밖에 없다. 따라서 개별적, 구체적인 사건에서 성폭행 등의 피해자가 처하여 있는 특별한 사정을 충분히 고려하지 않은 채 피해자 진술의 증명력을 가볍게 배척하는 것은 정의와 형평의 이념에 입각하여 논리와 경험의 법칙에 따른 증거판단이라고 볼 수 없다."

마취제와 같은 약물을 사용하는 것, 최면술을 거는 것도 폭행에 해당한다.[22)]

(2) 강간행위

'강간'이라 함은 사람의 의사에 반하여 간음하는 것을 말한다. 강간죄에서의 간음은 남자 성기와 여자 성기의 결합행위를 의미한다. 폭행·협박과 간음 사이에는 인과관계가 있어야 한다. 따라서 폭행·협박은 늦어도 간음의 착수시까지는 행해져야 한다.[23)]

---

22) 강구진, 176면; 권오걸, 176면; 김성돈, 159면; 김성천, 700면; 김/서, 161면; 김종원, 128면; 손동권, 148면; 이재상, 163면; 이형국, 215면; 정/박, 172면; 정영일, 142면.

23) 다음은 매우 특이한 사례로서 피고인이 간음행위를 시작할 때에는 폭행·협박이 없었으나 간음행위와 거의 동시에 또는 그 직후에 피해자를 폭행하여 간음한 것으로 볼 수 있다는 이유로 강간죄의 성립을 긍정한 판례이다. "판결이유: 강간죄에서의 폭행·협박과 간음 사이에는 인과관계가 있어야 하나, 폭행·협박이 반드시 간음행위보다 선행되어야 하는 것은 아니다.…피고인은 도저히 안 되겠다며 갑자기 자신의 성기를 피해자의 성기에 삽입하였고, 이에 놀란 피해자가 일어나면서 이를 벗어나려고 하자, 피고인은 양팔로 피해자의 팔과 몸통을 세게 끌어안은 채 가슴으로 피해자의 등을 세게 눌러 움직이지 못하도록 피해자의 반항을 억압한 상태에서 5분간 간음행위를 계속하다가 피해자의 등에 사정하였다. 이러한 사실관계를 앞서 본 법리에 비추어 살펴보면, 피고인은 피해자의 의사에 반하여 기습적으로 자신의 성기를 피해자의 성기에 삽입하고, 피해자가 움직이지 못하도록 반항을 억압한 다음 간음행위를 계속한 사실을 알 수 있다. 이와 같은 피고인의 행위는, 비록 간음행위를 시작할 때 폭행·협박이 없었다고 하더라도 간음행위와

사람이 간음에 동의한 경우에는 '강간'이라는 행위개념에 해당하지 않으므로, 강간죄에 있어서 피해자의 승낙은 구성요건해당성이 배제되는 '양해'로 취급된다.

(3) 실행의 착수와 기수

강간죄의 실행의 착수시기는 폭행·협박행위를 개시한 때이다.[24]

강간죄의 기수시기는 강간죄의 보호법익의 관점에서 사람의 성적 자기결정의 자유가 침해된 때이다. 따라서 간음으로 만족을 얻은 시점(만족설)이 아니라 성기를 삽입한 시점(삽입설)이 기수시기가 된다(통설).

(4) 예비·음모

강간죄를 비롯한 성폭력범죄는 미수범을 처벌(제300조)하되, '예비·음모'를 처벌하는 규정을 두지 않고 있었으나, 2020. 5. 19. 형법개정에서 강간죄 등 성폭력범죄의 예비·음모를 처벌하는 제305조의 3을 신설하였다. 그 밖에 '성폭력범죄의 처벌 등에 관한 특례법'(약칭: 성폭력처벌법) 제12조(성적 목적을 위한 다중이용장소 침입행위)는 "자기의 성적 욕망을 만족시킬 목적으로 화장실, 목욕장·목욕실 또는 발한실(發汗室), 모유수유시설, 탈의실 등 불특정 다수가 이용하는 다중이용장소에 침입하거나 같은 장소에서 퇴거의 요구를 받고 응하지 아니하는 사람은 1년 이하의 징역 또는 1천만원 이하의 벌금에 처한다"라고 규정하고 있다. 이는 성폭력범죄의 '예비'단계에 해당하는 행위를 처벌하는 특별규정이라고 이해할 수도 있다.

5. 고 의

강간죄의 고의는 폭행 또는 협박으로 사람을 강간한다는 인식·인용이다.

거의 동시 또는 그 직후에 피해자를 폭행하여 간음한 것으로 볼 수 있고, 이는 강간죄를 구성한다"(대판 2017. 10. 12, 2016 도 16948).

24) "판결요지: 피고인이 간음할 목적으로 새벽 4시에 여자 혼자 있는 방문 앞에 가서 피해자가 방문을 열어 주지 않으면 부수고 들어갈 듯한 기세로 방문을 두드리고, 피해자가 위험을 느끼고 창문에 걸터앉아 가까이 오면 뛰어 내리겠다고 하는데도 베란다를 통하여 창문으로 침입하려고 하였다면, 강간의 수단으로서의 폭행에 착수하였다고 할 수 있으므로 강간의 착수가 있었다고 할 것"(대판 1991. 4. 9, 91 도 288). "판결요지: 강간죄의 실행의 착수가 있었다고 하려면 강간의 수단으로서 폭행이나 협박을 한 사실이 있어야 할 터인데, 피고인이 강간할 목적으로 피해자의 집에 침입하였다 하더라도 안방에 들어가 누워 자고 있는 피해자의 가슴과 엉덩이를 만지면서 간음을 기도하였다는 사실만으로는 강간의 수단으로 피해자에게 폭행이나 협박을 개시하였다고 하기는 어렵다"(**대판 1990. 5. 25, 90 도 607**).

미필적 고의로도 족하다. 간음이 사람의 의사에 반한다는 것도 인식해야 한다. 만일 간음에 사람의 동의가 있은 것으로 오신하면, 구성요건적 착오로서 고의가 부정된다.

6. 위 법 성

전술한 바와 같이 피해자의 승낙은 구성요건해당성을 배제하는 '양해'가 된다. 피해자가 만 13세 미만인 경우에는 피해자의 승낙이 있더라도 제305조 (의제강간)에 의하여 처벌된다(법률후견주의).

7. 죄 수

동일한 기회에 동일인을 수회 강간한 경우에 연속범으로서 강간죄의 '포괄적 일죄'가 된다.[25) 강간 후 강도는 강간죄와 강도죄의 실체적 경합범이 되고, 강도 후 강간은 강도강간죄($\frac{제339}{조}$)가 된다. 13세 미만의 사람을 강간한 경우에는 형법상 강간죄가 성립하지만, '성폭력범죄의 처벌 등에 관한 특례법'(약칭: 성폭력처벌법)상의 특칙이 적용된다. 동법 제7조[13세 미만의 미성년자에 대한 강간, 강제추행 등] 제1항은 "13세 미만의 사람에 대하여 형법 제297조(강간)의 죄를 범한 사람은 무기징역 또는 10년 이상의 징역에 처한다"라고 규정하고 있다.

타인의 주거에 침입한 후 강간을 하면, 이론상 주거침입죄와 강간죄의 실체적 경합범이 되지만, 성폭력처벌법 제3조 제1항의 주거침입강간죄(결합범)로 처벌된다. 강간의 수단으로 감금한 경우에는 행위의 부분적 동일성에 의하여 강간죄와 감금죄의 상상적 경합이 성립한다.[26)

---

25) "피해자를 1회 강간하여 상처를 입게 한 후 약 1시간 후에 장소를 옮겨 같은 피해자를 다시 1회 강간한 행위는 그 범행시간과 장소를 달리하고 있을 뿐만 아니라 각 별개의 범의(犯意)에서 이루어진 행위로서 형법 제37조 전단의 실체적 경합범에 해당한다"라고 한 대법원판결(**대판** 1987. 5. 12, 87 도 694. 同旨, 대판 1986. 12. 9, 86 도 1168)은 연속범의 요건이 갖추어졌다고 판단되는 강간사건에서 포괄1죄(包括一罪)가 성립한다고 보아야 함에도 불구하고 실체적 경합범이라고 한 점에서 부당하다고 하겠다.

26) "위 협박은 감금죄의 실행의 착수임과 동시에 강간미수죄의 실행의 착수라고 할 것이고, 감금과 강간미수의 두 행위가 시간적, 장소적으로 중복될 뿐 아니라 감금행위 그 자체가 강간의 수단인 협박행위를 이루고 있는 경우로서 이 사건 감금과 강간미수죄는 일개의 행위에 의하여 실현된 경우로서 형법 제40조의 상상적 경합이라고 해석함이 상당할 것"(대판 1983. 4. 26, 83 도 323).

8. 형   벌

3년 이상의 유기징역이다.

9. 성폭력범죄의[27] 비친고죄화

2012년 12월 18일에 행해진 형법개정의 획기적 변화 중 하나는 제32장 '강간과 추행의 죄'에서 친고죄를 규정한 제306조가 삭제되어, 제32장의 범죄는 모두 예외 없이 '비친고죄'로 바뀐 점이다. 그리고 현행법상 반의사불벌죄로서의 성폭력범죄도 존재하지 않는다.

종래 강간죄를 친고죄로 한 입법취지는 ① 피해자의 명예와 신분을 보호할 필요성이 있고, ② 피해자인 여자가 수사기관과 법정에서 피해사실을 진술함에 있어서 굴욕감과 정신적 고통을 재차 안겨주는 문제점이[28] 있으므로, 공소제기에 있어서 적극적으로 피해자의 의사를 존중하겠다는 데에 있었다. 그러나 친고죄를 피해자 측에서가 아니라 '범죄자(가해자) 측'으로 보자면, 피해자의 고소를 피할 수 있는 한 형사처벌을 받지 않게 됨으로써 법적 정의의 관철이라는 응보 기능과 재범의 방지라는 특별예방 기능이 전혀 작동하지 못한다는 문제점이 있었다. 가해자가 피해자 측에 합의를 종용하면서 빚어지는 2차 피해도 문제였다. 더구나 최근 성폭력범죄가 흉포해지고 성폭력범죄자의 재범률이 높아지면서 성폭력범죄에 대한 '필벌'과 '엄벌'을 요구하는 우리 사회의 여론이 불가피하게 성폭력범죄의 '비친고죄화'를 가져왔다.

성폭력범죄를 비친고죄로 함에 따라 발생할 수 있는 문제점들을 해소하고자 '성폭력범죄의 처벌 등에 관한 특례법'은 다음과 같은 규정을 두고 있다. ① 피해자의 사생활보호와 피해자가 원치 않는 신원·개인정보 등의 노출을 방지하기 위한 규정으로서, 제24조는 '피해자의 신원과 사생활 비밀누설 금지', 제29조는 '수사 및 재판절차에서 사적인 비밀이 침해되지 않도록 배려할 의무', 제31조는 '피해자의 사생활보호를 위한 심리의 비공개' 등을 규정하고, 제22조는 '특정강력범죄의 처벌에 관한 특례법' 제8조('출판물 게재 등으로부터의 피해자보호')를 준용하고 있다. ② 피해자가 수사기관과 법정에서 피해사실

---

27) '성폭력범죄'의 정의와 범위는 '성폭력범죄의 처벌 등에 관한 특례법' 제2조가 규정하고 있다.
28) 박선미, "여성학적 관점에서 본 강간범죄의 재판과정", 형사정책, 제4호, 한국형사정책학회, 1989 참조.

을 진술함에 있어서 굴욕감과 정신적 고통을 당하지 않고 원활히 진술할 수 있기 위한 규정으로서, 제29조는 '수사 및 재판절차에서 피해자의 인격이나 명예가 손상되지 않도록 배려할 의무', 제40조는 '피해자를 증인으로 신문하는 경우 비디오 등 중계장치에 의한 신문', 제41조는 '피해자에 대한 영상물로의 증거보전', 제35조 이하는 '피해자를 위한 진술조력인 제도'를 규정하고 있다. ③ 피해자의 안전을 위하여 제23조는 '피해자 등에 대한 보호조치', 제32조는 '증인인 피해자를 보호하기 위한 증인지원시설의 설치 및 피해자의 보호와 지원을 담당하는 증인지원관 제도'를 규정하고, 제22조는 '특정강력범죄의 처벌에 관한 특례법' 제7조('증인에 대한 신변안전조치')와 제8조('출판물 게재 등으로부터의 피해자보호')를 준용하고 있다.

10. 특   칙

'성폭력범죄의 처벌 등에 관한 특례법'(약칭: 성폭력처벌법)은 제4조 제1항에서 "흉기나 그 밖의 위험한 물건을 지닌 채 또는 2인 이상이 합동하여 형법 제297조(강간)의 죄를 범한" 경우를 '특수강간죄'로 규정하고, 무기 또는 5년 이상의 징역으로 가중처벌하고 있다.

또한 이 법률은 제5조에서 "친족관계인 사람"이[29] 강간죄를 범한 경우를 가중처벌하고, 제6조에서 "신체적인 또는 정신적인 장애가 있는 사람"에 대한 강간죄를 가중처벌하며, 제7조는 "13세 미만의 사람"에 대한 강간죄를 가중처벌하고 있다.

동법 제21조에서는 "13세 미만의 사람 및 신체적인 또는 정신적인 장애가 있는 사람"에 대하여 강간·강간살인치사·강간상해치상 등의 죄를 범한 경우에는 '공소시효의 적용을 배제'하고 있으며($\frac{제3}{항}$), 강간살인의 경우에는 강간의 객체인 사람에 하등 제한 없이 공소시효의 적용을 배제하고($\frac{제4}{항}$), 공소시효의 기산시점과 공소시효의 연장에 관한 특칙도 두고 있다($\frac{제1}{2항}$·).

그리고 제22조에서는 "성폭력범죄에 대한 처벌절차에는 「특정강력범죄의 처벌에 관한 특례법」(약칭: 특정강력범죄법) 제7조(증인에 대한 신변안전조치), 제8조(출판물 게재 등으로부터의 피해자보호), 제9조(소송진행의 협의), 제12조(간

---

29) "친족관계인 사람"에서의 '친족'은 "4촌 이내의 혈족·인척과 동거하는 친족"을 말하고(제 5조 제4항), "사실상의 관계에 의한 친족"을 포함한다(동조 제5항).

이공판절차의 결정) 및 제13조(판결선고)를 준용한다"고 규정하고 있다. 피해자 보호를 위한 제23조(피해자, 신고인 등에 대한 보호조치), 제24조(피해자의 신원과 사생활 비밀누설 금지), 제29조(수사 및 재판절차에서의 배려), 제31조(심리의 비공개) 그리고 제28조(성폭력범죄에 대한 전담재판부의 설치)와 제26조(성폭력범죄의 피해자에 대한 전담조사제) 등도 유념해야 할 조문이다.

II. 유사강간죄

제297조의 2 [유사강간] "폭행 또는 협박으로 사람에 대하여 구강, 항문 등 신체 (성기는 제외한다)의 내부에 성기를 넣거나 성기, 항문에 손가락 등 신체(성기는 제외한다)의 일부 또는 도구를 넣는 행위를 한 사람은 2년 이상의 유기징역에 처한다."

1. 의의, 보호법익, 입법취지

유사강간죄는 "폭행 또는 협박으로 사람의 성기 이외의 신체 내부에 성기를 삽입하거나 성기 또는 항문에 성기 이외의 신체 일부 또는 도구를 삽입함으로써 성립하는 범죄"이다. 2012년 12월 18일의 형법개정에서 신설된 범죄이다.[30]

본죄의 보호법익은 강간죄와 마찬가지로 사람의 '성적 결정의 자유'이고, 보호의 정도는 '침해범'이다. 본죄의 미수범은 처벌한다($^{제300}_{조}$).

유사강간죄의 신설취지는 불법의 정도가 강간죄보다는 낮지만 일반의 강제추행죄보다는 높다는 점에서 범죄의 독자성을 인정하여 별개의 성범죄유형으로 규정하고, 아울러 그 죄질에 상응한 법정형을 마련하고자 함(죄형균형)에 있다고 본다.[31]

2. 실행행위

유사강간죄의 실행행위는 폭행 또는 협박으로 사람에 대하여 성기를 제외

---

30) 유사강간죄는 '아동·청소년의 성보호에 관한 법률' 제7조 제2항과 '성폭력범죄의 처벌 등에 관한 특례법' 제7조 제2항 및 '군형법' 제92조의 2(2013. 4. 5. 개정에서 신설)에도 규정되어 있다.

31) 이에 반하여 독일형법 제177조 제2항 제1호는 유사강간행위를 별개의 범죄가 아니라 '강간죄'의 한 행위태양으로서 처벌하고 있다. 이재상, 각론, 제9판, 2013년, 162면의 유사강간에 관한 해석론은 체계상 독일형법의 입장을 답습한 것이라고 본다. 우리 형법의 해석론으로는 취하기 곤란한 체계이다.

한 구강, 항문 등 신체의 내부에 성기를 넣거나 성기, 항문에 성기 이외의 손
가락 등 신체의 일부 또는 도구를 넣는 것이다. 유사강간죄는 폭행·협박행위
와 유사강간행위의 '결합범'이다.

(1) 폭행 또는 협박

유사강간죄에서의 폭행과 협박은 강간죄와 마찬가지로 '최협의'이다. 즉 상
대방의 반항을 불가능하게 하거나 반항을 현저하게 곤란하게 할 정도의 폭행
또는 협박이다.

(2) 유사강간행위

'유사강간행위'란 상대방의 의사에 반하여 "성기를 제외한 구강, 항문 등
신체의 내부에 성기를 넣거나 성기, 항문에 성기 이외의 손가락 등 신체의 일
부 또는 도구를 넣는 행위"이다.

유사강간행위는 남자 성기와 여자 성기의 결합행위가 아니라는 점에서 강
간죄에서의 강간행위와 다르다. 유사강간행위에는 ① 성기 이외의 신체 내부
에 성기를 넣는 행위 또는 ② 성기·항문에 성기 이외의 신체 내지 도구를 넣
는 행위 등, 두 가지 행위태양이 있다.

(가) 성기 이외의 신체 내부에 성기를 넣는 행위　　구강, 항문 등 신체의 내부
에 성기를 넣는 행위이다. 여기에서 성기를 '넣는' 행위란 상대방의 신체 '내
부'에 성기를 '삽입하는' 행위를 말한다. 따라서 신체 '외부'에 성기를 '마찰하
는' 행위 또는 '두드리는' 등의 행위는 제외된다. 본 행위의 유형은 성기를 '넣
는' 행위로 특정되어 있는 까닭에 '성기의 구조'에 비추어 볼 때, 행위의 주체
는 남자에 한정된다고 본다. 그러므로 '성기를 넣거나'라는 문언에서의 '성기'
란 '남자'의 성기를 말한다.

여자는 단독의 직접정범으로서는 본 행위태양의 주체가 될 수 없고, 남자
와 공동정범으로서 또는 남자를 이용한 간접정범으로서 본 행위태양의 주체
가 될 수 있다.

성기삽입행위의 대상 부위는 성기 이외의 '구강, 항문 등 신체의 내부'이다.
삽입 대상 부위의 신체로서 구강과 항문이 예시되어 있으나, 남성 성기가 삽
입 가능한 신체 부위로서 구강과 항문 이외의 부분을 상상하기는 어렵다. 그
리고 성기와 삽입 대상인 신체 내부 사이에 내의(內衣)나 콘돔 등 비인체(非
人體) 물질이 개재되어 있는 경우에는 그 비인체 물질이 삽입행위의 보조물

내지 매개물인지 아니면 장애물인가에 따라 목적론적 해석을 해야 할 것으로 본다. 이 때 유사강간죄의 불능미수 또는 불능범의 문제가 발생할 수도 있다 ($^{제27}_{조}$).

성기삽입행위의 '객체'가 되는 사람은 남녀를 불문한다.

(나) 성기·항문에 성기 이외의 신체의 일부 또는 도구를 넣는 행위 성기 이외의 신체의 일부 또는 도구를 넣는 행위의 '대상' 부위는 '성기, 항문'으로 한정되어 있다. 그러므로 손가락 등을 '구강'에 넣는 행위는 제외된다.

넣는 행위에 사용되는 신체 부위는 손가락이 예시되어 있으므로 혀, 발가락 등을 당연해석으로 포함시킬 수 있다. 다만 사용되는 신체 부위로서 법문에 손가락이 예시된 것을 보면, 크기와 성상(性狀)에 비추어 '손가락에 준하는 신체 부위'로 제한하는 해석을 해야 할 것이다(현저성의 원칙). 넣는 행위에 사용되는 '도구'는 제조의 목적이 성욕의 충족 또는 성적 자극, 성적 흥분의 야기에 있는 이른바 Sex도구에 국한되지 않는다. 또한 성적 수치심을 줄 만한 도구에 국한되지도 않는다고 본다. 사람의 성적 결정의 자유를 침해할 만한 물건으로서 충분하다.

신체의 일부 또는 도구를 넣는 행위의 주체는 남녀를 불문한다.

유사강간죄에 관한 보다 상세한 해석은 독자들에게 혐오감을 줄 우려가 있기에 이만 피하기로 한다.

(3) 성매매알선 등 행위의 처벌에 관한 법률상의 유사성교행위와의 구별

'성매매알선 등 행위의 처벌에 관한 법률' 제2조 제1항 제1호 (나)목은 "구강, 항문 등 신체의 일부 또는 도구를 이용한 유사성교행위"라는 정의 규정을 두고 있다. 성매매처벌법상의 유사성교행위에 관하여 대법원은 "위 법률에서 말하는 '유사성교행위'란 구강·항문 등 신체 내부로의 삽입행위 내지 적어도 성교와 유사한 것으로 볼 수 있는 정도의 성적 만족을 얻기 위한 신체접촉행위를 말하는 것으로 볼 것이고, 어떤 행위가 성교와 유사한 것으로 볼 수 있는 정도의 성적 만족을 얻기 위한 신체접촉행위에 해당하는지 여부는 당해 행위가 이루어진 장소, 행위자들의 차림새, 신체접촉 부위와 정도 및 행위의 구체적인 내용, 그로 인한 성적 만족감의 정도 등을 종합적으로 평가하여 규범적으로 판단하여야 할 것"이라고 하면서, 여자가 로션을 바른 손으로 남자의 성기를 마찰하여 성적 만족감에 이르게 한 행위를 유사성교행위에 해당한다

고 판시하였다(대판 2006. 10. 26., 2005 도 8130).

그러나 유사성교행위라고 하더라도 형법상의 행위태양과 성매매처벌법상의 행위태양은 엄격히 구별될 것을 요한다(명확성의 원칙). 전자는 신체의 내부에 또는 신체 일부나 도구를 '넣는' 행위로 특정되어 있지만, 후자는 신체 일부 또는 도구를 '이용한' 행위로 특정되어 있다. 넣는다는 삽입행위와 이용행위는 구별해야 한다(문언해석). 두 법률상 법정형의 차이도 염두에 두어야 한다(후자의 벌칙은 동법 제21조 제1항 참조). 따라서 대법원의 성매매처벌법상의 유사성교행위에 관한 해석을 형법상의 유사강간행위에 그대로 적용할 것은 아니다.

그 밖에 '아동·청소년의 성보호에 관한 법률' 제2조 제4호 (나)목에서의 '유사성교행위'는 성매매처벌법상의 그것과 동일한 개념이다.

(4) 실행의 착수와 기수

유사강간죄의 실행의 착수시기는 폭행·협박행위를 개시한 때이다. 기수시기는 상대방의 성적 자기결정의 자유가 침해된 때이다. 행위자가 자신의 신체의 해당 부위를 상대방의 신체 내부에 '넣은 때' 기수가 된다.

(5) 예비·음모

유사강간죄를 범할 목적으로 예비 또는 음모한 사람은 3년 이하의 징역에 처한다(제305조 의3).

3. 고   의

유사강간죄는 고의범이다. 행위자는 자신의 신체의 해당 부위를 상대방의 해당 신체의 내부에 넣는다는 것을 인식·인용해야 한다. 강제추행의 고의로 유사강간의 결과가 발생한 경우에는 강제추행죄의 범위 내에서 형사책임을 진다.

4. 상대방의 승낙

유사강간행위에 있어서 상대방의 승낙은 구성요건해당성을 배제하는 '양해'가 되고, 애초부터 강간행위 자체가 성립하지 않는다.

5. 죄수론 기타

강간죄는 유사강간죄에 대하여, 그리고 유사강간죄는 강제추행죄에 대하여 각각 법조경합 중 특별관계에 선다. 유사강간죄도 친고죄가 아니다.

6. 형   벌

2년 이상의 유기징역이다.

7. 특   칙

유사강간의 객체가 "신체적인 또는 정신적인 장애가 있는 사람"인 경우와 "13세 미만의 사람"인 경우에는 '성폭력범죄의 처벌 등에 관한 특례법' 제6조 제2항과 제7조 제2항에 의하여 가중처벌된다. 또 "13세 미만의 사람 및 신체적인 또는 정신적인 장애가 있는 사람"에 대한 유사강간죄는 '공소시효의 적용이 배제'된다(동법 제21조, 제3항).

Ⅲ. 강제추행죄

제298조 [강제추행] "폭행 또는 협박으로 사람에 대하여 추행을 한 자는 10년 이하의 징역 또는 1천500만원 이하의 벌금에 처한다."

1. 의의, 보호법익

강제추행죄는 "폭행 또는 협박으로 사람에 대하여 추행을 함으로써 성립하는 범죄"이다. 본죄의 보호법익은 사람의 '성적 결정의 자유'이고, 보호의 정도는 '침해범'이다.[32] 강제추행죄는 자수범이 아니다.[33] 본죄의 미수범은 처벌한다(제300조).

2. 행위의 객체

행위의 객체는 사람이다. 사람이란 자연인인 타인을 말한다. 남녀의 성별, 기혼 여부, 연령의 다소를 불문한다. 다만 강제추행의 객체가 '13세 미만의 사

---

32) 추상적 위험범설은 유기천, 상권, 123면.

33) "판결요지: 강제추행죄는 사람의 성적 자유 내지 성적 자기결정의 자유를 보호하기 위한 죄로서 정범 자신이 직접 범죄를 실행하여야 성립하는 자수범이라고 볼 수 없으므로, 처벌되지 아니하는 타인을 도구로 삼아 피해자를 강제로 추행하는 간접정범의 형태로도 범할 수 있다. 여기서 강제추행에 관한 간접정범의 의사를 실현하는 도구로서의 타인에는 피해자도 포함될 수 있으므로, 피해자를 도구로 삼아 피해자의 신체를 이용하여 추행행위를 한 경우에도 강제추행죄의 간접정범에 해당할 수 있다"(대판 2018. 2. 8, 2016 도 17733).

람'인 경우에는 제305조와 '성폭력범죄의 처벌 등에 관한 특례법'상의 특칙이[34] 적용된다. 강제추행의 객체가 '친족관계인 사람'이거나 '신체적인 또는 정신적인 장애가 있는 사람'인 경우에도 '성폭력범죄의 처벌 등에 관한 특례법'이 적용된다.

자기의 법률상의 처가 강제추행죄의 객체가 될 수 있는가는 강간죄의 경우와 마찬가지로 부정함이 타당하다.

3. 실행행위

폭행 또는 협박으로 추행을 하는 것이다. 추행은 공연히 행해질 필요는 없다.

(1) 폭행·협박

강제추행죄에 있어서의 폭행·협박은 그 개념과 정도에 있어서 강간죄에 있어서의 폭행·협박과 동일하다는 견해가 있다(최협의설).[35] 최협의설은 강제추행죄에 있어서의 폭행·협박도 상대방의 반항을 불가능하게 하거나 현저히 곤란하게 할 정도에 이를 것을 요한다고 한다. 그러나 강제추행은 강간죄처럼 상대방의 반항을 제압하고서 행해질 필요는 없고 상대방의 성적 수치심 또는 혐오감을 불러일으키는 행위도 포함되므로, '상대방의 의사에 반하는 폭행·협박'이면 충분하다고 보아야 한다. 즉 상대방의 의사에 반하는 폭행·협박이면 족하고, 상대방의 반항을 현저히 곤란하게 하거나 반항의사를 억압할 정도일 필요는 없다.[36] 대법원은 강제추행죄의 '폭행 또는 협박'의 의미에 관하여 이를 두 가지 유형으로 나누어, 폭행행위 자체가 곧바로 추행에 해당하는 경우(이른바 기습추행형)에는 상대방의 의사를 억압할 정도의 것임을 요하지 않고 상대방의 의사에 반하는 유형력의 행사가 있는 이상 그 힘의 대소강약을 불문한다고 보았고(대판 1999. 4. 23, 99 도 958. 同旨, 대판 2019. 7. 11, 2018 도 2614; 2002. 4. 26, 2001 도 2417; 1994. 8. 23, 94 도 630; 1992. 2. 28, 91 도 3182; 1983. 6. 28, 83 도 399), 반면 폭행 또는 협박이 추행보다 시간적으로 앞서 그 수단으로 행해진 경우(이른바 폭행·협박 선행형)에는 상대방의 항거를 곤란하게 하는 정도의 폭행 또는 협박이 요구된다고 보았다(대판 2007. 1. 25, 2006 도 5979; 2006. 2. 23, 2005 도 9422). 그러나 2023. 9. 21. 전원합의체 판결을 통해

---

34) 동법 제7조 [13세 미만의 미성년자에 대한 강간, 강제추행 등] 제3항 "13세 미만의 사람에 대하여 형법 제298조(강제추행)의 죄를 범한 사람은 5년 이상의 유기징역 또는 3천만원 이상 5천만원 이하의 벌금에 처한다".

35) 권오걸, 188면; 김/서, 166면; 김종원, 132-3면; 배종대, 259면; 백형구, 333면; 오영근, 178-9면; 이재상, 167면; 이정원, 189면; 이형국, 219면; 정/박, 176면; 정영일, 137면; 진/이, 189면.

36) 강구진, 172면; 김성돈, 163면; 김성천, 706면; 박상기, 161면; 손동권, 153면; 정영석, 275면.

"강제추행죄의 '폭행 또는 협박'은 상대방의 항거를 곤란하게 할 정도로 강력할 것이 요구되지 아니하고, 상대방의 신체에 대하여 불법한 유형력을 행사(폭행)하거나 일반적으로 보아 상대방으로 하여금 공포심을 일으킬 수 있는 정도의 해악을 고지(협박)하는 것이라고 보아야 한다"라고 하여 강제추행죄의 범죄구성요건과 보호법익, 종래의 판례 법리의 문제점, 성폭력범죄에 대한 사회적 인식, 판례 법리와 재판 실무의 변화에 따라 해석 기준을 명확히 하였다.[37)]

피해자의 의사에 '반한다'는 것은 기습추행을 당한 피해자가 즉시 가해자에게 항의하거나 반발하는 등의 거부의사를 밝히지 않더라도, 성범죄 피해자의 대처 양상이 피해자의 성정이나 가해자와의 관계 및 구체적인 상황에 따라 다르게 나타날 수밖에 없다는 점에서 긍정될 수 있다는 판례($\frac{대판\ 2020.\ 3.\ 26.}{2019\ 도\ 15994}$)가 있다.

(2) 추 행

구성요건의 규범적 요소이면서 가치개념인 '추행'을 해석함에 있어서 두 견해가 대립하고 있다. ① 그 하나는 "주관적으로는 성욕을 흥분 또는 자극케 하거나 성적 만족을 얻을 목적으로 행해지고, 객관적으로는 일반인의 정상적인 성적 수치심을 해하며 선량한 성도덕관념에 반하는 행위"라고 하는 정의이다.[38)] 이 견해는 성욕을 자극 또는 흥분케 한다는 행위자의 주관적 의도·목적·동기, 즉 '주관적 요소'를 추행개념의 내포로 보는 점에 특징이 있다. 이 입장에서는 강제추행죄를 '경향범'으로 이해할 바탕이 마련된다. ② 다른 입장에서는 추행을 "객관적으로 일반인의 성적 수치심이나 혐오감을 일으키게 하는 일체의 행위"라고 정의한다(다수설[39)] 및 판례[40)]). 이 견해는, 성욕의 흥분·자극이라는 주관적 요소를 추행의 개념요소로 할 때, 복수·호기심·혐오의 동기로 한 음란행위는 추행에 해당하지 않는다는 부당한 결과가 되고, 성적 자유의 보호를 주관적 요소로 좌우케 하는 것은 구성요건의 명확성을 해치게 된다는 논거를 들어, 추행개념에서 주관적 요소를 제외할 것을 주장한다. 따

---

37) 대판 2023. 9. 21, 2018 도 13877-전원합의체.
38) 김/서, 165면; 김종원, 133면; 유기천, 상권, 124면.
39) 권오걸, 189면; 김성돈, 164면; 김성천, 707면; 박상기, 161면; 배종대, 260면; 백형구, 334면; 손동권, 154면; 오영근, 180면; 이재상, 168면; 이정원, 189면; 이형국, 219면; 정/박, 176-7면.
40) "판결요지: 추행이라 함은 객관적으로 일반인에게 성적 수치심이나 혐오감을 일으키게 하고 선량한 성적 도덕관념에 반하는 행위로서 피해자의 성적 자유를 침해하는 것이라고 할 것이고, 강제추행죄의 성립에 필요한 주관적 구성요건요소는 고의만으로 충분하고, 그 외에 성욕을 자극·흥분·만족시키려는 주관적 동기나 목적까지 있어야 하는 것은 아니다"(대판 2020. 12. 24, 2020 도 7981. 同旨, 대판 2015. 7. 23, 2014 도 17879).

라서 ②설에서는 추행개념을 '객관적으로'-즉 일반인의 입장에서-판단하고
자 한다. 따라서 모욕을 주거나 놀림감으로 삼기 위한 의도, 분노 또는 미신에
서 비롯된 경우도 추행이 될 수 있다고 한다.[41] ②의 입장에서는 경향범이란
개념을 무의미한 것으로 보게 된다.

③ 사견: 추행개념은 소위 규범적 구성요건요소로서 법관의 가치충전적 해
석을 필요로 하는 대표적인 개념이다.[42] 법관은 추행의 개념해석을 통하여 성
관념에 대한 시대적·사회적 변화에 융통성있게 적응할 수 있는 장점이 있는
반면에, 때로는 법관 개인의 보수적·청교도적인 또는 편협한 성윤리관에 입
각하여 추행개념에 대하여 시대착오적인 해석을 내릴 여지도 적지 않다.[43] 따
라서 추행개념 내지 음란개념이 사용된 처벌규정[44]은 성적 영역에 있어서 성인
의 일정한 도덕적 수준을 보호하고자 하는 척도에서 해석될 것이 아니라 공중
에게 심한 성적 불쾌감을 준다거나 성질서를 교란하는 것을 제재해야 한다는
소위 '사회유해성'의 관점에서 해석되는 것이 타당하다고 본다. 불명확한 가치
개념인 추행을 정의함에 있어서 우리가 목표로 해야 할 것은 '법률외적(法律
外的)' 개념요소에 의하여 가급적 명백한 해석을 내리고자 하는 데 있다.[45] 그
밖에 '주관적' 요소를 추행개념에 추가적으로 내포시키는 것은 추행개념의 '축
소'해석에 기여하는 만큼, 구태여 배제할 이유가 없다고 본다. 결론적으로, 추
행개념을 "주관적으로는 성욕을 흥분·자극케 하거나 성적 만족을 얻을 의도로 행해
지고, 객관적으로는 공중에게 심한 성적 불쾌감을 주는 행위"라고 정의하고자 한다.

추행개념 내지 음란개념을 해석함에 있어서 법관에게 특히 요청되는 것은
'축소해석' 내지 '엄격해석'이다. 범죄구성요건은 법익침해의 일정한 '강도'(强度,
Intensität)를 미리 예상해서 규정된 것이므로 법익침해의 정도와 침해행위의
태양을 고려한 당벌성의 판단, 그리고 형벌부과의 적합성과 유효성을 고려한
필벌성의 판단을 구성요건의 개념해석에 있어서 지도원리로 삼아야 한다.[46]

---

41) 박상기, 162면; 진/이, 191면.

42) 형법 제298조 강제추행죄가 죄형법정주의의 명확성원칙과 과잉금지원칙에 위반되지 아니
한다는 헌법재판소의 결정(헌재 2020. 6. 25, 2019 헌바 121-전원재판부)이 있다.

43) 음란개념과 판례의 변천에 관해서는 주광일, "형법상 음란의 개념", 법조 제26권 8호, 1977
년 8월, 119면 이하 참조.

44) 예컨대 군형법 제92조의 6은 "…추행을 한 사람은 2년 이하의 징역에 처한다"라고 규정하
여, 불명확한 추행개념 하나에 의하여 범죄성립이 좌우되도록 하고 있다.

45) 이러한 목적을 입법적으로 해결하고자 한 적례(適例)는 미국 모범형법전 제251.4조 제1항
에 있는 '음란'(obscenity)개념에 대한 정의규정이다.

구성요건의 개념과 요소에는 항상 어느 정도의 '현저함'이 내재하고 있어서 해석상 항상 이 점이 요구되고 있다고 말할 수 있다(이른바 현저성의 원칙).[47) 48)]

이러한 견지에서 문제된 추행행위가 여자의 손등을 쓰다듬는 정도로 미약하다면 추행에 해당하지 않는 것으로 해석할 수 있고, 국부를 만지는 등의 심한 정도에 이른다면 징역형을 부과할 수 있으며, 또 정도가 낮은 추행에 대해서는 벌금형을 부과할 수 있다. 개념의 폭이 매우 넓은 추행개념이기 때문에 입법자는 선택형으로서 벌금형을 규정해 둔 것이다.

대법원은 상대방의 상의를 걷어 올려 유방을 만지고 하의를 끌어내린 행위($^{대판\ 1994.\ 8.}_{23,\ 94\ 도\ 630}$), 그리고 상대방을 팔로 힘껏 껴안고 강제로 입을 맞춘 행위($^{대판\ 1983.\ 6.}_{28,\ 83\ 도\ 399}$)를 추행에 해당하는 것으로 보고 있다.[49)]

4. 주관적 구성요건

강제추행죄의 고의는 폭행 또는 협박으로 사람을 추행한다는 것에 대한 인식·인용이다. 미필적 고의로도 족하다.

강제추행죄의 주관적 구성요건으로서 '성욕을 자극·만족시키겠다는 주관적 경향 내지 의도'가 있어야 하는가에 관하여는 긍정설과[50)] 부정설이[51)] 대립한다. 상술한 추행개념의 정의에 비추어 저자는 긍정설의 입장에 선다. 그러나 대법원은 부정설의 입장이다.[52)] 긍정설에서는 강제추행죄를 일종의 '경향범'으로 이

---

46) 상세히는 임웅, 비범죄화의 이론, 법문사, 1999, 95-99면 참조.

47) 이러한 해석상의 요청을 구성요건 내재적인 '현저성의 원칙'(Erheblichkeitsprinzip)이라고 할 수 있다(Johannes Driendl, "Wege zur Behandlung der Bagatellkriminalität in Österreich und der Schweiz", ZStW 90. Bd., 1978, S. 1037 참조).

48) 이러한 해석상의 요청이 입법에 반영된 적절한 예는 독일형법 제184조f 제1호인데, "이 법률에서 성적 행위란 각각의 보호법익에 관련하여 어느 정도의 현저성(Erheblichkeit)이 있는 행위만을 뜻한다"라고 규정하고 있다.

49) 그 외 판례로는 "피고인이 엘리베이터라는 폐쇄된 공간에서 피해자들을 칼로 위협하는 등으로 꼼짝하지 못하도록 자신의 실력적인 지배하에 둔 다음 피해자들에게 성적 수치심과 혐오감을 일으키는 자신의 자위행위 모습을 보여 주고 피해자들로 하여금 이를 외면하거나 피할 수 없게 한 행위는 강제추행죄의 추행에 해당한다"(대판 2010. 2. 25, 2009 도 13716).

50) 김/서, 167-8면.

51) 권오걸, 192면; 김성돈, 165면; 김성천, 708면; 박상기, 162면; 백형구, 335면; 손동권, 155면; 오영근, 181면; 이재상, 169면; 이형국, 220면; 정/박, 177면; 정영일, 139면; 진/이, 191면.

52) "강제추행죄의 성립에 필요한 주관적 구성요건으로 성욕을 자극·흥분·만족시키려는 주관적 동기나 목적이 있어야 하는 것은 아니다"(대법원 2013. 9. 26, 2013 도 5856. 同旨, 대판 2009. 9. 24, 2009 도 2576; 2006. 1. 13, 2005 도 6791).

해한다. 그런데 추행개념에 주관적 요소를 내포시키는 이상, 주관적 요소의 범죄체계론상의 지위는 '주관적 구성요건요소'로 파악함이 타당하고, 초과주관적 요소로 이해할 것은 아니라고 본다.

5. 죄   수

사람을 강간하거나 유사강간한 경우에는 본죄가 아니라 강간죄 또는 유사강간죄가 성립한다(강간죄와 유사강간죄는 강제추행죄에 대하여 법조경합 중 특별관계). 공연히 강제추행한 경우에는 본죄와 공연음란죄의 상상적 경합이 성립한다.

6. 형   벌

10년 이하의 징역 또는 1천500만원 이하의 벌금에 처한다. 법정형에 있어서 징역형 이외에 벌금형을 규정한 입법취지는, 전술한 바와 같이 추행의 개념이 불명확하고 강약의 정도차가 매우 큰 개념이므로 경미한 추행행위에 대하여는 양형단계에서 벌금형을 선택함으로써 구체적 타당성을 달성할 수 있도록 하고자 함에 있다.[53]

7. 특   칙

(1) 특수강제추행

'성폭력범죄의 처벌 등에 관한 특례법' 제4조 제2항은 흉기나 그 밖의 위험한 물건을 지닌 채 또는 2인 이상이 합동하여 강제추행의 죄를 범한 자를 3년 이상의 유기징역에 처하도록 규정하고 있다.

(2) 객체에 따른 가중처벌 및 공소시효상의 특칙

'성폭력범죄의 처벌 등에 관한 특례법'은 강제추행의 객체가 "친족관계인 사람"인 경우와 "신체적인 또는 정신적인 장애가 있는 사람"인 경우 및 "13세 미만의 사람"인 경우에는 제5조 제2항과 제6조 제3항 및 제7조 제3항에서 각각 가중처벌하고 있다.

그 밖에 "13세 미만의 사람 및 신체적인 또는 정신적인 장애가 있는 사람"에 대한 강제추행죄는 '공소시효의 적용이 배제'되고(동법 제21조 제3항), "미성년자"에

---

53) 同旨, 김종원, 133면; 정/박, 176면.

대한 성폭력범죄(강제추행죄 포함)의 공소시효는 해당 성폭력범죄로 피해를 당한 미성년자가 성년에 달한 날부터 진행한다(동조제1항).

IV. 준강간죄·준유사강간죄·준강제추행죄

제299조 [준강간, 준강제추행] "사람의 심신상실 또는 항거불능의 상태를 이용하여 간음 또는 추행을 한 자는 제297조, 제297조의 2 및 제298조의 예에 의한다."

1. 의의, 성격

본죄는 폭행·협박이라는 적극적 방법이 아니라 상대방의 심신상실 또는 항거불능의 상태를 이용하는 소극적 방법으로 간음 또는 추행을 하는 점에서 강간죄, 유사강간죄 및 강제추행죄와 구별된다.

준간강죄·준강제추행죄가 '자수범'인가에 관하여는 긍정설과[54] 부정설이[55] 대립한다. 정신병자를 이용하여 간접정범의 형태로 준강간죄를 범할 수 있으므로, 본죄를 자수범으로 볼 것은 아니다.[56]

2. 행위의 객체

사람이다. 자연인인 타인을 말한다. 행위의 객체는 남녀를 불문한다.

3. 실행행위

실행행위는 상대방의 심신상실 또는 항거불능의 상태를 이용하여 간음 또는 추행을 하는 것이다.[57]

---

54) 이재상, 170면.

55) 권오걸, 195면; 김성돈, 166면; 김성천, 709면; 김/서, 168면; 박상기, 159면; 배종대, 261-2면; 손동권, 156면; 오영근, 182-3면; 이형국, 224면; 정/박, 178면; 정영일, 146면.

56) 강제추행죄가 자수범이 아니라는 대판 2018. 2. 8, 2016 도 17733.

57) "판결이유: 준강간죄에서 '심신상실'이란 정신기능의 장애로 인하여 성적 행위에 대한 정상적인 판단능력이 없는 상태를 의미하고, '항거불능'의 상태란 심신상실 이외의 원인으로 심리적 또는 물리적으로 반항이 절대적으로 불가능하거나 현저히 곤란한 경우를 의미한다. 이는 준강제추행죄의 경우에도 마찬가지이다. 피해자가 깊은 잠에 빠져 있거나 술·약물 등에 의해 일시적으로 의식을 잃은 상태 또는 완전히 의식을 잃지는 않았더라도 그와 같은 사유로 정상적인 판단능력과 대응·조절능력을 행사할 수 없는 상태에 있었다면 준강간죄 또는 준강제추행죄에서의 심신상실 또는 항거불능 상태에 해당한다"(대판 2021. 2. 4, 2018 도 9781). 이 판결에서 대법원은 '알코올 블랙아웃(black out)'을 상세히 설명하고 있다.

'심신상실'을 제10조에서의 심신상실과는 다르다고 하여 심신미약도 본죄의
심신상실에 포함될 수 있다는 견해도[58] 있으나, 정신기능의 장애로 인하여 사
물변별능력 또는 의사결정능력이 상실된 상태에 국한하는 엄격해석의 입장
이[59] 타당하다. 행위의 객체가 '심신미약자'인 경우에는 제302조가 적용된다고
보아야 한다. 수면 중이거나[60] 일시적인 실신상태는 심신상실의 상태에 해당
한다고 본다. '항거불능'의 상태라 함은 육체적·심리적으로 반항이 불가능한
상태를 말한다. 포박되어 있거나 일시적인 탈진상태가 그 예이다.

'이용'한다고 함은 이미 조성된 심신상실 또는 항거불능의 상태를 간음이나
추행의 기회로 삼는 것을 말한다. 따라서 행위자가 스스로 상대방의 심신상실
또는 항거불능의 상태를 야기한 후 간음·추행하였다면, 본죄가 아니라 직접
강간죄·강제추행죄에 해당한다.

〈문제: 의사가 치료를 가장하여 환자를 간음 또는 추행하는 것과 같이 '위계'의 방
법으로 간음 또는 추행하는 경우에는 어떠한 죄책을 지는가?〉

　다수설은 항거불능의 상태를 이용한 제299조의 범죄가 성립한다고 한다.[61] 그러
나 제299조의 항거불능이라 함은 피해자가 항거하고자 해도 불가능한 경우를 말하
는 것이고, 피해자가 항거할 것인가를 판단할 사정을 애당초 인식하지 못한 까닭에
항거하지 않은 경우는 제299조의 항거'불능'에 해당한다고 볼 수 없다.[62] 의사에 대
하여 '환자'는 일반적으로 제303조 제1항 "업무로 인하여 자기의 보호를 받는 사람"
에 해당한다고 해석할 수 있으므로, 치료를 가장한 의사의 '간음'행위는 '피보호자
간음죄'(제303조 제1항)의 죄책을 진다고 본다. 그리고 치료를 가장한 의사의 '추행'행위는
'성폭력범죄의 처벌 등에 관한 특례법' 제10조 제1항에 규정된 '피보호자추행죄'의
죄책을 진다. 그 밖에 행위의 객체가 미성년자 또는 심신미약자인 경우에는 제302
조에 해당하고, 13세 미만의 미성년자인 경우에는 '성폭력범죄의 처벌 등에 관한 특
례법' 제7조의 제5항에 의하여 가중처벌된다.

---

58) 유기천, 상권, 126면; 이재상, 170면.
59) 권오걸, 197면; 김성돈, 166면; 김성천, 711면; 김/서, 169면; 김종원, 130면; 박상기, 158
면; 배종대, 262면; 백형구, 318면; 오영근, 183면; 이형국, 222면; 정/박, 179면.
60) 대법원판결에는 '수면 중'인 여자에 대한 간음시도를 '항거불능의 상태를 이용한 준강간미
수죄'로 본 것(대판 2000. 1. 14, 99 도 187)도 있고, 어렴풋이 잠에서 깨어나 누구냐라고 물은 여
자에 대한 간음에 있어서 피해자가 '심신상실상태'에 있었다고 볼 수 없다고 한 것(대판 2000. 2.
25, 98 도 4355)도 있다.
61) 김/서, 169-70면; 배종대, 262면; 오영근, 184면; 이재상, 171면; 이형국, 222면; 정/박, 179면.
62) 김성돈, 167면; 김성천, 711면; 박상기, 158면.

4. 미수, 예비 · 음모

준강간죄의 미수범은 처벌한다($^{제300}_{조}$). 준강간죄의 예비 · 음모도 처벌한다($^{제305조}_{의\ 3}$).

피해자가 심신상실 또는 항거불능의 상태에 있다고 인식하고 그러한 상태를 이용하여 간음할 의사로 피해자를 간음하였으나, 피해자가 실제로는 심신상실 또는 항거불능의 상태에 있지 않은 경우에는 준강간죄의 '불능미수'가 성립한다.[63]

5. 형　벌

강간죄와 유사강간죄 및 강제추행죄의 예에 의하여 처벌한다.

6. 특　칙

(1) 장애인에 대한 간음

'성폭력범죄의 처벌 등에 관한 특례법'(약칭: 성폭력처벌법)은 2011. 11. 17. 자 개정(이 개정법률이 세칭 '도가니법'이다)에서 신체적 또는 정신적 장애인을 대상으로 한 성폭력범죄를 여러 유형으로 나누고 처벌을 강화하였다. 즉, 장애인에 대한 강간 · 유사강간 · 강제추행의 죄를 가중처벌하는($^{제6조}_{제1-3항}$) 외에, 신체적인 또는 정신적인 장애로 항거불능 또는 항거곤란 상태에 있음을 이용하여 사람을 간음하거나 추행한 사람은 제1항부터 제3항까지의 예에 따라 처벌하고($^{동조}_{제4항}$), 위계 또는 위력으로써 장애가 있는 사람을 간음한 경우 5년 이상의 유기징역, 위계 또는 위력으로써 장애가 있는 사람을 추행한 경우 1년 이

---

63) "판결요지: [다수의견] 형법 제300조는 준강간죄의 미수범을 처벌한다. 또한 형법 제27조는 "실행의 수단 또는 대상의 착오로 인하여 결과의 발생이 불가능하더라도 위험성이 있는 때에는 처벌한다. 단, 형을 감경 또는 면제할 수 있다."라고 규정하여 불능미수범을 처벌하고 있다. 따라서 피고인이 피해자가 심신상실 또는 항거불능의 상태에 있다고 인식하고 그러한 상태를 이용하여 간음할 의사로 피해자를 간음하였으나 피해자가 실제로는 심신상실 또는 항거불능의 상태에 있지 않은 경우에는, 실행의 수단 또는 대상의 착오로 인하여 준강간죄에서 규정하고 있는 구성요건적 결과의 발생이 처음부터 불가능하였고 실제로 그러한 결과가 발생하였다고 할 수 없다. 피고인이 준강간의 실행에 착수하였으나 범죄가 기수에 이르지 못하였으므로 준강간죄의 미수범이 성립한다. 피고인이 행위 당시에 인식한 사정을 놓고 일반인이 객관적으로 판단하여 보았을 때 준강간의 결과가 발생할 위험성이 있었으므로 준강간죄의 불능미수가 성립한다"(대판 2019. 3. 28. 2018 도 16002-전원합의체).

상의 유기징역 또는 1천만원 이상 3천만원 이하의 벌금에 처하며(_{동조 제5항.} ^{제6항}), 나아가 장애인의 보호·교육 등을 목적으로 하는 시설의 장 또는 종사자가 보호·감독의 대상인 장애인에 대하여 제1항부터 제6항까지의 죄를 범한 경우 그 죄에 정한 형의 2분의 1까지 가중하여 처벌하도록 하였다(_{동조}^{제7항}). 그리고 장애인에 대한 형법 제299조(준강간·준강제추행)의 죄는 공소시효의 적용이 배제된다(_{제21조}^{제3항}).

(2) 특수준강간·준강제추행

'성폭력범죄의 처벌 등에 관한 특례법' 제4조 제3항: "제1항의 방법으로(흉기나 그 밖의 위험한 물건을 지닌 채 또는 2인 이상이 합동하여) 형법 제299조(준강간, 준유사강간, 준강제추행)의 죄를 범한 사람은 제1항 또는 제2항의 예에 따라 처벌한다."

(3) 13세 미만자에 대한 준강간·준강제추행

'성폭력범죄의 처벌 등에 관한 특례법' 제7조 제4항: "13세 미만의 사람에 대하여 형법 제299조(준강간, 준유사강간, 준강제추행)의 죄를 범한 사람은 제1항부터 제3항까지의 예에 따라 처벌한다." 또한 13세 미만의 사람에 대한 준강간·준강제추행의 죄는 공소시효의 적용이 배제된다(_{동법 제21조}^{제3항}).

V. 강간 등 상해·치상죄

> 제301조 [강간 등 상해·치상] "제297조, 제297조의 2 및 제298조부터 제300조까지의 죄를 범한 자가 사람을 상해하거나 상해에 이르게 한 때에는 무기 또는 5년 이상의 징역에 처한다."

1. 의의, 보호법익, 성격

본죄는 "강간죄·유사강간죄·강제추행죄, 준강간죄·준강제추행죄, 13세 미만자 의제강간죄·의제강제추행죄 및 그 미수범을 범한 자가 사람을 상해하거나 상해에 이르게 함으로써 성립하는 범죄"이다. 본죄의 보호법익은 '성적 의사결정의 자유와 신체의 건강'이다. 강간 등 상해죄는 강간행위 또는 강제추행 행위와 상해행위의 '결합범'이며, 강간 등 치상죄는 강간죄 또는 강제추행죄의 '진정 결과적 가중범'이다.

1995년의 형법개정에서는 ① 종래 단일한 조문($\text{제}301\atop\text{조}$)으로 규율하였던 '강간 등 치사상죄'를 '강간 등 치상죄'($\text{제}301\atop\text{조}$)와 '강간 등 치사죄'($\text{제}301\text{조}\atop\text{의}2$)의 둘로 분리하고, ② 결과적 가중범으로 되어 있는 각각의 범죄구성요건에 강간 등 '상해'와 '살해'의 '고의범'을 추가·신설하였다. 치상과 치사 사이에 결과반가치가 크게 다르고, 상해 또는 사망에 대한 고의와 과실 사이에 행위반가치가 크게 다르다는 점을 반영한 개정이었다.

2. 구성요건

(1) 행위의 주체

행위의 주체는 강간죄·유사강간죄·강제추행죄, 준강간죄·준강제추행죄, 13세 미만자 의제강간죄·의제강제추행죄를 범한 자로서 그 기수·미수를 불문한다.

(2) 실행행위

실행행위는 상해하거나 상해에 이르게 하는 것이다.

(가) 상 해　　상해란 상해에 대한 고의가 있는 경우를 말한다(고의범). 상해의 '정도'에 관하여는 ① 본죄의 법정형이 상해죄에 비하여 중하기 때문에 상해죄에서의 상해와는 달리 상당한 정도에 달해야 한다고 해석하는 견해가[64] 있으나, ② 자의적인 법해석의 위험성이 있으므로 상해개념을 통일적으로 해석해야 한다는 견지에서 본죄의 상해를 상해죄에 있어서의 상해와 동일한 정도로 해석하는 견해가[65] 타당하다고 본다. 물론 간음행위에 통상적으로 수반되는 경미한 부상은 본죄의 상해나 치상의 개념에서 제외된다고 본다.[66]

본죄의 상해는 반드시 강간의 수단으로서 행사된 폭행으로 말미암아 발생된 것임을 요하지 않고, 널리 강간의 기회에 범인의 행위로 인하여 발생한 것이면 족하다.

강간 등의 행위가 종료된 후에 새로이 상해의 고의가 생겨 사람을 상해한 경우에는 본죄가 아니라 강간죄와 상해죄의 실체적 경합범이 성립한다.

(나) 치 상　　상해에 이르게 하는 것이란 고의없이 상해의 결과를 발생하

---

64) 김성돈, 168면; 오영근, 186면; 이재상, 174면; 정영일, 150면.
65) 김성천, 719면; 김/서, 173면; 손동권, 158면; 이형국, 227면; 정/박, 182면; 진/이, 201면.
66) **대판** 1994. 11. 4, 94 도 1311; 1991. 11. 8, 91 도 2188; 1989. 1. 31, 88 도 831; 1987. 10. 26, 87 도 1880; 1986. 7. 8, 85 도 2042.

게 한 경우로서 '결과적 가중범'에 해당한다. 따라서 강간 등의 행위와 치상의 결과 사이에는 인과관계가 있어야 하고, 치상의 결과발생에 대하여 예견가능성(과실)이 있어야 한다.

강간 등의 행위와 치상의 결과 사이의 인과관계는 합법칙적 조건설에 따라 확정된다. 판례에 의하면, 강간을 피하기 위하여 창문으로 도피하려다가 추락하여 사상의 결과가 발생한 때에는 인과관계가 인정되지만,[67] 강간당한 피해자가 수치심으로 자살한 때에는 강간행위와 자살 사이에 인과관계를 인정할 수 없다고 한다.[68]

치상의 결과는 강간·강제추행의 기회에 또는 이와 밀접히 관련된 행위에서 발생한 것이면 충분하다. 따라서 강간·강제추행행위 그 자체에서 발생한 경우뿐만 아니라, 그 수단인 폭행·협박에 의해서 야기된 경우를 포함한다.[69]

〈본죄의 상해 또는 치상에 해당한다고 본 판례〉

피해자의 얼굴을 가격하여 코피가 나고 콧등이 부어 오른 경우($\frac{대판 1991. 10.}{22, 91 도 1832}$), 처녀막을 파열시킨 경우($\frac{대판 1995. 7. 25, 94 도 1351;}{1972. 6. 23, 72 도 855}$), 수면제와 같은 약물을 투약하여 피해자를 일시적으로 수면 또는 의식불명 상태에 이르게 한 경우($\frac{대판 2017. 6. 29,}{2017 도 3196}$), 강간으로 인하여 피해자에게 보행불능, 수면장애, 식욕감퇴 등의 기능장애가 야기된 경우($\frac{대판 1969. 3.}{11, 69 도 161}$), 강간으로 인해 10일간의 가료를 요하는 히스테리증을 야기시킨 경우($\frac{대판 1970. 2. 10,}{69 도 2213}$), 외음부찰과상을 입힌 경우($\frac{대판 1983. 7. 12.}{83 도 1258}$) 등에서는 본죄의 상해 또는 치상에 해당한다고 긍정하였다.

〈본죄의 상해 또는 치상에 해당하지 않는다고 본 판례〉

피해자에게 경부 및 전흉부 피하출혈, 통증으로 약 7일간의 가료를 요하는 상처

---

67) "피해자가 강간을 모면하기 위하여 창문을 통하여서라도 탈출하려다가 지상에 추락하여 사망에 이르게 될 수도 있음을 충분히 예견할 수 있었다고 볼 것이므로, 피고인의 이 사건 강간미수행위와 위 피해자의 사망과의 사이에는 상당인과관계가 있다고 할 것"(대판 1995. 5. 12, 95 도 425. 同旨, 대판 1968. 8. 21, 68 도 419).

68) "강간을 당한 피해자가 집에 돌아가 음독자살하기에 이르는 원인이 강간을 당함으로 인하여 생긴 수치심과 장래에 대한 절망감 등에 있었다 하더라도, 그 자살행위가 바로 강간행위로 인하여 생긴 당연한 결과라고 볼 수는 없으므로 강간행위와 피해자의 자살행위 사이에 인과관계를 인정할 수는 없다"(대판 1982. 11. 23, 82 도 1446).

69) "강간치상죄에 있어 상해의 결과는 강간의 수단으로 사용한 폭행으로부터 발생한 경우뿐 아니라 간음행위 그 자체로부터 발생한 경우나 강간에 수반하는 행위에서 발생한 경우도 포함하는 것"(**대판 1999. 4. 9, 99 도 519**).

가 발생하였으나, 그 상처의 내용은 경부와 전흉부에 동전크기의 멍이 들어 있는 정도로서 굳이 치료를 받지 않더라도 일상생활에 아무런 지장이 없고 시일이 경과함에 따라 자연적으로 치유될 수 있는 정도인 경우(대판 1994. 11. 4. 94 도 1311), 강간 도중 흥분하여 입으로 어깨를 빨아서 동전크기의 반상 출혈상을 입힌 경우(대판 1986. 7. 8. 85 도 2042), 강간하려는 과정에서 손바닥에 약 2cm 가량의 긁힌 상처를 낸 경우(대판 1987. 10. 26. 87 도 1880), 피해자가 이미 성경험이 있는 자로서 3,4일간의 가료를 요하는 외음부충혈과 양 상박부 근육통이 생긴 경우(대판 1989. 1. 31. 88 도 831), 피해자에게 좌전경부 흡입상을 일으킨 경우(대판 1991. 11. 8. 91 도 2188) 등에서는 본죄의 상해 또는 치상에 해당하지 않는다고 부정하였다.

3. 강간치상죄의 미수

형법은 결과적 가중범인 강간치상죄의 미수범 처벌규정을 두지 않았다. 따라서 강간치상죄는 치상의 결과가 발생한 이상 기본범죄인 강간죄 등의 기수·미수를 불문하고 강간치상죄의 기수범으로 처벌된다.

그러나 '성폭력범죄의 처벌 등에 관한 특례법'은 특수강간죄의 결과적 가중범인 '특수강간치상죄'(제8조)와 '특수강간치사죄'(제9조)에 대하여는 특별히 '미수범' 처벌규정을 두고 있다(제15조). 따라서 특수강간치상죄와 특수강간치사죄의 미수범은 치상 또는 치사의 결과가 발생하였으나 기본범죄인 특수강간이 미수에 그친 경우에 성립하고, 기수범은 기본범죄인 특수강간이 기수에 달한 경우에 성립한다.[70] 그러나 대법원은 특수강간이 미수에 그쳤더라도 그로 인하여 피해자가 상해를 입었으면 특수강간치상죄의 기수범이 성립한다는 입장이다.[71]

---

70) 김일수, 153면; 이정원, 198면.
71) "성폭력범죄의 처벌 및 피해자보호 등에 관한 법률 제9조 제1항에 의하면 같은 법 제6조 제1항에서 규정하는 특수강간의 죄를 범한 자뿐만 아니라 특수강간이 미수에 그쳤다고 하더라도 그로 인하여 피해자가 상해를 입었으면 특수강간치상죄가 성립하는 것이고, 같은 법 제12조에서 규정한 위 제9조 제1항에 대한 미수범처벌규정은 제9조 제1항에서 특수강간치상죄와 함께 규정된 특수강간상해죄의 미수에 그친 경우, 즉 특수강간의 죄를 범하거나 미수에 그친 자가 피해자에 대하여 상해의 고의를 가지고 피해자에게 상해를 입히려다가 미수에 그친 경우 등에 적용된다. 원심이 그 판시의 증거를 종합하여 피고인이 위험한 물건인 전자충격기를 피해자의 허리에 대고 피해자를 폭행하여 강간하려다가 미수에 그치고 피해자에게 약 2주간의 치료를 요하는 안면부 좌상 등의 상해를 입힌 사실을 인정하고, 이에 대하여 성폭력범죄의 처벌 및 피해자보호 등에 관한 법률 소정의 특수강간치상죄의 '기수'에 해당한다고 인정한 것은 기록과 앞서 본 법리에 비추어 정당하고, 상고이유에서 주장하는 바와 같은 결과적 가중범의 미수범에 관한 법리오해 등의 위법은 없다"(대판 2008. 4. 24, 2007 도 10058).

4. 강간상해죄의 예비·음모

강간상해죄를 범할 목적으로 예비 또는 음모한 사람은 3년 이하의 징역에 처한다(제305조의 3).

5. 형 벌

무기 또는 5년 이상의 징역에 처한다.

6. 특 칙

'성폭력범죄의 처벌 등에 관한 특례법' 제8조 제1항은 동법 제3조 제1항(특수강도강간 등)·제4조(특수강간 등)·제6조(장애인에 대한 강간·강제추행 등)·제7조(13세 미만의 미성년자에 대한 강간·강제추행 등)·제15조(제3조 제1항, 제4조, 제6조 또는 제7조의 미수범)의 죄를 범한 사람이 다른 사람을 상해하거나 상해에 이르게 한 때에는 무기징역 또는 10년 이상의 징역으로 처벌하고, 동조 제2항은 제5조(친족관계에 의한 강간 등)·제15조(제5조의 미수범)의 죄를 범한 사람이 다른 사람을 상해하거나 상해에 이르게 한 때에는 무기징역 또는 7년 이상의 징역으로 처벌하고 있다. 이 특례법 제21조 제3항은 13세 미만자 및 장애인에 대한 강간상해·치상죄에 공소시효의 적용을 배제하고 있다.

강간치사상죄는 '특정강력범죄'에 해당하여 '특정강력범죄의 처벌에 관한 특례법'의 적용을 받는다.

Ⅵ. 강간 등 살인·치사죄

<u>제301조의 2 [강간 등 살인·치사]</u> "제297조, 제297조의 2 및 제298조부터 제300조까지의 죄를 범한 자가 사람을 살해한 때에는 사형 또는 무기징역에 처한다. 사망에 이르게 한 때에는 무기 또는 10년 이상의 징역에 처한다."

1. 의의, 보호법익, 성격

본죄는 "강간죄·유사강간죄·강제추행죄, 준강간죄·준강제추행죄, 13세 미만자 의제강간죄·의제강제추행죄 및 그 미수범을 범한 자가 사람을 살해하거나 사망에 이르게 함으로써 성립하는 범죄"이다. 본죄의 보호법익은 '성적 의사결정의 자유와 사람의 생명'이다.

강간 등 살인죄는 강간행위 또는 강제추행행위와 살해행위의 '결합범'이며, 강간 등 치사죄는 강간죄 또는 강제추행죄의 '진정 결과적 가중범'이다.

2. 구성요건

행위의 주체는 강간죄·유사강간죄·강제추행죄, 준강간죄·준강제추행죄, 13세 미만자 의제강간죄·의제강제추행죄를 범한 자로서 그 기수·미수를 불문한다.

실행행위는 살해하거나 사망에 이르게 하는 것이다. 강간살인죄는 살해에 대한 고의가 있는 경우에 성립한다(고의범).[72] 결과적 가중범인 강간치사죄에 있어서 사망의 결과발생에 대하여 과실이 있어야 하고, 강간행위와 사망의 결과발생 사이에 인과관계가 있어야 한다.

3. 강간치사죄의 미수

형법은 결과적 가중범인 강간치사죄의 미수범 처벌규정을 두지 않았으므로, 치사의 결과가 발생한 이상 기본범죄인 강간죄 등의 기수·미수를 불문하고 강간치사죄의 기수범으로 처벌된다.

그러나 성폭력범죄처벌특례법은 결과적 가중범인 '특수강간치사죄'($^{제9}_{조}$)에 대해서는 특별히 '미수범'처벌규정을 두고 있다($^{제15}_{조}$). 따라서 특수강간치사죄의 미수범은 치사의 결과가 발생하였으나 기본범죄인 특수강간이 미수에 그친 경우에 성립하고, 기수범은 특수강간이 기수에 달한 경우에 성립한다.

4. 형 벌

사람을 살해한 때에는 사형 또는 무기징역에 처한다. 사망에 이르게 한 때에는 무기 또는 10년 이상의 징역에 처한다.

---

72) 고의범인 강간살인의 경우에 살인죄와 강간치사죄의 상상적 경합이 성립한다는 종래의 판례(대판 1990. 5. 8, 90 도 670)는 1995년 형법개정에서 강간살인죄가 신설된 이래 더 이상 유지될 수 없고, 강간살인죄로서 단순1죄만을 구성하게 된다. 강간이 종료된 후에 새로이 살해의 고의가 생겨 피해자인 여자를 살해한 경우에는 강간죄와 살인죄의 실체적 경합범이 성립한다(대판 1987. 1. 20, 86 도 2360 참조).

5. 특   칙

'성폭력범죄의 처벌 등에 관한 특례법' 제9조 제1항은 동법 제3조(특수강도강간 등)·제4조(특수강간 등)·제5조(친족관계에 의한 강간 등)·제6조(장애인에 대한 강간·강제추행 등)·제7조(13세 미만의 미성년자에 대한 강간·강제추행 등)·제15조(제3조부터 제7조까지의 미수범)의 죄 또는 형법 제297조(강간), 제297조의 2(유사강간) 및 제298조(강제추행)부터 제300조(미수범)까지의 죄를 범한 사람이 다른 사람을 살해한 때에는 사형 또는 무기징역으로 처벌하고, 동조 제2항은 제4조(특수강간 등)·제5조(친족관계에 의한 강간 등)·제15조(제4조 또는 제5조의 미수범)의 죄를 범한 사람이 다른 사람을 사망에 이르게 한 때에는 무기징역 또는 10년 이상의 징역으로 처벌하며, 동조 제3항은 제6조(장애인에 대한 강간·강제추행 등)·제7조(13세 미만의 미성년자에 대한 강간·강제추행 등)·제15조(제6조 또는 제7조의 미수범)의 죄를 범한 사람이 다른 사람을 사망에 이르게 한 때에는 사형, 무기징역 또는 10년 이상의 징역으로 처벌하고 있다. 이 특례법 제21조 제4항은 '강간살인죄'에 한하여 객체인 사람에 대하여 아무런 제한을 두지 않고 공소시효의 적용을 배제하고 있다.

강간치사죄는 '특정강력범죄'에 해당하여 '특정강력범죄의 처벌에 관한 특례법'(약칭: 특정강력범죄법)의 적용을 받는다.

Ⅶ. 미성년자간음죄

제302조 [미성년자 등에 대한 간음] "미성년자 또는 심신미약자에 대하여 위계 또는 위력으로써 간음 또는 추행을 한 자는 5년 이하의 징역에 처한다."

본죄는 "미성년자 또는 심신미약자에 대하여 위계 또는 위력으로 간음 또는 추행을 함으로써 성립하는 범죄"이다. 본죄의 보호법익은 '미성년자 또는 심신미약자의 성적 의사결정의 자유'이다.

본죄의 객체는 '미성년자 또는 심신미약자'이다. 여기에서 미성년자라 함은 만 19세 미만자를 말한다.[73] 객체가 13세 미만자인 경우에는 본죄가 아니라 제

_____

73) 2011. 3. 7.의 민법 제4조 개정에 의하여 성년에 이르게 되는 나이는 종래 20세에서 '19세'로 인하되었다.

305조가 적용된다. 심신미약자란 정신기능의 장애로 인하여 사물변별능력과 의사결정능력이 현저히 저하된 자를 말한다.

본죄의 실행행위는 위계·위력으로 간음 또는 추행하는 것이다. '위계'란 기망수단에 의하여 상대방을 착오에 빠지게 하는 것인데, 유혹을 포함한다.[74) '위력'이란 사람의 의사를 제압할 수 있는 유형·무형의 힘을 말한다. 위력은 폭행·협박을 수단으로 할 수 있다. 다만 폭행·협박이 상대방의 반항을 억압할 정도이면, 본죄가 아니라 강간죄 또는 강제추행죄가 성립한다. '간음'이란

---

74) "형법 제302조 소정의 위계에 의한 심신미약자간음죄에 있어서 위계라 함은 행위자가 간음의 목적으로 상대방에게 오인, 착각, 부지를 일으키고는 상대방의 그러한 심적 상태를 이용하여 간음의 목적을 달성하는 것을 말하는 것이고, 여기에서 오인, 착각, 부지란 간음행위 자체에 대한 오인, 착각, 부지를 말하는 것이지, 간음행위와 불가분적 관련성이 인정되지 않는 다른 조건에 관한 오인, 착각, 부지를 가리키는 것은 아니라 할 것이다"라고 한 대법원판결은(대판 2002. 7. 12. 2002 도 2029; 2001. 12. 24. 2001 도 5074)은 다음 대법원 전원합의체 판결에 의하여 **판례변경**되었다. "판결이유: '위계'라 함은 행위자의 행위목적을 달성하기 위하여 피해자에게 오인, 착각, 부지를 일으키게 하여 이를 이용하는 것을 말한다. 이러한 위계의 개념 및 앞서 본 바와 같이 성폭력범행에 특히 취약한 사람을 보호하고 행위자를 강력하게 처벌하려는 입법 태도, 피해자의 인지적·심리적·관계적 특성으로 온전한 성적 자기결정권 행사를 기대하기 어려운 사정 등을 종합하면, 행위자가 간음의 목적으로 피해자에게 오인, 착각, 부지를 일으키고 피해자의 그러한 심적 상태를 이용하여 간음의 목적을 달성하였다면 위계와 간음행위 사이의 인과관계를 인정할 수 있고, 따라서 위계에 의한 간음죄가 성립한다. 왜곡된 성적 결정에 기초하여 성행위를 하였다면 왜곡이 발생한 지점이 성행위 그 자체인지 성행위에 이르게 된 동기인지는 성적 자기결정권에 대한 침해가 발생한 것은 마찬가지라는 점에서 핵심적인 부분이라고 하기 어렵다. 피해자가 오인, 착각, 부지에 빠지게 되는 대상은 간음행위 자체일 수도 있고, 간음행위에 이르게 된 동기이거나 간음행위와 결부된 금전적·비금전적 대가와 같은 요소일 수도 있다. 다만 행위자의 위계적 언동이 존재하였다는 사정만으로 위계에 의한 간음죄가 성립하는 것은 아니므로 위계적 언동의 내용 중에 피해자가 성행위를 결심하게 된 중요한 동기를 이룰 만한 사정이 포함되어 있어 피해자의 자발적인 성적 자기결정권의 행사가 없었다고 평가할 수 있어야 한다. 이와 같은 인과관계를 판단함에 있어서는 피해자의 연령 및 행위자와의 관계, 범행에 이르게 된 경위, 범행 당시와 전후의 상황 등 여러 사정을 종합적으로 고려하여야 한다. 한편 위계에 의한 간음죄가 보호대상으로 삼는 아동·청소년, 미성년자, 심신미약자, 피보호자·피감독자, 장애인 등의 성적 자기결정 능력은 그 나이, 성장과정, 환경, 지능 내지 정신기능 장애의 정도 등에 따라 개인별로 차이가 있으므로 간음행위와 인과관계가 있는 위계에 해당하는지 여부를 판단함에 있어서는 구체적인 범행 상황에 놓인 피해자의 입장과 관점이 충분히 고려되어야 하고, 일반적·평균적 판단능력을 갖춘 성인 또는 충분한 보호와 교육을 받은 또래의 시각에서 인과관계를 쉽사리 부정하여서는 안 된다. 이와 달리 위계에 의한 간음죄에서 행위자가 간음의 목적으로 상대방에게 일으킨 오인, 착각, 부지는 간음행위 자체에 대한 오인, 착각, 부지를 말하는 것이지, 간음행위와 불가분적 관련성이 인정되지 않는 다른 조건에 관한 오인, 착각, 부지를 가리키는 것은 아니라는 취지의 종전 판례인 대법원 2001. 12. 24. 선고 2001도5074 판결, 대법원 2002. 7. 12. 선고 2002도2029 판결, 대법원 2007. 9. 21. 선고 2007도6190 판결, 대법원 2012. 9. 27. 선고 2012도9119 판결, 대법원 2014. 9. 4. 선고 2014도8423, 2014전도151 판결 등은 이 판결과 배치되는 부분이 있으므로, 그 범위에서 이를 변경하기로 한다"(대판 2020. 8. 27. 2015 도 9436-전원합의체).

남자 성기와 여자 성기의 결합행위를 말한다.

'성폭력범죄의 처벌 등에 관한 특례법'(약칭: 성폭력처벌법) 제7조 제5항은 13세 미만의 사람을 '위계 또는 위력으로써' 간음하거나 추행한 경우에는 13세 미만의 사람에 대한 강간·유사강간·추행을 가중처벌하고 있는 동조 제1항부터 제3항까지의 예에 따라 처벌한다고 규정하고 있다.

Ⅷ. (13세 미만자) 의제강간죄·의제강제추행죄

제305조 [미성년자에 대한 간음, 추행] 제1항 13세 미만의 사람에 대하여 간음 또는 추행을 한 자는 제297조, 제297조의 2, 제298조, 제301조 또는 제301조의 2의 예에 의한다.”
제2항 13세 이상 16세 미만의 사람에 대하여 간음 또는 추행을 한 19세 이상의 자는 제297조, 제297조의 2, 제298조, 제301조 또는 제301조의 2의 예에 의한다.

1. 의의, 보호법익, 입법취지

제1항의 죄는 “13세 미만의 사람에 대하여 간음 또는 추행을 함으로써 성립하는 범죄”이다. 그 보호법익은 13세 미만자의 '건전한 성적 발육'이다. 13세 미만자에게는 성적 동의능력(간음 또는 추행에 대한 동의능력)을 부정하고, 건전한 성적 발육을 할 수 있도록 법률이 후견적 지위에서 보호하고자 한다(법률후견주의). 그러므로 13세 미만자의 동의가 있더라도 본죄의 성립에 아무런 영향이 없다.

제2항의 죄는 13세 이상 16세 미만의 사람에 대하여 19세 이상의 사람이 간음 또는 추행을 함으로써 성립하는 범죄이다. 미성년자의 성적 발육을 한층 더 보호하기 위하여 2020. 5. 19. 형법개정에서 신설된 범죄이다.

2. 구성요건

제1항의 죄의 구성요건은 13세 미만의 사람에 대하여 간음 또는 추행을 하는 것이다. 폭행·협박의 수단을 쓸 것을 요하지 않는다. 폭행·협박으로 13세 미만자를 강간하거나 강제추행하면, 본죄가 아니라 강간죄 또는 유사강간죄, 강제추행죄가 성립하지만, '성폭력범죄의 처벌 등에 관한 특례법' 제7조에 의하여 가중처벌된다.

제1항의 죄의 '고의'는 행위의 객체가 13세 미만자임을 인식할 것을 요한다. 착오가 있는 경우, 즉 ① 13세 미만의 사람인데 행위자는 13세 이상의 사람으로 오신하고 간음한 경우에는 고의가 부정되고,[75] ② 13세 이상의 사람인데 행위자는 13세 미만의 사람으로 오신하고 간음한 경우에는 객체의 착오로 인한 불능미수($^{제27}_{조}$)가 된다고 본다.[76]

제2항의 죄의 구성요건은 행위의 '객체'가 '13세 이상 16세 미만'의 사람으로 제한되어 있고, 행위의 '주체'는 '19세 이상'의 사람으로 한정되어 있다. 객체의 '연령'에 대한 '고의'가 있어야 한다. 행위의 객체에 대하여 제1항과 제2항에 걸친 고의의 '착오'가 있을 경우에, 예컨대 12세인데 14세로 알았다든가, 14세인데 12세로 알았다든가 하는 경우에 복잡한 객체의 착오가 발생하지만, 제1항과 제2항이 각각 '동일한' 성폭력범죄로 '의제'하여 처벌하고 있기 때문에 착오를 논할 '실익'이 없다.

3. 미 수

형법은 미수범의 처벌대상이 되는 조문에서 제305조를 명시하고 있지 않다($^{제300}_{조}$). 그러나 제305조의 처벌은 강간죄 또는 유사강간죄, 강제추행죄, 준강간·준강제추행죄의 예에 의하고, 또 예에 의할 강간죄 또는 유사강간죄, 강제추행죄, 준강간·준강제추행죄의 미수범이 처벌되므로, 결국 본죄($^{제1항과 제}_{2항의 죄}$)의 미수범이 처벌된다는 점에 의문이 없다($^{통설·}_{판례}$).[77]

4. 예비·음모

2020. 5. 19. 형법개정에서 본죄($^{제1항과 제}_{2항의 죄}$)의 '예비·음모'에 대한 처벌규정($^{제305조}_{의 3}$)이 신설되었다.

5. 형 벌

본죄는 제297조, 제297조의 2, 제298조, 제301조 또는 제301조의 2의 예에

---

75) 권오걸, 221면; 김성돈, 179면; 김성천, 714면; 김/서, 172면; 박상기, 173면; 배종대, 264면; 이재상, 172면; 이형국, 225면; 정/박, 181면; 정영일, 156면.

76) 김성천, 714면; 김/서, 172면; 이형국, 225면. 이에 대하여 위험성의 유무에 따라 불능범이 된다는 견해로는 권오걸, 221면; 김성돈, 179면; 배종대, 264면; 이재상, 172면; 정/박, 181면.

77) 대판 2007. 3. 15, 2006 도 9453.

의한다. 즉, 제1항의 13세 미만자 의제강간죄·의제강제추행죄는 단순강간죄, 유사강간죄, 강제추행죄, 강간 등 상해·치상죄, 강간 등 살해·치사죄의 예에 의하여 처벌된다.

6. 특   칙

'성폭력범죄의 처벌 등에 관한 특례법' 제7조 제4항: "13세 미만의 사람에 대하여 형법 제299조(준강간·준강제추행)의 죄를 범한 사람은 제1항부터 제3항까지의 예에 따라 처벌한다."

동조 제5항: "위계 또는 위력으로써 13세 미만의 사람을 간음하거나 추행한 사람은 제1항부터 제3항까지의 예에 따라 처벌한다."

그리고 이 특례법 제21조 제3항에서 13세 미만의 사람에 대한 형법 제299조(준강간·준강제추행)의 죄는 공소시효의 적용이 배제되는 것으로 규정하고 있다.

Ⅸ. 업무상 위력 등에 의한 간음죄

제303조 [업무상 위력 등에 의한 간음] 제1항 업무, 고용 기타 관계로 인하여 자기의 보호 또는 감독을 받는 사람에 대하여 위계 또는 위력으로써 간음한 자는 7년 이하의 징역 또는 3천만원 이하의 벌금에 처한다."
제2항 법률에 의하여 구금된 사람을 감호하는 자가 그 사람을 간음한 때에는 10년 이하의 징역에 처한다."

1. 피보호자간음죄

(1) 의의, 보호법익, 성격

본죄는 "업무·고용 기타 관계로 인하여 자기의 보호 또는 감독을 받는 사람에 대하여 위계 또는 위력으로 간음함으로써 성립하는 범죄"이다($^{제1}_{항}$). 보호법익은 피보호자의 '성적 의사결정의 자유'이다. 본죄의 성격은 행위의 객체와 행위태양의 특수성으로 인한 독립된 범죄유형이다. 본죄는 진정신분범이다.

(2) 구성요건

행위의 객체는 업무·고용 기타 관계로 인하여 자기의 보호 또는 감독을 받는 사람이다. 사실상 자기의 보호·감독하에 있으면 족하고, 그 원인은 묻지 않는다. 대법원은 처가 경영하는 미장원에 고용된 부녀를 본죄의 객체에 해당한다고 본다.[78] 실행행위는 위계 또는 위력으로 간음하는 것이다. 간음이 란 남자 성기와 여자 성기의 결합행위를 말한다. 13세 미만의 피보호자를 위계·위력으로 간음한 때에는 형법상 13세 미만자 의제강간죄가 성립하지만, 실제로는 '성폭력범죄의 처벌 등에 관한 특례법' 제7조 제5항에 의하여 가중 처벌된다. 13세 이상의 미성년자 또는 심신미약자인 피보호자를 위계·위력으로 간음한 때에는 미성년자·심신미약자간음죄($\frac{제302}{조}$)와 본죄의 상상적 경합이 된다.[79]

(3) 형벌, 특칙

7년 이하의 징역 또는 3천만원 이하의 벌금에 처한다.

'성폭력범죄의 처벌 등에 관한 특례법' 제10조 제1항은 "업무, 고용이나 그밖의 관계로 인하여 자기의 보호, 감독을 받는 사람에 대하여 위계 또는 위력으로 추행한 사람은 3년 이하의 징역 또는 1천500만원 이하의 벌금에 처한다"고 규정하고 있다('피보호자추행죄').[80] 이 특칙은 행위태양이 간음이 아니라 보다 폭넓은 개념인 '추행'이라는 점에서 형법상의 피보호자간음죄와 다르다.

형법 제303조 제1항과 성폭력범죄처벌특례법 제10조 제1항에 비추어 보건대, 직장 상사의 부하 직원에 대한 '성희롱'은 ① 위계나 위력을 행사하여 ② 간음 내지 추행의 정도에 달한 경우에만 형사책임을 지게 된다.

2. 피구금자간음죄

(1) 의의, 보호법익, 입법취지

본죄는 "법률에 의하여 구금된 사람을 감호하는 자가 그 사람을 간음함으로써 성립하는 범죄"이다($\frac{제2}{항}$). 보호법익은 피구금자의 '성적 의사결정의 자유'이다. 부차적으로는 감호자의 청렴성에 대한 일반인의 신뢰도 보호된다.[81] 본죄의 성

---

78) 대판 1976. 2. 10, 74 도 1519.

79) 김성천, 727면; 박상기, 168-9면. 이에 반하여 제302조는 제303조 제1항에 대하여 법조경합 중 특별관계에 있다고 보아, 양자가 경합하는 경우에 제302조의 범죄만이 성립한다는 견해도 있다(김성돈, 175면; 김종원, 137면; 백형구, 328면; 오영근, 194면; 이재상, 179면; 이형국, 233면; 정/박, 188면).

80) "[판결요지] 성폭력범죄의 처벌 등에 관한 특례법 제10조는 '업무상 위력 등에 의한 추행'에 관한 처벌 규정인데,…'업무, 고용이나 그 밖의 관계로 인하여 자기의 보호, 감독을 받는 사람'에는 직장 안에서 보호 또는 감독을 받거나 사실상 보호 또는 감독을 받는 상황에 있는 사람뿐만 아니라 채용 절차에서 영향력의 범위 안에 있는 사람도(밑줄 – 저자) 포함된다"(대판 2020. 7. 9, 2020 도 5646).

격은 행위의 객체와 행위태양의 특수성으로 인한 독립된 범죄유형이다.

피구금자간음죄의 '입법취지'는, 구금된 사람은 감호자에 대한 관계에서 자유로운 성적 의사결정이 이미 제한·억압되어 있다고 보아, 위계·위력의 방법을 쓰지 않은 감호자의 간음행위도 처벌하고자 함에 있다. 법률은 피구금자의 동의 여부를 불문하고 감호자로부터 피구금자의 성적 자유를 보호하고자 한다 (법률후견주의). 따라서 피구금자의 간음에 대한 승낙은 본죄의 성립에 아무런 영향을 주지 못한다. 이러한 입법취지에 비추어, 본죄는 감호자가 스스로 간음함으로써만 성립할 수 있다고 보아야 하고, 간접정범의 형태로는 범할 수 없다고 해야 한다. 이러한 점에서 본죄는 '자수범'이다.[82]

(2) **구성요건**

본죄의 주체는 법률에 의하여 구금된 사람을 감호하는 자이다(진정신분범). 본죄의 객체는 법률에 의하여 구금된 사람이다. 형사소송법에 의하여 체포·구속된 피의자·피고인·수형자인 사람이 여기에 해당한다.

실행행위는 간음이다. 간음이란 남자 성기와 여자 성기의 결합행위를 의미한다. 간음만으로 본죄가 성립하며, 다른 특별한 수단을 쓸 필요는 없다. 그러나 폭행·협박을 사용하여 강간한 때에는 강간죄가 성립한다.

(3) **형벌 및 특칙**

10년 이하의 징역에 처한다.

'성폭력범죄의 처벌 등에 관한 특례법' 제10조 제2항은 "법률에 따라 구금된 사람을 감호하는 사람이 그 사람을 추행한 때에는 5년 이하의 징역 또는 2천만원 이하의 벌금에 처한다"고 규정하고 있다('피구금자추행죄'). 이 특칙은 행위태양이 간음이 아니라 보다 폭넓은 개념인 '추행'이라는 점에서 형법상의 피구금자간음죄와 다르다.

X. 상습강간·강제추행 등의 죄

제305조의 2 [상습범] "상습으로 제297조, 제297조의 2, 제298조부터 제300조까지, 제302조, 제303조 또는 제305조의 죄를 범한 자는 그 죄에 정한 형의 2분의 1까

---

81) 김성돈, 176면; 김/서, 180면; 오영근, 194-5면; 이재상, 179면; 이형국, 233면; 정/박, 188면.
82) 김성돈, 176면; 박상기, 169면; 배종대, 270면; 백형구, 328면; 이재상, 180면; 이정원, 202면; 정/박, 189면; 정영일, 157면; 진/이, 213면.

지 가중한다."

　제305조의 2는 형법 제32장 '강간과 추행의 죄'에서의 '상습범' 가중처벌규정인데, 2010. 4. 15.의 형법개정에서 신설되었다. 상습범으로서 가중처벌되는 대상범죄는 강간죄(제297조), 유사강간죄(제297조의 2), 강제추행죄(제298조), 준강간·준강제추행죄(제299조), 이 네 범죄의 미수범(제300조), 미성년자 등 간음죄(제302조), 업무상 위력 등 간음죄(제303조), 13세 미만자 의제강간죄·의제강제추행죄(제305조)이다.

제12장 명예에 관한 죄

제1절 개 설

I. 의의, 보호법익

1. 명예에 관한 죄의 의의

명예에 관한 죄는 "공연히 사람의 명예를 훼손함으로써 성립하는 범죄"이다. 그 보호법익은 '명예'이다. 명예는 인격적 가치에 관한 규범적 개념으로서 다음과 같은 세 가지 의의를 가지고 있다.

2. 명예의 의의

(1) 내부적 명예

자기 또는 타인의 평가와는 무관하게 인간의 인격에 내재하는 진정한 가치로서의 명예이다. 내부적 명예는 개개인에 따라 차이가 나는 것이 아니라 인간으로서의 인격적 가치를 의미하며, 인간으로서의 존엄과 가치(헌법 제10조)를 누리는 개개인 모두가 천부적으로 평등하게 지니고 있다. 인간이라면 누구에게나 당연하고도 공통적으로 인정되는 진정한 의미에서의 인격적 가치를 말한다. 이는 외부로부터 침해될 성질의 것이 아니므로 형법상 보호의 객체, 즉 보호법익이 될 수 없다.

(2) 외부적 명예

인격적 가치에 대한 '사회적 평가'로서의 명예, 세평(世評)이라고 할 수 있다. 외부적 명예는 과대평가되어 있을 수도 있고, 과소평가되어 있을 수도 있다.

(3) 명예감정

자신의 인격적 가치에 대한 자기자신의 '주관적 평가'로서의 명예이다. 본인이 자신에 대하여 가지고 있는 가치감정·가치의식을 말한다.

3. 명예훼손죄와 모욕죄의 보호법익

명예에 관한 죄에서 기본유형을 이루고 있는 두 범죄, 즉 명예훼손죄와 모욕죄의 보호법익이 무엇인가에 관하여는 양자의 보호법익을 동일하게 파악하는 견해와 상이하게 파악하는 견해가 대립한다.

(1) 명예훼손죄와 모욕죄의 보호법익은 모두 외부적 명예라고 하는 견해

통설과 판례의[1] 입장이다. 명예훼손죄와 모욕죄는 보호법익이 같기 때문에 '(구체적) 사실의 적시' 유무라는 행위태양에 의하여 서로 구별된다고 한다. 이 견해는 다음과 같은 논거를 들고 있다. ① 현행형법이 명예훼손죄와 동일하게 모욕죄에 있어서도 '공연성'을 구성요건으로 규정하고 있는 것은 모욕죄의 보호법익도 인격에 대한 사회적 평가로서의 외부적 명예에 두고 있는 취지로 해석된다. 모욕죄가 피해자의 주관적 명예감정을 보호하기 위한 것이라면 공연성이 없는 모욕도 처벌하는 것이 논리적이다. ② 명예감정이 없는 유아, 정신병자, 법인 등의 단체를 모욕한 경우에도 모욕죄로서 처벌해야 할 것이므로, 모욕죄의 보호법익은 명예감정이 아니라 외부적 명예라고 함이 타당하다. ③ 현행형법상 모욕죄는 "사실의 적시"를 구성요건으로 하고 있지 않으므로, 명예훼손죄와 모욕죄의 구별은 '사실의 적시'가 있느냐 없느냐를 표지로 하고 있다고 해석된다.

(2) 명예훼손죄의 보호법익은 외부적 명예이고, 모욕죄의 보호법익은 명예감정이라고 하는 견해

소수설의 입장이다.[2] 이 견해에 의하면 명예훼손죄와 모욕죄는 보호법익에서 구별된다고 하며, 다음과 같은 논거를 들고 있다. ① 사실의 적시가 없는 명예훼손행위라고 하는 것은 외부적 명예를 훼손할 수 없는 성질의 것이다. 사실의 적시가 없는 명예훼손행위, 즉 모욕행위로서 훼손되는 것은 외부적 명예가 아니라 명예감정이다. ② 현행형법이 모욕죄에 있어서 공연성을 구성요건

---

1) "명예훼손죄와 모욕죄의 보호법익은 다같이 사람의 가치에 대한 사회적 평가인 이른바 외부적 명예인 점에서는 차이가 없으나, 다만 명예훼손은 사람의 사회적 평가를 저하시킬 만한 구체적 사실의 적시를 하여 명예를 침해함을 요하는 것으로서, 구체적 사실이 아닌 단순한 추상적 판단이나 경멸적 감정의 표현으로서 사회적 평가를 저하시키는 모욕죄에 비하여 그 형을 무겁게 하고 있다"(대판 1987. 5. 12, 87 도 739. 同旨, 대판 1985. 10. 22, 85 도 1629).

2) 유기천, 상권, 138면.

으로 한 것은 개인 대 개인의 명예감정보다도 다수인 앞에서의 명예감정을 더 중시하여 후자의 경우에만 형법적 보호를 하고자 하는 것이다. ③ 명예감정이 없는 유아, 정신병자, 법인에 대한 모욕도 '입법정책상' 처벌할 수 있다고 보아야 한다. 특히 모욕죄가 침해범이 아니라 위험범이라고 해석되는 한, 명예감정이 없는 자에 대한 모욕도 처벌이 가능하다.

(3) 사 견

다음과 같은 논거에서 명예훼손죄뿐만 아니라 모욕죄의 보호법익도 '외부적 명예'로 파악하는 통설이 타당하다고 본다. ① 형법은 '공연성'을 두 범죄의 구성요건으로 하고 있는데, 공연성이란 인격적 가치에 대한 '사회적' 평가를 전제로 하는 표현으로 이해해야 한다. 주관적 가치감정으로서의 명예감정이라는 보호법익은 그 본질상 공연성이란 구성요건을 필요로 하지 않는다. ② 명예감정은 개인에 따라 천차만별인데, 형법이 개인의 주관적 명예감정을 보호할 수는 없다고 본다. 명예심·자존심이 강한 자는 사소한 불손행위에 대해서도 명예감정이 상할 것이고, 명예에 무감각한 자는 심한 폄훼행위에 대해서도 명예감정이 손상되지 않을 수 있는데, 형벌권의 발동이 개인의 주관적 감정에 좌우될 것은 아니라고 본다. 그렇다면 모욕죄의 보호법익도 명예감정이 아니라 '외부적 명예'라고 해야 한다.

명예에 대한 보호의 정도는 '추상적 위험범'이다.

II. 명예에 관한 죄의 체계

명예에 관한 죄의 기본유형은 단순명예훼손죄($^{제307조}_{제1항}$)와 모욕죄($^{제311}_{조}$)이다. 단순명예훼손죄에 대한 가중유형으로서 허위사실명예훼손죄($^{제307조}_{제2항}$), 단순명예훼손죄에 대한 감경유형으로서 사자(死者)명예훼손죄($^{제308}_{조}$), 단순명예훼손죄와 허위사실명예훼손죄에 대한 방법적 가중유형으로 출판물명예훼손죄($^{제309}_{조}$)가 규정되어 있다. 그리고 제310조에서는 명예훼손죄에 있어서의 개별적 위법성조각사유를 규정하고 있다.

형법은 사자명예훼손죄와 모욕죄를 친고죄로 규정하고 있으며, 단순명예훼손죄와 허위사실명예훼손죄 및 출판물명예훼손죄를 반의사불벌죄로 규정하고 있다($^{제312}_{조}$).

'정보통신망 이용촉진 및 정보보호 등에 관한 법률'(약칭: 정보통신망법)은 비방할 목적으로 정보통신망을 통하여 공연히 타인의 명예를 훼손한 행위를 처벌하고 있다($\frac{제70}{조}$).

제2절 개별적 범죄유형

Ⅰ. 단순명예훼손죄

제307조 [명예훼손] 제1항 "공연히 사실을 적시하여 사람의 명예를 훼손한 자는 2년 이하의 징역이나 금고 또는 500만원 이하의 벌금에 처한다."
제312조 [고소와 피해자의 의사] 제2항 "제307조와 제309조의 죄는 피해자의 명시한 의사에 반하여 공소를 제기할 수 없다."

1. 의의, 보호법익

단순명예훼손죄는 "공연히 사실을 적시하여 사람의 명예를 훼손함으로써 성립하는 범죄"이다. 보호법익은 '외부적 명예'이고, 보호의 정도는 '추상적 위험범'이다.[3] 명예훼손죄의 법익보호의 정도가 추상적 위험범으로 해석되는 이유는, ① 보호의 정도를 침해범으로 하는 경우에 명예의 침해는 인격적·정신적 가치에 대한 측정이므로 그 침해 여부를 입증하기가 곤란하고, ② 또 명예의 침해를 입증하는 행위 자체가 명예의 침해를 재차 초래한다는 특이성이 있기 때문이다. 명예훼손죄의 미수범은 처벌하지 않는다.

2. 실행행위

공연히 사실을 적시하여 사람의 명예를 훼손하는 것이다.[4]
(1) 공연히
'공연히'라고 함은 "불특정 또는 다수인이 인식할 수 있는 상태로"를 의미한다.

---

3) 대판 2020. 11. 19, 2020 도 5813-전원합의체.
4) 명예가 명예훼손죄의 행위의 객체인가에 관하여는 부정설(이형국, 247면)과 긍정설(김/서, 189면; 이정원, 213면; 정/박, 195면)이 대립한다. 명예는 관념적 대상으로서 가치적 관점에서 파악된 것이므로 보호의 객체, 즉 보호법익은 될 수 있을지언정, 감각적 대상인 행위의 객체로 이해될 것은 아니라고 본다(총론, 112면 참조).

'불특정'인 경우에는 수의 다소를 불문하며, '다수인'인 경우에는 특정되어 있더라도 공연성을 갖는다. 여기에서 '특정'이라 함은 일반적인 의미와 달라서 신원의 특정을 의미하는 것이 아니라, 행위자와 밀접한 결합관계 — 예컨대 가족관계, 친한 친구사이, 애인관계, 긴밀한 사제관계 등 — 로 맺어져 있음을 의미한다.

'인식할 수 있는 상태'라 함은 불특정 또는 다수인에게 전파될 가능성이 아니라 불특정 또는 다수인이 '직접으로' 인식할 수 있는 상태를 말한다.[5] 이 때에도 불특정 또는 다수인이 현실적으로 인식할 것을 요하는 것은 아니고, 인식할 수 있는 상태이면 족하다.

그러나 판례는 특정된 1인에게 (또는 특정된 소수인에게) 사실을 적시한 경우에도 그 사람에 의하여 외부의 불특정 또는 다수인에게 전파(傳播)될 가능성이 있으면 공연성이 인정된다고 보아, 공연성을 '전파가능성'으로 이해하고 있다(이른바 「전파성의 이론」).[6] 그러나 ① 공연한 명예훼손행위의 처벌근거는 적시된 사실이 계속 전파되어 나갈 위험성, 즉 타인이 전파함으로 인하여 발생할 명예훼손의 위험성에 있는 것이 아니라, 사실의 적시가 있음으로써 직접 발생할 명예훼손의 위험성에 있는 것이고, ② 전파성의 이론은 표현의 자유를 본질적으로 침해할 내용을 담고 있으므로, 판례의 해석은 부당하다고 하겠다.[7] [8]

〈공연성을 전파가능성으로 해석한 판례소개〉

"명예훼손죄에 있어서 공연성은 불특정 또는 다수인이 인식할 수 있는 상태를 의미하므로, 비록 두 세 사람이 있는 자리에서 허위사실을 유포하였다고 하더라도 그 사람들에 의하여 외부에 전파될 가능성이 있다면 명예훼손죄의 성립에 아무런 영향이 없다고 할 것"(대판 1994. 9. 30, 94 도 1880. 同旨, 대판 1998. 9. 8, 98 도 1949; 1989. 7. 11, 89 도 886; 1985. 4. 23, 85 도 431; 1985. 12. 10, 84 도 2380). "명예훼손죄에

---

5) 강구진, 215면; 권오걸, 232면; 김성돈, 187면; 김성천, 762면; 김/서, 193면; 김종원, 154면; 배종대, 281면; 오영근, 207면; 이재상, 187면; 이형국, 248-9면; 정/박, 198-9면; 정영일, 178면; 진/이, 224면.

6) 전파가능성의 법리에 관해서는 대법원 2020. 11. 19, 2020 도 5813 – 전원합의체 판결이 상세히 밝히고 있다. 그 밖에 대판 2018. 6. 15, 2018 도 4200; 1994. 9. 30, 94 도 1880; 1989. 7. 11, 89 도 886; 1985. 4. 23, 85 도 431; 1984. 4. 10, 83 도 49; 1982. 3. 23, 81 도 2491. 전파성의 이론을 지지하는 학자로서는 김성천, 766면; 박상기, 181면.

7) 통설은 판례의 전파성이론에 반대하고 있다. 권오걸, 231-2면; 김성돈, 187면; 김/서, 192면; 배종대, 283-4면; 손동권, 187면; 오영근, 210면; 이재상, 189면; 이형국, 249면; 정/박, 200면; 정영일, 178면; 진/이, 224면.

8) 전파가능성의 법리에 대한 **비판**으로서는 대법원 2020. 11. 19, 2020 도 5813 – 전원합의체 판결에서 [대법관 김재형, 안철상, 김선수 등 3인의 <u>반대의견</u>]을 참조할 것. 반대의견은 전파가능성의 법리를 피고인에게 불리한 유추해석으로서 죄형법정주의에 명백히 위반된다고 한다.

있어서 공연성은 불특정 다수인이 인식할 수 있는 상태를 뜻하므로 비밀이 보장되고 전파될 우려가 없는 경우가 아니라면 비록 개별적으로 한 사람에 대하여 사실을 유포하였다고 하더라도 그 사람이 외부에 유포하여 그것이 전파될 개연성이 있다면 공연성이 있다고 할 것임"(대판 1982. 3. 23. 81 도 2491). "형법 제308조에 규정된 명예훼손죄의 구성요건인 '공연성'은 불특정 또는 다수인이 인식할 수 있는 상태를 의미하므로, 비록 개별적으로 한 사람에 대하여 사실을 유포하였다고 하여도 이로부터 불특정 또는 다수인에게 전파될 가능성이 있다면 공연성의 요건을 충족하는 것이나, 이와 달리 전파될 가능성이 없는 경우라면 특정한 한 사람에 대한 사실의 유포는 공연성을 결여한 것이라고 아니할 수 없다. …피고인이 식당 방 안에서 위 김○○ 한 사람에게 대하여 한 이 사건 행위는 그 상대방인 김○○과 피해자와의 신분관계로 보아 전파될 가능성이 없는 것이었다고 볼 수 있는 것"(대판 1981. 10. 27. 81 도 1023).

ⓐ 전파가능성이 있다고 보아 공연성을 긍정한 판결. ㉠ "피고인의 말을 들은 사람은 한 사람씩에 불과하였으나, 그들은 피고인과 특별한 친분관계가 있는 자가 아니며, 그 범행의 내용도 지방의회 의원선거를 앞둔 시점에 현역 시의회 의원이면서 다시 그 후보자가 되고자 하는 자를 비방한 것이어서 피고인이 적시한 사실이 전파될 가능성이 많을 뿐만 아니라, 결과적으로 그 사실이 피해자에게 전파되어 피해자가 고소를 제기하기에 이른 사정 등을 참작하여 볼 때, 피고인의 판시 범행은 행위 당시에 이미 공연성을 갖추었다"(대판 1996. 7. 12. 96 도 1007). ㉡ "진정서와 고소장을 특정사람들에게 개별적으로 우송한 것이라고 하여도, 다수인(19명, 193명)에게 배포하였고, 또 그 내용이 다른 사람들에게 전파될 가능성도 있는 것이므로 공연성의 요건은 충족된 것"(대판 1991. 6. 25. 91 도 347). ㉢ "판결요지: 피고인이 동네사람 1인 및 피해자의 시어머니가 있는 자리에서 피해자에 대하여 '시커멓게 생긴 놈하고 매일같이 붙어 다닌다. 점방 마치면 여관에 가서 누워 자고 아침에 들어온다'고 말한 경우에 말의 전파가능성이 없어서 공연성이 결여되었다는 주장은 허용될 수 없다"(대판 1983. 10. 11. 83 도 2222). ㉣ "판결요지: 인터넷 개인 블로그의 비공개 대화방에서 상대방으로부터 비밀을 지키겠다는 말을 듣고 일 대 일로 대화하였다고 하더라도, 그 사정만으로 대화 상대방이 대화내용을 불특정 또는 다수에게 전파할 가능성이 없다고 할 수 없으므로, 명예훼손죄의 요건인 공연성을 인정할 여지가 있다"(대판 2008. 2. 14. 2007 도 8155).

ⓑ 전파가능성이 없다고 보아 공연성을 부정한 판결. ㉠ "통상 기자가 아닌 보통 사람에게 사실을 적시할 경우에는 그 자체로서 적시된 사실이 외부에 공표되는 것이므로 그 때부터 곧 전파가능성을 따져 공연성 여부를 판단하여야 할 것이지만, 그와는 달리 기자를 통해 사실을 적시하는 경우에는 기사화되어 보도되어야만 적시된 사실이 외부에 공표된다고 보아야 할 것이므로, 기자가 취재를 한 상태에서 아직 기사화하여 보도하지 아니한 경우에는 전파가능성이 없다고 할 것이어서 공

연성이 없다"(대판2000. 5. 16.
99 도 5622). ㉡ "판결요지: 이혼소송 계속 중인 처(피고인)가 남편의 친구에게 서신을 보내면서 남편의 명예를 훼손하는 문구가 기재된 서신을 동봉한 경우에 피고인이 적시한 사실이 불특정 또는 다수인에게 전파될 가능성이 있다고 볼 수는 없는 것"(대판 2000. 2. 11.
99 도 4579). ㉢ "피고인이 박○○(피해자의 남편)과 단 둘이 있는 장소에서 그의 처인 피해자 김○○의 비리를 지적하는 판시와 같은 말을 한 것은 특별한 사정이 없는 한 공연하다고 말하기는 어렵다"(대판 1989. 7. 11.
89 도 886). ㉣ "판결요지: 중학교 교사에 대해 '전과범으로서 교사직을 팔아가며 이웃을 해치고 고발을 일삼는 악덕 교사'라는 취지의 진정서를 그가 근무하는 학교법인 이사장 앞으로 제출한 행위 자체는 위 진정서의 내용과 진정서의 수취인인 학교법인 이사장과 위 교사의 관계 등에 비추어 볼 때, 위 이사장이 위 진정서 내용을 타에 전파할 가능성이 있다고 보기 어려우므로, 명예훼손죄의 구성요건인 공연성이 있다고 보기 어렵다"(대판 1983. 10. 25.
83 도 2190). ㉤ "판결요지: 피해자와 친척관계에 있는 김○용 1인에게 피해자의 불륜사실을 말한 경우에 김○용과 피해자의 신분관계로 보아 말한 내용이 전파될 가능성이 없는 것"(대판 1981. 10. 27.
81 도 1023).

(2) 적시되는 사실

명예훼손죄는 '사실의 적시'가 필요하다는 점에서 사실의 적시가 없는 모욕죄와 구별된다. 여기에서 '사실'은 의견이나 평가 또는 감정표현에 대립되는 개념이다.[9] 사실 적시는 이른바 fact를 지적하고 드러내는 언동을 말한다. '사실의 적시없이' 상대방의 명예를 저하시킬 만한 비하의 의견진술이나 경멸적인 가치판단을 표명하는 행위는 '모욕죄'의 성립이 문제될 뿐이다.

'사실'은 과거의 나쁜 행적뿐만 아니라 성격·지식·건강·외모·능력·혈통·가족관계·생활태도 등 일반적으로 사람의 '사회적 평가를 저하시킬 사실'이면 족하다. 그러나 적시된 사실은 특정인의 사회적 평가가 저하될 가능

---

9) "판결이유: 명예훼손죄에 있어서의 사실의 적시란 가치판단이나 평가를 내용으로 하는 의견표현에 대치되는 개념으로서 시간과 공간적으로 구체적인 과거 또는 현재의 사실관계에 관한 보고 내지 진술을 의미하는 것이며, 그 표현내용이 증거에 의한 입증이 가능한 것을 말하고 판단할 진술이 사실인가 또는 의견인가를 구별함에 있어서는 언어의 통상적 의미와 용법, 입증가능성, 문제된 말이 사용된 문맥, 그 표현이 행하여진 사회적 상황 등 전체적 정황을 고려하여 판단하여야 한다. 다른 사람의 말이나 글을 비평하면서 사용한 표현이 겉으로 보기에 증거에 의해 입증 가능한 구체적인 사실관계를 서술하는 형태를 취하고 있다고 하더라도, 글의 집필의도, 논리적 흐름, 서술체계 및 전개방식, 해당 글과 비평의 대상이 된 말 또는 글의 전체적인 내용 등을 종합하여 볼 때, 평균적인 독자의 관점에서 문제된 부분이 실제로는 비평자의 주관적 의견에 해당하고, 다만 비평자가 자신의 의견을 강조하기 위한 수단으로 그와 같은 표현을 사용한 것이라고 이해된다면 명예훼손죄에서 말하는 사실의 적시에 해당한다고 볼 수 없다"(대판 2017. 5. 11, 2016 도 19255).

성이 있을 정도로 '구체성'을 띠어야 한다.[10] 구체적 사실을 적시한다고 하더라도 단순히 사실을 지적함에 그칠 뿐이고, 그 사실이 사람의 사회적 평가를 저하시킬 만한 것이 아니라면 명예훼손행위가 되지 않는다.

본죄($\frac{제307조}{제1항}$)에서의 '사실'은 진실한 사실이든 허위의 사실이든 모두를 포함한다.[11] 진위(眞僞) 불명인 사실도 여기에 포함된다. 다만 '허위의' 사실인 경우에는 제307조 제2항이 우선적으로 적용된다. 제2항은 제1항에 대하여 법조경합 중 특별관계에 있다.

'진실한' 사실을 적시하더라도 명예훼손죄가 성립한다는 것은 형법이 사회적으로 잘못 평가되어 있는 허위의 명성(虛名)도 보호한다는 취지이다. 예컨대 훌륭한 자선사업가로 알려진 사람의 정체를 밝히기 위하여 진실한 사실을 공연히 적시하는 것도 명예훼손행위가 된다. '진실인' 사실을 공연히 적시하는 행위를 처벌하는 단순명예훼손죄($\frac{제307조}{제1항}$)가 표현의 자유를 침해하지 아니한다는 헌법재판소의 결정이 있다.[12]

---

10) "판결이유: 원심은 피고인 1이…피해자와 공소외인을 지칭하면서 '고발당해서 경찰서에 갔다 왔다. 년놈이 신고해서 경찰서에 갔다 왔다. 년은 안나오고 놈만 나왔다'라고 큰 소리로 말하여 공연히 허위의 사실을 적시하여 피해자의 명예를 훼손하였다고 판시하였다. 그러나, 명예훼손죄가 성립하기 위하여는 사실의 적시가 있어야 하고, 적시된 사실은 이로써 특정인의 사회적 가치 내지 평가가 침해될 가능성이 있을 정도로 구체성을 띠어야 한다고 할 것인데, 이 사건에서 피고인 1이 하였다는 위 발언내용은 그 자체가 피해자의 사회적 가치나 평가를 저하시킬 만한 구체적 사실의 적시라기보다는 그 자리에 있던 다른 친목회 회원들에게 자신이 경찰서에서 조사를 받고 왔다는 처지를 알리면서 이에 부수하여 피해자가 피고인을 고발한 것으로 오해한 나머지 피해자에 대하여 가지고 있던 분한 감정을 다소 과격하게 표현한 것에 불과한 것으로 보인다"(대판 1994. 6. 28, 93 도 696).

11) "판결이유: 제307조 제1항의 '사실'은 제2항의 '허위의 사실'과 반대되는 '진실한 사실'을 말하는 것이 아니라, 가치판단이나 평가를 내용으로 하는 '의견'에 대치되는 개념이라고 보아야 한다. 따라서 제307조 제1항의 명예훼손죄는 적시된 사실이 진실한 사실인 경우이든 허위의 사실인 경우이든 모두 성립될 수 있고…"(대판 2017. 4. 26, 2016 도 18024).

12) "결정요지: 형법 제307조 제1항을 전부위헌으로 결정한다면 외적 명예가 침해되는 것을 방치하게 되고, 진실에 부합하더라도 개인이 숨기고 싶은 병력·성적 지향·가정사 등 사생활의 비밀이 침해될 수 있다. 형법 제307조 제1항의 '사실'을 '사생활의 비밀에 해당하는 사실'로 한정하는 방향으로 일부위헌 결정을 할 경우에도, '사생활의 비밀에 해당하는 사실'과 '그렇지 않은 사실' 사이의 불명확성으로 인해 또 다른 위축효과가 발생할 가능성은 여전히 존재한다. 헌법 제21조가 표현의 자유를 보장하면서도 타인의 명예와 권리를 그 한계로 선언하는 점, 타인으로부터 부당한 피해를 받았다고 생각하는 사람이 법률상 허용된 민·형사상 절차에 따르지 아니한 채 사적 제재수단으로 명예훼손을 악용하는 것을 규제할 필요성이 있는 점, 공익성이 인정되지 않음에도 불구하고 단순히 타인의 명예가 허명임을 드러내기 위해 개인의 약점과 허물을 공연히 적시하는 것은 자유로운 논쟁과 의견의 경합을 통해 민주적 의사형성에 기여한다는 표현의 자유의 목적에도 부합하지 않는 점 등을 종합적으로 고려하면, 형법 제307조 제1항은 과잉금지원칙

여기에서의 사실은 과거 또는 현재의 사실에 한하고, 장래의 예상사실은 제외된다. '장래의' 사실을 본죄의 사실에 포함시킬 것인가에 관하여는 긍정하는 견해가 다수설이다.[13] 그러나 장래의 예상사실을 적시하는 것, 예컨대 김○○이 저대로 나가다가는 장차 회사에서 쫓겨나고야 말 것이다라는 발언은 ① 의견의 진술에 가까운 성격을 띠고 있고, ② 제307조 제1항의 진실한 사실에 속하는지 또는 제2항의 허위의 사실에 속하는지를 현재의 시점에서 확정할 수 없으므로, 제307조의 '사실'에서 제외시키고, 모욕죄의 문제가 된다고 봄이 타당하다.[14]

본죄의 사실은 비공지의 사실일 필요는 없다. 널리 알려진 공지의 사실도 공연히 적시하면 명예훼손죄가 성립할 수 있다(통설 및 판례[15]).

(3) 사실의 적시

사실의 '적시'란 사람의 사회적 평가를 저하시키는 데 족한 사실을 지적하는 것이다. 그 수단·방법에는 제한이 없다. 구두, 동작, 문서, 도화, 만화, 방송, 통신, 출판물 등에 의하여 사실을 적시할 수 있다. 다만 ① 방송, 출판물에 의한 경우에는 ② 행위자에게 비방의 목적이 있으면, 제309조 제1항이 적용된다(법조경합 중 특별관계).

사실의 적시는 정밀하게 특정될 필요는 없으나 어느 정도의 '구체성'을 띠어야 한다. 적시는 단정적 표현 이외에 암시적 표현도 가능하다.[16]

(4) 사 람

명예의 주체(피해자)가 되는 사람은 자연인 이외에 '법인'을 포함한다.[17] 자연

에 반하여 표현의 자유를 침해하지 아니한다"(헌재 2021. 2. 25, 2017 헌마 1113, 2018 헌바 330 (병합) – 전원재판부).

13) 권오걸, 234-5면; 김성돈, 188면; 김성천, 766면; 김/서, 193면; 박상기, 183면; 배종대, 286면; 백형구, 348면; 서일교, 103면; 오영근, 212면; 유기천, 상권, 144-5면; 이재상, 190면; 정/박, 200면; 정영일, 179면; 진/이, 224면.

14) 다만 판례는 장래의 사실을 적시하더라도 그것이 과거 또는 현재의 사실을 기초로 하거나 이에 대한 주장을 포함하는 경우에는 명예훼손죄가 성립한다고 한다. "적시의 대상이 되는 사실이란 현실적으로 발생하고 증명할 수 있는 과거 또는 현재의 사실을 말하며, 장래의 일을 적시하더라도 그것이 과거 또는 현재의 사실을 기초로 하거나 이에 대한 주장을 포함하는 경우에는 명예훼손죄가 성립한다"(대판 2003. 5. 13, 2002 도 7420).

15) "명예훼손죄가 성립하기 위하여는 반드시 숨겨진 사실을 적발하는 행위만에 한하지 아니하고, 이미 사회의 일부에 잘 알려진 사실이라고 하더라도 이를 적시하여 사람의 사회적 평가를 저하시킬 만한 행위를 한 때에는 명예훼손죄를 구성하는 것"(대판 1994. 4. 12, 93 도 3535).

16) '암시적 방법'에 의한 사실 적시에 관해서는 대판 2021. 3. 25, 2016 도 14995 참조. 이 판결은 "세월호 참사 당일 7시간 동안 대통령이 마약이나 보톡스를 했다는 의혹이 사실인지 청와대를 압수·수색해서 확인했으면 좋겠다"는 발언에 대하여 명예훼손죄의 성립 여부를 다룬 것이다.

인은 '살아있는 사람'에 국한되고, 사망한 사람은 제외된다. 사자(死者)의 명예
훼손은 사자명예훼손죄($\frac{제308}{조}$)를 구성한다. 명예의 주체로는 법인 이외에, 학
회·종친회·친목회와 같이 '법인격없는 단체'라고 하더라도 "사회생활상 독립
된 존재로 인정받아 활동하고 있고 단일한 의사를 형성할 수 있는 한", 명예
의 주체에 포함된다.

명예는 개인적 법익으로서 보호되는 만큼 명예의 주체인 사람은 '특정'되어
야 하며,[18] 막연해서는 안된다. 다만 사람의 특정은 표현의 취지나 주위사정상
추측할 수 있으면 된다.

법인격없는 단체에 이르지 못한 '집단' 내지 '집합체'를 지칭하여 그 명예를 훼
손한다든가 모욕하는 경우에 집단에 대한 명예훼손죄 또는 모욕죄의 성립을
긍정할 것인가가 문제되고 있다.

---

17) 정부 또는 국가기관은 명예훼손죄의 피해자가 될 수 없다는 대법원판결이 있다. "언론보도로
인한 명예훼손이 문제되는 경우에 그 보도로 인한 피해자가 공적인 존재인지 사적인 존재인지,
그 보도가 공적인 관심사안에 관한 것인지 순수한 사적인 영역에 속하는 사안에 관한 것인지, 그
보도가 객관적으로 국민이 알아야 할 공공성, 사회성을 갖춘 사안에 관한 것으로 여론형성이나
공개토론에 기여하는 것인지 아닌지 등을 따져보아 공적 존재에 대한 공적 관심사안과 사적인
영역에 속하는 사안 간에는 심사기준에 차이를 두어야 하는데, 당해 표현이 사적인 영역에 속하
는 사안에 관한 것인 경우에는 언론의 자유보다 명예의 보호라는 인격권이 우선할 수 있으나, 공
공적·사회적인 의미를 가진 사안에 관한 것인 경우에는 그 평가를 달리하여야 하고 언론의 자
유에 대한 제한이 완화되어야 한다(헌법재판소 1999. 6. 24. 선고 97헌마265 전원재판부 결정, 대
법원 2002. 1. 22. 선고 2000다37524, 37531 판결 등 참조). 특히 정부 또는 국가기관의 정책결정
이나 업무수행과 관련된 사항은 항상 국민의 감시와 비판의 대상이 되어야 하는 것이고, 이러한
감시와 비판은 이를 주요 임무로 하는 언론보도의 자유가 충분히 보장될 때에 비로소 정상적으
로 수행될 수 있으며, 정부 또는 국가기관은 형법상 명예훼손죄의 피해자가 될 수 없으므로, 정
부 또는 국가기관의 정책결정 또는 업무수행과 관련된 사항을 주된 내용으로 하는 언론보도로
인하여 그 정책결정이나 업무수행에 관여한 공직자에 대한 사회적 평가가 다소 저하될 수 있다
고 하더라도, 그 보도의 내용이 공직자 개인에 대한 악의적이거나 심히 경솔한 공격으로서 현저
히 상당성을 잃은 것으로 평가되지 않는 한, 그 보도로 인하여 곧바로 공직자 개인에 대한 명예
훼손이 된다고 할 수 없다"(대판 2011. 9. 2, 2010 도 17237 – MBC 'PD수첩'사건). 그 밖에 "판결
요지: 형법이 명예훼손죄 또는 모욕죄를 처벌함으로써 보호하고자 하는 사람의 가치에 대한 평
가인 외부적 명예는 개인적 법익으로서, 국민의 기본권을 보호 내지 실현해야 할 책임과 의무를
지고 있는 공권력의 행사자인 국가나 지방자치단체는 기본권의 수범자일 뿐 기본권의 주체가 아
니고, 정책결정이나 업무수행과 관련된 사항은 항상 국민의 광범위한 감시와 비판의 대상이 되
어야 하며 이러한 감시와 비판은 그에 대한 표현의 자유가 충분히 보장될 때에 비로소 정상적으
로 수행될 수 있으므로, 국가나 지방자치단체는 국민에 대한 관계에서 형벌의 수단을 통해 보호
되는 외부적 명예의 주체가 될 수는 없고, 따라서 명예훼손죄나 모욕죄의 피해자가 될 수 없다"
(대판 2016. 12. 27, 2014 도 15290).

18) "판결요지: 명예훼손죄는 어떤 특정한 사람 또는 인격을 보유하는 단체 등 피해자가 특정
한 것일 때 성립한다"(**대결** 1960. 11. 16, 4293 **형상** 244).

〈문제: 집단명예훼손, 집단모욕〉

집단명예훼손·집단모욕에는 두 가지의 표현방식이 있다. ⓐ 그 하나는 "정치가는 다 사기꾼이다" 또는 "서울사람은 깍쟁이다"라는 식으로 집단의 구성원 모두를 지칭해서 명예훼손·모욕하는 경우이고, ⓑ 그 둘은 "중·고등학교 교사들 중 다섯에 하나는 학부형으로부터 촌지를 받는다"라는 식으로 집단의 구성원 일부를 지칭하고 있지만 그 중 누구를 말하는 것인가가 확실치 않아서 구성원 모두가 대상에 올라 있는 경우이다. 여기서 정치가, 서울사람, 중·고등학교 교사 등과 같은 '집단명칭' 내지 '집합명칭'을 사용하여 명예를 훼손하거나 모욕을 하는 경우에 명예훼손죄 또는 모욕죄의 성립 여부가 논의된다.

법인격없는 단체에 이르지 못한 집단은 그 집단 자체가 사회생활상 독립된 존재로서의 특정성이 없으므로 명예의 주체가 될 수 없을 뿐만 아니라, 그 구성원도 비구성원으로부터 확연히 구별되고 특정되지 않기 때문에, 원칙적으로 집단에 대해서나 그 구성원에 대해서나 명예훼손죄 또는 모욕죄가 성립하지 않는다.

그러나 집단명칭을 사용한 경우라도 ① 집단의 구성원 모두가 일반인으로부터 확연히 구별될 수 있을 정도로 '특정성'이 있고,[19] ② 구성원 모두를 포함하는 지칭이어서 예외를 인정하는 '평균판단이 아닌 것'이라면, ③ '구성원 개개인'이 자신의 명예를 훼손당한 피해자로서 고소할 수 있다(고소권자).[20] 예컨대 "○○세무서 ○○과 소속 세무공무원들은 다 부패했다"든가 "○○대학교 기악과 소속 교수들은 모두 입시부정에 관련되어 있다"라는 식으로 표현한 경우에는 명예훼손죄 또는 모욕죄가 성립한다고 본다.

집단명예훼손·집단모욕이 예외를 인정하는 일반명제, 평균적 가치판단을 적시한 것에 지나지 않는다면, 특정성을 결여한 것으로서 명예훼손죄 또는 모욕죄가 성립하지 않는다. 예컨대 "정치가는 다 사기꾼이다", "서울사람은 깍쟁이다"라는 식으로 표현한 경우이다.

(5) 명 예

명예란 '외부적 명예', 즉 사람의 인격적 가치에 대한 사회적 평가를 말한다. 그 가치가 경제적인 것일 경우에는 '신용'으로서 신용훼손죄($\frac{제313}{조}$)의 문제가 될

---

19) Wessels, BT-1, S. 95. BGH St 11/207, 36/83.

20) "명예훼손죄는 어떤 특정한 사람 또는 인격을 보유하는 단체에 대하여 그 명예를 훼손함으로써 성립하는 것이므로, 그 피해자는 특정한 것임을 요하고, 다만 서울시민 또는 경기도민이라 함과 같은 막연한 표시에 의해서는 명예훼손죄를 구성하지 아니한다 할 것이지만, 집합적 명사를 쓴 경우에도 그것에 의하여 그 범위에 속하는 특정인을 가리키는 것이 명백하면, 이를 각자의 명예를 훼손하는 행위라고 볼 수 있다"(**대판** 2000. 10. 10, 99 도 5407. 同旨 **대판** 2003. 2. 20, 2001 도 6138). 집단표시에 의한 명예훼손에서 특정성을 부정한 판례로 대판 2018. 11. 29, 2016 도 14678 참조.

수 있다. 다만 신용이라고 하더라도 제313조가 규정한 방법-허위사실을 유포하거나 기타 위계로써-에 의한 훼손이 아닐 경우에는 명예훼손죄가 성립할 수 있다.

(6) 명예의 훼손

명예가 현실로 침해됨을 요하지 아니하고, 단지 명예를 해할 우려있는 행위가 있음으로써 족하다(추상적 위험범). 명예훼손죄의 미수범 처벌규정은 없다.

3. 고의 및 착오

명예훼손죄의 고의는 공연히 사실을 적시한다는 것에 대한 인식과 이로써 사람의 명예가 훼손되리라는 인식·인용이다. 명예를 훼손할 목적은 필요하지 않다.

'공연히'라고 하는 구성요건에 대하여도 고의가 있어야 한다. 이 공연성을 전파가능성으로 이해하는 판례에 의하면, '전파가능성'에 대한 미필적 고의가 필요하다고 한다.[21]

단순명예훼손죄의 고의는 적시하는 사실이 '진실'이라는 것을 인식해야 하므로, 인식한 사실의 진실 여부에 관한 착오가 있는 경우, 즉 제307조 제1항과 제2항의 사실 사이에 착오가 있는 경우에 어떠한 죄책을 질 것인가가 문제된다. ① 적시하는 사실이 진실인 줄 알고 명예훼손행위를 하였으나 그 사실이 허위인 경우와 ② 그 반대의 경우, 즉 적시하는 사실을 허위의 사실로 알고 명예훼손행위를 하였으나 그 사실이 진실인 경우에 행위자는 제307조 제1항(단순명예훼손죄)의 고의·기수책임을 진다(구성요건적 착오시 죄질부합설에 의함). 명예훼손죄에 있어서 미수범과 과실범의 처벌규정은 없다.

4. 위 법 성

(1) 제310조

제310조 [위법성의 조각] "제307조 제1항의 행위가 진실한 사실로서 오로지 공공의 이익에 관한 때에는 처벌하지 아니한다."

(가) 입법취지   명예훼손죄는 타인의 명예를 훼손할 만한 사실이라면 비

---

21) "전파가능성을 이유로 명예훼손죄의 공연성을 인정하는 경우에도 범죄구성요건의 주관적 요소로서 공연성에 대한 미필적 고의가 필요하므로 전파가능성에 대한 인식이 있음은 물론 나아가 그 위험을 용인하는 내심의 의사가 있어야 한다"(대판 2020. 1. 30, 2016 도 21547).

록 진실한 사실이라고 하더라도 공표해서는 안된다고 하는 금지규범을 담고 있다. 그러나 만일 이 금지규범을 그대로 따른다면, 많은 경우에 있어서 개인의 명예는 보호될 수 있겠으나 진실이 은폐되고 건전한 비판이 봉쇄되어 사회의 발전이 저지되고, 무엇보다도 민주주의의 초석의 하나인 언론의 자유, 표현의 자유, 국민의 알 권리와 상충을 일으키게 된다. 그러므로 제310조는 적시하는 사실이 진실한 사실이고 그 적시가 공공의 이익에 관한 경우에 한하여 명예훼손행위가 위법하지 않는 것으로 허용함으로써, 헌법상 언론의 자유(제21조 제1항)라는 '공익'과 개인의 명예의 보호(동조 제4항)라고 하는 '사익'을 조화할 수 있는 방안을 마련하고 있는 것이다.

(나) **성립요건**   제307조 제1항의 행위(공연히 사실을 적시하여 사람의 명예를 훼손하는 행위)가 "진실한 사실로서 오로지 공공의 이익에 관한" 것이어야 한다.

(a) **사실의 진실성**   적시된 사실이 "진실한" 사실이어야 한다. 따라서 공공의 이익을 위한 적시라고 하더라도 허위의 사실을 적시하는 경우에는 제310조가 적용되지 않는다. 적시된 사실은 세부에 있어서 진실과 불합치한다든가 다소의 과장이 있더라도 중요한 부분이 진실과 합치하면 족하다.[22]

(b) **적시의 공익성**   사실의 적시가 "오로지 공공의 이익에 관한" 것임을 요한다. 여기에서 "오로지"는 '주로'로 해석되고 있다.[23] 따라서 부수적으로 개인적 동기가 포함된 경우에도 위법성이 조각될 수 있다.[24] "공공의 이익"이라 함은 국가·사회 기타 다수인 일반의 이익을 의미한다. 다수의 일반인인 한, 특정한 사회집단(예: 대학사회, 법조계)이나 그 구성원의 이익도 공공의 이익에 포함된다.[25] 대법원은 최근 판결에서 '공공의 이익'이란 개념을 시대변화에

---

22) "'진실한 사실'이란 그 내용 전체의 취지를 살펴볼 때 중요한 부분이 객관적 사실과 합치되는 사실이라는 의미로서, 일부 자세한 부분이 진실과 약간 차이가 나거나 다소 과장된 표현이 있다고 하더라도 무방하고"(**대판** 2001. 10. 9, 2001 도 3594. 同旨, 대판 2000. 2. 25, 98 도 2188; 2000. 2. 11, 99 도 3048; 1998. 10. 9, 97 도 158; 대결 1958. 9. 26, 4291 형상 323 등).

23) 권오걸, 247면; 김성돈, 195면; 김성천, 776면; 김/서, 198면; 박상기, 186면; 배종대, 292면; 백형구, 351면; 오영근, 216면; 유기천, 상권, 140면; 이재상, 195면; 이형국, 252면; 정/박, 204면; 진/이, 229면.

24) "행위자의 주요한 동기 내지 목적이 공공의 이익을 위한 것이라면, 부수적으로 다른 사익적 목적이나 동기가 내포되어 있더라도 형법 제310조의 적용을 배제할 수 없는 것"(**대판** 2000. 2. 25, 98 도 2188. 同旨, 대판 1999. 6. 8, 99 도 1543; 1998. 10. 9, 97 도 158; 1993. 6. 22, 93 도 1035; 1989. 2. 14, 88 도 899).

25) "'공공의 이익'이라 함은 널리 국가·사회 기타 일반 다수인의 이익에 관한 것뿐만 아니라, 특정한 사회집단이나 그 구성원의 관심과 이익에 관한 것도 포함한다"(대판 2001. 10. 9, 2001 도

따라 보다 더 넓게 인정해야 한다고 판시하면서, 공공의 이익에 관한 새로운 판단기준을 제시하고 있다.[26] 공공의 이익은 '객관적으로' 공공의 이익이 되는 것이어야 하고,[27] '주관적으로' 공공의 이익을 위한 의사(주관적 정당화요소)로 행해져야 한다. 여기에서 적시의 내용이 공익성을 띠어야 하는 것이 아니라 적시행위 자체가 공익을 위한 것이어야 한다. 따라서 적시되는 사실이 사적(私的)인 것, 즉 privacy의 보도라고 하더라도 그것을 적시하는 행위가 공공의 이익에 관한 것이면 된다.[28]

이와 관련하여 한 가지 지적할 것은 공공의 '이익'과 공공의 '호기심'은 구별된다는 점이다.

(다) 효 과

(a) 실체법적 효과   이상의 요건을 갖춘 명예훼손행위는 위법성이 조각된다(통설 및 판례[29]).[30] 정당화의 근거는 공익(언론의 자유)과 사익(명예)의 이익형량에서 오는 결과반가치의 탈락과 공익을 위한 의사로 행해진다는 점에서 행위반가치의 탈락을 들 수 있다.

3594. 同旨, 대판 2000. 2. 25, 98 도 2188; 1993. 6. 22, 93 도 1035).

26) "판결이유: 진실한 사실의 적시의 경우에는 형법 제310조의 '공공의 이익'도 보다 더 넓게 인정되어야 한다. 특히 공공의 이익관련성 개념이 시대에 따라 변화하고 공공의 관심사 역시 상황에 따라 쉴 새 없이 바뀌고 있다는 점을 고려하면, 공적인 인물, 제도 및 정책 등에 관한 것만을 공공의 이익관련성으로 한정할 것은 아니다. 따라서 사실적시의 내용이 사회 일반의 일부 이익에만 관련된 사항이라도 다른 일반인과의 공동생활에 관계된 사항이라면 공익성을 지닌다고 할 것이고, 이에 나아가 개인에 관한 사항이더라도 그것이 공공의 이익과 관련되어 있고 사회적인 관심을 획득한 경우라면 직접적으로 국가·사회 일반의 이익이나 특정한 사회집단에 관한 것이 아니라는 이유만으로 형법 제310조의 적용을 배제할 것은 아니다. 사인이라도 그가 관계하는 사회적 활동의 성질과 사회에 미칠 영향을 헤아려 공공의 이익에 관련되는지 판단하여야 한다" (대판 2020. 11. 19, 2020 도 5813-전원합의체).

27) 판례에 의하면, "적시된 사실이 공공의 이익에 관한 것인지의 여부는 당해 적시 사실의 구체적 내용, 당해 사실의 공표가 이루어진 상대방의 범위의 광협, 그 표현의 방법 등 그 표현 자체에 관한 제반 사정을 감안함과 동시에 그 표현에 의하여 훼손되거나 훼손될 수 있는 타인의 명예와 침해의 정도도 비교·고려하여 결정하여야 할 것"이라고 하고 있다(대판 1996. 4. 12, 94 도 3309; 1995. 11. 10, 94 도 1942).

28) "개인의 사적인 신상에 관한 사실이라고 하더라도 그가 관계하는 사회적 활동의 성질이나 이를 통하여 사회에 미치는 영향력의 정도 등의 여하에 따라서는 그 사회적 활동에 대한 비판 내지 평가의 한 자료가 될 수 있는 것이므로 개인의 사적인 신상에 관하여 적시된 사실도 그 적시의 주요한 동기가 공공의 이익을 위한 것이라면 위와 같은 의미에서 형법 제310조 소정의 공공의 이익에 관한 것으로 볼 수 있는 경우가 있다고 할 것"(대판 1996. 4. 12, 94 도 3309).

29) 대판 1996. 10. 25, 95 도 1473; 1993. 6. 22, 92 도 3160 등.

30) 독일(독일형법 제193조가 우리 형법 제310조에 해당한다)에서는 처벌조각사유로 보는 것이 다수설이다.

(b) 소송법적 효과   제310조의 적용요건, 즉 사실의 '진실성' 및 '공익성'에 관한 (실질적) 거증책임이 검사와 피고인 중 어느 측에 있는가 하는 문제에 관하여는 ① 거증책임이 피고인에게 전환된다는 견해(거증책임전환설)[31]와 ② 형사소송법상의 일반원칙에 따라 검사에게 있다는 견해(다수설)가[32] 대립한다. 판례는 거증책임전환설의 입장이다.[33]

거증책임전환설은 일본형법의 해석론을 따른 것이 아닌가 한다. 우리 형법 제310조에 해당하는 일본형법 제230조의 2 제1항은 "전조 제1항의 행위가 공공의 이해에 관한 사실에 관계되고 그 목적이 오로지 공익을 위하는 데 있다고 인정되는 때에는 사실의 진부를 판단하여 진실이라는 증명이 있으면 벌하지 아니한다"라고 규정하고 있다. 이 규정을 반대해석하면, '진실이라는 증명이 없으면 벌한다'가 되므로 거증책임의 전환규정으로 해석하는 것이 당연하다. 그러나 우리 형법은 '규정형식'이 다르므로, 형사소송법상 거증책임의 분배에 관한 일반원칙에 따라 검사에게 거증책임이 있다는 ②의 견해가 타당하다고 본다. 이러한 해석은 보도기관의 보도에 있어서 취재원을 보호하기 위하여 보도기자에게 인정되는 '취재원묵비의 관행'과도 합치한다.

(라) 착오의 문제   제310조의 착오의 문제는 "허위의 사실을 진실한 사실로 오신하고 공공의 이익을 위하여 공표함으로써 타인의 명예훼손행위를 한 경우"에 논의된다.[34] 제310조는 위법성조각사유이므로, 이 착오는 '위법성조각사유의 전제사실에 관한 착오'가 된다.[35]

제310조의 착오가 있을 때, 그 효과에 관하여 ① '엄격책임설'은 이 착오를 위법성의 착오(제16조)로 보고, 그 착오에 정당한 이유가 있으면(그 착오가 회피불가능했다면) 책임이 조각되지만, 정당한 이유가 없으면(그 착오가 회피가능했다면) 책임이 조각되지 않고 고의범이 성립하되 책임감경(제53조의 정상참작감경)은

---

31) 서일교, 106면; 유기천, 상권, 140면; 정영석, 289면; 황산덕, 234면.

32) 강구진, 221면; 권오걸, 251면; 김성돈, 193면; 김성천, 776면; 김/서, 199면; 김종원, 160면; 박상기, 187면; 배종대, 294면; 손동권, 197면; 오영근, 219면; 이재상, 198면; 이형국, 254면; 정/박, 205면; 진/이, 231면.

33) "형법 제310조의 규정에 따라서 위법성이 조각되어 처벌대상이 되지 않기 위하여는 그것이 진실한 사실로서 오로지 공공의 이익에 관한 때에 해당된다는 점을 행위자가 증명하여야 하는 것"(**대판** 1996. 10. 25, 95 도 1473).

34) 임웅, "명예훼손행위에 있어서의 착오", 고시연구, 1990. 6, 139-50면 참조.

35) 총론, 358-65면 참조.

인정될 수 있다고 본다. 한편 ② 제한책임설은 '위법성조각사유의 전제사실에
관한 착오'를 법률효과에 있어서 구성요건적 착오와 동일하다고 보고(제13조의 유
추적용), 그 착오에 과실이 있으면 과실범으로 처벌하게 되는데, 명예훼손죄는
과실범 처벌규정이 없으므로 결국 불가벌이 된다.

　이상과 같이 학설에 따라 제310조의 착오에 대한 법률효과는 크게 차이가
난다. 착오를 일으킨 자(기자 등 보도자)의 '경신(輕信)'이 있을 때, 엄격책임설
에 의하면 명예훼손죄의 고의범으로 처벌할 수 있음에 반하여, 제한책임설에
의하면 처벌할 수 없게 된다. 그러나 보도기관의 경신이 있는 경우에 제한책
임설이 드러내는 '처벌의 부당한 공백'은 '성실한 검토의무'를 제310조의 성립에
필요한 '특별한 주관적 정당화요소'로 파악하는 '허용된 위험의 법리'에 의하여 메
꾸어진다.[36]

　보도기관의 보도행위는 타인의 명예를 훼손할 고도의 위험발생과 결부되
어 있으면서[37] 국민의 알 권리를 위하여 사회생활상 유용하고도 불가결한 행
위에 속한다. 보도행위에 대하여는 보도기관에 종사하는 자(보도자)로 하여금
수반되는 위험을 불가피한 최소한도로 줄이도록 성실히 배려할 것을 요구하
고, 이때에 불가피하게 발생하게 될지도 모르는 위험을 '허용된 위험'이라 하여,
위험에 결부된 행위를 위법하지 않은 것으로 보고 있다. 그러므로 허용된 위
험에 있어서 보도자가 보도행위에 수반되는 위험을 가능한 한 최소한도로 줄이기
위하여 사태에 대한 '검토의무'를 충실히 이행하였다면 행위반가치가 탈락한다고 보
아 명예라고 하는 법익이 훼손된다고 하더라도 보도행위의 위법성이 부정됨
에 반하여, 검토의무를 위반하면 행위반가치가 긍정되어 위법한 행위로 평가된다.
이 법리를 제310조와 관련시켜 보자면, 보도자는 자신의 보도행위가 공익을
위하여 필요하고도 적합한 수단인가를 주의깊게 검토할 의무와 '보도사실의 진
실성'을 '확인·조회할 의무'를 다하여야만 보도행위의 위법성이 조각되는 것으로
해석할 수 있다. 보도기관에 종사하는 자는 취재권에 대응하여 취재의무를 부
담하고 있으며, 그 내용으로서 개인의 명예를 훼손할 만한 사실을 보도할 경
우에는 그 사실의 진위 여부를 문의할 의무, 확인할 의무가 부과된다고 하겠

---

36) '특별한 주관적 정당화요소'로서의 '성실한 검토의무'에 관하여는 총론, 225-6면, 허용된 위
험의 법리에 관하여는 총론, 215-6면 참조.
37) 보도기관의 오보는 '인격살인'이라고 할 만큼, 보도행위는 본질적으로 타인의 명예에 대한
'위험한 행위'에 속한다.

다.[38] 그러므로 제310조의 착오에 있어서 보도자가 성실한 검토의무·문의의무를 다하지 못하고 사실의 진실성을 경신(輕信)하여 오보(誤報)를 냈다면, 해석상 제310조의 성립요건이 갖추어지지 않은 까닭에 고의의 명예훼손죄(제307조/제1항)의 형사책임을 지게 된다.

판례는 제310조의 적용에 있어서 사실의 진실성에 관한 착오가 있을 때, "적시된 사실이 진실한 것이거나 적어도 행위자가 그 사실을 진실한 것으로 믿었고 또 그렇게 믿을 만한 상당한 이유가 있는 경우에" 위법성이 조각된다고 하며(대판 1994. 8. 26. 94 도 237. 同旨, 대판 1996. 8. 23. 94 도 3191: 1993. 6. 22. 92 도 3160:/1993. 6. 22. 93 도 1035: 1988. 10. 11, 85 다카 29: 대결 1962. 5. 17, 4294 형상 12), "피고인이 자신이 적시한 사실이 공공의 이익에 관한 것으로서 진실한 사실이라고 믿었는지의 여부와 확실한 자료나 근거에 비추어 피고인이 그렇게 믿을 만한 상당한 이유가 있었는지의 여부에 관하여 신중하게 심리검토한 다음, 형법 제310조가 적용되어야 한다는 변호인의 주장이 이유가 있는 것인지의 여부에 대하여 판단을 하였어야 할 것임에도 불구하고, 원심은 판시한 바와 같은 이유만으로 피고인의 행위가 진실한 사실로서 오로지 공공의 이익에 관한 때에 해당하지 아니한다고 판단하여 피고인을 명예훼손죄로 처벌하였으니, 원심판결에는 명예훼손죄에 있어서의 위법성에 관한 법리를 오해한 위법이 있다고 할 것"이라고 하고 있다(대판 1993. 6. 22./92 도 3160). 판례가, 명예훼손행위의 위법성이 조각되자면 "진실한 것으로 믿을 만한 '상당한 이유'가 있는 경우"라고 한 것, 또 "확실한 자료나 근거에 비추어 피고인이 그렇게 믿을 만한 상당한 이유가 있었는지"라고 한 것은 바로 제310조의 특별한 주관적 정당화요소로서 사실의 진실 여부에 관한 성실한 검토의무·확인의무를 가리키는 것으로 이해된다.[39]

(마) 적용범위　　공공의 이익에 관한 명예훼손행위라고 하더라도 ① 허위의 사실을 적시하는 경우, ② 비방의 목적이 있는 경우－특히 제309조 출판물 명예훼손죄에 해당하는 경우, ③ 사실의 적시가 없이 경멸적 판단만을 내리는 등 모욕행위에 해당하는 경우에는 제310조가 적용되지 않는다. 반면에 ④ 군형법상 공연히 사실을 적시하여 상관의 명예를 훼손한 경우에는 제310조가 적용된다.[40]

---

38) 물론 보도자가 문의의무·취재의무를 다하지 못했으므로 제310조의 요건이 갖추어지지 않았다는 거증책임은 검사가 진다.

39) 임웅, 법률신문, 1994. 1. 31, 15면, 대법원판결(1993. 6. 22, 92 도 3160)에 대한 판례평석 참조.

⑤ 그러나 명예훼손행위에 대하여 제310조의 적용요건이 갖추어진 경우에, 명예훼손행위에 포함되거나 부수되는 모욕행위(제311조)에 대해서까지도 위법성이 조각된다고 볼 것인가가 문제되고 있다. 이를 긍정하는 견해와[41] 부정하는 견해가[42] 대립한다.

생각건대 공익을 위한 명예훼손행위가 사실의 적시와 더불어 불가피하고도 부수적으로 모욕적 판단까지 수반하는 경우에는 명예훼손행위와 모욕행위는 불가분의 관계가 있으므로 전체적으로 제310조가 적용되어 결국 모욕행위의 위법성도 조각된다고 함이 타당하다고 생각한다. 다만 공익을 위한 사실적시 내지 공정한 평론이라는 외관(外觀)하에 실질적으로는 경멸의 의사(표현범에 있어서 경멸한다는 내심적 상태의 표현)가 주조(主調)를 이룬다면, 제310조의 주관적 성립요건(주관적 정당화요소)이 갖추어지지 않은 것으로 판단해야 할 것이다.

(2) 법령에 의한 행위

증인의 증언, 피고인·변호인의 변론, 검사의 논고 등이 타인의 명예를 훼손하는 내용을 담고 있더라도 형사소송법에 근거한 정당행위(제20조 법령에 의한 행위)로서 위법성이 조각된다.

(3) 공정한 평론

학술논평, 예술평론, 판례평석 등 '공정한 평론'은 기본적으로 '업무로 인한 행위'(제20조)로서 위법성이 조각되고, 그 밖에 제310조의 요건이 갖추어지는 한 상술한 법리에 따라 위법성이 조각될 수도 있다.

(4) 피해자의 승낙

명예훼손에 대한 피해자의 승낙은 구성요건해당성을 배제하는 양해가 아니고, 위법성조각사유가 된다고 본다(다수).[43]

---

40) 군형법은 제64조 제3항에서 '공연히 사실을 적시하여 상관의 명예를 훼손한 경우'에 대해 형법 제307조 제1항의 사실적시에 의한 명예훼손죄보다 형을 높여 처벌하도록 하면서 이에 대해 형법 제310조와 같이 공공의 이익에 관한 때에는 처벌하지 아니한다는 규정을 별도로 두지 않았다. 그러나 입법에도 불구하고 입법자가 의도하지 않았던 규율의 공백이 있는 사안에 대하여 법규범의 체계, 입법 의도와 목적 등에 비추어 정당하다고 평가되는 한도 내에서 그와 유사한 사안에 관한 법규범을 적용할 수 있다고 할 것인바, 형법 제307조 제1항의 행위에 대한 위법성조각사유를 규정한 형법 제310조는 군형법 제64조 제3항의 행위에 대해 유추적용된다고 보아야 한다(대판 2024. 4. 16, 2023 도 13333).

41) 권오걸, 270면; 서일교, 110면; 이재상, 202면; 이형국, 261면; 황산덕, 238면.

42) 김성돈, 204면; 김성천, 778면; 김/서, 208면; 박상기, 195면; 배종대, 300면; 백형구, 360면; 오영근, 221면; 정/박, 212면; 정영일, 191면; 진/이, 241면.

43) 강구진, 218면; 권오걸, 244면; 김성돈, 191면; 김성천, 779면; 김종원, 160면; 박상기, 188면;

(5) 업무로 인한 행위

상사의 부하에 대한 꾸지람, 교사의 학생에 대한 꾸지람이 명예를 훼손한다고 하더라도 제20조 업무로 인한 행위로서 위법성이 조각된다.

(6) 사회상규에 위배되지 아니하는 행위

명예훼손행위가 정당한 목적을 위한 상당한 수단으로서 사회상규에 비추어 위법성이 조각될 수 있다.[44]

(7) 국회의원의 면책특권

국회의원이 국회에서 직무상 행한 발언이 타인의 명예를 훼손하는 경우에 헌법 제45조에 의하여 면책되는 것은 위법성조각이 아니라 인적 처벌조각사유로 해석되고 있다(국회법 제146조 참조).

5. 죄   수

1개의 명예훼손행위로 수인의 명예를 훼손한 경우에는 동종류의 상상적 경합이 발생한다. 동일인의 명예를 연속적 행위에 의하여 훼손한 경우에는 연속범의 요건이 갖추어지는 한 명예훼손죄의 포괄적 일죄가 성립한다.

1개의 공표행위로 동일인에 대하여 사실을 적시한 명예훼손과 모욕을 함께 한 경우에는 모욕죄는 명예훼손죄에 흡수된다고 봄이 타당하다(법조경합 중 보충관계).

6. 형   벌

2년 이하의 징역이나 금고 또는 500만원 이하의 벌금이다.

7. 반의사불벌죄

명예훼손죄는 반의사불벌죄이다(제312조 제2항).

배종대, 290면; 손동권, 191면; 이재상, 193면; 이형국, 251면; 정/박, 202면; 정영일, 189면; 진/이, 228면. 최근 오영근 교수는 215면에서 '구성요건해당성이 없다'고 밝히며 견해를 변경하였다.

44) "판결요지: 과수원을 경영하는 피고인이 사과를 절취당한 피해자의 입장에서 앞으로 이와 같은 일이 재발되지 않도록 예방하기 위하여 과수원의 관리자와 같은 동네 새마을 지도자에게 각각 그들만이 있는 자리에서 개별적으로 피해자가 피고인 소유의 과수원에서 사과를 훔쳐간 사실을 말하였다 하더라도 통상적인 사회생활면으로 보나 사회통념상 위와 같은 피고인의 소위를 위법하다고는 말하기 어렵다"(대판 1986. 10. 14. 86 도 1341).

Ⅱ. 허위사실명예훼손죄

제307조 제2항 "공연히 허위의 사실을 적시하여 사람의 명예를 훼손한 자는 5년 이하의 징역, 10년 이하의 자격정지 또는 1천만원 이하의 벌금에 처한다."
제312조 [고소와 피해자의 의사] 제2항 "제307조와 제309조의 죄는 피해자의 명시한 의사에 반하여 공소를 제기할 수 없다."

본죄는 "공연히 허위의 사실을 적시하여 사람의 명예를 훼손함으로써 성립하는 범죄"이다. 적시되는 사실이 '허위'인 점에서 단순명예훼손죄에 비하여 형이 가중되는 유형이다(불법가중유형).

행위자는 적시하는 사실이 '허위'라는 것을 인식해야 한다. 만일 그 인식에 착오가 있는 경우, 즉 ① 적시하는 사실이 진실인 줄 알고 명예훼손행위를 하였으나 그 사실이 허위인 경우라든가 ② 적시하는 사실을 허위의 사실로 알고 명예훼손행위를 하였으나 그 사실이 진실인 경우에는 모두 제307조 제1항(단순명예훼손죄)의 고의·기수책임을 진다(구성요건적 착오에 관한 죄질부합설 참조).

Ⅲ. 사자(死者)명예훼손죄

제308조 [사자의 명예훼손] "공연히 허위의 사실을 적시하여 사자의 명예를 훼손한 자는 2년 이하의 징역이나 금고 또는 500만원 이하의 벌금에 처한다."
제312조 [고소와 피해자의 의사] 제1항 "제308조와 제311조의 죄는 고소가 있어야 공소를 제기할 수 있다."

1. 의의, 보호법익, 고소권자

본죄는 "공연히 허위의 사실을 적시하여 사자의 명예를 훼손함으로써 성립하는 범죄"이다. 본죄의 보호법익에 관하여는 ① 사자의 명예라는 견해(다수설[45] 및 판례[46]), ② 사자에 대한 유족의 추모감정이라는 견해,[47] ③ 사자에 대

---

45) 권오걸, 255면; 김성천, 780면; 김/서, 202면; 손동권, 200면; 오영근, 223면; 이재상, 199면; 이형국, 255면; 정/박, 207면; 정영일, 181면; 진/이, 234면.
46) "형법 제308조의 사자의 명예훼손죄는 사자에 대한 사회적, 역사적 평가를 보호법익으로 하는 것"(**대판 1983. 10. 25, 83 도 1520**).
47) 배종대, 295면.

한 일반대중의 추모감정이라는 견해⁴⁸⁾ 등이 대립한다. 생각건대 사망한 사람도 생전에 자신의 인격적 가치에 대한 사회적 평가로서 누렸던 (외부적) 명예가 사후에까지 지속되고⁴⁹⁾ 또 보호받아야 될 것이므로, ①의 견해가 타당하다고 본다.

본죄는 친고죄인데, 고소권자가 누구인가에 관하여 형사소송법은 다음과 같이 규정하고 있다. 사자의 명예를 훼손한 범죄에 대하여는 그 친족 또는 자손은 고소할 수 있다(제227조). 친고죄에 대하여 고소할 자가 없는 경우에 이해관계인의 신청이 있으면 검사는 10일 이내에 고소할 수 있는 자를 지정하여야 한다(제228조).

2. 구성요건

공연히 허위의 사실을 적시하여 사자의 명예를 훼손하는 것이다. 본죄가 성립하기 위하여는 적시하는 사실이 '허위의' 사실이어야 한다.⁵⁰⁾ 죽은 자에 관하여 '진실한' 사실을 적시하는 것은 역사적 기록과 평가를 위하여 반드시 필요한 작업이므로, 본죄는 허위의 사실을 적시한 경우에만 범죄가 성립할 수 있도록 규정한 것이다. 본죄의 주체는 적시하는 사실이 허위임을 인식해야 한다. 만일 허위의 사실을 진실한 사실로 오신하고 사자명예훼손행위를 한 경우에는 본죄의 고의가 부정되어, 사자명예훼손죄가 성립하지 않는다.

본죄는 명예훼손행위시에 명예의 주체가 이미 사망한 자일 것을 구성요건으로 하고 있다. 따라서 명예를 훼손당한 사람이 명예훼손행위 후에 사망한

---

48) 김성돈, 198면; 박상기, 189면.

49) 이 점은 "호랑이는 죽어서 가죽을 남기고, 사람은 죽어서 이름을 남긴다"라는 격언이 잘 표현해 주고 있다.

50) "역사적 인물을 모델로 한 드라마(즉, 역사드라마)가 그 소재가 된 역사적 인물의 명예를 훼손할 수 있는 허위사실을 적시하였는지 여부를 판단할 때에는 적시된 사실의 내용, 진실이라고 믿게 된 근거나 자료의 신빙성, 예술적 표현의 자유로 얻어지는 가치와 인격권의 보호에 의해 달성되는 가치의 이익형량은 물론 역사드라마의 특성에 따르는 여러 사정과 드라마의 주된 제작목적, 드라마에 등장하는 역사적 인물과 사건이 이야기의 중심인지 배경인지 여부, 실존인물에 의한 역사적 사실과 가상인물에 의한 허구적 이야기가 드라마 내에서 차지하는 비중, 드라마상에서 실존인물과 가상인물이 결합된 구조와 방식, 묘사된 사실이 이야기 전개상 상당한 정도 허구로 승화되어 시청자의 입장에서 그것이 실제로 일어난 역사적 사실로 오해되지 않을 정도에 이른 것으로 볼 수 있는지 여부 등을 종합적으로 고려하여야만 한다"(대판 2010. 4. 29, 2007 도 8411). 이 판결은 역사드라마 '서울 1945'의 특정 장면이 공연히 허위사실을 적시하여 망인(亡人)인 이승만 등에 대한 사자명예훼손죄를 범하였다고 볼 수 없다는 내용이다.

경우에는 제307조의 명예훼손죄가 성립한다. 다만 생존한 사람을 사망한 것으로 오신하고 허위의 사실을 적시하여 명예를 훼손한 경우에는 구성요건적 착오에 관한 죄질부합설에 의하여 사자명예훼손죄로 처벌되고($^{제15조}_{제1항}$), 제307조가 적용되지는 않는다.[51] 반대로 사망한 사람을 생존한 사람으로 오신하고 허위의 사실을 적시하여 명예를 훼손한 경우에도 죄질부합설에 의하여 사자명예훼손죄로 처벌될 따름이다.

Ⅳ. 출판물명예훼손죄

제309조 [출판물 등에 의한 명예훼손] 제1항 "사람을 비방할 목적으로 신문, 잡지 또는 라디오 기타 출판물에 의하여 제307조 제1항의 죄를 범한 자는 3년 이하의 징역이나 금고 또는 700만원 이하의 벌금에 처한다."
제2항 "제1항의 방법으로 제307조 제2항의 죄를 범한 자는 7년 이하의 징역, 10년 이하의 자격정지 또는 1천500만원 이하의 벌금에 처한다."
제312조 [고소와 피해자의 의사] 제2항 "제307조와 제309조의 죄는 피해자의 명시한 의사에 반하여 공소를 제기할 수 없다."

1. 의의, 성격

본죄는 "사람을 비방할 목적으로 신문, 잡지 또는 라디오 기타 출판물에 의하여 명예훼손행위를 함으로써 성립하는 범죄"이다. 본죄는 비방의 목적을 요하는 '목적범'이다. 제309조의 성격은 제307조에 비하여 출판물 등에 의한 '행위방법'상의 특수성과 비방의 '목적'으로 인하여 형이 가중되는 유형이다(불법가중유형).

2. 구성요건

(1) 객관적 구성요건

본죄는 명예훼손의 방법이 반드시 "신문·잡지 또는 라디오 기타 출판물에 의하여" 행해질 것을 요건으로 하고 있다. 신문·잡지·라디오 기타 출판물에 의한 명예훼손방법은 그 자체가 이미 고도의 '공연성'을 띠기 때문에, 제307조의 "공연히"라고 하는 요건은 본죄의 구성요건으로 규정되지 않았다.

---

51) 이재상, 199면.

본죄의 '출판물'은 복사물이나 프린트물로서는 부족하고, 적어도 '인쇄된 물건'의 정도에 이르러야 한다.[52]

본죄의 행위방법은 "신문·잡지 또는 라디오 기타 출판물"에 의할 것으로 명백히 국한되어 있으므로, TV 또는 인터넷·PC통신에 의한 명예훼손은 해석상 본죄에 포함될 수 없다.[53] 비방의 목적을 가지고 TV 등을 통하여 명예를 훼손하는 행위를 본죄로 처벌하는 것은 제309조의 입법취지에 아무리 합치된다고 하더라도 피고인에게 불리한 유추적용이 된다. 따라서 이러한 행위는 제307조에 의하여 처벌할 수밖에 없다. TV에 의한 명예훼손을 제307조의 명예훼손죄로 처벌하는 것이 심히 법감정과 형평에 반한다고 하더라도 법관은 국회의 법개정에 의한 입법적 해결이 있을 때까지 기다릴 수밖에 없다(법의 흠결).

인터넷통신 등을 통하여 사이버공간에서 타인의 명예를 훼손하는 행위는 '정보통신망 이용촉진 및 정보보호 등에 관한 법률' 제70조에 의하여 처벌된다.[54]

(2) 주관적 구성요건

본죄의 고의는 신문·잡지·라디오 기타 출판물에 의하여 타인의 명예를 훼손한다는 인식·인용이다. 제309조 제1항의 경우에는 적시하는 사실이 '진실'이라는 것을 인식해야 하고, 제2항의 경우에는 '허위'의 사실임을 인식해야 한다. 사실의 진실성 여부에 관하여 착오가 있다면, 제2항이 아니라 제1항에 의하여 처벌된다.

본죄는 고의 이외에 초과주관적 요소로서[55] '비방의 목적'이 있어야 한다(목

---

52) 대판 1986. 3. 25, 85 도 1143. "형법이 출판물 등에 의한 명예훼손죄를 일반 명예훼손죄보다 중벌하는 이유는 사실적시의 방법으로서의 출판물 등의 이용이 그 성질상 다수인이 견문할 수 있는 높은 전파성과 신뢰성 및 장기간의 보존가능성 등 피해자에 대한 법익침해의 정도가 더욱 크다는 데 있다는 점에 비추어 보면, 형법 제309조 제1항 소정의 '기타 출판물'에 해당한다고 하기 위하여는 그것이 등록·출판된 제본인쇄물이나 제작물은 아니라고 할지라도 적어도 그와 같은 정도의 효용과 기능을 가지고 사실상 출판물로 유통·통용될 수 있는 외관을 가진 인쇄물로 볼 수 있어야 한다고 봄이 상당하다"(대판 1997. 8. 26, 97 도 133).

53) 반대의견으로는 권오걸, 257면; 김성돈, 200면; 김성천, 782-3면; 김/서, 204면; 박상기, 191면; 정/박, 208-9면.

54) '정보통신망 이용촉진 및 정보보호 등에 관한 법률'(약칭: 정보통신망법) 제70조 [벌칙] 제1항 "사람을 비방할 목적으로 정보통신망을 통하여 공공연하게 사실을 드러내어 다른 사람의 명예를 훼손한 자는 3년 이하의 징역이나 금고 또는 3천만원 이하의 벌금에 처한다." 제2항 "사람을 비방할 목적으로 정보통신망을 통하여 공공연하게 거짓의 사실을 드러내어 다른 사람의 명예를 훼손한 자는 7년 이하의 징역, 10년 이하의 자격정지 또는 5천만원 이하의 벌금에 처한다." 제3항 "제1항과 제2항의 죄는 피해자가 구체적으로 밝힌 의사에 반하여 공소를 제기할 수 없다."

적범).[56] 신문·잡지·라디오 기타 출판물에 의한 명예훼손이라고 하더라도 비방의 목적이 없다면, 본조가 아니라 제307조가 적용된다.

비방의 목적이 있는 자가 보도자료를 제공하여 비방의 목적이 없는 보도기관으로 하여금 사실을 보도하게 함으로써 타인의 명예를 훼손한 경우에 제309조의 '간접정범'이 성립하는가 하는 문제가 있다. 이 때 보도기관의 명예훼손행위(보도행위)는 보도기관이 사실확인의무를 다한 경우에 제310조에 의하여 위법성이 조각되어 처벌받지 아니하므로, 비방의 목적을 가지고 이를 이용한 자는 제309조의 간접정범 또는 교사범으로서 처벌된다고 함이 타당하다.[57] 판례도 정을 모르는 기자에게 허위의 기사자료를 제공하여 보도하게 한 경우에 그 제공자에 대하여 출판물에 의한 명예훼손죄의 죄책을 지우고 있다.[58]

3. 제310조의 적용 여부

출판물 등에 의한 명예훼손행위라고 하더라도 적시하는 사실이 진실하고

---

55) 비방의 목적을 초과주관적 요소로 파악하는 데 반대하는 견해로서는 박상기, 195면.

56) "형법 제309조 소정의 '사람을 비방할 목적'이란 가해의 의사 내지 목적을 요하는 것으로서 공공의 이익을 위한 것과는 행위자의 주관적 의도의 방향에 있어 서로 상반되는 관계에 있다고 할 것이므로, 적시한 사실이 공공의 이익에 관한 것인 때에는 특별한 사정이 없는 한 비방의 목적은 부인된다"(대판 2000. 2. 25, 98 도 2188).

57) 권오걸, 259-60면; 김성돈, 202면; 김성천, 784면; 김/서, 205면; 배종대, 298면; 오영근, 227면; 이재상, 200면; 이형국, 258면; 정/박, 209면; 정영일, 184면. 경우에 따라 보도기관이 본죄의 '공동정범'이 된다는 견해로는 박상기, 192면.

58) "타인을 비방할 목적으로 허위사실인 기사의 재료를 신문기자에게 제공한 경우에 이 기사를 신문지상에 게재하느냐의 여부는 오로지 당해 신문의 편집인의 권한에 속한다고 할 것이나, 이를 편집인이 신문지상에 게재한 이상 이 기사의 게재는 기사재료를 제공한 자의 행위에 기인한 것이므로, 이 기사재료를 제공한 자는 형법 제309조 제2항 소정의 출판물에 의한 명예훼손죄의 죄책을 면할 수 없는 것"(대판 1994. 4. 12, 93 도 3535. 同旨, 대판 2002. 3. 29, 2001 도 2624). "판결요지: 허위사실인 기사재료를 기자에게 제공한 경우에 그것이 게재된 이상 이 기사재료를 제공한 자는 본조 제2항 소정의 출판물에 의한 명예훼손죄의 죄책을 면할 수 없을 것"(대결 1960. 6. 8, 4292 형상 715. 同旨, 대결 1958. 9. 26, 4291 형상 323). 그러나 기자가 아닌 자에게 허위사실을 제보한 경우에는 출판물에 의한 명예훼손죄의 죄책을 부정하고 있다. "출판물에 의한 명예훼손죄는 간접정범에 의하여 범하여질 수도 있으므로 타인을 비방할 목적으로 허위의 기사재료를 그 정을 모르는 기자에게 제공하여 신문 등에 보도되게 한 경우에도 성립할 수 있다. 그러나 제보자가 기사의 취재·작성과 직접적인 연관이 없는 자에게 허위의 사실을 알렸을 뿐인 경우에는, 제보자가 피제보자에게 그 알리는 사실이 기사화 되도록 특별히 부탁하였다거나 피제보자가 이를 기사화 할 것이 고도로 예상되는 등의 특별한 사정이 없는 한, 피제보자가 언론에 공개하거나 기자들에게 취재됨으로써 그 사실이 신문에 게재되어 일반 공중에게 배포되더라도 제보자에게 출판·배포된 기사에 관하여 출판물에 의한 명예훼손죄의 책임을 물을 수는 없다"(대판 2002. 6. 28, 2000 도 3045).

비방의 목적이 '없는' 경우에는 제309조 제1항이 아니라 제307조 제1항에 해당하는 명예훼손행위가 되므로, 만일 공공의 이익을 위하여 행해졌다면 제310조가 적용될 수 있다. 그러나 비방의 목적이 '있는' 출판물명예훼손행위에 대하여는 제310조가 적용되지 않는다.[59)]

V. 모 욕 죄

제311조 [모욕] "공연히 사람을 모욕한 자는 1년 이하의 징역이나 금고 또는 200만원 이하의 벌금에 처한다."
제312조 [고소와 피해자의 의사] 제1항 "제308조와 제311조의 죄는 고소가 있어야 공소를 제기할 수 있다."

1. 의의, 보호법익

본죄는 "공연히 사람을 모욕함으로써 성립하는 범죄"이다. 명예훼손죄와 같이 모욕죄의 보호법익도 사람의 '외부적 명예'이며, 명예감정이 아니다. 보호의 정도도 '추상적 위험범'이다. 명예훼손죄와 모욕죄는 '사실의 적시' 여부로 구별된다(통설·판례).[60)] 본죄는 '친고죄'이다.

외국원수 또는 외교사절에 대한 모욕행위는 제107조 제2항 또는 제108조 제2항에 해당한다. 이들 범죄는 '공연성'이 없는 경우에도 성립한다.

2. 구성요건

(1) 객관적 구성요건

모욕죄의 구성요건은 공연히 사람을 모욕하는 것이다.[61)] '공연히'라고 함은

---

59) 대판 1999. 4. 23, 99 도 636; 1995. 6. 30, 95 도 1010; 1986. 10. 14, 86 도 1603.

60) "판결요지: 모욕죄는 공연히 사람을 모욕하는 경우에 성립하는 범죄로서(형법 제311조), 사람의 가치에 대한 사회적 평가를 의미하는 외부적 명예를 보호법익으로 하고, 여기에서 '모욕'이란 사실을 적시하지 아니하고 사람의 사회적 평가를 저하시킬 만한 추상적 판단이나 경멸적 감정을 표현하는 것을 의미한다. 그리고 모욕죄는 피해자의 외부적 명예를 저하시킬 만한 추상적 판단이나 경멸적 감정을 공연히 표시함으로써 성립하므로, 피해자의 외부적 명예가 현실적으로 침해되거나 구체적·현실적으로 침해될 위험이 발생하여야 하는 것도 아니다"(대판 2016. 10. 13, 2016 도 9674).

61) 모욕죄가 명확성원칙에 위배되지 않아서 '합헌'이라는 헌법재판소 결정이 있다. 즉, "결정요지: 심판대상 조항의 보호법익은 사람의 가치에 대한 사회적 평가인 외부적 명예로서 위 조항에 규정된 모욕은 사전적으로 '깔보고 욕되게 함'을 의미하고, 대법원도 모욕죄의 구성요건으로서 '모욕'이란 사실을 적시하지 아니하고 단순히 사람의 사회적 평가를 저하시킬 만한 추상적 판

명예훼손죄에서의 설명과 같다. 본죄에서 명예의 주체가 되는 사람은 자연인
이외에 법인과 법인격없는 단체를 포함한다.[62] 그러나 대법원은 국가나 지방
자치단체는 모욕죄의 피해자가 될 수 없다고 한다.[63] 자연인에는 젖먹이나 정
신병자·백치도 포함되지만, 살아있는 사람에 국한되기 때문에, 사자에 대한
모욕죄는 성립하지 않는다.

단이나 경멸적 감정을 표현하는 것이라고 판시함으로써 문언적 의미를 기초로 한 객관적 해석기
준을 마련하고 있다. 그리고 사람의 사회적 평가를 저하시킬 만한 추상적 판단이나 경멸적 감정
을 표현하였는지 여부는 추상적·일반적으로 결정될 수 없는 성질의 것이므로, 이에 해당하는지
여부는 사회통념과 건전한 상식에 따라 구체적·개별적으로 정해질 수밖에 없다. 위와 같은 모
욕죄의 보호법익과 그 입법목적, 취지 등을 종합할 때, 건전한 상식과 통상적인 법감정을 가진
일반인이라면 금지되는 행위가 무엇인지를 예측하는 것이 현저히 곤란하다고 보기 어렵다. 또한
대법원은 모욕의 의미에 대하여 객관적인 해석기준을 제시하고 있으므로 법 집행기관이 심판대
상 조항을 자의적으로 해석할 염려도 없다. 나아가 구체적으로 어떠한 표현이 심판대상 조항의
구성요건에 해당하는지 여부는 표현의 전체적인 내용과 맥락 등 여러 요인을 종합적으로 고려하
여 판단되어야 할 법원의 통상적인 법률해석·적용의 문제로서, 어떠한 행위가 법적인 구성요건
을 충족시키는가 하는 것에 관하여 구체적인 사건에 있어서 의문이 있을 수 있다는 것은 형법규
범의 일반성과 추상성에 비추어 불가피한 것이므로, 그러한 사정만으로 심판대상 조항이 명확성
원칙에 위배된다고 할 수 없다.…사람의 인격을 경멸하는 가치판단의 표시가 공연히 이루어진다
면 그 사람의 사회적 가치는 침해되고 그로 인하여 사회의 구성원으로서 생활하고 발전해 나갈
가능성도 침해받지 않을 수 없으므로, 모욕적 표현행위를 금지시킬 필요성은 분명 존재한다고
하지 않을 수 없어 심판대상 조항의 입법목적은 정당하고, 공연히 사람을 모욕하는 행위를 처벌
하는 것은 그 입법목적 달성에 기여하는 적합한 수단에 해당한다. 그리고 모욕죄는 피해자의 고
소가 있어야만 형사처벌이 가능한 점, 그 법정형의 상한이 비교적 낮은 점, 비교적 경미한 불법
성을 가진 행위에 대하여는 법관의 양형으로 불법과 책임을 일치시킬 수 있는 점, 법원은 개별
사안에서 형법 제20조의 정당행위 규정을 적정하게 적용함으로써 표현의 자유와 명예보호 사이
에 적절한 조화를 도모하고 있는 점 등을 고려할 때, 심판대상 조항은 필요최소한의 범위 내에서
표현의 자유를 제한하고 있고, 법익균형성의 요건도 충족하고 있다고 보아야 하므로 결국 표현
의 자유를 침해한다고 할 수 없다"(헌재 2013. 6. 27, 2012 헌바 37. 同旨, 헌재 2020. 12. 23, 2017
헌바 456-전원재판부).

62) '집단표시에 의한 모욕'이 집단 구성원 개개인에 대한 모욕죄를 구성하는 경우에 관한 대
법원 판례를 소개한다. "모욕죄는 특정한 사람 또는 인격을 보유하는 단체에 대하여 사회적 평가
를 저하시킬 만한 경멸적 감정을 표현함으로써 성립하는 것이므로 그 피해자는 특정되어야 한
다. 그리고 이른바 집단표시에 의한 모욕은, 모욕의 내용이 그 집단에 속한 특정인에 대한 것이
라고는 해석되기 힘들고, 집단표시에 의한 비난이 개별구성원에 이르러서는 비난의 정도가 희석
되어 구성원 개개인의 사회적 평가에 영향을 미칠 정도에 이르지 아니한 경우에는 구성원 개개
인에 대한 모욕이 성립되지 않는다고 봄이 원칙이고, 그 비난의 정도가 희석되지 않아 구성원 개
개인의 사회적 평가를 저하시킬 만한 것으로 평가될 경우에는 예외적으로 구성원 개개인에 대한
모욕이 성립할 수 있다. 한편 구성원 개개인에 대한 것으로 여겨질 정도로 구성원 수가 적거나
당시의 주위 정황 등으로 보아 집단 내 개별구성원을 지칭하는 것으로 여겨질 수 있는 때에는
집단 내 개별구성원이 피해자로서 특정된다고 보아야 할 것인데, 그 구체적인 기준으로는 집단
의 크기, 집단의 성격과 집단 내에서의 피해자의 지위 등을 들 수 있다"(대판 2014. 3. 27, 2011
도 15631. 同旨, 대판 2013. 1. 10, 2012 도 13189).

63) 대판 2016. 12. 27, 2014 도 15290.

본죄의 실행행위인 '모욕'이란 '사실의 적시가 없이' 사람에 대하여 '경멸의 의사 내지 감정을 표현'하는 일체의 행위를 말한다.[64] 사실과 관련시키지 않은 채로, 그냥 "나쁜 놈", "개자식", "쓸개빠진 놈"이라고 하는 욕설, 분노를 퍼붓거나 재수가 없다고 소금을 뿌리는 행동이 모욕에 해당한다. 언어, 문자, 그림, 거동 등 모욕의 방법에는 제한이 없다. 다만 그 행위는 피해자의 주관적 입장에서가 아니라, 사회일반인의 객관적 입장에서 보아 사람을 경멸하는 의미로 받아들일 만한 것이어야 한다. 따라서 단순히 불친절하다거나 불손 내지 무례한[65] 행동인 것만으로는 모욕이라고 할 수 없다.

모욕은 '경멸의 의사'가 표현된 것이어야 한다. 예컨대 침을 뱉는 행위도 얼굴을 찡그리면서 경멸의 표정을 담고 한 경우에는 모욕이 되지만, 그냥 침을 뱉은 것은 폭행에 해당한다. 모욕은 부작위에 의해서도 가능하다. 예컨대 군대 내의 의전행사에서 답례할 법적 의무가 있는 자가 답례하지 않는 부작위는 모욕행위에 해당할 수 있다.

(2) 주관적 구성요건

모욕죄의 고의는 공연히 사람을 모욕한다는 것에 대한 인식·인용이다. 미필적 고의로 충분하다.

모욕이란 행위개념은 '경멸의 의사'를 내포하고 있다. 환언하자면, 경멸의 의사는 모욕행위의 개념요소이다. 따라서 경멸의 의사를 초과주관적 구성요건요소로 파악할 이유는 없다고 하겠다. 다만 경멸한다는 '내심적 상태'가 표현되어야 모욕행위로서 평가된다는 점에서 모욕죄를 '표현범'이라고 칭하는 것은 일리가 있다고 본다.

---

64) "판결요지: 동네사람 4명과 구청직원 2명 등이 있는 자리에서 피해자가 듣는 가운데 구청직원에게 피해자를 가리키면서 '저 망할 년 저기 오네'라고 피해자를 경멸하는 욕설 섞인 표현을 하였다면 피해자를 모욕하였다고 볼 수 있다"(대판 1990. 9. 25, 90 도 873).

65) "판결요지: 아파트 입주자대표회의 감사인 피고인이 관리소장 甲의 외부특별감사에 관한 업무처리에 항의하기 위해 관리소장실을 방문한 자리에서 甲과 언쟁을 하다가 '야, 이따위로 일할래.', '나이 처먹은 게 무슨 자랑이냐.'라고 말한 사안에서, 피고인과 甲의 관계, 피고인이 발언을 하게 된 경위와 발언의 횟수, 발언의 의미와 전체적인 맥락, 발언을 한 장소와 발언 전후의 정황 등에 비추어 볼 때, 피고인의 발언은 상대방을 불쾌하게 할 수 있는 무례하고 저속한 표현이기는 하지만 객관적으로 甲의 인격적 가치에 대한 사회적 평가를 저하시킬 만한 모욕적 언사에 해당하지 않는다"(대판 2015. 9. 10, 2015 도 2229). 그 밖에 대판 2018. 11. 29, 2017 도 2661.

3. 위 법 성

모욕죄에 제310조가 적용되지 않는다는 것은 제310조의 법문상 명백하다.[66] 모욕행위는 사실의 적시가 없고 공공의 이익을 위할 의사가 아니라 개인적인 경멸의 의사로 행해지는 것이기 때문에, 일반적으로 위법성이 조각될 여지가 없다.[67] 다만 공익을 위한 명예훼손행위 내지 공정한 평론이 진실한 사실의 적시와 더불어 불가피하고도 부수적으로 모욕적 평가까지 수반하는 경우에는 전체적으로 제310조를 적용하여 모욕행위 부분에 대해서도 위법성조각을 긍정해야 할 것이라고 본다.[68] 그러나 공익을 위한 사실적시 내지 공정한 평론이라는 외관(外觀)하에 실질적으로는 경멸의 의사, 모욕적 의사가 주조(主調)를 이룬다면, 제310조의 주관적 성립요건(주관적 정당화요소)이 갖추어지지 않는 것으로 판단해야 할 것이다.

4. 죄   수

1개의 행위로 다수인을 모욕한 경우에는 동종류의 상상적 경합이 발생한다.

1개의 행위로 동일인에 대하여 모욕과 명예훼손을 함께 한 경우에는 모욕죄는 명예훼손죄에 흡수된다고 본다(법조경합 중 보충관계).

---

66) 판례도 모욕죄에는 제310조가 적용되지 않는다고 한다(대결 1959. 12. 23, 4291 형상 539).

67) 기자+쓰레기의 합성어인 '기레기'라는 표현을 '네티즌 댓글'에 게시한 행위가 모욕행위이지만, 사회상규에 위배되지 않는 행위로서 형법 제20조에 의하여 위법성이 조각된다고 한 대법원판결(대판 2021. 3. 25, 2017 도 17643)이 있다. 또한 페이스북에 '철면피, 파렴치, 양두구육, 극우부패세력'이란 표현을 사용하여 비판적인 글을 게시한 행위가 모욕죄의 구성요건에 해당하나, 사회상규에 위배되지 않는 행위로서 형법 제20조에 의하여 위법성이 조각된다(대판 2022. 8. 25, 2020 도 16897). 반면 인터넷 포털사이트 뉴스 댓글난에 연예인인 피해자를 '국민호텔녀'로 지칭하는 댓글을 게시한 행위는 여성 연예인인 피해자의 사회적 평가를 저하시킬 만한 모멸적인 표현으로 평가할 수 있고, 정당한 비판의 범위를 벗어난 것으로서 정당행위로 보기도 어렵다(대판 2022. 12. 15, 2017 도 19229).

68) 이를 긍정하는 견해는 권오걸, 270면; 서일교, 110면; 이재상, 202면; 이형국, 261면; 황산덕, 238면. 부정하는 견해는 김성돈, 204면; 김성천, 778면; 김/서, 208면; 박상기, 195면; 배종대, 300면; 백형구, 360면; 오영근, 221면; 정/박, 212면; 정영일, 191면; 진/이, 241면.

제13장 신용, 업무와 경매에 관한 죄

제1절 개 설

I. 의의, 보호법익, 성격

신용, 업무와 경매에 관한 죄는 신용훼손죄 및 업무방해죄, 경매·입찰방해죄의 셋으로 구성되어 있다. 이들 범죄는 각각 사람의 신용, 업무, 경매·입찰의 공정성을 해하는 것을 내용으로 한다. 따라서 그 보호법익은 사람의 '신용', '업무', '경매·입찰의 공정성'이다. 보호의 정도는 '추상적 위험범'이다. 보호법익에서 보는 바와 같이, 신용훼손죄, 업무방해죄, 경매·입찰방해죄는 각각 독립된 범죄유형을 이루고 있다.

명예훼손죄가 순전히 사람의 '인격적' 가치에 대한 사회적 평가를 보호하고자 함에 비하여, 신용훼손죄는 신용이라고 하는 '경제적' 생활영역에 있어서의 사회적 평가를 보호하고자 하고, 업무방해죄에서는 재산적·경제적 업무의 보호가 특히 중요한 의의를 가지며, 경매·입찰방해죄도 경제적 거래와 관련된 것이기 때문에, 이들 범죄는 재산적 법익에 대한 범죄로서의 성격을 지닌다. 그러나 다른 한편으로 경제적 생활영역에서의 평가이기는 하지만 신용도 넓게는 명예에 포괄될 수 있고, 업무방해죄에서의 업무는 반드시 재산적·경제적 업무에 국한되지 않으며, 경매·입찰방해죄도 공정한 '자유경쟁'을 보장하려는 것이므로, 이들 범죄를 순전히 재산적 법익에 대한 범죄로서만 이해할 수도 없다.

따라서 신용, 업무와 경매에 관한 죄는 '자유'에 대한 범죄이면서 '재산'에 대한 범죄인 성격을 갖는다. 즉 인격범죄이면서 재산범죄라고 할 수 있다(^{다수}).

Ⅱ. 신용, 업무와 경매에 관한 죄의 체계

보호법익이 각각 다른 바와 같이, 신용훼손죄($\frac{제313}{조}$), 업무방해죄($\frac{제314조}{제1항}$), 경매·입찰방해죄($\frac{제315}{조}$)는 각각 독립된 범죄유형을 이루고 있다. 그 밖에 컴퓨터의 대량보급에 따라 컴퓨터에 대한 가해행위를 수단으로 한 업무방해죄($\frac{제314조}{제2항}$)가 1995년의 형법개정에서 신설되었다.

이들 범죄에 대한 미수범 처벌규정은 없다.

건설공사에 있어서의 입찰방해죄는 '건설산업기본법' 제95조 제3호에 의하여 가중처벌된다.

제 2 절 개별적 범죄유형

Ⅰ. 신용훼손죄

제313조 [신용훼손] "허위의 사실을 유포하거나 기타 위계로써 사람의 신용을 훼손한 자는 5년 이하의 징역 또는 1천500만원 이하의 벌금에 처한다."

1. 의의, 보호법익

본죄는 "허위의 사실을 유포하거나 기타 위계로써 사람의 신용을 훼손함으로써 성립하는 범죄"이다. 본죄의 보호법익은 '사람의 신용'이다. '신용'이란 사람의 경제적 생활영역에 있어서의 사회적 평가, 특히 사람의 지불능력이나 지불의사에 대한 사회적 평가를 의미한다. 명예가 '사회인'으로서의 사람에 대한 평가임에 비하여, 신용은 '경제인'으로서의 사람에 대한 평가이다. 신용의 주체는 자연인 이외에 법인, 법인격없는 단체를 포함한다.

법익보호의 정도는 '추상적 위험범'이다.

2. 구성요건

구성요건은 허위사실을 유포하거나 위계로써 신용을 훼손하는 것이다. 허위사실의 유포는 위계의 예시이다. 허위사실을 '유포'한다고 함은 허위사실을 불특정 또는 다수인에게 전파하는 것이다. 예컨대 회사가 부도가 났다고 거짓 공시하는 경우이다. 유포는 명예훼손죄에서의 '공연'한 훼손과는 달리, 특정한 1인에게 고지하더라도 순차적으로 불특정 또는 다수인에게 전파될 가능성이 있으면 성립한다. '위계'라 함은 상대방의 착오나 부지를 이용하는 일체의 행위를 말한다. 예컨대 신용이 훼손될 사항이 기재된 우편물을 타인명의로 작성하여 발송하는 경우이다.

'신용을 훼손'한다고 함은 사람의 지불능력이나 지불의사에 대한 사회적 평가를 저하시킬 위험의 발생을 말한다. 신용이 현실적으로 훼손될 필요는 없고, 신용이 훼손될 위험발생으로 족하다(추상적 위험범).

3. 죄   수

신용은 명예의 일종이므로, 공연히 허위의 사실을 유포하여 사람의 신용을 훼손하는 행위는 명예훼손죄와 동시에 신용훼손죄의 구성요건에 해당하지만, 명예훼손죄는 신용훼손죄에 흡수된다고 본다(법조경합 중 특별관계).[1] 제313조의 행위방법에 의하지 아니하고 신용을 훼손한 경우, 예컨대 '진실인' 사실을 공연히 적시하여 신용을 훼손하는 행위를 한 경우에는 명예훼손죄가 성립한다.

II. 업무방해죄

<u>제314조 [업무방해] 제1항</u> "제313조의 방법 또는 위력으로써 사람의 업무를 방해한 자는 5년 이하의 징역 또는 1천500만원 이하의 벌금에 처한다."

1. 의의, 보호법익

본죄는 "허위의 사실을 유포하거나 기타 위계 또는 위력으로 사람의 업무를 방해함으로써 성립하는 범죄"이다. 보호법익은 '사람의 업무'이며, 보호의 정도는 '추상적 위험범'이다.[2] 따라서 본죄의 성립에는 업무방해행위로 인하여 업

---

1) 법조경합으로 보는 견해는 강구진, 227면; 권오걸, 275면; 김성돈, 208면; 김성천, 793면; 김/서, 212면; 배종대, 304면; 오영근, 235면; 이재상, 207면; 이정원, 231면; 이형국, 267면; 정영일, 199면. 이에 반해 두 죄의 상상적 경합이 된다고 하는 학설은 박상기, 203면; 백형구, 364면; 서일교, 112면; 손동권, 211면; 유기천, 상권, 170-1면; 정/박, 218면; 정영석, 291면; 황산덕, 239면.
2) "판결요지: 업무방해죄의 성립에 있어서는 업무방해의 결과가 실제로 발생함을 요하지 않고, 업무방해의 결과를 초래할 위험이 발생하면 족하다"(대판 2020. 9. 24, 2017 도 19283).

무가 현실적으로 방해될 것을 요하는 것이 아니라, 업무가 방해될 위험이 있음으로써 족하다(^통_설).

업무방해죄에서의 업무는 반드시 재산적·경제적 업무에 국한되지는 않는다. 즉 업무방해죄는 경제인으로서의 업무만을 보호하고자 하는 것은 아니고, 사회인으로서의 업무 일반을 보호하고자 한다.[3] 그러나 현대 자본주의사회에서는 경제적 생활영역에서의 업무가 특히 중요한 의의를 갖는다는 것을 부정할 수는 없다.

2. 구성요건

본죄의 구성요건은 허위의 사실을 유포하거나 기타 위계 또는 위력으로 사람의 업무를 방해하는 것이다. 업무방해의 방법이 허위사실의 유포 기타 위계 또는 위력이다.

(1) 허위사실의 유포 기타 위계

허위사실의 유포는[4] 위계의 예시이다. '허위사실'의 유포란 객관적으로 보아 진실과 부합하지 않는 과거 또는 현재의 사실을 유포하는 것으로서 단순한 의견이나 가치판단을 표시하는 것은 제외된다.[5] '유포'한다고 함은 불특정 또는 다수인에게 전파하는 것이다. 특정한 1인에게 고지하더라도 순차적으로 불특정 또는 다수인에게 전파될 가능성이 있으면 유포가 된다. '위계'란 상대방의 착오나 부지를 이용하는 일체의 행위를 말한다.

혼동할 우려가 있는 상표부착, 몰래 불량물질이나 이물질을 투입해두는 행위, 허위의 이력서를 작성·제출하여 위장취업한 행위,[6] 시험의 대리응시, 우연히 입수한 시험문제를 받아 미리 암기한 답안을 작성·제출하는 행위,[7] 입

---

3) "판결요지: 형법상 업무방해죄의 보호법익은 업무를 통한 사람의 사회적·경제적 활동을 보호하려는 데 있으므로, 그 보호대상이 되는 '업무'란 직업 또는 계속적으로 종사하는 사무나 사업을 말하고, 여기서 '사무' 또는 '사업'은 단순히 경제적 활동만을 의미하는 것이 아니라 널리 사람이 그 사회생활상의 지위에서 계속적으로 행하는 일체의 사회적 활동을 의미한다"(대판 2009. 11. 19, 2009 도 4166–전원합의체).

4) 허위사실유포에 의한 업무방해의 예로는 대판 1993. 4. 13, 92 도 3035.

5) 대판 1983. 2. 8, 82 도 2486.

6) 대판 1992. 6. 9, 91 도 2221. 그러나 위장취업이 고용계약위반의 문제는 될 수 있으나 위계에 의한 업무방해죄가 될 수 없다는 견지에서 본 대법원판결에 반대하는 견해로서는 김/서, 216면; 박상기, "소위 위장취업과 업무방해죄", 법률신문, 1993. 11. 29, 15면; 배종대, 310면; 백형구, 367면.

7) ⓐ "판결요지: 교수인 피고인 甲이 출제교수들로부터 대학원신입생 전형시험문제를 제출받아 피고인 乙과 丙에게 그 시험문제를 알려주자, 그들이 답안쪽지를 작성한 다음 이를 답안지에

학시험성적조작에 의한 합격처리,⁸⁾ 당선자 바꿔치기 등이 위계에 의한 업무방해에 해당한다.

(2) 위 력

'위력'이란 사람의 의사를 제압할 만한 유형·무형의 힘을 말한다. 폭행·협박뿐만 아니라 사회적·경제적·정치적 지위나 세력을 이용하는 것을⁹⁾ 포함한다.¹⁰⁾ 상대방의 의사가 실제로 제압되었는가는 불문한다.

고함 등으로 난동을 부리는 행위,¹¹⁾ 출입문폐쇄,¹²⁾ 단전·단수조치,¹³⁾ 근로

그대로 베껴 써서 그 정을 모르는 시험감독관에게 제출한 경우, 위계로써 입시감독업무를 방해한 것이므로 업무방해죄에 해당한다"(대판 1991. 11. 21, 91 도 2211).

ⓑ 그러나 시험문제를 유출한 것만으로는 업무방해죄의 실행에 착수한 것이 아니고, 준비단계에 지나지 않는다. "판결요지: 시험의 출제위원이 문제를 선정하여 시험실시자에게 제출하기 전에 이를 유출하였다고 하더라도, 이러한 행위 자체는 위계를 사용하여 시험실시자의 업무를 방해하는 행위가 아니라 그 준비단계에 불과한 것이고, 그 후 그와 같이 유출된 문제가 시험실시자에게 제출되지도 아니하였다면, 그러한 문제유출로 인하여 시험실시 업무가 방해될 추상적인 위험조차도 있다고 할 수 없으므로, 업무방해죄가 성립한다고 할 수 없다"(대판 1999. 12. 10, 99 도 3487).

8) 대판 1994. 3. 11, 93 도 2305; 1993. 5. 11, 92 도 295.

9) "업무방해죄의 수단인 위력은 사람의 자유의사를 제압·혼란하게 할 만한 일체의 억압적 방법을 말하고, 이는 제3자를 통하여 간접적으로 행사하는 것도 포함될 수 있다. 그러나 어떤 행위의 결과 상대방의 업무에 지장이 초래되었다 하더라도 행위자가 가지는 정당한 권한을 행사한 것으로 볼 수 있는 경우에는, 그 행위의 내용이나 수단 등이 사회통념상 허용될 수 없는 등 특별한 사정이 없는 한 업무방해죄를 구성하는 위력을 행사한 것이라고 할 수 없다. 따라서 제3자로 하여금 상대방에게 어떤 조치를 취하게 하는 등으로 상대방의 업무에 곤란을 야기하거나 그러한 위험이 초래되게 하였다 하더라도, 행위자가 그 제3자의 의사결정에 관여할 수 있는 권한을 가지고 있거나 그에 대하여 업무상의 지시를 할 수 있는 지위에 있는 경우에는 특별한 사정이 없는 한 업무방해죄를 구성하지 아니한다"(대판 2013. 2. 28, 2011 도 16718).

10) "이른바 '불가벌적 수반행위'란 법조경합의 한 형태인 흡수관계에 속하는 것으로서, 행위자가 특정한 죄를 범하면 비록 논리 필연적인 것은 아니지만 일반적·전형적으로 다른 구성요건을 충족하고 이때 그 구성요건의 불법이나 책임의 내용이 주된 범죄에 비하여 경미하기 때문에 처벌이 별도로 고려되지 않는 경우를 말한다. 업무방해죄와 폭행죄는 그 구성요건과 보호법익을 달리하고 있고, 업무방해죄의 성립에 일반적·전형적으로 사람에 대한 폭행행위를 수반하는 것은 아니며, 폭행행위가 업무방해죄에 비하여 별도로 고려되지 않을 만큼 경미한 것이라고 할 수도 없으므로, 설령 피해자에 대한 폭행행위가 동일한 피해자에 대한 업무방해죄의 수단이 되었다고 하더라도 그러한 폭행행위가 이른바 '불가벌적 수반행위'에 해당하여 업무방해죄에 대하여 흡수관계에 있다고 볼 수는 없다. …… 피고인들이 공동폭행의 방법으로 피해자들의 택시 운행업무를 방해한 사실은 있으나 그 외의 방법으로 택시 운행업무를 방해한 사정은 보이지 아니하므로, 피고인들의 공동폭행이라는 1개의 행위가 폭력행위 등 처벌에 관한 법률 위반(공동폭행)죄와 업무방해죄의 구성요건을 충족하는 경우에 해당한다 할 것이어서, 양죄는 상상적 경합의 관계에 있다고 보아야 할 것이다"(대판 2012. 10. 11, 2012 도 1895).

11) 대결 1961. 2. 24, 4293 형상 864.

12) 대판 1991. 6. 11, 91 도 753.

13) 대판 1983. 11. 8, 83 도 1798.

자들의 집단적 노무제공거부,[14][15] 휴대전화에 의한 수백 회의 전화공세,[16] 분노나 뱀의 투척행위, 농성행위 등이 위력에 의한 업무방해에 해당한다.[17]

(3) 업 무

(가) 업무의 개념   「업무」란 "사람이 사회생활상의 지위에 기하여 계속해서 행하는 사무"를 말한다.[18] 본죄의 업무에는 재산적·경제적 업무뿐만 아니라 '비

---

14) 대판 2003. 12. 26, 2001 도 1863.

15) "판결요지: [다수의견] (가) 업무방해죄는 위계 또는 위력으로써 사람의 업무를 방해한 경우에 성립하며(형법 제314조 제1항), '위력'이란 사람의 자유의사를 제압·혼란케 할 만한 일체의 세력을 말한다. 쟁의행위로서 파업(노동조합 및 노동관계조정법 제2조 제6호)도, 단순히 근로계약에 따른 노무의 제공을 거부하는 부작위에 그치지 아니하고 이를 넘어서 사용자에게 압력을 가하여 근로자의 주장을 관철하고자 집단적으로 노무제공을 중단하는 실력행사이므로, 업무방해죄에서 말하는 위력에 해당하는 요소를 포함하고 있다.
(나) 근로자는 원칙적으로 헌법상 보장된 기본권으로서 근로조건 향상을 위한 자주적인 단결권·단체교섭권 및 단체행동권을 가지므로(헌법 제33조 제1항), 쟁의행위로서 파업이 언제나 업무방해죄에 해당하는 것으로 볼 것은 아니고, 전후 사정과 경위 등에 비추어 사용자가 예측할 수 없는 시기에 전격적으로 이루어져 사용자의 사업운영에 심대한 혼란 내지 막대한 손해를 초래하는 등으로 사용자의 사업계속에 관한 자유의사가 제압·혼란될 수 있다고 평가할 수 있는 경우에 비로소 집단적 노무제공의 거부가 위력에 해당하여 업무방해죄가 성립한다고 보는 것이 타당하다.
(다) 이와 달리, 근로자들이 집단적으로 근로의 제공을 거부하여 사용자의 정상적인 업무운영을 저해하고 손해를 발생하게 한 행위가 당연히 위력에 해당하는 것을 전제로 노동관계 법령에 따른 정당한 쟁의행위로서 위법성이 조각되는 경우가 아닌 한 업무방해죄를 구성한다는 취지로 판시한 대법원 1991. 4. 23. 선고 90도2771 판결, 대법원 1991. 11. 8. 선고 91도326 판결, 대법원 2004. 5. 27. 선고 2004도689 판결, 대법원 2006. 5. 12. 선고 2002도3450 판결, 대법원 2006. 5. 25. 선고 2002도5577 판결 등은 이 판결의 견해에 배치되는 범위 내에서 변경한다"(대판 2011. 3. 17, 2007 도 482 – 전원합의체. 소위 '철도노조파업사건').

16) "판결요지: 대부업체 직원이 대출금을 회수하기 위하여 소액의 지연이자를 문제삼아 법적 조치를 거론하면서 소규모 간판업자인 채무자의 휴대전화로 수백 회에 이르는 전화공세를 한 것이 사회통념상 허용한도를 벗어난 채권추심행위로서 채무자의 간판업 업무가 방해되는 결과를 초래할 위험이 있었다고 보아 업무방해죄를 구성한다"(대판 2005. 5. 27, 2004 도 8447).

17) 소비자불매운동의 일환으로 행해진 압박이 '위력'에 의한 업무방해죄를 구성한다고 한 대법원판결이 있다. 이 판결은 '인터넷카페의 운영진인 피고인들이 카페 회원들과 공모하여, 특정 신문들에 광고를 게재하는 광고주들에게 불매운동의 일환으로 지속적·집단적으로 항의전화를 하거나 항의글을 게시하는 등의 방법으로 광고 중단을 압박함으로써 위력으로 광고주들 및 신문사들의 업무를 방해하였다는 내용으로 기소된 사안에서, 피고인들의 행위가 광고주들에 대하여는 업무방해죄의 위력에 해당하지만, 신문사들에 대하여는 직접적인 위력의 행사가 있었다고 보기에 부족하다고 본 사례'이다(대판 2013. 3. 14, 2010 도 410 참조).

18) "판결요지: 업무방해죄에 있어서의 '업무'라 함은 사람이 그 사회생활상의 지위에 기하여 계속적으로 종사하는 사무나 사업을 의미하는 것으로서, 주된 업무뿐만 아니라 이와 밀접 불가분한 관계에 있는 부수적인 업무도 포함되는 것이지만, 계속하여 행하는 사무가 아닌 공장의 이전과 같은 일회적인 사무는 업무방해죄의 객체가 되는 '업무'에 해당되지 않는다"(대판 1989. 9. 12, 88 도 1752). "판결요지: 건물 임대인이 구청장의 조경공사 촉구지시에 따라 임대 건물 앞에서 1회적인 조경공사를 하는 데 불과한 경우에는 업무방해죄의 보호대상이 되는 '업무'에 해당되지 않는다"(대판 1993. 2. 9, 92 도 2929). "형법상 업무방해죄의 보호대상이 되는 '업무'라 함은

경제적' 업무도 포함된다. 보수의 유무는 불문한다. 예컨대 무보수의 강의 등 학
문적 업무, 성직자의 설교 등 종교적 업무, 공연 등 문화·예술적 업무도 여기
에 포함된다. 직업으로 하는 업무 이외에 취미·오락으로 하는 부수적 업무도 포
함된다고 본다.[19]

　업무방해죄에서의 업무는 '보호법익'으로서의 업무이다. ① 본죄의 업무는 보
호법익으로서의 업무이므로 '사회생활상 용인되는 업무'일 것을 요한다.[20] [21] 반드

直업 기타 사회생활상의 지위에 기하여 계속적으로 종사하는 사무 또는 사업을 말하는 것인데,
주주로서 주주총회에서 의결권 등을 행사하는 것은 주식의 보유자로서 그 자격에서 권리를 행사
하는 것에 불과할 뿐 그것이 '직업 기타 사회생활상의 지위에 기하여 계속적으로 종사하는 사무
또는 사업'에 해당한다고 할 수 없으므로, 피고인이 제1심 판시와 같은 행위를 하였다고 하더라
도 주주로서의 권리행사를 방해한 것에 해당하는지 여부는 별론으로 하고 주주들의 업무를 방해
하였다고는 볼 수 없다"(대판 2004. 10. 28, 2004 도 1256). "초등학생들이 학교에 등교하여 교실
에서 수업을 듣는 것은 헌법 제31조가 정하고 있는 무상으로 초등교육을 받을 권리 및 초·중등
교육법 제12조, 제13조가 정하고 있는 국가의 의무교육 실시의무와 부모들의 취학의무 등에 기
하여 학생들 본인의 권리를 행사하는 것이거나 국가 내지 부모들의 의무를 이행하는 것에 불과
할 뿐 그것이 '직업 기타 사회생활상의 지위에 기하여 계속적으로 종사하는 사무 또는 사업'에
해당한다고 할 수 없으므로, 피고인이 원심 판시와 같은 행위를 하였다고 하더라도 학생들의 권
리행사나 국가 내지 부모들의 의무이행을 방해한 것에 해당하는지 여부는 별론으로 하고 학생들
의 업무를 방해하였다고 볼 수는 없다"(대판 2013. 6. 14, 2013 도 3829). "회사가 사업장의 이전
을 계획하고 그 이전을 전후하여 사업을 중단없이 영위할 목적으로 이전에 따른 사업의 지속적
인 수행방안, 새 사업장의 신축 및 가동개시와 구 사업장의 폐쇄 및 가동중단 등에 관한 일련의
경영상 계획의 일환으로서 시간적·절차적으로 일정기간의 소요가 예상되는 사업장 이전을 추
진·실시하는 행위는 그 자체로서 일정기간 계속성을 지닌 업무의 성격을 지니고 있을 뿐만 아
니라, 회사의 본래 업무인 목적사업의 경영과 밀접불가분의 관계에서 그에 수반하여 이루어지는
것으로 볼 수 있으므로, 이 점에서도 업무방해죄에 의한 보호의 대상이 되는 '업무'에 해당한다"
(대판 2005. 4. 15, 2004 도 8701).
　19) '오락'으로 하는 업무는 형법상 보호할 가치가 없다고 하여 본죄의 업무에서 제외하는 견
해로는 김성돈, 209면; 김/서, 214면; 이재상, 209면.
　20) "형법상 업무방해죄의 보호대상이 되는 '업무'라고 함은 직업 또는 계속적으로 종사하는 사
무나 사업으로서 타인의 위법한 침해로부터 형법상 보호할 가치가 있는 것이어야 하므로, 어떤
사무나 활동 자체가 위법의 정도가 중하여 사회생활상 도저히 용인될 수 없는 정도로 반사회성을
띠는 경우에는 업무방해죄의 보호대상이 되는 '업무'에 해당한다고 볼 수 없다.…의료인이나 의료
법인이 아닌 자의 의료기관개설행위는 의료법에 의하여 금지된 행위로서 형사처벌의 대상이 되
는 범죄행위에 해당할 뿐 아니라, 의료인이나 의료법인이 아닌 자가 의료기관을 개설하여 운영하
는 행위는 거기에 따를 수 있는 국민보건상의 위험성에 비추어 사회통념상으로 도저히 용인될 수
없다고 할 것이다. 따라서 의료인이나 의료법인이 아닌 자가 의료기관을 개설하여 운영하는 행위
는 그 위법의 정도가 중하여 사회생활상 도저히 용인될 수 없는 정도로 반사회성을 띠고 있으므
로 업무방해죄의 보호대상이 되는 '업무'에 해당하지 않는다"(대판 2001. 11. 30, 2001 도 2015).
　21) 성매매알선 등 행위를 필연적으로 수반하는 '성매매업소 운영업무'가 업무방해죄의 보호대
상인 '업무'에 해당하지 않는다는 것이 판례이다. "구 성매매알선 등 행위의 처벌에 관한 법률
(2010. 4. 15. 법률 제10261호로 개정되기 전의 것, 이하 '법'이라 한다)은 제2조 제1항 제2호에서
성매매알선 등 행위에 해당하는 행위로 '성매매를 알선·권유·유인 또는 강요하는 행위', '성매

시 적법한 업무일 필요는 없다.[22] 예컨대 무허가의 포장마차영업이라고 하더라도 사실상 평온하게 영위되어 사회생활상 용인되고 있으면, 업무방해죄의 보호대상이 된다. ② 본죄의 업무는 업무상과실치사상죄($\frac{제268}{조}$)에서의 업무와 달리 생명·신체에 대하여 위험성있는 업무에 국한되지는 않는다.

(나) 공무의 포함 여부   본죄의 업무에 공무가 포함된다고 볼 것인가 또는 공무를 제외한 사무(私務)에 국한된다고 볼 것인가가 해석상 문제되고 있다. 이에 관하여는 ① 본죄의 업무에 공무가 포함되지 않는다는 견해(부정설),[23] ② 원칙적으로 공무가 포함되지 않지만 비공무원에 의한 공무수행이나 비권력적 공무수행 또는 위력에 의한 공무집행방해의 경우에는 공무도 포함된다는 견해,[24] ③ 원칙적으로 공무가 포함되지 않지만 위력에 의한 공무집행방해의 경우에만 공무가 포함된다는 견해[25] 등이 대립하고 있다. 그러나 ④ 공무원이 공무집행 중임에도 불구하고 행위자가 공무원의 공무임을 인식하지 못하고 단순히 업무방해의 고의를 가지고 방해행위를 했을 경우(착오의 경우)에 공무집행방해죄의 '고의'가 없으므로 공무집행방해죄는 성립하지 않는다고 하더라도 업무방해죄의 성립은 긍정해야 할 것이므로, 본죄의 업무에 공무를 전면적으로 포함시키는 '긍정설'이 타당하다.[26] 그렇다면 공무집행방해죄($\frac{제136조,}{제137조}$)와 업무방해죄는 법조경합 중 특별법과 일반법의 관계에 있다고 본다. 공무집행방해죄에서는 제314조 제2항의 컴퓨터업무방해죄에 대응하는 규정이 마련되지 못했으므로, 정보처리에 장애를 야기하여 '공무'집행을 방해한 때에는 제314조 제2항에 의하여

매의 장소를 제공하는 행위' 등을 규정하고, 그 제4조 제2호 및 제4호에서는 성매매알선행위와 성을 파는 행위를 하게 할 목적으로 타인을 고용·모집하는 행위를 금지하고, 이에 위반하여 성매매알선 등 행위를 한 자 및 그 미수범을 형사처벌하도록 규정하고 있으므로(법 제19조 제1항 제1호, 제19조 제2항 제1호, 제23조 등 참조), 성매매알선 등 행위는 법에 의하여 원천적으로 금지된 행위로서 형사처벌의 대상이 되는 중대한 범죄행위일 뿐 아니라 정의관념상 용인될 수 없는 정도로 반사회성을 띠는 경우에 해당하므로, 이는 업무방해죄의 보호대상이 되는 업무라고 볼 수 없다"(대판 2011. 10. 13, 2011 도 7081).

22) "업무방해죄에 있어서 그 보호대상이 되는 '업무'라 함은 직업 또는 계속적으로 종사하는 사무나 사업을 말하는 것으로서, 타인의 위법한 행위에 의한 침해로부터 보호할 가치가 있는 것이면 되고, 그 업무의 기초가 된 계약 또는 행정행위 등이 반드시 적법하여야 하는 것은 아니다"(대판 1991. 6. 28, 91 도 944. 同旨, 대판 2020. 11. 12, 2016 도 8627).

23) 권오걸, 286면; 김성돈, 211면; 김성천, 753면; 김종원, 168면; 박상기, 207면; 배종대, 307면; 백형구, 366면; 손동권, 216면; 오영근, 239-40면; 이재상, 211면; 진/이, 251면.

24) 정/박, 221면; 황산덕, 241면.

25) 김/서, 215면; 이형국, 270면; 정영일, 202면.

26) 본죄의 업무에 공무가 포함된다는 긍정설은 정영석, 293면.

처벌할 수 있어야 할 것이다. 즉 제314조 제2항에서의 '업무'에는 '공무'가 포함된다고 해석해야 한다. 이러한 체계해석의 관점에서도 긍정설이 타당하다. 판례는 부정설의 입장이다.[27]

(4) 업무방해

'업무를 방해'한다고 함은 업무가 현실적으로 방해될 필요는 없고, 업무가 방해될 위험이 있음으로써 족하다(추상적 위험범).[28] 방해받을 업무의 주체는 자연인 이외에 법인 기타 법인격없는 단체를 포함한다.

3. 위 법 성

헌법 제33조 제1항에 의하여 보장되고 '노동조합 및 노동관계조정법'에 의하여 행해지는 '노동쟁의행위'는 '업무방해죄'의 구성요건에 해당하더라도 정당행위로서 위법성이 조각된다(동법제4조).[29]

피해자의 승낙에 의한 업무방해,[30] 자구행위 또는 정당방위로서의 업무방

---

27) "업무방해죄와 공무집행방해죄는 그 보호법익과 보호대상이 상이할 뿐만 아니라 업무방해죄의 행위유형에 비하여 공무집행방해죄의 행위유형은 보다 제한되어 있다. 즉 공무집행방해죄는 폭행, 협박에 이른 경우를 구성요건으로 삼고 있을 뿐, 이에 이르지 아니하는 위력 등에 의한 경우는 그 구성요건의 대상으로 삼고 있지 않다. 또한 형법은 공무집행방해죄 외에도 직무강요죄(제136조 제2항), 법정 또는 국회회의장모욕죄(제138조), 인권옹호직무방해죄(제139조), 공무상 비밀표시무효죄(제140조), 부동산강제집행효용침해죄(제140조의 2), 공용서류 등 무효죄(제141조 제1항), 공용물파괴죄(제141조 제2항), 공무상 보관물무효죄(제142조) 및 특수공무방해죄(제144조) 등과 같이 여러 가지 유형의 공무방해행위를 처벌하는 규정을 개별적·구체적으로 마련하여 두고 있으므로, 이러한 처벌조항 이외에 공무의 집행을 업무방해죄에 의하여 보호받도록 하여야 할 현실적 필요가 적다는 측면도 있다. 그러므로 형법이 업무방해죄와는 별도로 공무집행방해죄를 규정하고 있는 것은 사적 업무와 공무를 구별하여 공무에 관해서는 공무원에 대한 폭행, 협박 또는 위계의 방법으로 그 집행을 방해하는 경우에 한하여 처벌하겠다는 취지라고 보아야 할 것이고, 따라서 공무원이 직무상 수행하는 공무를 방해하는 행위에 대해서는 업무방해죄로 의율할 수는 없다고 해석함이 상당하다. 이와 달리 대법원 1996. 1. 26. 선고 95 도 1959 판결, 대법원 2003. 3. 14. 선고 2002 도 5883 판결 등에서 위력을 행사하여 공무원들의 정상적인 업무수행을 방해하거나 업무방해의 결과를 초래한 경우에는 업무방해죄가 성립한다고 판시한 의견은 이 판결로써 변경하기로 한다"(**대판** 2009. 11. 19, 2009 도 4166 – 전원합의체).

28) "업무방해죄의 성립에 있어서는 업무방해의 결과가 실제로 발생함을 요하는 것은 아니고 업무방해의 결과를 초래할 위험이 발생하면 충분하다 할 것이나, 결과발생의 염려가 없는 경우에는 본죄가 성립하지 않는다"(**대판** 2007. 4. 27, 2006 도 9028).

29) 노동쟁의행위는 그 '목적'이 근로조건의 유지·개선과 근로자의 경제적·사회적 지위의 향상에 있어야 하며(노동조합 및 노동관계조정법 제4조 본문), 파업·태업·직장폐쇄 등 '노동조합 및 노동관계조정법'에 규정된 '수단'만이 허용(제2조 제6호)되고, 폭력이나 파괴행위는 금지된다(제4조 단서). 노동쟁의행위가 형법상 정당행위가 되기 위한 '요건'에 관해서는 **대판** 2001. 10. 25, 99 도 4837 – 전원합의체(총론, 233-4면)를 참조.

30) "피고인의 업무방해에 관하여 보건대,…피고인에 대하여 다액의 채무를 부담하고 있던 동녀

해[31] 등도 위법성이 조각된다.

4. 형 벌

5년 이하의 징역 또는 1천500만원 이하의 벌금에 처한다.

Ⅲ. 컴퓨터 등 업무방해죄

<u>제314조 제2항</u> "컴퓨터 등 정보처리장치 또는 전자기록 등 특수매체기록을 손괴하거나 정보처리장치에 허위의 정보 또는 부정한 명령을 입력하거나 기타 방법으로 정보처리에 장애를 발생하게 하여 사람의 업무를 방해한 자도 제1항의 형과 같다.

1. 의의, 입법취지, 보호법익

본죄는 "컴퓨터 등 정보처리장치 또는 전자기록 등 특수매체기록을 손괴하거나 정보처리장치에 허위의 정보 또는 부정한 명령을 입력하거나 기타 방법으로 정보처리에 장애를 발생하게 하여 사람의 업무를 방해함으로써 성립하는 범죄"이다.

컴퓨터업무방해죄는 1995년 형법개정에서 신설된 범죄이다. 제314조 제2항은 컴퓨터의 대량보급과 생활화에 따라 컴퓨터에 대한 가해행위를 수단으로 한 업무방해가 등장하면서, 이를 업무방해죄로 처벌할 수 있도록 하는 동시에 그 구성요건을 명확히 하기 위한 입법취지에서 마련된 조항이다.[32]

컴퓨터업무방해죄의 보호법익은 '사람의 업무'이고, 보호의 정도는 '추상적 위험범'이다. 또 컴퓨터업무방해죄는 "정보처리에 장애를 발생하게" 할 것을 필요로 하는 '결과범'이면서, 업무라고 하는 법익에 대하여 침해의 위험이 있음으로써 족한 '추상적 위험범'에 속한다.

로서는 채권확보를 위한 피고인의 요구를 거절할 수 없었기 때문에 피고인이 계주의 업무를 대행하는 데 대하여 이를 승인 내지 묵인한 사실이 인정되니 그렇다면 피고인의 소위는 이른바 위 조 ○○의 승낙이 있었던 것으로서 그 위법성이 조각되는 경우라 할 것"(대판 1983. 2. 8, 82 도 2486).

31) "판결요지: 피고인이 점유·경작하고 있는 논에 그 논의 소유권을 취득하였다는 이유로 적법한 절차에 의한 인도를 받지 아니한 채 묘판을 설치하려고 하자, 피고인이 그 묘판을 헐물어뜨린 행위는 피고인의 점유에 대한 부당한 침탈 또는 방해행위의 배제를 위한 행위이므로, 이를 업무방해라고 할 수 없다"(대판 1980. 9. 9, 79 도 249).

32) 형법개정법률안 제안이유서, 171면.

2. 행위의 객체

행위의 객체는 컴퓨터 등 정보처리장치 또는 전자기록 등 특수매체기록이다. '컴퓨터 등 정보처리장치'란 자동적으로 계산이나 데이터의 처리를 할 수 있는 전자장치로서, 컴퓨터시스템을 말한다. 또한 정보처리장치는 정보의 보존·검색 등 정보처리능력을 '독자적으로' 갖고 있는 것을 의미한다. 독자적인 정보처리능력을 갖고 있지 못한 자동판매기, 자동개찰기, 휴대용 계산기는 본죄의 객체가 되지 않는다.[33] 정보처리장치에 hard ware 이외에 soft ware를 포함한다는 견해가[34] 있으나, soft ware는 정보처리장치가 아니라 전자기록에 해당한다고 보아야 한다.[35]

'특수매체기록'이란 전자기록, 전기적 기록, 광기술을 이용한 기록을 말하고, 컴퓨터 등 정보처리장치에 사용되는 기록에 국한된다. 특수매체기록이란 수록된 정보뿐만 아니라 정보를 수록하고 있는 매체를 포함한다. 예컨대 컴퓨터 디스켓, USB Flash Drive, CD-Rom, 마이크로필름, 녹화필름 등이다.

그리고 행위의 객체가 사무(私務) 이외에 공무(公務)에 사용되는 경우, 즉 관공서에서 사용되는 경우를 포함한다(답^수).[36]

3. 실행행위

컴퓨터업무방해죄의 실행행위는 ① 컴퓨터 등 정보처리장치 또는 전자기록 등 특수매체기록을 손괴하거나, ② 정보처리장치에 허위의 정보 또는 부정한 명령을 입력하거나, ③ 기타 방법으로, ④ 정보처리에 장애를 발생하게 하는 것이다. 이러한 행위태양은 '정보통신망 이용촉진 및 정보보호 등에 관한 법률'(약칭: 정보통신망법)에 의하여도 처벌된다.[37]

---

33) 김성돈, 217면; 박상기, 213면; 백형구, 369면; 손동권, 224면; 오영근, 249면; 이재상, 216면; 정영일, 210면.

34) 권오걸, 299면; 김/서, 220면; 배종대, 315면; 손동권, 224면; 정영일, 210면.

35) 김성돈, 217면; 박상기, 213면; 오영근, 249면; 정/박, 226면.

36) 김/서, 220-1면; 박상기, 213면; 백형구, 369면; 손동권, 224면; 이재상, 216면; 정/박, 227면; 정영일, 210면.

37) '정보통신망이용촉진 및 정보보호 등에 관한 법률'

＊제48조 [정보통신망 침해행위 등의 금지] ① 누구든지 정당한 접근권한 없이 또는 허용된 접근권한을 넘어 정보통신망에 침입하여서는 아니된다.

② 누구든지 정당한 사유 없이 정보통신시스템, 데이터 또는 프로그램 등을 훼손·멸실·변

컴퓨터 등 정보처리장치 또는 전자기록 등 특수매체기록을 '손괴'한다는 것은 물리적 손괴 이외에 특수매체기록을 소거·삭제하는 경우를 포함한다. 정보처리장치에 '허위의 정보 또는 부정한 명령을 입력'한다는 것은 진실에 반하는 정보를 입력하거나 주어서는 안될 명령을 입력(예: 컴퓨터바이러스의 입력)하는 행위를 말한다. '기타 방법'이라 함은 컴퓨터작동에 나쁜 영향을 주는 일체의 행위를 말한다. 예컨대 전원의 절단, 고온상태의 조성과 같은 컴퓨터 작동환경의 훼손, 처리가 불가능한 대량정보의 입력 등이다.

이상의 행위방법에 의하여 '정보처리에 장애를 발생'하게 해야 한다(결과범).[38] 정보처리에 장애가 발생한다고 함은 정보처리장치가 정상적인 기능을 수행하지 못하게 됨을 의미한다. 정보처리에 장애가 발생하지 않으면 본죄의 미수가 된다. 본죄의 미수범은 처벌하지 않는다.

4. 업무방해

상술한 행위로 업무를 방해해야 한다. 본죄의 업무에는 공무가 포함된다(다수설). 업무를 방해한다는 것은 업무가 현실적으로 방해될 필요는 없고, 업무가 방해될 위험이 있음으로써 족하다(추상적 위험범).

경·위조하거나 그 운용을 방해할 수 있는 프로그램(이하 "악성프로그램"이라 한다)을 전달 또는 유포하여서는 아니된다.

③ 누구든지 정보통신망의 안정적 운영을 방해할 목적으로 대량의 신호 또는 데이터를 보내거나 부정한 명령을 처리하도록 하는 등의 방법으로 정보통신망에 장애를 발생하게 하여서는 아니된다.

④ 누구든지 정당한 사유 없이 정보통신망의 정상적인 보호·인증 절차를 우회하여 정보통신망에 접근할 수 있도록 하는 프로그램이나 기술적 장치 등을 정보통신망 또는 이와 관련된 정보시스템에 설치하거나 이를 전달·유포하여서는 아니된다.

* 제70조의2 [벌칙] 제48조 제2항을 위반하여 악성프로그램을 전달 또는 유포하는 자는 7년 이하의 징역 또는 7천만원 이하의 벌금에 처한다.

* 제71조 [벌칙] 다음 각호의 어느 하나에 해당하는 자는 5년 이하의 징역 또는 5천만원 이하의 벌금에 처한다.

9. 제23조의5제1항을 위반하여 연계정보를 생성·처리한 자
10. 제23조의5제4항에 따른 목적 범위를 넘어서 연계정보를 처리한 자
11. 제48조제1항을 위반하여 정보통신망에 침입한 자
12. 제48조제3항을 위반하여 정보통신망에 장애가 발생하게 한 자
13. 제48조제4항을 위반하여 프로그램이나 기술적 장치 등을 정보통신망 또는 이와 관련된 정보시스템에 설치하거나 이를 전달·유포한 자
14. 제49조를 위반하여 타인의 정보를 훼손하거나 타인의 비밀을 침해·도용 또는 누설한 자

38) 대판 2022. 5. 12, 2021 도 1533; 2010. 9. 30, 2009 도 12238; 2004. 7. 9, 2002 도 631.

5. 죄   수

컴퓨터업무방해죄와 업무방해죄는 법조경합 중 특별법과 일반법의 관계에 있다.

컴퓨터나 특수매체기록을 손괴하여 업무를 방해하면, 본죄만이 성립하고 손괴죄는 전자에 흡수된다(법조경합의 관계).[39]

Ⅳ. 경매·입찰방해죄

제315조 [경매, 입찰의 방해] "위계 또는 위력 기타 방법으로 경매 또는 입찰의 공정을 해한 자는 2년 이하의 징역 또는 700만원 이하의 벌금에 처한다."

1. 의의, 보호법익

본죄는 "위계 또는 위력 기타 방법으로 경매 또는 입찰의 공정을 해함으로써 성립하는 범죄"이다. 보호법익은 '경매 또는 입찰의 공정성'이고, 보호의 정도는 '추상적 위험범'이다.

2. 구성요건

본죄의 구성요건은 위계 또는 위력 기타 방법으로 경매 또는 입찰의 공정을 방해하는 것이다. '위계' 또는 '위력'의 개념은 신용훼손죄 및 업무방해죄에서와 같다.

'경매'란 매도인 측에서 다수인으로부터 구두로 청약을 받고 최고가격을 제시하는 청약자에게 승낙(경락)을 함으로써 성립하는 형식의 매매를 말한다. '입찰'이란 경쟁계약에 참가한 다수인으로 하여금 문서로 계약의 내용을 제시하게 하여 가장 유리한 청약을 한 자와 계약을 체결(낙찰)하는 형식의 매매를 말한다. 국가·공공단체가 행하는 경매·입찰뿐만 아니라 사인(私人)이 행하는 경매·입찰도 포함된다.

'경매 또는 입찰의 공정을 방해'한다는 것은 적정한 가격을 형성하는 공정한

---

39) 권오걸, 301면; 김성돈, 219면; 김/서, 224면; 박상기, 215면; 배종대, 316면; 백형구, 370면; 오영근, 251면; 정/박, 229면; 정영일, 212면; 진/이, 260면. 이에 대하여 손괴죄와 컴퓨터업무방해죄의 상상적 경합이 된다는 견해도 있다(김성천, 755면; 이재상, 217면).

자유경쟁이 방해될 위험성있는 상태를 발생시키는 것을 말한다. '적정한' 가격
이란 객관적으로 산정한 결과 도출된 가격의 적정성이 아니라, 경매·입찰의
자유로운 진행과정에서 얻어지는 가격의 적정성을 의미한다.[40] 경매 또는 입
찰의 공정을 방해한다는 것은 경매·입찰의 공정이 현실적으로 침해될 필요
는 없고, 방해될 위험이 있음으로써 족하다(추상적 위험범).[41]

3. 담합행위와 위법성

'담합행위'란 경매나 입찰에 참가하는 자들끼리 특정한 자로 하여금 낙찰
또는 경락을 받게 하거나 일정한 가격에 낙찰 또는 경락이 되도록 하기 위하
여 다른 참가자들은 일정한 가격 이상 또는 이하로 입찰 내지 호가(呼價)하지
않도록 사전에 협정하는 것을 말한다. 공정한 가격형성을 저지하거나 부당한
이익을 취할 목적으로 행해진 담합행위는 위계에 의한 경매방해행위 또는 입
찰방해행위로서 경매·입찰방해죄의 구성요건해당성이 있다.[42] 입찰자들 상
호간에 특정업체가 낙찰받기로 하는 담합이 이루어진 상태에서 일부 입찰자
가 자신이 낙찰받기 위하여 담합을 파기하고 당초의 합의에 따르지 아니한 채
낙찰받기로 한 특정업체보다 저가로 입찰한 행위도 입찰방해죄에 해당한다.[43]

담합행위가 '무모한 출혈경쟁을 방지할 목적으로 상거래질서에 비추어 상당한 수
단인 경우'에는 사회상규에 위배되지 아니하는 행위($제20조$)로서 위법성이 조각된다고

---

40) 김/서, 224면; 박상기, 215면; 배종대, 317면; 오영근, 252면; 유기천, 상권, 179면; 이재상,
218면; 이형국, 277면; 정/박, 230면; 정영일, 215면.

41) "입찰방해죄는 위태범으로서 결과의 불공정이 현실적으로 나타나는 것을 요하는 것이 아
니며, 그 행위에는 가격을 결정하는 데 있어서 뿐 아니라 적법하고 공정한 경쟁방법을 해하는 행
위도 포함되므로, 그 행위가 설사 동업자 사이의 무모한 출혈경쟁을 방지하기 위한 수단에 불과
하여 입찰가격에 있어 입찰실시자의 이익을 해하거나 입찰자에게 부당한 이익을 얻게 하는 것이
아니었다 하더라도, 실질적으로는 단독입찰을 하면서 경쟁입찰인 것 같이 가장하였다면, 그 입찰
가격으로서 낙찰하게 한 점에서 경쟁입찰의 방법을 해한 것이 되어 입찰의 공정을 해한 것으로
되었다 할 것"(대판 1994. 11. 8, 94 도 2142. 同旨, 대판 1988. 3. 8, 87 도 2646).

42) 담합행위에 있어서 경매·입찰방해죄의 '기수'시기는 '담합이 이루어진 때'이고, 담합금의 수
수·입찰·낙찰·경락의 시점이 아니다(김성돈, 222면; 김/서, 226면; 이재상, 219면; 이정원, 240면).

43) "입찰자들 상호간에 특정업체가 낙찰받기로 하는 담합이 이루어진 상태에서 그 특정업체
를 포함한 다른 입찰자들은 당초의 합의에 따라 입찰에 참가하였으나 일부 입찰자는 자신이 낙
찰받기 위하여 당초의 합의에 따르지 아니한 채 오히려 낙찰받기로 한 특정업체보다 저가로 입
찰하였다면, 이러한 일부 입찰자의 행위는 위와 같은 담합을 이용하여 낙찰을 받은 것이라는 점
에서 적법하고 공정한 경쟁방법을 해한 것이 되고, 따라서 이러한 일부 입찰자의 행위 역시 입찰
방해죄에 해당한다"(대판 2010. 10. 14, 2010 도 4940).

본다. 무모한 출혈경쟁을 방지할 목적으로 거래통념상 인정되는 범위 내에서의 사전협정행위는 처음부터 담합행위가 아니라는 견해도 있다.[44] 대법원은 무모한 경쟁을 방지할 목적으로 한 담합은 입찰의 공정을 해하는 행위가 아니라는 이유로 입찰방해죄의 성립을 부정한다.[45]

---

44) 박상기, 217면; 배종대, 318면; 이정원, 241면; 정/박, 231-2면.
45) "담합의 목적이 세탁물 단가 가격을 올려 주문자의 이익을 해하려는 것이 아니고, 주문자의 예정가격 내에서 무모한 경쟁을 방지하려고 함에 있다고 보아야 할 것이고, 이러한 경우에 담합자끼리 금품의 수수가 있었다고 하더라도 입찰 자체에 공정을 해하였다고는 볼 수 없다고 할 것"(대판 1970. 4. 21, 70 도 2241. 同旨, 대판 1994. 11. 8, 94 도 2142; 1969. 7. 22, 65 도 1166).

제14장 비밀침해의 죄

제1절 개 설

I. 의의, 보호법익

  개인의 사생활, 즉 privacy를[1] 침해하는 형법상의 범죄로는 비밀침해죄와 주거침입죄가 있다. 비밀침해죄는 개인의 사생활에서의 비밀을 침해하는 것을 내용으로 하는 범죄이고, 주거침입죄는 개인의 사생활에서의 주거의 평온을 해하는 것을 내용으로 하는 범죄이다. '사생활'은 인간이 '개인적 존재'로서 존엄과 가치를 누리기 위하여 국가나 타인으로부터 부당하게 침해되어서는 안될 은밀한 영역이다. 그리고 '나만의 개인적 생활영역'을 토양으로 해서 자아형성과 자아실현이 전개된다. 개인주의 · 자유주의를 신봉하는 사회에서 사생활을 보호해야 하는 이유가 바로 여기에 있다.

  헌법 제17조는 "모든 국민은 사생활의 비밀과 자유를 침해받지 아니한다"라고 하고, 제18조에서는 "모든 국민은 통신의 비밀을 침해받지 아니한다"라고 규정함으로써, '사생활의 비밀과 통신의 비밀'을 자유권적 기본권의 하나로 보호하고자 한다. 이러한 헌법상의 기본권을 형법상으로 구현하기 위하여 마련된 것이 제35장의 비밀침해죄이다. 비밀침해죄의 보호법익은 당연히 '개인의 비밀'이다. 보호의 정도는 원칙적으로 '추상적 위험범'이다.

---

  1) 'privacy'는 개인이 자신의 생활영역에 대하여 국가 또는 타인으로부터 행해지는 부당한 간섭을 배제할 수 있는 권리이다. 소극적 자유권으로서의 성격과 자연인인 개인에게만 인정되는 특성을 갖는다.

II. 비밀침해의 죄의 체계

비밀침해의 죄는 비밀침해죄(제316조 제1항)와 업무상비밀누설죄(제317조)가 각각 독립된 범죄유형을 이루고 있다. 그리고 1995년의 형법개정에서는 제316조 제2항을 신설하여, ① 행위의 객체에 '전자기록 등 특수매체기록'을 추가하였고, ② 행위방법에 있어서도 개봉 이외에 '기술적 수단'을 이용하여 알아낸 행위를 추가하였다. 비밀침해죄와 업무상비밀누설죄는 친고죄이다(제318조). 제316조와 제317조의 죄에 대한 미수범 처벌규정은 없다.

그리고 대화비밀침해죄·통신비밀침해죄 및 대화·통신비밀누설죄는 '통신비밀보호법' 제16조에 규정되어 있고, 영업비밀누설죄는 '부정경쟁방지 및 영업비밀보호에 관한 법률'(약칭: 부정경쟁방지법) 제18조에 규정되어 있다. 부정경쟁방지법 제18조의2는 영업비밀누설죄의 미수범을 처벌하며, 제18조의3은 그 예비·음모를 처벌한다. 이 법률은 고의의 영업비밀침해행위에 대하여 징벌적 손해배상제도를 도입하고 있다(2019. 1. 8. 개정에서 제14조의2 제6항과 제7항을 신설함).

유선전화 통신의 비밀을 침해하거나 누설한 때에는 '전기통신사업법' 제94-95조에 의하여 처벌된다.[2]

정보통신망에 의하여 처리·보관·전송되는 타인의 비밀을 침해·누설한 때에는 '정보통신망 이용촉진 및 정보보호 등에 관한 법률'(약칭: 정보통신망법) 제71조 제14호에 의하여 처벌된다.[3] 동법 제71조 제14호는 형법 제316조

---

2) '전기통신사업법'
 * 제83조 [통신비밀의 보호] ① 누구든지 전기통신사업자가 취급 중에 있는 통신의 비밀을 침해하거나 누설하여서는 아니된다.
 ② 전기통신업무에 종사하는 자 또는 종사하였던 자는 그 재직 중에 통신에 관하여 알게 된 타인의 비밀을 누설하여서는 아니된다.
 * 제95조 [벌칙] 다음 각 호의 어느 하나에 해당하는 자는 3년 이하의 징역 또는 1억5천만원 이하의 벌금에 처한다.
 7. 제83조 제1항을 위반하여 전기통신사업자가 취급 중에 있는 통신의 비밀을 침해하거나 누설한 자.
 * 제94조 [벌칙] 다음 각 호의 어느 하나에 해당하는 자는 5년 이하의 징역 또는 2억원 이하의 벌금에 처한다.
 2. 제83조 제2항을 위반하여 재직 중에 통신에 관하여 알게 된 타인의 비밀을 누설한 자.
 3) '정보통신망 이용촉진 및 정보보호 등에 관한 법률'

제2항에 대하여 특별법의 지위에 있다.

제 **2** 절   개별적 범죄유형

Ⅰ. 비밀침해죄

제316조 [비밀침해] 제1항 "봉함 기타 비밀장치한 사람의 편지, 문서 또는 도화를 개봉한 자는 3년 이하의 징역이나 금고 또는 500만원 이하의 벌금에 처한다."
제2항 "봉함 기타 비밀장치한 사람의 편지, 문서, 도화 또는 전자기록 등 특수매체 기록을 기술적 수단을 이용하여 그 내용을 알아낸 자도 제1항의 형과 같다."
제318조 [고소] "본장의 죄는 고소가 있어야 공소를 제기할 수 있다."

1. 의의, 보호법익

비밀침해죄는 "봉함 기타 비밀장치한 사람의 편지·문서 또는 도화를 개봉하거나($^{제1}_{항}$), 봉함 기타 비밀장치한 사람의 편지·문서·도화 또는 전자기록 등 특수매체기록을 기술적 수단을 이용하여 그 내용을 알아냄으로써($^{제2}_{항}$) 성립하는 범죄"이다. 본죄의 보호법익은 '개인의 비밀'($^{헌법 제17조}_{및 제18조}$)이다. 비밀의 '주체'는 자연인 이외에 법인 기타 법인격없는 단체를 포함한다는 견해가 있으나,[4] 본죄가 개인의 사생활의 비밀을 보호하고자 한다는 점을 고려한다면, 자연인인 개인에 국한하는 견해가 타당하다고 본다.[5] 법인에게 온 편지는 법인의 기관인 자연인의 비밀로서 보호된다.

법익보호의 정도는 제1항의 경우에는 '추상적 위험범'이다. 제2항의 경우에는 침해범설과[6] 추상적 위험범설이[7] 대립한다. 제2항의 구성요건은 "그 내용을

---

* 제49조 [비밀 등의 보호] ① 누구든지 정보통신망에 의하여 처리·보관 또는 전송되는 타인의 정보를 훼손하거나 비밀을 침해·도용 또는 누설하여서는 아니된다.
* 제71조 [벌칙] 제14호 제49조를 위반하여 타인의 정보를 훼손하거나 타인의 비밀을 침해·도용 또는 누설한 자는 5년 이하의 징역 또는 5천만원 이하의 벌금에 처한다.
4) 김성천, 795면; 김/서, 230면; 백형구, 396면; 이재상, 224면; 이형국, 284면; 정/박, 236면; 정영일, 218면.
5) 권오걸, 308면; 김성돈, 227면; 박상기, 220-1면; 배종대, 321면 이하; 오영근, 258면; 진/이, 268면.
6) 권오걸, 307면; 김성돈, 227면; 김성천, 796면; 김/서, 231면; 백형구, 252면; 손동권, 237면; 이재상, 226면; 정/박, 238면; 정영일, 219면.

알아'낸' 자"로 되어 있으므로, 문언해석상 '침해범'으로 파악함이 타당하다고 본다. 본죄의 미수범 처벌규정은 없다.

2. 행위의 객체

제1항의 객체는 봉함 기타 비밀장치한 사람의 편지·문서·도화이다. 제1항의 객체는 '봉함 기타 비밀장치'된 것에 한한다. 따라서 우편엽서나 봉하지 않은 편지·사진은 비밀침해죄의 객체가 되지 않는다. '봉함 기타 비밀장치'란 그 내용파악을 불가능하게 하거나 어렵게 하기 위하여 외포(外包)를 해두거나 특별한 장치를 해둔 것을 말한다. '편지'란 특정인으로부터 특정인에게 의사를 전달하는 문서이다. '문서'란 편지 이외의 것으로서 문자 또는 부호에 의하여 의사가 표현된 물건이다. 문서죄의 경우와는 달리 증명적 기능을 갖고 있을 필요는 없다. 유언장, 일기장, 원고 등이 이에 속한다. '도화'란 사진·그림·도표 등 시각적 인식의 대상으로서 제작된 물건인데, 반드시 사람의 의사가 표현되어 있을 필요는 없다.[8]

제2항의 객체는 봉함 기타 비밀장치한 사람의 편지·문서·도화 또는 전자기록 등 특수매체기록이다. '전자기록 등 특수매체기록'이란 일정한 data에 관한 전기적 기록, 자기적 기록, 광학기록 등으로서 감각기관에 의하여 직접 지각할 수 없는 기록을 말한다. 컴퓨터하드디스크의 기록, 컴퓨터디스켓, CD-Rom, 녹화필름, 녹음테이프, 마이크로필름 등이 이에 속한다.

3. 실행행위

제1항의 행위는 개봉이다. '개봉'이란 봉함 기타 비밀장치를 해제하거나 무용(無用)으로 만들어서 편지·문서 또는 도화의 내용을 알아 볼 수 있는 상태에 두는 것을 말한다. 파손할 필요는 없다. 그러나 '투시'하여 내용을 알아내고자 하는 행위는 개봉에 해당하지 않고, 제2항의 구성요건에 해당한다.

제1항의 범죄는 내용을 알았을 것을 요하지 아니하는 '추상적 위험범'이다. 예컨대 편지를 개봉하였는데 외국어로 쓰여 있어서 해독하지 못한 경우에도

---

7) 박상기, 219면; 오영근, 258면; 이정원, 246면; 이형국, 286면.
8) 박상기, 221-2면; 오영근, 259면; 정영일, 220면. 이에 반하여 의사표현을 내용으로 하는 도화에 국한하는 견해로는 김성돈, 228면; 김성천, 796면; 김/서, 231면; 배종대, 323면; 이재상, 224면; 이형국, 285면; 정/박, 237면; 진/이, 269면.

개봉함으로써 본죄의 기수범이 된다.

제2항의 행위는 '기술적 수단을 이용하여 그 내용을 알아내는 행위'이다. 편지를 개봉하지 않고 투시용 판독기 등 광학기계를 이용하여 편지의 내용을 읽어내는 경우가 이에 속한다. 그리고 제2항의 범죄는 내용을 알아낼 것까지를 필요로 하는 '침해범'으로 규정되어 있다.[9] 즉 제2항의 범죄는 기술적 수단을 써서 그 내용을 알아낸 때 기수가 된다. 내용을 인식하지 못한 경우에는 제2항의 범죄의 미수에 불과한데, 본죄의 미수범은 처벌하지 않으므로 결국 불가벌이 된다.[10]

전자기록 등 특수매체기록을 기술적 수단을 이용하여 그 내용을 알아내는 행위로는 타인의 컴퓨터의 password를 풀어서 그 내용을 알아내는 경우가 있다.

타인의 컴퓨터에 침입하여 전자기록을 소거하거나 교란하는 데에 그친 행위는 본죄에 해당하지 않고, 손괴죄($\frac{제366}{조}$)나 컴퓨터업무방해죄($\frac{제314조}{제2항}$)의 문제가 된다.

4. 주관적 구성요건

본죄의 고의는, 제1항의 경우에는 봉함 기타 비밀장치한 타인의 편지·문서 또는 도화를 개봉한다는 인식·인용이고, 제2항의 경우에는 봉함 기타 비밀장치한 사람의 편지·문서·도화 또는 전자기록 등 특수매체기록을 기술적 수단을 이용하여 그 내용을 알아낸다는 인식·인용이다. 미필적 고의로 족하다.

타인에게 온 편지를 자기에게 온 것으로 오신하고 개봉한 경우에는 구성요건적 착오로서 고의가 부정된다. 타인에게 온 편지를 자기가 읽어 볼 권한이 있다고 오신하고 개봉한 경우에는 위법성의 착오가 된다($\frac{제16}{조}$).

5. 위 법 성

① 비밀침해란 상대방의 의사에 '반하는' 지득행위(知得行爲)를 의미하므로, 비밀침해에 있어서 피해자의 승낙은 구성요건해당성을 배제하는 '양해'가 된다.

② 법령에 의한 행위: 편지의 개봉 등 타인의 비밀을 지득할 권한이 법령

---

9) 권오걸, 307면; 김성돈, 227면; 김성천, 796면; 김/서, 231면; 백형구, 252면; 이재상, 226면; 정/박, 238면; 정영일, 219면.

10) 이 때에도 기수가 된다는 견해(추상적 위험범설)는 박상기, 219면; 오영근, 258면; 이정원, 246면; 이형국, 286면.

에 의하여 허용된 경우로는 형사소송법 제107조 및 제120조, 형의 집행 및 수용자의 처우에 관한 법률 제43조 제4항 단서, 우편법 제28조 제2항 및 제35조, 통신비밀보호법 제3조 제1항 단서 및 제5조 등이 있다. 친권자는 '미성년자'인 자녀에 대한 친권행사(민법 제913조 및 제909조 제1항)로서 자녀에게 온 편지를 개봉해 볼 권한이 있다고 본다. 그러나 성년인 자녀에 대해서, 그리고 부부 사이에는 편지를 개봉해 볼 권한이 없다.

6. 죄   수

타인에게 온 봉함된 편지를 몰래 개봉해서 읽어본 행위에 있어서, ① 편지의 외피(外皮, 봉투)만을 찢어서 읽어보고 제자리에 둔 경우에는 손괴행위는 당연히 비밀침해죄에 흡수되고(법조경합 중 흡수관계), ② 읽어본 후에, 편지 자체를 찢어버리거나 은닉한 때에는 비밀침해죄와 손괴죄의 실체적 경합범이 된다.

타인의 편지를 절취해서 개봉하여 읽은 경우에는 절도죄와 비밀침해죄의 실체적 경합범이 된다.

7. 형   벌

3년 이하의 징역이나 금고 또는 500만원 이하의 벌금에 처한다.

8. 친 고 죄

본죄는 친고죄이다(제318조). 문제는 누가 피해자로서 고소권자가 되는가 하는 점이다. 이에 관하여는 ① 편지의 발신자와 수신자는 편지의 발송 여부를 불문하고 항상 고소권자가 된다는 견해(다수설),[11] ② 발신자는 편지의 발송 여부를 불문하고 항상 고소권자가 되고, 수신자는 편지의 도달 이후부터 고소권자가 된다는 견해, ③ 발신자는 편지의 발송 여부를 불문하고 항상 고소권자가 되고, 수신자는 편지의 발송 이후부터 고소권자가 된다는 견해 등이 있다. 보호법익의 관점에서 보자면, ①설이 타당하다고 본다.

---

11) 강구진, 201면; 권오걸, 310면; 김성돈, 230면; 김성천, 800면; 김/서, 235면; 김종원, 148면; 박상기, 225면; 배종대, 327면; 백형구, 399면; 손동권, 239면; 오영근, 263면; 이재상, 227면; 이형국, 288면; 정/박, 239면; 진/이, 273면.

II. 대화비밀침해죄, 통신비밀침해죄 및
대화 · 통신비밀누설죄

1992년에 확정된 형법개정법률안은 '대화비밀침해죄'를 신설할 것을 제안하였다.[12] 그러나 이러한 제안은, '통신비밀보호법'($\frac{1993.\ 12.\ 27.}{법률\ 제4650호}$) 제3조와 제14조가 대화비밀의 침해를 금지하고 제16조에 그 위반행위를 처벌하는 규정을 둠으로써, 행정형법의 형식으로 입법화되었다. 원래 대화비밀침해죄는 비밀침해죄에 병행하여 '형법전'에 편입되는 것이 타당함에도 불구하고, 1995년의 형법개정에 반영되지 않았다.

아래에서는 '통신비밀보호법'에 규정된 대화비밀침해죄 · 통신비밀침해죄 및 대화 · 통신비밀누설죄를 간략히 살펴보기로 한다.

「통신비밀보호법」 제3조 [통신 및 대화비밀의 보호] 제1항 "누구든지 이 법과 형사소송법 또는 군사법원법의 규정에 의하지 아니하고는 우편물의 검열 · 전기통신의 감청 또는 통신사실확인자료의 제공을 하거나 공개되지 아니한 타인간의 대화를 녹음 또는 청취하지 못한다. 다만, 다음 각호의 경우에는 당해 법률이 정하는 바에 의한다."
제14조 [타인의 대화비밀 침해금지] 제1항 "누구든지 공개되지 아니한 타인간의 대화를 녹음하거나 전자장치 또는 기계적 수단을 이용하여 청취할 수 없다."
제16조 [벌칙] 제1항 "다음 각호의 어느 하나에 해당하는 자는 1년 이상 10년 이하의 징역과 5년 이하의 자격정지에 처한다."
1. 제3조의 규정에 위반하여 우편물의 검열 또는 전기통신의 감청을 하거나 공개되지 아니한 타인간의 대화를 녹음 또는 청취한 자.
2. 제1호에 따라 알게 된 통신 또는 대화의 내용을 공개하거나 누설한 자.
제18조 [미수범] "제16조 및 제17조에 규정된 죄의 미수범은 처벌한다."

도청기술과 녹음기술의 획기적 발전과 그 기술수단의 입수가 용이해진 현대생활에 있어서는 편지 · 문서 · 도화에 기재된 비밀의 침해보다는 개인간의 대화나 통신을 도청 · 녹음하는 방법으로 타인의 비밀을 침해할 위험성이 훨씬 높아졌다.[13] 따라서 대화의 비밀이나 통신의 비밀을 보호하고자, '통신비밀

---

12) 형법개정법률안 제183조: "공개되지 아니한 타인간의 대화를 녹음하거나 기계적 수단을 이용하여 청취한 자는 3년 이하의 징역이나 금고 또는 500만원 이하의 벌금에 처한다."

보호법' 제16조에 대화비밀침해행위와 전기통신침해행위 및 대화·통신비밀
누설행위의 처벌규정을 두고 있다.

대화비밀침해죄란 "공개되지 아니한 타인간의 대화를 녹음하거나 전자장치
또는 기계적 수단을 이용하여 청취함으로써 성립하는 범죄"이다(제16조 제1항 제1호, 제3조, 제14조).
대화비밀침해죄의 객체는 '공개되지 아니한 타인간의 대화'이다. 따라서 '일반
인에게 공개된 대화'는 대화비밀침해죄의 객체에서 제외된다. 또 공개되지 않
은 대화라고 하더라도 대화자 중의 1인이 다른 대화자 몰래 녹음한 경우도 제
외된다. '대화'에 국한되므로, 사람의 육성이 아닌 사물에서 발생하는 음향이
라든가, 사람의 목소리라고 하더라도 상대방에게 의사를 전달하는 말이 아닌
단순한 비명소리나 탄식 등은 대화에 해당하지 않는다.[14] 대화비밀침해죄에서
비밀침해의 '방법'은 제14조와의 체계해석상, "녹음하거나 전자장치 또는 기
계적 수단을 이용하여 청취"한 것에 한한다. 따라서 타인간의 대화를 숨어서
엿듣거나 이를 기록하는 행위는 처벌대상이 되지 않는다.

통신비밀침해죄란 "우편물을 검열하거나 전기통신을 감청함으로써 성립하
는 범죄"이다(제16조 제1항 제1호, 제3조). 통신비밀침해죄의 객체는 '우편물 또는 전기통신'이
다. '전기통신'이라 함은 전화·전자우편·회원제정보서비스·모사전송·무선
호출 등과 같이 유선·무선·광선 및 기타의 전자적 방식에 의하여 모든 종류
의 음향·문언·부호 또는 영상을 송신하거나 수신하는 것을 말한다(제2조 제3호).
'감청'이란 전기통신에 대하여 당사자의 동의 없이 전자장치·기계장치 등을
사용하여 통신의 음향·문언·부호·영상을 청취·공독하여 그 내용을 지득
또는 채록하거나 전기통신의 송·수신을 방해하는 것을 말한다(제2조 제7호). 따라서
'전기통신의 감청'은 '감청'의 개념 규정에 비추어 전기통신이 이루어지고 있
는 상황에서 실시간으로 전기통신의 내용을 지득·채록하는 경우와 통신의
송·수신을 직접적으로 방해하는 경우를 의미하는 것이지, 이미 수신이 완료

---

13) 형법개정법률안 제안이유서, 166면.
14) "판결요지: 통신비밀보호법 제1조, 제3조 제1항 본문, 제4조, 제14조 제1항, 제2항의 문언,
내용, 체계와 입법 취지 등에 비추어 보면, 통신비밀보호법에서 보호하는 타인 간의 '대화'는 원
칙적으로 현장에 있는 당사자들이 육성으로 말을 주고받는 의사소통행위를 가리킨다. 따라서 사
람의 육성이 아닌 사물에서 발생하는 음향은 타인 간의 '대화'에 해당하지 않는다. 또한 사람의
목소리라고 하더라도 상대방에게 의사를 전달하는 말이 아닌 단순한 비명소리나 탄식 등은 타인
과 의사소통을 하기 위한 것이 아니라면 특별한 사정이 없는 한 타인 간의 '대화'에 해당한다고
볼 수 없다"(대판 2017. 3. 15, 2016 도 19843).

된 전기통신에 관하여 남아 있는 기록이나 내용을 열어보는 등의 행위는 포함하지 않는다.[15)]

대화·통신비밀누설죄란 "대화비밀을 침해하거나 통신비밀을 침해하여 취득한 공개되지 아니한 타인간의 대화의 내용 또는 통신의 내용을 공개하거나 누설함으로써 성립하는 범죄"이다(제16조 제1항 제2호, 제16조 제2·4항, 제11조). 대화·통신비밀누설죄의 객체는 '취득한 통신 또는 대화의 내용'이다. 대화·통신비밀누설행위의 위법성이 조각되기 위한 요건에 관하여 선고된 대법원판결[16)]이 주목된다.

Ⅲ. 업무상비밀누설죄

제317조 [업무상 비밀누설] 제1항 "의사, 한의사, 치과의사, 약제사, 약종상, 조산사, 변호사, 변리사, 공인회계사, 공증인, 대서업자나 그 직무상 보조자 또는 차등의 직에 있던 자가 그 업무처리 중 지득한 타인의 비밀을 누설한 때에는 3년 이하의 징역이나 금고, 10년 이하의 자격정지 또는 700만원 이하의 벌금에 처한다."
제2항 "종교의 직에 있는 자 또는 있던 자가 그 직무상 지득한 사람의 비밀을 누설한 때에도 전항의 형과 같다."
제318조 [고소] "본장의 죄는 고소가 있어야 공소를 제기할 수 있다."

---

15) 대판 2016. 10. 13, 2016 도 8137.
16) "판결요지: [다수의견] 불법 감청·녹음 등에 관여하지 아니한 언론기관이, 그 통신 또는 대화의 내용이 불법 감청·녹음 등에 의하여 수집된 것이라는 사정을 알면서도 이를 보도하여 공개하는 행위가 형법 제20조의 정당행위로서 위법성이 조각된다고 하기 위해서는, 첫째 보도의 목적이 불법 감청·녹음 등의 범죄가 저질러졌다는 사실 자체를 고발하기 위한 것으로 그 과정에서 불가피하게 통신 또는 대화의 내용을 공개할 수밖에 없는 경우이거나, 불법 감청·녹음 등에 의하여 수집된 통신 또는 대화의 내용이 이를 공개하지 아니하면 공중의 생명·신체·재산 기타 공익에 대한 중대한 침해가 발생할 가능성이 현저한 경우 등과 같이 비상한 공적 관심의 대상이 되는 경우에 해당하여야 하고, 둘째 언론기관이 불법 감청·녹음 등의 결과물을 취득할 때 위법한 방법을 사용하거나 적극적·주도적으로 관여하여서는 아니되며, 셋째 보도가 불법 감청·녹음 등의 사실을 고발하거나 비상한 공적 관심사항을 알리기 위한 목적을 달성하는 데 필요한 부분에 한정되는 등 통신비밀의 침해를 최소화하는 방법으로 이루어져야 하고, 넷째 언론이 그 내용을 보도함으로써 얻어지는 이익 및 가치가 통신비밀의 보호에 의하여 달성되는 이익 및 가치를 초과하여야 한다. 여기서 이익의 비교·형량은, 불법 감청·녹음된 타인 간의 통신 또는 대화가 이루어진 경위와 목적, 통신 또는 대화의 내용, 통신 또는 대화 당사자의 지위 내지 공적 인물로서의 성격, 불법 감청·녹음 등의 주체와 그러한 행위의 동기 및 경위, 언론기관이 불법 감청·녹음 등의 결과물을 취득하게 된 경위와 보도의 목적, 보도의 내용 및 보도로 인하여 침해되는 이익 등 제반 사정을 종합적으로 고려하여 정하여야 한다"(대판 2011. 3. 17, 2006 도 8839-전원합의체. 소위 '안기부 X파일사건').

1. 의의, 보호법익

본죄는 "의사·한의사·치과의사·약제사·약종상·조산사·변호사·변리사·공인회계사·공증인·대서업자나 그 직무상 보조자 또는 차등의 직에 있던 자가 그 업무처리 중 지득한 타인의 비밀을 누설하거나($^{제1}_{항}$), 종교의 직에 있는 자 또는 있던 자가 그 직무상 지득한 사람의 비밀을 누설함으로써($^{제2}_{항}$) 성립하는 범죄"이다.

업무상비밀누설죄의 주된 보호법익은 '개인의 비밀'이고, 부차적 보호법익은 '일정한 직업에 종사하는 자가 업무상 알게 된 비밀을 누설하지 않으리라는 일반인의 신뢰'이다.[17] 법익보호의 정도는 '추상적 위험범'이다.

2. 행위의 주체

행위의 주체는 의사·한의사·치과의사·약제사·약종상·조산사·변호사·변리사·공인회계사·공증인·대서업자나 그 직무상 보조자(간호사, 법률사무소 사무장 등) 또는 종교의 직에 있는 자와 과거에 이러한 직에 있던 자에 국한된다.[18] 주체로 명시되지 않은 자, 예컨대 법무사·변호사가 아닌 변호인이나 소송대리인·수의사·건축사·counsellor·생활설계사 등은 본죄의 직접정범은 물론 간접정범도 될 수 없다. 따라서 본죄는 '진정신분범'[19]이며, '자수범'이다($^{다수}_{설}$).[20] 세무사는 본죄의 주체가 되지 못하지만, 그 비밀누설은 세무사법 제11조, 제22조 제1항 제2호에 의하여 처벌된다. 부동산중개업자의 비밀누설은 공인중개사법 제29조 제2항, 제49조 제1항 제9호에 의하여 처벌된다. 한편 법무사법 제27조는 법무사의 '비밀누설금지'를 규정하고 있으나, 그 위반행위에 대하여 벌칙규정이 없는 불완전법규이다.

공무원 또는 공무원이었던 자가 법령에 의한 직무상 비밀을 누설한 때에

---

17) 권오걸, 311면; 김성돈, 230면; 김성천, 801면; 김/서, 236면; 박상기, 227면; 배종대, 329면; 오영근, 264면; 이재상, 228면; 정/박, 240면; 정영일, 223면; 진/이, 274면.

18) 의료인의 업무상 비밀누설에 대하여는 의료법 제19조와 제67조를 참조.

19) 권오걸, 311면; 김성돈, 231면; 김성천, 802면; 김/서, 236면; 박상기, 227면; 배종대, 329면; 손동권, 240면; 이재상, 228면; 이형국, 289면; 정/박, 240면; 정영일, 223면; 진/이, 274면.

20) 박상기, 227면; 배종대, 329면; 이재상, 228면; 정/박, 240면; 진/이, 274면. 자수범이 아니라는 견해로는 권오걸, 312면; 김성돈, 231면; 김성천, 802면; 김/서, 236면; 손동권, 240면; 오영근, 264면; 정영일, 223면.

는 공무상비밀누설죄($^{제127}_{조}$)로 처벌된다.[21] 누구든지 부정한 이익을 얻거나 기업에 손해를 가할 목적으로 그 기업에 유용한 영업비밀을 누설한 때에는 '부정경쟁방지 및 영업비밀보호에 관한 법률'(약칭: 부정경쟁방지법) 제18조에 의하여 처벌된다(영업비밀누설죄).[22]

본죄의 주체는 대체로 형사소송법 제149조에 의하여 증언거부권자로 규정되어 있다.

3. 행위의 객체

행위의 객체는 업무처리 중 또는 직무상 지득한 타인의 비밀이다.

'비밀'이란 한정된 범위 내의 사람들에게만 알려져 있는 사실로서 타인에게 알려짐으로써 비밀의 주체에게 불리하게 될 성질의 것을 말한다.

비밀인가의 판단에 관하여는 ① 본인이 비밀로 유지하기를 원하는 의사가 있는 사실이면 비밀이 된다는 견해(주관설), ② 객관적으로 보아 비밀로서 보호해야 할 이익이 있어야 비밀이 된다는 견해(객관설), ③ 본인이 비밀로 유지하기를 원하는 의사가 있을 뿐만 아니라 객관적으로도 비밀로서 보호해야 할 이익이 있어야 비밀이 된다는 견해(절충설) 등이 대립한다. 비밀이란 개인의 사생활의 영역에 속하기 때문에 개인의 의사를 고려할 필요가 있는 한편, 개인의 의사에 의하여 비밀의 범위가 지나치게 확대되는 것을 막고 객관적으로 보호할 가치있는 비밀에 국한할 필요도 있다고 보아, 절충설이 타당하다고 하겠다($^{통}_{설}$).

비밀은 '업무처리 중 또는 직무상' 지득한 것이어야 한다. 위의 직업에 종

---

21) 범죄수사에 관한 직무를 수행하는 자가 직무를 수행하면서 알게 된 피의사실을 공소제기 전에 공표하는 행위를 처벌하는 피의사실공표죄(제126조)도 실질적으로는 공무상비밀누설죄의 범주에 들어간다.

22) '부정경쟁방지 및 영업비밀보호에 관한 법률'(약칭: 부정경쟁방지법)
제18조(벌칙) ① 부정한 이익을 얻거나 영업비밀 보유자에게 손해를 입힐 목적으로 그 영업비밀을 외국에서 사용하거나 외국에서 사용될 것임을 알면서 취득·사용 또는 제3자에게 누설한 자는 10년 이하의 징역 또는 1억원 이하의 벌금에 처한다. 다만, 벌금형에 처하는 경우 위반행위로 인한 재산상 이득액의 10배에 해당하는 금액이 1억원을 초과하면 그 재산상 이득액의 2배 이상 10배 이하의 벌금에 처한다.
② 부정한 이익을 얻거나 영업비밀 보유자에게 손해를 입힐 목적으로 그 영업비밀을 취득·사용하거나 제3자에게 누설한 자는 5년 이하의 징역 또는 5천만원 이하의 벌금에 처한다. 다만, 벌금형에 처하는 경우 위반행위로 인한 재산상 이득액의 10배에 해당하는 금액이 5천만원을 초과하면 그 재산상 이득액의 2배 이상 10배 이하의 벌금에 처한다.

사하는 자가 알게 된 비밀이라고 하더라도 업무상 알게 된 것이 아니라면, 본
죄의 객체에 해당하지 않는다.

4. 실행행위

누설하는 것이다. '누설'이라 함은 비밀을 모르고 있는 자로 하여금 알게 하
는 것이다. 특정한 1인에게 알리는 것도 누설이다. 누설행위로 상대방이 비밀을
인식하였음을 요하지 아니한다(추상적 위험범). 누설의 방법은 구두, 서면, 거
동, 부작위로도 가능하다.

5. 고의와 착오

본죄의 고의는 자기의 신분에 대한 인식과 업무처리상 알게 된 비밀을 누
설한다는 것에 대한 인식·인용이다. 비밀의 인식에 대한 착오는 구성요건적 착
오가 되어, 본죄의 고의가 부정된다. 비밀준수의무에 대한 착오는 위법성의 착오
($\frac{제16}{조}$)가 된다.

6. 위 법 성

(1) 피해자의 승낙

비밀누설행위는 상대방의 의사에 반할 것을 전제로 하는 개념이므로, 피해
자의 승낙은 양해가 된다.

(2) 법령에 의한 행위

법령에 의한 행위($\frac{제20}{조}$)로서 위법성이 조각되는 경우로는 '감염병의 예방
및 관리에 관한 법률' 제11조에 의하여 의사가 감염병환자를 신고하는 행위,
'후천성면역결핍증예방법' 제5조 제1항에 의하여 의사가 감염자를 관할보건소
장에게 신고하는 행위 등이 있다.

(3) 긴급피난

업무상비밀누설행위는 긴급피난으로서 위법성이 조각될 수 있다. 예컨대
자신이 진료한 적이 있는 여자환자와 결혼하려는 아들을 저지하기 위하여 난
치의 질환을 알린 경우이다.

(4) 증언거부권자의 증언이 동시에 업무상비밀누설행위가 되는 경우

형사소송법 제149조에 의하여 증언거부권자로 규정되어 있는 본죄의 주체
가 증언거부권을 행사하지 않고 증언을 함에 있어서 업무상 알게 된 비밀을 누설한

경우에 어떠한 형사책임을 질 것인가가 문제된다. 이 때 증언거부권자에게 업무상비밀준수의무는 있으나 증언의무는 없으므로, 의무의 논리적 충돌상황은 일어나지 않는다.

그 형사책임에 관하여는, ① 증언거부권이 인정되므로 증언의무가 없지만 비밀준수의무는 존재하고 있는 이상, 임의로 증언하여 비밀을 누설하는 행위는 비밀준수의무위반으로서 업무상비밀누설죄가 성립한다는 견해가[23] 있으나, ② 증언거부권은 증언 '거부의무'가 아니므로 권리자가 증언거부권을 포기할 수 있으며, 실체적 진실발견이라는 소송상의 이익을 위하여 증언거부권을 포기하고 증언하는 행위가 비록 업무상비밀누설행위에 해당한다고 하더라도 '긴급피난'으로서 위법성이 조각된다고 본다.[24] 긴급피난으로서 비교형량되는 이익은 실체적 진실발견이라는 소송상의 이익과 개인의 비밀보호라는 이익이다. 따라서 매우 경미한 형사사건에서 개인의 심각한 비밀을 증언하는 것은 허용되지 않는다고 보아야 한다.

7. 죄　　수

공연히 타인의 비밀을 누설하여 타인의 명예를 훼손할 우려가 있으면, 본죄와 명예훼손죄의 상상적 경합이 성립한다.

8. 형　　벌

3년 이하의 징역이나 금고, 10년 이하의 자격정지 또는 700만원 이하의 벌금에 처한다.

9. 친 고 죄

본죄는 친고죄이다($\frac{제318}{조}$).

---

23) 강구진, 204면; 김/서, 240면; 이형국, 291면.

24) 박상기, 229면; 오영근, 268면; 정/박, 243면. 위법성이 조각된다는 견해로서는, 권오걸, 315면; 김성돈, 233면; 김종원, 151면; 배종대, 332면; 백형구, 404면; 손동권, 242-3면; 이재상, 230면; 이정원, 254면; 정영일, 226면; 진/이, 277면.

제15장 주거침입의 죄

제1절 개 설

Ⅰ. 의 의

주거침입의 죄는 "타인의 주거·건조물 등에 침입하거나 이들 장소에서 퇴거요구를 받고 퇴거하지 않음으로써, 주거의 평온을 해하는 것을 내용으로 하는 범죄"이다. 헌법 제16조는 "모든 국민은 주거의 자유를 침해받지 아니한다. 주거에 대한 압수나 수색을 할 때에는 검사의 신청에 의하여 법관이 발부한 영장을 제시하여야 한다"라고 규정하고 있다. 헌법이 기본권으로서 보장하는 주거의 자유가 형법상 구현된 것이 주거침입죄이다. 따라서 주거침입죄의 보호법익은 일응 '개인의 주거의 자유'라고 할 수 있다. 개인의 주거의 자유는 privacy에 속한다.

Ⅱ. 보호법익

주거침입죄의 보호법익이 무엇인가에 관하여는 다음과 같이 학설이 대립한다.

(1) 사실상의 평온설

주거침입죄의 보호법익은 '주거의 사실상의 평온'이라고 하는 견해이다. 다수설[1] 및 판례의[2] 입장이다. 이 견해는, 주거침입죄에 의하여 보호하고자 하는

---

1) 강구진, 189면; 권오걸, 318면; 김성돈, 234면; 김성천, 807면; 김/서, 240면; 배종대, 335면; 백형구, 386면; 서일교, 92면; 손동권, 244면; 오영근, 272면; 이형국, 295면; 정/박, 246면; 정영석, 302면; 정영일, 230면; 진/이, 279면.

2) "형법상 주거침입죄의 보호법익은 주거권이라는 법적 개념이 아니고 사적 생활관계에 있어

것은 주거자의 주거권, 즉 주거자가 거주할 '법률상의 권리 또는 권한'이 아니라, 주거자가 사생활에 있어서 '사실상' 누리고 있는 주거의 평온이라고 한다. 따라서 일단 적법하게 거주를 개시한 후에 그 권한을 상실하여 사법상 불법점유가 되더라도 권리자가 이를 배제하기 위하여 정당한 절차에 의하지 아니하고 그 주거 또는 건조물에 침입한 경우에는 주거침입죄가 성립한다.[3] 예컨대 임대차기간이 만료한 후 비록 임차인이 거주할 법률상의 권리가 없다고 하더라도 아직 거주하면서 주거의 사실상의 평온을 누리고 있는 한, 임대인이 임대가옥에 무단 출입하는 것은 주거침입죄를 구성하게 된다.[4]

(2) 주거권설

주거침입죄의 보호법익은 '주거권'이라는 견해이다(소수).[5] 독일의 통설이다. 주거권이란 주거의 평온을 확보하고 타인의 침입으로부터 방해받지 않을 권리이다.[6] 그 핵심내용은 자기의 주거에 타인의 출입과 체류 여부를 결정할 수 있는 자유로 이해된다.[7]

(3) 사견: 구분설

주거침입죄의 입법취지는 '개인의 사생활(privacy)'의 보호에 있는 만큼, 그 보호법익은 주거 내지 건조물의 종류를 구분하여 고찰함이 타당하다고 본다. 즉 주거를 ① 개인의 사적 장소(주택, 연구실, 하숙방 등)와 ② 공중이 자유로이 출입할 수 있도록 개방된 장소(백화점, 관공서, 공공도서관, 극장, 음식점 등)로 구분하여, ①의 장소는 개인의 사생활을 보호할 필요성이 있으므로 그 보호법익은 '주거의 사실상의 평온'이라고 함이 타당하고, ②의 장소는 개인의 사생활과는 무관한 영역이므로 그 보호법익은 '업무상의 평온과 비밀'이라고 함이 타당하다.[8]

서의 사실상 주거의 자유와 평온"(**대판** 1984. 6. 26, 83 **도** 685). "주거침입죄는 사실상의 주거의 평온을 보호법익으로 하는 것이므로 그 거주자 또는 간수자가 건조물 등에 거주 또는 간수할 권리를 가지고 있는가의 여부는 범죄의 성립을 좌우하는 것이 아니며, 점유할 권리없는 자의 점유라고 하더라도 그 주거의 평온은 보호되어야 할 것이므로, 권리자가 그 권리실행으로서 자력구제의 수단으로 건조물에 침입한 경우에도 주거침입죄가 성립한다"(**대판** 1985. 3. 26, 85 **도** 122. 同旨, 대판 1996. 5. 10, 96 도 419; 1995. 9. 15, 94 도 2561; 1987. 11. 10, 87 도 1760; 1987. 5. 12, 87 도 3; 1984. 4. 24, 83 도 1429).

3) 대판 1983. 3. 8, 82 도 1363.
4) 대판 1989. 9. 12, 89 도 889.
5) 박상기, 233면; 이재상, 234면.
6) Sch/Sch/Lenckner, StGB, §123 Rn. 1.
7) Eser, Strafrecht Ⅲ, S. 168; Wessels, BT-1, S. 115.
8) 이와 유사한 사고는 Rudolphi, SK-Kommentar, §123 Rn. 2.

①과 ②의 장소는 그 성격이 전혀 다르다는 점을 간과해서는 안되고(소위 '사물논리적 구조의 사상'), 각각의 장소에 합당한 보호법익을 도출함이 마땅하다고 본다.

'주거의 사실상의 평온'과 '업무상의 평온과 비밀'이라는 법익의 보호의 정도는 '침해범'이다.[9] [10] 그러나 보호법익을 주거권으로 파악하는 입장에서는 보호의 정도를 위험범으로 이해한다.[11] 본장의 죄의 미수범은 처벌한다($\frac{제322}{조}$).

Ⅲ. 입 법 론

주거침입죄의 취지가 privacy의 보호에 있는 만큼, 비밀침해죄에 맞추어 주거침입죄도 친고죄나 반의사불벌죄로 규정함이 타당하다.

Ⅳ. 주거침입의 죄의 체계

주거침입의 죄에 있어서의 기본유형은 주거침입죄와 퇴거불응죄($\frac{제319조\ 제}{1항,\ 제2항}$)이다. 주거침입죄와 퇴거불응죄에 대한 방법적 가중유형으로서 특수주거침입죄($\frac{제320}{조}$)가 규정되어 있다. 그리고 주거침입죄와는 독립된 범죄유형으로서 주거·신체수색죄($\frac{제321}{조}$)가 있다. 이상의 죄의 미수범은 처벌한다($\frac{제322}{조}$).

'2인 이상이 공동하여' 주거침입죄 또는 퇴거불응죄를 범한 때에는 '폭력행위 등 처벌에 관한 법률' 제2조 제2항에 의하여 각 해당 조항에서 정한 형의 2분의 1까지 가중처벌되고, 소정의 '누범' 성립요건을 갖춘 경우에는 동조 제3항에 의하여 가중처벌된다.

---

9) 보호법익을 주거권 및 주거에서의 사실상의 평온이라고 하고(절충설), 법익보호의 정도가 침해범이라는 견해는 김일수, 206면.

10) "주거침입죄는 사실상의 주거의 평온을 보호법익으로 하는 것으로, 거주자가 누리는 사실상의 주거의 평온을 해할 수 있는 정도에 이르렀다면 범죄구성요건을 충족하는 것"(**대판 2001. 4. 24, 2001 도 1092**).

11) 박상기, 230면; 이재상, 234면.

제 2 절   개별적 범죄유형

I. 주거침입죄

<u>제319조 제1항 [주거침입]</u> "사람의 주거, 관리하는 건조물, 선박이나 항공기 또는 점유하는 방실에 침입한 자는 3년 이하의 징역 또는 500만원 이하의 벌금에 처한다."

1. 의의, 보호법익, 성격

주거침입죄는 "사람의 주거·관리하는 건조물·선박이나 항공기 또는 점유하는 방실에 침입함으로써 성립하는 범죄"이다. 본죄의 보호법익은 전술한 바와 같이 주거의 종류를 구분하여, ① 개인의 사적 장소(주택, 연구실 등)에서의 보호법익은 '주거의 사실상의 평온'이고, ② 공중이 자유로이 출입할 수 있도록 개방된 장소(백화점, 관공서 등)에서의 보호법익은 '업무상의 평온과 비밀'이다. 보호의 정도는 모두 '침해범'이다.

2. 행위의 객체

행위의 객체는 사람의 주거·관리하는 건조물·선박이나 항공기 또는 점유하는 방실이다.

(1) 사람의 주거

'사람의 주거'란 사람이 기와침식(起臥寢食)에 사용하는 장소, 즉 일상생활을 영위하는 장소를 말한다(^{다수}). 침식에 사용하는 장소일 것까지는 요하지 않는다는 견해(^{소수})가[12] 있으나, 다른 객체와 대비해서 해석하자면 기거하고 침식에 사용하는 장소로 해석함이 타당하다.[13] 주거는 일시적이어도 된다. 그리고 침입 당시에 주거자가 현존할 필요는 없다. 주인이 출타 중인 주거에 침입해도 본죄가 성립한다. 텐트도 주거로 사용되고 있으면 본 객체에 포함된다(확

---

12) 강구진, 190면; 김성천, 808면; 배종대, 336-7면; 이재상, 234-5면; 이정원, 259면.
13) 권오걸, 319면; 김성돈, 237면; 김/서, 244면; 김종원, 141면; 박상기, 233면; 백형구, 387면; 서일교, 92면; 손동권, 246-7면; 오영근, 273면; 유기천, 상권, 162면; 이형국, 296면; 정/박, 247면; 정영일, 230면; 진/이, 281면; 황산덕, 252면.

장해석). 주거는 이동하는 물건(동산)도 가능하다. 주거용 차량이 그 예이다.

주거는 주거용 건조물 이외에 부속된 건조물(예: 가정용 창고)과 위요지, 즉 '부속토지'(예: 정원)도[14] 포함된다.[15] 예컨대 담을 넘어 정원에 들어간 것만으로도 주거침입이 된다. 여기에서 위요지(圍繞地)라 함은 건조물에 인접한 그 주변의 토지로서 외부와의 경계에 담·장벽 등이 설치되어 그 토지가 건조물의 이용에 제공되고 또 외부인이 함부로 출입할 수 없다는 점이 객관적으로 명확하게 드러나야 한다.[16]

보호법익은 주거의 사실상의 평온이므로 주거의 장소는 적법하게 점유되어 있을 필요는 없다. 여러 사람이 함께 거주하면서 공동생활을 하고 있는 경우에 그 중 1인이 공동생활을 이탈한 이후에는 주거침입죄를 범할 수 있다.

(2) 관리하는 건조물

주거용이 아닌 건조물만을 지칭한다. 예컨대 학교, 공장, 상점, 관공서의 청사, 교회, 사찰, 창고 등이다. 건조물도 부속토지를 포함한다. 건조물은 개념상 부동산에 한한다. '관리하는' 건조물이란 타인의 침입을 방지하기 위하여 인적·물적 설비를 갖춘 건조물을 말한다. 단순히 출입금지의 표시를 해 둔 것만으로는 부족하다.

(3) 선박이나 항공기

선박과 항공기는 본죄의 보호법익에 비추어 사람이 주거에 사용할 수 있는 정도의 것이어야 한다. 소형 보트는 여기에 해당하지 않는다.

(4) 점유하는 방실(房室)

건조물 내에서 사실상 지배·관리하고 있는 일정한 구획을 말한다. 예컨대 호텔이나 여관 내에 투숙한 방, 교수회관 내의 교수연구실, 빌딩 내의 사무실이나 점포, 하숙방 등이다.

---

14) "주거침입죄에 있어서 주거 또는 건조물이라 함은 단순히 가옥만을 말하는 것이 아니고 그 위요지를 포함한다 할 것"(대판 1983. 3. 8, 82 도 1363. 同旨, 대판 2001. 4. 24, 2001 도 1092).

15) "다가구용 단독주택이나 공동주택의 내부의 엘리베이터, 공용 계단, 복도 등 공용 부분도 그 거주자들의 사실상 주거의 평온을 보호할 필요성이 있으므로 주거침입죄의 객체인 '사람의 주거'에 해당한다"(대판 2022. 8. 25, 2022 도 3801. 同旨, 대판 2024. 2. 15, 2023 도 15164; 2024. 6. 27, 2023 도 16019).

16) 대판 2020. 3. 12, 2019 도 16484; 2010. 4. 29, 2009 도 14643; 2010. 3. 11, 2009 도 12609.

3. 실행행위

(1) 침 입

주거침입죄의 실행행위는 침입이다. '침입'이란 "주거자 또는 관리자의 의사에 반하여 사람의 신체가 들어가는 것"을 말한다. 주거자의 의사는 명시적인 것 이외에 추정적 의사도 포함된다. 주거자의 의사에 '반한다고' 하는 것이 침입 행위의 개념요소이므로, 피해자의 승낙은 구성요건해당성을 배제하는 '양해'가 된다.

침입은 '신체적' 침입행위여야 한다. 건물 밖에서 건물 안을 들여다보는 행위, 건물 안으로 돌을 던지는 행위, 전화를 걸어 주거의 평온을 깨뜨리는 행위 등은 침입이 아니다.

공중이 자유로이 출입할 수 있도록 개방된 장소(백화점, 관공서, 공공도서관 등)에서는 '공개된 시간 내'이고 '허락된 출입방법'에 의하는 한, 침입행위가 되지 않는다.[17]

(2) 주거자의 의사

침입이란 주거자의 의사에 반하여 들어가는 것이므로, '주거자의 의사'를 둘러싸고 논란을 일으키는 문제들이 있다.

〈문제 1: 기망수단에 의하여 주거자의 착오에 기한 허락을 받고 들어간 경우〉

예컨대 외판원이 여론조사하러 나왔다고 기망하고 문을 열게 하여 타인의 아파트에 들어간 경우에 주거침입죄의 성부가 문제된다. 이 경우에 주거침입죄의 성립을 긍정하는 견해도 있다.[18] 그러나 주거침입죄에 있어서 피해자의 동의는 구성요건해당성을 배제하는 '양해'가 되므로, 위법성을 조각하는 승낙과의 차이점을 고려해야 할 것이다. 즉 양해의 유효요건은 승낙의 경우와는 달라서, '착오'에 기한 양해도 유효하다고 보아, 주거침입죄의 성립을 부정하는 견해가 타당하다고 본다.[19]

〈문제 2: 범죄목적으로 타인의 주거에 들어간 경우〉

절도·방화·폭행·도청장치설치·뇌물증여·대리시험응시·산업스파이 등 범죄를 범할 목적으로 타인의 주거에 들어간 경우에, 주거를 ① 개인의 사적 장소(주

---

17) 출입이 금지된 시간에 담벽을 넘어 여객터미널에 들어간 경우에 주거침입죄의 성립을 긍정한 대판 1990. 3. 13, 90 도 173.
18) 권오걸, 325면; 김종원, 143면; 배종대, 341면; 오영근, 278면; 정/박, 250-1면; 정영일, 233면.
19) 김성돈, 239면; 김성천, 815면; 김/서, 248면; 박상기, 235면; 이재상, 241면; 진/이, 283면.

택, 연구실 등)와 ② 공중이 자유로이 출입할 수 있도록 개방된 장소(백화점, 관공서, 공공도서관, 극장, 음식점 등)로 구분하여, '보호법익'의 관점에서 목적론적 해석을 함이 타당하다.

① '개인'의 사적 주거에 범죄목적을 숨기고 '주거자의 명시적·추정적 허락을 받아서' 들어간 경우에 주거침입죄가 성립한다는 긍정설과[20]과 부정설이[21] 대립한다. 생각건대 개인의 사적 주거에 있어서는 보호법익이 개인(특정인)의 privacy에 있으므로 원칙적으로 주거침입죄의 성립을 긍정하는 것이 타당하다고 본다. 즉 절도·도청시설설치 등 범죄목적을 가지고 '출입한 행위'만으로도 '개인의 사생활보호'를 위하여 주거침입죄가 성립한다고 보아야 한다. 그러나 뇌물증여의 목적인 경우에는 개인의 privacy와는 무관하므로 주거침입죄가 성립하지 않는다고 하겠다. 물론 주거자의 허락 '없이' 범죄목적으로 들어간 경우에는 당연히 주거침입죄가 성립한다.[22]

② 불특정·다수인인 '공중'이 자유로이 출입할 수 있도록 개방된 장소(백화점, 관공서 등)에 범죄목적으로 들어간 경우에도 주거침입죄가 성립한다는 긍정설과[23] 부정설($\stackrel{다수}{}$)이[24] 대립한다. 판례는 "주거침입죄는 사람의 주거, 간수있는 저택, 건물이나 선박에 대하여 그 주거자나 그 건물 등의 관리자들의 승낙없이 또는 위와 같은 자들의 의사나 추정된 의사에 반하여 정당한 이유없이 들어감으로써 주거침입죄가 성립되고 위와 같은 침입이 평온, 공연하게 이루어졌다거나, 위의 주거자 또는 관리인 등의 승낙이나 허가를 얻어 들어갔다 하여도 불법행위를 할 목적으로 들어간 때에는 위와 같은 주거자나 관리인의 의사 또는 추정된 의사에 반하여 들어간 것이라 아니할 수 없으므로 역시 주거침입죄가 성립된다고 해석하여야 할 것"이라고 함으로써($\stackrel{대판 1967. 12. 19,}{67 도 1281}$), 긍정설의 입장에 있었다.[25] 그러나 최근 음식점이나 대형

---

20) 권오걸, 324-5면; 김성돈, 239면; 배종대, 341면; 정/박, 251면; 진/이, 284면.
21) 김성천, 817면; 김/서, 249면; 박상기, 235-6면.
22) 대판 1983. 7. 12, 83 도 1394.
23) 권오걸, 325면; 김성돈, 240면; 서일교, 94-5면; 정영석, 306면.
24) 김성천, 818면; 김/서, 249면; 박상기, 235면; 배종대, 342면; 백형구, 388-9면; 오영근, 280면; 이재상, 241면; 이정원, 265면; 이형국, 298면; 정/박, 251면; 정영일, 235면; 진/이, 285면.
25) "일반인의 출입이 허용된 음식점이라 하더라도, 영업주의 명시적 또는 추정적 의사에 반하여 들어간 것이라면 주거침입죄가 성립된다 할 것이다.…대화내용을 도청하기 위한 도청용 송신기를 설치할 목적으로 손님을 가장하여 이 음식점에 들어간 사실을 알 수 있는바, 사정이 이와 같다면 영업자인 피해자가 출입을 허용하지 않았을 것으로 보는 것이 경험칙에 부합한다 할 것이므로, 피고인들은 모두 주거침입죄의 죄책을 면할 수 없다"(**대판** 1997. 3. 28, 95 도 2674. 同旨, 대판 1978. 10. 10, 75 도 2665). "판결요지: 대리응시자들의 시험장의 입장은 시험관리자의 승낙 또는 추정된 의사에 반한 불법침입이라 아니할 수 없고, 이와 같은 침입을 교사한 이상 주거침입교사죄가 성립된다"(**대판** 1967. 12. 19, 67 도 1281). "대학교가 교내에서의 집회를 허용하지 아니하고 집회와 관련된 외부인의 출입을 금지하였는 데도 집회를 위하여 그 대학교에 들어간 것이라면, 비록 대학교에 들어갈 때 구체적으로 제지를 받지 아니하였다고 하더라도, 대학교 관리자의 의사에 반하여 건조물에 들어간 것으로서 건조물침입죄가 성립한다"(**대판** 2003. 9. 23, 2001 도 4328).

마트, 대형서점, 시청 청사 등에 들어간 경우 부정설의 입장을 따른 판례들이 잇따르고 있다.[26] ②의 경우에는 보호법익이 특정인의 privacy에 있는 것이 아니라 불특정·다수인과 관계된 '업무상의 평온과 비밀'에 있으므로, 범죄목적을 가지고 '출입한 행위'만으로는 주거침입죄가 성립하지 않는다는 부정설이 타당하다고 본다. 공중이 자유로이 출입할 수 있는 장소의 관리자는 출입하는 개개인을 선별함이 없이 불특정·다수인의 출입에 대하여 '포괄적·묵시적 양해의사'를 갖고 있는 것으로 보아야 한다. 출입하는 목적을 묻지 않고 출입을 포괄적으로 양해하는 것으로 관리자의 의사를 이해하는 한, 범죄목적으로 들어간 경우라 할지라도 관리자의 의사에 반한 '침입'행위로 파악할 것은 아니라고 하겠다. 그러나 목적한 범죄를 실현하는 행위가 있다면, 업무상의 평온과 비밀을 침해한 행위가 있은 것으로서 주거침입죄가 성립한다고 하겠다.

〈문제 3: 복수의 주거자 중 1인의 허락을 받은 경우〉

주거자가 여러 사람인데, 그 중 1인의 허락을 받아 타인의 사적 주거에 들어갔으나 다른 주거자의 의사에 반하는 경우에 주거침입죄의 성부가 문제된다. 복수의 주거자가 있을 때에는 주거자 개개인의[27] 사생활의 평온을 보호해야 할 것이므로, 그 출

---

26) "판결요지: [다수의견] 행위자가 거주자의 승낙을 받아 주거에 들어갔으나 범죄 등을 목적으로 한 출입이거나 거주자가 행위자의 실제 출입 목적을 알았더라면 출입을 승낙하지 않았을 것이라는 사정이 인정되는 경우 행위자의 출입행위가 주거침입죄에서 규정하는 침입행위에 해당하려면, 출입하려는 주거 등의 형태와 용도·성질, 외부인에 대한 출입의 통제·관리 방식과 상태, 행위자의 출입 경위와 방법 등을 종합적으로 고려하여 행위자의 출입 당시 객관적·외형적으로 드러난 행위태양에 비추어 주거의 사실상 평온상태가 침해되었다고 평가되어야 한다. 이때 거주자의 의사도 고려되지만 주거 등의 형태와 용도·성질, 외부인에 대한 출입의 통제·관리 방식과 상태 등 출입 당시 상황에 따라 그 정도는 달리 평가될 수 있다. … 일반인의 출입이 허용된 음식점에 영업주의 승낙을 받아 통상적인 출입방법으로 들어갔다면 특별한 사정이 없는 한 주거침입죄에서 규정하는 침입행위에 해당하지 않는다. 설령 행위자가 범죄 등을 목적으로 음식점에 출입하였거나 영업주가 행위자의 실제 출입 목적을 알았더라면 출입을 승낙하지 않았을 것이라는 사정이 인정되더라도 그러한 사정만으로는 출입 당시 객관적·외형적으로 드러난 행위태양에 비추어 사실상의 평온상태를 해치는 방법으로 음식점에 들어갔다고 평가할 수 없으므로 침입행위에 해당하지 않는다. … 이와 달리 일반인의 출입이 허용된 음식점이더라도 음식점의 방실에 도청용 송신기를 설치할 목적으로 들어간 것은 영업주의 명시적 또는 추정적 의사에 반한다고 보아 주거침입죄가 성립한다고 인정한 대법원 1997. 3. 28. 선고 95 도 2674 판결을 비롯하여 같은 취지의 대법원판결들은 이 판결의 견해에 배치되는 범위 안에서 이를 변경하기로 한다"(**대판 2022. 3. 24, 2017 도 18272 - 전원합의체**). "일반적으로 출입이 허용되어 개방된 건조물에 관리자의 출입 제한이나 제지가 없는 상태에서 통상적인 방법으로 들어갔다면, 사실상의 평온상태를 해치는 행위 태양으로 그 건조물에 들어갔다고 볼 수 없으므로 건조물침입죄에서 규정하는 침입행위에 해당하지 않는다"(**대판 2022. 9. 7, 2021 도 9055. 同旨,** 대판 2022. 5. 12, 2022 도 2907; 2022. 6. 16, 2021 도 7087; 2024. 1. 4, 2022 도 15955).
27) 주거자 '공동의' privacy를 보호하고자 하는 것이 아니라, 주거자 '개개인'의 privacy를 보호하려는 것이기 때문이다.

입을 위하여 주거자 '모두의' 허락이 필요하다. 주거자 중 허락하지 않는 자의 주거의 사실상의 평온도 보호되어야 하기 때문이다. 부부가 거주하고 있는 경우에 부부 '양자의' 허락이 있어야만 주거침입죄가 성립하지 않는다. 실제사례로는 '남편부재 중 혼외 성관계의 목적으로 처의 양해하에 들어간 경우'가 문제되고 있다(저자 註-간통죄가 2016. 1. 6. 법률 제13719호 형법 개정으로 폐지됨에 따라, 최근 판례에서도 '간통' 대신 '혼외 성관계'라는 표현을 사용한다). 이 때 주거침입죄의 성립을 긍정하는 견해와[28] 부정하는 견해가[29] 대립한다. 판례는 종래 긍정설의 입장을 유지해 왔으나,[30] 최근 대법원 전원합의체 판결을 통하여 부정설로 입장을 변경하였다.[31]

생각건대 주거침입죄의 보호법익을 주거의 사실상의 평온으로 보는 입장에서는

---

28) 주거침입죄의 보호법익이 주거권이라는 입장에서 긍정하는 견해로는 박상기, 237면; 이재상, 238면. 보호법익이 주거의 사실상의 평온이라는 입장에서 긍정하는 견해로는 권오걸, 327면; 김성돈, 241면; 정/박, 250면; 정영일, 234면.

29) 강구진, 193면; 김성천, 819면; 김/서, 250면; 김종원, 143면; 배종대, 340면; 이형국, 298면; 진/이, 286면.

30) "형법상 주거침입죄의 보호법익은 주거권이라는 법적 개념이 아니고 사적 생활관계에 있어서의 사실상 주거의 자유와 평온으로서 그 주거에서 공동생활을 하고 있는 전원이 평온을 누릴 권리가 있다 함은 원 판시 해석과 같으나 복수의 주거권자가 있는 경우 한 사람의 승낙이 다른 거주자의 의사에 직접, 간접으로 반하는 경우에는 그에 의한 주거에의 출입은 그 의사에 반한 사람의 주거의 평온, 즉 주거의 지배, 관리의 평온을 해치는 결과가 되므로 주거침입죄가 성립한다 할 것이며, 동거자 중의 1인이 부재 중인 경우라도 주거의 지배 관리관계가 외관상 존재하는 상태로 인정되는 한 위 법리에는 영향이 없다고 볼 것이다. 따라서 남편이 일시 부재 중 간통의 목적하에 그 처의 승낙을 얻어 주거에 들어간 경우라도 남편의 주거에 대한 지배 관리관계는 여전히 존속한다고 봄이 옳고 사회통념상 간통의 목적으로 주거에 들어오는 것은 남편의 의사에 반한다고 보여지므로 처의 승낙이 있었다 하더라도 남편의 주거의 사실상의 평온은 깨어졌다 할 것이므로 이러한 경우에는 주거침입죄가 성립한다고 하여야 할 것이다"(대판 1984. 6. 26. 83 도 685. 同旨, 대판 1969. 9. 23. 69 도 1130; 대결 1958. 5. 23. 4291 형상 117).

31) "판결요지: [다수의견] 주거침입죄의 구성요건적 행위인 침입은 주거침입죄의 보호법익과의 관계에서 해석하여야 한다. 따라서 침입이란 '거주자가 주거에서 누리는 사실상의 평온상태를 해치는 행위태양으로 주거에 들어가는 것'을 의미하고, 침입에 해당하는지 여부는 출입 당시 객관적·외형적으로 드러난 행위태양을 기준으로 판단함이 원칙이다. 사실상의 평온상태를 해치는 행위태양으로 주거에 들어가는 것이라면 대체로 거주자의 의사에 반하는 것이겠지만, 단순히 주거에 들어가는 행위 자체가 거주자의 의사에 반한다는 거주자의 주관적 사정만으로 바로 침입에 해당한다고 볼 수는 없다. … 외부인이 공동거주자 중 주거 내에 현재하는 거주자로부터 현실적인 승낙을 받아 통상적인 출입방법에 따라 주거에 들어간 경우라면, 특별한 사정이 없는 한 사실상의 평온상태를 해치는 행위태양으로 주거에 들어간 것이라고 볼 수 없으므로 주거침입죄에서 규정하고 있는 침입행위에 해당하지 않는다. … 이와 달리 공동거주자 중 한 사람의 승낙에 따라 주거에 출입한 것이 다른 거주자의 의사에 반한다는 사정만으로 다른 거주자의 사실상 주거의 평온을 해치는 결과가 된다는 전제에서, 공동거주자 중 주거 내에 현재하는 거주자의 현실적인 승낙을 받아 통상적인 출입방법에 따라 주거에 출입하였는데도 부재중인 다른 거주자의 추정적 의사에 반한다는 사정만으로 주거침입죄가 성립한다는 취지로 판단한 대법원 1984. 6. 26. 선고 83 도 685 판결을 비롯한 같은 취지의 대법원판결들은 이 사건 쟁점에 관한 이 판결의 견해에 배치되는 범위 내에서 모두 변경하기로 한다"(대판 2021. 9. 9. 2020 도 12630-전원합의체).

남편이 '부재 중'인 한, 남편 개인의 주거의 '사실상의' 평온이 깨어질 이유가 없으므로 침입행위라고 하기 어렵고, 따라서 주거침입죄의 성립을 부정함이 타당하다고 하겠다. 그러나 남편이 집안에 있음에도 불구하고 남편모르게 처의 양해하에 간통의 목적으로 들어간 경우에는 남편의 주거의 사실상의 평온이 침해된 것으로서 침입행위라고 보아야 하고, 따라서 주거침입죄의 성립을 긍정함이 타당하다.

(3) 미수와 기수

주거침입죄의 미수는 처벌한다($\frac{제322}{조}$). 그런데 주거침입죄의 '미수'가 언제 성립하느냐에 관하여 문제가 있다.[32] 타인의 주거에 신체의 '일부'가 들어간 때에는 미수가 되고, 신체의 전부가 들어간 때에는 기수가 된다는 견해가 다수설이다.[33]

그러나 주거침입죄의 미수·기수는 신체의 일부가 들어갔느냐 또는 전부가 들어갔느냐를 기준으로 할 것이 아니고, '보호법익'을 기준으로 해서 판단해야 한다. 주거침입죄의 보호법익이 주거의 사실상의 평온이고 보호의 정도는 침해범이라고 한다면, 타인의 주거에 신체의 전부가 들어갔다고 하더라도 주거의 '사실상의' 평온이 침해되었다고 볼 수 있기 이전의 단계에 불과하다면 주거침입죄의 미수가 되고, 주거의 평온이 사실상 침해되었을 때 기수가 된다고 함이 타당하다.[34] 예컨대 주거자의 의사에 반하여 남의 집 마당에 몇 걸음 들어갔으나 상황이 여의치 않은 것을 알아채고 그대로 물러 나왔다면, 주거의 평온이 '사실상' 깨어진 정도는 아니므로 주거침입죄의 미수에 불과하다고 보아야 하고, 신체의 전부가 들어갔다는 이유만으로 기수가 된다는 것은 법감정상 용납하기가 어렵다(현저성의 원칙). 이러한 견지에서 신체의 '일부'만이 들어갔더라도 주거의 '사실상의' 평온을 해하였다면 주거침입죄의 '기수'가 된다는 대법원판결($^{대판 1995. 9. 15,}_{94 도 2561}$)을[35] 이해할 수 있다. 이 판결은 주거침입죄의 미

---

32) "주거침입의 범의로써 예컨대, 주거로 들어가는 문의 시정장치를 부수거나 문을 여는 등 침입을 위한 구체적인 행위를 시작하였다면 주거침입죄의 실행의 착수는 있었다고 보아야 한다"(대판 2003. 10. 24, 2003 도 4417).

33) 강구진, 195면; 김성돈, 241면; 김/서, 250면; 김종원, 144면; 박상기, 237면; 배종대, 338면; 오영근, 283면; 유기천, 상권, 164면; 이재상, 236면; 정/박, 252면; 진/이, 287면.

34) 권오걸, 327면; 김성천, 821면; 이정원, 261면; 정영일, 237면.

35) "주거침입죄는 사실상의 주거의 평온을 보호법익으로 하는 것이므로 반드시 행위자의 신체의 전부가 범행의 목적인 타인의 주거 안으로 들어가야만 성립하는 것이 아니라 신체의 일부만 타인의 주거 안으로 들어갔다고 하더라도 거주자가 누리는 사실상의 주거의 평온을 해할 수 있는 정도에 이르렀다면 범죄구성요건을 충족하는 것이라고 보아야 할 것이고, …공소사실 기재

수·기수를 신체의 일부 또는 전부의 침입여부에 의하여 판단하려 하지 않고, '보호법익'을 기준으로 해서 판단한 점에서 전적으로 타당하다고 본다.

(4) 계속범

주거침입죄는 주거의 사실상의 평온이 침해되어 기수에 달한 이후에도, 침입 후 퇴거할 때까지 주거침입행위는 계속되고 종료되지 아니하는 것으로 평가되므로, '계속범'에 속한다. 따라서 공소시효의 기산점은 주거침입행위의 종료시가 되고, 퇴거하기까지 주거의 장기점거를 지원하는 일체의 행위는 주거침입죄의 방조범이 되며, 주거자는 주거침입행위의 종료시까지, 즉 퇴거할 때까지 정당방위로서 무단점거자를 강제로 축출할 수 있다.

4. 주관적 구성요건

본죄의 고의는 타인의 주거에 침입한다는 고의이다. 따라서 '주거자의 의사에 반하여' 들어간다는 인식이 있어야 한다. 주거자의 의사에 대한 착오는 구성요건적 착오에 속한다. 주거자의 의사에 반함에도 불구하고, 행위자는 주거자가 양해한 것으로 오신하고 들어가면, 본죄의 고의가 부정된다. 반대로, 주거자의 양해가 있음에도 불구하고, 행위자는 이를 인식하지 못하고 침입하는 것으로 오신하고 들어가면, 제27조(불능미수)의 준용 여부가 문제된다.

5. 위 법 성

(1) 법령에 의한 행위

형사소송법에 의한 강제처분($\substack{\text{제109조, 제216조} \\ \text{제1항, 제219조}}$)으로서, 그리고 민사집행법에 의한 강제집행($\substack{\text{제5조} \\ \text{제1항}}$)으로서 타인의 주거에 침입한 행위는 법령에 의한 행위($\substack{\text{제20} \\ \text{조}}$)로서 위법성이 조각된다. 주거침입이 정당한 쟁의행위로서 행해진 경우에 위법성이 조각될 수 있으나, 비록 정당한 쟁의행위를 이유로 하더라도 사용자와 '제3자' 간의 '공동'건조물에의 주거침입행위는 위법성이 조각되지 아니한다.[36]

와 같이 야간에 타인의 집의 창문을 열고 집 안으로 얼굴을 들이미는 등의 행위를 하였다면 피고인이 자신의 신체의 일부가 집 안으로 들어간다는 인식하에 하였더라도 주거침입죄의 범의는 인정되고, 또한 비록 신체의 일부만이 집 안으로 들어갔다고 하더라도 사실상 주거의 평온을 해하였다면 주거침입죄는 기수에 이르렀다고 할 것이다"(**대판** 1995. 9. 15, 94 **도** 2561).

36) "2인 이상이 하나의 공간에서 공동생활을 하고 있는 경우에는 각자 주거의 평온을 누릴 권리가 있으므로, 사용자가 제3자와 공동으로 관리·사용하는 공간을 사용자에 대한 쟁의행위를 이유로 관리자의 의사에 반하여 침입·점거한 경우, 비록 그 공간의 점거가 사용자에 대한 관계에서 정당한 쟁의행위로 평가될 여지가 있다 하여도, 이를 공동으로 관리·사용하는 제3자의 명

(2) 현행범체포를 위해 주거자의 의사에 반하여 타인의 주거에 침입한 경우

사인(私人)이 현행범인을 체포함에 있어서 허용되는 행위($\frac{형사소송법}{제212조}$)는 현행범을 체포하기 위하여 직접 필요한 행위에 국한된다. 즉 저항하는 범인을 체포하기 위한 폭력의 사용 또는 협박행위, 경찰관에게 인도하기까지의 체포·감금행위 등이다. 그러므로 사인이 현행범을 체포하기 위하여 타인의 주거에 침입하는 행위는 그 한계를 벗어난 행위로서 위법하다고 본다.[37] 판례도 이러한 입장이다.[38]

(3) 권리실행과 주거침입

채권자가 변제기가 도래한 채무를 변제받기 위하여 채무자의 의사에 반하여 채무자의 집에 들어간 경우에 주거침입죄의 성부가 문제된다. 비록 정당한 목적이라고 하더라도 타인의 사생활을 침해하는 주거침입의 수단은 사회상규에 위배된다고 보아, 주거침입죄의 성립을 긍정하는 것이 타당하다고 본다.[39]

대법원은 "판결요지: 이혼 후 자녀를 직접 양육하지 아니하는 부모 중 일방은 자녀와 직접 면접·서신교환 또는 접촉하는 권리인 면접교섭권($\frac{민법 837조}{의 2 제1항}$)을 가지므로, 이혼 후 자녀를 양육하지 아니하는 모(母, 피고인)가 부(父)의 허락 없이 그 주거에 들어가 자녀들의 양육에 필요한 최소한의 행위만을 한 경우에 주거침입죄의 고의가 없거나 형법 제20조 소정의 정당한 행위로서 위법성이 조각된다"라고 한다($\frac{대판 2003. 11. 28,}{2003 도 5931}$).

시적 또는 추정적인 승낙이 없는 이상, 위 제3자에 대하여서까지 이를 정당행위라고 하여 주거침입의 위법성이 조각된다고 볼 수는 없다"(대판 2010. 3. 11, 2009 도 5008).

37) 현행범 체포를 위한 주거침입이 정당화된다고 하는 반대설로는 백형구, 형사소송법강의, 제8정판, 박영사, 2001, 244면; 신양균, 신판 형사소송법, 화산미디어, 2009, 170면.

38) ① "판결요지: 현행범을 추적하여 그 범인의 부의 집에 들어가서 동인과 시비 끝에 상해를 입힌 경우에 주거침입죄가 성립한다"(대판 1965. 12. 21, 65 도 899). ② 한편 간통현장을 잡기 위해 상간자의 주거에 침입한 행위가 수단의 상당성·긴급성·불가피성을 인정할 수 없으므로 제20조의 정당행위로 볼 수 없다고 한 판결로는 대판 2003. 9. 26, 2003 도 3000 참조.

39) "주거침입죄는 사실상의 주거의 평온을 보호법익으로 하는 것이므로 그 거주자 또는 간수자가 건조물 등에 거주 또는 간수할 권리를 가지고 있는가의 여부는 범죄의 성립을 좌우하는 것이 아니며, 점유할 권리없는 자의 점유라고 하더라도 그 주거의 평온은 보호되어야 할 것이므로, 권리자가 그 권리실행으로서 자력구제의 수단으로 건조물에 침입한 경우에도 주거침입죄가 성립한다"(대판 1985. 3. 26, 85 도 122). "일단 적법하게 거주 또는 간수를 개시한 후, 그 후에 그 권원을 상실하여 사법상 불법점유가 되더라도 적법한 절차에 의하여 그 점유를 풀지 않는 한 그의 점유하에 있다고 볼 것이고, 이러한 경우에도 그 주거의 평온은 보호되어야 할 것이므로, 권리자가 부적법을 배제하기 위하여 정당한 절차에 의하지 아니하고 그 주거 또는 건조물에 침입한 경우에도 주거침입죄가 성립한다 할 것"(대판 1983. 3. 8, 82 도 1363).

6. 죄　수

범죄(예컨대 절도나 강도)를 범할 목적으로 주거에 침입하여 의도했던 범죄를 범한 경우에는 주거침입죄와의 실체적 경합범이 성립한다. 다만 야간주거침입절도죄($\frac{제330}{조}$)와 야간주거침입강도죄($\frac{제334조}{제1항}$)에 있어서는 주거침입행위가 '결합범'의 내용으로 규정되어 있기 때문에 별도의 주거침입죄가 성립하지 않는다.

주거에 침입하기 위하여 자물쇠를 부수는 등 손괴행위를 하면, 주거침입죄와 손괴죄의 실체적 경합범이 된다. 다만 야간에 건조물의 일부를 손괴하고 주거에 침입하여 절취하면, 제331조 제1항의 특수절도죄(3개 행위의 결합범)가 성립한다.

7. 형　벌

3년 이하의 징역 또는 500만원 이하의 벌금이다.

주거침입죄가 '2인 이상이 공동하여' 행해진 경우에는 '폭력행위 등 처벌에 관한 법률' 제2조 제2항에 의하여 각 해당 조항에서 정한 형의 2분의 1까지 가중처벌되고, 소정의 '누범' 성립요건을 갖춘 경우에는 동조 제3항에 의하여 가중처벌된다.

Ⅱ. 퇴거불응죄

> 제319조 제2항 [퇴거불응] "전항의 장소에서 퇴거요구를 받고 응하지 아니한 자도 전항의 형과 같다."

1. 의　의

퇴거불응죄는 "타인의 주거에서 퇴거요구를 받고 응하지 아니함으로써 성립하는 범죄"이다. 타인의 주거에 들어갈 때에는 상대방의 동의를 받는 등 적법하였으나 타인의 주거에 머무는 동안 퇴거요구를 받고 응하지 않는 경우에 성립한다.[40] 따라서 처음에 타인의 의사에 반하는 주거침입이 있었으면, 그 후

---

40) "판결요지: 근로자들의 직장점거가 개시 당시 적법한 것이었다 하더라도 사용자가 이에 대응하여 적법하게 직장폐쇄를 하게 되면, 사용자의 사업장에 대한 물권적 지배권이 전면적으로

퇴거요구에 불응하더라도 주거침입죄만이 성립한다. 제319조 제1항과 제2항은 법조경합 중 보충관계에 있는 것으로 이해해야 한다.

본죄의 보호법익도 '주거의 사실상의 평온'이고, 보호의 정도는 '침해범'이다.

2. 구성요건

타인의 주거에서 퇴거요구를 받고 응하지 아니하는 것이다. 타인의 주거에서 퇴거요구를 받으면 퇴거할 작위의무가 생긴다. 퇴거요구에 응하지 '아니하는' 것은 바로 이 작위의무에 반하는 부작위행위이다. 즉 퇴거불응죄는 조문의 규정형식이 부작위로 되어 있으므로, '진정부작위범'에 속한다.

퇴거요구는 1회로도 족하지만, 반드시 '주거자'의 의사에서 나온 것이어야 한다. 따라서 임대차기간이 종료하여 임대인이 가옥의 명도를 요구함에도 불구하고 임차인이 불응하는 경우에 주거자는 임차인이기 때문에 퇴거불응죄가 성립하지는 않는다. 반면에 숙박계약이 종료됨에 따라 고객이 숙박업소의 관리자로부터 퇴거요구를 받고 이에 불응하는 경우에는 퇴거불응죄가 성립할 수 있다.[41] 퇴거요구의 방법은 구두·문서 이외에 거동으로도 가능하다. 퇴거요구의 의사는 명시적이거나 묵시적이거나를 불문하지만,[42] 상대방이 인식할 수 있는 정도에 이르러야 한다.

본죄는 퇴거요구를 받고 응하지 않음으로써 기수가 된다. 그리고 퇴거하지 아니하는 동안 퇴거불응의 부작위행위는 종료하지 아니하고 계속되는 것으로 평가된다(계속범). 퇴거불응으로 기수가 된 이후에도 퇴거하기까지 주거자는 정당방위를 할 수 있다.

회복되는 결과 사용자는 점거 중인 근로자들에 대하여 정당하게 사업장으로부터의 퇴거를 요구할 수 있고 퇴거를 요구받은 이후의 직장점거는 위법하게 되므로, 적법히 직장폐쇄를 단행한 사용자로부터 퇴거요구를 받고도 불응한 채 직장점거를 계속한 행위는 퇴거불응죄를 구성한다" (대판 1991. 8. 13, 91 도 1324).

41) 숙박계약의 특수성을 고려하면, 고객이 개별 객실을 점유하고 있더라도 숙박업소 및 객실의 구조 및 성격, 고객이 개별 객실을 점유하게 된 경위 및 점유 기간, 퇴실시간의 경과 여부, 숙박업자의 관리 정도, 고객에 대한 퇴거요구의 사유 등에 비추어 오히려 고객의 개별 객실에 대한 점유가 숙박업자의 전체 숙박업소에 대한 사실상 주거의 평온을 침해하는 것으로 평가할 수 있는 특별한 사정이 있는 경우에는 숙박업자가 고객에게 적법하게 퇴거요구를 하였음에도 고객이 응하지 않을 때 퇴거불응죄가 성립할 수 있다(대판 2023. 12. 14, 2023 도 9350).

42) 오영근, 285면; 이재상, 244면; 진/이, 291면. 이에 대하여 명시적 의사임을 요한다는 견해로는 정/박, 254면.

3. 미 수 범

퇴거불응죄의 미수범은 처벌한다($\frac{제322}{조}$). 퇴거불응죄는 진정부작위범으로서 퇴거요구에 응하지 않으면 즉시 기수가 되기 때문에 미수범은 성립할 여지가 없다는 견해($\frac{다수}{설}$)가 있다.[43] 그러나 본죄의 보호법익을 주거의 사실상의 평온으로 보고 보호의 정도를 침해범이라고 한다면, 퇴거불응이 주거의 '사실상의 평온'을 '침해'했다고 할 만한 단계에 이르기 '전에' 주거 밖으로 축출당한 경우에는 본죄의 미수범이 성립한다고 할 것이므로, 앞의 견해는 타당하지 않다.

Ⅲ. 특수주거침입죄

제320조 [특수주거침입] "단체 또는 다중의 위력을 보이거나 위험한 물건을 휴대하여 전조의 죄를 범한 때에는 5년 이하의 징역에 처한다."

1. 의 의

본죄는 "단체 또는 다중의 위력을 보이거나 위험한 물건을 휴대하여 주거침입죄 또는 퇴거불응죄를 범한 경우에 성립하는 범죄"이다. 주거침입죄 또는 퇴거불응죄에 대한 방법적 가중유형이다.

2. 구성요건

단체 또는 다중의 위력을 보이거나 위험한 물건을 휴대한다는 행위방법에 관한 설명은 특수폭행죄($\frac{제261}{조}$)에서와 같다. 다만 주거침입죄는 계속범이므로 위험한 물건의 휴대는 주거침입시에 반드시 있어야 하는 것은 아니고, 침입 후 침입이 종료하기까지-즉 퇴거하기까지-휴대사실이 발생하면 족하다.

위험한 물건을 휴대한다는 사실에 대한 인식·인용으로 족하고, 위험한 물건을 주거침입에 사용할 고의는 필요하지 않다.

단체 또는 다중의 위력을 보이는 행위방법에 있어서는 '1인이' 단체 또는 다중의 위력을 보이고 주거에 침입하면 성립하는 것이고, 단체 또는 다중이 주거에 침입할 것을 요하는 것은 아니다.

43) 백형구, 392면; 서일교, 96면; 이재상, 244면; 이정원, 267면; 정/박, 255면; 황산덕, 257면.

판례는 수인 중 일부가 주거에 침입하고 나머지 일부는 망을 본 경우에 특수주거침입죄의 구성요건이 충족되었다고 볼 수 있는지의 여부는 주거에 침입한 범인을 기준으로 하여 그 범인이 위험한 물건을 휴대하였느냐에 따라 결정해야 한다고 한다.[44]

Ⅳ. 주거·신체수색죄

제321조 [주거·신체수색] "사람의 신체, 주거, 관리하는 건조물, 자동차, 선박이나 항공기 또는 점유하는 방실을 수색한 자는 3년 이하의 징역에 처한다."

1. 의 의

본죄는 "사람의 신체·주거·관리하는 건조물·자동차·선박이나 항공기 또는 점유하는 방실을 수색함으로써 성립하는 범죄"이다. 보호법익은 '주거의 사실상의 평온 또는 신체의 불가침성'이다. 보호의 정도는 '침해범'이다. 본죄의 미수범은 처벌한다(제322조).

2. 구성요건

행위의 객체는 사람의 신체·주거·관리하는 건조물·자동차·선박이나 항공기 또는 점유하는 방실이다. 실행행위는 수색이다. '수색'이란 사람·물건 기타 목적한 대상을 발견하기 위하여 사람의 신체나 일정한 장소를 조사하는 행위이다.

3. 위 법 성

타인의 주거 또는 신체를 수색함에 있어서 법령상의 수색권(예: 형사소송법 제109조, 제215조, 제219조: 민사집행법 제5조)이 있는 경우에는 본죄의 위법성이 조각된다(제20조). 상대방의 승낙은 구성요건해당성을 배제하는 양해가 아니라 제24조의 위법성조각사유가 된다고 본다.[45] '수색'이란 행위가 상대방의 의사에 반할 것을 개념요소로 한다고 보지

44) 대판 1994. 10. 11, 94 도 1991.
45) 배종대, 348면. 구성요건해당성이 배제되는 양해라고 하는 견해로는 김성돈, 246면; 김성천, 827면; 백형구, 394면; 오영근, 288면; 이재상, 245면; 이형국, 304면; 정/박, 256면; 진/이, 293면.

는 않기 때문이다.

정당한 목적을 달성하기 위한 수색이라고 하더라도 그 절차와 수단이 사회통념상 용인되지 않는 경우에는 수색행위의 위법성이 조각되지 않는다.[46]

4. 죄 수

타인의 주거에 침입하여 주거를 수색한 경우에는 주거침입죄와 주거수색죄의 실체적 경합범이 성립한다(통설). 강도가 강취할 금품을 찾기 위하여 피해자의 신체를 강제로 수색하였다면, 신체수색죄는 강도죄에 흡수된다(법조경합 중 흡수관계).

---

46) "방실수색의 점에 관하여…회사의 정기주주총회에 적법하게 참석한 주주라고 할지라도 주주총회장에서의 질문, 의사진행 발언, 의결권의 행사 등의 주주총회에서의 통상적인 권리행사 범위를 넘어서서 회사의 구체적인 회계장부나 서류철 등을 열람하기 위하여는 별도로 상법 제466조 등에 정해진 바에 따라 회사에 대하여 그 열람을 청구하여야 하고, 만일 회사에서 정당한 이유 없이 이를 거부하는 경우에는 법원에 그 이행을 청구하여 그 결과에 따라 회계장부 등을 열람할 수 있을 뿐, 주주총회 장소라고 하여 회사측의 의사에 반하여 회사의 회계장부를 강제로 찾아 열람할 수는 없다고 할 것이며, 설사 회사측이 회사 운영을 부실하게 하여 소수주주들에게 손해를 입게 하였다고 하더라도, 위와 같은 사정만으로 주주총회에 참석한 주주가 강제로 사무실을 뒤져 회계장부를 찾아내는 것이 사회통념상 용인되는 정당행위로 되는 것은 아니라고 할 것이다"(**대판** 2001. 9. 7, 2001 도 2917).

제 3 편

재산적 법익에 대한 범죄

제1장 총 설

Ⅰ. 재산범죄의 의의

재산적 법익에 대한 범죄, 즉 재산적 법익을 침해하거나 위태롭게 하는 범죄를 '재산(범)죄'라고 한다. 형법전에 규정되어 있는 재산범죄(제323조-제372조)를 유형별로 보면, 절도죄, 강도죄, 사기죄, 공갈죄, 횡령죄, 배임죄, 장물죄, 손괴죄, 권리행사방해죄 등 9가지가 있다.

Ⅱ. 재산범죄의 분류

재산범죄는 이론상 영득죄와 손괴죄, 재물죄와 이득죄(이익죄), 탈취죄와 편취죄로 분류할 수 있다.

1. 영득죄와 손괴죄

타인의 재물을 자기의 것으로 '영득'하고자 하는 범죄를 '영득죄'라고 하고, 타인의 재물을 취하려는 것이 아니라 그 효용가치만을 '훼손'하고자 하는 범죄를 '손괴죄'라고 한다. 영득죄가 성립하기 위해서는 '불법영득의 의사'를 필요로 한다. 절도죄, 강도죄, 사기죄, 공갈죄, 횡령죄가 영득죄에 속한다.

2. 재물죄와 이득죄(이익죄)

재산죄의 객체를 기준으로 한 구별인데, 개개의 '재물'을 객체로 하는 범죄를 '재물죄'라고 하고, 전체로서의 '재산상의 이익'을 객체로 하는 범죄를 '이득죄'(이익죄)라고 한다. 통설은 재산범죄를 재물죄와 이득죄로 구별하여, 재물만을 객체로 하는 재산죄, 즉 재물죄로는 절도죄, 횡령죄, 장물죄, 손괴죄가 있고, 재산상의 이익만을 객체로 하는 재산죄, 즉 이득죄로는 배임죄가 있으며, 재물죄이면서 이득죄로 규정된 재산죄로는 강도죄, 사기죄, 공갈죄가 있다고 한다.

그러나 본서는 후술하는 바와 같이 '재산상의 이익'을 '재물'이 포함되는 '일반개념'으로 파악하고 있기 때문에 재산범죄에 있어서 (순)이득죄는 있을 수 없다는 입장이다. 그 결과 종래 재물죄, 이득죄, 재물죄이면서 이득죄라는 재산범죄의 3분법은 타당치 못하고, '재물죄' 또는 '재물죄이면서 이득죄'라는 2분법으로 대치되어야 할 것으로 본다. 재산범죄의 2분법에 따르면, 재물죄로서는 절도죄, 횡령죄, 장물죄, 손괴죄가 있고, 재물죄이면서 이득죄로서는 강도죄, 사기죄, 공갈죄, 배임죄, 컴퓨터사용사기죄가 있다. 재산범죄의 2분법에 있어서 용어상으로는 '재물죄'와 '재물·재산이익죄'로 명명하는 것이 적합하다고 생각한다.

3. 탈취죄와 편취죄

영득죄 중에서도 상대방의 의사에 '반한' 영득인가 또는 상대방의 의사에 '기한' 영득인가에 따라 분류하는 방법이다. 재산의 취득이 상대방의 의사에 반한 경우에 '탈취죄'라고 하며, 절도죄, 강도죄, 횡령죄가 이에 속한다. 재산의 취득이 상대방의 의사에 기한 것이지만 기망이나 협박에 의한 '하자있는 의사'에 기하여 사취(詐取)·갈취(喝取)한 경우에 '편취죄'라고 하고, 사기죄와 공갈죄가 이에 속한다.

Ⅲ. 재물과 재산상의 이익

재산범죄의 보호법익은 널리 '재산권'이다. 재산권의 대상은 개개의 '재물'(물건)과 전체로서의 '재산상의 이익'(재산적 이익)으로 나누어진다. 형법은 재산죄의 '행위의 객체'를 규정함에 있어서 '재물'과 '재산상의 이익'이라는 두 가지 개념을 구별하여 사용하고 있다.[1]

재물(spezialisierte Vermögensgüter)이란 "시각과 촉각에 의하여 특정화될 수 있는 개개의 재화 및 관리할 수 있는 동력"을 말하며, 상세히는 절도죄에서

---

[1] 두 개념을 다룬 논문으로는 김태명, "재물과 재산상 이익의 개념과 양자의 교착", 형사법연구, 제26권 제2호, 한국형사법학회, 2014. 6.; 김태명, "재물 및 재산상 이익의 개념과 횡령죄와 배임죄의 관계", 형사법연구, 제31권 제4호, 한국형사법학회, 2019. 12.

언급하기로 한다. 재산상의 이익(Vermögensvorteil; Vermögen als Ganzes)이란 "재물뿐만 아니라 전체적으로 고찰할 때 재산상태의 증가를 가져오는 일체의 이익 내지 가치"를 의미하며, 상세히는 사기죄에서 다루기로 한다.

본서는 위와 같이 재물 개념과 재산상의 이익 개념을 정의하고 있지만, 형법 학계와 실무계는 아직 재물 개념과 재산상의 이익 개념을 제대로 파악하지 못하는 혼란상을 노정하고 있으며, 그 결과 재산범죄의 문제해결에 큰 어려움을 던져주고 있다. 예컨대 ① '컴퓨터사용사기죄'($\frac{제347조}{의 2}$)에서의 취득 객체가 '재산상의 이익'으로 규정되어 있으므로, 타인명의의 신용카드와 비밀번호를 불법사용하여 현금자동인출기에서 '현금(재물)'을 인출·취득하는 행위의 죄책을 논함에 있어서, 현금(재물)은 재산상의 이익에 포섭될 수 없다는 입장을 취한다면, 컴퓨터사용사기죄의 성립을 부정하게 된다. 이러한 결론에 대하여 학계[2]와 대법원[3]의 견해가 분분하다. 그리고 ② '부동산의 이중매매'의 죄책에 있어서 매도인이 후매수인으로부터 '중도금(재물)'을 수령한 단계에서 배임죄의 성립을 긍정하는 견해가 통설[4]과 판례[5]인데, '배임죄'($\frac{제355조}{제2항}$)에서의 취득 객체가 '재산상의 이익'으로 규정되어 있으므로, 중도금(재물)을 재산상의 이익에 포섭시켜 해석할 수 있는가라는 근원적 의문이 제기된다.

재물 개념과 재산상의 이익 개념의 혼란상은 두 개념을 상호 배타적인 개념으로 파악하는 데에서 배태되는 것으로 생각한다. 본서는 개정판까지에서는 두 개념을 상호 배타적인 개념으로서 양자 택일의 관계에 있는 것으로 파악하였지만, 제3정판에서부터는 재물 개념과 재산상의 이익 개념을 '특수개념과 일반개념의 관계'에서 포착하고자 한다.[6] 바꾸어 표현하자면 '재산상의 이익은 유개념이고, 재물은 종개념'으로 이해하고자 한다. 일반개념·유개념은 특수개

2) 이 때 컴퓨터사용사기죄의 성립을 부정하는 학자로는 김성돈, 354면; 박상기, 333면; 진/이, 424면. 긍정하는 학자로는 김/서, 453-4면; 배종대, 491면; 손동권, 281면; 오영근, 434면; 이재상, 357면; 정/박, 384면.
3) 이 때 컴퓨터사용사기죄의 성립을 부정하는 판결은 대판 2003. 5. 13, 2003 도 1178. 긍정하는 판결은 대판 2006. 3. 24, 2005 도 3516.
4) 김성돈, 425면; 김/서, 491면; 박상기, 411면; 배종대, 546면; 손동권, 466면; 이재상, 430면; 이형국, 438면; 정/박, 470면; 정영일, 401면; 진/이, 503면.
5) 대판 1986. 10. 28, 86 도 936; 1986. 7. 8, 85 도 1873; 1984. 5. 15, 84 도 315; 1983. 10. 11, 83 도 2057; 1980. 5. 27, 80 도 290 등.
6) 이러한 견해 변경은 저자의 논문, "재산범죄에 있어서 '재물'과 '재산상의 이익' 개념에 대한 비판적 고찰", 형사법연구, 제21권 제4호, 한국형사법학회, 2009. 12. 31, 359-74면에서 비롯한다.

념・종개념을 포섭한다.[7] 재물 개념은 재산상의 이익 개념에 포섭되지만, 재산상의 이익 개념은 재물 개념에 포섭되지 않는다. 형법상으로는 제333조 "폭행 또는 협박으로 타인의 재물을 강취하거나 기타 재산상의 이익을 취득하거나 제삼자로 하여금 이를 취득하게 한 자는 3년 이상의 유기징역에 처한다"라는 강도죄의 구성요건 중 "재물을 강취하거나 기타 재산상의 이익"이라는 부분에서 "기타"라는 문구에 유의하여, 재산상의 이익 개념은 재물을 포섭하는 일반개념이라고 해석하는 실정법적 근거로 삼을 수 있다고 본다.

형법상 '재산상의 이익' 또는 '재산상의 손해'―재산상의 이익은 범죄자의 입장에서 본 것이고, 재산상의 손해는 피해자의 입장에서 본 것이다―를 경제적 관점에서 파악할 것인가 아니면 법률적 관점에서 파악할 것인가에 관하여 논란이 있다. 즉「형법적 재산개념」에 대하여는 다음과 같은 견해가 대립한다.

(1) **법률적 재산개념설**

이 학설은 **법률상 권리로서 인정되는 경제적 이익만을 형법상 재산으로 본다.** 여기에서 권리란 법률적 의미이므로, 법적으로 승인되지 않는 불법재산이나 권리가 아닌 사실상의 이익 및 노동력 등은 형법상 재산개념에 포함되지 않는다고 한다. 그 결과 법률적 재산개념설에 의하면, 화대의 지불의사없이 매춘부와의 정교를 사취한 경우[매춘부사례]에 매춘부의 불법한 성적 서비스는 형법상 재산상의 이익에 속하지 아니한다고 보아 사기죄의 성립을 부정한다.

(2) **경제적 재산개념설**[8]

이 학설은 형법상 재산이란 권리 이외에 사실상의 이익과 노동력 등 경제적 가치가 있는 모든 재화를 의미한다고 보고, 그 재화가 법률적으로 보호 내지 승인되느냐는 묻지 않으며 순수히 경제적 관점에서 재산개념을 파악하고자 한다. 따라서 정당한 재화 이외에 반사회질서의 법률행위($\frac{민법}{제103조}$)를 근거로 무효인 청구권 기타 불법으로 획득한 재화(불법재산)도 재산에 포함시킨다. 경제적 재산개념설에 의하면, 매춘부사례에서 매춘부의 불법한 성적 서비스도 형법상 재산상의 이익에 속한다고 보아 사기죄의 성립을 긍정한다.

---

7) 비유적으로 말하자면 재물 개념과 재산상의 이익 개념은 법조경합 중 특별법과 일반법의 관계―특별관계―에 있다.

8) 권오걸, 440면; 김성돈, 291면; 손동권, 316면; 오영근, 300면; 이재상, 299면; 정/박, 270-1면; 정영일, 278면; 진/이, 301면. 독일에서 이 입장에 선 학자로는 Dreher/Tröndle, StGB, §263 Rn. 27, 29; Haft, BT, S. 214; Krey, BT-2, Rn. 433.

판례는 사기죄에 있어서 "사기죄의 객체가 되는 재산상의 이익이 반드시 사법상 보호되는 경제적 이익만을 의미하지 아니하고, 부녀가 금품 등을 받을 것을 전제로 성행위를 하는 경우 그 행위의 대가는 사기죄의 객체인 경제적 이익에 해당하므로, 부녀를 기망하여 성행위 대가의 지급을 면하는 경우 사기죄가 성립한다"(대판 2001. 10. 23.
2001 도 2991)라고 하고, 배임죄에 있어서 "재산상의 손해를 가한 때라 함은 현실적인 손해를 가한 경우뿐만 아니라 재산상 실해 발생의 위험을 초래한 경우도 포함되고, 재산상 손해의 유무에 대한 판단은 본인의 전 재산상태와의 관계에서 법률적 판단에 의하지 아니하고 경제적 관점에서 파악하여야 하며, 따라서 법률적 판단에 의하여 당해 배임행위가 무효라 하더라도 경제적 관점에서 파악하여 배임행위로 인하여 본인에게 현실적인 손해를 가하였거나 재산상 실해발생의 위험을 초래한 경우에는 재산상의 손해를 가한 때에 해당되어 배임죄를 구성하는 것"(대판 1999. 6. 22. 99 도 1095. 同旨. 대판 1995.
12. 22. 94 도 3013: 1992. 5. 26. 91 도 2963)이라고 하며, 또 강도죄에 있어서 "재산상의 이익은 반드시 사법상 유효한 재산상의 이득만을 의미하는 것이 아니고, 외견상 재산상의 이득을 얻을 것이라고 인정할 수 있는 사실관계만 있으면 된다"(대판 2020. 10. 15. 2020 도 7218: 1997.
2. 25. 96 도 3411: 1987. 2. 10. 86 도 2472)라고 함으로써, 경제적 재산개념설의 입장에 서 있다.

(3) 법률적·경제적 재산개념설[9]

이 학설은, 경제적 재산개념설이 형법의 독자적 입장에서 재산개념을 파악하기 때문에 민법상 불법인 재산까지도 보호하게 되는 문제점, 즉 형법과 민법의 괴리라고 하는 문제점을 메우기 위하여 경제적 관점에 '규범적 평가'의 관점을 더하여 보완하고자 한다. 이 학설에 의하면, 경제적 가치가 있고 '법질서의 보호를 받는' 모든 재화와 지위를 재산으로 파악한다. 물권, 채권, 기대권, 사회질서에 반하지 않는 목적에 제공된 노동력, 구체화되어 있고 '법적으로 정당'한 근거가 있다면 '사실상의 수익가능성'까지도 형법상 재산에 포함시키는 점에 학설의 특징이 있다. 법률적·경제적 재산개념설에 의하면, 매춘부사례에서 불법한 성적 서비스는 법질서의 보호를 받지 못하기 때문에 형법상 재산상의 이익이 되지 못하고, 따라서 사기죄의 성립을 부정하게 된다.[10]

9) 강구진, 250면; 김성천, 882면; 김/서, 319면; 박상기, 249면; 배종대, 411-2면; 이형국, 351면. 독일에서의 다수설이다(Sch/Sch/Cramer, StGB, §263 Rn. 82 ff.; Lackner, LK, §263 Rn. 123, 132 ff.; Samson, SK, §263 Rn. 112 ff.; Wessels, BT-2, S. 137 등).
10) 독일연방법원의 판결로는 '경제적 재산개념설'에 입각한 것(BGH St 2/364)도 있지만, 매

(4) 사 견

위 학설대립의 초점은 두 가지로 모아진다. 즉 ① 형법상 재산개념을 권리 이외에 '경제적 가치있는 사실상의 이익과 노동력' 등으로 확장할 것인가 하는 점과 ② 사법(私法)상 불법이거나 승인되지 않는 재산은 법질서의 통일을 기하기 위하여 형법상으로도 재산개념에서 제외시켜, 보호하지 않을 것인가 하는 점이다.

생각건대 ① 사법상 권리는 아니더라도 사실상 구체적인 경제적 이익을 가져오는 한, 형법상 재산개념에 포함시켜 그 침해로부터 보호할 필요가 있고, ② 사법상 비록 불법이거나 승인되지 않는 재산이라도 이에 대한 범행 자체는 형법의 독자적인 견지에서 처벌하는 것이 타당하다고 본다.[11] 재산범죄에 있어서 '민법에 대한 형법의 독자성'은 장물에 대한 절도죄·사기죄·공갈죄 등의 성립, 그리고 불법원인급여물에 대한 사기죄·횡령죄 등의 성립을 긍정하는 사고와 궤를 같이한다고 하겠다. 결론적으로 '경제적 재산개념설'이 타당하다.

춘부사례(Dirnenlohnfall: BGH vom 28. 4. 1987)에서 사기죄의 성립을 부정하면서 '법률적·경제적 재산개념설'의 내용을 밝힌 것(Juristische Rundschau, 1988, S. 125 참조)이 주목된다.

11) 이러한 사고를 "범죄에 대한 범죄도 범죄이다"라는 문장으로 대변하고자 한다.

제2장 절도의 죄

제1절 개 설

I. 의의, 성격

절도죄는 타인의 재물을 절취하는 것을 내용으로 하는 범죄이다. 절도죄는 행위의 객체가 재물에 국한되는 '재물죄'라는 점에서 이득죄와 구별된다. 또 점유자의 의사에 반하여 재물을 취득하는 '탈취죄'라는 점에서 사기·공갈과 같은 편취죄와 구별된다. 그리고 불법영득의 의사를 필요로 하는 '영득죄'라는 점에서 손괴죄와 구별된다.

II. 절도죄의 보호법익과 보호의 정도

절도죄의 보호법익과 보호의 정도에 관하여는 학설상 논란이 심하다. 학설의 대립은 ① 불법영득의사의 필요 여부 ② 친족상도례의 적용범위 등과 관련하여 논의의 실익이 크다.

(1) 소유권설[1]

절도죄의 보호법익은 '소유권'이며, 점유는 행위의 객체로서 보호의 객체인 소유권과는 구별해야 한다고 한다. 이 입장에서도 법익에 대한 보호의 정도와 관련하여 절도죄를 위험범으로 파악하는 견해와[2] 침해범으로 파악하는 견해가[3] 대립한다.

---

1) 김성천, 831면; 김/서, 272면; 박상기, 250면; 배종대, 351면; 이재상, 247면; 정영일, 249면; 진/이, 317면.
2) 김성천, 832면; 유기천, 상권, 189면; 이재상, 248면; 정영일, 249면.
3) 김/서, 272면; 박상기, 250면; 배종대, 352면; 이정원, 271면; 진/이, 318면.

위험범설에서는 절도에 의하여 재물의 소유자가 민법상 소유권을 상실하는 것은 아니고, 절도죄의 기수는 절취만으로 완성되는 것이지 소유권이 침해될 것을 요하지 않는다는 것을 논거로 든다. 이에 반하여 침해범설에서는 절취행위에 의하여 점유가 배제된 상태는 소유권행사의 침해 내지 재산상의 침해를 받은 것이라고 볼 수 있다는 것을 논거로 한다.

(2) 점유설[4]

절도죄의 보호법익은 '점유'라고 한다. 절취는 타인의 점유에 대한 침해를 내용으로 하기 때문에 보호의 정도와 관련하여 절도죄는 당연히 침해범이 된다. 이 학설은 후술하는 바와 같이 절도죄의 성립에 있어서 불법영득의 의사가 필요하지 않다는 견해를 취하게 된다.

(3) 소유권 및 점유설[5]

절도죄의 보호법익은 '소유권 및 점유'라고 한다. 여기에서 소유권은 주된 보호법익, 점유는 부차적인 보호법익으로 파악된다. 이 학설에 의하면, 점유는 절도죄의 보호의 객체이면서 행위의 객체(의 한 요소)가 되기도 한다. 보호의 정도는 소유권의 측면에서는 위험범이고, 점유의 측면에서는 침해범이다.

(4) 사 견

다음과 같은 논거에서 소유권 및 점유설이 타당하다고 본다. ① 권리행사방해죄(제323조: 5년 이하의 징역) 및 횡령죄(제355조 제1항: 5년 이하의 징역)와의 '체계해석상' 절도죄(제329조: 6년 이하의 징역)의 보호법익을 소유권 및 점유로 파악하지 않을 수 없다. 즉 권리행사방해죄는 '타인이 점유하고 있는 자기소유의 재물'을 취거하는 경우에 성립하고, 횡령죄는 '자기가 점유하고 있는 타인소유의 재물'을 영득하는 경우에 성립하며, 절도죄에서 행위의 객체로 규정된 '타인의 재물'은 권리행사방해죄 및 횡령죄와의 체계해석상 '타인이 점유하고 있는 타인소유의 재물'을 영득하는 경우에 성립하는 것으로 보아야 하는데, 이렇게 볼 때 권리행사방해죄의 보호법익은 점유(정확히는 소유권 이외의 점유할 수 있는 본권(本權))이고, 횡령죄의 보호법익은 소유권이며, 절도죄의 보호법익은 소유권 이외에 점유도 포함된다고 해석하지 않을 수 없다. 절도죄의 법정형이 다른 두 범죄에 비하여 높은 것도 이러한 해석을 뒷받침한다. ② 절

---

4) 정창운, 132면.
5) 강구진, 260면; 권오걸, 341면; 김성돈, 250면; 김종원, 178면; 서일교, 138면; 손동권, 262면; 오영근, 322-3면; 이형국, 312면; 정/박, 278면; 정영석, 331면. 독일의 다수설이다.

도죄의 실행행위인 '절취'는 그 개념상 점유의 침해를 내포하고 있으므로 점유도 보호법익이 된다고 보아야 한다. ③ 점유를 상실한 소유권은 그 의미의 태반을 상실하게 된다. 즉 피해자의 입장에서는 민법상 소유권을 상실하지 않는다고 하더라도 사실상 점유의 상실만으로 불편과 고통을 받게 되고 또 권리를 침해당했다는 법감정을 갖는 이상, 점유도 절도죄로부터 보호해야 할 법익이라고 보아야 한다. ④ 점유설의 주장대로 점유만을 보호법익으로 보게 되면, 손괴의 의사로 타인의 재물을 취거한 경우에도 점유의 침해는 존재하기 때문에 절도죄의 성립을 인정하게 됨으로써 결과적으로 절도죄와 '손괴죄'의 구별이 불가능하게 될 뿐만 아니라, 타인의 점유만을 침해하고 타인의 소유권에 대한 부정(否定)이 없는 단순한 '사용절도'의 경우에도 절도죄의 성립을 긍정하게 되는 문제점이 있다.

대법원의 입장은, "절도죄는 재물의 점유를 침탈함으로 인하여 성립하는 범죄이므로 재물의 점유자가 절도죄의 피해자가 되는 것이나 절도죄는 점유자의 점유를 침탈함으로 인하여 그 재물의 소유자를 해하게 되는 것이므로 재물의 소유자도 절도죄의 피해자로 보아야 할 것"(대판 1980. 11. 11, 80도131)이라는 표현을 하고 있는 것으로부터 미루어 보건대, 절도죄의 보호법익을 소유권 및 점유로 파악하는 것으로 이해된다.

Ⅲ. 절도죄의 체계

절도죄의 기본유형은 제329조의 단순절도죄이다. 그 가중유형으로서 야간주거침입절도죄(제330조), 특수절도죄(제331조), 상습절도죄(제332조)가 규정되어 있으며, 그 감경유형으로는 자동차 등 불법사용죄(제331조의2)가 있다.

절도죄의 미수범은 처벌한다(제342조). 절도죄에는 친족상도례가 준용되며(제344조), 관리할 수 있는 동력은 재물로 간주된다(제346조).

5명 이상이 공동하여 상습적으로 형법 제329조부터 제331조까지의 죄 또는 그 미수죄를 범한 사람은 2년 이상 20년 이하의 징역에 처한다(특정범죄가중처벌 등에 관한 법률 제5조의4 제2항). 형법 제329조부터 제331조까지의 죄 또는 그 미수죄로 세 번 이상 징역형을 받은 사람이 다시 이들 죄를 범하여 누범(累犯)으로[6] 처벌하는 경우에는 2년 이상 20년 이하의 징역에 처한다(_{특가법}제5항_{제1호}). 상습적으로 형법 제329조부터 제331조까지의 죄나 그 미수죄 또는 제2항의 죄로 두 번 이상 실형을 선고받고 그 집행이 끝나거나 면제된 후 3년 이내에 다시 상습적으로 형법 제329조부터 제331조까지의 죄나 그 미수죄 또는 제2항의 죄를 범한 경우에는 3년 이상 25년 이하의 징역에 처한다(_{동조}제6항).

제 2 절 개별적 범죄유형

Ⅰ. 단순절도죄

제329조 [절도] "타인의 재물을 절취한 자는 6년 이하의 징역 또는 1천만원 이하의 벌금에 처한다."

1. 의의, 성격, 보호법익

단순절도죄는 "타인의 재물을 절취함으로써 성립하는 범죄"이다. 단순절도죄는 전술한 바와 같이 재물죄이며, 탈취죄이고, 불법영득의 의사를 필요로 하는 영득죄에 속한다.

단순절도죄의 주된 보호법익은 소유권이고, 부차적인 보호법익은 점유이다(소유권 및 점유설). 보호의 정도는 소유권의 측면에서는 위험범이고, 점유의 측면에서는 침해범이다.

2. 행위의 객체

행위의 객체는 '타인의 재물'이다. 타인의 재물은 상술한 바와 같이 권리행사방해죄 및 횡령죄에서의 행위의 객체와 대비하여 '체계해석'을 하자면, '타인이 점유하고 있는 타인소유의 재물'이 된다.

여기에서 점유자와 소유자가 일치할 필요는 없다. 예컨대 甲이 점유하고 있는 乙소유의 재물을 丙이 절취한 경우에도 절도죄가 성립하고, 절도죄의 보

---

6) "판결요지: 특정범죄가중법 제5조의4 제5항 제1호의 누범규정은 새로운 구성요건을 창설한 것으로 해석해야 하므로, 이 법률규정에 정한 형에 다시 형법 제35조의 누범가중한 형기범위 내에서 처단형을 정하여야 한다"(대판 2020. 9. 3, 2020 도 8369).

호법익을 소유권 및 점유로 보는 견해에 의하면 甲과 乙 모두가 법익의 주체
로서 피해자가 된다.

　(1) 재　물

　(가) 재물개념에 대한 학설의 대립　　절도죄의 객체－넓게는 재산죄의 객체
－인 재물은 유체물에 한정될 것인가, 아니면 에너지와 같은 무체물도 포함된다고
볼 것인가에 관하여 학설의 대립이 있다. 학설은 과거에 '전기절도', 이른바 도
전(盜電)을 절도죄로서 처벌할 수 있는가 하는 문제를 둘러싸고 대립하였으
나, 현행형법은 "관리할 수 있는 동력은 재물로 간주한다"라는 규정($제346조$)을 두고
있으므로 학설대립의 실익은 크게 감소했다고 볼 수 있다. 다만 제346조의 준
용규정을 두고 있지 않은 다른 재산범죄, 즉 장물죄에서의 장물개념[7] 및 권리
행사방해죄에서의 물건개념에 있어서 아직 논의의 실익이 남아 있다고 하겠
다.[8]

　(a) 유체성설　　　재물은 고체, 액체, 기체와 같은 유체물에 한정된다고 하
는 견해이다.[9] 따라서 전기 기타 에너지는 무체물로서 재물개념에서 제외된다
고 한다. 이 학설은 문리해석에 적합한 장점이 있다. 유체성설에 의하면, 민법
제98조에 상응하는 형법 제346조는 예외규정, 특별규정이 된다.

　(b) 관리가능성설　　　재물이란 관리가 가능한 한, 유체물뿐만 아니라 전
기 기타 에너지와 같은 무체물도 포함된다고 하는 견해이다(다수).[10] 여기에서의
관리가능이라 함은 '물리적' 관리가능을 의미하고 사무적 관리가능을 의미하는
것은 아니다. 전기 이외에 관리가능한 인공열, 수력, 광선에너지도 재물이 된
다. 그러나 라디오 또는 TV 방송의 전파, 자기(磁氣)는 관리가 불가능하므로

---

　7) 甲이 도전(盜電)으로 충전한 전기를 乙이 (고의로) 받아 쓴 경우에 장물취득죄가 성립할
것인가 문제될 수 있다.
　8) 김성천, 833면; 이재상, 249면.
　9) 강구진, 245면; 김성돈, 252면; 김/서, 274면; 박상기, 243-4면; 배종대, 355면; 손동권, 265
면; 정영일, 256면. 독일형법 제242조는 절도죄의 객체를 가동물건(可動物件, eine bewegliche
Sache)이라고 규정하고 있으며, 제248조c 제1항에서는 전기에너지를 끌어쓰는 행위를 처벌하는
별도의 구성요건을 두고 있는 점, 독일민법 제90조는 물건(Sache)개념을 유체물에 한정하고 있
는 점 등에 비추어, 독일형법상 절도죄의 객체인 물건개념은 유체성설을 전제로 하는 것으로 해
석된다. 그리고 전기에너지는 도취(導取, entziehen)의 대상이 될지언정 절취(wegnehmen)의 대
상으로 파악하기는 곤란하다는 것을 독일형법의 용어선택에서 읽어낼 수 있다.
　10) 권오걸, 343면; 김종원, 174면; 백형구, 118면; 서일교, 131면; 오영근, 294면; 유기천, 상
권, 184면; 이재상, 250-1면; 이형국, 318면; 정/박, 263면; 정영석, 322면; 진/이, 296면; 황산덕,
270면.

재물에서 제외된다. 관리가능성설에 의하면, 제346조는 주의규정, 당연규정으로 이해된다.

(c) 사 견　　　생각건대 ① 에너지는 유체성을 결여할지라도 '물리학적 물질성'을 갖추는 것으로서 관리가 가능한 한 재물개념에 포함시키는 확장해석이 가능하다고 하겠고, ② 특히 과학기술문명의 발달에 따라 전기 이외에 새로이 등장하는 에너지 - 예컨대 레이저와 같은 광선에너지 - 의 재산적 침해에 대하여 형법적 보호가 필요하다는 '시대적 요청'에[11] 부응할 수 있다는 점에서 「관리가능성설」이 타당하다고 본다.

〈관련문제 1: 채권과 같은 권리 및 정보가 재물개념에 포함되는가?〉

관리가능성설에서의 관리가능성이라 함은 '물리적' 관리가능성을 의미하고 '사무적' 관리가능성을 제외하므로, '권리'에 대한 절도는 인정되지 않는다(통설 및 판례[12]). 예컨대 채권의 준점유자라고 기망하여 채무변제를 받은 경우에 사기죄와 절도죄의 상상적 경합이 아니라 사기죄만이 성립한다. '사무적' 관리가 가능한 채권까지도 재물개념에 포함시키게 되면, 재물과 재산상의 이익을 구별할 수 없게 된다. 다만 권리가 화체(化體)된 유가증권은 재물이다.

그리고 '정보' 자체는 유체물도 아니고 동력도 아니므로 재물개념에 포함되지 않는다(통설[13] 및 판례[14]). 따라서 컴퓨터상의 정보를 디스켓에 복사해 간 행위라든

---

11) 기술문명의 발달에 따른 형법상 확장해석의 필요성에 관하여는 H. Henkel, Rechtsphilosophie, 2. Aufl., 1977, S. 200 참조.

12) "횡령죄에 있어서의 재물은 동산, 부동산의 유체물에 한정되지 아니하고 관리할 수 있는 동력도 재물로 간주되지만, 여기에서 말하는 관리란 물리적 또는 물질적 관리를 가리킨다고 볼 것이고, 재물과 재산상 이익을 구별하고 횡령과 배임을 별개의 죄로 규정한 현행형법의 규정에 비추어 볼 때, 사무적으로 관리가 가능한 채권이나 그 밖의 권리 등은 재물에 포함된다고 해석할 수 없다.…광업권은 재물인 광물을 취득할 수 있는 권리에 불과하지 재물 그 자체는 아니므로, 횡령죄의 객체가 된다고 할 수 없을 것"(**대판 1994. 3. 8, 93 도 2272**). 역무(役務; 서비스)도 재물에 속하지 않는다. 통신 서비스가 재물이 아니므로 절도죄의 객체가 되지 않는다는 판례로는 "타인의 전화기를 무단으로 사용하여 전화통화를 하는 행위는 전기통신사업자…전화가입자에게 음향의 송수신이 가능하도록 하여 줌으로써 상대방과의 통신을 매개하여 주는 역무, 즉 전기통신사업자에 의하여 가능하게 된 전화기의 음향송수신기능을 부당하게 이용하는 것으로, 이러한 내용의 역무는 무형적인 이익에 불과하고 물리적 관리의 대상이 될 수 없어 재물이 아니라고 할 것이므로 절도죄의 객체가 되지 아니한다"(**대판 1998. 6. 23, 98 도 700**).

13) 권오걸, 343면; 김성천, 836면; 김/서, 276면; 박상기, 248면; 배종대, 357면; 오영근, 297-8면; 이재상, 253면; 정/박, 264면; 정영일, 258면; 진/이, 297면.

14) "절도죄의 객체는 관리가능한 동력을 포함한 '재물'에 한한다 할 것이고, 또 절도죄가 성립하기 위해서는 그 재물의 소유자 기타 점유자의 점유 내지 이용가능성을 배제하고 이를 자신의 점유하에 배타적으로 이전하는 행위가 있어야만 할 것인바, 컴퓨터에 저장되어 있는 '정보' 그 자체는 유체물이라고 볼 수도 없고 물질성을 가진 동력도 아니므로 재물이 될 수 없다 할 것이며,

가 타인의 수첩에서 예금통장의 비밀번호를 지득(知得)한 행위는 절도죄를 구성하지 않는다.[15] 온라인 게임에서의 아이템(item)도 재물에 속하지 않는다.

〈관련문제 2: 인간과 동물의 노동력도 재물개념에 포함되는가?〉 ▓▓▓▓▓▓

제346조에서의 동력은 자연력을 이용하는 에너지에 한하고, 사람 또는 동물의 노동력을 제외함이 타당하다($^{제346조의}_{축소해석}$)($^{다수}_{설}$).[16] 사람 또는 동물의 노동력은 재물이 아니라 '재산상의 이익'에 포함된다.[17] 따라서 사람의 노동력을 기망수단을 써서 이용하거나 타인의 우마(牛馬)의 노동력을 몰래 사용한 행위는 사기죄 또는 민법상 불법행위의 문제가 된다고 본다.

(나) **재물의 가치성**   절도죄의 보호법익은 넓게는 재산권이므로 행위의 객체인 재물은 경제적 가치, 즉 금전적 교환가치라는 의미에서의 재산적 가치를 지니고 있어야 하는가가 문제된다. 통설·판례는 경제적 의미의 재산적 가치를 가질 것을 요하지 않는다고 하며,[18] 소유자 및 점유자에게 '주관적 가치'

또 이를 복사하거나 출력하였다 할지라도 그 정보 자체가 감소하거나 피해자의 점유 및 이용가능성을 감소시키는 것이 아니므로 그 복사나 출력행위를 가지고 절도죄를 구성한다고 볼 수도 없다…컴퓨터에 저장되어 있던 위 설계도면을 A2용지에 2장을 출력하여 가지고 나왔다는 것이어서, 이와 같이 피고인에 의하여 출력된 위 설계도면은 피해 회사의 업무를 위하여 생성되어 피해 회사에 의하여 보관되고 있던 문서가 아니라, 피고인이 가지고 갈 목적으로 피해 회사의 업무와 관계없이 새로이 생성시킨 문서라 할 것이므로, 이는 피해 회사 소유의 문서라고 볼 수는 없다 할 것이어서, 이를 가지고 간 행위를 들어 피해 회사 소유의 설계도면을 절취한 것으로 볼 수는 없다"(**대판 2002. 7. 12, 2002 도 745**). "판결요지: 회사 직원이 업무와 관련하여 다른 사람이 작성한 회사의 문서를 복사기를 이용하여 복사를 한 후, 원본은 제자리에 갖다 놓고 그 사본만 가져간 경우, 그 회사 소유의 문서의 사본을 절취한 것으로 볼 수는 없다"(대판 1996. 8. 23, 95 도 192).

15) 그 행위는 경우에 따라 비밀침해죄(제316조 제2항)를 구성한다. 지식재산권으로서의 '지식'에 대한 절취 내지 침해(예: 무단복제, 무단전재와 같은 이른바 표절)는 저작권법 제136조 제1항 등 지식재산권법에 의하여 처벌될 수 있으나, 절도죄를 구성하지는 않는다.

16) 강구진, 244면; 김성돈, 253면; 김/서, 276면; 배종대, 357면; 이형국, 318면; 정/박, 264면; 진/이, 297면. 이에 반하여 동물의 에너지를 재물에 포함시키는 견해는 김성천, 835면; 오영근, 297면; 이재상, 253면; 정영석, 322면; 정영일, 258면; 황산덕, 270면.

17) 김성돈, 253면.

18) 형법상 재물은 금전적 교환가치가 없어도 된다는 것이 통설(강구진, 246면; 권오걸, 353면; 김성돈, 254면; 김성천, 835면; 김/서, 277면; 박상기, 245면; 배종대, 357면; 이재상, 253면; 정/박, 265면; 정영일, 256면; 진/이, 297면. 또한 오영근, 295-6면의 내용은 전체적으로 통설의 견해와 같다) 및 판례이다. "재산죄의 객체인 재물은 반드시 객관적인 금전적 교환가치를 가질 필요는 없고, 소유자, 점유자가 주관적인 가치를 가지고 있음으로써 족하다고 할 것이고, 이 경우 주관적, 경제적 가치의 유무를 판별함에 있어서는 그것이 타인에 의하여 이용되지 않는다고 하는 소극적 관계에 있어서 그 가치가 성립하더라도 관계없다 할 것이므로, 피고인이 절취한 백지의 자동차출고의뢰서 용지도 그것이 어떠한 권리도 표창하고 있지 않다 하더라도 경제적 가치가

또는 '소극적 가치'만을 가지고 있어도 재물이 된다고 한다.

생각건대 형법상 '재'(財)물이라는 용어는 민법상의 '물건'과는 달리 「재산적 가치」를 가져야 한다고 본다('재산적 가치설'). 그러나 재산적 가치는 금전적 교환가치라는 의미에서의 '경제적 가치'에 국한되는 것은 아니고, 경제적 가치가 없더라도 소유자·점유자에게 주관적 가치 내지 소극적 가치만을 가진 것도 '재산적 가치가 있는 물건'으로서 절도죄의 객체가 된다고 하겠다.[19] 예컨대 애인의 편지, 별세한 부모의 사진, 일기장, 주민등록증,[20] 학생증, 서류[21] 등 주관적 가치만을 갖고 있는 것도 재물이고, 발행인이 회수하여 소인(消印)한 약속어음과 같이 타인에 의하여 이용되지 않는다는 측면에서 소극적 가치만을 지닌 것도 재물이 된다.[22] 재산의 처분에 관한 사항이 포함되어 있지 않은 인감증명서도 재물에 해당한다.[23] 다만 재물은 재산권의 객체가 될 수 있는 물건이어야 한다.

〈관련문제: 경제적 가치가 근소한 물건의 재물성〉

　　경제적 가치가 근소한 물건도 재물에 포함시킬 것인가, 아니면 처음부터 재물개념에서 제외시킬 것인가가 문제된다. 껌 1개, 꽃 한 송이 등과 같이 경제적 가치가 근소한 물건이라고 하더라도 재산적 가치가 있는 이상 일단 재물개념에 포함시키되,

없다고는 할 수 없어, 이는 절도죄의 객체가 되는 재물에 해당한다고 할 것"(**대판** 1996. 5. 10, 95 도 3057. 同旨, 대판 1976. 1. 27, 74 도 3442).

19) 이러한 차이점을 기초로 하여 '재산적 가치'와 '경제적 가치'라는 용어를 구별해서 사용하기로 한다. 전자가 상위개념이다.

20) "주민등록증도 절도죄의 객체가 될 수 있는 것"(대판 1971. 10. 19, 70 도 1399).

21) "판결요지: 법원으로부터 송달된 심문기일소환장은 재산적 가치가 있는 물건으로서 형법상 재물에 해당한다"(대판 2000. 2. 25, 99 도 5775).

22) "발행자가 회수한 약속어음을 세 조각으로 찢어버림으로써 폐지로 되어 쓸모없는 것처럼 보인다 하더라도, 그것이 타인에 의하여 조합되어 하나의 새로운 어음으로 이용되지 않는 것에 대하여 소극적인 경제적 가치를 가지는 것이므로, 피고인이 그 소지를 침해하여 이를 가져갔다면 절도죄가 성립한다"(대판 1976. 1. 27, 74 도 3442). "찢어진 어음이라 하더라도…적어도 피해자에게는 그 어음의 원인채권을 변제받기 위한 증거 내지 수단으로 쓸 수 있는 사정에 있다 할 것이니, 그 어음조각은 여전히 강도죄의 객체인 재물에 해당한다"(대판 1987. 10. 13, 87 도 1240).

23) "인감증명서는 인감과 함께 소지함으로써 인감 자체의 동일성을 증명함과 동시에 거래행위자의 동일성과 거래행위가 행위자의 의사에 의한 것임을 확인하는 자료로서 개인의 권리의무에 관계되는 일에 사용되는 등 일반인의 거래상 극히 중요한 기능을 가진다. 따라서 그 문서는 다른 특별한 사정이 없는 한 재산적 가치를 가지는 것이어서 형법상의 '재물'에 해당한다고 할 것이다(대법원 1986. 9. 23. 선고 85도1775 판결, 대법원 2008. 7. 24. 선고 2006다63273 판결 등 참조). 이는 그 내용 중에 재물이나 재산상 이익의 처분에 관한 사항이 포함되어 있지 아니하다고 하여 달리 볼 것이 아니다. 따라서 위 용도로 발급되어 그 소지인에게 재산적 가치가 있는 것으로 인정되는 인감증명서를 그 소지인을 기망하여 편취하는 것은 그 소지인에 대한 관계에서 사기죄가 성립한다"(대판 2011. 11. 10, 2011 도 9919).

이를 절취한 경우에 '사회상규에 위배되지 아니하는 행위'($\frac{제20}{조}$)의 문제로 처리함이 타당할 것이다.[24] 즉 위법성의 실질에 있어서의 결과반가치와 관련하여 경미성의 원칙을 형법해석의 한 원리로 삼아 해결할 수 있다고 본다.[25] 일본에서는 이 문제를 1리사건(一厘事件)을[26] 효시로 하여 '가벌적 위법성론'으로 해결하고자 하고 있다.

(다) 부동산의 포함 여부 절도죄 및 강도죄의 객체인 재물개념에 동산 이외에 '부동산'이 포함되는가에 관하여 학설이 대립하고 있다. 재물개념에 부동산이 포함된다고 한다면, 부동산에 대한 절도죄의 성립 ─ 이른바 「부동산절도」─ 과 부동산에 대한 '재물죄로서의 강도죄'의 성립을 긍정할 수 있게 된다. 그 사례로서는 토지의 경계를 넘어 무단 건축을 함으로써 옆집 토지를 차지하는 경우 혹은 타인의 주택을 강점(强占)하는 경우를 상정할 수 있다. 그러나 등기공무원을 기망하여 등기부상 타인의 소유로 되어 있는 부동산명의를 자기의 명의로 취득한 경우에는 부동산에 대한 점유의 배제 및 취득이 없으므로 절도죄가 성립하지 않고, 사기죄($\frac{제347}{조}$) 또는 공정증서원본 등 부실기재죄($\frac{제228}{조}$) 등의 문제가 된다고 본다.[27]

독일형법은 절도죄($\frac{제242}{조}$)와 횡령죄($\frac{제246}{조}$) 및 강도죄($\frac{제249}{조}$)의 객체를 '가동물건'(可動物件, bewegliche Sache), 즉 동산으로 명시하고 있지만, 우리 형법은 단지 '재물'로 규정하고 있으므로 해석상 논란이 있다. 다만 사기죄와 공갈죄 및 횡령죄의 객체인 재물개념에는 부동산이 포함된다는 것이 대다수학자들의 견해이다.

---

24) 독일형법 제248조a는 경제적 가치가 근소한 물건을 절취 및 횡령한 경우에 원칙적으로 친고죄로 규정해 놓고 있다.

25) 총론, 213면 이하 참조.

26) 1리사건(一厘事件)은 가격으로 1리(厘) 정도의 엽연초(葉煙草)를 정부에 납부하지 않고 소비한 연초 경작자가 일본의 구 연초전매법 제48조 제1항 위반으로서 기소된 사건인데, 일본대심원은 이에 대하여 "영세(零細)한 반법행위(反法行爲)는 범인에게 위험성이 있다고 인정되는 특수한 정황하에서 결정된 것이 아닌 한, 공동생활상의 관념에 있어서 형벌의 제재하에 법률의 보호를 요구하는 법익의 침해로 인정되지 않는 것에는 형벌법으로써 형벌의 제재를 가할 필요가 없고 입법의 취지도 역시 이 점에 있다고 아니할 수 없다. 고로 공동생활에 위험을 미치지 않는 영세한 불법행위를 불문에 붙임은 범죄의 검거에 관한 문제가 아니고 형벌법의 해석에 관한 문제에 속하고, 이것을 불문에 붙이는 것으로써 입법의 정신에 적합하고 해석법의 원리에 합치되는 것으로 한다"라고 판시(日本大審院判決 明治 43年 10月 11日, 大審院刑事判決錄 第16輯 1620頁)함으로써, 물리적으로는 위반사실이 있는 것 같이 보여도 법적으로는 범죄유형에 해당하지 않는다고 한 사고방식은 단적으로 가벌적 위법성론의 기초를 제공하였다.

27) 김종원, 181면.

(a) 불포함설[28]   절도죄와 강도죄의 객체인 재물은 동산에 한하는 것으로 축소해석하는 견해이다(⁂). 불포함설은 ① 절도죄의 '절취'나 강도죄의 '강취'에 있어서 '취(取)'는 점유의 이전을 개념요소로 하는데, 부동산은 가동성(可動性)이 없으므로 점유이전이 불가능하고 그 결과 절취나 강취의 대상이 될 수 없다고 해야 한다는 것, ② 무단점거에 대한 부동산의 보호는 형법상 경계침범죄(제370조)나 주거침입죄(제319조)로 가능하며, 부동산에 대한 강취는 재물죄로서의 강도죄가 아니라 이득죄로서의 강도죄로 처벌할 수 있다는 것, ③ 법사(法史)적으로 볼 때 절도죄의 객체는 로마법 이래 동산에 국한되어 왔다는 점을 논거로 들고 있다.

(b) 포함설[29]   불포함설은 독일형법의 해석론을 추종한 것으로 보인다. 그러나 다음과 같은 논거로 절도죄와 강도죄뿐만 아니라 모든 재산범죄의 객체인 재물개념에 부동산을 포함시키는 것이 타당하다.

① 독일형법과 같이 행위의 객체를 동산에 국한하는 명문규정이 없는 이상, 독일의 해석론을 그대로 따를 필요는 없다는 것을 논의의 전제로 해야 한다. ② 절취와 강취의 행위개념에 있어서 점유의 배제 및 취득이 반드시 재물에 대한 장소적 이전이 있어야 하는 것으로 해석할 이유는 없고, 목적물을 있는 장소에 그대로 둔 채로 기존의 점유를 배제하고 새로운 점유를 취득(설정)하는 것도 가능하므로 불가동물건(不可動物件)인 부동산도 절취와 강취의 객체가 될 수 있다고 함이 타당하다.[30] ③ 다수설이 절도죄와 강도죄의 객체인 재물개념에는 부동산을 제외하면서 사기죄와 공갈죄 및 횡령죄의 객체인 재물개념에는 부동산을 포함시키는 것은 재물개념의 '통일적인' 해석에 배치되는 태

---

28) 강구진, 247면; 권오걸, 351면; 김성돈, 255면; 김성천, 837면; 김/서, 279면; 박상기, 246면; 배종대, 359면; 백형구, 325면; 손동권, 268면; 유기천, 상권, 187면; 이재상, 255면; 이형국, 320면; 진/이, 298면.

29) 김종원, 177면; 오영근, 325면; 정/박, 268면; 정영석, 325면; 정영일, 257면; 황산덕, 279면.

30) 독일형법상 절도죄와 강도죄의 실행행위로 규정된 'wegnehmen'('취거'로 번역)이란 용어는 분리전철인 'weg'에서 벌써 의미하는 바와 같이 목적물의 '공간적·장소적 이동'을 전제로 하는 동사이기 때문에 목적물의 '가동성(可動性)'과 불가분의 관계를 맺고 있지만, 우리 형법상으로는 목적물을 있던 장소에 그대로 둔 채로 기존의 점유를 배제하고 새로운 점유를 설정하는 것도 절취와 강취라는 용어의 가능한 의미 내에 들어온다고 보아, 불가동물건인 부동산도 절취와 강취의 객체가 될 수 있다고 하겠다. 절취와 강취에서의 '취(取)'는 독일어로 'nehmen'에 해당한다. 그러므로 독일형법상의 wegnehmen과 우리 형법상의 절취는 반드시 일치하는 개념은 아니다(同旨, 오영근, 371면).

도로서 바람직하지 않다. ④ 경계침범죄의 객체는 '토지'의 경계라고 명시되어 있으므로 '건물' 내의 (구획)면적을 침범하는 행위를 동죄로 처벌할 수 없는 결함이 있고, 또한 경계침범죄는 손괴죄의 일종으로서 행위태양이 제한되어 있으며 법정형이 절도죄보다 낮은 등, 부동산침탈에 대하여 경계침범죄만으로는 그 보호가 충분하지 못하다. ⑤ 건물을 독립된 부동산으로 취급하고 있지 않은 독일민법과는 달리, 우리 민법은 토지 이외에 '건물 등 토지의 정착물'도 독립된 부동산으로 취급($^{민법 제99}_{조 제1항}$)하고 있는 차이점을 고려할 때,[31] 비록 토지는 취거(取去)할 수 없으나 토지의 정착물인 부동산(예: 수목)은 취거할 수 있다는 점에서 절도죄와 강도죄의 객체가 될 수 있다. 물론 철거한 건조물, 벌채한 수목과 같이 부동산이 토지로부터 분리되어 가동물건으로 바뀐 경우에는 동산에 대한 절도죄와 강도죄가 성립할 수 있음은 당연하다. ⑥ 우리 민법학과 판례에 의하면 '수목 또는 미분리의 과실'과 같은 토지의 정착물(지상물)에 대한 부동산소유권을 '명인방법'으로 공시하는 민사관습법이 인정되고 있는데, 토지의 정착물인 부동산을 명인방법의 개서(改書) 등에 의하여 절취한 경우에 절도죄로 처벌할 실익이 있다.

　　판례는 '식재되어 있는 상태'의 수목을 절취한 경우에 부동산으로서의 재물에 대한 절도죄의 성립을 긍정하는 견해를 취하고 있는 것으로 판단된다.[32]

---

31) 우리 민법 이외에 입목등기부제도를 도입하고 있는 '입목에 관한 법률'(법률 제20435호)은 제2조에서 "'입목'이라 함은 토지에 부착된 수목의 집단으로서 그 소유자가 이 법에 따라 소유권 보존의 등기를 받은 것을 말한다"라고 정의하고, 제3조 제1항에서는 "입목은 부동산으로 본다"라고 규정하고 있다.

32) 대법원은 "타인의 토지상에 권원없이 식재한 수목의 소유권은 토지소유자에게 귀속하고, 권원에 의하여 식재한 경우에는 그 소유권이 식재한 자에게 있다 할 것인 바,…원심 거시의 위 증거들에 의하면 위 김○○은 그가 피고인으로부터 임차하고 있는 토지의 울타리 안에 위 대나무를 식재하고 가꾸어 온 사실과 피고인이 그 울타리 안의 대나무를 벌채하여 간 사실을 인정하기에 넉넉하므로, 원심의 위 판시는 결국 피고인이 위 김○○의 권원에 의하여 식재한 위 동인 소유의 대나무를 동인의 의사에 반하여 벌채하여 간 것이라는 사실"을 인정하면서 절도죄의 성립을 긍정(대판 1980. 9. 30, 80 도 1874)한 바 있고, 또 "타인의 토지상에 권원없이 식재한 수목의 소유권은 토지소유자에게 귀속하고, 권원에 의하여 식재한 경우에는 그 소유권이 식재한 자에게 있다고 할 것이다. 원심이 같은 취지에서, 피고인이 권원없이 식재한 판시 감나무의 소유권은 그 감나무가 식재된 토지의 소유자인 피해자에게 있다고 판단한 조치는 옳다고 여겨지고, 거기에 상고이유의 주장과 같은 위법이 있다고 할 수 없다.…피고인에게 절도의 범의가 있다고 인정한 원심판결에 상고이유로 주장하는 위법이 있다고 할 수 없다"라고 판시(대판 1998. 4. 24, 97 도 3425)하고 있다. 이러한 판결들을, 우리 민법상 토지의 정착물인 수목이 부동산으로 취급되고 있다는 점과 연결해서 검토해 보자면, '식재·정착되어 있는 상태'의 수목을 절취한 경우에 부동산으로서의 재물에 대한 절도죄의 성립을 긍정하는 것이 판례의 입장이라고 결론지을 수 있다.

산림에서 그 산물을 절취한 경우에는 '산림자원의 조성 및 관리에 관한 법률'(약칭: 산림자원법) 제73조 또는 '산림보호법' 제54조 제1항에 의하여 처벌된다.[33)

부동산절도가 절도죄 이외에 경계침범죄 등 다른 범죄에도 해당하면, 절도죄와 다른 범죄의 상상적 경합이 성립한다.

(라) 사람의 신체 재물은 재산권의 객체가 될 수 있는 것이어야 하므로, 권리의 주체이지 객체가 될 수 없는 살아있는 사람의 신체는 형법상 재물이 아니다. 따라서 살아있는 사람의 장기를 그 의사에 반하여 적출해 간 행위는 상해죄 또는 중상해죄를 구성하는 것이고, 절도죄나 강도죄가 성립하지는 않는다. 다만 헌혈한 혈액과 같이 분리된 신체의 일부분 또는 이미 적출되어 있는 장기는 재물이 될 수 있다.

시체(屍體)는 인격자의 유해로서 장례와 제례(祭禮)의 대상이 되는 한, 재산권의 객체가 될 수는 없고, 따라서 재물로 취급할 수 없다($\frac{통}{설}$).[34) 형법도 시체의 영득은 신앙에 관한 죄의 장에서 별도의 시체 등의 유기죄($\frac{제161}{조}$)로 처벌하고 있다. 다만 시체도 해부용으로 제공되는 등 유해로서의 성격을 상실하는 경우에는 재물이 될 수 있다.

(2) 타인의 소유

타인소유의 재물이라 함은 자기 이외의 자의 소유에 속하는 재물을 말한다. 여기에서 타인이라 함은 자연인 이외에 국가, 법인 기타 법인격없는 단체도 포함한다. 소유권의 귀속은 원칙적으로 사법(私法)에 의해 정해진다. 타인과의 공동소유는 타인소유의 재물로 취급된다. 따라서 공유물을 공유자 중의 1인이 임의로 처분하면, 일반적으로 횡령죄가 아니라 절도죄가 성립한다.[35)

---

33) '산림자원의 조성 및 관리에 관한 법률' 제73조(벌칙) 제1항 "산림에서 그 산물(조림된 묘목을 포함한다)을 절취한 자는 5년 이하의 징역 또는 5천만원 이하의 벌금에 처한다."
'산림보호법' 제54조(벌칙) 제1항 "보호수를 절취하거나 산림보호구역에서 그 산물을 절취한 자는 1년 이상 10년 이하의 징역에 처한다."
34) 강구진, 248면; 권오걸, 347면; 김성돈, 255면; 김성천, 837면; 김/서, 278면; 김종원, 177면; 박상기, 247면; 배종대, 358면; 백형구, 129면; 오영근, 303면; 이재상, 256면; 이형국, 319면; 정/박, 264면; 정영석, 309면; 진/이, 296면; 황산덕, 272면.
35) "타인과 공동소유관계에 있는 물건도 절도죄의 객체가 되는 타인의 재물에 속한다고 할 것"(대판 1994. 11. 25, 94 도 2432). 합유물의 경우에 절도죄의 성립을 긍정한 판례로서는 "조합원의 1인이 조합의 공동점유에 속하는 합유의 물건을 다른 조합원의 승낙없이 단독으로 취거한 경우에는 절도죄가 성립한다고 할 것"(대판 1982. 4. 27, 81 도 2956).

자기의 소유물이지만 타인이 점유할 권리(제한물권, 채권 등)의 객체가 되어 있는 경우에는 권리행사방해죄의 성립 여부가 문제되고, 어느 누구의 소유에도 속하지 않는 무주물(無主物)인 경우에는 형법상의 문제가 발생하지 않는다. 재물이 타인의 소유인가 아닌가와 관련해서는 '금제품'의 문제가 있다.

〈금제품〉

금제품에는 위조통화 · 마약과 같이 소유 및 점유가 금지된 물건과 불법소지의 무기와 같이 점유(소지)만이 금지된 물건이 있다. 금제품도 재물이라는 점에 대해서는 별다른 이론(異論)이 없고, 다만 금제품이 '절도죄의 객체'가 될 수 있느냐라는 문제가 제기되고 있다. 이에 관하여는 ① 소유가 금지된 금제품은 절도죄의 객체가 될 수 없으나, 점유만이 금지된 금제품은 절도죄의 객체가 될 수 있다는 구분설,[36] ② 소유가 금지된 금제품이라고 하더라도 사인(私人)에 대한 관계에서 소유가 금지되어 있을 뿐이고, 국가가 소유권을 가지고 있으므로 절도죄의 객체가 될 수 있다는 적극설,[37] ③ 금제품은 경제적 이용가능성이 없거나 소유권의 객체가 될 수 없으므로 절도죄의 객체가 될 수 없다는 소극설이[38] 대립하고 있다.

문제의 관건은 금제품이 절도죄의 객체인 '타인이 점유하는 타인소유의' 재물에 해당하느냐 하는 점에 있는데, 다음과 같은 논거에서 이 점을 긍정할 수 있다고 본다. 첫째 소유가 금지된 금제품은, 적극설이 올바로 지적한 바와 같이, '사인'의 소유가 금지되어 있다는 것이지 어디까지나 무주물은 아니고 법인으로서의 '국가'의 소유에 속하는 것으로서 금제품도 '타인소유'의 재물에 속한다. 둘째 절도죄에서 보호하는 점유는 적법한 권원(權原)에 기한 점유일 필요는 없고 사실상 평온하게 행해지는 점유이면 충분하므로-장물에 대한 절취가 인정되는 것처럼-법률상 점유(소지)가 금지된 금제품이라고 하더라도 사실상 점유하고 있는 이상 '타인이 점유하는' 재물에 해당한다.[39] 결론적으로 금제품도 타인이 점유하는 타인소유의 재물에 해당하므로 절도죄의 객체가 될 수 있으며, 그에 대한 절취는 절도죄를 구성한다고 하겠다.

(3) 타인의 '점유'

절도죄의 객체인 재물은 '타인의 점유'하에 있어야 한다. 점유란 "재물에

---

36) 김종원, 177면; 배종대, 358면; 백형구, 128면; 이재상, 258면; 이정원, 246면; 이형국, 319면; 정영석, 324면; 진/이, 299면; 황산덕, 272면.

37) 강구진, 248면; 권오걸, 350면; 김성돈, 256면; 김성천, 839면; 김/서, 279면; 박상기, 246면; 오영근, 302면; 유기천, 상권, 187면; 정/박, 268면; 정영일, 251면.

38) 서일교, 134면.

39) "유가증권도 그것이 정상적으로 발행된 것은 물론 비록 작성권한없는 자에 의하여 위조된 것이라고 하더라도 절차에 따라 몰수되기까지는 그 소지자의 점유를 보호하여야 한다는 점에서 형법상 재물로서 절도죄의 객체가 된다"(**대판** 1998. 11. 24, 98 **도** 2967).

대한 사실상의 지배"를 의미하는데, 「형법상의 점유」는 민법상의 점유와는 다소 차이가 나는 '독자적 성격'을 갖는다.[40]

형법상의 점유개념은 민법에 비하여 보다 더 '현실적인' 개념으로 파악된다. 따라서 '간접점유'($^{민법}_{제194조}$)와 '상속에 의한 점유의 이전'($^{민법}_{제193조}$)은[41] 형법상 인정되지 않는다($^{통}_{설}$). 그리고 '점유보조자'의 점유는 민법상으로는 점유로 인정되지 않고 점유주(占有主)만을 점유자로 보지만($^{민법}_{제195조}$), 점유보조자도 현실적으로 점유하고 있는 이상 형법상으로는 점유자로 인정함이 타당하다.[42] 판례도 점유보조자를 형법상의 점유자로 인정하고 있다.[43] 다만 민법과 같이 형법상으로도 점유보조자의 점유를 부정하는 견해도 있다.[44]

형법상 점유는 "사회통념에 비추어 객관적으로 재물을 사실상 지배하고 있으며 주관적으로 점유의사를 가지고 있다고 판단될 경우"에 인정된다. 이러한 관점에서 형법상 점유의 개념요소는 ① 객관적·사실적 요소 ② 주관적·의사적 요소 ③ 사회규범적 요소로 분석해 볼 수 있다.

① 객관적·사실적 요소: 점유는 재물에 대한 사실상의 지배를 의미한다. 사실상 지배한다고 하기 위해서는 점유자가 언제든지 재물에 대하여 물리적·장소적으로 지배할 가능성이 있어야 하고, 현실적으로 지배의사의 실현에 장

---

40) 독일에서는 형법상의 점유개념이 민법상의 점유와는 다른 점을 고려하여 용어상으로 구별하고 있다. 즉 형법상의 점유는 'Gewahrsam'이라고 하고, 민법상의 점유는 'Besitz'라고 한다.

41) "판결요지: 절도죄란 재물에 대한 타인의 점유를 침해함으로써 성립하는 것이다. 여기서의 '점유'라고 함은 현실적으로 어떠한 재물을 지배하는 순수한 사실상의 관계를 말하는 것으로서, 민법상의 점유와 반드시 일치하는 것이 아니다. 물론 이러한 현실적 지배라고 하여도 점유자가 반드시 직접 소지하거나 항상 감수(監守)하여야 하는 것은 아니고, 재물을 위와 같은 의미에서 사실상으로 지배하는지 여부는 재물의 크기·형상, 그 개성의 유무, 점유자와 재물과의 시간적·장소적 관계 등을 종합하여 사회통념에 비추어 결정되어야 한다(대법원 1981. 8. 25. 선고 80도509 판결 등 참조). 그렇게 보면 종전 점유자의 점유가 그의 사망으로 인한 상속에 의하여 당연히 그 상속인에게 이전된다는 민법 제193조는 절도죄의 요건으로서의 '타인의 점유'와 관련하여서는 적용의 여지가 없고, 재물을 점유하는 소유자로부터 이를 상속받아 그 소유권을 취득하였다고 하더라도 상속인이 그 재물에 관하여 위에서 본 의미에서의 사실상의 지배를 가지게 되어야만 이를 점유하는 것으로서, 그때부터 비로소 상속인에 대한 절도죄가 성립할 수 있다"(대판 2012. 4. 26, 2010 도 6334).

42) 권오걸, 359면; 김성돈, 257면; 김/서, 280면; 배종대, 362면; 오영근, 305면; 유기천, 상권, 192면; 이재상, 258면; 이정원, 283면; 정/박, 280면; 정영일, 252면.

43) "민법상의 점유보조자라고 할지라도 그 물건에 대하여 사실상 지배력을 행사하는 경우에는 형법상 보관의 주체로 볼 수 있는 것"(**대판 1982. 3. 9, 81 도 3396**. 同旨, 대판 1970. 5. 12, 70 도 649; 1968. 10. 29, 68 도 1223).

44) 김성천, 840면; 김종원, 183면.

애인자가 없을 것을 요한다. 형법상의 점유는 민법상의 점유에 비하여 보다 더 현실적 성격을 띠고 있다는 점은 전술하였다.

점유는 '사실상의' 지배를 의미하므로 점유하게 된 이유, 즉 권원(權原)은 묻지 않는다($\frac{통}{설}$).[45] 따라서 불법한 점유라도 사회통념상 '사실상 평온한' 점유가 설정되었다고 판단되면, 형법상의 점유로 인정된다. 예컨대 타인이 점유하는 물건이 장물이라고 하더라도 이를 절취하면 절도죄가 성립한다.[46]

② 주관적·의사적 요소: 형법상의 점유에도 점유자의 점유의사, 즉 재물에 대한 사실상의 지배의사가 있어야 한다. 점유의사는 재물을 소유자로서 소유하겠다는 '영득의 의사'와는 구별된다.

점유의사는 순전히 사실상의 관계에서 판단되는 것이므로 법률상의 의사능력 또는 행위능력이나 법적 처분권과는 무관하다. 따라서 어린이나 정신병자의 점유의사도 인정된다.

형법상의 점유의사는 소극적 의미를 지닌 것으로서 점유를 포기하겠다는 의사가 없으면 족하다. 즉 점유의사는 '잠재적' 지배의사로 충분하다. 수면 중 소지품에 대한 점유, 도서관에 놓고 온 서적에 대한 점유가 그 예이다. 또 점유의사는 점유물 개개에 대한 개별적 의사일 필요는 없고 '포괄적' 지배의사로도 족하다. 예컨대 집안에 있는 모든 자잘한 물건에 대한 점유의사, 양어장에 설치한 그물 안의 물고기에 대한 점유의사, 외출 중 편지함에 배달·투입된 우편물에 대한 점유의사 등이다.

③ 사회규범적 요소: 형법상 점유는 현실적인 지배를 의미한다고 하더라도 재물을 몸에 소지함을 의미하는 것은 아니고, '사회통념'에 의하여 판단할 성질의 것이다. 즉 재물을 사실상 지배하고 있느냐 그리고 점유의사를 인정할 수 있느냐 하는 상술한 두 가지 개념요소도 결국은 '사회규범적' 판단을 받게 된다. 따라서 외출시 또는 여행시 집에 둔 물건, 화재시 또는 이사시에 길거리에 내다 놓은 가재도구, 범죄를 피하느라고 현장에 놓고 온 물건,[47] 음주 후 음식점

---

45) 권오걸, 360면; 김성돈, 258면; 김성천, 841면; 김/서, 280면; 김종원, 184면; 박상기, 253면; 배종대, 362면; 오영근, 305면; 이재상, 259면; 이형국, 320면; 정/박, 282면; 정영일, 252면.

46) "판결요지: 타인이 갈취한 재물을 그 타인의 의사에 반하여 절취하였다면 절도죄를 구성하고 장물취득죄가 되지 않는다"(**대판** 1966. 12. 20. 66 도 1437).

47) "판결요지: 강간을 당한 피해자가 도피하면서 현장에 놓아두고 간 손가방은 점유이탈물이 아니라 사회통념상 피해자의 지배하에 있는 물건이라고 보아야 할 것이므로, 피고인이 그 손가방 안에 들어 있는 피해자소유의 돈을 꺼낸 행위는 절도죄에 해당한다"(**대판** 1984. 2. 28. 84 도 38).

부근에 밤새 주차해 두고 온 자동차, 졸도하여 길거리에 떨어뜨린 물건, 농부가 농토에 두고 온 농기구, 집에 돌아오는 습성이 있는 가축, 도서관 책상에 잠시 두고 온 서적 등에 대해서는 사회통념상 점유가 인정된다고 본다. 호텔 내의 비품이나 음식점의 식기에 대하여는 사회통념상 손님이 아니라 주인에게 점유가 인정된다.

'법인'의 점유도 사회통념상 인정된다고 본다($^{소수}_{설}$).[48] 법인의 점유의사는 법인의 '기관'에게 존재한다.

타인소유의 재물이지만 타인의 점유를 이탈하여 아직 '어느 누구의 점유에도 속하지 않는' 물건을 불법영득한 경우에는 절도죄가 아니라 '점유이탈물횡령죄'($^{제360}_{조의}$)가 성립한다.

그런데 '유실물' 및 '준유실물'이라고[49] 하더라도 '다른 사람의 배타적인 지배범위 내에' 두고 온 경우에는 사회통념상 다른 사람의 새로운 점유가 개시된 것으로 봄이 타당하므로, 이를 불법영득하는 행위는 절도죄를 구성한다.[50] 따라서 여관의 객실이나 당구장에 잊어버리고 온 물건은 여관이나 당구장의 주인의 점유하에 있다고 보아, 후에 온 손님이 우연히 그 물건을 발견하여 가져갔다면 절도죄가 성립한다.[51]

그렇지만 지하철·버스·공중화장실 등 '공중의 출입이 자유롭고 빈번하며 관리자의 배타적 지배가 미치기 어려운 장소'에 잃어버리고 온 물건은 지하철승무원·버스운전기사 등 관리자의 점유하에 있다고 하기보다는 사회통념상 점유이탈물로 보는 것이 타당하므로, 이러한 물건을 불법영득한 제3자는 절도죄가 아니라 점유이탈물횡령죄의 책임을 진다고 해야 한다.[52] 판례도 이러한 사례에

---

48) 긍정하는 견해로는 김/서, 281면; 박상기, 251면. 법인의 점유를 부정하는 견해(다수설)로는 권오걸, 359면; 김성돈, 257면; 김성천, 844면; 배종대, 362면; 백형구, 131면; 오영근, 304-5면; 유기천, 상권, 205면; 이재상, 258면; 정/박, 281면. 이재상 교수는 법인의 점유'의사'를 인정할 수 없다는 이유로 '법인'의 점유를 부정하고 있으면서도, 열차에 두고 내린 물건은 '건설교통부'의 점유에 속한다고 함으로써(260면), 일관성을 결하고 있다.

49) 유실물법 제12조는 "착오로 점유한 물건, 타인이 놓고 간 물건이나 일실한 가축"을 준유실물(準遺失物)이라고 규정하고 있다.

50) 김/서, 283면; 배종대, 363면; 이재상, 262면; 정/박, 283면.

51) "어떤 물건을 잃어버린 장소가 이 사건 당구장과 같이 타인의 관리 아래 있을 때에는 그 물건은 일응 그 관리자의 점유에 속한다 할 것이고, 이를 그 관리자가 아닌 제3자가 취거하는 것은 유실물횡령이 아니라 절도죄에 해당한다 할 것"(대판 1988. 4. 25. 88 도 409).

52) 정/박, 283면.

관련된 유실물법 제10조를[53] 해석함에 있어서 '선박, 차량, 건축물의 관리자'를 유실물을 교부받을 권리자로 볼 뿐이지 새로운 점유자는 아니라는 견지에서, 제3자의 불법영득행위를 점유이탈물횡령죄에 해당한다고 판시하고 있다.[54]

〈관련문제: 사자(死者)의 점유〉

사자의 점유를 인정할 것인가에 관하여 학설이 대립한다. 사자의 점유는, 사망한 지 얼마 안된 사람 옆에 떨어져 있는 사자 소유의 지갑을 우연히 지나가던 행인이 영득한 경우에, 점유이탈물횡령죄가 성립한다고 볼 것인지 아니면 절도죄가 성립한다고 볼 것인지의 문제로 제기할 수 있다.

이에 대하여는 ① 사자의 점유를 부정하고 또 형법상 상속에 의한 점유의 이전도 인정되지 않으므로 결국 점유이탈물횡령죄가 성립한다는 견해와[55] ② 사자의 '생전의' 점유가 아니라 '사자'의 점유를 정면으로 인정하여 절도죄가 성립한다는 견해가[56] 있으나, ③ 사자에게는 점유의사를 인정할 수 없으므로 사자 자신의 점유는 부정할 수밖에 없고, 사자의 '생전의' 점유가 사망 직후에도 다소간 '계속'된다고 하는 것이 '사회통념'에 맞는다고 보아, 절도죄의 성립을 긍정함이 타당하다.[57]

판례는 "피해자가 생전에 가진 점유는 사망 후에도 여전히 계속되는 것으로 보아 이를 보호함이 법의 목적에 맞는 것"이라고 함으로써[58] ③의 입장에 서 있다.

---

53) 유실물법 제10조 제1항 "관리자가 있는 선박, 차량, 건축물, 그 밖에 일반인의 통행을 금지한 구내에서 타인의 물건을 습득한 자는 그 물건을 관리자에게 인계하여야 한다."
제2항 "제1항의 경우에는 선박, 차량, 건축물 등의 점유자를 습득자로 한다. 자기가 관리하는 장소에서 타인의 물건을 습득한 경우에도 또한 같다."

54) "승객이 놓고 내린 지하철의 전동차 바닥이나 선반 위에 있던 물건을 가지고 갈 경우, 지하철의 승무원은 유실물법상 전동차의 관수자로서 승객이 잊고 내린 유실물을 교부받을 권능을 가질 뿐 전동차 안에 있는 승객의 물건을 점유한다고 할 수 없고, 그 유실물을 현실적으로 발견하지 않는 한 이에 대한 점유를 개시하였다고도 할 수 없으므로, 그 사이에 위와 같은 유실물을 발견하고 가져간 행위는 점유이탈물횡령죄에 해당함은 별론으로 하고 절도죄에 해당하지는 않는다"(**대판** 1999. 11. 26, 99 **도** 3963). "고속버스의 운전사는 고속버스의 관수자(管守者)로서 차내에 있는 승객의 물건을 점유하는 것이 아니고, 승객이 잊고 내린 유실물은 이를 교부받을 권능을 가질 뿐이므로(유실물법 제10조 참조), 그 유실물을 현실적으로 발견하지 아니하는 한 이에 대한 점유를 개시하였다고 할 수 없고, 그 사이에 다른 승객이 유실물을 발견하고 이를 가져갔다면 이는 절도에 해당하지 아니하고 점유이탈물을 횡령한 경우에 해당한다고 보아야 할 것"(**대판** 1993. 3. 16, 92 **도** 3170). 후자의 판결을 비판하고, 버스운전사의 점유를 인정하면서 절도죄가 성립한다는 견해로는 하태훈, "형법상의 점유개념", 형사판례연구(3), 171면 이하.

55) 권오걸, 368면; 김성돈, 260면; 김/서, 281-2면; 오영근, 307면; 이재상, 261면.

56) 서일교, 143면; 황산덕, 277면.

57) 김성천, 844면; 박상기, 255면; 배종대, 369-70면; 유기천, 상권, 221면; 정/박, 285면; 정영일, 253면. 김종원 교수는 사자의 생전의 점유를 인정하면서도 절도죄가 아니라 점유이탈물횡령죄가 성립한다고 한다(206-7면 참조).

58) "피고인이 피해자를 살해한 방에서 사망한 피해자 곁에 4시간 30분쯤 있다가 그곳 피해자

〈형법상 점유의 취급〉

① 행위의 객체와 관련된 점유: 절도죄에서의 점유가 이에 속한다.

② 보호의 객체로서의 점유: 권리행사방해죄에서의 점유가 이에 속한다. 절도죄에서의 점유는 행위의 객체와 관련된 점유이면서 보호의 객체이기도 하다.

③ 행위의 주체와 관련된 점유: 횡령죄에서의 점유가 이에 속한다.

(4) '타인의' 점유

타인의 점유라 함은 자기 이외의 자의 점유를 말한다. 횡령죄의 객체는 '자기가 점유(보관)'하는 타인소유의 재물이고 절도죄의 객체는 '타인이 점유'하는 타인소유의 재물이므로, 재물이 누구의 점유에 속하는가 하는 '점유의 귀속'을 밝히는 문제는 '횡령죄와 절도죄를 구별'하는 중요한 기준을 제공해 준다. 그리고 타인소유의 재물이 '어느 누구의 점유에도 속하지 않는 경우'에는 점유이탈물횡령죄(제360조)의 객체가 된다는 점에서 횡령죄 및 절도죄뿐만 아니라 '점유이탈물횡령죄와의 구별' 문제가 되기도 한다.

점유의 귀속문제는 1인이 단독점유하는 경우와 2인 이상이 공동점유하는 경우로 나누어 볼 필요가 있고, 그 외에 봉(封)해진 포장물로 위탁된 재물 내지 잠금장치된 용기 안에 위탁된 재물이 위탁자와 수탁자 중 누구의 점유에 속하느냐에 관하여 논의가 있다.

(가) 단독점유의 경우   점유의 귀속관계가 복합적인 것처럼 보이더라도 다음과 같은 경우에는 형법상 1인의 단독점유에 속하는 것으로 보아야 한다.

(a) 예컨대 은행 등 금융기관이나 매장(賣場)의 금전출납직원, 지하철 역·영화관·운동경기장의 매표담당직원 등과 같이 금전출납을 전담하면서 그 계산 및 잔고에 대하여 '독자적인 책임'을 지고 있는 직원이 사무가 종료하여 상급자에게 인계하기 전까지 취급하는 금전은 담당 직원의 단독점유에 속하는 것으로 인정된다.[59] 따라서 담당 직원이 사무 도중에 취급하던 현금을 영득하면,

---

의 자취방 벽에 걸려있던 피해자가 소지하는 원심판시 물건들을 영득의 의사로 가지고 나온 사실이 인정되는 바, 이와 같은 경우에 피해자가 생전에 가진 점유는 사망 후에도 여전히 계속되는 것으로 보아 이를 보호함이 법의 목적에 맞는 것이라고 할 것이고, 따라서 피고인의 위 행위는 피해자의 점유를 침탈한 것으로서 절도죄에 해당"(**대판 1993. 9. 28, 93 도 2143.** 同旨, 대판 1968. 6. 25, 68 도 590).

59) 권오걸, 364면; 김성돈, 262면; 김/서, 284면; 박상기, 256면; 배종대, 365-6면; 오영근, 301면; 이재상, 264-5면; 정/박, 287면. Wessels, BT-2, S. 23 f. BGH St 8/273, 275.

절도죄가 아니라 (업무상)횡령죄가 성립한다.

(b) 물품의 운송을 위탁한 경우에는 위탁자가 운송자를 '현실적으로 지시·통제'할 수 있느냐에 따라 점유의 귀속을 결정함이 타당하다.[60] 예컨대 국제선박운송, 장거리 육상운송 등과 같이 위탁자의 지시·통제가 현실적으로 어려운 경우에 있어서는 선장 또는 운전자 등 장거리 운송자는 운송물품에 대하여 단독점유하는 것으로 인정되고, 운송위탁자나 회사의 점유에 속하는 것은 아니라고 할 것이다. 따라서 장거리운송자가 운송중인 화물을 영득하면, (업무상)횡령죄가 성립한다. 그러나 시내에서의 이삿짐운송·택배운송과 같이 운송위탁자의 감독과 통제가 가능한 근거리 운송의 경우에는 후술하는 상하주종관계의 공동점유의 문제로 된다.[61] 그 밖에 철도운송의 경우에는 확정적이고도 규칙적인 시각과 궤도에 따라 운행한다는 특성상, 운송화물에 대한 철도승무원의 단독점유를 인정할 수는 없다고 하겠다.[62]

(나) 공동점유의 경우   공동점유는 2인 이상이 재물을 사실상 지배하는 점유형태인데, 재물에 대한 지배의 서열관계에 따라 대등한 관계의 공동점유와 상하관계의 공동점유로 나누어 볼 수 있다.

(a) 대등관계에서의 공동점유   동업자 사이[63] 또는 부부 사이처럼[64] 다수인의 공동점유가 대등한 관계에 있을 때에는 각자의 점유가 보호되어야 할 것이므로 공동점유자 상호간에 항상 '타인의' 점유로 취급되어, 대등한 공동점유의 침탈은 절도죄의 문제가 된다(통설).

(b) 상하주종관계에서의 공동점유   상하주종관계에 있는 공동점유란 상점

60) 권오걸, 365면; 김성돈, 262면; 김성천, 850-1면; 김/서, 286면; 오영근, 310-1면; 이재상, 265면; 정/박, 288면. Wessels, BT-2, S. 24. BGH St 2/317. 이러한 견해에 대하여 통제가 가능한 근거리 운반인가 또는 불가능한 장거리 운반인가의 구분이 명확하지 않다고 해서 반대하는 학자로서는 박상기, 256-7면.
61) "판결요지: 화물자동차운전수가 화물을 운송 도중, 이를 타에 처분·영득하였으면 업무상 횡령죄가 성립한다"(대결 1957. 9. 20, 4290 형상 281).
62) 철도승무원이 운송 중인 화물을 영득한 경우에 절도죄가 성립한다고 한 판례(대판 1967. 7. 8, 65 도 798) 참조.
63) "동업자의 공동점유에 속하는 동업재산을 다른 동업자의 승낙없이 그 점유를 배제하고 단독으로 자기의 지배로 옮겼다면 절도죄가 성립된다"(대판 1987. 12. 8, 87 도 1831. 同旨, 대판 1990. 9. 11, 90 도 1021; 1982. 12. 28, 82 도 2058).
64) "판결요지: 별거중인 남편과 처가 공동보관중인 인장을 공동보관자 중의 1인인 처가 다른 보관자인 남편의 동의없이 불법영득의 의사로 취거한 행위는 절도죄를 구성한다"(대판 1984. 1. 31, 83 도 3027).

주인과 점원, 사장과 비서, 주인과 자가용운전기사, 주인과 가정부, 의사와 간호사, 창고업자와 창고수위, 우체국과 우편집배원, 철도공사와 철도승무원[65] 사이와 같이 상위점유자(내지 점유주)와 하위점유자(내지 점유보조자) 사이의 공동점유를 말한다.

전술한 바와 같이 형법상으로는 점유보조자도 점유자로 인정되지만, '점유주'에 대해서는 대등관계가 아니라 '상하주종관계'(上下主從關係)에서 공동점유한다고 보아야 한다. 상하주종관계의 공동점유란 점유보조자(하위점유자)가 '대외적인' 관계에서는 점유자로 인정되는 반면에, 점유주(상위점유자)와의 '대내적인' 관계에서는 점유자로 인정되지 않는 점유관계를 뜻한다('이른바 관계적 점유개념').[66] 즉 하위점유자는 상위점유자에 대하여 점유의 독자적인 의미를 상실하게 된다. 점유보조자(하위점유자)에 대해서 점유주(상위점유자)는 단독점유하는 관계에 놓이게 된다. 그 결과 상점의 점원인 점유보조자가 상점의 물품을 불법영득하면 횡령죄가 아니라 절도죄가 성립한다.

한편 상하주종관계의 공동점유라는 이론구성방법을 취하지 않고, 처음부터 점유보조자의 점유를 부정하고 점유주의 단독점유만을 인정함으로써, 같은 결론-절도죄의 성립을 인정하는 결론-에 도달하는 견해도 있다.[67] 그러나 점유보조자(하위점유자)의 점유를 대외적인 관계, 즉 제3자에 대한 관계와 대내적인 관계, 즉 점유주(상위점유자)에 대한 관계로 구분해서 고찰하지 않으면 사고의 혼란이 초래될 수 있다. 양자를 구분해서 점유보조자의 점유 여부를 논하는 것은 절도죄에 있어서 피해자(고소권과 자구행위에 관련됨) 및 친족상도례의 적용범위를 정하는 데 실익이 있다.

대법원은 상하주종관계의 공동점유라는 관념을 인정하면서 하위점유자의 점유침탈은 절도죄를 구성한다고 판결하는[68] 한편, 점유보조자라고 하더라도

65) 대판 1967. 7. 8, 65 도 798(철도승무원이 운송중인 화물을 영득한 경우에 절도죄가 성립한다고 판결).
66) 오영근, 312면; 이재상, 264면; 황산덕, 278면. 독일의 다수설이다(Wessels, BT-2, S. 22. 등).
67) 김/서, 285면; 김종원, 183면; 박상기, 256면; 배종대, 365면; 백형구, 132면; 서일교, 142면; 이정원, 291면; 정/박, 287면.
68) "피고인이 돈 50만원을 피해자를 위하여 운반하기 위하여 소지하였다 하더라도 피해자의 점유가 상실된 것이라고 볼 수 없을 뿐더러 피고인의 운반을 위한 소지는 피고인의 독립적인 점유에 속하는 것이 아니고 피해자 황○○의 점유에 종속하는 점유의 기관으로서 소지함에 지나지 않으므로, 그 소지중에 있는 돈 10만원을 꺼내어 이를 영득한 행위는 피해자의 점유를 침탈함에 돌아가기 때문에 절도죄가 성립한다"(**대판 1966. 1. 31, 65 도 1178**).

'점유주의 위탁을 받고 보관하게 된 물건'에 대하여는 그 점유를 인정하여 점
유주의 재물을 영득한 경우에 횡령죄가 성립한다고 한다.[69] 점유보조자라고
하더라도 '점유주의 별도의 위탁에 기하여' 보관하게 된 특정재물에 대하여는
예외적으로 횡령죄가 성립할 수 있다고 보아야 한다.

점유보조자의 점유는 점유주 이외의 '제3자에' 대해서는 그대로 인정되므로,
자신이 점유하고 있는 물건을 절취당한 경우에-점유도 절도죄의 보호법익으
로 파악하는 이상-피해자로서 고소할 수 있으며, 자구행위를 할 수 있다.[70] 그
러나 점유주에 대한 관계에서는 점유보조자의 점유는 독자성이 없으므로 보
호받지 못한다. 점유주가 자기 소유의 재물을 가져가는 것은 설사 점유보조자
의 의사에 반한 경우라도 아무런 범죄를 구성하지 않는다.[71]

(다) 봉(封)해서 위탁된 포장물 내의 재물 또는 잠금장치되어 위탁된 용기(容器) 내
의 재물에 대한 점유

(a) 봉해서 위탁된 포장물 내의 재물에 대한 점유   봉한 포장물의 보관을
위탁받은 자가 임의로 포장을 풀고 포장물 내의 내용물만을 영득한 경우, 예
컨대 곡물보관을 위탁받은 자가 봉해진 쌀포대를 열고 쌀을 꺼내 간 행위가
어떠한 형사책임을 지느냐 하는 문제는 '봉해서 위탁된 포장물 내의 재물'에 대한
점유가 위탁자와 수탁자 중 누구에게 속한다고 볼 것인가의 문제와 직결된다.
이 문제에 대하여 ① 포장물 전체는 수탁자의 점유에 속하고, 그 내용물은 위
탁자의 점유에 속한다고 보아 그 내용물만을 영득하면 절도죄가 성립한다는
입장,[72] ② 내용물뿐만 아니라 포장물 전체가 수탁자의 점유에 속하므로 횡령죄가

69) "피고인은 점원으로서 평소는 점포 주인인 위 피해자의 점유를 보조하는 자에 지나지 않
으나, 위 범행 당시는 위 피해자의 위탁을 받아 금고 안의 현금과 오토바이를 사실상 지배하에
두고 보관한 것이라고 보겠으니, 피고인의 위 범행은 자기의 보관 하에 있는 타인의 재물을 영득
한 것으로서 횡령죄에 해당한다"(**대판** 1982. 3. 9, 81 **도** 3396). "피고인이 피해자의 승낙을 받고
그의 심부름으로 오토바이를 타고 가서 수표를 현금으로 바꾼 뒤에 마음이 변하여 그 오토바이
를 반환하지 아니한 채 그대로 타고 가버렸다 하더라도, 그것은 피고인과 피해자 사이에 오토바
이의 보관에 따른 신임관계를 위배한 것이 되어 횡령죄를 구성함은 별론으로 하고, 적어도 절도
죄는 구성하지 않는다 할 것"(**대판** 1986. 8. 19, 86 **도** 1093).
70) 형법상 제3자를 위한 정당방위와 긴급피난은 허용되지만, 제3자를 위한 자구행위는 허용되
지 않는다(제23조 제1항 참조). 점유보조자가 피해자에 포함된다면, 자신을 위한 자구행위를 할
수 있게 된다.
71) Dreher/Tröndle, StGB, §242 Rn. 10.
72) "보관계약에 따라 보관중인 포장된 가마니 속의 정부 소유미의 점유는 정부에 있다 할 것
이므로, 이를 발취한 보관자의 행위는 절도죄에 해당할 것이고, 횡령죄에 해당한다고 볼 수 없
다"(대결 1956. 1. 27, 4288 형상 375).

성립할 뿐이라는 입장,[73] ③ 내용물뿐만 아니라 포장물 전체가 위탁자의 점유에 속하므로 절도죄가 성립한다는 입장,[74] ④ 형식적으로 봉함물이라는 점에 구애될 것이 아니라, 구체적인 위탁관계의 취지와 성격에 따라, 형식적 위탁관계이면 절도죄가 성립하고, 실질적 위탁관계이면 횡령죄가 성립한다는 입장이[75] 대립한다.

①설에 의하면, 포장물 전체를 영득하면 횡령죄(단순횡령죄: 5년 이하의 징역)가 되고 그 내용물만을 영득하면 절도죄(단순절도죄: 6년 이하의 징역)가 성립하게 되는데, 법정형을 비교할 때 그 결론이 부당함은 자명하고,[76] 지나치게 기교적인 이론구성을 취하고 있다는 비판이 가능하다. ③설은 위탁에 기한 보관자의 점유를 전혀 인정하지 않는다는 점에서 납득하기 어려우며, ④설은 형식적 위탁관계와 실질적 위탁관계의 구별이 밝혀지지 않는 이상 실제적용상의 난점이 있다고 하겠으므로, ②설이 타당하다고 본다.

(b) 잠금장치되어 위탁된 용기(容器) 내의 재물에 대한 점유   이 문제는 위 (a)에 준한 것으로 볼 수도 있겠으나, 특별히 논의의 대상이 되는 것은 잠금장치의 '열쇠' 내지 비밀번호를 '위탁자'가 가지고 있고 수탁자는 그 용기를 보관·간수하는 데에 그치는 경우이다.

이 경우는 일률적으로 해결할 수는 없고, 다음과 같이 나누어 보아야 한다. ① 잠금장치된 용기가 건조물에 부착되어 있거나(예: 은행 또는 지하철 역의 보관함) 크기와 무게에 비추어 이동이 곤란한 정도이면(예: 대형철제금고, 자판기), 열쇠소지자(위탁자)만이 단독으로 용기의 내용물을 점유한다고 해야 한다.[77] 열쇠소지자가 2인 이상이면 이들의 공동점유에 속한다. 따라서 수탁자의 내용물 영득은 절도죄가 된다. ② 잠금장치된 용기가 크지 않아서 들고 다닐 수 있는 정도, 즉 이동가능한 용기라면(예: 소형금고, 가방), 수탁자가 내용물뿐만 아니라 용기 전체에 대해서 단독점유한다고 본다.[78] 따라서 수탁자가 내용물만을 영득

73) 김종원, 183면; 백형구, 132면; 오영근, 312면.
74) 황산덕, 275면.
75) 김성돈, 263면; 김성천, 850면 이하; 김/서, 286-7면; 배종대, 370면; 서일교, 143면; 이재상, 266면; 이정원, 292면; 정/박, 289면; 정영일, 254-5면; 진/이, 325면.
76) 김종원, 183면.
77) 김성천, 851면; 김/서, 287면; 박상기, 257면; 배종대, 371면; 오영근, 313면; 이재상, 266면; 정/박, 289면. BGH St 22/180. Sch/Sch/Eser, StGB, Kommentar, §242 Rn. 34; Wessels, BT-2, S. 25.
78) 오영근, 313면; 이재상, 266면. BGH St 22/180. Sch/Sch/Eser, aaO.; Wessels, aaO.

하든지 용기 전체를 영득하든지 간에 횡령죄가 성립한다. 그러나 이 경우에도 열쇠소지자인 위탁자가 자유로이 용기에 접근하여 수시로 용기의 안전을 확인할 수 있는 지위에 있다면, 내용물에 대해 열쇠소지자의 단독점유 또는 수탁자와의 대등한 공동점유를 인정할 수 있을 것이다.[79]

3. 실행행위

절도죄의 실행행위는 절취이다. 「절취」란 "타인이 점유하고 있는 재물을 점유자의 의사에 반하여 그 점유를 배제하고 자기 또는 제3자의 점유하에 두는 것"을 말한다.

(1) 절취의 개념요소

절취의 개념요소는 ① 점유자의 의사에 반할 것(탈취의사), ② 점유자의 점유를 배제할 것(점유배제), ③ 자기 또는 제3자의 점유하에 두는 것(점유취득)이라는 세 가지이다.

① 절취는 점유자의 의사에 반한다는 점에서-편취의사가 아니라-탈취의사로 행해진다(탈취죄). 그러나 탈취의사는 점유자 몰래 행해질 것을 요하지는 않는다. 따라서 피해자가 모르게 절취하는 소매치기뿐만 아니라 피해자가 보고 있는 중에 날쌔게 채어 가는 날치기도 절취행위가 된다.[80] [81]

절취행위는 상대방의 의사에 반할 것을 개념요소로 하고 있기 때문에 피해자의 승낙은 구성요건해당성을 배제하는 '양해'가 된다.

기망에 따른 교부행위가 있더라도 상대방의 의사에 '반하는' 교부행위라고

---

79) Wessels, aaO.

80) 대명률(大明律)에서는 "남의 물건을 공연하게 탈취한 것을 공취(公取)라고 하고, 남이 알지 못하게 가만히 훔친 것을 절취(竊取)라고 하여, 모두 도둑(盜)이라고 일컫는다"라고 한다(법제처, 大明律直解, 법제자료 제13집, 1964, 402면).

81) 날치기 수법으로 피해자가 들고 있던 가방을 탈취하면서 강제력을 행사하여 상해를 입힌 사안에서 강도치상죄의 성립을 인정한 판례가 있다. "이른바 '날치기'와 같이 강제력을 사용하여 재물을 절취하는 행위가 때로는 피해자를 넘어뜨리거나 부상케 하는 경우가 있고, 그러한 결과가 피해자의 반항 억압을 목적으로 함이 없이 점유탈취의 과정에서 우연히 가해진 경우라면 이는 강도가 아니라 절도에 불과하다고 보아야 할 것이지만(대법원 2003. 7. 25. 선고 2003도2316 판결 참조), 그 강제력의 행사가 사회통념상 객관적으로 상대방의 반항을 억압하거나 항거불능케 할 정도의 것이라면 이는 강도죄에서의 폭행에 해당하므로(대법원 2004. 10. 28. 선고 2004도4437 판결 등 참조), 날치기 수법의 점유탈취 과정에서 이를 알아채고 재물을 뺏기지 않으려는 피해자의 반항에 부딪혔음에도 계속하여 피해자를 끌고 가면서 억지로 재물을 빼앗은 행위는 피해자의 반항을 억압한 후 재물을 강취한 것으로서 강도의 죄로 의율함이 마땅하다"(대판 2007. 12. 13, 2007 도 7601).

판단되면, 사기가 아니라 절취가 된다. 이 점에 있어서 사기죄·공갈죄와 같이 상대방의 하자있는 의사에 기한 교부행위로 성립하는 '편취죄'와 절도죄·강도죄와 같이 상대방의 의사에 반하는 취득행위로 성립하는 '탈취죄'가 구별된다.

〈문제사례: 책략절도〉

　　책략절도(策略竊盜, Trickdiebstahl)란 "피해자를 기망하여 재물을 교부받았으나 그 교부행위가 피해자의 종국적인 점유이전의사가 아니고 잠정적인 의사에 기한 것이기 때문에, 행위자의 점유취득이 피해자의 의사에 반하는 것으로 평가되어 절도죄가 성립하는 경우"를 말한다. 책략절도에서는 피해자가 재물을 교부하는 외관을 갖고 있지만, 점유를 넘긴다는 '종국적인' 의사가 없으므로 피해자의 의사에 '반하는' 교부로 보아야 한다. 책을 빌려본다고 하고 속여서 가져간 경우가 그 예이다. 책략절도에 관한 판례를 소개한다.

　　"최○○이 있는 자리에서 그가 가지고 있는 책을 잠깐 보겠다고 하며 보는 척 하다가 가져갔다는 원심 확정 사실에 의하면, 위 책은 아직 최○○의 점유하에 있었다고 할 것이므로, 이를 절도죄로 처단한 원심조치에 아무런 잘못이 있다고 할 수 없다"(대판1983. 2. 22.)·). "피고인이 피해자 경영의 금방에서 마치 귀금속을 구입할 것처럼 가장하여 피해자로부터 순금목걸이 등을 건네 받은 다음 화장실에 갖다 오겠다는 핑계를 대고 도주한 것이라면, 위 순금목걸이 등은 도주하기 전까지는 아직 피해자의 점유하에 있었다고 할 것이므로, 이를 절도죄로 의율 처단한 원심의 조처는 정당"(대판1994. 8. 12.)·). "피해자가 결혼예식장에서 신부측 축의금 접수인인 것처럼 행세하는 피고인에게 축의금을 내어 놓자 이를 교부받아 간 원심 판시와 같은 사건에서 피해자의 교부행위의 취지는 신부측에 전달하는 것일 뿐 피고인에게 그 처분권을 주는 것이 아니므로, 이를 피고인에게 교부한 것이라고 볼 수 없고 단지 신부측 접수대에 교부하는 취지에 불과하므로, 피고인이 위 돈을 가져간 것은 신부측 접수처의 점유를 침탈하여 범한 절취행위라고 보는 것이 정당하다. 같은 취지에서 이를 절도죄로 의율한 원심의 조치는 정당하고, 이를 사기죄로 보아야 한다는 상고논지는 받아들일 수 없다"(대판1996. 10. 15.)·).

② 절취는 점유자의 점유를 배제해야 한다.

그리고 ③ 절취란 자기 또는 제3자의 점유하에 두는 것을 필요로 하므로, 예컨대 타인의 양어장의 물고기를 무단방류한다든가 새를 새장에서 날아가게 하는 등, 단순히 재물을 타인의 점유로부터 이탈케 하는 것만으로는 절취가 되지 않고, 손괴죄의 문제가 된다.

점유하에 '둔다'고 함은 반드시 재물의 장소적 이동을 수반해야 하는 것은 아니며,[82] 절취의 객체가 부동산인 경우처럼 재물을 있는 장소에 그대로 둔 채로 기존의 점유를 배제하고 자기 또는 제3자의 점유를 새로이 설정하는 행위를 포함한다.[83]

(2) 실행의 착수시기

절취에 있어서 실행의 착수시기는 타인의 점유를 배제하는 행위를 개시한 때이다. 점유배제의 개시 여부는 "행위자의 범행계획에 의하면 범죄적 의사가 당해 구성요건의 보호법익을 직접적으로 위태롭게 할 만한 행위 속에 명백히 나타난 때 실행의 착수가 있다"라고 하는 '절충설'(주관적 객관설)에 의하여 판단한다.

다만 판례가 절도죄에 있어서 취하고 있는 견해는 "재물에 대한 사실상의 지배를 침해하는 데 밀접한 행위를 한 때 실행의 착수가 있다"라고 하는 '밀접행위설'인데, 이는 실행의 착수시기에 관한 학설 대립 중 '실질적 객관설'에 속한다. 판례에 의하면, 절취하려고 타인의 실내에 들어간 것만으로는 부족하지만[84] 절취할 재물을 물색하기 시작하면 실행의 착수가 있다고 하고,[85] 자동차

---

82) 형법학자들은 일반적으로 '절취'개념을 정의함에 있어서 "…자기 또는 제3자의 점유로 옮기는 것"이라는 표현을 쓰지만, 본서는 재물의 장소적 이동이 절취의 개념요소라고 보지 않는 까닭에 "자기 또는 제3자의 점유하에 두는 것"이라는 표현을 사용하고 있다.

83) 이 점에 있어서 재물의 '취거행위'(wegnehmen)를 요한다고 하는 독일형법의 해석론을 따를 것은 아니다.

84) "절도죄의 실행의 착수시기는 재물에 대한 타인의 사실상의 지배를 침해하는 데에 밀접한 행위를 개시한 때라고 보아야 하므로, 야간이 아닌 주간에 절도의 목적으로 타인의 주거에 침입하였다고 하여도 아직 절취할 물건의 물색행위를 시작하기 전이라면, 주거침입죄만 성립할 뿐 절도죄의 실행에 착수한 것으로 볼 수 없는 것이어서 절도미수죄는 성립하지 않는다.…피고인이 방 안에 침입한 것은 인정되나, 방안에 들어가 절취할 물건의 물색행위에까지 나간 것인지의 여부는 분명하지 않다. 피고인이 방안에 들어간 때로부터 피해자에게 발각될 때까지 물색행위를 할 만한 충분한 시간이 경과하였다면, 절도목적으로 침입한 이상 물색행위를 하였을 것으로 보아도 무방하지만, 그럴만한 시간적 여유가 없었다면 피고인이 방안에서 뛰어 나온 것만 가지고 절취할 물건을 물색하다가 뛰어 나온 것으로 단정할 수는 없을 것이다"(대판 1992. 9. 8, 92 도 1650). 그 밖에 절도의 예비에 불과한 것으로 본 판례로는 "피고인이 이 사건 당시 소를 흥정하고 있는 피해자의 뒤에 접근하여 그가 들고 있던 가방으로 돈이 들어 있는 피해자의 하의 왼쪽 주머니를 스치면서 지나간 사실을 인정하고 있는바.…이는 단지 피해자의 주의력을 흐트려 주머니 속에 들은 금원을 절취하기 위한 예비단계의 행위에 불과한 것이고, 이로써 실행의 착수에 이른 것이라고는 볼 수 없다"(대판 1986. 11. 11, 86 도 1109).

85) "금품을 훔칠 목적으로 판시 피해자의 집에 담을 넘어 침입하여 그 집 부엌에서 금품을 물색하던 중에 발각되어 도주한 것이라면, 이는 절취행위에 착수한 것이라고 보아야 할 것"(대판 1987. 1. 20, 86 도 2199). 기타 대판 1984. 3. 13, 84 도 71.

안의 재물에 대한 절도에서는 자동차 안을 전등으로 살핀 것만으로는 예비에 불과하지만,[86] 자동차 문의 손잡이를 당긴 시점에 대하여는 실행의 착수를 인정하고 있다.[87]

(3) 기수시기

절취의 기수시기에 관하여는 ① 행위자의 신체나 도구가 재물에 접촉한 때 기수가 된다고 하는 '접촉설', ② 재물을 자기 또는 제3자의 사실상의 지배하에 둔 때 기수가 된다는 '취득설'(통설 및 판례[88]), ③ 재물을 점유자(피해자)의 지배범위로부터 장소적으로 이전한 때 기수가 된다는 '이전설', ④ 재물을 안전한 장소에 감춘 때 기수가 된다는 '은닉설'이 대립하고 있다.

절취는 타인의 점유를 배제하고 재물을 자기 또는 제3자의 점유하에 둔 때, 즉 점유의 취득으로 '기수'가 된다고 보아야 할 것이므로 취득설이 타당하다고 하겠다. 재물의 이전이나 은닉의 시점은 절취행위의 기수(Vollendung)가 아니라 사실상의 '종료'(Beendigung)에 해당한다.

절도죄는 타인의 '점유'에 대한 침해 및 새로운 점유의 설정에 의하여 기수가 된다는 점에서 '침해범'이다.[89]

취득설에 따라 자기 또는 제3자가 점유를 취득했느냐의 여부는 사회통념에 따라 판단할 성질의 것이다.[90] 재물의 크기와 성상(性狀)을 구별하여 점유의 취득시

---

86) "노상에 세워 놓은 자동차 안에 있는 물건을 훔칠 생각으로 자동차의 유리창을 통하여 그 내부를 손전등으로 비추어 본 것에 불과하다면, 비록 유리창을 따기 위해 면장갑을 끼고 있었고 칼을 소지하고 있었다 하더라도 절도의 예비행위로 볼 수는 있겠으나, 타인의 재물에 대한 지배를 침해하는 데 밀접한 행위를 한 것이라고는 볼 수 없어 절취행위의 착수에 이른 것이었다고 볼 수 없다"(**대판** 1985. 4. 23, 85 도 464).

87) "절도죄의 실행의 착수시기는 재물에 대한 타인의 사실상의 지배를 침해하는 데 밀접한 행위가 개시된 때라 할 것인 바, 피해자소유 자동차 안에 들어 있는 밍크코트를 발견하고 이를 절취할 생각으로 공범이 위 차 옆에서 망을 보는 사이 위 차 오른쪽 앞문을 열려고 앞문 손잡이를 잡아당기다가 피해자에게 발각되었다면 절도의 실행에 착수하였다고 봄이 상당하다"(**대판** 1986. 12. 23, 86 도 2256).

88) "절도죄는 타인의 소지를 침해하여 재물을 자기의 소지로 이동한 때, 즉 자기의 사실적 지배 밑에 둔 때에 기수가 된다고 할 것"(**대판** 1964. 12. 8, 64 도 577). "판결요지: 피고인이 피해자 경영의 카페에서 야간에 아무도 없는 그곳 내실에 침입하여 장식장 안에 들어 있던 정기적금통장 등을 꺼내 들고 카페로 나오던 중 발각되어 돌려 준 경우, 피고인은 피해자의 재물에 대한 소지(점유)를 침해하고, 일단 피고인 자신의 지배 내에 옮겼다고 볼 수 있으니 절도의 미수에 그친 것이 아니라 야간주거침입절도의 기수라고 할 것이다"(대판 1991. 4. 23, 91 도 476). "물건을 창고에서 밖으로 들고 나와 운반해가다가 방범대원들에게 발각되어 체포된 사실이 명백하므로, 위 범행을 절도의 기수로 판단한 1심조치는 정당한 것"(대판 1984. 2. 14, 83 도 3242).

89) 김종원, 185면.

점(기수시기)을 보자면, ① 중량과 크기가 작은 물건인 경우에는 몸에 소지하
거나 가방·보따리 등에 넣은 때, ② 중량과 크기가 큰 물건인 경우에는 마당
에 반출하거나 자동차에 적재한 때, ③ 차량절도의 경우에는 차량에 시동을
건 것만으로는 부족하고 출발하기 시작한 때라고[91] 하겠다. ④ 대형 슈퍼마켓
과 같은 self-service상점에서는, 절취할 물건을 자신의 호주머니나 가방에 넣
었을 때 기수가 되고,[92] 운반편의상 상점 내에서 제공된 장바구니나 운반용
cart에 넣은 경우에는 종업원이 모르게 하여 계산에서 누락된 채로 계산대를
통과한 때 기수가 된다고[93] 하겠다.

4. 주관적 구성요건

(1) 고 의

고의는 절도죄의 객관적 구성요건에 해당하는 사실을 인식·인용하는 것
이다. 타인의 재물이라는 인식에 있어서 재물의 '타인성'은 구성요건의 규범적 요
소에 해당하는 것으로서 행위자에게는 '의미의 인식'이 필요하다. 그리고 절취
행위에 대한 고의도 필요한데, '절취'의 고의란 점유자의 의사에 반하여 점유
를 배제하고 자기 또는 제3자의 점유하에 둔다는-점유취득의-인식·인용을
말한다.

(2) 불법영득의 의사

절도죄의 성립에 있어서 주관적 구성요건으로서 고의 이외에 「불법영득의 의
사」가 필요한가, 그리고 필요하다면 그 내용을 어떻게 파악할 것인가에 관하여
는 학설이 대립하고 있다.

---

90) 대명률(大明律)에서는 절도의 기수시기를 상세히 규정하고 있어서 흥미롭다. 즉, "기물(器
物)이나 금전이나 포백(布帛) 따위는 절취한 곳에서 딴 곳으로 옮겨 놓은 것이라야 도죄(盜罪)
가 성립하고, 주옥(珠玉)이나 보화 따위는 손에 넣어 감추었으면 비록 아직 가져가지 않았더라
도 또한 도죄가 성립한다. 나무·돌·무거운 기물 따위로서 사람의 힘으로 이겨낼 수 없는 것은
비록 처음 있던 곳에서 옮겼더라도 아직 거마(車馬) 등에 싣기 전에는 도죄가 성립되지 아니하
며, 말·소·낙타·노새 따위는 우리나 외양간에서 끌어내야 하고, 매(鷹)나 개 따위는 자기의
마음대로 할 수 있도록 자기가 잡고 있어야 도죄가 성립된다"라고 하고 있다(법제처, 大明律直
解, 법제자료 제13집, 1964, 402-3면).

91) 이에 반하여 엔진시동을 건 시점에서 기수를 인정한 외국판례로서는 People v. Alamo, 358
N.Y. S. 2d 375 (N.Y. 1974).

92) 독일 연방법원의 견해이다(BGH 16/271, 17/206, 23/254). 상점 내의 감시원이나 CCTV에
의하여 절취행위가 포착되었느냐의 여부를 불문한다.

93) Wessels, BT-2, S. 30. OLG Köln NJW 1984, S. 810.

(가) **절도죄 성립에서의 필요 여부**   우리 형법은 독일형법($\frac{제242}{조}$)과 달리 절도죄의 구성요건에 불법영득의 의사("in der Absicht, sich rechtswidrig zuzueignen")를 명시하고 있지 않아서 해석상 논쟁이 있다.

(a) **필요설**   절도죄의 성립에 불법영득의 의사가 필요하다는 통설은 다음과 같은 논거를 들고 있다. ① 절도죄의 (주된) 보호법익은 소유권이므로 단순히 타인의 점유를 배제하고 점유를 취득하고자 하는 점유침탈의 의사만으로는 부족하고 '소유권'을 침탈하고자 하는 의사가 필요하다고 해야 한다. ② 불법영득의 의사가 불필요하다면 손괴하기 위하여 타인의 점유를 배제·취득한 경우에도 절도죄의 성립을 긍정하게 되는 부당한 결론에 이르게 된다. 따라서 절도죄와 '손괴죄'의 구별표지로서 불법영득의 의사가 필요하다. ③ 타인의 소유권을 침탈할 의사없이 단지 일시 사용한 후 반환할 의사로 타인의 점유를 배제·취득하는 '사용절도'는 절도죄를 구성하지 않는다고 보아야 하는데, 그 논거를 불법영득의 의사에 두는 것이 타당하다.

판례는 필요설의 입장에 서 있다.[94]

(b) **불필요설**   절도죄의 성립에 불법영득의 의사가 필요하지 않다고 하는 입장의[95] 논거는 다음과 같다. ① 우리 형법은 독일형법과 달리 불법영득의 의사를 절도죄의 구성요건으로 한 명문규정이 없으므로 해석상 독일형법을 따를 필요가 없다. ② 절도죄의 보호법익을 소유권이 아니라 점유라고 하는 입장(점유설)에서는 타인의 점유를 배제·취득하려는 고의, 즉 절취행위에 대한 고의로 충분하다고 본다.

(c) **사 견**   절도죄의 성립에 불법영득의 의사가 필요한가라는 문제는 절도죄의 보호법익을 무엇으로 파악하느냐와 논리적 필연관계에 있지 않다는 주장도 있으나,[96] 절취의 개념에 소유권침해의사가 포함되어 있지 않는 것으로 이해한다면 보호법익론과 논리일관되어야 한다고 본다. 따라서 절도죄의 보호법익을 '소유권 및 점유'로 이해하는 이상, 절도죄의 주관적 구성요건으로서

---

94) "판결요지: 매수인이 매수한 배추를 약정기일까지 수거해 가지도 않고 달리 연락도 되지 않는 데다가 배추는 누렇게 뜨고 썩기 시작하여 이를 그대로 두면 다 버리게 될 우려가 있어 소외인에게 처분하고, 그 대금 중 소개비를 공제한 잔금을 농협에 정기예탁한 경우라면 피고인에게 불법영득의 의사가 있었다고 볼 수 없다"(**대판** 1982. 2. 23, 81 **도** 2371). "형법상 절도죄의 성립에 필요한 불법영득의 의사라 함은…"(대판 1996. 5. 10, 95 도 3057).

95) 오영근, 320면; 정/박, 296면; 정영석, 334면.

96) 정/박, 297-8면.

단순한 점유침탈의 의사 이외에 소유권침해의 의사도 필요하다고 보아야 하고, 이 소유권침해의 의사는 '절취의 고의 안에 포함시켜 해석하기 어려우므로' 별도의 불법영득의사로서 파악할 수밖에 없다고 생각한다.

(나) 체계상의 지위　불법영득의 의사가 필요하다는 입장에서도 그 체계상의 지위에 관하여는 ① 고의와는 별개의 초과주관적 요소라는 견해(다수)와[97] ② 고의의 내용이라는 견해가[98] 대립한다.

후자의 견해는 영득고의를 절취의 고의에 포함시켜 해석할 수 있다는 입장이지만, '영득'과 '절취'는 구별하여야 한다.[99] 절취행위에 대한 고의는 점유침탈의 의사에 불과하므로 소유권침탈의사인 불법영득의 의사를 절취의 고의와는 별개의 주관적 요소로 파악하는 다수설이 타당하다고 본다. 그리고 절취의 고의와는 '별개의' 요건으로서 불법영득의사의 확정을 요구하는 것은 법집행자로 하여금 절도죄와 사용절도(및 손괴죄)의 한계를 명료화·의식화함으로써 형법의 보장적 기능을 달성하고자 하는 실천적 의의도 지닌다.

불법영득의 의사를 절취의 고의와는 별개의 주관적 요건으로 파악하는 경우에, 이를 구성요건에 명시하고 있지 아니한 우리 형법의 해석으로는 '불문의' 구성요건요소로 보게 된다.

'재물죄'의 성립에 필요한 초과주관적 구성요건요소로서의 불법영득의 의사는 '이득죄'에 있어서는 '불법이득의 의사'로 표현된다.

(다) 내 용　필요설의 입장에서도 불법영득의사의 내용에 관하여는 또다시 견해가 나누어지고 있다.

(a) 소유자의사설[100]　다수설은 불법영득의 의사를 "권리자를 배제하고 타인의 재물을 자기의 소유물과 같이 그 소유권의 내용을 행사하겠다는 의

---

97) 강구진, 272면; 권오걸, 381면; 김성돈, 266면; 김/서, 295면; 김종원, 185면; 백형구, 136면; 손동권, 285면; 이재상, 270면; 이정원, 300면; 이형국, 323면; 정영일, 261면.

98) 배종대, 376면; 오영근, 320면; 유기천, 상권, 213면; 정/박, 296면; 진/이, 302면.

99) 절취라는 용어가 영득의 의미까지 내포한다는 주장은 의문이다. 절취에서의 '취'(取)는 점유의 취득을 의미하는 것이지 반드시 소유권의 취득까지를 포함하는 의미로 받아들이기는 어렵다. 불법영득의 의사에서 '영득(領得)'의 사전적 의미는 "취득하여 제것으로 만드는 것"(김민수 등 편저, 국어대사전, 금성출판사, 1991, 2120면)이다. 따라서 영득의사는 '내 것으로 하겠다는 의사', 즉 '소유의 의사'이다. 형법전상 영득이라고 하는 용어는 재산범죄에서는 보이지 않고, 제161조 시체 등의 유기죄에서 사용되고 있다.

100) 권오걸, 383면; 김성돈, 266면; 김성천, 856면; 김종원, 187면; 배종대, 344면; 오영근, 315면; 이재상, 272면; 이정원, 301면; 이형국, 324면; 정/박, 295-6면; 정영일, 261면; 진/이, 306면.

사"로 파악한다.

(b) **경제적 용법설**[101]   이 학설은 불법영득의 의사를 "권리자를 배제하고 타인의 재물을 자기의 소유물과 같이 그 경제적 용법에 따라 이용·처분하려는 의사"로 파악한다. 판례의 입장이다.[102] 비경제적 용법인 손괴·은닉의 의사는 제외된다.

(c) **향익설(享益說)**[103]   이 학설은 불법영득의 의사를 "경제적 이익을 취득하고자 하는 의사"로 파악한다.

(d) **사 견**   ① 학생증을 훔쳐 증명서로 사용하려고 하는 경우 또는 단순히 자랑할 의사로 희귀우표를 절취한 경우에 비록 '비경제적 용법'이지만 절도죄 성립을 긍정해야 할 것이므로 경제적 용법에 국한하는 (b)의 견해는 부당하고, ② 손괴의 의사도 단순히 손괴하겠다는 의사와 '소유자로서' 손괴하겠다는 의사 — 예컨대 행위예술에서 전자제품을 파괴하는 performance를 하려고 절취한 경우 — 를 구별해야 하고, 후자의 경우에는 비경제적 용법인 손괴의사로 절취하였더라도 절도죄 성립을 긍정해야 할 것이며, ③ 불법영득의 의사란 절도죄의 보호법익인 소유권을 향한 의사로 파악해야 할 것이고 단순히 경제적 이익을 취할 의사만으로는 부족하다고 할 것이며, ④ 또한 경제적 가치는 없지만 주관적 가치 또는 소극적 가치만을 지닌 것도 형법상 재물이 되므로 반드시 경제적 이익을 취할 의사로 절취할 필요는 없다고 하겠다. 따라서 '소유자의사설'의 입장이 타당하다고 본다.

(라) **불법영득의사의 개념요소**   불법영득의 의사(rechtswidrige Zueignungs-absicht)를 소유자의사설에 의하여 "권리자를 배제하고 타인의 재물을 자기의 소유물과 같이 그 소유권의 내용을 행사하겠다는 의사"로 파악할 때, 그 개념요소는 소유권의 내용을 행사하겠다는 적극적 요소와 권리자를 배제하겠다는 소극적 요소로 분석할 수 있다.

---

101) 김/서, 295면; 박상기, 260면; 백형구, 136면; 서일교, 145면; 황산덕, 282면.

102) "형법상 절도죄의 성립에 필요한 불법영득의 의사라 함은 권리자를 배제하고 타인의 물건을 자기의 소유물과 같이 그 경제적 용법에 따라서 이를 이용하고 또는 처분할 의사를 말하는 것"(**대판 1996. 5. 10, 95 도 3057**. 同旨, 대판 2000. 10. 13, 2000 도 3655; 1999. 4. 9, 99 도 519; 1986. 7. 22, 86 도 230; 대결 1961. 6. 28, 4294 형상 179).

103) 오스트리아형법 제127조는 절도죄의 주관적 구성요건으로서 불법영득의 의사가 아니라 '불법이득(不法利得)의 고의'("mit dem Vorsatz, sich unrechtmäßig zu bereichern")를 규정해 놓고 있다.

(a) 적극적 요소   불법영득의사의 적극적 요소는 "타인의 재물을 자기의 소유물과 같이 그 소유권의 내용을 행사(이용·처분)하겠다는 의사"이다. 불법영득의 의사가 인정되기 위해서는 타인의 재물을 최소한 일시적으로나마 소유자처럼 이용·처분하겠다는 의사, 소유자의 지위에 서겠다는 의사, 소유권의 내용을 획득(Aneignung)하겠다는 의사가 있어야 한다. 불법영득의 의사는 적극적 개념요소의 측면에서 단순한 '손괴의 의사'와 구별된다.[104]

(b) 소극적 요소   불법영득의사의 소극적 요소는 "권리자를 배제(Enteignung)하겠다는 의사"이다. 권리자의 배제의사는 권리자를 '완전히·종국적으로'(endgültig) 배제하려는 의사이어야 한다.[105] 불법영득의 의사는 소극적 개념요소의 측면에서 「사용절도」를 한계지운다.

〈사용절도〉

사용절도(Gebrauchsanmaßung, furtum usus)란 "타인의 재물을 일시 사용한 후 곧 반환할 의사로 자기의 점유에 옮기는 행위"를 말한다. 예컨대 남의 공구(工具)나 손전등을 무단사용하는 행위, 급한 일처리를 위해 남의 자전거를 무단사용하는 행위 등이다. 이 때 에너지의 사소한 소모 또는 재물의 사소한 마모 등과 같이, 일시 사용행위가 초래하는 재물가치의 사소한 감소는 사용행위에 당연히 수반·내포되는 것으로 취급한다.

사용절도의 핵심요소는 '일시 사용 후 반환의사'로서, '권리자를 완전히 배제하려는 의사가 없으므로' 불법영득의 의사가 부정되고, 그 결과 절도죄가 성립되지 않는다. 그러나 사용절도가 항상 절도죄를 구성하지 않는 것은 아니고, 일시 사용한다는 외관을 가지고 있지만 권리자를 완전히 배제할 정도의 사용행위는 절도죄를 구성한다고 보아야 할 것이다. 따라서 절도죄가 성립하지 않고, '불가벌인 사용절도'로 평가되기 위한 요건은 다음과 같다. ① 일시 사용한 후 곧 반환할 의사가 있을 것(반환의사), ② 일시 사용행위가 재물의 현저한 가치감소를 수반하지 않을 것, ③ 그 사용이 부당히 장기간에 걸치지 않을 것,[106] ④ 원권리자(原權利者)의 재물의 회

---

104) "판결요지: 피고인이 살해된 피해자의 주머니에서 꺼낸 지갑을 살해도구로 이용한 골프채와 옷 등 다른 증거품들과 함께 자신의 차량에 싣고 가다가 쓰레기 소각장에서 태워버린 경우, 살인 범행의 증거를 인멸하기 위한 행위로서 불법영득의 의사가 있었다고 보기 어렵다"(대판 2000. 10. 13, 2000 도 3655). "판결요지: 사촌형제인 피해자와의 분규로 재단법인 이사장직을 사임한 뒤, 피해자의 집무실에 찾아가 잘못을 나무라는 과정에서 화가 나서 피해자를 혼내주려고 피해자의 가방을 들고 나온 경우에 불법영득의 의사가 있다고 할 수 없다"(대판 1993. 4. 13, 93 도 328).

105) 김/김, 856면; 김종원, 187면; 오영근, 315면; 이재상, 273면.

106) 대판 1987. 12. 8, 87 도 1959 참조.

복이 용이할 것,[107] ⑤ 반환행위가 있을 것 등이다.[108] ⑤의 반환행위는 일시 사용 후 원권리자의 회복이 용이한 장소에 반환해야 한다.[109] ⑤의 요건이 결여되면 '손괴죄'로 처벌될 수 있다(제366조 손괴죄의 행위 태양 중 '은닉'에 해당).

판례도 "타인의 재물을 점유자의 승낙없이 무단사용하는 경우에 있어서 그 사용으로 인하여 물건 자체가 가지는 경제적 가치가 상당한 정도로 소모되거나 또는 사용 후 그 재물을 본래 있었던 장소가 아닌 다른 장소에 버리거나 곧 반환하지 아니하고 장시간 점유하고 있는 것과 같은 때에는 그 소유권 또는 본권을 침해할 의사가 있다고 보아 불법영득의 의사를 인정할 수 있을 것이나, 그렇지 않고 그 사용으로 인한 가치의 소모가 무시할 수 있을 정도로 경미하고, 또한 사용 후 곧 반환한 것과 같은 때에는 그 소유권 또는 본권을 침해할 의사가 있다고 할 수 없어 불법영득의 의사가 있다고 인정할 수 없다고 봄이 상당할 것이다"라고 한다(대판 1999. 7. 9. 99 도 857. 同旨, 대판 1992. 4. 24. 92 도 118; 1987. 12. 8. 87 도 1959). 또 대법원은, 군인이 잃어버린 총을 보충하기 위하여 같은 부대 사병의 소총 1정을 무단으로 가지고 가서 자신의 관물대 안에 진열해 놓은 사건에서 권리자(국가)를 배제할 의사를 가지고 한 것이 아니므로 영득의 의사가 있었다고 볼 수 없다고 판시하고 있으며(대판 1965. 2. 24. 64 도 795. 同旨, 대판 1977. 6. 7. 77 도 1069), 주민등록증을 증명서로 사용한 후 반환할 의사로 절취한 때에는 영득의 의사를 인정할 수 없고(대판 1971. 10. 19. 70 도 1399), 피해자의 승낙없이 혼인신고서를 작성하기 위하여 피해자의 도장을 몰래 꺼내어 사용한 후 곧바로 제자리에 갖다 놓은 경우에 도장에 대한 불법영득의 의사가 있었다고 볼 수 없다고 한다(대판 2000. 3. 28. 2000 도 493. 同旨, 대판 1987. 12. 8. 87 도 1959).

'자동차'에 대한 사용절도도 이상의 논리에 의하여 절도죄를 구성하지 아니하여 불가벌이었으나, 1995년 형법개정에서 자동차 등의 사용절도에 한하여 불법사용죄(제331조 의 2)를 신설함으로써 '예외적으로' 처벌하고 있다.

(마) 영득의사의 대상　　영득의사의 '대상'을 물체라고 할 것인가 또는 물체

---

107) 남의 배를 일시 사용한 후 다른 곳에 방치한 경우 절도죄의 성립을 긍정한 대결 1961. 6. 28. 4294 형상 179.

108) "일시 사용의 목적으로 타인의 점유를 침탈할 경우에도 이를 반환할 의사없이 상당히 오래도록 점유하고 있거나 본래의 장소와 다른 곳에 유기하는 경우에는 이를 일시 사용하는 경우라고는 볼 수 없으므로 영득의 의사가 없다고 할 수 없다"(대판 1988. 9. 13. 88 도 917. 同旨, 대판 1984. 12. 26. 84 감도 392).

109) "판결요지: 피고인이 甲의 영업점 내에 있는 甲소유의 휴대전화를 허락 없이 가지고 나와, 이를 이용하여 통화를 하고 문자메시지를 주고받은 다음 약 1~2시간 후 甲에게 아무런 말을 하지 않고 위 영업점 정문 옆 화분에 놓아두고 감으로써, 이를 절취하였다는 내용으로 기소된 사안에서, 피고인이 甲의 휴대전화를 자신의 소유물과 같이 경제적 용법에 따라 이용하다가 본래의 장소와 다른 곳에 유기한 것이므로, 피고인에게 불법영득의사가 있었다고 할 것"(대판 2012. 7. 12. 2012 도 1132).

에 화체되어 있는 가치라고 할 것인가, 아니면 이 양자 모두인가 하는 점에 관하여 견해가 대립하고 있다. 구체적 사례로서는 은행에서 예금만 인출할 의사를 가지고 타인의 예금통장를 절취하여 예금인출 후 통장을 반환한 경우[예금인출 후 예금통장반환사례]에 절도죄가 성립할 것인가의 문제로 제기된다.

(a) 물체설   영득의사의 대상은 영득하는 재물 자체, 즉 물체라고 하는 견해이다. 이 입장에서는 재물 자체를 소유할 의사는 없이 재물의 가치만을 영득할 의사로 타인의 재물을 절취하여 사용한 후 반환한 경우에는 절도죄의 성립을 부정하게 된다. 따라서 위의 '예금인출 후 예금통장반환사례'에서 '예금통장'이라고 하는 물체 자체에 대한 영득의사가 없으므로 절도죄가 성립하지 않는다는 문제점에 봉착하게 된다.

(b) 가치설   영득의사의 대상은 재물에 화체되어 있는 경제적 가치라고 하는 견해이다. 즉 권리자를 배제하고 재물에 화체된 경제적 가치를 자신의 재산에 끌어넣으려는 의사가 영득의사의 본질이라고 한다. 이 입장에서는 '예금인출 후 예금통장반환사례'에서 경제적 가치, 즉 예금통장의 '예금액'에 대한 영득의사가 있다고 보아 절도죄의 성립을 긍정할 수 있는 장점이 있다. 그러나 가치설을 문자 그대로 적용하는 경우에는 절도죄를 이득죄로 변질케 할 위험이 있으며,[110] 경제적 가치가 없이 주관적 가치만을 지닌 물건(예: 사진)을 영득한 때 불법영득의 의사가 없다고 보아 절도죄의 성립을 부정하게 되는 문제점이 있다.

(c) 종합설   물체 자체 또는 재물에 화체되어 있는 경제적 가치가 영득의사의 대상이 된다고 하는 견해로서, 통설과[111] 판례의[112] 입장이다. 이 입장에서는 경제적 가치는 없고 주관적 가치 또는 소극적 가치만을 지닌 재물 자체를 영득한 경우뿐만 아니라 '예금인출 후 예금통장반환사례'에서처럼 그 경제적 가치만을 영득한 경우에도 절도죄의 성립을 긍정할 수 있는 장점이 있다.

110) 이재상, 274면. Wessels, BT-2, S. 34.
111) 강구진, 274면; 권오걸, 388면; 김성돈, 268면; 김성천, 860면; 김/서, 298면; 김종원, 187면; 박상기, 262면; 배종대, 385면; 백형구, 136면; 이재상, 274면; 이정원, 305면; 이형국, 325면; 정영석, 263면; 진/이, 308면.
112) "절도죄의 성립에 필요한 불법영득의 의사는 영구적으로 그 물건의 경제적 이익을 보유할 의사가 필요치 아니하여도, 소유권 또는 이에 준하는 본권을 침해하는 의사, 즉 목적물의 물질을 영득할 의사나 물질의 가치만을 영득할 의사라도 영득의 의사가 있다고 할 것"(**대판 1981. 10. 13, 81 도 2394**: 1973. 2. 26, 73 도 51. 同旨, 대판 1992. 9. 8, 91 도 3149).

그러나 이 입장에서도 영득의사의 대상인 경제적 가치를 단순한 사용가치로 이해한다면 '사용절도' 일반을 절도죄로 처벌하게 될 문제점이 발생하는 까닭에, 재물의 가치란 단순한 사용가치가 아니라 재물에 화체된 '기능가치'를 의미한다고 하며, 이 때에도 기능가치의 사용이 경제적 가치의 '감소 또는 소멸'을 가져오는 경우에 한하여 절도죄의 성립을 긍정하고자 한다(통설[113] 및 판례[114]).

그리고 영득의 객체가 '금전'인 경우에는 영득의사의 중점을 원칙적으로 물체가 아니라 '액면가치'에 두는 것이 타당하다.[115] 예컨대 타인의 1천원권 지폐 5장을 몰래 가져가면서 5천원권 지폐 1장을 두고 간 경우에 액면가치의 감소가 없으므로 불법영득의사가 부정된다고 하겠다.

〈관련문제: 타인의 신용카드 또는 현금카드에 대한 사용절도〉

이곳에서 논의될 문제는 "타인의 신용카드 또는 현금카드와 알아낸 비밀번호를 이용하여 카드소유자 몰래 현금자동인출기에서 현금을 인출한 후 곧바로 반환할 의사로 카드를 절취하여 부정사용하고 소유자에게 반환한 경우(카드에 대한 사용절도)"에 '예금인출 후 예금통장반환사례'에서처럼 '종합설'을 적용하여 절도죄의 성립을 긍정할 수 있을 것인가 하는 점이다.

종합설은, 일시 사용한 후 반환할 의사로 카드를 절취한 사용절도라고 하더라도 현금자동인출기에서의 현금인출행위가 카드의 '기능가치의 감소'를 가져오는 경우에는 불법영득의 의사가 있다고 보아 절도죄의 성립을 긍정하게 된다. 그런데 신용카드나 현금카드를 분실·도난당한 카드명의인은 그 사실을 카드회사 또는 은행에 신고함으로써 제3자의 카드부정사용으로부터 발생한 금액-부정사용에 의한 현금인출금액-에 대하여 원칙적으로 책임을 지지 아니한다.[116] 그렇다면 카드의 사용

---

113) 김성돈, 269면; 김/서, 298-9면; 배종대, 385면; 이재상, 275면; 이정원, 305면; 이형국, 326면. Sch/Sch/Eser, StGB, §242 Rn. 49.

114) "예금통장은 예금채권을 표창하는 유가증권이 아니고 그 자체에 예금액 상당의 경제적 가치가 화체되어 있는 것도 아니지만, 이를 소지함으로써 예금채권의 행사자격을 증명할 수 있는 자격증권으로서 예금계약사실 뿐 아니라 예금액에 대한 증명기능이 있고 이러한 증명기능은 예금통장 자체가 가지는 경제적 가치라고 보아야 하므로, 예금통장을 사용하여 예금을 인출하게 되면 그 인출된 예금액에 대하여는 예금통장 자체의 예금액 증명기능이 상실되고 이에 따라 그 상실된 기능에 상응한 경제적 가치도 소모된다고 할 수 있다. 그렇다면 타인의 예금통장을 무단 사용하여 예금을 인출한 후 바로 예금통장을 반환하였다 하더라도 그 사용으로 인한 위와 같은 경제적 가치의 소모가 무시할 수 있을 정도로 경미한 경우가 아닌 이상, 예금통장 자체가 가지는 예금액 증명기능의 경제적 가치에 대한 불법영득의 의사를 인정할 수 있으므로 절도죄가 성립한다"(대판 2010. 5. 27, 2009 도 9008).

115) 김/서, 299면.

116) 예컨대 비씨카드사의 '신용카드 개인회원약관' 제40조 참조. 그리고 이 경우에도 카드회원

절도행위는 카드의 현금인출기능이라는 '기능'을 사용한 것은 사실이지만, 사용으로 인하여 기능가치가 '감소'한 것은 아니므로, 절도죄의 성립을 부정하는 결론이 타당하다.[117]

대법원도 최근 "신용카드를 사용하여 현금자동지급기에서 현금을 인출하였다 하더라도 신용카드 자체가 가지는 경제적 가치가 인출된 예금액만큼 소모되었다고 할 수 없으므로, 이를 일시 사용하고 곧 반환한 경우에는 불법영득의 의사가 없다고 보아야 할 것이다(대판 1998. 11. 10, 98 도 2642 참조). …원심은, 피고인이 종업원으로 일하던 만화천국 가게에서, 위 가게의 주인인 피해자 정○○가 자리를 비운 틈을 타서 위 피해자가 계산대 뒤의 창문에 두고 간 핸드백에서 피해자 소유의 엘지 신용카드 1장을 꺼내어, 그 곳에서 약 50m 떨어진 신한은행 종로5가 출장소에 설치된 현금자동지급기에서 위 신용카드를 이용하여 50만원을 현금서비스 받고, 다시 위 가게로 돌아와서 피해자의 핸드백 안에 신용카드를 넣어 둔 사실을 인정한 다음, 신용카드를 이용하여 현금자동지급기에서 현금을 인출하였다 하더라도 그 카드 자체가 가지는 경제적 가치가 인출된 예금액만큼 소모되었다고 할 수 없을 뿐만 아니라 사용 후 바로 원래의 위치에 넣어 둔 점에 비추어 불법영득의 의사가 있다고 보기 어렵다 하여, 이 부분 절도의 공소사실에 대하여 무죄를 선고하고 있다. 기록과 위에서 본 법리에 비추어 살펴보면, 원심의 위와 같은 조치는 수긍이 가고, 거기에 절도죄에 관한 법리를 오해한 위법이 없으며, 한편 원심이 피고인이 위 피해자의 신용카드를 사용하여 현금자동지급기에서 현금 50만원을 인출하여 절취하였다는 부분의 절도의 공소사실을 유죄로 인정하여 처단하고 있는 이상(원심판결 범죄 사실 제8항), 이 사건 신용카드 절도의 공소사실을 다시 편취 또는 형법 제348조의2 소정의 편의시설을 부정이용한 것으로 변경할 수도 없는 노릇"(대판 1999. 7. 9, 99 도 857)이라고 함으로써, 타인의 신용카드를 부정사용해서 현금을 인출한 후 카드를 몰래 반환한 경우에 불법영득의 의사가 없다고 보아 '신용카드'에 대한 절도죄의 성립을 부정하고 있다.[118]

(카드명의인)이 필요적으로 부담하는 소정의 금액은 사고처리관련비용(보상처리수수료) 내지 카드재발급비용으로 이해해야 할 것이다.

117) 현금카드의 사용절도에 대하여 불법영득의 의사를 인정할 수 없어서 절도죄가 성립하지 않는다는 견해로서는 김성돈, 269면; 김/서, 299면; 배종대, 385면; 이재상, 275면.

118) 현금카드의 사용절도에 대하여 같은 취지의 대판 1998. 11. 10, 98 도 2642: "그 사용으로 인한 가치의 소모가 무시할 수 있을 정도로 경미하고 또한 사용 후 곧 반환한 것과 같은 때에는 그 소유권 또는 본권을 침해할 의사가 있다고 할 수 없어 불법영득의 의사를 인정할 수 없다고 봄이 상당하다. 그런데 은행이 발행한 현금카드를 사용하여 현금자동지급기에서 현금을 인출하였다 하더라도 그 현금카드 자체가 가지는 경제적 가치가 인출된 예금액만큼 소모되었다고 할 수는 없을 것인 바, 이 사건에서 원심은 피고인이 피해자로부터 지갑을 잠시 건네 받아 멋대로 지갑에서 피해자 소유의 외환은행 현금카드를 꺼내어 그 즉시 위 현금카드를 사용하여 현금자동지급기에서 금 700,000원의 현금을 인출한 후 위 현금카드를 곧바로 피해자에게 반환하였다고 하는 사실관계를 전제로 하여, 피고인이 위 현금카드를 불법영득할 의사가 있었다고 볼 수 없다

(바) 영득의사의 불법　　영득의 의사는 불법이어야 한다(영득의 불법). 절도죄의 성립에 필요한 영득의사는 '불법'영득의 의사이다.[119] 불법으로 영득한다 함은, 행위자가 타인의 재물에 대하여 아무런 법적 '청구권'도 없이 영득함을 말한다($\frac{달수}{실}$).[120] 행위자가 자신의 청구권에 기하여 타인의 재물을 탈취하는 것은 소유권질서와 충돌하지 않기 때문에 불법영득이 아니다. 여기에서의 청구권은 기한이 도래하였고 상대방이 항변권을 갖고 있지 않은 것이어야 한다.[121] 그리고 이러한 해석론은, 청구권이라고 하더라도 대상이 특정되지 않은 '종류채권'에 기한 청구권의 경우에는 적용되지 않고, '특정물채권'에 기한 경우에 그대로 적용된다.[122]

예컨대 구매자가 이미 값을 지불한 특정상품을 판매자의 승낙을 받지 않고 취거해 갔더라도 영득의 불법이 없으므로 절도죄는 성립하지 않는다. 만일 그 취거의 수단으로 폭행·협박이 행해졌다면, 강요죄 또는 폭행죄 내지 협박죄가 성립하는 것은 별론으로 하고, 영득의 불법이 없다는 점에서 최소한 재산범죄(강도죄 내지 공갈죄)는 성립하지 않는다. 이러한 관점에서 보자면, 계약 해제 후 반환청구권을 가진 자가 점유자의 의사에 반하여 재물을 취거한 행위에 대하여 절도죄의 성립을 긍정함으로써, 절취행위의 위법이 있으면 영득의사의 불법이 있는 것으로 본 대법원판결은 의문이라고 하겠다.[123]

하여 무죄를 선고한 제1심판결을 그대로 유지하였는 바, 이와 같은 원심의 판단은 정당하고".
　119) 독일형법 제242조는 이 요건을 명시하고 있다(in der Absicht, sich "rechtswidrig" zuzueignen).
　120) 김성천, 861면; 김/서, 299면; 박상기, 263면; 이재상, 278면; 이형국, 326면; 진/이, 310면.
　121) Wessels, BT-2, S. 47.
　122) 김성천, 861면; 김/서, 299면; 박상기, 263면; 이재상, 278면.
　123) "외상매매계약의 해제가 있고 동 외상매매물품의 반환청구권이 피고인에게 있다고 하여도, 절도라 함은 타인이 점유하는 재물을 도취하는 행위, 즉 점유자의 의사에 의하지 아니하고 그 점유를 취득하는 행위로서 절도행위의 객체는 점유라 할 것이므로, 피고인이 위 정○○의 승낙을 받지 않고 위 물품들을 가져갔다면, 그 물품에 대한 반환청구권이 피고인에게 있었다 하여도 피고인의 그 행위는 절도행위에 해당되는 법리라 할 것"(**대판** 1973. 2. 28, 72 도 2538). 同旨의 판례로는 "판결요지: 형법상 절취란 타인이 점유하고 있는 자기 이외의 자의 소유물을 점유자의 의사에 반하여 그 점유를 배제하고 자기 또는 제3자의 점유로 옮기는 것을 말하는 것으로, 비록 약정에 기한 인도 등의 청구권이 인정된다고 하더라도, 취거 당시에 점유 이전에 관한 점유자의 명시적·묵시적인 동의가 있었던 것으로 인정되지 않는 한, 점유자의 의사에 반하여 점유를 배제하는 행위를 함으로써 절도죄는 성립하는 것이고, 그러한 경우에 특별한 사정이 없는 한 불법영득의 의사가 없었다고 할 수는 없다. 굴삭기 매수인이 약정된 기일에 대금채무를 이행하지 아니하면 굴삭기를 회수하여 가도 좋다는 약정을 하고 각서와 매매계약서 및 양도증명서 등을 작성하여 판매회사 담당자에게 교부한 후 그 채무를 불이행하자 그 담당자가 굴삭기를 취거

영득의사, 즉 재물을 제것으로 하겠다는 의사의 불법 여부와 절취행위의 위법성 여부는 구별하여야 한다. 절취행위, 특히 재물의 취거 수단이 되는 행위의 위법성 여부에는 총칙상의 위법성조각사유가 적용된다.

(사) **제3자를 위한 영득의사**   형법은 강도죄·사기죄·공갈죄·배임죄에 있어서는 행위자 본인이 재물 또는 재산상의 이익을 취득한 경우 이외에 '제3자'로 하여금 취득하게 한 경우도 동일하게 처벌하고 있다. 그러나 절도죄에는 제3자를 위한 절취를 명시하고 있지 않다. 생각건대 불법영득의 의사는 기존의 권리자를 배제하고 타인의 재물을 자기의 소유물로 삼겠다는 의사에 국한된다고 할 이유는 없고, 제3자의 소유물로 삼으려는 의사도 포함된다고 함이 타당하다. 즉 불법영득의 의사는 자기 이외에 '제3자'를 위한 영득의사를 포함한다.[124] 자기를 위한 절취이든, 제3자를 위한 절취이든, 기존 권리자의 소유권 및 점유라고 하는 보호법익에 대하여 불법한 침해가 가해지는 것은 동일하기 때문이다. 독일형법($\frac{제242}{조}$)은 절도죄의 구성요건에 자기 이외에 제3자를 위한 영득의사를 명시하고 있다.

5. 위 법 성

절취행위는 상대방의 의사에 반할 것을 개념요소로 하고 있기 때문에, 피해자의 승낙은 절도죄의 위법성을 조각하는 것이 아니라 구성요건해당성을 배제하는 '양해'가 된다.

절도범으로부터 소유자가 도품(盜品)을 되찾기 위하여 행사한 폭행·협박행위와 재물취거행위는, 절도범의 절취행위 종료시까지 행해진 경우에는 정당방위로서, 절취행위 종료 후에 행해진 경우에는 자구행위로서 위법성이 조각된다.

하여 매도한 경우, 굴삭기에 대한 소유권등록없이 매수인의 위와 같은 약정 및 각서 등의 작성, 교부만으로 굴삭기에 대한 소유권이 판매회사로 이전될 수는 없으므로, 굴삭기 취거 당시 그 소유권은 여전히 매수인에게 남아 있고, 매수인의 의사표시 중에 자신의 동의나 승낙없이 현실적으로 자신의 점유를 배제하고 굴삭기를 가져가도 좋다는 의사까지 포함되어 있었던 것으로 보기는 어려우므로, 그 굴삭기 취거행위는 절도죄에 해당하고 불법영득의 의사도 인정된다"(**대판** 2001. 10. 26, 2001 도 4546).

124) 김/서, 301면; 박상기, 263면.

6. 죄 수

절도죄는 '상태범'이다. 상태범이란 법익이 침해됨으로써 범죄행위가 완성(기수)되고 또한 종료되는 것으로 평가되는 범죄라는 점에서 '즉시범'의 일종이다. 그러나 '상태범'에 있어서는 범죄행위(주행위(主行爲): 절도죄에서의 절취행위)가 완성·종료된 후에도 법익침해(또는 그 위태화)의 위법상태(절도죄에서의 재산권침해상태)가 계속되고 있으므로, 이 위법상태에서 행해진 사후행위가 일정한 구성요건에 해당하더라도 주행위에 의한 법익침해의 '포괄적 평가범위 내'에 속하는 한, 별개의 범죄를 구성하지 아니하는 것으로 본다. 상태범에서 주된 범죄의 포괄적 평가범위 내로 흡수되어 별개의 범죄를 구성하지 않는 사후행위를 '불가벌적 사후행위'라고 한다.[125] 절도죄에 있어서는 주행위인 절취행위로 취득한 장물을 절도범이 파손하는 사후행위는 비록 손괴죄의 구성요건에 해당하더라도 별개의 손괴죄를 구성하지 아니하고, 주된 절도죄의 포괄적인 평가범위 내에 흡수됨으로써 불가벌적 사후행위가 된다.

그러나 사후행위가 주행위에 의한 법익침해의 포괄적 평가를 넘어서서 '새로운' 법익을 침해하는 경우에는 별개의 범죄를 구성한다. 예컨대 타인의 예금통장을 절취한 후 은행에서 예금주인 것처럼 기망하여 예금을 인출한 사후행위[126] 또는 절취한 장물을 자기 것인 양 기망하여 매도한 사후행위는 사기죄를 구성한다.[127] 대마를 절취한 후 흡입할 목적으로 소지하는 행위는 절도죄 외에 마약류소지죄를 구성한다.[128] 한편 판례에 의하면, 절취한 자기앞수표로 음식대금을 지불하고 거스름돈을 받은 경우에는 별도로 사기죄가 성립하지 않는다고 한다.[129]

---

125) 불가적 사후행위에 관하여 상세히는 총론, 622-5면 참조.

126) "원심이…은행예금통장을 절취하여 그를 이용하여 은행원을 기망하여 진실한 명의인이 예금을 찾는 것으로 오신시켜 예금의 인출명의하의 금원을 편취한 것이라고 인정하고, 이는 절도죄 외 새로운 법익을 침해한 것이라는 견지에서 사기죄를 인정한 조치는 정당"(대판 1974. 11. 26, 74 도 2817).

127) "절도범인이 그 절취한 장물을 자기 것인 양 제3자를 기망하여 금원을 편취한 경우에는 새로운 법익의 침해가 있으므로 사기죄가 성립된다 할 것이다"(대판 1980. 11. 25, 80 도 2310).

128) "판결요지: 대마취급자가 아닌 자가 절취한 대마를 흡입할 목적으로 소지하는 행위는 절도죄의 보호법익과는 다른 새로운 법익을 침해하는 행위이므로, 절도죄의 불가벌적 사후행위로서 절도죄에 포괄 흡수된다고 할 수 없고, 절도죄 외에 별개의 죄를 구성한다고 할 것이며, 절도죄와 무허가대마소지죄는 경합범의 관계에 있다"(대판 1999. 4. 13, 98 도 3619).

129) "금융기관발행의 자기앞수표는 그 액면금을 즉시 지급받을 수 있어 현금에 대신하는 기

절도죄의 보호법익은 재산권으로서 '비전속적 법익'이므로 법익주체(피해자)의 수만큼 절도죄가 성립하는 것은 아니고, 재산 '관리'의 주체의 수를 사회적 의미로 판단하여 절도의 죄수를 정하는 것이 타당하다고 본다. 예컨대 운동장에 벗어 놓은 다수인의 옷과 시계 등을 동일한 기회에 여러 동작으로 절취한 경우 1개의 절취행위와 1개의 절도죄가 성립한다고 해야 할 것이다.[130]

7. 형 벌

6년 이하의 징역 또는 1천만원 이하의 벌금이다(제329조). 유기징역에 처할 경우에는 10년 이하의 자격정지를 병과할 수 있다(제345조).

8. 미 수 범

절도죄의 미수범은 처벌한다(제342조).

9. 친족상도례(親族相盜例)

제344조 [친족간의 범행] "제328조의 규정은 제329조 내지 제332조의 죄 또는 미수범에 준용한다."

제328조 [친족간의 범행과 고소] 제1항 "직계혈족, 배우자, 동거친족, 동거가족 또는 그 배우자간의 제323조의 죄는 형을 면제한다."[131]

제2항 "제1항 이외의 친족간에 제323조의 죄를 범한 때에는 고소가 있어야 공소

능을 하고 있으므로, 절취한 자기앞수표를 현금 대신으로 교부한 행위는 절도행위에 대한 가벌적 평가에 당연히 포함되는 것으로 봄이 상당하다 할 것이므로, 원심이 같은 견해 아래 절취한 자기앞수표를 음식대금으로 교부하고 거스름돈을 환불받은 피고인의 소위를 절도의 불가벌적 사후처분행위로서 사기죄가 되지 아니한다고 판단한 조처는 정당"(**대판 1987. 1. 20, 86 도 1728.** 同旨, 대판 1982. 7. 27, 82 도 822; 1980. 1. 15, 79 도 2948). "판결요지: 열차승차권은 그 자체에 권리가 화체되어 있는 무기명증권이므로, 이를 곧 사용하여 승차하거나 권면가액으로 양도할 수 있고 매입금액의 환불을 받을 수 있는 것으로서, 그 환불을 받음에 있어 비록 기망행위가 수반한다 하더라도 따로 사기죄로 평가할 만한 새로운 법익의 침해가 있다고 할 실질을 가진 것으로 볼 수 없어, 절도의 불가벌적 사후행위라고 할 것이다"(대판 1975. 8. 29, 75 도 1996).

130) 이러한 결론에 관하여는 사회적·형법적 행위표준설을 설명한 총론, 619-20면 참조.

131) 제328조 제1항에 대해서는 2024. 6. 27. 헌법재판소의 헌법불합치 결정(헌재 2024. 6. 27, 2020 헌마 468, 2020 헌바 341, 2021 헌바 420, 2024 헌마 146(병합))이 있었고, 2025. 12. 31.을 시한으로 국회의 개정이 있을 때까지 동조항의 적용이 중지되었다. 헌법재판소는 제328조 제1항이 일정한 친족관계를 조건으로 하여 일률적으로 형을 면제하는 것에 대해 형사피해자의 재판절차진술권을 침해하는 것으로 판단하였는데, 향후 국회의 입법재량에 따라 형면제의 효력을 유지하면서 그 적용범위를 제한하는 형태의 입법도 있을 수 있다는 점에서 개정까지 동 규정을 삭제하지 않기로 한다(저자-註).

를 제기할 수 있다."

제3항 "전 2항의 신분관계가 없는 공범에 대하여는 전 2항을 적용하지 아니한다."

(1) 의의와 입법취지

강도죄와 손괴죄를 제외한 재산범죄에 있어서 친족간의 범죄는 형을 면제하거나 고소가 있어야 공소를 제기할 수 있도록 규정한 특례를 「친족상도례」라고 한다. "법은 가정에 들어가지 않는다"라고 하는 법언의 정신에 좇아, 친족간에 행해진 일정한 재산범죄에 대하여 법률이 개입하지 않고 친족간의 정의(情義: 정과 의리)를 존중하고자 '형사정책적' 견지에서 마련된 것이 친족상도례이다.

권리행사방해죄의 장에서 규정된 친족상도례는 절도죄, 사기죄, 공갈죄, 횡령죄, 배임죄, 장물죄에서 준용되고 있으며,[132] 강도죄와 손괴죄에서는 그 준용이 없다.

(2) 법적 성질

제328조 제1항과 같이 친족상도례에 의하여 '형을 면제'하는 경우에 그 법적 성질을 어떻게 이해할 것인가에 관하여 종래 위법성조각설, 책임조각설 등이 주장되었으나, 오늘날에는 '인적 처벌조각사유'라는 것이 통설과 판례이다. 친족상도례가 마련된 입법취지를 고려한다면 통설이 타당하다고 본다. 따라서 친족상도례는 범죄는 성립하지만, 형벌권이 발생하지 않게 되는 사유가 된다.

제328조 제2항의 경우는 '친고죄'로 규정되어 있다.

(3) 헌법재판소의 헌법불합치 결정

2024. 6. 27.에 헌법재판소는 친족상도례에 의하여 형을 면제하는 제328조 제1항에 대해 헌법불합치 결정을 하였다.[133] 헌법재판소는 "가족·친족 관계에 관한 우리나라의 역사적·문화적 특징이나 재산범죄의 특성, 형벌의 보충성에 비추어, 친족상도례의 필요성은 수긍할 수 있다. 그런데 심판대상조항은 재산범죄의 가해자와 피해자 사이의 일정한 친족관계를 요건으로 하여 일률

---

132) "형법상 사기죄의 성질은 특정경제범죄가중처벌 등에 관한 법률 제3조 제1항에 의해 가중처벌되는 경우에도 그대로 유지되고, 특별법인 특정경제범죄가중처벌 등에 관한 법률에 친족상도례에 관한 형법 제354조, 제328조의 적용을 배제한다는 명시적인 규정이 없으므로, 형법 제354조는 특정경제범죄가중처벌 등에 관한 법률 제3조 제1항 위반죄에도 그대로 적용된다"(대판 2000. 10. 13, 99 오 1; 대판 1989. 6. 13, 89 도 582).

133) 헌재 2024. 6. 27, 2020 헌마 468, 2020 헌바 341, 2021 헌바 420, 2024 헌마 146(병합).

적으로 형을 면제하도록 규정하고 있는바, 적용대상 친족의 범위가 지나치게 넓고, 심판대상조항이 준용되는 재산범죄들 가운데 불법성이 경미하다고 보기 어려운 경우가 있다는 점에서 제도적 취지에 부합하지 않는 결과를 초래할 우려가 있고, 미성년자나 질병, 장애 등으로 가족과 친족 사회 내에서 취약한 지위에 있는 구성원에 대한 경제적 착취를 용인할 우려가 있다. 그럼에도 법관으로 하여금 이러한 사정을 전혀 고려할 수 없도록 하고 획일적으로 형면제판결을 선고하도록 한 심판대상조항은 형사피해자가 법관에게 적절한 형벌권을 행사하여줄 것을 청구할 수 없도록 하는 것으로서 입법재량을 일탈하여 현저히 불합리하거나 불공정하므로 형사피해자의 재판절차진술권을 침해한다."라고 하여 친족간에 일률적인 형면제판결을 규정하고 있는 제328조 제1항이 형사피해자의 재판절차진술권을 침해한다고 보았다. 우리 사회의 가족구성이 대가족구조에서 핵가족(1인가구의 급증으로 초핵가족이라는 표현도 사용됨-저자 註)으로 변화되고 산업구조 또한 가족노동력을 기반으로 한 농업중심에서 서비스 및 제조업 중심으로 변화됨에 따라, 과거와 같은 가족간의 정의(情義)를 기대하기 어려운 것이 사실이다. 헌법재판소는 이러한 사회구조적 변화를 감안하여 가족간에 정의(情義)를 기초로 경제적 이해관계를 공유하거나 손해 전보 및 관계 회복이 용이하다는 관점은 더 이상 유지될 수 없다고 보았다.

다만 헌법재판소는 "심판대상조항의 위헌성을 제거하는 데에는, 현실적 가족·친족 관계와 피해의 정도 및 가족·친족 사이 신뢰와 유대의 회복가능성 등을 고려한 피해자의 가해자에 대한 처벌의 의사표시를 소추조건으로 하는 등 여러 가지 선택가능성이 있을 수 있으며, 입법자는 충분한 사회적 합의를 거쳐 그 방안을 강구할 필요가 있다."라고 하여 국회의 적극적인 개정을 권고하면서 그 적용을 2025. 12. 31.까지 중지하였다. 동 조항의 적용중지로 인해 재산범과 친족관계 있는 피해자의 고소가 있으면 그 재산범에 대해 형사처벌이 가능해짐으로써, 소송법적 취급에 있어서는 제328조 제1항과 제2항의 실질적인 차이는 없어졌다.

(4) 친족의 범위

친족상도례에서 친족의 개념과 범위는 원칙적으로 민법에 의한다.[134] 직계

---

134) "판결요지: 친족상도례가 적용되는 친족의 범위는 민법의 규정에 의하여야 하는데, 민법 제767조는 배우자, 혈족 및 인척을 친족으로 한다고 규정하고 있고, 민법 제769조는 혈족의 배우

혈족이란 직계존속과 직계비속을 말하며, 동거 여부는 묻지 않는다. 배우자는 법률상의 배우자를 의미하며, 사실상의 배우자는 포함되지 않는다는 것이 다수견해이다.[135] 그러나 가정 내의 문제에 국가형벌권의 개입을 가급적 자제하려는 친족상도례의 입법취지를 고려한다면, 사실상의 배우자를 포함시키는 해석이 타당하다.[136]

'동거친족'이라 함은 동일한 주거에서 생계를 같이하는 친족으로 해석해야 할 것이므로, 비록 동일한 가옥에 거주하더라도 생계를 같이하지 않는 친족 및 일시 체류하는 친족은 제외된다고 본다.[137] 그리고 동거친족이었으나 범행시 가출한 친족이라면 본 특례가 적용되지 않는다. 동거가족에서의 동거도 같은 의미로 해석해야 할 것이다.

(5) 친족관계의 대상범위

친족상도례가 적용되기 위하여 친족 등의 신분관계는 범인과 누구와의 사이에 존재해야 하는가가 문제된다. 이에 관하여 친족관계는 ① 범인과 재물의 소유자 및 점유자 쌍방에 대하여 존재해야 한다는 견해(^{다수}),[138] ② 범인과 소유자 사이에 존재하면 족하다는 견해가[139] 대립한다.

대법원은 "절도죄는 재물의 점유를 침탈함으로 인하여 성립하는 범죄이므로 재물의 점유자가 절도죄의 피해자가 되는 것이나 절도죄는 점유자의 점유를 침탈함으로 인하여 그 재물의 소유자를 해하게 되는 것이므로 재물의 소유자도 절도죄의 피해자로 보아야 할 것이다. 그러니 형법 제344조에 의하여 준용되는 형법 제328조 제2항 소정의 친족간의 범행에 관한 조문은 범인과 피해물건의 소유자 및 점유자 쌍방간에 같은 조문 소정의 친족관계가 있는 경우에

자, 배우자의 혈족, 배우자의 혈족의 배우자만을 인척으로 규정하고 있을 뿐, 구 민법(1990. 1. 13. 법률 제4199호로 개정되기 전의 것) 제769조에서 인척으로 규정하였던 '혈족의 배우자의 혈족'을 인척에 포함시키지 않고 있다. 따라서 사기죄의 피고인과 피해자가 사돈지간이라고 하더라도 이를 민법상 친족으로 볼 수 없다"(대판 2011. 4. 28, 2011 도 2170).

135) 권오걸, 430면; 김성돈, 285면; 박상기, 280면; 배종대, 406면; 백형구, 124면; 손동권, 311면; 이재상, 294면; 이정원, 324면; 이형국, 332면; 정/박, 273면; 정영일, 275면; 진/이, 313면.

136) 同旨, 김성천, 865면; 김/서, 267면; 오영근, 354면; 황산덕, 275면.

137) 부양의무있는 친족의 범위를 규정한 민법 제974조 제3호 참조.

138) 강구진, 291면; 권오걸, 432면; 김성돈, 286면; 김종원, 289면; 박상기, 280면; 백형구, 123면; 오영근, 355면; 유기천, 상권, 223면; 이형국, 334면; 정/박, 274-5면; 정영석, 136면; 진/이, 314면; 황산덕, 275면.

139) 김성천, 864면; 김/서, 268면; 배종대, 406-7면; 이재상, 293면; 이정원, 324면; 정영일, 275면.

만 적용되는 것이고, 단지 절도범인과 피해물건의 소유자 간에만 친족관계가
있거나 절도범인과 피해물건의 점유자간에만 친족관계가 있는 경우에는 그
적용이 없는 것이라고 보는 것이 타당할 것"이라고 판시함으로써(대판 1980. 11. 11, 80 도 131),
다수설의 입장에 서 있다.

생각건대 친족관계는 범인과 '피해자' 사이에 존재해야 한다고 말할 수 있
다. 그런데 피해자란 범죄로 인하여 침해당한 법익의 주체를 의미하므로, 결국
절도죄의 보호법익을 어떻게 파악하느냐 하는 것과 직결시키는 태도가 논리
적이라고 하겠다. 따라서 절도죄의 보호법익을 소유권 및 점유로 파악하는 본
서의 입장에서는 '다수설'이 타당하다고 본다. 다만 한 가지 유의할 점은, '상하
주종관계의 공동점유'에 있어서 하위점유자는 상위점유자에 대하여 점유의 독
자성을 잃기 때문에, 범인이 소유자인 상위점유자에 대하여 친족관계에 있으면 하
위점유자에 대해서는 친족관계에 있지 않다고 하더라도 친족상도례의 적용을 받는다
고 보아야 한다는 것이다. 예컨대 상점주인(소유자 겸 상위점유자)의 아들이 상
점 내의 물건을 절취한 경우에 점원(하위점유자)에 대하여 친족관계가 없다고
하더라도 친족상도례가 적용된다고 보아야 한다.

(6) 친족관계의 존재시기

친족 등의 신분관계는 '범죄행위시'에 존재해야 하며, 행위시에 신분관계가
존재한 이상 행위 후에 소멸되더라도 상관없다(통설).

인지하기 전의 혼인 외의 출생자에게는 친족상도례가 적용되지 않지만, 인
지의 효력은 민법 제860조에 의하여 출생시에 소급하므로 혼인 외의 출생자
의 절도범행 '후'에 인지가 행해진 경우에 친족상도례가 적용된다.[140]

(7) 친족관계의 착오

친족상도례에 있어서 친족 등의 신분관계는 인적 처벌조각사유 내지 소송
요건에 해당하므로 '객관적으로' 존재함으로써 족하고, 행위자가 인식해야 할
고의의 대상이 아니다. 따라서 범인의 친족관계에 대한 착오는 범죄의 성립과 처
벌에 아무런 영향을 주지 않으며, 객관적으로 존재하느냐의 여부만이 문제된다.

---

140) "형법 제344조, 제328조 제1항 소정의 친족간의 범행에 관한 규정이 적용되기 위한 친족
관계는 원칙적으로 범행 당시에 존재하여야 하는 것이지만, 부(父)가 혼인 외의 출생자를 인지
하는 경우에 있어서는 민법 제860조에 의하여 그 자(子)의 출생시에 소급하여 인지의 효력이 생
기는 것이며, 이와 같은 인지의 소급효는 친족상도례에 관한 위 규정의 적용에도 미친다고 보아
야 할 것이므로, 인지가 범행 후에 이루어진 경우라고 하더라도 그 소급효에 따라 형성되는 친족
관계를 기초로 하여 위 친족상도례의 규정이 적용되어야 한다"(**대판** 1997. 1. 24, 96 도 1731).

(8) 친족상도례와 공범

친족상도례는 정범뿐만 아니라 공범도 피해자와 친족관계에 있는 한 적용된다. 그러나 친족상도례에서의 친족이라는 신분은 일신적 처벌조각사유이기 때문에, 피해자와 친족관계에 있지 않는 공범에게는 친족상도례가 적용되지 않는다. 제328조 제3항은 이 점을 명시하고 있다.

(9) 친족상도례의 적용효과

(가) 형의 면제   직계혈족, 배우자, 동거친족, 동거가족 또는 그 배우자간의 제323조의 죄는 형을 면제한다($\substack{제328조 \\ 제1항}$). 동 규정의 효력은 헌법재판소의 헌법불합치 결정에 따라 2025. 12. 31.까지 정지되었다.

(나) 친고죄   제1항 이외의 친족간에 제323조의 죄를 범한 때에는 고소가 있어야 공소를 제기할 수 있다($\substack{제328조 \\ 제2항}$).

(다) 취급상의 불균형의 문제   제1항의 근친(近親)인 경우에는 '형의 면제의 판결'($\substack{형소법 \\ 제322조}$)을 받지만, 이는 실체재판으로서 유죄판결의 일종이다. 그러나 제2항의 원친(遠親)인 경우에는 피해자의 고소가 없으면 '공소기각의 판결'($\substack{형소법 \\ 제327조}$)을 받게 되는데, 이는 실체재판이 아닌 형식재판에 속한다. 따라서 원친인 경우에 유죄판결을 받지 아니할 뿐더러 형식재판에 의하여 사건의 신속한 종결을 받게 되므로 근친보다 더 유리한 취급을 받는다는 문제점이 있다.[141]

헌법재판소는 형법 제328조 제1항이 적용되는 경우와 제2항이 적용되는 경우를 비교하여 보면 제1항의 적용으로 인해 청구인들의 평등권이 침해된다는 주장에 대해, 제1항은 형벌조각사유에 관한 규정이고 제2항은 소추조건에 관한 규정이므로 직접 비교의 대상이 된다고 보기 어렵다[142]고 함으로써, 규정체계의 문제보다는 형사피해자의 재판절차진술권에 한정하여 심리를 진행하였다. 제1항의 처벌조건이 법원의 판결형식으로서 가벌성과 관련이 있다면, 제2항의 소추조건은 검사의 소송행위의 유효조건이라는 점에서 양자가 형사소송법적으로 구분되는 것은 사실이다. 하지만 제2항의 원친(遠親)이 제1항의 근친(近親)에 비해 사건의 신속한 종결이 가능하고 전과기록이 남지 않는 형식재판으로 소송이 종결될 수 있다는 점에서 그 취급에서의 불평등을 지적하

---

141) 제328조 제1항과 제2항 간의 취급상의 차이가 헌법상 평등원칙에 위배되지 않는다는 헌법재판소의 '합헌' 결정(헌재 2012. 3. 29. 2010 헌바 89)이 있다. 이 결정에서 재판관 4인의 헌법불합치 의견도 참조할 가치가 있다.
142) 헌재 2024. 6. 27. 2020 헌마 468, 2020 헌바 341, 2021 헌바 420, 2024 헌마 146(병합).

지 않을 수 없다.

입법론으로는 원친과 근친의 구별없이 친족간의 재산범죄는 그 처벌여부를 피해자가 선택할 수 있도록 소추요건으로만 규정하는 것이 타당하다고 본다.

Ⅱ. 야간주거침입절도죄

제330조 [야간주거침입절도] "야간에 사람의 주거, 관리하는 건조물, 선박, 항공기 또는 점유하는 방실(房室)에 침입하여 타인의 재물을 절취(竊取)한 자는 10년 이하의 징역에 처한다."

1. 의의, 성격, 보호법익

본죄는 "야간에 사람의 주거, 관리하는 건조물,[143] 선박, 항공기 또는 점유하는 방실에 침입하여 타인의 재물을 절취함으로써 성립하는 범죄"이다.

본죄의 성격에 관하여는 ① 야간이라는 시간적 제한을 받는 주거침입죄와 절도죄의 결합범이라는 견해(답수),[144] ② 일정한 행위상황으로 인한 절도죄의 불법가중유형이라는 견해, 즉 야간이라는 시간적 제한과 주거라는 장소적 제한이 가미됨으로써 단순절도죄의 불법이 가중된 유형이라는 견해가[145] 대립한다.[146] 학설의 차이점은, 본죄가 성립하기 위하여 ①설에 의하면 주거침입이 야간에 행해져야 한다고 하는 반면에, ②설에 의하면 절취행위가 야간에 행해져야 한다고 한다. ②설에 의하면, 주간에 주거침입하여 야간에 절취한 때에

---

143) 형법 제330조 중 '건조물'에 관한 부분(심판대상조항)이 죄형법정주의의 명확성원칙에 위배되지 않는다는 헌법재판소의 합헌 결정이 있다. "결정요지: 심판대상조항에서 규정하는 '건조물'이란 주위벽 또는 기둥과 지붕 또는 천정으로 구성된 구조물로서 사람이 기거하거나 출입할 수 있는 장소를 말하고 그 위요지를 포함하며, 위요지는 건조물에 필수적으로 부속하는 부분으로서 그 관리인에 의하여 일상생활에서 감시·관리가 예정되어 있고 건조물에 대한 사실상의 평온을 보호할 필요성이 있는 부분을 말한다. 위요지가 되기 위해서는 건조물에 인접한 그 주변 토지로서 관리자가 외부와의 경계에 문과 담 등을 설치하여 그 토지가 건조물의 이용을 위하여 제공되었다는 것이 명확히 드러나야 하므로(대법원 2010. 3. 11. 선고 2009 도 12609 판결 등 참조), 법 집행기관이 심판대상조항을 자의적으로 해석할 염려가 없다. 따라서 심판대상조항이 죄형법정주의의 명확성원칙에 위배된다고 볼 수 없다"(헌재 2020. 9. 24, 2018 헌바 383-전원재판부).
144) 권오걸, 405면; 김성돈, 274면; 김성천, 869면; 박상기, 267면; 오영근, 339면; 이재상, 280면; 이정원, 337면; 이형국, 336면; 정/박, 304면; 진/이, 334면.
145) 유기천, 상권, 213면.
146) 이에 반하여 본죄를 소유권과 주거의 평온을 법익으로 하는 독자적 범죄라는 견해(김/서, 306면; 정영일, 265면)도 있다.

는 본죄가 성립하지만, 야간에 주거침입하여 주간에 절취한 때에는 본죄가 성립하지 않게 된다.

생각건대 본죄의 보호법익은 '재산과 야간에서의 주거의 평온(특히 휴식과 수면의 평온)'이라고 보아야 한다. 그렇다면 본죄의 성격은 '절도죄와 주거침입죄의 결합범'으로 파악한 다수설이 타당하다고 하겠다.

2. 구성요건

(1) 야간에

야간이란 ① 일반인이 심리적으로 야간이라고 볼 수 있는 상태를 뜻한다는 견해(심리학적 해석)와[147] ② 일몰 후 일출 전－해진 후부터 해뜨기 전까지－을 뜻한다는 견해(천문학적 해석)가 대립한다. ①설은, 본죄의 입법취지가 야간의 심리적 불안상태를 이용하고 야간의 평온을 깨뜨리는 것을 무겁게 처벌하는 데 있다는 것을 이유로 한다. 그러나 본죄가 행해지고 오랜 시간이 경과한 경우에 법원은 먼 과거에 소급하여 '행위 당시의' 야간여부를 판단해야 한다는 점을 고려한다면, 모호한 심리적 판단보다는 판단의 확실을 기할 수 있는 ②설이 타당하다(통설 및 판례[148]).

(2) 실행행위

본죄의 실행행위는 주거침입행위와 절취행위이다. 주거에 사람이 현존할 필요는 없다. 본죄는 주거침입 '후' 절취가 행해지기 때문에 본죄의 실행의 착수시기는 주거침입에 있고,[149] 기수시기는 재물절취에 있다.[150]

---

147) 유기천, 상권, 214면.

148) 대판 1969. 1. 28, 68 도 1741; 1967. 8. 29, 67 도 944.

149) 대판 1984. 12. 26, 84 도 433; 1983. 3. 8, 83 도 145. 야간에 아파트의 베란다 철제난간에 올라가 유리창문을 열려고 시도한 경우 야간주거침입절도죄의 실행에 착수한 것으로 본 대판 2003. 10. 24, 2003 도 4417. 그러나 대법원은 다세대주택의 가스배관을 타고 올라간 것만으로는 야간주거침입절도죄의 실행의 착수에 이르지 못한 것으로 본다. "판결이유: 1. 주거침입죄의 실행의 착수는 주거자, 관리자, 점유자 등의 의사에 반하여 주거나 관리하는 건조물 등에 들어가는 행위 즉 구성요건의 일부를 실현하는 행위까지 요구하는 것은 아니지만, 주거침입의 범의로 예컨대, 주거로 들어가는 문의 시정장치를 부수거나 문을 여는 등 침입을 위한 구체적 행위를 시작함으로써 범죄구성요건의 실현에 이르는 현실적 위험성을 포함하는 행위를 개시할 것을 요한다(대법원 2003. 10. 24. 선고 2003 도 4417 판결 등 참조). 2. 원심은, 그 채용증거들에 의하여, 피고인이 이 사건 다세대주택 2층의 불이 꺼져있는 것을 보고 물건을 절취하기 위하여 가스배관을 타고 올라가다가, 발은 1층 방범창을 딛고 두 손은 1층과 2층 사이에 있는 가스배관을 잡고 있던 상태에서 순찰 중이던 경찰관에게 발각되자 그대로 뛰어내린 사실을 인정한 후, 이러한 피고인의 행위만으로는 주거의 사실상의 평온을 침해할 현실적 위험성이 있는 행위를 개시한 때에 해

'야간에'라고 하는 시간적 행위상황은 주거침입행위와 절취행위 중 어느 쪽에 요구되는가 하는 문제에 관하여, ① 주거침입행위 또는 절취행위 중 어느 하나에 있으면 충분하다는 견해,[151] ② 주거침입행위와 절취행위 양쪽에 모두 요구된다는 견해,[152] ③ 절취행위에 요구된다는 견해가[153] 대립한다.

생각건대 본죄의 보호법익이 재산 이외에 '야간에서의 주거의 평온'에 있다고 한다면, 야간이라는 시간적 행위상황은 '주거침입행위'에 요구된다고 하겠다(④ 주거침입행위시설).[154] 그런데 본죄를 제대로 이해하자면, 주거침입이 절취행위에 선행하고 또 주거침입죄는 계속범이라는 점을 염두에 두어야 한다. 주거침입이 주간에 행해졌다고 하더라도 주거침입죄는 계속범이므로 침입 후 행해지는 절취행위시점이 야간이라면 주거침입행위도 야간까지 계속되고 있으며 결코 종료하지 아니한다. 즉 주거침입죄가 계속범이라는 점을 고려한다면, 주간에 주거침입하고 절취행위만이 야간에 행해지는 일은 있을 수 없다.[155] 반면에 야간에 주거침입하고, 낮이 되기를 기다려 주간에 절취하는 경우는 있을 수 있는데, 이 경우에 ④설에 의하면 본죄가 성립한다.[156] 결국 본죄의 성립에는 주거침입과 절취 중 어느 하나만 야간에 행해짐으로써 충분하게 된다. 주거침입죄가 계속범이라는 점을 고려한다면, ④설과 ①설은 실제 적용결과가 동일하게 되고, 두 학설의 구별실익이 없다고 하겠다.

본죄의 성립이 부정되는 경우란 주간에 주거침입하여 주간에 절취하는 경우뿐이라고 하겠으며, 이 경우에는 주거침입죄와 절도죄의 실체적 경합범이 된다.

한편 대법원은 '주거침입행위시설'을 취하면서도 주거침입죄의 계속범적 성격을 고려하지 않는 점에서 위의 ④설과는 차이가 있다. 그리하여 '주간에'

당한다고 보기 어렵다는 이유로 이 부분 공소사실을 무죄로 판단하였다. 앞서 본 법리에 비추어 기록을 살펴보면 원심의 위와 같은 사실인정 및 판단은 정당한 것으로 수긍이 가고, 거기에 상고이유로 주장하는 바와 같은 야간주거침입절도죄의 실행의 착수시기에 관한 법리오해의 위법이 없다"(대판 2008. 3. 27, 2008 도 917).

150) 대판 1964. 12. 8, 64 도 577.

151) 김성돈, 275면; 김종원, 191면; 배종대, 391면; 이형국, 336면; 정/박, 304면; 정영일, 266면; 진/이, 335면; 황산덕, 285면.

152) 김/서, 307면.

153) 김성천, 870면; 박상기, 268면; 백형구, 140면; 유기천, 상권, 214면.

154) 권오걸, 406면; 오영근, 342면; 이재상, 280면.

155) 만약 주간에 침입한 주거에서 일단 퇴거한 후, 야간에 주거 밖에서 그 주거 안의 재물을 절취한다면, 당연히 주거침입죄와 절도죄의 실체적 경합범이 된다.

156) 이 경우에 ③설에 의하면 본죄가 성립하지 않는다.

사람의 주거 등에 '침입'하여 '야간에' 타인의 재물을 '절취'한 경우에는 본죄
가 성립하지 '않는다'고 한다.[157]

Ⅲ. 특수절도죄

제331조 [특수절도] 제1항 "야간에 문이나 담 그 밖의 건조물의 일부를 손괴하고
제330조의 장소에 침입하여 타인의 재물을 절취한 자는 1년 이상 10년 이하의 징역
에 처한다."
제2항 "흉기를 휴대하거나 2인 이상이 합동하여 타인의 재물을 절취한 자도 제1
항의 형에 처한다."

1. 의의, 성격

본죄는 ① 야간에 건조물의 일부를 손괴하고 주거에 침입하여 타인의 재물
을 절취하거나, ② 흉기를 휴대하거나 2인 이상이 합동하여 타인의 재물을 절

---

157) "형법은 제329조에서 절도죄를 규정하고 곧바로 제330조에서 야간주거침입절도죄를 규정
하고 있을 뿐, 야간절도죄에 관하여는 처벌규정을 별도로 두고 있지 아니하다. 이러한 형법 제
330조의 규정형식과 그 구성요건의 문언에 비추어 보면, 형법은 야간에 이루어지는 주거침입행
위의 위험성에 주목하여 그러한 행위를 수반한 절도를 야간주거침입절도죄로 중하게 처벌하고
있는 것으로 보아야 한다. 따라서 주거침입이 주간에 이루어진 경우에는 야간주거침입절도죄가
성립하지 않는다고 해석함이 상당하다. 이와 달리 만일 주거침입의 시점과는 무관하게 절취행위
가 야간에 이루어지면 야간주거침입절도죄가 성립한다고 해석하거나, 주거침입 또는 절취 중 어
느 것이라도 야간에 이루어지면 야간주거침입절도죄가 성립한다고 해석한다면, 이는 이 사건과
같이 주간에 주거에 침입하여 야간에 재물을 절취한 경우에도 야간주거침입절도죄의 성립을 인
정하여 결국 야간절도를 주간절도보다 엄하게 처벌하는 결과가 되는바, 현행법상 야간절도라는
이유만으로 주간절도보다 가중하여 처벌하는 규정은 없을 뿐만 아니라, 재산범죄 일반에 관하여
야간에 범죄가 행하여졌다고 하여 가중처벌하는 규정이 존재하지 아니한다. 또한, 절도행위가 야
간에 이루어졌다고 하여 절도행위 자체만으로 주간절도에 비하여 피해자의 심리적 불안감이나
피해 증대 등의 위험성이 커진다고 보기도 어렵다. 나아가, 예컨대 일몰 전에 주거에 침입하였으
나 시간을 지체하는 등의 이유로 절취행위가 일몰 후에 이루어진 경우 야간주거침입절도죄로 가
중처벌하는 것은 주거침입이 일몰 후에 이루어진 경우와 그 행위의 위험성을 비교하여 볼 때 가
혹하다. 한편, 야간주거침입절도죄는 주거에 침입한 단계에서 이미 실행에 착수한 것으로 보아야
한다는 것이 대법원의 확립된 판례인바(대법원 2006. 9. 14. 선고 2006도2824 판결 등 참조), 만
일 주간에 주거에 침입하여 야간에 재물을 절취한 경우에도 야간주거침입절도죄의 성립을 인정
한다면, 행위자가 주간에 주거에 침입하여 절도의 실행에는 착수하지 않은 상태에서 발각된 경
우 야간에 절취할 의사였다고 하면 야간주거침입절도의 미수죄가 되고 주간절도를 계획하였다
고 하면 주거침입죄만 인정된다는 결론에 이르는데, 결국 행위자의 주장에 따라 범죄의 성립이
좌우되는 불합리한 결과를 초래하게 된다. 위와 같은 여러 점들을 종합하여 보면, 주간에 사람의
주거 등에 침입하여 야간에 타인의 재물을 절취한 행위는 형법 제330조의 야간주거침입절도죄를
구성하지 않는 것으로 봄이 상당하다"(대판 2011. 4. 14, 2011 도 300, 2011 감도 5).

취함으로써 성립하는 범죄이다. ①의 특수절도죄는 손괴죄, 주거침입죄, 절도죄의 결합범이고, ②의 특수절도죄는 행위방법으로 인한 절도죄의 불법가중유형이다.

2. 구성요건

(1) 제331조 제1항의 특수절도죄

본죄는 야간주거침입절도죄에 손괴죄가 가미된 결합범이다. 따라서 본죄가 성립하기 위하여 주거침입이 야간에 행해질 것을 요한다. 다만 본죄의 손괴행위는 주거침입과 불가분의 관계에 있으므로, 즉 주거침입의 수단으로서의 손괴이므로, 야간에 손괴행위와 주거침입행위가 행해질 것을 요한다. 따라서 주간에 문을 손괴하고 침입한 경우에는 본죄가 성립하지 않는다.

본죄에서 문이나 담 그 밖의 건조물의 일부란 권한없는 자의 침입을 막기 위한 인공적 시설물을 말하고, 자연적 장애물은 제외된다. 손괴란 건조물의 일부를 물질적으로 훼손하여 그 효용을 해하는 것을 말한다.[158] 예컨대 문에 부착된 자물쇠나 방문고리를 뜯고 침입하면 본죄가 성립한다. 본죄의 실행의 착수시기는 건조물의 일부를 손괴하기 시작한 때이고,[159] 기수시기는 재물의 절취에 있다.

(2) 제331조 제2항의 특수절도죄

제2항의 특수절도죄에는 흉기휴대절도죄와 합동절도죄가 있다.

(가) 흉기휴대절도죄 　 본죄는 "흉기를 휴대하고 타인의 재물을 절취함으로써 성립하는 범죄"이다. ① '흉기'란 총검과 같이 제조의 목적이 처음부터 사람을 살상하려고 만들어진 물건을 말한다. 특수폭행죄($\frac{제261}{조}$)에서의 '위험한 물건'은 도끼·깨진 유리병과 같이 본래 제조의 목적이 사람을 살상하는 데 있지는 않지만 사람의 생명·신체에 해를 가하는 데 사용될 수 있는 물건을 널리 지칭한다. 이와 같이 흉기와 위험한 물건은 사전적 의미로는 서로 구별되지만, 형법해석상으로는 흉기를 본래적 의미의 흉기 이외에 위험한 물건을 널리 포함하는 의미로 이해한다(통설 및 판례). 그리고 흉기에 해당하는지의 여부는 사회통념상 물건의 객관적 성질에 따라 결정할 것이고,[160] 휴대자나 피해자의

---

158) "판결요지: 피고인이 창문과 방충망을 창틀에서 분리한 사실만을 인정할 수 있을 뿐, 달리 창문과 방충망을 물리적으로 훼손하여 그 효용을 상실하게 하였음을 인정할 만한 증거가 없으므로, 제331조 제1항의 특수절도죄의 손괴는 성립하지 않는다(대판 2015. 10. 29, 2015 도 7559).
159) 대판 1977. 7. 26, 77 도 1802.
160) "형법은 흉기와 위험한 물건을 분명하게 구분하여 규정하고 있는바, 형벌법규는 문언에 따라 엄격하게 해석·적용하여야 하고 피고인에게 불리한 방향으로 지나치게 확장해석하거나

주관에 의하여 판단할 것이 아니다. 따라서 장난감권총을 진짜권총으로 가장한 경우에는 흉기휴대라고 할 수 없다. ② 휴대라 함은 '몸에 지닌다'는 뜻이지만, 몸 가까이에 두고 쉽게 잡을 수 있는 위치에 있으면 족하다. ③ 흉기의 휴대는 행위시에 요구된다. 따라서 때마침 범행장소에서 발견한 흉기를 품고 절취한 경우에도 행위시에 흉기휴대사실이 있는 이상 본죄가 성립한다. ④ 본죄의 주관적 구성요건으로서, 행위자는 자신이 흉기를 휴대하고 있다는 것을 인식해야 한다. 그러나 흉기의 휴대를 상대방에게 인식시킬 필요는 없다.

(나) 합동절도죄

(a) 의 의   합동절도죄는 "2인 이상이 합동하여 타인의 재물을 절취함으로써 성립하는 범죄"이다. 2인 이상 합동하여 범죄를 실현한 경우에 형벌을 가중하는 「합동범」은 형법각칙상 특수절도죄 이외에 특수강도죄($^{제334조}_{제2항}$), 특수도주죄($^{제146}_{조}$) 등 세 가지 범죄에서 규정되어 있다. 합동범은 공동정범($^{제30}_{조}$)의 형태로 범한 경우보다 형벌이 가중되므로 공동정범과 어떠한 관계에 있는가가 문제된다. 즉 2인 이상이 "합동하여" 죄를 범하는 합동범을 2인 이상이 "공동하여" 죄를 범하는 공동정범과 비교하여, 그 '본질'을 밝힐 필요가 있다.

(b) 합동범의 본질   합동범의 본질론으로는 다음과 같은 학설이 있다.

(i) 현장설(現場說)   현장설은 합동범에서의 합동을 공동정범에서의 공동보다 좁은 개념으로 이해하여 "시간적·장소적 협동"을 의미한다고 한다($^{다수}_{설}$).[161]

___

유추해석해서는 아니 된다. 그리고 형법 제331조 제2항에서 '흉기를 휴대하여 타인의 재물을 절취한' 행위를 특수절도죄로 가중하여 처벌하는 것은 흉기의 휴대로 인하여 피해자 등에 대한 위해의 위험이 커진다는 점 등을 고려한 것으로 볼 수 있다. 이에 비추어 위 형법 조항에서 규정한 흉기는 본래 살상용·파괴용으로 만들어진 것이거나 이에 준할 정도의 위험성을 가진 것으로 봄이 상당하고, 그러한 위험성을 가진 물건에 해당하는지 여부는 그 물건의 본래의 용도, 크기와 모양, 개조 여부, 구체적 범행 과정에서 그 물건을 사용한 방법 등 제반 사정에 비추어 사회통념에 따라 객관적으로 판단할 것이다.…피고인이 이 사건 절도 범행을 함에 있어서 택시 운전석 창문을 파손하는 데 사용한…이 사건 드라이버는 일반적인 드라이버와 동일한 것으로 특별히 개조된 바는 없는 것으로 보이고, 그 크기와 모양 등 제반사정에 비추어 보더라도 피고인의 이 사건 범행이 흉기를 휴대하여 타인의 재물을 절취한 경우에 해당한다고 보기는 어렵다고 보인다"(대판 2012. 6. 14, 2012 도 4175).

161) 강구진, 287면; 권오걸, 411면; 김성돈, 278면; 김성천, 872면; 박상기, 270면; 배종대, 397면; 서일교, 147면; 손동권, 302면; 오영근, 347면; 유기천, 상권, 215면; 이재상, 286면; 이정원, 317면; 이형국, 340면; 정/박, 310면; 정영일, 269면; 진/이, 339면. 또한, 주관적 요건으로서의 공모 외에 객관적 요건으로, 현장에서의 실행행위분담이 요구되며, 실행행위의 분담은 반드시 동시에 동일한 장소에서 이루어질 필요는 없다고 하며 가중적 공동정범설과 현장설의 절충인 현장적 공동정범설로 보는 견해로는 김/서, 311면.

이 학설에 의하면, 합동범의 성립요건으로서 '현장에서의' 실행행위의 분담을 필요로 하게 된다. 현장설은, 형법부칙 제10조 제10호에서 '도범 등의 방지 및 처벌에 관한 법률'을 폐지하고 있는데, 동법 제2조 제2호의 "2인 이상이 현장에서 공동하여 범한 때"라는 규정이 폐지되면서 형법이 이 규정을 "2인 이상이 합동하여"라는 문언으로 변경하여 채택한 것이라는 '역사적 해석'을 논거로 한다. 판례는 처음에는 가중적 공동정범설을 지지하였으나,[162] 이제는 입장을 바꾸어 '현장설'을 취하고 있다.[163]

(ii) **가중적 공동정범설(加重的 共同正犯說)**   합동범은 그 본질이 총칙상의 공동정범과 동일하지만, 집단으로 행해지는 절도·강도·도주에 대하여 강력한 대책을 강구하기 위하여 형사정책적 견지에서 가중처벌하는 것이라는 학설이다.[164] 가중적 공동정범설은 합동범에서 "2인 이상이 '합동'하여"라는 문언을 공동정범에서 "2인 이상이 '공동'하여"라는 문언과 동일한 의미로 해석한다.

(iii) **공모공동정범설(共謀共同正犯說)**   이 학설은 합동범의 '합동'이란 개념 안에 공동정범과 공모공동정범의 이론이 함께 포함되어 있다고 보고, 공모공동정범이론이 실제 적용되는 경우를 합동범인 3개 범죄에 국한하고자 한다.[165] 즉 공모공동정범을 원칙적으로 부정하면서도 합동범의 경우에만 예외적으로 실행공동정범 이외에 공모공동정범을 인정하려는 견해이다. 이 학설은 공모공동정범을 인정할 실정법적 근거를 합동범 처벌규정에서 찾음으로써, 공모공동정범이론이 죄형법정주의에 위배된다는 비판으로부터 벗어날 수 있다는 점에 특색이 있다.

(iv) **결 론**   형법이 '합동'이라고 하는 문언을 쓰고 있는 이상 이를 존중하여 공동정범에서의 '공동'이란 문언과는 달리 해석함이 타당하다고 본다.

---

162) 대결 1960. 2. 29, 4292 형상 952; 1956. 5. 1, 4289 형상 35.

163) "형법 331조 2항 후단 소정 합동절도에는 주관적 요건으로서 공모 외에 객관적 요건으로서 시간적으로나 장소적으로 협동관계가 있는 실행행위의 분담이 있어야 하므로, '갑'이 공모한 내용대로 국도상에서 '을', '병' 등이 당일 마을에서 절취하여 온 황소를 대기하였던 트럭에 싣고 운반한 행위는 시간적으로나 장소적으로 절취행위와 협동관계가 있다고 할 수 없어 합동절도죄로 문의할 수는 없으나, 공동정범에 있어서 범죄행위를 공모한 후 그 실행행위에 직접 가담하지 아니하더라도 다른 공범자의 죄책을 면할 수 없으니, '갑'의 소위는 본건 공소사실의 범위에 속한다고 보아지므로, '갑'은 일반절도죄의 공동정범 또는 합동절도방조로서의 죄책을 면할 수 없다"(**대판 1976. 7. 27, 75 도 2720**). 기타 현장설에 입각한 판례로는 대판 1998. 5. 21, 98 도 321; 1996. 3. 22, 96 도 313; 1988. 9. 13, 88 도 1197; 1969. 7. 22, 67 도 1117 등.

164) 김종원, 194면; 황산덕, 287면.

165) 김종수, "공모공동정범", 법조, 1952, 20면 이하.

이와 같은 '문언해석'뿐만 아니라 합동범에 있어서만큼은 입법자의 입법취지를 고려한 '주관적·역사적 해석'이 의의가 있다고 보아 「현장설」이 합동범의 본질을 제대로 파악한 것으로 판단된다. 그 밖에 합동범에 있어서도 그 성립요건으로서 '합동행위'가 있어야 함에도 불구하고, 합동'행위'없이 공모의 사실만으로 합동범의 성립을 긍정하려는 공모공동정범설은 부당하다고 하겠다.

(c) 합동범에 대한 공범의 성립가능성 　 합동범의 본질을 현장설로 이해한다면, 합동범에 대하여는 제30조의 공동정범규정이 적용되지 않는 것으로 보아야 하며, 현장 '이외의' 장소에서 가공한 공동정범은 합동범의 공동정범이 되는 것이 아니라 '기본범죄'(예컨대 제329조 단순절도죄)에 대한 공동정범으로 처벌된다고 봄이 타당하다.[166] 따라서 합동범에 대하여도 제30조의 공동정범규정을 적용하여, 현장 이외의 장소에서 가공한 자를 '합동범'의 공동정범으로 처벌한 대법원판결(대판 1998. 5. 21, 98 도 321 - 전원합의체 판결에 의하여 종래의 판례를 변경함)은[167] 의문이라고 하겠다. 과거의 대법원판결 중에는 현장 이외의 장소에서 합동범에 가공한 행위는 기본범죄의 공동정범 또는 합동범의 방조범이 된다고 판시한 것이 있다.[168]

공동정범과는 달리 합동범에 대한 교사범이나 방조범은 당연히 성립할 수 있다.

(d) 형　벌 　 합동절도죄는 1년 이상 10년 이하의 징역에 처한다. 다만 '특정범죄 가중처벌 등에 관한 법률'(약칭: 특정범죄가중법) 제5조의 4 제2항은 "5명 이상이 공동하여 상습적으로" 「형법」 제329조부터 제331조까지의 죄(단순절도죄, 야간주거침입절도죄, 특수절도죄) 또는 그 미수죄를 범한 사람은 2년 이상 20년 이하의 징역에 처한다는 특별규정을 두고 있다. 그리고 「형법」 제

---

166) 강구진, 289면; 권오걸, 414면; 김/서, 311면; 박상기, 270면; 배종대, 396면; 손동권, 303면; 오영근, 347면; 이재상, 287면; 이정원, 318면; 이형국, 340-1면; 정/박, 310면; 정영일, 270면; 진/이, 340면.

167) "형법 제331조 제2항 후단의 합동절도와 관련하여 살펴보면, 2인 이상의 범인이 합동절도의 범행을 공모한 후 1인의 범인만이 단독으로 절도의 실행행위를 한 경우에는 합동절도의 객관적 요건을 갖추지 못하여 합동절도가 성립할 여지가 없는 것이지만, 3인 이상의 범인이 합동절도의 범행을 공모한 후 적어도 2인 이상의 범인이 범행현장에서 시간적·장소적으로 협동관계를 이루어 절도의 실행행위를 분담하여 절도범행을 한 경우에는 공동정범의 일반이론에 비추어 그 공모에는 참여하였으나 현장에서 절도의 실행행위를 직접 분담하지 아니한 다른 범인에 대하여도 그가 현장에서 절도범행을 실행한 위 2인 이상의 범인의 행위를 자기 의사의 수단으로 하여 합동절도를 범행하였다고 평가할 수 있는 정범성의 표지를 갖추고 있다고 보여지는 한 그 다른 범인에 대하여 합동절도의 공동정범의 성립을 부정할 이유가 없다"(**대판 1998. 5. 21, 98 도 321 -전원합의체**).

168) 전술한 대판 1976. 7. 27, 75 도 2720 참조.

329조부터 제331조까지의 죄 또는 그 미수죄로 세 번 이상 징역형을 받은 사람이 다시 이들 죄를 범하여 '누범'으로 처벌하는 경우에는 2년 이상 20년 이하의 징역에 처한다(동조제5항제1호). 상습적으로 「형법」제329조부터 제331조까지의 죄나 그 미수죄 또는 제2항의 죄로 두 번 이상 실형을 선고받고 그 집행이 끝나거나 면제된 후 3년 이내에 다시 상습적으로 「형법」제329조부터 제331조까지의 죄나 그 미수죄 또는 제2항의 죄를 범한 경우에는 3년 이상 25년 이하의 징역에 처한다(동조제6항).

3. 죄 수

야간에 흉기를 휴대하고 문을 손괴한 후 타인의 주거에 침입하여 절도한 경우에는 제331조 제1항의 특수절도죄와 제2항의 특수절도죄의 상상적 경합이 성립한다. 2인 이상이 흉기를 휴대하고 합동하여 절도한 경우에는 제331조 제2항의 흉기휴대절도죄와 합동절도죄가 포괄1죄의 관계에 선다.

Ⅳ. 자동차 등 불법사용죄

제331조의 2 [자동차 등 불법사용] "권리자의 동의없이 타인의 자동차, 선박, 항공기 또는 원동기장치자전거를 일시 사용한 자는 3년 이하의 징역, 500만원 이하의 벌금, 구류 또는 과료에 처한다."

1. 의의, 입법취지

본죄는 "권리자의 동의없이 타인의 자동차, 선박, 항공기 또는 원동기장치자전거를 일시 사용함으로써 성립하는 범죄"이다.

절도죄의 성립에는 불법영득의 의사가 필요한데, 사용절도는 불법영득의 의사가 없으므로 절도죄가 성립하지 않는다는 것이 통설·판례이다. 따라서 타인의 자동차를 일시 사용하는 사용절도는 형법이론상 절도죄로 처벌할 수 없게 된다. 그러나 자동차보급이 대중화되고 자동차운전이 보편화함에 따라 타인의 자동차를 불법사용하는 행위도 증가하는 현상과 자동차불법사용으로 인한 피해 및 처벌하지 않는 경우의 피해자의 법감정을 고려해서,[169] 외국의 입법례

---

169) 형법개정법률안 제안이유서. 174-5면.

를[170] 본받아 별도의 처벌규정을 마련해야 한다는 시대적 요청이 대두하였다. 본죄는 이러한 입법취지에서 1995년 개정형법에서 신설되었다.

2. 보호법익

본죄의 보호법익에 관하여는 소유권설과[171] 사용권설이[172] 대립한다. 본죄는 불법영득의 의사없이, 즉 자동차의 소유자를 배제할 의사없이 자동차의 사용권(Gebrauchsrecht)만을 침해하는 범죄라고 파악되므로, '사용권설'이 타당하다고 본다. 소유권설을 따른다면 그 논리적 귀결로서 본죄의 성립에 불법영득의 의사가 필요하다고 하게 될 문제점이 발생한다. 그러나 불법영득의 의사를 가지고 타인의 자동차를 불법사용하면 본죄가 아니라 직접 절도죄에 해당하게 된다. 사용권설에 의하면, 소유자라고 하더라도 사용권자의 동의없이 무단 사용하면 본죄가 성립한다. 보호의 정도는 침해범이다.

3. 구성요건

(1) 행위의 객체

타인의 자동차, 선박, 항공기 또는 원동기장치자전거이다. 본죄의 객체는 원동기가 장치되어 동력에 의하여 움직이는 교통수단에 한한다. 원동기의 기관의 종류는 불문한다. 원동기장치자전거의 개념과 범위는 도로교통법 제2조 제19호가 정하고 있지만, 형법해석상으로는 2륜자동차에 한하지 않는다.[173]

(2) 실행행위

권리자의 동의없이 일시 사용하는 것이다.

(가) 일시 사용   '일시 사용'이란 권리자를 배제하는 데까지 이르지 않는 비교적 짧은 시간 동안 상술한 객체를 교통수단으로 사용하는 것을 말한다. 사용은 권리자가 알고 있거나 모르고 있거나를 불문한다. 권리자의 동의없이 사용하면 평온·공연히 사용하더라도 본죄가 성립한다.

일시 사용일지라도 자동차의 가치를 현저히 감소시켰다든가 권리자의 회

---

170) 독일형법 제248조b.

171) 박상기, 274면; 배종대, 399면; 이재상, 290면; 이정원, 320면; 정영일, 271면; 진/이, 343면.

172) 권오걸, 418면; 김성돈, 280면; 김성천, 874면; 김/서, 313면; 백형구, 146면; 오영근, 351면; 이형국, 343면; 정/박, 316면. Wessels, BT-2, S. 102.

173) 권오걸, 418면; 김성돈, 281면; 배종대, 400면; 오영근, 351면; 이재상, 291면; 이형국, 343면; 정/박, 316면.

복이 곤란한 장소에 방치하는 등 '불가벌인 사용절도'의 요건을 갖추지 못하고 '불법영득의 의사'가 인정될 정도이면, 본죄가 아니라 절도죄가 성립한다.

본죄의 사용이란 교통수단으로서의 사용을 의미하므로, 단순히 시동만을 걸어보았다거나 자동차 안에 들어가 잠을 자거나 오디오를 들었다거나 자동차 안에 장물을 은닉한 것만으로는 사용이라고 할 수 없다.

본죄의 실행의 착수시기는 일시 사용의 의사로 자동차의 시동을 건 때이고, 기수시기는 출발 후 사회통념상 상당한 거리를 주행함으로써 자동차의 사용권이 침해된 때이다. 이에 대하여 자동차의 시동을 걸고 출발할 때 본죄의 기수가 된다는 견해도 있다.[174] 본죄의 미수범은 처벌한다($\frac{제342}{조}$). 또 본죄는 상당한 거리의 주행으로써 기수가 되지만, 자동차 무단사용의 종료시까지 실행행위가 계속되는 것으로 평가되는 '계속범'이다.[175]

본죄의 사용이란 불법하게 사용을 '개시'한 경우만을 의미한다.[176] 따라서 처음에는 정당하게 사용을 개시하였으나 그 후에 불법적으로 사용을 '계속'하게 된 경우에는 본죄를 구성하지 아니하고, 단지 사법(私法)상 계약위반의 문제만 발생한다고 보아야 한다.

(나) 권리자의 동의없는 사용   일시 사용은 권리자의 동의가 없어야 한다. 본죄의 권리자란, 본죄의 보호법익이 자동차의 사용권이라는 점에 비추어 소유자 이외에 사용권자를 포함한다.

권리자의 동의는 명시적·묵시적 동의 이외에 추정적 동의를 포함한다. 자동차의 일시 사용에 권리자의 동의가 있으면, 본죄의 구성요건해당성이 배제된다. 본죄의 권리자의 동의는 적어도 자동차사용의 개시 직전까지 존재해야 한다. 사후동의는 본죄의 성립에 영향이 없다.

(3) 주관적 구성요건

행위자에게 자동차에 대한 불법영득의 의사가 없어야 하고, 일시 사용의 의사만 있어야 한다. 행위자에게 불법영득의 의사가 있다면 절도죄가 성립한다.[177]

---

174) 김성천, 875면; 박상기, 276면; 백형구, 147면; 정영일, 272면.

175) 권오걸, 423면; 김성돈, 280면; 박상기, 274면; 배종대, 400면; 오영근, 353면; 이재상, 291면; 정/박, 316면; 정영일, 272면.

176) 권오걸, 421면; 김성돈, 281면; 김/서, 314면; 박상기, 275면; 배종대, 400면; 오영근, 352면; 이재상, 291면; 정/박, 316면; 정영일, 272면; 진/이, 344면.

177) "판결요지: 형법 제331조의 2에서 규정하고 있는 자동차 등 불법사용죄는 타인의 자동차 등의 교통수단을 불법영득의 의사없이 일시 사용하는 경우에 적용되는 것으로서 불법영득의사

행위자는 일시 사용의 의사 외에 자동차사용에 대한 권리자의 동의가 없다는 것을 인식해야 한다. 권리자의 동의가 없음에도 불구하고 동의가 있은 것으로 사용자가 오신하였다면, 구성요건적 착오가 발생하여 본죄의 고의가 부정된다. 이와 반대로 권리자의 동의가 있었음에도 불구하고 동의가 없는 것으로 사용자가 오신하였다면, 본죄의 불능미수($\frac{제27}{조}$)의 문제가 된다.

4. 죄수 및 친족상도례

절도죄와 본죄는 법조경합 중 보충관계에 있다(절도죄는 기본법, 본죄는 보충법). 자동차의 일시 사용이 절도죄에 해당하지 않는 경우에만 본죄가 성립할 수 있다.

자동차의 불법사용행위에 필연적으로 부수되는 '유류소비'는 자동차불법사용죄에 흡수된다(법조경합 중 흡수관계).[178]

본죄에도 친족간의 특례가 적용된다($\frac{제344}{조}$).

V. 상습절도죄

제332조 [상습범] "상습으로 제329조 내지 제331조의 2의 죄를 범한 자는 그 죄에 정한 형의 2분의 1까지 가중한다."

1. 의   의

본죄는 "상습으로 절도죄, 야간주거침입절도죄, 특수절도죄 또는 자동차불법사용죄를 범함으로써 성립하는 범죄"이다. 행위자의 상습성으로 인한 절도죄의 책임가중유형이다(부진정신분범).

가 인정되는 경우에는 절도죄로 처벌할 수 있을 뿐, 본죄로 처벌할 수 없다. 일시 사용의 목적으로 타인의 점유를 침탈한 경우에도 이를 반환할 의사없이 상당히 장시간 점유하고 있거나 본래의 장소와 다른 곳에 유기하는 경우에는 이를 일시 사용하는 경우라고는 볼 수 없으므로, 영득의 의사가 없다고 할 수 없다. 소유자의 승낙없이 오토바이를 타고 가서 다른 장소에 버린 행위는 자동차 등 불법사용죄가 아니라 절도죄가 성립한다"(대판 2002. 9. 6, 2002 도 3465).

178) "검사가 예비적 공소사실로 내세우려고 한 500원 상당의 유류소비행위는 위와 같은 자동차의 일시 사용에 필연적으로 부수되어 생긴 결과로서, 원심이 절도죄를 구성하지 않는다고 본 자동차의 일시 사용행위에 포함된 것이라 할 것이므로, 자동차 자체의 일시 사용과 독립하여 별개의 절도죄를 구성하는 것이라고 볼 수 없다"(대판 1985. 3. 26, 84 도 1613).

2. 상 습 성

본죄 성립의 핵심요건인 '상습성'이란 일정한 행위를 반복하여 행하는 습벽을 말한다. 이는 행위관련적 성질이 아니라 '행위자' 관련적 성질이다. 따라서 상습성을 인정하기 위해서는 절취행위의 반복만으로는 부족하고 절도습벽의 발현으로 인정될 수 있는 것이어야 한다.[179] 절도의 전과가 있다는 사실만으로 상습성이 인정되는 것은 아니다. 절도전과가 상습성을 인정하는 중요한 자료가 될 수 있지만, 비록 절도전과가 있다고 하더라도 오랜 시간이 경과한 후의 범행은 절도습벽의 발현으로 보기 어려울 수도 있기 때문이다. 반대로 절도범행이 단 1회라도 절도습벽의 발현이라고 볼 수 있으면 상습성이 인정된다.

3. 공   범

본죄는 상습성으로 인하여 책임이 가중되는 부진정신분범이므로 상습자와 비상습자가 공범관계에 있는 때에는 제33조 단서가 적용된다.

4. 죄   수

상습으로 행해진 다수의 절취행위는 상습절도죄의 '포괄일죄'로 처벌된다. 상습으로 단순절도와 야간주거침입절도 및 특수절도를 모두 범하였다면, 그 중 가장 중한 특수절도죄의 상습범으로서 포괄일죄가 성립한다(상습특수절도죄의 포괄일죄).[180] 상습으로 단순절도를 범한 범인이 상습적인 절도범행의 수단으로 주간(낮)에 주거침입을 한 경우에 주간 주거침입행위는 제332조의 상

---

179) "절도죄에 있어서 상습성의 인정은 절도행위를 여러 번 하였다는 것만으로 반드시 상습성이 인정된다고는 볼 수 없고, 그 여러 번 행하여진 범행이 절도습성이 발현한 것으로 인정되는 경우에만 상습성의 인정이 가능한 것이라 할 것이요, 그 수회의 범행이 우발적인 동기에서 또는 경제적 사정이 급박한 나머지 범행한 것으로서 범인이 평소에 가지고 있던 절도습성의 발현이라고 볼 수 없는 경우에는 이를 상습절도로 인정할 수 없다"(대판 1976. 4. 13, 76 도 259).

180) "판결요지: 1974.9.5. 03:00부터 1974.9.26. 22:00까지 행한 3번의 특수절도사실, 2번의 특수절도미수사실, 1번의 야간주거침입절도사실, 1번의 절도사실들이 상습적으로 반복된 것으로 볼 수 있다면, 이러한 경우에는 그 중 법정형이 가장 중한 상습특수절도의 죄에 나머지의 행위를 포괄시켜 하나의 죄만이 성립된다"(**대판 1975. 5. 27, 75 도 1184.** 同旨, 대판 1978. 2. 14, 77 도 3564−전원합의체). "(특가법상의) 상습절도 등의 범행을 한 자가 추가로 자동차 등 불법사용의 범행을 한 경우에 그것이 절도 습벽의 발현이라고 보이는 이상, 자동차 등 불법사용의 범행은 상습절도 등의 죄에 흡수되어 1죄만이 성립하고, 이와 별개로 자동차 등 불법사용죄는 성립하지 않는다"(**대판 2002. 4. 26, 2002 도 429**).

습절도죄와 별개의 주거침입죄를 구성한다(실체적 경합범).[181]

5. 형　　벌

상습절도죄는 그 죄에 정한 형의 2분의 1까지 가중한다. 상습절도죄를 가중처벌하는 '특정범죄가중처벌 등에 관한 법률' 제5조의 4 제1항은 헌법재판소의 위헌결정을[182] 받고, 2016. 1. 6.의 특가법 개정에서 삭제되었다.

상습절도가 누범에 해당하는 때에는 상습범가중을 하는 이외에 형법 제35조에 의한 누범가중도 가능하다.[183]

181) 대판 2015. 10. 15, 2015 도 8169.

182) "결정요지: 형법상의 범죄와 똑같은 구성요건을 규정하면서 법정형만 상향 조정한 '특정범죄 가중처벌 등에 관한 법률'(2010. 3. 31. 법률 제10210호로 개정된 것) 제5조의4 제1항 중 형법 제329조에 관한 부분, 같은 법률 제5조의4 제1항 중 형법 제329조의 미수죄에 관한 부분, 같은 법률 제5조의4 제4항 중 형법 제363조 가운데 형법 제362조 제1항의 '취득'에 관한 부분(위 조항들을 합하여 '심판대상조항'이라 한다)은 별도의 가중적 구성요건표지를 규정하지 않은 채 형법 조항과 똑같은 구성요건을 규정하면서 법정형만 상향 조정하여 어느 조항으로 기소하는지에 따라 벌금형의 선고 여부가 결정되고, 선고형에 있어서도 심각한 형의 불균형을 초래하게 함으로써 형사특별법으로서 갖추어야 할 형벌체계상의 정당성과 균형을 잃어 인간의 존엄성과 가치를 보장하는 헌법의 기본원리에 위배될 뿐만 아니라 그 내용에 있어서도 평등원칙에 위반되어 위헌이다"(헌재 2015. 2. 26, 2014 헌가 16, 19, 23 병합－전원재판부).

183) 종래에는 일정한 요건하에 구 사회보호법 제5조에 의한 보호감호처분도 함께 부과될 수 있었으나, '이중처벌금지의 원칙' 및 '과잉처벌금지의 원칙'에 반한다고 하는 위헌판단의 소지가 있어 2005. 8. 4.자로 동법은 폐지되었다.

제3장 강도의 죄

제1절 개 설

I. 의의, 성격, 보호법익

강도죄는 "폭행 또는 협박으로 타인의 재물을 강취하거나 재산상의 이익을 취득함으로써 성립하는 범죄"이다. 재물을 강취하는 경우에는 '재물죄'로서의 강도죄(재물강도죄 또는 재물강취죄)가 성립하고, 재산상의 이익을 강취하는 경우에는 '이득죄이면서 재물죄'로서의 강도죄(재물·재산이익 강도죄)가 성립한다. 또한 강도죄의 성립에 불법영득의 의사 내지 불법이득의 의사가 필요한 점에서 '영득죄'에 속한다.

강도죄의 보호법익은 '재산' 이외에 '의사의 자유 또는 신체의 안전'을 포함한다. 후자의 보호법익은 강도죄가 폭행 또는 협박을 재산강취의 수단으로 한다는 점으로부터 도출된다. 이러한 측면에서 강도죄는 재산강취행위와 폭행·협박행위를 1개의 구성요건으로 하고 있는 '결합범'이다.

그리고 재산 및 의사의 자유 또는 신체라는 두 가지 법익은 모두 '침해범'으로서 보호된다(보호의 정도). 따라서 ① 재물을 취득하기는 하였으나 그 수단인 협박이 상대방의 의사의 자유를 침해할 정도에 이르지 못하였다든가, ② 협박으로 상대방의 의사의 자유를 침해하였으나 재물강취에는 실패한 경우 모두 강도죄의 '미수범'이 성립한다.

강도죄는 개인의 재산을 보호법익으로 한다는 점에서 절도죄와 공통되지만, ① 폭행 또는 협박을 범행수단으로 한다는 점, ② 행위의 객체로서 재물 이외에 재산상의 이익이 포함된다는 점, 즉 재물강취죄 이외에 이득강취죄도 인정된다는 점, ③ 친족상도례의 적용이 없다는 점에서 절도죄와 구별된다. 강도죄는 절도죄의 가중유형이 아니라 독립된 재산범죄이다.

　그리고 범행수단이 폭행·협박이라는 점에서 공갈죄와 공통되지만, 강도죄에 있어서의 폭행·협박은 그 정도가 상대방의 의사의 자유를 억압함으로써 상대방의 의사에 '반하여' 재산을 취득한다는 점(탈취죄)에서 상대방의 의사의 자유를 제한할 정도의 폭행·협박을 수단(편취죄)으로 한 공갈죄와 구별된다.

II. 강도죄의 체계

　강도의 죄에 있어서 기본유형은 제333조의 단순강도죄이다. 그 방법적 가중유형으로서 특수강도죄($\frac{제334}{조}$)와 해상강도죄($\frac{제340}{조}$), 그 책임가중유형으로서 상습강도죄($\frac{제341}{조}$), 행위태양이 상해 또는 살해와 결합된 경우 및 그 결과적 가중범으로서의 가중유형인 강도상해·치상죄($\frac{제337}{조}$)와 강도살인·치사죄($\frac{제338}{조}$), 행위태양이 강간과 결합된 가중유형으로서 강도강간죄($\frac{제339}{조}$)가 규정되어 있다.

　그 밖에 강도죄의 특수유형으로서 준강도죄($\frac{제335}{조}$)가, 독립된 범죄로서 인질강도죄($\frac{제336}{조}$)가 규정되어 있다.

　형법 제333조부터 제336조까지 및 제340조 제1항의 죄 또는 그 미수죄로 세 번 이상 징역형을 받은 사람이 다시 이들 죄를 범하여 누범(累犯)으로[1] 처벌하는 경우에는 무기 또는 10년 이상의 징역에 처한다($\frac{특정범죄가중처벌 등에 관한}{법률 제5조의 4 제5항 제2호}$). 형법 제337조·제339조의 죄 또는 그 미수죄로 형을 선고받고 그 집행이 끝나거나 면제된 후 3년 내에 다시 이들 죄를 범한 사람은 사형, 무기 또는 10년 이상의 징역에 처한다($\frac{특가법 제}{5조의 5}$).

　강도의 죄에 대하여는 '특정강력범죄의 처벌에 관한 특례법'이 적용된다.

---

　1) "판결요지: 특정범죄가중법 제5조의4 제5항 제1호의 누범규정은 새로운 구성요건을 창설한 것으로 해석해야 하므로, 이 법률규정에 정한 형에 다시 형법 제35조의 누범가중한 형기범위 내에서 처단형을 정하여야 한다"(대판 2020. 9. 3, 2020 도 8369).

제 2 절 개별적 범죄유형

I. 단순강도죄

<u>제333조 [강도]</u> "폭행 또는 협박으로 타인의 재물을 강취하거나 기타 재산상의 이익을 취득하거나 제3자로 하여금 이를 취득하게 한 자는 3년 이상의 유기징역에 처한다."

1. 의의, 보호법익, 성격

단순강도죄는 "폭행 또는 협박으로 타인의 재물을 강취하거나 기타 재산상의 이익을 취득하거나 제3자로 하여금 이를 취득하게 함으로써 성립하는 범죄"로서, 강도의 죄에 있어서 기본유형이다. 단순강도죄의 보호법익은 '재산 및 의사의 자유 또는 신체의 안전'이며, 보호의 정도는 '침해범'이다. 그리고 단순강도죄는 폭행·협박행위와 재산강취행위를 1개의 구성요건으로 규정한 '결합범'이다.

2. 실행행위

단순강도죄의 실행행위는 폭행·협박행위와 재산강취행위로 구성된다.

(1) 폭행 또는 협박

(가) **폭행·협박의 의의**　　'폭행'이란 사람에 대하여 직접·간접으로 유형력을 행사하는 행위를 말하며, '협박'이란 해악을 가할 것을 고지함으로써 상대방으로 하여금 공포심을 일으키게 하고자 하는 행위를 말한다. 그런데 강도죄에 있어서의 폭행은 폭행 그 자체에 의미가 있는 것이 아니라 궁극적으로 상대방의 공포심을 불러 일으켜 재산을 탈취하고자 하는 것이므로, 협박의 연장선상에 있다고 하겠다.

폭행·협박의 상대방은 재물의 소유자 또는 점유자와 일치할 필요는 없으며, 재산탈취에 방해가 되는 자에 대하여 가해짐으로써 족하다.

(나) **폭행·협박의 정도**　　(단순)강도죄에서의 폭행·협박은 '최협의'의 폭행·협박이다. 최협의의 폭행·협박은 '상대방의 반항을 억압할 정도'임을 요한

다($\frac{통설}{판례}$`). 강도죄와 공갈죄는 폭행·협박의 '정도'에 따라 구별된다. 즉 상대방의 반항을 억압할 정도에 이르면 강도죄가 성립하고, 상대방의 의사의 자유를 제한할 정도에 그친다면 공갈죄가 성립한다.[2] 그 정도의 판단은 행위자 또는 상대방(피해자)의 주관을 표준으로 할 것이 아니고, 행위자와 상대방(피해자)의 사정 및 범행장소·시각, 행위 자체의 성질·방법 등 구체적 사정을 종합적으로 고려해서 사회통념에 따라 객관적으로 판단한다('구체적 사정을 고려한 객관적 판단').

만일 객관적으로는 반항을 억압할 정도가 아닌 폭행·협박이었는데, 상대방이 유난히 겁이 많아서 반항이 억압되었다면, 공갈죄가 성립한다. 반대로 객관적으로는 반항을 억압할 정도의 폭행·협박이었는데, 상대방이 워낙 대담하고 담력이 커서 반항이 억압되지 않았으면, 강도미수죄가 성립한다. 장난감권총으로 협박한 경우에 상대방인 피해자뿐만 아니라 일반인까지도 진짜 권총이라고 믿을 상황이었다면, 강도죄가 성립할 것이다.[3]

폭행·협박에 의하여 상대방이 재물을 교부하는 외관을 보이더라도 그 반항이 억압되어 의사에 '반한' 교부라고 판단되면, 강도죄가 성립한다.

그런데 상대방의 반항을 억압할 정도라는 것은 현실적으로 상대방의 반항이 행해졌을 것을 필요로 하는 것은 아니므로, 마취제, 수면제, 주류 등을 이용하여 반항이 불가능한 혼수상태를 초래하였다든가,[4][5] 예상되는 반항을 미리 제압하기 위하여 머리를 때려 기절시킨 경우도 강도죄의 폭행개념에 포함된다.

---

2) "판결요지: 강도죄는 피해자의 반항을 억압함에 족한 폭행, 협박을 요하고, 공갈죄는 피해자의 임의의사를 제한하는 정도의 폭행·협박임을 요한다"(**대결 1961. 5. 12, 4294 형상 101**).

3) 독일형법은 무기(Waffe)나 도구(Werkzeug)를 휴대한 강도를 중강도로 처벌(제250조 제1항 제2호)하기 때문에 '장난감권총강도'의 문제가 구성요건 해석상 논란이 된다. 우리 형법에서도 제334조 제2항 '흉기휴대강도죄'가 성립하느냐의 문제가 있으나, 흉기휴대절도죄에서 설명한 바와 같이 흉기 여부는 물건의 객관적 성질에 따라 결정할 것이고 휴대자나 피해자의 주관에 의하여 판단할 것이 아니므로, 흉기휴대강도죄는 성립하지 않는다. 장난감권총이라는 사실은 상대방의 반항을 억압하는 협박이 있었느냐 하는 판단의 기초사정으로 작용한다.

4) 구형법상으로는 단순강도죄와는 별도로 규정된 혼취강도죄(昏醉强盜罪, 현행 일본형법 제239조)에 해당했지만, 현행법상으로는 폭행개념의 '확장해석'에 의하여 단순강도죄의 죄책을 진다.

5) "피고인이 '아리반'(신경안정제) 4알을 탄 우유를 휴대하다가 차칸 옆자리에 앉아 알게 된 사람에게 주어서 마시게 하여 졸음에 빠뜨리고, 그 틈에 그 사람의 돈, 물건을 차지하는 수단을 쓴 그 방법을 강도죄에서 요구하는 남의 항거를 억압할 정도의 폭행으로 본 판단에 위법이 없고"(대판 1979. 9. 25, 79 도 1735. 同旨, 대결 1962. 2. 15, 4294 형상 700).

(2) 재산탈취 - 재물강취 또는 재산상의 이익의 취득

재물의 강취는 폭행·협박에 의해서 상대방의 의사에 '반하여' 재물의 점유를 자기 또는 제3자에게로 옮기는 것이다(탈취죄). 강도죄에서의 '재물'은 절도죄에서와 마찬가지로 동산 이외에 부동산을 포함한다고 봄이 타당하다.[6] 따라서 타인이 거주하고 있는 타인소유의 주택에 들어가서 폭행·협박으로 주인을 몰아내고 자신이 거주한 경우에 주거침입죄 이외에 재물죄로서의 강도죄가 성립한다. 그러나 강도죄의 객체로서의 재물개념에 부동산을 제외시키는 다수설은 부동산 강점(强占)을 재산상의 이익으로 파악하여, 위의 경우에 이득죄로서의 강도죄가 성립한다고 한다.[7]

'재산상의 이익'이란 전체적으로 고찰할 때 재산상태의 증가를 가져오는 일체의 이익 내지 가치로서 재물을 포함한다. 형법상 재산상의 이익을 경제적 관점에서 파악할 것인가 아니면 법률적 관점에서 파악할 것인가에 관하여 논란이 있는데, 경제적 재산개념설이 타당하다는 점은 전술하였다.[8]

이와 관련하여 문제되는 것이 「불법원인급여와 강도죄의 성부」이다. 즉 노름빚같이 불법원인급여($\frac{민법}{제746조}$)에 기한 채무를 폭행·협박에 의하여 면제시킨 경우에도 강도죄가 성립하는가가 문제된다. '경제적 재산개념설'에 의하면, 불법하게 획득된 사실상의 이익도 형법상 재산에 포함되므로 강도죄가 성립한다.

재산상의 이익은 적극적인 재산의 증가 이외에 소극적인 부채의 감소를 포함하며, 그 이익이 영구적이든 일시적이든 불문한다. 예컨대 채무면제 또는 채무이행기를 연장한다는 서면을 작성케 한다든가 정당한 대가없이 노동력을 제공하게 하는 행위 등이다.

재산상의 이익을 취득하는 경우에 상대방의 '처분행위'(의사표시 등)가 있을 필요는 없다는 것이 통설 및 판례이다.[9] 예컨대 택시를 타고 목적지에 도착한

---

6) 정영일, 277면.

7) 권오걸, 438면; 김성돈, 290면; 김/서, 318면; 배종대, 410면; 오영근, 358면; 이재상, 297면; 이형국, 349면.

8) 판례도 경제적 재산개념설의 입장을 취하여 강도죄에 있어서 "재산상의 이익은 반드시 사법상 유효한 재산상의 이득만을 의미하는 것이 아니고, 외견상 재산상의 이득을 얻을 것이라고 인정할 수 있는 사실관계만 있으면 된다"(**대판** 1997. 2. 25, 96 도 3411: 1987. 2. 10, 86 도 2472)라고 한다.

9) "형법 제333조 소정 재산상 이득행위 또는 같은 규정의 재물 강취와 마찬가지로 상대방의 반항을 억압할 폭행 또는 협박의 수단으로 재산상 이익을 취득하면 족한 것으로서, 반드시 상대방의 의사에 의한 처분행위를 강제함을 필요로 하지 않는다"(**대판** 1964. 9. 8, 64 도 310).

후 택시기사에게 택시요금을 청구하지 못하도록 폭행한 경우에 택시기사의
채무면제의 의사표시가 있어야 강도죄가 성립하는 것은 아니다. 폭행·협박
으로 자신의 의사에 '반하여' 처분행위를 한 것은 '진의(眞意)아닌 의사표시'로
서 무효이며(민법 제107조), 비록 '사실상의' 처분행위라고 하더라도 이를 요건으로
하는 것은 강도죄에 있어서 무의미하다고 말할 수 있고, 바로 이 점이 상대방
의 하자있는 의사에 '기한' 처분행위를 요하는 공갈죄와의 구별표지가 된다.

(3) 폭행·협박과 재산탈취 사이의 관계

단순강도죄의 폭행·협박은 재산탈취의 '수단'으로서 행해진다는 점에 특
징이 있다. 따라서 강도죄에 있어서 폭행·협박과 재산탈취는 서로 '수단과 목적
의 관계'에 선다. 이는 폭행·협박과 재산탈취 사이에 ① '인과관계'가 있어야
한다는 것과 ② '시간적·장소적 연관성'이 있어야 한다는 것을 의미한다.[10]

(a) 객관적으로는 반항을 억압할 정도의 폭행·협박이 있었으나 ① 상대방
이 전혀 억압되지 않고 동정심으로 재물을 교부하였다든가 ② 상대방이 비록
공포심을 가지기는 했지만 반항이 억압될 정도는 아닌 채로 재물을 교부하였
다면, 인과관계가 부정되어 강도미수죄가 성립한다고 본다.

(b) 폭행·협박은 늦어도 재물취득이 기수에 도달하는 시점까지 행해져야
한다. 재물취득 후에 폭행·협박이 가해졌다면 준강도죄의 문제가 될 따름이
다. 강간범이 여자를 강간한 후에 비로소 강도의 고의가 생겨 피해자의 재물
을 가져갔다면, 강간의 수단인 폭행·협박으로 인하여 피해자의 반항이 계속
억압된 상태하에서 행해진 재물취득은 절취가 아니라 강취라고 봄이 타당하
다(강간죄와 강도죄의 실체적 경합).[11] 그러나 강간을 당한 피해자가 도피하면서
현장에 놓고 간 손가방 안의 돈을 꺼낸 경우에는 강간에서의 폭행·협박과 재
물취득 사이에 수단과 목적의 관계가 부정되어, 강간죄 이외에 절도죄가 성립

---

10) "판결요지: 반항이 불가능한 정도에 이른 폭행·협박이 있고, 그로부터 상당한 시간이 경
과한 후 폭행·협박이 있은 곳과는 다른 장소에서 금원을 교부받은 경우에, 금원 교부 당시에 다
시 피해자의 의사를 억압하여 반항을 불가능하게 할 정도의 폭행·협박이 있었다거나, 이전의
폭행·협박으로 인한 의사억압상태가 위 금원 교부시까지 계속되었다고 볼 특별한 사정이 없었
다면, 특수강도죄의 미수로 처벌할 수는 있을지언정, 이를 특수강도죄의 기수로 처벌한 원심판결
에는 강취의 점에 관하여 법리를 오해한 위법이 있다"(대판 1995. 3. 28, 95 도 91).
11) "부녀를 강간한 자가 강간행위 후에 강도의 범의를 일으켜 그 부녀가 강간의 범행으로 항거
불능상태에 있음을 이용하여 재물을 강취하는 경우에는 강간죄와 강도죄의 경합범이 성립될 수
있을 뿐, 강도강간죄로서 의율될 수는 없다"(**대판 1977. 9. 28, 77 도 1350**). 이 때 강간죄와 절도
죄의 경합범이 된다는 견해로서는 김/서, 313면; 배종대, 377면; 이재상, 289면; 정/박, 302면.

한다고 봄이 타당하다.[12)

(4) 실행의 착수와 기수시기

강도죄는 결합범이므로 재산탈취의 수단이 되는 '폭행 또는 협박에의 착수'가 바로 강도죄의 실행의 착수가 된다.

강도죄는 침해범이고 보호법익은 재산 및 의사의 자유(또는 신체의 안전)이므로, 그 기수시기는 보호법익의 두 측면에서 정해진다. 즉 폭행·협박으로 인하여 피해자의 반항이 억압되고 행위자가 재물 또는 재산상의 이익을 취득한 시점이 강도죄의 기수시기이다. 두 보호법익 중 하나라도 침해된 정도에 이르지 않았다면, 강도죄의 미수범이 성립한다. 따라서 ① 반항을 억압하기에 족한 폭행·협박이 있었으나 재물을 취득하지 못한 경우라든가 ② 객관적으로 반항을 억압하기에 족한 폭행·협박이 있었고 재물도 취득하였지만 상대방의 의사가 사실상 억압되지 않은 경우에는 강도죄의 미수범이 된다.

3. 주관적 구성요건

강도죄의 주관적 구성요건으로서는 고의 이외에 재물취득의 경우 '불법영득의 의사'가 필요하고, 재산상 이익취득의 경우 '불법이득의 의사'가 필요하다. 이 점에 있어서 강도죄는 '영득죄'에 속한다.

4. 권리행사와 강도죄의 성부

채권자가 기한이 도래한 채무의 변제수단으로 채무자를 폭행·협박하여 채무자의 재산을 강취해 간 경우에 강도죄로 처벌할 것인가[13) 또는 폭행·협박죄를 한도로 해서 처벌할 것인가가 문제된다. 비슷한 문제는 공갈죄에서도 발생한다(후술하는 '권리행사와 공갈죄의 성부' 부분을 참조).

채권행사와 같이 정당한 권리행사에는 불법영득의 의사나 불법이득의 의사가 있다고 할 수는 없으므로 강도죄의 성립-구성요건해당성-은 부정되고, 다만 그 수단인 폭행·협박행위가 불법이기 때문에 폭행·협박죄로 처벌함이 타당

---

12) "판결요지: 강간을 당한 피해자가 도피하면서 현장에 놓아두고 간 손가방은 점유이탈물이 아니라 사회통념상 피해자의 지배하에 있는 물건이라고 보아야 할 것이므로, 피고인이 그 손가방 안에 들어 있는 피해자소유의 돈을 꺼낸 행위는 절도죄에 해당한다"(**대판** 1984. 2. 28, 84 도 38).

13) "판결요지: 채권추심의 목적으로 타인의 재물을 강취한 경우에도 강도죄는 성립된다"(대결 1962. 2. 15, 4294 형상 677). 강도죄가 성립한다는 견해로는 정성근, 409면.

하다.

5. 죄 수

강도죄와 절도죄는 법조경합 중 특별관계에 있다. 1개의 행위가 강도죄에 해당하면 절도죄의 성립은 배제된다.

강도죄도 절도죄와 마찬가지로 '상태범'에 속한다. 그러므로 강취한 재물을 범인이 손괴하거나 처분하는 행위는 별도의 새로운 법익을 침해하지 않는 한 불가벌적 사후행위가 된다.

강도죄의 보호법익 중 재산은 '비전속적 법익'이고 의사의 자유(또는 신체의 안전)는 '전속적 법익'이므로, 죄수의 결정에 있어서 두 측면을 모두 고려해야 한다.[14] 따라서 ① 1인을 상대로 폭행·협박하여 상대방이 점유하고 있는 다수인 소유의 재물을 강취했다면, 1개의 강도죄가 성립하고(단순일죄), ② 다수인을 상대로 각각 폭행·협박하여 다수인의 재물을 강취했다면, 수개의 강도죄가 성립하며(실체적 경합범),[15] ③ 1개의 행위로 한꺼번에 다수인을 협박하여 다수인의 재물을 강취했다면, 동종류의 상상적 경합관계가 발생한다.[16]

재물강취의 수단으로 체포·감금이 행해졌다면, 체포·감금도 유형력의 행사로서의 폭행이 수반되는 이상 강도죄와 체포·감금죄의 상상적 경합관계가 발생한다.[17] 그러나 감금행위가 강도의 수단이 되는 데 그치지 않고 강도 후에

---

14) 재산과 같은 비전속적 법익의 경우에는 법익의 관리자의 수만큼, 의사의 자유와 같은 전속적 법익의 경우에는 법익의 주체(피해자)의 수만큼 죄수가 결정된다.

15) "판결요지: 피고인이 여관에 들어가 1층 안내실에 있던 여관의 관리인을 칼로 찔러 상해를 가하고, 그로부터 금품을 강취한 다음, 각 객실에 들어가 각 투숙객들로부터 금품을 강취하였다면, 피고인의 위와 같은 각 행위는 비록 시간적으로 접착된 상황에서 동일한 방법으로 이루어지기는 하였으나, 포괄하여 1개의 강도상해죄만을 구성하는 것이 아니라 실체적 경합범의 관계에 있는 것"(대판 1991. 6. 25, 91 도 643).

16) "판결요지: 피고인이 여관에서 종업원을 칼로 찔러 상해를 가하고 객실로 끌고 들어가는 등 폭행·협박을 하고 있던 중, 마침 다른 방에서 나오던 여관의 주인도 같은 방에 밀어 넣은 후, 주인으로부터 금품을 강취하고, 1층 안내실에서 종업원 소유의 현금을 꺼내 갔다면, 여관 종업원과 주인에 대한 각 강도행위가 각별로 강도죄를 구성하되 피고인이 피해자인 종업원과 주인을 폭행·협박한 행위는 법률상 1개의 행위로 평가되는 것이 상당하므로, 위 2죄는 상상적 경합범 관계에 있다"(대판 1991. 6. 25, 91 도 643). 그런데 1개의 강도행위로 인한 여러 피해자가 '한 가족인 경우'에는 강도죄의 상상적 경합이 아니라 단순1죄가 성립한다는 것이 판례이다. "강도가 시간적으로 접착된 상황에서 가족을 이루는 수인에게 폭행·협박을 가하여 집안에 있는 재물을 탈취한 경우, 그 재물은 가족의 공동점유 아래 있는 것으로서, 이를 탈취하는 행위는 그 소유자가 누구인지에 불구하고 단일한 강도죄의 죄책을 지는 것으로 봄이 상당하다"(**대판 1996. 7. 30, 96 도 1285**).

도 계속된 경우에는 강도죄와 감금죄의 실체적 경합범이 성립한다.[18]

6. 미 수 범

강도의 죄(제333조 내지 제341조)의 미수범은 처벌한다(제342조). 전술한 바와 같이 결합범인 강도죄의 미수범은 폭행·협박행위와 재산탈취행위(재물 또는 재산상의 이익 취득)라고 하는 두 측면에서 성립될 수 있다.

7. 예비·음모

강도할 목적으로 예비 또는 음모한 자는 7년 이하의 징역에 처한다(제343조).

8. 형   벌

3년 이상의 유기징역이다. 10년 이하의 자격정지를 병과할 수 있다(제345조).

강도죄에는 친족상도례가 적용되지 않는다. 강도죄는 재산을 보호법익으로 하지만, 반항을 억압할 정도로 고도의 폭행·협박이 행해진다는 특수성 때문에 형벌권의 행사를 친족간의 정의(情義)에만 맡길 수는 없다고 하겠다.

Ⅱ. 특수강도죄

제334조 [특수강도] 제1항 "야간에 사람의 주거, 관리하는 건조물, 선박이나 항공기 또는 점유하는 방실에 침입하여 제333조의 죄를 범한 자는 무기 또는 5년 이상의 징역에 처한다."
제2항 "흉기를 휴대하거나 2인 이상이 합동하여 전조의 죄를 범한 자도 전항의 형과 같다."

1. 의의, 성격

본죄는 ① 야간에 사람이 주거, 관리하는 건조물, 선박이나 항공기 또는 점

---

17) "감금행위가 강간죄나 강도죄의 수단이 된 경우에도 감금죄는 강간죄나 강도죄에 흡수되지 아니하고 별죄를 구성한다"(대판 1997. 1. 21, 96 도 2715)—이 판결에서 '별죄'라 함은 대판 1983. 4. 26, 83 도 323과 결부시켜 볼 때, 상상적 경합범으로서의 별죄를 의미한다.

18) "판결요지: 감금행위가 단순히 강도상해범행의 수단이 되는 데 그치지 아니하고 강도상해의 범행이 끝난 뒤에도 계속된 경우에는 1개의 행위가 감금죄와 강도상해죄에 해당하는 경우라고 볼 수 없고, 형법 제37조의 경합범관계에 있다고 보아야 한다"(대판 2003. 1. 10, 2002 도 4380).

유하는 방실에 침입하여 단순강도의 죄를 범하거나, ② 흉기를 휴대하거나 2인 이상이 합동하여 단순강도의 죄를 범함으로써 성립하는 범죄이다.

①의 야간주거침입강도죄는 주거침입죄와 강도죄의 결합범이고, ②의 흉기휴대강도죄와 합동강도죄는 행위방법으로 인한 강도죄의 불법가중유형이다.

특수강도죄의 미수범은 처벌한다($\frac{제342}{조}$).

2. 구성요건

본죄의 구성요건은 야간주거침입절도죄($\frac{제330}{조}$)와 특수절도죄($\frac{제331}{조}$)에서 설명한 내용에 상응한다. 다만 야간주거침입강도죄의 실행의 착수시기는 야간에 주거에 침입한 때[19]가 아니라 폭행·협박을 개시한 때라는 점에서 야간주거침입절도죄와 차이가 난다($\frac{다수}{설}$).[20] 강도의 의사는 폭행·협박시에 확실하게 표현되기 때문이다. 따라서 야간주거침입강도죄에서 '야간에'라고 하는 시간적 행위상황은 강취행위시를 기준으로 판단해야 한다.

대법원은 야간주거침입강도죄의 실행의 착수시기를 주거침입시에 두기도 하고,[21] 폭행·협박행위시에 두기도 함으로써,[22] 일관성을 결여하고 있다.

3. 죄   수

흉기를 휴대하고 야간에 타인의 주거에 침입하여 강도한 경우에는 제334조 제1항의 특수강도죄와 제2항의 특수강도죄의 상상적 경합이 성립한다. 2인 이상이 흉기를 휴대하고 합동하여 강도한 경우에는 제334조 제2항의 흉기휴대강도죄와 합동강도죄가 포괄1죄의 관계에 선다.

---

19) 권오걸, 456면; 김성천, 889면; 정영일, 284면.

20) 김성돈, 300면; 김/서, 330면; 박상기, 287면; 배종대, 421면; 백형구, 157면; 손동권, 324면; 이재상, 315면; 이형국, 355면; 정/박, 340면; 진/이, 360면.

21) "형법 제334조 제1항 소정의 야간주거침입강도죄는 주거침입과 강도의 결합범으로서 시간적으로 주거침입행위가 선행되는 것이므로, 주거침입을 한 때에 본죄의 실행에 착수한 것으로 볼 것"(대판 1992. 7. 28, 92 도 917).

22) "형법 제334조 제1, 2항 소정의 특수강도의 실행의 착수는 어디까지나 강도의 실행행위, 즉 사람의 반항을 억압할 수 있는 정도의 폭행 또는 협박에 나아갈 때에 있다 할 것"(대판 1991. 11. 22, 91 도 2296).

Ⅲ. 준강도죄

제335조 [준강도] "절도가 재물의 탈환에 항거하거나 체포를 면탈하거나 범죄의 흔적을 인멸할 목적으로 폭행 또는 협박한 때에는 제333조 및 제334조의 예에 따른다."

1. 의의, 성격

준강도죄는 "절도가 재물의 탈환에 항거하거나 체포를 면탈하거나 범죄의 흔적을 인멸할 목적으로 폭행 또는 협박함으로써 성립하는 범죄"이다. 사후강도죄라고도 한다.

준강도죄는 '목적범'으로 규정되어 있으며, 절도와 폭행·협박이 1개의 구성요건으로 결합되어 있는 '결합범'이다.[23) 준강도죄는 문언상 행위의 주체를 절도범으로 한정하고 있기는 하지만, 본죄의 절도는 '실질적으로' 결합범의 한 내용을 이루고 있으므로 신분범에서의 신분과 동일한 의미로 해석할 것은 아니다. 즉 준강도죄는 신분범이 아니다.[24)

준강도죄의 성격에 관하여는 ① 강도죄의 특수유형이라는 견해,[25) ② 강도죄가 아니라 절도죄의 가중유형이라는 견해,[26) ③ 강도죄나 절도죄의 가중유형이 아니라 독립된 범죄(독립된 구성요건)라는 견해가[27) 대립한다. 통상의 강도죄에 있어서는 폭행·협박이 먼저 행해지고 재물취득이 뒤따르는 구조를 취하고 있으나, 준강도죄에 있어서는 먼저 재물을 취득하고 그 후에 폭행·협박이 행해진다는 차이점이 있을 뿐 재물취득(절도)과 폭행·협박 사이의 근접성이 요구되고 또 폭행·협박의 정도가 단순강도죄와 동일하다는 점에서, 그 성격을 강도죄의 특수유형으로 파악하는 견해가 타당하다고 본다. 준강도죄를 둘러싼 해석상의 여러 문제점도 그 성격을 강도죄의 특수유형으로 보고, 즉

---

23) 권오걸, 459면; 김성돈, 301면; 김성천, 892면; 백형구, 158면; 손동권, 327면; 오영근, 369면.

24) 권오걸, 461면; 김성돈, 301면; 백형구, 159면; 오영근, 370면; 정/박, 331면. 준강도죄가 신분범이라는 견해는 김성천, 892면; 김/서, 331면; 박상기, 288면.

25) 김종원, 201면; 오영근, 370면; 정영일, 285면.

26) 강구진, 303면.

27) 권오걸, 459면; 김성돈, 301면; 김/서, 330면; 박상기, 288면; 배종대, 431면; 이재상, 308면; 이형국, 356면; 정/박, 330면; 진/이, 371면.

강도죄에 '준하는' 성격을 가진 것으로 보고, 해결책을 모색하는 것이 올바른 방향설정이라고 생각한다.

2. 행위의 주체

행위의 주체는 '절도', 즉 '절취행위를 한 자'이다. 여기에서의 절취행위는 미수 · 기수를 불문하지만(통설 및 판례[28]), 절도의 예비만으로는 부족하다. 준강도죄의 주체가 절도의 기수범에 국한된다는 견해도[29] 있으나, 그와 같이 축소해석할 이유는 없다고 본다.[30] 절도는 단순절도 이외에 특수절도 등 절도의 가중유형을 포함한다.

본죄의 주체는 절도죄의 정범에 국한된다고[31] 할 것인지 또는 공범(교사범, 방조범)을 포함한다고 할 것인지가 해석상 문제될 여지가 있다. 절도죄의 '교사범'은 절취행위에 가담하지 않았으므로 비록 폭행을 하더라도 후술하는 '절취행위와의 근접성'을 결여하게 되어, 절도죄의 교사범과 폭행죄의 실체적 경합범으로 처벌될 것이다. 한편 절도죄의 '방조범'이 폭행을 했다면 그 폭행이 절취행위와 근접성이 인정되는 한 이미 절도의 방조범이 아니라 절도의 '합동범'(제331조 제2항)으로 평가될 것이므로, 당연히 준강도죄가 성립한다. 결론적으로 준강도죄의 주체를 절도죄의 '정범'에 국한시킨다고 하더라도 별 문제는 발생하지 않는다고 판단된다.

그 밖에 본죄의 주체에 재물강취의 '강도'를 포함시키는 견해(다수)가 있으나,[32] 문언해석에 반한다고 본다. 따라서 단순강도가 재물강취에 착수하였으나 사태가 여의치 않자 체포를 면할 목적으로 현장에 있는 흉기를 집어들고 협박한 경우에, 특수강도의 준강도[33] 또는 준강도의 특수강도가[34] 되는 것이

---

28) "형법 제335조의 조문 가운데 '절도' 운운함은 절도기수범과 절도미수범을 모두 포함하는 것"(대판 1990. 2. 27, 89 도 2532).

29) 김일수, 282면.

30) 독일형법상의 준강도죄(제252조)에는 '절취한 재물을 보유할 목적'만이 규정되어 있고, 우리 형법과 같은 체포면탈 및 범죄흔적인멸의 목적은 제외되어 있기 때문에, 해석상 준강도죄의 주체는 항상 절도의 기수범임을 전제로 한다.

31) 권오걸, 461면; 김성돈, 301면; 김성천, 890면; 김/서, 331면; 박상기, 289면; 배종대, 431면; 백형구, 158면; 손동권, 327면; 오영근, 370면; 이재상, 309면; 이형국, 357면; 정/박, 332면; 정영일, 286면; 진/이, 372면.

32) 권오걸, 464면; 김성천, 891면; 배종대, 432면; 이재상, 309면; 이정원, 340면; 이형국, 357면.

33) 이재상, 309면; 이정원, 340면.

34) 이형국, 357면.

아니라, 단순강도죄의 미수범과 특수협박죄의 실체적 경합이 성립한다고 해석해야 한다.[35] [36] 판례는 후자의 입장에 있는 것으로 이해된다.[37]

3. 실행행위

폭행 또는 협박이다. 그 개념과 정도는 단순강도죄($\frac{제333}{조}$)의 경우와 같다.[38] 따라서 상대방의 반항을 억압할 정도의 폭행·협박이 있어야 한다.

폭행·협박의 상대방은 절도의 피해자와 일치할 필요는 없다. 절도의 피해자 이외에 추적자, 경관 등 행위자의 목적달성에 장해가 되는 자에게 폭행·협박이 가해질 수 있다.

폭행·협박은 '절도의 기회'에 행해져야 한다($\frac{통설 및}{판례}$). 즉 폭행·협박은 절도와 장소적·시간적으로 근접한 관계에 있어야 한다.[39] 폭행·협박이 행해졌으나 '절도와의 장소적·시간적 근접성'이 없다면, 준강도죄는 성립하지 않는다.[40]

---

35) 同旨, 김성돈, 302면; 김/서, 332면; 정/박, 332면; 정영일, 287면; 진/이, 372면.

36) 만일 단순강도가 재물을 '강취한 직후에' 이번에는 체포를 면할 목적으로 현장에 있는 흉기를 집어들고 협박한 경우에는 단순강도죄의 기수범과 특수협박죄의 실체적 경합이 성립한다.

37) "절도범인이 체포를 면탈할 목적으로 경찰관에게 폭행·협박을 가한 때에는 준강도죄와 공무집행방해죄를 구성하고 양 죄는 상상적 경합관계에 있으나, 강도범인이 체포를 면탈할 목적으로 경찰관에게 폭행을 가한 때에는 강도죄와 공무집행방해죄는 실체적 경합관계에 있고 상상적 경합관계에 있는 것이 아니다"(**대판** 1992. 7. 28, **92 도** 917).

38) "형법 제335조의 준강도죄의 구성요건인 폭행은 같은 법 제333조의 폭행의 정도와의 균형상 상대방의 반항(항쟁)을 억압할 정도, 즉 반항을 억압하는 수단으로서 일반적, 객관적으로 가능하다고 인정하는 정도면 족하다 할 것"(대판 1985. 5. 14, 85 도 619).

39) "준강도는 절도범인이 절도의 기회에 재물탈환의 항거 등의 목적으로 폭행 또는 협박을 가함으로써 성립되는 것으로서, 여기서 절도의 기회라고 함은 절도범인과 피해자측이 절도의 현장에 있는 경우와 절도에 잇달아 또는 절도의 시간·장소에 접착하여 피해자측이 범인을 체포할 수 있는 상황, 범인이 죄적인멸에 나올 가능성이 높은 상황에 있는 경우를 말하고, 그러한 의미에서 피해자측이 추적태세에 있는 경우나 범인이 일단 체포되어 아직 신병확보가 확실하다고 할 수 없는 경우에는 절도의 기회에 해당한다"(대판 2001. 10. 23, 2001 도 4142).

40) "준강도는 절도범인이 절도의 기회에 재물탈환, 항거 등의 목적으로 폭행 또는 협박을 가함으로써 성립되는 것이므로, 그 폭행 또는 협박은 절도의 실행에 착수하여 그 실행 중이거나 그 실행 직후 또는 실행의 범의를 포기한 직후로서 사회통념상 범죄행위가 완료되지 아니하였다고 인정될 만한 단계에서 행하여짐을 요한다 할 것이다(대법원 1984. 9. 11. 선고 84도1398, 84감도 214 판결 참조). 원심이, 그 내세운 증거들에 의하여 판시와 같은 사실을 인정한 다음, 피고인이 피해자의 집에서 절도범행을 마친 지 10분 가량 지나 피해자의 집에서 200m 가량 떨어진 버스 정류장이 있는 곳에서 피고인을 절도범인이라고 의심하고 뒤쫓아 온 피해자에게 붙잡혀 피해자의 집으로 돌아왔을 때 비로소 피해자를 폭행한 것은 사회통념상 절도범행이 이미 완료된 이후라 할 것이므로 준강도죄가 성립할 수 없다고 판단하였는 바, 기록과 앞서 본 법리에 비추어 보면 원심의 이러한 조치는 옳다"(**대판** 1999. 2. 26, **98 도** 3321).

장소적·시간적 근접성은 사회통념에 따라 판단한다. 그 외에 폭행·협박은 당해 절도사실과 연관되어 있어야 한다.

(1) 장소적 근접성

폭행·협박은 절도의 범행현장 또는 추적 중에 행해져야 한다. 절도범인이 피해자의 추적으로부터 이탈한 후 폭행한 경우에는 준강도죄가 아니라 절도죄와 폭행죄의 실체적 경합범이 성립한다.

(2) 시간적 근접성

폭행·협박의 행위시점의 문제이다. 이에 관하여는 다음과 같은 견해가 대립하고 있다.

① 폭행·협박은 '절도의 실행의 착수 후부터 기수 직후까지' 사이에 행해져야 하고, 절도의 범행이 종료한 후에는 준강도죄가 성립할 수 없다는 견해.[41]

② 본죄의 주체를 절도의 기수범에 한정하는 견해에 의하면, 그 논리적 귀결로서 폭행·협박이 '절도의 기수 후부터 완료 전'에 행해져야 한다고 한다.[42] 여기에서 완료라 함은 절도행위의 종료를 의미하는 것으로 이해된다.

③ 폭행·협박은 '절도의 실행의 착수 후부터 종료까지' 행해져야 한다는 견해.[43]

④ 폭행·협박은 '절도의 실행의 착수 후부터 절도의 종료 직후까지' 행해져야 한다는 견해.[44] 이 견해에 의하면, 절도행위가 종료한 '후'에도 준강도죄가 성립될 수 있다.[45]

생각건대 법문에 규정된 "체포면탈의 목적, 범죄흔적인멸의 목적"을 위한 폭행·협박은 절도행위의 미수단계에서뿐만 아니라 '종료 후'에도 행해질 수 있음을 당연히 전제로 하고 있다고 해석되므로, ④의 견해가 타당하며, 다만 종료 후의 시간적 장단(長短)만이 문제되는 바, 이는 사회통념에 의하여 판단할 사

41) 이재상, 310면.
42) 김/서, 333면; 오영근, 372면; 진/이, 374면.
43) 이형국, 358면.
44) 강구진, 305면; 권오걸, 465면; 김성돈, 304면; 김성천, 892면; 박상기, 290면; 배종대, 433면; 정/박, 333면; 정영일, 288면.
45) "판결요지: 피고인이 점유자 또는 소유자의 승락없이 물건을 갖고 나오다 경비원에게 발각되어, 동인이 절도범인 체포사실을 파출소에 신고 전화하려는데, 피고인이 잘해 보자며 대들면서 폭행을 가한 경우에는, 그곳이 체포현장이었고 주위 사람에게 도주를 방지케 부탁한 상태 아래 일어난 것이라면, 준강도행위에 해당한다"(**대판** 1984. 7. 24, **84 도** 1167).

항에 속한다고 본다.

(3) 절도사실과의 연관성

폭행·협박은 당해 절도사실과 연관되어 있어야 한다. 비록 체포를 면하기
위한 폭행이라고 하더라도 절도사실과 무관하게 행해진 것이라면, 준강도죄
가 성립하지 않는다. 예컨대 절도현장을 벗어나는 중에 우연히 불심검문을 하
는 경찰관에게 체포를 면하고자 폭행을 가한 경우에 준강도죄는 성립하지 않
는다.

4. 주관적 구성요건-목적범

준강도죄의 주관적 구성요건으로서는 절도의 고의, 불법영득의 의사, 폭
행·협박의 고의 이외에 일정한 목적이 있어야 한다(목적범). 즉 폭행·협박
이 ① 재물의 탈환에 항거하거나 ② 체포를 면탈하거나 ③ 범죄흔적을 인멸할
목적으로 행해져야 한다. 재물의 탈환에 항거할 목적으로 폭행·협박한다는 것은
절도가 이미 기수에 달한 것을 전제로 하고 있다. 그러나 체포면탈이나 범죄흔적
인멸의 목적으로 행해지는 폭행·협박은 절도의 미수범도 가능하다.

체포하려는 경찰관에 대하여 체포를 면하고자 폭행하였다면, 준강도죄와
공무집행방해죄의 상상적 경합이 성립한다.

이상의 목적과는 다른 목적으로 폭행·협박한 경우에는 준강도죄가 성립
하지 않는다. 예컨대 절도가 재물을 절취한 직후 피해자를 강간할 목적으로
폭행·협박하였다면, 절도죄와 강간죄의 실체적 경합이 성립할 따름이다.

그리고 목적의 달성 여부는 준강도죄의 기수·미수의 성립과 무관하다.

5. 미 수 범

제342조 "제329조 내지 제341조의 미수범은 처벌한다."

1995년의 형법개정 전에는 강도죄의 미수범을 처벌하는 규정에서 제335조
가 빠져 있었으므로 해석상 준강도죄의 미수범의 처벌 여부를 둘러싸고 논의
의 여지가 있었으나, 1995년 형법개정시 제342조에서 준강도죄의 미수범 처벌
을 명시함으로써 입법적 해결이 내려졌다. 따라서 현행법상으로 준강도죄의
'미수와 기수의 구별기준'에 관해서만 다음과 같이 견해가 대립한다.

(가) 절취행위기준설   준강도죄의 미수·기수는 절도의 미수·기수에 의

하여 결정된다는 견해이다.[46] 준강도죄의 주된 보호법익이 재산이므로, 절취
행위를 기준으로 함이 타당하다고 한다. 이 견해에 의하면, 절도가 미수인 이
상 상대방의 반항을 억압하는 폭행·협박이 행해졌더라도 준강도죄의 미수가
성립한다. 대법원은 종래 폭행·협박행위기준설을 취하고 있었으나, 최근 전원
합의체판결로써 그 입장을 '절취행위기준설'로 변경하였다(판례변경).[47]

(나) 폭행·협박행위기준설   준강도죄의 미수·기수는 폭행·협박의 미
수·기수에 의하여 결정된다는 견해이다.[48] 준강도죄의 구성요건적 행위를 폭
행·협박으로 파악하고, 이를 기준으로 미수·기수를 정하려고 한다. 이 견해
에서는 절도가 기수이더라도 폭행·협박에 의하여 상대방의 반항이 억압되지
않았다면, 준강도죄의 미수가 성립한다.

(다) 사견: 종합설   (단순)준강도죄는 단순강도죄에 준한 범죄이다. 그런
데 결합범인 단순강도죄에 있어서 그 미수·기수가 보호법익과 관련된 두 측
면, 즉 재물취득과 폭행·협박의 두 측면에서 결정된다면, 결합범인 준강도죄
에 있어서도 마찬가지의 논리가 적용되어야 할 것이다. 준강도죄에 있어서도
절취행위와 폭행·협박행위가 결합되어 있으므로, 준강도죄의 미수·기수는
'절취행위와 폭행·협박행위의 양자를 기준'으로 하여 결정된다고 함이 타당하다.[49]
따라서 ① 절도가 기수이더라도 폭행·협박에 의하여 상대방의 반항이 억압

---

46) 권오걸, 471면; 김성돈, 304면; 김/서, 336면; 김종원, 202면; 이재상, 311면; 정/박, 336면;
진/이, 375면.

47) "형법 제335조에서 절도가 재물의 탈환을 항거하거나 체포를 면탈하거나 죄적을 인멸할
목적으로 폭행 또는 협박을 가한 때에 준강도로서 강도죄의 예에 따라 처벌하는 취지는, 강도죄
와 준강도죄의 구성요건인 재물탈취와 폭행·협박 사이에 시간적 순서상 전후의 차이가 있을 뿐
실질적으로 위법성이 같다고 보기 때문이다. 그러므로 피해자에 대한 폭행·협박을 수단으로 하
여 재물을 탈취하고자 하였으나 그 목적을 이루지 못한 자가 강도미수죄로 처벌되는 것과 마찬
가지로, 절도미수범인이 폭행·협박을 가한 경우에도 강도미수에 준하여 처벌하는 것이 합리적
이라 할 것이다. 만일 강도죄에 있어서는 재물을 강취하여야 기수가 됨에도 불구하고 준강도의
경우에는 폭행·협박을 기준으로 기수와 미수를 결정하게 되면, 재물을 절취하지 못한 채 폭
행·협박만 가한 경우에도 준강도죄의 기수로 처벌받게 됨으로써 강도미수죄와의 불균형이 초
래된다. 위와 같은 준강도죄의 입법취지, 강도죄와의 균형 등을 종합적으로 고려해 보면, 준강도
죄의 기수 여부는 절도행위의 기수 여부를 기준으로 하여 판단하여야 한다고 봄이 상당하다. 이와
달리 절도미수범이 체포를 면탈하기 위하여 폭행을 가한 경우에 준강도미수로 볼 수 없다고 한
대법원 1964. 11. 20. 선고 64도504 판결, 1969. 10. 23. 선고 69도1353 판결 등은 위의 법리에 저
촉되는 범위에서 이를 변경하기로 한다"(**대판 2004. 11. 18, 2004 도 5074 - 전원합의체**).

48) 강구진, 308면; 김성천, 896면; 배종대, 436면; 백형구, 160면; 손동권, 333면; 유기천, 상
권, 211면.

49) 박상기, 291면; 오영근, 375면; 이정원, 346면; 이형국, 359면; 정영일, 291면.

되지 않은 경우라든가 ② 상대방의 반항을 억압하는 폭행·협박이 행해졌더라도 절도가 미수에 그친 경우에는 모두 준강도죄의 미수가 성립한다. 그렇다면 준강도죄의 기수는, 절도의 기수범이 폭행·협박의 기수에 도달한 경우에만 성립한다.

6. 절도의 공동정범 내지 합동범 중 1인의 폭행·협박과 준강도죄

문제는 절도의 공동정범자 중의 1인이 체포면탈 등의 목적을 가지고 폭행·협박을 함으로써 준강도죄가 성립하는 경우에 폭행·협박에 나아가지 아니한 다른 공동정범자도 '준강도죄'의 공동정범이 된다고 할 수 있는가의 여부와 이를 긍정할 때 그 요건은 무엇인가 하는 점이다.

공동정범의 성립범위는 ① 공동자 상호간에 의사의 연락이 있은 범위와 ② 각자에게 기능적 행위지배가 미치는 범위 내에서 결정된다. 절도의 공동정범자는 상호간에 절도를 공동으로 실행하기로 의사를 모은 것이지 유사시에 폭행·협박까지도 함께 하기로 의사를 교환한 것은 아니고, 그 중 1인이 절도를 초과하여 행한 폭행·협박행위까지를 다른 공동자가ㅡ기능적 관점에서 본다고 하더라도ㅡ지배하고 있다고 단정할 수는 없다. 따라서 절도의 공동정범자 중의 1인이 폭행·협박으로 나아갈 것을 다른 공동자가 '일방적으로 예견하고 있었다고 하더라도' 공동자 '상호간에' 의사의 연락이 있은 범위에 속하는 것은 아니며, 또 폭행·협박행위를 서로 지배하고 있는 것도 아닌 한, 준강도죄의 공동정범이 성립할 수는 없다고 하겠다. 절도의 합동범에 있어서도 절도를 합동할 고의 속에 폭행·협박의 고의까지가 포함될 수 없는 한, 마찬가지의 결론이 내려진다. 그 밖에 폭행·협박을 한 공동자 또는 합동자에게 체포면탈 등의 목적이 있다고 하더라도, 다른 공동자 또는 합동자에게는 대체로 목적범인 준강도죄의 '목적'이 결여되어 있다.

판례는 절도의 공동정범자 또는 합동범 중의 1인이 폭행·협박으로 나아갈 것을 다른 범인이 '예견하지 못하였다고 볼 수 없으면' 준강도죄의 공동정범이 성립한다고 하는데,[50] 비록 폭행·협박을 '예견하였다고 하더라도' 상술한

---

50) "피고인과 원심피고인들이 타인의 재물을 절취하기로 공모한 다음, 피고인은 망을 보고 원심피고인들이 재물을 절취한 다음 달아나려다가 피해자에게 발각되자 체포를 면탈할 목적으로 피해자를 때려 상해를 입혔다면, 피고인도 이를 전연 예견하지 못하였다고 볼 수 없어 강도상해죄의 죄책을 면할 수 없는 것"(대판 1989. 12. 12. 89 도 1991). "2인 이상이 합동하여 절도를 한

이유로 준강도죄의 공동정범의 성립을 인정하는 것은 부당하다고 본다.[51]

7. 형　벌

형벌은 단순강도($\frac{제333}{조}$) 또는 특수강도($\frac{제334}{조}$)의 예에 따른다($\frac{제335}{조}$). 단순절도가 폭행·협박한 경우에는 '단순준강도'로서 단순강도의 예에 따라 3년 이상의 유기징역에 처하고, 야간주거침입절도 또는 특수절도가 폭행·협박한 경우에는 '특수준강도'로서 특수강도의 예에 따라 무기 또는 5년 이상의 징역에 처한다. 유기징역에 처할 경우에는 10년 이하의 자격정지를 병과할 수 있다($\frac{제345}{조}$).

Ⅳ. 인질강도죄

제336조 [인질강도] "사람을 체포·감금·약취 또는 유인하여 이를 인질로 삼아 재물 또는 재산상의 이익을 취득하거나 제3자로 하여금 이를 취득하게 한 자는 3년 이상의 유기징역에 처한다."

1. 의의, 성격, 보호법익

본죄는 "사람을 체포·감금·약취 또는 유인하여 이를 인질로 삼아 재물 또는 재산상의 이익을 취득하거나 제3자로 하여금 이를 취득하게 함으로써 성립하는 범죄"이다. 본죄의 보호법익은 1차적으로 인질의 자유 및 생명·신체의 안전, 2차적으로 재산이다. 본죄의 성격은 체포·감금죄 또는 약취·유인죄와 공갈죄의 결합범이다.

1995년 형법개정 전에 본죄는 약취죄와 공갈죄의 결합형식인 '약취강도죄'로 규정되어, 그 구성요건이 "사람을 약취하여 그 석방의 대상으로 재물을 취득한 자"로 되어 있었으며, 이를 강도죄로 처벌하였다. 종래의 약취강도죄는 행위의 태양이 '약취'에 국한되고 '재물'취득만을 처벌하였으나, 개정형법은 행위태양에 '유인'과 '체포·감금'을 추가하고 '재산상의 이익'취득도 처벌범위에

경우 범인 중의 1인이 체포를 면탈할 목적으로 폭행을 하여 상해를 가한 때에는 나머지 범인도 이를 예기하지 못한 것으로 볼 수 없으면, 강도상해죄의 죄책을 면할 수 없다 할 것"(**대판 1988. 2. 9, 87 도 2460.** 同旨, 대판 1984. 12. 26, 84 도 2552; 1984. 10. 10, 84 도 1887).

51) 학자들은 대부분 판례의 입장에 반대하고 있다(김성돈, 306면; 김/서, 337면; 박상기, 292면; 배종대, 439면; 백형구, 161면; 오영근, 376면; 이재상, 313면; 이형국, 359-60면; 정/박, 337면; 정영일, 293면; 진/이, 377면).

포함시키면서 죄명을 '인질강도죄'로 바꾸었다.

2. 구성요건

'체포·감금·약취·유인'의 개념은 체포·감금죄 및 약취·유인죄에서 설명한 바와 동일하다. 체포·감금·약취·유인의 객체인 사람은 연령과 성별을 묻지 않는다.

'인질로 삼는다'는 것은 인질강요죄($\frac{제324조}{의2}$)에서와 마찬가지로 "체포·감금·약취 또는 유인된 자(인질)의 생명, 신체 등의 안전에 관한 제3자의 우려를 이용하여 석방이나 생명, 신체에 대한 안전을 보장하는 대상(代償)으로 재물 또는 재산상의 이익을 취득하기 위하여 인질의 자유를 구속하는 것"을 의미한다. 인질과 재물 또는 재산상 이익의 피해자가 일치할 필요는 없다.

본죄의 실행의 착수시기는 본죄의 고의를 가지고 체포·감금·인취행위를 개시한 때이다.[52] 이에 대하여 석방 등의 대상으로 재물 또는 재산상의 이익을 요구한 때에 실행의 착수가 있다는 견해도 있다.[53]

본죄의 기수시기는 재물 또는 재산상의 이익을 취득한 때이다.

3. 죄   수

미성년자를 약취·유인하여 이를 인질로 삼고 재물 또는 재산상의 이익을 취득한 경우에 미성년자약취·유인죄($\frac{제287}{조}$)는 본죄에 흡수되지만(법조경합 중 흡수관계),[54] '미성년자인질강도죄'에 대하여는 '특정범죄가중처벌 등에 관한 법률' 제5조의 2의 가중처벌규정이 적용되므로 결국 특가법상의 범죄만이 성립한다(본죄와는 법조경합 중 특별관계).

재물 또는 재산상의 이익을 취득할 의사없이, 체포·감금·약취·유인한 사람을 인질로 삼아 정치범의 석방 등 일정한 행위를 강요한 경우에는 본죄가 아니라 인질강요죄($\frac{제324조}{의2}$)가 성립한다.

4. 형   벌

3년 이상의 유기징역에 처한다. 10년 이하의 자격정지를 병과할 수 있다

---

52) 김성천, 898면; 오영근, 378면; 정/박, 339면.
53) 김성돈, 309면.
54) 김성돈, 310면; 박상기, 293면; 이재상, 315면; 이형국, 362면.

($_{조}^{제345}$). 본죄의 미수범은 처벌한다($_{조}^{제342}$). 본죄에는 인질강요죄에서와 같은 석방감경규정($_{의 6}^{제324조}$)이 마련되어 있지 않다. 입법론상 재고를 요한다.

미성년자를 약취·유인하여 인질강도죄를 범한 때에는 '특정범죄 가중처벌 등에 관한 법률'(약칭: 특정범죄가중법) 제5조의 2에 의하여 가중처벌된다.

V. 강도상해·치상죄

제337조 [강도상해, 치상] "강도가 사람을 상해하거나 상해에 이르게 한 때에는 무기 또는 7년 이상의 징역에 처한다."

1. 의의, 성격, 보호법익

본죄는 "강도가 사람을 상해하거나 상해에 이르게 함으로써 성립하는 범죄"이다. 강도상해죄는 강도죄와 상해죄의 결합범, 강도치상죄는 강도죄의 결과적 가중범으로 되어 있다. 본죄의 주된 보호법익은 신체의 건강이고, 부차적인 보호법익은 재산이다.

2. 구성요건

(1) 행위의 주체

강도이다. 본죄의 주체가 되는 강도에는 단순강도·특수강도·준강도[55]·인질강도가 모두 포함되고, 기수·미수도 불문한다.[56]

(2) 실행행위

상해 또는 상해에 이르게 하는 것이다. 상해란 상해에 대한 고의가 있는 경우이고, 상해에 이르게 하는 것이란 상해의 고의없이 과실로 상해의 결과를 발생시킨 경우로서 결과적 가중범($_{제2항}^{제15조}$)의 성립요건이 충족되어야 한다. 강도가 폭행의 고의로 상해의 결과를 발생시켰다면, 강도상해죄가 아니라 강도치상죄가 성립한다.

상해 또는 치상의 결과는 '강도의 기회'에 일어난 것이면 족하고, 강도의 수단인 폭행·협박으로 인하여 직접 발생할 필요는 없다(다수설[57] 및 판례[58]). 그러므로 강

---

55) 대판 1984. 1. 24, 83 도 3043; 1971. 4. 20, 71 도 441.
56) 대판 1988. 2. 9, 87 도 2492; 1985. 10. 22, 85 도 2001.
57) 권오걸, 477면; 김성돈, 311면; 김성천, 899면; 김종원, 205면; 박상기, 294면; 배종대, 423

도가 흉기로 협박하는데 피해자가 항거하다가 상해의 결과가 발생한 때에도
본죄가 성립한다. 다만 피해자의 부상이 피해자의 적극적인 체포행위의 과정
에서 스스로의 행위의 결과로 입은 것이라면, 강도치상죄가 성립하지 않는
다.[59]

상해의 결과는 강도의 '기회에' 발생해야 하므로 최소한 강도와 시간적 · 장소
적 연관성은 있어야 한다. 따라서 강도범행 이후 피해자의 심리적 저항불능 상
태가 해소되지 않은 상태에서 강도범인의 상해행위가 행하여진 경우 강도상
해죄가 성립한다.[60]

3. 기수와 미수

강도상해죄는 강도죄와 상해죄의 결합범이지만 '주된' 보호법익이 신체의 건
강이므로, 강도상해죄의 기수 · 미수는 주된 행위인 상해의 기수 · 미수에 따라
결정되고, 강도의 기수 · 미수와는 무관하다고 함이 타당하다(통설 및 판례[61]).
1995년 개정 전의 형법은 고의범인 강도상해죄와 강도살인죄의 미수범만

면: 백형구, 166면: 오영근, 380면: 이재상, 317면: 이형국, 363면: 정/박, 342면: 정영일, 298-9
면: 진/이, 362면.
58) "강도치상죄에 있어서의 상해는 강도의 기회에 범인의 행위로 인하여 발생한 것이면 족한
것인바, 원심이 적법히 확정한 사실에 의하면 피고인은 택시에 타고 가다가 운전수를 협박하여
요금지급을 면할 목적으로 소지한 과도를 운전수인 피해자의 목 뒤부분에 겨누고 협박하자, 이
에 놀란 피해자가 택시를 급우회전하면서 그 충격으로 피고인이 겨누고 있던 과도에 피해자의
어깨부분이 찔려 상처를 입었다는 것이므로, 피고인의 위 행위를 강도치상죄로 의율한 원심조치
는 정당"(대판 1985. 1. 15, 84 도 2397).
59) "판결요지: 강도상해죄는 강도가 사람을 상해한 경우에 성립하는 것이므로, 도주하는 강도
를 체포하기 위해 뒤에서 덮쳐 오른손으로 목을 잡고, 왼손으로 앞부분을 잡는 순간 강도가 들고
있던 벽돌에 끼어 있는 철사에 찔려 부상을 입었다거나, 또는 도망하려는 공범을 뒤에서 양팔로
목을 감싸 잡고 내려오다 같이 넘어져 부상을 입은 경우라면, 위 부상들은 피해자들의 적극적인
체포행위과정에서 스스로의 행위의 결과로 입은 부상이어서 위 부상의 결과에 대하여 강도상해
죄로 의율할 수 없다"(대판 1985. 7. 9, 85 도 1109).
60) "형법 제337조의 강도상해죄는 강도범인이 그 강도의 기회에 상해행위를 함으로써 성립하
는 것이므로 강도범행의 실행 중이거나 그 실행 직후 또는 실행의 범의를 포기한 직후로서 사회
통념상 범죄행위가 완료되지 아니하였다고 볼 수 있는 단계에서 상해가 행하여짐을 요건으로 한
다(대법원 1996. 7. 12. 선고 96도1108 판결 참조). 그러나 반드시 강도범행의 수단으로 한 폭행
에 의하여 상해를 입힐 것을 요하는 것은 아니고 상해행위가 강도가 기수에 이르기 전에 행하여
져야만 하는 것은 아니므로, 강도범행 이후에도 피해자를 계속 끌고 다니거나 차량에 태우고 함
께 이동하는 등으로 강도범행으로 인한 피해자의 심리적 저항불능 상태가 해소되지 않은 상태에
서 강도범인의 상해행위가 있었다면 강취행위와 상해행위 사이에 다소의 시간적 · 공간적 간격
이 있었다는 것만으로는 강도상해죄의 성립에 영향이 없다"(대판 2014. 9. 26, 2014 도 9567).
61) 대판 1971. 1. 26, 70 도 2518: 1969. 3. 18, 69 도 154.

을 처벌하고, 미수범 처벌규정(제342조)에서 결과적 가중범인 '강도치상죄'와 '강도치사죄'를 제외시키고 있었다. 그러나 1995년 개정형법은 강도치상죄와 강도치사죄의 미수범도 처벌대상에 포함시키고 있다(개정 전후의 제342조를 비교해석). 이와 같은 조문의 변화에도 불구하고, 해석상 결과적 가중범인 강도치상죄와 강도치사죄의 미수범을 인정할 수 없다고 하는 견해가 있다.[62] 그러나 결과적 가중범인 강도치상죄와 강도치사죄의 미수범의 처벌을 긍정함이 타당하다. 다만 강도치상죄와 강도치사죄의 미수범은 기본범죄인 '강도의 미수'로 인하여 치상 또는 치사의 결과가 발생한 때에[63] 성립한다.[64]

4. 공 범

강도의 공동정범 중의 1인이 강도의 기회에 상해 또는 치상의 결과를 발생시킨 경우에-살해 또는 치사의 결과를 발생시킨 경우도 마찬가지이다-다른 공동정범에게도 본죄의 죄책을 인정할 것인가가 문제된다. 이 때 강도의 공동정범 상호간에는 강도의 수단인 폭행·협박에 대하여는 의사의 연락이 있지만 상해 또는 치상에 대하여는 의사의 연락이 없으므로, 고의범인 강도상해죄의 공동정범이 성립한다고 할 수는 없고, 상해의 고의가 없는 공동정범자에게 결과적 가중범인 강도치상죄의 죄책을 지울 것인가의 문제만이 남는다고 하겠다.

결과적 가중범에 있어서는 '고의범'인 기본범죄에 대해서만 공동정범의 성립이 가능하고, 과실로 초과하게 된 중한 결과에 대하여 결과적 가중범의 공동정범은 인정되지 않는다고 함이 타당하다. 즉 기본범죄에 대한 공동정범의 성립을 인정하면서 초과실행된 중한 결과에 대해서는 공동자 각자의 과실 여부를 검토하여 '과실'(예견가능성)이 있는 자에게 '개별적으로' 결과적 가중범인 강도치상죄의 죄책을 지우는 것이 타당하다고 본다.[65]

판례는, ① 강도의 공동정범은 다른 공동자가 강도의 기회에 범한 상해행위에 대하여 그 상해에 대한 '예견가능성(과실)이 있느냐를 묻지 않고' 공동자

---

62) 김성돈, 312면; 김성천, 901면; 김/서, 342면; 박상기, 295면; 배종대, 427면; 오영근, 381-2면; 이재상, 318면; 이형국, 363면; 정/박, 342-3면; 진/이, 363면.

63) 권오걸, 481면; 이정원, 350면.

64) 결과적 가중범의 미수에 관하여는 총론, 583-5면 참조.

65) 권오걸, 482면; 김/서, 342면; 배종대, 425면; 오영근, 383면. 공동자 각자에게 과실이 있는 한 결과적 가중범인 강도치상죄의 공동정범이 성립한다는 긍정설은 김성돈, 313면; 이재상, 318면; 이형국, 364면.

모두에게 상해의 결과에 대한 책임을 지우는 것들이 있는가 하면,[66] ② 다른 한편으로는 공동자 각자에게 다른 공동자의 살인행위나 치사의 결과에 대한 '예견가능성이 부정되지 않으면' 강도치사죄의 책임을 진다고 한 것들도 있다.[67] 판례 중에서 공동정범자에게 중한 결과(상해 또는 사망)에 대한 과실(예견가능성)이 있느냐를 묻지 않고 강도치상죄 또는 강도치사죄의 책임을 지우고 있는 것은 타당치 못하다고 하겠다.

5. 형   벌

무기 또는 7년 이상의 징역에 처한다.[68] 유기징역에 처할 경우에는 10년 이하의 자격정지를 병과할 수 있다(제345조). 강도상해죄와 강도치상죄의 미수범은 처벌한다(제342조).

본죄의 범인이 '동종누범'(同種累犯)의 요건을 갖춘 때에는 '특정범죄 가중처벌 등에 관한 법률'(약칭: 특정범죄가중법) 제5조의 5에 의하여 사형·무기 또는 10년 이상의 징역에 처해진다.

---

66) "乙은 甲과 공모한 대로 과도를 들고 강도를 하기 위하여 피해자의 거소를 들어가 피해자를 향하여 칼을 휘두른 이상 이미 강도의 실행행위에 착수한 것임이 명백하고, 乙이 피해자를 과도로 찔러 상해를 가하였다면 甲이 乙과 구체적으로 상해를 가할 것까지 공모하지 않았다 하더라도 피고인은 상해의 결과에 대하여도 공범으로서의 책임을 면할 수 없다"(대판 1998. 4. 14, 98도 356. 同旨, 대판 1990. 12. 26, 90 도 2362; 1990. 10. 12, 90 도 1887 등).

67) "강도의 공범자 중 1인이 강도의 기회에 피해자에게 폭행 또는 상해를 가하여 살해한 경우 다른 공모자가 살인의 공모를 하지 아니하였다고 하여도, 그 살인행위나 치사의 결과를 예견할 수 없었던 경우가 아니면, 강도치사죄의 죄책을 면할 수 없다고 할 것"(대판 1991. 11. 12, 91 도 2156. 同旨, 대판 1990. 11. 27, 90 도 2262).

68) "[결정요지] 1. 살인죄의 경우 범행의 동기 등 정상에 참작할 만한 사유가 있는 경우도 흔히 있고 그 행위태양이 다양함에도 불구하고 단일조항으로 처단하고 있어 형 선택의 폭을 비교적 넓게 규정한 것은 수긍할 만한 합리적 이유가 있고, 그와 비교할 때 강도상해죄는 행위태양이나 동기도 비교적 단순하여 죄질과 정상의 폭이 넓지 않고 일반적으로 행위자의 책임에 대한 비난가능성도 크다고 할 것이므로, 강도상해죄의 법정형의 하한이 살인죄의 그것보다 높다고 해서 합리성과 비례성의 원칙을 위반하였다고 볼 수 없다. 그리고 어떤 범죄에 대한 법정형의 종류와 범위를 정하는 것은 기본적으로 입법자의 형성의 자유에 속하는 사항으로서, 강도상해의 범행을 저지른 자에 대하여는 법률상 다른 형의 감경사유가 있다는 등 특단의 사정이 없는 한 장기간 사회에서 격리시키도록 한 입법자의 판단은 기본적으로 존중되어야 하므로, 심판대상조항은 형벌체계상의 정당성과 균형성을 상실하여 헌법에 위반된다고 할 수 없다. 2. 심판대상조항이 상해와 치상에 대하여 동일한 법정형으로 규율하는 것은, 폭행과 협박을 수단으로 하는 강도행위의 속성상 상해의 결과가 발생할 위험이 크고 행위자가 이를 쉽게 예견할 수 있어 상해에 고의가 있었는지 여부는 그 불법과 죄질의 평가에 있어서 큰 차이가 없기 때문에 심판대상조항이 합리성과 비례성을 상실하여 헌법에 위반된다고 할 수 없다"(헌재 2016. 9. 29, 2014 헌바 183, 2015 헌바 169(병합)).

VI. 강도살인 · 치사죄

제338조 [강도살인, 치사] "강도가 사람을 살해한 때에는 사형 또는 무기징역에 처한다. 사망에 이르게 한 때에는 무기 또는 10년 이상의 징역에 처한다."

본죄는 "강도가 사람을 살해하거나 사망에 이르게 함으로써 성립하는 범죄"이다. 강도살인죄는 강도죄와 살인죄의 결합범, 강도치사죄는 강도죄의 결과적 가중범으로 되어 있다. 본죄의 주된 보호법익은 사람의 생명이고, 부차적인 보호법익은 재산이다.

본죄의 주체는 강도라는 것, 살해 또는 치사는 강도의 기회에 일어난 것으로 충분하다는 것 등은 강도상해 · 치상죄에서 설명한 바가 그대로 적용된다. 본죄에서 특별히 언급할 문제는 다음과 같다.

〈문제 1: 채무면탈목적의 살해와 강도살인죄의 성부〉

채무를 면할 목적으로 피해자를 살해한 경우에 강도살인죄($\frac{제338}{조}$)가 성립할 것인가가 문제된다.

다수설은 강도살인죄가 성립한다고 한다.[69] 강도살인죄설은 강도의 수단으로 사람을 살해한 이상 강취행위의 전후를 불문하고 강도살인죄의 성립을 긍정해야 한다는 것을 논거로 한다. 그러나 채무를 면하고자 하는 목적이라고 하더라도, ① 채무자가 채권자에게 차용증을 써주었다든가 심지어는 저당권을 설정해 주는 등 채권자를 살해한다고 해서 채무를 면하게 되는 것은 아닌 경우와 ② 술값이나 택시요금과 같이 그 자리에서 지불하지 않고 달아나면 사실상 채무를 면하게 되어 직접적 · 구체적 이익이 채무자에게 돌아가는 경우를 구별해서 죄책을 논해야 한다고 본다. 그렇다면 ①의 경우에는 재산상의 이익취득이 불가능한 이상 '강도살인죄의 불능미수범'이 성립한다고 해야 할 것이다. 그러나 ②의 경우에는 채권자를 살해함으로써 채무를 면하게 되는 재산적 이익이 사실상 발생하므로 '강도살인죄의 기수범'의 성립을 긍정하는 것이 옳다. 결국 채무면탈목적이라고 하더라도 채권자를 살해함으로써 채무를 면하게 되는 '직접적 · 구체적 · 현실적 가능성'이 있는 경우에 한하여 강도살인죄의 '기수범'이 성립한다고 보고, 그 이외의 경우에는 강도살인죄의 '불능미수범'이 성립한다고 할 것이다.[70] 다수설에 따라 채무면탈목적의 채권자 살해가 항상 강도

---

69) 김성돈, 315면; 김종원, 199면; 배종대, 424면; 백형구, 168면; 이재상, 319면; 이형국, 365면.
70) 同旨, 권오걸, 488면; 김/서, 344면; 박상기, 297면; 오영근, 385면; 정/박, 344면.

살인죄의 죄책을 진다는 논리를 그대로 관철한다면, 경제적 이익을 의도로 한 모든 살인이 강도살인이 된다고 할 위험성이 있다.[71]

대법원이 "제1심판결이 채택한 증거들에 의하면 피고인이 피해자를 살해할 당시 그 소주방 안에는 피고인과 피해자 두 사람밖에 없었음을 알 수 있는바, 그와 같은 경우 피고인이 피해자를 살해하면 피해자는 피고인에 대하여 술값 채권을 행사할 수 없게 되고, 피해자 이외의 사람들에게는 피해자가 피고인에 대하여 술값 채권을 가지고 있음이 알려져 있지 아니한 탓으로 피해자의 상속인이 있다 하더라도 피고인에 대하여 그 채권을 행사할 가능성은 없다 하겠다. 그러므로 위와 같은 상황에서 피고인이 채무를 면탈할 목적으로 피해자를 살해한 것은 재산상의 이익을 취득할 목적으로 피해자를 살해한 것이라 할 수 있고, 또한 피고인이 피해자를 살해한 행위와 즉석에서 피해자가 소지하였던 현금을 탈취한 행위는 서로 밀접하게 관련되어 있기 때문에 살인행위를 이용하여 재물을 탈취한 행위라고 볼 수 있으니, 원심이 피고인의 위와 같은 일련의 행위에 대하여 강도살인죄의 성립을 인정한 조치는 정당하고"($\frac{\text{대판 1999. 3.}}{\text{9. 99 도 242}}$)라고 판시한 것을 보면, 채권자를 살해함으로써 '채권을 행사할 가능성이 없는 경우'에 강도살인죄의 성립을 긍정하고 있다.[72] 그러나 다른 한편으로 "강도살인죄가 성립하려면 먼저 강도죄의 성립이 인정되어야 하고, 강도죄가 성립하려면 불법영득(또는 불법이득)의 의사가 있어야 하며, 형법 제333조 후단 소정의 이른바 강제이득죄의 성립요건인 '재산상 이익의 취득'을 인정하기 위하여서는 재산상 이익이 사실상 피해자에 대하여 불이익하게 범인 또는 제3자 앞으로 이전되었다고 볼 만한 상태가 이루어져야 하는데, 채무의 존재가 명백할 뿐만 아니라 채권자의 상속인이 존재하고 그 상속인에게 채권의 존재를 확인할 방법이 확보되어 있는 경우에는 비록 그 채무를 면탈할 의사로 채권자를 살해하더라도 일시적으로 채권자측의 추급을 면한 것에 불과하여 재산상 이익의 지배가 채권자측으로부터 범인 앞으로 이전되었다고 보기는 어려우므로, 이러한 경우에는 강도살인죄가 성립할 수 없다"라고 한 판례($\frac{\text{대판 2010. 9. 30, 2010 도 7405; 2005. 6. 23,}}{\text{2005 도 1947: 2004. 6. 24, 2004 도 1098}}$)를 보면, 채권자를 살해하

---

71) 비슷한 비판으로서 유기천, 상권, 282면.

72) 과거의 대법원판결도 "피고인은 피해자의 택시를 무임승차하고 택시요금을 요구하는 피해자의 추급을 벗어나고자 동인을 살해한 직후 피해자의 주머니에서 택시 열쇠와 돈 8,000원을 꺼내어 피해자의 택시를 운전하고 현장을 벗어난 사실이 인정되는 바, 위와 같은 사실관계에 비추어 보면 피고인은 채무면탈의 목적으로 피해자를 살해하고 피해자의 반항능력이 완전히 상실된 것을 이용하여 즉석에서 피해자가 소지하였던 재물까지 탈취한 것이므로, 살인행위와 재물탈취행위는 서로 밀접하게 관련되어 있어 살인행위를 이용한 재물탈취행위라고 볼 것이니, 피고인을 강도살인죄로 의율한 원심조치는 정당하고"라고 함으로써(대판 1985. 10. 22, 85 도 1527), 채무면탈목적의 살해에 대하여 강도살인죄의 성립을 긍정하고 있지만, 판결이유를 검토해 보면 채무면탈과 재물강취의 사실관계부분이 서로 얽힌 채로 법률판단을 내리고 있어서 그 논리를 정확히 파악해낼 수가 없다. 1999. 3. 9의 대법원판결(99 도 242)은 채무면탈부분만을 독자적인 판단대상으로 하여 일정한 경우에 강도살인죄가 성립할 수 있음을 밝힌 점에서 의의가 있다.

더라도 '채무를 면한다고 볼 수 없는 경우'에는 강도살인죄의 성립을 부정하고 있다. 기타 보험금을 노린 살인의 경우에 강도살인죄가 아니라 보통살인죄가 성립한다는 대판 2001. 11. 27, 2001 도 4392 참조.

〈문제 2: 사자(死者)의 점유〉

처음에는 강도의 의사없이 사람을 살해한 후에 우연히 피살자의 재물을 발견하고 불법영득의 의사가 생겨 그 재물을 영득한 경우에 살인죄와 점유이탈물횡령죄의 실체적 경합이 성립한다는 견해는[73] 부당하고, 살인죄와 '절도죄'의 실체적 경합이 성립한다고 함이 타당하다.[74] 이 경우에 사자의 '생전의' 점유가 사망 직후에도 다소간 '계속'된다고 하는 것이 사회통념에 맞는다고 보아, 피살자의 재물을 어느 누구의 점유에도 속하지 않는 점유이탈물로 취급하는 것은 법감정상 용납하기 어렵다고 하겠다. 판례도 "피해자가 생전에 가진 점유는 사망 후에도 여전히 계속되는 것으로 보아 이를 보호함이 법의 목적에 맞는 것"이라고 함으로써 살인죄 이외에 절도죄의 성립을 긍정한다.[75]

처음부터 강도의 의사로 살인한 후 피살자의 재물을 강취한 경우에는 강도살인이 된다. 그런데 이 경우에 있어서 누구의 점유를 침해한 것인가 하는 문제에 관하여, ① 사자의 점유를 부정하고 또 형법상 상속에 의한 점유의 이전도 인정되지 않으므로 어느 누구의 점유도 침해한 것이 아니라는 견해와[76] ② 사자의 '생전의' 점유가 아니라 '사자'의 점유를 정면으로 인정하여 사자의 점유를 침해한다는 견해가[77] 있으나, 모두 부당하고, ③ 사자에게는 점유의사를 인정할 수 없으므로 사자 자신의 점유는 부정할 수밖에 없으며 사자의 생전의 점유가 사망 직후에도 다소간 계속된다고 보아, 사자의 생전의 점유를 침해한다고 함이 타당하다.

〈문제 3: 강도살인죄의 미수와 강도치사죄의 미수〉

'강도살인죄'는 강도죄와 살인죄의 결합범인데 '주된' 보호법익이 사람의 생명이므로, 강도살인죄의 기수·미수는 주된 행위인 살인의 기수·미수에 따라 결정되고, 강도의 기수·미수와는 무관하다($\frac{통}{설}$).

---

73) 김/서, 282면; 김종원, 207면; 오영근, 386면; 이재상, 319면.

74) 배종대, 424면; 정/박, 344면.

75) "피고인이 피해자를 살해한 방에서 사망한 피해자 곁에 4시간 30분쯤 있다가 그곳 피해자의 자취방 벽에 걸려있던 피해자가 소지하는 원심판시 물건들을 영득의 의사로 가지고 나온 사실이 인정되는 바, 이와 같은 경우에 피해자가 생전에 가진 점유는 사망 후에도 여전히 계속되는 것으로 보아 이를 보호함이 법의 목적에 맞는 것이라고 할 것이고, 따라서 피고인의 위 행위는 피해자의 점유를 침탈한 것으로서 절도죄에 해당"(**대판 1993. 9. 28, 93 도 2143.** 同旨, 대판 1968. 6. 25, 68 도 590).

76) 김일수, 240면.

77) 황산덕, 297면.

결과적 가중범인 '강도치사죄'의 미수범은 강도치상죄에서 설명한 바와 같이 그 성립과 처벌을 긍정함이 타당하다. 다만 강도치사죄의 미수범은 기본범죄인 '강도의 미수'로 인하여 치사의 결과가 발생한 때에 성립한다.[78]

VII. 강도강간죄

<u>제339조 [강도강간]</u> "강도가 사람을 강간한 때에는 무기 또는 10년 이상의 징역에 처한다."

1. 의의, 성격, 보호법익

본죄는 "강도가 사람을 강간함으로써 성립하는 범죄"이다. 강도강간죄는 강도죄와 강간죄의 결합범이다. 본죄의 주된 보호법익은 사람의 성적 결정의 자유이고, 부차적인 보호법익은 재산이다.

2. 구성요건

본죄의 주체는 강도이다. 그 범위는 강도상해·치상죄의 경우와 같다. 강도의 기수·미수를 불문한다. 본죄의 주체는 강도범이므로, 강간범이 강도를 한 때에는 본죄가 성립하지 않고 강간죄와 강도죄의 실체적 경합범이 될 뿐이다.[79]

본죄의 실행행위는 강간이다. 강간은 강도의 기회에 행해지면 족하고, 강도의 실행에 착수한 이후에 강간한 이상 강도의 기수나 종료 여부를 묻지 않는다. 본죄의 기수·미수는 주된 보호법익에 따라 강간행위의 기수·미수를 기준으로 하여 결정된다(통설).

3. 죄 수

강도가 사람을 강간하여 치사 또는 치상케 한 경우에, '동일한 폭행·협박

---

78) 이정원, 350면.

79) "판결요지: 강간범이 강간행위 후에 강도의 범의를 일으켜 그 부녀의 재물을 강취하는 경우에는 형법상 강도강간죄가 아니라 강간죄와 강도죄의 경합범이 성립될 수 있을 뿐인바, 성폭력범죄의 처벌 및 피해자보호 등에 관한 법률 제5조 제2항은 형법 제334조(특수강도) 등의 죄를 범한 자가 형법 제297조(강간) 등의 죄를 범한 경우에 이를 특수강도강간 등의 죄로 가중하여 처벌하고 있으므로, 다른 특별한 사정이 없는 한 강간범이 강간의 범행 후에 특수강도의 범의를 일으켜 그 부녀의 재물을 강취한 경우에는, 이를 성폭력범죄의 처벌 및 피해자보호 등에 관한 법률 제5조 제2항 소정의 특수강도강간죄로 의율할 수 없다"(대판 2002. 2. 8, 2001 도 6425).

행위'가 강도와 강간의 수단이 되었고 이로부터 치사·치상의 결과가 발생했다면, 본죄와 강도치사상죄 및 강간치사상죄 등 세 범죄의 상상적 경합관계가 성립한다고 함이 타당하다.[80] 판례는 강도가 여자를 강간하려다 미수에 그치고 폭행으로 피해자에게 상해를 입힌 경우에 강도강간미수죄와 강도치상죄의 상상적 경합으로 본다.[81]

강도가 사람을 강간한 후에 살해 또는 상해의 의사가 생겨 살해·상해한 때에는 본죄와 강도살인죄 또는 강도상해죄의 상상적 경합이 된다는 견해가[82] 있으나, 강도강간의 수단인 폭행·협박행위와 살해 또는 상해행위는 별개의 행위로 보아야 하고 강도강간의 고의와 살인 또는 상해의 고의도 구별해야 하므로, 강도강간죄와 살인죄 또는 상해죄의 실체적 경합이 성립한다고 함이 타당하다.[83]

4. 형 벌

무기 또는 10년 이상의 징역에 처한다. 유기징역에 처할 경우에는 10년 이하의 자격정지를 병과할 수 있다(제345조). 강도강간죄의 미수범은 처벌한다(제342조).

본죄도 동종누범(同種累犯)의 요건을 갖춘 경우에 '특정범죄 가중처벌 등에 관한 법률'(제5조의5)에 의하여 가중처벌된다.

Ⅷ. 해상강도죄

제340조 [해상강도] 제1항 "다중의 위력으로 해상에서 선박을 강취하거나 선박 내에 침입하여 타인의 재물을 강취한 자는 무기 또는 7년 이상의 징역에 처한다."
제2항 "제1항의 죄를 범한 자가 사람을 상해하거나 상해에 이르게 한 때에는 무기 또는 10년 이상의 징역에 처한다."
제3항 "제1항의 죄를 범한 자가 사람을 살해 또는 사망에 이르게 하거나 강간한 때에는 사형 또는 무기징역에 처한다."

---

80) 이 경우에 본죄와 강도치사상죄의 상상적 경합이라는 견해(서일교, 158면; 정성근, 428면)도 있지만, 상상적 경합관계에 서는 범죄에 강간치사상죄를 제외할 이유가 없다.
81) 대판 1988. 6. 28, 88 도 820.
82) 김성돈, 317면; 배종대, 429면; 이재상, 321면; 이형국, 366면; 진/이, 368면; 황산덕, 298면.
83) 강구진, 313면; 권오걸, 492면; 김성천, 905면; 김/서, 348면; 김종원, 208면; 박상기, 299면; 백형구, 171면; 오영근, 388면; 정/박, 346면.

1. 의   의

해상강도죄는 이른바 '해적죄'를 규정한 것으로서, "다중의 위력으로 해상에서 선박을 강취하거나 선박 내에 침입하여 타인의 재물을 강취함으로써 성립하는 범죄"이다($\frac{제1}{항}$).

2. 구성요건

본죄는 장소적 행위상황으로서 '해상에서'가 구성요건화되어 있다. 본죄의 '해상'은 지상의 경찰권이 미치기 힘든 영해·공해를 말하고, 하천·호수·항만은 제외된다. '선박'은 종류와 크기를 불문하지만, 적어도 해상을 항해할 수 있는 정도여야 한다. '다중'은 집단적 위력을 과시할 수 있는 정도의 다수임을 요하며, '위력'은 상대방의 의사를 제압할 수 있는 유형·무형의 세력을 말한다.

3. 결합유형

(1) 해상강도상해·치상죄($\frac{제2}{항}$)

본죄는 "해상강도가 사람을 상해하거나 상해에 이르게 함으로써 성립하는 범죄"이다. 본죄의 주체는 해상강도로 그 기수·미수를 불문한다. 상해 또는 치상은 강도의 기회에 이루어져야 한다.

본죄의 미수범은 처벌한다($\frac{제342}{조}$). 해상강도상해죄의 미수는 해상강도의 기수·미수와는 무관하게 상해행위가 미수에 그친 경우에 성립한다. 결과적 가중범인 해상강도치상죄의 미수는 해상강도행위가 미수에 그친 경우에 성립한다.

(2) 해상강도살인·치사·강간죄($\frac{제3}{항}$)

본죄는 "해상강도가 사람을 살해하거나 사망에 이르게 하거나 강간함으로써 성립하는 범죄"이다. 본죄의 미수범은 처벌한다($\frac{제342}{조}$). 해상강도살인죄의 미수는 살인행위가 미수에 그친 경우에 성립하고, 결과적 가중범인 해상강도치사죄의 미수는 해상강도행위가 미수에 그친 경우에 성립하며, 해상강도강간죄의 미수는 강간행위가 미수에 그친 경우에 성립한다.

IX. 상습강도죄

<u>제341조 [상습범]</u> "상습으로 제333조, 제334조, 제336조 또는 전조 제1항의 죄를
범한 자는 무기 또는 10년 이상의 징역에 처한다."

본죄는 "상습으로 단순강도죄·특수강도죄·인질강도죄 또는 해상강도죄
를 범함으로써 성립하는 범죄"이다. 행위자의 상습성으로 인하여 책임이 가
중되는 범죄유형이다. 상습강도죄를 가중처벌하는 '특정범죄가중처벌 등에 관
한 법률' 제5조의 4 제3항은 헌법재판소의 위헌결정(헌재 2015. 2. 26. 2014 헌가 16, 19, 23 병합—전원재판부)을 받고,
2016. 1. 6.의 특가법 개정에서 삭제되었다.

X. 강도예비·음모죄

<u>제343조 [예비, 음모]</u> "강도할 목적으로 예비 또는 음모한 자는 7년 이하의 징역
에 처한다."

본죄는 "강도할 목적으로 예비·음모하였으나 강도의 실행에 착수하지 않
은 경우에 성립하는 범죄"이다. 강도예비·음모죄는 '목적범'이다. 이때 '강도'
를 할 목적에 이르지 않고 단순히 '준강도'할 목적에 그치는 경우에는 강도예
비·음모죄가 성립하지 않는다는 것이 판례이다.[84] 형법은 강도죄의 죄질이

---

84) "준강도죄에 관한 형법 제335조는 "절도가 재물의 탈환을 항거하거나 체포를 면탈하거나
죄적을 인멸할 목적으로 폭행 또는 협박을 가한 때에는 전2조의 예에 의한다"라고 규정하고 있
을 뿐 준강도를 항상 강도와 같이 취급할 것을 명시하고 있는 것은 아니고, 절도범이 준강도를
할 목적을 가진다고 하더라도 이는 절도범으로서는 결코 원하지 않는 극단적인 상황인 절도 범
행의 발각을 전제로 한 것이라는 점에서 본질적으로 극히 예외적이고 제한적이라는 한계를 가질
수밖에 없으며, 형법은 흉기를 휴대한 절도를 특수절도라는 가중적 구성요건(형법 제331조 제2
항)으로 처벌하면서도 그 예비행위에 대한 처벌조항은 마련하지 않고 있는데, 만약 준강도를 할
목적을 가진 경우까지 강도예비로 처벌할 수 있다고 본다면 흉기를 휴대한 특수절도를 준비하는
행위는 거의 모두가 강도예비로 처벌받을 수밖에 없게 되어 형법이 흉기를 휴대한 특수절도의
예비행위에 대한 처벌조항을 두지 않은 것과 배치되는 결과를 초래하게 된다는 점 및 정당한 이
유 없이 흉기 기타 위험한 물건을 휴대하는 행위 자체를 처벌하는 조항을 폭력행위 등 처벌에
관한 법률 제7조에 따로 마련하고 있다는 점 등을 고려하면, 강도예비·음모죄가 성립하기 위해
서는 예비·음모 행위자에게 미필적으로라도 '강도'를 할 목적이 있음이 인정되어야 하고, 그에
이르지 않고 단순히 '준강도'할 목적이 있음에 그치는 경우에는 강도예비·음모죄로 처벌할 수
없다"(대판 2006. 9. 14. 2004 도 6432).

무겁다고 보아 예비·음모단계의 준비행위를 처벌하고 있다.

　강도목적의 예비·음모는 어디까지나 외부적 표현이 있어야 한다. 강도의 목적으로 타인의 주거에 침입하는 것도 강도예비죄에 해당하므로, 이 경우에는 강도예비죄와 주거침입죄의 상상적 경합이 성립한다.

제4장 사기의 죄

제1절 개 설

Ⅰ. 의의, 성격

사기죄란 "사람을 기망하여 재물 또는 재산상의 이익을 취득하는 범죄"이다. 절도·강도의 도죄(盜罪)와 사기죄는 '영득죄'라는 점에서 공통된다. 그러나 전자는 상대방의 의사에 '반하여' 재산을 취득하는 범죄, 즉 '탈취죄'임에 반하여, 후자는 비록 하자있는 의사라고 하더라도 상대방의 의사에 '기한' 처분행위에 의하여 재산을 취득하는 범죄, 즉 '편취죄'라는 점에서 차이가 난다. 같은 편취죄로서 공갈죄가 있으나 공갈죄는 편취의 수단이 공갈임에 반하여, 사기죄는 편취의 수단이 기망인 점에서 다르다.

범죄학상 사기죄는 머리를 쓰는 '지능범죄'를 대표한다. 힘을 쓰는 실력범이 10대·20대 남성의 범죄라고 한다면, 사기죄는 40대·50대 연령층의 범죄라고 말할 수 있으며, 우리나라의 범죄통계를 보면 여성범죄의 1위를 차지하고 있는 것이 사기죄이다.[1]

Ⅱ. 보호법익

사기죄의 보호법익에 관하여는 다음과 같이 학설이 대립한다.

---

[1] 여성범죄의 형법범 중 죄명별 기소인원수를 보면 2022년에 총 43,814명의 여성기소인원 중 '사기죄'가 13,196명(약 30%)으로서 제1위를 차지하고 있으며, 7,499명(약 17%)으로서 제2위를 차지하고 있는 '절도죄'와 대조를 이룬다(대검찰청 간, 검찰연감, 2023년, 652-77면 참조).

(1) 재산 및 거래상의 진실성이라는 학설[2]

사기죄의 주된 보호법익은 전체로서의 재산, 부차적인 보호법익은 거래상의 진실성 내지 신의칙이라고 하는 견해이다.

판례는 거래상의 신의성실의무 위반을 사기죄의 본질로 제시하는 점에서[3] 거래상의 신의칙을 사기죄의 보호법익으로 파악하는 것으로 이해된다. 또한 판례는 사기죄의 성립에 전체 재산상의 손해가 발생할 필요가 없다고 함으로써,[4] 일견 재산을 사기죄의 보호법익으로 파악하지 않는 것으로 보인다.

(2) 재산이라는 학설[5]

사기죄의 보호법익은 전체로서의 재산이며, 거래상의 진실성은 제외된다는 견해(답수)이다. 이 입장은 기망행위에 의하여 거래의 진실성이 침해되었다고 하더라도 재산상의 손해가 발생하지 않았다면, 사기죄가 성립되지 않는다고 한다.[6]

이 견해는, 개인의 재산만을 사기죄의 보호법익으로 파악하고 사회적 법익에 속하는 거래상의 진실성·신의칙을 제외시킴으로써 사기죄를 순수히 개인적 법익에 대한 범죄로 이해하고자 한다. 사회적 법익에 속하는 거래의 진실성을 보호법익에서 제외한다면, 재산상 손해를 입은 자만이 피해자로 파악되고 '피기망자'는 피해자라고 볼 수 없게 된다. 피기망자를 피해자라고 볼 것인가 하는 논쟁은 친족상도례의 적용범위에서 차이가 날 것이다.

---

2) 권오걸, 501면; 김종원, 212면; 배종대, 445면; 서일교, 161면; 유기천, 상권, 231면.

3) "사기죄의 요건으로서의 기망은 널리 재산상의 거래관계에 있어서 서로 지켜야 할 신의와 성실의 의무를 저버리는 모든 적극적 및 소극적 행위로서 사람으로 하여금 착오를 일으키게 하는 것을 말하며, 사기죄의 본질은 기망에 의한 재물이나 재산상 이익의 취득에 있고, 상대방에게 현실적으로 재산상 손해가 발생함을 그 요건으로 하지 아니하는 바"(**대판 1997. 9. 9, 97 도 1561**. 同旨, 대판 1992. 9. 14, 91 도 2994; 1983. 2. 22, 82 도 3139).

4) "기망으로 인한 재물의 교부가 있으면 그 자체로써 곧 사기죄는 성립하고, 상당한 대가가 지급되었다거나 피해자의 전체 재산상에 손해가 없다 하여도 사기죄의 성립에는 영향이 없다"(**대판 1999. 7. 9, 99 도 1040**. 同旨, 대판 1997. 9. 9, 97 도 1561; 1995. 3. 24, 95 도 203; 1994. 10. 21, 94 도 2048; 1992. 9. 14, 91 도 2994; 1987. 12. 22, 87 도 2168; 1985. 5. 14, 80 도 2973; 1983. 2. 22, 82 도 3139; 1982. 6. 22, 82 도 777).

5) 김성돈, 321면; 김성천, 910면; 김/서, 416면; 박상기, 302면; 백형구, 172면; 손동권, 351면; 이재상, 325면; 이정원, 354면; 이형국, 374-5면; 정/박, 351-2면; 정영일, 305면; 진/이, 382면. 독일의 통설.

6) 박상기, 304면; 이재상, 327면. 그러나 사기죄를 침해범으로 이해하는 한, 재산상의 손해가 발생하지 않았더라도 거래의 진실성을 침해하는 기망행위가 있었다면, 사기죄의 실행의 착수는 있은 것이고, 따라서 사기죄가 성립하되 미수범이 될 뿐이라는 것이 정확한 표현이라고 본다.

(3) 재산 및 개인의 경제적 의사결정 내지 의사활동의 자유라는 학설[7]

사기죄의 보호법익은 재산 이외에 부차적으로 재산적 의사결정의 자유라고 하는 견해이다. 이 입장에서는 거래상의 진실성·신의칙을 사기죄의 보호법익이라기보다는 기망행위에 해당하느냐의 여부를 판단하는 기준으로 이해하고자 한다.

(4) 사 견

재산범죄는 모두 개인의 '재산'을 '주된' 보호법익으로 한다. 사기죄도 이 점에 있어서는 예외가 아니다. 그러나 재산범죄를 분류하고 각각에 상응하는 법정형을[8] 정하는 구별표지는 타인의 재산을 침해하는 '행위태양'에 있고, 이 행위태양에 따라 해석상 '부차적인' 보호법익이 도출된다. 예컨대 절도죄의 재산침해태양인 절취행위로부터 점유가, 강도죄와 공갈죄의 재산침해태양인 협박으로부터 의사의 자유가 부차적인 보호법익으로 제시되고 있다. 사기죄에 있어서는 그 재산침해태양인 기망행위가 거래의 진실성 내지 신의칙에 반하는 내용을 고지함으로써 상대방을 착오에 빠뜨리는 행위인 점에서 '거래의 진실성·신의칙에 대한 개인의 신뢰'도 부차적인 보호법익이라고 보아야 한다. 사기죄의 보호법익을 재산으로만 이해한다면 다른 재산범죄, 특히 공갈죄와의 본질적 차이가 드러나지 않을 것이다. 공갈죄에서 공갈수단으로부터 의사의 자유를 부차적인 보호법익으로 파악하는 논리에 평행해서 기망수단으로부터도 부차적인 보호법익이 도출된다.

신의에 좇아 성실하게 재산상의 거래를 하는 자는 상대방도 신의칙에 따라 거래할 것이라고 '신뢰'한다. 사기죄는 신의칙에 반하는 기망행위를 처벌함으로써 신의칙에 대한 개인의 신뢰를 보호하고자 한다. 종래 사기죄의 부차적인 보호법익으로 제시되었던 거래의 진실성 내지 신의칙을 '보다 정확히' 표현하자면, 거래의 진실성 내지 신의칙에 대한 '개인의 신뢰'라고 해야 한다. 이러한 관점에서는 사기죄의 주된 보호법익뿐만 아니라 부차적인 보호법익까지도 '개인적' 법익으로 이해할 수 있게 된다. 설령 사기죄의 부차적인 보호법익인 거래의 진실성은 사회적 법익이므로 사기죄를 순수히 개인적 법익에 대한 범죄로 파악하는 데 장애가 된다는 비판을 염두에 둔다고 하더라도, 이 비판

---

7) 오영근, 397-9면.
8) 사기죄의 법정형은 10년 이하의 징역 또는 2천만원 이하의 벌금으로서 단순절도죄보다 높다.

에 대하여 다음과 같은 '반론'이 가능하다.

형법상 개개의 범죄는 그 보호법익을 개인적 법익이냐 공공적 법익이냐 하고 일도양단식으로 가를 수 있는 것은 아니고, 두 종류의 법익이 혼재되어 있는 경우가 적지 않다. 예컨대 사회적 법익에 대한 범죄인 방화죄에 있어서는 재산이라고 하는 개인적 법익도 부차적인 보호법익으로 해석되고 있으며, 개인적 법익에 대한 범죄인 낙태죄에 있어서도 사회의 건전한 성도덕 또는 국가의 인구정책적 이익과 같은 공공적 법익이 부차적인 보호법익으로 제시될 수도 있다.

그리고 사기죄의 부차적 보호법익을 개인의 경제적 의사결정의 자유라고 파악하는 학설은 공갈죄의 보호법익도 재산 이외에 개인의 경제적 의사결정의 자유를 포함한다고 이해하는 이상, 기망을 수단으로 하는 사기죄와 공갈을 수단으로 하는 공갈죄의 구별이 곤란해진다는 단점을 지닌다.

결론적으로 보아 사기죄의 주된 보호법익은 '재산'-재물사기죄의 경우에는 개개의 재물(의 소유권), 이득사기죄의 경우에는 전체로서의 재산-이고, 부차적인 보호법익은 '거래의 진실성 내지 신의칙에 대한 개인의 신뢰'이다. 따라서 사기죄에 있어서 재산상의 피해자와 피기망자가 일치하지 않는 경우에는 양자 모두 피해자가 된다.

보호의 정도는 '침해범'이다(통설). 상술한 재산설은 사기죄에 있어서 보호법익이 무엇이냐라는 문제와 보호의 정도가 어떠한가의 문제를 명확히 구별하지 않음으로써 사고의 혼동을 초래하는 것으로 보인다. 재산의 침해, 즉 재산상의 손해가 발생함으로써 사기죄는 기수가 되고, 기망행위가 있었으나 재산상의 손해가 발생하지 않으면 사기죄의 미수가 된다. 거래의 진실성·신의칙을 침해하지 아니하는 행위는 애당초 기망행위로서 성립하지 않는다. 이러한 관점에서 판례가 사기죄의 보호법익으로서 거래의 진실성을 드는 것은 타당하지만, 사기죄의 성립에 재산상의 손해가 발생할 필요가 없다고 하는 것은 타당치 못하다고 하겠다. 재산상의 손해발생 여부는 사기죄의 기수 또는 미수의 성립문제로 다루어지게 된다.

이와 관련하여 거래상의 진실성까지도 사기죄의 보호법익으로 보게 되면, 사기죄의 재산죄로서의 성격마저 부정될 위험성이 있다는 비판과[9] 재산상의

---

9) 박상기, 303면; 이재상, 325면.

손해가 없는 경우에도 사기죄 성립을 긍정할 여지가 있다는 비판은[10] 타당하지 않다. 사기죄는 거래상의 진실성만을 보호법익으로 하는 것은 아니고 어디까지나 주된 보호법익을 재산에 두고 있으므로 재산범죄로서의 성격이 희석되는 것은 전혀 아니며, 재산상의 손해발생 여부와 사기죄의 성립 여부는 법익보호의 '정도'와 관련하여 사기죄를 '침해범'으로 파악할 것인가 아닌가 하는 문제와 연결되는 것이다.

Ⅲ. 사기죄의 체계

사기의 죄는 단순사기죄($\frac{제347}{조}$)를 기본유형으로 하고, 사기의 특수형태를 처벌하기 위하여 마련한 수정유형으로서 컴퓨터 등 사용사기죄($\frac{제347조}{의 2}$), 준사기죄($\frac{제348}{조}$), 편의시설부정이용죄($\frac{제348조}{의 2}$)와 부당이득죄($\frac{제349}{조}$)가 있으며, 가중유형으로서 상습사기죄($\frac{제351}{조}$)가 규정되어 있다. 부당이득죄를 제외한 사기죄의 미수범은 처벌한다($\frac{제352}{조}$). 사기죄에는 친족상도례가 준용된다($\frac{제354}{조}$).

사기죄, 컴퓨터 등 사용사기죄, 그 상습범으로 인하여 취득한 재물 또는 재산상의 이익의 가액(이득액)이 5억원 이상인 때에는 '특정경제범죄 가중처벌 등에 관한 법률'(약칭: 특정경제범죄법)에 의하여 가중처벌된다. 이득액이 5억원 이상 50억원 미만인 때에는 3년 이상의 유기징역, 50억원 이상인 때에는 무기 또는 5년 이상의 징역에 처한다($\frac{동법}{제3조}$).

제 2 절 개별적 범죄유형

Ⅰ. 단순사기죄

<u>제347조 [사기] 제1항</u> "사람을 기망하여 재물의 교부를 받거나[11] 재산상의 이익을 취득한 자는 10년 이하의 징역 또는 2천만원 이하의 벌금에 처한다."

---

10) 박상기, 303면.
11) 제347조 사기죄의 구성요건 중 "재물의 교부를 받거나"라는 문구는 "재물을 교부받거나"라는 표현으로 정정하는 것이 어법에 맞다.

<u>제2항</u> "전항의 방법으로 제3자로 하여금 재물의 교부를 받게 하거나 재산상의 이익을 취득하게 한 때에도 전항의 형과 같다."

1. 의 의

사기죄란 "사람을 기망하여 자신이 재물의 교부를 받거나 재산상의 이익을 취득한다든지 제3자로 하여금 교부 또는 취득하게 함으로써 성립하는 범죄"이다. 재물을 취득하는 사기죄를 재물사기죄(사기취재죄), 재산상의 이익을 취득하는 사기죄를 재물·재산이익 사기죄라고 한다.

2. 객관적 구성요건

사기죄의 객관적 구성요건은 ① 기망행위가 있을 것, ② 상대방이 착오에 빠질 것, ③ 상대방의 교부 내지 처분행위가 있을 것, ④ 재물 또는 재산상의 이익을 취득할 것, ⑤ 상대방에게 재산상의 손해가 발생할 것 등이다. 이하 분설하기로 한다.

(1) 기망행위

(가) 기망의 의의　「기망」이란 "사람을 착오에 빠뜨리는 일체의 행위"를 말한다. 착오란 일반적으로 주관(관념)과 객관의 불일치를 의미하는 것인데, 사기죄에서의 착오는 기망자의 고지내용이 객관적 사실과 불일치하는 것을 말한다. 이 때 피기망자는 객관적 사실에 반하는 기망자의 고지내용을 객관적 사실에 부합하는 것으로 오신하게 된다.

기망은 행위 당시의 구체적 사정에 비추어 보아 '일반인'으로 하여금 객관적 사실에 부합한다는 관념을 갖도록 할 가능성이 있는 행위여야 한다.

사기죄는 기망을 수단으로 하는 점에서 공갈을 수단으로 하는 공갈죄와 구별된다.

(나) 기망의 내용　기망에 의하여 발생할 착오는 법률행위의 내용의 중요부분의 착오(민법 제109조 제1항)에 한하지 않고, '동기'의 착오도 포함된다(통설 판례). 판례에 의하면, 건물을 건축할 목적으로 토지를 매수하려는 사람에게 건축이 불가능한 절대농지를 건축이 가능한 것으로 속여 매도하는 경우에,[12] 돈을 빌린 경우에

---

12) "토지의 매매계약서에 매수인의 매수목적, 즉 건물건축의 목적으로 매수한다는 내용이 표시되지 않았다고 하여도 매도인인 피고인이 그러한 매수인의 매수목적을 알면서 건축이 가능한 것처럼 가장하여 이를 오신한 매수인과 사이에 매매계약이 성립된 것이라면, 위와 같은 피고인

도 만일 진정한 용도를 고지하였더라면 상대방이 빌려주지 않았을 것이라는 관계에 있는 때(용도사기)에도[13] 형법상 기망행위가 성립한다고 한다.

또 착오를 일으킴에 있어서 피기망자의 중대한 과실이 경합한 경우에도 형법상 기망행위가 성립한다. 피기망자(피해자)에게 과실이 있다고 하더라도 형법에서는 기망자(가해자)의 고의(기망의사)에 대하여 민사상의 과실상계와 같은 법리가 적용되지 않는다. 따라서 형법상 사기죄에 있어서 기망행위로 초래될 착오는 민법상 취소할 수 있는 착오에 비하여 훨씬 폭넓게 고려된다.

상대방의 착오를 야기하는 기망은 ① 허위의 사실을 주장한다든가 ② 진실인 사실을 왜곡하거나 ③ 은폐하는 등, '사실'에 대한 고지에서 발생한다. 여기에서 사실이라 함은 증명이 가능한 과거 및 현재의[14] 외부적 상태(외적 사실)뿐만 아니라 동기, 목적, 전문지식에 속하는 심리적·내부적 사실(내적 사실)도 포함한다.[15] 이른바 '차용사기'에 있어서 변제능력이 없음에도 불구하고 거금을 빌리는 경우에 '변제능력'(변제자력)이 없다는 것은 외적 사실에 속하고, 변제의사가 없음에도 불구하고 거금을 빌리는 경우에 '변제의사'가 없다는 것은 내적 사실에 속하며, 양자 모두 사실에 대한 기망으로서 사기죄가 성립한다.[16][17]

의 행위는 사기죄의 구성요건인 기망행위에 해당하는 것이고…기망행위로 인하여 법률행위의 중요부분에 관하여 착오를 일으킨 경우뿐만 아니라 법률행위의 내용으로 표시되지 아니한 의사결정의 동기에 관하여 착오를 일으킨 경우에도 표의자는 그 법률행위를 사기에 의한 의사표시로서 취소할 수 있다고 할 것"(대판 1985. 4. 9, 85 도 167).

13) "용도를 속이고 돈을 빌린 경우에 만일 진정한 용도를 고지하였더라면 상대방이 빌려주지 않았을 것이라는 관계에 있는 때에는 사기죄의 실행행위인 기망은 있는 것으로 보아야 할 것이다"(대판 1996. 2. 27, 95 도 2828; 1995. 9. 15, 95 도 707). "국민주택건설자금을 융자받고자 하는 민간사업자가 처음부터 사실은 국민주택건설자금으로 사용할 의사가 없으면서도 국민주택건설자금으로 사용할 것처럼 용도를 속여 국민주택건설자금을 대출받은 경우에는 대출받은 자금 중 일부를 나중에 국민주택건설자금으로 사용하였다 하더라도 대출금 전액에 대하여 사기죄가 성립한다"(대판 2002. 7. 26, 2002 도 2620).

14) '미래의' 사실은 당장 그 진위(眞僞)를 증명할 수 없으므로 사실에서 제외된다.

15) 권오걸, 512면; 김성돈, 325면; 김성천, 913-4면; 김/서, 421면; 박상기, 306면; 배종대, 450면; 오영근, 405면; 이재상, 331면; 이정원, 358면; 이형국, 378면; 정/박, 356면; 정영일, 310면; 진/이, 386면.

16) "확실한 변제의 의사가 없거나 또는 차용시 약속한 변제기일 내에 변제할 능력이 없음에도 불구하고 변제할 것처럼 가장하여 금원을 차용한 경우에는 편취의 범의를 인정하기에 넉넉한 것"(대판 1983. 8. 23, 83 도 1048. 同旨, 대판 2018. 8. 1, 2017 도 20682).

17) 기망의 고의를 부정한 판결로는 "판결이유: 피해자가 피고인의 신용상태를 인식하고 있어 장래의 변제지체 또는 변제불능에 대한 위험을 예상하고 있거나 예상할 수 있었다면, 피고인이 구체적인 변제의사, 변제능력, 거래조건 등 거래 여부를 결정지을 수 있는 중요한 사항을 허위로

상대방의 착오를 야기하기 위하여 고지되는 내용을 '사실'에 국한할 것인가[18] 또는 '의견' 내지 '가치판단'을 포함시킬 것인가에[19] 관하여 학설의 대립이 있다.[20]

사실에 대한 기망은 '객관'(객관적 진실)에 불일치함을 의미함에 반하여, 순수한 의견진술이나 가치판단은 기망자의 '주관'의 세계를 표명함에 그치는 것이므로 객관과의 불일치 여부를 논의할 성질이 되지 못한다. 원래 가치판단에는 판단자의 주관적 요소가 1차적으로 작용한다(가치주관주의, 가치상대주의). 예컨대 미술품을 판매함에 있어서 그 미술품이 잘된 작품으로서 예술적 가치가 높다는 의견진술은 기본적으로 진술자 개인의 주관적 판단에 속하고, 객관적 판단에 반한다고 증명될 성질의 사항이 아니라는 점에서, 가치판단을 왜곡하는 것은 기망에 해당한다고 보기 어렵다. 따라서 기망에 있어서의 고지내용에 의견진술 및 가치판단을 제외하고 사실에 국한하는 견해가 타당하다고 하겠다.

그러나 의견진술이나 가치판단을 왜곡함에 있어서 이를 뒷받침하기 위하여 사실판단 또는 전문적 지식이 동원되는 경우가 많기 때문에 '사실주장과 의견진술의 구별'은 결코 쉬운 문제가 아니라고 하겠다. 의견진술이나 가치판단이라고 하더라도 어느 정도의 사실주장 또는 전문지식이 뒷받침됨으로써 진술자의 주관적 판단을 넘어 사회일반인도 착오에 빠질 만큼 '객관성'이 있는 것으로 오인될 내용으로 고지되었다면, 기망행위가 성립할 수도 있다고 보아야 한다.

(다) 기망의 정도   기망은 행위 당시의 구체적 사정에 비추어 보아 일반인이 착오에 빠질 정도이면 족하다(구체적 사정을 고려한 객관적 판단). 다만 '거

말하였다는 등의 사정이 없는 한, 피고인이 그 후 제대로 변제하지 못하였다는 사실만 가지고 변제능력에 관하여 피해자를 기망하였다거나 사기죄의 고의가 있었다고 단정할 수 없다. 또한 사업의 수행과정에서 이루어진 거래에 있어서 그 채무불이행이 예측된 결과라고 하여 그 기업경영자에 대한 사기죄의 성부가 문제된 경우, 그 거래시점에서 그 사업체가 경영부진 상태에 있었기 때문에 사정에 따라 파산에 이를 수 있다고 예견할 수 있었다는 것만으로 사기죄의 고의가 있다고 단정하는 것은 발생한 결과에 따라 범죄의 성부를 결정하는 것과 마찬가지이다. 따라서 설사 기업경영자가 파산에 의한 채무불이행의 가능성을 인식할 수 있었다고 하더라도 그러한 사태를 피할 수 있는 가능성이 있다고 믿었고, 계약이행을 위해 노력할 의사가 있었을 때에는 사기죄의 고의가 있었다고 단정하여서는 안 된다"(대판 2016. 6. 9, 2015 도 18555. 同旨, 대판 2016. 4. 28, 2012 도 14516).

18) 김성천, 913면; 김/서, 421-2면; 박상기, 306면; 배종대, 452면; 이재상, 331면; 이형국, 377면; 정영일, 311면.
19) 강구진, 319면; 권오걸, 516면; 김성돈, 325면; 백형구, 175면; 오영근, 405면; 유기천, 상권, 236-7면; 정/박, 358면; 진/이, 387면.
20) 독일형법은 명문으로 기망의 내용을 사실(Tatsachen)에 국한하고 있다(제263조 제1항).

래상의 신의칙에 반하지 않을 정도'의 기망은 사기죄를 구성하는 기망행위에 해당하지 않는다고 보아야 한다.[21]

기망의 정도는 상품의 '과장광고·허위광고'[22]에서 많이 문제된다. 광고에서는 다소의 과장이 수반될 수 있는데, 어느 정도의 과장광고가 허용될 것인가 하는 점은 일반 상거래상의 신의칙과 관행에 따라 해결함이 타당하다. 상거래상의 신의칙과 관행에 반하지 않는 정도의 과장광고·허위광고는 형법상의 기망행위에 해당하지 않는다고 보아야 한다.[23] 판례도 같은 견해이다.

> "일반적으로 상거래에 있어서 상품의 품질이나 가치에 관한 광고, 선전에는 다소의 과장이 수반되는 것이 보통이며 특히 기업체의 매매에 있어서 매도인이 그 기업의 자산가치나 수익성을 다소 과장하여 매수인에게 고지하는 것은 흔히 있는 일로서 그 과장이 일반 상거래의 관행과 신의칙에 비추어 시인될 수 있는 정도의 것이라면 사기죄의 기망성이 결여된다고 볼 것이나, 위와 같은 정도를 넘는 과장행위는 위법한 기망행위로서 사기죄의 구성요건을 충족한다고 보아야 할 것"(대판 1983. 8. 23, 83 도 1447).[24]

---

21) 김성돈, 330면; 박상기, 313면; 이재상, 337면; 정/박, 358면. 다만 이론구성방법으로는, 거래상의 신의칙에 반하지 않을 정도의 기망이 사기죄의 기망행위에 해당하지만 사회상규에 위배되지 아니하는 행위(제20조)로서 위법성이 조각된다고 할 수도 있으나, 사기죄의 기망행위에 해당하지 않는다고 하여 구성요건해당성을 부정하는 이론이 보다 더 타당하다고 본다.

22) 상품의 허위광고·과장광고를 처벌하는 일반법으로서는 '표시·광고의 공정화에 관한 법률'(법률 제11050호)(약칭: 표시광고법)이 있다. 이 법 제3조[부당한 표시·광고행위의 금지] 제1항은 "사업자 등은 소비자를 속이거나 소비자로 하여금 잘못 알게 할 우려가 있는 표시·광고행위로서 공정한 거래질서를 해칠 우려가 있는 다음 각호의 행위를 하거나 다른 사업자 등으로 하여금 하게 하여서는 아니된다. 1. 거짓·과장의 표시·광고, 2. 기만적인 표시·광고, 3. 부당하게 비교하는 표시·광고, 4. 비방적인 표시·광고"라고 규정하고, 제17조[벌칙]에서는 "제3조 제1항을 위반하여 부당한 표시·광고행위를 하거나 다른 사업자 등으로 하여금 하게 한 사업자 등"을 2년 이하의 징역 또는 1억5천만원 이하의 벌금에 처한다고 규정하고 있다.

23) 과장광고·허위광고는 형법상의 사기죄를 구성하지 않는다고 하더라도, 경범죄처벌법 제3조 제2항 제2호의 처벌대상이 되거나, 의약품의 경우에는 약사법 제68조 및 제95조에 의하여 처벌될 수 있다. 기타 과장광고·허위광고를 처벌하는 법률로는 '식품 등의 표시·광고에 관한 법률'(약칭: 식품표시광고법, 2018. 3. 13. 제정, 법률 제15483호) 제8조 및 제27조, '화장품법' 제13조 및 제37조, '전자상거래 등에서의 소비자보호에 관한 법률' 제21조 및 제32조·제40조, '할부거래에 관한 법률' 제34조 및 제50조, '농약관리법' 제22조 및 제33조 등이 있다.

24) 상거래에 있어서 ⓐ 사회적으로 용인될 수 있는 정도의 기망행위로 본 판결로는 ㉠ "판결요지: 점포의 일부를 임차하고 있는 자가 나머지 부분을 임차하고 있는 자로부터 전대를 위임받아 동 점포를 전대함에 있어 동인이 그 점포 전체를 임차하여 사용하고 있는 것처럼 이야기하였다 하더라도, 이는 거래에 있어 있을 수 있는 과장에 불과한 것이어서 사기죄에 있어서의 기망이라고 보기 어렵다"(대판 1986. 4. 8, 86 도 236). ㉡ "빌라를 분양함에 있어 평형의 수치를 다소 과장하여 광고를 한 사실은 인정되나…거래에 있어 중요한 사항에 관하여 구체적 사실을 거래상의 신의성실의 의무에 비추어 비난받을 정도의 방법으로 허위로 고지함으로써 사회적으로 용인

(라) 기망의 방법

(a) 작위와 부작위　　기망의 방법은 구두나 문서 이외에 동작[25] 내지 태도로도 가능하고, 작위·부작위를 불문한다. '부작위'에 의한 기망에는 ① 상대방을 착오에 빠뜨릴 의도로 진실한 사실을 고지하지 않는 행위태양(착오유발형 부작위)과 ② 상대방이 이미 착오에 빠져 있는 상태를 이용하고자 진실한 사실을 고지하지 않는 행위태양(착오유지형 부작위)이 있다. '부작위'에 의한 기망행위는 '법률상의 고지의무 내지 설명의무'가 전제되는데, 그 고지의무 내지 설명의무는 민법 제2조 제1항의 '신의성실의 원칙'에서 발생하는 경우가 많고,

---

될 수 있는 상술의 정도를 넘어 기망행위에 해당한다고는 보여지지 아니한다"(대판 1995. 7. 28, 95 다 19515).

ⓑ 사회적으로 용인될 수 있는 상술(商術)의 정도를 넘은 기망행위로 본 판결로는 ㉠ "판결요지: 통신판매에 있어 소비자가 갖는 상품의 품질, 가격에 대한 정보는 전적으로 유통업자의 광고에 의존할 수밖에 없고, TV홈쇼핑업체에 대한 소비자들의 신뢰는 TV라는 영상매체를 이용한 스스로의 강도높은 광고에 의하여 창출된 것인 만큼, 이에 대한 소비자들의 신뢰와 기대는 특별히 보호되어야 할 것인바, 농업협동조합의 조합원이나 검품위원이 아닌 자가 TV홈쇼핑업체에 납품한 삼이 제3자가 산삼의 종자인지 여부가 불분명한 삼의 종자를 뿌려 이식하면서 인공적으로 재배한 삼이라는 사실을 알면서도, 광고방송에 출연하여 위 삼이 위 조합의 조합원들이 자연산삼의 종자를 심산유곡에 심고 자연방임 상태에서 성장시킨 산양산삼이며 자신이 조합의 검품위원으로서 위 삼 중 우수한 것만을 선정하여 감정인의 감정을 받은 것처럼 허위 내용의 광고를 한 것은 진실규명이 가능하고 구매의 결정에 있어 가장 중요한 요소로서 구체적 사실인 판매물품의 품질에 관하여 기망한 것으로서, 그 사술의 정도가 사회적으로 용인될 수 있는 상술의 정도를 넘은 것이어서 사기죄의 기망행위를 구성한다"(**대판 2002. 2. 5, 2001 도 5789**). ㉡ "판결요지: 식육식당을 경영하는 자가 음식점에서 한우만을 취급한다는 취지의 상호를 사용하면서 광고선전판, 식단표 등에도 한우만을 사용한다고 기재한 경우에, '한우만을 판매한다'는 취지의 광고가 식육점 부분에만 한정하는 것이 아니라 음식점에서 조리·판매하는 쇠고기에 대한 광고로서 음식점에서 쇠고기를 먹는 사람들로 하여금 그곳에서는 한우만을 판매하는 것으로 오인시키기에 충분하므로, 이러한 광고는 진실규명이 가능한 구체적인 사실인 쇠갈비의 품질과 원산지에 관하여 기망이 이루어진 경우로서, 그 사술의 정도가 사회적으로 용인될 수 있는 상술의 정도를 넘는 것이고, 따라서 피고인의 기망행위 및 편취의 범의를 인정하기에 넉넉하다"(대판 1997. 9. 9, 97 도 1561). ㉢ "판결요지: 현대산업화 사회에 있어 소비자가 갖는 상품의 품질, 가격에 대한 정보는 대부분 생산자 및 유통업자의 광고에 의존할 수밖에 없고, 백화점과 같은 대형 유통업체에 대한 소비자들의 신뢰(정당한 품질, 정당한 가격)는 백화점 스스로의 대대적인 광고에 의하여 창출된 것으로서 이에 대한 소비자들의 신뢰와 기대는 보호되어야 한다고 할 것인바, 종전에 출하한 일이 없던 신상품에 대하여 첫 출하시부터 종전가격 및 할인가격을 비교표시하여 막바로 세일에 들어가는 이른바 변칙세일은 진실규명이 가능한 구체적 사실인 가격조건에 관하여 기망이 이루어진 경우로서, 그 사술의 정도가 사회적으로 용인될 수 있는 상술의 정도를 넘은 것이어서 사기죄의 기망행위를 구성한다"(**대판 1992. 9. 14, 91 도 2994**).

25) 판례는 '사기도박'을 사기죄에 해당한다고 한다. "판결요지: 화투의 조작에 숙달하여 원하는 대로 끝수를 조작할 수 있어서 우연성이 없음에도 피해자를 우연에 의하여 승부가 결정되는 것처럼 오신시켜 돈을 도하게 하여 이를 편취한 행위는 이른바 기망방법에 의한 도박으로서 사기죄에 해당한다"(대판 1985. 4. 23, 85 도 583).

기본적으로는 부진정부작위범에 있어서 작위의무의 발생근거에 관한 이론이
적용된다.

부동산 매도시에 부동산에 설정된 저당권설정등기의 고지의무,[26] 부동산
임대나 매도시에 경매절차가 진행중인 사실의 고지의무,[27] 쟁송중인 부동산의
매도시에 쟁송사실의 고지의무,[28] 보험계약체결시에 질병에 걸린 사실의 고지
의무($^{상법}_{제651조}$)[29] 등이 그 예이다.[30]

---

26) "토지를 매도함에 있어서 채무담보를 위한 가등기와 근저당권설정등기가 경료되어 있는
사실을 숨기고, 이를 고지하지 아니하여 매수인이 이를 알지 못한 탓으로 그 토지를 매수하였다
면, 이는 사기죄를 구성하는 것"(대판 1981. 8. 20, 81 도 1638).

27) "사기죄의 요건으로서의 기망은 널리 재산상의 거래관계에 있어 서로 지켜야 할 신의와
성실의 의무를 저버리는 모든 적극적 또는 소극적 행위를 말하는 것이고, 이러한 소극적 행위로
서의 부작위에 의한 기망은 법률상 고지의무 있는 자가 일정한 사실에 관하여 상대방이 착오에
빠져 있음을 알면서도 이를 고지하지 아니함을 말하는 것으로서, 일반거래의 경험칙상 상대방이
그 사실을 알았더라면 당해 법률행위를 하지 않았을 것이 명백한 경우에는 신의칙에 비추어 그
사실을 고지할 법률상 의무가 인정되는 것이다. 피해자가 이 사건 임대차계약 당시 임차할 여관
건물에 관하여 법원의 경매개시결정에 따른 경매절차가 이미 진행중인 사실을 알았더라면 그 건
물에 관한 임대차계약을 체결하지 않았을 것임이 명백한 이상, 피고인은 신의칙상 피해자에게
이를 고지할 의무가 있다 할 것이고, 피해자 스스로 그 건물에 관한 등기부를 확인 또는 열람하
는 것이 가능하다고 하여 결론을 달리할 것은 아니다"(대판 1998. 12. 8, 98 도 3263. 同旨, 대판
1985. 4. 9, 85 도 242).

28) 대판 1986. 9. 9, 86 도 956.

29) "판결요지: 사기죄의 요건인 기망에는 재산상의 거래관계에서 서로 지켜야 할 신의와 성실
의 의무를 저버리는 모든 적극적 또는 소극적 행위가 포함되고, 소극적 행위로서의 부작위에 의
한 기망은 법률상 고지의무 있는 자가 일정한 사실에 관하여 상대방이 착오에 빠져 있음을 알면
서도 이를 고지하지 아니하는 것을 말한다. 부작위에 의한 기망은 보험계약자가 보험자와 보험
계약을 체결하면서 상법상 고지의무를 위반한 경우에도 인정될 수 있다. 다만 보험계약자가 보
험자와 보험계약을 체결하더라도 우연한 사고가 발생하여야만 보험금이 지급되는 것이므로, 고
지의무 위반은 보험사고가 이미 발생하였음에도 이를 묵비한 채 보험계약을 체결하거나 보험사
고 발생의 개연성이 **농후함을** 인식하면서도 보험계약을 체결하는 경우 또는 보험사고를 임의로
조작하려는 의도를 가지고 보험계약을 체결하는 경우와 같이 '보험사고의 우연성'이라는 보험의
본질을 해할 정도에 이르러야 비로소 보험금 편취를 위한 고의의 기망행위에 해당한다. 특히 상
해·질병보험계약을 체결하는 보험계약자가 보험사고 발생의 개연성이 농후함을 인식하였는지
는 보험계약 체결 전 기왕에 입은 상해의 부위 및 정도, 기존 질병의 종류와 증상 및 정도, 상해
나 질병으로 치료받은 전력 및 시기와 횟수, 보험계약 체결 후 보험사고 발생 시까지의 기간과
더불어 이미 가입되어 있는 보험의 유무 및 종류와 내역, 보험계약 체결의 동기 내지 경과 등을
두루 살펴 판단하여야 한다"(대판 2017. 4. 26, 2017 도 1405).

30) 기타 판례로서 "판결요지: 특정 시술을 받으면 아들을 낳을 수 있을 것이라는 착오에 빠져
있는 피해자들에게 피고인(의사)으로서는 위 시술의 효과와 원리에 관하여 사실대로 고지하여
야 할 법률상 의무가 있다고 할 것임에도 불구하고, 피해자들이 착오에 빠져있음을 알면서도 이
를 고지하지 아니한 채, 마치 위와 같은 시술행위 전체가 아들을 낳을 수 있도록 하는 시술인 것
처럼 가장하여, 피해자들로부터 의료수가 및 약값 등의 명목으로 금원을 교부받은 행위는 사기
죄에 해당한다"(대판 2000. 1. 28, 99 도 2884). "판결요지: 수표나 어음이 지급기일에 결제되지

그러나 부동산의 '이중매매'나 '이중저당'에 있어서 후매수인 또는 후순위저당
권자에게 종국적인 권리이전의 의사가 있는 한 이중계약의 사실을 고지할 작
위의무는 없으므로, 그 사실을 고지하지 아니하였더라도 사기죄는 성립하지
않는다.

착오 유발과 무관한 사실을 고지하지 아니하는 것은 기망이 아니다.[31]

(b) **명시적 기망행위와 묵시적 기망행위** 작위에 의한 기망행위에는 명시
적 기망행위와 묵시적 기망행위가 있다. 명시적 기망행위는 구두나 문서에 의
하여 적극적으로 기망하는 경우이고, 묵시적 기망행위는 일정한 동작이 상대방
의 착오를 유발하는 경우에 성립한다. 상표사기나 상품의 부당표시 등이 명시
적 기망행위에 속하고, 대금의 지불능력이 없으면서도 음식점에서 음식을 주

않으리라는 점을 예견하였거나 지급기일에 지급될 수 있다는 확신이 없으면서도, 그러한 내용을
수취인에게 고지하지 아니하고 이를 속여서 할인을 받으면 사기죄가 성립한다"(대판 1998. 12.
9, 98 도 3282). "판결요지: 중고자동차 매매에 있어서 매도인의 할부금융회사 또는 보증보험에
대한 할부금 채무가 매수인에게 당연히 승계되는 것이 아니므로, 중고자동차 매도인이 그 할부
금 채무의 존재를 매수인에게 고지하지 아니한 것은 부작위에 의한 기망에 해당하지 아니한다"
(대판 1998. 4. 14, 98 도 231). "재산권에 관한 거래관계에 있어서 일방이 상대방에게 그 거래에
관련한 어떠한 사항에 대하여 이를 고지하지 아니함으로써 장차 그 거래관계의 효력 또는 채무
의 이행에 장애를 가져와 계약상의 채권을 확보하지 못할 위험이 생길 수 있음을 알면서 이를
상대방에게 고지하지 아니하고 거래관계를 맺어 상대방으로부터 재물의 교부를 받거나 재산상
의 이익을 받고, 상대방은 그와 같은 사정에 관한 고지를 받았더라면 당해 거래관계에 임하지 아
니하였거나 이를 지속하여 재물 등을 교부하지 아니하였을 것임이 경험칙상 명백한 경우, 그 재
물 등의 수취인에게는 신의성실의 원칙상 사전에 상대방에게 그와 같은 사정을 고지할 의무가
있다 할 것이고, 이를 고지하지 아니한 것은 고지할 사실을 묵비함으로써 상대방을 기망한 것이
되어 사기죄를 구성한다 할 것이나, 법률관계의 효력에 영향이 없고 상대방의 권리실현에 장애
가 되지 아니하는 사유는 이를 고지할 의무가 없다 할 것"(대판 1985. 3. 12, 84 도 93. 同旨, 대판
1984. 9. 25, 84 도 882). "법률상 고지의무가 있는 자가 사실을 고지하지 아니함으로써 상대방의
착오에 빠진 상태를 계속시켜 이를 이용하는 경우에 이른바 부작위에 의한 기망행위가 성립하는
것이나, 피고인이 그 사실의 내용을 구체적으로 알지 못하기 때문에 고지하지 아니한 것이라면
고지의무 위반의 죄책을 물을 수 없음은 물론이다"(대판 1985. 4. 9, 85 도 17). 또 대판 1997. 9.
26, 96 도 2531: 1996. 7. 30, 96 도 1081 등 참조.
31) "판결요지: 피고인 등이 피해자 갑 등에게 자동차를 매도하겠다고 거짓말하고 자동차를 양
도하면서 매매대금을 편취한 다음, 자동차에 미리 부착해 놓은 지피에스(GPS)로 위치를 추적하
여 자동차를 절취하였다고 하여 사기 및 특수절도로 기소된 사안에서, 피고인이 갑 등에게 자동
차를 인도하고 소유권이전등록에 필요한 일체의 서류를 교부함으로써 갑 등이 언제든지 자동차
의 소유권이전등록을 마칠 수 있게 된 이상, 피고인이 자동차를 양도한 후 다시 절취할 의사를
가지고 있었더라도 자동차의 소유권을 이전하여 줄 의사가 없었다고 볼 수 없고, 피고인이 자동
차를 매도할 당시 곧바로 다시 절취할 의사를 가지고 있으면서도 이를 숨긴 것을 기망이라고 할
수 없어, 결국 피고인이 자동차를 매도할 당시 기망행위가 없었으므로, 피고인에게 사기죄를 인
정한 원심판결에 법리오해의 잘못이 있다"(대판 2016. 3. 24, 2015 도 17452).

문하거나 호텔에 투숙하는 이른바 '무전취식·무전숙박'이 묵시적 기망행위의 예가 된다.

문제는 부작위에 의한 기망행위와 묵시적 기망행위의 구별이다. 부작위에 의한 기망행위는 법률상의 고지의무를 전제로 하여 성립하지만, 「묵시적 기망행위」는 일정한 동작이 전체적으로 보아 상대방으로 하여금 착오를 일으킬 만한 '설명가치'(Erklärungswert)를 지니고 있을 때에 성립하고 어떠한 고지의무를 전제로 하는 것은 아니다.[32] 무전취식의 경우에 무전(無錢)사실을 고지할 작위의무가 있는 것이 아니라 오히려 취식해서는 아니될 부작위의무가 있으며, '음식의 주문' 자체가 대금을 지불할 능력과 의사가 있음을 설명하는 행위로 평가되므로 부작위에 의한 사기죄가 아니라 묵시적 기망행위에 의한 사기죄가 성립한다.[33] 절취한 예금통장을 가지고 은행에서 예금을 청구하는 행위,[34] 절도범이 절취한 장물을 자신의 소유물처럼 매도하는 행위,[35] 습득한 타인의 신용카드를 물품구입시 사용하는 행위, 화가가 다른 사람으로 하여금 대작(大作)시킨 그림을 자신이 직접 그린 것처럼 서명하여 판매하는 행위(대작 미술작품 판매행위)는[36] 자신이 정당한 권리자임을 묵시적으로 설명하고 있다고 보아, 묵시적 기망행위에 의한 사기죄가 성립한다.

(c) 착오로 지급되는 금전을 수령한 행위의 죄책   과다한 거스름돈을 수령한 행위 또는 착오에 의해 지급되는 보상금을 수령한 행위에 대하여는 ① 과다한 거스름돈을 교부하는 '현장에서' 그 착오를 알고도 그대로 수령한 때에는 수령자에게 법률상의 고지의무가 있다고 보아 부작위에 의한 사기죄가 성립하고,[37] ② 교부 및 수령 '후에' 그 착오를 알게 되었다면, 고지의무는 있으나 교부행

---

32) 권오걸, 518면; 김/서, 422면; 박상기, 307면; 배종대, 452면; 오영근, 407면; 이재상, 333면; 정/박, 359-60면.

33) 다만 취식·숙박의 '도중에' 또는 '사후에' 지불능력이 없음을 알게 되었다면, 처음에는 지불의사가 있었으므로 묵시적 기망행위가 존재한다고 볼 수 없고, 따라서 사기죄가 성립하지 않는다(김성돈, 326면, 각주 247); 김/서, 423면; 이재상, 332-3면; 정/박, 360면).

34) 대판 1990. 7. 10, 90 도 1176; 1974. 11. 26, 74 도 2817. 김/서, 423면; 이재상, 333면; 이형국, 378면; 정/박, 360면.

35) 대판 1980. 11. 25, 80 도 2310.

36) 대법원은 화가의 그림 대작·판매사건에서 '부작위에 의한 기망행위'의 성립 여부를 쟁점으로 하여 사기죄 성립을 부정하였다(대판 2020. 6. 25, 2018 도 13696). 저자의 의견으로는 이 사건에서 '묵시적 기망행위'의 성립 여부를 쟁점으로 하여, 충분하고도 깊이 있는 법리를 전개했어야 한다고 본다.

37) 권오걸, 531면; 김성천, 922-3면; 백형구, 176면; 오영근, 407면; 정영일, 313면. 이 때 과다

위가 이미 행해졌으므로, 고지의무 불이행이라는 부작위는 편취의 수단으로서의 의미가 없고, 따라서 부당한 수령액을 그대로 보유하는 행위는 점유이탈물횡령죄에 해당한다고 본다. 최근에 선고된 대법원판결도 이와 같은 견해를 상세히 밝히고 있다.[38]

(2) 피기망자의 착오

기망행위에 의하여 피기망자가 착오에 빠졌어야 한다. '착오'란 피기망자의 주관(관념)과 객관의 불일치를 의미한다. 즉 기망자가 고지한 내용이 객관적 사실에 부합하지 않음에도 불구하고 피기망자는 객관적 사실인 것으로 오인하고 있어야 한다. 착오에는 사실을 잘못 인식한 적극적 착오와 일정한 사실을 모르고 있는 소극적 부지(不知)가 있다. 객관적 사실과의 일치 여부에 대하여 의심을 가진 것만으로는 착오라고 할 수 없다.

'기계'는 주어진 사실에 따라 피동적으로 작동할 뿐이고 착오에 빠질 수 없기 때문에 기망행위의 대상이 될 수 없다. 그러므로 사람에 대한 기망만이 인정되고, 기계에 대한 기망은 있을 수 없다(^통_설). 예컨대 자동판매기에 동전이 아닌 금속을 넣어 기계를 작동시킴으로써 물품을 꺼내는 행위는 사기죄에 해당하지 아니하고, 별개의 범죄인 편의시설부정이용죄(^{제348조}_{의 2})를 구성한다.

기망과 착오 사이에는 '인과관계'가 있어야 한다. 기망행위가 있었으나 상대방이 착오에 빠지지 않았다든가 기망행위와 착오 사이에 인과관계가 없는 경우에는 사기죄의 미수가 성립한다. 예컨대 가짜 장애자 행세를 하면서 자선금을 받아내고자 하는데 상대방이 가짜임을 알고서도 동정심으로 교부한 경우에

한 거스름돈을 수령한 것에 대한 고지의무가 없다고 보아, 부작위에 의한 사기죄의 성립을 부정하는 견해로는 김성돈, 329면; 김/서, 426-7면; 박상기, 309면; 이재상, 336-7면; 이형국, 379면; 정/박, 362면. 부정설에서는 점유이탈물횡령죄가 성립된다고 한다(김/서, 427면; 이형국, 379면; 정/박, 362면).

38) "피해자가 피고인에게 매매잔금을 지급함에 있어 착오에 빠져 지급해야 할 금액을 초과하는 돈을 교부하는 경우, 피고인이 사실대로 고지하였다면 피해자가 그와 같이 초과하여 교부하지 아니하였을 것임은 경험칙상 명백하므로, 피고인이 매매잔금을 교부받기 전 또는 교부받던 중에 그 사실을 알게 되었을 경우에는 특별한 사정이 없는 한 피고인으로서는 피해자에게 사실대로 고지하여 피해자의 그 착오를 제거하여야 할 신의칙상 의무를 지므로 그 의무를 이행하지 아니하고 피해자가 건네주는 돈을 그대로 수령한 경우에는 사기죄에 해당될 것이지만, 그 사실을 미리 알지 못하고 매매잔금을 건네주고 받는 행위를 끝마친 후에야 비로소 알게 되었을 경우에는 주고 받는 행위는 이미 종료되어 버린 후이므로 피해자의 착오상태를 제거하기 위하여 그 사실을 고지하여야 할 법률상 의무의 불이행은 더 이상 그 초과된 금액편취의 수단으로서의 의미는 없으므로, 교부하는 돈을 그대로 받은 그 행위는 점유이탈물횡령죄가 될 수 있음은 별론으로 하고 사기죄를 구성할 수는 없다고 할 것이다"(**대판 2004. 5. 27, 2003 도 4531**).

기망행위와 착오 사이에 인과관계가 없으므로 사기죄의 미수범이 성립한다.

사기죄의 피해자가 법인이나 단체인 경우에 기망행위로 인한 착오, 인과관계 등이 있었는지는 법인의 의사를 결정하고 처분을 할 권한을 가지고 있는 사람을 기준으로 판단한다.[39]

(3) 교부행위 또는 처분행위가 있을 것

(가) 피기망자의 처분행위   착오에 빠진 피기망자가 재물을 교부하거나 재산상의 처분행위를 해야 한다. 비록 하자있는 의사에 기한다고 하더라도 재물사기죄의 경우에는 교부행위, 이득사기죄의 경우에는 처분행위가 있어야 한다. 교부란 재물에 대한 사실상의 점유의 이전을 말한다.[40] 피기망자의 착오에 의한 교부·처분행위가 없으면 사기죄는 성립하지 않는다. 예컨대 설날에 세배갔다가 선물상자에 꽂혀 있는 타인의 명함을 자기의 명함으로 바꿔치기 하여 자신의 선물로 보이게 한 경우에 타인의 교부·처분행위가 없으므로 사기죄가 아니라 절도죄가 성립한다.

교부·처분행위를 해석상 도출되는 '불문(不文)의 구성요건요소'라고 이해하는 견해가 있다(^{다수}_설).[41] 그렇지만 제347조 제1항의 법문에 "교부받거나" 또는 는 "취득한" 자라는 표현은 피기망자가 "교부하거나" 또는 "처분한" 행위를

---

39) "판결요지: 사기죄는 타인을 기망하여 착오에 빠뜨리고 그로 인하여 피기망자(기망행위의 상대방)가 처분행위를 하도록 유발하여 재물 또는 재산상의 이익을 얻음으로써 성립하는 범죄이다. 따라서 사기죄가 성립하려면 행위자의 기망행위, 피기망자의 착오와 그에 따른 처분행위, 그리고 행위자 등의 재물이나 재산상 이익의 취득이 있고, 그 사이에 순차적인 인과관계가 존재하여야 한다. 그리고 사기죄의 피해자가 법인이나 단체인 경우에 기망행위로 인한 착오, 인과관계 등이 있었는지는 법인이나 단체의 대표 등 최종 의사결정권자 또는 내부적인 권한 위임 등에 따라 실질적으로 법인의 의사를 결정하고 처분을 할 권한을 가지고 있는 사람을 기준으로 판단하여야 한다. 따라서 피해자 법인이나 단체의 대표자 또는 실질적으로 의사결정을 하는 최종결재권자 등이 기망행위자와 동일인이거나 기망행위자와 공모하는 등 기망행위임을 알고 있었던 경우에는 기망행위로 인한 착오가 있다고 볼 수 없고, 재물교부 등의 처분행위가 있었더라도 기망행위와 인과관계가 있다고 보기 어렵다. 이러한 경우에는 사안에 따라 업무상횡령죄 또는 업무상배임죄 등이 성립하는 것은 별론으로 하고 사기죄가 성립한다고 볼 수 없다. 반면에 피해자 법인이나 단체의 업무를 처리하는 실무자인 일반 직원이나 구성원 등이 기망행위임을 알고 있었더라도, 피해자 법인이나 단체의 대표자 또는 실질적으로 의사결정을 하는 최종결재권자 등이 기망행위임을 알지 못한 채 착오에 빠져 처분행위에 이른 경우라면, 피해자 법인에 대한 사기죄의 성립에 영향이 없다"(대판 2017. 9. 26, 2017 도 8449).

40) 외관상 피기망자(피해자)의 교부행위가 있다고 하더라도 재물이 여전히 피해자의 사실상의 지배 아래에 있는 것으로 평가된다면, 그 재물에 대한 처분행위가 있었다고 볼 수 없다(대판 2018. 8. 1, 2018 도 7030). 이 때에는 절도죄의 성립여부가 문제된다.

41) 권오걸, 536면; 김/서, 429면; 박상기, 314면; 배종대, 467면; 이재상, 342면; 이형국, 381면; 정/박, 365면; 진/이, 395면.

'당연한 전제'로 하므로(당연해석), 피기망자의 교부행위 또는 처분행위가 있을 것이라는 구성요건은 불문의 구성요건요소라기보다는 '기술된' 구성요건요소라고 해석함이 타당하다.

피기망자의 교부·처분행위는 민법상의 법률행위 이외에 '사실상의' 교부·처분행위로 족하다($\frac{통}{설}$). 따라서 매도계약의 체결과 같은 법률행위뿐만 아니라 물건의 인도와 같은 사실행위도 포함되고,[42] 적극적인 교부 이외에 기망자의 재물취거를 소극적으로 수인·묵인하는 행위도 교부행위에 해당할 수 있다.[43]

교부·처분이 법률행위인[44] 경우에는 사법상 유효인가 무효인가 또는 하자로 인하여 취소할 수 있는가를 묻지 않는다.

(나) 피기망자의 처분의사 피기망자의 하자있는 '의사에 기한' 처분행위이므로 최소한 피기망자의 '사실상의 처분의사'는 존재해야 한다(편취죄). 이 점에 있어서 처분행위의 외관을 보이고 있더라도 상대방의 '의사에 반하는' 탈취죄와 구별된다. 절도죄에서 이미 언급했듯이, 양복의 시착(試着) 또는 자동차의 시승(試乘)을 핑계로 재물을 교부받은 후 기회를 보아 이를 가지고 달아난 이른바 '책략절도'(策略竊盜)의 경우에 사기죄가 아니라 절도죄가 성립한다. 피해자의 의사에 기한 종국적 처분행위가 없기 때문이다.

피기망자의 처분의사는 기망행위로 착오에 빠진 상태에서 형성된 하자있는 의사이므로 불완전하거나 결함이 있을 수밖에 없다. 피기망자의 처분행위에 의하여 실제로 초래되는 결과는 처분행위의 법적 의미나 경제적 효과 등에 대한 피기망자의 주관적 인식과 일치하지 않을 수 있다. 그러므로 처분의사는 착오에 빠진 피기망자가 어떤 행위를 한다는 인식이 있음으로써 충분하고, 그

---

42) "판시사항: 피해자 갑은 드라이버를 구매하기 위해 특정 매장에 방문하였다가 지갑을 떨어뜨렸는데, 10분쯤 후 피고인이 같은 매장에서 우산을 구매하고 계산을 마친 뒤, 지갑을 발견하여 습득한 매장 주인 을로부터 "이 지갑이 선생님 지갑이 맞느냐?"라는 질문을 받자 "내 것이 맞다."라고 대답한 후 이를 교부받아 가지고 간 사안에서, 을의 행위는 사기죄에서 말하는 처분행위에 해당하고, 피고인의 행위를 절취행위로 평가할 수 없다고 한 사례"(대판 2022. 12. 29, 2022 도 12494).

43) "판시사항: 피고인이 점포에 대한 권리금을 지급한 것처럼 허위의 사용내역서를 작성·교부하여 동업자들을 기망하고 출자금 지급을 면제받으려 하였으나 미수에 그친 사안에서, 동업자들이 피고인에 대한 출자의무를 명시적으로 면제하지 않았더라도, 착오에 빠져 이를 면제해 주는 결과에 이를 수 있어, 이는 부작위에 의한 처분행위에 해당한다"(대판 2009. 3. 26, 2008 도 6641).

44) 기망 당한 공무원의 교부·처분행위가 '권력작용'인 경우에 관한 대판 2019. 12. 24, 2019 도 2003 참조.

행위가 가져오는 결과에 대한 인식까지 필요로 하는 것은 아니다. 대법원은 종래 '사기죄에서 말하는 처분행위가 인정되려면 피기망자에게 처분결과에 대한 인식이 있어야 한다'라는 견해를 취하고 있었는데,[45] 2017. 2. 16.의 전원합의체 판결(2016 도 13362)에서 '피기망자의 처분의사는 어떤 행위를 한다는 인식이 있으면 충분하고, 처분결과에 대한 인식을 필요로 하는 것은 아니다'라는 입장으로 변경하였다(대법원의 판례변경).[46]

(다) 피기망자의 지위   그리고 처분행위자는 피해자의 재산을 사실상 처분할 수 있는 지위에 있어야 한다(사실상의 지위설-통설·판례).[47][48] 처분할 수 있

45) 교부행위가 있더라도 사실상 처분의사가 없기 때문에 처분행위의 존재를 부정하여 사기죄를 구성하지 않는다고 본 판례로는 "판결요지: 사기죄는 타인을 기망하여 착오에 빠뜨리고 그로 인한 처분행위로 재물의 교부를 받거나 재산상의 이익을 취득한 때에 성립하는 것이므로, 피고인이 피해자에게 부동산매도용 인감증명 및 등기의무자 본인확인서면의 진실한 용도를 속이고 그 서류들을 교부받아 피고인 등 명의로 위 부동산에 관한 소유권이전등기를 경료하였다 하여도, 피해자의 위 부동산에 관한 처분행위가 있었다고 할 수 없을 것이고 따라서 사기죄를 구성하지 않는다"(대판 2001. 7. 13, 2001 도 1289. 同旨, 대판 1990. 2. 27, 89 도 335).

46) 이른바 '서명사취' 사기사건에서 대법원의 [다수의견]은 다음과 같이 판시하고 있다. "[판시사항] [3] 피고인 등이 토지의 소유자이자 매도인인 피해자 갑 등에게 토지거래허가 등에 필요한 서류라고 속여 근저당권설정계약서 등에 서명·날인하게 하고 인감증명서를 교부받은 다음, 이를 이용하여 갑 등의 소유 토지에 피고인을 채무자로 한 근저당권을 을 등에게 설정하여 주고 돈을 차용하는 방법으로 재산상 이익을 취득하였다고 하여 특정경제범죄 가중처벌 등에 관한 법률 위반(사기) 및 사기로 기소된 사안에서, 갑 등의 행위는 사기죄에서 말하는 처분행위에 해당하고 갑 등의 처분의사가 인정됨에도, 갑 등에게 그 소유 토지들에 근저당권 등을 설정하여 줄 의사가 없었다는 이유만으로 갑 등의 처분행위가 없다고 본 원심판결에 법리오해의 잘못이 있다.
  판결요지: [1] 사기죄에서 처분행위는 행위자의 기망행위에 의한 피기망자의 착오와 행위자 등의 재물 또는 재산상 이익의 취득이라는 최종적 결과를 중간에서 매개·연결하는 한편, 착오에 빠진 피해자의 행위를 이용하여 재산을 취득하는 것을 본질적 특성으로 하는 사기죄와 피해자의 행위에 의하지 아니하고 행위자가 탈취의 방법으로 재물을 취득하는 절도죄를 구분하는 역할을 한다. 처분행위가 갖는 이러한 역할과 기능을 고려하면, 피기망자의 의사에 기초한 어떤 행위를 통해 행위자 등이 재물 또는 재산상의 이익을 취득하였다고 평가할 수 있는 경우라면 사기죄에서 말하는 처분행위가 인정된다. 사기죄에서 피기망자의 처분의사는 기망행위로 착오에 빠진 상태에서 형성된 하자 있는 의사이므로 불완전하거나 결함이 있을 수밖에 없다. 처분행위의 법적 의미나 경제적 효과 등에 대한 피기망자의 주관적 인식과 실제로 초래되는 결과가 일치하지 않는 것이 오히려 당연하고, 이 점이 사기죄의 본질적 속성이다. 따라서 처분의사는 착오에 빠진 피기망자가 어떤 행위를 한다는 인식이 있으면 충분하고, 그 행위가 가져오는 결과에 대한 인식까지 필요하다고 볼 것은 아니다"(**대판 2017. 2. 16, 2016 도 13362 – 전원합의체**).

47) 권오걸, 542면; 김성돈, 334면; 김성천, 930면; 김/서, 432면; 박상기, 319면; 오영근, 413면; 이재상, 345면; 이정원, 372면; 정/박, 368면; 진/이, 397면. "사기죄가 성립되려면 피기망자가 착오에 빠져 어떠한 재산상의 처분행위를 하도록 유발하여 재산적 이득을 얻을 것을 요하고, 피기망자와 재산상의 피해자가 같은 사람이 아닌 경우에는 피기망자가 피해자를 위하여 그 재산을 처분할 수 있는 권능을 갖거나 그 지위에 있어야 하는 것이지만(당원 1991. 1. 11. 선고 90도2180 판결; 당원 1989. 7. 11. 선고 89도346 판결 등 참조), 여기에서 피해자를 위하여 재산을 처

는 법적 권한이 있어야 한다는 견해(법적 권한설)는 타당치 않다. 이 지위의 존부에 따라 고의없는 도구를 이용한 절도죄의 간접정범과 구별된다. 예컨대 거동이 불편한 노인이 버스종점에 방치된 화물을 절취할 의사로 옆에 있는 청년에게 자신의 물건으로 오신시켜 들어다 옮겨달라고 한 경우처럼, 재물을 사실상 처분할 수 있는 지위에 있지 않은 자를 이용한 행위는 사기죄가 아니라 절도죄의 간접정범이 성립한다.

(라) 인과관계 피기망자의 처분행위는 착오로 인한 것이어야 한다. 즉 착오와 처분행위 사이에 인과관계가 있어야 한다. 따라서 사기죄에서의 인과관계는 기망행위→ 피기망자의 착오→ 피기망자의 처분행위→ 기망자의 재물취득 내지 재산상의 이익취득(피해자 측에서 보았을 때에는 재산상의 손해발생)의 순서로 진행된다(3단계의 인과관계).

(마) 피기망자(처분행위자)와 재산상 피해자와의 동일성 여부 - 특히 소송사기의 경우 기망을 당하여 재산의 처분행위를 한 자와 재산상의 피해자가 동일인일 필요는 없다. 피기망자(재산처분행위자)와 재산상의 피해자가 일치하지 않는 경우에 기망행위자·피기망자·재산상의 피해자라는 3자관계가 형성되므로, 이를 특히 '삼각사기'(三角詐欺)라고 부른다.

삼각사기의 전형적인 예로서 「소송사기」가 있다. 통설과 판례는 소송사기에 있어서 사기죄의 성립을 긍정한다. 소송사기란 "법원에 허위의 사실을 주장하거나 허위의 증거를 제출하는 방법으로 법원을 기망하여 승소판결을 받아 냄으로써 재산상의 이익을 취득하는 경우"를 말한다. 이 때 피기망자(처분행위자)는 법원이고, 재산상의 피해자는 소송의 상대방이다.[49] 소송사기와 같은 삼각사기에 있어서 피기망자와 재산상의 피해자가 일치하지 않더라도 착오와 처분행위 및 재산상의 손해 사이에 인과관계가 인정되는 한 사기죄가 성

분할 수 있는 권능이나 지위라 함은 반드시 사법상의 위임이나 대리권의 범위와 일치하여야 하는 것은 아니고, 피해자의 의사에 기하여 재산을 처분할 수 있는 서류 등이 교부된 경우에는 피기망자의 처분행위가 설사 피해자의 진정한 의도와 어긋나는 경우라고 할지라도 위와 같은 권능을 갖거나 그 지위에 있는 것으로 보아야 할 것"(**대판** 1994. 10. 11, 94 도 1575).

48) "판결요지: 타인 명의의 등기서류를 위조하여 등기공무원에게 제출함으로써 피고인 명의로 소유권이전등기를 마쳤다고 하여도, 피해자의 처분행위가 없을 뿐 아니라 등기공무원에게는 위 부동산의 처분권한이 있다고 볼 수 없어 사기죄가 성립하지 않는다"(**대판** 1981. 7. 28, 81 도 529).

49) 소송사기에 있어서 법원에 대한 기망행위자는 원고 이외에 피고일 수도 있다. 피고인 경우에 인정한 판례로는 대판 1998. 2. 27, 97 도 2786; 1987. 9. 22, 87 도 1090.

립한다.

> "소송사기는 법원을 기망하여 자기에게 유리한 판결을 얻고 이에 터잡아 상대방
> 으로부터 재물의 교부를 받거나 재산상 이익을 취득하는 것을 말하는 것으로서 소
> 송에서 주장하는 권리가 존재하지 않는 사실을 알고 있으면서도 법원을 기망한다
> 는 인식을 가지고 소를 제기하면, 이로써 그 실행의 착수가 있었다고 할 것이고, 피
> 해자에 대한 직접적인 기망이 있어야 하는 것은 아니다"(대판 1993. 9.
> 14, 93 도 915).[50]

소송사기에 있어서 사기죄가 성립하려면, 피기망자인 법원의 판결이 피해
자의 처분행위에 갈음하는 내용과 효력이 있는 것이어야 한다. 따라서 ① 판
결의 효력은 소송당사자에게만 미치므로(민사소송법 제218
조 제1항) 소유권자가 아닌 자를
상대로 소를 제기하여 승소한 경우라든가[51] ② 사자(死者)를 상대로 한 소송[52]
또는 실재하지 않는 자에 대한 소송은[53] 판결내용에 따른 효력이 발생하지 않
으므로(무효인 판결) 사기죄를 구성하지 않는다. 다만 사자 또는 실재하지 않
는 자(허무인(虛無人))를 상대로 한 소송사기에서 승소할 것으로 오신하고 소
를 제기한 경우에는 수단의 착오로 인한 사기죄의 '불능미수'가 성립한다고
본다.[54]

소송사기의 실행의 착수시기는 법원에 소장(訴狀)을 제출한 때이고,[55][56] 기

---

50) 同旨, 대판 1988. 9. 20, 87 도 964; 1983. 4. 26, 83 도 188; 1978. 4. 11, 77 도 3797.

51) "판결요지: 이른바 소송사기에 있어서 피기망자인 법원의 재판은 피해자의 처분행위에 갈
음하는 내용과 효력이 있는 것이어야 하고, 그렇지 않은 경우에는 착오에 의한 재물의 교부행위
가 있다고 볼 수 없으므로, 피고인이 타인 소유의 부동산에 관하여 아무런 권한이 없는 자를 상
대로 소유권확인 등의 소송을 제기하여 승소판결을 받고 그 확정판결을 이용하여 그 부동산에
관한 소유권보존등기를 경료하게 되었다 하더라도, 그 판결의 효력은 소송당사자에게만 미치고
제3자인 부동산 소유자에게는 미치지 아니하여, 위 판결로 인하여 위 부동산에 대한 제3자의 소
유권이 피고인에게 이전되는 것도 아니므로, 사기죄를 구성한다고 볼 수 없다"(대판 1985. 10. 8,
84 도 2642).

52) "소송사기에 있어서 피기망자인 법원의 재판은 피해자의 처분행위에 갈음하는 내용과 효
력이 있는 것이어야 하고, 그렇지 아니하는 경우에는 착오에 의한 재물의 교부행위가 있다고 할
수 없어서 사기죄는 성립되지 아니한다고 할 것이다.…사망한 자를 상대로 한 것이라면 이와 같
은 사망한 자에 대한 판결은 그 내용에 따른 효력이 생기지 아니하여 상속인에게 그 효력이 미
치지 아니하고, 따라서 사기죄를 구성한다고는 할 수 없다"(대판 2002. 1. 11, 2000 도 1881;
1987. 12. 22, 87 도 852. 同旨, 대판 2019. 10. 31, 2019 도 12140; 대판 1986. 10. 28, 87 도 2386).

53) 대판 1992. 12. 11, 92 도 743.

54) 권오걸, 546면; 김성돈, 344-5면; 김/서, 433면; 박상기, 320면; 이재상, 340면.

55) "소송사기는 법원을 기망하여 자기에게 유리한 판결을 얻고 이에 터잡아 상대방으로부터
재물의 교부를 받거나 재산상 이익을 취득하는 것을 말하는 것으로서 소송에서 주장하는 권리가
존재하지 않는 사실을 알고 있으면서도 법원을 기망한다는 인식을 가지고 소를 제기하면 이로써

수시기는 승소판결이 확정된 때이며,[57)58)] 소유권이전등기 또는 소유권보존 등기를 경료한 때가 아니다. 승소판결의 확정에 의하여 재산상의 이익을 취득한 것으로 보아야 하며, 집행절차가 필요한 것은 아니다. 허위의 채권으로 가압류·가처분을 신청하는 것은 본안소송절차가 아니라 강제집행의 보전절차를 신청함에 불과하므로 사기죄의 실행의 착수를 인정할 수 없다.[59)]

그 실행의 착수가 있었다고 할 것이고, 피해자에 대한 직접적인 기망이 있어야 하는 것은 아니다"(**대판** 1993. 9. 14, 93 **도** 915). "허위의 내용을 기재한 준비서면과 자술서를 작성하여 위 법원에 제출한 행위는 허위의 증거를 조작하고 적극적으로 사술을 사용하여 법원을 기망하는 행위로서 소송사기의 실행의 착수에 해당한다 할 것"(**대판** 1988. 9. 20, 87 **도** 964).

56) 판례에 의하면, '강제집행절차를 통한 소송사기'에서 실행의 착수시기는 '집행절차의 개시신청을 한 때 또는 진행 중인 집행절차에 배당신청을 한 때'이며, 부동산에 관한 소유권이전등기청구권에 대한 강제집행절차에서 소송사기의 실행의 착수시기는 '허위 채권에 기한 공정증서를 집행권원으로 하여 채무자의 소유권이전등기청구권에 대하여 압류신청을 한 때'이다. 즉, "강제집행절차를 통한 소송사기는 집행절차의 개시신청을 한 때 또는 진행 중인 집행절차에 배당신청을 한 때에 실행에 착수하였다고 볼 것이다. 민사집행법 제244조에서 규정하는 부동산에 관한 권리이전청구권에 대한 강제집행은 그 자체를 처분하여 그 대금으로 채권에 만족을 기하는 것이 아니고, 부동산에 관한 권리이전청구권을 압류하여 청구권의 내용을 실현시키고 부동산을 채무자의 책임재산으로 귀속시킨 다음 다시 그 부동산에 대한 경매를 실시하여 그 매각대금으로 채권에 만족을 기하는 것이다. 이러한 경우 소유권이전등기청구권에 대한 압류는 당해 부동산에 대한 경매의 실시를 위한 사전 단계로서의 의미를 가지나, 전체로서의 강제집행절차를 위한 일련의 시작행위라고 할 수 있으므로, 허위 채권에 기한 공정증서를 집행권원으로 하여 채무자의 소유권이전등기청구권에 대하여 압류신청을 한 시점에 소송사기의 실행에 착수하였다고 볼 것"(대판 2015. 2. 12, 2014 도 10086).

57) "소송사기의 경우 그 기수시기는 소송의 판결이 확정된 때라 할 것"(**대판** 1997. 7. 11, 95 **도** 1874; 1983. 4. 26, 83 **도** 188. 同旨, 대판 1980. 4. 22, 80 도 533; 1978. 4. 11, 77 도 3797).

58) "피고인 또는 그와 공모한 자가 자신이 토지의 소유자라고 허위의 주장을 하면서 소유권보존등기 명의자를 상대로 보존등기의 말소를 구하는 소송을 제기한 경우, 그 소송에서 위 토지가 피고인 또는 그와 공모한 자의 소유임을 인정하여 보존등기 말소를 명하는 내용의 승소확정판결을 받는다면, 이에 터잡아 언제든지 단독으로 상대방의 소유권보존등기를 말소시킨 후 위 판결을 부동산등기법 제130조 제2호 소정의 소유권을 증명하는 판결로 하여 자기 앞으로의 소유권보존등기를 신청하여 그 등기를 마칠 수 있게 되므로, 이는 법원을 기망하여 유리한 판결을 얻음으로써 '대상토지의 소유권에 대한 방해를 제거하고 그 소유명의를 얻을 수 있는 지위'라는 재산상 이익을 취득한 것이고, 그 경우 기수시기는 위 판결이 확정된 때이다. 이와는 달리, 소유권보존등기 명의자를 상대로 그 보존등기의 말소를 구하는 소송을 제기한 경우, 설령 승소한다고 하더라도 상대방의 소유권보존등기가 말소될 뿐이고 이로써 원고가 당해 부동산에 대하여 어떠한 권리를 회복 또는 취득하거나 의무를 면하는 것은 아니므로 법원을 기망하여 재물이나 재산상 이익을 편취한 것이라고 볼 수 없다는 취지로 판시한 대법원 1983. 10. 25. 선고 83도1566 판결과 같은 취지의 판결들은 위 법리에 저촉되는 범위 내에서 이를 변경하기로 한다"(**대판** 2006. 4. 7, 2005 **도** 9858 - 전원합의체).

59) "가압류는 강제집행의 보전방법에 불과한 것이어서 허위의 채권을 피보전권리로 삼아 가압류를 하였다고 하더라도 그 채권에 관하여 현실적으로 청구의 의사표시를 한 것이라고는 볼 수 없으므로, 본안소송을 제기하지 아니한 채 가압류를 한 것만으로는 사기죄의 실행에 착수하

소송당사자들이 조정절차를 통해 원만한 타협점을 찾는 과정에서 다소간의 허위나 과장이 섞인 언행을 하는 경우가 있는데, 이러한 언행이 일반 거래관행과 신의칙에 비추어 허용될 수 있는 범위 내라면 소송사기의 기망행위에 해당한다고 할 수 없으며,⁶⁰⁾ 피고인이 법원에 대해 소송비용액확정신청을 하면서 소명자료 등을 조작하거나 허위의 소명자료 등을 제출함이 없이 단지 실제 사실과 다른 비용액에 관한 주장만 하는 경우에는 특별한 사정이 없는 한 법원을 기망한 것으로 볼 수 없다.⁶¹⁾

소송을 제기한 후 소송당사자가 허위의 권리관계를 가지고 소송상 화해를 한 경우에 소송상 화해의 효력은 소송당사자들 사이에만 미치고 실제 권리자인 제3자에게는 미치지 아니하므로 사기죄를 구성하지 않는다.⁶²⁾ 허위의 채권으로 지급명령을 신청한 경우에는 채무자가 이의신청을 하면 소가 제기된 것으로 간주되고(민사소송법 제472조), 이의신청이 없으면 지급명령이 확정되므로(동 제474조), 채무자에게 재산상의 손해가 발생하게 되어 사기죄가 성립한다고 함이 타당하다.⁶³⁾ 판례에 의하면, 채권이 소멸했음에도 불구하고 약속어음 공정증서정본⁶⁴⁾ 또는 판결정본을⁶⁵⁾ 소지하고 있음을 기화로 해서 강제집행을 한 경우에 사기죄를 구성한다고 하고, 수표를 분실했다고 허위로 공시최고신청을 하고 법원

였다고 할 수 없다"(**대판** 1988. 9. 13, 88 **도** 55. 同旨, 대판 1982. 10. 26, 82 도 1529).

60) 대판 2024. 1. 25, 2020 도 10330.

61) 대판 2024. 6. 27, 2021 도 2340.

62) "판결요지: 소송사기에 있어서 피기망자인 법원의 재판은 피해자의 처분행위에 갈음하는 내용과 같은 효력이 있는 것이라야 하고, 그렇지 아니하는 경우에는 착오에 의한 재물의 교부행위가 있다고 할 수 없어서 사기죄는 성립하지 아니한다고 할 것인 바, 피고인이 국가 등의 소유인 토지들이 미등기임을 기화로 갑과 공모하여 을을 그 소유자로 내세운 다음 갑이 을을 상대로 위 토지들에 대하여 매매를 원인으로 한 소유권이전등기절차이행의 소를 제기하여 소송진행 중 쌍방의 소송대리인 등에게 화해하도록 하여, 재판부로 하여금 을이 대금수령과 상환으로 갑에게 위 토지들에 대한 소유권이전등기절차를 이행한다는 취지의 화해조서를 작성하게 한 경우, 이와 같은 소송상 화해의 효력은 소송당사자들 사이에만 미치고 제3자인 토지소유자에게는 미치지 아니하며 그 화해조서에 기하여 위 토지들에 대한 제3자의 소유권이 갑에게 이전되는 것도 아니므로, 피고인의 위와 같은 행위가 사기죄를 구성한다고 할 수 없다"(대판 1987. 8. 18, 87 도 1153).

63) 김성천, 933면; 김/서, 434면; 이재상, 341면.

64) "판결요지: 채무자가 강제집행을 승낙한 취지의 기재가 있는 약속어음 공정증서에 있어서 그 약속어음의 원인관계가 소멸하였음에도 불구하고, 약속어음 공정증서정본을 소지하고 있음을 기화로, 이를 근거로 하여 강제집행을 하였다면 사기죄를 구성한다"(대판 1999. 12. 10, 99 도 2213).

65) "판결요지: 민사판결의 주문에 표시된 채권을 변제받거나 상계하여 그 채권이 소멸되었음에도 불구하고, 판결정본을 소지하고 있음을 기화로, 이를 근거로 하여 강제집행을 하였다면 사기죄를 구성한다"(대판 1992. 12. 22, 92 도 2218).

의 제권판결을 받은 경우에도[66] 사기죄의 성립을 긍정한다.

소송사기에서 승소판결을 받고 그 확정판결에 의하여 소유권이전등기까지 경료한 경우에는 사기죄와 별도로 공정증서원본부실기재죄($\frac{제228조}{제1항}$)가 성립하고, 두 죄는 실체적 경합관계에 있다($\frac{판}{례}$).[67]

(4) 재물 기타 재산상의 이익의 취득

피기망자의 처분행위로 인하여 기망행위자 또는 제3자가 재물을 취득하거나 재산상의 이익을 취득하여야 한다.

(가) 재 물   사기죄에서의 재물개념은 절도죄에서의 재물개념과 동일하다. 따라서 관리할 수 있는 동력($\frac{제354}{조}$)과 부동산을 포함한다. 또 장물과 같이 **불법영득한 재물도 사기죄의 객체가 될 수 있다.**

사줄 의사도 없이 밀수품을 사준다고 기망하고 그 대금을 교부받아 사취한 경우라든가, 잘 아는 공무원에게 뇌물로 전달해 준다고 기망하고 금품을 교부받아 사취한 경우에는[68] 「불법원인급여물에 대한 사기죄의 성부」가 문제된다. 이 문제는 화대의 지불의사없이 매춘부와의 정교를 사취한 경우에 매춘부의 불법한 성적 서비스를 형법상 재산상의 이익에 속한다고 보아 사기죄의 성립을 긍정할 것인가 하는 문제와 궤를 같이한다.

형법상 재산개념에 관하여 '경제적 재산개념설'을 취하는 입장에서는 급여자에게 반환청구권이 인정되지 않는 불법원인급여물($\frac{민법}{제746조}$)이라도 형법상 보호받을 재물개념에 속한다고 보아-이 때 경제적 재산개념설은 '경제적 재물개념설'로 변용된다고 할 수 있다-기망수단으로 취득하는 경우에 사기죄의 성립을 긍정한다.[69] 그러나 법률적 재산개념설 또는 법률적·경제적 재산개념설에 의

---

66) "판결요지: 가계수표발행인이 자기가 발행한 가계수표를 타인이 교부받아 소지하고 있는 사실을 알면서도, 또한 그 수표가 적법히 지급 제시되어 수표상의 소구의무를 부담하고 있음에도 불구하고, 허위의 분실사유를 들어 공시최고신청을 하고, 이에 따라 법원으로부터 제권판결을 받음으로써 수표상의 채무를 면하여 그 수표금 상당의 재산상 이득을 취득하였다면, 이러한 행위는 사기죄에 해당한다"(대판 1999. 4. 9, 99 도 364).

67) 대판 1983. 4. 26, 83 도 188.

68) 대법관에게 로비자금으로 쓸 의사도 없고 대법원에서 상고가 기각되더라도 피해자에게 변호사비용을 제외한 나머지 돈을 돌려줄 의사가 없음에도 불구하고, 피해자에게 "대법원에는 판사가 많기 때문에 로비자금이 많이 필요하고, 상고기각되더라도 착수금만 제외하고 나머지 돈은 다 돌려 받을 수 있으니, 1억5천만원만 빌려달라"고 거짓말하여, 이에 속은 피해자로부터 액면금 1억5천만원인 약속어음 1매를 교부받아 편취한 경우에, 사기죄에 있어서의 기망에 해당한다고 본 대판 1995. 9. 15, 95 도 707 참조.

69) "판결요지: 민법 제746조의 불법원인급여에 해당하여 급여자가 수익자에 대한 반환청구권

하면, 불법원인급여물은 법질서의 보호를 받을 수 없기 때문에 형법상 재물개념에 속하지 못하고, 따라서 이를 사취한 경우에 사기죄의 성립을 부정하는 것이 논리에 맞다.

생각건대 ① 불법원인급여물이라고 하더라도 취득자에게 재산적 가치가 있고 급여자에게 재산상의 손해를 주는 한, 형법상 재물개념에 포함시켜 그 침해로부터 보호할 필요가 있고, ② 사법(私法)상 비록 불법이거나 승인되지 않는 재물이라도 이에 대한 범행은 형법의 독자적인 견지에서 처벌하는 것이 타당하다고 본다(다수).[70] 결론적으로 경제적 재산개념설의 입장에서 불법원인급여물에 대한 사기죄의 성립을 긍정함이 타당하다.

(나) 재산상의 이익　　재산상의 이익이란 전체적으로 재산상태의 증가를 가져오는 일체의 이익 내지 가치로서 재물을 포함한다. 재산상의 이익의 취득은 사실상의 취득으로 족하고, 사법상 유효할 필요는 없다. 재산상의 이익에는 적극적 이익과 소극적 이익, 영구적 이익과 일시적 이익이 있다. 노동력 혹은 담보를 제공받는 것, 무임승차로 - 철도공사직원의 처분행위가 있을 것을 전제로 해서 - 수송의 이익을 얻는 것, 가상자산의 처분권한을 이전받는 것[71] 등은 적극적 이익에 속하고, 채무의 면제나 감액을 받는 것, 채무이행을 연기받는 것,[72] 전기계량기의 지침을 역회전시켜 전기요금액수를 낮추는 것 등이 소극적 이익에 속한다.

그리고 경제적 재산개념설에 의하면, 매춘부의 불법한 성적 서비스도 형법상 재산상의 이익에 속하므로 화대의 지불의사없이 매춘부와의 정교를 사취한 경우[매춘부사례]에 사기죄의 성립을 긍정한다.[73] 대법원도 "원심은⋯정조

을 행사할 수 없다고 하더라도, 수익자가 기망을 통하여 급여자로 하여금 불법원인급여에 해당하는 재물을 제공하도록 하였다면 사기죄가 성립한다"(**대판 2004. 5. 14, 2004 도 677**).

70) 강구진, 333면; 김성돈, 323면; 김성천, 933-4면; 김종원, 217면; 배종대, 476면; 백형구, 180면; 서일교, 169면; 오영근, 428면; 유기천, 상권, 237면; 이재상, 352면; 이형국, 385면; 정/박, 378면; 정영석, 356면; 정영일, 310면; 진/이, 421면. 반대설은 김/서, 438면; 이정원, 381면; 장영민, "불법원인급여와 횡령죄", 형사판례연구 8권, 형사판례연구회, 박영사, 2000. 6, 272면 이하.

71) "판결요지: 비트코인은 경제적인 가치를 디지털로 표상하여 전자적으로 이전, 저장과 거래가 가능하도록 한 가상자산의 일종으로 사기죄의 객체인 재산상 이익에 해당한다"(대판 2021. 11. 11, 2021 도 9855).

72) 대판 1998. 12. 9, 98 도 3282; 1997. 7. 25, 97 도 1095; 1983. 11. 8, 83 도 1723.

73) 본서, 320-2면 참조. 형법적 재산개념에 있어서 경제적 재산개념설을 취하면서도 매춘부사례에서 사기죄성립을 부정하는 학자로는 이재상, 298 및 325면. 법률적・경제적 재산개념설을 취하는 경우에는 논리상 사기죄의 성립을 부정하게 된다.

는 재산권의 객체가 될 수 없을 뿐만 아니라 이른바, 화대란 정조 제공의 대가로 지급받는 금품으로서 이는 선량한 풍속에 반하여 법률상 보호받을 수 없는 경제적 이익이므로, 피고인이 기망의 방법으로 그 지급을 면하였다 하더라도 사기죄가 성립하지 아니한다고 판단하였다.…그러나 사기죄의 객체가 되는 재산상의 이익이 반드시 사법(私法)상 보호되는 경제적 이익만을 의미하지 아니하고, 부녀가 금품 등을 받을 것을 전제로 성행위를 하는 경우 그 행위의 대가는 사기죄의 객체인 경제적 이익에 해당하므로, 부녀를 기망하여 성행위 대가의 지급을 면하는 경우 사기죄가 성립한다"라고 하여(대판 2001. 10. 23.
2001 도 2991), 긍정설의 입장에 선다.

재산상의 이익은 '구체적·직접적' 이익이어야 한다.[74] 따라서 단순히 채무변제의 독촉을 피하기 위하여 우연히 만난 채권자에게 화장실에 간다고 거짓말을 하고 도주하는 것만으로 재산상의 이익을 취득하였다고 볼 수는 없다.

(5) 재산상의 손해

(가) 불문의 구성요건요소로서의 재산상의 손해 사기죄가 완성(기수단계)되자면, 피해자에게 '재산상의 손해'가 발생해야 한다. 이 요건은 배임죄(제355조
제2항)에 있어서 본인에게 "손해를 가한 때"라는 요건이 명시되어 있는 것과 대조적으로 형법에 규정되지 않았으므로, 해석상 '불문의' 구성요건요소로 인정할 것인가가 문제된다.[75] 전술한 바와 같이 판례는 일관해서 사기죄의 성립에 재산상의 손해가 발생할 필요가 없다는 불요설의 입장을 취하고 있으나,[76] 학설은 다음과 같이 대립하고 있다.

(a) 필요설 사기죄는 재산범죄이므로 재산상의 손해가 발생할 것을

---

74) "판결요지: 사기죄는 사람을 기망하여 자기 또는 제3자로 하여금 재물 또는 재산상의 이익을 얻거나 얻게 하는 경우에 성립하는 것인바, 자기의 채권자에 대한 채무이행으로 채권을 양도하였다 하더라도 위 채권이 존재하지 않는다면, 이를 양도하였다 하여 권리이전의 효력을 발생할 수 없는 것이고, 따라서 채권자에 대한 기존의 채무도 소멸하는 것이 아니므로 채무면탈의 효과도 발생할 수 없어, 위 채권의 양도로써 재산상의 이득을 취하였다고는 볼 수 없으므로 사기죄의 구성요건을 충족한 것이라고 볼 수는 없다"(대판 1985. 3. 12, 85 도 74. 同旨, 대판 1986. 7. 22, 86 도 681).

75) 한편 독일형법 제263조 제1항은 사기죄의 구성요건으로서 "타인의 재산에 손해"를 가할 것을 명시하고 있다.

76) "기망으로 인한 재물의 교부가 있으면 그 자체로써 곧 사기죄는 성립하고, 상당한 대가가 지급되었다거나 피해자의 전체 재산상에 손해가 없다 하여도 사기죄의 성립에는 영향이 없다"(**대판** 1999. 7. 9, 99 도 1040. 同旨, **대판** 1994. 10. 21, 94 도 2048; 1992. 9. 14, 91 도 2994; 1988. 6. 28, 88 도 740; 1985. 11. 26, 85 도 490 등).

필요로 한다는 견해(^{다수})이다.[77] 필요설에 의하면, 상당한 대가를 지불하고 재물을 사취한 경우에는 사기죄가 성립하지 않는다고 한다.

(b) 불요설　우리 형법은 사기죄의 구성요건으로 재산상의 손해발생을 명시하고 있지 않으므로 재산 '취득'에 중점을 두는 규정형식이라고 보고, 굳이 재산 '손해'에 중점을 두는 독일형법식의 해석을 할 당위성은 없으므로, 사기죄의 성립에 재산상의 손해발생이 필요하지 않다는 견해이다.[78]

(c) 이분설　사기죄를 재물사기죄와 이득사기죄로 이분하여, 전자의 경우에는 재산상의 손해가 발생할 필요가 없으나, 후자의 경우에는 필요하다는 견해이다.[79] 재물사기죄(사기취재죄)의 경우에는 재물의 상실 자체가 재산상의 손해라고 보아, 범인이 상당한 대가를 지불하였더라도 사기죄가 성립한다고 하고, 이득사기죄의 경우에는 상당한 대가를 지불한 때에는 사기죄가 성립하지 않는다고 한다.

(d) 사 견　이 문제는 사기죄의 보호법익론과 직결된 문제로서 해당부분에서 이미 논급한 바 있으며, 사기죄의 주된 보호법익을 재산으로 파악하는 이상 재산상의 손해발생이 필요하다고 보아야 한다(필요설). '객관적' 구성요건으로서의 재산상의 손해발생 여부는 사기죄의 성립을 좌우하는 문제가 아니라 기수·미수의 문제를 발생시킨다. 한편 객관적 구성요건은 '주관적' 구성요건과 결부되어, 재산상의 손해를 가할 의사가 있는 경우에는 사기죄의 고의가 긍정되고, 재산상의 손해를 가할 의사가 없는 경우에는 고의가 부정되어 사기죄가 성립하지 않게 된다.

필요설의 입장에 의하면, 반드시 손에 넣고 싶은 귀한 골동품의 소유자에게 기망수단을 써서 매수하였으나 정당한 가격을 지불한 경우에 재물죄로서의 사기죄가 성립하지 않고, 또 농번기에 농촌 일손이 부족하여 기망수단으로 노동력을 제공받았으나 상당한 노임을 제공한 경우에 이득죄로서의 사기죄가 성립하지 않는다. 그리고 일정한 자격자만이 입장이 허용되는 무료영화관람에 무자격자가 기망수단으로 입장하여 영화를 관람한 경우에는 아무런 재산상의 손해가 발생하지 않으므로, 사기죄가 성립하지 않는다.

77) 권오걸, 553면; 김성돈, 335면; 김성천, 935면; 김/서, 436면; 박상기, 326면; 배종대, 473면; 이재상, 346면; 이형국, 383면; 정/박, 370면.
78) 백형구, 180면; 오영근, 416-7면; 정영일, 308면
79) 김종원, 216면; 진/이, 402면; 황산덕, 307면.

(나) 재산상의 손해발생의 구체적 위험　재산상의 손해는 현실적으로 발생한 손해뿐만 아니라 손해발생의 '구체적 위험'을 포함한다($\frac{\text{다}}{\text{수}}$).[80] 다만 장차 발생할 손해의 위험은 사실상의 손해발생과 동등하다고 평가될 만큼 '구체적'이어서 전체로서의 재산가치의 감소를 가져오는 경우에 사기죄의 기수범으로 처벌할 수 있다.[81] 따라서 변제의사와 변제능력이 전혀 없는 금전대차계약은 이미 계약체결 및 금전교부의 시점에 재산상의 손해가 발생한 것으로서 사기죄의 기수에 도달한 것으로 보아야 하고,[82] 변제기일이 도래해야 하는 것은 아니다.

(다) 손해(액)의 산정　판례에 의하면, 사기죄의 성립에 재산상의 손해가 아니라 재물 또는 재산상의 이익의 '취득'이 필요한 것이므로, 손해액이 아니라 재산상 이익의 취득 여부와 그 액수(취득액, 편취액)를 문제삼는다. 따라서 판례는 대가를 지불하더라도 편취한 재물이나 재산상의 이익의 '전부'를 취득액, 즉 편취액으로 산정한다.[83] 그러나 사기죄의 성립에 재산상의 손해가 발생할 필요가 있다는 입장에서는 재산상의 '손해'의 발생 여부와 그 액수를 문제삼는다. 재산상의 손해는 피해자의 '전체'재산을 처분행위가 있기 '이전'과 '이후'로 비교하여 '감소'하는 경우에 발생한다. 따라서 피해자가 처분행위로 인하여 상실한 이익이 있음과 동시에 취득한 이익도 존재하는 경우에는 양자를 차감계산(差減計算)해서 감소한 경우에만 재산상의 손해발생을 인정하게 되고, 이 때 그 차감액이 손해액으로 계산된다(차감계산의 원칙; Saldierungsprin-

---

80) 김성돈, 335면; 김성천, 936면; 박상기, 328면; 배종대, 473면; 이재상, 347면; 이형국, 383면; 정/박, 370면. Sch/Sch/Cramer, StGB, §263 Rn. 143. 반대설은 김/서, 440면.

81) BGH St 21/113, 33/243.

82) 대판 1987. 9. 22, 87 도 1605.

83) "사기죄에 있어서는 기망으로 인한 재물교부가 있으면 그 자체로써 피해자의 재산침해가 되어 이로써 곧 사기죄가 성립하는 것이고, 상당한 대가가 지급되었다거나 피해자의 전체 재산상에 손해가 없다 하여도 사기죄의 성립에는 그 영향이 없으므로, 사기죄에 있어서 그 대가가 일부 지급된 경우에도 그 편취액은 피해자로부터 교부된 재물의 가치로부터 그 대가를 공제한 차액이 아니라 교부받은 재물 전부라 할 것"(**대판 1995. 3. 24, 95 도 203**. 同旨, 대판 2000. 7. 7, 2000 도 1899; 1994. 9. 9, 94 도 2032; 1991. 5. 28, 91 도 668; 1982. 9. 14, 82 도 1679). "판결요지: 피고인이 낙찰계를 조직하여 상습적으로 계원인 피해자들을 기망하여 이들로부터 계 불입금 명목으로 금원을 편취한 경우, 피고인이 피해자들을 기망하여 계 불입금을 취득함으로써 위 범죄는 성립하는 것이어서 설사 피고인이 낙찰받은 계원으로부터 이자조로 징수한 돈을 낙찰받지 못한 다른 계원들에게 분배한 사실이 있다 하더라도, 계 불입금 전액을 그 편취액으로 보아야 할 것이며, 이에서 이자조로 지급한 금액을 공제한 금액만을 편취액으로 볼 것은 아니다"(대판 1991. 5. 28, 91 도 668). 편취한 재물 및 재산상의 이익을 기준으로 사기죄를 가중처벌하는 '특정경제범죄 가중처벌 등에 관한 법률' 제3조 위반의 경우에도 마찬가지 취지의 판결로는 대판 2024. 4. 25, 2023 도 18971 참조.

zip). 사기죄의 손해액은 전체재산의 감소액이며, 편취액과는 다르다.

처분행위를 전후한 전체재산의 비교에 있어서 처분행위로 인하여 피해자가 이익도 얻었을 경우에 '직접' 얻은 이익만을 계산대상에 넣어야 한다. 예컨대 기망행위로 인하여 발생한 피해자의 취소권이나 손해배상청구권과 같은 구제수단,[84] 신용사기에서 피해자가 설정받은 담보권은[85] 계산대상에 포함되지 않는다.

재산상의 손해는 객관적 · 개별적 평가방법에 의하여 산정된다.[86] '객관적' 산정방법이라 함은 피해자의 주관적 평가에 의할 것이 아니라 객관적 평가자가 경제거래의 관점에서 산정함을 의미한다. '개별적' 산정방법이라 함은 객관적 평가를 함에 있어서도 재산에 대한 피해자의 개인적 · 구체적 · 경제적 관계, 필요성 내지 효용, 사회적 · 경제적 목적 등을 고려해야 함을 의미한다. 예컨대 장성한 자녀를 둔 부모를 기망하여 필요없는 아동용 도서를 주문케 하고 그 대금을 사취한 경우에 그 서적의 가격은 차감계산대상에서 제외되어야 할 것이다.

(6) 실행의 착수와 기수시기

사기죄의 실행의 착수는 기망행위를 개시한 때이다. 기망의 준비만으로는 사기죄의 미수가 될 수 없다.[87] 다만 대중을 상대로 한 사기는 준비기간이 치밀하고 장기간에 걸침에 비하여 기망행위를 순식간에 끝낸 후 엄청난 피해를 남기고 도주하는 범죄학적 특성을 지니므로 ─ 이른바 hit and run 범죄 ─, 입법론상 대중사기의 예비를 처벌할 것인가에 관하여는 논의의 여지가 있다.

① 보험금을 타낼 목적으로 살인 · 방화 등을 범한 후 보험회사에 보험금 (생명보험금 · 손해보험금 등)의 지급을 청구하여 보험금을 수령한 경우[보험금 편취사례]와 ② 보험의 가입시에, 즉 보험계약체결시에 질병 등의 고지의무에

---

84) 대판 1978. 6. 13, 78 도 721.

85) 대판 1983. 4. 26, 82 도 3088.

86) 권오걸, 553면; 김성돈, 336면; 김성천, 936면; 김/서, 439면; 박상기, 327면; 배종대, 473면; 이재상, 347면; 정/박, 370면; 진/이, 402면. Sch/Sch/Cramer, StGB, §263 Rn. 103; Lackner, LK, §263 Rn. 149.

87) "판결요지: 태풍 피해복구보조금 지원절차가 행정당국에 의한 실사를 거쳐 피해자로 확인된 경우에 한하여 보조금 지원신청을 할 수 있도록 되어 있는 경우에, 피해신고는 국가가 보조금의 지원 여부 및 정도를 결정함에 있어서 그 직권조사를 개시하기 위한 참고자료에 불과하므로, 허위의 피해신고만으로는 위 보조금 편취범행(사기죄)의 실행에 착수한 것이라고 볼 수 없다" (**대판** 1999. 3. 12, 98 도 3443).

위반한 기망행위를 한 후 질병이 악화하거나 사망하게 되어 보험금의 지급과
수령이 있은 경우[보험계약기망사례]에 '보험사기'가 성립하는데, 그 실행의
착수시기와 기수시기가 문제된다. ① 보험금편취사례에서는 처음부터 보험사
기를 할 목적으로 보험에 가입하거나, 또는 이미 보험에 가입되어 있는 것을
이용하거나 간에, 살인·방화행위만으로는 사기의 예비에 지나지 않고, 보험
금 청구시에 사기죄의 실행의 착수가 있고, 보험금 수령시에 기수가 된다고
해야 한다.[88] ② 보험계약기망사례에서는 보험계약을 하기 위하여 청약서를
작성한 때 사기죄의 실행의 착수가 있으며, 보험금 수령시에 기수가 된다고
본다.[89] [90]

보험사기의 지속적인 증가현상에 대처하기 위하여 2016. 3. 29.에 「보험사
기방지 특별법」(약칭: 보험사기방지법)이 제정($\substack{법률 제14123호,\\시행 2016. 9. 30.}$)되었다. 이 법률은 제
2조 제1호에 "'보험사기행위'란 보험사고의 발생, 원인 또는 내용에 관하여
보험자를 기망하여 보험금을 청구하는 행위를 말한다."라고 정의하면서, '보
험사기행위로 보험금을 취득하거나 제3자에게 보험금을 취득하게 하는' 보험
사기죄를 10년 이하의 징역 또는 5천만원 이하의 벌금에 처한다($\substack{제8\\조}$). 보험사
기이득액이 5억원 이상일 때에는 가중처벌한다($\substack{제11\\조}$). 그 밖에 보험사기의 상
습범 가중처벌규정($\substack{제9\\조}$)과 미수범 처벌규정($\substack{제10\\조}$)을 두고 있다.

사기죄의 기수시기는 재산상의 손해가 발생한 때 또는 손해발생의 구체적 위험
이 있는 때이다. 부동산편취의 기수시기는 부동산의 점유를 이전받은 때 또는
소유권이전등기가 종료한 때이다($\substack{다수\\설}$).

---

88) 김성돈, 337면; 김/서, 441면; 정/박, 371면; 진/이, 403면.

89) 보험계약기망사례에서 보험증권을 교부받은 때 사기죄의 기수가 된다는 견해(김일수, 366
면; 정성근, 458면)는 생명보험과 손해보험에 있어서 보험증권은 유가증권이 아니라 증거증권·
자격증권에 불과하므로, 부당하다고 본다. 보험계약기망사례에서 사기죄의 기수시기는 최초 보
험료를 납입하고 제1회 보험료영수증을 교부받은 때라고 하는 견해도 있다(이병희, "보험사기죄
에서의 실행의 착수와 기수시기", 형사법연구, 제11호, 1999. 5, 224-5면).

90) "판결요지: 피고인이, 갑에게 이미 당뇨병과 고혈압이 발병한 상태임을 숨기고 을 생명보
험 주식회사와 피고인을 보험계약자로, 갑을 피보험자로 하는 2건의 보험계약을 체결한 다음, 고
지의무 위반을 이유로 을 회사로부터 일방적 해약이나 보험금 지급거절을 당할 수 없는 이른바
면책기간 2년을 도과한 이후, 갑의 보험사고 발생을 이유로 을 회사에 보험금을 청구하여 당뇨병
과 고혈압 치료비 등의 명목으로 14회에 걸쳐 보험금을 수령하여 편취하였다는 내용으로 기소된
사안에서, 피고인의 보험계약 체결행위와 보험금 청구행위는 을 회사를 착오에 빠뜨려 처분행위
를 하게 만드는 일련의 기망행위에 해당하고, 을 회사가 그에 따라 보험금을 지급하였을 때 사기
죄는 기수에 이른다"(대판 2019. 4. 3, 2014 도 2754).

사기죄의 미수범은 처벌한다($\frac{제352}{조}$).

3. 주관적 구성요건

사기죄의 주관적 구성요건으로는 기망행위, 피기망자의 착오와 처분행위, 재산상의 손해발생, 이들 사이에 3단계에 걸친 인과관계 등 객관적 구성요건에 대한 고의가 있어야 한다. 특히 재산상의 손해발생을 사기죄의 불문의 구성요건요소로 파악하는 입장에서는 사기죄의 고의의 내용으로서 타인에게 '재산상의 손해를 가할 의사'가 요구된다.

기망의 고의는 범행 전후의 범인의 재력, 환경, 범행의 내용, 거래의 이행과정 등과 같은 객관적인 사정을 종합적으로 고려하여 판단한다.[91] 이른바 '차용사기'에 있어서 변제능력이 없는 자라고 하더라도 사업에 성공하여 변제할 수 있게 될 것이라고 믿고 변제의사를 가지고 금전을 차용하였으나 변제기에 사업부진으로 인하여 변제하지 못하게 된 채무불이행의 경우에는 기망의 의사가 없었으므로 사기죄가 성립하지 않는다.[92] 그러나 변제능력이 없는 자가 처음부터 변제의사도 없이 금전을 차용한 경우에는 기망의 의사가 있은 것으로서 사기죄가 성립한다.[93] 대금결제의 의사와 능력이 없으면서도 신용카드가맹점에서 물품을 구입한 후 자기의 신용카드를 사용하여 대금을 결제한 경우에

---

91) 대판 1995. 4. 28, 95 도 424.

92) "판결요지: 사기죄가 성립하는지는 행위 당시를 기준으로 판단하여야 하므로, 소비대차 거래에서 차주가 돈을 빌릴 당시에는 변제할 의사와 능력을 가지고 있었다면 비록 그 후에 변제하지 않고 있더라도 이는 민사상 채무불이행에 불과하며 형사상 사기죄가 성립하지는 아니한다. 따라서 소비대차 거래에서, 대주와 차주 사이의 친척·친지와 같은 인적 관계 및 계속적인 거래관계 등에 의하여 대주가 차주의 신용 상태를 인식하고 있어 장래의 변제 지체 또는 변제불능에 대한 위험을 예상하고 있었거나 충분히 예상할 수 있는 경우에는, 차주가 차용 당시 구체적인 변제의사, 변제능력, 차용 조건 등과 관련하여 소비대차 여부를 결정지을 수 있는 중요한 사항에 관하여 허위 사실을 말하였다는 등의 다른 사정이 없다면, 차주가 그 후 제대로 변제하지 못하였다는 사실만을 가지고 변제능력에 관하여 대주를 기망하였다거나 차주에게 편취의 범의가 있었다고 단정할 수 없다"(대판 2016. 4. 28, 2012 도 14516. 同旨, 대판 2016. 6. 9, 2015 도 18555).

93) "변제의 의사가 없거나 약속한 변제기일 내에 변제할 능력이 없음에도 불구하고 변제할 것처럼 가장하여 금원을 차용하거나 물품을 구입한 경우에는 편취의 범의를 인정할 수 있는 것"(대판 1986. 9. 9, 86 도 1227; 1983. 8. 23, 83 도 1048). "어음금을 그 지급기일에 지급하여 줄 의사와 능력이 없었음에도 이를 속인 채 피해자들에게 그 판시 약속어음을 발행하여 주고… 수표 또는 어음의 발행인이 그 지급기일에 결제되지 않으리라는 점을 예견하였거나 지급기일에 지급될 수 있다는 확신이 없으면서도 그러한 내용을 수취인에게 고지하지 아니한 채 이를 속여 수표 또는 어음을 발행·교부하고 수취인으로부터 그 대가를 교부받았다면 사기죄가 성립한다 할 것"(대판 1985. 9. 10, 84 도 2685. 同旨, 대판 1981. 12. 22, 81 도 2605; 1985. 3. 12, 84 도 1461).

도 사기죄가 성립한다.[94] 기망의 고의는 자신의 주장내용이 객관적 사실과 일
치하지 않는다는 것을 행위자가 인식할 것을 전제로 한다. 만일 행위자 자신도
주장하는 사실이 진실이라고 오신하였다면, 기망의 고의는 인정되지 않는다.

사기죄의 성립에는 기망의 고의 이외에 재물사기죄의 경우에는 '**불법영득의
의사**',[95] 이득사기죄의 경우에는 '**불법이득의 의사**'가 필요하다.

4. 권리행사와 사기죄의 성부

채권자가 변제기가 지났어도 채무를 변제하지 않는 채무자에게 국유지를
값싸게 불하받아주겠다고 기망하고서 불하에 필요한 대금으로 받은 돈을 변
제에 충당한 경우와 같이, 권리의 행사를 위하여 기망수단을 쓴 경우에 사기
죄가 성립할 것인가가 문제된다.

재물 또는 재산상의 이익을 취득할 권리가 있는 때에는 비록 기망의 수단을 써
서 재물 또는 재산상의 이익을 취득한다고 하더라도 기망행위자에게 '불법영
득의 의사' 내지 '불법이득의 의사'가 있다고 할 수는 없다. 따라서 사기죄의 주관
적 구성요건해당성이 부정된다고 보아, 사기죄가 성립하지 않는다고 함이 타
당하다.[96]

다만 판례는 권리행사로 기망수단을 사용한 경우에 위법성을 조각할 만한 정
당한 권리행사의 방법이라고 볼 수는 없다고 하여 사기죄의 성립을 긍정한다.[97]

---

94) 대판 1996. 4. 9, 95 도 2466; 1996. 5. 28, 96 도 908.
95) "판결요지: 면사무소직원이 면회계공무원으로부터 자금을 지출받음에 있어서 적법한 절차
가 아닌 허위의 지출결의서의 작성·행사라는 변태적인 방법을 취하였다 하여도, 그 돈을 결국
면이 지출해야 할 소요경비에 사용하였다면 허위공문서의 작성 및 동 행사의 점은 별론으로 하
고, 거기에는 소관 면에 무슨 손해가 있다거나 **불법영득의사**가 있었다고는 볼 수 없다 할 것이고,
본인인 면을 위한 행위로서 편법을 사용한 것에 불과하여 사기죄를 구성한다고 볼 수 없다"(대
판 1984. 2. 14, 83 도 2857).
96) 김/서, 445면; 배종대, 475-6면; 이재상, 350면; 이형국, 384면.
97) "기망행위를 수단으로 한 권리행사의 경우 그 권리행사에 속하는 행위와 그 수단에 속하
는 기망행위를 전체적으로 관찰하여 그와 같은 기망행위가 사회통념상 권리행사의 수단으로서
용인할 수 없는 정도라면, 그 권리행사에 속하는 행위는 사기죄를 구성한다고 할 것이다. …피고
인이 산업재해보상 보험급여를 지급받을 수 있는 지위에 있었다고 상정하더라도 그와 같이
1997. 9. 12. 15:00경 그 건설공사현장에서 그와 같은 내용의 사고가 발생한 사실이 전혀 없음에
도 불구하고, 허위내용의 목격자진술서를 작성하여 첨부하는 등의 부정한 방법으로 요양신청을
하여 산업재해보상 보험급여를 지급받았다면, 이는 다른 특별한 사정이 없는 한 그 자체로 이미
사회통념상 권리행사의 수단으로서 용인할 수 없는 정도라고 볼 여지가 충분히 있다"(**대판
2003. 6. 13, 2002 도 6410**. 同旨, 대판 2007. 5. 10, 2007 도 1780; 1997. 10. 14, 96 도 1405). "피고
인의 소위가 피해자에 대하여 소론의 채권을 변제받기 위한 방편이었다 하더라도 판시와 같은

5. 죄 수

(1) 포괄일죄와 상상적 경합범

다수의 피해자에 대하여 각각 기망행위를 하여 각 피해자로부터 재물을 편취한 경우에는 범의가 단일하고 범행방법이 동일하더라도 피해자별로 독립한 사기죄가 성립하지만,[98] 동일한 피해자에게 동일한 내용으로 여러 차례 기망하여 그 때마다 돈을 사취하였다면, '연속범'의 성립요건이 갖추어지는 한 사기죄의 '포괄적 일죄'로 처벌된다.[99] 1개의 기망행위로 여러 사람으로부터 돈을 사취하였다면, 사기죄의 '동종류의 상상적 경합'이 발생한다.[100]

(2) 불가벌적 사후행위와 사기죄의 성부

상태범에서 사후행위가 다른 사람의 '새로운 법익'을 침해하게 되면, 불가벌적 사후행위가 성립하지 않고 별개의 범죄를 구성한다. 따라서 절취 또는 강취하거나 사취한 예금통장으로 은행에서 예금주를 가장하여 현금을 인출한 행위라든가,[101] 절취한 장물을 자기소유물처럼 가장하여 매도한 행위는[102] 별개의 사기죄를 구성한다.

기망수단에 의하여 판시 약속어음을 교부받은 행위는 위법성을 조각할 만한 정당한 권리행사 방법이라고 볼 수는 없고"(대판 1982. 9. 14, 82 도 1679. 同旨, 대판 1982. 5. 25, 82 도 483; 1969. 12. 23, 69 도 1544). 그 외 대판 2003. 12. 26, 2003 도 4914.

98) 대판 2003. 4. 8, 2003 도 382; 1989. 6. 13, 89 도 582 등. 다만, 이 경우에도 피해자들의 피해법익이 동일한 사정(예를 들면, 부부가 피해자인 경우 부부공동명의의 재산)이 있으면 사기죄의 포괄일죄가 성립할 수 있다는 판례로는 대판 2023. 12. 21, 2023 도 13514.

99) 연속범의 성립을 부정한 판결로는 "피고인이…3회에 걸쳐 돈을 편취함에 있어서 그 시간적 간격이 1985. 3. 25.과 그해 5. 30. 그해 8. 4.로 각 2개월 이상이 되고, 그 기망방법에 있어서도 처음에는 경매보증금을 마련하여 시간을 벌어주면 경매목적물을 처분하여 갚겠다고 거짓말을 하였고, 두번째는 한번만 더 시간을 벌면 위 부동산이 처분될 수 있다고 하여 돈을 빌려주게 하고, 마지막에는 돈을 빌려주지 않으면 두번에 걸쳐 빌려준 돈도 갚을 수 없게 되었다고 거짓말을 함으로써, 피해자로 하여금 부득이 그 돈을 빌려주지 않을 수 없는 상태에 놓이게 한 사실이 인정되는 바, 이와 같은 범행의 기간적 간격과 범행의 수단에 미루어 보면 피고인에게 범의의 단일성과 계속성이 있었다고 보여지지 아니하므로, 원심이 이를 실체적 경합범으로 다스린 것은 정당하고"(대판 1989. 11. 28, 89 도 1309).

100) "1개의 기망행위에 의하여 여러 피해자로부터 각각 재물을 편취한 경우에는 피해자 별로 수개의 사기죄가 성립하고, 그 사이에는 상상적 경합의 관계에 있는 것으로 보아야 한다"(대판 2011. 1. 13, 2010 도 9330).

101) 대판 1991. 9. 10, 91 도 1722; 1979. 10. 30, 79 도 486; 1974. 11. 26, 74 도 2817.

102) "절도범인이 그 절취한 장물을 자기 것인 양 제3자를 기망하여 금원을 편취한 경우에는 장물에 관하여 소비 또는 손괴하는 경우와는 달리 제3자에 대한 관계에 있어서는 새로운 법익의 침해가 있다고 할 것이므로 절도죄 외에 사기죄의 성립을 인정할 것"(대판 1980. 11. 25, 80 도 2310).

사기죄의 범인이 피해자에게 지급한 대가를 재차 편취하거나 보관 중인 그 대가를 횡령한 경우에는 '동일한' 피해자라고 하더라도 그에게 '새로운 법익의 침해'가 발생한 것으로 평가되므로, 별개의 사기죄나 횡령죄가 성립한다.[103]

대법원은, 전기통신금융사기(이른바 보이스피싱 범죄)의 범인이 사기이용계좌로 송금·이체받은 금액을 사기이용계좌에서 현금으로 인출한 행위는 사기의 피해자에 대하여 별도의 횡령죄를 구성하지 않는다고 한다.[104]

(3) 위조문서행사죄 또는 위조통화행사죄와 사기죄의 관계

위조문서 또는 위조통화를 진정한 것으로 행사하는 것은 기망행위에 해당하므로 이로써 재산상의 이익을 취득하는 것은 위조문서행사죄 또는 위조통화행사죄 이외에 사기죄가 성립한다. 두 범죄는 행위의 부분적 동일성이 있는 상상적 경합관계에 있다고 함이 타당하다.[105] 그러나 판례는 두 범죄의 실체적 경합관계로 보고 있다.[106]

(4) 횡령죄와 사기죄의 관계

자기가 보관하던 타인소유의 재물을 기망수단으로 영득한 경우에 소유자의 '교부행위가 없으므로' 사기죄는 성립하지 아니하고, 횡령죄의 죄책만을 지게 된다.[107]

---

103) "사기죄에서 피해자에게 그 대가가 지급된 경우, 피해자를 기망하여 그가 보유하고 있는 그 대가를 다시 편취하거나, 피해자로부터 그 대가를 위탁받아 보관 중 횡령하였다면, 이는 새로운 법익의 침해가 발생한 경우이므로 기존에 성립한 사기죄와는 별도의 새로운 사기죄나 횡령죄가 성립한다"(대판 2014. 11. 13, 2014 도 9576. 同旨, 대판 2009. 10. 29, 2009 도 7052).

104) "판결요지: [1] 간접정범을 통한 범행에서 피이용자는 간접정범의 의사를 실현하는 수단으로서의 지위를 가질 뿐이므로, 피해자에 대한 사기범행을 실현하는 수단으로서 타인을 기망하여 그를 피해자로부터 편취한 재물이나 재산상 이익을 전달하는 도구로서만 이용한 경우에는 편취의 대상인 재물 또는 재산상 이익에 관하여 피해자에 대한 사기죄가 성립할 뿐 도구로 이용된 타인에 대한 사기죄가 별도로 성립한다고 할 수 없다. [2] 전기통신금융사기(이른바 보이스피싱 범죄)의 범인이 피해자를 기망하여 피해자의 자금을 사기이용계좌로 송금·이체받으면 사기죄는 기수에 이르고, 범인이 피해자의 자금을 점유하고 있다고 하여 피해자와의 어떠한 위탁관계나 신임관계가 존재한다고 볼 수 없을 뿐만 아니라, 그 후 범인이 사기이용계좌에서 현금을 인출하였더라도 이는 이미 성립한 사기범행이 예정하고 있던 행위에 지나지 아니하여 새로운 법익을 침해한다고 보기도 어려우므로, 위와 같은 인출행위는 사기의 피해자에 대하여 별도의 횡령죄를 구성하지 아니한다"(대판 2017. 5. 31, 2017 도 3894).

105) 김성돈, 341면; 김/서, 446면; 배종대, 496면; 오영근, 422면; 이재상, 353면; 이형국, 385면; 정/박, 375면; 진/이, 409면.

106) 위조문서행사의 경우는 대판 1991. 9. 10, 91 도 1722; 1983. 7. 26, 83 도 1378. 위조통화행사의 경우는 대판 1979. 7. 10, 79 도 840.

107) "사기죄는 타인을 기망하고 착오에 빠뜨리게 하여 그 착오, 즉 하자있는 의사에 터잡아 재산적 처분행위를 하도록 하여서 재물을 취득하거나 재산상의 불법이익을 얻는 것을 말한다.

(5) 배임죄와 사기죄의 관계

타인의 사무를 처리하는 자가 본인을 기망하여 재산상의 이익을 취득한 경우에는 사기죄와 배임죄의 상상적 경합이 성립한다.[108] 종래 판례는 이 때 배임죄의 성립을 부정하고 사기죄의 성립만을 인정하고 있었으나,[109] 최근 대법원은 전원합의체판결을 통하여 사기죄와 배임죄의 상상적 경합관계가 성립한다고 하였다(판례변경).[110] 한편 대법원은 본인에 대한 배임행위가 제3자에 대한 사기죄를 구성하는 경우에는 사기죄와 별도로 배임죄가 성립하고, 두 죄는 실체적 경합관계에 있다고 한다.[111]

그러므로 자기의 점유하는 타인의 재물을 횡령함에 있어 기망수단을 쓴 경우에는 일반적으로 횡령죄만이 성립하고 사기죄는 성립하지 아니한다고 봄이 상당하다. 왜냐하면 이런 경우는 피기망자에 있어 재산적 처분행위가 없기 때문이다"(대판 1980. 12. 9, 80 도 1177).

108) 강구진, 328면; 김성돈, 341면; 김성천, 943면; 김/서, 446면; 김종원, 244면; 박상기, 330면; 배종대, 496면; 오영근, 422면; 이재상, 353면; 정/박, 375면; 정영일, 328면; 진/이, 409면.

109) "타인의 위탁에 의하여 그 사무를 처리하는 자가 그 사무처리상 임무를 위배하여 본인에 대하여 기망행위를 하고 착오에 빠진 본인으로부터 재물을 교부받은 경우에는 사기죄가 성립되며, 가사 배임죄의 구성요건이 충족되어도 별도로 배임죄를 구성하는 것이 아니라고 해석되므로"(대판 1983. 7. 12, 82 도 1910).

110) "업무상배임행위에 사기행위가 수반된 때의 죄수관계에 관하여 보면, 사기죄는 사람을 기망하여 재물의 교부를 받거나 재산상의 이익을 취득하는 것을 구성요건으로 하는 범죄로서 임무위배를 그 구성요소로 하지 아니하고 사기죄의 관념에 임무위배행위가 당연히 포함된다고 할 수도 없으며, 업무상배임죄는 업무상 타인의 사무를 처리하는 자가 그 업무상의 임무에 위배하는 행위로써 재산상의 이익을 취득하거나 제3자로 하여금 이를 취득하게 하여 본인에게 손해를 가하는 것을 구성요건으로 하는 범죄로서 기망적 요소를 구성요건의 일부로 하는 것이 아니어서, 양 죄는 그 구성요건을 달리하는 별개의 범죄이고 형법상으로도 각각 별개의 장(章)에 규정되어 있어, 1개의 행위에 관하여 사기죄와 업무상배임죄의 각 구성요건이 모두 구비된 때에는 양 죄를 법조경합관계로 볼 것이 아니라 상상적 경합관계로 봄이 상당하다 할 것이고, 나아가 업무상배임죄가 아닌 단순배임죄라고 하여 양 죄의 관계를 달리 보아야 할 이유도 없다. 이와 달리 위와 같은 경우 사기죄와 배임죄의 관계에서 사기죄만이 성립하고 별도로 배임죄를 구성하지 아니한다는 견해를 표명한 대법원 1983. 7. 12. 선고 82도1910 판결은 이와 저촉되는 한도 내에서 이를 변경하기로 한다"(**대판 2002. 7. 18, 2002 도 669**-전원합의체).

111) "본인에 대한 배임행위가 본인 이외의 제3자에 대한 사기죄를 구성한다 하더라도 그로 인하여 본인에게 손해가 생긴 때에는 사기죄와 함께 배임죄가 성립한다(대법원 1987. 4. 28. 선고 83도1568 판결 참조). 원심은, 피고인이 이 사건 각 건물에 관하여 전세임대차계약을 체결할 권한이 없음에도 임차인들을 속이고 전세임대차계약을 체결하여 그 임차인들로부터 전세보증금 명목으로 돈을 교부받은 행위는 건물주가 민사적으로 임차인들에게 전세보증금반환채무를 부담하는지 여부와 관계없이 사기죄에 해당하고, 이 사건 각 건물에 관하여 전세임대차계약이 아닌 월세임대차계약을 체결하여야 할 업무상 임무를 위반하여 전세임대차계약을 체결하여 그 건물주인 피해자로 하여금 전세보증금반환채무를 부담하게 한 행위는 위 사기죄와 별도로 업무상배임죄에 해당한다고 판단하였다. 이러한 원심의 판단은 정당하고, …나아가 위 각 죄는 실체적 경합범의 관계에 있다고 할 것"(대판 2010. 11. 11, 2010 도 10690).

(6) 수뢰죄와 사기죄의 관계

공무원이 직무에 관하여 기망수단으로 재물의 교부를 받은 경우에는 수뢰죄와 사기죄의 상상적 경합이 된다.[112]

(7) 사기도박의 경우

사기도박행위는 도박의 우연성을 결여하고 있기 때문에 도박죄가 성립할 여지는 없고, 사기죄가 성립할 따름이다.[113] 그리고 사기도박에 있어서 실행의 착수시기는 사기적인 방법으로 도금(賭金)을 편취하려고 하는 자가 상대방에게 도박에 참가할 것을 권유하는 등 기망행위를 개시한 때이다.[114]

(8) 행정법규 위반과 사기죄의 관계

특별법상의 행정법규를 위반한 행위가 사기죄에 해당하는 경우 당해 특별법에 별도의 처벌규정이 없다면 사기죄가 성립할 수 있지만, 처벌규정이 있다면 사기죄는 성립하지 않는다(법조경합 중 특별관계). 대법원은 기망행위로 조세를 포탈하여 조세범처벌법위반죄가 성립한 경우 사기죄의 성립을 부정하고 있다.[115]

6. 형 벌

10년 이하의 징역 또는 2천만원 이하의 벌금에 처한다. 또한 10년 이하의

---

112) "판결요지: 뇌물을 수수함에 있어서 공여자를 기망한 점이 있다 하여도, 뇌물수수, 뇌물공여죄의 성립에는 아무런 영향이 없다"(대판 1985. 2. 8, 84 도 2625; 1977. 6. 7, 77 도 1069).

113) "도박이라 함은 2인 이상의 자가 상호간에 재물을 도(賭)하여 우연한 승패에 의하여 그 재물의 득실을 결정하는 것이므로, 이른바 사기도박에 있어서와 같이 도박당사자의 일방이 사기의 수단으로써 승패의 수를 지배하는 경우에는 도박에 있어서의 우연성이 결여되어 사기죄만 성립하고 도박죄는 성립하지 아니한다"(대판 2011. 1. 13, 2010 도 9330. 同旨, 대결 1960. 11. 16, 4293 형상 743).

114) "사기죄는 편취의 의사로 기망행위를 개시한 때에 실행에 착수한 것으로 보아야 하므로, 사기도박에 있어서도 사기적인 방법으로 도금을 편취하려고 하는 자가 상대방에게 도박에 참가할 것을 권유하는 등 기망행위를 개시한 때에 실행의 착수가 있는 것으로 보아야 한다"(대판 2011. 1. 13, 2010 도 9330).

115) "판결요지: 기망행위에 의하여 국가적 또는 공공적 법익을 침해한 경우라도 그와 동시에 형법상 사기죄의 보호법익인 재산권을 침해하는 것과 동일하게 평가할 수 있는 때에는 당해 행정법규에서 사기죄의 특별관계에 해당하는 처벌 규정을 별도로 두고 있지 않는 한 사기죄가 성립할 수 있다. 그런데 기망행위에 의하여 조세를 포탈하거나 조세의 환급·공제를 받은 경우에는 조세범 처벌법에서 이러한 행위를 처벌하는 규정을 별도로 두고 있을 뿐만 아니라, 조세를 강제적으로 징수하는 국가 또는 지방자치단체의 직접적인 권력작용을 사기죄의 보호법익인 재산권과 동일하게 평가할 수 없는 것이므로, 기망행위에 의하여 조세를 포탈하거나 조세의 환급·공제를 받은 경우에는 조세범 처벌법 위반죄가 성립함은 별론으로 하고, 형법상 사기죄는 성립할 수 없다"(대판 2021. 11. 11, 2021 도 7831).

자격정지를 병과할 수 있다($\frac{제353}{조}$). 사기죄의 상습범은 그 죄에 정한 형의 2분의 1까지 가중한다($\frac{제351}{조}$). 그 밖에 '특정경제범죄 가중처벌 등에 관한 법률'(약칭: 특정경제범죄법) 제3조는 사기로 취득한 가액(이득액)이 50억원 이상인 때에는 무기징역 또는 5년 이상의 징역에 처하고, 5억원 이상 50억원 미만인 때에는 3년 이상의 유기징역에 처한다.

7. 특 칙

'자본시장과 금융투자업에 관한 법률'(약칭: 자본시장법) 제443조(벌칙) 제1항은 상장증권 또는 금융투자상품의 매매 등에 관하여 이른바 '사기적 투자권유'행위를 한 자를 1년 이상의 유기징역 또는 소정의 벌금형에 처하고 있다. 사기적 투자권유행위의 태양으로는 동법 제176조 제1항·제2항 및 제178조 제1항·제2항을 위반한 행위가 있다($\frac{제443조\ 제1항\ 제4호,}{제5호,\ 제8호,\ 제9호}$). 이들 처벌대상인 행위는 일반적으로 기망행위 내지 유인행위 자체를 처벌하는 '형식범'으로서, 결과발생 및 결과발생에 대한 고의를 필요로 하지 아니함에 특징이 있다.

그리고 '전기통신금융사기 피해 방지 및 피해금 환급에 관한 특별법'(약칭: 통신사기피해환급법) 제15조의 2(벌칙) 제1항은 전기통신금융사기(소위 보이스피싱)[116]를 행한 자를 1년 이상의 유기징역 또는 소정의 벌금형에 처하고 있다. 본죄는 나날이 증가하는 전기통신금융사기에 엄정 대처하기 위해 2023년 5월에 신설된 구성요건으로, 중고거래사기처럼 재화의 공급 또는 용역의 제공을 가장한 행위는 본죄에서 제외하고 있는 점에 특색이 있다. 본죄의 미수범은 처벌하고($\frac{제15조의}{2\ 제2항}$), 상습범은 가중처벌한다($\frac{제15조의}{2\ 제3항}$).

8. 친족상도례

사기죄에도 친족상도례($\frac{제328}{조}$)가 준용된다($\frac{제354}{조}$). 사기죄의 보호법익을 재산

---

116) 통신사기피해환급법 제2조(정의) 제2호 "전기통신금융사기"란 「전기통신기본법」 제2조 제1호에 따른 전기통신을 이용하여 타인을 기망(欺罔)·공갈(恐喝)함으로써 자금 또는 재산상의 이익을 취하거나 제3자에게 자금 또는 재산상의 이익을 취하게 하는 다음 각 목의 행위를 말한다. 다만, 재화의 공급 또는 용역의 제공 등을 가장한 행위는 제외하되, 대출의 제공·알선·중개를 가장한 행위는 포함한다.
　가. 자금을 송금·이체하도록 하는 행위
　나. 개인정보를 알아내어 자금을 송금·이체하는 행위
　다. 자금을 교부받거나 교부하도록 하는 행위
　라. 자금을 출금하거나 출금하도록 하는 행위

및 거래상의 진실성에 대한 개인의 신뢰로 보는 견해에 의하면, 재산상의 피해자 이외에 피기망자도 피해자에 포함되므로, 행위자는 재산상의 피해자 및 피기망자 양자에 대하여 친족관계에 있어야 한다. 다수설은 재산상의 피해자에 대해서만 친족관계가 있으면 친족상도례가 적용된다고 한다.[117]

Ⅱ. 컴퓨터 등 사용사기죄

제347조의 2 [컴퓨터 등 사용사기] "컴퓨터 등 정보처리장치에 허위의 정보 또는 부정한 명령을 입력하거나 권한 없이 정보를 입력·변경하여 정보처리를 하게 함으로써 재산상의 이익을 취득하거나 제3자로 하여금 취득하게 한 자는 10년 이하의 징역 또는 2천만원 이하의 벌금에 처한다."

1. 의의, 입법취지

본죄는 "컴퓨터 등 정보처리장치에 허위의 정보 또는 부정한 명령을 입력하거나 권한없이 정보를 입력·변경하여 정보처리를 하게 함으로써 재산상의 이익을 취득하게 하거나 제3자로 하여금 취득하게 함으로써 성립하는 범죄"이다. 컴퓨터를 사용한 재산침해행위를 처벌하기 위한 규정이다.

컴퓨터의 보급이 대중화되고 정보통신기술과 결합하여 그 기능이 확대됨에 따라 컴퓨터를 이용한 재산범죄도 대폭 증가하고 있다. 그럼에도 불구하고 컴퓨터를 이용하여 사람을 기망하지도 않고 현금을 취득하지도 않은 채 예금계좌간의 이동이나 대체송금을 통하여 재산상의 이익을 취득하는 경우에 구성요건의 명확성의 원칙과 유추적용금지의 원칙에 입각하여 기존의 형벌법규로는 처벌할 수 없다는 점, 특히 단순사기죄에 의하여 처벌할 수 없다는 점을 고려하여 1995년 형법개정에서 신설된 범죄이다.[118] 본죄는 사기죄에 대하여 법조경합 중 보충관계에 있는 것으로 해석된다.[119] 2001년 12월 29일의 형법개정에서 "권한없이 정보를 입력·변경하여"라고 하는 행위태양이 본죄에 추가되었다.

117) 김성돈, 339면; 김성천, 942면; 김/서, 416면; 박상기, 331면; 백형구, 124면; 오영근, 423면; 이재상, 352면; 정/박, 272면.
118) 형법개정법률안 제안이유서, 181면.
119) 박상기, 335면은 단순히 법조경합의 관계에 있다고 한다.

컴퓨터사용사기죄의 보호법익은 '전체로서의 재산'이고, 보호의 정도는 침해범이다.

2. 구성요건

(1) 행위의 주체와 객체

행위의 주체에는 제한이 없다. 본죄는 신분범이 아니다. 컴퓨터 프로그래머·컴퓨터단말기사용자 등 컴퓨터를 사용하는 업무자 이외에 컴퓨터사용업무와 무관한 외부인도 본죄의 주체가 될 수 있다.

행위의 객체는 '재산상의 이익'이다. 단순사기죄가 재산상의 이익 이외에 타인의 재물도 객체로 하는 것과는 달리 본죄는 '재산상의 이익'으로 규정되어 있다(다수설[120] 및 판례[121]). 컴퓨터를 사용한 '재물'의 취득은 절도죄로 처벌할 수 있을 것으로 예상하여, 행위의 객체에서 재물을 제외한 것으로 판단된다. 그러나 ① 컴퓨터를 부정조작한 재산침해의 대상에 구태여 재물을 제외할 이유가 없고, ② 타인의 신용카드 또는 현금카드와 비밀번호를 이용하여 현금자동인출기에서 현금을 인출한 경우에 절도죄의 성립을 부정하는 견해가 강하고, ③ 사기죄의 법정형이 절도죄보다 무겁다는 점을 고려한다면, 입법론상 본죄의 행위의 객체에 재물을 추가할 필요가 있다.[122] 본죄를 개정대상으로 한 2001년 12월 29일의 형법개정에서도 본죄의 취득객체에 재물이 추가되지 못하는 입법상의 과오가 있었다(법의 흠결). 해석론상으로는 본서가 '재산상의 이익'개념을 '재물'(개념)을 포함하는 상위개념(일반개념)으로 파악하고 있기 때문에,[123] 컴퓨터를 사용한 '재물'취득의 경우에도 컴퓨터사용사기죄의 성립을 논리필연적으로 긍정하게 된다.

(2) 실행행위

컴퓨터 등 정보처리장치에 허위의 정보 또는 부정한 명령을 입력하거나 권한없이 정보를 입력·변경하여 정보처리를 하게 함으로써 재산상의 이익을

---

120) 김성돈, 354면; 김성천, 944-5면; 박상기, 332면; 배종대, 497면; 이재상, 355면; 정/박, 386면; 진/이, 424면. 이에 대하여 컴퓨터사용사기죄에 있어서의 재산상의 이익에는 재물이 포함된다고 해석하는 소수설로는 김/서, 453면; 오영근, 433면; 정영일, 330면.

121) 대판 2003. 5. 13, 2003 도 1178.

122) 강동범, "컴퓨터 등 사용사기죄", 고시연구, 2000. 7, 163-4면; 권오걸, 565면; 박상기, 333면; 오영근, 434면; 정영일, 330면.

123) 본서, 318-20면 참조.

취득하거나 제3자로 하여금 취득하게 하는 것이다.

(가) 컴퓨터 등 정보처리장치   '컴퓨터 등 정보처리장치'란 자동적으로 계산이나 데이터의 처리를 할 수 있는 전자장치로서, 사무처리에 사용하는 정보처리장치를 말한다. 입법취지에 비추어 재산의 득실·변경에 관한 전자기록 등을 사용하여 정보를 처리하는 장치에 국한된다. 범용컴퓨터를 비롯하여 오피스컴퓨터·퍼스널컴퓨터·제어용컴퓨터·마이크로컴퓨터 등이 이에 속한다. 은행의 현금자동인출기, 현금자동입출금기도 여기에 포함된다.

(나) 허위정보의 입력   '허위의 정보를 입력'한다는 것은 사실관계에 일치하지 않는 자료를 입력하는 것을 말한다. 예컨대 은행의 온라인시스템에서 창구단말기를 사용하여 허위의 입금데이터를 입력하거나 원장파일상의 예금잔고를 증액시키는 행위가 이에 속한다.

(다) 부정한 명령의 입력   '부정한 명령을 입력'한다는 것은 당해 사무처리시스템에 예정되어 있는 사무처리의 목적에 비추어 주어서는 안되는 명령을 입력하는 것을 말한다.[124] 프로그램을 구성하는 개개의 명령을 부정하게 변경·삭제·추가하거나 프로그램 전체를 변경하는 등 '프로그램을 조작하는 것'이 여기에 해당한다.[125] 예컨대 프로그램을 변경하여 다수의 타인에게 돌아갈 이자의 단수를 자기의 예금원장파일에 입금되도록 하거나, 예금을 인출해도 예금잔고가 감소하지 않도록 하는 경우이다.

(라) 권한없는 정보의 입력·변경   종래 해석상 가장 논란이 된 것은 ① 부정확하거나 불완전한 정보의 입력 이외에 ② '진정한 정보의 권한없는 사용'이 '부정한 명령의 입력'에 포함되는가 하는 점이었다. 구체적 사례로서는 타인명의의 신용카드와 알아낸 비밀번호를 사용하여 현금자동인출기에서 현금을 인출하는 경우에 타인의 진정한 비밀번호를 입력하는 행위가 본죄의 '부정

---

124) "형법 제347조의2에서 '부정한 명령의 입력'은 당해 사무처리시스템에 예정되어 있는 사무처리의 목적에 비추어 지시해서는 안 될 명령을 입력하는 것을 의미한다(대법원 2010. 9. 9. 선고 2008도128 판결 등 참조). 따라서 설령 '허위의 정보'를 입력한 경우가 아니라고 하더라도, 당해 사무처리시스템의 프로그램을 구성하는 개개의 명령을 부정하게 변개·삭제하는 행위는 물론, 프로그램 자체에서 발생하는 오류를 적극적으로 이용하여 그 사무처리의 목적에 비추어 정당하지 아니한 사무처리를 하게 하는 행위도 특별한 사정이 없는 한 위 '부정한 명령의 입력'에 해당한다"(대판 2013. 11. 14, 2011 도 4440).

125) 김성돈, 355면; 김/서, 456면; 박상기, 334면; 배종대, 498면; 장영민, "개정형법의 컴퓨터범죄", 고시계, 1996. 2, 49면; 정/박, 387면; 정영일, 331면.

한 명령의 입력'에 해당하는가라는 문제이었다. 이에 관하여는 종래 긍정설과[126] 부정설이[127] 대립하였으나, 2001년 12월 29일의 형법개정에서 본죄의 행위태양에 "권한없이 정보를 입력·변경"하는 것을 추가하였으므로, 이 문제는 입법적으로 해결되었다. 즉 타인의 진정한 비밀번호를 입력하는 행위처럼 '진정한 정보의 권한없는 사용행위'는 본죄의 구성요건 중 '권한없이 정보를 입력'하는 행위태양에 해당하므로, 종래의 해석상의 논란이 해소되었다.

'권한없이 정보를 입력·변경'한다는 것은 타인의 진정한 정보를 권한없는 자가 사용하는 것을 말한다. 타인의 신용카드와 알아낸 비밀번호를 사용하여 예금액을 다른 계좌로 이체하는 행위, 타인의 홈뱅킹(텔레뱅킹, 인터넷뱅킹)의 비밀내역을 알아내어 홈뱅킹에 접속한 후 그 예금액을 다른 계좌로 이체하는 행위[128] 등이 권한없는 정보의 입력에 해당한다.

도난·분실된 신용카드 또는 현금카드를 절취·습득한 자가 카드 및 알아낸 비밀번호를 이용하여 현금자동인출기에서 현금을 인출한 행위가 본죄에 해당하는가 하는 문제는 본죄의 말미에서 「신용카드범죄」라고 하는 별도의 포괄적인 논제의 일환으로 다루기로 한다.

(마) 정보처리   '정보처리를 하게 한다'는 것은 허위의 데이터나 부정한 명령을 입력하여 진실에 반하거나 정당하지 않은 사무처리를 하게 하는 것을 말한다. 정보처리는 재산의 득실·변경에 영향을 미칠 수 있는 것이어야 한다. 이는 단순사기죄에서 피기망자의 재산처분행위와 유사한 성격을 지닌다.[129]

(바) 재산상의 이익취득   본서는 '재산상의 이익'을 '재물'이 포함되는 개념으로 파악한다(재산상의 이익은 일반개념, 재물은 특수개념). 전술한 바와 같이

---

126) 강동범, 앞의 글, 166면; 권오걸, 567면; 김성돈, 355-6면; 김성천, 946면; 김/서, 456면; 박상기, 334면; 배종대, 498면; 손동권, "1995년 형법중요판례평석", 고시연구, 1996. 5, 174면; 오영근, 435면; 이재상, 357면; 이정원, 391면; 이형국, 390면; 정/박, 397-8면; 정영일, 331면.
127) 장영민, 앞의 글, 49면.
128) 대판 2004. 4. 16, 2004 도 353.
129) "형법 제347조의2는 재산변동에 관한 사무가 사람의 개입 없이 컴퓨터 등에 의하여 기계적·자동적으로 처리되는 경우가 증가함에 따라 이를 악용하여 불법적인 이익을 취하는 행위도 증가하였으나 이들 새로운 유형의 행위는 사람에 대한 기망행위나 상대방의 처분행위 등을 수반하지 않아 기존 사기죄로는 처벌할 수 없다는 점 등을 고려하여 신설한 규정이다. 여기서 '정보처리'는 사기죄에 있어서 피해자의 처분행위에 상응하는 것이므로 입력된 허위의 정보 등에 의하여 계산이나 데이터의 처리가 이루어짐으로써 직접적으로 재산처분의 결과를 초래하여야 하고, 행위자나 제3자의 '재산상 이익 취득'은 사람의 처분행위가 개재됨이 없이 컴퓨터 등에 의한 정보처리과정에서 이루어져야 한다"(대판 2014. 3. 13, 2013 도 16099).

입법론으로는 취득행위의 객체에 재물을 포함시킴이 타당하다.

(사) 실행의 착수와 기수시기   본죄의 실행의 착수시기는 컴퓨터에 허위의 정보나 부정한 명령을 입력하기 시작한 시점 또는 권한없이 정보를 입력·변경하기 시작한 시점이다. 기수시기는 컴퓨터 등 정보처리장치에 허위정보 또는 부정명령을 입력하거나 권한없이 정보를 입력·변경하여 정보처리를 하게 함으로써 피해자에게 재산상의 손해가 발생한 때이다(침해범). 따라서 ① 허위정보나 부정명령의 입력 또는 권한없는 정보의 입력·변경 ② 정보처리 ③ 재산상의 손해발생이라는 3자 사이에 인과관계가 있어야 하며, 인과관계가 부정되는 때에는 본죄의 미수범이 성립한다. 본죄의 미수범은 처벌한다($\frac{제352}{조}$).

(3) 주관적 구성요건

본죄의 성립에 필요한 고의는, 행위자가 컴퓨터 등 정보처리장치에 허위의 정보 또는 부정한 명령을 입력하거나 권한없이 정보를 입력·변경하여 정보를 처리하게 하고, 이로 인하여 재산상의 이익을 취득하거나 제3자로 하여금 취득하게 한다는 인식·인용이다. 미필적 고의로도 족하다. 그리고 고의 이외에 불법이득의 의사가 있어야 한다.

3. 형   벌

10년 이하의 징역 또는 2천만원 이하의 벌금에 처한다. 10년 이하의 자격정지를 병과할 수 있다($\frac{제353}{조}$). '특정경제범죄 가중처벌 등에 관한 법률' 제3조는 컴퓨터 등 사용사기죄로 취득한 가액(이득액)이 50억원 이상인 때에는 무기 또는 5년 이상의 징역에 처하고, 5억원 이상 50억원 미만인 때에는 3년 이상의 유기징역에 처한다.

〈신용카드범죄〉

1. 신용카드의 개념과 기능

'신용카드'란 "이를 제시함으로써 반복하여 신용카드가맹점에서 일정한 사항을 결제할 수 있는 증표로서 신용카드업자(외국에서 신용카드업에 상당하는 영업을 영위하는 자를 포함한다)가 발행한 것"을 말한다($\frac{여신전문금융업법}{제2조 제3호}$). 신용카드는 물품구입일 또는 용역제공일로부터 대금결제일까지 카드소지인의 대금지급을 늦추어주고 또 현금서비스도 제공되는 점에서 '신용기능'을 주요기능으로

한다. 신용카드에는 은행신용카드와 같이 신용카드회원(카드명의인), 신용카드
가맹점, 신용카드회사라고 하는 3당사자관계로 이루어지는 것이 있고, 백화점
신용카드와 같이 신용카드회원과 신용카드발행회사의 2당사자관계로 이루어
지는 것도 있다. 은행신용카드는 예금잔고의 범위 내에서 현금자동인출기에
서의 '현금인출기능', 즉 후술하는 현금카드의 기능을 함께 가지고 있는 것이
일반적이다. 한편 현금인출기능은 신용카드의 '현금서비스'기능과 혼동해서는
안된다. 현금서비스는 카드회사의 대출에 해당하는 것으로서 현금서비스기능
은 신용기능에 속한다.

　　신용카드와 구별해야 할 것으로는 현금카드와 직불카드 및 선불카드가 있다.
　　'현금카드'라 함은 예금구좌와 예금잔고를 갖고 있는 예금주가 현금자동인
출기에서 현금을 인출하는 수단으로서의 기능(현금인출기능)만을 가지고 있는
카드이며, 신용기능은 부여되지 않는다.
　　'직불카드'란 "직불카드회원과 신용카드가맹점 간에 전자적 또는 자기적 방
법으로 금융거래계좌에 이체하는 등의 방법으로 결제가 이루어질 수 있도록
신용카드업자가 발행한 증표(자금을 융통받을 수 있는 증표는 제외한다)"를 말한
다(여신전문금융업법 제2조 제6호). 직불카드는 신용카드에 준한 법적 규제를 받는다.
　　'선불카드'란 "신용카드업자가 대금을 미리 받고 이에 해당하는 금액을 기
록(전자적 또는 자기적 방법에 따른 기록을 말한다)하여 발행한 증표로서 선불카
드소지자가 신용카드가맹점에 제시하여 그 카드에 기록된 금액의 범위에서
결제할 수 있게 한 증표"를 말한다(여신전문금융업법 제2조 제8호). 버스카드, 공중전화카드, 지하
철승차권, 고속도로통행카드 등이 선불카드에 속한다.

2. 신용카드와 관련된 범죄유형

　　신용카드와 관련된 범죄유형은 크게 ① 신용카드 자체에 대한 범죄행위와
② 신용카드의 부정사용행위로 나누어 볼 수 있다.
　　① 신용카드 자체에 대한 범죄는 ㉠ 신용카드에 대한 절도 등의 재산범죄,
㉡ 신용카드에 대한 사용절도의 문제, ㉢ 신용카드의 위조·변조, ㉣ 신용카
드의 부정발급이 있다.
　　② 신용카드의 부정사용행위는 또다시 ㉠ 타인명의의 신용카드를 부정사
용하는 행위와 ㉡ 자기명의의 신용카드를 부정사용하는 행위로 나누어지고,

각각 ⓐ 물품을 구입하거나 용역을 제공받는 행위, ⓑ 현금자동인출기에서 현금을 인출하는 행위로 구분해서 고찰해야 하며, 그 외에 ⓒ 가맹점이 타인명의의 신용카드를 이용하여 매출전표를 허위로 작성하는 행위를 ㉠의 한 유형으로 살펴볼 필요가 있다.

3. 신용카드 자체에 대한 범죄

(1) 신용카드에 대한 절도 등의 재산범죄

신용카드 자체가 유가증권인가에 관하여는 견해가 나뉜다.[130] 유가증권이란 ① 재산권이 증권에 화체되고, ② 재산권의 행사에 증권의 점유를 필요로 한다는 두 요소를 갖추어야 한다. 신용카드는 그 제시를 통하여 신용카드회원이라는 사실을 증명하거나 현금자동인출기에 주입하는 등의 방법으로 신용카드업자로부터 현금서비스를 받을 수 있는 증표로서의 가치를 지님에 불과하고, 재산권이 화체되어 있다고 볼 수는 없으므로 유가증권에 속하지 않는다고 함이 타당하다.[131] 비록 신용카드의 유가증권성을 부정한다고 하더라도, 신용카드는 재산범죄의 객체인 '재물'에 해당한다(통설·판례). 신용카드가 소극적 재산가치 또

---

130) 신용카드의 유가증권성을 긍정하는 견해로는 박상기, 506면; 백형구, 501면. 부정하는 견해로는 김성돈, 346면; 김/서, 702면; 배종대, 678면; 이재상, 558면; 정/박, 691면; 정영일, 559면; 진/이, 415면.

131) 신용카드의 유가증권성을 부정한 대판 1999. 7. 9, 99 도 857: "신용카드업자가 발행한 신용카드는 이를 소지함으로써 신용구매가 가능하고 금융의 편의를 받을 수 있다는 점에서 경제적 가치가 있다 하더라도, 그 자체에 경제적 가치가 화체되어 있거나 특정의 재산권을 표창하는 유가증권이라고 볼 수 없고, 단지 신용카드회원이 그 제시를 통하여 신용카드회원이라는 사실을 증명하거나 현금자동지급기 등에 주입하는 등의 방법으로 신용카드업자로부터 서비스를 받을 수 있는 증표로서의 가치를 갖는 것". 그런데 신용카드의 유가증권성을 긍정한 것처럼 보이는 대판(1984. 11. 27, 84 도 1862)에서 "형법 제214조의 유가증권이란 증권 상에 표시된 재산상의 권리의 행사와 처분에 그 증권의 점유를 필요로 하는 것을 총칭하는 것이므로 그것이 유통성을 반드시 가질 필요는 없는 것이나, 재산권이 증권에 화체된다는 것과 그 권리의 행사처분에 증권의 점유를 필요로 한다는 두 가지 요소를 갖추어야 하는 것이고, 위 두 가지 요소 중 어느 하나를 갖추지 못한 경우에는 형법 제214조에서 말하는 유가증권이라 할 수 없는 것인데(당원 1972. 12. 26. 선고 72도1688 판결 참조), 이 사건 신용카드는 한국외환은행 소비조합이 그 소속 조합원에게 그의 직번(일종의 구좌번호), 구입상품명 등을 기재하여 교부하고 조합원은 이를 사용할 때 연월일, 금액 등을 기입, 제시하여 엘칸토 양화점(위 소비조합과 할부판매약정을 한 상점)에서 상품을 신용구입하고 그 양화점을 통하여 위 은행 소비조합에 이를 제출시켜 3개월마다 정산하여 조합원으로부터 수금하는 방식을 취하는 경우로서, 이는 위 카드에 의해서만 신용구매의 권리를 행사할 수 있는 점에 있어서 재산권이 증권에 화체되었다고 볼 수 있으니 유가증권이라고 볼 것"이라고 판시한 내용을 정확히 보자면, 외환은행 소비조합의 할부판매티켓을 엘칸토양화점 측에서 신용카드라고 칭한 데에서 발생한 착오라고 판단된다.

는 주관적 재산가치를 갖는 점에서 재산범죄에 의하여 보호해야 할 재물이라는 점을 부인할 수는 없기 때문이다. 신용카드가 재물인 이상, 신용카드 자체에 대한 절취, 강취, 사기, 습득, 공갈, 횡령 등의 행위는 절도죄, 강도죄, 사기죄, 점유이탈물횡령죄, 공갈죄, 횡령죄 등의 재산범죄를 구성한다.

(2) 타인명의의 신용카드를 부정사용한 후 곧 반환할 의사로 카드를 절취하여 사용하고 반환한 경우(카드에 대한 사용절도의 문제)

타인의 신용카드나 현금카드를 사용하여 현금자동지급기에서 현금을 부정인출하거나 가맹점에서 물품을 구입한 후 카드를 다시 소유자에게 몰래 반환한 경우에 카드에 대한 '사용절도'의 문제가 발생한다.

절도죄의 주관적 구성요건인 '불법영득의사'의 대상은 물체뿐만 아니라 물체에 화체되어 있는 가치까지도 포함한다고 하는 '종합설'이 통설·판례이다. 종합설은, 일시 사용한 후 반환할 의사로 카드를 절취한 사용절도라고 하더라도 현금자동인출기에서의 현금인출행위 또는 가맹점에서의 물품구입행위가 카드의 '기능가치의 감소'를 가져오는 경우에는 불법영득의 의사가 있다고 보아 절도죄의 성립을 긍정하게 된다. 그런데 신용카드나 현금카드를 분실·도난당한 카드명의인은 그 사실을 카드회사 또는 은행에 신고함으로써 제3자의 카드부정사용으로부터 발생한 금액-부정사용에 의한 현금인출금액, 현금서비스금액, 물품구입액 등-에 대하여 원칙적으로 책임을 지지 아니한다.[132] 그렇다면 카드의 사용절도행위는 카드의 현금인출기능 또는 신용기능이라는 '기능'을 사용한 것은 사실이지만, 사용으로 인하여 기능가치가 '감소'한 것은 아니므로, 절도죄의 성립을 부정하는 결론이 타당하다.[133]

대법원이 최근 "신용카드를 사용하여 현금자동지급기에서 현금을 인출하였다 하더라도 신용카드 자체가 가지는 경제적 가치가 인출된 예금액만큼 소모되었다고 할 수 없으므로, 이를 일시 사용하고 곧 반환한 경우에는 불법영득의 의사가 없다고 보아야 할 것이다(대법원 1998. 11. 10. 선 고 98도2642 판결 참조).···원심은, 피고인이 종업원으로 일하던 만화천국 가게에서, 위 가게의 주인인 피해자 정○○가 자리를

---

132) 예컨대 비씨카드사의 '신용카드 개인회원약관' 제40조 참조. 그리고 이 경우에도 카드회원(카드명의인)이 필요적으로 부담하는 소정의 금액은 사고처리관련비용(보상처리수수료) 내지 카드재발급비용으로 이해해야 할 것이다.

133) 현금카드의 사용절도에 대하여 불법영득의 의사를 인정할 수 없어서 절도죄가 성립하지 않는다는 견해로서는 배종대, 383면; 이재상, 275면.

비운 틈을 타서 위 피해자가 계산대 뒤의 창문에 두고 간 핸드백에서 피해자 소유의 엘지 신용카드 1장을 꺼내어 그곳에서 약 50m 떨어진 신한은행 종로5 가 출장소에 설치된 현금자동지급기에서 위 신용카드를 이용하여 50만원을 현금서비스 받고, 다시 위 가게로 돌아와서 피해자의 핸드백 안에 신용카드를 넣어 둔 사실을 인정한 다음, 신용카드를 이용하여 현금자동지급기에서 현금 을 인출하였다 하더라도 그 카드 자체가 가지는 경제적 가치가 인출된 예금액 만큼 소모되었다고 할 수 없을 뿐만 아니라 사용 후 바로 원래의 위치에 넣어 둔 점에 비추어 불법영득의 의사가 있다고 보기 어렵다 하여 이 부분 절도의 공소사실에 대하여 무죄를 선고하고 있다. 기록과 위에서 본 법리에 비추어 살펴보면, 원심의 위와 같은 조치는 수긍이 가고, 거기에 절도죄에 관한 법리 를 오해한 위법이 없으며, 한편 원심이 피고인이 위 피해자의 신용카드를 사 용하여 현금자동지급기에서 현금 50만원을 인출하여 절취하였다는 부분의 절 도의 공소사실을 유죄로 인정하여 처단하고 있는 이상(원심판결 범죄 사실 제8항), 이 사건 신 용카드 절도의 공소사실을 다시 편취 또는 형법 제348조의 2 소정의 편의시설 을 부정이용한 것으로 변경할 수도 없는 노릇"(대판 1999. 7. 9. 99 도 857)이라고 한 판결을 보 면, 타인의 신용카드를 부정사용해서 현금을 인출한 후 카드를 몰래 반환한 경우에 ① 불법영득의 의사가 없다고 보아 '신용카드'에 대한 절도죄의 성립 을 부정한 반면에,[134] ② 부정인출한 '현금'에 대해서는 절도죄의 성립을 긍정 하는 듯한 결론을 내리고 있다.

(3) 신용카드의 위조 · 변조

신용카드의 위조 · 변조행위는 권한없이 신용카드의 자기(磁氣)띠 부분의 전자기록에 변경을 가하거나 부정입수한 타인카드의 회원서명란에 자신의 서

---

134) 현금카드의 사용절도에 대하여 같은 취지의 대판 1998. 11. 10, 98 도 2642: "그 사용으로 인한 가치의 소모가 무시할 수 있을 정도로 경미하고 또한 사용 후 곧 반환한 것과 같은 때에는 그 소유권 또는 본권을 침해할 의사가 있다고 할 수 없어 불법영득의 의사를 인정할 수 없다고 봄이 상당하다(대법원 1992. 4. 24. 선고 92도118 판결, 1987. 12. 8. 선고 87도1959 판결 등 참조). 그런데 은행이 발행한 현금카드를 사용하여 현금자동지급기에서 현금을 인출하였다 하더라도 그 현금카드 자체가 가지는 경제적 가치가 인출된 예금액만큼 소모되었다고 할 수는 없을 것인 바, 이 사건에서 원심은 피고인이 피해자로부터 지갑을 잠시 건네받아 멋대로 지갑에서 피해자 소유의 외환은행 현금카드를 꺼내어 그 즉시 위 현금카드를 사용하여 현금자동지급기에서 금 700,000원의 현금을 인출한 후 위 현금카드를 곧바로 피해자에게 반환하였다고 하는 사실관계를 전제로 하여 피고인이 위 현금카드를 불법영득할 의사가 있었다고 볼 수 없다 하여 무죄를 선고 한 제1심판결을 그대로 유지하였는 바, 이와 같은 원심의 판단은 정당하고".

명을 써넣는 행위인데, 자기띠부분의 전자기록변경행위는 형법상 사전자기록위작·변작죄(제232조의 2: 5년 이하의 징역 또는 1천만원 이하의 벌금)에 해당하고, 동시에 여신전문금융업법 제70조 제1항 제1호의 신용카드위조·변조죄(7년 이하의 징역 또는 5천만원 이하의 벌금)에도 해당한다. 두 처벌법규는 법조경합 중 특별관계(일반법과 특별법의 관계)에 있다고 보아, 후자의 범죄만이 성립한다. 그러나 양자가 상상적 경합관계에 있다는 견해도 있다.[135]

(4) 신용카드의 부정발급

(가) 자기명의로 부정발급받는 경우   카드대금을 지불할 의사나 능력이 없는 자가 자기명의로 카드발급을 받는 행위 및 자신의 신용상태나 인적 사항을 허위로 기재하여 자기명의로 카드를 발급받는 행위는 사기죄에 해당한다.[136] 다만 사기죄는 재산상의 구체적인 위험이 발생한 경우에 기수에 도달하므로, 발급받은 카드를 사용한 시점에 사기죄의 기수가 성립한다고 보고,[137] 카드회사에 카드발급을 신청함으로써 사기죄의 실행의 착수가 있다고 함이 타당하다.

자기명의의 카드발급신청서를 허위로 작성하는 행위는 형법이 사문서의 무형위조를 처벌하지 않으므로 사문서위조죄가 성립하지는 않는다.

(나) 타인명의로 부정발급받는 경우   행사할 목적으로 타인명의를 사칭하거나 타인명의의 카드를 신청할 자격이 있는 것으로 모용하여 타인명의의 카드발급신청서를 작성·교부하는 것은 사문서위조 및 동 행사죄에 해당하고, 그 밖에 사기죄도 성립할 수 있다. 위조사문서행사죄와 사기죄는 상상적 경합관계에 선다.

4. '타인'명의의 신용카드의 부정사용에 대한 형사책임

(1) 타인명의의 신용카드로 물품을 구입한 행위

신용카드가맹점에서 물품을 구입하고 구입대금의 결제수단으로서 타인명의의 신용카드를 제시한 후 자신이 그 카드상의 명의인으로 가장하여 매출전표에 서명·교부하는 일련의 행위에 대한 형사책임이 문제된다.

(가) 사기죄의 성부   타인명의의 신용카드로 가맹점에서 물품을 구입한

---

135) 박상기, 338면.

136) 대판 1996. 4. 9, 95 도 2466. 반대설은 정/박, 380면.

137) 안경옥, "신용카드 부정취득·사용행위에 대한 형사법적 고찰", 형사법연구, 제11호, 1999. 5, 254면.

행위는 ① 타인명의의 신용카드를 가지고 자신이 그 명의인인 것처럼 카드가
맹점을 기망(묵시적 기망행위)하였고, ② 가맹점의 착오에 기한 물품교부행위
내지 처분행위가 있으며, ③ 재산상의 손해가 발생하므로, 사기죄가 성립된다
(통설 및 판례[138]). 피기망자가 가맹점이라는 점에 대하여는 의심이 없으나, 다
만 재산상의 피해자가 누구인가에 관하여는 다음과 같이 견해가 나뉜다. ㉠ 물
품 또는 용역의 제공 자체를 손해로 보고, 가맹점이 피해자라는 견해,[139] ㉡ 물
품 또는 용역의 대금을 결제하는 것은 카드회사이므로, 카드회사가 피해자라
는 견해(이 때 피기망자와 피해자가 다른 이른바 '삼각사기'에 해당한다고 한다),[140]
㉢ 가맹점에 귀책사유가 있어서 카드회사로부터 카드대금을 받지 못하는 경
우에는 가맹점이 피해자이고, 가맹점에 귀책사유가 없어서 카드회사가 카드
대금을 보전해야 하는 경우에는 카드회사가 피해자라는 견해(구분설)가[141] 대
립한다.

신용카드의 부정사용으로 인한 손실을 가맹점의 귀책사유(고의 또는 중대한
과실) 유무에 따라 가맹점 또는 카드회사가 나누어 부담하도록 규정한 여신전
문금융업법 제17조(신용카드업자의 가맹점에 대한 책임) 및 제16조(신용카드업자
의 신용카드회원에 대한 책임)를 고려하면, ㉢의 견해가 타당하다고 본다.

사기죄의 실행의 착수시기는 타인명의의 카드를 가맹점에 제시한 때이고,
기수시기는 매출전표에 서명·교부하여 가맹점으로부터 물품을 인수한 때이다.

(나) 사문서위조 및 동 행사죄의 성부   타인명의의 신용카드로 물품을 구입
하면서 매출전표에 서명하고 매출전표를 교부하는 행위는 사문서위조(형법 제
231조: 5년 이하의 징역 또는 1천만원 이하의 벌금) 및 동 행사죄($^{제234}_{조}$)에 해당한
다. 매출전표에 타인명의의 서명을 하는 행위는 서명위조죄($^{형법}_{제239조}$)에 해당하
지만, 사문서위조죄에 흡수된다(법조경합 중 흡수관계).

(다) 여신전문금융업법상의 신용카드부정사용죄의 성부 및 죄수

(a) 여신전문금융업법상의 신용카드부정사용죄의 성부   여신전문금융업법
은 분실 또는 도난된 신용카드 또는 직불카드를 사용한 자를 7년 이하의 징역
또는 5천만원 이하의 벌금에 처한다고 규정하고 있다($^{제70조 제1}_{항 제3호}$). 이 규정에 의

---

138) **대판** 1999. 7. 9, 99 **도** 857; 1997. 1. 21, 96 **도** 2715; 1996. 7. 12, 96 **도** 1181.
139) 김우진, "신용카드 부정사용죄의 기수시기", 형사판례연구(3), 283면.
140) 이재상, "불법영득의 의사와 크레디트카드사기", 고시계, 1994. 6, 199면.
141) 오영근, 428면.

하여 가맹점에서 물품을 구입하고 대금결제수단으로 타인명의의 신용카드를 제시하는 행위는 신용카드부정사용죄에 해당한다.

본죄의 보호법익은 '신용거래의 안전'으로서 사회적 법익에 속한다. 또 본죄는 분실·도난된 카드의 사용행위 자체를 처벌하는 '형식범'이고, 당연히 미수범처벌규정이 없다(제70조 제6항은 제1항 제1호와 제2호의 미수범을 처벌한다고 규정하고, 제3호를 미수범 처벌대상에서 제외하고 있다). 본죄에서 "도난된" 신용카드란 타인이 절취한 신용카드뿐만 아니라 부정사용자 자신이 절취한 경우를 포함하는 것으로 해석된다. 그리고 여신전문금융업법 제70조 제1항 '제3호'의 객체는 분실 또는 도난된 카드에 국한되어 있으나, 2002년 3월 30일의 법률개정에서 '제4호'를 신설하여 "강취·횡령하거나 사람을 기망·공갈하여 취득한 신용카드 또는 직불카드를 사용한 자"를 신용카드부정사용죄의 처벌대상에 추가하였다.[142] 따라서 신용카드부정사용죄의 '객체'는 절도죄·점유이탈물횡령죄뿐만 아니라, 강도죄·횡령죄·사기죄·공갈죄를 범하여 취득한 카드까지로 확대되었다.

(b) 여신전문금융업법상의 신용카드부정사용죄와 사문서위조 및 동 행사죄 간의 죄수   사문서위조 및 동 행사죄와 여신전문금융업법 제70조 제1항의 신용카드부정사용죄의 죄수관계는 법조경합 중 흡수관계로 후자의 범죄만이 성립된다고 함이 타당하다. 판례도 마찬가지이다.[143]

(c) 여신전문금융업법상의 신용카드부정사용죄와 절도죄 간의 죄수   타인명의의 신용카드를 절취한 후 부정사용한 경우에 절도죄와 여신전문금융업법상의 신용카드부정사용죄가 성립한다. 신용카드부정사용행위는 '사회적 법익'으로서 '신용거래의 안전'이라고 하는 별개의 법익을 위태롭게 한다는 점에서 절도죄의 불가벌적 사후행위로 볼 것이 아니다. 따라서 두 범죄는 실체적 경합관계에 있다. 판례도 두 범죄의 실체적 경합을 긍정한다.[144]

(d) 여신전문금융업법상의 신용카드부정사용죄와 사기죄 간의 죄수   신용카드상의 타인명의인으로 가장하여 카드를 사용하는 기망행위는 동시에 신용카

---

142) "여신전문금융업법 제70조 제1항 제4호에서는 '강취·횡령하거나, 사람을 기망하거나 공갈하여 취득한 신용카드나 직불카드를 판매하거나 사용한 자'를 처벌하도록 규정하고 있는데, 여기에서 '사용'은 강취·횡령, 기망 또는 공갈로 취득한 신용카드나 직불카드를 진정한 카드로서 본래의 용법에 따라 사용하는 경우를 말한다"(대판 2022. 12. 16, 2022 도 10629).

143) 대판 1992. 6. 9, 92 도 77.

144) 대판 1996. 7. 12, 96 도 1181.

드부정사용행위에 해당하므로, 사기죄와 신용카드부정사용죄 사이에는 행위
의 부분적 동일성이 있는 상상적 경합이 성립한다. 그러나 판례는 신용카드부
정사용죄와 사기죄의 실체적 경합이 발생한다고 한다.[145]

(e) 절도죄와 사기죄 간의 죄수   타인명의의 신용카드를 절취한 후 부정
사용한 경우에 절취행위와 기망행위라고 하는 두 개의 행위가 있으므로 절도
죄와 사기죄의 실체적 경합이 된다.

(f) 절도죄와 여신전문금융업법상의 신용카드부정사용죄 및 사기죄 간의 죄수
타인명의의 신용카드를 절취한 후 부정사용한 경우에 신용카드부정사용죄
와 사기죄(10년 이하의 징역 또는 2천만원 이하의 벌금)는 상상적 경합관계에 있
고, 이들 범죄와 절도죄는 실체적 경합관계에 있다.

(2) 타인명의의 신용카드로 현금자동인출기에서 현금을 인출한 행위
현금자동인출기에 타인명의의 신용카드를 주입하고 알아낸 비밀번호를 입
력하여 현금을 부정인출하는 행위에 대하여는 사기죄, 절도죄, 컴퓨터사용사
기죄, 신용카드부정사용죄, 편의시설부정이용죄 등의 성립 여부가 문제되는
데, 앞의 세 범죄의 성립을 모두 부정하고 현행법상 처벌이 불가능한 행위유
형이라는 주장도 있다.[146]

---

145) "신용카드를 절취한 후 이를 사용한 경우 신용카드의 부정사용행위는 새로운 법익의 침
해로 보아야 하고 그 법익침해가 절도범행보다 큰 것이 대부분이므로 위와 같은 부정사용행위가
절도범행의 불가벌적 사후행위가 되는 것은 아니고, 신용카드업법 제25조 제1항(참고: 구 신용
카드업법 제25조 제1항은 현행 여신전문금융업법 제70조 제1항에 해당함)이 규정하는 '도난, 분
실된 신용카드 또는 직불카드를 판매하거나 사용한 자'에 절취한 본범이 해당되지 않는다고 볼
수 없으므로, 원심이 위 신용카드를 절취한 후 이를 위 신용카드의 가맹점에서 물품을 구입하는
데 사용한 피고인의 행위가 신용카드업법 제25조 제1항 위반죄에 해당한다고 본 것은 정당하고,
거기에 신용카드업법의 법리를 오해한 위법이 있다고 할 수 없다.…피고인은 절취한 카드로 가
맹점들로부터 물품을 구입하겠다는 단일한 범의를 가지고 그 범의가 계속된 가운데 동종의 범행
인 신용카드 부정사용행위를 동일한 방법으로 반복하여 행하였다고 할 것이고, 또 위 신용카드
의 각 부정사용의 피해법익도 모두 위 신용카드를 사용한 거래의 안전 및 이에 대한 공중의 신
뢰인 것으로 동일하다고 할 것이므로, 피고인이 동일한 신용카드를 위와 같이 부정사용한 행위
는 포괄하여 일죄에 해당한다고 할 것이고, 신용카드를 부정사용한 결과가 사기죄의 구성요건에
해당하고 그 각 사기죄가 실체적 경합관계에 해당한다고 하여도 신용카드부정사용죄와 사기죄
는 그 보호법익이나 행위의 태양이 전혀 달라 실체적 경합관계에 있다고 보아야 할 것이므로 신
용카드부정사용행위를 포괄일죄로 취급하는 데 아무런 지장이 없다고 하겠다"(대판 1996. 7. 12,
96 도 1181).

146) 김영환, "신용카드 부정사용에 관한 형법해석론의 난점", 형사판례연구(3), 318면 이하;
하태훈, "현금자동인출기 부정사용에 대한 형법적 평가", 형사판례연구(4), 330-4면. 그러나 이
견해가 신용카드부정사용죄의 성립까지 부정하는지는 불확실하다.

(가) 사기죄의 성부   타인명의의 카드를 부정사용하여 현금자동인출기에서 현금을 인출하는 행위는 사기죄에 해당하지 않는다고 함이 타당하다. 왜냐하면 ① 사람에 대한 기망행위가 없고 ② 기계에 대한 기망행위는 인정되지 않기 때문이다.

(나) 컴퓨터 등 사용사기죄의 성부   타인명의의 신용카드와 비밀번호를 사용하여 현금자동인출기에서 현금을 인출하는 행위에 대하여 컴퓨터사용사기죄($\frac{제347조}{의2}$)의 성립를 긍정하는 견해와[147] 부정하는 견해가[148] 대립한다. 이 견해대립은 종래 컴퓨터사용사기죄의 구성요건 중 "부정한 명령을 입력하여"의 해석을 둘러싸고 벌어진 논란이었다. 이 요건은 당해 사무처리시스템에 예정되어 있는 사무처리의 목적에 비추어 주어서는 안되는 명령을 입력하는 행위를 말하는데, ① 부정확하거나 불완전한 정보의 입력 이외에 ② '진정한 정보의 권한없는 사용'을 포함하는가가 문제되었었다. 그러나 2001년 12월 29일의 형법개정에서는 컴퓨터사용사기죄의 행위태양에 "권한없이 정보를 입력·변경"하는 것을 추가하였으므로, 이 문제는 입법적으로 해결되었다. 즉 현금자동인출기에 타인의 진정한 비밀번호를 입력하는 행위는 컴퓨터사용사기죄의 구성요건 중 '권한없이 정보를 입력'하는 행위태양에 해당하므로, 종래의 해석상의 논란이 해소되었다.

그럼에도 불구하고 2001년 12월 29일의 형법개정에서는 컴퓨터사용사기죄의 취득객체에 '재물'이 추가되지 못하는 입법상의 과오가 발생했기 때문에, 타인의 신용카드로 현금을 인출한 행위가 컴퓨터사용사기죄의 구성요건에 해당할 수 없다는 문제의 여지가 잔존하고 있다. 즉 컴퓨터사용사기죄의 취득 '객체'는 '재산상의 이익'으로 명시되어 있는데, 재산상의 이익 개념과 재물 개념을 상호배타적인 택일 개념으로 이해한다면, 현금자동인출기에서 인출한 '현금'(재물)은 재산상의 이익에 포섭될 수 없으므로, 위 사례의 경우에 컴퓨터사용사기죄가 성립하지 않는다는 주장(부정설)이 제기될 수 있다. 그러나 본서는 '재산상의 이익'을 '재물'이 포함되는 '일반개념'으로 파악하고 있기 때문에, 위 사례에서의 '현금'인출행위가 컴퓨터사용사기죄를 구성하는 것으로

---

147) 권오걸, 585면; 김/서, 451면; 배종대, 491면; 손동권, "1995년 형법중요판례평석", 고시연구, 1996. 5, 174면; 오영근, 435면; 이재상, 372면; 이정원, 391면; 이형국, 388면; 정/박, 384면; 정영일, 331면.
148) 김성돈, 351면; 박상기, 341면; 장영민, 앞의 글, 49면.

결론내릴 수 있다(긍정설).[149]

대법원은 "우리 형법은 재산범죄의 객체가 재물인지 재산상의 이익인지에 따라 이를 재물죄와 이득죄로 명시하여 규정하고 있는데, 형법 제347조가 일반 사기죄를 재물죄 겸 이득죄로 규정한 것과 달리 형법 제347조의 2는 컴퓨터 등 사용사기죄의 객체를 재물이 아닌 재산상의 이익으로만 한정하여 규정하고 있으므로, 절취한 타인의 신용카드로 현금자동지급기에서 현금을 인출하는 행위가 재물에 관한 범죄임이 분명한 이상, 이를 위 컴퓨터 등 사용사기죄로 처벌할 수는 없다고 할 것이고, 입법자의 의도가 이와 달리 이를 위 죄로 처벌하고자 하는 데 있었다거나 유사한 사례와 비교하여 처벌상의 불균형이 발생할 우려가 있다는 이유만으로 그와 달리 볼 수는 없다"라고 판시함으로써 (대판 2003. 5. 13. 2003 도 1178, 同旨, 대판 2002. 7. 12, 2002 도 2134), 부정설의 입장에 서기도 하고, "예금주인 현금카드 소유자로부터 일정한 금액의 현금을 인출해 오라는 부탁을 받으면서 이와 함께 현금카드를 건네받은 것을 기화로 그 위임을 받은 금액을 초과하여 현금을 인출하는 방법으로 그 차액 상당을 위법하게 이득할 의사로 현금자동지급기에 그 초과된 금액이 인출되도록 입력하여 그 초과된 금액의 현금을 인출한 경우에는 그 인출된 현금에 대한 점유를 취득함으로써 이때에 그 인출한 현금 총액 중 인출을 위임받은 금액을 넘는 부분의 비율에 상당하는 재산상 이익을 취득한 것으로 볼 수 있으므로, 이러한 행위는 그 차액 상당액에 관하여 형법 제347조의 2(컴퓨터등사용사기)에 규정된 '컴퓨터 등 정보처리장치에 권한 없이 정보를 입력하여 정보처리를 하게 함으로써 재산상의 이익을 취득'하는 행위로서 컴퓨터 등 사용사기죄에 해당된다"라고 함으로써(대판 2006. 3. 24. 2005 도 3516) 긍정설의 입장에 서기도 한다. 대법원은 모순된 판결을 내림에 있어서 전원합의체판결을 통하여 '판례변경' 여부를 분명히 할 필요가 있다. 타인의 신용카드로 현금자동인출기에서 현금을 인출한 행위가 컴퓨터사용사기죄에 해당한다는 판결과 해당하지 않는다는 판결이 혼재하는 사태는 최고법원으로서 법령해석의 통일을 기할 책무를 지고 있는 대법원에 어울리지 않는 모습이다.

---

149) 종래의 견해(부정설)를 제3정판에서부터는 긍정설로 변경한다. 입법에 의하여 컴퓨터사용사기죄의 취득객체를 "재물 기타 재산상의 이익"으로 명시하는 것이 해석론상의 문제점을 근원적으로 해결하는 길이다. 현금을 컴퓨터사용사기죄의 취득객체인 재산상의 이익에 포함시키는 해석으로는 김/서, 453-4면: 이재상, 357면: 정/박, 384면. 이를 부정하는 해석으로는 김성돈, 354면: 박상기, 333면: 진/이, 384면.

한편 이와는 달리 타인의 신용카드로 현금자동인출기가 아닌 ARS 전화서비스나 인터넷 등을 통하여 신용대출을 받는 경우에는 재물이 아닌 '재산상의 이익'을 취득하는 것이므로 컴퓨터사용사기죄가 성립한다.[150]

그리고 현금자동인출기에서의 현금인출에 대해 편의시설부정이용죄(제348조의2)의 성부가 논의될 수도 있다. 그러나 이 범죄의 객체는 대가를 지급하고 편의를 제공받는 '유료자동설비'에 국한되는데, 현금자동인출기는 이에 해당하지 않으므로 편의시설부정이용죄는 성립되지 않는다.

(다) 절도죄의 성부   타인의 신용카드 또는 현금카드를 부정사용하여 현금자동인출기에서 현금을 인출하는 행위가 절도죄를 구성하는가에 관하여도 긍정설과[151] 부정설이[152] 대립하고 있다.

절도죄의 객체는 '타인이 점유하는 타인소유의 재물'이고 절취행위는 '점유자의 의사에 반하는' 점유취득이므로, 현금인출행위의 절도죄 성립 여부에서 밝혀야 할 문제점은 ① 현금자동인출기 안의 현금이 '누구의 소유와 누구의 점유인가' 하는 점과 ② 타인의 카드와 알아낸 비밀번호를 사용하여 현금을 인출하는 행위가 인출기 안에 있는 현금의 '점유자의 의사에 반하는가' 하는 점이다.

① 현금자동인출기 안의 현금은 '현금자동인출기 관리자' - 대체로 은행이 관리함 - 의 소유와 점유에 속하고, 카드명의인의 소유 및 점유에 속하는 것은 아니라고 함이 타당하다. ② 현금의 점유자가 현금자동인출기 관리자인 이상, 현금인출행위가 현금자동인출기 관리자의 의사에 반하는가를 밝혀야 하고, 카드명의인의 의사를[153] 초점으로 할 것은 아니다. 현금자동인출기 관리자의 의사가 초점이 된다면, 현금자동인출기 관리자의 의사의 내용이 문제인데, ㉠ 카드사용자가 정당한 소지인인가를 묻지 않고 정확한 자료(비밀번호)가 입력되기만

---

150) "타인의 명의를 도용하여 발급받은 신용카드의 번호와 그 비밀번호를 이용하여 ARS 전화서비스나 인터넷 등을 통하여 신용대출을 받는 방법으로 재산상 이익을 취득하는 행위 역시 (모용자인 피고인에게: 저자 註) 미리 포괄적으로 허용된 행위가 아닌 이상, 컴퓨터 등 정보처리장치에 권한없이 정보를 입력하여 정보처리를 하게 함으로써 재산상 이익을 취득하는 행위로서 컴퓨터등사용사기죄에 해당한다"(대판 2006. 7. 27, 2006 도 3126).

151) 김성돈, 351면; 김우진, 앞의 글, 295면; 박상기, 341면; 백형구, 185면; 이재상, 371면; 정영진, "신용카드범죄의 유형과 제재", 재판자료, 제64집, 250면; 진/이, 419면.

152) 권오걸, 585면; 김영환, 앞의 글, 318면; 김/서, 451면; 배종대, 490면; 손동권, 앞의 글, 173면; 오영근, 428면; 이형국, 388면; 정/박, 384면; 정영일, 331면; 하태훈, 앞의 글, 330면.

153) 카드명의인의 의사를 초점으로 해야 한다는 견해는 박상기, 340-1면.

하면 현금을 내주겠다는 의사인지, 또는 ⓛ 비록 정확한 자료가 입력되더라도
카드사용자가 정당한 소지인일 것을 전제로 해서만 현금을 내주겠다는 의사
인지에 대한 해석이 절도죄 성립 여부의 관건이 된다. ㉠의 입장에 선다면 현
금인출행위는 현금자동인출기 관리자의 의사에 합치되므로 절도죄가 성립되
지 않고, ⓛ의 입장에 선다면 현금인출행위는 현금자동인출기 관리자의 의사
에 반하게 되어 절도죄가 성립하게 된다. 생각건대 카드사용자가 정확한 비밀
번호를 입력하여 현금을 인출한 이상 현금자동인출기의 관리자인 은행은 면
책된다는 점에서, 은행은 ㉠의 의사를 가지고 현금자동인출기를 관리한다고
보아야 할 것이고, 결론적으로 절도죄의 성립을 부정하는 견해가 타당하다.

　타인카드를 부정사용한 현금인출행위에 대하여 대법원은 절도죄의 성립을
긍정하고 있다.[154] [155]

---

154) ㉠ "피고인이 타인의 명의를 모용하여 신용카드를 발급받은 경우, 비록 카드회사가 피고
인으로부터 기망을 당한 나머지 피고인에게 피모용자 명의로 발급된 신용카드를 교부하고, 사실
상 피고인이 지정한 비밀번호를 입력하여 현금자동지급기에 의한 현금대출(현금서비스)을 받을
수 있도록 하였다 할지라도, 카드회사의 내심의 의사는 물론 표시된 의사도 어디까지나 카드명
의인인 피모용자에게 이를 허용하는 데 있을 뿐, 피고인에게 이를 허용한 것은 아니라는 점에서
피고인이 타인의 명의를 모용하여 발급받은 신용카드를 사용하여 현금자동지급기에서 현금대출
을 받는 행위는 카드회사에 의하여 미리 포괄적으로 허용된 행위가 아니라, 현금자동지급기의 관
리자의 의사에 반하여 그의 지배를 배제한 채 그 현금을 자기의 지배하에 옮겨 놓는 행위로서 절
도죄에 해당한다"(**대판 2002. 7. 12, 2002 도 2134**). ⓛ "피해자 명의의 신용카드를 부정사용하여
현금자동인출기에서 현금을 인출하고 그 현금을 취득까지 한 행위는 신용카드업법 제25조 제1항
의 부정사용죄에 해당할 뿐 아니라, 그 현금을 취득함으로써 현금자동인출기 관리자의 의사에
반하여 그의 지배를 배제하고 그 현금을 자기의 지배하에 옮겨 놓는 것이 되므로 별도로 절도죄
를 구성하고, 위 양 죄의 관계는 그 보호법익이나 행위태양이 전혀 달라 실체적 경합관계에 있는
것으로 보아야 한다"(대판 1995. 7. 28, 95 도 997). 절도죄의 성립을 긍정하더라도 절도죄와 신
용카드부정사용죄를 실체적 경합관계로 본 ⓛ의 판결은 부당하고, 상상적 경합관계에 있다고 함
이 타당하다. ㉢ '갈취'한 현금카드로 현금자동지급기에서 예금을 인출한 경우에는 공갈죄만이
성립하지만, '강취'한 현금카드로 현금자동지급기에서 예금을 인출한 경우에는 강도죄와 절도죄
의 실체적 경합범이 성립한다는 다음 대판 참조."예금주인 현금카드 소유자를 협박하여 그 카드
를 갈취한 다음 피해자의 승낙에 의하여 현금카드를 사용할 권한을 부여받아 이를 이용하여 현
금자동지급기에서 현금을 인출한 행위는 모두 피해자의 예금을 갈취하고자 하는 피고인의 단일
하고 계속된 범의 아래에서 이루어진 일련의 행위로서 포괄하여 하나의 공갈죄를 구성한다고 볼
것이므로, 현금자동지급기에서 피해자의 예금을 인출한 행위를 현금카드 갈취행위와 분리하여
따로 절도죄로 처단할 수는 없는 것이다(대법원 1996. 9. 20. 선고 95도1728 판결 등 참조). 왜냐
하면 위 예금인출행위는 하자 있는 의사표시이기는 하지만 피해자의 승낙에 기한 것이고, 피해
자가 그 승낙의 의사표시를 취소하기까지는 현금카드를 적법, 유효하게 사용할 수 있으므로, 은
행으로서도 피해자의 지급정지신청이 없는 한 그의 의사에 따라 그의 계산으로 적법하게 예금을
지급할 수밖에 없는 것이기 때문이다. 그러나 강도죄는 공갈죄와는 달리 피해자의 반항을 억압
할 정도로 강력한 정도의 폭행·협박을 수단으로 재물을 탈취하여야 성립하는 것이므로, 피해자

(라) 여신전문금융업법상의 신용카드부정사용죄   분실·도난된 타인명의의
카드를 사용하여 현금자동인출기에서 현금을 인출하는 경우에는 여신전문금
융업법 제70조 제1항 제3호의 신용카드부정사용죄가 성립한다. 현금인출은
카드명의인의 예금계좌에 있는 예금을 인출하는 것에 불과하고 신용기능을
이용하는 것은 아니므로 현금부정인출행위는 신용카드의 본래적 용도에 해당
한다고 볼 수 없고, 따라서 동 조항 제3호의 사용행위에 해당하지 않으며 결
국 신용카드부정사용죄가 성립하지 않는다는 견해가[156] 있으나, 부당한 해석
이라고 생각한다. 제3호에서 처벌대상인 행위는 분실·도난된 카드의 단순한
"사용"으로 규정되어 있을 뿐이지 '부정사용'으로 규정되어 있는 것은 아니기
때문에, 현금자동인출기에서의 사용을 사용행위에서 제외할 이유가 없다. 대법원
은 타인카드를 사용한 현금인출행위에 대하여 신용카드부정사용죄의 성립을
긍정하기도 하고,[157] 부정하기도 한다.[158]

로부터 현금카드를 강취하였다고 인정되는 경우에는 피해자로부터 현금카드의 사용에 관한 승
낙의 의사표시가 있었다고 볼 여지가 없다. 따라서 강취한 현금카드를 사용하여 현금자동지급기
에서 예금을 인출한 행위는 피해자의 승낙에 기한 것이라고 할 수 없으므로, 현금자동지급기 관
리자의 의사에 반하여 그의 지배를 배제하고 그 현금을 자기의 지배하에 옮겨 놓는 것이 되어서
강도죄와는 별도로 절도죄를 구성한다"(대판 2007. 5. 10, 2007 도 1375).

155) 각주 154)의 판례와 구별해야 할 대법원판결로는 다음과 같은 것이 있다. "판결요지: 절
취한 타인의 신용카드를 이용하여 현금지급기에서 계좌이체를 한 행위는 컴퓨터등사용사기죄에
서 컴퓨터 등 정보처리장치에 권한 없이 정보를 입력하여 정보처리를 하게 한 행위에 해당함은
별론으로 하고 이를 절취행위라고 볼 수는 없고, 한편 위 계좌이체 후 현금지급기에서 현금을 인
출한 행위는 자신의 신용카드나 현금카드를 이용한 것이어서 이러한 현금인출이 현금지급기 관
리자의 의사에 반한다고 볼 수 없어 절취행위에 해당하지 않으므로 절도죄를 구성하지 않는다"
(대판 2008. 6. 12, 2008 도 2440).

156) 안경옥, 앞의 글, 258면 주 42).

157) "구 신용카드업법 제25조 제1항 소정의 부정사용이라 함은 위조·변조 또는 도난·분실
된 신용카드를 진정한 카드로서 신용카드의 본래의 용법에 따라 사용하는 경우를 말하는 것이므
로(대법원 1995. 7. 28. 선고 95도997 판결 참조), 결국 신용카드를 사용하여 예금을 인출할 수
있는 현금카드기능은 법 제6조 제2항, 법시행령 제5조 제3호, 제6조의 규정 등에 따라 재정경제
원장관이 신용카드업을 건전하게 보호·육성하여 신용사회의 기반을 조성하고 소비자의 금융편
의를 도모함으로써 국민경제의 발전에 이바지한다는 신용카드업법의 목적(제1조)을 달성하기
위하여 허가한 부대의무로 볼 수 있다. 따라서 피고인이 강취한 신용카드를 온라인 현금자동지
급기에 주입하고 비밀번호 등을 조작하여 피해자의 예금을 인출한 행위는 재정경제원장관의 인
가를 받아 신용카드업자가 시행하고 있는 신용카드의 현금카드기능을 사용한 것으로 이와 같은
일련의 행위도 신용카드 본래 용도에 따라 사용하는 것으로 보아야 할 것이므로, 법 제25조 제1
항 소정의 부정사용의 개념에 포함된다 할 것"(대판 1998. 2. 27, 97 도 2974).

158) "여신전문금융업법 제70조 제1항 소정의 부정사용이라 함은 위조·변조 또는 도난·분실
된 신용카드나 직불카드를 진정한 카드로서 신용카드나 직불카드의 본래의 용법에 따라 사용하
는 경우를 말하는 것이므로, 절취한 직불카드를 온라인 현금자동지급기에 넣고 비밀번호 등을

(마) 컴퓨터사용사기죄와 신용카드부정사용죄 간의 죄수   컴퓨터사용사기죄
와 신용카드부정사용죄는 상상적 경합관계에 있다. 절도죄의 성립을 긍정하
는 경우에는 이들 세 범죄의 상상적 경합범이 성립한다.

(3) 카드가맹점이 타인명의의 카드로 매출전표를 허위로 작성하는 행위

신용카드가맹점이 타인명의의 카드를 부정사용하여 매출전표를 허위로 작
성한 후, 이를 신용카드회사에 제출하고 대금을 청구한 행위의 형사책임이 문
제된다. 있지도 않은 거래사실을 가장하여 매출전표를 작성하는 행위는 사문
서위조죄에 해당하고, 매출금액을 초과하는 매출전표를 작성하는 행위는 사
문서변조죄에 해당한다. 분실·도난된 타인의 신용카드를 부정사용하여 매출
전표를 허위작성하는 경우에는 사문서위조죄 이외에 신용카드부정사용죄가
성립하게 되는데, 두 죄는 법조경합의 관계에서 전자가 후자에 흡수된다.[159]

그 밖에 허위의 매출전표를 제출함으로써 카드회사를 기망하여 대금을 청
구하는 행위는 사기죄에 해당한다.[160] 그리고 비록 거래사실과 매출금액이 정
확하더라도 '다른' 신용카드가맹점의 명의로 매출전표를 작성하여 매출채권을
행사하는 경우에는 여신전문금융업법 제70조 제3항 제3호에 의하여 처벌된다.

5. '자기'명의의 신용카드의 부정사용에 대한 형사책임

전술한 바와 같이 카드대금의 지불의사나 지불능력없이 자기명의로 카드
발급을 받는 행위는 사기죄에 해당한다.[161] 따라서 이곳에서 논의되는 것은 이
미 발급된 신용카드의 명의인 자신이 카드대금의 지불의사나 지불능력없이
카드가맹점에서 물품을 구입하는 행위 또는 현금자동인출기에서 현금을 인출
하는 행위에 대한 형사책임이다.

(1) 자기명의의 신용카드로 지불의사와 지불능력없이 물품을 구입한 행위

(가) 사기죄의 성부   카드가맹점에서의 물품구입행위에 대하여 먼저 사기
죄의 성부가 문제된다. 카드의 제시는 카드대금납부의 의사를 포함하는 것이

입력하여 피해자의 예금을 인출한 행위는 여신전문금융업법 제70조 제1항 소정의 부정사용의 개
념에 포함될 수 없다"(대판 2003. 11. 14. 2003 도 3977).

159) 대판 1992. 6. 9. 92 도 77.

160) "피고인이 이 사건 매출전표가 용역의 제공을 가장한 허위의 매출전표임을 고지하지 아
니한 채 신용카드회사에게 제출하여 대금을 청구한 행위는 사기죄의 실행행위로서의 기망행위
에 해당한다고 할 것"(대판 1999. 2. 12. 98 도 3549).

161) 대판 1996. 4. 9. 95 도 2466.

아니며, 가맹점은 카드명의인의 대금지불의사나 능력을 고려하지 않고 대금 결제를 카드로 받는 것이므로, 기망행위가 존재하지 않는다는 논거를 들어, 사기죄의 성립을 부정하는 견해가 있다.[162] 그러나 이 경우에도 '카드회사'는 카드명의인의 지불의사와 능력을 신뢰하는 것이므로, 가맹점을 매개로 하여 카드회사가 피기망자가 되며, 가맹점에 귀책사유가 있어서 카드회사로부터 카드대금을 받지 못하는 경우에는[163] 가맹점이 재산상의 피해자가 되고, 가맹 점에 귀책사유가 없어서 카드회사가 카드대금을 보전해야 하는 경우에는 카 드회사가 재산상의 피해자가 된다고 보아, 사기죄의 성립을 긍정하는 견해가 타 당하다.[164] 대법원은, 대금결제의 의사와 능력이 없는 자가 카드회사를 기망하 여 카드를 발급받은 후 현금자동지급기를 통한 현금대출과 가맹점을 통한 물 품구입대금을 대출받은 경우에, 일련의 편취행위가 있은 것으로 보고 사기죄 의 포괄적 일죄가 성립한다고 한다(긍정설의 입장).[165]

(나) 여신전문금융업법상의 신용카드부정사용죄   '자기'명의의 신용카드를 부정사용하는 행위는 여신전문금융업법 제70조 제1항의 신용카드부정사용죄 에 해당하지 않는다.

(2) 자기명의의 신용카드로 지불의사와 지불능력없이 현금자동인출기에서 현 금을 인출한 행위

(가) 사기죄의 성부   지불의사와 지불능력없는 자가 자신의 카드를 사용

---

162) 권오걸, 577면; 김영환, 앞의 글, 308면; 배종대, 481면; 안경옥, 앞의 글, 262-3면; 오경 식, "한국과 독일의 신용카드범죄의 실태와 대책에 관한 비교연구", 형사정책, 제8호, 1996, 155-6면; 오영근, 431면; 이재상, 374면.

163) 여신전문금융업법 제17조에 따라 가맹점에 고의 또는 중대한 과실이 있는 경우.

164) 피기망자와 피해자가 누구인가에 관한 이론구성에 차이를 보이기는 해도, 사기죄의 성립 을 긍정하는 견해는 김성돈, 346면; 김우진, 앞의 글, 287면; 김/서, 447면; 박상기, 340면; 장영 민, "자기명의의 신용카드남용행위의 죄책(上)", 고시연구, 1997. 5, 72면; 이형국, 387면; 정/박, 383면; 진/이, 417면.

165) "피고인이 카드사용으로 인한 대금결제의 의사와 능력이 없으면서도 있는 것 같이 가장 하여 카드회사를 기망하고, 카드회사는 이에 착오를 일으켜 일정 한도 내에서 카드사용을 허용 해 줌으로써 피고인은 기망당한 카드회사의 신용공여라는 하자있는 의사표시에 편승하여 자동 지급기를 통한 현금대출도 받고, 가맹점을 통한 물품구입대금 대출도 받아 카드발급회사로 하여 금 같은 액수 상당의 피해를 입게 함으로써, 카드사용으로 인한 일련의 편취행위가 포괄적으로 이루어지는 것이다. 따라서 이 사건에서 카드사용으로 인한 카드회사의 손해는 그것이 자동지급 기에 의한 인출행위이든 가맹점을 통한 물품구입행위이든 불문하고 모두가 피해자인 카드회사 의 기망당한 의사표시에 따른 카드발급에 터잡아 이루어지는 사기의 포괄일죄라 할 것"(**대판** **1996. 4. 9, 95 도 2466.** 同旨, 대판 2005. 8. 19, 2004 도 6859; 1996. 5. 28, 96 도 908).

하여 현금자동인출기에서 현금을 인출한 행위는 ① 사람에 대한 기망행위가 없고 ② 기계에 대한 기망행위도 인정되지 않으므로, 사기죄가 성립하지 않는다고 봄이 타당하다.[166] 그러나 이 경우에 대법원은 사기죄의 성립을 긍정한다.[167]

그 밖에 현금인출을 위한 자기명의의 카드사용은 ① 허위의 정보입력도 아니고 ② 부정한 명령의 입력도 아니며 ③ 권한없이 정보를 입력·변경하는 것도 아니므로, 컴퓨터사용사기죄도 성립하지 않는다.

(나) 절도죄의 성부   '자기'명의의 카드로 현금을 인출하는 행위는 정당한 카드소지인이 자신의 비밀번호를 입력하는 것인데, 이는 현금자동인출기 관리자의 의사에 반하는 것이라고 할 수 없으므로 절취행위에 해당하지 않는다고 보아 절도죄의 성립을 부정하는 것이 타당하다. 결론적으로 무자력자가 자기명의의 카드로 현금을 인출하는 행위는 사기죄와 절도죄가 모두 성립하지 않는다.[168]

(다) 여신전문금융업법상의 신용카드부정사용죄   지불의사와 지불능력없이 '자기'명의의 신용카드로 현금을 인출하는 행위는 여신전문금융업법 제70조 제1항의 신용카드부정사용죄에 해당하지 않는다.

Ⅲ. 준사기죄

제348조 [준사기] 제1항 "미성년자의 사리분별력 부족 또는 사람의 심신장애를

---

166) 권오걸, 577면; 박상기, 340면; 배종대, 489면; 오영근, 432면; 이재상, 374면; 정/박, 382면; 허일태, "결제능력없이 신용카드로 현금자동지급기에서 현금인출행위", 형법연구(Ⅰ), 세종출판사, 1997, 338면 이하.

167) 현금인출행위에 대하여 사기죄의 성립을 명백히 긍정한 판결: "원심은 신용카드를 이용하여 현금자동지급기에서 현금을 인출하는 경우에는 사람에 대한 기망행위 및 그에 따른 처분행위에 의하여 현금을 편취하는 것이라고 할 수 없으므로, 비록 피고인이 결제의 의사나 능력없이 기계인 현금자동지급기로부터 금원을 신용대출받았다 하여도 이는 사기죄에 해당하지는 않는다고 판시하였다. 그러나 위 주위적 공소사실의 요지는 피해자인 삼성신용카드주식회사가 무자력자인 피고인으로부터 기망당하여 피고인에게 신용카드를 발급하여 줌으로써…피고인이 기망당한 신용카드회사의 신용공여에 편승하여 현금자동지급기를 통하여 현금대출도 받고, 가맹점을 통한 물품구입대금대출도 받아 신용카드발급회사로 하여금 같은 금액 상당의 피해를 입게 한 것이라면, 그와 같은 현금의 지급이 사람이 아닌 기계에 의하여 이루어졌다 하더라도 피고인이 현금자동지급기에서 현금을 인출한 행위는 가맹점에서 물품을 구입한 행위와 함께 모두가 피해자인 삼성신용카드주식회사의 기망당한 의사표시에 따른 신용카드발급에 터잡아 이루어지는 사기의 포괄일죄를 구성한다 할 것"(**대판 1996. 5. 28, 96 도 908.** 同旨, 대판 1996. 4. 9, 95 도 2466).

168) 권오설, 577면; 김영환, 앞의 글, 261면; 박상기, 340면; 안경옥, 앞의 글, 263면; 오영근, 432면; 이재상, 374면; 정/박, 382면; 하태훈, 앞의 글, 330면 이하.

이용하여 재물을 교부받거나 재산상 이익을 취득한 자는 10년 이하의 징역 또는 2천만원 이하의 벌금에 처한다."

제2항 "제1항의 방법으로 제3자로 하여금 재물을 교부받게 하거나 재산상 이익을 취득하게 한 경우에도 제1항의 형에 처한다."

1. 의의, 성격, 보호법익

본죄는 "미성년자의 사리분별력 부족 또는 사람의 심신장애를 이용하여 재물을 교부받거나 재산상 이익을 취득하거나 또는 제3자로 하여금 재물을 교부받게 하거나 재산상 이익을 취득하게 함으로써 성립하는 범죄"이다. 미성년자의 사리분별력 부족 또는 사람의 심신장애를 이용하여 재물을 교부받거나 재산상 이익을 취득하는 것은 기망수단을 쓰지 않더라도 기망행위를 한 사기죄와 유사하다고 보아, 사기죄에 준하여 처벌한다. 보호법익은 재산이고, 보호의 정도는 침해범이다(^{답수}).[169] 준사기죄도 피해자에게 재산상의 손해가 발생한 때 기수가 된다.

본죄는 사기죄와 법조경합 중 보충관계에 있는 범죄이다. 따라서 사리분별력이 부족한 미성년자 또는 심신장애자에 대하여 적극적으로 기망수단을 쓴 때에는 본죄가 아니라 사기죄가 성립한다.

2. 구성요건

미성년자의 사리분별력 부족 또는 사람의 심신장애를 이용하여 재물을 교부받거나 재산상 이익을 취득하는 것이다.

(1) 미성년자

민법상의 미성년자, 즉 19세 미만자를 말한다. 모든 미성년자가 이용행위의 객체가 되는 것은 아니고, 그 중에서 사리분별력이 부족한 자에 한한다. '사리분별력 부족'이란 아직 세상물정에 어둡고 사려가 깊지 못하여 재산거래에 있어서 지적 판단능력이 현저히 낮은 경우를 말한다.

(2) 심신장애

본조의 '심신장애'는 정신적 결함으로 인하여 재산거래에 있어서 하자있는 처분을 할 정도를 말한다. 본조의 심신장애는 재산상의 거래능력에 관한 것으로서, 책임능력에 관한 제10조의 심신장애자와 의미가 같지 않다. 따라서 재

---

169) 위험범설은 권오걸, 590면; 유기천, 상권, 252면; 이재상, 359면.

산을 처분한 심신상실자가 그 정도가 심하여 재산처분의사의 '하자'가 문제되는 것이 아니라 재산처분의 '의사' 자체가 부정될 성질의 것이라면, 본죄가 아니라 절도죄가 성립한다고 본다.[170]

3. 형   벌

10년 이하의 징역 또는 2천만원 이하의 벌금에 처한다. 10년 이하의 자격정지를 병과할 수 있다($^{제353}_{조}$). 본죄의 미수범은 처벌한다($^{제352}_{조}$).

Ⅳ. 편의시설부정이용죄

제348조의 2 [편의시설부정이용] "부정한 방법으로 대가를 지급하지 아니하고 자동판매기, 공중전화 기타 유료자동설비를 이용하여 재물 또는 재산상의 이익을 취득한 자는 3년 이하의 징역, 500만원 이하의 벌금, 구류 또는 과료에 처한다."

1. 의의, 보호법익, 입법취지

본죄는 "부정한 방법으로 대가를 지급하지 아니하고 자동판매기, 공중전화 기타 유료자동설비를 이용하여 재물 또는 재산상의 이익을 취득함으로써 성립하는 범죄"이다. 본죄의 보호법익은 재산이며, 보호의 정도는 침해범이다.

본죄는 유료자동설비를 대가없이 부정한 방법으로 사용한 경우에 기존의 사기죄나 절도죄로 처벌할 수 없는 문제점을 보완하기 위하여 1995년 형법개정에서 신설되었다. ① 유료자동설비의 부정사용은 사람에 대한 기망이 없고 동시에 기계에 대한 기망행위가 인정되지 않으므로 사기죄로 처벌할 수 없으며, ② 공중전화의 부정사용과 같이 재물의 취득이 없는 경우에는 절도죄로 처벌할 수 없고, ③ 자동판매기 안의 재물을 부정취득하는 경우처럼 경미한 절도에 대하여는 통상의 절도죄보다 낮은 법정형의 처벌규정을 별도로 마련할 필요가 있다는 점이 본죄를 신설하게 된 배경이다.[171]

입법취지에 비추어 보아, 본죄는 컴퓨터사용사기죄 및 절도죄에 대하여 법

---

170) 강구진, 335면; 권오걸, 591면; 김성돈, 359-60면; 김성천, 950면; 김/서, 461면; 박상기, 346면; 배종대, 501면; 백형구, 186면; 오영근, 439면; 유기천, 상권, 252면; 이재상, 360면; 이형국, 393면; 정/박, 391면; 정영일, 336면; 진/이, 428면.

171) 형법개정법률안 제안이유서, 183면.

조경합 중 특별관계에 있는 것으로 해석된다.[172]

2. 구성요건

(1) 행위의 객체

부정이용행위의 객체는 자동판매기, 공중전화 기타 유료자동설비이다. '유료자동설비'(Automat)란 동전을 투입하는 등 대가를 지급하면 기계 또는 전자장치가 작동을 개시하여 일정한 물건 또는 편익(서비스)을 제공해 주는 일체의 기계를 말한다. 여기에는 담배·음료수·승차권 등을 판매하는 자동판매기와 자동놀이기구·컴퓨터게임기·공중전화 등과 같은 편익제공자동설비가 있다. 자동판매기는 유료자동설비의 예시로 보는 것이 타당하다.

공중교통기관의 이용, 영화·연극 등 공연장소에서의 관람, 도서관·박물관의 이용 등에 있어서 그 출입시설이 '무인화·자동화'된 유료기계설비라면, 대가없이 부정하게 이용하는 경우에 본죄가 성립한다.[173]

자동설비는 '유료'인 것, 즉 대가를 지급한 때에만 작동되는 자동설비를 말한다. 그 이용에 대가의 지급이 '선행'되는 자동설비에 국한되고,[174] 이용한 후에 이용료가 청구되는 자동설비는 제외된다고 해석해야 한다. 무료인 모임에 출입자를 제한하기 위하여 설치된 자동설비를 부정이용한 경우, 또는 사용한 후에 요금이 청구되는 '일반전화'를 무단사용한 경우에는[175] 은행의 현금자동인출기는 유료설비라고 할 수 없으므로 본죄의 객체가 되지 않는다.

〈관련문제: 공중전화가 아닌 타인의 '일반전화'를 부정사용한 행위의 형사책임〉

① 편의시설부정이용죄의 성부　　대가없이 '공중전화'를 부정사용하는 행위는 편의시설부정이용죄에 해당하지만, 이와 달리 타인의 '일반전화'를 대가없이 몰래 부정사용하여 타인으로 하여금 부당한 전화요금을 납부하게 한 경우에도 편의시설부

---

172) 김성돈, 359면; 김/서, 460면. 본죄가 사기죄 및 컴퓨터사용사기죄에 대하여 보충규정이라는 견해로는 권오걸, 590면; 배종대, 500면; 이재상, 359면; 이형국, 392면; 정/박, 390면; 정영일, 336면; 진/이, 427면.

173) 김성돈, 360면; 김성천, 951면; 김/서, 464면; 박상기, 348면; 배종대, 502면; 오영근, 441면; 이재상, 360면; 이형국, 394면; 정/박, 390면.

174) 김성돈, 360면; 김/서, 463면. 이에 대하여 대가의 지급이 선불인가 후불인가를 묻지 않는다는 견해로는 오영근, 440-1면; 정/박, 392면.

175) 이에 반하여, 부정한 기술적 방법으로 자신이 이용하는 전화요금이 타인의 전화번호에 계산되도록 한 행위는 본죄에 해당하지 않는다. 이러한 행위가 편의시설부정이용죄에 해당한다는 견해로는 박상기, 348-9면. 이 때 절도죄가 된다는 견해로는 이정원, 395면.

정이용죄가 성립하는가가 문제된다.

일반전화는 편의시설부정이용죄의 객체인 '유료자동설비'에 해당하지 않기 때문에 일반전화의 부정사용행위는 '편의시설부정이용죄'를 구성하지 않는다.

② 사기죄의 성부   전화기의 부정사용은 사람에 대한 기망도 없고, 기계에 대한 기망도 인정되지 않기 때문에 '사기죄'를 구성하지 않는다. 판례도 공중전화이든 일반전화이든 그 부정사용이 사기죄를 구성하지 않는다고 한다. 대법원은 "사기죄가 성립하기 위하여는 기망행위와 이에 기한 피해자의 처분행위가 있어야 할 것인바, 타인의 일반전화를 무단으로 이용하여 전화통화를 하는 행위는 전기통신사업자인 한국전기통신공사가 일반전화 가입자인 타인에게 통신을 매개하여 주는 역무를 부당하게 이용하는 것에 불과하여 한국전기통신공사에 대한 기망행위에 해당한다고 볼 수 없을 뿐만 아니라, 이에 따라 제공되는 역무도 일반전화 가입자와 한국전기통신공사 사이에 체결된 서비스이용계약에 따라 제공되는 것으로서 한국전기통신공사가 착오에 빠져 처분행위를 한 것이라고 볼 수 없으므로, 결국 위와 같은 행위는 형법 제347조의 사기죄를 구성하지 아니한다 할 것이고, 이는 형법이 제348조의 2를 신설하여 부정한 방법으로 대가를 지급하지 아니하고 공중전화를 이용하여 재산상 이익을 취득한 자를 처벌하는 규정을 별도로 둔 취지에 비추어 보아도 분명하다 할 것"이라고 한다 (대판 1999. 6. 25. 98도3891).

③ 절도죄의 성부   타인의 일반전화를 부정사용하는 행위는 재물을 영득하는 것이 아니라 '통신서비스'를 제공받는 것이므로, '재물죄'인 '절도죄'가 성립할 수 없다. 판례도 같은 입장이다. 대법원은 "타인의 전화기를 무단으로 사용하여 전화통화를 하는 행위는 전기통신사업자가 그가 갖추고 있는 통신선로, 전화교환기 등 전기통신설비를 이용하고 전기의 성질을 과학적으로 응용한 기술을 사용하여 전화가입자에게 음향의 송수신이 가능하도록 하여 줌으로써 상대방과의 통신을 매개하여 주는 역무, 즉 전기통신사업자에 의하여 가능하게 된 전화기의 음향송수신기능을 부당하게 이용하는 것으로, 이러한 내용의 역무는 무형적인 이익에 불과하고 물리적 관리의 대상이 될 수 없어 재물이 아니라고 할 것이므로 절도죄의 객체가 되지 아니한다"(대판 1998. 6. 23. 98도700) 라고 한다.

④ 결 론   상술한 바와 같이 타인의 일반전화를 부정사용한 행위는 편의시설부정이용죄, 사기죄, 절도죄 모두를 구성하지 않기 때문에 하등 형사책임을 지지 않지만, 민사책임의 문제는 남아 있다.

(2) 실행행위

대가를 지급하지 않고 부정한 방법으로 이용하여 재물 또는 재산상의 이익을 취득하는 것이다.

(가) 부정이용행위   '부정한 방법으로 이용'한다는 것은 자동설비를 권한없

이 이용하거나 정해진 이용규칙 내지 이용방법에 위반하여 작동시킴으로써
이용의 대가를 지급하지 아니하는 것을 말한다. 부정이용의 방법에는 제한이
없으나, 자동설비를 파괴·손괴하는 행위는 제외된다고 본다. 자동설비를 파
괴·손괴하고 그 안의 물건을 꺼내간 경우에는 본죄가 성립하지 아니하고,[176)]
손괴죄와 절도죄의 실체적 경합이 성립한다. 부정이용의 예로 위조지폐 또는
가짜동전을 사용하거나, 부정하게 만든 선불카드(pre-paid card)를 투입하거나,
잔고를 허위로 증액한 전화카드 내지 정액승차권 등을 투입하여 물품 또는 서
비스를 제공받는 경우 등이 있다.

대법원은 후불식 통신카드를 절취하여 전화통화에 이용한 경우에 통신카드
서비스 이용계약을 한 피해자가 그 통신요금을 납부할 책임을 부담하게 되므
로 '대가를 지급하지 아니하고' 공중전화를 이용한 경우에 해당한다고 볼 수
없다는 이유로, 편의시설부정이용죄의 성립을 부정하고 있다.[177)] 그러나 다른
한편으로는 후불식 통신카드를 '사문서'로 보아, 절취한 타인의 후불식 통신카
드(전화카드)를 공중전화기에 넣어 사용한 행위는 사문서부정행사죄($^{제236}_{조}$)에
해당한다고 판시하고 있다.[178)]

(나) 실행의 착수와 기수시기   실행의 착수시기는 유료자동설비에 대하여
부정이용행위를 개시한 때이다. 기수시기는 부정이용행위로 인하여 재물 또
는 재산상의 이익을 취득한 때-피해자 측에서는 재산상 손해가 발생한 때-

---

176) 권오걸, 594면; 김성돈, 361면; 김성천, 952면; 김/서, 464면; 박상기, 349면; 배종대, 502
면; 오영근, 441면; 이재상, 361면; 이형국, 395면; 정/박, 393면; 정영일, 339면; 진/이, 430면.
177) "편의시설부정이용의 죄는 부정한 방법으로 대가를 지급하지 아니하고 자동판매기, 공중
전화 기타 유료자동설비를 이용하여 재물 또는 재산상의 이익을 취득하는 행위를 범죄구성요건
으로 하고 있는데, 이 사건과 같이 타인의 KT전화카드(한국통신의 후불식 통신카드)를 절취하
여 전화통화에 이용한 경우에는 통신카드서비스 이용계약을 한 피해자가 그 통신요금을 납부할
책임을 부담하게 되므로, 이러한 경우에는 피고인이 '대가를 지급하지 아니하고' 공중전화를 이용
한 경우에 해당한다고 볼 수 없어, 편의시설부정이용의 죄를 구성하지 않는다"(대판 2001. 9. 25,
2001 도 3625). 이 판례를 너무 협소한 해석이라고 하여 비판하는 입장으로는 박상기, 349-350면.
한편 이 경우에 컴퓨터사용사기죄가 성립한다는 견해로는 김/서, 449 및 440면.
178) "사용자에 관한 각종 정보가 전자기록되어 있는 자기띠가 카드번호와 카드발행자 등이
문자로 인쇄된 플라스틱 카드에 부착되어 있는 전화카드의 경우 그 자기띠 부분은 카드의 나머
지 부분과 불가분적으로 결합되어 전체가 하나의 문서를 구성하므로, 전화카드를 공중전화기에
넣어 사용하는 경우 비록 전화기가 전화카드로부터 판독할 수 있는 부분은 자기띠 부분에 수록
된 전자기록에 한정된다고 할지라도, 전화카드 전체가 하나의 문서로서 사용된 것으로 보아야
하고 그 자기띠 부분만 사용된 것으로 볼 수는 없다. 따라서 피고인이 절취한 전화카드를 공중전
화기에 넣어 사용한 것은 권리의무에 관한 타인의 사문서를 부정행사한 경우에 해당한다"(대판
2002. 6. 25, 2002 도 461).

이다. 부정이용행위와 피해자의 재산상의 손해 사이에는 인과관계가 있어야
한다. 본죄의 미수범은 처벌한다($\overset{제352}{조}$).

(3) 주관적 구성요건

본죄의 고의는 대가를 지급하지 않고 부정한 방법으로 편의시설을 이용한
다는 것, 이로 인하여 피해자에게 재산상 손해가 발생한다는 것에 대한 인
식·인용이다. 대가를 지급하지 않는다는 것도 고의의 대상이 된다. 대가를
지급하지 않고 사용해도 된다고 오신한 때, 즉 유료자동설비를 무료자동설비
로 오인한 때에는 구성요건적 착오로서 본죄의 고의를 조각한다. 반대로 무료
자동설비를 유료자동설비로 오인한 때에는 불능미수의 문제가 된다. 본죄도
초과주관적 요소로서 불법영득의사 내지 불법이득의사가 있어야 한다.

3. 죄   수

자판기를 손괴하여 그 안의 물건을 꺼내 간 경우에는 손괴죄와 절도죄의
실체적 경합이 성립하지만, 자판기에 동전 대신 금속편을 투입하는 등 부정한
방법으로 그 안의 물건을 취득하는 경우에는 절도죄가 아니라 본죄가 성립한
다. 따라서 본조는 제329조(절도죄)에 대한 특별규정으로 이해된다.

선불카드의 자기(磁氣)띠를 권한없이 변작하여 잔고를 증액한 후 유료컴
퓨터작동설비에 투입·사용한 경우에는 편의시설부정이용죄가 성립하고 컴
퓨터사용사기죄는 전자에 흡수되며(법조경합 중 특별관계),[179] 그밖에 사전자기
록변작죄($\overset{제232조}{의 2}$)는 편의시설부정이용죄와 실체적 경합관계에 선다.

4. 형   벌

3년 이하의 징역, 500만원 이하의 벌금, 구류 또는 과료에 처한다. 10년 이
하의 자격정지를 병과할 수 있다($\overset{제353}{조}$). 미수범은 처벌한다($\overset{제353}{조}$).

---

179) 김성돈, 362면; 김/서, 465면. 이 때 본죄를 컴퓨터사용사기죄에 대한 보충규정으로 보고,
컴퓨터사용사기죄가 성립한다는 견해로는 오영근, 442면; 이형국, 396면; 정/박, 394면; 진/이,
431면.

V. 부당이득죄

제349조 [부당이득] 제1항 "사람의 곤궁하고 절박한 상태를 이용하여 현저하게 부당한 이익을 취득한 자는 3년 이하의 징역 또는 1천만원 이하의 벌금에 처한다." 제2항 "제1항의 방법으로 제3자로 하여금 부당한 이익을 취득하게 한 경우에도 제1항의 형에 처한다."

1. 의의, 보호법익, 입법취지

본죄는 "사람의 곤궁하고 절박한 상태를 이용하여 현저하게 부당한 이익을 취득하거나 제3자로 하여금 취득하게 함으로써 성립하는 범죄"이다. 본죄의 보호법익은 전체로서의 재산이고, 보호의 정도는 침해범이다.[180] 현저히 부당한 이익의 취득이 있음으로써 본죄가 성립(기수)한다. 본죄의 미수는 처벌하지 않는다.

본죄는 폭리행위를 처벌하기 위한 것인데, 자본주의 경제체제하에서 일반적인 폭리행위를 처벌하기는 곤란하므로 '타인의 곤궁하고 절박한 상태를 이용한' 폭리행위만을 처벌하고자 하는 것이다.

2. 구성요건

사람의 곤궁하고 절박한 상태를 이용하여 현저하게 부당한 이익을 취득하는 것이다.

(1) 곤궁하고 절박한 상태의 이용

'곤궁하고 절박한 상태'는 파산·부도 등에 직면한 경제적 곤궁상태 이외에 생명·건강 등에 대한 육체적 곤궁상태 및 신용·명예 등에 대한 정신적 곤궁상태 또는 사회적으로 심각한 주택난·자금난과 같은 사회적 곤궁상태를 모두 포함한다. 경제적 곤궁상태도 생존이 위태로운 정도를 요하는 것은 아니고, 현저한 재산감소상태에 있는 것으로 충분하다. 곤궁하고 절박한 상태에 이르게 된 원인도 자신의 결함에 있든, 사회 또는 자연재해에 있든 불문한다.

---

180) 침해범설은 권오걸, 598면; 김성돈, 364면; 김성천, 954면; 김/서, 466면; 박상기, 353면; 오영근, 443면; 이형국, 398면; 정/박, 395면; 진/이, 432면. 위험범설은 강구진, 336면; 유기천, 상권, 253면; 이재상, 362면; 정영일, 340면.

'이용'이란 상대방의 곤궁하고 절박한 상태를 이익취득의 수단으로 사용하는 것을 말한다.

(2) 현저하게 부당한 이익

'이익'은 전체로서의 재산상태의 증가를 말한다. '부당한' 이익이란 행위자의 급부와 피해자의 반대급부 사이에 상당성이 없는 것을 말한다. 이익이 '현저하게' 부당한가의 여부는 행위 당시의 구체적 사정을 고려하여 객관적으로 판단해야 한다.

이익이 '부당한가'의 판단, 또 '현저히' 부당한가의 판단은 행위자[181] 또는 피해자를[182] 기준으로 할 것이 아니고, 사회일반인을 기준으로 함이 타당하다.[183] 대법원은 채무액의 2배에 상당하는 액수를 대물변제로 받은 경우에 현저하게 부당한 이익을 취득한 것에 해당하지 않는다고 판시한 바가 있다.[184]

(3) 주관적 구성요건

상대방이 곤궁하고 절박한 상태에 있다는 것, 이를 이용하여 현저하게 부당한 이익을 취한다는 것에 대한 인식 · 인용이 있어야 한다. '곤궁하고 절박한' 상태와 '현저하게 부당한' 이익이라는 구성요건요소에 대한 고의는 문외한으로서의 소박한 인식으로 족하다.

3. 형   벌

3년 이하의 징역 또는 1천만원 이하의 벌금에 처한다. 10년 이하의 자격정지를 병과할 수 있다(제355조). 본죄의 미수는 처벌하지 않는다.

---

181) 행위자기준설은 배종대, 504면; 이재상, 363면; 진계호, 336면.

182) 피해자기준설은 박상기, 354면; 정영일, 341.

183) 권오걸, 601면; 김성돈, 364면; 김성천, 955면; 김/서, 467면; 배종대, 504면; 오영근, 444면; 정/박, 396면; 진/이, 433면.

184) "피고인이 이○○에게 매도한 대지 잔대금 300만원의 변제에 갈음하여, 대지 666평 시가 300만원 상당, 주택은행 융자금 200만원, 가옥매매 대금 100만원, 합계 600여만원의 이득을 취득하여 지급받을 300만원을 공제한 300만원의 이득을 취득한 것만으로 형법 제349조에 말하는 현저하게 부당한 이득을 취득한 것이라고 보기 어렵다고 판단하였음은 상당"(대판 1972. 10. 31, 72도 1803).

VI. 상습사기죄

<u>제351조 [상습범]</u> "상습으로 제347조 내지 전조의 죄를 범한 자는 그 죄에 정한 형의 2분의 1까지 가중한다."

본죄는 "상습으로 사기죄, 컴퓨터사용사기죄, 준사기죄, 편의시설부정이용죄, 부당이득죄를 범함으로써 성립하는 범죄"이다. 행위자의 상습성으로 인한 책임가중유형이다.

'특정경제범죄 가중처벌 등에 관한 법률' 제3조는 상습사기로 취득한 가액(이득액)이 50억원 이상인 때에는 무기 또는 5년 이상의 징역에 처하고, 5억원 이상 50억원 미만인 때에는 3년 이상의 유기징역에 처한다.

제5장 공갈의 죄

제1절 개 설

I. 의의, 성격

공갈죄는 "사람을 공갈하여 재물의 교부를 받거나 재산상의 이익을 취득함으로써 성립하는 범죄"이다. 공갈죄는 행위의 객체가 재물인 경우에 재물공갈죄(공갈취재죄), 재산상의 이익인 경우에 재물·재산이익 공갈죄로 나누어진다.

공갈죄의 성격은 사기죄와 더불어 피해자의 하자있는 의사에 기한 처분행위를 필요로 하는 점에서 '편취죄'에 속하며, 절도·강도죄와 같은 탈취죄와 구별된다. 공갈죄는 기망을 수단으로 하지 않고 폭행·협박이라는 공갈을 수단으로 한다는 점에서 사기죄와 구별된다.

또 공갈죄는 폭행·협박을 수단으로 한다는 점에서 강도죄와 유사하지만, 양자는 폭행·협박의 '정도'에 있어서 구별된다. 즉 강도죄에 있어서의 폭행·협박은 상대방의 반항을 억압할 정도여야 하는 반면에, 공갈죄에서의 폭행·협박은 상대방의 의사결정의 자유를 '제한'할 정도이면 된다.

범죄학상 공갈죄는 피해자의 약점을 잡아 행해지는 경우가 많다. 즉 피해자의 과거의 범죄사실(탈세·수뢰·간통 등)을 약점으로 잡아 돈을 주지 않으면 수사기관 또는 배우자에게 알리겠다고 협박하거나, 돈을 주지 않으면 과거의 수치스러운 일을 매스컴에 공표하겠다고 협박하는 경우가 빈번하다.

Ⅱ. 보호법익

공갈죄의 보호법익은 1차적으로 개인의 재산, 2차적으로 개인의 의사결정의 자유이다. 전자는 재산적 법익에 속하고, 후자는 인격적 법익에 속한다. 보호의 정도는 침해범이다. 피해자에게 재산상의 손해가 발생한 때 기수가 된다.

Ⅲ. 공갈죄의 체계

공갈의 죄에 있어서의 기본유형은 단순공갈죄($^{제350}_{조}$)이고, 그 방법적 가중유형으로서 특수공갈죄($^{제350조}_{의 2}$)가 신설되었으며, 그 책임가중유형으로서 상습공갈죄($^{제351}_{조}$)가 규정되어 있다. 공갈죄의 미수범은 처벌하고($^{제352}_{조}$), 친족상도례에 관한 규정도 준용된다($^{제354}_{조}$).

'폭력행위 등 처벌에 관한 법률'(약칭: 폭력행위처벌법)은 공갈죄를 2인 이상이 공동하여 범한 때에는 가중처벌하고 있다($^{동법 제2조}_{제2항}$).

공갈죄, 특수공갈죄, 그 상습범으로 인하여 취득한 재물 또는 재산상의 이익의 가액(이득액)이 5억원 이상인 때에는 '특정경제범죄 가중처벌 등에 관한 법률'(약칭: 특정경제범죄법)에 의하여 가중처벌된다. 이득액이 5억원 이상 50억원 미만인 때에는 3년 이상의 유기징역에 처하고, 50억원 이상인 때에는 무기 또는 5년 이상의 징역에 처한다($^{동법}_{제3조}$).

제 2 절   개별적 범죄유형

Ⅰ. 단순공갈죄

<u>제350조 [공갈] 제1항</u> "사람을 공갈하여 재물의 교부를 받거나 재산상의 이익을 취득한 자는 10년 이하의 징역 또는 2천만원 이하의 벌금에 처한다."

<u>제2항</u> "전항의 방법으로 제3자로 하여금 재물의 교부를 받게 하거나 재산상의 이익을 취득하게 한 때에도 전항의 형과 같다."

1. 의의, 보호법익, 성격

공갈죄는 "사람을 공갈하여 재물의 교부를 받거나 재산상의 이익을 취득함으로써 성립하는 범죄"이다. 본죄의 주된 보호법익은 개인의 재산, 부차적인 보호법익은 개인의 의사결정의 자유이다. 보호의 정도는 침해범이다.

공갈죄는 재물죄(공갈취재죄)이면서 재물·재산이익죄이다.

2. 객관적 구성요건

(1) 행위의 객체

공갈취재죄에 있어서는 행위의 객체가 재물이고, 공갈이득죄에 있어서는 재산상의 이익이다. 폭력배가 유흥업소에서 업주를 협박하여 상납금을 받아내는 경우가 전자에 속하고, 업주로 하여금 마신 술값의 지불을 청구하지 못하도록 협박하는 경우가 후자에 속한다.

(2) 실행행위

공갈이다. 「공갈」이란 "재물을 교부받거나 재산상의 이익을 취득하기 위하여 폭행 또는 협박으로써 상대방으로 하여금 공포심을 일으키게 하는 것"을 말한다. '폭행'이란 사람에 대한 직접 또는 간접의 유형력의 행사를 말하고(광의의 폭행), '협박'이란 해악을 가할 것을 고지함으로써 상대방으로 하여금 공포심을 일으키게 하는 것을 말한다(협의의 협박).

공갈죄에서의 '폭행'은 공포심을 야기하기 위한 수단으로서 행해진다는 점에 특징이 있다. 즉 공갈죄에서의 폭행은 사람의 '의사'에 대한 폭력인 심리적 폭력(강제적 폭력: vis compulsiva)을 의미하고, 절대적 폭력(vis absoluta)을 제외한다(^{답수}).[1] 절대적 폭력이 행해진 경우—예컨대 상대방의 손과 발을 밧줄로 묶어 놓고 주머니를 뒤져 지갑을 가져간 경우—에는 상대방의 의사결정 자체가 부정되고 반항이 불가능하므로, 강도죄의 성립이 문제된다고 보아야 한다.

공갈죄에서의 폭행·협박의 '정도'는 최협의의 폭행·협박과는 달리, 상대방의 공포심을 일으키되 상대방의 반항을 억압할 정도가 아니라 '의사결정의 자유를 제한하는 정도'로 족하다. 만일 상대방의 반항을 억압할 정도의 폭행·협

---

1) 김성돈, 368면; 김성천, 959면; 김/서, 471면; 박상기, 357면; 배종대, 507면; 오영근, 449면; 유기천, 상권, 348면; 이재상, 378면; 이정원, 399면; 이형국, 403면; 정/박, 402면; 정영일, 345면; 진/이, 437면.

박이 행해졌다면 강도죄의 문제가 된다. 공갈죄에서의 협박은 상대방이 실제로 공포심을 일으켜서 의사결정에 제한을 받을 정도가 되어야 한다. 그러므로 공갈죄의 '협박'은 강요죄($\frac{제324}{조}$) 및 협박죄($\frac{제283조}{제1항}$)에서의 협박과 같이 '협의의' 협박에 속한다.

공갈죄에서의 폭행·협박이 상대방의 의사의 자유를 제한할 정도였는가 아닌가 하는 판단은 행위자와 피해자의 성질(성별·연령·체격·신분 등), 행위 태양, 행위시의 정황(시간, 장소, 주위사정 등) 기타 구체적 사정을 고려하여 객관적으로―사회일반인의 입장에서―내려야 한다. 만일 가해진 협박이 사회일반인의 입장에서는 공포심을 일으킬 정도이지만, 피해자가 매우 담대한 사람이라서 공포심을 갖지 않았다면 공갈미수가 된다. 반대로 가해진 협박이 사회일반인의 입장에서 전혀 공포심을 일으킬 정도가 아님에도 불구하고, 피해자가 매우 겁이 많은 사람이라서 공포심을 일으켰다면 공갈죄는 물론이고 협박죄조차 성립하지 않는다고 보아야 한다. 또 협박이 아니고 상대방을 곤혹스럽게 하거나 불안·초조하게 하는 정도의 행위를 한 경우에는 공갈죄가 성립하지 않는다.[2]

(3) 교부행위 또는 처분행위가 있을 것

협박을 받은 피공갈자가 재물을 교부하거나 재산상의 처분행위를 해야 한다. 비록 하자있는 의사에 기한다고 하더라도 공갈취재죄의 경우에는 교부행위, 공갈이득죄의 경우에는 처분행위가 있어야 한다.[3]

사기죄에 있어서와 마찬가지로 '교부 또는 처분행위'를 해석상 도출되는

---

2) "판결요지: 가출자의 가족에 대하여 가출자의 소재를 알려주는 조건으로 보험가입을 요구한 피고인의 소위는 가출자를 찾으려고 그 소재를 알고 싶어하는 그 가족들의 안타까운 심정을 이용하여 보험가입을 권유 내지 요구하는 언동으로, 도의상 비난할 수 있을지언정, 그로 인하여 가족들에 새로운 외포심을 일으키게 되거나 외포심이 더하여진다고는 볼 수 없으므로, 이를 공갈죄에 있어서의 협박이라고 단정할 수 없다"(대판 1976. 4. 27, 75 도 2818).

3) 피해자의 처분행위가 없으므로 공갈죄가 성립하지 않는다는 대법원판결이 있다. 즉, "판결요지: 피고인이 피해자가 운전하는 택시를 타고 간 후 최초의 장소에 이르러 택시요금의 지급을 면할 목적으로 다른 장소에 가자고 하였다면서 택시에서 내린 다음 택시요금 지급을 요구하는 피해자를 때리고 달아나자, 피해자가 피고인이 말한 다른 장소까지 쫓아가 기다리다 그곳에서 피고인을 발견하고 택시요금 지급을 요구하였는데, 피고인이 다시 피해자의 얼굴 등을 주먹으로 때리고 달아난 사안에서, 피해자가 피고인에게 계속해서 택시요금의 지급을 요구하였으나 피고인이 이를 면하고자 피해자를 폭행하고 달아났을 뿐, 피해자가 폭행을 당하여 외포심을 일으켜 수동적·소극적으로라도 피고인이 택시요금 지급을 면하는 것을 용인하여 이익을 공여하는 처분행위를 하였다고 할 수 없으므로 공갈죄가 성립하지 않는다"(대판 2012. 1. 27, 2011 도 16044).

'불문의 구성요건요소'라고 이해하는 것은 부당하다. 제350조 제1항의 법문에 "교부받거나" 또는 "취득한" 자라는 표현은 상대방이 "교부하거나" 또는 "처분한" 행위를 '당연한 전제'로 하므로(당연해석), 피공갈자의 교부행위 또는 처분행위가 있을 것이라는 구성요건은 불문의 구성요건요소라기보다는 '기술된' 구성요건요소라고 해석함이 타당하다.

피공갈자의 교부·처분행위는 민법상의 법률행위 이외에 '사실상의' 재산처분행위로 족하다($^{통}_{설}$). 따라서 매도계약의 체결과 같은 법률행위뿐만 아니라 물건의 인도와 같은 사실행위도 포함되고, 적극적인 교부 이외에 공갈자의 재물취거를 소극적으로 수인·묵인하는 행위도 처분행위에 해당할 수 있다.[4] 교부·처분행위는 공갈로 인하여 공포심을 일으켜 마지못해 행해진 것이므로, 교부·처분의 의사는 '하자있는 의사'($^{민법 제110조: 강박}_{에 의한 의사표시}$)이다(편취죄).[5]

피공갈자와 재산상의 피해자가 일치할 필요는 없으나(삼각공갈), 교부·처분행위자는 반드시 피공갈자이어야 한다. 피공갈자와 재산상의 피해자가 일치하지 않는 경우에 피공갈자는 피해자의 재산을 '사실상 처분할 수 있는 지위'에 있어야 한다.

(4) 재물 기타 재산상의 이익의 취득

피공갈자의 교부·처분행위로 인하여 공갈자 또는 제3자가 재물을 취득하거나 재산상의 이익을 취득하여야 한다. 재물과 재산상의 이득에 관한 설명은 사기죄에서와 같다.

공갈하여 밀수품이나 장물을 교부받는 경우처럼 '불법원인급여물'에 대한 공갈죄의 성립도 긍정된다($^{통}_{설}$). 여자와의 정교 자체는 재산상의 이익이 아니기 때문에, 공갈로 여자와 정교한 경우에는 공갈죄가 성립하는 것이 아니라,[6] 강간

---

4) 대결 1960. 2. 29, 4292 형상 997.

5) "판결요지: 방송기자인 피고인이 피해자에게 피해자 경영의 건설회사가 건축한 아파트의 진입도로미비 등 공사하자에 관하여 방송으로 계속 보도할 것 같은 태도를 보임으로써, 피해자가 위 방송으로 말미암아 그의 아파트 건축사업이 큰 타격을 받고 자신이 경영하는 회사의 신용에 커다란 손실을 입게 될 것을 우려하여, 방송을 하지말아 달라는 취지로 돈 200만원을 피고인에게 교부한 경우, 공갈죄의 구성요건이 충족되고 또 인과관계도 인정된다고 할 것이다"(대판 1991. 5. 28, 91 도 80).

6) "판결요지: 피고인은 가짜 기자행세를 하면서 싸롱 객실에서 나체쇼를 한 피해자를 고발할 것처럼 데리고 나와 여관으로 유인한 다음, 겁에 질려있는 그녀의 상태를 이용하여 동침하면서 1회 성교하여, 그녀의 징조 대가에 상당하는 재산상 이익을 갈취하였는데, 공갈죄는 재산범으로서 그 객체인 재산상 이익은 경제적 이익이 있는 것을 말하는 것인바, 일반적으로 부녀와의 정교

죄 또는 강제추행죄 내지 강요죄의 문제가 된다.

(5) 재산상의 손해

공갈죄는 주된 보호법익이 재산이므로 재산상의 손해가 발생함으로써 범죄가 완성, 즉 기수가 된다고 해석된다(침해범).[7][8] 재산상의 손해라고 하는 구성요건은 해석상 도출되는 '불문의' 구성요건요소에 속한다.

(6) 인과관계

피공갈자의 교부·처분행위는 공갈(폭행·협박)로 인한 것이어야 한다. 즉 공갈과 교부·처분행위 사이에 인과관계가 있어야 한다. 공갈죄에서의 인과관계는, 공갈행위 → 피공갈자의 공포심 → 피공갈자의 교부·처분행위 → 공갈자의 재물 내지 재산상의 이익취득(또는 피해자의 재산상의 손해발생)의 순서로 진행된다(3단계의 인과관계). 인과관계가 없으면, 본죄의 미수범이 성립한다.

(7) 실행의 착수

공갈죄의 실행의 착수시기는 공갈의 의사로 폭행·협박을 개시한 때이다.

3. 주관적 구성요건

공갈죄의 주관적 구성요건으로는 고의 이외에 불법영득의 의사 또는 불법이득의 의사가 있어야 한다.

4. 권리행사와 공갈죄의 성부

권리행사의 수단으로 공갈행위를 한 경우에 공갈죄의 성부가 문제된다. 예컨대 변제기가 도과하였으나 변제하지 않고 있는 채무자에게 불량배를 대동하고 찾아간 채권자가 "당장 빚을 갚지 않으면 몸이 성하지 못할 줄 알아라" 하

그 자체는 이를 경제적으로 평가할 수 없는 것이므로, 부녀를 공갈하여 정교를 맺었다고 하여도 특단의 사정이 없는 한 이로써 재산상 이익을 갈취한 것이라고 볼 수는 없는 것이며, 부녀가 주점 접대부라 할지라도 피고인과 매음을 전제로 정교를 맺은 것이 아닌 이상, 피고인이 매음 대가의 지급을 면하였다고 볼 여지가 없으니 공갈죄가 성립하지 아니한다"(대판 1983. 2. 8, 82 도 2714).

7) 공갈죄의 성립에 재산상의 손해발생이 필요하다는 견해(필요설)는 권오걸, 610면; 김성돈, 371면; 김성천, 962면; 김/서, 474면; 박상기, 360면; 배종대, 512면; 손동권, 404면; 이재상, 381면; 이정원, 399면; 이형국, 404면; 정/박, 406면; 진/이, 441면. 불필요설은 김종원, 223면; 백형구, 195면; 오영근, 453면; 유기천, 상권, 257면.

8) "부동산에 대한 공갈죄는 그 부동산에 관하여 소유권이전등기를 경료받거나 또는 인도를 받은 때에 기수로 되는 것이고, 소유권이전등기에 필요한 서류를 교부받은 때에 기수로 되어 그 범행이 완료되는 것은 아니라 할 것"(**대판 1992. 9. 14, 92 도 1506**).

고 협박하여 변제받은 경우에 어떠한 죄책을 지울 것인가의 문제이다. 이에
대하여는 다음과 같은 학설이 대립한다.

(가) 공갈죄설[9]   권리행사의 목적이라고 하더라도 수단이 위법하므로 전
체로서의 공갈행위가 '위법'하다고 함으로써 공갈죄의 성립을 긍정한다. 이 학
설은, 위 사례에 대하여 공갈죄의 구성요건해당성은 있다고 보고, 행위의 위
법성 여부를 검토하여 공갈의 수단 · 방법이 사회통념상 허용되는 범위를 넘
은 때에는 위법성을 긍정함으로써 공갈죄가 성립한다고 한다.

판례는 이 입장이다.

〈관련판례〉

　사회통념상 허용되는 범위를 넘은 것으로 공갈죄의 성립을 긍정한 판결 : "피해
자에 대하여 금전채권이 있다고 하더라도 그 권리행사를 빙자하여 사회통념상 용
인되기 어려운 정도를 넘는 협박을 수단으로 사용하였다면 공갈죄가 성립한다 할
것이므로, 피해자에 대한 채권이 있다 하여 공갈죄가 성립되지 않는다는 주장도 이
유 없다"($\frac{대판 1996. 9.}{24, 96 도 2151}$).[10] "피고인들이 권리행사에 빙자하여 위 회사측에 대하여 회
사비리를 관계기관에 고발하겠다는 내용의 협박 내지 회사사무실의 장시간 무단점
거 및 회사직원들에 대한 폭행 등의 위법수단을 써서 기성고 공사대금 명목으로 금
80,000,000원을 교부받은 소위는 사회통념상 허용되는 범위를 넘는 것으로서, 이는
공갈죄에 해당한다고 할 것이다"($\frac{대판 1991. 12.}{13, 91 도 2127}$).[11] "판결요지 : 피고인이 교통사고로 2
주일간의 치료를 요하는 상해를 당하여 그로 인한 손해배상청구권이 있음을 기화
로, 사고차량의 운전사가 바뀐 것을 알고서 그 운전사의 사용자에게 과다한 금원
을 요구하면서 이에 응하지 않으면 수사기관에 신고할 듯한 태도를 보여, 이에 겁
을 먹은 동인으로부터 금 350만원을 교부받은 것이라면, 이는 손해배상을 받기 위
한 수단으로서 사회통념상 허용되는 범위를 넘어서 그 권리행사를 빙자하여 상대
방을 외포하게 함으로써 재물을 교부받은 경우에 해당하므로, 공갈죄가 성립한다"

---

9) 김성돈, 373면 ; 백형구, 197면 ; 오영근, 455면 ; 유기천, 상권, 261면 ; 정/박, 408-9면 ; 정영
석, 365면.

10) 同旨의 대판 1987. 10. 26, 87 도 1656 : "채권회수의 의뢰를 받고 피고인은 이를 승낙, 외상
대금을 받아주기로 마음먹고 동 피해자에게 위 염○○의 채무를 당장 갚고 나서 영업을 하라고
요구하고, 이를 갚기 전에는 영업을 할 수 없다 하면서 개새끼라고 욕을 하고 눈을 치켜뜨고 죽
어볼래 하면서 동인의 멱살을 2, 3분 잡아 흔드는 등 하여 겁을 먹게 하여 동 피해자로 하여금
금원을 위 공소외인에게 교부하게 하였다면, 피고인의 소위는 공갈죄를 구성한다 할 것이고, 이
행위가 단순히 채권회수를 위한 권리행사로서 사회통념상 용인된 행위라고는 할 수 없다."

11) 同旨의 대판 1996. 3. 22, 95 도 2801 ; 1993. 9. 14, 93 도 915 ; 1991. 12. 13, 91 도 2127 ;
1990. 3. 27, 89 도 2036 등.

(대판 1990. 3.
27, 89 도 2036).

사회통념상 용인될 정도의 것으로서 협박이 성립하지 않는다는 판결: "피고인에게 여관을 명도하기가 어렵게 되자 피고인은 위 이○○에게 '삼광여관을 당장 명도해 주든가 명도소송비용을 내놓아라 그렇지 않으면 내가 당신에게 속은 것이니 고소하여 당장 구속시키겠다'고 말하였고,…위와 같은 사실관계에 비추어 보면, 피고인이 매도인의 대리인인 위 피해자에게 위 여관의 명도 또는 명도소송비용을 요구한 것은 매수인으로서 정당한 권리행사라 할 것이며, 위와 같이 다소 위협적인 말을 하였다고 하여도, 이는 사회통념상 용인될 정도의 것으로서 협박으로 볼 수 없다고 판단한 원심조치는 정당하다"(대판 1984. 6.
26, 84 도 648). "판결요지: 국가안전기획부 직원이 아들 담임선생의 부탁을 받고 그 담임선생의 채무자에게 채무변제를 독촉하는 과정에서 다소 위협적인 말을 하였다 하더라도 사회통념상 허용되는 범위를 넘어선 것이라고 할 수 없어, 공갈죄가 성립되지 아니한다"(대판 1993. 12. 24.
93 도 2339).

(나) 협박죄 또는 폭행죄설   이 학설에서도 이론구성의 방법이 둘로 나누어져서, ① 위 사례에 대하여 공갈죄의 구성요건해당성을 긍정하되, 정당한 권리가 있으므로 재산죄로서의 공갈죄는 성립되지 않고, 단지 그 수단이 위법하므로 수단되는 행위의 위법성을 긍정함으로써 협박죄 또는 폭행죄만이 성립한다고 하는 견해와[12] ② 공갈수단을 쓰더라도 정당한 권리가 있는 때에는 공갈죄의 주관적 구성요건인 '불법영득의 의사(불법이득의 의사)'가 있다고 할 수 없으므로, 공갈죄는 성립할 수 없고 협박죄 또는 폭행죄만이 성립할 따름이라는 견해(다수)가[13] 있다. 후자의 견해는 위 사례를 공갈죄의 '구성요건해당성'의 단계에서 해결하는 특징을 보이고 있다.

(다) 결 론   공갈행위자에게 재물(또는 재산상의 이익)을 취득할 정당한 권리가 있는 이상 그 재물취득(이익취득)이 불법하다고 할 수는 없으므로 공갈죄의 주관적 구성요건인 불법영득의 의사(불법이득의 의사)가 존재하지는 않는다고 보고, 공갈죄의 구성요건해당성을 부정하는 견해가 타당하다고 하겠다. 그러나 그 수단인 협박·폭행행위의 불법성은 긍정되므로 협박죄 또는 폭행죄는 성립한다. 다만 재물 또는 재산상의 이익의 '일부'에 대해서만 취득할 정당한 권리가 있음에도 불구하고 전부에 대한 갈취가 행해진 경우에는, 그 일부가 가분

---

12) 김종원, 223면.
13) 권오걸, 613면; 김성천, 964면; 김/서, 477면; 박상기, 361면; 배종대, 514면; 이재상, 382면; 이형국, 404면.

(可分)이면 권리없는 부분에 대해서, 불가분이면 전부에 대해서 '공갈죄'의 성립을 긍정함이 타당하다.[14]

권리행사라고 하는 정당한 목적을 위해서라도 그 수단이 사회상규상 상당하지 않으면 수단이 된 행위의 위법성이 조각될 수는 없다고 해야 하므로, 위 사례에 대하여 '완전무죄설'은 있을 수 없다.

5. 위 법 성

공갈수단을 쓴 권리의 행사가 긴급을 요하여 '자구행위'($\frac{제23조}{제1항}$)의 요건을 갖춘 때 또는 절도현장에서 장물을 탈환하는 행위처럼 '정당방위'($\frac{제21조}{제1항}$)의 요건을 갖춘 때에는 전체로서의 공갈행위뿐만 아니라 그 수단에 해당하는 협박행위 또는 폭행행위의 '위법성'까지도 조각되어, 자구행위자 또는 정당방위자는 아무런 형사책임도 지지 않는다.

6. 죄　수

(1) 연속범

동일한 피해자에게 동일한 내용으로 여러 차례 공갈하여 그 때마다 돈을 갈취하였다면, '연속범'의 성립요건이 갖추어지는 한 공갈죄의 '포괄적 일죄'로 처벌된다. 1개의 공갈행위로 여러 사람으로부터 돈을 갈취하였다면, 공갈죄의 '동종류의 상상적 경합'이 발생한다.

(2) 공갈죄와 사기죄의 관계

상대방의 돈을 뜯기 위해 협박과 기망이 병행된 경우, 예컨대 미성년자를 불법고용하고 있는 유흥업자에게 거짓 신문기자 행세를 하면서 돈을 주지 않으면 불법사실을 신문에 내겠다고 협박한 경우에는 협박과 기망 중에서 상대방의 의사결정에 영향을 미친 비중이 큰 쪽으로 범죄의 성립을 인정해야 할 것이고, 그 비중의 경중판단이 모호하다면 공갈죄와 사기죄의 상상적 경합이 된다고 보아야 한다($\frac{다수}{설}$).

(3) 공갈죄와 수뢰죄의 관계

공무원이 직무행위와 관련하여 상대방을 협박하여 금품을 교부받은 경우에 공갈죄와 수뢰죄의 성부가 문제된다. 예컨대 경찰관이 불구속수사를 하면서 피

---

14) 김종원, 223면; 이재상, 382면; 진/이, 443면.

의자에게 돈을 가져오지 않으면 구속수사하겠다고 협박하여 돈을 받은 경우이다.

그 죄책은, 사실관계를 검토하여 ① 받은 금품이 직무와 관련성이 있고 또한 직무와 대가성이 있다고 인정되며, 직무와 관련시킨 협박행위가 공포심을 일으킬 정도가 되는 경우에는 수뢰죄와 공갈죄의 상상적 경합이 성립하고, ② 피공갈자의 금품제공이 직무와 관련성 및 대가성이 없지만, 직무와 관련시킨 협박행위가 공포심을 일으킬 정도가 되는 경우에는 공갈죄만 성립한다고 본다. 두 경우 모두 공무원에게 '직무집행의 의사'가 있었느냐의 여부는 묻지 않는다. 수뢰죄의 구성요건의 해석에 있어서 '공무원이 금품을 받은 대가로 실제로 직무집행을 할 의사가 있었느냐를 묻지 않고'[15] – 직무집행을 빙자했을 뿐인 때에도 – , 직무와의 관련성 및 대가성이 인정되면 수뢰죄가 성립하기 때문이다. 따라서 다수설[16] 및 판례가[17] 공무원에게 직무집행의 의사가 있었느냐 없었느냐에 따라 수뢰죄의 성립을 좌우하는 것은 부당하다.

위 ①의 경우, 즉 공무원에게 수뢰죄의 성립이 인정되는 경우에 피공갈자인 상대방에게 '증뢰죄'(제133조)의 죄책을 지울 것인가가 문제된다. 피공갈자의 의사는 비록 외포되어 하자있는 의사라고 하더라도 그 의사에 반한 것이라고 할 수 없는 까닭에 증뢰죄의 성립을 긍정하는 견해가[18] 있으나, 피공갈자의 뇌물제공은 '강박에 의한' 하자있는 의사에 기한 것이기 때문에 증뢰죄의 성립을 부정함이 타당하다. 물론 공무원의 수뢰죄성립이 부정되는 ②의 경우에는 피공갈자의 증뢰죄도 당연히 성립하지 않는다.[19]

(4) 기타 범죄와의 관계

사람을 체포·감금하여 재물을 갈취한 경우에 ① 체포·감금된 자를 인질로

15) 김성돈, 375면; 김성천, 967면; 김/서, 479면; 배종대, 515면; 이재상, 384면; 정/박, 410면.
16) 강구진, 341면; 권오걸, 616면; 박상기, 362면; 배종대, 515면; 오영근, 457면; 이형국, 405면; 정/박, 410면; 정영일, 352면; 진/이, 447면; 황산덕, 314면.
17) "공무원이 직무집행에 빙자하여 타인을 공갈해 재물을 교부케 한 경우에는 공갈죄만 성립한다"(**대판** 1969. 7. 22, 65 도 1166).
18) 권오걸, 616면; 김성천, 967면; 오영근, 457면; 이재상, 385면; 정영일, 352면.
19) "판결요지: 공무원이 직무집행의 의사없이 또는 직무처리와 대가적 관계없이 타인을 공갈하여 재물을 교부하게 한 경우에는 공갈죄만이 성립하고, 이러한 경우 재물의 교부자가 공무원의 해악의 고지로 인하여 외포의 결과 금품을 제공한 것이라면, 그는 공갈죄의 피해자가 될 것이고, 뇌물공여죄는 성립될 수 없다"(**대판** 1994. 12. 22, 94 도 2528. 同旨, 대판 1969. 7. 22, 65 도 1166; 1966. 4. 6, 66 도 12).

삼아 재물을 갈취하였다면 인질강도죄($\frac{제336}{조}$)가 성립하고, ② 체포·감금된 자에 대하여 직접 협박을 가하여 재물을 갈취하였다면 체포·감금죄와 공갈죄의 실체적 경합이 되며, ③ 동일한 협박행위가 체포·감금 및 공갈의 수단이 되었다면 체포·감금죄와 공갈죄의 상상적 경합이 된다고 함이 타당하다.

공갈로 장물을 취득한 경우, 즉 장물에 대하여 공갈행위가 행해진 경우에 공갈죄 이외에 상상적 경합으로서 '장물(취득)죄'도 성립하는가 하는 논의가 있다. 장물죄는 본범과 무관하게 행해지는 것이 아니라 본범을 전제로 해서만 성립하기 때문에, 본범과 장물범 사이에는 일정한 '내적 연관'이 있어야 한다. 즉 장물범은 본범과 명시적 또는 묵시적 합의에 의하여 위법한 재산상태를 유지하는 데 장물죄의 본질이 있는 것으로 해석해야 하므로, 공갈죄 이외에 장물죄는 성립하지 않는다고 함이 타당하다($\frac{다수}{설}$).[20]

7. 형   벌

10년 이하의 징역 또는 2천만원 이하의 벌금에 처한다. 10년 이하의 자격정지를 병과할 수 있다($\frac{제353}{조}$). '특정경제범죄 가중처벌 등에 관한 법률' 제3조는[21] 공갈죄로 취득한 가액(이득액)이 50억원 이상인 때에는 무기 또는 5년 이상의 징역에 처하고, 5억원 이상 50억원 미만인 때에는 3년 이상의 유기징역에 처한다. 미수범은 처벌한다($\frac{제352}{조}$).

8. 친족상도례와 동력

본죄에는 제328조(친족간의 범행과 고소)와 제346조(동력)가 준용된다($\frac{제354}{조}$).

피공갈자와 재산상의 피해자가 일치하지 않는 경우에는 쌍방에 대해서 친족관계가 있어야 친족상도례가 적용된다.[22]

---

20) 권오걸, 616면; 김성돈, 375면; 김/서, 525면; 배종대, 515면; 오영근, 458면; 이재상, 385면; 정/박, 410면; 진/이, 447면.

21) '특정경제범죄 가중처벌 등에 관한 법률' 제3조 제1항 중 '형법 제350조 제1항'(단순공갈죄)에 관한 부분이 죄형법정주의의 명확성원칙에 위배되지 않는다는 헌법재판소 결정이 있다(헌재 2021. 2. 25. 2019 헌바 128 - 전원재판부).

22) 김/서, 268면; 백형구, 124면; 오영근, 459면.

II. 특수공갈죄

제350조의 2 [특수공갈] "단체 또는 다중의 위력을 보이거나 위험한 물건을 휴대하여 제350조의 죄를 범한 자는 1년 이상 15년 이하의 징역에 처한다."

특수공갈죄는 "단체 또는 다중의 위력을 보이거나 위험한 물건을 휴대하여 공갈죄를 범한 경우에 성립하는 범죄"이다. 본죄는 공갈의 '행위방법'에 있어서 집단적 위력을 보이거나 위험한 물건을 가지고 행해진다는 위험성 때문에 단순공갈죄에 비하여 불법이 가중되는 유형이다(불법가중유형).

종래 특수공갈죄는 형법이 아니라 '폭력행위 등 처벌에 관한 법률' 제3조 제1항에 규정되어 있었다. 그러나 2016. 1. 6.의 관련 법률개정에서 폭처법 제3조 제1항이 삭제되고, 형법 제350조의 2(특수공갈죄)가 신설되었다. '특정경제범죄 가중처벌 등에 관한 법률' 제3조는 특수공갈죄로 취득한 가액(이득액)이 50억원 이상인 때에는 무기 또는 5년 이상의 징역에 처하고, 5억원 이상 50억원 미만인 때에는 3년 이상의 유기징역에 처한다. 특수공갈죄의 상습범은 가중처벌되고($^{제351}_{조}$), 그 미수범도 처벌된다($^{제352}_{조}$).

특수공갈죄의 구성요건 해석은 특수폭행죄와 단순공갈죄에서의 해당 부분을 참조할 것.

III. 상습공갈죄

제351조 [상습범] "상습으로 제347조 내지 전조의 죄를 범한 자는 그 죄에 정한 형의 2분의 1까지 가중한다."

본죄는 "상습으로 공갈죄를 범함으로써 성립하는 범죄"이다. 행위자의 상습성으로 인한 책임가중유형이다.

'특정경제범죄 가중처벌 등에 관한 법률' 제3조는 상습공갈로 취득한 가액(이득액)이 50억원 이상인 때에는 무기 또는 5년 이상의 징역에 처하고, 5억원 이상 50억원 미만인 때에는 3년 이상의 유기징역에 처하고 있다.

제6장 횡령의 죄

제1절 개 설

I. 의의, 보호법익

횡령죄란 "타인의 재물을 보관하는 자가 그 재물을 횡령하거나 반환을 거부함으로써 성립하는 범죄"이다. 횡령죄는 자기가 보관하는 재물, 즉 이미 '자기의 점유'하에 있는 타인소유의 재물을 영득한다는 점에서 타인의 점유하에 있는 타인소유의 재물을 영득하는 절도·강도죄와 구별된다. 이 점에 있어서 횡령죄는 점유의 침해를 수반하지 않는다. 또 횡령죄는 보관자의 영득행위로써 범죄가 성립하고 소유자의 처분행위가 불필요함에 비하여, 사기·공갈죄와 같은 편취죄는 상대방의 의사에 기한 처분행위가 있어야 하는 점에서 차이가 난다.

횡령죄의 보호법익은 '소유권'이다. 보호의 정도는 침해범이라고 하는 학설도 있으나,[1] '위험범'으로 보아야 한다.[2] 절도죄의 경우와 마찬가지로 횡령행위로 말미암아 소유자가 사법상 소유권을 상실하는 것은 아니고 소유권의 위태화라고 하는 상태만 발생하기 때문이다. 따라서 등기명의인으로서 위탁받은 부동산을 횡령하는 경우에 매매계약의 체결만으로 횡령죄의 기수가 성립하며, 유효한 등기이전이 있어야 하는 것은 아니다. 판례도 횡령죄를 위험범이라고 한다.[3]

---

1) 권오걸, 621면; 김성돈, 376면; 김/서, 351면; 배종대, 517면; 백형구, 200면; 오영근, 461면; 이정원, 403면; 이형국, 411면; 정/박, 416면; 진/이, 449면.

2) 김성천, 971면; 박상기, 365면; 손동권, 410면; 유기천, 상권, 269면; 이재상, 386면; 정영일, 355면.

3) "횡령죄는 다른 사람의 재물에 관한 소유권 등 본권을 그 보호법익으로 하고, 본권이 침해될 위험성이 있으면 그 침해의 결과가 발생되지 아니하더라도 성립하는 이른바 위태범이므로"(대판 2002. 11. 13, 2002 도 2219. 同旨, 대판 1975. 4. 22, 75 도 123).

Ⅱ. 횡령죄의 성격과 본질

횡령죄는 행위의 객체가 재물에 국한되는 '재물죄'이며, 후술하는 바와 같이 '영득죄'에 속한다(영득행위설).

형법은 횡령죄와 배임죄를 같은 장(제40장)에서 규정하고 있으므로 두 죄의 관계가 문제된다. 두 범죄는 타인의 신임관계를 위배한다는 점에서 공통되고, 다만 행위의 '객체'가 개개의 '재물'인 경우(재물죄)에는 횡령죄가 성립하며, '재산상의 이익'인 경우(재물·재산이익죄)에는 배임죄가 성립한다는 점($\binom{\text{대판 1994. 3. 8.}}{\text{93 도 2272 참조}}$)에서, 횡령죄와 배임죄는 "특별법과 일반법의 관계"에 있는 것으로 해석된다. 횡령죄는 배임죄에 비하여 행위의 '주체'도 제한되어 있다. 즉 타인의 사무처리자라고 하는 배임죄의 주체에 대하여, 횡령죄의 주체는 '타인의 재물을 보관하는' 사무처리자로 한정되어 있다. 따라서 횡령죄와 배임죄는 행위의 '주체'에 있어서도 특별법과 일반법의 관계에 있다.

횡령죄의 본질에 관하여는 다음과 같이 학설이 대립하고 있다. 횡령죄의 본질은 '횡령행위'의 의미를 어떻게 이해할 것인가 하는 문제와 직결되어 있다.

(1) 월권행위설

신임관계에 위배되는 월권행위에 횡령죄의 본질이 있다는 견해이다.[4] 즉 행위자가 위탁된 보관물에 대하여 그 권한을 초과하는 행위를 함으로써 위탁의 기초가 되는 신임관계에 위배했다는 배신성을 횡령죄의 본질로 파악하고 있다. 이 학설에서는 횡령죄의 성립에 불법영득의 의사는 필요하지 않다고 보아, 보관물에 대하여 권한을 초과하는 일체의 행위를 횡령행위라고 한다. 따라서 손괴 또는 은닉의 의사, 일시 사용의 의사로 보관물을 처분한 행위에 대하여도 횡령죄의 성립을 긍정한다.

(2) 영득행위설

위탁된 보관물을 불법하게 영득하는 데에 횡령죄의 본질이 있다는 견해이다(다수설[5] 및 판례[6]). 이 견해는 횡령죄의 성립에 '불법영득의 의사'가 필요한 것으

---

4) 강동범, "소위 불법원인급여와 횡령죄의 성부", 형사판례연구(1), 183면; 정/박, 414-5면.
5) 김성돈, 377면; 김/서, 351면; 백형구, 201면; 손동권, 411면; 이재상, 387면; 이형국, 411면; 진/이, 450면. 그 밖에 권오걸, 623면; 김성천, 971면; 박상기, 367면; 배종대, 518면; 오영근, 462-3면; 정영일, 357면은 영득행위설과 월권행위설의 결합설이 타당하다고 하지만, 기본적으로

로 보아, 횡령행위란 불법영득의 의사를 표현하는 일체의 행위라고 한다. 즉 신임관계 위배행위로서의 단순한 월권행위로서는 부족하고 타인의 재물을 자기의 소유물처럼 이용·처분하려는 의사가 있어야 한다. 이 학설에 의하면, 손괴 또는 은닉의 의사, 일시 사용의 의사로 보관물을 처분하는 행위는 비록 신임관계에 위배하는 월권행위라고 하더라도 불법영득의 의사가 없으므로 횡령죄는 성립하지 않게 된다. 이 때 손괴죄의 성립은 별개의 문제이다.

생각건대 ① 횡령죄의 본질이 배임죄와 더불어 신임관계 위배라고 하는 배신성에 있다는 것이 틀린 견해는 아니다. 그러나 민법상 채무불이행도 배신성을 띠는 만큼, 단순한 배신성만으로는 횡령죄의 본질을 충분히 제시할 수 없다. 횡령죄의 본질은 그 배신성이 '불법영득의 의사로 표현'된다는 점에 있다. ② 또한 횡령죄의 보호법익이 소유권인 점에 비추어 소유권행사의 의사, 즉 불법영득의 의사가 횡령죄의 성립에 당연히 필요하다고 해야 한다. ③ 월권행위설에 의하면, 자기가 보관하는 타인소유의 재물을 손괴할 경우 횡령죄가 성립하여 5년 이하의 징역에 처해지고, 타인이 보관하는 타인소유의 재물을 손괴할 경우 손괴죄가 성립하여 3년 이하의 징역에 처해지게 되는데, 두 범죄간의 불법의 경중과 법정형을 비교할 때 월권행위설의 부당함은 자명하다고 하겠다.

결론적으로 횡령죄의 본질은 '영득행위설'의 입장에서 이해함이 타당하다.

III. 횡령죄의 체계

횡령의 죄에 있어서 기본유형은 단순횡령죄($^{제355조}_{제1항}$)이다. 그 책임가중유형으로서 업무상횡령죄($^{제356}_{조}$)가 규정되어 있다. 단순횡령죄는 행위의 주체가 타인의 재물을 보관하는 자에 국한되어 있는 진정신분범이고, 업무상횡령죄는 보

는 영득행위설에 속한다고 볼 수 있다(同旨, 김/서, 351-2면).

6) "업무상횡령죄에 있어서의 불법영득의 의사라 함은 자기 또는 제3자의 이익을 꾀할 목적으로 업무상의 임무에 위배하여 보관하는 타인의 재물을 자기의 소유인 것과 같이 사실상 또는 법률상 처분하는 의사를 말하는 것"(대판 1994. 9. 9, 94 도 619; 1989. 10. 10, 87 도 1901; 1986. 10. 14, 85 도 2698; 1983. 9. 13, 82 도 75). 그러나 판례가 영득행위설만을 취하고 있는 것은 아니며 월권행위설에 입각한 판례도 있다고 주장하면서(예: 대판 1994. 11. 25, 93 도 2404; 1986. 8. 19, 86 도 1903), 횡령죄의 본질을 영득행위설과 월권행위설의 결합에서 찾는 견해(결합설)도 있다(권오걸, 623면; 김성천, 971면; 박상기, 366-7면; 배종대, 518면; 정영일, 357면).

관자라는 신분과 업무자라는 신분이 이중적으로 결합되어 있는 부진정신분범이다.

점유이탈물횡령죄($\frac{제360}{조}$)를 보관자라는 신분을 결여한 점에서 단순횡령죄의 감경유형에 해당한다는 견해도 있으나,[7] 점유이탈물횡령죄에는 신임관계 위배라고 하는 배신성이 없으므로 횡령죄와는 별개의 독립된 범죄로 이해해야 한다($\frac{통}{설}$).

횡령죄의 미수범은 처벌되고($\frac{제359}{조}$), 친족상도례와 동력에 관한 규정도 준용된다($\frac{제361}{조}$). 단순횡령죄와 업무상횡령죄에서 범죄행위로 인한 취득가액(이득액)이 5억원 이상인 때에는 '특정경제범죄 가중처벌 등에 관한 법률'(약칭: 특정경제범죄법) 제3조에 의하여 가중처벌된다.

제 2 절 개별적 범죄유형

I. 단순횡령죄

제355조 제1항 [횡령] "타인의 재물을 보관하는 자가 그 재물을 횡령하거나 그 반환을 거부한 때에는 5년 이하의 징역 또는 1천500만원 이하의 벌금에 처한다."

1. 의 의

단순횡령죄는 "타인의 재물을 보관하는 자가 그 재물을 횡령하거나 반환을 거부함으로써 성립하는 범죄"이다. 횡령죄는 타인의 재물을 불법영득하는 방법으로 ① 자기의 점유하에 있는 재물을 영득한다는 점, 즉 타인의 점유를 침해하는 '탈취'수단을 쓰지 않는다는 점에서 단순절도죄보다 법정형이 낮고, ② 또 '편취'수단을 쓰지 않는다는 점에서 사기·공갈죄보다도 법정형이 낮다.

2. 행위의 주체

(1) 보관자의 신분

횡령죄의 주체는 타인의 재물을 보관하는 자이다. 본죄는 「보관자」라는 신

---

7) 유기천, 상권, 269면.

분을 필요로 하는 '진정신분범'이다. 타인의 재물이라 함은 타인소유의 재물을 말하고, 본죄의 재물에는 동산 이외에 부동산을 포함한다.

횡령죄의 배신적 성격에 비추어 보관자의 신분은 보관하게 된 '위탁관계 내지 신임관계'를 기초로 한다. 즉 횡령죄에서의 보관이라 함은 '위탁관계에 기한 점유'를 의미한다(통설 및 판례[8]).

(2) 위탁관계에 기한 점유

점유의 기초가 되는 「위탁관계」는 ① 위탁자 '본인의 의사'에 의하여 발생할 수도 있고, ② 본인의 의사와는 무관하게 '법률상의 원인'에 의하여 발생할 수도 있으며, ③ 널리 '거래의 신의칙'에 기하여 발생할 수도 있다.[9] 본인의 의사에 기한 위탁관계는 임대차·사용대차·위임·임치·신탁·고용 등 계약에 의하여 발생하고, 법률의 규정에 기한 위탁관계는 법정대리권·후견·사무관리 등의 경우에 발생한다. 형법상의 원인에 의하여 위탁관계가 발생한다고 볼 수 있는 경우로서는 자구행위($\frac{제23조}{제1항}$)에 있어서 청구권보전을 위해 재물을 강제로 탈취·보관하고 있는 자가 있다.

그런데 형법이 문제삼는 위탁관계는 '사실상의' 위탁관계[10]이지, 위탁관계를

---

8) "횡령죄에 있어서 재물의 보관이라 함은 재물에 대한 사실상 또는 법률상 지배력이 있는 상태를 의미하고, 그 보관이 위탁관계에 기인하여야 할 것임은 물론이나, 그것이 반드시 사용대차·임대차·위임 등의 계약에 의하여 설정되는 것임을 요하지 아니하고, 사무관리·조리·신의칙 등에 의해서도 성립될 수 있다"(대판 2011. 3. 24, 2010 도 17396. 同旨, 대판 2003. 9. 23, 2003 도 3840).

9) "횡령죄에 있어서 타인을 위하여 재물을 보관하게 된 원인은 반드시 소유자의 위탁행위에 기인한 것임을 필요로 하지 않으므로, 원심판결이 적법히 확정한 바와 같이 피고인이 진양화인케미칼 회사로부터 피해자 등을 대신하여 그들의 공동지분이 있는 대리점 개설보증금을 반환받아 은행에 예금하고 있었다면, 피고인은 피해자를 위하여 그 지분 상당의 금원을 보관중이었다 할 것이므로, 이를 임의로 인출·소비한 피고인의 소위를 횡령죄로 의율하였음은 정당하고"(대판 1985. 9. 10, 84 도 2644). "권○영은 피고인이 지불각서를 써 줄 것으로 믿고, 피고인이 그 액면금 등을 확인할 수 있도록 피고인에게 위 가계수표들을 교부한 것이었으므로, 위 권○영과 피고인 사이에는 만약 합의가 결렬되어 피고인이 위 권○영에게 지불각서를 써 주지 아니하는 경우에는 곧바로 그 가계수표들을 위 권○영에게 반환하기로 하는, 조리에 의한 위탁관계가 발생하였다 할 것"(**대판 1996. 5. 14, 96 도 410**).

10) "횡령죄는 타인의 재물을 보관하는 사람이 그 재물을 횡령하거나 반환을 거부한 때에 성립한다(형법 제355조 제1항). 횡령죄에서 재물의 보관은 재물에 대한 사실상 또는 법률상 지배력이 있는 상태를 의미하며(대법원 1987. 10. 13. 선고 87도1778 판결 등 참조), 횡령행위는 불법영득의사를 실현하는 일체의 행위를 말한다(대법원 2004. 12. 9. 선고 2004도5904 판결 등 참조). 따라서 소유권의 취득에 등록이 필요한 타인 소유의 차량을 인도받아 보관하고 있는 사람이 이를 사실상 처분하면 횡령죄가 성립하며, 그 보관 위임자나 보관자가 차량의 등록명의자일 필요는 없다. 그리고 이와 같은 법리는 지입회사에 소유권이 있는 차량에 대하여 지입회사로부터 운

발생시킨 사법(私法)상의 계약이 유효할 것을 전제로 하는 것은 아니다. 즉 보관의 기초된 위탁계약이 무효 또는 취소되었다고 하더라도 보관물을 반환하기까지는 본인과 거래의 신의칙에 따른 위탁관계 내지 신임관계가 사실상 지속된다고 해야 할 것이다.[11] 그러나 위탁관계가 범죄실현의 수단으로 이루어진 경우에는 횡령죄로 보호할 만한 신임관계라고 볼 수 없다.[12]

위탁관계에 기하여 점유를 하게 되더라도 보관자 이외에 위탁자 본인의 점유도 아울러 인정해야 할 경우가 있는가, 만약 보관자와 위탁자 양자의 공동점유를 인정할 경우라면 상호간의 점유관계는 어떻게 되는가 하는 문제는 횡령죄와 절도죄를 가르는 중요한 논점이다. 즉 횡령죄의 객체는 '자기점유·타인소유'의 재물이고, 절도죄의 객체는 '타인점유·타인소유'의 재물이므로, 재물에 대한 '점유의 귀속론'이 중시된다. 이 논의는 절도죄에서 이미 다루었으므로 해당부분을 참조할 필요가 있다. 이곳에서 한 가지 되풀이할 논점은 위탁자(점유주)와 보관자(점유보조자)가 상하주종관계에서 공동점유하는 경우이다. '상하주종관계의 점유이론'에 의하면, 점유보조자가 점유주의 재물을 영득한 경우에 점유주에 대한 관계에서 점유보조자의 점유는 부정되므로 절도죄가 성립한다. 다만 점유보조자라고 하더라도 '점유주의 별도의 위탁에 기하여' 보관하게 된 특정재물에 대하여는 예외적으로 횡령죄가 성립할 수 있다(판례[13]).[14]

행관리권을 위임받은 지입차주가 지입회사의 승낙 없이 그 보관 중인 차량을 사실상 처분하거나 지입차주로부터 차량 보관을 위임받은 사람이 지입차주의 승낙 없이 그 보관 중인 차량을 사실상 처분한 경우에도 마찬가지로 적용된다. 이와 달리 소유권의 취득에 등록이 필요한 차량에 대한 횡령죄에서 타인의 재물을 보관하는 사람의 지위는 일반 동산의 경우와 달리 차량에 대한 점유 여부가 아니라 등록에 의하여 차량을 제3자에게 법률상 유효하게 처분할 수 있는 권능 유무에 따라 결정하여야 한다는 취지의 대법원 1978. 10. 10. 선고 78도1714 판결, 대법원 2006. 12. 22. 선고 2004도3276 판결 등은 이 판결과 배치되는 범위에서 이를 변경하기로 한다"(대판 2015. 6. 25, 2015 도 1944－전원합의체).

　11) 同旨, 김성돈, 383면; 김/서, 355면; 김종원, 228면; 오영근, 465면; 정/박, 422면; 진/이, 454면.

　12) "재물의 위탁행위가 범죄의 실행행위나 준비행위 등과 같이 범죄 실현의 수단으로서 이루어진 경우 그 행위 자체가 처벌 대상인지와 상관없이 그러한 행위를 통해 형성된 위탁관계는 횡령죄로 보호할 만한 가치 있는 신임에 의한 것이 아니라고 봄이 타당하다"(대판 2022. 6. 30, 2017 도 21286).

　13) "피해자가 그 소유의 오토바이를 타고 심부름을 다녀오라고 하여서 그 오토바이를 타고 가다가 마음이 변하여 이를 반환하지 아니한 채 그대로 타고 가버렸다면, 횡령죄를 구성함은 별론으로 하고 적어도 절도죄를 구성하지는 아니한다"(대판 1986. 8. 19, 86 도 1093. 同旨, 대판 1982. 11. 23, 82 도 2394).

　14) 同旨, 권오걸, 646면; 박상기, 370면; 배종대, 521면.

본인과 전혀 '위탁관계없이' 우연히 자신의 점유에 속하게 된 물건을 임의 처분하면, 횡령죄가 아니라 '점유이탈물횡령죄'가 성립한다.

(3) 법률상의 보관자

횡령죄에서의 점유는 사실상의 지배라고 하는 단순한 점유사실만으로는 부족하고 '신임관계에 기한' 점유이어야 한다. 이 점에 있어서 절도죄에서의 점유와 차이가 난다. 즉 절도죄에서의 점유는 행위의 객체인 동시에 보호의 객체이지만, 횡령죄에서의 점유는 행위의 '주체'와 관련된 점유이면서 위탁자에 대한 관계에서는 신임관계를 기초로 한 점유이므로, 절도죄에서의 점유와 달리 해석되는 측면이 있다. 그 중요한 차이점은 횡령죄에 있어서의 점유에는 재물에 대한 '사실상의 지배' 이외에 '법률상의 지배'도 포함된다는 것이다(통설 및).[15] 법률상의 지배자가 횡령죄에서의 보관자가 되느냐 하는 논의 대상으로는 다음과 같은 문제들이 있다.

(가) 부동산명의신탁의 경우

(a) 논 점   부동산명의신탁이란 "실질적인 소유자인 신탁자가 목적부동산을 용익(用益)·관리하면서, 등기부상의 소유명의만은 수탁자 앞으로 되어 있는 독특한 제도"이다. 이 제도는 조세포탈·부동산은닉·부동산투기·불법상속 등을 위한 탈법수단으로 악용된 측면이 강하였다. 원래 부동산명의신탁이론은 부동산명의신탁계약이 '유효'하다고 보고, '대외적으로는' 명의수탁자가 명의부동산에 대한 소유자이지만, '대내적으로는', 즉 명의신탁자와 명의수탁자의 관계에서는 명의신탁자가 실질적인 소유자라고 하는 사고(소유권의 관계적 귀속론)를 기반으로 하고 있다. 이러한 관점에서 명의수탁자가 신탁자의 동의 없이 임의로 목적부동산을 처분―매도, 저당권설정 등―하는 행위는 '자기가 법률상 보관하고 있는 타인소유의 재물'을 처분한 것으로서 '횡령죄'를 구성한다는 것이 종래 다수학설과 판례의(대법원 전원합의체판결 1971. 6.)[16] 태도였다.

그러나 1995년 7월 1일부터 시행된 '부동산 실권리자명의 등기에 관한 법률'(약칭: 부동산실명법)은 부동산에 관한 소유권 기타 물권을 실체적 권리관계와 일치하도록 실권리자 명의로 등기하게 할 것을 목적으로 하여($^{통법}_{제1조}$), 부동산에 관한 물권을 명의수탁자의 명의로 등기하는 명의신탁약정 및 명의신탁약정에 따라 행하여진 등기에 의한 부동산물권변동을 '무효'로 하고 있으며($^{제4}_{조}$), 부동산에 관한 물권을 명의신탁약정에 의하여 명의수탁자의 명의로 등기해서는 안된다는 금지규정($^{제3조}_{제1항}$)에 위반한 명의신탁자와 명의수탁자를 처벌하고 있다 ($^{제7}_{조}$).[17]

따라서 이 법률의 시행 이후에도 명의수탁자의 임의처분행위가 종전과 같이 횡령죄를 구성하는가 하는 문제점에 대하여 의견이 분분하다.

(b) 부동산명의신탁의 유형

(aa) 2자간 명의신탁　　명의신탁계약에 의하여 실권리자(명의신탁자, 甲)로부터 명의수탁자(乙)가 부동산등기명의를 취득하는 유형이 '2자간 명의

---

16) "이 사건 토지가⋯종중소유로서 피고인 심○○에게 신탁되어 같은 피고인 명의로 소유권보존등기가 되어 있는데, 피고인 양명이 공모하여 이것을 타인에게 처분하였다면, 이것은 피고인 심○○가 점유하는 위 종중소유의 이 사건 토지를 횡령하는 행위라 할 것이다. 이러한 견해와 저촉되는 당원 1970. 8. 31. 선고 70도1434 판결은 이 판결로 폐기하기로 한다"(대판 1971. 6. 22, 71도 740 - 전원합의체). "횡령죄에 있어서 부동산을 보관하는 자라 함은 동산의 경우에 있어서와는 달리 그 부동산에 대한 점유를 기준으로 할 것이 아니고 그 부동산을 제3자에게 유효하게 처분할 수 있는 권능의 유무를 기준으로 하여 결정하여야 할 것이고, 토지의 일부 지분에 관하여 명의신탁에 의한 소유권이전등기를 경료받은 사람은 그 지분의 범위 내에서 그 토지를 제3자에게 유효하게 처분할 수 있는 권능을 갖게 되어 그 부동산을 보관하는 자의 지위에 있다 할 것"(대판 1989. 12. 8, 89 도 1220. 同旨, 대판 1987. 12. 8, 87 도 1690; 1987. 2. 10, 86 도 1607). 부동산에 대한 보관자의 지위를 부정한 판례로는 "부동산에 관한 횡령죄에 있어서 타인의 재물을 보관하는 자의 지위는 동산의 경우와는 달리 부동산에 대한 점유의 여부가 아니라 부동산을 제3자에게 유효하게 처분할 수 있는 권능의 유무에 따라 결정하여야 하므로, 부동산을 공동으로 상속한 자들 중 1인이 부동산을 혼자 점유하던 중 다른 공동상속인의 상속지분을 임의로 처분하여도 그에게는 그 처분권능이 없어 횡령죄가 성립하지 아니한다"(대판 2000. 4. 11, 2000 도 565). "원인무효인 소유권이전등기의 등기명의자로서 그 부동산을 법률상 유효하게 처분할 수 있는 지위에 있지 않은 자는 횡령죄의 주체인 타인의 재물을 보관하는 자에 해당하지 않는다"(대판 1989. 2. 28, 88 도 1368).

17) 부동산실명법 제7조 [벌칙] ① 다음 각 호의 어느 하나에 해당하는 자는 5년 이하의 징역 또는 2억원 이하의 벌금에 처한다.
1. 제3조 제1항을 위반한 명의신탁자
2. 제3조 제2항을 위반한 채권자 및 같은 항에 따른 서면에 채무자를 거짓으로 적어 제출하게 한 실채무자
② 제3조 제1항을 위반한 명의수탁자는 3년 이하의 징역 또는 1억원 이하의 벌금에 처한다.

신탁'인데, 명의수탁자가 명의신탁자의 동의없이 임의로 제3자(丙)에게 부동 산을 매도하는 행위의 형사책임이 문제된다.

(bb) 3자간 명의신탁   3자간 명의신탁은 원권리자(매도인, A)로부터 부동산을 매수·취득하는 단계에서 명의신탁자(甲)와 명의수탁자(乙) 사이에 부동산명의신탁이 이루어지는 유형인데, 원권리자로부터 등기를 이전받은 명 의수탁자(乙)가 제3자(丙)에게 명의부동산을 임의처분하는 행위의 형사책임 이 문제된다. 3자간 명의신탁은 또다시 중간생략등기형 명의신탁과 계약명의 신탁으로 나누어진다.

(i) 중간생략등기형 명의신탁   '중간생략등기형 명의신탁'이란 명의 신탁자(甲)가 원권리자(매도인, A)와 부동산매매계약을 체결하면서 A로부터 매수한 부동산을 직접 수탁자(乙)의 명의로 등기이전하도록 하고, 신탁자인 甲으로의 등기이전을 생략한 유형이다. 이 때 A는 甲과 乙 사이의 명의신탁 약정사실을 알게 되는 것-악의인 것-이 일반적이라고 본다.

(ii) 계약명의신탁(매수위임형 명의신탁)   '계약명의신탁'이란 명의신 탁자(甲)가 명의수탁자(乙)로 하여금 원권리자(매도인, A)와 직접 부동산매매 계약을 체결하도록 하고 또한 수탁자(乙)의 명의로 등기를 이전하게 하는 경 우인데, 甲과 乙 사이에는 매수위임을 내용으로 하는 명의신탁계약이 존재하 게 된다. 이 때 A는 甲과 乙 사이의 명의신탁약정사실을 알 수도 있고 모를 수도-악의일 수도 있고 선의일 수도-있다.

(c) 부동산명의수탁자는 횡령죄의 주체가 되는가?(보관자의 지위 여부)

횡령죄의 주체인 보관자라고 하는 신분은 횡령죄의 배신적 성격에 비추어 보관하게 된 '위탁관계 내지 신임관계'를 전제로 한다. 그런데 형법이 문제삼 는 위탁관계는 '사실상의' 위탁관계이지, 위탁관계를 발생시킨 사법(私法)상의 계약이 아니다. 즉 위탁계약이 무효 또는 취소되었다고 하더라도 본인과 거래 의 신의칙에 따른 위탁관계 내지 신임관계가 사실상 지속되는 이상 형법상 보 관자의 지위에 있다고 보아야 한다. 예컨대 임치계약이 무효 또는 취소되더라 도 수치인은 임치물을 임치인에게 반환할 때까지 형법상 임치물의 보관자가 되고, 만일 반환 전에 임치물을 임의처분하면 횡령죄의 죄책을 지게 된다.

따라서 부동산명의신탁에 있어서도 명의신탁계약 및 부동산물권변동(부동 산등기이전)의 '유효·무효와는 무관하게' 명의상의 위탁관계가 존재하는 이상

명의수탁자는 보관자의 지위에 선다고 보아야 한다.[18] 이 점은 2자간 명의신탁이든 3자간 명의신탁이든 동일하므로, 명의수탁자는 항상 횡령죄의 주체가 된다고 하겠다.

그리고 명의수탁자는 보관자의 지위에 설 뿐만 아니라 명의신탁계약에 따라 '타인의 사무를 처리하는 자'의 지위에도 있게 된다. 즉 명의수탁자는 횡령죄의 주체이면서 배임죄의 주체도 된다. 그렇다면 명의수탁자의 임의처분행위가 횡령죄가 되느냐 배임죄가 되느냐 하는 해결의 관건은 수탁자의 지위가 아니라 명의부동산의 소유권이 누구에게 속하느냐 하는 '소유권의 귀속'문제에 달려 있다.[19] 행위의 객체인 명의부동산이 타인(신탁자 甲)의 소유인 경우에는 횡령죄가 성립하고, 자신(수탁자 乙)의 소유인 경우에는 배임죄가 성립하게 된다.

(d) 명의신탁부동산은 횡령죄의 객체가 되는가?(타인소유의 재물 여부)

(aa) 2자간 명의신탁의 경우

(i) 학 설　2자간 명의신탁에 있어서 명의신탁부동산에 대한 소유권의 귀속문제에 관하여, 명의신탁계약이 불법이므로 명의신탁부동산은 불법원인급여물로서 민법 제746조의 적용을 받아 수탁자의 소유에 속하고, 수탁자의 임의처분은 횡령죄를 구성하지 않는다는 견해가[20] 있을 수 있다. 그러나 부동산실명법은 부동산 실소유관계와 법률관계의 일치를 관철하기 위하여 명의신탁부동산에 대한 소유권의 귀속을 민법 제746조와는 달리 규정하고 있다. 즉 부동산실명법 제4조는 민법 제746조의 적용을 배제하는 '특별규정'의 성격을 띠고 있다고 해석된다.

부동산실명법 제4조는 명의신탁약정 및 명의신탁약정에 따라 행하여진 등기에 의한 부동산물권변동을 '무효'로 하고 있다. 명의신탁계약을 원인으로 한 부동산등기이전은 불법원인급여에 해당하지만, 부동산실명법은 신탁자가 수탁자에게 부동산반환청구권을 행사하지 못하도록 규정한 것이 아니라, 원천적으로 명의신탁계약과 명의수탁자의 소유권취득을 무효로 규정하고 있다.

---

18) 명의수탁자에게 보관자의 지위를 인정하는 견해로서는 배종대, 529-30면; 손동권, "명의신탁부동산의 처분행위에 대한 횡령죄의 성립 여부", 고시연구, 1997. 12, 45면 이하; 장영민, "명의신탁된 부동산영득행위의 죄책", 고시계, 1997. 12, 38면; 정/박, 438면; 최상욱, 앞의 글, 196-7면.

19) 명의신탁약정 및 명의신탁약정에 따라 행하여진 등기에 의한 부동산물권변동을 '무효'로 하고 있는 부동산실명법 제4조는 횡령죄의 주체인 보관자의 지위와는 무관하고, 횡령죄의 객체인 소유권의 귀속을 좌우할 뿐이다.

20) 박상기, 381면과 오영근, 480면은 2자간 명의신탁의 경우에 횡령죄의 성립을 부정한다.

이 규정에 의하여 명의신탁부동산의 '소유권'은 당연히 명의'신탁자'에게 남는 것
이 되고,[21] 그 반대의 해석, 즉 수탁자의 소유권을 인정하는 해석은 용납될 수
없다고 본다. 만일 이 무효화규정을 수탁자의 소유권을 인정하는 취지로 해석
한다면, 그 무효를 제3자에게 대항하지 못한다고 한 동법 제4조 제3항과 실명
전환을 강제하기 위하여 이행강제금을 부과하도록 한 동법 제6조를 특별히
규정하고 있는 이유를 설명할 수가 없다. 따라서 명의신탁부동산에 대한 명의
수탁자의 임의처분은 자신이 보관하는 '타인소유'의 부동산을 처분한 것으로
서 횡령죄를 구성한다고 하겠다($^{다수}_{설}$).[22] 그 밖에 명의수탁자가 자신의 명의로
부동산을 등기한 행위는 부동산실명법 위반의 범죄($^{제7조}_{제2항}$)를 구성하게 되는데, 이
범죄와 임의처분으로 성립하는 횡령죄는 실체적 경합의 관계에 선다.

명의수탁자가 임의매도하는 명의부동산을 매수한 제3자(丙)는 악의인 경우,
즉 명의신탁약정사실을 알고 매수한 경우에 횡령죄의 공범이 된다.[23]

(ii) 판 례   대법원은 2자간 명의신탁에 있어서 명의수탁자의 임
의처분은 횡령죄를 구성한다는 긍정설($^{대판 2000. 2. 22, 99 도 5227:}_{1999. 10. 12, 99 도 3170 등}$)을 취하고 있었으나,
2021. 2. 18.에 선고된 전원합의체 판결($^{2016 도}_{18761}$)에서 횡령죄 성립을 부정하는 입
장으로 판례를 변경하였다(판례변경). 그 요지는 다음과 같다. "판결요지: 형
법 제355조 제1항이 정한 횡령죄에서 보관이란 위탁관계에 의하여 재물을 점
유하는 것을 뜻하므로 횡령죄가 성립하기 위하여는 재물의 보관자와 재물의
소유자(또는 기타의 본권자) 사이에 법률상 또는 사실상의 위탁관계가 존재하
여야 한다. 이러한 위탁관계는 사용대차·임대차·위임 등의 계약에 의하여
서뿐만 아니라 사무관리·관습·조리·신의칙 등에 의해서도 성립될 수 있으
나, 횡령죄의 본질이 신임관계에 기초하여 위탁된 타인의 물건을 위법하게 영
득하는 데 있음에 비추어 볼 때 위탁관계는 횡령죄로 보호할 만한 가치 있는

---

21) 손동권, 앞의 글, 45면 이하; 장영민, 앞의 글, 37면 이하; 최상욱, 앞의 글, 191-2면.

22) 2자간 명의신탁에 있어서 횡령죄의 성립을 긍정하는 견해는 권오걸, 666면; 김성돈, 399
면; 김성천, 979면; 김/서, 369면; 배종대, 531면; 손동권, 앞의 글, 46면 이하; 이재상, 399면;
이형국, 417면; 장영민, 앞의 글, 37면 이하; 정/박, 440면; 정영일, 372면; 진/이, 463면; 최상욱,
앞의 글, 198면.

23) 다만 판례는 제3자(丙)의 공범성립에 엄격한 입장을 취하여, "부동산의 등기명의수탁자가
명의신탁자의 승낙없이 이를 제3자에게 양도함으로써 횡령죄가 성립하는 경우에, 그것을 양수한
사람이나 이를 중간에서 소개한 사람은 비록 그 점을 알고 있었다 하더라도, 처음부터 수탁자와
짜고 불법영득할 것을 공모한 것이 아닌 한 그 횡령죄의 공동정범이 될 수 없다"라고 한다(**대판**
1983. 10. 25, 83 도 2027).

신임에 의한 것으로 한정함이 타당하다(대법원 2016. 5. 19. 선고 2014 도 6992 전원합의체 판결 참조). 위탁관계가 있는지 여부는 재물의 보관자와 소유자 사이의 관계, 재물을 보관하게 된 경위 등에 비추어 볼 때 보관자에게 재물의 보관 상태를 그대로 유지하여야 할 의무를 부과하여 그 보관 상태를 형사법적으로 보호할 필요가 있는지 등을 고려하여 규범적으로 판단하여야 한다(대법원 2018. 7. 19. 선고 2017 도17494 전원합의체 판결 참조).「부동산 실권리자명의 등기 에 관한 법률」(이하 '부동산실명법'이라 한다)은 부동산에 관한 소유권과 그 밖 의 물권을 실체적 권리관계와 일치하도록 실권리자 명의로 등기하게 함으로 써 부동산등기제도를 악용한 투기·탈세·탈법행위 등 반사회적 행위를 방지 하고 부동산 거래의 정상화와 부동산 가격의 안정을 도모하여 국민경제의 건 전한 발전에 이바지함을 목적으로 하고 있다(제1조). 부동산실명법에 의하면, 누 구든지 부동산에 관한 물권을 명의신탁약정에 따라 명의수탁자의 명의로 등 기하여서는 아니 되고(제3조제1항), 명의신탁약정과 그에 따른 등기로 이루어진 부 동산에 관한 물권변동은 무효가 되며(제4조 제1항·제2항 본문), 명의신탁약정에 따른 명의수 탁자 명의의 등기를 금지하도록 규정한 부동산실명법 제3조 제1항을 위반한 경우 명의신탁자와 명의수탁자 쌍방은 형사처벌된다(제7조). 이러한 부동산실명 법의 명의신탁관계에 대한 규율 내용 및 태도 등에 비추어 보면, 부동산실명 법을 위반하여 명의신탁자가 그 소유인 부동산의 등기명의를 명의수탁자에게 이전하는 이른바 양자간 명의신탁의 경우, 계약인 명의신탁약정과 그에 부수 한 위임약정, 명의신탁약정을 전제로 한 명의신탁 부동산 및 그 처분대금 반 환약정은 모두 무효이다(대법원 2006. 11. 9. 선고 2006다35117 판결; 대 법원 2015. 9. 10. 선고 2013다55300 판결 등 참조). 나아가 명의신탁자와 명 의수탁자 사이에 무효인 명의신탁약정 등에 기초하여 존재한다고 주장될 수 있는 사실상의 위탁관계라는 것은 부동산실명법에 반하여 범죄를 구성하는 불법적인 관계에 지나지 아니할 뿐 이를 형법상 보호할 만한 가치 있는 신임 에 의한 것이라고 할 수 없다(위 대법원 2014도6992 전원합의체 판결 참조). 명의수탁자가 명의신탁자에 대하 여 소유권이전등기말소의무를 부담하게 되나, 위 소유권이전등기는 처음부터 원인무효여서 명의수탁자는 명의신탁자가 소유권에 기한 방해배제청구로 말 소를 구하는 것에 대하여 상대방으로서 응할 처지에 있음에 불과하다. 명의수 탁자가 제3자와 한 처분행위가 부동산실명법 제4조 제3항에 따라 유효하게 될 가능성이 있다고 하더라도 이는 거래 상대방인 제3자를 보호하기 위하여 명의신탁약정의 무효에 대한 예외를 설정한 취지일 뿐 명의신탁자와 명의수탁자 사이에 위 처분행위를 유효하게 만드는 어떠한 위탁관계가 존재함을 전제한 것이라고는 볼 수 없다. 따라서 말소등기의무의 존재나 명의수탁자에 의한 유효한 처분가능성을 들어 명의수탁자가 명의신탁자에 대한 관계에서 '타인의 재물을 보관하는 자'의 지위에 있다고 볼 수도 없다. 그러므로 부동산실명법을 위반한 양자간 명의신탁의 경우 명의수탁자가 신탁받은 부동산을 임의로 처분하여도 명의신탁자에 대한 관계에서 횡령죄가 성립하지 아니한다. 이러한 법리는 부동산 명의신탁이 부동산실명법 시행 전에 이루어졌고 같은 법이 정한 유예기간 이내에 실명등기를 하지 아니함으로써 그 명의신탁약정 및 이에 따라 행하여진 등기에 의한 물권변동이 무효로 된 후에 처분행위가 이루어진 경우에도 마찬가지로 적용된다. 이와 달리 부동산실명법을 위반한 양자간 명의신탁을 한 경우, 명의수탁자가 명의신탁자에 대한 관계에서 '타인의 재물을 보관하는 자'의 지위에 있다고 보아 명의수탁자가 그 명의로 신탁된 부동산을 임의로 처분하면 명의신탁자에 대한 횡령죄가 성립한다고 판시한 대법원 1999. 10. 12. 선고 99도3170 판결, 대법원 2000. 2. 22. 선고 99도5227 판결, 대법원 2000. 4. 25. 선고 99도1906 판결, 대법원 2003. 12. 26. 선고 2003도4893 판결, 대법원 2009. 8. 20. 선고 2008도12009 판결, 대법원 2009. 11. 26. 선고 2009도5547 판결, 대법원 2011. 1. 27. 선고 2010도12944 판결 등은 이 판결에 배치되는 범위에서 이를 변경하기로 한다"(대판 2021. 2. 18, 2016 도 18761 – 전원합의체).

(bb) **3자간 명의신탁의 경우**

(i) 학 설   3자간 명의신탁에 있어서 부동산실명법은 부동산에 관한 물권을 취득하기 위한 계약에서 명의수탁자(乙)가 그 일방당사자가 되고 그 타방당사자(원권리자, A)는 명의신탁약정이 있다는 사실을 알지 못한 경우, 즉 '선의'인 경우에는 예외적으로 등기에 의한 부동산물권변동은 '유효'하다고 규정하고 있다(제4조 제2항 단서 참조). 이 때에도 명의신탁약정은 무효이고(제4조 제1항), 부동산물권변동, 즉 소유권등기이전만이 유효하게 된다. 거래의 안전을 도모하기 위한 예외규정이다.

3자간 명의신탁은 중간생략등기형 명의신탁과 계약명의신탁으로 나누어지지만, 두 유형 모두에서 원권리자(매도인, A)가 악의인 경우와 선의인 경우에 소유권이 누구에게 귀속하는가에 따라 횡령죄의 성부가 결정된다고 본다. 다만 중간생략등기형 명의신탁에 있어서는 원권리자가 악의인 경우가 대부분일 것이라고 판단된다.

㉠ 원권리자가 악의인 경우: 원권리자가 명의신탁약정사실을 알고 있는 '악의'인 경우에는 제4조 제1항과 제2항 '본문'이 적용되는 결과, 명의신탁약정과 부동산물권변동이 모두 무효가 된다. 이는 부동산소유권이 명의수탁자인 乙에게 이전되지 않고, 원권리자인 A에게 그대로 남아 있다는 의미이다. 그러므로 명의부동산을 수탁자인 乙이 임의처분하면, 자신이 보관하고[24] 있는 '타인(원권리자, A) 소유'의 부동산을 처분한 것으로서[25] '횡령죄'를 구성한다.[26]

악의의 원권리자 A는 부동산실명법 제7조에 의한 처벌을 받게 되는데, 후에 있을 乙의 임의처분행위에 가담하지 않는 이상 횡령죄의 공범이 되지는 않는다. 한편 명의신탁약정사실을 알고 乙의 부동산매도행위에 응한 매수자 丙은 부동산실명법 제7조의 적용대상이 될 수는 없고, 乙의 횡령행위에 대한 공범으로 처벌될 수 있다.

㉡ 원권리자가 선의인 경우: 원권리자가 명의신탁약정사실을 모르고 있는 '선의'인 경우에는 제4조 제1항과 제2항 '단서'가 적용되는 결과, 명의신탁약정은 무효이지만 부동산물권변동은 유효하다. 등기에 의한 부동산물권변동이 유효하다는 것은 부동산소유권이 명의수탁자인 乙에게 이전된다는 의미이다. 그러므로 명의부동산을 수탁자인 乙이 임의처분하면, 자신이 보관하고 있는 '자기소유'의 부동산을 처분한 것으로서 횡령죄가 성립할 수는 없고, 명의신탁자인 타인(甲)의 사무를 처리하는 자의 배임행위로 처벌될 수 있다(배임죄설).[27]

원권리자 A는 선의인 까닭에 아무런 형사책임도 부담하지 않는다. 명의신탁약정사실을 알고 乙의 부동산매도행위에 응한 매수자 丙은 乙의 배임행위

---

24) 甲에 대하여는 乙이 법률상 보관자의 지위에 선다.

25) 이 때 누구에 대한 횡령인가를 밝히는 문제 – 원권리자에 대한 횡령인가 또는 명의신탁자에 대한 횡령인가 하는 문제 – 는 형법상 별 의미가 없고, 누구(소유)의 재물을 횡령한 것인가가 논의의 대상이 되어야 한다. 전자는 재산상의 피해가 최종적으로 누구에게 돌아가느냐 하는 문제로서 사법이 밝힐 영역에 속한다. 형법상의 피해자는 횡령당한 재물의 소유자로 보아야 한다.

26) 권오걸, 674면; 김성돈, 402면; 김성천, 98면; 박상기, 382면; 백재명, "부동산명의신탁과 횡령죄", 형사판례연구(7), 382면; 진/이, 465면. 계약명의신탁에 있어서 원권리자가 '악의'인 경우에 乙에 대한 배임죄설은 김/서, 371면; 배종대, 533-4면; 이재상, 401면; 이형국, 418면; 장영민, 앞의 글, 39면; 정/박, 442면; 정영일, 373면.

27) 계약명의신탁에 있어서 원권리자가 '선의'인 경우에 乙에 대한 배임죄설은 김성돈, 402면; 배종대, 534면; 이재상, 401면; 이형국, 417면; 장영민, 앞의 글, 40면; 정/박, 443면; 최상욱, 앞의 글, 201면. 횡령죄설은 백재명, 앞의 글, 384면. 횡령죄뿐만 아니라 배임죄도 성립하지 않는다는 견해는 김/서, 372면; 박상기, 383면; 오영근, 482면; 정영일, 373면.

에 대한 공범이 될 수 있다.

(ii) 판 례   대법원은 ⓐ 중간생략등기형 명의신탁에 있어서는 "부동산에 관하여 신탁자가 수탁자와 명의신탁약정을 맺고 신탁자가 매매계약의 당사자가 되어 매도인과 매매계약을 체결하되 다만 등기를 매도인으로부터 수탁자 앞으로 직접 이전하는 방법으로 명의신탁을 한 경우 명의수탁자가 그 부동산을 임의로 처분하였다면 횡령죄가 성립한다"는 입장이다(대판 2002. 8. 27. 2002 도 2926. 同旨. 대판 2002. 2. 22, 2001 도 6209; 2001. 11. 27, 2000 도 3463).

그러나 이러한 판례는 2016. 5. 19.에 선고된 대법원 전원합의체 판결(2014 도 6992)에서 '명의수탁자의 횡령죄 성립을 부정'하는 입장으로 변경되었다(판례변경). 대법원은 이 판결에서 중간생략등기형 명의신탁을 한 경우에 명의수탁자는 명의신탁자의 재물을 보관하는 자의 지위에 있지 않음을 분명히 하면서, 종래 명의수탁자의 횡령죄가 성립한다고 판시한 대판 2000 도 3463; 2001 도 6209; 2002 도 2926; 2002 도 619; 2004 도 1789; 2007 도 11029; 2008 도 1033; 2009 도 1884; 2010 도 8556 등을 폐기한다고 선언하였다. 그 판결요지는 다음과 같다. "형법 제355조 제1항이 정한 횡령죄의 주체는 타인의 재물을 보관하는 자라야 하고, 타인의 재물인지 아닌지는 민법, 상법, 기타의 실체법에 따라 결정하여야 한다. 횡령죄에서 보관이란 위탁관계에 의하여 재물을 점유하는 것을 뜻하므로 횡령죄가 성립하기 위하여는 재물의 보관자와 재물의 소유자(또는 기타의 본권자) 사이에 법률상 또는 사실상의 위탁신임관계가 존재하여야 한다. 이러한 위탁신임관계는 사용대차·임대차·위임 등의 계약에 의하여서뿐만 아니라 사무관리·관습·조리·신의칙 등에 의해서도 성립될 수 있으나, 횡령죄의 본질이 신임관계에 기초하여 위탁된 타인의 물건을 위법하게 영득하는 데 있음에 비추어 볼 때 위탁신임관계는 횡령죄로 보호할 만한 가치 있는 신임에 의한 것으로 한정함이 타당하다. 그런데 부동산을 매수한 명의신탁자가 자신의 명의로 소유권이전등기를 하지 아니하고 명의수탁자와 맺은 명의신탁약정에 따라 매도인에게서 바로 명의수탁자에게 중간생략의 소유권이전등기를 마친 경우, 부동산 실권리자명의 등기에 관한 법률(이하 '부동산실명법'이라 한다) 제4조 제2항 본문에 의하여 명의수탁자 명의의 소유권이전등기는 무효이고, 신탁부동산의 소유권은 매도인이 그대로 보유하게 된다. 따라서 명의신탁자로서는 매도인에 대한 소유권이전등기청구권을 가질 뿐 신탁부동산의 소유권을 가지지 아니하고, 명의수탁자 역시 명의신탁자에 대하여 직접 신탁부동산의 소유권을 이전할 의무를 부담하지는 아니하므로, 신탁부동산의 소유자도 아닌 명의신탁자에 대한 관계에서 명의수탁자가 횡령죄에서 말하는 '타인의 재물을 보관하는 자'의 지위에 있다고 볼 수는 없다. 명의신탁자가 매매계약의 당사자로서 매도인을 대위하여 신탁부동산을 이전받아 취득할 수 있는 권리 기타 법적 가능성을 가지고 있기는 하지만, 명의신탁자가 이러한 권리 등을 보유하였음을 이유로 명의신탁자를 사실상 또는 실질적 소유권자로 보아 민사상 소유권이론과 달리 횡령죄가 보호하는 신탁부동산의 소유자라고 평가할 수는 없다. 명의수탁자에 대한 관계에서 명의신탁자를 사실상 또는 실질적 소유권자라고 형법적으로 평가하는 것은 부동산실명법이 명의신탁약정을 무효로 하고 있음에도 불구하고 무효인 명의신탁약정에 따른 소유권의 상대적 귀속을 인정하는 것과 다름이 없어서 부동산실명법의 규정과 취지에 명백히 반하여 허용될 수 없다. 그리고 부동산에 관한 소유권과 그 밖의 물권을 실체적 권리관계와 일치하도록 실권리자 명의로 등기하게 함으로써 부동산등기제도를 악용한 투기·탈세·탈법행위 등 반사회적 행위를 방지하고 부동산 거래의 정상화와 부동산 가격의 안정을 도모하여 국민경제의 건전한 발전에 이바지함을 목적으로 하고 있는 부동산실명법의 입법 취지와 아울러, 명의신탁약정에 따른 명의수탁자 명의의 등기를 금지하고 이를 위반한 명의신탁자와 명의수탁자 쌍방을 형사처벌까지 하고 있는 부동산실명법의 명의신탁관계에 대한 규율 내용 및 태도 등에 비추어 볼 때, 명의신탁자와 명의수탁자 사이에 위탁신임관계를 근거 지우는 계약인 명의신탁약정 또는 이에 부수한 위임약정이 무효임에도 불구하고 횡령죄 성립을 위한 사무관리·관습·조리·신의칙에 기초한 위탁신임관계가 있다고 할 수는 없다. 또한 명의신탁자와 명의수탁자 사이에 존재한다고 주장될 수 있는 사실상의 위탁관계라는 것도 부동산실명법에 반하여 범죄를 구성하는 불법적인 관계에 지나지 아니할 뿐 이를 형법상 보호할 만한 가치 있는 신임에 의한 것이라고 할 수 없다. 그러므로 명의신탁자가 매수한 부동산에 관하여 부동산실명법을 위반하여 명의수탁자와 맺은 명의신탁약정에 따라 매도인에게서 바로 명의수탁자 명의로 소유권이전등기를 마친 이른바 중간생략등기형 명의신탁을 한 경우, 명의신탁자는 신탁부동산의 소유권을 가지지 아니하고, 명의신탁자와 명의수탁자 사이에 위탁신임관계를 인정할 수도 없다. 따라서 명의수탁자가 명의신탁자의 재물을 보관하는 자라고 할 수 없으므로, 명의수탁자가 신탁받은 부동산을 임의로 처분하여도 명의신탁자에 대한 관계에서 횡령죄가 성립하지 아니한다."

ⓑ 3자간 명의신탁 중 계약명의신탁 사건에서는,

① 원권리자가 선의인 경우: "횡령죄는 타인의 재물을 보관하는 자가 그 재물을 횡령하는 경우에 성립하는 범죄인 바, 부동산실권리자명의등기에 관한 법률 제2조 제1호 및 제4조의 규정에 의하면, 신탁자와 수탁자가 명의신탁약정을 맺고, 이에 따라 수탁자가 당사자가 되어 명의신탁약정이 있다는 사실을 알지 못하는 소유자와 사이에서 부동산에 관한 매매계약을 체결한 후 그 매매계약에 기하여 당해 부동산의 소유권이전등기를 수탁자명의로 경료한 경우에는, 그 소유권이전등기에 의한 당해부동산에 관한 물권변동은 유효하고, 한편 신탁자와 수탁자 사이의 명의신탁약정은 무효이므로, 결국 수탁자는 전 소유자인 매도인뿐만 아니라 신탁자에 대한 관계에서도 유효하게 당해 부동산의 소유권을 취득한 것으로 보아야 할 것이고, 따라서 그 수탁자는 타인의 재물을 보관하는 자라고 볼 수 없다. 원심판결 이유에 의하면, 원심은 피고인이 1996. 9. 초경 金某 외 9인과 함께 태백시 황지동 산 10. 임야 43,737㎡ 중 7,237/43,737지분을 매수하되, 다만 편의상 피고인이 단독으로 매매계약을 체결하고, 그 등기명의도 피고인의 단독명의로 하여 두기로 약정한 다음, 피고인이 그 소유자인 정○○와 매매대금을 3억4,000만원으로 정하여 이 사건 토지지분을 매수하여 매매대금을 지급하고 1996. 10. 25. 피고인 단독명의로 소유권이전등기를 경료한 사실, 매매계약 당시 피고인은 자신이 단독으로 이 사건 토지지분을 매수하는 것으로 계약을 체결하였기 때문에 정○○도 피고인이 단독으로 매수하는 것으로 안 사실, 그 후 1997. 6. 19.에 이르러 피고인은 이 사건 토지 지분에 관하여 피고인을 채무자로 하여 근저당권자 주식회사 제일은행, 채권최고액 4억6,000만원인 근저당권을 설정한 사실 등을 인정한 다음, 이 사건 토지지분과 관련하여 피고인은 타인의 재물을 보관하는 지위에 있지 않으므로 피고인의 근저당권 설정행위는 횡령죄를 구성하지 않는다는 이유로 피고인에 대한 이 사건 공소사실 중 횡령의 점에 대하여 무죄를 선고한 제1심판결을 유지하고 있다. 위에서 본 법리와 기록에 비추어 살펴보면, 원

심의 사실인정과 판단은 정당하고, 거기에 상고이유로 주장하는 바와 같은 부동산명의신탁상의 소유권귀속이나 부동산실권리자명의등기에 관한 법률에 관한 법리오해 등의 위법이 있다고 할 수 없다"고 판시함으로써(대판 2000. 3. 24, 98 도 4347), 원권리자인 매도인 A가 선의인 경우에 명의수탁자 乙의 근저당설정행위는 횡령죄를 구성하지 않는다고 하는 한편, "배임죄는 타인의 사무를 처리하는 자가 그 임무에 위배하는 행위로서 재산상 이익을 얻고, 이로 인하여 본인에게 손해를 가한 경우에 성립하는바, 위와 같은 계약명의신탁에 있어서, 수탁자는 전 소유자인 매도인뿐만 아니라 신탁자에 대한 관계에서도 유효하게 당해 부동산의 소유권을 취득하고, 그 부동산의 처분대금도 당연히 수탁자에게 귀속된다고 하는 이상, 신탁자는 수탁자에게 대하여 부당이득반환청구권을 행사하는 것은 별론이나, 수탁부동산의 반환이나 처분대금의 반환은 물론 불법행위를 원인으로 하는 손해배상청구 등도 할 수 없게 된다 할 것이다. 원심이 같은 취지에서 계약명의신탁에 있어서, 단지 부당이득반환의무만을 부담하는 수탁자인 피고인이 이 사건 부동산을 위 피해자(신탁자)의 허락없이 매도하여서는 아니되고, 매도하더라도 그 대금을 위 피해자에게 전달해주거나 위 피해자를 위하여 사용할 임무가 있는 등 위 수탁부동산 및 그 처분대금에 대하여 타인의 재산을 보전·관리하는 자의 지위에 있다고는 볼 수 없으므로, 피고인이 이 사건 부동산을 임의로 매도하여 그 처분대금을 반환하지 아니하고 소비하였다 하여, 이를 배임죄로 처벌할 수는 없다고 판단하였음은 정당하고, 거기에 법리오해의 위법이 있다 할 수 없다"라고 함으로써(대판 2001. 9. 25, 2001 도 2722, 同旨, 대판 2008. 3. 27, 2008 도 455), 원권리자인 매도인 A가 선의인 경우에 명의수탁자 乙의 부동산처분행위와 처분대금소비행위에 대하여 배임죄의 성립도 부정하고 있다.

② 원권리자가 악의인 경우: 대법원은, 원권리자인 매도인 A가 악의인 경우에도 명의수탁자 乙은 '명의신탁자'에 대한 관계에서나 '매도인'에 대한 관계에서나 모두 횡령죄에서의 '타인의 재물을 보관하는 자' 또는 배임죄에서의 '타인의 사무를 처리하는 자'의 지위에 있다고 볼 수 없으므로, 명의수탁자의 부동산처분행위는 횡령죄 또는 배임죄의 죄책을 지지 않는다는 입장이다. 즉, "명의신탁자와 명의수탁자가 이른바 계약명의신탁 약정을 맺고 명의수탁자가 당사자가 되어 명의신탁 약정이 있다는 사실을 알고 있는 소유자와 부동산에 관한 매매계약을 체결한 후 그 매매계약에 따라 당해 부동산의 소유권이전등

기를 명의수탁자 명의로 마친 경우에는 부동산 실권리자명의 등기에 관한 법률(이하 '부동산실명법'이라 한다) 제4조 제2항 본문에 의하여 수탁자 명의의 소유권이전등기는 무효이고 당해 부동산의 소유권은 매도인이 그대로 보유하게 되므로(대법원 2009. 5. 14. 선고 2007도2168 판결 참조), 명의수탁자는 부동산 취득을 위한 계약의 당사자도 아닌 명의신탁자에 대한 관계에서 횡령죄에서의 '타인의 재물을 보관하는 자'의 지위에 있다고 볼 수 없고, 또한 명의수탁자가 명의신탁자에 대하여 매매대금 등을 부당이득으로서 반환할 의무를 부담한다고 하더라도 이를 두고 배임죄에서의 '타인의 사무를 처리하는 자'의 지위에 있다고 보기도 어렵다(대법원 2001. 9. 25. 선고 2001도2722 판결, 대법원 2008. 3. 27. 선고 2008도455 판결 등 참조). 한편 위 경우 명의수탁자는 매도인에 대하여 소유권이전등기말소의무를 부담하게 되나, 위 소유권이전등기는 처음부터 원인무효여서 명의수탁자는 매도인이 소유권에 기한 방해배제청구로 그 말소를 구하는 것에 대하여 상대방으로서 응할 처지에 있음에 불과하고, 그가 제3자와 사이에 한 처분행위가 부동산실명법 제4조 제3항에 따라 유효하게 될 가능성이 있다고 하더라도 이는 거래의 상대방인 제3자를 보호하기 위하여 명의신탁 약정의 무효에 대한 예외를 설정한 취지일 뿐 매도인과 명의수탁자 사이에 위 처분행위를 유효하게 만드는 어떠한 신임관계가 존재함을 전제한 것이라고는 볼 수 없으므로, 그 말소등기의무의 존재나 명의수탁자에 의한 유효한 처분가능성을 들어 명의수탁자가 매도인에 대한 관계에서 횡령죄에서의 '타인의 재물을 보관하는 자' 또는 배임죄에서의 '타인의 사무를 처리하는 자'의 지위에 있다고 볼 수도 없다"(대판 2012. 11. 29. 2011 도 7361)고 한다. 그 밖에 명의수탁자가 '명의신탁자'에 대한 관계에서 횡령죄에서의 '타인의 재물을 보관하는 자'의 지위에 있다고 볼 수 없다고 부정한 같은 취지의 대법원판결(대판 2012. 12. 13. 2010 도 10515)이 역시 비슷한 시기에 선고되었다. '소유권'의 귀속관계는 명의수탁자와 '매도인'과의 사이에서 결정하고, '보관자'의 지위여부는 명의수탁자와 '명의신탁자'와의 사이에서 결정한다는 '분리적' 사고를 대법원은 하지 않는 것으로 이해된다. 대법원은 소유권의 귀속관계와 보관자의 지위여부를 명의신탁자에 대해서 (혹은 매도인에 대해서) '한꺼번에 합일하여' 판단하고자 하기 때문에, 명의수탁자는 횡령죄에서의 '타인의 재물을 보관하는 자'라고 볼 수 없다는 결론을 내린다.

(e) 종중 및 배우자의 명의신탁 　　　 부동산실명법에 의하면, ① 종중이 보유한 부동산에 관한 물권을 종중 외의 자의 명의로 등기한 경우와 ② 배우자 명

의로 부동산에 관한 물권을 등기한 경우에는 명의신탁약정 및 등기이전에 따른 부동산물권변동은 예외적으로 '유효'하다(제8조: 종중, 배우자 및 종교단체에 대한 특례). 이 특례규정에 의하여 종중, 배우자 및 종교단체 부동산에 대한 명의수탁자의 임의처분은 자신이 보관하고 있는 '자기소유'의 부동산을 처분한 행위에 해당하므로 횡령죄를 구성할 수는 없고, '배임죄'의 성립이 가능할 뿐이라고 본다.[28] 부동산실명법의 입법취지는 명의신탁부동산의 소유권을 대내관계와 대외관계로 구분해서 달리 보는 종래의 '소유권의 관계적 귀속론'을 더 이상 인정하지 않고, 소유권자를 법률상 '획일적으로' 결정하려는 데 있는 것으로 해석해야 한다. 이 법률의 특례가 종중 또는 배우자의 부동산에 대한 명의수탁자의 소유권을 인정하는 이상, 이제 수탁자의 임의처분을 횡령죄에 문의할 수는 없다.

(나) 은행예금통장의 명의인　　타인소유의 금전을 위탁받아 자신의 명의로 은행에 예금하고 있는 자도 금전에 대한 법률상의 지배자가 되어, 은행예금을 임의처분하는 행위는 횡령죄를 구성할 수 있다.[29] 그런데 은행예금의 명의신탁도 1997. 12. 31부터 시행된 '금융실명거래 및 비밀보장에 관한 법률'(약칭: 금융실명법. 이 법률은 1993. 8. 13. 금융실명제를 전격 실시하기 위한 대통령긴급경제명령의 대체법률임)에 의하여 기본적으로 봉쇄되고 있다. 금융실명법은 금융회사의 금융거래를 거래자의 실지명의(실명)로 하도록 하고(동법 제3조), 이에 위반한 금융회사 등의 임·직원에 대하여 3천만원 이하의 과태료를 부과하며(제7조 제1항), 타인명의의 기존금융자산을 동법 시행 후 실명으로 전환하는 경우에 종전의 긴급명령 시행일 현재의 금융자산 가액에 100분의 50을 적용하여 계산한 금액을 과징금으로 원천징수하도록 규정하고 있다(부칙 제6조 제1항). 그러나 금융실명법은 부동산실명법과는 달리 실명이 아닌 금융거래를 무효로 하는 것은 아니고, 금융회사 등의 임·직원에 대하여 과태료를 부과할 뿐이므로 타인명의의 은행예금이 불가능한 것은 아니다.[30] 따라서 타인소유의 금전을 위탁받아 자신의 명의로 은

---

28) 횡령죄가 성립한다는 견해로는 김성돈, 398면; 김/서, 368면; 오영근, 478면; 이재상, 399면; 정/박, 438면; 정영일, 371면; 진/이, 463면.

29) "자기명의로 예금하여 보관중인 타인의 금원을 인출하여 소비한 행위는 횡령죄에 해당하는 것"(대판 1984. 2. 14, 83 도 3207). "형법 제356조, 제355조에 있어서의 보관이라 함은 재물이 사실상의 지배 아래 있는 경우뿐만 아니라 법률상의 지배, 처분이 가능한 상태를 모두 가리킨다고 할 것이고, 따라서 타인의 금전을 위탁받아 보관하는 자가 보관방법으로서 이를 은행 그 밖의 금융기관에 예금한 경우에도 그 금전보관자의 지위에 영향이 없고"(대판 1983. 9. 13, 82 도 75).

30) 그리고 금융실명거래의 예외를 규정하고 있는 동법 제3조 제2항을 참조.

행에 예금하고 있는 자는 횡령죄의 주체로서, 금전을 함부로 인출·소비하면 횡령죄의 죄책을 진다.[31]

〈문제: '보이스피싱 범죄'에 있어서 대포통장(차명계좌통장) 명의인의 통장제공 행위와 예금인출행위의 죄책〉

금융실명법을 위반하여 타인의 명의로 은행예금통장(차명계좌통장)을 발급받아 사용하는 경우에 통장의 명의인과 실사용자가 서로 다르다. 이렇게 발급된 통장을 속칭 '대포통장'이라고 하는데, 금융사기·탈세 등의 범죄에 이용된다. 요즈음 창궐하고 있는 신종범죄인 보이스피싱 범죄에서 사기피해자로부터 송금받는 예금계좌로 흔히 대포통장이 이용된다.

'보이스피싱'의 간략한 법률구도는 전기통신금융사기를 실행하는 정범 甲, 정범에게 대포통장을 제공한 계좌명의인 乙, 대포통장에 송금한 사기피해자 丙, 대포통장이 개설된 금융기관 丁 등 4자 사이의 관계이다. 문제의 초점은 甲의 동의 없이 乙이 몰래 대포통장에서 예금을 인출한 행위의 형사책임이다. 사례를 들어 논해 보기로 한다.

[사 례] 甲은 乙과 합의하여, 乙 명의의 은행예금통장을 개설하고 甲이 사용할 수 있도록 통장과 비밀번호 및 텔레뱅킹정보 등을 乙로부터 넘겨받았다. 그 후 甲은 丙에게 전화하여 검사를 사칭하면서 "당신 명의로 은행계좌가 개설되어 범죄에 이용되었다. 명의가 도용된 것 같으니 추가 피해예방을 위해 금융기관에 있는 돈을 해약하여 금융법률 전문가인 乙에게 송금하면 범죄연관성을 확인한 후 돌려주겠다."라고 거짓말을 하였다. 이에 속은 丙은 乙의 계좌에 800만원을 송금하였는데, 乙은 별도로 만들어 소지하고 있던 대포통장계좌에 연결된 체크카드를 이용하여 그중 500만원을 현금자동인출기에서 임의로 인출하였다. 乙의 통장개설은행을 丁이라 한다.

甲이 사기죄의 죄책(정확히는 형법의 사기죄와 특별관계에 있는 통신사기피해환급법 제15조의2가 적용됨－저자 註)을 지는 것은 당연하고, 이곳에서는 乙의 '대포

---

31) "피고인이 亡 이○태로부터 금전의 보관을 위탁받아 피고인 명의의 신탁예금을 개설하여 거기에 보관을 위탁받은 금전을 입금함으로써, 위 금전은 피고인이 법률상 지배·처분할 수 있는 예금의 형태로 보관하고 있는 것이어서, 피고인은 횡령죄에서 가리키는 타인의 재물을 보관하는 지위에 있다고 할 것이다. 한편 금융실명거래 및 비밀보장에 관한 긴급재정경제명령(현재는 금융실명거래 및 비밀보장에 관한 법률로 대체됨)이 시행된 이후에는 금융기관으로서는 특별한 사정이 없는 한 실명확인을 한 예금명의자만을 예금주로 인정할 수밖에 없으므로(대법원 1998. 6. 12. 선고 97 다 18455 판결 참조), 피고인 명의의 이 사건 각 신탁예금에 입금된 금전은 피고인만이 법률상 지배·처분할 수 있을 뿐이고, 위 亡人의 상속인들로서는 위 예금의 예금주가 자신들이라고 주장할 수는 없으나, 그렇다고 하여 보관을 위탁받은 위 금전이 피고인 소유로 된다거나 위 망인의 상속인들이 위 금전의 반환을 구할 수 없는 것은 아니므로, 피고인이 이를 함부로 인출하여 소비하거나 또는 위 망인의 상속인들로부터 반환요구를 받았음에도 이를 영득할 의사로 반환을 거부하는 경우에는 횡령죄가 성립한다"(대판 2000. 8. 18, 2000 도 1856).

통장제공행위'와 '예금인출행위'에 대한 죄책을 검토하기로 한다.

　가) 乙이 보이스피싱 범죄에 이용된다는 것을 '알고서' 대포통장을 제공한 경우

　乙의 죄책으로서 논의될 범죄는 사기죄, 횡령죄, 점유이탈물횡령죄, 장물죄, 절도죄 등이다.

　① 乙이 甲의 전기통신금융사기(보이스피싱)에 이용될 것을 알고서 대포통장을 제공한 행위는 사기죄의 공범(주로 방조범이지만, 공동정범일 수도 있음)이 된다. 그 밖에 '전자금융거래법'은 전자금융거래에 있어서 접근매체를[32] '양도'하는 행위를 금지하고(제6조 제3항 제1호), 이를 위반하는 경우에는 5년 이하의 징역 또는 3천만원 이하의 벌금에 처하고(제49조[벌칙] 제4항 제1호) 있으므로, 乙은 전자금융거래법상 접근매체양도죄의 죄책을 진다. 이 범죄와 사기방조죄는 상상적 경합범의 관계에 있다. '금융실명거래 및 비밀보장에 관한 법률'은 금융실명거래위반행위에 대하여 형사처벌하는 규정을 두고 있지 않으므로, 乙의 대포통장개설 · 제공행위는 이 법률에 관한 한 무죄이다.

　② 다음으로 乙의 예금인출행위에 대하여 '횡령죄'의 성립여부를 검토하기로 한다. 乙은 통장의 계좌명의인이므로 甲에 대한 관계에서나 丙에 대한 관계에서나 예금계좌로 입금된 금전에 대하여 법률상 '보관자'의 지위에 있다. 이때 보관은 '위탁관계'에 기한 보관이어야 하는데, 대법원은 ㉠ 정범 '甲'에 대한 관계에서는 횡령죄로 보호할 만한 가치가 있는 위탁관계가 아니므로 횡령죄가 성립하지 않는다고 하면서, ㉡ 피해자 '丙'에 대한 관계에서는 횡령죄가 성립하되, 乙이 사기의 공범이라면 자신이 가담한 범행의 결과 피해금을 보관하게 된 것일 뿐이어서 피해자와의 사이에 위탁관계가 없고, 그가 송금 · 이체된 돈을 인출하더라도 이는 자신이 저지른 사기범행의 실행행위에 지나지 아니하여 새로운 법익을 침해한다고 볼 수 없으므로 사기죄 외에 별도로 횡령죄를 구성하지 않는다고 한다.[33] 피해자 丙에 대한 관계

---

32) 전자금융거래법 제2조(정의) 제10호 '접근매체'라 함은 전자금융거래에 있어서 거래지시를 하거나 이용자 및 거래내용의 진실성과 정확성을 확보하기 위하여 사용되는 다음 각 목의 어느 하나에 해당하는 수단 또는 정보를 말한다.
　가. 전자식 카드 및 이에 준하는 전자적 정보
　나. 「전자서명법」 제2조 제3호에 따른 전자서명생성정보 및 같은 조 제6호에 따른 인증서
　다. 금융회사 또는 전자금융업자에 등록된 이용자번호
　라. 이용자의 생체정보
　마. 가목 또는 나목의 수단이나 정보를 사용하는데 필요한 비밀번호
33) "판결이유: [다수의견] 횡령죄의 본질이 위탁받은 타인의 재물을 불법으로 영득하는 데 있음에 비추어 볼 때 그 위탁관계는 횡령죄로 보호할 만한 가치가 있는 것으로 한정된다. 위탁관계가 있는지 여부는 재물의 보관자와 소유자 사이의 관계, 재물을 보관하게 된 경위 등에 비추어 볼 때 보관자에게 재물의 보관 상태를 그대로 유지하여야 할 의무를 부과하여 그 보관 상태를 형사법적으로 보호할 필요가 있는지 등을 고려하여 규범적으로 판단하여야 한다.…송금의뢰인이 다른 사람의 예금계좌에 자금을 송금 · 이체한 경우 특별한 사정이 없는 한 송금의뢰인과 계좌명의인 사이에 그 원인이 되는 법률관계가 존재하는지 여부에 관계없이 계좌명의인(수취인)과 수취은행 사이에는 그 자금에 대하여 예금계약이 성립하고, 계좌명의인은 수취은행에 대하여 그

에서 횡령죄의 성립을 부정하는 대법원의 법리는—판결이유에 명시하지는 않았지만—횡령행위를 주행위(主行爲)인 사기행위 내지 사기방조행위의 '불가벌적 사후행위'로 파악하는 것으로 해석된다. 피해자 丙의 송금·이체가 완료됨으로써 甲의 사기행위와 乙의 사기방조행위는 '기수'에 도달하고,[34] 그 후 행해진 乙의 예금인출행위는 별개의 '사후행위'가 된다는 이론구성이 명백해야 함에도 불구하고, 대법원판결($\frac{2017\ 도}{17494}$)에서 다수의견은 이 점이 모호하다. 소수의견(별개의견)은 피해자의 송금·이체로 사기범죄가 기수에 이른다는 점을 분명히 개진하고 있다.

③ 乙의 예금인출행위가 점유이탈물횡령죄에 해당하는가가 문제된다.

점유이탈물이란 '점유자의 의사에 의하지 않고' 그 점유를 떠난 타인소유의 재물

금액 상당의 예금채권을 취득한다. 이때 송금의뢰인과 계좌명의인 사이에 송금·이체의 원인이 된 법률관계가 존재하지 않음에도 송금·이체에 의하여 계좌명의인이 그 금액 상당의 예금채권을 취득한 경우 계좌명의인은 송금의뢰인에게 그 금액 상당의 돈을 반환하여야 한다. 이와 같이 계좌명의인이 송금·이체의 원인이 되는 법률관계가 존재하지 않음에도 계좌이체에 의하여 취득한 예금채권 상당의 돈은 송금의뢰인에게 반환하여야 할 성격의 것이므로, 계좌명의인은 그와 같이 송금·이체된 돈에 대하여 송금의뢰인을 위하여 보관하는 지위에 있다고 보아야 한다. 따라서 계좌명의인이 그와 같이 송금·이체된 돈을 그대로 보관하지 않고 영득할 의사로 인출하면 횡령죄가 성립한다. 이러한 법리는 계좌명의인이 개설한 예금계좌가 전기통신금융사기 범행에 이용되어 그 계좌에 피해자가 사기피해금을 송금·이체한 경우에도 마찬가지로 적용된다. 계좌명의인은 피해자와 사이에 아무런 법률관계 없이 송금·이체된 사기피해금 상당의 돈을 피해자에게 반환하여야 하므로, 피해자를 위하여 사기피해금을 보관하는 지위에 있다고 보아야 하고, 만약 계좌명의인이 그 돈을 영득할 의사로 인출하면 피해자에 대한 횡령죄가 성립한다. 이때 계좌명의인이 사기의 공범이라면 자신이 가담한 범행의 결과 피해금을 보관하게 된 것일 뿐이어서 피해자와 사이에 위탁관계가 없고, 그가 송금·이체된 돈을 인출하더라도 이는 자신이 저지른 사기범행의 실행행위에 지나지 아니하여 새로운 법익을 침해한다고 볼 수 없으므로 사기죄 외에 별도로 횡령죄를 구성하지 않는다(대법원 2017. 5. 31. 선고 2017도3045 판결 등 참조).…한편 계좌명의인의 인출행위는 전기통신금융사기의 범인에 대한 관계에서는 횡령죄가 되지 않는다. (1) 계좌명의인이 전기통신금융사기의 범인에게 예금계좌에 연결된 접근매체를 양도하였다 하더라도 은행에 대하여 여전히 예금계약의 당사자로서 예금반환청구권을 가지는 이상 그 계좌에 송금·이체된 돈이 그 접근매체를 교부받은 사람에게 귀속되었다고 볼 수는 없다. 접근매체를 교부받은 사람은 계좌명의인의 예금반환청구권을 자신이 사실상 행사할 수 있게 된 것일 뿐 예금 자체를 취득한 것이 아니다. 판례는 전기통신금융사기 범행으로 피해자의 돈이 사기이용계좌로 송금·이체되었다면 이로써 편취행위는 기수에 이른다고 보고 있는데, 이는 사기범이 접근매체를 이용하여 그 돈을 인출할 수 있는 상태에 이르렀다는 의미일 뿐 사기범이 그 돈을 취득하였다는 것은 아니다. (2) 또한 계좌명의인과 전기통신금융사기의 범인 사이의 관계는 횡령죄로 보호할 만한 가치가 있는 위탁관계가 아니다. 사기범이 제3자 명의 사기이용계좌로 돈을 송금·이체하게 하는 행위는 그 자체로 범죄행위에 해당한다. 그리고 사기범이 그 계좌를 이용하는 것도 전기통신금융사기 범행의 실행행위에 해당하므로 계좌명의인과 사기범 사이의 관계를 횡령죄로 보호하는 것은 그 범행으로 송금·이체된 돈을 사기범에게 귀속시키는 결과가 되어 옳지 않다"(대판 2018. 7. 19. 2017 도 17494 – 전원합의체. 同旨, 대판 2018. 7. 26, 2017 도 21715).

34) "판결이유: 본범의 사기행위는 피고인이 예금계좌를 개설하여 본범에게 양도한 방조행위가 가공되어 본범에게 편취금이 귀속되는 과정 없이 피고인이 피해자로부터 피고인의 예금계좌로 돈을 송금받아 취득함으로써 종료되는 것"(대판 2010. 12. 9, 2010 도 6256).

인데, 대포통장에 입금된 800만원은 '丙의 의사에 기하여' 입금된 재물이므로 점유이탈물이라고 볼 수 없다. 따라서 乙은 점유이탈물횡령죄($_조^{제360}$)의 죄책을 지지 않는다.

④ 乙의 예금인출행위가 甲 또는 丙 및 은행 丁에 대한 관계에서 사기죄가 성립하는지를 검토할 필요가 있다. 甲 또는 丙에 대한 관계에서 보자면 乙은 하등 기망행위를 한 바가 없기 때문에, 이에 관한 한 사기죄는 성립하지 않는다. 乙의 '은행 丁'에 대한 사기죄의 성부에 관하여, 은행이 乙에게 그 예금을 지급하는 행위는 계좌이체금액 상당의 예금계약의 성립 및 그 예금채권 취득에 따른 것으로서 은행이 착오에 빠져 처분행위를 한 것이라고 볼 수 없으므로, 결국 乙의 예금인출행위는 은행을 피해자로 한 사기죄에 해당하지 않는다는 것이 대법원의 입장이다.[35]

⑤ 乙이 장물취득죄의 죄책을 지는가를 검토한다. 乙이 사기방조행위로 송금받은 금전을 인출하는 행위는 예금명의자로서 은행에 예금반환을 청구한 결과일 뿐, 본범인 甲으로부터 예금에 대한 점유를 이전받아 사실상 처분권을 획득한 것은 아니므로, 乙의 예금인출행위는 장물취득죄에 해당하지 않는다.[36]

⑥ 乙의 예금인출행위는 절도죄($_조^{제329}$)를 구성하지도 않는다. 절취행위란 점유자의 의사에 '반하는' 점유배제 및 점유취득 행위인데, 乙이 '자신의' 체크카드를 사용하여 예금을 인출하는 행위는 현금자동인출기에 들어있는 5백만원의 점유자인 은행 내지 체크카드회사의 의사에 반하는 것은 아니기 때문이다.

결론적으로 사기방조범인 乙의 '예금인출행위'는 무죄이다(대법원판례의 입장).

---

35) "판결이유: 송금의뢰인과 수취인 사이에 계좌이체 등의 원인인 법률관계가 존재하는지 여부에 관계없이 수취인과 은행 사이에는 계좌이체금액 상당의 예금계약이 성립하고, 수취인은 은행에 대하여 위 금액 상당의 예금채권을 취득한다. 그리고 위와 같이 송금의뢰인과 수취인 사이에 계좌이체 등의 원인이 되는 법률관계가 존재하지 않음에도 불구하고, 계좌이체에 의하여 수취인이 계좌이체금액 상당의 예금채권을 취득한 경우에, 송금의뢰인은 수취인에 대하여 위 금액 상당의 부당이득반환청구권을 가지게 되지만, 은행은 이익을 얻은 것이 없으므로 은행에 대하여는 부당이득반환청구권을 가지지 않는다. 그렇다면 위와 같이 송금의뢰인이 수취인의 예금계좌에 계좌이체 등을 한 이후, 수취인이 은행에 대하여 예금반환을 청구함에 따라 은행이 수취인에게 그 예금을 지급하는 행위는 계좌이체금액 상당의 예금계약의 성립 및 그 예금채권 취득에 따른 것으로서 은행이 착오에 빠져 처분행위를 한 것이라고 볼 수 없으므로, 결국 이러한 행위는 은행을 피해자로 한 형법 제347조의 사기죄에 해당하지 않는다고 봄이 상당하다"(대판 2010. 5. 27, 2010 도 3498).

36) "판결이유: 장물취득죄에 있어서 '취득'이라 함은 장물의 점유를 이전받음으로써 그 장물에 대하여 사실상 처분권을 획득하는 것을 의미하는데, 이 사건의 경우 본범의 사기행위는 피고인이 예금계좌를 개설하여 본범에게 양도한 방조행위가 가공되어 본범에게 편취금이 귀속되는 과정 없이 피고인이 피해자로부터 피고인의 예금계좌로 돈을 송금받아 취득함으로써 종료되는 것이고, 그 후 피고인이 자신의 예금계좌에서 위 돈을 인출하였다 하더라도 이는 예금명의자로서 은행에 예금반환을 청구한 결과일 뿐 본범으로부터 위 돈에 대한 점유를 이전받아 사실상 처분권을 획득한 것은 아니므로, 피고인의 위와 같은 인출행위를 장물취득죄로 벌할 수는 없다"(대판 2010. 12. 9, 2010 도 6256).

나) 乙이 보이스피싱 범죄에 이용된다는 것을 '모르고서' 대포통장을 제공한 경우

대법원판례에 의하면, 甲의 사기범행에 이용되리라는 사정을 乙이 알지 못한 채, 단순히 자신의 명의계좌의 접근매체를 양도하였을 뿐이어서 사기의 공범에 해당하지 않는 경우에는 피해자 丙이 송금하여 입금된 돈을 乙이 보관하고 있다고 할 수 있으므로, 乙이 이를 임의로 인출한 행위는 횡령죄를 구성한다는 입장이다.[37]

한편 乙의 대포통장제공행위는 전자금융거래법상 접근매체양도죄($^{제49조 \ 제4}_{항 \ 제1호}$)의[38] 죄책을 진다. 이 범죄와 횡령죄는 실체적 경합범의 관계에 있다.

다) 대법원판례 평석

이상은 대법원판례를 중심으로 해서 계좌명의인 乙의 죄책을 검토하였으나, 몇 가지 의문이 남는다.

첫째로 횡령죄의 객체는 재산상의 이익이 아니라 '재물'에 국한되는데, 乙이 '현금'으로 인출하지 아니하고, 카드를 사용하여 대금을 '결제'하거나 '계좌이체'하는 방법으로 예금채권을 행사한다면, 이미 구성요건해당성의 단계에서 횡령죄가 성립할 여지가 없다. 카드사용방법에 따라 횡령죄의 성립이 좌우되는 것은 형사처벌의 형평성의 관점에서 재고할 여지가 있다.

둘째로 횡령죄의 객체는 자기가 보관하는 '타인소유'의 재물인데, 대법원은 대포통장에 입금된 금전이 乙 자신의 소유인가, 아니면 타인인 피해자 丙 또는 은행 丁의 소유인가를 명확히 밝히지 않고, 반환청구권만을 언급하고 있다. 법이론상 입금된 예금액의 소유권이 乙에게 귀속된다면 乙의 예금인출행위는 자기소유의 재물에 대한 영득으로서 이미 구성요건해당성의 단계에서 횡령죄가 성립할 여지가 없다. 대법원판결($^{2017 \ 도}_{17494}$)에서 다수의견이 논거로 드는 '착오송금'의 법리에 따르더라도 민법상 착오 내지 사기에 의한 법률행위는 취소할 수 있을 뿐이므로($^{제109조 \cdot}_{제110조}$), 피해자 丙이 취소하기 전까지는 丙은 소유권을 상실하고, 乙 또는 은행 丁이 입금액에 대한 소유권자라고 해야 한다.

여론(餘論)을 덧붙이자면, 사기피해자 丙이 乙 명의의 대포통장에 송금하는 행위는 불법행위가 아니므로 乙과 丙의 관계에서 불법원인급여와 횡령죄의 문제는 발생하지 않는다. 乙과 甲의 관계에서도 송금하는 자, 즉 급여자는 丙이므로, 불법

---

37) "판결이유: 피고인이 사기범행에 이용되리라는 사정을 알지 못한 채 단순히 자신 명의 계좌의 접근매체를 양도하였을 뿐이어서 사기의 공범에 해당하지 않는 경우에는 성명불상자의 사기범행에 속은 피해자가 위 계좌로 송금하여 입금된 돈을 피고인이 보관하고 있다고 할 수 있어, 피고인이 이를 임의로 인출한 행위는 횡령죄를 구성한다고 볼 여지가 있다(대법원 2018. 7. 19. 선고 2017 도 17494 전원합의체 판결 참조)"(대판 2018. 8. 1, 2018 도 5255. 同旨, 대판 2018. 7. 26, 2017 도 21715).

38) 2020. 5. 19. 전자금융거래법 개정에서 벌칙이 5년 이하의 징역 또는 3천만원 이하의 벌금으로 강화되었다.

원인급여와 횡령죄의 문제는 발생하지 않는다.

(다) 유가증권의 소지인   선하증권·화물상환증·창고증권 등 유가증권의 소지인은 화물을 사실상 점유하고 있지 않더라도 유가증권의 인도만으로 유효하게 처분할 수 있는 법률적 지위에 있으므로 타인소유의 화물에 대하여 법률상 지배를 하고 있다.

(라) 미성년자의 법정대리인 또는 후견인   이들은 미성년자 소유의 부동산에 대하여 법률상 지배를 하고 있다.

3. 행위의 객체

횡령죄의 객체는 '자기가 보관(점유)하는 타인소유의 재물'이다.

(1) 재 물

재물은 동산 이외에 부동산을 포함하고, 관리할 수 있는 동력도 재물로 간주된다(제361조·제346조). 본죄의 객체는 재물에 한하고 재산상의 이익은 제외된다. 그러므로 채권 기타 권리 그 자체는 횡령죄의 객체가 될 수 없다.[39][40]

(2) 타인소유

소유권의 귀속은 민법 기타 사법, 상거래상의 관습에 의하여 결정된다.[41]

---

39) "횡령죄에 있어서의 재물은 동산, 부동산의 유체물에 한정되지 아니하고 관리할 수 있는 동력도 재물로 간주되지만, 여기에서 말하는 관리란 물리적 또는 물질적 관리를 가리킨다고 볼 것이고, 재물과 재산상 이익을 구별하고 횡령과 배임을 별개의 죄로 규정한 현행형법의 규정에 비추어 볼 때 사무적으로 관리가 가능한 채권이나 그밖의 권리 등은 재물에 포함된다고 해석할 수 없다.…광업권은 재물인 광물을 취득할 수 있는 권리에 불과하지 재물 그 자체는 아니므로 횡령죄의 객체가 된다고 할 수 없을 것"(대판 1994. 3. 8, 93 도 2272).
40) "상법상 '주식'은 자본구성의 단위 또는 주주의 지위(株主權)를 의미하고, 주주권을 표창하는 유가증권인 '주권'(株券)과는 구분이 되는바, '주권'(株券)은 유가증권으로서 재물에 해당되므로 횡령죄의 객체가 될 수 있으나, 자본의 구성단위 또는 주주권을 의미하는 '주식'은 재물이 아니므로 횡령죄의 객체가 될 수 없다"(대판 2005. 2. 18, 2002 도 2822).
41) ㉠ "판결요지: 부동산 입찰절차에서 수인이 대금을 분담하되 그 중 1인 명의로 낙찰받기로 약정하여 그에 따라 낙찰이 이루어진 경우, 그 입찰절차에서 낙찰인의 지위에 서게 되는 사람은 어디까지나 그 명의인이고, 입찰목적부동산의 소유권은 경락대금을 실질적으로 부담한 자가 누구인가와 상관없이 그 명의인이 취득한다 할 것이므로, 그 부동산은 횡령죄의 객체인 타인의 재물이라고 볼 수 없어, 명의인이 이를 임의로 처분하더라도 횡령죄를 구성하지 않는다"(대판 2000. 9. 8, 2000 도 258). ㉡ "판결요지: 채권자가 그 채권의 지급을 담보하기 위하여 채무자로부터 수표를 발행·교부받아 이를 소지한 경우에는, 단순히 보관의 위탁관계에 따라 수표를 소지하고 있는 경우와는 달리 그 수표상의 권리가 채권자에게 유효하게 귀속되고, 채권자와 채무자 사이의 수표 반환에 관한 약정은 원인관계상의 인적 항변사유에 불과하므로, 채권자는 횡령죄의 주체인 타인의 재물을 보관하는 자의 지위에 있다고 볼 수 없다"(대판 2000. 2. 11, 99 도

타인은 자연인 이외에 법인[42] 및 법인격없는 단체를 포함한다. 타인과의 공유물
은 타인소유의 재물로 취급된다.[43] 특히 다음과 같은 경우에 「소유권의 귀속」이

4979). ⓒ "판결요지: 피고인이 본사와 맺은 가맹점계약은 이른바 '프랜차이즈 계약'으로서 본사
와 가맹점이 독립하여 공동경영하고, 그 사이에서 손익분배가 공동으로 이루어진다고 할 수 없
으므로, 이러한 가맹점 계약을 동업계약관계로는 볼 수 없고, 따라서 가맹점주인 피고인이 판매
하여 보관 중인 물품판매 대금은 피고인의 소유라 할 것이어서, 피고인이 이를 임의 소비한 행위
는 프랜차이즈 계약상의 채무불이행에 지나지 아니하므로, 결국 횡령죄는 성립하지 아니한다"
(대판 1998. 4. 14, 98 도 292). ⓓ "판결요지: 익명조합관계에 있는 영업에 대한 익명조합원이
상대방의 영업을 위하여 출자한 금전 기타의 재산은 상대방인 영업자의 재산으로 되는 것이므
로, 영업자가 그 영업의 이익금을 함부로 자기 용도에 소비하였다 하여도 횡령죄가 될 수 없다"
(대판 1971. 12. 28, 71 도 2032). ⓔ "운송회사와 소속 근로자 사이에 근로자가 운송회사로부터
일정액의 급여를 받으면서 당일 운송수입금을 전부 운송회사에 납입하되, 운송회사는 근로자가
납입한 운송수입금을 월 단위로 정산하여 그 운송수입금이 월간 운송수입금 기준액인 사납금을
초과하는 경우에는 그 초과금액에 대하여 운송회사와 근로자에게 일정 비율로 배분하여 정산하
고, 사납금에 미달되는 경우에는 그 부족금액에 대하여 근로자의 급여에서 공제하여 정산하기로
하는 약정이 체결되었다면, 근로자가 사납금 초과 수입금을 개인 자신에게 직접 귀속시키는 경
우와는 달리, 근로자가 애초 거둔 운송수입금 전액은 운송회사의 관리와 지배 아래 있다고 봄이
상당하므로 근로자가 운송수입금을 임의로 소비하였다면 횡령죄를 구성한다. 이는 근로자가 운
송회사에 대하여 사납금을 초과하는 운송수입금의 일부를 배분받을 권리를 가지고 있다고 하더
라도 다른 특별한 사정이 없는 한 다를 바 없다"(대판 2014. 4. 30, 2013 도 8799). ⓕ "구분소유
적 공유관계에 있어서 각 공유자 상호 간에는 각자의 특정 구분부분을 자유롭게 처분함에 서로
동의하고 있다고 볼 수 있으므로, 공유자 각자는 자신의 특정 구분부분을 단독으로 처분하고 이
에 해당하는 공유지분등기를 자유로이 이전할 수 있는데(대법원 2009. 10. 15. 선고 2007다83632
판결 등 참조), 이는 그 공유지분등기가 내부적으로 공유자 각자의 특정 구분부분을 표상하기 때
문이다. 그러나 구분소유하고 있는 특정 구분부분별로 독립한 필지로 분할되는 경우에는 특별한
사정이 없는 한 각자의 특정 구분부분에 해당하는 필지가 아닌 나머지 각 필지에 전사된 공유자
명의의 공유지분등기는 더 이상 당해 공유자의 특정 구분부분에 해당하는 필지를 표상하는 등기
라고 볼 수 없고, 각 공유자 상호간에 상호명의신탁관계만이 존속하는 것이므로, 각 공유자는 나
머지 각 필지 위에 전사된 자신 명의의 공유지분에 관하여 다른 공유자에 대한 관계에서 그 공
유지분을 보관하는 자의 지위에 있다"(대판 2014. 12. 24, 2011 도 11084).

42) "주식회사의 주식이 사실상 1인의 주주에 귀속하는 1인회사의 경우에도 회사와 주주는 별
개의 인격체로서 1인회사의 재산이 곧바로 그 1인 주주의 소유라고 볼 수 없으므로, 그 회사 소
유의 금원을 업무상 보관 중 임의로 소비하면 횡령죄를 구성하는 것"(**대판 1999. 7. 9, 99 도
1040.** 同旨, 대판 1995. 3. 14, 95 도 59; 1989. 5. 23, 89 도 570 등).

43) "판결요지: 피고인이 2천원을 내어 피해자를 통하여 구입한 복권 4장을 피고인과 피해자
를 포함한 4명이 한 장씩 나누어 그 당첨 여부를 확인하는 결과 피해자 등 2명이 긁어 확인한 복
권 2장이 1천원씩에 당첨되자, 이를 다시 복권 4장으로 교환하여 같은 4명이 각자 한 장씩 골라
잡아 그 당첨 여부를 확인한 결과 피해자 등 2명이 긁어 확인한 복권 2장이 2천만원씩에 당첨되
었으나, 당첨금을 수령한 피고인이 피해자에게 그 당첨금의 반환을 거부한 경우, 피고인과 피해
자를 포함한 4명 사이에는 어느 누구의 복권이 당첨되더라도 당첨금을 공평하게 나누거나 공동
으로 사용하기로 하는 묵시적인 합의가 있었다고 보아야 하므로, 그 당첨금 전액은 같은 4명의
공유라고 봄이 상당하여, 피고인으로서는 피해자의 당첨금 반환요구에 따라 그의 몫을 반환할
의무가 있고, 피고인이 이를 거부하고 있는 이상 불법영득의사가 있으므로 횡령죄가 성립될 수
있다"(대판 2000. 11. 10, 2000 도 4335). "동업체에 속하는 재산을 다른 동업자들의 동의없이 임

문제되고 있다.

(가) 동산과 부동산의 양도담보 등[44]

(a) 동산의 경우　　　(소유권유보부) 양도담보는 동산의 소유권이 채무자에게 남아 있고 채무자가 목적물을 계속 점유·사용하되 채권자는 양도담보권을 취득하는 담보물권제도이다. 양도담보의 경우에는 채무자가 여전히 소유자이므로 '채무자'가 자신이 점유하던 목적물을 임의처분하는 것은 횡령죄를 구성하지 아니한다.[45] '채권자'는 목적물을 직접 점유하고 있지도 않고 소유하고 있는 것도 아니므로 원칙적으로 횡령죄의 주체가 될 수 없다.[46] 또한 동산의 양도담보권자인 채권자를 법률상 보관자의 지위에 있는 것으로 보기도 어렵다.

의로 처분하거나 반출하는 행위는 이를 다른 동업자들에게 통지를 하였다 하더라도 횡령죄를 구성하는 것"(대판 1993. 2. 23, 92 도 387). "공유물의 매각대금도 정산하기까지는 각 공유자의 공유에 귀속한다고 할 것이므로 공유자 1인이 그 매각대금을 멋대로 소비하였다면 횡령죄가 성립된다 할 것"(대판 1983. 8. 23, 80 도 1161). "동업재산은 동업자의 합유에 속하는 것이므로 동업관계가 존속하는 한 동업자는 동업재산에 대한 그 지분을 임의로 처분할 권한이 없고, 동업자의 한 사람이 그 지분을 임의로 처분하거나 또는 동업재산의 처분으로 얻은 대금을 보관 중 임의로 소비하였다면 횡령죄의 죄책을 면할 수 없다. 또한 동업자 사이에 손익분배의 정산이 되지 아니하였다면 동업자의 한 사람이 임의로 동업자들의 합유에 속하는 동업재산을 처분할 권한이 없는 것이므로, 동업자의 한 사람이 동업재산을 보관 중 임의로 횡령하였다면 지분비율에 관계없이 임의로 횡령한 금액 전부에 대하여 횡령죄의 죄책을 부담한다"(대판 2011. 6. 10, 2010 도 17684. 同旨, 대판 2009. 10. 15, 2009 도 7423).

44) 형법학자들은 횡령죄와 관련하여 (소유권이전형)매도담보를 논의하고 있지만, '매도담보'는 '민법학'의 지배적 견해에서 보자면 더 이상 거론되지 않는 담보형식이므로 본서에서는 취급하지 않기로 하였다.

45) 판례는 동산의 양도 담보에 있어서 대내적으로 소유권은 채무자에게 있다고 보아 채무자는 횡령죄의 주체는 될 수 없고, 배임죄의 성립을 긍정하였지만(대판 1989. 7. 25, 89 도 350. 同旨, 대판 1983. 3. 8, 82 도 1829), 전원합의체 판결을 통해 배임죄 성립을 부정하는 취지로 변경되었다. "자동차 등에 관하여 양도담보설정계약을 체결한 채무자는 채권자에 대하여 그의 사무를 처리하는 지위에 있지 아니하므로, 채무자가 채권자에게 양도담보설정계약에 따른 의무를 다하지 아니하고 이를 타에 처분하였다고 하더라도 배임죄가 성립하지 아니한다"(대판 2022. 12. 22, 2020 도 8682 - 전원합의체. 同旨, 대판 2020. 2. 20, 2019 도 9756 - 전원합의체).

46) 판례는 동산의 양도담보에 있어서 '채권자'(양도담보권자)는 담보물을 '보관'하게 된 경우에 한하여 횡령죄의 주체가 될 수 있다고 한다. "횡령죄의 주체는 타인소유의 물건을 보관하고 있는 자라 할 것인 바, 채무자가 채무이행의 담보를 위하여 동산에 관한 양도담보계약을 체결하고 점유개정의 방법으로 여전히 그 동산을 점유하고 있는 경우라도, 위 양도담보계약의 내용이 채무의 담보를 위하여 양도의 형식을 취하였을 뿐이고 그 실질은 채무의 담보와 담보권실행의 정산절차를 주된 내용으로 하는 것이라면, 별단의 사정이 없는 한 그 동산의 소유권은 여전히 채무자에게 남아 있고, 채권자는 단지 양도담보물권을 취득하는 데 지나지 않는다고 볼 것이어서, 채무자 점유의 위 동산을 다른 사유에 의하여 보관하게 된 채권자는 횡령죄의 주체가 될 수 있다 할 것"(**대판 1989. 4. 11, 88 도 906.** 同旨, 대판 1980. 11. 11, 80 도 2097).

(b) **부동산의 경우**　　　부동산의 경우에도 동산의 (소유권유보부) 양도담보의 문제와 유사한 이론구성이 가능하지만, 1984년 1월 1일부터 시행된 '가등기담보 등에 관한 법률'(약칭: 가등기담보법)에 의하여 전면 수정을 받게 되었다. 가등기담보법은 양도담보, 대물반환의 예약, 환매 등 명목여하를 불문하고 (제2조제1호), 채권자가 소유권이전등기를 하거나 담보가등기에 기하여 소유권이전의 본등기를 하더라도, 이로써 소유권을 취득하는 것이 아니라 담보물권을 취득할 뿐이고, '청산금(목적부동산의 가액에서 채권액을 공제한 금액)을 채무자에게 지급한 때'에 소유권을 취득한다고 규정하고 있다(제4조).[47] 따라서 부동산의 양도담보의 경우에 변제기 '전에' 등기명의인인 채권자가 목적부동산을 임의처분하면—아직 청산금을 지급하기 전일 것이므로—'채무자의' 소유인 부동산을 불법영득한 것으로서 '횡령죄'가 성립한다.[48] 변제기 '후에' 등기명의인인 채권자가 목적부동산을 임의처분하는 것은 채무자 소유의 부동산이라고 하더라도 채권자의 담보권의 실행으로서 '불법영득의 의사'가 부정되어 횡령죄가 성립하지 않으며, 배임죄를 구성하지도 않는다.[49] 다만 목적부동산을 처분하여 받은 대금

47) '가등기담보 등에 관한 법률' 제4조 제2항: "채권자는 담보부동산에 관하여 이미 소유권이전등기를 마친 경우에는 청산기간이 지난 후 청산금을 채무자 등에게 지급한 때에 목적부동산의 소유권을 취득하며, 담보가등기를 마친 경우에는 청산기간이 경과하여야 그 가등기에 따른 본등기를 청구할 수 있다."

48) 김성천, 977면; 김/서, 366면; 박상기, 375면; 오영근, 472면. 대법원이 가등기담보법의 시행 이후에도 채권담보목적으로 소유권이전등기를 넘겨받은 채권자가 '변제기일 이전에' 목적부동산을 임의로 처분한 행위에 대하여 배임죄의 성립을 긍정한 것은 타당치 않다고 하겠다. 관련 판례는 "배임죄에 있어서 재산상 손해를 가한 때라 함은 현실적인 위험을 초래한 경우도 포함되며, 채권담보의 목적으로 부동산의 소유권이전등기를 넘겨받은 채권자는 채무자가 변제기까지 그 채무를 변제하면 채무자에게 그 등기를 환원하여 줄 의무가 있는 것이므로, 그 변제기일 이전에 그 임무에 위배하여 제3자에게 소유권이전청구권의 보전을 위한 가등기를 하여 주었다면, 비록 채무자가 변제기일까지 채무를 변제하지 아니하였다 하더라도 배임죄의 성립에는 아무런 영향이 없다 할 것"(**대판** 1989. 11. 28, 89 **도** 1309. 同旨, 대판 1992. 7. 14, 92 도 753) 및 "채권의 담보를 목적으로 부동산의 소유권이전등기를 경료받은 채권자는 채무자가 변제기일까지 그 채무를 변제하면 채무자에게 그 소유명의를 환원하여 주기 위하여 그 소유권이전등기를 이행할 의무가 있으므로, 그 변제기일 이전에 그 임무에 위배하여 제3자에게 근저당권설정등기를 경료하여 주었다면, 변제기일까지 채무자의 채무변제가 없었다 하더라도 배임죄는 성립된다 할 것이고, 그와 같은 법리는 채무자에게 환매권을 주는 형식을 취하였다 하여 다를 바 없다 할 것"(**대판** 1987. 4. 28, 87 **도** 265).

49) "판결요지: 양도담보가 처분정산형의 경우이건 귀속정산형의 경우이건 간에, 담보권자가 변제기 경과 후에 담보권을 실행하여 그 환가대금 또는 평가액을 채권원리금과 담보권 실행비용 등의 변제에 충당하고, 환가대금 또는 평가액의 나머지가 있어 이를 담보제공자에게 반환할 의무는 담보계약에 따라 부담하는 자신의 정산의무이므로, 그 의무를 이행하는 사무는 곧 자기의 사무처리에 속하는 것이라 할 것이고, 이를 부동산매매에 있어서의 매도인의 등기의무와 같이

중 채무자에게 지급해야 할 청산금의 지급을 거절하는 채권자는 '청산금'에 대한 횡령죄의 죄책을 질 수 있다.[50] 한편 청산금이 지급되기 전에 채무자가 목적부동산을 임의처분하는 행위는 자기소유물에 대한 것으로서 횡령죄를 구성하지 않는다.

(나) 불법원인급여물: [불법원인급여물에 대한 횡령죄의 성부]　불법원인급여란 불법한 원인으로 재물을 급여하였기 때문에 급여자가 민법($^{제746}_{조}$)상 그 재물의 반환을 청구할 수 없는 경우를 말한다.[51] 재물을 급여하게 된 위탁관계가 불법이므로 위탁자가 수탁자에게 그 위탁물의 반환을 청구할 수 없게 되는 경우에 수탁자가 그 위탁물을 임의처분하였다면 타인소유의 보관물을 불법영득한 것으로서 횡령죄의 책임을 질 것인가가 문제된다. 예컨대 甲(위탁자, 급여자)이 고위공직자와 절친한 관계에 있는 乙(수탁자)에게 뇌물로 전달해 달라고 고가의 보석을 제공하였는데, 乙은 그 보석을 임의로 매각하여 대금을 소비한 경우에, 乙에게 횡령죄의 죄책을 지울 수 있는가 하는 문제이다.

(a) 횡령죄 부정설　불법원인급여물을 임의처분한 수탁자에 대하여 횡령죄의 성립을 부정하는 견해(다수)는[52] 다음과 같은 논거를 들고 있다. ① 수탁자는 보관물을 반환할 법률상의 의무가 없으므로 이를 임의로 처분할 수 있다. ② 민법상 반환의무가 없는 것을 반환하지 않는다고 해서 형법상 횡령죄로 처벌하는 것은 결국 그 반환을 강제하게 되므로, 법질서 전체의 통일성을 깨뜨리는 부당한 결과를 가져온다. ③ 불법원인급여물의 '소유권'은 수탁자에게 귀속되고, 수탁자의 임의처분은 자기소유의 재물을 객체로 하는 까닭에 횡령죄를 구성하지 않는다. ④ 불법원인급여의 기초가 되는 신임관계는 범죄적 내용으로서 형법이 보호할 필요가 없다.

판례도 부정설의 입장에 선다.[53] 다만 판례는 수탁자의 불법성이 급여자(위

타인인 채무자의 사무처리에 속하는 것이라고 볼 수는 없어, 그 정산의무를 이행하지 아니한 소위는 배임죄를 구성하지 않는다"(**대판** 1985. 11. 26, 85 도 1493 - 전원합의체).

　50) 김성천, 977면; 김/서, 366면; 박상기, 375면; 이형국, 416면.

　51) 민법 제746조 [불법원인급여] "불법의 원인으로 인하여 재산을 급여하거나 노무를 제공한 때에는 그 이익의 반환을 청구하지 못한다. 그러나 그 불법원인이 수익자에게만 있는 때에는 그러하지 아니하다."

　52) 권오걸, 682면; 김성돈, 390면; 김종원, 229면; 박상기, 386면; 배종대, 524면; 서일교, 179-80면; 이재상, 394면; 이정원, 412면; 이형국, 414면; 정/박, 426면; 진/이, 456면; 황산덕, 317면.

　53) "민법 제746조에 불법의 원인으로 인하여 재산을 급여하거나 노무를 제공한 때에는 그 이익의 반환을 청구하지 못한다고 규정한 뜻은 급여를 한 사람은 그 원인행위가 법률상 무효임을

탁자)의 그것보다 '현저히 큰 경우'에는 급여자의 반환청구가 허용된다고 해석
하면서 수탁자의 임의처분에 대하여 횡령죄의 성립을 긍정하고 있다.[54]

내세워 상대방에게 부당이득반환청구를 할 수 없고, 또 급여한 물건의 소유권이 자기에게 있다
고 하여 소유권에 기한 반환청구도 할 수 없어서 결국 급여한 물건의 소유권은 급여를 받은 상
대방에게 귀속된다는 것인 바, 원심 판시와 같이 피고인이 조합으로부터 공무원에게 뇌물로 전
달하여 달라고 금원을 교부받은 것은 불법원인으로 인하여 지급받은 것으로서, 이를 뇌물로 전
달하지 않고 타에 소비하였다고 해서 타인의 물을 보관중 횡령하였다고 볼 수는 없으므로 논지
이유없다"(**대판** 1988. 9. 20, 86 **도** 628. 同旨, 대판 1999. 6. 11, 99 도 275; 1979. 11. 13, 79 다
483 - 전원합의체). "판결요지: [1] 민법 제746조가 불법의 원인으로 인하여 재산을 급여한 때에
는 그 이익의 반환을 청구하지 못한다고 규정한 뜻은, 그러한 급여를 한 사람은 원인행위가 법률
상 무효임을 내세워 상대방에게 부당이득반환청구를 할 수 없음은 물론 급여한 물건의 소유권이
자기에게 있다고 하여 소유권에 기한 반환청구도 할 수 없다는 데 있으므로, 결국 그 물건의 소
유권은 급여를 받은 상대방에게 귀속된다. 한편 민법 제746조에서 말하는 '불법'이 있다고 하려
면, 급여의 원인된 행위가 내용이나 성격 또는 목적이나 연유 등으로 볼 때 선량한 풍속 기타 사
회질서에 위반될 뿐 아니라 반사회성·반윤리성·반도덕성이 현저하거나, 급여가 강행법규를 위
반하여 이루어졌지만 이를 반환하게 하는 것이 오히려 규범목적에 부합하지 아니하는 경우 등에
해당하여야 한다. [2] 피고인이 갑으로부터 액면금 합계 19억 2,370만 원인 수표들(이하 '수표'라
고 한다)을 현금으로 교환해 주면 대가를 주겠다는 제안을 받고 수표가 을 등이 불법 금융다단
계 유사수신행위에 의한 사기범행을 통해 취득한 범죄수익이거나 이러한 범죄수익에서 유래한
재산(이하 합쳐서 '범죄수익 등'이라고 한다)이라는 사실을 잘 알면서도 교부받아 그 일부를 14
억 원에서 15억 원가량의 현금으로 교환한 후 병, 정과 공모하여 아직 교환되지 못한 수표 및 교
환된 현금을 임의로 사용하여 횡령하였다고 하여 특정경제범죄 가중처벌 등에 관한 법률 위반으
로 기소된 사안에서, 피고인이 갑으로부터 수표를 교부받은 원인행위는 이를 현금으로 교환해
주고 대가를 지급받기로 하는 계약으로서, 범죄수익은닉의 규제 및 처벌 등에 관한 법률(이하
'범죄수익은닉규제법'이라고 한다) 제3조 제1항 제3호에 의하여 형사처벌되는 행위, 즉 거기에서
정한 범죄수익 등에 해당하는 수표를 현금으로 교환하여 그 특정, 추적 또는 발견을 현저히 곤란
하게 하는 은닉행위를 법률행위의 내용 및 목적으로 하는 것이므로 선량한 풍속 기타 사회질서
에 위반되고, 범죄수익은닉규제법에 의하여 직접 처벌되는 행위를 내용으로 하는 위 계약은 그
자체로 반사회성이 현저하며, 형벌법규에서 금지하고 있는 자금세탁행위를 목적으로 교부된 범
죄수익 등을 특정범죄를 범한 자가 다시 반환받을 수 있도록 한다면, 범죄자로서는 교부의 목적
을 달성하지 못하더라도 언제든지 범죄수익을 회수할 수 있게 되어 자금세탁행위가 조장될 수
있으므로, 범죄수익의 은닉이나 가장, 수수 등의 행위를 억지하고자 하는 범죄수익은닉규제법의
입법 목적에도 배치되므로, 결국 피고인이 갑으로부터 범죄수익 등의 은닉범행 등을 위해 교부
받은 수표는 불법의 원인으로 급여한 물건에 해당하여 소유권이 피고인에게 귀속되고, 따라서
피고인이 그중 교환하지 못한 수표와 이미 교환한 현금을 임의로 소비하였더라도 횡령죄가 성립
하지 않는다"(대판 2017. 4. 26, 2016 도 18035).

54) 피고인이 윤락업소를 경영하는 포주로서 피해자가 윤락행위를 하고 그 상대방으로부터 지
급받은 화대를 자신이 보관하였다가 피해자에게 반환하지 않고 소비한 경우에 횡령죄의 성립을
긍정한 판례: "민법 제746조에 의하면, 불법의 원인으로 인한 급여가 있고, 그 불법원인이 급여
자에게 있는 경우에는 수익자에게 불법원인이 있는지 여부, 수익자의 불법원인의 정도, 그 불법
성이 급여자의 그것보다 큰지 여부를 막론하고 급여자는 불법원인급여의 반환을 구할 수 없는
것이 원칙이나, 수익자의 불법성이 급여자의 그것보다 현저히 큰 데 반하여 급여자의 불법성은
미약한 경우에도 급여자의 반환청구가 허용되지 않는다면 공평에 반하고 신의성실의 원칙에도
어긋나므로, 이러한 경우에는 민법 제746조 본문의 적용이 배제되어 급여자의 반환청구는 허용

(b) **횡령죄 긍정설**   불법원인급여물을 임의처분한 수탁자에 대하여 횡령죄의 성립을 긍정하는 견해(^{다수})의[55] 논거는 다음과 같다. ① 불법원인급여물에 대하여 급여자가 민법상 반환청구를 할 수 없다는 것과는 별개로 형법의 독자적 견지에서 횡령죄의 성립 여부를 논해야 한다. ② 불법원인급여에 있어서 급여자가 급여물에 대한 소유권을 상실하는 것은 아니고, 단지 반환청구가 불가능할 뿐이다. 따라서 수탁자의 임의처분은 급여자의 재물, 즉 타인소유의 재물을 객체로 한 것이므로 횡령죄를 구성한다. ③ 불법원인급여에 있어서도 급여자와 수탁자 사이에 신임관계가 존재하므로, 수탁자의 임의처분은 횡령죄의 본질인 본인과의 신임관계를 위배하는 것이다.

(c) **절충설**   절충적 입장은 불법원인'**급여**'(소유권 이전의 의사가 있는 점유이전)와 불법원인'**위탁**'(소유권 이전의 의사가 없는 점유이전)을 구분하여 횡령죄의 성립을 논한다. 불법원인급여는 소유권 이전의사가 있는 점유이전이므로, 불법원인급여물의 임의처분은 자기소유의 재물에 대한 것으로서 횡령죄를 구성하지 않는다고 한다. 이에 반해 불법원인위탁물의 임의처분은 타인소유의 재물을 영득한 것이기는 하지만, ① 그 위탁이 보호가치있는 신뢰관계에 기초하지 않기 때문에 횡령죄의 기수범은 될 수 없고, 보호가치없는 신뢰관계의 배반도 법익평온상태를 교란하는 정도의 결과반가치와 행위반가치는 인정된다고 보아, 횡령죄의 불능미수로 다루어야 한다는 견해와[56] ② 횡령죄의 전제가 되는 보호가치있는 신뢰관계를 인정할 수 없으므로 횡령죄가 성립하지 않는다는 견해가[57] 대립한다.

(d) **사 견**   생각건대 ① 불법원인급여에 있어서는 민법상 '자연채무'와

된다고 해석함이 상당하다(대법원 1997. 10. 24. 선고 95다49530, 49547 판결 등 참조). 이 사건에서와 같이 피고인과 피해자의 사회적 지위, 그 약정에 이르게 된 경위에다가 앞에서 본 약정의 구체적 내용, 급여의 성격 등을 종합해 볼 때, 피고인 측의 불법성이 피해자 측의 그것보다 현저하게 크다고 봄이 상당하므로, 민법 제746조 본문의 적용은 배제되어 피해자가 피고인에게 보관한 화대의 소유권은 여전히 피해자에게 속하는 것이어서, 피해자는 그 전부의 반환을 청구할 수 있고, 피고인이 이를 임의로 소비한 행위는 횡령죄를 구성한다고 보지 않을 수 없다"(**대판 1999. 9. 17, 98 도 2036**).

55) 강구진, 354면; 박정난, "불법원인급여의 형사법적 제문제－횡령죄를 중심으로－", 형사법의 신동향, 통권 제29호, 2010년 12월호, 대검찰청 검찰미래기획단, 2010. 12. 13, 467면; 백형구, 203-4면; 손동권, 418면; 유기천, 271면; 정영석, 371면; 정영일, 364면.

56) 김/서, 357면.

57) 강동범, "소위 불법원인급여와 횡령죄의 성부", 판례월보, 1993. 3, 32-3면; 오영근, 467-8면.

유사한 관계가 발생한다고 본다. 민법 제746조는 불법한 원인으로 급여한 물건을 반환받고자 하는 경우에 급여자에게 '법률의 힘'을 빌려 줄 수는 없다는 취지를 담고 있는 것이며, 급여자와 수탁자 간의 '사적'(私的) 관계에서 수탁자가 자의로 수탁물을 반환함으로써 원래의－급여하기 전의－소유상태를 회복하는 것을 금지하는 것은 아닌 것으로 이해된다.[58] 따라서 급여자가 급여함으로 인하여 소유권을 상실하는 것은 아니고, 단지 법률상의 반환청구가 불가능할 뿐인 것으로 해석해야 한다. 또한 수탁자의 법의식·법감정에도 소유권은 의연히 위탁자에게 남아 있다고 보여진다. 이와 같이 급여자가 목적물에 대한 소유권자이므로[59] 수탁자의 임의처분은 '타인소유'의 재물을 불법영득한 것으로서 횡령죄를 구성한다. ② 부정설을 취하여 불법원인급여물에 대한 반환거부가 횡령죄가 되지 않는다고 한다면, 범죄(예: 제133조 제2항의 뇌물공여)에 대한 범죄(수탁자의 횡령)는 범죄가 아니라는 형사정책상의 문제점이 발생할 수 있다. 따라서 민법이 법률적 힘을 빌려주지 않는 것은 별개의 문제로 보고, 불법원인급여물에 대한 횡령죄의 성립 여부를 형법의 독자적 견지에서 판단함이 타당하다. 불법하게 조성된 물건이라도 그에 대한 범죄행위는 여전히 범죄로서 처벌하고자 하는 것이 형법의 정신이라고 하겠다. 예컨대 장물에 대한 사기·절도가 사기죄·절도죄를 구성하는 것과 마찬가지로 자신이 보관하는 장물을 불법영득한 경우에도 횡령죄의 성립을 긍정해야 한다.[60] ③ 불법원인급여물을 임의처분하는 수탁자에게도 본인과의 신임관계에 대한 위배가 존재한다는 점은 횡령죄의 성립을 근거지운다. 그 신임관계가 불법한 원인에 기초하여 보호가치가 없다고 하는 주장은 보호 여부의 초점을 급여자에게 두고 있는 일방적 시각을 지닌 견해로서, 불법원인급여에 있어서의 불법성이 급여자에게만 존

---

58) "(형평)법원에 들어오고자 하는 자는 깨끗한 손으로 와야 한다"(He who comes into equity must come with clean hands)라는 영미법상의 법언이 민법 제746조의 취지를 잘 나타내고 있다고 생각한다. 불법원인급여자, 즉 더러운 손을 가진 자는 법(원)의 힘을 빌릴 수 없다는 것뿐이고, 당사자 사이의 사사로운 관계에서는 급여자가 여전히 소유권자이며 수탁자가 임의로 목적물을 급여자에게 반환하는 것까지 금지하는 것은 아니라고 본다. 만일 수탁자가 임의로 급여자에게 보관물을 돌려주면 증여가 아니라 급여자의 소유권을 사실상 회복시켜 주는 것으로 보아야 한다. 이러한 측면은 세법상으로도 논의의 실익이 있다고 하겠다.
59) 민법학자 중에도 불법원인급여물의 소유권은 여전히 급여자에게 귀속된다고 해석하는 견해가 있다(양창수, 민법입문, 박영사, 1991, 168면; 정상현, 불법원인급여제도에 관한 연구, 성균관대 박사학위논문, 1999. 8, 270면).
60) 이 때 판례는 장물보관죄만이 성립한다고 한다(**대판 1976. 11. 23, 76 도 3067**).

재하는 것은 아니고 최소한 급여자와 수탁자 쌍방에게 존재한다는 점을[61] 염두에 두어야 할 것이다.

(다) 금전 등 대체물을 위탁받은 경우　위탁된 재물이 금전·곡물 등 대체물인 경우에 수탁자가 이를 임의처분하면 횡령죄가 성립할 것인가가 문제된다. 이 문제는 대체물의 소유권이 위탁자와 수탁자 중 누구에게 귀속한다고 볼 것인가에 달려 있다. 다음과 같이 경우를 나누어 고찰해야 한다.

(a) 특정물로 위탁된 경우　대체물이라고 하더라도 봉함물(포장물) 또는 공탁금과 같이 '특정물'로 위탁받은 경우에는 그 소유권은 위탁자에게 속한다고 보아, 수탁자의 임의처분은 '타인소유'의 재물에 대한 횡령죄가 성립된다고 함이 타당하다(^통⁄_설).

(b) 불특정물로 위탁된 경우　대체물이라고 하더라도 '불특정물'로 위탁을 받은 경우에는 또다시 용도나 목적이 지정되어 위탁된 경우와 그렇지 않은 경우가 있다.

(aa) 용도나 목적이 지정된 불특정물의 경우　논란을 일으키는 것은 용도나 목적이 지정된 위탁 금전(내지 대체물)을 수탁자가 용도 '외로' 임의 처분한 경우이다. 학설로는 ① 수탁자가 정해진 용도에 사용할 때까지는 위탁물에 대한 소유권이 위탁자에게 유보되어 있으며, 금전 기타 대체물이라고 하더라도 재물이라고 하지 않을 수 없다는 논거를 들어 개별재산(재물)에 대한 죄로서 횡령죄의 성립을 긍정하는 견해(횡령죄설)와[62] ② 금전 기타 대체물은 고도의 유통성과 대체성 때문에 점유의 이전과 더불어 소유권도 이전한다고 해석해야 한다는 논거를 들어 배임죄가 성립할 수는 있어도 횡령죄는 성립할 수는 없다는 견해(배임죄설)가[63] 대립한다. 판례는 횡령죄의 성립을 긍정한다.[64]

---

61) 불법원인급여에서의 '불법성'은 이론상 ① 급여자와 수탁자 모두에게 존재하는 경우, ② 급여자에게만 존재하는 경우, ③ 수탁자에게만 존재하는 경우, ④ 급여자와 수탁자 모두에게 존재하지만 급여자보다도 수탁자에게 불법성이 더 중한 경우 등 네 가지로 구별해 볼 수 있으나, 수탁자가 '자의로' 급여물을 수탁한 이상 급여자에게만 불법성이 존재하는 ②의 경우는 실재하기 어렵다.

62) 강구진, 351면; 권오걸, 683면; 김성돈, 385-6면; 김성천, 983면; 김/서, 363면; 박상기, 379면; 백형구, 203면; 오영근, 472면; 정/박, 429면; 정영석, 372면; 정영일, 359면; 진/이, 462면; 황산덕, 317면.

63) 김종원, 228면; 배종대, 528면; 이재상, 403면; 이형국, 415면.

64) "타인으로부터 용도가 엄격히 제한된 자금을 위탁받아 집행하면서 그 제한된 용도 이외의 목적으로 자금을 사용하는 것은, 그 사용이 개인적인 목적에서 비롯된 경우는 물론 결과적으로 자금을 위탁한 본인을 위하는 면이 있더라도, 그 사용행위 자체로서 불법영득의 의사를 실현한

생각건대 금전과 같이 고도의 유통성·대체성·교환수단성을 가진 재물은 개성이 아니라 금액이나 가치에 중점을 두어야 할 것이므로, 비록 용도가 지정되었다고 하더라도 금전의 이전과 더불어 그 소유권도 수탁자에게 이전된다고 봄이 타당하다. 따라서 용도가 지정된 금전의 수탁자가 용도 외로 소비하는 것은 '자기가 점유하는 자기소유의' 금전을 임의로 소비하는 것이므로 횡령죄를 구성할 수는 없고, 다만 수탁자가 위탁자에게 금전을 반환해야 할 시기에 반환하지 않으면 전체재산(재산상의 이익)에 대한 죄로서 배임죄가 성립하거나 단순한 채무불이행에 그친다고 해야 한다.

그런데 용도가 지정된 금전이라고 하더라도 '위탁'받은 경우와 구별해야 할 것은, ㉠ 장학기부금·건축헌금 등과 같이 용도를 지정하여 '증여'받은 금전을 용도 외로 사용하는 경우와 ㉡ 법인 기타 타인의 '고용인'으로서 용도에 따른 타인의 금전사용이 타인의 사무처리의 내용이 되어 있음에도 불구하고 용도 외로 임의사용하는 경우가 있다. ㉠의 경우에는 수증자에게 금전의 소유권이 이전되므로 수증자의 용도 외 소비가 횡령죄의 문제를 발생시키지는 않는다. ㉡의 경우는 타인의 사무를 처리하는 자가 자신이 보관(점유)하는 타인소유의 금전을 용도 외로 사용하는 행위에 해당하므로 ⓐ 상하주종관계의 공동점유에서 독자적인 점유가 인정되지 않는 하위점유자(점유보조자인 고용인)라면 '타인(상위점유자)이 점유하는 타인소유의' 금전에 대한 용도 외 사용이 되어 절도죄의 문제가 발생할 것이고,[65] ⓑ 금전출납전담직원과 같이 사무처리 중의 금전에 대하여 단독점유가 인정되는 고용인이라면 '자신이 점유하는 타인소유의' 금전

것이 되어 횡령죄가 성립한다"(대판 1999. 7. 9, 98 도 4088. 同旨, 1997. 4. 22, 96 도 8; 1994. 9. 9, 94 도 619; 1992. 10. 27, 92 도 1915; 1990. 1. 23, 89 도 904; 1987. 5. 26, 86 도 1946; 1982. 3. 9, 81 도 572; 1980. 9. 30, 78 도 2100). 판례는 금전의 횡령이 문제된 경우 재물의 타인성을 인정할 것인지에 관하여 원칙적으로 일반적인 재물과 동일하게 민법, 상법 그 밖의 실체법에 따라 결정해야 한다고 보면서도, 일정한 경우 민법상 소유권과는 다른 형법상 금전 소유권 개념을 인정해 왔다. "목적과 용도를 정하여 위탁한 금전은 정해진 목적과 용도에 사용될 때까지 이에 대한 소유권이 위탁자에게 유보되어 있고(대법원 2002. 10. 11. 선고 2002도2939 판결, 대법원 2006. 3. 9. 선고 2003도6733 판결 등 참조), 금전의 수수를 수반하는 사무처리를 위임받은 자가 위임자를 위하여 제3자로부터 수령한 금전은 특별한 사정이 없는 한 수령과 동시에 위임자의 소유에 속한다고 하였다(대법원 1995. 11. 24. 선고 95도1923 판결, 대법원 2004. 3. 12. 선고 2004도 134 판결 등 참조). 이때 수령한 금전이 위임자를 위하여 수령한 것인지는 수령의 원인이 된 법률관계의 성질과 당사자의 의사에 따라 판단해야 한다고 하였다(대법원 2005. 11. 10. 선고 2005도3627 판결, 대법원 2010. 11. 25. 선고 2010도10417 판결 등 참조)"(대판 2022. 6. 23, 2017 도 3829-전원합의체).

65) 행위의 객체가 금전이므로 이득죄인 배임죄가 성립할 수는 없다.

에 대한 용도 외 사용이 되어 (업무상)횡령죄의 문제를 발생시키는데, 불법영득의 의사를 인정할 수 있는가 하는 점이 재차 문제된다. 이 때 용도 외 유용(流用)이 유흥비사용과 같이 '사사로운 목적을 위한 것'이라면 불법영득의 의사를 인정할 수 있겠지만, 용도 외 유용이 '고용주를 위한 것'이라면 불법영득의 의사를 인정할 수 없을 것이다.

(bb) 용도나 목적이 지정되지 않은 불특정물의 경우   소비임치($\substack{\text{민법} \\ \text{제702} \\ \text{조}}$)와 같이 용도의 지정없이 수탁자(수치인)가 수탁물(임치물)을 임의로 소비할 수 있는 경우에는 수탁물의 소유권이 수탁자에게 이전한다고 보아, 수탁자의 임의처분은 횡령죄를 구성하지 않고($\substack{\text{통} \\ \text{설}}$), 채무불이행의 문제가 발생할 따름이다.

(라) 위탁매매의 경우   위탁매매의 경우에 위탁물의 소유권은 위탁자에게 있고, 매매의 성립으로 인하여 수령한 판매대금도 수령과 동시에 위탁자에게 속하게 된다($\substack{\text{상법 제103} \\ \text{조 참조}}$). 따라서 위탁판매인이 판매대금을 임의로 사용하면 횡령죄가 성립한다.[66]

(마) 할부매매 또는 소유권유보부 매매의 경우   할부매매 또는 소유권유보부 매매에 있어서 소유권의 귀속은 '약관'이 있는 경우에 약관의 내용에 따른다. 약관에서는 매수인이 비록 목적물을 인도받았다고 하더라도 대금을 완납하기까지는 그 소유권이 매도인에게 유보되는 것이 일반적이다. 따라서 매수인이 대금을 완납하기 전에 목적물을 제3자에게 매도하면 횡령죄가 성립한다. 다만 이 때에도 매수인에게는 '타인소유'의 재물에 대한 '고의'가 결여되는 수가 많을 것이다.

할부매매에 있어서 소유권의 귀속에 관한 약관이 없는 경우에는 목적물의 인도와 더불어 소유권도 매수인에게 이전된다고 본다. 그리고 동산이라고 하더라도 자동차등록부와 같이 공시방법과 결부된 목적물인 경우에는 할부매매

---

66) "위탁판매에 있어서는 위탁품의 소유권은 위임자에게 속하고, 그 판매대금은 다른 특약이나 특별한 사정이 없는 한 이를 수령함과 동시에 위탁자에 귀속한다 할 것이므로, 이를 사용, 소비한 때에는 횡령죄가 구성된다 할 것"(대판 1986. 6. 24, 86 도 1000; 1982. 2. 23, 81 도 2619). "판결요지: 약속어음을 할인을 위하여 교부받은 경우에 수탁자가 그 약속어음을 할인하였을 때에는 그로 인하여 생긴 돈을, 그 할인이 불가능하거나 할인하여 줄 의사를 철회하였을 때에는 약속어음 그 자체를 위탁자에게 반환하여야 하고, 그 약속어음이 수탁자의 점유하에 있는 동안에도 다른 특별한 사정이 없는 이상 그 소유권은 위탁자에게 있고, 수탁자는 위탁의 취지에 따라 이를 단지 보관하는 것으로 볼 것이다"(대판 1999. 7. 23, 99 도 1911).

시에 매수인명의가 등록원부에 등록됨과 동시에 매수인은 소유권을 취득한다.

한편 대법원은 당사자 사이에 자동차의 소유권을 그 등록명의자 아닌 자가 보유하기로 약정한 경우, 당사자 사이의 내부관계에서는 등록명의자 아닌 자가 소유권을 보유하는 것으로 본다.[67]

(바) **채권양도의 경우** 채권양도인이 채무자에게 채권양도 통지를 하지 않은 채 채무자로부터 채권을 추심하여 금전을 수령한 경우에 채권의 목적물인 금전의 소유권은 채권양수인이 아닌 채권양도인에게 귀속되므로, 채권양도인에게 횡령죄가 성립하지 않는다.[68]

(사) **금전의 수령을 위임받은 경우** 금전의 수령을 위임받은 자가 위임자를 위하여 제3자로부터 수령한 금전은 수령과 동시에 위임자의 소유에 속하므로, 수령한 금전을 임의처분하면 횡령죄가 성립한다.[69]

(아) **고용주와 입사보증금 내지 신원보증금** 취업시에 피용자가 고용주에게 제공하는 입사보증금 내지 신원보증금은 고용주에게 소유권이 이전되므로, 고용주가 이를 임의처분하더라도 횡령죄를 구성하지 않는다.[70]

(자) **계주와 곗돈** 계주가 계원들로부터 수령한 곗돈은 일단 계주에게 그

---

67) 대판 2023. 6. 1, 2023 도 1096; 2014. 9. 25, 2014 도 8984.

68) "채권양도인이 채무자에게 채권양도 통지를 하는 등으로 채권양도의 대항요건을 갖추어 주지 않은 채 채무자로부터 채권을 추심하여 금전을 수령한 경우, 특별한 사정이 없는 한 금전의 소유권은 채권양수인이 아니라 채권양도인에게 귀속하고 채권양도인이 채권양수인을 위하여 양도 채권의 보전에 관한 사무를 처리하는 신임관계가 존재한다고 볼 수 없다. 따라서 채권양도인이 위와 같이 양도한 채권을 추심하여 수령한 금전에 관하여 채권양수인을 위해 보관하는 자의 지위에 있다고 볼 수 없으므로, 채권양도인이 위 금전을 임의로 처분하더라도 횡령죄는 성립하지 않는다"(대판 2022. 6. 23, 2017 도 3829 – 전원합의체).

69) "판결요지: 금전의 수수를 수반하는 사무처리를 위임받은 자가 그 행위에 기하여 위임자를 위하여 제3자로부터 수령한 금전은, 목적이나 용도를 한정하여 위탁된 금전과 마찬가지로 달리 특별한 사정이 없는 한 그 수령과 동시에 위임자의 소유에 속하고, 위임을 받은 자는 이를 위임자를 위하여 보관하는 관계에 있다고 보아야 한다. 문화예술진흥법에 의하여 입장료와 함께 문화예술진흥기금을 받은 극장 경영자는 한국문화예술진흥원을 위하여 그 기금을 보관하고 있는 자의 지위에 있으므로, 이를 별도로 관리하지 아니하고 자신의 예금통장에 혼합보관하면서 임의로 자신의 극장운영자금 등으로 소비하였다면, 횡령죄의 고의나 불법영득의 의사가 있다고 보아 업무상횡령죄가 성립한다"(대판 1997. 3. 28, 96 도 3155).

70) "피고인이 김○○을 위 업체의 상무이사로 임명키로 하고 그 보증금으로서 금전을 교부받은 것이라고 한다면, 이는 소위 입사보증금으로서 일반적으로 그 고용계약에 따른 신원보증금이라고 볼 수가 있고, 이러한 신원보증금은 그 고용계약과 관련하여 장래 부담하게 될지도 모르는 손해배상채무의 담보방법으로 제공되는 금전으로서 일단 그 소유권은 사용자에게 이전되는 것이라고 할 것이므로, 사용자가 이를 소비했다고 해서 횡령죄를 구성한다고는 할 수 없다"(대판 1979. 6. 12, 79 도 656).

소유권이 귀속한다고 보아, 계주가 곗돈을 임의처분하더라도 횡령죄가 성립하지 않는다.[71)]

(차) 자동차회사의 지입금(持込金)　지입차주(持込車主)가 자동차회사에 납부한 지입금은 회사의 소유에 속하므로, 회사가 이를 임의처분하더라도 횡령죄는 성립하지 않는다.[72)]

(카) 부동산을 이중으로 매매한 경우: [부동산의 이중매매와 횡령죄의 성부]

부동산의 이중매매란 "甲(매도인)이 乙(선(先)매수인)에게 자기의 부동산을 매도하였으나 아직 이전등기를 해 주지 않은 상태에서 이를 다시 丙(후(後)매수인)에게 매도하고 丙에게 소유권이전등기를 해 준 경우"를 말한다. 우리 민법은 부동산의 물권변동에 있어서 등기주의(형식주의)를 취하므로, 등기이전이 경료되기까지는 부동산의 소유권이 매도인에게 남아 있고, 매도인이 또다른 사람에게 이중으로 매도하더라도 아직 '자기의 소유'에 속하는 부동산을 매도한 것에 지나지 않게 된다. 따라서 부동산의 이중매매는 횡령죄를 구성하지 않으며, 배임죄의 성립여부가 문제될 따름이다(후술하는 배임죄의 해당부분을 참조).

(타) 봉(封)해서 위탁된 포장물의 경우　이 경우는 절도죄에서 이미 논술하였으므로 해당부분을 참조할 필요가 있다.

4. 실행행위

실행행위는 횡령하거나 반환을 거부하는 것이다. 「횡령」의 개념은, '영득행위설'에 따르면 "자기가 보관하는 재물에 대하여 불법영득의 의사를 표현하는 행위"이고, '월권행위설'에 따르면 "자기가 보관하는 재물에 대하여 권한을 초과하는 일체의 행위"로서 불법영득의 의사는 불필요하다고 한다. 영득행위설이 통설·판례이다. 따라서 횡령에는 불법영득의 의사가 있어야 한다. 다만 횡령죄에 있어서의 불법영득의 의사는 후술하는 바와 같이 초과주관적 요소로 이해되지 아니하고, 횡령행위의 개념요소(횡령의 고의)로 파악된다.

횡령죄에 있어서 행위자는 이미 재물을 점유하고 있으므로 불법영득의 의사가 내심의 세계에 존재하는 것만으로는 부족하고 객관적으로 인식될 수 있도록

---

71) 대판 1976. 5. 11, 76 도 730.
72) 대판 1997. 9. 5, 97 도 1592; 1973. 5. 22, 73 도 550.

표현되어야 한다.[73] 불법영득의사의 표현에는 소비·착복·소유자로서의 사용과 같은 사실행위와 매도·임대·증여·입질 또는 저당권설정 등의 담보제공·가등기와 같은 법률행위가 있다. 법률행위인 경우에는 사법상의 유효·무효, 취소가능성 여부를 묻지 않는다.[74]

보관자가 보관물을 손괴의 의사로 손괴한 경우에는 손괴죄가 성립할 따름이며, 불법영득의 의사가 없으므로 횡령죄는 성립하지 않는다. 또 회사의 비자금 조성으로 공금을 은닉한 행위도 불법영득의 의사가 없으므로 횡령죄가 성립하지 않는다.[75] 대표이사가 회사를 위하여 보관하고 있는 회사 소유의 금전으로 자신의 채권 변제에 충당하는 행위도 불법영득의 의사가 인정되지 않으므로 횡령죄의 죄책을 지지 않는다.[76]

횡령은 작위 이외에 경찰관이 환부해야 할 압수품·영치물을 환부하지 않는 경우처럼 부작위로도 가능하다. 그리고 반환의 거부는 횡령의 예시이므로, 여기에도 불법영득의 의사가 객관적으로 인식될 수 있을 만큼 표현되어야 한다.[77]

---

73) "단순한 내심의 의사만으로는 횡령행위가 있었다고 할 수 없고, 그 영득의 의사가 외부에 인식될 수 있는 객관적 행위가 있을 때 횡령죄가 성립한다"(**대판** 1993. 3. 9, 92 **도** 2999).

74) "횡령죄는 다른 사람의 재물에 관한 소유권 등 본권을 그 보호법익으로 하고, 본권이 침해될 위험성이 있으면 그 침해의 결과가 발생되지 아니하더라도 성립하는 이른바 위태범이므로, 다른 사람의 재물을 보관하는 사람이 그 사람의 동의없이 함부로 이를 담보로 제공하는 행위는 불법영득의 의사를 표현하는 횡령행위로서, 사법(私法)상 그 담보제공행위가 무효이거나 그 재물에 대한 소유권이 침해되는 결과가 발생하는지 여부에 관계없이 횡령죄를 구성한다"(**대판** 2002. 11. 13, 2002 **도** 2219).

75) "횡령행위의 한 태양으로서의 은닉이란, 타인의 재물의 보관자가 위탁의 본지에 반해 그 재물을 발견하기 곤란한 상태에 두는 것을 말하는 것인 바, 상피고인 이○○ 등이 조성한 비자금이 회사의 장부상 일반자금 속에 은닉되어 있었다 하더라도, 이는 당해 비자금의 소유자인 회사 이외의 제3자가 이를 발견하기 곤란하게 하기 위한 장부상의 분식(粉飾)에 불과하여 그것만으로 피고인의 불법영득의 의사를 인정할 수는 없으므로"(대판 1999. 9. 17, 99 도 2889).

76) "회사에 대하여 개인적인 채권을 가지고 있는 대표이사가 회사를 위하여 보관하고 있는 회사 소유의 금전으로 자신의 채권 변제에 충당하는 행위는 회사와 이사의 이해가 충돌하는 자기거래행위에 해당하지 않는 것이므로, 대표이사가 이사회의 승인 등의 절차없이 그와 같이 자신의 회사에 대한 채권을 변제하였더라도, 이는 대표이사의 권한 내에서 한 회사채무의 이행행위로서 유효하고, 따라서 불법영득의 의사가 인정되지 아니하여 횡령죄의 죄책을 물을 수 없음"(대판 2002. 7. 26, 2001 도 5459. 同旨, 대판 1999. 2. 23, 98 도 2296).

77) "형법 제355조 제1항에서 정하는 '반환의 거부'라고 함은 보관물에 대하여 소유자의 권리를 배제하는 의사표시를 하는 행위를 뜻하므로, 타인의 재물을 보관하는 자가 단순히 반환을 거부한 사실만으로는 횡령죄를 구성하는 것은 아니며, 그 반환거부의 이유 및 주관적인 의사 등을 종합하여 반환거부행위가 횡령행위와 같다고 볼 수 있을 정도이어야만 횡령죄가 성립하는 것이다"(대판 1993. 6. 8, 93 도 874. 同旨, 대판 2022. 12. 29, 2021 도 2088; 1992. 11. 27, 92 도 2079; 1989. 3. 14, 88 도 2437).

5. 주관적 구성요건

횡령죄가 성립하려면 불법영득의 의사가 있어야 한다(영득행위설). 횡령죄에 있어서 불법영득의 의사란 자신이 보관하는 타인의 재물을 위탁의 본지에 반하여 자기의 소유물처럼 이용·처분하려는 의사이다.[78] 손괴의 의사 또는 일시 사용의 의사로 보관물에 대하여 권한을 넘은 처분을 하더라도 횡령죄는 성립하지 않는다.

횡령이란 불법영득의 의사를 표현하는 행위이므로, '횡령의 고의'는 불법영득의 의사를 내포하고 있다. 따라서 횡령죄에 있어서는 불법영득의 의사를 고의와는 별개의 초과주관적 요소로[79] 파악할 것은 아니고, 횡령의 고의에 포함되는 것으로 보아야 한다.[80] 이 점은 절도죄에서 불법영득의 의사가 절취의 고의에 포함되지 않고, 별도의 초과주관적 요소로 해석되는 것과 다르다.

타인소유의 금전이나 재물을 위탁받아 보관·집행하는 자가 용도 외로 전용(轉用)한다든가 지출항목을 유용(流用)하는 경우에는 ① 위탁자 '본인을 위한' 용도 외 사용이었다면 불법영득의 의사가 부정되므로 횡령죄가 성립하지 않지만, ② 자신의 유흥비로 돌려 쓰는 등 '개인용도'로 전용하였다면 불법영득의 의사가 인정되어 횡령죄가 성립한다고 해야 한다.[81] 판례는 용도 외의 전용이 위탁자 본인을 위한 것이든 개인적 목적을 위한 것이든 모두 불법영득의 의사가 있다고 보아 횡령죄의 성립을 인정하는 엄격한 태도를 취하고 있었으나,[82] 최

---

78) "업무상횡령죄에 있어서의 불법영득의 의사라 함은 자기 또는 제3자의 이익을 꾀할 목적으로 업무상의 임무에 위배하여 보관하고 있는 타인의 재물을 자기의 소유인 것과 같이 사실상 또는 법률상 처분하는 의사를 의미하는 것"(대판 1999. 7. 9, 98 도 4088. 同旨, 대판 1989. 10. 10, 87 도 1901; 1986. 10. 14, 85 도 2698).

79) 횡령죄에서의 불법영득의사를 고의 '이외의' 주관적 구성요건으로 보는 학자로는 강구진, 347면; 김/서, 380면; 백형구, 206면; 이형국, 420면; 정영일, 380면.

80) 김성돈, 394면; 박상기, 388-9면; 배종대, 538-9면; 오영근, 484면; 이정원, 418면; 정/박, 436면.

81) "판결요지: 주상복합상가의 매수인들로부터 우수상인유치비 명목으로 금원을 납부받아 보관하던 중, 그 용도와 무관하게 일반경비로 사용한 경우 횡령죄를 구성한다"(대판 2002. 8. 23, 2002 도 366). "판결요지: 환전하여 달라는 부탁과 함께 교부받은 돈을 그 목적과 용도에 사용하지 않고 마음대로 피고인의 위탁자에 대한 채권에 상계충당함은, 상계정산하기로 하였다는 특별한 약정이 없는 한, 당초 위탁한 취지에 반하는 것으로서 횡령죄를 구성한다고 볼 것이고, 위탁자에 대한 채권의 존재는 횡령죄의 성립에 영향을 미치는 것이 아니며, 또한 상계할 수 있는 반대채권이 있어 그에 상계충당하였다는 것만으로는 용도 내지 목적을 특정하여 위탁한 돈의 반환을 거절할 정당한 사유가 되지 못한다"(대판 1997. 9. 26, 97 도 1520).

근에는 위탁자인 '소유자의 이익을 위하여' 재물을 처분한 경우에 특별한 사정이 없는 한 불법영득의사를 부정하는 입장으로 완화되고 있다.[83] 1인주주인

82) "업무상횡령죄에 있어서의 불법영득의 의사라 함은 자기 또는 제3자의 이익을 꾀할 목적으로 업무상의 임무에 위배하여 보관하고 있는 타인의 재물을 자기의 소유인 것과 같이 사실상 또는 법률상 처분하는 의사를 의미하는 것으로, 타인으로부터 용도가 엄격히 제한된 자금을 위탁받아 집행하면서 그 제한된 용도 이외의 목적으로 자금을 사용하는 것은, 그 사용이 개인적인 목적에서 비롯된 경우는 물론 결과적으로 자금을 위탁한 본인을 위하는 면이 있더라도, 그 사용행위 자체로서 불법영득의 의사를 실현한 것이 되어 횡령죄가 성립한다고 할 것"(**대판 1999. 7. 9, 98 도 4088**. 同旨, 대판 2000. 3. 14, 99 도 4923; 1992. 10. 27, 92 도 1915; 1994. 9. 9, 94 도 619; 1997. 4. 22, 96 도 8). 판례는 일반적으로 법인의 '비자금조성행위'에 대하여 (업무상)횡령죄의 성립을 긍정하고 있다. "업무상횡령죄의 성립에 있어서는 자기 또는 제3자의 이익을 꾀할 목적으로 업무상의 임무에 위배하여 자신이 보관하는 타인의 재물을 자기의 소유인 것 같이 사실상 또는 법률상 처분하는 의사를 의미하는 불법영득의 의사가 있어야 하는바, 법인의 회계장부에 올라 있는 자금이 아니라 법인의 운영자나 관리자가 회계로부터 분리하여 별도로 관리하는 법인의 비자금은, 그 비자금의 조성 동기, 조성 방법, 조성 기간, 보관 방법, 실제 사용용도 등에 비추어 그 조성행위가 법인을 위한 목적이 아니고 행위자가 법인의 자금을 빼내어 착복할 목적으로 행하여졌음이 명백히 밝혀진 경우 비자금 조성행위 자체로써 불법영득의 의사가 실현된 것으로 볼 수 있을 것이다"(대판 2010. 5. 13, 2009 도 1373).

83) "판결요지: [1] 횡령죄에서 불법영득의 의사는 타인의 재물을 보관하는 자가 위탁의 취지에 반하여 자기 또는 제3자의 이익을 위하여 권한 없이 재물을 자기의 소유인 것처럼 사실상 또는 법률상 처분하는 의사를 의미하므로, 보관자가 자기 또는 제3자의 이익을 위한 것이 아니라 소유자의 이익을 위하여 이를 처분한 경우에는 특별한 사정이 없는 한 **불법영득의 의사를 인정할 수 없다**. 위와 같은 불법영득의 의사는 내심의 의사에 속하여 피고인이 이를 부인하는 경우, 이러한 주관적 요소로 되는 사실은 사물의 성질상 그와 상당한 관련이 있는 간접사실 또는 정황사실을 증명하는 방법에 의하여 증명할 수밖에 없다. 불법영득의사를 실현하는 행위로서의 횡령행위가 있다는 사실은 검사가 증명하여야 하고, 그 증명은 법관으로 하여금 합리적인 의심을 할 여지가 없을 정도의 확신을 생기게 하는 증명력을 가진 엄격한 증거에 의하여야 한다. 이와 같은 증거가 없다면 설령 피고인에게 유죄의 의심이 간다 하더라도 피고인의 이익으로 판단할 수밖에 없다. [2] 갑 아파트의 입주자대표회의 회장인 피고인이, 일반 관리비와 별도로 입주자대표회의 명의 계좌에 적립·관리되는 특별수선충당금을 아파트 구조진단 견적비 및 시공사인 을 주식회사에 대한 손해배상청구소송의 변호사 선임료로 사용함으로써 아파트 관리규약에 의하여 정하여진 용도 외에 사용하였다고 하여 업무상횡령으로 기소된 사안에서, 특별수선충당금은 갑 아파트의 주요시설 교체 및 보수를 위하여 별도로 적립한 자금으로 원칙적으로 그 범위 내에서 사용하도록 용도가 제한된 자금이나, 당시에는 특별수선충당금의 용도 외 사용이 관리규약에 의해서만 제한되고 있었던 점, 피고인이 구분소유자들 또는 입주민들로부터 포괄적인 동의를 얻어 특별수선충당금을 위탁의 취지에 부합하는 용도에 사용한 것으로 볼 여지가 있는 점 등 제반 사정을 종합하면, 피고인이 특별수선충당금을 위와 같이 지출한 것이 위탁의 취지에 반하여 자기 또는 제3자의 이익을 위하여 자기의 소유인 것처럼 처분하였다고 단정하기 어려우므로, 피고인의 불법영득의사를 인정한 원심판결에 업무상횡령죄의 불법영득의사에 관한 법리오해의 잘못이 있다"(대판 2017. 2. 15, 2013 도 14777). "판결요지: [1] 횡령죄는 타인의 재물에 대한 재산범죄로 재물의 소유권 등 본권을 보호법익으로 하는 범죄이므로, 어떤 재물을 횡령의 객체로 보느냐에 따라 재물이 타인의 소유인지, 위탁관계에 기초한 보관자의 지위가 인정되는지, 피해자가 누구인지, 재물에 대한 반환청구가 가능한지 등이 달라질 수 있다. 따라서 횡령행위가 여러 단계의 일련의 거래 과정을 거쳐 이루어지는 등의 사유로 여러 재물을 횡령의 객체로 볼 여지가 있어 이

주식회사의 주주가 회사재산을 개인용도로 임의 소비한 경우에는 횡령죄가
성립한다.[84]

6. 권리행사와 횡령죄의 성부

권리행사의 수단으로 자기가 보관하는 상대방 소유의 재물을 영득한 경우에
횡령죄의 성부가 문제된다. 목적부동산에 가등기를 해 둔 양도담보권자가 변
제기가 지난 후 목적부동산을 임의처분하는 등 담보권의 실행으로서,[85] 그리
고 소유자(피해자)의 승낙을 받고[86] 보관물을 임의처분하는 것은 '불법영득의
의사'가 부정되어 횡령죄의 구성요건해당성이 배제된다.

민법상 유치권의 행사(민법 제320조)라든가 동시이행의 항변권 행사(민법 제536조)와 같

를 확정할 필요가 있는 경우에는, 재물의 소유관계 및 성상, 위탁관계의 내용, 재물의 보관·처분
방법, 행위자가 어떤 재물을 영득할 의사로 횡령행위를 한 것인지 등의 제반 사정을 종합적으로
고려하여 횡령의 객체를 확정해야 한다. [2] 횡령죄에서 불법영득의사는 타인의 재물을 보관하
는 자가 자기 또는 제3자의 이익을 꾀할 목적으로 위탁의 취지에 반하여 타인의 재물을 자기의
소유인 것처럼 권한 없이 스스로 처분하는 의사를 의미한다. 따라서 보관자가 자기 또는 제3자의
이익을 위하여 소유자의 이익에 반하여 재물을 처분한 경우에는 재물에 대한 불법영득의사를 인
정할 수 있으나, 그와 달리 소유자의 이익을 위하여 재물을 처분한 경우에는 특별한 사정이 없는
한 그 재물에 대하여는 **불법영득의사를 인정할 수 없다.** [판결이유] … 무자료 거래를 통하여 조
세를 포탈하고 비자금을 조성하는 것은 비록 위법한 행위이기는 하지만, 비자금 조성이 대표자의
개인적 목적에 의한 것이 아니라 법인의 운영에 필요한 자금을 조달하는 수단인 경우라면 '섬유
제품' 소유자인 피고인 5 회사의 이익에는 반하지 않으므로, 앞서 본 법리에 따라 특별한 사정이
없는 한 '섬유제품'에 대한 **불법영득의사는 인정하기 어렵다**"(대판 2016. 8. 30, 2013 도 658). "판
결이유: 공공단체의 예산을 집행할 직책에 있는 자가 자신의 이익을 위한 것이 아니고 행정상
필요한 경비의 부족을 메우기 위하여 여유있는 다른 항목의 예산을 유용한 경우 예산의 항목유
용 자체가 위법한 목적을 가지고 있었다거나, 용도가 엄격하게 제한되어 있는 경우에는 그 지출
이 아무리 본인인 공공단체 등을 위한 지출이라 하더라도 불법영득의 의사를 부정할 수 없겠으
나, 그것이 본래 책정되었거나 영달되어 있어야 할 필요경비이기 때문에 일정한 절차를 거치면
그 지출이 허용될 수 있었던 경우에는 그 간격을 메우기 위하여 이에 유용하였더라도 이로써 행
정책임을 지는 것은 별론으로 하고 바로 불법영득의 의사가 있었다고 단정할 수는 없는 것"(대
판 1989. 10. 10, 87 도 1901. 同旨, 대판 2002. 2. 5, 2001 도 5439; 1995. 2. 10, 94 도 2911).

84) "횡령죄의 범의는 타인의 물건을 점유하는 자가 그 위탁의 취지에 반하여 자기의 소유물
과 같이 이를 지배하고 처분한다는 인식이 있으면 충분하고 경제적 이득을 취할 의사를 필요로
하지 아니하므로, 주식회사의 1인주주가 회사의 재산을 임의소비한 경우에 그 주주가 경제적 이
득을 취할 의사가 없더라도 횡령죄가 성립하는 것"(**대판 1982. 4. 13, 80 도 537**).

85) "판결요지: 담보로 제공된 부동산을 담보권의 실행으로 타에 매도한 것은 횡령죄로 문의
할 수 없다"(대판 1979. 7. 10, 79 도 1125).

86) "판결요지: 채무의 담보로 하기 위하여 매매의 형식을 취하여 동산을 담보로 제공하고 이를
계속 사용하고 있다가 채권자의 승낙을 받고 이를 매각하였다면, 그 매각대금은 채무자의 소유이
므로 이를 채무자가 소비하였다 하더라도 횡령죄가 성립되지 아니한다"(대판 1977. 11. 8, 77 도 1715).

이 정당한 권리의 행사로서 보관물의 반환을 거부한 경우에는 '법령에 의한 행위'(제20조 정당행위)로서 위법성이 조각된다. 이 경우에 불법영득의 의사도 부정될 것이므로, 구성요건해당성이 배제된다는 이론구성도 가능하다.

7. 기수와 미수

횡령행위란 불법영득의 의사를 객관적으로 표현하는 행위이므로 불법영득의사의 표현행위가 있으면 즉시 기수가 되고(표현설),[87] 타인의 소유권이 침해될 필요는 없다(위험범).[88] 학설에 따라서는 불법영득의 의사가 실현된 단계가 횡령죄의 기수이고, 실현에 이르지 못하면 미수라고 하는 견해(실현설)도 있다.[89] 예컨대 명의신탁된 부동산을 수탁자가 선의의 제3자에게 임의로 매도하는 경우에 표현설에 의하면 부동산매매계약으로 이미 기수가 되지만, 실현설에 의하면 부동산매매계약만으로는 미수에 불과하고 부동산소유권이전등기가 완료된 단계에서 횡령죄의 기수가 성립한다고 한다. 이 예에서 부동산매매계약의 체결만으로도 불법영득의 의사가 객관적으로 표현되었으므로 횡령죄의 기수가 된다고 보아야 한다.

따라서 본죄의 미수범을 처벌하는 규정(제359조)이 있으나, 실제로 미수범으로 처벌되는 사례는 희박할 것으로 보인다. 미수범이 성립하는 경우에도 대체로 중지미수 또는 불능미수가 될 것이다.[90]

8. 공 범

단순횡령죄는 타인의 재물을 보관하는 자(보관자)만이 정범이 될 수 있는 진정신분범이다. 만일 신분없는 비(非)보관자가 보관자의 횡령에 가공한 경우에는 비보관자에게도 단순횡령죄의 공범이 성립한다(형법 제33조 본문의 적용).

---

87) 김성천, 993면; 박상기, 390면; 배종대, 537면; 유기천, 상권, 303면; 이재상, 406면; 정영석, 373면; 정영일, 376면; 진/이, 482면.
88) 이에 반하여 횡령죄가 침해범이라고 하는 견해로서는 정/박, 417면.
89) 권오걸, 700면; 김성돈, 393면; 김/서, 377면; 김종원, 232면; 백형구, 210면; 오영근, 487면; 이형국, 420면; 정/박, 434면.
90) 김성천, 994면; 이재상, 406면; 정영일, 377면.

9. 죄　수

(1) 상태범

횡령죄는 '상태범'이므로 횡령한 재물을 손괴·소비하는 행위는 불가벌적 사후행위가 되어 별죄를 구성하지 않는다.[91] 그러나 사후행위가 주행위(主行爲)인 횡령행위에 의하여 발생한 법익침해의 위험의 당연한 평가 범위를 벗어나서 새로운 법익침해의 위험을 추가시키거나 새로운 법익침해의 결과를 발생시킨 경우에는 그 사후행위는 더 이상 불가벌이 아니고, 별도의 범죄를 구성한다.

(2) 횡령죄와 사기죄의 관계

자기가 보관하는 타인소유의 재물을 기망수단으로 영득한 경우에는 이미 점유하

---

91) '명의신탁을 받아 타인의 부동산을 보관 중인 자가 명의신탁자의 승낙 없이 제3자에게 근저당권설정등기를 경료함으로써 횡령죄가 성립한 후, 다시 피해자의 승낙 없이 또 다른 사람에게 매도한 행위는 불가벌적 사후행위로서, 별도로 횡령죄를 구성하지 않는다'는 종래의 대법원판결(대판 1999. 11. 26, 99 도 2651)은 다음 대법원 전원합의체 판결에 의하여 횡령죄 성립을 긍정하는 입장으로 판례 변경되었다. "판결이유: 횡령죄는 다른 사람의 재물에 관한 소유권 등 본권을 보호법익으로 하고 법익침해의 위험이 있으면 침해의 결과가 발생되지 아니하더라도 성립하는 위험범이다. 그리고 일단 특정한 처분행위(이를 '선행 처분행위'라 한다)로 인하여 법익침해의 위험이 발생함으로써 횡령죄가 기수에 이른 후 종국적인 법익침해의 결과가 발생하기 전에 새로운 처분행위(이를 '후행 처분행위'라 한다)가 이루어졌을 때, 후행 처분행위가 선행 처분행위에 의하여 발생한 위험을 현실적인 법익침해로 완성하는 수단에 불과하거나 그 과정에서 당연히 예상될 수 있는 것으로서 새로운 위험을 추가하는 것이 아니라면 후행 처분행위에 의해 발생한 위험은 선행 처분행위에 의하여 이미 성립된 횡령죄에 의해 평가된 위험에 포함되는 것이므로 후행 처분행위는 이른바 불가벌적 사후행위에 해당한다. 그러나 후행 처분행위가 이를 넘어서서, 선행 처분행위로 예상할 수 없는 새로운 위험을 추가함으로써 법익침해에 대한 위험을 증가시키거나 선행 처분행위와는 무관한 방법으로 법익침해의 결과를 발생시키는 경우라면, 이는 선행 처분행위에 의하여 이미 성립된 횡령죄에 의해 평가된 위험의 범위를 벗어나는 것이므로 특별한 사정이 없는 한 별도로 횡령죄를 구성한다고 보아야 한다. 따라서 타인의 부동산을 보관 중인 자가 불법영득의사를 가지고 그 부동산에 근저당권설정등기를 경료함으로써 일단 횡령행위가 기수에 이르렀다 하더라도, 그 후 같은 부동산에 별개의 근저당권을 설정하여 새로운 법익침해의 위험을 추가함으로써 법익침해의 위험을 증가시키거나 해당 부동산을 매각함으로써 기존의 근저당권과 관계없이 법익침해의 결과를 발생시켰다면, 이는 당초의 근저당권 실행을 위한 임의경매에 의한 매각 등 그 근저당권으로 인해 당연히 예상될 수 있는 범위를 넘어 새로운 법익침해의 위험을 추가시키거나 법익침해의 결과를 발생시킨 것이므로 특별한 사정이 없는 한 불가벌적 사후행위로 볼 수 없고, 별도로 횡령죄를 구성한다 할 것이다. 이와 반대되는 취지의 대법원 1996. 11. 29. 선고 96도1755 판결, 대법원 1997. 1. 20. 선고 96도2731 판결, 대법원 1998. 2. 24. 선고 97도3282 판결, 대법원 1999. 4. 27. 선고 99도5 판결, 대법원 1999. 11. 26. 선고 99도2651 판결, 대법원 2000. 3. 24. 선고 2000도310 판결, 대법원 2006. 8. 24. 선고 2006도3636 판결, 대법원 2006. 11. 9. 선고 2005도8699 판결 등은 이 판결과 배치되는 범위에서 이를 변경하기로 한다"(대판 2013. 2. 21, 2010 도 10500 - 전원합의체).

고 있는 재물을 영득한 것이고, 타인의 교부행위가 없으므로 사기죄는 성립하지 않고 횡령죄만이 성립한다.[92]

그러나 자기가 보관하는 타인소유의 재물을 자기소유의 재물이라고 기망하여 제3자에게 매도한 경우에는 횡령죄와 사기죄의 상상적 경합이 성립한다.

(3) 횡령죄와 장물죄의 관계

장물보관의 위탁을 받은 자가 보관하던 장물을 횡령한 경우에 대법원은 장물보관죄만 성립한다고 하고 횡령행위는 불가벌적 사후행위로서 별도로 횡령죄를 구성하지 않는다고 한다.[93] 그러나 불법원인급여물에 대한 횡령죄의 성립을 긍정하는 본서의 입장에서는 장물보관죄와 횡령죄의 실체적 경합범이 성립한다고 본다.

10. 형 벌

5년 이하의 징역 또는 1천5백만원 이하의 벌금에 처한다. 10년 이하의 자격정지를 병과할 수 있다(제358조). 미수범은 처벌한다(제359조).

'특정경제범죄 가중처벌 등에 관한 법률'(약칭: 특정경제범죄법) 제3조는 횡령으로 취득한 가액(이득액)이 50억원 이상인 때에는 무기 또는 5년 이상의 징역에 처하고, 5억원 이상 50억원 미만인 때에는 3년 이상의 유기징역에 처한다.

11. 친족상도례와 동력

본죄에는 제328조(친족간의 범행과 고소)와 제346조(동력)가 준용된다(제361조).

횡령죄는 보관의 기초가 된 위탁관계 내지 신임관계에 대한 위배를 본질로 하므로 위탁자도 피해자로 보아야 할 것이고, 따라서 재물의 소유자와 위탁자 쌍방에 대하여 친족관계가 있어야 친족상도례가 적용된다.[94] 판례도 같은 견해이다.[95]

---

92) 대판 1980. 12. 9, 80 도 1177.

93) "원심은 절도범인으로부터 장물보관을 의뢰받고 그 정을 알면서 이를 인도받아 보관하고 있다가 자기 마음대로 이를 처분하였다 하여도 장물보관죄가 성립되는 때에는 이미 그 소유자의 소유물추구권을 침해하였으므로 그 후의 횡령행위는 불가벌적 사후행위에 불과하여 별도로 횡령죄가 성립하지 않는다…판단은 정당하고"(**대판 1976. 11. 23, 76 도 3067.** 同旨, 대판 2004. 4. 9, 2003 도 8219).

94) 김/서, 266면; 백형구, 124면.

95) "판결이유: 횡령죄는 다른 사람의 재물에 관한 소유권 등 본권을 그 보호법익으로 하고, 위탁이라는 신임관계에 반하여 타인의 재물을 보관하는 자가 이를 횡령하거나 또는 반환을 거부

II. 업무상횡령죄

<u>제356조 [업무상의 횡령]</u> "업무상의 임무에 위배하여 제355조의 죄를 범한 자는 10년 이하의 징역 또는 3천만원 이하의 벌금에 처한다."

1. 의의, 성격

본죄는 "업무상의 임무에 의하여 자기가 보관하는 타인의 재물을 횡령함으로써 성립하는 범죄"이다. 단순횡령죄에 대하여 업무자라고 하는 책임신분으로 인하여 형이 가중되는 범죄유형이다(부진정신분범). 본죄의 주체는 보관자라고 하는 신분 이외에 업무자라고 하는 2중의 신분을 갖추어야 한다. 전자의 신분은 범죄구성적 신분(진정신분범에서의 신분)이고, 후자의 신분은 형벌가중적 신분(부진정신분범에서의 신분)이다.

2. 구성요건

업무상의 임무에 위배하여 타인의 재물을 횡령하는 것이다.

'업무'란 사회생활상의 지위에 기하여 계속·반복하여 행하는 사무를 말한다. 본죄의 업무는 업무상과실치사상죄($^{제268}_{조}$)에서의 업무와 그 의의 및 내용이 같지만, 한편으로는 생명·신체에 대한 위험성이 있는 사무에 국한되지 않으며, 다른 한편으로는 타인의 재물의 보관을 내용으로 하는 사무라는 점에서 차이가 난다.

업무는 법령·계약에 근거를 둔 것에 한하지 않고 관습상 또는 사실상 맡고 있는 것도 포함한다.[96] 따라서 무면허인 업무라고 하더라도 사회상규상 용인되고 있는 업무라든가, 업무자로서의 지위에서 면직·퇴직하였더라도 아직 사무인계를 마치지 않는 등, '사실상' 업무를 수행하고 있다면,[97] 본죄의 업무에

함으로써 성립하는 것이므로, 범인이 위탁자가 소유자를 위해 보관하고 있는 물건을 위탁자로부터 보관받아 이를 횡령한 경우에 형법 제361조에 의하여 준용되는 제328조 제2항 소정의 친족간의 범행에 관한 조문은 범인과 피해물건의 소유자 및 위탁자 쌍방 사이에 같은 조문 소정의 친족관계가 있는 경우에만 적용되는 것이고, 단지 횡령범인과 피해물건의 소유자간에만 친족관계가 있거나 횡령범인과 피해물건의 위탁자간에만 친족관계가 있는 경우에는 그 적용이 없다"(대판 2008. 7. 24, 2008 도 3438).

96) 대판 1982. 1. 12, 80 도 1970; 1971. 1. 12, 70 도 2216.

97) "피고인은 1974. 5. 20, 등기부상으로 ○○주식회사의 대표이사를 사임한 후에도 1975. 7.경까지 계속하여 사실상 대표이사 업무를 행하여 왔고 회사원들도 피고인을 대표이사의 일을 하는

해당한다.

본죄의 업무는 위탁관계에 기하여 타인의 재물을 보관하는 내용이어야 한다. 그러므로 재물의 보관은 업무와 관련되어 있어야 하며, 업무자라고 하더라도 업무와 관계없이 보관하게 된 재물을 영득한 때에는 본죄가 아니라 단순횡령죄를 구성할 뿐이다. 업무상 보관은 특정인의 위탁에 기한 것이든 또는 불특정·다수인의 위탁에 기한 것이든 불문하며, 보수를 받느냐도 묻지 않는다.

본죄가 성립하자면, 그 주체가 업무상 보관자라는 신분을 갖추어야 하는 것 이외에 단순횡령죄의 구성요건을 모두 충족해야 한다. 본죄에 있어서도 불법영득의 의사는 횡령행위에 당연히 내포되는 것이므로, 별도의 초과주관적 요소로서 요구될 성질의 것은 아니다.

3. 공 범

업무상횡령죄에서 보관자의 신분은 범죄구성적 신분(진정신분범에서의 신분)이고, 업무자의 신분은 형벌가중적 신분(부진정신분범에서의 신분)이므로, ① 비보관자이며 비업무자인 乙이 보관자이며 업무자인 甲에 가공하여 업무상횡령죄를 범한 때에 甲은 업무상횡령죄로 처벌되지만, 乙은 ㉠ 먼저 제33조 '본문'의 적용을 받아 '단순횡령죄'의 공범이 되고, ㉡ 다음으로 제33조 '단서'의 적용을 받아 업무상횡령죄의 공범이 성립할 수는 '없다'. 결국 乙은 '단순횡령죄'의 공범의 죄책을 진다. ② 보관자이며 비업무자인 乙이 보관자이며 업무자인 甲에 가공하여 업무상횡령죄를 범한 때에 甲은 업무상횡령죄로 처벌되고 乙은 제33조 '단서'의 적용을 받아 '단순횡령죄'의 공범이 된다.[98]

4. 형 벌

10년 이하의 징역 또는 3천만원 이하의 벌금에 처한다. 10년 이하의 자격정지를 병과할 수 있다($\frac{제358}{조}$). 미수범은 처벌한다($\frac{제359}{조}$).

'특정경제범죄 가중처벌 등에 관한 법률' 제3조는 업무상횡령으로 취득한

사람으로 상대해 온 사실을 인정할 수 있으므로, 피고인은 여전히 위 회사의 원목 판매대금을 보관할 업무상의 지위에 있었던 자라고 할 수 있으니, 피고인에 대하여는 업무상 횡령죄가 적용되어야 할 것"(대판 1982. 1. 12, 80 도 1970).

98) 박상기, 391면; 배종대, 541면; 이재상, 409면. 김일수 교수는 이와 비슷한 결론이지만, ①의 경우에 乙에 대한 단순횡령죄의 '공동정범'의 성립가능성을 배제하고 있다(388면). 비보관자인 乙에게는 의무범적 진정신분범의 본질적 요소가 결여되어 있다는 점을 근거로 한다.

가액(이득액)이 50억원 이상인 때에는 무기 또는 5년 이상의 징역에 처하고, 5억원 이상 50억원 미만인 때에는 3년 이상의 유기징역에 처한다.

Ⅲ. 점유이탈물횡령죄

제360조 [점유이탈물횡령] 제1항 "유실물, 표류물 또는 타인의 점유를 이탈한 재물을 횡령한 자는 1년 이하의 징역이나 300만원 이하의 벌금 또는 과료에 처한다." 제2항 "매장물을 횡령한 자도 전항의 형과 같다."

1. 의의, 보호법익, 성격

본죄는 "유실물, 표류물, 매장물 기타 타인의 점유를 이탈한 재물을 횡령함으로써 성립하는 범죄"이다. 본죄의 성격에 관하여는 ① 본죄의 주체는 보관자라고 하는 신분이 있을 필요가 없으므로 기본범죄인 단순횡령죄에 대한 책임감경유형이라는 견해가[99] 있으나, ② 본죄의 객체는 위탁관계없이 점유하게 된 재물이므로, 신임관계의 위배라고 하는 배신성을 본질로 하는 횡령죄와는 전혀 별개의 '독립된 범죄'라고 하는 견해(^{다수})가[100] 타당하다.

본죄의 보호법익은 소유권이고, 보호의 정도는 위험범이다. 본죄의 미수는 처벌하지 않는다.

2. 구성요건

유실물, 표류물, 매장물 기타 타인의 점유를 이탈한 재물을 횡령하는 것이다.

(1) 행위의 객체

유실물, 표류물, 매장물 기타 타인의 점유를 이탈한 재물(점유이탈물)이다. 유실물, 표류물, 매장물은 점유이탈물의 예시이다.

(가) 점유이탈물 '점유이탈물'이란 점유자의 의사에 의하지 않고 그 점유를 떠난 타인소유의 재물을 말한다. 어느 누구의 점유에도 속하지 않는 물건뿐만 아니라 점유자의 착오에 의하여 우연히 행위자의 점유하에 들어오게 된 재물도 포함한다. 잘못 배달된 우편물, 바람에 날려 자기 집 정원에 떨어진 세

---

99) 유기천, 상권, 284면.
100) 권오걸, 724면; 김성돈, 405면; 김/서, 389면; 박상기, 368면; 배종대, 519면; 오영근, 494면; 이재상, 413면; 이형국, 410면; 정/박, 449면; 정영일, 381면; 진/이, 481면.

탁물 등이 이에 해당한다.

점유이탈물은 어느 누구의 소유에도 속하지 않는 무주물과는 다르다. 그러므로 본죄의 객체인 점유이탈물은 타인이 소유권을 가지고 있는 재물이어야 한다. 무주(無主)의 동산은 본죄의 객체가 되는 것이 아니라, 오히려 소유의 의사로 선점한 자가 소유권을 취득한다(민법 제252조 제1항). 야생동물은 무주물이다(통 제3항).

아직 타인의 점유를 이탈했다고 볼 수 없는 재물은 본죄의 객체가 되지 않는다. 폭행 또는 강간의 현장에 떨어져 있는 피해자의 재물,[101] 잠시 길에 세워 둔 자전거는[102] 점유이탈물이 아니다.

사자(死者)의 소지품 또는 사자의 근처에 떨어져있는 사자소유의 재물에 대하여, ① 사자의 점유를 부정하고 또 형법상 상속에 의한 점유의 이전도 인정되지 않으므로 점유이탈물에 속하고, 따라서 이를 영득하면 점유이탈물횡령죄가 성립한다는 견해가[103] 있으나, 절도죄의 해당부분에서 언급한 바와 같이 ② 사자에게 점유의사를 인정할 수 없으므로 사자 자신의 점유를 부정할 수밖에 없지만, 사자의 '생전의' 점유가 사망 직후에도 다소간 '계속'된다고 하는 것이 '사회통념'에 맞는다고 보아, 이를 영득하면 절도죄가 성립한다고 함이 타당하다.[104] 판례도 "피해자가 생전에 가진 점유는 사망 후에도 여전히 계속되는 것으로 보아 이를 보호함이 법의 목적에 맞는 것"이라고 함으로써[105] ②의 입장에 서 있다.

(나) 유실물·표류물·매장물 '유실물'이란 잃어버린 물건 또는 분실물로서 점유자의 의사에 의하지 않고 그 점유를 떠난 물건을 말한다. 유실물법 제12조는 "착오로 점유한 물건, 타인이 놓고 간 물건이나 일실한 가축"을 '준유실물'이라고 규정하고 있다.

---

101) 대판 1984. 2. 28, 84 도 38.

102) 대판 1962. 12. 15, 62 도 149.

103) 김/서, 282면; 오영근, 496면; 이재상, 414면.

104) 권오걸, 368면; 김성돈, 260면; 김성천, 1001면; 박상기, 255면; 배종대, 370면; 유기천, 상권, 221면; 정/박, 284-6면; 정영일, 253면. 김종원 교수는 사자의 생전의 점유를 인정하면서도 절도죄가 아니라 점유이탈물횡령죄가 성립한다고 한다(206-7면 참조).

105) "피고인이 피해자를 살해한 방에서 사망한 피해자 곁에 4시간 30분쯤 있다가 그곳 피해자의 자취방 벽에 걸려있던 피해자가 소지하는 원심판시 물건들을 영득의 의사로 가지고 나온 사실이 인정되는 바, 이와 같은 경우에 피해자가 생전에 가진 점유는 사망 후에도 여전히 계속되는 것으로 보아 이를 보호함이 법의 목적에 맞는 것이라고 할 것이고, 따라서 피고인의 위 행위는 피해자의 점유를 침탈한 것으로서 절도죄에 해당"(**대판 1993. 9. 28, 93 도 2143**. 同旨, 대판 1968. 6. 25, 68 도 590).

유실물 및 준유실물이라고 하더라도 '다른 사람의 배타적인 지배범위 내에' 두고
온 경우에는 사회통념상 다른 사람의 새로운 점유가 개시된 것으로 봄이 타당하
므로, 이를 불법영득하는 행위는 절도죄를 구성한다.[106] 따라서 여관의 객실이
나 당구장에 잊어버리고 온 물건은 여관이나 당구장의 주인의 점유하에 있다
고 보아, 후에 온 손님이 우연히 그 물건을 발견하여 가져갔다면 절도죄가 성
립한다.[107]

그렇지만 지하철·버스·공중화장실 등 '공중의 출입이 자유롭고 빈번하며 관
리자의 배타적 지배가 미치기 어려운 장소'에 잊어버리고 온 물건은 지하철승무
원·버스운전기사 등 관리자의 점유하에 있다고 하기보다는 사회통념상 '점
유이탈물'로 보는 것이 타당하므로, 이러한 물건을 불법영득한 제3자는 절도
죄가 아니라 점유이탈물횡령죄의 책임을 진다고 해야 한다.[108] 판례도 이러한 사
례에 관련된 유실물법 제10조를[109] 해석함에 있어서 '선박, 차량, 건축물의 관
리자'를 유실물을 교부받을 권리자로 볼 뿐이지 새로운 점유자는 아니라는 견
지에서, 제3자의 불법영득행위를 점유이탈물횡령죄에 해당한다고 판시하고
있다.[110]

---

106) 김성돈, 406면; 김성천, 1000면; 김/서, 390면; 박상기, 396면; 배종대, 545면; 백형구, 211
면; 정/박, 450면; 정영일, 383면.
107) "어떤 물건을 잃어버린 장소가 이 사건 당구장과 같이 타인의 관리 아래 있을 때에는 그
물건은 일응 그 관리자의 점유에 속한다 할 것이고, 이를 그 관리자가 아닌 제3자가 취거하는 것
은 유실물횡령이 아니라 절도죄에 해당한다 할 것"(대판 1988. 4. 25, 88 도 409).
108) 배종대, 545면; 이정원, 422면.
109) 유실물법 제10조 제1항 "관리자가 있는 선박, 차량, 건축물, 그 밖에 일반인의 통행을 금
지한 구내에서 타인의 물건을 습득한 자는 그 물건을 관리자에게 인계하여야 한다."
제2항 "제1항의 경우에는 선박, 차량, 건축물 등의 점유자를 습득자로 한다. 자기가 관리하는
장소에서 타인의 물건을 습득한 경우에도 또한 같다."
110) "승객이 놓고 내린 지하철의 전동차 바닥이나 선반 위에 있던 물건을 가지고 갈 경우, 지
하철의 승무원은 유실물법상 전동차의 관수자로서 승객이 잊고 내린 유실물을 교부받을 권능을
가질 뿐 전동차 안에 있는 승객의 물건을 점유한다고 할 수 없고, 그 유실물을 현실적으로 발견
하지 않는 한 이에 대한 점유를 개시하였다고도 할 수 없으므로, 그 사이에 위와 같은 유실물을
발견하고 가져간 행위는 점유이탈물횡령죄에 해당함은 별론으로 하고 절도죄에 해당하지는 않
는다"(**대판** 1999. 11. 26, 99 도 3963). "고속버스의 운전사는 고속버스의 관수자(管守者)로서 차
내에 있는 승객의 물건을 점유하는 것이 아니고, 승객이 잊고 내린 유실물은 이를 교부받을 권능
을 가질 뿐이므로(유실물법 제10조 참조), 그 유실물을 현실적으로 발견하지 아니하는 한 이에
대한 점유를 개시하였다고 할 수 없고, 그 사이에 다른 승객이 유실물을 발견하고 이를 가져갔다
면 이는 절도에 해당하지 아니하고 점유이탈물을 횡령한 경우에 해당한다고 보아야 할 것"(**대판**
1993. 3. 16, 92 도 3170). 후자의 판결을 비판하고, 버스운전사의 점유를 인정하면서 절도죄가 성
립한다는 견해로는 하태훈, "형법상의 점유개념", 형사판례연구(3), 박영사, 1995, 171면 이하.

'표류물'이란 점유를 이탈하여 수상에 떠 있거나 떠내려가고 있는 물건을 말하며, 침몰품(沈沒品)과 구별된다(수상구조법: '수상에서의 수색 · 구조에 관한 법률' 제2조 제12호). '매장물'이란 토지 · 해저 · 건조물 등에 묻혀 있는 물건으로서 점유이탈물에 준하는 것을 말한다. 고분 안에 들어있는 부장품이 이에 속한다. 토지 · 해저 또는 건조물 등에 포장된 문화유산, 즉 '매장유산'에 대하여는 '매장유산 보호 및 조사에 관한 법률'(약칭: 매장유산법)이 적용된다.

(2) 실행행위

횡령이다. 횡령은 불법영득의 의사를 외부적으로 표현하는 행위이다. 횡령행위가 있음으로 해서 본죄가 성립한다(추상적 위험범). 유실물인 줄 알면서 당국에 신고하거나 피해자의 숙소에 운반하지도 않고, 단지 자기의 친구 집에 운반하였다는 것만으로는[111] 불법영득의 의사가 표현되지 않았기 때문에 본죄가 성립하지 않는다.

3. 죄   수

본죄는 상태범이므로 불법영득한 점유이탈물을 손괴하는 행위는 불가벌적 사후행위가 된다. 대법원은 습득한 자기앞수표를 현금과 교환한 행위를 본죄의 불가벌적 사후행위로 보고, 사기죄를 구성하지 않는다고 한다.[112]

4. 형   벌

1년 이하의 징역이나 300만원 이하의 벌금 또는 과료에 처한다.

---

111) "다른 사람의 유실물인 줄 알면서 당국에 신고하거나 피해자의 숙소에 운반하지 아니하고 자기 친구 집에 운반한 사실만으로서는 점유이탈물횡령의 범의를 인정하기 어렵다"(대판 1969. 8. 19. 69 도 1078).

112) 대판 1980. 1. 15. 79 도 2948.

제 7 장 배임의 죄

제 1 절 개   설

I. 의의, 성격

배임죄란 "타인의 사무를 처리하는 자가 그 임무에 위배하는 행위로써 재산상의 이익을 취득하거나 제3자로 하여금 이를 취득하게 하여 본인에게 손해를 가함으로써 성립하는 범죄"이다.

배임죄는 '재산상의 이익'을 행위의 객체로 하고 있는데, 본서는 '재산상의 이익'을 '재물'이 포함되는 '일반개념'으로 파악하고 있기 때문에, 재산범죄의 분류와 관련하여 배임죄는 '재물죄이면서 이득죄', 즉 '재물·재산이익죄'로 파악하고 있다.[1]

II. 보호법익과 보호의 정도

배임죄의 보호법익은 '전체로서의 재산'이고, 보호의 정도는 '침해범'이다.[2] 배임행위가 있었으나 피해자에게 재산상의 손해가 발생하지 않고 손해발생의 위험만이 존재하는 경우에는 배임죄의 미수범이 성립한다. 손해발생의 위험만으로 본죄의 기수가 된다는 위험범설은[3] 배임죄의 구성요건에 있어서 "본인에게 손해를 가한 때"라고 규정한 제355조 제2항의 '문언해석'에 반하는 주

---

1) 통설은 형법전상 유일하게 순수한 이득죄로 규정되어 있는 재산범죄로서 배임죄를 지적하고 있으나, 본서는 이 견해가 잘못이라고 생각한다.
2) 권오걸, 730면; 김성돈, 408면; 김성천, 1003면; 김/서, 481면; 백형구, 214면; 손동권, 447면; 오영근, 498면; 정/박, 457면; 진/이, 484면.
3) 추상적 위험범설은 강구진, 378면; 유기천, 상권, 291면; 이재상, 415면. 구체적 위험범설은 박상기, 397면; 정영일, 390면.

장이라고 본다. 판례는 배임죄를 위험범으로 이해한다.[4]

Ⅲ. 배임죄의 본질과 횡령죄와의 관계

배임죄의 본질에 관하여는 권한남용설과 배신설이 대립하고 있다.

(1) 권한남용설

이 학설은 대외관계에서 신임관계를 위배하는 행위, 즉 '법적 대리권의 남용행위'에 배임죄의 본질이 있다고 한다. 배임행위는 대리권이 있을 것을 전제로 한다. 따라서 배임행위는 법률행위에 국한된다. 대리권의 남용행위가 아닌 순수한 사실행위로서 신임관계를 위배하는 경우에는 배임죄가 성립할 수 없게 된다.

이 학설에서는 배임죄와 횡령죄의 구별기준을 '침해방법'(행위의 태양)에 두고 있다. 즉 신임관계를 위배함에 있어서 법률행위로 하는 경우에는 배임죄가 성립하고, 사실행위로 하는 경우에 횡령죄가 성립한다고 한다. 예컨대 회사공금을 개인적으로 대여해 준 행위는 배임죄가 되고, 회사공금을 멋대로 소비해버린 행위는 횡령죄가 된다.

이 학설은 배임죄의 성립범위를 확실히 할 수 있다는 장점이 있는 반면에, 배임행위를 대외적 법률행위에 국한하기 때문에 배임죄의 인정범위가 지나치게 협소해질 우려가 있다는 단점을 지니고 있다.

(2) 배신설

이 학설은 '본인에 대한 신임관계의 위배', 즉 본인의 재산을 보호해야 할 대내관계에서의 신의성실의무에 대한 위배에 배임죄의 본질이 있다고 한다. 즉 대외관계에 있어서의 권한남용이 아니라 신임관계에 위배하여 본인에게 손해를 끼친다는 내부관계에서 배임죄의 본질을 찾고 있는 견해이다. 통설과 판례는[5] 배신설의 입장에 선다.

---

4) "배임죄는 현실적인 재산상의 손해액이 확정될 필요까지는 없고 단지 재산상 권리의 실행을 불가능하게 할 염려있는 상태 또는 손해발생의 위험이 있는 경우에 바로 성립되는 위태범이므로"(**대판 2000. 4. 11, 99 도 334.** 同旨, 대판 1993. 5. 27, 93 도 169; 1982. 11. 23, 82 도 2215; 1975. 12. 23, 74 도 2215).

5) "배임죄에 있어서 타인의 사무를 처리하는 자라 함은 양자간의 신임관계에 기초를 둔 타인의 재산보호 내지 관리의무가 있음을 그 본질적 내용으로 하는 것이므로(대법원 1976. 5. 11. 선고 75도2245 판결 참조), 배임죄의 성립에 있어 행위자가 대외관계에서 타인의 재산을 처분할 적법한 대리권이 있음을 요하지 아니한다"(**대판 1999. 9. 17, 97 도 3219**).

배신설에 의하면, 배임죄와 횡령죄는 모두 신임관계에 위배한다는 '배신성'에 있어서 본질상 공통되고, '행위의 객체'에 의하여 서로 '구별'된다고 한다.[6] 행위의 객체가 개개의 재물인 경우에는 횡령죄가 성립하고, 재산상의 이익, 즉 전체로서의 재산을 객체로 하는 경우에는 배임죄가 성립한다고 한다. 이 입장에서는 행위객체의 관점에서 배임죄와 횡령죄를 '일반법과 특별법의 관계'에 있는 것으로 파악하고 있다(통설).

생각건대 제355조 제2항에서 배임죄의 구성요건이 "권한을 남용하여"로 되어 있지 않고 "임무에 위배하여"로 되어 있는 이상, 배신설이 '문언해석'에 합치한다고 보아야 한다. 그러나 배신설은 그 적용범위가 무제한하게 확대될 수 있다는 위험성을 지니고 있다. 배신설에 의하면, 모든 채무불이행이 본인의 재산을 보호해야 할 대내적 신의성실의무에 대한 위배를 의미하므로 배임죄를 구성한다고 볼 여지가 있기 때문이다. 이 점과 관련하여 배임죄에 있어서 신임관계의 범위를 결정하는 "타인의 사무를 처리하는 자"라는 구성요건요소를 어떻게 '제한적으로 해석'(제한해석)하느냐가 관건이 된다. 학설과[7] 판례는[8] 단순한 채무이행의 의무는 타인의 사무가 아니라 '자기의' 사무에 속한다고 해석함으로써 배신설의 적용을 한계지우고 있다.

배임죄와 횡령죄는 행위의 '객체'와 행위의 '주체'에서 구별된다. 본서는 재산상의 이익 개념을 재물이 포함되는 일반개념으로 파악하고 있기 때문에, 횡령죄의 객체는 '재물'에 한정되지만(재물죄), 배임죄의 객체는 '재물을 포함한 재산상의 이익'(재물·재산이익죄)으로 이해하고 있다. 이 점에 있어서 두 범죄는 구별된다. 다음으로 두 범죄는 행위의 '주체'에 있어서 구별된다. 횡령죄는 배임죄에 비하여 행위의 주체가 제한되어 있다. 배임죄의 주체는 제355조 제2

---

6) "재물과 재산상 이익을 구별하고 횡령과 배임을 별개의 죄로 규정한 현행형법의 규정에 비추어 볼 때"(**대판** 1994. 3. 8, 93 **도** 2272).

7) 김종원, 238면; 박상기, 399면; 배종대, 551면; 이재상, 421면; 정/박, 459면.

8) "배임죄에 있어서 타인의 사무를 처리하는 자라 함은 양자간의 신임관계에 기초를 둔 타인의 재산의 보호 내지 관리의무가 있음을 그 본질적 내용으로 하는 경우라 할 것이므로, 그 사무가 타인의 사무가 아니고 자기의 사무에 속하는 경우라면 그 사무를 타인을 위하여 처리하는 경우라 하더라도, 이는 타인의 사무를 처리하는 자라고는 볼 수 없다 할 것이다.···피고인은 위 가옥을 매각한 금원 중에서 100만원을 위 홍○○에게 지급할 의무만을 부담하였다는 것이므로, 피고인의 위 금원의 지급의무는 단순한 채권적인 급부의무에 불과하여 피고인의 사무에 속한다 할 것이니, 위 지급의무가 있다 하여 피고인을 위 홍○○의 사무처리를 담당한 자라고는 볼 수 없다 할 것"(**대판** 1976. 5. 11, 75 **도** 2245).

항에 "타인의 사무를 처리하는 자"로 명시되어 있고, 횡령죄의 주체는 동조 제1항에 "타인의 재물을 보관하는 자"로 명시되어 있다. 다시 말하면, 배임죄의 주체는 '타인의 사무처리자'임에 대하여 횡령죄의 주체는 '타인의 재물을 보관하는' 사무처리자로 '한정'되어 있다. 배임죄의 주체는 일반개념이고, 횡령죄의 주체는 특수개념이라고 요약할 수 있다. 따라서 배임죄와 횡령죄는 행위의 '객체'와 '주체'의 두 측면에서 구별되며, 서로 '일반법과 특별법의 관계'에 있다.

Ⅳ. 배임죄의 체계

배임의 죄에 있어서 기본유형은 단순배임죄($^{제355조}_{제2항}$)이다. 그 책임가중유형으로서 업무상배임죄($^{제356}_{조}$)가 규정되어 있다. 단순배임죄는 행위의 주체가 타인의 사무를 처리하는 자에 국한되어 있는 진정신분범이고, 업무상배임죄는 사무처리자라는 신분과 업무자라는 신분이 이중적으로 결합되어 있는 부진정신분범이다.

배임수재죄와 배임증재죄($^{제357}_{조}$)는 공무원범죄로서의 뇌물죄($^{제129조,}_{제133조}$)에 상응하여, 비공무원이지만 타인의 사무를 처리하는 자가 임무에 관하여 부정한 청탁을 받고 재물을 수수하는 행위를 처벌하고자 하는 독자적 범죄이다. 금융회사 등의 임·직원의 직무에 관한 수재(收財)에 대해서는 '특정경제범죄 가중처벌 등에 관한 법률' 제5조가 적용된다.

배임죄의 미수범은 처벌하고($^{제359}_{조}$), 친족상도례와 동력에 관한 규정도 준용된다($^{제361}_{조}$). 단순배임죄와 업무상배임죄에서 범죄행위로 인한 취득가액(이득액)이 5억원 이상인 때에는 '특정경제범죄 가중처벌 등에 관한 법률' 제3조에 의하여 가중처벌된다.

회사의 임·직원의 특별배임죄에 대하여는 상법 제622조의 벌칙규정이 있다.

제 2 절 개별적 범죄유형

I. 단순배임죄

<u>제355조 제2항 [배임]</u> "타인의 사무를 처리하는 자가 그 임무에 위배하는 행위로써 재산상의 이익을 취득하거나 제3자로 하여금 이를 취득하게 하여 본인에게 손해를 가한 때에도 전항의 형과 같다."

1. 의의, 보호법익, 성격

단순배임죄란 "타인의 사무를 처리하는 자가 그 임무에 위배하는 행위로써 재산상의 이익을 취득하거나 제3자로 하여금 이를 취득하게 하여 본인에게 손해를 가함으로써 성립하는 범죄"이다. 보호법익은 전체로서의 재산이고, 보호의 정도는 침해범이다. 본죄는 재산상의 이익을 객체로 하고 있는 점에서 '재물·재산이익죄'에 속한다.

2. 행위의 주체

(1) 진정신분범

행위의 주체는 '타인의 사무를 처리하는 자'이다. 배임죄는 타인의 「사무처리자」라고 하는 신분을 요하는 '진정신분범'이다. 타인의 사무를 처리하는 자를 배신설에 입각해서 해석하자면, "대내관계에서 신의성실의 원칙에 따라 사무를 처리할 신임관계에 있는 자"를 의미한다. 제3자에 대한 대외관계에서 반드시 대리권과 같은 법적 권한이 있을 필요는 없고, 본인에 대한 대내관계에서 본인의 사무를 성실하게 처리할 신임관계가 있어야 한다.

(2) 사무처리의 근거

타인의 사무를 처리하는 근거는 법령, 위임·고용 등의 계약, 대리권의 수여와 같은 법률행위 이외에 관습, 사무관리 기타 사실상 신임관계가 발생하는 경우도 포함한다. 사무처리의 근거가 된 법률행위가 무효라든지 사무를 처리할 법적 권한이 소멸하였다고 하더라도 맡았던 사무를 인계하기까지 '사실상의' 신임관계가 잔존할 수도 있다.[9] 그러나 사무처리의 근거가 된 법률행위가 사회질서에 반하는 등($\underset{\text{제103조}}{\text{민법}}$), 명백한 법률적 금지를 이유로 무효인 경우에는 처음부터 신임관계가 발생하지 않는다고 보아, 본죄의 주체가 될 수 없다.[10]

사무처리의 근거는 본인으로부터 직접 발생할 필요는 없지만, 본인과의 대내적 관계에서 본인의 이익을 위하여 성실히 사무를 처리할 법적 의무가 있어야 한다. 제3자에 대한 관계에서 대리권이 존재할 필요는 없다.

(3) 사무처리의 내용

사무처리의 본질은 본인의 재산보호를 위한 '신임관계'에 있다. 신임관계에 대한 위배라고 하는 배임행위는 사무처리에 어느 정도의 '독립성'이 있을 것을 전제로 한다. 본인의 지시에 따라 단순한 기계적 사무에 종사하는 자는 신임관계의 위배 여부가 문제될 소지가 없다. 그러므로 사무처리의 내용은 재량의 여지, 다소간의 독립성과 책임이 있는 것이어야 한다. 그러나 단독으로 처리하는 사무 또는 전권을 행사하는 사무일 필요는 없고, 보조적인 지위에서 처리하는 사무이어도 무방하다.[11]

그 밖에 처리하는 사무는 '재산상의' 사무이어야 하는가 하는 점이 문제된다. 여기에는 ① 재산상의 사무이어야 한다는 견해(다수설[12] 및 판례[13])와 ② 재산

---

9) "사무처리의 근거, 즉 신임관계의 발생근거는 법령의 규정, 법률행위, 관습 또는 사무관리에 의하여도 발생할 수 있으므로, 법적인 권한이 소멸된 후에 사무를 처리하거나 그 사무처리자가 그 직에서 해임된 후 사무인계 전에 사무를 처리한 경우도 배임죄에 있어서의 사무를 처리하는 경우에 해당한다고 할 것"(대판 1999. 6. 22, 99 도 1095).

10) "판결요지: 내연의 처와의 불륜관계를 지속하는 대가로서 부동산에 관한 소유권이전등기를 경료해 주기로 약정한 경우, 위 부동산 증여계약은 선량한 풍속과 사회질서에 반하는 것으로 무효이어서 위 증여로 인한 소유권이전등기의무가 인정되지 아니하는 이상, 동인이 타인의 사무를 처리하는 자에 해당한다고 볼 수 없어, 비록 위 등기의무를 이행하지 않는다 하더라도 배임죄를 구성하지 않는다"(대판 1986. 9. 9, 86 도 1382). "국토이용관리법 제21조의 2 소정의 토지거래허가규제지역 내에 있는 토지를 매도하였으나, 같은 법 소정의 거래허가를 받은 바가 없다면, 매도인에게 매수인에 대한 소유권이전등기에 협력할 의무가 생겼다고 볼 수 없고, 따라서 매도인이 배임죄의 주체인 타인의 사무를 처리하는 자에 해당한다고 할 수 없음"(대판 1996. 8. 23, 96 도 1514).

11) "타인의 사무를 처리하는 자란 단지 고유의 권한으로서 그 처리를 하는 자에 한하지 않고 그 자의 보조기관으로서 직접 또는 간접으로 그 처리에 관한 사무를 담당하는 자도 포함한다고 해석함이 상당하다 할 것"(대판 1982. 7. 27, 81 도 203. 同旨, 대판 1999. 7. 23, 99 도 1911).

12) 김성돈, 412면; 김성천, 1005면; 김/서, 484면; 김종원, 238면; 박상기, 400면; 배종대, 551면; 백형구, 216면; 유기천, 상권, 294면; 이재상, 420면; 이정원, 428면; 이형국, 434면; 정/박, 461면; 진/이, 489면.

13) "배임죄는 타인의 사무를 처리하는 자가 그 임무 위배행위로 재산상 이득을 취하여 사무의 주체인 타인에게 손해를 가함으로써 성립하는 것이므로, 그 범죄의 주체는 타인의 사무를 처리하는 신분이 있어야 할 것이고, 여기에서 '타인의 사무를 처리하는 자'라 함은 양자간의 신임관

상의 사무일 필요는 없지만 적어도 재산적인 이해관계를 가지는 사무이어야
한다는 견해가[14] 있다. 이 두 학설은, 배임죄를 재산범죄에 속한다고 이해하는
한 그 본질이 재산상의 신임관계에 대한 위배에 있다고 보아야 할 것이므로,
배임죄의 주체로서 타인의 사무를 처리하는 자의 범위를 제한해석해야 할 필
요성이 있다는 점을 논거로 한다.

그러나 본죄의 주체를 이와 같이 제한해석할 만한 하등의 이유가 없다고
생각한다. 재산상의 사무처리자가 아닌 의사라고 하더라도 환자를 위한 치료
임무에 위배하여, 또 재산상의 사무처리자가 아닌 변호사라고 하더라도 소송
의뢰인을 위한 변호임무에 위배하여, 재산상의 사무처리자가 아닌 교사라고
하더라도 수험생을 위한 입시임무에 위배하여 불법한 재산적 이익을 꾀함(불
법이득의 의사)으로써 본인에게 재산상의 손해를 가한다면, 본죄의 성립을 부
정할 이유가 없다. 따라서 ③ 본죄의 사무는 재산상의 사무이거나 재산적인 이해
관계를 가지는 사무일 필요가 없다고 하겠다. ③설을 취하는 경우에 배임죄의 성
립범위가 모호해지고 확대될 위험성이 있다는 비판은 타당하지 않다. 이 점은
불법이득의 의사 등 다른 구성요건에 의하여 제거된다. ①과 ②의 견해에 의
하면, 의사의 치료업무 또는 변호사의 변호업무는 재산상의 사무가 아니므로
본죄의 사무에서 제외된다.

(4) 타인의 사무

처리하는 사무는 '타인의' 사무이어야 한다. 자기의 사무이면서 동시에 타인의
사무인 경우에는 타인의 사무로 해석된다.

그런데 전술한 바와 같이 배신설을 문자 그대로 적용한다면 배임죄의 성
립범위가 지나치게 확장될 위험이 있으므로, 즉 모든 채무불이행자를 배임죄
의 주체에 포함시킬 위험이 있으므로, 이를 제한할 수 있는 해석이 필요하다.
배임죄의 본질은 타인(본인)의 재산보호를 위한 신임관계에 대한 위배에 있으
니 만치, 자신의 재산보호가 아니라 '타인의' 재산보호가 신임관계의 '본질적
이고도 주된' 내용이 되어야 한다. 이와 관련하여 채무자가 채무를 이행할 의무

계에 기초를 둔 타인의 재산의 보호 내지 관리의무가 있음을 그 본질적 내용으로 하는 경우라
할 것"(대판 1987. 4. 28, 86 도 2490. 同旨, 대판 1999. 9. 17, 97 도 3219). "'타인의 사무를 처리
하는 자'란 양자간의 신임관계에 기초를 두고 타인의 재산관리에 관한 사무를 대행하거나 타인
재산의 보전행위에 협력하는 자의 경우 등을 가리키며"(대판 1994. 9. 9, 94 도 902).
    14) 서일교, 187면; 정영석, 383면; 정영일, 393면; 황산덕, 326면.

는 본질적으로 '자기의' 의무(사무)이고, 타인의 사무에 속하지 않는다고 해석해야 한다. 단순한 채무불이행이 배임행위가 될 수는 없다. 판례도 이러한 입장에 선다.[15]

〈타인의 사무에 속한다고 본 판례〉

① 증권회사의 고객에 대한 관계: 고객과 증권회사와의 사이에 매매거래에 관한 위탁계약이 성립되기 이전에는 증권회사는 매매거래 계좌설정 계약시 고객이 입금한 예탁금을 고객의 주문이 있는 경우에 한하여 그 거래의 결제의 용도로만 사용하여야 하고, 고객의 주문이 없이 무단 매매를 행하여 고객의 계좌에 손해를 가하지 아니하여야 할 의무를 부담하는 자로서, 고객과의 신임관계에 기초를 두고 고객의 재산관리에 관한 사무를 대행하는 타인의 사무를 처리할 지위에 있다(대판 1995. 11. 21, 94 도 1598).

② 계주의 계원에 대한 관계: 계주는 계원들과의 약정에 따라 지정된 곗날에 계원으로부터 월 불입금을 징수하여 지정된 계원에게 이를 지급할 임무가 있다고 할 것이고, 계주의 이러한 임무는 계주 자신의 사무임과 동시에 타인인 계원들의 사무를 처리하는 것도 된다(대판 1994. 3. 8, 93 도 2221).

③ 가등기권리자인 채권자의 채무자에 대한 관계: 채권담보를 위해 부동산에 가등기를 해 둔 가등기권리자나 소유권이전등기에 필요한 서류를 임치받고 있는 채권자는 채무자가 채무를 변제할 때까지 해당서류를 보전해야 할 타인의 사무를 부담한다(대판 1990. 8. 10, 90 도 414; 1973. 3. 13, 73 도 181).

④ 1인회사의 1인주주의 법인인 회사에 대한 관계: 1인회사에 있어서 법인의 재산은 1인주주에 대해 타인의 재산이 되고, 1인회사의 대표이사로서의 회사업무처리도 타인의 사무처리가 된다(대판 1983. 12. 13, 83 도 2330-전원합의체).

⑤ 회사직원의 회사에 대한 관계: 기업의 영업비밀을 사외로 유출하지 않을 것을 서약한 회사의 직원은 경제적인 대가 등을 이유로 경쟁업체에 영업비밀을 유출해서는 안될 의무가 있다(대판 1999. 3. 12, 98 도 4704).

⑥ 채권소멸 후 양도담보권자의 담보설정자에 대한 관계: 양도담보의 피담보채권이 채무자의 변제 등에 의하여 소멸하면, 양도담보권자는 담보목적물의 소유자이었던 담보설정자에게 그 권리를 회복시켜 줄 의무를 부담하게 되고, 그 이행은 타

---

15) "판결요지: 점포임차권 양도계약을 체결한 후 계약금과 중도금까지 지급받았다 하더라도 잔금을 수령함과 동시에 양수인에게 점포를 명도하여 줄 양도인의 의무는 위 양도계약에 따르는 민사상의 채무에 지나지 아니하여, 이를 타인의 사무로 볼 수 없으므로, 비록 양도인이 위 임차권을 2중으로 양도하였다 하더라도 배임죄를 구성하지 않는다"(**대판 1986. 9. 23, 86 도 811**). 기타 대판 2011. 1. 20, 2008 도 10479-전원합의체; 1991. 12. 10, 91 도 2184; 1985. 6. 11, 84 도 2243; 1983. 11. 8, 83 도 2496; 1976. 5. 11, 75 도 2245.

인의 재산을 보전하는 타인의 사무라 할 것이다(대판 1988. 12.).

⑦ 부동산의 이중매매시 중도금 수령 후 매도인의 매수인에 대한 관계: 부동산을 양도하기로 한 양도인의 이전등기의무는 그로써 자기의 재산처분을 완성케 하는 것이어서 본래 양도인 자신의 사무에 속하는 것이지만, 등기의무자인 양도인의 등기협력없이는 양수인 앞으로의 소유권이전을 완성할 수 없기 때문에, 이와 같은 협력의무로서의 성질을 중시하여 이 점에서 그 등기의무를 양수인의 소유권취득을 위해 부담하는 타인의 사무에 속한다고 보는 것이고, 양도인이 계약금 외에 중도금까지 수령한 정도의 단계에 이르른 경우라면 그 양도인의 등기협력의무는 양수인을 위하여 부담하는 타인의 사무라고 볼 것이다(대판 1986. 10.).

⑧ 서면에 의한 부동산 증여계약에 있어서 증여자의 수증자에 대한 관계: 서면으로 부동산 증여의 의사를 표시한 증여자는 계약이 취소되거나 해제되지 않는 한 수증자에게 목적부동산의 소유권을 이전할 의무에서 벗어날 수 없으므로, 증여자는 '타인의 사무를 처리하는 자'에 해당한다(대판 2018. 12. 13.).

⑨ 자동차 지입회사 운영자의 지입차주에 대한 관계: 이른바 지입제는 자동차운송사업면허 등을 가진 운송사업자와 실질적으로 자동차를 소유하고 있는 차주간의 계약으로 외부적으로는 자동차를 운송사업자 명의로 등록하여 운송사업자에게 귀속시키고 내부적으로는 각 차주들이 독립된 관리 및 계산으로 영업을 하며 운송사업자에 대하여는 지입료를 지불하는 운송사업형태를 말한다. 따라서 지입차주가 자신이 실질적으로 소유하거나 처분권한을 가지는 자동차에 관하여 지입회사와 지입계약을 체결함으로써 지입회사에게 그 자동차의 소유권등록 명의를 신탁하고 운송사업용 자동차로서 등록 및 그 유지 관련 사무의 대행을 위임한 경우에는, 특별한 사정이 없는 한 지입회사 측이 지입차주의 실질적 재산인 지입차량에 관한 재산상 사무를 일정한 권한을 가지고 맡아 처리하는 것으로서 당사자 관계의 전형적·본질적 내용이 통상의 계약에서의 이익대립관계를 넘어서 그들 사이의 신임관계에 기초하여 타인의 재산을 보호 또는 관리하는 데에 있으므로, 지입회사 운영자는 지입차주와의 관계에서 '타인의 사무를 처리하는 자'의 지위에 있다(대판 2021. 6. 24.).

〈타인의 사무임을 부정한 판례〉

① 변제기 경과 후, 양도담보권자의 채무자에 대한 관계: 양도담보권자(채권자)가 변제기가 경과한 후 담보권의 실행으로서 목적부동산을 처분하고 그 환가대금을 채무자에게 정산할 의무는 자기의 의무이고 타인의 사무처리에 속하는 것이라고 할 수 없으므로 배임죄가 성립하지 않는다(대판 1997. 12. 23. 97 도 2430; 1989. 10. 24. 87 도 126; 1985. 11. 26. 85 도 1493-전원합의체).

② 할부구입한 자동차를 매도한 자의 매수인에 대한 관계: 월부상환 중인 자동차를 타인에게 매도하였으나 자동차등록명의는 아직 남아있어서 그 소유권이 피고

인에게 있는 경우에 자동차판매회사에 대하여 할부금을 납부하는 것은 피고인 자신의 사무처리에 불과하고, 피고인이 매매계약을 체결함에 있어 연체된 할부금을 중도금 지급기일까지 완불하여 자동차를 인도받아 사용하는 매수인에게 아무런 손해를 주지 않기로 약정하였다 하여도, 이는 단순한 채무를 부담하는 경우에 해당할 뿐, 이로 인하여 피고인이 배임죄에서 말하는 타인의 사무를 처리하는 자에 해당한다고 볼 수 없다(대판 1983. 11. 8. 83 도 2496).

③ 임차인의 임대인에 대한 관계: 임대차계약에 따른 임차인의 임대료지급의무는 타인의 사무에 속하지 않는다(대판 1971. 7. 20. 71 도 1116).

④ 임차권 양도인의 양수인에 대한 관계: 음식점 임대차계약에 의하여 임차인의 지위를 양도한 자는 양도사실을 임대인에게 통지하고 양수인이 갖는 임차인의 지위를 상실하지 않게 할 의무가 있다고 하여도, 이러한 임무는 임차권 양도인으로서 부담하는 채무로서 양도인 자신의 의무일 뿐이지, 양도인을 배임죄의 주체인 타인의 사무를 처리하는 자로 볼 수 없다(대판 1991. 12. 10. 91 도 2184).

⑤ 증여자의 수증자에 대한 관계: 구두로 약정한 증여의 이행의무는 타인의 사무에 속하지 않는다(대판 1976. 5. 11. 76 도 679).

⑥ 청산회사 청산인의 채권자에 대한 관계: 청산회사의 대표청산인이 처리하는 채무의 변제, 재산의 환가처분 등 회사의 청산업무는 청산인 자신의 사무 또는 청산회사의 업무에 속하는 것이므로, 청산인은 회사의 채권자들에 대해 직접 그들의 사무를 처리하는 자가 아니다(대판 1990. 5. 25. 90 도 6).

⑦ 채권담보 목적으로 부동산에 관한 대물변제예약을 체결한 채무자의 채권자에 대한 관계: 채무자인 피고인이 채권자에게 차용금을 변제하지 못할 경우 자신의 어머니 소유 부동산에 대한 유증상속분을 대물변제하기로 약정한 후, 유증을 원인으로 위 부동산에 관한 소유권이전등기를 마쳤음에도 이를 제3자에게 매도함으로써 채권자에게 손해를 입혔다고 하여 배임으로 기소된 사안에서, 피고인은 타인의 사무를 처리하는 자의 지위에 있지 않다(대판 2014. 8. 21. 2014 도 3363 - 전원합의체). [16]

---

16) "판결요지: [다수의견] (가) 채무자가 채권자에 대하여 소비대차 등으로 인한 채무를 부담하고 이를 담보하기 위하여 장래에 부동산의 소유권을 이전하기로 하는 내용의 대물변제예약에서, 약정의 내용에 좇은 이행을 하여야 할 채무는 특별한 사정이 없는 한 '자기의 사무'에 해당하는 것이 원칙이다. (나) 채무자가 대물변제예약에 따라 부동산에 관한 소유권을 이전해 줄 의무는 예약 당시에 확정적으로 발생하는 것이 아니라 채무자가 차용금을 제때에 반환하지 못하여 채권자가 예약완결권을 행사한 후에야 비로소 문제가 되고, 채무자는 예약완결권 행사 이후라도 얼마든지 금전채무를 변제하여 당해 부동산에 관한 소유권이전등기절차를 이행할 의무를 소멸시키고 의무에서 벗어날 수 있다. 한편 채권자는 당해 부동산을 특정물 자체보다는 담보물로서 가치를 평가하고 이로써 기존의 금전채권을 변제받는 데 주된 관심이 있으므로, 채무자의 채무불이행으로 인하여 대물변제예약에 따른 소유권등기를 이전받는 것이 불가능하게 되는 상황이 초래되어도 채권자는 채무자로부터 금전적 손해배상을 받음으로써 대물변제예약을 통해 달성하

⑧ 투자금반환채무의 변제를 위하여 담보를 제공한 채무자의 채권자에 대한 관계: 채무자가 투자금반환채무의 변제를 위하여 담보로 제공한 임차권 등의 권리를 그대로 유지할 계약상 의무가 있다고 하더라도, 이는 기본적으로 투자금반환채무의 변제의 방법에 관한 것이고, 그 성실한 이행에 의하여 채권자가 계약상 권리의 만족이라는 이익을 얻는다고 하여도 이를 가지고 통상의 계약에서의 이익대립관계를 넘어서 배임죄에서 말하는 신임관계에 기초하여 채권자의 재산을 보호 또는 관리하여야 하는 '타인의 사무'에 해당한다고 볼 수 없다(대판 2015. 3. 26., 2015 도 1301⁻⁻).

⑨ 채권에 권리질권을 설정한 질권설정자의 질권자에 대한 관계: 타인에 대한 채무의 담보로 제3채무자에 대한 채권에 대하여 권리질권을 설정한 경우 질권설정자는 질권자의 동의 없이 질권의 목적된 권리를 소멸하게 하거나 질권자의 이익을 해하는 변경을 할 수 없다(민법 제352조). 또한 질권설정자가 제3채무자에게 질권설정의 사실을 통지하거나 제3채무자가 이를 승낙한 때에는 제3채무자가 질권자의 동의 없이 질권의 목적인 채무를 변제하더라도 이로써 질권자에게 대항할 수 없고, 질권자는 여전히 제3채무자에 대하여 직접 채무의 변제를 청구하거나 변제할 금액의 공탁을 청구할 수 있다(민법 제353조 제2항, 제3항). 그러므로 이러한 경우 질권설정자가 질권의 목적인 채권의 변제를 받았다고 하여 질권자에 대한 관계에서 타인의 사무를 처리하는

고자 한 목적을 사실상 이룰 수 있다. 이러한 점에서 대물변제예약의 궁극적 목적은 차용금반환채무의 이행 확보에 있고, 채무자가 대물변제예약에 따라 부동산에 관한 소유권이전등기절차를 이행할 의무는 궁극적 목적을 달성하기 위해 채무자에게 요구되는 부수적 내용이어서 이를 가지고 배임죄에서 말하는 신임관계에 기초하여 채권자의 재산을 보호 또는 관리하여야 하는 '타인의 사무'에 해당한다고 볼 수는 없다. (다) 그러므로 채권 담보를 위한 대물변제예약 사안에서 채무자가 대물로 변제하기로 한 부동산을 제3자에게 처분하였다고 하더라도 형법상 배임죄가 성립하는 것은 아니다.

[반대의견] (가) 판례의 축적을 통하여, 등기협력의무 등 거래 상대방의 재산보전에 협력하여야 할 의무가 있는 사람이 고의로 임무를 위반하여 상대방에게 회복하기 어려운 손해를 입힌 경우에는 배임죄로 처벌받을 수 있다는 것이 우리 사회의 확립된 법원칙으로서 자리매김하게 되었고, 이러한 법리는 전형적인 배신행위에 대하여는 형벌법규의 개입이 정당하다는 사회적 합의에 의해 지지되고 있는 것이다. (나) 담보계약을 체결한 채권자와 채무자 사이에는 담보계약 자체로부터 피담보채권의 발생원인이 된 법률관계와는 별도의 독자적인 신임관계가 발생한다고 보아야 한다. 부동산 매매계약에서 신임관계의 본질이 부동산의 소유권을 이전하는 데 있는 것과 마찬가지로, 담보 목적으로 체결된 대물변제예약에서 신임관계의 본질은 담보로 제공하기로 한 부동산의 담보가치를 채권자에게 취득하게 하는 데 있으며, 이는 결국 배임죄의 성립 여부에 있어 양자가 다르지 않다는 것을 의미한다. (다) 담보 목적으로 부동산에 관한 대물변제예약을 체결한 채무자가 신임관계를 위반하여 당해 부동산을 제3자에게 처분함으로써 채권자로 하여금 부동산의 소유권 취득을 불가능하게 하거나 현저히 곤란하게 하였다면 이러한 행위는 대물변제예약에서 비롯되는 본질적·전형적 신임관계를 위반한 것으로서 배임죄에 해당한다고 보아야 한다. 그리고 그렇게 보는 것이 부동산의 이중매매, 이중근저당권설정, 이중전세권설정에 관하여 배임죄를 인정하여 온 판례의 확립된 태도와 논리적으로 부합한다"(**대판** 2014. 8. 21, 2014 도 3363 - 전원합의체).

자로서 임무에 위배하는 행위를 하여 질권자에게 손해를 가하거나 손해 발생의 위험을 초래하였다고 할 수 없고, 배임죄가 성립하지도 않는다(대판 2016. 4. 29, 2015 도 5665).

⑩ 채무자의 양도담보권자에 대한 관계: 채무자가 양도담보설정계약에 따라 부담하는 의무, 즉 동산을 담보로 제공할 의무, 담보물의 담보가치를 유지·보전하거나 담보물을 손상, 감소 또는 멸실시키지 않을 소극적 의무, 담보권 실행 시 채권자나 그가 지정하는 자에게 담보물을 현실로 인도할 의무와 같이 채권자의 담보권 실행에 협조할 의무 등은 모두 양도담보설정계약에 따라 부담하게 된 채무자 자신의 급부의무이다. 또한 양도담보설정계약은 피담보채권의 발생을 위한 계약에 종된 계약으로, 피담보채무가 소멸하면 양도담보설정계약상의 권리의무도 소멸하게 된다. 양도담보설정계약에 따라 채무자가 부담하는 의무는 담보목적의 달성, 즉 채무불이행 시 담보권 실행을 통한 채권의 실현을 위한 것이므로 담보설정계약의 체결이나 담보권설정 전후를 불문하고 당사자 관계의 전형적·본질적 내용은 여전히 금전채권의 실현 내지 피담보채무를 변제하는 것이다. 따라서 채무자가 위와 같은 급부의무를 이행하는 것은 채무자 자신의 사무에 해당할 뿐이고, 채무자가 통상의 계약에서 이익대립관계를 넘어서 채권자와 신임관계에 기초하여 채권자의 사무를 맡아 처리한다고 볼 수 없으므로 채무자를 채권자에 대한 관계에서 '타인의 사무를 처리하는 자'라고 할 수 없다(대판 2022. 12. 22, 2020 도 8682-전원합의체, 同旨, 대판 2020. 2. 20, 2019 도 9756-전원합의체).

⑪ 부동산의 이중저당에 있어서 채무자의 채권자에 대한 관계: 채무자가 저당권설정계약에 따라 채권자에 대하여 부담하는 저당권을 설정할 의무는 계약에 따라 부담하게 된 채무자 자신의 의무이다. 채무자가 위와 같은 의무를 이행하는 것은 채무자 자신의 사무에 해당할 뿐이므로, 채무자를 채권자에 대한 관계에서 '타인의 사무를 처리하는 자'라고 할 수 없다. 따라서 채무자가 제3자에게 먼저 담보물에 관한 저당권을 설정하거나 담보물을 양도하는 등으로 담보가치를 감소 또는 상실시켜 채권자의 채권실현에 위험을 초래하더라도 배임죄가 성립한다고 할 수 없다(대판 2020. 6. 18, 2019 도 14340-전원합의체).

⑫ 주권발행 전 주식을 이중으로 양도한 양도인의 양수인에 대한 관계: 주권발행 전 주식의 양도는 양도인과 양수인의 의사표시만으로 그 효력이 발생한다. 그 주식양수인은 특별한 사정이 없는 한 양도인의 협력을 받을 필요 없이 단독으로 자신이 주식을 양수한 사실을 증명함으로써 회사에 대하여 그 명의개서를 청구할 수 있다. 따라서 양도인이 양수인으로 하여금 회사 이외의 제3자에게 대항할 수 있도록 확정일자 있는 증서에 의한 양도통지 또는 승낙을 갖추어 주어야 할 채무를 부담한다 하더라도 이는 자기의 사무라고 보아야 하고, 이를 양수인과의 신임관계에 기초하여 양수인의 사무를 맡아 처리하는 것으로 볼 수 없다. 그러므로 주권발행 전 주식에 대한 양도계약에서의 양도인은 양수인에 대하여 그의 사무를 처리하는 지위에 있지 아니하여, 양도인이 위와 같은 제3자에 대한 대항요건을 갖추어 주지

아니하고 이를 타에 처분하였다 하더라도 형법상 배임죄가 성립하는 것은 아니다"(대판 2020. 6. 4.)
2015 도 6057).

⑬ 동산채권담보법에 따라 담보로 제공한 동산을 제3자에게 임의처분한 채무자의 채권자에 대한 관계: 채무자가 금전채무를 담보하기 위하여 그 소유의 동산을 채권자에게 '동산·채권 등의 담보에 관한 법률'(동산채권담보법)에 따른 동산담보로 제공함으로써 채권자인 동산담보권자에 대하여 담보물의 담보가치를 유지·보전할 의무 또는 담보물을 타에 처분하거나 멸실, 훼손하는 등으로 담보권 실행에 지장을 초래하는 행위를 하지 않을 의무를 부담하게 되었더라도, 이를 들어 채무자가 통상의 계약에서의 이익대립관계를 넘어서 채권자와의 신임관계에 기초하여 채권자의 사무를 맡아 처리하는 것으로 볼 수 없다. 따라서 이러한 경우 채무자를 배임죄의 주체인 '타인의 사무를 처리하는 자'에 해당한다고 할 수 없고, 그가 담보물을 제3자에게 처분하는 등으로 담보가치를 감소 또는 상실시켜 채권자의 담보권 실행이나 이를 통한 채권실현에 위험을 초래하더라도 배임죄가 성립하지 아니한다(대판 2020. 8. 27, 2019 도 14770－전원합의체). 동일한 취지로 '자동차 등 특정동산 저당법'에 따라 버스를 이중 매매한 매도인에게 배임죄 성립을 부정한 판례(대판 2020. 10. 22, 2020 도 6258－전원합의체) 참조.

⑭ 피고인이 알 수 없는 경위로 갑의 특정 거래소 가상지갑에 들어 있던 비트코인을 자신의 계정으로 이체받은 후 이를 자신의 다른 계정으로 이체하여 재산상 이익을 취득하고 갑에게 손해를 가하였다고 하여 특정경제범죄 가중처벌 등에 관한 법률 위반(배임)의 예비적 공소사실로 기소된 사안에서, 비트코인이 법률상 원인관계 없이 갑으로부터 피고인 명의의 전자지갑으로 이체되었더라도 피고인이 신임관계에 기초하여 갑의 사무를 맡아 처리하는 것으로 볼 수 없는 이상 갑에 대한 관계에서 '타인의 사무를 처리하는 자'에 해당하지 않는다(대판 2021. 12. 16.)
2020 도 9789).

3. 배임행위

(1) 배임행위의 의의와 태양

「배임행위」란 타인의 사무를 처리함에 있어서 그 임무에 위배하는 행위를 말한다. 임무에의 위배 여부는 사무의 성질과 내용 및 구체적 사정을 고려하여 법규 또는 계약뿐만 아니라 신의성실의 원칙에 비추어 판단한다.[17] 대법원은 본인을 위한다는 의사를 가지고 사무를 처리하는 행위라고 할지라도, 행위의 목적과

---

17) "'임무에 위배하는 행위'라 함은 당해 사무의 내용, 성질 등 구체적 상황에 비추어 법률의 규정, 계약의 내용 또는 신의성실의 원칙상 당연히 할 것으로 기대되는 행위를 하지 않거나 당연히 하지 않아야 할 것으로 기대되는 행위를 함으로써 본인에 대한 신임관계를 저버리는 일체의 행위를 포함한다 할 것"(대판 1994. 9. 9, 94 도 902. 同旨, 대판 2000. 3. 14, 99 도 457; 1990. 5. 8, 89 도 1524; 1990. 6. 8, 89 도 1417).

취지가 법령이나 사회상규에 위반된 위법한 행위로서 용인할 수 없는 경우에는, 행위의 결과가 일부 본인을 위하는 측면이 있다고 하더라도 본인과의 신임관계를 저버리는 행위로서 배임행위가 된다고 본다.[18]

배신설의 관점에서 보자면, 채무불이행도 널리 배임행위에 해당하지만,[19] 이 경우 배임죄의 과도한 성립범위를 제한하는 것은 '타인의' 사무처리자라고 하는 행위의 주체이다. 즉 계약의무의 불이행을 배임행위라고 할 수 있다고 하더라도, 계약이행의무가 '자기의' 사무이므로 단순한 계약이행의무자는 배임죄의 주체가 될 수 없다.

배임행위는 법률행위 이외에 준법률행위, 사실행위로서도 가능하고, 법률행위인 경우 법률상 유효·무효를 불문한다.[20] 또 신의칙상 하지 않아야 할 행위를 하는 작위와 해야 할 행위를 하지 아니하는 부작위로서도 가능하다. 채권추심사무를 위임받은 자가 고의로 추심을 하지 않음으로써 채권의 소멸시효가 완성된 경우는 '부작위'에 의한 배임행위를 구성한다.

〈배임행위의 예〉

은행원이 충분한 담보없이 부실대출하는 행위(대판 1980. 9. 9. 78 도 2637), 물품매도사무를 처리하는 자가 부당하게 염가로 매도하는 행위, 회사의 대표이사가 이사회의 승인없이 회사의 부담이 될 보증을 한 행위(대판 1983. 10. 25. 83 도 2099), 아파트입주자들의 위임에 의하여 은행으로부터 입주자들에게 개별적으로 지급되는 융자금을 일괄 지급받아 이를 분양대금으로 충당한 아파트인수인의 행위(대판 1984. 9. 25. 84 도 156), 양도담보권자가 변제기 전에 타인에게 목적물의 근저당권설정등기를 해 준 행위(대판 1977. 5. 24. 76 도 4180), 계주가 계금(稧金)을 순번이 된 계원에게 정당한 사유없이 지급하지 않은 행위(대판 1995. 9. 29. 95 도 1176: 1987. 2. 24. 86 도 1744), 기업

---

18) "행위자가 가사 본인을 위한다는 의사를 가지고 행위를 하였다고 하더라도, 그 목적과 취지가 법령이나 사회상규에 위반된 위법한 행위로서 용인할 수 없는 경우에는 그 행위의 결과가 일부 본인을 위하는 측면이 있다고 하더라도, 이는 본인과의 신임관계를 저버리는 행위로서 배임죄의 성립을 인정함에 영향이 없다고 할 것이다. 이 사건에서 피고인이 종금사의 대외적 신인도를 높이기 위하여 조작된 거래로써 회사의 수익을 가장하고, 그 BIS 비율을 조작하여 회사의 자본충실 정도를 왜곡한 행위는 그 목적과 수단이 모두 위법한 것으로서, 그 위법성의 정도가 매우 중하여 법령과 사회상규상 용인될 수 없는 것이고, 결과적으로도 회사의 채권자와 주주들에게 해를 가하는 행위로서, 가사 피고인에게 본인인 회사를 위한다는 의사가 있었다고 하더라도, 위와 같은 불법한 행위를 위하여 대가를 지불하는 행위는 회사와의 신임관계를 저버리고 회사에 손해를 끼치는 행위라고 보는 것이 타당하다"(**대판 2002. 7. 22, 2002 도 1696**).
19) 이에 반해 채무불이행과 가벌적 배임행위의 구별을 강조하는 견해로는 김/서, 488면 참조.
20) 대판 2002. 7. 22, 2002 도 1696; 2001. 9. 28, 99 도 2639 등.

의 영업비밀을 사외로 유출하지 않을 것을 서약한 회사의 직원이 경제적인 대가를 얻기 위하여 경쟁업체에 영업비밀을 유출하는 행위($^{대판\ 1999.\ 3.\ 12.}_{98\ 도\ 4704}$), 비등록·비상장 법인의 대표이사가 시세차익을 얻을 의도로 주식 시가보다 현저히 낮은 금액을 전환가격으로 한 전환사채를 발행하고 제3자의 이름을 빌려 이를 인수한 후 전환권을 행사한 행위($^{대판\ 2001.\ 9.\ 28.}_{2001\ 도\ 3191}$) 등이 배임행위에 해당한다.

〈배임행위에 해당하지 않는 예〉

부동산을 경락한 자가 경락허가결정이 확정된 후에 소유자에게 경락을 포기하겠다고 약속하고도 대금을 완납하고 소유권을 취득한 행위($^{대판\ 1969.\ 2.}_{25.\ 69\ 도\ 46}$), 양도담보권자가 변제기 경과 후에 채권추심을 위하여 담보부동산을 처분하는 행위($^{대판\ 1982.\ 9.}_{28.\ 82\ 도\ 1621}$), 환매조건부로 대물변제한 부동산을 채권자가 환매기일이 지난 후에 처분한 행위($^{대판\ 1983.\ 2.}_{22.\ 82\ 도\ 2945}$), 저당권이 설정된 자동차를 저당권자의 동의없이 매도한 행위($^{대판\ 2008.}_{8.\ 21.\ 2008}_{도\ 3651}$) 등은 배임행위에 해당하지 않는다.

(2) 모험거래

'모험거래'란 주식투기·외환투기와 같이 사무처리가 본인의 이익이 될지 손해가 될지 매우 불투명한 투기적 성질의 거래를 말한다. 모험거래의 임무위배 여부는 거래의 범위·형태·방법을 정한 내부관계 및 거래의 관행에 비추어 판단해야 한다.

모험거래뿐만 아니라 사무처리 일반에 대하여 피해자인 본인의 승낙이 있은 경우에는 처음부터 배임행위에 해당하지 않는다고 보아야 한다(구성요건해당성의 배제).[21] 다만 그 승낙이 사후에 있어서는 안된다.[22]

4. 재산상의 이익취득과 본인의 재산상의 손해

배임죄가 성립하자면 행위자가 재산상의 이익을 취득하거나 제3자로 하여금 이를 취득하게 하고,[23] 본인에게 재산상의 손해를 발생케 해야 한다. 재산상의

---

21) "계주인 피고인이 100만원의 계금은 다음달에 주겠다고 하여 고소인이 승낙하였다면, 피고인이 100만원의 계금을 부족되게 지급한 소위를 가리켜 임무에 위배한 배임행위라 할 수 없다"(대판 1983. 11. 8, 83 도 2309).

22) 대판 1985. 9. 24, 85 도 1444.

23) "판결요지: 주택조합 조합장이 총회의 승인없이 발행한 조합 회원증을 담보로 금원을 차용하여 조합운영비로 사용한 후, 위 회원증을 매도하게 하여 채무 전액의 변제에 충당한 경우, 총회의 승인없이 발행된 조합 회원증의 매수인들은 조합원 자격을 취득할 수 없고, 단지 조합에 대하여 매수대금 상당의 손해배상채권을 취득할 뿐이므로, 조합장이나 회원증 매수인들이 어떠

이익취득과 본인의 재산상의 손해라는 요건은 법문에 명시된 구성요건이다.[24]

(1) 재산상의 이익취득

재산상의 이익이라 함은 소유권의 취득과 같은 적극적 이익이든지 채무의 면제와 같은 소극적 이익이든지를 불문한다. 재산상의 이익은 법률적 입장에서가 아니라 경제적 입장에서 판단한다(경제적 재산개념설). 취득하는 이익은 재산상의 이익이어야 하고, 신분상의 이익은 제외된다.

재산상의 이익은 행위자 스스로 취득하는 경우뿐만 아니라 제3자로 하여금 취득하게 하더라도 무방하다. 여기에서 제3자라 함은 본인 이외의 자연인, 법인, 법인격없는 단체를 포함한다.

배임죄의 취득 객체는 개개의 재물 기타 '재산상의 이익'이라는 점(재물·재산이익죄)에서 횡령죄와 구별된다.

(2) 재산상의 손해

배임행위로 인하여 본인에게 재산상의 손해가 발생해야 한다. 법문에는 이 요건을 "본인에게 손해를 가한 때"라고 명시하고 있다.

재산상의 손해는 현실적 손해뿐만 아니라 손해발생의 '위험성'으로 족하다고 해석하는 견해(위험범설)가 있다.[25] 판례도 위험범설을 취하고 있다.[26] 그러

한 재산상 이득을 취득한 바 없어 업무상배임죄가 성립하지 않는다"(대판 1999. 7. 9, 99 도 311).

24) "판결요지: 업무상배임죄는 업무상 타인의 사무를 처리하는 자가 임무에 위배하는 행위를 하고 그러한 임무위배행위로 인하여 재산상의 이익을 취득하거나 제3자로 하여금 이를 취득하게 하여 본인에게 재산상의 손해를 가한 때 성립한다. 여기서 '재산상 이익 취득'과 '재산상 손해 발생'은 대등한 범죄성립요건이고, 이는 서로 대응하여 병렬적으로 규정되어 있다(형법 제356조, 제355조 제2항). 따라서 임무위배행위로 인하여 여러 재산상 이익과 손해가 발생하더라도 재산상 이익과 손해 사이에 서로 대응하는 관계에 있는 등 일정한 관련성이 인정되어야 업무상배임죄가 성립한다"(대판 2021. 11. 25, 2016 도 3452).

25) 김성천, 1021면; 박상기, 405면; 배종대, 566면; 유기천, 상권, 296면; 이재상, 426면; 정/박, 466면; 정영일, 407.

26) "배임죄는 현실적인 재산상의 손해액이 확정될 필요까지는 없고 단지 재산상 권리의 실행을 불가능하게 할 염려있는 상태 또는 손해발생의 위험이 있는 경우에 바로 성립되는 위태범이므로"(대판 2000. 4. 11, 99 도 334. 同旨, 대판 1993. 5. 27, 93 도 169; 1982. 11. 23, 82 도 2215; 1975. 12. 23, 74 도 2215). "배임죄에서 '재산상의 손해를 가한 때'라 함은 현실적인 손해를 가한 경우뿐만 아니라 재산상 실해 발생의 위험을 초래한 경우도 포함되고, 일단 손해의 위험성을 발생시킨 이상 사후에 피해가 회복되었다 하여도 배임죄의 성립에 영향을 주는 것은 아니라 할 것이고…은행 규정에 위배하여 융통어음을 할인하여 준 경우에는 은행의 입장에서는 그 대출 당시에 채권회수가 곤란해질 위험에 처하게 된 것이라고 하지 아니할 수 없을 것이다"(대판 2002. 6. 28, 2000 도 3716). "판결요지: 재단법인 불교방송의 이사장 직무대리인이 후원회 기부금을 정상 회계처리하지 않고 자신과 친분관계에 있는 신도에게 확실한 담보도 제공받지 아니한 채 대여한 경우, 그에게 자금을 대여하면 위 재단에 손해가 발생하리라는 점을 알면서도, 충분한 담보를 제

나 배임죄의 법익보호의 정도를 침해범으로 파악하는 한,[27] 현실적 손해가 발생한 경우에 배임죄의 기수가 되고[28] 손해발생의 '위험'만으로는 배임죄의 '미수범'이 성립한다고 함이 타당하다(침해범설). 최근에 대법원은 전원합의체 판결에서 손해발생의 '위험'발생을 '구체적·현실적 위험'발생에 국한하는 엄격해석의 입장을 견지하면서, 종래 배임죄의 '기수범'으로 처벌되던 일부 위험범 사례를 배임죄의 '미수범'으로 처벌한다고 판시하였다(판례변경).[29] 이 판결이 선고된

공받는 등 상당하고도 합리적인 채권회수조치를 취하지 아니한 채 만연히 이 사건 금원을 대여한 것은 위 재단에 재산상 실해 발생의 위험을 초래한 것으로 보지 않을 수 없다. 그리고 그 신도가 이자금을 제때에 불입하고 나중에 원금을 변제하였다 하더라도 일단 손해의 위험성을 발생시킨 이상, 사후에 피해가 회복되었다 하여도 배임죄의 성립에 영향을 주는 것은 아니다"(대판 2000. 12. 8, 99 도 3338). "판결요지: 피고인이 자신이 대표이사로 있는 신용금고에 양도인 명의의 예금이 실제로 입금되지 아니하였음에도, 그 예금이 이미 입금된 듯이 입금전표와 거래원장을 작성하고 전산입력까지 마친 다음 예금통장을 명의자들에게 교부한 것이라면, 설사 신용금고와 위 명의자들간에 민사상의 예금계약이 적법하게 체결된 것이 아니어서 신용금고에게 예금반환채무가 발생한 것은 아니라고 하더라도, 그 허위의 예금은 신용금고로부터 언제든지 인출될 수 있는 상태에 있게 됨으로써 이미 신용금고에게 재산상 실해 발생의 위험을 초래하였다. 이와 같은 취지에서 업무상배임에 관한 법리오해의 위법이 있다고 할 수 없다"(대판 1996. 9. 6, 96 도 1606). "판결요지: 배임죄에 있어서 손해란 현실적인 손해가 발생한 경우뿐만 아니라 재산상의 위험이 발생된 경우도 포함되므로, 자신의 채권자와 부동산양도담보설정계약을 체결한 피고인이 그 소유권이전등기 경료 전에 임의로 기존의 근저당권자인 제3자에게 지상권설정등기를 경료하여 준 경우, 그 지상권 설정이 새로운 채무부담행위에 기한 것이 아니라 기존의 저당권자가 가지는 채권을 저당권과 함께 담보하는 의미밖에 없다고 하더라도, 이로써 양도담보권자의 채권에 대한 담보능력 감소의 위험이 발생한 이상 배임죄를 구성한다"(대판 1997. 6. 24, 96 도 1218).

27) 배임죄의 법익보호의 정도를 침해범으로 이해하면서, 재산상의 손해라는 요건을 해석함에 있어서 재산적 실해뿐만 아니라 손해발생의 위험까지도 포함시키는 견해(정/박, 458 및 466-7면)는 논리적 일관성을 상실한 주장이라고 판단된다.

28) 권오걸, 777면; 김성돈, 420면; 김/서, 494면; 백형구, 219면; 오영근, 512면; 이형국, 436-7면; 진/이, 494면.

29) "판결이유: [다수의견] 주식회사의 대표이사가 대표권을 남용하는 등 그 임무에 위배하여 약속어음 발행을 한 행위가 배임죄에 해당하는지도 원칙적으로 위에서 살펴본 의무부담행위와 마찬가지로 보아야 한다. 다만 약속어음 발행의 경우 어음법상 발행인은 종전의 소지인에 대한 인적 관계로 인한 항변으로써 소지인에게 대항하지 못하므로(어음법 제17조, 제77조), 어음발행이 무효라 하더라도 그 어음이 실제로 제3자에게 유통되었다면 회사로서는 어음채무를 부담할 위험이 구체적·현실적으로 발생하였다고 보아야 하고, 따라서 그 어음채무가 실제로 이행되기 전이라도 배임죄의 기수범이 된다. 그러나 약속어음 발행이 무효일 뿐만 아니라 그 어음이 유통되지도 않았다면 회사는 어음발행의 상대방에게 어음채무를 부담하지 않기 때문에 특별한 사정이 없는 한 회사에 현실적으로 손해가 발생하였다거나 실해 발생의 위험이 발생하였다고도 볼 수 없으므로, 이때에는 배임죄의 기수범이 아니라 배임미수죄로 처벌하여야 한다. 이와 달리 대표이사의 회사 명의 약속어음 발행행위가 무효인 경우에도 그 약속어음이 제3자에게 유통되지 아니한다는 특별한 사정이 없는 한 재산상 실해 발생의 위험이 초래된 것으로 보아야 한다는 취지의 대법원 2012. 12. 27, 선고 2012 도 10822 판결, 대법원 2013. 2. 14, 선고 2011 도 10302 판결 등은 배임죄의 기수 시점에 관하여 이 판결과 배치되는 부분이 있으므로 그 범위에서 이를 변경

후, 배임죄에 있어서 재산상 손해 발생의 '위험'이라 함은 본인에게 손해가 발생할 막연한 위험이 있는 것만으로는 부족하고, 경제적인 관점에서 보아 본인에게 손해가 발생한 것과 같은 정도로 '구체적인 위험'이 있는 경우를 의미한다는 대법원판결이 뒤따르고 있다.[30)]

하기로 한다.

[대법관 4인의 별개의견] 배임죄는 위험범이 아니라 침해범으로 보아야 한다. (1) 대법원은 그동안 일관되게 배임죄를 "재산상 권리의 실행을 불가능하게 할 염려 있는 상태 또는 손해 발생의 위험이 있는 경우에 성립하는 위태범"이라고 하면서(대법원 1989. 4. 11. 선고 88 도 1247 판결, 대법원 2000. 4. 11. 선고 99 도 334 판결 등 참조), 배임죄에서 말하는 "재산상 손해를 가한 때에는 현실적인 손해를 가한 경우뿐만 아니라 재산상 실해 발생의 위험을 초래한 경우도 포함된다."라고 보아 왔다(대법원 2009. 7. 23. 선고 2007 도 541 판결, 대법원 2014. 2. 3. 선고 2011 도 16763 판결 등 참조). 그러나 이와 같이 배임죄를 위험범으로 파악하는 것은 형법규정의 문언에 부합하지 않는 해석이다. 즉 형법 제355조 제2항은 임무에 위배하는 행위로써 재산상의 이익을 취득하거나 제3자로 하여금 이를 취득하게 하여 본인에게 손해를 가한 때에 배임죄가 성립한다고 규정하고 있고, 여기서 '손해를 가한 때'란 그 문언상 '손해를 현실적으로 발생하게 한 때'를 의미한다. 그럼에도 종래의 판례는 배임죄의 '손해를 가한 때'에 현실적인 손해 외에 실해 발생의 위험을 초래한 경우도 포함된다고 해석함으로써 배임죄의 기수 성립 범위를 넓히고 있다. 실해 발생의 위험을 가한 때는 손해를 가한 때와 전혀 같지 않은데도 이 둘을 똑같이 취급하는 해석은 문언해석의 범위를 벗어난 것일 뿐만 아니라, 형벌규정의 의미를 피고인에게 불리한 방향으로 확장하여 해석하는 것으로서 죄형법정주의 원칙에 반한다. (2) 또한 형법은 다른 재산범죄와 달리 배임죄의 경우에는 재산상 손해를 가할 것을 객관적 구성요건으로 명시하고 있는데, 이는 타인의 사무를 처리하는 자가 임무에 위배한 행위를 하더라도 본인에게 현실적인 재산상 손해를 가하지 않으면 배임죄의 기수가 될 수 없다는 점을 강조하기 위한 입법적 조치로 이해된다. 따라서 재산상 손해가 구성요건으로 명시되어 있지 않은 사기죄나 횡령죄 등 다른 재산범죄의 재산상 이익이나 손해에 관한 해석론을 같이하여야 할 필요가 없다. 배임죄의 경우에는 그 구성요건의 특수성과 입법 취지 등을 고려하여 임무에 위배한 행위가 본인에게 현실적인 재산상 손해를 가한 경우에만 재산상 손해 요건이 충족된다고 해석하여야 한다"(대판 2017. 7. 20. 2014 도 1104 - 전원합의체).

30) "판결이유: 업무상배임죄는 업무상 타인의 사무를 처리하는 자가 임무에 위배하는 행위를 하고 그러한 임무위배행위로 인하여 재산상의 이익을 취득하거나 제3자로 하여금 이를 취득하게 하여 본인에게 재산상의 손해를 가한 때 성립하는바, 여기서 재산상의 손해에는 현실적인 손해가 발생한 경우뿐만 아니라 재산상 실해 발생의 위험을 초래한 경우도 포함되고, 재산상 손해의 유무에 대한 판단은 법률적 판단에 의하지 않고 경제적 관점에서 파악하여야 한다(대법원 1995. 11. 21. 선고 94 도 1375 판결 등 참조). 그런데 재산상 손해가 발생하였다고 평가될 수 있는 재산상 실해 발생의 위험이라 함은 본인에게 손해가 발생할 막연한 위험이 있는 것만으로는 부족하고 경제적인 관점에서 보아 본인에게 손해가 발생한 것과 같은 정도로 구체적인 위험이 있는 경우를 의미한다(대법원 2008. 6. 19. 선고 2006 도 4876 전원합의체 판결 등 참조). 따라서 재산상 실해 발생의 위험은 구체적·현실적인 위험이 야기된 정도에 이르러야 하고 단지 막연한 가능성이 있다는 정도로는 부족하다(대법원 2015. 9. 10. 선고 2015 도 6745 판결 등 참조). 업무상배임죄에서 타인의 사무를 처리하는 자의 임무위배행위는 민사재판에서 법질서에 위배되는 법률행위로서 무효로 판단될 가능성이 적지 않고, 그 결과 본인(타인)에게도 아무런 손해가 발생하지 않는 경우가 많다. 이러한 경우에는 그 의무부담행위로 인하여 실제로 채무의 이행이 이루어졌는지 또는 본인이 민법상 사용자책임 등을 부담하게 되었는지 등과 같이 현실적인 손해가

재산상의 손해는 법률적 입장에서가 아니라 경제적 입장에서 판단한다(경제적 재산개념설).[31] 배임행위가 일면 본인에게 재산상의 손해를 가하였지만 다른 한편으로는 본인에게 손해에 상응하는 재산상의 이익을 가져온 경우에는 재산상의 손해가 없는 것으로 결론지어야 할 것이다.[32] 판례는 손해발생의 위험이 있는 전액을 손해액으로 본다.[33]

배임행위와 재산상의 손해 사이에는 '인과관계'가 있어야 한다.

5. 주관적 구성요건

배임죄에서 고의의 대상은 ① 타인의 사무를 처리하는 자라는 신분, ② 임무위배행위(배임행위), ③ 재산상의 이익을 취득하거나 제3자로 하여금 취득하게 한다는 것, ④ 본인에게 손해를 가한다는 것,[34] ⑤ 배임행위와 재산상의

발생하거나 실해 발생의 위험이 생겼다고 볼 수 있는 사정이 있는지를 면밀히 심리·판단하여야 한다(대법원 2017. 7. 20. 선고 2014 도 1104 전원합의체 판결, 대법원 2017. 9. 21. 선고 2014 도 9960 판결 등 참조)"(대판 2017. 10. 12, 2017 도 6151. 同旨, 대판 2022. 10. 14, 2018 도 13604).

31) "재산상 손해의 유무에 대한 판단은 본인의 전재산상태와의 관계에서 법률적 판단에 의하지 아니하고 경제적 관점에서 파악하여야 하며"(**대판 2002. 7. 22, 2002 도 1696: 1999. 6. 22, 99 도 1095**).

32) "재산상의 손해를 가한다 함은 총체적으로 보아 본인의 재산상태에 손해를 가하는 경우, 즉 본인의 전체적 재산가치의 감소를 가져오는 것을 말하므로, 재산상의 손실을 야기한 임무위배행위가 동시에 그 손실을 보상할 만한 재산상의 이익을 준 경우, 예컨대 그 배임행위로 인한 급부와 반대급부가 상응하고 다른 재산상 손해(현실적인 손해 또는 재산상 실해 발생의 위험)도 없는 때에는 전체적 재산가치의 감소, 즉 재산상 손해가 있다고 할 수 없을 것"(대판 2005. 4. 15, 2004 도 7053).

33) "업무상배임죄가 성립하는 경우 담보물의 가치를 초과하여 외상거래한 금액이나 실제로 회수가 불가능하게 된 외상거래금액만이 아니라 재산상 권리의 실행이 불가능하게 될 염려가 있거나 손해발생의 위험이 있는 외상거래대금 전액을 그 손해액으로 보아야 한다"(**대판 2000. 4. 11, 99 도 334**).

34) 대법원은 배임죄의 구성요건으로서 '손해를 가한다는 의사'가 필요하다고 긍정하기도 하고, 부정하기도 한다. 긍정한 판결로는 "업무상배임죄가 성립되려면 주관적 요건으로서 임무위배의 인식과 자기 또는 제3자의 이익을 위하여 본인에게 재산상의 손해를 가한다는 인식, 즉 배임죄의 범의가 있어야 할 것"(대판 1987. 3. 10, 81 도 2026). 부정한 판결로는 "우리 형법은 배임죄에 있어 자기 또는 제3자의 이익을 도모하고 또 본인에게 손해를 가하려는 목적을 그 구성요건으로 규정하고 있지 않으므로, 배임죄의 범의는 자기의 행위가 그 임무에 위배한다는 인식으로 족하고 본인에게 손해를 가하려는 의사는 이를 필요로 하지 않는다고 풀이할 것이다. 이와 그 견해를 달리하는 당원의 1974. 4. 23. 선고 73도2611 판결: 1976. 5. 11. 선고 75도823 판결 등의 판례는 이를 폐기하는 바이다"(대판 1983. 12. 13, 83 도 2330-전원합의체). 그런데 배임죄의 구성요건으로서 본인에게 손해를 가할 '목적'은 필요하지 않지만, 구성요건상 '본인에게 손해를 가한 때'가 명시되어 있는 이상 본인에게 손해를 가한다는 '고의'는 있어야 한다고 한다. 이 점에 있어서 후자의 판결은 잘못이 있다고 하겠다.

이익취득 및 본인의 손해발생 사이의 인과관계 등이다.

배임죄의 주관적 구성요건으로는 고의 이외에 '불법이득의 의사'가 필요하다 (통설 및 판례). 사무를 잘못 처리하여 본인에게 재산상의 손해가 발생하였더라도 본인의 이익을 위하여 행한 경우에는 불법이득의 의사가 없으므로 배임죄가 성립하지 않는다.[35]

6. 부동산의 이중매매

(1) 의 의

「부동산의 이중매매」란 "甲(매도인)이 乙(선(先)매수인)에게 자기의 부동산을 매도하였으나 아직 이전등기를 해 주지 않은 상태에서 이를 다시 丙(후(後)매수인)에게 매도하고 丙에게 소유권이전등기를 해 준 경우"를 말한다.

(2) 횡령죄 또는 사기죄의 성부

우리 민법은 부동산의 물권변동에 있어서 '등기주의'(형식주의)를 취하므로, 등기이전이 경료되기까지는 부동산의 소유권이 매도인에게 남아 있고, 매도인이 또다른 사람에게 이중으로 매도하더라도 아직 '자신의' 소유에 속하는 부동산을 매도한 것에 지나지 않게 된다.[36] 따라서 甲의 부동산 이중매매행위는 乙에 대하여 '횡령죄'를 구성하지 않는다.

그 밖에 부동산의 이중매매에 있어서 검토될 수 있는 것은 '사기죄'의 성립

---

35) "판결요지: 단위농업협동조합의 조합장이 조합규약에 따른 대금회수 확보를 위한 담보취득 등의 조치없이 조합의 양곡을 외상판매함으로 인하여 위 조합에 손해가 발생하였지만, 당시 시장에 양곡의 물량이 많아 현금판매가 어려웠고 기온상승으로 양곡이 변질될 우려가 생겼으며 농협중앙회로부터 재고양곡의 조기판매 추진지시를 받는 등의 사정으로 오로지 조합의 이익을 위하여 양곡을 신속히 처분하려다 손해가 발생한 것이라면, 자기 또는 제3자를 위한 이득의 의사에서 나온 것이라고 볼 수 없을 뿐만 아니라, 위 조합에 손해를 가하고 제3자에게 재산상의 이익을 취득하게 한다는 인식·인용하에서 행해진 행위라고도 할 수 없다. 그렇다면 피고인이 대금회수확보를 위한 담보취득 등의 조치없이 위 양곡을 외상판매함으로 인하여 위 조합에 그 판매대금을 회수할 수 없게 되는 손해가 발생하였다는 점만으로, 피고인이 위 조합의 양곡대금채권의 회수가 매우 곤란하거나 부실화될 우려가 있음을 인식·인용하였다고 보아, 배임의 범의를 인정한 원심판결에는 업무상배임죄에 있어서의 배임의 범의에 관한 법리를 오해한 위법이 있다"(**대판** 1992. 1. 17, 91 도 1675).

36) 이와 관련하여, 부동산을 이중으로 매매한 甲이 선매수인 乙에게 소유권이전등기를 해 준 경우에는 후매수인 丙에 대하여 배임죄가 성립하지 않고(판례), 다만 甲이 소유권이전등기가 완료된 乙소유의 부동산을 자신의 부동산인 것처럼 기망하여 매도하였다면, 丙에 대한 사기죄가 문제될 뿐이다. 관련판례: "부동산을 이중으로 매도한 경우에 매도인이 선매수인에게 소유권이전의무를 이행하였다고 해서 그를 후매수인에 대하여 그 임무를 위법하게 위배하였다고는 할 수 없다고 할 것"(대판 1986. 12. 9, 86 도 1112; 1977. 10. 11, 77 도 1116).

여부이다. 그런데 乙과의 매매계약시에 甲이 이중매매할 의사가 없었던 한 乙에 대한 기망행위를 인정할 수 없고, 丙과의 관계에서도 丙에게 소유권이전등기를 해 줄 의사가 있는 한 乙과의 계약사실을 丙에게 고지할 신의칙상의 의무도 없으므로 丙에 대한 기망행위도 인정할 수 없다. 따라서 甲의 이중매매행위는 원칙적으로 사기죄를 구성하지 않는다. 다만 甲이 처음부터 이중매매할 의사와 후매수인에게 소유권이전등기를 해줄 의사를 가지고 선매수인 乙을 기망하여 계약금을 교부받아 재산상의 이익을 취득하였다면 사기죄가 성립한다.

(3) 배임죄의 성부

마지막으로 검토될 것은 甲의 乙에 대한 '배임죄'의 성립여부이다. 여기에서의 관건은, 甲이 선매수인인 乙에 대하여 부동산매매의 '어느 단계'에서 '타인의' 사무를 처리하는 자의 지위에 서게 됨으로써 '배임죄의 주체'가 될 수 있을 것인가 하는 점에 있다. 이하에서는 甲이 배임죄의 주체가 될 수 있는지를 단계를 나누어 검토하기로 한다. 그리고 부동산의 이중매매에 있어서 주로 매도인의 형사책임을 논하지만, '악의의' 후매수인의 형사책임도 문제된다.

(가) 매도인의 형사책임

(a) 계약금만 수령한 단계　　　매도인 甲이 선매수인 乙과 부동산 매매계약을 체결하고 乙로부터 계약금을 수령한 단계에서는 甲은 언제든지 계약금의 배액을 해약금으로 지급하고 계약을 해제할 수 있다(_{제565조}민법). 이 단계에서 甲은 乙에 대하여 '자기의' 사무를 처리하는 자에 불과하므로 아직 배임죄의 주체가 될 수 없다. 甲의 이중매매행위는 乙에 대하여 단순히 민법상의 채무불이행의 책임을 지는 데 그친다.

(b) 중도금을 수령한 단계　　　甲이 乙로부터 중도금을 수령한 단계에서는 매수인 乙이 계약의 이행에 착수한 것이 되어 매도인 甲은 계약을 일방적으로 해제할 수 없는 효과가 발생한다. 이 때 매도인은 매수인의 소유권취득에 협력해야 할 신의칙상의 신임관계에 서게 된다. 즉 이 시점으로부터 매도인은 매수인 乙에 대하여 '자기의' 사무이면서 '타인의' 사무를 처리하는 자의 지위에 서게 됨으로써 '배임죄의 주체'가 된다. 따라서 甲이 乙로부터 중도금을 수령한 이후에 재차 丙에게 이중매매한다면, 乙에 대한 관계에서 '배임죄'가 성립할 수 있다(_설통).

판례도 부동산의 이중매매에 있어서 매도인이 매수인으로부터 중도금을 수령한 단계에서 배임죄의 성립을 인정하고 있으며,[37] 계약금을 받은 것만으로는 배임죄가 성립할 수 없다고 한다.[38] 그리고 부동산의 이중매매가 배임죄가 되기 위해서는 선매수인과의 매매계약이 '유효'해서 선매수인의 소유권취득에 협력해야 할 신임관계가 있을 것을 전제로 하기 때문에, 선매수인과의 매매계약이 무효가 되는 등 선매수인에 대하여 등기협력의무가 발생하지 않는 경우에는 배임죄가 성립할 수 없다.[39]

부동산의 이중매매에 있어서 배임죄가 성립하는 경우에 그 '실행의 착수시기'에 관하여는 ① 매도인이 후매수인과 매매계약을 체결하고 계약금과 중도금을 수령한 때라고 하는 견해가[40] - 판례도[41] 이 입장에 선다 - 있으나, ② 후매수인을 위한 등기이전에 착수한 때라고[42] 함이 타당하다. 왜냐하면, 甲이 乙과 丙으로부터 각각 '중도금'만을 수령한 단계에서는 甲은 장차 乙과 丙 중에서

---

37) "판결요지: 부동산 매매계약에서 계약금만 지급된 단계에서는 어느 당사자나 계약금을 포기하거나 그 배액을 상환함으로써 자유롭게 계약의 구속력에서 벗어날 수 있다. 그러나 중도금이 지급되는 등 계약이 본격적으로 이행되는 단계에 이른 때에는 계약이 취소되거나 해제되지 않는 한 매도인은 매수인에게 부동산의 소유권을 이전해 줄 의무에서 벗어날 수 없다. 따라서 이러한 단계에 이른 때에 매도인은 매수인에 대하여 매수인의 재산보전에 협력하여 재산적 이익을 보호·관리할 신임관계에 있게 된다. 그때부터 매도인은 배임죄에서 말하는 '타인의 사무를 처리하는 자'에 해당한다고 보아야 한다. 그러한 지위에 있는 매도인이 매수인에게 계약 내용에 따라 부동산의 소유권을 이전해 주기 전에 그 부동산을 제3자에게 처분하고 제3자 앞으로 그 처분에 따른 등기를 마쳐 준 행위는 매수인의 부동산 취득 또는 보전에 지장을 초래하는 행위이다. 이는 매수인과의 신임관계를 저버리는 행위로서 배임죄가 성립한다"(대판 2018. 5. 27, 2017 도 4027 - 전원합의체).

38) "이른바 2중매매에 있어서 매도인이 매수인의 사무를 처리하는 자로서 배임죄의 주체가 되기 위하여는 매도인이 계약금을 받은 것만으로는 부족하고 적어도 중도금을 받는 등 매도인이 더 이상 임의로 계약을 해제할 수 없는 상태에 이르렀다 할 것"(**대판 1986. 7. 8, 85 도 1873**. 同旨, 대판 2020. 5. 14, 2019 도 16228; 1986. 10. 28, 86 도 936; 1984. 5. 15, 84 도 315; 1983. 10. 11, 83 도 2057; 1980. 5. 27, 80 도 290).

39) 대판 1995. 1. 20, 94 도 690; 1986. 9. 9, 86 도 1382; 1983. 7. 12, 82 도 2941.

40) 권오걸, 784면; 김/서, 490-1면; 박상기, 411면; 배종대, 558면; 백형구, 503면; 이재상, 432면; 정영일, 401면; 진/이, 503면.

41) "부동산소유자가 동 부동산을 제1차 매수인에게 매도하고 계약금과 중도금까지 수령한 이상 특단의 약정이 없으면 잔금수령과 동시에 매수인 명의로의 소유권이전등기에 협력할 임무가 있고, 이 임무는 주로 위 매수인을 위하여 부담하는 임무라고 할 것이므로, 위 매매계약이 적법하게 해제되었다면 모르되 그렇지 않은 이상 이를 다시 제3자와의 사이에 그 부동산에 대한 매매계약을 체결하고 계약금과 중도금까지 수령한 것은 위 제1차 매수인에 대한 소유권이전등기 협력의무의 위배와 밀접한 행위로서 배임죄의 실행의 착수라고 보아야 할 것"(**대판 1984. 8. 21, 84 도 691**. 同旨, 대판 1983. 10. 11, 83 도 2057).

42) 김성돈, 425면; 오영근, 517면; 이형국, 438면; 정/박, 470면.

한사람을 임의로 선택하여 잔금수령과 함께 소유권이전등기를 해 줄 수 있으며 결국 선매수인 乙에게 계약을 이행해 줄 가능성이 남아 있는 한, 아직 乙에 대한 배임죄의 성립을 인정할 여지가 없고, 甲과 丙 사이에 있어서도 이러한 사정은 마찬가지이기 때문이다.

배임죄의 '기수시기'는 후매수인에게 소유권이전등기를 완료한 때이다(통설·판례[43]).

(c) 잔금까지 수령한 단계   매도인 甲이 선매수인 乙로부터 잔금까지 수령한 단계에서는 매도인은 선매수인의 소유권이전등기에 협력할 의무만을 지게 된다는 점에서 더 이상 자기의 사무는 아니고 전적으로 '타인의' 사무를 처리하는 자의 지위에 서게 됨으로써 '배임죄의 주체'가 되고, 선매수인에 대한 관계에서 배임죄가 성립할 수 있음은 당연하다(통설).

학설로서는 매도인이 선매수인으로부터 중도금을 받은 것만으로는 부족하고, 잔금의 수령과 등기서류의 교부로써 사회통념상 소유권을 선매수인에게 이전하는 의사가 당사자간에 표명된 단계, 즉 '물권적 합의'가 있은 때 − 선매수인이 물권적 기대권을 취득한 때 − 에 배임죄의 주체가 된다는 견해도[44] 있으나, 상술한 바와 같이 '중도금'의 수령으로써 배임죄의 주체가 된다는 입장이 타당하다.

(나) 악의의 후매수인의 형사책임   매도인 甲이 중도금 또는 잔금을 수령한 단계에서 甲에게 배임죄의 성립을 긍정하는 경우에 '후매수인' 丙을 배임죄의 '공범'으로서 처벌할 수 있느냐의 문제가 있다. 후매수인이 매도인의 이중매매사실을 알고 매수하였다는 것, 즉 후매수인의 단순한 '악의'만으로는 배임죄의 '공범'으로서의 죄책을 묻기에 부족하며, 선매수인을 해할 목적으로 매도인의 이중매매를 교사하는 등 '적극적으로 가담'한 경우에 공범의 성립을 긍정함이 타당하다고 본다.[45] 판례도 후매수인이 적극 가담한 경우에 한하여 공범의 성

---

43) "부동산의 매도인이 매수인 앞으로의 소유권이전등기에 협력할 의무가 있음에도 불구하고 같은 부동산을 위 매수인 이외의 자에게 이중으로 매도하여 그 소유권이전등기를 마친 경우에는 1차 매수인에 대한 소유권이전등기의무는 이행불능이 되고, 이로써 1차 매수인에게 그 부동산의 소유권을 취득할 수 없는 손해가 발생하는 것이므로, 부동산의 이중매매에 있어서 배임죄의 기수시기는 2차 매수인 앞으로 소유권이전등기를 마친 때라고 할 것"(**대판** 1984. 11. 27, 83 **도** 1946).

44) 김종원, 238면; 오영근, 516면.

45) 권오걸, 788면; 김성돈, 426면; 김/서, 491면; 박상기, 412면; 오영근, 517면; 이형국, 438

립을 긍정한다.[46] 후매수인이 배임죄의 공범이 되는 경우에 장물취득죄는 성립하지 않는다.

7. 부동산의 이중저당

부동산의 이중저당이란 부동산소유자인 甲이 乙로부터 금전을 대여받으면서 채권담보로서 1번 저당권을 설정하여 주기로 약정하였으나 아직 저당권설정등기를 해 주지 않은 상태에서 또다시 丙으로부터 금전을 차용하고 丙에게 먼저 저당권설정등기를 해 준 결과 丙이 1번 저당권자가 된 경우를 말한다. 그 후 甲이 乙에게 저당권설정등기를 해 주더라도 乙은 2번 저당권자(후순위 저당권자)가 되므로, 甲의 채무불이행으로 인하여 저당권을 실행할 경우 채권의 만족을 얻지 못하는 '재산상의 손해'를 입을 수 있다. 따라서 부동산의 이중저당에 있어서는 甲의 재산상의 이익취득이 있고 乙에게 재산상의 손해가 발생한다는 점에서 乙에 대한 甲의 형사책임이 문제된다.

부동산의 이중저당에 있어서도 甲이 乙에 대하여 1번 저당권을 설정해 줄 의사가 '없음'에도 불구하고 1번 저당권설정등기를 해 준다고 약정한 경우에는 '乙에 대한 기망행위'가 존재하고 乙의 대여금 교부행위 및 재산상의 손해가 있으므로 사기죄가 성립할 수 있음은 당연하다. 따라서 甲이 乙에게 1번 저당권을 설정해 줄 의사가 '있었음'에도 불구하고 그 계약을 어기고 丙에게 먼저 1번 저당권을 설정해 준 경우가 논의의 대상이 된다.

甲의 乙에 대한 형사책임에 관하여는 다음과 같이 학설이 대립한다.

(1) 사기죄설[47]

사기죄는 피기망자와 재산상의 피해자가 일치할 필요가 없으므로 甲이 丙

면: 정/박, 471면; 진/이, 504면.

46) "판결요지: 이미 타인에게 매도되었으나 소유권이전등기가 경료되지 아니하고 있는 부동산을 이중으로 매수 기타 양수하는 자에 대하여 배임죄의 죄책을 묻기 위하여는 이중으로 양수하는 자가 단지 그 부동산이 이미 타인에게 매도되었음을 알고 이중으로 양수하는 것만으로는 부족하고, 먼저 매수한 자를 해할 목적으로 양도를 교사하거나 기타 방법으로 양도행위에 적극 가담한 경우에 한하여 양도인의 배임행위에 대한 공범이 성립된다"(**대판** 1975. 6. 10, 74 **도** 2455. 同旨, 대판 1966. 1. 31, 65 도 1095). "판결요지: 점포의 임차인이 임대인이 그 점포를 타에 매도한 사실을 알고 있으면서 점포의 임대차계약 당시 '타인에게 점포를 매도할 경우 우선적으로 임차인에게 매도한다'는 특약을 구실로 임차인이 매매대금을 일방적으로 결정하여 공탁하고 임대인과 공모하여 임차인 명의로 소유권이전등기를 경료하였다면, 임대인의 배임행위에 적극 가담한 것으로서 배임죄의 공동정범에 해당한다"(**대판** 1983. 7. 12, 82 **도** 180).

47) 이건호, 348면.

에게 저당권설정계약사실을 고지하지 아니하여 착오에 빠뜨린 기망행위가 있고, 그 결과 乙에게 손해를 가하여 재산상의 이익을 취득한 이상 사기죄가 성립한다고 한다.

(2) 배임죄설[48]

사기죄는 피기망자와 재산상의 피해자가 일치할 필요가 없지만 피기망자가 피해자의 재산을 처분할 수 있는 법률상 또는 사실상의 지위에 있어야 하는데, 丙은 乙의 재산을 처분할 수 있는 지위에 있지 못하다.[49] 따라서 甲의 乙에 대한 사기죄의 성립을 인정할 수 없으며, 甲의 乙에 대한 저당권설정등기 협력의무가 '타인의' 사무에 해당하므로 배임죄가 성립한다고 한다(통설). 판례는 이중의 대물변제예약행위에 있어서 같은 결론을 내리고 있다.[50]

(3) 사 견

부동산의 이중저당에 있어서 甲이 乙에게 저당권설정등기를 해 주지 않고 저당권설정'계약'을 한 것만으로는 이 사실을 丙에게 고지할 신의칙상의 의무는 없다고 보아야 한다. 따라서 乙에게 재산상의 손해가 있다고 하더라도 丙에 대한 '기망행위'가 존재하지 않으므로 사기죄는 성립하지 않는다. 또 처음에는 乙에게 1번 저당권을 설정해 줄 의사가 甲에게 있었던 이상, 乙에 대한 기망행위도 존재하지 않는다.

다만 甲이 乙로부터 대여금의 일부 또는 전부를 교부받음으로써 계약의 이행단계에 들어가면 甲은 乙의 저당권설정등기에 협력할 신의칙상의 신임관계에 있게 되므로, 甲은 乙에 대하여 '타인의' 사무를 처리하는 자의 지위에 선다고 보아야 하고, 또 甲은 임무에 위배하여 乙을 후순위 저당권자로 삼음으로써 재산상의 손해를 가하기 때문에 '배임죄'를 구성한다고 함이 타당하다.

---

48) 강구진, 380면; 권오걸, 791면; 김성돈, 427면; 김/서, 490면; 박상기, 409면; 배종대, 560면; 백형구, 221면; 손동권, 465면; 오영근, 519면; 이재상, 430면; 이형국, 437면; 정/박, 469면; 진/이, 502면.

49) 그러나 '丙'의 지위를 문제삼는 것은 정확하지 못하다. 丙이 아니라 '乙'의 지위를 문제삼는 경우에는 乙이 甲에게 대여금을 교부한 이상 '재물의 교부행위'라는 사기죄의 구성요건을 충족한다. 따라서 본 문제에서 사기죄의 성립을 좌우하는 관건은 丙 또는 乙에 대한 '기망행위'를 인정할 수 있느냐 하는 점에 달려있는 것이고, 乙의 교부행위가 있는 한, 丙이 재산을 처분할 수 있는 지위에 있느냐 하는 논의는 불필요하다.

50) "판결요지: 채무자가 채무담보의 뜻으로 대물변제예약한 물건을 그 변제기 후에 채권자 측으로부터의 예약완결권 행사 전에 제3자에게 대물변제하였다면, 위 채권자에 대한 관계에 있어 배임이 됨은 모르거니와 위 제3자에 대한 관계에 있어 사기죄는 성립하지 아니한다"(**대판** 1980. 9. 24, 80 도 903).

그러나 대법원은 "[판결요지] 채무자가 저당권설정계약에 따라 채권자에 대하여 부담하는 저당권을 설정할 의무는 계약에 따라 부담하게 된 채무자 자신의 의무이다. 채무자가 위와 같은 의무를 이행하는 것은 채무자 자신의 사무에 해당할 뿐이므로, 채무자를 채권자에 대한 관계에서 '타인의 사무를 처리하는 자'라고 할 수 없다. 따라서 채무자가 제3자에게 먼저 담보물에 관한 저당권을 설정하거나 담보물을 양도하는 등으로 담보가치를 감소 또는 상실시켜 채권자의 채권실현에 위험을 초래하더라도 배임죄가 성립한다고 할 수 없다. 위와 같은 법리는, 채무자가 금전채무에 대한 담보로 부동산에 관하여 양도담보설정계약을 체결하고 이에 따라 채권자에게 소유권이전등기를 해 줄 의무가 있음에도 제3자에게 그 부동산을 처분한 경우에도 적용된다"라고 (대판 2020. 6. 18, 2019 도 14340 – 전원합의체) 함으로써, 배임죄의 성립을 부정하고 있다.

8. 동산의 이중매매

(1) 현실의 인도 또는 간이인도에 의한 이중매매

매도인 甲이 동산을 선매수인 乙에게 매도하기로 계약하고 아직 현실의 인도 또는 간이인도를 하기 전에 또다시 후매수인 丙에게 이중으로 매도하여 그 목적물을 丙에게 현실의 인도(민법 제188 조 제1항) 또는 간이인도(민법 제188 조 제2항)하였다면, 丙은 소유권을 완전히 취득한다. 이 때 甲이 乙로부터 '중도금을 수령한 단계'에서는 매수인 乙이 계약의 이행에 착수한 것이 되어 매도인 甲은 계약을 일방적으로 해제할 수 없는 효과가 발생하므로, 甲은 乙의 소유권취득에 협력해야 할 신의칙상의 신임관계에 서게 된다. 즉 이 시점으로부터 甲은 乙에 대하여 '자기의' 사무이면서 '타인의' 사무를 처리하는 자의 지위에 서게 됨으로써 '배임죄의 주체'가 된다. 따라서 甲이 乙로부터 중도금 내지 잔금을 수령한 이후에 丙에게 동산을 이중매매하고 인도까지 하였다면, 乙에 대한 관계에서 '배임죄'가 성립할 수 있다.[51] 그러나 판례는 배임죄의 성립을 부정한다.[52]

---

51) 김성돈, 426면; 김/서, 491면; 오영근, 519면.

52) "[다수의견] 원심은, 피고인이 이 사건 인쇄기를 최영○에게 135,000,000원에 양도하기로 하여 그로부터 1, 2차 <u>계약금 및 중도금</u> 명목으로 합계 43,610,082원 상당의 원단을 제공받아 이를 수령하였음에도 불구하고 그 인쇄기를 자신의 채권자인 류인○에게 기존 채무 84,000,000원의 변제에 갈음하여 양도함으로써 동액 상당의 재산상 이익을 취득하고 최영○에게 동액 상당의 손해를 입혔다는 이 사건 공소사실에 대하여, 피고인이 이 사건 동산매매계약에 따라 최영○에게 이 사건 인쇄기를 인도하여 줄 의무는 민사상의 채무에 불과할 뿐 타인의 사무라고 할 수 없으

(2) 점유개정에 의한 이중매매

매도인 甲이 동산을 선매수인 乙에게 매도하고 점유개정(민법제189조)에 의하여 계속 목적물을 점유하면서 또다시 후매수인 丙에게 매도하여 현실의 인도를 해 주었다면, 甲은 이미 乙의 소유가 된 목적물을 '보관하는 자'의 지위에 서서 타인의 물건을 매도한 것이므로 '횡령죄'를 구성한다.[53]

(3) 반환청구권의 양도에 의한 이중매매

매도인 甲이 선매수인 乙에게 동산에 대한 반환청구권의 양도에 의한 인도(민법제190조)를 한 후 점유매개자 A에게 양도통지를 하기 전에 또다시 후매수인 丙에게 그 목적물에 대한 반환청구권을 양도한 경우에, 반환청구권의 양도만으로 소유권은 완전히 이전되고 점유매개자에 대한 통지는 양도의 대항요건에 불과하므로,[54] 선매수인 乙이 소유자가 된다. 따라서 A에게 양도통지를 하기 전의 甲은 乙 소유의 동산을 법률상 지배하는 보관자의 지위에 서게 되고, 그 목적물을 甲이 또다시 丙에게 매도한다면 '횡령죄'를 구성할 수 있다.[55]

9. 죄   수

타인의 사무를 처리하는 자가 그 임무에 위배하여 본인을 기망함으로써 재산상의 이익을 취득하고 본인에게 손해를 가한 경우에는 배임죄와 사기죄의 상상적 경합이 된다. 판례도 두 범죄의 상상적 경합을 인정한다(대판 2002. 7. 18, 2002 도 669 – 전원

므로 위 인쇄기의 양도와 관련하여 피고인이 타인의 사무를 처리하는 자의 지위에 있다고 볼 수 없다는 이유로, 피고인에 대하여 무죄를 선고한 제1심판결을 그대로 유지하였다. 이 사건 매매와 같이 당사자 일방이 재산권을 상대방에게 이전할 것을 약정하고 상대방이 그 대금을 지급할 것을 약정함으로써 그 효력이 생기는 계약의 경우(민법 제563조), 쌍방이 그 계약의 내용에 좇은 이행을 하여야 할 채무는 특별한 사정이 없는 한 '자기의 사무'에 해당하는 것이 원칙이다. 매매의 목적물이 동산일 경우, 매도인은 매수인에게 계약에 정한 바에 따라 그 목적물인 동산을 인도함으로써 계약의 이행을 완료하게 되고 그때 매수인은 매매목적물에 대한 권리를 취득하게 되는 것이므로, 매도인에게 자기의 사무인 동산인도채무 외에 별도로 매수인의 재산의 보호 내지 관리 행위에 협력할 의무가 있다고 할 수 없다. 동산매매계약에서의 매도인은 매수인에 대하여 그의 사무를 처리하는 지위에 있지 아니하므로, 매도인이 목적물을 매수인에게 인도하지 아니하고 이를 타에 처분하였다 하더라도 형법상 배임죄가 성립하는 것은 아니다. 이러한 법리에 비추어 살펴보면, 원심이 위와 같은 이유로 피고인에 대하여 무죄를 선고한 제1심판결을 유지한 것은 수긍할 수 있고, 원심판결에는 상고이유로 주장하는 바와 같은 배임죄에 있어 타인의 사무를 처리하는 자의 의미 등에 관한 법리오해 등의 위법이 없다"(대판 2011. 1. 20, 2008 도 10479 – 전원합의체. 밑줄은 저자).

53) 김성돈, 426면; 김/서, 491면; 오영근, 519면.
54) 이영준, 물권법(민법강의 Ⅱ), 박영사, 1999, 254면; 이은영, 물권법, 박영사, 1998, 300면.
55) 김성돈, 427면; 김/서, 492면; 오영근, 520면.

합의체
판결).

10. 형   벌

5년 이하의 징역 또는 1천500만원 이하의 벌금에 처한다. 10년 이하의 자격정지를 병과할 수 있다(제358조). 미수범은 처벌한다(제359조).

'특정경제범죄 가중처벌 등에 관한 법률'(약칭: 특정경제범죄법) 제3조는 배임으로 취득한 가액(이득액)이 50억원 이상인 때에는 무기 또는 5년 이상의 징역에 처하고, 5억원 이상 50억원 미만인 때에는 3년 이상의 유기징역에 처한다.

11. 친족상도례와 동력

본죄에는 제328조(친족간의 범행과 고소)와 제346조(동력)가 준용된다(제361조).

Ⅱ. 업무상배임죄

제356조 [업무상의 배임] "업무상의 임무에 위배하여 제355조의 죄를 범한 자는 10년 이하의 징역 또는 3천만원 이하의 벌금에 처한다."

1. 의의, 성격

본죄는 "업무상의 임무에 위배하여 재산상의 이익을 취득하거나 또는 제3자로 하여금 이익을 취득하게 하고 이로 인하여 본인에게 손해를 가함으로써 성립하는 범죄"이다. 업무자로서 타인의 사무를 처리한다는 신분으로 말미암아 단순배임죄에 대하여 책임이 가중되는 범죄유형이다(부진정신분범). 본죄의 주체는 타인의 사무처리자라고 하는 신분 이외에 업무자라고 하는 2중의 신분을 갖추어야 한다. 전자의 신분은 범죄구성적 신분(진정신분범에서의 신분)이고, 후자의 신분은 형벌가중적 신분(부진정신분범에서의 신분)이다. 따라서 비신분자인 乙이 업무상의 사무처리자인 甲의 배임행위에 가공한 경우에 甲은 업무상배임죄로 처벌되고, 乙은 ㉠ 먼저 제33조 '본문'의 적용을 받아 '단순배임죄'의 공범이 되고, ㉡ 다음으로 제33조 '단서'의 적용을 받아 업무상배임죄의 공범이 성립할 수는 '없다'. 이 때 판례에 의하면 乙은 제33조 단서에 의하여 단순배임죄에 정한 형으로 처벌된다고 한다.[56) 본죄의 구성요건에 관한 설명은 업

---

56) "업무상배임죄는 업무상 타인의 사무를 처리하는 지위에 있는 사람이 그 임무에 위배하는

무상횡령죄에 대응한다.

회사직원이 '퇴사한 후'에는 특별한 사정이 없는 한 업무상배임죄에서 타인의 사무를 처리하는 자의 지위에 있다고 볼 수 없다는 대법원판결이 있다.[57]

2. 형 벌

10년 이하의 징역 또는 3천만원 이하의 벌금에 처한다. 10년 이하의 자격정지를 병과할 수 있다(제358조). 미수범은 처벌한다(제359조).

'특정경제범죄 가중처벌 등에 관한 법률' 제3조는 업무상배임으로 취득한 가액(이득액)이 50억원 이상인 때에는 무기 또는 5년 이상의 징역에 처하고, 5억원 이상 50억원 미만인 때에는 3년 이상의 유기징역에 처한다.

행위로써 재산상의 이익을 취득하거나 제3자로 하여금 이를 취득하게 하여 본인에게 손해를 가한 때에 성립하는 것으로서, 이는 타인의 사무를 처리하는 지위라는 점에서 보면 신분관계로 인하여 성립될 범죄이고, 업무상 타인의 사무를 처리하는 지위라는 점에서 보면 단순배임죄에 대한 가중규정으로서 신분관계로 인하여 형의 경중이 있는 경우라고 할 것이다. 그러므로 그와 같은 신분관계가 없는 자가 그러한 신분관계가 있는 자와 공모하여 업무상배임죄를 저질렀다면, 그러한 신분관계가 없는 자에 대하여는 형법 제33조 단서에 의하여 단순배임죄에 정한 형으로 처단하여야 할 것"(대판 1999. 4. 27, 99 도 883. 同旨, 대판 1997. 12. 26, 97 도 2609; 1986. 10. 28, 86 도 1517).

57) "판결이유: 업무상배임죄의 주체는 타인의 사무를 처리하는 지위에 있어야 한다. 따라서 회사직원이 재직 중에 영업비밀 또는 영업상 주요한 자산을 경쟁업체에 유출하거나 스스로의 이익을 위하여 이용할 목적으로 무단으로 반출하였다면 타인의 사무를 처리하는 자로서 그 업무상의 임무에 위배하여 유출 또는 반출한 것이어서 유출 또는 반출 시에 업무상배임죄의 기수가 된다. 또한 회사직원이 영업비밀 등을 적법하게 반출하여 그 반출행위가 업무상배임죄에 해당하지 않는 경우라도, 퇴사 시에 그 영업비밀 등을 회사에 반환하거나 폐기할 의무가 있음에도 경쟁업체에 유출하거나 스스로의 이익을 위하여 이용할 목적으로 이를 반환하거나 폐기하지 아니하였다면, 이러한 행위 역시 퇴사 시에 업무상배임죄의 기수가 된다(대법원 2008. 4. 24, 선고 2006 도 9089 판결 등 참조). 그러나 회사직원이 퇴사한 후에는 특별한 사정이 없는 한 그 퇴사한 회사직원은 더 이상 업무상배임죄에서 타인의 사무를 처리하는 자의 지위에 있다고 볼 수 없고, 위와 같이 반환하거나 폐기하지 아니한 영업비밀 등을 경쟁업체에 유출하거나 스스로의 이익을 위하여 이용하더라도 이는 이미 성립한 업무상배임행위의 실행행위에 지나지 아니하므로, 그 유출 내지 이용행위가 부정경쟁방지 및 영입비밀보호에 관한 법률 위반(영업비밀누설등)죄에 해당하는지 여부는 별론으로 하더라도, 따로 업무상배임죄를 구성할 여지는 없다고 보아야 한다. 그리고 위와 같이 퇴사한 회사직원에 대하여 타인의 사무를 처리하는 자의 지위를 인정할 수 없는 이상, 제3자가 위와 같은 유출 내지 이용행위에 공모·가담하였다 하더라도 그 타인의 사무를 처리하는 자의 지위에 있다는 등의 사정이 없는 한 업무상배임죄의 공범 역시 성립할 수 없다"(대판 2017. 6. 29, 2017 도 3808).

Ⅲ. 배임수증재죄

제357조 [배임수증재] 제1항 "타인의 사무를 처리하는 자가 그 임무에 관하여 부정한 청탁을 받고 재물 또는 재산상의 이익을 취득하거나 제3자로 하여금 이를 취득하게 한 때에는 5년 이하의 징역 또는 1천만원 이하의 벌금에 처한다."
제2항 "제1항의 재물 또는 재산상 이익을 공여한 자는 2년 이하의 징역 또는 500만원 이하의 벌금에 처한다."
제3항 "범인 또는 그 사정을 아는 제3자가 취득한 제1항의 재물은 몰수한다. 그 재물을 몰수하기 불가능하거나 재산상의 이익을 취득한 때에는 그 가액을 추징한다."

1. 의의, 성격

배임수증재죄(背任收贈財罪)는 배임수재죄와 배임증재죄로 구분된다. 배임수재죄는 "타인의 사무를 처리하는 자가 그 임무에 관하여 부정한 청탁을 받고 재물 또는 재산상의 이익을 취득하거나 제3자로 하여금 취득하게 함으로써 성립하는 범죄"이고, 배임증재죄는 "타인의 사무를 처리하는 자에게 그 임무에 관하여 부정한 청탁을 하고 재물 또는 재산상 이익을 공여함으로써 성립하는 범죄"이다.

본죄의 성격은 공무원범죄로서의 뇌물죄($\frac{제129조,}{제133조}$)에 상응하여, 비공무원이지만 타인의 사무를 처리하는 자가 임무에 관하여 부정한 청탁을 받고 재물을 수수하는 행위를 처벌하고자 하는 '독자적 범죄'이다. 본죄의 성립에 배임행위가 있을 필요가 없다는 점에서 본죄는 배임죄와는 별개의 독립된 범죄라고 하겠고,[58] 뇌물죄의 색채가 강한 범죄로 이해된다.[59] 다만 ① 단순수뢰죄($\frac{제129조}{제1항}$) 및 사전수뢰죄($\frac{제129조}{제1항}$)와는 달리 본죄는 '부정한 청탁'을 구성요건으로 하고 있고,

---

58) "형법 제357조 제1항의 배임수재죄는 타인의 사무를 처리하는 자가 그 임무에 관하여 부정한 청탁을 받고 재물 등을 취득함으로써 성립하는 것이고, 어떠한 임무위배행위나 본인에게 손해를 가한 것을 요건으로 하는 것이 아닌 데 대하여, 동법 제356조, 제355조 제2항의 배임죄는 타인의 사무를 처리하는 자가 그 임무에 위배하는 행위가 있어야 하고 그 행위로써 본인에게 손해를 가함으로써 성립하는 것이나 부정한 청탁을 받거나 금품을 수수한 것을 그 요건으로 하지 않고 있으므로, 이들 양 죄는 행위의 태양을 전연 달리하고 있어 일반법과 특별법 관계가 아닌 별개의 독립된 범죄라고 보아야 하고"(**대판** 1984. 11. 27, 84 도 1906).
59) 권오걸, 806면; 김성돈, 430면; 김/서, 499면; 박상기, 415면; 배종대, 569-70면; 이재상, 435면; 이정원, 439면; 정/박, 473면; 진/이, 511면.

또 ② 본죄의 기수범 성립에는 재물 또는 재산상의 이익에 대한 요구·약속·공여의 의사표시만으로는 부족하고 재물 또는 재산상의 이익의 '취득'이 있어야 한다는 점에서 뇌물죄와 차이가 난다.

배임수재죄의 행위의 객체에는 재산상의 이익 이외에 재물도 포함되므로, 본죄는 '재물죄'이면서 '이득죄'이다. 그리고 배임수재죄는 '배임행위'가 있을 것을 요건으로 하지 않고, 임무에 관하여 부정한 청탁을 받은 것을 요건으로 하기 때문에, 사무처리자가 부정한 청탁을 받고 '배임행위에까지' 나아가 재산상의 이익을 취득한 경우에는 배임수재죄와 단순배임죄 또는 업무상 배임죄와의 상상적 경합이 성립한다.

2. 보호법익과 보호의 정도

본죄의 보호법익에 관해서는 '사무처리의 청렴성 내지 공정성'이라는 견해와[60] '타인의 재산과 사무처리의 청렴성 내지 공정성'이라는 견해가[61] 대립한다. ① 본죄의 구성요건상 본인에게 '재산상의 손해'가 발생할 것을 필요로 하지 않는 점을 고려하고, ② 본죄의 성격을 뇌물죄에 상응하는 범죄로 이해하는 입장에 선다면, 전자의 견해가 타당하다고 생각한다. 판례도 전자의 입장이다.[62] 법익보호의 정도는―'부정한' 청탁을 본죄의 구성요건으로 규정한 점에 비추어 보아―'침해범'으로 해석된다.[63]

본죄의 미수범을 처벌하는데(제359조), 부정한 청탁을 받고 재물 또는 재산상 이익 공여의 요구·약속이 있었으나 현실적으로 재물 또는 재산적 이익의 취득이 없는 경우에 본죄의 미수가 성립한다.

3. 배임수재죄

본죄의 구성요건은 타인의 사무를 처리하는 자가 그 임무에 관하여 부정한 청탁을 받고 재물 또는 재산상의 이익을 취득하거나 제3자로 하여금 취득하게 하는 것이다.

---

60) 권오걸, 806면; 김성돈, 430면; 김성천, 1028면; 김/서, 500면; 박상기, 415면; 배종대, 569면; 백형구, 225면; 손동권, 473면; 이재상, 435면.
61) 오영근, 526면; 이형국, 440면; 정/박, 473-4면; 정영일, 414면; 진/이, 511면.
62) "배임수재죄는 타인의 사무를 처리하는 자의 청렴성을 그 보호법익으로 하는 형사범으로서"(**대판** 1984. 11. 27, 84 도 1906. 同旨, 대판 1987. 11. 24, 87 도 1560).
63) 권오걸, 806면; 김/서, 500면; 배종대, 570면; 정/박, 474면; 진/이, 512면.

(1) 행위의 주체

타인의 사무를 처리하는 자이다(진정신분범). 타인의 사무를 처리하는 자의 해석은 단순배임죄에서와 같다.[64] 타인의 사무처리는 업무자로서 하든지 비업무자로서 하든지 관계없다. 또 본죄의 사무는 배임죄에서와 마찬가지로 재산상의 사무이거나 재산적인 이해관계를 가지는 사무일 필요가 없다. 판례에 의하면, 점포 등의 임대와 관리를 담당하는 자[65] 이외에 방송국소속 가요담당 프로듀서[66] 또는 의과대학부대시설의 임차운영자를 설정할 권한을 가진 총장 겸 부속병원장의 직무를 보좌 또는 대행하거나 임차인을 추천할 권한을 가진 부총장도[67] 본죄의 주체가 될 수 있다고 한다.

타인의 사무를 처리하는 자의 지위에 있지 않다든가 타인의 사무와 전혀 무관한 불법행위를 하여 재산상의 이익을 취득한 경우에는 본죄가 성립하지 않는다. 예컨대 지역별 수산협동조합의 총대가 총회에서 조합장선출을 위한 투표권을 행사하는 것은 '자기의' 사무라고 보아야 하기 때문에 조합장선거에 출마한 후보자들로부터 자신을 지지하여 달라는 부탁과 함께 금품을 교부받은 총대는 본죄의 주체가 되지 않으므로 배임수재죄의 죄책을 지지 않으며,[68] 대학의 편입학사무와 관련이 없는 학교법인의 상무이사에게 학생의 편입학사무와 관련하여 돈을 주었더라도 동 상무이사가 편입학사무처리자의 지위에 있지 않으므로 배임증재죄의 죄책을 지지 않는다.[69]

---

64) 권오걸, 807면; 김성돈, 430-1면; 김성천, 1029면; 김/서, 500면; 박상기, 416면; 이재상, 435면; 정/박, 474면.

65) 대판 1984. 8. 21, 83 도 2447.

66) "방송국에 소속되어 가요프로그램의 제작연출 등의 사무를 처리하는 가요담당 프로듀서는, 방송법이 규정하고 있는 방송의 공적 책임수행과 그 내용의 공정성 및 공공성의 요청에 따라 방송국의 내규가 정하는 제한범위 내에서, 방송될 가요를 선곡하는 임무를 방송국으로부터 부여받은 자로서 '타인의 사무를 처리하는 자'이므로 배임수재죄의 주체가 될 수 있다 할 것"(대판 1991. 6. 11, 91 도 688).

67) 대판 1991. 12. 10, 91 도 2543.

68) "지역별 수산업협동조합의 총대는 조합의 의결기관인 총회의 구성원일 뿐 임원이나 기타 업무집행기관이 아니며 선출지역조합원의 지시나 간섭을 받지 않고 스스로의 권한으로 총회에서 임원선거에 참여하고 의결권을 행사하는 등 자주적으로 업무를 수행하는 것이므로, 총회에서의 의결권 또는 선거권의 행사는 자기의 사무이고 이를 선출지역조합원이나 조합의 사무라고 할수 없는 것이다. 그러므로 총대가 총회에서 조합장선출을 위한 투표권을 행사하는 것은 자기의 사무를 처리하는 것이라고 보아야 할 것이고, 이를 타인의 사무를 처리하는 것이라고 할 수 없는 것"(대판 1990. 2. 27, 89 도 970).

69) "판결요지: 대학에의 편입학에 관한 사무는 대학의 총장이나 학장의 임무이고, 그 대학을 설치·경영하는 학교법인의 상무이사의 임무라고 할 수 없으므로, 위 상무이사에게 대학에의 편

(2) 부정한 청탁

공무원의 수뢰죄와 달리, 본죄는 "임무에 관하여 부정한 청탁"을 받은 것을 구성요건으로 한다. '임무에 관하여'란 처리하는 본래의 사무뿐만 아니라 그와 밀접한 관계에 있는 범위의 사무를 포함한다(통설 및 판례[70]). 청탁은 명시적이거나 묵시적이거나를 불문한다.

'부정한' 청탁이란 배임행위에 이를 정도의 행위를 청탁하는 것은 아니고, 사회상규 또는 신의성실의 원칙에 반하는 내용의 행위를 해 줄 것을 의뢰하는 것으로 족하다(통설 및 판례[71]).

〈부정한 청탁의 예〉

은행장이 회수불능이 예상되는 회사로부터 거액의 불량대출을 청탁받은 경우(대판 1983. 3. 8. 82 도 2873), 은행지점 차장이 대출적격이 없는 자의 위장대출을 묵인·선처하여 달라는 청탁을 받은 경우(대판 1982. 2. 9. 80 도 2130), 보험회사 지부장이 피보험자의 사인(死因)에 대하여 보험회사가 의심을 갖고 내사를 하는 데도 보험금을 빨리 타도록 해달라는 청탁을 받은 경우(대판 1978. 11. 1. 78 도 2081), 취재기자를 겸하는 신문사 지국장이 무허가 벌채사건의 기사를 송고하지 않을 것을 청탁받은 경우(대판 1970. 9. 17. 70 도 1355), 종중회관을 매수하는 사무처리자가 그 매매대금을 증액하여 주고 대금지급기일 이전에 대금을 지급해 줄 것을 요청받고 그 사례로 돈을 받은 경우(대판 1980. 10. 14. 79 도 190), 아파트입주자 대표가 건축회사 협상대표로부터 보상금을 대폭 감액하여 조속히 합의하여 달라고 부탁받고 약속어음을 받은 경우(대판 1993. 3. 26. 92 도 2033), 종합병원 의사들이 의료품수입업자들로부터 특정약을 본래의 적응증인 순환기질환뿐만 아니라 모든 병에 잘 듣는 약이라고 원외처방하여 달라는 청탁을 받고 돈을 받은 경우(대판 1991. 6. 11. 91 도 413), 대학교수가 특정출판사의 교재를 채택하여 달라는 청탁을 받고 교재판매대금의 일정비율에 해당하는 금원을 받은 경우(대판 1996. 10. 11. 95 도 2090), 방송프로듀서가 담당 방송프로그램에 특정가수의 노래만을 자주 방송하여 달라는 청탁을 받고 사례금명목으로 돈을 받은 경우(대판 1991. 1. 15. 90 도 2257),

---

입을 청탁하고 금원을 교부하였다고 하여도 배임증재죄가 성립하지 아니한다"(대판 1982. 4. 13. 81 도 2646).

70) "배임수재죄에 있어 '임무에 관하여'라 함은 타인의 사무를 처리하는 자가 위탁받은 사무를 말하는 것이나, 이는 그 위탁관계로 인한 본래의 사무뿐만 아니라 그와 밀접한 관계가 있는 범위내의 사무도 포함된다고 해석된다"(대판 1982. 2. 9. 80 도 2130).

71) "배임수재죄에서 '부정한 청탁'은 반드시 업무상 배임의 내용이 되는 정도에 이를 필요는 없고, 사회상규 또는 신의성실의 원칙에 반하는 것을 내용으로 하면 충분하다"(**대판 2021. 9. 30. 2019 도 17102**; 1987. 11. 24. 87 도 1560; 1987. 4. 28. 87 도 414).

특정인을 어떤 직위에 우선적으로 추천하여 달라는 청탁을 받고 금품을 받은 경우 ($\binom{\text{대판 1989. 12.}}{\text{12. 89 도 495}}$) 등은 부정한 청탁을 받은 사례에 속한다.

그러나 청탁이 있었다고 하더라도, 직무를 처리함에 있어서 직무권한범위 안에서 편의를 보아 달라고 부탁하거나,[72] 최대한의 선처를 바란다는 내용의 부탁을 하거나,[73] 계약관계를 유지시켜 기존의 권리를 확보하기 위한 부탁은[74] '부정한' 청탁이라고 할 수 없다.

부정한 청탁이 있으면 족하고, 청탁받은 임무를 실제로 담당하고 있음을 요하지 않는다.[75]

(3) 실행행위

재물 또는 재산상의 이익을 취득하거나 제3자로 하여금 취득하게 하는 것이다. 재물 또는 재산상 이익의 취득은 부정한 청탁과 관련된 것이어야 한다. 즉 재물 또는 재산상 이익의 취득은 부정한 청탁과 '대가성'이 있어야 한다. 그러므로 부정한 청탁이 있었다고 하더라도 청탁과 무관하게 돈을 받았다면 본죄가 성립하지 않는다.[76]

본죄의 '기수범'이 성립하기 위하여는 재물 또는 재산상의 이익에 대한 '현

---

72) 대판 1980. 4. 8, 79 도 3108.

73) "수출지원금융을 실시함에 있어 단순히 규정이 허용하는 범위 내에서 최대한 선처를 바란다는 내용에 지나지 않는 것으로 보이므로 사회상규에 어긋난 부정한 청탁이라고 볼 수 없고" (대판 1982. 9. 28, 82 도 1656).

74) 대판 1985. 10. 22, 85 도 465.

75) "판결요지: 형법 제357조 제1항의 배임수재죄는 타인의 사무를 처리하는 자의 청렴성을 그 보호법익으로 하고 있는 바, 그 임무에 관하여 부정한 청탁을 받고, 재물을 수수함으로써 성립되고, 반드시 취재(取財) 당시에도 취재와 관련된 임무를 현실적으로 담당하고 있음을 그 요건으로 하는 것은 아니므로, 타인의 사무를 처리하는 자가 그 임무에 관하여 부정한 청탁을 받은 이상, 그후 사무분담 변경으로 그 직무를 담당하지 아니하게 된 상태에서 재물을 수수하게 되었다 하더라도 여전히 타인의 사무를 처리하는 지위에 있고, 그 재물 등의 수수가 부정한 청탁과 관련하여 이루어진 것이라면 배임수재죄는 성립한다"(**대판 1987. 4. 28, 87 도 414**). "판결요지: 반드시 수재 당시에도 그와 관련된 임무를 현실적으로 담당하고 있음을 그 요건으로 하는 것은 아니므로, 타인의 사무를 처리하는 자가 그 임무에 관하여 부정한 청탁을 받은 이상, 그 후 사직(辭職)으로 인하여 그 직무를 담당하지 아니하게 된 상태에서 재물을 수수하게 되었다 하더라도, 그 재물 등의 수수가 부정한 청탁과 관련하여 이루어진 것이라면 배임수재죄가 성립한다" (**대판 1997. 10. 24, 97 도 2042**).

76) "재물을 공여하는 사람이 부정한 청탁을 하였다 하더라도 그 청탁을 받아들임이 없이 그 청탁과는 관계없이 금품을 받은 경우에는, 배임수재죄는 성립하지 아니한다고 봄이 상당하고, 뇌물을 주고 받는 사람이 서로 필요적 공범관계에 있다 하여, 예외없이 공범자 모두가 처벌되어야 하는 것은 아니라 할 것인 바"(대판 1982. 7. 13, 82 도 874).

실적인' 취득이 있어야 하며, 단순히 약속·요구만 한 행위로서는 '미수범'이 성립
할 뿐이다(결과범에 있어서 결과불발생으로 인한 미수).[77] 본죄의 미수범은 처벌
한다($\frac{제359}{조}$).

본죄가 성립하기 위하여 재물 또는 재산상의 이익에 대한 현실적인 취득
이 있은 후, '배임행위'에 나아갈 것까지 요하는 것은 아니다. 배임행위까지 한 때
에는 본죄와 배임죄의 실체적 경합범이 된다는 견해(다수설[78] 및 판례[79])가 있
으나, 상상적 경합이 성립한다고 함이 타당하다. 사무처리자의 '이익취득행위'
의 부분적 동일성이 두 범죄에 걸쳐 인정되는 상상적 경합에 해당한다.

본죄가 성립하기 위하여 본인에 대한 재산상의 손해가 발생할 필요는 없다.[80]

(4) 주관적 구성요건

본죄의 주관적 구성요건은 자신이 사무처리자라고 하는 것과 부정한 청탁
을 받는다는 것 그리고 재물 또는 재산상의 이익을 취득한다는 것, 또는 제3
자로 하여금 취득하게 한다는 것에 대한 인식·인용이다. 본죄에 있어서 재물
또는 재산상의 이익을 취득한다는 의사는 증재자의 '자의'(自意)에 기한 공여
행위에 대응하는 것이므로, 불법영득의 의사(불법이득의 의사)로 파악할 것은
아니라고 본다.[81]

(5) 형 벌

(가) 징역·벌금 등   5년 이하의 징역 또는 1천만원 이하의 벌금에 처한
다. 10년 이하의 자격정지를 병과할 수 있다($\frac{제358}{조}$). 미수범은 처벌한다($\frac{제359}{조}$).

---

77) 강구진, 388면; 권오걸, 819면; 김성돈, 433면; 김성천, 1031면; 김/서, 502-3면; 김종원,
246면; 박상기, 418면; 배종대, 572면; 백형구, 227면; 오영근, 530면; 유기천, 상권, 301면; 이재
상, 437면; 이정원, 440면; 이형국, 441-2면; 정/박, 475면; 정영일, 417면; 진/이, 514-5면.

78) 강구진, 387면; 권오걸, 823면; 김성돈, 434면; 김/서, 503면; 김종원, 246면; 배종대, 572
면; 백형구, 227면; 오영근, 531면; 이재상, 437면; 정/박, 476면; 정영일, 414면; 진/이, 515면.

79) "양 죄는 행위의 태양을 전연 달리하고 있어 일반법과 특별법 관계가 아닌 별개의 독립된
범죄라고 보아야 하고, 또 업무상배임죄의 법정형은 10년 이하의 징역(단순배임죄의 법정형도 5
년 이하의 징역)인 데 비하여 배임수재죄의 그것은 업무상배임죄의 법정형보다 경한 5년 이하의
징역이므로, 업무상배임죄가 배임수재죄에 흡수되는 관계에 있다거나 결과적 가중범의 관계에
있다고는 할 수 없으므로, 원심이 양 죄를 형법 제37조 전단의 경합범으로 의율처단하였음은 정
당하고"(**대판** 1984. 11. 27, 84 도 1906).

80) "배임수재죄에 있어서는 본인에게 손해가 발생하였는지의 여부는 그 죄의 성립에 영향이
없는 것"(**대판** 1984. 8. 21, 83 도 2447. 同旨, 대판 1983. 12. 13, 82 도 735; 1982. 5. 25, 81 도
1305).

81) 다만 판례(대판 1984. 3. 13, 83 도 1986; 1983. 3. 8, 82 도 2873)는 본죄의 성립에 불법영득
의 의사가 필요하다고 한다.

금융회사 등의 임·직원의 배임수재는 '특정경제범죄 가중처벌 등에 관한 법률'(약칭: 특정경제범죄법) 제5조의 특별적용을 받는다. 이 법률의 특색은, 금융회사 등의 임·직원의 배임수재죄에는 ① 부정한 청탁이 있을 것을 요건으로 하지 않을 뿐만 아니라($\frac{통조}{제1항}$), ② 금품 기타 이익의 요구·약속도 수수(收受, 취득행위)와 마찬가지로 처벌하고 있으며($\frac{제1항}{제2항}$), ③ 수수·요구·약속의 가액(수수액)이 3천만원 이상인 때에는 가중처벌한다는 점에 있다($\frac{제4}{항}$).

(나) 몰수·추징   범인 또는 정(情)을 아는 제3자가 취득한 재물은 몰수하며, 그 재물을 몰수할 수 없거나 재산상의 이익을 취득한 때에는 그 가액을 추징한다($\frac{제357조}{제3항}$). 몰수와 추징은 '필요적'이다. 배임수재자가 받은 재물을 증재자에게 반환했더라도 증재자로부터 그 재물을 몰수하거나 그 가액을 추징한다.[82]

4. 배임증재죄

(1) 구성요건

본죄의 구성요건은 타인의 사무를 처리하는 자에게 그 임무에 관하여 부정한 청탁을 하고 재물 또는 재산상 이익을 공여하는 것이다.

본죄의 주체(공여자)는 타인의 사무처리자라고 하는 신분을 요하지 아니하지만, 재물 또는 재산상 이익의 공여의 '상대방'(수재자)은 반드시 타인의 사무처리자이어야 한다. 따라서 본죄는 배임수재죄와 필요적 공범관계에 있다(대향범).

증재자는 수재자에게 그 임무에 관한 부정한 청탁을 할 것을 요한다. 다만 수재자에게는 부정한 청탁이 되어도 증재자에게는 부정한 청탁이 될 수 없는 때에는, 배임수재죄는 성립하지만 배임증재죄는 성립하지 않는 경우가 발생할 수 있다.[83]

본죄도 재물 또는 재산상 이익을 공여함으로써 '기수'가 되며, 공여의 의사표시 또는 약속만으로는 '미수'에 그친다.

---

82) 대판 2017. 4. 7, 2016 도 18104.

83) "피고인의 소위는 자신의 권리를 보호하기 위한 것으로서 사회상규에 반하는 것으로 볼 수는 없다 할 것이고, 따라서 부정한 청탁을 한 것이라고 할 수 없다 할 것인 바, 재물 또는 이익을 공여하는 사람에게 부정한 것이 없다면 배임증여죄는 성립되지 아니한다 할 것이고, 또 이는 그것을 받는 사람으로 보아 부정한 것인지 여부에 구애되지 아니한다 할 것"(대판 1980. 8. 26, 80 도 19. 同旨, 대판 1991. 1. 15, 90 도 2257; 1979. 6. 12, 79 도 708; 1978. 11. 1, 78 도 2081).

(2) 형 벌

2년 이하의 징역 또는 500만원 이하의 벌금에 처한다. 10년 이하의 자격정지를 병과할 수 있다($\frac{제358}{조}$). 미수범은 처벌한다($\frac{제359}{조}$).

금융회사 등의 임·직원에 대한 배임증재도 '특정경제범죄 가중처벌 등에 관한 법률' 제6조의 특별적용을 받는다. 그 특색은 ① 부정한 청탁이 있을 것을 요건으로 하지 않고, ② 공여의 의사표시 또는 약속도 공여와 마찬가지로 처벌하며, ③ 5년 이하의 징역 또는 3천만원 이하의 벌금으로 가중처벌한다는 점에 있다.

제8장 장물에 관한 죄

제1절 개 설

I. 의의, 성격

1. 의 의

장물죄(Hehlerei)는 "장물을 취득·양도·운반·보관하거나 이를 알선함으로써 성립하는 범죄"이다($\frac{제362}{조}$). 여기에서 '장물'이란 재산범죄에 의하여 불법하게 영득된 재물을 말하고, 장물을 발생시키는 재산범죄(예: 절도, 사기 등)를 '본범'(Vortat, Vortäter)이라고[1] 한다.

2. 성 격

장물은 재물에 한하므로 장물죄는 재물만을 행위의 객체로 하는 '재물죄'이다. 장물'취득'죄는 불법영득의 의사를 요하는 '영득죄'이지만, 장물양도·운반·보관·알선죄는 불법영득의 의사가 필요하지 않으므로 영득죄에 속하지 않는다.

장물죄는 '범죄학'적으로 볼 때, 재산범죄를 유발하고 조장하는 측면에서 '본범조장적 성격'을 지니며, 본범과 밀착하여 범죄로 조성된 불법이익을 본범과 나누거나 착취하기 때문에 본범을 비호할 수밖에 없는 '본범비호적 성격'을 갖는다.[2] 바로 이러한 성격에서 장물죄의 법정형이 단순절도죄 또는 단순횡령

---

1) 제365조 제2항도 '본범'이라는 용어를 사용하고 있다.
2) 다산(茶山) 정약용 선생은 일찍이 장물범과 본범간의 관계를 간파하여, 저서 목민심서(牧民心書)에서 다음과 같이 장물범을 경계하고 있다. "백성을 위해 해독을 제거하는 일은 목민관의 임무이니, 첫째는 도적이요, 둘째는 미신이요, 셋째는 호랑이다. …지금 온갖 도둑이 땅 위에 가득하다. …송사에서는 그 뇌물을 도둑질하고, 도둑에게서는 그 장물을 도둑질한다. …토포군관

죄보다 무겁게 규정된 이유를 찾아볼 수 있다. 또 장물죄의 본범조장성과 본
범비호성은 ① 장물범과 본범 사이에는 '일정한 내적 연관'이 있어야 한다는 해
석론 및 ② 장물범과 본범간의 친족상도례를 규정한 제365조 제2항에 반영되
고 있다.

　장물죄는 비록 본범비호적 성격을 갖는다고 하더라도, 본범에 대한 방조범
내지 사후종범이 아니고 어디까지나 '독립된' 범죄이다.[3]

Ⅱ. 보호법익

　장물죄의 보호법익은 (본범의 피해자의) '재산권'이다(^{다수}_설).[4] 후술하는 바와
같이 장물죄의 본질을 장물에 대한 피해자의 추구권으로 파악하는 견해는 장
물죄의 보호법익도 역시 장물에 대한 피해자의 추구권이라고 한다.[5] 그러나
불법원인급여물을 횡령한 경우에 피해자의 추구권이 없더라도 횡령한 재물에
대하여 장물성을 인정함이 타당하다는 입장에 선다면, 본죄의 보호법익을 피
해자의 추구권으로 보기는 곤란하고 널리 재산권으로 파악해야 할 것이다.

　법익보호의 정도에 관해서는 ① 위험범이라는 견해,[6] ② 침해범이라는 견
해,[7] ③ 장물죄의 행위유형에 따라 판단해야 한다는 전제하에 장물알선죄는
위험범이지만 장물취득·양도·운반·보관죄는 침해범이라는 견해(구별설)가[8]

(討捕軍官)을 끼우지 않으면 도둑이 도둑질을 하지 못한다. 한길이나 큰 장터에 도둑을 몰아넣
어 안팎으로 호응하면서 빼앗고 훔친다. 도둑 단독으로는 도둑질을 할 방도가 없다. 부잣집과 형
세있는 집의 의복과 기물을 도둑이 도둑질을 한다고 해도 팔 길이 없으니, 그것을 파는 것은 군
관이다. 대개 장물값이 10냥이라면, 도둑이 그 3냥을 먹고 군관이 그 7냥을 먹는 것이니, 관례가
본래 그러하다"(丁若鏞 著/茶山硏究會 譯註, 譯註 牧民心書 Ⅴ, 창작과비평사, 1985, 121-124면
참조).

　3) 형법사로 보자면, 유럽에서는 중세에 이르기까지 장물죄를 범인은닉죄와 더불어 사후종범
으로 취급하였으나, 근대에 들어서서 장물죄를 범인은닉죄로부터 분리하고 본범과 독립된 재산
범죄로 다루기 시작하였다.

　4) 권오걸, 828면; 김성돈, 436면; 김성천, 1035면; 김/서, 505면; 박상기, 422면; 배종대, 575
면; 이재상, 440면; 이형국, 448면; 정/박, 484면; 정영일, 424면; 진/이, 519면.

　5) 김종원, 248면.

　6) 김성천, 1035면; 오영근, 534면; 유기천, 상권, 311면; 이재상, 441면; 정영일, 424면; 진/이,
519면.

　7) 강구진, 309면; 권오걸, 828면; 김성돈, 436면; 김/서, 506면; 박상기, 422면; 배종대, 576면;
손동권, 481면; 이정원, 442면; 정/박, 485면.

　8) 김/서, 506면; 박상기, 422면.

대립한다.

생각건대 장물죄로 인하여 피해자의 소유권 기타 재산권이 침해되는 것은 아니고, 재산권의 '위태화'가 유지·증가되는 것에 불과하므로 '위험범설'이 타당하다고 본다. 이 점은 장물죄의 행위유형의 구별없이 타당하다. 형법은 장물죄의 미수범처벌규정을 두고 있지 않다.

Ⅲ. 장물죄의 본질

장물죄의 본질에 관하여는 다음과 같이 다양한 학설이 전개되고 있으며, 학설에 따라 '장물의 성립범위'가 달라지므로 실익이 큰 논쟁이라고 할 수 있다.

(1) 추구권설

장물죄의 본질은 "본범의 피해자가 점유를 상실한 재물에 대하여 추구 내지 회복하는 것을 곤란하게 하는 데"에 있다고 하는 학설이다.[9] 민법 등 사법상의 '반환청구권'을 전제로 해서 사법과의 통일적·유기적 해석을 도모하려는 견해이다. 판례 중에는 추구권설의 입장에 선 것이 있다.[10]

이 입장에서는 피해자에게 사법(私法)상의 추구권(반환청구권)이 없으면 장물이 아니며, 피해자가 사법상 추구권(반환청구권)을 상실하게 되면 장물성도 소멸한다고 한다. 예컨대 ① 뇌물전달용으로 제공한 재물과 같이 불법원인급여물에 대하여 피해자(급여자)가 반환청구를 할 수 없는 경우(민법 제746조), ② 재산범죄의 객체인 재물을 제3자가 선의취득함으로써 피해자가 소유권을 상실한 경우(민법 제249조), ③ 피해자의 권리가 시효소멸한 재물인 경우, ④ 피해자가 취소 또는 해지할 수 없는 까닭에(민법 제146조 상, 법 제651조 등) 피해자에게 반환청구권이 인정되지 않는 재물, ⑤ 본범의 피해자의 반환청구권이 인정되지 않는 대체장물 및 연쇄장물 등은 장물의 범위에 포함되지 않는다고 한다.

이 학설은 장물죄의 본질을 사법상의 반환청구권에 종속시킨 결과, 장물 (죄)의 성립범위를 지나치게 축소하는 단점을 지니고 있다. 예컨대 불법원인급여물에 대한 횡령죄의 성립을 인정하는 입장에서는 피해자(급여자)가 민법

---

9) 김종원, 248면; 정영석, 394면; 황산덕, 332면.

10) "형법상 장물죄 객체인 장물이라 함은 재산권상의 침해를 가져올 위법행위로 인하여 영득한 물건으로서 피해자가 반환청구권을 가지는 것을 말한다고 할 것"(대판 1975. 12. 9, 74 도 2804. 同旨, 대판 1975. 9. 23, 74 도 1804; 1972. 2. 22, 71 도 2296).

상 반환청구를 할 수 없는 재물에 대해서도 장물성을 긍정해야 함에도 불구하고, 추구권설에 의하면 이를 부정할 수밖에 없게 되는 문제점이 있다.

(2) (위법재산상태)유지설

장물죄의 본질은 "본범에 의하여 성립된 위법한 재산상태를 본범 또는 재물의 점유자와의 합의하에 유지·존속하는 데"에 있다고 하는 학설이다.[11] 이는 장물죄의 본질과 장물의 성립범위를 사법상의 반환청구권 여부를 떠나 형법의 독자적 견지에서 판단하고자 하는 견해이다.

독일형법 제259조 제1항은 장물죄의 '객체'를 "타인이 절취하거나 타인의 재산에 대하여 행해진 위법행위에 의하여 취득한 물건"(eine Sache, die ein anderer gestohlen oder sonst durch eine gegen fremdes Vermögen gerichtete rechtswidrige Tat erlangt hat")이라고 규정함으로써 유지설의 입장을 명문화하고 있으며,[12] 본범도 재산범죄에 국한하지 않고 널리 '재산에 대한 위법행위'로 확장하고 있다.

이 학설의 특징은 ① 장물성을 피해자의 반환청구권 여부를 떠나 형법의 독자적 견지에서 판단하고자 하므로, 위법한 재산상태가 유지되는 한, 불법원인급여물과 연쇄장물도 장물의 범위에 포함된다고 하며 대체장물의 장물성을 인정할 여지가 있고, ② 장물을 재산에 대한 위법행위로 취득한 물건이라고 함으로써 본범을 재산범죄에 한정하지 않으며, ③ 장물죄의 성립에 장물범과 본범 또는 재물의 점유자와의 합의가 필요하다고 한다.

유지설은 '본범'을 어떻게 파악하느냐에 따라 장물의 개념 내지 성립범위를 지나치게 확장할 위험성이 있다. 즉 본범을 재산범죄에 한정하지 않고 재산에 대한 위법행위 일반으로 파악하면, 본범이 통화위조죄, 도박죄, 수뢰죄, 문서위조죄인 경우에도 그 객체인 물건을 장물의 범위에 포함시키게 된다.

(3) 이익설(공범설)

장물죄의 본질은 "본범에 의하여 조성된 범죄적 이익에 관여하는 데"에 있다고 하고, 본범에 대한 사후공범적 성격을 인정하는 학설이다.[13] 행위자의 주관적인 이득의 의사를 중시하며, 장물죄의 주관적 구성요건으로서 '이득의 의사'가 필요하다고 한다. 범죄학상 장물죄의 이욕성 및 본범조장성, 본범비호성에 착안

---

11) 김성천, 1038면; 심재우, "장물죄의 범죄성", 고시계, 1979. 12, 50면; 이정원, 444면.
12) 따라서 독일의 통설·판례(BGH St 7/134, 27/45)는 유지설에 입각하고 있다.
13) 이수성, "장물죄", 고시연구, 1975. 8, 51면.

하고 있다.

이 학설은 장물의 성립범위를 가장 확장하는 입장으로서, 불법원인급여물 뿐만 아니라 대체장물, 연쇄장물, 장물의 매각대금, 본범이 가공(민법제259조)에 의하여 소유권을 취득함으로써 피해자가 반환청구권을 행사할 수 없는 경우에도 그 장물성을 인정한다.

이 학설에 대하여는 우리 형법상 '무상'인 장물양도·운반·보관행위도 처벌되고 있으므로 이득의 의사를 장물죄의 주관적 구성요건으로 해석할 수 없다는 점과 장물의 범위를 지나치게 확장한다는 비판이 가해지고 있다.

(4) 결합설

장물죄의 본질을 "피해자의 반환청구권의 행사를 곤란하게 하는 것과 위법한 재산상태의 유지"에 있다고 하는 학설이다(다수).[14] 즉 추구권설과 유지설을 결합하여 장물죄의 본질을 이해하고자 한다. 판례 중에는 결합설의 입장에 선 것도 있다.[15]

결합설에서는 ① 선의취득, 가공 등으로 피해자가 반환청구권을 행사할 수 없는 물건에 대하여 장물성을 인정하지 않고, ② 연쇄장물은 장물죄가 본범에 해당하므로 장물성을 인정하며, ③ 불법원인급여물과 대체장물의 장물성에 관하여는 결합설 중에서도 견해가 나뉘고 있다.

(5) 사 견

피해자가 사법상 반환청구권을 행사할 수 없는 위법상태의 물건이라고 하더라도 이에 대하여 장물죄가 행해진 이상 범죄로 처벌함이 타당할 것이므로,[16] '유지설'의 입장이 장물죄의 본질을 형법의 독자적 견지에서 파악한 장점이 있다고 하겠다. 다만 유지설은 장물의 성립범위를 부당하게 확장할 위험성이 있다는 점에서 기본적으로 유지설에 입각하되, 우리 형법상 본범을 '재산범죄'에 국한하는 '제한해석'이 필요하다고 본다. 결합설은 장물성의 인정 여부가 문제되는 경우에 유지설 또는 추구권설의 선별적 적용기준이 모호하기 때

---

14) 강구진, 392면; 권오걸, 832면; 김성돈, 438면; 김/서, 508면; 박상기, 425면; 배종대, 576-7면; 백형구, 232면; 서일교, 193면; 손동권, 483면; 이재상, 443면; 이형국, 450면; 정/박, 484면; 정영일, 426면; 진/이, 521면.

15) "장물인 정을 모르고 보관하던 중 장물인 정을 알게 되었으면서도 계속 보관함으로써 피해자의 정당한 반환청구권 행사를 어렵게 하고 위법한 재산상태를 유지시키는 때에는 장물보관죄가 성립한다 할 것"(대판 1987. 10. 13, 87 도 1633).

16) 이른바 "범죄에 대한 범죄도 범죄이다"라고 하는 사상.

문에 채택하기 곤란한 견해라고 하겠다.

결론적으로 장물죄의 본질은 "재산범죄에 의하여 성립된 위법한 재산상태를 유지·존속하는 데"에 있다고 함이 타당하다.

이 입장에서는 장물의 성립범위를 형법의 독자적 견지에서 판단하게 된다. 따라서 ① 불법원인급여물은 피해자가 반환청구권을 행사할 수 없다고 하더라도 위법한 재산상태에 있는 물건이므로 장물성을 인정해야 하고, ② 선의취득, 가공 등으로 인하여 위법한 재산상태의 단절이 발생한 물건은 장물성을 상실하며, ③ 대체장물도 위법한 재산상태가 단절된다고 보아 장물성이 상실된다고 함이 타당하다.

Ⅳ. 장물죄의 체계

형법은 장물취득·양도·운반·보관·알선죄($\frac{제362}{조}$)를 장물죄의 기본유형으로 하고, 그 상습유형인 상습장물죄($\frac{제363}{조}$)를 책임가중유형으로 규정하고 있으며, 그 과실범으로서 업무상과실·중과실 장물죄($\frac{제364}{조}$)를 처벌하되, 보통의 과실장물죄는 처벌하지 않는다.

장물죄에 있어서도 장물범과 피해자 사이에, 또 장물범과 본범 사이에 친족상도례가 적용된다($\frac{제365}{조}$). 장물죄의 미수범은 처벌하지 않는다.

「특정범죄 가중처벌 등에 관한 법률」제5조의4 제5항 제3호는 「형법」제362조의 죄(장물죄)로 세 번 이상 징역형을 받은 사람이 다시 이들 죄를 범하여 누범으로 처벌하는 경우에는 2년 이상 20년 이하의 징역에 처한다는 특별규정을 두고 있다.

제 2 절　개별적 범죄유형

Ⅰ. 장물취득·양도·운반·보관·알선죄

제362조 [장물의 취득, 알선 등] 제1항　"장물을 취득, 양도, 운반 또는 보관한 자는 7년 이하의 징역 또는 1천500만원 이하의 벌금에 처한다."

제2항 "전항의 행위를 알선한 자도 전항의 형과 같다."

1. 서 설

본죄는 "장물을 취득·양도·운반·보관하거나 이를 알선함으로써 성립하는 범죄"로서, 장물죄의 기본유형이다. '장물'이란 재산범죄에 의하여 불법하게 영득한 재물을 말하고, 장물을 발생시키는 재산범죄를 '본범'이라고 한다.

본죄의 보호법익은 (본범의 피해자의) 재산권이며, 보호의 정도는 위험범이다.

2. 행위의 주체

장물죄의 주체는 본범(합동범을 포함한다) 및 그 공동정범과[17] 간접정범이 '아닌' 자임을 요한다. 즉 재물에 장물성을 부여하는 '본범(재산범)의 정범'은 장물죄의 주체가 될 수 없다.[18] [19]

본범의 정범이 행한 장물행위(장물의 양도·운반·보관 등)를 불가벌적 사후행위로 파악해서는 안된다. 본범의 정범은 장물죄의 주체가 될 수 없으므로 장물행위가 있더라도 처음부터 '구성요건해당성'이 없다. 본범의 정범이 장물죄의 주체가 될 수 없다면, 본범의 정범의 장물행위는 처음부터 구성요건해당성이 없는 것이지 불가벌적 사후행위가 되는 것은 아니다.

이에 반하여 본범에 대한 협의의 공범(교사범, 방조범)은 장물죄의 주체가 될 수 있다. 예컨대 절도를 교사하고 절도의 정범(피교사범)이 절취한 재물을 절도범으로부터 사들이면, 절도죄의 교사범과 장물취득죄의 실체적 경합범이 성립한다.

3. 행위의 객체: 장물

행위의 객체는 '장물'이다. 「장물」이라 함은 "재산범죄에 의하여 불법하게 영득된 재물"을 말한다.[20] 이하 장물의 개념과 성립범위를 분설하기로 한다.

---

17) 대판 1961. 11. 9, 61 도 374.

18) "피고인이 평소 본범과 공동하여 수차 상습으로 강도 및 절도행위를 자행함으로써 실질적인 범죄집단을 이루고 있었다고 하더라도, 당해 범죄행위의 정범자(공동정범이나 합동범)로 되지 아니한 이상 이를 자기의 범죄라고 할 수 없고, 따라서 그 장물의 취득을 불가벌적 사후행위라고 할 수 없으므로 논지는 이유없다."(대판 1986. 9. 9, 86 도 1273).

19) 독일형법 제259조 제1항은 장물죄의 객체를 "타인이 절취하거나 타인의 재산에 대하여 행해진 위법행위에 의하여 취득한 물건"이라고 규정함으로써, 본범은 '타인'이어야 한다는 점을 명시하고 있다.

(1) 재 물

장물은 재물임을 요하고, 재산상의 이익이나 채권·무체재산권 등의 권리[21] 및 정보는 제외된다. 다만 권리가 화체되어 있는 증서(유가증권·승차권 등)는 재물이므로 장물이 될 수 있다. 그러므로 형법상 재물장물만이 인정되고, 가치장물은 인정되지 않는다고 말할 수 있다. 대법원은 갑이 권한 없이 인터넷뱅킹으로 타인의 예금계좌에서 자신의 예금계좌로 돈을 이체한 후 그 중 일부를 인출하여 그 정을 아는 을에게 교부한 경우, 갑이 컴퓨터등사용사기죄에 의하여 취득한 예금채권은 재물이 아니라 '재산상 이익'이므로, 그가 자신의 예금계좌에서 돈을 인출하였더라도 장물을 금융기관에 예치하였다가 인출한 것으로 볼 수 없다는 이유로 을에게 장물취득죄의 성립을 부정하고 있다.[22]

재물에는 동산 및 부동산을 포함한다. 부동산은 장소적 이전이 불가능하지만 등기이전에 의하여 취득이 가능하기 때문에 장물취득죄의 객체가 될 수 있다. 다만 부동산은 장소적 이동을 필요로 하는 장물운반죄의 객체가 될 수는 없다.

장물죄에는 제346조를 준용한다는 규정은 없으나 재물개념에 관한 '관리가능성설'의 입장에서는 '관리할 수 있는 동력'도 당연히 장물이 될 수 있다(다수설[23] 및 판례[24]).

(2) 본범에 관한 요건

(가) 재산범죄일 것　장물은 재산범죄에 의하여 불법하게 영득된 재물이다. 장물을 발생케 하는 본범은 재산범죄에 국한된다(통설판례). 유지설의 입장에서더라도 우리 형법상으로는 본범을 재산범죄에 국한시키는 '제한해석'을 해야 한다. 여기에서의 재산범죄는 절도죄, 강도죄, 사기죄, 공갈죄, 횡령죄, 장물죄 등이다. 영득행위가 없는 손괴죄와 재산상의 이익을 객체로 하는 배임죄

20) 법적 확실성을 위하여 입법론으로는 장물의 개념정의규정을 두는 것이 바람직하다.
21) "전화가입권의 실체는 가입권자가 전화관서로부터 전화역무를 제공받을 하나의 채권적 권리이며, 이는 하나의 재산상의 이익은 될지언정, 위에 말한 '장물'의 범주에 속하지 아니한다"(대판 1971. 2. 23, 70 도 2589).
22) "컴퓨터등사용사기죄에 의하여 취득한 예금채권은 재물이 아니라 재산상 이익이므로, 그가 자신의 예금구좌에서 6,000만원을 인출하였더라도 장물을 금융기관에 예치하였다가 인출한 것으로 볼 수 없다"(대판 2004. 4. 16, 2004 도 353).
23) 반대설은 박상기, 426면; 배종대, 580면; 정영일, 428면.
24) "장물이란 재산죄로 인하여 얻어진 재물(관리할 수 있는 동력도 포함된다)을 말하는 것"(대판 1972. 6. 13, 72 도 971).

는[25] 장물죄의 본범이 될 수 없다.[26] 그러나 본범이 재산범죄인 이상 형법상의 재산죄에 한하지 않고, 특별법상의 재산범죄도 포함된다. 산림보호법 제54조 제1항에 의한 산림절도죄와 '문화유산의 보존 및 활용에 관한 법률'(약칭: 문화유산법) 제92조 제1항 및 제2항에 의한 문화유산절도죄가[27] 그 예이다.

재산범죄가 아닌 본범에 의하여 취득한 재물, 즉 수뢰죄에서의 뇌물, 통화위조죄에서의 위조통화, 유가증권위조죄에서의 위조유가증권,[28] 문서위조죄에서의 위조문서, 도박죄에서의 도금(賭金), 마약범죄에서의 마약, 윤락범죄에서의 화대, 수산업법 위반범죄에서의 불법어획물, 관세법 위반범죄에서의 밀수품 등은 장물이 될 수 없다.

장물죄도 재산범죄이므로 본범이 장물죄인 경우가 있을 수 있다. 본범이 장물죄인 경우의 장물을 '연쇄장물'이라고 한다.

(나) 위법행위일 것   본범인 재산범죄는 구성요건에 해당하고 위법한 행위이면 족하다. 본범이 유책하거나 처벌조건, 소추요건을 갖출 필요는 없다. 따라서 본범이 책임무능력자이거나 회피불가능한 위법성의 착오가 있었을 때에도 장물죄는 성립한다. 본범의 공소시효가 완성된 경우, 본범에게 친족상도례가 적용되는 경우에도 장물죄의 성립에 영향이 없다. 또 본범이 기소되거나 유죄의 확정판결을 받았을 것을 요하지도 않는다.

(다) 시간적 관련성 - 본범의 영득행위의 종료   본범에 의한 장물의 발생이

---

25) "판결요지: 본건 대지에 관하여 매수인 '갑'에게 소유권이전등기를 하여 줄 임무가 있는 소유자가 그 임무에 위반하여 이를 '을'에게 매도하고 소유권이전등기를 경유하여 준 경우에는 위 부동산소유자가 배임행위로 인하여 영득한 것은 재산상의 이익이고 위 배임범죄에 제공된 대지는 범죄로 인하여 영득한 것 자체는 아니므로, 그 취득자 또는 전득자에게 대하여 배임죄의 가공 여부를 논함은 별문제로 하고 장물취득죄로 처단할 수 없다"(대판 1975. 12. 9, 74 도 2804). "판결요지: 양도담보로 제공한 물건을 다시 타에 양도한 행위는 배임죄에 해당되지만, 양도담보로 제공한 후 다시 타에 양도한 물건은 배임행위에 제공한 물건이지 배임행위로 인하여 영득한 물건 자체는 아니므로 장물이라고 볼 수 없다"(대판 1983. 11. 8, 82 도 2119).
26) 본서는 '재산상의 이익'을 '재물'을 포함하는 상위개념(일반개념)으로 파악하는 까닭에, 재물을 취득하는 배임죄의 성립을 긍정하고 있으며, 그 결과 '재물'을 객체로 한 배임죄 성립의 경우에는 배임죄도 장물죄의 본범이 될 수 있다고 본다.
27) 문화유산법 제92조 제3항은 절취한 문화유산의 취득·양도·양수·운반 및 그 알선행위를 2년 이상의 유기징역이나 2천만원 이상 1억5천만원 이하의 벌금에 처하고 있다.
28) 발매기를 조작하여 스키장의 리프트 탑승권(유가증권)을 위조한 후 발매기에서 빼내 간 절취자로부터 그 정을 알면서 탑승권을 매수한 행위에 대하여 장물취득죄가 성립한다고 한 판례(**대판 1998. 11. 24, 98 도 2967**)는 본범이 절도죄이기 때문에 리프트 탑승권의 장물성을 인정한 것이다.

시간적으로 전제된다. 즉 본범에 의한 '재물의 영득행위가 종료'되었어야 한다. 본범 자체의 미수·기수나 종료 여부는 문제되지 않고, 재물의 '영득'이 시간적으로 종료되어 있을 것을 요한다.[29] 예컨대 본범이 강도죄인 경우에 폭행과 재물취득이 있었으나 상대방의 반항이 억압되지 않아서 강도죄는 미수에 그쳤다고 하더라도, 강도가 재물을 영득한 이상 그 재물은 장물이 된다. 따라서 본범이 기수에 달해야 한다는 견해($\frac{다수}{설}$)는[30] 타당하지 않다. 본범의 영득행위가 '종료하기 전에' 가공한 자는 본범의 공범이 될 뿐이고, 장물죄는 성립하지 않는다.

특히 본범이 횡령죄인 경우에 그 횡령물을 취득한 상대방의 죄책에 관하여 논의가 있다. 즉 甲이 보관하던 타인의 재물을 乙에게 불법하게 매도한 경우에 이 사정을 알고 취득한 乙의 죄책이 문제된다. 이 때 甲의 횡령행위와 乙의 재물취득행위는 시간적으로 동시에 행해진다. 乙의 죄책에 관한 학설로는 ① 횡령죄는 매도행위가 있으면 매수의 의사표시를 기다리지 않고 기수가 되므로 장물취득죄가 성립한다는 견해와[31] ② 甲의 매도신청은 아직 횡령의 기수가 아니라고 보아 甲의 매도신청에 대한 乙의 매수의 의사표시는 횡령의 방조가 되고 또 甲의 현실의 매도로서 횡령은 기수가 되므로 결국 乙에게는 횡령죄의 방조범과 장물취득죄(의 상상적 경합)가 성립한다는 견해가[32] 있으나, ③ 아직 본범인 甲의 횡령행위(영득행위)가 종료하지 않은 이상 장물죄는 성립할 수 없고 乙은 횡령죄의 방조범이 된다고 하는 견해가[33] 타당하다. 乙에게 장물취득죄(7년 이하의 징역)의 성립을 긍정하는 ①과 ②의 학설은 단순횡령죄(5년 이하의 징역)의 죄책을 지는 甲과 그 죄질의 경중을 비교할 때 납득하기 어려운 결론에 이르는 단점이 있다. 판례는 횡령죄가 기수에 달하는 것과 동시에 횡령행위의 객체는 장물이 된다고 보아 ①의 견해에 선다.[34]

---

29) 오영근, 543면과 이재상, 448면은 이 점을 분명히 하고 있다.

30) 강구진, 394면; 권오걸, 840면; 김성돈, 442면; 김/서, 512면; 김종원, 250면; 배종대, 583면; 서일교, 194면; 이형국, 453면; 정/박, 490면; 정영일, 427면; 진/이, 525면.

31) 권오걸, 841면; 김/서, 513면; 박상기, 431면; 배종대, 584면; 백형구, 239면; 서일교, 194면; 정/박, 490면; 황산덕, 334면.

32) 김종원, 250면.

33) 김성돈, 442면; 오영근, 543면; 이재상, 448면; 이형국, 453면; 진/이, 526면.

34) "판결요지: 횡령죄는 타인의 재물을 보관하는 자가 그 재물을 횡령하는 경우에 성립하는 범죄이고, 횡령죄의 구성요건으로서의 횡령행위란 불법영득의사를 실현하는 일체의 행위를 말하는 것으로서 불법영득의사가 외부에 인식될 수 있는 객관적 행위가 있을 때 횡령죄가 성립한다.

(3) 재물의 동일성

장물은 재산범죄에 의하여 영득된 재물 그 자체이거나 원형이 변경되는 경우에는 적어도 그것과 '물질적 동일성'이 유지되는 재물이어야 한다.[35] 장물이 물질적인 동일성을 상실하게 되면 장물로서의 성격, 이른바 '장물성'이 소멸한다. 그러므로 장물을 매각한 대금, 장물과 교환한 물건, 장물인 금전으로 구입한 물건과 같이 본래의 장물에 대체된 재물, 즉 「대체장물」은 장물이 아니다.[36]

금전과 같이 '대체성이 있는 재물'이 다시 대체성있는 재물로 바뀐 경우에 재물의 동일성보다도 그 가치의 취득에 중점이 있다고 보아 장물성이 계속 유지된다고 하는 견해가 있다. 이 견해에 의하면 장물인 고액권 지폐가 소액권으로 바뀐 경우에 그 소액권에 대하여, 그리고 고액권으로 물건값을 지불하고 받은 거스름돈에 대하여 장물성을 인정한다.[37] 그 외에 자기앞수표가 현금으로 교환된 경우 또는 국내화폐가 외국화폐로 환전된 경우에도 장물성이 유지된다고 한다.[38] 그러나 ① 비록 대체성이 있는 재물이라고 하더라도 다른 대체물로 바뀜으로써 위법한 재산상태는 단절된다고 보아야 하고, ② 장물의 범위를 너무 넓히는 문제점이 있기 때문에 금전과 같이 대체성이 있는 다른 재물로 교환된 경우에도 장물성을 상실한다는 견해가[39] 타당하다고 본다. 물론 장물인 수표를 현금으로 교환하는 행위에 '기망'이 있으면, 교환한 현금은 새로운 재

장물이라 함은 재산죄인 범죄행위에 의하여 영득된 물건을 말하는 것으로서 절도, 강도, 사기, 공갈, 횡령 등 영득죄에 의하여 취득된 물건이어야 한다. 甲이 회사 자금으로 乙에게 주식매각 대금 조로 금원을 지급한 경우, 그 금원은 단순히 횡령행위에 제공된 물건이 아니라 횡령행위에 의하여 영득된 장물에 해당한다고 할 것이고, 나아가 설령 甲이 乙에게 금원을 교부한 행위 자체가 횡령행위라고 하더라도 이러한 경우 甲의 업무상횡령죄가 기수에 달하는 것과 동시에 그 금원은 장물이 된다"(대판 2004. 12. 9, 2004 도 5904).

35) 예컨대 귀금속의 원형을 변경하여 금괴로 만든 경우 또는 도벌한 목재를 제재·반출한 경우에는 재물의 동일성이 인정되지만, 장물을 전당잡힌 전당표는 동일성이 상실된다(대판 1973. 3. 13, 73 도 58).

36) 권오걸, 836면; 김성돈, 439면; 김성천, 1043면; 김/서, 515면; 박상기, 426면; 배종대, 580면; 오영근, 543면; 이재상, 449면; 이형국, 454면; 정/박, 492면; 정영일, 429면; 진/이, 528면.

37) 권오걸, 837면; 김성천, 1044면; 정/박, 493면; 진/이, 528-9면. Eser, Strafrecht Ⅳ, S. 192; Roxin, "Geld als Objekt von Eigentums-und Vermögensdelikten", Hellmuth Mayer-FS, 1966, S. 472f.

38) 강구진, 396면; 권오걸, 837면; 김성돈, 440면; 김성천, 1044면; 서일교, 196면; 유기천, 상권, 314면; 정/박, 494면; 정영석, 397-8면; 정영일, 429면.

39) 김/서, 515면; 김종원, 551면; 박상기, 427면; 배종대, 581면; 백형구, 235면; 오영근, 544면; 이정원, 451면; 이형국, 454면. Dreher/Tröndle, StGB, §259 Rn. 8; Lackner, StGB, §259 Rn. 8; Sch/Sch/Stree, StGB, §259 Rn. 14; Wessels, BT-2, S. 196f.

산범죄(사기죄)에 의하여 장물이 된다.[40] 마찬가지의 논리에 의하여, 절취한 예금통장을 가지고 은행원을 기망하여 인출한 현금은 사기죄를 본범으로 하는 장물이 된다.[41]

판례는 대체장물의 장물성을 부정하는[42] 한편, "재산범죄에 의하여 취득한 물건이 금전인 경우에는 원래 금전이 그 개성에 특별한 가치가 있는 경우가 아닌 한 그 가액에 의한 유통에 본질적 기능이 있는 점에 비추어 볼 때, 그 보관 내지 소지형태가 수표나 예금 혹은 현금 등으로 바뀌더라도 그 보관이나 소지 또는 관리에 있어 가액이 명확히 구분되는 한도 내에서는 달리 특별한 사정이 없는 한 장물로서의 성질을 잃지 않는다고 보아야 할 것이다.…국고수표를 횡령하여 타인의 예금구좌에 입금시켜 놓았다가 현금으로 되찾은 경우라면 그 현금은 여전히 횡령죄의 장물로서의 성질을 잃지 않는다고 할 것"이라고 하고 있다(대판 1999. 9. 17. 98 도 2269). 또 대법원은 장물인 현금을 금융기관에 예금하였다가 다시 인출한 경우에 인출한 현금에 대해서도 장물성을 인정한다.[43]

절취한 기술개발서류, 학교의 입시문제, 영화필름, 비디오테이프 등의 '복사물'은 물질적 동일성이 부정되므로 장물이 아니다.

(4) 장물성의 상실·소멸 여부가 문제되는 경우

유지설의 입장에서는 위법한 재산상태가 소멸한 때에 장물성이 상실된다고 하고, 추구권설의 입장에서는 본범의 피해자가 사법상의 반환청구권을 행

---

40) 판례는 절취한 자기앞수표를 환금하는 것은 절도죄의 불가벌적 사후행위가 된다고 하고 있으나(대판 1982. 7. 27, 82 도 822; 1975. 8. 29, 75 도 1996), 환금행위에 기망이 있으면 사기죄의 성립을 긍정해야 할 것이다.

41) 강구진, 397면; 김성돈, 440면; 김/서, 516면; 이재상, 450면; 이형국, 454면; 정/박, 493면; 정영일, 429면; 진/이, 529면.

42) "장물이란 재산죄로 인하여 얻어진 재물(관리할 수 있는 동력도 포함된다)을 말하는 것으로서 영득된 재물 자체를 두고 말한다. 따라서 장물을 팔아서 얻은 돈에는 이미 장물성을 찾아 볼 수 없다 하겠다"(**대판 1972. 6. 13, 72 도 971**. 同旨, 대판 1972. 2. 22, 71 도 2296).

43) "판결요지: 장물이라 함은 재산범죄로 인하여 취득한 물건 그 자체를 말하고, 그 장물의 처분대가는 장물성을 상실하는 것이지만, 금전은 고도의 대체성을 가지고 있어 다른 종류의 통화와 쉽게 교환할 수 있고, 그 금전 자체는 별다른 의미가 없고 금액에 의하여 표시되는 금전적 가치가 거래상 의미를 가지고 유통되고 있는 점에 비추어 볼 때, 장물인 현금을 금융기관에 예금의 형태로 보관하였다가 이를 반환받기 위하여 동일한 액수의 현금을 인출한 경우에, 예금계약의 성질상 인출된 현금은 당초의 현금과 물리적인 동일성은 상실되었지만 액수에 의하여 표시되는 금전적 가치에는 아무런 변동이 없으므로 장물로서의 성질은 그대로 유지된다고 봄이 상당하고, 자기앞수표도 그 액면금을 즉시 지급받을 수 있는 등 현금에 대신하는 기능을 가지고 거래상 현금과 동일하게 취급되고 있는 점에서 금전의 경우와 동일하게 보아야 한다"(**대판 2000. 3. 10, 98 도 2579**. 同旨, 대판 2004. 4. 16, 2004 도 353).

사할 수 없게 된 때라고 한다. 본서는 피해자의 반환청구권의 유무를 불문하고,[44] 기본적으로 '유지설'에 입각하여 형법의 독자적 견지에서 다음과 같이 장물성의 상실·소멸 여부를 판단한다.

① 제3자가 동산인 장물을 선의취득($\frac{민법}{제249조}$)한 경우에는 위법한 재산상태의 단절이 일어나므로 장물성을 상실한다. 예컨대 甲(재산죄를 범한 본범) → 乙(장물범) → 丙(선의취득자) → 丁(장물임을 알고 취득한 자)의 경우에 丁에게 장물취득죄는 성립하지 않는다. 그러나 장물이 도품, 유실물이어서 피해자가 반환을 청구할 수 있는 2년 동안은($\frac{민법 제250}{조 참조}$) 장물성이 소멸하지 않는다. ② 가공($\frac{민법}{제259조}$)·부합($\frac{민법}{제257조}$)·혼화($\frac{민법}{제258조}$)에 의하여 소유권이 가공자에게 귀속하는 등 본범의 피해자가 재물의 소유권을 상실하는 경우에는 위법한 재산상태가 소멸함으로써 그 재물은 장물성을 상실한다. 그러나 다소의 가공으로 재물의 동일성이 유지되어 가공자에게 소유권이 귀속되지 않는 때에는 장물성이 상실되지 않는다. ③ 본범의 영득행위에 사기·강박 등이 있어서 본범의 피해자가 민법상 취소할 수 있는 경우($\frac{민법}{제110조}$)에 피해자의 취소 전후를 불문하고 본범이 영득한 재물은 장물이 된다. 본범의 피해자의 민법상 취소 여부를 불문하고 재산범죄에 의하여 영득한 재물을 피해자에게 반환하지 않는 이상 위법한 재산상태가 유지되기 때문이다. ④ 취소권의 소멸($\frac{민법}{제146조}$), 해지권의 소멸($\frac{상법}{제651조}$) 등의 이유로 피해자에게 반환청구권이 인정되지 않는 재물이라고 하더라도 위법한 재산상태는 유지되는 것이므로 장물성을 잃지 않는다고 보아야 한다.[45] ⑤ 불법원인급여로 제공받아 甲이 보관하고 있는 재물에 대하여 乙이 재산범죄(절도, 강도, 사기, 공갈 등)를 범하여 불법영득한 경우에 그 재물을 장물이라고 할 수 있는가가 문제된다. 유지설 내지 결합설에 의하면, 乙의 재산범죄로 인하여 위법한 재산상태가 야기되었으므로 당연히 장물성이 인정된다.[46] 추구권설에 의하더라도 본범의 피해자인 '보관자'(甲)에게는 민법상 반환청구권이 있으므로 장물성이 인정된다.[47] ⑥ 장물범 甲으로부터 乙이 재차 장물을 취득함

---

44) 장물은 피해자가 반환청구를 할 수 있는 물건이라는 반대견해로는 박상기, 430면.
45) 취소권이 소멸하여 피해자가 취소할 수 없는 상태가 되면 장물성도 소멸한다고 보는 반대설로는 배종대, 582면; 오영근, 546면; 이재상, 447면; 정/박, 491면.
46) 김성돈, 443면; 배종대, 583면; 이재상, 447면; 정/박, 492면; 진/이, 527면.
47) 추구권설에서도 불법원인급여물에 대하여 수익자(보관자)가 아니라 급여자를 피해자로 보고 민법상 반환청구권이 없으므로 장물성을 부인하는 결론을 내리는 것(김종원, 251면은 이러한 견해인 듯하다)은 논리적이지 못하다.

으로써 연쇄장물범이 된 경우에 본범(乙)의 피해자인 장물범(甲)에게는 불법 원인급여물인 장물에 대하여 민법상 반환청구권이 없지만, 위법한 재산상태 가 유지되고 있으므로 연쇄장물의 장물성이 인정되어 乙은 장물취득죄의 죄 책을 진다. ⑦ 본범의 피해자가 본범에게 사후승낙이나 증여의 의사표시를 한 다거나 장물에 대한 본범의 상속 등으로 위법한 재산상태가 소멸하면 장물성 도 소멸한다. ⑧ 본범이 대외관계에서 처분권한을 가지고 처분한 재물도 그 처분이 유효한 한 위법한 재산상태가 아니므로 장물이 될 수 없다. 예컨대 명 의신탁받은 부동산을 명의수탁자가 선의의 제3자에게 임의로 처분하여 횡령 죄를 구성한다고 하더라도 '부동산실권리자명의등기에 관한 법률' 제4조 제2 항 단서에 의하여 그 처분행위가 유효한 경우에는 처분의 대상인 부동산이 위 법한 재산상태에 있는 것이 아니므로 장물이 될 수 없다.

4. 실행행위

장물죄의 실행행위는 장물의 취득·양도·운반·보관 또는 이러한 행위의 알선이다. 1995년의 형법개정에서 종전의 "양여"는 "양도"로 바뀌었다.

(1) 취 득

취득이란 "장물의 점유를 이전받음으로써 재물에 대한 사실상의 처분권을 획득하 는 것"이다. 취득은 점유의 이전과 사실상의 처분권획득이라는 두 가지를 개념요소 로 한다. 장물의 운반 또는 보관에 있어서도 점유의 이전이 있지만, 장물의 취 득과 구별되는 점은 사실상의 처분권을 얻지 못한다는 것이다.

취득은 유상이냐 무상이냐를 묻지 않는다. 매매[48]·교환·채무변제·담보설 정·임대차로 교부받은 경우가 유상취득에 해당하고, 증여·사용대차에 의해 서 교부받은 경우는 무상취득에 해당한다. 또 획득하는 사실상의 처분권에는 물권적 처분권과 채권적 처분권이 있는데, 매매·교환·담보설정·증여로 교

---

48) "판결요지: 전○주가 발매할 권한없이 발매기를 임의 조작함으로써 리프트탑승권을 부정 발급한 행위는 유가증권인 리프트탑승권을 위조하는 행위와 발매기로부터 위조되어 나오는 리 프트탑승권을 절취하는 행위가 결합된 것이고, 나아가 그와 같이 위조된 리프트탑승권을 판매하 는 행위는 일면으로는 위조된 리프트탑승권을 행사하는 행위임과 동시에 절취한 장물인 위조 리 프트탑승권의 처분행위에 해당한다 할 것이다. 따라서 이 사건에서 전○주가 위조된 리프트탑승 권을 위와 같은 방법으로 취득하였다는 정을 피고인이 알면서 이를 전○주로부터 매수하였다면, 피고인의 행위는 위조된 유가증권인 리프트탑승권에 대한 장물취득죄를 구성한다"(**대판** 1998. 11. 24, 98 도 2967).

부받은 경우가 전자에 속하고, 임대차·사용대차로 교부받은 경우가 후자에 속한다. 그러나 장물인 음식물을 같이 먹어치운다든가 장물인 현금을 함께 사용하는 소비행위 및 손괴행위는 취득이 아니다.

취득은 단순한 취득계약만으로는 부족하고 현실적인 점유의 이전이 있어야 한다. 장물취득죄는 즉시범이다. 장물이 사실상 인도됨으로써 장물취득죄는 기수가 되며, 계약의 유효 여부 또 장물대금의 지급 여부는 범죄성립에 아무런 영향을 미치지 않는다.

장물취득죄가 성립하자면 행위자가 장물의 '취득시'에 장물이라는 것을 인식해야 한다(고의). 따라서 장물의 취득 후에 장물이라는 것을 알게 되었다면 취득죄는 성립하지 않는다.[49]

(2) 양 도

양도란 "장물을 제3자에게 넘기는 것"이다. 유상·무상을 불문한다. 계약만으로는 부족하고 현실적인 점유의 이전이 있어야 한다(기수시기). 장물'양도'죄는 취득 당시에 장물임을 알았거나 몰랐거나 간에 '양도 당시에' 장물임을 알고 양도하기만 하면 성립한다. 반대견해는 장물양도죄는 취득시에 장물임을 몰랐으나 취득한 후 장물임을 알고 양도한 경우에만 성립한다고 한다(답수).[50]

처음부터 장물임을 알고 취득한 후 양도한 경우의 죄책에 관하여는 ① 협의의 '포괄적 일죄'로서 장물취득죄가 성립한다는 견해[51]와 ② 장물양도죄는 취득시에 장물임을 몰랐으나 취득한 후 장물임을 알고 양도한 경우에만 성립한다고 주장하면서 처음부터 장물임을 알고 취득한 후 양도한 경우에는 양도를 장물취득죄의 '불가벌적 사후행위'로 평가하는 견해(답수)[52]가 대립한다.

생각건대 다수설의 견해와 같이 장물양도는 취득 당시에는 장물임을 몰랐는데 사후에 알게 되어 양도한 경우에만 성립한다는 것을 전제로 한다면, 처음부터 장물임을 알고 취득한 후 양도한 행위는 취득에 대하여 논리적으로 보아 처음부터 불가벌적 사후행위가 될 여지조차 없다. 왜냐하면 불가벌적 사후

---

49) 대판 1971. 4. 20, 71 도 468.

50) 권오걸, 845면; 김성돈, 446면; 김성천, 1047면; 김/서, 517면; 김종원, 253면; 박상기, 429면; 배종대, 585면; 백형구, 239-40면; 오영근, 548면; 이재상, 451면; 이형국, 455면; 정/박, 495면; 정영일, 430면.

51) 이정원, 494면.

52) 권오걸, 845면; 김성돈, 447면; 김성천, 1047면; 김/서, 518면; 박상기, 429면; 배종대, 585면; 오영근, 548면; 이재상, 451면; 이형국, 455면; 정/박, 495면; 진/이, 531면.

행위가 논의되기 위해서는 양도가 최소한 '구성요건해당행위'가 되어야 함에
도 불구하고,[53] 처음부터 장물임을 알고 한 양도는 다수설에 의하면 아예 양도
행위에 해당하지 않으므로 장물양도죄의 구성요건해당성조차 없게 되기 때문
이다. 그러므로 장물'양도'는 취득 당시에 장물임을 알았거나 몰랐거나 간에
양도 당시에 장물임을 알고 양도하기만 하면 성립한다고 보고, 처음부터 장물
임을 알고 취득한 후 양도한 경우에는 협의의 '포괄적 일죄'로서 장물취득죄만이
성립한다고 평가함이 타당하다.

장물임을 고지하지 않고 타인에게 양도한 행위는 묵시적 기망행위로서,[54] 장물양
도죄 이외에 상상적 경합으로서 사기죄가 성립한다(통설 및 판례[55]).

(3) 운 반

운반이란 "장물을 장소적으로 이동하는 것"이다. 유상·무상을 불문한다. 운반도
단순한 계약만으로는 부족하고 사실상 장소적 이동이 있어야 한다(기수시기).

장소적 이동은 원거리일 필요는 없으나 위법한 재산상태의 유지에 영향을
미칠 정도의 거리는 되어야 한다. 장물임을 모르는 제3자를 이용하여 운반하
는 때에는 본죄의 간접정범이 성립한다. 본범의 '피해자'의 위탁을 받거나 본
범의 피해자에게 반환하기 위하여 장물을 운반하는 경우에는 위법한 재산상
태를 유지하는 것이 아니므로 당연히 장물운반죄는 성립하지 않는다.

절취한 차량임을 알고서도 본범의 부탁을 받아 이를 운전해 준 행위는 장
물운반죄를 구성한다.[56]

(4) 보 관

보관이란 "위탁을 받아 장물을 자기의 점유하에 두는 것"이다. 유상·무상을 불
문한다. 장물보관죄는 장물에 대한 점유의 취득은 있으나 사실상의 처분권의 취

---

53) 총론, 623-4면 참조.
54) 장물양도의 경우에 양도자는 양수인에게 장물임을 고지할 작위의무가 없으므로 부작위에
의한 기망은 성립하지 않는다.
55) "절도범인이 그 절취한 장물을 자기 것인 양 제3자를 기망하여 금원을 편취한 경우에는 장
물에 관하여 소비 또는 손괴하는 경우와는 달리 제3자에 대한 관계에 있어서는 새로운 법익의
침해가 있다고 할 것이므로, 절도죄 외에 사기죄의 성립을 인정할 것"(대판 1980. 11. 25, 80 도
2310).
56) "판결요지: 본범자와 공동하여 장물을 운반한 경우에 본범자는 장물죄에 해당하지 않으나
그 외의 자의 행위는 장물운반죄를 구성하므로, 피고인이 본범이 절취한 차량이라는 정을 알면
서도 본범 등으로부터 그들이 위 차량을 이용하여 강도를 하려 함에 있어 차량을 운전해 달라는
부탁을 받고 위 차량을 운전해 준 경우, 피고인은 강도예비와 아울러 장물운반의 고의를 가지고
위와 같은 행위를 하였다고 봄이 상당하다"(**대판 1999. 3. 26, 98 도 3030**).

득이 없다는 점에서 장물취득죄와 구별된다.[57] 장물에 대하여 임대차·사용대차·담보의 설정으로 점유를 취득하는 것은 보관에 해당한다는 견해가[58] 있으나, 취득으로 이해함이 타당하다. 임대차·사용대차의 경우에도 전대(轉貸)할 수 있는 등 사실상 채권적 처분권을 획득하는 이상 취득에 해당한다고 본다.

장물보관죄는 계속범에 속한다.

장물임을 모르고 보관하였다가 사후에 장물이라는 것을 알게 되었음에도 불구하고 계속 보관한 경우에는 장물임을 알게 된 때부터 보관죄가 성립한다.[59] 그러나 사후에 장물임을 알게 된 재물(내지 유가증권)을 사전에 채권의 담보로 교부받아 보관하고 있는 행위와 같이, 비록 장물이라고 하더라도 이를 계속 점유할 권한이 있는 경우에는 장물보관죄의 구성요건해당성은 긍정되지만, 민법 제329조[동산질권의 내용] 등 '법령에 의한 행위'로서 위법성이 조각(형법제20조)된다.[60]

장물을 보관하던 자가 장물을 '취득'까지 한 경우에는 협의의 포괄적 일죄로서 1개의 장물죄만이 성립한다.

(5) 알 선

알선이란 "이상의 행위, 즉 장물의 취득·양도·운반·보관을 매개하거나 주선하는 것"이다. 유상·무상을 불문한다. 알선의 대상은 매매·교환·담보설정과 같은 법률행위일 수도 있고, 운반·보관과 같은 사실행위일 수도 있다.

장물알선죄의 성립시기(기수시기)에 관해서는 ① 사실상의 알선행위만 있으면 알선죄가 성립한다는 견해,[61] ② 적어도 장물을 취득·양도·운반·보관

57) 관련판례로는 대판 2003. 5. 13. 2003 도 1366.
58) 권오걸, 846-7면; 김성돈, 448면; 김/서, 519면; 백형구, 241면; 오영근, 549면; 유기천, 상권, 318면; 이재상, 452면; 이형국, 456면; 정/박, 497면; 진/이, 531면.
59) "장물인 정을 모르고 장물을 보관하였다가 그 후에 장물인 정을 알게 된 경우, 그 정을 알고서도 이를 계속하여 보관하는 행위는 장물죄를 구성하는 것"(대판 1986. 1. 21. 85 도 2472. 同旨, 대판 1987. 10. 13, 87 도 1633).
60) "장물인 정을 모르고 장물을 보관하였다가 그 후에 장물인 정을 알게 된 경우, 그 정을 알고서도 이를 계속하여 보관하는 행위는 장물죄를 구성하는 것이나, 이 경우에도 점유할 권한이 있는 때에는 이를 계속하여 보관하더라도 장물보관죄가 성립하지 않는 것이라고 할 것이다. 원심이 같은 취지에서 피고인이 채권의 담보로서 이 사건 수표들을 교부받았다가 장물인 정을 알게 되었음에도 이를 보관한 행위는 장물보관죄에 해당하지 아니한다고 하여 무죄를 선고한 조처는 정당"(대판 1986. 1. 21. 85 도 2472. 同旨, 대판 1987. 10. 13, 87 도 1633).
61) 김성천, 1049면; 김/서, 521면; 김종원, 254면; 박상기, 430면; 서일교, 197-8면; 정영일, 431면; 황산덕, 337면.

하기로 하는 계약의 성립이 필요하다는 견해,[62] ③ 알선의 결과 점유의 이전까지 필요하다는 견해가[63] 대립한다.

①설은 알선행위만으로도 추구권에 대한 위험을 가져온다는 것을 논거로 한다. 그러나 추구권설에 의하더라도, 알선행위가 있었지만 상대방이 거절하는 경우도 있을 수 있는데 이 때에는 추구권행사의 위험성조차 없으므로 알선죄가 성립하지 않는다고 보아야 한다. 유지설에 의하면, 알선행위만으로는 위법한 재산상태를 새로이 유지·존속케 하는 것이 아니므로 알선죄가 성립하지 않는다고 함이 타당하다. ③설은 취득·양도 등 다른 행위가 현실적인 점유의 이전을 필요로 하는 관계상, 이들과 통일적인 해석을 해야 한다는 것을 논거로 한다. 그러나 점유의 이전을 요한다는 견해는 알선이라는 개념의 '문언해석'에 전적으로 어긋난다고 보아야 한다. 따라서 알선계약의 성립으로 알선죄는 기수가 된다는 ②설이 타당하다고 하겠다.

5. 주관적 구성요건

행위의 객체인 재물이 장물이라는 것에 대한 고의가 있어야 한다(고의범). 다만 재산범죄로서는 특이하게 '업무상과실·중과실'에 의한 장물죄를 처벌하는 별도의 규정($^{제364}_{조}$)이 있다. 장물죄의 고의는 행위의 객체인 재물이 단순히 재산범죄에 의하여 영득된 것이라는 인식만으로 충분하고, 본범이 절도인가 횡령인가 하는 등의 구체적인 내용까지는 알 필요가 없다.[64] 또 미필적 고의로 족하다.[65]

고의 이외에 주관적 구성요건으로서 불법영득의 의사가 있어야 하는가가 문제된다. 장물'취득'죄는 불법영득의 의사를 필요로 하는 '영득죄'이지만, 장물양도·운반·보관·알선죄의 성립에는 불법영득의 의사 내지 이득의 의사가 필요하지 않다고 본다($^{다수}_{설}$).[66] 장물의 양도·운반·보관·알선에 있어서는 권리자

---

62) 권오걸, 848면; 유기천, 상권, 319면; 이형국, 457면; 정/박, 498면.

63) 김성돈, 449면; 배종대, 588면; 백형구, 242-3면; 오영근, 551면; 이재상, 453면; 이정원, 456-7면; 진/이, 532면.

64) 대판 1969. 1. 21, 68 도 1474.

65) "장물의 인식은 확정적 인식임을 요하지 않으며, 장물일지도 모른다는 의심을 가지는 정도의 미필적 인식으로서도 충분하고, 또한 장물인 정을 알고 있었느냐의 여부는 장물 소지자의 신분, 재물의 성질, 거래의 대가 기타 상황을 참작하여 이를 인정할 수밖에 없다"(대판 1995. 1. 20, 94 도 1968. 同旨, 대판 1987. 4. 14, 87 도 107).

66) 불필요설은 권오걸, 850면; 김성돈, 449면; 김성천, 1050면; 박상기, 431면; 오영근, 551면; 이재상, 454면; 이형국, 457면; 정/박, 499면. 필요설은 김/서, 523면; 배종대, 589면; 진/이, 534면.

를 배제할 의사 또는 소유권을 행사하려는 의사가 있을 필요가 없으며, 무상으로 장물을 양도・운반・보관・알선해 주는 경우가 있을 수 있기 때문이다.

6. 죄   수

(1) 본범과의 관계

본범의 정범(단독정범, 합동범, 공동정범, 간접정범)은 장물죄의 주체가 될 수 없으므로, 본범의 정범이 장물을 양도・운반・보관하더라도 별도의 장물죄를 구성하지 않는다. 그러나 본범의 공범(교사범, 방조범)은 장물죄의 주체가 될 수 있으므로, 절도를 교사한 후 절취한 재물을 매수한 자는 절도죄의 교사범과 장물취득죄의 실체적 경합범이 된다.

(2) 장물죄와 횡령죄의 관계

장물을 보관하던 자가 장물을 '횡령'한 경우에는 ① 장물보관죄만 성립하고, 횡령행위는 장물보관죄의 불가벌적 사후행위가 된다고 하는 견해(다수설[67] 및 판례[68])가 있으나, ② 보관과 횡령이라는 두 개의 행위가 있고 불법원인급여물에 대한 횡령죄의 성립을 긍정하는 본서의 입장에서는 장물보관죄와 횡령죄의 실체적 경합범이 된다고 본다.

(3) 장물에 대한 재산범죄와 장물죄

장물에 대하여 절도・사기・공갈 등 재산범죄가 행해진 경우에 이러한 재산범죄 이외에 상상적 경합으로서 '장물(취득)죄'도 성립하는가 하는 논의가 있다. 장물죄는 본범과 무관하게 행해지는 것이 아니라 본범을 전제로 해서만 성립하기 때문에, 본범과 장물범 사이에는 일정한 '내적 연관'이 있어야 한다. 즉 장물범이 본범과 명시적 또는 묵시적 합의에 의하여 위법한 재산상태를 유지하는 데 장물죄의 본질이 있는 것으로 해석해야 한다(본범비호성・본범조장성). 따라서 위의 경우에 장물죄의 성립을 부정함이 타당하다(다수).[69]

---

67) 강구진, 403면; 권오걸, 850면; 김성돈, 450면; 김성천, 1051면; 김/서, 525면; 박상기, 431면; 배종대, 590면; 오영근, 552면; 유기천, 상권, 318면; 이재상, 410면; 이정원, 456면; 이형국, 421면; 정/박, 445면; 정영석, 401면; 진/이, 535면.

68) 판례는 불법원인급여물(여기에서는 보관을 위탁받은 장물)을 횡령한 경우에 횡령죄의 성립을 부정하므로 장물보관죄의 성립만을 긍정하게 된다. "판결요지: 장물보관자가 그 보관한 장물을 횡령하였다고 하여도 장물보관죄가 성립하는 때에는 그 후의 횡령행위는 불가벌적 사후행위에 불과하므로, 별도로 횡령죄는 성립하지 않는다"(**대판 2004. 4. 9, 2003 도 8219**; 1976. 11. 23, 76 도 3067).

69) 김성돈, 450면; 김성천, 1051면; 김/서, 525면; 박상기, 431면; 배종대, 590면; 오영근, 553면;

(4) 장물죄와 수뢰죄의 관계

장물임을 알면서 이를 뇌물로 받은 공무원은 장물취득죄와 수뢰죄의 상상적 경합으로 처벌된다.

7. 형 벌

7년 이하의 징역 또는 1천500만원 이하의 벌금에 처한다.

8. 친족간의 범행

제365조 [친족간의 범행] 제1항 "전 3조의 죄를 범한 자와 피해자간에 제328조 제1항, 제2항의 신분관계가 있는 때에는 동조의 규정을 준용한다."
제2항 "전 3조의 죄를 범한 자와 본범간에 제328조 제1항의 신분관계가 있는 때에는 그 형을 감경 또는 면제한다. 단 신분관계가 없는 공범에 대하여는 예외로 한다."

제1항은 장물범과 '(본범(本犯)의) 피해자' 사이에 친족관계가 있는 때 친족간의 특례를 준용하고 있다. 장물죄의 재산범죄로서의 성격이 반영된 것이다. 제2항은 장물범과 '본범' 사이에 친족관계가 있는 때 친족간의 특례를 인정하고 있다. 장물죄의 본범비호적 성격이 반영된 것이다. 이처럼 제1항과 제2항의 성격이 다르므로, 2024. 6. 27. 헌법재판소의 헌법불합치결정에 따라 장물범과 피해자 사이에 제328조 제1항의 신분관계가 존재하는 경우에는 그 장물범에 대해 제365조 제1항은 적용되지 않지만, 장물범과 본범 사이에 제328조 제1항의 신분관계가 존재하는 경우에는 제365조 제2항이 적용된다.

Ⅱ. 상습장물죄

제363조 [상습범] 제1항 "상습으로 전조의 죄를 범한 자는 1년 이상 10년 이하의 징역에 처한다."
제2항 "제1항의 경우에는 10년 이하의 자격정지 또는 1천500만원 이하의 벌금을 병과할 수 있다."

1. 의의, 성격

본죄는 "상습으로 장물을 취득·양도·운반 또는 보관하거나 이들의 행위

유기천, 상권, 322-4면; 이재상, 454면; 이형국, 457면; 정/박, 500면; 정영일, 387면; 진/이, 535면.

를 알선함으로써 성립하는 범죄"이다. 행위자의 상습성으로 인하여 책임이 가중되는 범죄유형이다. 장물범죄는 '직업적으로' 행해지는 수가 많은데, 범행을 반복하는 습벽을 의미하는 상습성은 직업범의 경우에 긍정될 가능성이 높다.

대법원은 장물알선의 전과도 없는 자가 단지 2회에 걸쳐 장물을 알선한 사실만으로는 장물알선의 상습범이 될 수 없다고 한다.[70]

2. 형 벌

1년 이상 10년 이하의 징역에 처한다. 10년 이하의 자격정지 또는 1천500만원 이하의 벌금을 병과할 수 있다. 상습장물죄를 가중처벌하는 '특정범죄가중처벌 등에 관한 법률' 제5조의 4 제4항은 헌법재판소의 위헌결정을[71] 받고, 2016. 1. 6.의 특가법 개정에서 삭제되었다.

Ⅲ. 업무상과실·중과실 장물죄

제364조 [업무상 과실, 중과실] "업무상 과실 또는 중대한 과실로 인하여 제362조의 죄를 범한 자는 1년 이하의 금고 또는 500만원 이하의 벌금에 처한다."

1. 의의, 성격

본죄는 "업무상 과실 또는 중대한 과실로 인하여 장물을 취득·양도·운반 또는 보관하거나 이들의 행위를 알선함으로써 성립하는 범죄"이다. 재산죄 중 과실범을 처벌하는 유일한 형법상의 규정이다.

본죄의 입법취지는 ① 중고품상·골동품상·전당포와 같이 영업상 장물을 취급하기 쉬운 업무자에게 업무처리에 있어서 각별한 주의의무를 요구하고,[72] ② 고의범으로서의 장물죄의 입증이 곤란한 경우에 과실범으로 처벌할 여지를 둠으로써 장물단속과 본범(재산범) 검거의 효과를 기하고자 하는 형사정책적 고려에[73] 있다.

---

70) 대판 1972. 8. 31, 72 도 147.
71) 헌재 2015. 2. 26, 2014 헌가 16, 19, 23 병합-전원재판부.
72) 권오걸, 855면; 김성돈, 452면; 김성천, 1053면; 김/서, 527면; 박상기, 432면; 배종대, 591면; 오영근, 555면; 이재상, 458면; 이형국, 459면; 정/박, 502면; 정영일, 432면; 진/이, 537면.
73) 강구진, 404면; 김성천, 1053면; 김/서, 527면; 김종원, 256면; 오영근, 555면; 이형국, 459면.

2. 구성요건

업무상과실장물죄에 있어서 업무상 요구되는 주의의무의 위반 여부에 관한 구체적 사례는 다음과 같다.

① 고물상의 경우에 물품매입장부에 매도인이 일러 준 주소·성명을 기입해도 전매이득에 급급한 나머지, 신분·직업·연령·거동·원매가격·물품내용·취급방법·출처·현시가 등에 신중한 주의를 하지 못하고 매도인이 지시하는 가주소·가성명만을 경신하고 도품인 중고녹음기 1대를 매수했다면 업무상 과실로 인한 장물취득죄가 성립한다.[74] 그러나 물건의 출처와 매도인의 신분을 확인하기 위하여 주민등록증의 제시를 받고 고물대장과 매매장부에 매입·매도경위를 자세히 기재하였고 가격이 부당하지 않을 때에는 업무상 주의의무를 다했다고 해야 한다.[75] ② 전당포의 경우에 전당물의 출처와 소지경위 및 전당물의 소유자의 신원을 확인하고 이를 대장에 기재했다면 그 주의의무를 다하였다고 해야 하며, 전당물의 출처 및 소지경위에 관한 말의 진위까지 확인해야 할 주의의무는 없다.[76] ③ 금·은방의 경우에도 금거래 도매시세에 따라 그 반지를 사고, 주소·성명을 물어 기장하였다면 업무상 요구되는 주의의무를 다한 것이다.[77] ④ 영업용택시운전자에게 승객의 소지품을 확인하여 장물 여부를 알아보아야 할 업무상 주의의무는 없다.[78]

장물'양도'에 한해서는 과실범이 있을 수 없다는 주장이 있으나,[79] 장물'취득'시에는 장물임을 인식못한 데에 과실이 없었으나 장물'양도'시에는 장물임을 인식못한 데에 과실이 있을 수 있으므로, 업무상 과실에 의한 장물양도죄의 성립도 가능하다.

3. 형 벌

1년 이하의 금고 또는 500만원 이하의 벌금에 처한다.

---

74) 대결 1960. 9. 14, 4293 형상 316.
75) 대판 1984. 2. 14, 83 도 2982; 1970. 8. 31, 70 도 1489.
76) 대판 1987. 2. 24, 86 도 2077; 1984. 11. 27, 84 도 1413; 1984. 9. 25, 84 도 1488; 1978. 9. 26, 78 도 1902.
77) 대결 1960. 8. 10, 4292 형상 328.
78) 대판 1983. 6. 28, 83 도 1144.
79) 박상기, 432면; 이재상, 457면; 정/박, 501면.

제 9 장 손괴의 죄

제 1 절 개 설

Ⅰ. 의의, 성격, 보호법익

손괴죄란 "타인의 재물·문서 또는 전자기록 등 특수매체기록을 손괴·은 닉 기타 방법으로 그 효용을 해함으로써 성립하는 범죄"이다. 재물만을 객체로 하는 '재물죄'이고, 불법영득의사를 요하지 않는 점에서 이를 필요로 하는 영득죄와 구별된다.

손괴의 죄에 공통된 보호법익은 재물 내지 부동산의 '효용'이다. 손괴의 죄에는 재물손괴죄 이외에 공익건조물파괴죄와 경계침범죄가 포함되어 있으므로, 개별범죄의 보호법익을 보다 구체적으로 살펴볼 필요가 있다.

재물손괴죄의 보호법익은 '재물의 효용 내지 이용가치'이다. 소유권 자체가 아니라 소유권의 이용가치를 보호법익으로 하는 점에서 다른 재산죄와 구별된다. 공익건조물파괴죄의 보호법익은 '공익건조물의 효용에 대한 공공의 이익'이고, 경계침범죄의 보호법익은 '토지경계의 명확성'이다. 보호의 정도는 모두 '침해범'이다.

Ⅱ. 손괴의 죄의 체계

손괴의 죄는 재물손괴죄($\frac{제}{조}^{366}$)를 기본유형으로 하고, 이에 대한 가중유형으로서 공익건조물파괴죄($\frac{제}{조}^{367}$)가 규정되어 있으며, 독립된 범죄유형으로서 경계침범죄($\frac{제}{조}^{370}$)가 있다. 그 밖에 재물손괴죄와 공익건조물파괴죄의 결과적 가중범으로서 중손괴죄($\frac{제368조}{제1항}$)와 손괴치사상죄($\frac{제368조}{제2항}$)가 있고, 행위방법으로 인한 불법가중유형으로서 특수손괴죄($\substack{제369 \\ 조}$)가 규정되어 있다.

중손괴죄와 손괴치사상죄를 제외한 손괴의 죄는 미수범을 처벌한다($\substack{제371 \\ 조}$). 본장의 죄에 동력에 관한 규정은 준용하고 있으나($\substack{제372 \\ 조}$), 친족상도례의 준용은 명시되어 있지 않다. 재물손괴죄와 경계침범죄는 입법론상 친족상도례를 준용하거나 친고죄 또는 반의사불벌죄로 규정함이 타당하다.

'2인 이상이 공동'하여 손괴죄를 범한 경우에는 형법 제366조(재물손괴 등)에서 정한 형의 2분의 1까지 가중한다($\substack{폭력행위 등 처벌에 관 \\ 한 법률 제2조 제2항}$).

제 2 절   개별적 범죄유형

I. 재물손괴죄

제366조 [재물손괴 등] "타인의 재물, 문서 또는 전자기록 등 특수매체기록을 손괴 또는 은닉 기타 방법으로 그 효용을 해한 자는 3년 이하의 징역 또는 700만원 이하의 벌금에 처한다."

1. 의의, 보호법익, 성격

재물손괴죄는 "타인의 재물, 문서 또는 전자기록 등 특수매체기록을 손괴 또는 은닉 기타 방법으로 그 효용을 해함으로써 성립하는 범죄"로서, 손괴의 죄의 기본유형이다. 보호법익은 재물, 문서 또는 특수매체기록의 '효용'이고, 보호의 정도는 '침해범'이다. 본죄의 미수범은 처벌한다($\substack{제371 \\ 조}$).

본죄의 성격은 재물만을 객체로 하는 점에서 재물죄에 속하고, 불법영득의 의사가 필요하지 않다는 점에서 영득죄와 다르다. 본죄에는 친족상도례가 준용되지 않는다.

2. 행위의 객체

타인의 재물, 문서 또는 전자기록 등 특수매체기록이다.

(1) 재 물

재물에는 유체물 이외에 관리가능한 동력을 포함한다($\substack{제372 \\ 조}$). 동산·부동산을 불문하며, 동물도 재물에 해당한다. 재물은 반드시 경제적 교환가치를 가질 것을 요하지 아니하고, 증명서·사진·일기장 등 주관적 가치 또는 소극적 가치를 가짐에 불과한 것도 본죄의 재물이 된다(재산적 가치설). 그리고 재물로서의 본래의 가치가 상실되었더라도 다른 용도에 사용될 수 있는 한 재물성을 잃지 않는다.[1]

손괴의 객체가 공무소에서 사용하는 물건·서류·특수매체기록이면, 본죄가 아니라 공용물손괴죄(제141조제1항)가 성립한다(법조경합 중 특별관계). 행위의 객체가 공익건조물이고 행위태양이 파괴에 해당하면 공익건조물파괴죄(제367조)가 성립하지만, 파괴의 정도에 이르지 않으면 본죄가 성립한다. 행위의 객체가 공무소에서 사용하는 건조물·선박·기차·항공기와 같은 공용물이고 행위태양이 파괴이면 공용물파괴죄(제141조제2항)가 성립하고, 손괴의 정도에 그치면 공용물손괴죄(제141조제1항)가 성립한다.

(2) 문 서

제141조 제1항의 공용서류에 해당하지 않는 모든 문서를 말한다. 손괴죄의 객체가 되는 문서는 적어도 재산적 이용가치 내지 효용이 있는 문서이어야 한다.[2] 사문서이든 공문서이든 불문하며, 권리의무에 관한 문서이든 사실증명에 관한 문서이든 묻지 않는다. 작성명의인이 누구인가도 관계없다. 따라서 자기명의의 문서라도 타인의 소유이면 본죄의 객체가 된다. 유가증권·편지 등이 여기의 문서에 해당한다. 도화 또는 사진은 문서라고 하기 어려우므로, 재물에 포함된다고 본다.

(3) 전자기록 등 특수매체기록

정보처리에 있어서 컴퓨터 등 정보처리장치에 의하여 제공된 기록으로서 전자기록, 전기기록, 광학기록 등 사람의 지각에 의하여 인식될 수 없는 방식

---

1) "판결요지: 포도주 원액이 부패하여 포도주 원료로서의 효용가치는 상실되었으나, 그 산도가 1.8도 내지 6.2도에 이르고 있어 식초의 제조 등 다른 용도에 사용할 수 있는 경우에는 재물손괴죄의 객체가 될 수 있다"(대판 1979. 7. 24, 78 도 2138).

2) "판결요지: 손괴죄의 객체인 문서란 거기에 표시된 내용이 적어도 법률상 또는 사회생활상 중요한 사항에 관한 것이어야 하는 바, 이미 작성되어 있던 장부의 기재를 새로운 장부로 이기하는 과정에서 누계 등을 잘못 기재하다가 그 부분을 찢어버리고 계속하여 종전 장부의 기재내용을 모두 이기하였다면, 그 당시 새로운 경리장부는 아직 작성 중에 있어서 손괴죄의 객체가 되는 문서로서의 경리장부가 아니라 할 것이고, 또 그 찢어버린 부분이 진실된 증빙내용을 기재한 것이었다는 등의 특별한 사정이 없는 한, 그 이기 과정에서 잘못 기재되어 찢어버린 부분 그 자체가 손괴죄의 객체가 되는 재산적 이용가치 내지 효용이 있는 재물이라고도 볼 수 없다"(대판 1989. 10. 24, 88 도 1296).

으로 제공된 것을 의미한다. 컴퓨터 자체 또는 기록을 담고 있는 매체물(디스켓 등)에 대한 손괴행위는 재물손괴죄가 성립하고,[3] 컴퓨터에 저장된 '정보'(software)에 대한 손괴행위는 특수매체기록손괴죄가 성립한다.[4] 본 객체는 1995년 형법개정에서 신설되었다.

마이크로필름기록은 단순히 문자의 축소 내지 그 기계적 확대에 의한 재생에 불과하므로 문서의 일종으로 보아야 하고, 영상기록은 재물의 일종으로 봄이 타당하다.

(4) 타인의 소유

재물, 문서, 전자기록 등 특수매체기록은 '타인의 소유'여야 한다. 타인이라 함은 자연인 이외에 국가, 법인, 법인격없는 단체를 포함한다.

'자기소유'에 속하는 물건은 권리행사방해죄($\frac{제323}{조}$) 또는 공무상보관물무효죄($\frac{제142}{조}$)의 객체가 될 수는 있지만, 본죄의 객체가 될 수는 없다. 타인의 소유물인 이상, 점유는 자기에게 있든지 타인에게 있든지 상관없다. 자기가 점유하고 있는 타인소유의 물건을 손괴의사로 손괴하면, 횡령죄가 아니라 손괴죄가 성립한다. 문서는 타인소유이면 족하고 작성명의인을 불문하므로, 자기명의의 타인소유의 문서(영수증, 약속어음 등)를 소유자의 동의없이 폐기하거나[5] 그 내용을 변경하면,[6] 문서손괴죄가 성립한다. 우리 형법은 사문서변조죄에서 무형위조를 처벌하지 않기 때문에, 자기명의의 타인소유의 문서 내용을 소유자의 동의없이 작성명의인이 변경하더라도 사문서변조죄가 성립하지는 않는다. 타인명의의 타인소유의 문서를 명의인과 소유자의 동의없이 몰래 문서의 내용을 변경하면, 사문서변조죄와 문서손괴죄의 문제가 발생하지만, 후자는 전자에 흡수되어 사문서변조죄만이 성립한다(법조경합 중 특별관계).[7] 타인소유의 문서를 자기가 점유하고 있더라도 본죄의 객체가 된다.[8]

---

3) 권오걸, 863면; 김성돈, 457면; 김/서, 398면; 박상기, 435면; 배종대, 594면; 정/박, 508-9면.

4) 매체물 자체에 대한 손상이 특수매체기록의 손상을 수반하는 경우에 특수매체기록손괴죄는 매체물 자체에 대한 재물손괴죄에 흡수된다고 본다(법조경합 중 흡수관계).

5) 대판 1987. 4. 14, 87 도 177; 1982. 12. 28, 82 도 1807; 1977. 2. 22, 76 도 4396.

6) "약속어음의 수취인이 빌린 돈의 지급담보를 위하여 은행에 보관시킨 약속어음을 은행지점장이 발행인의 부탁을 받고 그 지급기일란의 일자를 지움으로써 그 효용을 해하는 소위는 문서의 손괴에 해당한다 할 것"(대판 1982. 7. 27, 82 도 223). 그 밖에 대판 1985. 2. 26, 84 도 2802.

7) 김성돈, 460면; 김/서, 404면; 박상기, 437면; 이형국, 468면.

8) 대판 1984. 12. 26, 84 도 2290.

3. 실행행위

손괴·은닉 기타 방법으로 그 효용을 해하는 것이다.

(1) 손 괴

손괴란 "타인의 재물, 문서 또는 전자기록 등 특수매체기록에 직접 유형력을 행사하여 그 효용을 해하는 것"을 말한다.[9] 물체나 기록의 물리적, 화학적 상태 변화를 초래하는 것을 의미한다. 손괴는 영구적이 아니라 일시적인 것이어도 관계없다.[10] 손괴의 '정도'는 물체 자체의 멸실이나 중요부분의 훼손이 없더라도 재물 본래의 용도에 사용할 수 없게 하는 것이면 충분하다. 그 예로 음식물에의 오물투입, 타이어의 바람을 빼는 것, 벽에 광고를 부착하는 것, 그림에 낙서를 하는 것 등이 있다.

손괴는 재물 자체에 '유형력'을 행사할 것을 요하므로, 물체 자체에 물리적·화학적 영향을 주지 않고 재물의 기능만을 훼손케 하는 것은 손괴가 되지 않는다. 예컨대 텔레비전을 시청하지 못하게 하기 위하여 전파를 방해하는 것만으로는 손괴라고 할 수 없다.

문서손괴의 방법은 폐기·소각하는 것이 일반적이지만, 문서의 내용을 일부 말소하거나, 문서나 장부의 1장을 빼내거나, 문서에 첨부된 인지를 떼어낸 경우도 손괴에 해당한다.

특수매체기록에 대한 손괴란 기록'매체'(디스켓 등)에 대한 물리적 파손뿐만 아니라 기록의 내용을 소거·변경하는 경우를 포함한다.

방화를 수단으로 한 손괴인 경우에는 방화죄가 성립할 수 있고, 이 때 방화죄는 손괴죄에 대하여 법조경합 중 특별관계에 있다고 본다.

---

9) 판례는 다른 사람의 소유물을 본래의 용법에 따라 무단으로 사용·수익하는 행위에 대해서는 손괴죄의 성립을 부정한다. "피고인이 타인 소유 토지에 권원 없이 건물을 신축함으로써 그 토지의 효용을 해하였다는 이 사건 공소사실에 대하여, 원심은 판시와 같은 이유로 무죄로 판단하였다. 원심판결 이유에는 적절하지 않은 부분이 있지만, 피고인의 행위는 이미 대지화된 토지에 건물을 새로 지어 부지로서 사용·수익함으로써 그 소유자로 하여금 효용을 누리지 못하게 한 것일 뿐 토지의 효용을 해하지 않았으므로, 재물손괴죄가 성립하지 않는다는 결론은 정당하다"(대판 2022. 11. 30, 2022 도 1410).

10) "판결요지: 손괴 또는 은닉 기타 방법으로 그 효용을 해하는 경우에는 물질적인 파괴행위로 물건 등을 본래의 목적에 사용할 수 없는 상태로 만드는 경우뿐만 아니라 일시적으로 물건 등의 구체적 역할을 할 수 없는 상태로 만들어 효용을 떨어뜨리는 경우도 포함된다. 따라서 자동문을 자동으로 작동하지 않고 수동으로만 개폐가 가능하게 하여 자동잠금장치로서 역할을 할 수 없도록 한 경우에도 재물손괴죄가 성립한다"(대판 2016. 11. 25, 2016 도 9219).

(2) 은 닉

은닉이란 "재물, 문서 또는 전자기록 등 특수매체기록의 소재를 불분명하게 하여 발견하기 곤란하게 함으로써 그 효용을 해하는 것"을 말한다. 물체나 기록의 상태변화를 초래하는 것이 아닌 점에서 손괴와 구별된다.

비록 행위자가 재물을 점유하고 있다는 사실을 피해자가 알고 있더라도 피해자가 이를 발견할 수 없으면 은닉에 해당한다.

(3) 기타의 방법

손괴와 은닉 이외의 방법으로 재물 등의 효용을 해하는 일체의 행위를 의미한다. 기타의 방법은, 물질적 훼손행위를 하지 않고, '사실상' 물건의 본래의 용도에 사용할 수 없게 하는 행위 또는 '감정상' 물건의 본래의 용도에 사용할 수 없게 하는 행위를 포함하는 의미가 있다.[11] 사실상 물건의 본래의 용도에 사용할 수 없게 하는 행위란, 예컨대 타인의 새장 안의 새를 풀어주어 날아가게 하는 행위, 타인의 양어장 안의 물고기를 밖으로 방류하는 행위, 부두에 매어둔 타인의 배를 풀어서 떠내려가게 하는 행위 등과 같이, 물건 본래의 용도에 쓰일 수 없는 장소에 두는 경우를 말한다. 그리고 감정상 물건의 본래의 용도에 사용할 수 없게 하는 경우로는 타인의 그릇에 방뇨하는 행위가 있다.

컴퓨터에 바이러스를 감염시켜 컴퓨터의 안정적 운용을 해하는 행위도 '기타 방법'으로 효용을 해하는 경우에 해당한다.

주차된 타인의 자동차 앞뒤에 장애물을 설치함으로써 자동차 본래의 목적인 '운행'을 하지 못하도록 한 행위(이른바 보복주차)가 손괴죄를 구성한다는 대법원판결이 있다.[12]

---

11) "재물의 효용을 해한다고 함은 사실상으로나 감정상으로 재물을 본래의 사용 목적에 제공할 수 없는 상태로 만드는 것을 말하고, 일시적으로 재물을 이용할 수 없는 상태로 만드는 것도 포함한다"(대판 2020. 3. 27, 2017 도 20455. 同旨, 대판 2017. 12. 13, 2017 도 10474).

12) [보복주차행위의 사실관계] A씨는 2018년 7월 평소 자신이 굴삭기를 주차하던 장소에 B씨가 승용차를 주차해둔 것을 발견했다. 이에 A씨는 주차된 B씨의 차량 앞쪽에 높이 120㎝ 상당의 철근 콘크리트 구조물을, 뒤편에는 굴삭기 부품인 크락샤를 갖다놔 차량이 이동할 수 없게 했다. B씨는 경찰관까지 불러 차량을 빼내려고 했지만 실패했고, 결국 18시간이 지나서야 차량을 이동할 수 있었다. 검찰은 "A씨의 장애물 설치행위로 B씨의 차가 일시적으로 그 본래의 사용목적에 제공할 수 없는 상태가 됐다"며 "이는 형법 제366조 재물손괴죄에서 정하는 '기타의 방법으로 그 효용을 해하는 경우'에 해당한다"며 A씨를 기소했다.
[법원의 판단] 제1심은 "재물손괴죄는 재물을 손괴 또는 은닉 기타 방법으로 그 효용을 해하는 경우에 성립하는데, 여기서 '기타 방법'이란 손괴나 은닉과 같이 그 물건 자체의 형상, 속성, 구조나 기능에 장애를 초래하는 일체의 행위를 의미한다"면서 "A씨의 행위로 B씨 승용차 자체

(4) 실행의 착수와 기수시기

본죄의 실행의 착수시기는 효용을 해하는 행위를 개시한 때이고, 기수시기는 효용이 훼손되었을 때이다(침해범). 본죄의 미수범은 처벌한다($\text{제371}_{조}$).

4. 주관적 구성요건

본죄의 고의는 행위객체와 손괴·은닉·기타 방법으로 재물·문서·특수매체기록의 효용을 해한다는 것에 대한 인식·인용이다.[13] 손괴죄가 성립하려면, '불법영득의 의사가 없어야 한다'. 재물을 은닉하는 경우에도 불법영득의사의 유무에 따라 절도죄가 성립할 수도 있고 손괴죄가 성립할 수도 있기 때문에, 불법영득의 의사는 영득죄와 손괴죄를 구별하는 중요한 표지가 된다.[14]

손괴죄의 과실범 처벌규정은 없다. 다만 '도로교통법' 제151조는 예외적으로 자동차의 운전자가 업무상 과실 또는 중대한 과실로 타인의 건조물이나 재물을 손괴한 때에는 2년 이하의 금고 또는 500만원 이하의 벌금의 형에 처하도록 하고 있다.

의 형상이나 구조, 기능 등에 장애가 초래된 것은 아니므로 재물손괴에 해당하지 않는다"면서 무죄를 선고했다. 그러나 제2심은 "B씨의 승용차에 물질적인 형태의 변경이나 멸실, 감손이 초래되지는 않았다고 하더라도, A씨의 장애물 설치 행위로 B씨의 승용차는 일시적으로 그 본래의 사용목적인 '운행'에 제공할 수 없는 상태가 됐다"면서 "이는 재물손괴죄에서 정한 '기타의 방법으로 그 효용을 해하는 경우'에 해당한다"며, A씨에게 벌금 50만원을 선고했다. 대법원은 "구조물로 인해 피해 차량을 운행할 수 없게 됨으로써 일시적으로 차량 본래의 효용을 해했다"며 상고를 기각하고, 원심(제2심) 판결을 확정했다(대판 2021. 5. 24, 2019 도 13764).

13) 손괴 내지 은닉의 고의를 부정한 판례로는 "공중전화가 이미 고장이었던 것이 사실이고 피고인도 위 전화기가 고장난 것으로 생각하고, 파출소에 신고하기 위하여 전화선 코드를 빼고 이를 떼어낸 것이라면, 피고인에게 위 전화기를 물질적으로 파괴하거나 또는 위 전화기를 떼어내 위 전화기의 구체적 역할인 통화를 할 수 없게 함으로써 그 효용을 해하려는 손괴의 범의가 있었다고 보기는 어려울 것"(대판 1986. 9. 23, 86 도 941). "판결요지: 甲의 소유였다가 약정에 따라 乙의 명의로 이전되었으나 권리관계에 다툼이 생긴 토지 상에서 甲이 버스공용터미널을 운영하고 있는데, 乙이 甲의 영업을 방해하기 위하여 철조망을 설치하려 하자, 甲이 위 철조망을 가까운 곳에 마땅한 장소가 없어 터미널로부터 약 200 내지 300미터 가량 떨어진 甲소유의 다른 토지 위에 옮겨 놓았다면, 甲의 행위에는 재물의 소재를 불명하게 함으로써 그 발견을 곤란 또는 불가능하게 하여 그 효용을 해하게 하는 재물은닉의 범의가 있다고 할 수 없다"(대판 1990. 9. 25, 90 도 1591).

14) "재물손괴죄(형법 제366조)는 다른 사람의 재물을 손괴 또는 은닉하거나 그 밖의 방법으로 그 효용을 해한 경우에 성립하는 범죄로, 행위자에게 다른 사람의 재물을 자기 소유물처럼 그 경제적 용법에 따라 이용·처분할 의사(불법영득의사)가 없다는 점에서 절도, 강도, 사기, 공갈, 횡령 등 영득죄와 구별된다"(대판 2022. 11. 30, 2022 도 1410).

5. 죄   수

동일한 손괴행위로 다수인의 다수의 재물을 훼손한 때에는 손괴죄의 동종류의 상상적 경합이 발생한다.

타인에게 온 봉함된 편지를 몰래 개봉해서 읽어본 행위에 있어서, ① 편지의 외피(外皮, 봉투)만을 찢어서 읽어보고 제자리에 둔 경우에는 손괴행위는 당연히 비밀침해죄에 흡수되고(법조경합 중 흡수관계), ② 읽어본 후에, 편지 자체를 찢어버리거나 은닉한 때에는 비밀침해죄와 손괴죄의 실체적 경합범이 된다.[15]

특수매체기록을 손괴하여 타인의 업무를 방해하면, 컴퓨터업무방해죄($_{조~제}^{제314}$ $_{항}^{2}$)만이 성립하고, 손괴죄는 전자에 흡수된다(법조경합의 관계).[16] 인터넷을 통하여 타인의 컴퓨터에 침입(해킹)하여 악성프로그램(바이러스 프로그램 등)을 전달·유포하거나 정보통신망에 장애가 발생하게 한 경우에는 손괴죄와 '정보통신망이용촉진 및 정보보호 등에 관한 법률' 제71조 제1항 제9호 또는 제10호의 범죄의 상상적 경합이 성립한다.

위탁을 받아 보관중인 타인소유의 재물을 손괴한 행위가 배임행위에 해당하는 것처럼 보이더라도, 불법이득의 의사가 없는 한 배임죄는 성립하지 않고, 손괴죄만 성립한다. 증거인멸행위가 동시에 재물손괴행위에 해당하면, 증거인멸죄와 손괴죄의 상상적 경합이 성립한다. 사문서손괴죄와 사문서변조죄의 관계에 관하여는 전술하였다.

6. 형   벌

3년 이하의 징역 또는 700만원 이하의 벌금에 처한다.

II. 공익건조물파괴죄

제367조 [공익건조물파괴] "공익에 공하는 건조물을 파괴한 자는 10년 이하의 징

---

15) 두 범죄의 상상적 경합이 된다는 견해로는 김/서, 224면; 이형국, 468면; 정/박, 513면.
16) 김성돈, 461면; 김/서, 224면; 박상기, 215면; 배종대, 316면; 백형구, 370면; 오영근, 567면; 이형국, 468면; 정/박, 513면. 이에 대하여 손괴죄와 컴퓨터업무방해죄의 상상적 경합이 된다는 견해도 있다(김성천, 755면; 이재상, 217면).

역 또는 2천만원 이하의 벌금에 처한다."

1. 의의, 성격

본죄는 "공익에 공하는 건조물을 파괴함으로써 성립하는 범죄"이다. 본죄는 행위의 객체가 다르고 행위태양이 중하기 때문에 재물손괴죄에 대한 불법 가중유형으로 규정되어 있다(법조경합 중 특별관계).

2. 구성요건

공익에 공하는 건조물을 파괴하는 것이다.

(1) 행위의 객체

공익에 공하는 건조물이다. 건조물이란 가옥 이외에 학교·도서관·박물관·버스터미널·지하철역사·공중화장실 등과 같이 지붕과 벽이 있으며 사람이 출입할 수 있는 건축물을 말한다. 그러므로 둑(제방)·교량·철도·차량·항공기·선박·전신주·기념비·분묘 등은 건조물이라고 할 수 없다.

건조물은 공익에 사용되는 것이어야 한다. 공익이라 함은 공공의 이익을 말한다. 공익건조물이라고 하기 위하여는 그 건조물의 사용목적이 공익을 위한 것일 뿐만 아니라 일반인이 쉽게 출입할 수 있는 곳이어야 한다.[17] 공설체육관·공공미술관·대중공연관·고속도로휴게소 등은 본죄의 객체가 되지만, 한정된 범위의 사람에게 그 이용이 제한되어 있는 건조물,[18] 예컨대 법원도서관·대학도서관 같은 곳은 제외된다.

공익에 공하는 건조물인 이상 국가 또는 공공단체의 소유이건, 사인의 소유이건 불문한다. 건조물의 소유자도 공익에 공하여진 이상, 본죄의 주체가 될 수 있다.

공익건조물은 '공무소에서 사용하는 건조물'과는 구별해야 한다. 후자는 공용건조물파괴죄(제141조 제2항)의 객체가 된다.

(2) 실행행위

파괴이다. 파괴란 "건조물의 중요부분을 손괴하여 그 용도에 따라 사용할

---

17) 권오걸, 870면; 김성돈, 461면; 김성천, 1064면; 박상기, 437면; 배종대, 599면; 오영근, 568면; 이재상, 468면; 이형국, 469면; 정/박, 514면; 정영일, 444면; 진/이, 551면.

18) 입장권소지자에게만 이용이 허락된다는 뜻이 아니고, 일정한 자격을 갖춘 자만 이용이 가능한 곳이란 뜻이다.

수 없게 하는 행위"를 말한다. 파괴와 손괴는 물질적 훼손이라는 점에서 동일하지만, 그 정도에 있어서 구별된다. 따라서 공익건조물을 객체로 하더라도 파괴행위의 정도에 이르지 않고 손괴행위에 그치면 재물손괴죄가 성립할 뿐이다.[19]

파괴의 방법은 불문하지만, 방화의 방법을 사용한 경우에는 공익건조물방화죄($\frac{제165}{조}$)가 성립하고, 일수(溢水)의 방법을 사용한 경우에는 공익건조물일수죄($\frac{제178}{조}$)가 성립한다(법조경합 중 특별관계).

3. 형 벌

10년 이하의 징역 또는 2천만원 이하의 벌금에 처한다. 미수범은 처벌한다($\frac{제371}{조}$).

Ⅲ. 중손괴죄 · 손괴치사상죄

제368조 [중손괴] 제1항 "전 2조의 죄를 범하여 사람의 생명 또는 신체에 대하여 위험을 발생하게 한 때에는 1년 이상 10년 이하의 징역에 처한다."
제2항 "제366조 또는 제367조의 죄를 범하여 사람을 상해에 이르게 한 때에는 1년 이상의 유기징역에 처한다. 사망에 이르게 한 때에는 3년 이상의 유기징역에 처한다."

1. 의의, 성격

중손괴죄는 "재물손괴죄 또는 공익건조물파괴죄를 범하여 사람의 생명 또는 신체에 위험을 발생하게 함으로써 성립하는 범죄"이고, 손괴치사상죄는 "재물손괴죄 또는 공익건조물파괴죄를 범하여 사상의 결과를 발생하게 함으로써 성립하는 범죄"이다. 양자를 합하여 광의의 중손괴죄라고 할 수 있다.

제1항의 중손괴죄는 손괴죄의 '부진정 결과적 가중범'에 해당하고, '구체적 위험범'에 속한다. 제2항의 손괴치사상죄는 '진정 결과적 가중범'이다.

---

19) 파괴의 고의로 파괴행위를 하였으나 손괴 정도의 결과가 발생한 것에 그치면, 당연히 공익건조물파괴죄의 '미수'범이 성립한다.

2. 구성요건

본죄에는 결과적 가중범($\frac{제15조}{제2항}$)의 일반적 구성요건이 적용된다.

(1) 중손괴죄

중손괴죄의 경우에는 ① 기본행위인 손괴행위로 인하여 생명·신체에 대한 구체적 위험이 발생해야 하고, ② 양자 사이에 인과관계가 있어야 하며, ③ 생명·신체의 위험발생에 대한 과실(예견가능성) 또는 고의가 있을 것을 요한다. 기본행위인 손괴행위의 미수·기수를 불문한다.

(2) 손괴치사상죄

손괴치사상죄의 경우에는 ① 기본행위인 손괴행위로 인하여 상해 또는 사망의 결과가 발생해야 하고, ② 양자 사이에 인과관계가 있어야 하며, ③ 상해 또는 사망의 결과발생에 대한 과실이 있을 것을 요한다. 기본행위인 손괴행위의 미수·기수를 불문한다.

3. 형 벌

중손괴죄는 1년 이상 10년 이하의 징역에 처한다. 손괴치사상죄는 상해에 이르게 한 때에는 1년 이상의 유기징역, 사망에 이르게 한 때에는 3년 이상의 유기징역에 처한다.

본죄는 결과적 가중범의 일반이론에 따라 기본범죄인 재물손괴죄 또는 공익건조물파괴죄의 미수·기수를 불문하고 본죄의 기수범으로 처벌된다. 본죄의 미수범은 처벌하지 않으므로, 기본범죄가 행해졌으나 사상이라는 중한 결과 혹은 생명·신체의 위험이 발생하지 않으면, 기본범죄로 처벌된다.

Ⅳ. 특수손괴죄·특수공익건조물파괴죄

제369조 [특수손괴] 제1항 "단체 또는 다중의 위력을 보이거나 위험한 물건을 휴대하여 제366조의 죄를 범한 때에는 5년 이하의 징역 또는 1천만원 이하의 벌금에 처한다."

제2항 "제1항의 방법으로 제367조의 죄를 범한 때에는 1년 이상의 유기징역 또는 2천만원 이하의 벌금에 처한다."

본죄는 "단체 또는 다중의 위력을 보이거나 위험한 물건을 휴대하여 재물손괴죄 또는 공익건조물파괴죄를 범함으로써 성립하는 범죄"이다. 특수한 행위방법으로 인하여 불법이 가중되는 범죄유형이다. 단체 또는 다중의 위력을 보이는 것, 위험한 물건을 휴대하는 것 등의 해석은 특수폭행죄($\frac{제261}{조}$)의 경우와 같다.

V. 경계침범죄

제370조 [경계침범] "경계표를 손괴, 이동 또는 제거하거나 기타 방법으로 토지의 경계를 인식불능하게 한 자는 3년 이하의 징역 또는 500만원 이하의 벌금에 처한다."

1. 의의, 성격, 보호법익

본죄는 "경계표를 손괴·이동 또는 제거하거나 기타 방법으로 토지의 경계를 인식불능하게 함으로써 성립하는 범죄"이다. 재물손괴죄와는 별개의 독립된 범죄유형이다. 본죄의 보호법익은 '토지경계의 명확성'이며, 보호의 정도는 '침해범'이다. 본죄의 미수는 처벌하지 않는다.

2. 구성요건

경계표를 손괴·이동 또는 제거하거나 기타 방법으로 토지의 경계를 인식불능하게 하는 것이다.

(1) 행위의 객체

토지의 경계이다. 경계표는 토지의 경계의 예시에 불과하다. '경계표'란 토지의 경계를 확정하기 위해서 토지에 설치한 공작물·입목 기타 표지물을 말한다. 경계표가 타인의 소유일 필요는 없고, 자기의 소유이건 무주물이건 불문하며, 자연적으로 존재한 것이든 인위적으로 설치한 것이건 상관없다. 일시적으로 설치한 것도 포함되지만, 쉽게 변질·붕괴되어 원형을 보존하기 어려운 표지는 제외된다. 경계표는 반드시 표시하는 경계선상에 있어야 할 필요는 없다. 어느 정도 객관적이고 사실상의 경계를 표시하는 한, 종래부터 존재하는 경계표 시설이 실제의 경계선과 다소 상이한 위치에 있더라도 경계표로 된다.[20]

---

20) 대결 1956. 12. 7, 4289 형상 272.

'토지의 경계'란 소유권 기타 권리의 대상인 토지의 장소적 한계를 나타내는 지표(地標)를 말한다.[21] 사법상의 경계든지 공법상의 경계든지, 자연적 경계든지 인위적 경계든지 불문한다. 토지의 경계는 권한있는 당국에 의하여 확정된 것뿐만 아니라 당사자 간에 합의한 것[22] 또는 관습상 일반적으로 승인된 것을 포함한다. 그리고 실체법상의 권리관계와 부합하지 않더라도 사실상 경계로 인정되어 온 것도 본죄의 객체가 된다.[23] 대법원은 "형법 제370조에서 말하는 경계는 반드시 법률상의 정당한 경계를 말하는 것이 아니고 비록 법률상의 정당한 경계에 부합되지 아니하는 경계라고 하더라도 이해관계인들의 명시적 또는 묵시적 합의에 의하여 정하여진 것이면, 이는 이 법조에서 말하는 경계라고 할 것이고, 또 그 경계표는 그것이 어느 정도 객관적으로 통용되는 사실상의 경계를 표시하는 것이라면 영속적인 것이 아니고 일시적인 것이라도 이 죄의 객체에 해당한다고 할 것"이라고 한다(대판 1999. 4. 9. 99 도 480).

행위자가 일방적으로 설정한 경계는 당연히 본죄의 경계에 해당하지 않는다.[24]

(2) 실행행위

경계표를 손괴·이동 또는 제거하거나 기타 방법으로 토지의 경계를 인식불능하게 하는 것이다. 경계표의 손괴·이동·제거행위는 토지의 경계를 '인식불능하게 하는 행위'의 예시이다.

(가) 경계표의 손괴·이동·제거행위   '손괴'란 경계표를 물질적으로 훼손하여 효용을 해하는 것을 말하고, '이동'이란 경계표를 원래의 위치에서 다른 장소로 옮겨서 새로운 경계선으로 인식하게 하거나 경계를 불분명하게 하는 것이다.

(나) 기타 방법으로 경계를 인식불능하게 하는 행위   '기타 방법'으로 경계를 인식불능하게 한다는 것은 자기의 토지에 인접한 타인의 토지를 침범하여 건물을 건축한다거나,[25] 경계를 흐르는 개천의 물줄기를 바꾸어 놓거나, 경계로 되어 있는 하수구를 매립한다거나, 이제까지 없던 경계표를 새로 만들어 자기

---

21) 대판 1976. 5. 25, 75 도 2564.
22) 대판 1992. 12. 8, 92 도 1682.
23) 대판 1991. 9. 10, 91 도 856.
24) 대판 1986. 12. 9, 86 도 1492.
25) 대판 1968. 9. 17, 68 도 967.

에게 유리한 지점에 설치함으로써 토지의 경계를 인식불능하게 함을 의미한다. 다만 손괴·이동·제거에 준하는 방법임을 요한다. 따라서 토지의 경계를 표시하는 지적도를 파손하거나 변경을 가하는 것은 본죄에 해당하지 않고, 공용서류무효죄($\frac{\text{제}141\text{조}}{\text{제}1\text{항}}$) 또는 공문서변조죄($\frac{\text{제}225}{\text{조}}$)가 성립할 따름이다.

토지경계의 전부뿐만 아니라 일부에 대한 인식불능도 포함한다.

(다) 기수시기   본죄는 실행행위로 인하여 토지의 경계가 '인식불능'으로 되었을 때 기수가 된다(침해범). 본죄의 미수는 처벌하지 않는다. 따라서 경계표를 손괴하는 행위가 있더라도 토지경계가 인식불능케 될 정도에 이르지 않으면 본죄는 성립하지 않는다.[26] 토지경계의 인식불능은 지적도의 열람이나 측량 등의 방법으로 정확한 경계가 인식가능하다고 하더라도, '사실상' 토지경계의 인식이 곤란하게 됨으로써 충분하다.

(3) 주관적 구성요건

본죄의 고의는 경계표를 손괴·이동·제거하거나 기타 방법으로 토지의 경계를 인식불능하게 한다는 인식·인용이다. 이러한 고의없이 경계표를 훼손하겠다는 고의만 있은 때에는 재물손괴죄가 성립할 따름이다. 본죄의 성립에 불법영득의 의사는 필요하지 않다.

3. 죄   수

토지의 경계를 인식불능하게 하고자 경계표를 손괴한 경우에는 경계침범죄와 재물손괴죄의 상상적 경합이 성립한다.[27]

불법영득의 의사를 가지고 타인의 토지를 무단 점거하고자 본죄를 범한 때에는 절도죄와 본죄의 상상적 경합이 발생한다. 이 문제는 부동산에 대한 절도죄의 성립을 긍정할 것인가 하는 학설의 대립과 맞물려있다.

---

26) "판결요지: 경계침범죄는 계표를 손괴·이동 또는 제거하거나 기타 방법으로 토지의 경계를 인식불능하게 함으로써 성립하는 것이므로, 계표의 손괴 등의 행위가 있다 하더라도 토지경계의 인식불능의 결과가 발생하지 않는 한 경계침범죄가 성립하지 아니한다"(**대판** 1972. 2. 29, 71 도 2293). "판결요지: 피고인이 건물을 신축하면서 그 건물의 1층과 2층 사이에 있는 처마를 피해자 소유의 가옥 지붕 위로 나오게 한 사실만으로는 양 토지의 경계가 인식불능되었다고 볼 수 없으므로, 경계침범죄의 구성요건에 해당하지 아니한다"(대판 1984. 2. 28, 83 도 1533). 기타 대판 1991. 9. 10, 91 도 856.

27) 김성돈, 466면; 김/서, 414면; 이형국, 474면; 진/이, 554면. 이에 대하여 두 범죄가 법조경합의 관계에서 경계침범죄만 성립한다는 견해로는 김성천, 1068면; 박상기, 442면; 백형구, 257면; 정/박, 520면; 정영일, 448면.

4. 형 벌

3년 이하의 징역 또는 500만원 이하의 벌금에 처한다.

제10장 권리행사를 방해하는 죄

제1절 개 설

I. 의의, 성격

　형법 제37장 권리행사를 방해하는 죄의 기본유형인 권리행사방해죄($\frac{제323}{조}$)는 "타인의 점유 또는 권리의 목적이 된 자기의 물건 또는 전자기록 등 특수매체기록을 취거, 은닉 또는 손괴하여 타인의 권리행사를 방해함으로써 성립하는 범죄"이다. 본죄는 '재산죄'에 속하지만, 보호법익이 '소유권 이외의 재산권'이라는 점에서 소유권을 보호하고자 하는 다른 재산범죄와 구별된다.

　권리행사방해죄는 그 객체가 물건임이 원칙이므로 '재물죄'에 속하고, 그 주체가 소유자이므로 소유자를 배제할 의사인 불법영득의 의사가 요구되지 않는다는 점에서 영득죄에 속하지 않는다.

II. 입 법 론

　형법은 재산죄인 제37장의 죄 속에 강요죄($\frac{제324}{조}$)와 1995년 형법개정에서 신설된 인질강요죄($\frac{제324조}{의 2}$) 및 인질상해·치상죄($\frac{제324조}{의 3}$)와 인질살해·치사죄($\frac{제324조}{의 4}$)를 함께 규정하고 있다. 그러나 강요죄는 보호법익이 의사결정의 자유이고 인질범죄는 보호법익이 의사결정의 자유 및 신체적 자유라는 점에서, 모두 인격적 법익에 대한 범죄이지 재산죄라고 할 수 없기 때문에, 강요죄와 인질범죄를 권리행사방해죄의 장에 함께 규정하는 것은 적절치 못하다. 입법론으로는 강요죄와 인질범죄를 위한 별도의 장을 마련하여 협박죄 다음에 규정하고, 제37장도 재산범죄의 맨 뒤에 위치시키는 것이 바람직하다.

제37장에는 관리할 수 있는 동력을 재물로 간주한다는 규정($^{제346}_{조}$)을 준용하고 있지 않으나, 그 준용을 명시하는 것이 타당하다.

권리행사방해죄와 점유강취죄의 객체로 규정되어 있는 '물건'이란 용어는 '재물'로 바꾸어, 다른 재산범죄에서 사용하는 용어와 통일시킬 필요가 있다.

권리행사방해죄의 행위태양 중에서 '손괴'는 제323조에서 제외시켜, 손괴죄($^{제366}_{조}$)에서 구성요건화함이 타당하다. 현행대로라면, 타인의 권리의 목적이 된 '자기소유'의 물건을 손괴한 경우에는 제323조가 적용되어 5년 이하의 징역에 처해짐에 반하여, '타인소유'의 물건을 손괴하는 경우에는 제366조가 적용되어 3년 이하의 징역에 처해지게 되므로, 형의 불균형이 있게 되고, 이를 시정할 필요가 있기 때문이다.

Ⅲ. 보호법익

제37장의 죄에는 권리행사방해죄 이외에 점유강취죄와 강제집행면탈죄가 규정되어 있으므로, 개별범죄의 보호법익을 보다 구체적으로 살펴볼 필요가 있다.

권리행사방해죄의 보호법익은 정확히 보자면 '소유권 이외의 점유권·제한물권·채권'인데, 일반적으로 '소유권 이외의 물권 또는 채권'이라고 하며, 보다 넓게는 '소유권 이외의 재산권'이라고 할 수 있다. 그 보호의 정도는 '위험범'이다. 점유강취죄의 보호법익은 '자유권과 소유권 이외의 재산권'이다. 강제집행면탈죄의 주된 보호법익은 '채권자의 채권'이고, 부차적인 보호법익은 '강제집행의 기능'이다.[1]

Ⅳ. 권리행사방해죄의 체계

권리행사를 방해하는 죄의 기본유형으로 권리행사방해죄($^{제323}_{조}$)가 규정되어 있고, 여기에 강취라는 행위방법으로 인한 불법가중유형으로서 점유강취죄·준점유강취죄($^{제325}_{조}$)가 있으며, 이 양자의 결과적 가중범으로서 중권리행사방

---

1) "형법 제327조의 강제집행면탈죄는 채권자의 정당한 권리행사보호 외에 강제집행의 기능보호도 그 법익으로 하는 것이나, 현행형법상 강제집행면탈죄가 개인적 법익에 관한 재산범의 일종으로 규정되어 있는 점과 채권자를 해하는 것을 그 구성요건으로 규정하고 있는 점 등에 비추어 보면, 그 주된 법익은 채권자의 권리보호에 있다고 해석함이 상당하다"(대판 1982. 10. 26, 82 도 2157).

해죄($^{제326}_{조}$)가 규정되어 있다. 강제집행면탈죄($^{제327}_{조}$)는 권리행사방해죄와는 성격이 다른 독자적 범죄이지만, 소유권 이외의 채권을 보호하고자 한다는 점에서 제37장에 규정한 것으로 판단된다.

친족간의 특례는 권리행사방해죄에 한하여 적용되고($^{제328}_{조}$), 점유강취죄와 준점유강취죄에 한하여 미수범을 처벌한다($^{제325조}_{제3항}$).

제 2 절 개별적 범죄유형

Ⅰ. 권리행사방해죄

제323조 [권리행사방해] "타인의 점유 또는 권리의 목적이 된 자기의 물건 또는 전자기록 등 특수매체기록을 취거, 은닉 또는 손괴하여 타인의 권리행사를 방해한 자는 5년 이하의 징역 또는 700만원 이하의 벌금에 처한다."

1. 의의, 보호법익, 성격

본죄는 "타인의 점유 또는 권리의 목적이 된 자기의 물건 또는 전자기록 등 특수매체기록을 취거, 은닉 또는 손괴하여 타인의 권리행사를 방해함으로써 성립하는 범죄"이다. 본죄의 보호법익은 '소유권 이외의 물권 또는 채권'이다. 보호의 정도는 '위험범'이다. 즉 타인의 권리행사가 방해될 추상적 위험이 있음으로써 기수가 된다. 본죄의 미수범 처벌규정은 없다.

본죄는 재산죄에 속하며, 원칙적으로 객체가 재물에 국한되는 재물죄이다. 행위의 주체가 소유자이므로 불법영득의 의사가 필요하지 않다는 점에서 영득죄에 속하지 않는다.

2. 행위의 주체

자기의 물건을 타인의 물권 또는 채권의 목적물로 제공한 소유자이다. 물건의 소유자가 아닌 사람은 형법 제33조 본문에 따라 소유자의 권리행사방해죄에 가담한 경우에 한하여 그의 공범이 될 수 있을 뿐이다.[2]

---

2) "판결이유: 형법 제323조의 권리행사방해죄는 타인의 점유 또는 권리의 목적이 된 자기의 물건을 취거, 은닉 또는 손괴하여 타인의 권리행사를 방해함으로써 성립하는 것이므로, 그 취거,

3. 행위의 객체

타인의 점유 또는 권리의 목적이 된 자기의 물건 또는 전자기록 등 특수매체기록이다.

(1) 자기의 물건

물건은 '재물'을 의미하며, 동산 이외에 부동산 및 관리할 수 있는 동력을 포함한다. 관리할 수 있는 동력의 준용규정이 없으나 해석상 당연히 포함된다고 보아야 한다(통설).

자기의 물건이란 '자기소유'의 물건을 말한다.[3] 자기와 타인의 공유물은 타인의 물건으로 취급되므로, 본죄의 객체가 되지 않는다. 자기소유의 물건이라도 '공무소로부터 보관명령을 받거나 공무소의 명령으로 타인이 관리하는' 물건인 경우에는 공무상보관물무효죄(제142조)의 객체가 된다.

(2) 전자기록 등 특수매체기록

1995년 형법개정에서 본죄의 객체에 전자기록 등 특수매체기록이 추가되었다. '전자기록 등 특수매체기록'이란 정보처리에 있어서 컴퓨터 등 정보처리장치에 의하여 제공된 기록으로서 전자기록, 전기기록, 광학기록 등 사람의 지각에 의하여 인식될 수 없는 방식으로 제공된 것을 말한다.

(3) 타인의 점유 또는 권리의 목적

본죄의 객체는 '타인의 점유 또는 권리의 목적'이 된 물건이어야 한다. 타인은 자기 이외의 자로서 자연인 · 법인 · 법인격없는 단체를 포함한다. 공동점유는 타인의 점유로 취급된다.

본죄의 점유는 형법상의 점유이지만, 보호법익으로서의 점유이기 때문에 '적법한 권원(權原)에 기한 점유'에 국한된다(통설 및 판례[4]). 점유 그 자체 또는 점유

은닉 또는 손괴한 물건이 자기의 물건이 아니라면 권리행사방해죄가 성립할 수 없다. 물건의 소유자가 아닌 사람은 형법 제33조 본문에 따라 소유자의 권리행사방해 범행에 가담한 경우에 한하여 그의 공범이 될 수 있을 뿐이다. 그러나 권리행사방해죄의 공범으로 기소된 물건의 소유자에게 고의가 없는 등으로 범죄가 성립하지 않는다면 공동정범이 성립할 여지가 없다"(대판 2017. 5. 30, 2017 도 4578).

  3) "판결요지: 피고인이 주식회사 대표이사의 지위에 처하여 그 직무집행행위로서 지입차주 등이 점유하는 위 회사의 버스를 취거한 경우에는, 피고인의 행위는 회사의 대표기관으로서의 행위라고 평가되므로, 위 회사의 물건도 권리행사방해죄에 있어서 자기의 물건이라고 보아야 한다"(대판 1992. 1. 21, 91 도 1170).

  4) "권리행사방해죄에 있어서의 타인의 점유라 함은 권원으로 인한 점유, 즉 정당한 원인에 기

의 기초가 되는 본권이 본죄의 보호법익이다. 따라서 권원이 없는 절도범의 점유는 본죄에 의하여 보호될 수 없다.[5] 적법한 권원에 기한 점유인 이상, 점유를 하게 된 원인은 불문한다. 따라서 법률상의 원인에 의한 경우뿐만 아니라, 계약 또는 유언의 효과로서 점유가 개시되었거나, 담보물권·용익물권 등의 물권에 기한 것이거나, 임대차와 같은 채권에 기한 것이거나를 불문한다.[6] 일단 적법한 권원에 기하여 점유한 이상, 설사 그 후에 그 점유물을 소유자에게 명도해야 할 사정이 발생하였다고 할지라도, 점유자가 임의로 명도를 하지 아니하고 계속 점유하고 있는 경우에 본죄의 점유로서 보호된다.[7]

'타인의 권리의 목적'이란 타인의 소유권 이외의 물권 또는 채권의 목적이 된 물건으로서 '타인의 점유를 수반하지 않는 경우'를 말한다.[8] 예컨대 가압류된 물건,[9] 양도담보로 제공된 물건으로서 채무자가 소유하면서 점유도 계속하고 있는 경우이다. 타인의 권리라고 하더라도 계약의 이행에 착수하기 전의 순수한 채권관계는 제외된다.[10]

4. 실행행위

취거, 은닉 또는 손괴하여 타인의 권리행사를 방해하는 것이다.

하여 그 물건을 점유하는 권리있는 자의 점유를 의미하는 것"(대판 1994. 11. 11, 94 도 343. 同旨, 대판 1977. 9. 13, 77 도 1672; 대결 1960. 9. 14, 4293 형상 448).

5) "권리행사방해죄에 있어서의 타인의 점유라 함은 권원으로 인한 점유, 즉 정당한 원인에 기하여 그 물건을 점유하는 권리있는 자의 점유를 의미하는 것으로서 본권을 갖지 아니하는 절도범인의 점유는 여기에 해당하지 않는다 할 것"(**대판 1994. 11. 11, 94 도 343**. 同旨, 대판 2003. 11. 28, 2003 도 4257).

6) 동시이행항변권에 기한 점유도 본죄의 점유에 해당한다는 대판 2003. 11. 28, 2003 도 4257 참조.

7) "형법 제323조 소정의 권리행사방해죄에 있어서의 타인의 점유라 함은 권원으로 인한 점유, 즉 정당한 원유에 기하여 그 목적물을 점유하는 권리있는 자의 점유를 의미한다 할 것이나, 본건에 있어서와 같이 일단 적법한 원유에 기하여 점유한 이상 설사 그 후에 그 점유물을 소유자에게 명도해야 할 사정이 발생하였다 할지라도, 점유자가 임의로 명도를 하지 아니하고 계속 이를 점유하고 있다면, 그 점유자는 의연히 동조 소정의 타인의 물건을 점유하고 있는 자라 할 것"(**대판 1977. 9. 13, 77 도 1672**).

8) "권리행사방해죄의 구성요건 중 타인의 '권리'란 반드시 제한물권만을 의미하는 것이 아니라 물건에 대하여 점유를 수반하지 아니하는 채권도 이에 포함된다"(**대판 1991. 4. 26, 90 도 1958**).

9) "판결요지: 가압류된 건물의 소유자가 채권자의 승낙없이 그 건물을 파괴·철거한 소위는 권리행사방해죄를 구성한다"(대결 1960. 9. 14, 4292 형상 537).

10) "변소사용권은 점유권이라기보다 채권적인 사용관계라고 보아지는 만큼, 피고인이 위 사용자들에게 그 변소의 사용중지를 통고한 후, 위 변소를 손괴하였다고 하더라도 권리행사방해죄가 성립될 수 없는 것"(대판 1971. 6. 29, 71 도 926).

(1) 취거·은닉·손괴

본죄의 행위태양은 취거·은닉·손괴의 셋으로 국한되어 있다. 취거란 "점유자의 의사에 반하여 그 점유물에 대한 점유자의 사실상의 지배를 배제하고 자기 또는 제3자의 사실상의 지배하에 옮기는 것"을 말한다.[11] 은닉이란 "물건의 소재를 발견하기 곤란하게 하거나 불가능하게 하는 것"을 말한다. 손괴란 "물건에 유형력을 행사하여 그 효용가치를 해하는 것"을 말한다. 담보유지의무를 위반한 행위에 대하여 손괴 또는 은닉에 의한 권리행사방해죄의 성립을 긍정한 대법원판결이 있다.[12] 타인의 권리의 목적이 된 자기소유의 부동산을 제3자에게 등기이전한 행위는 본죄의 행위태양에 해당하지 않으므로 본죄가 성립하지 않는다.[13]

(2) 권리행사방해

타인의 권리행사를 방해한다고 함은 타인의 권리행사가 현실적으로 방해되었을 것을 요하는 것은 아니고, 방해될 '위험'이 있음으로써 족하다(기수시기).[14] 즉 본죄는 추상적 위험범이다(다수).[15] 본죄의 미수범 처벌규정은 없다. 여기

---

11) "형법 제323조 소정의 권리행사방해죄에 있어서의 '취거'라 함은 타인의 점유 또는 권리의 목적이 된 자기의 물건을 그 점유자의 의사에 반하여 그 점유자의 점유로부터 자기 또는 제3자의 점유로 옮기는 것을 말하므로, 점유자의 의사나 그의 하자있는 의사에 기하여 점유가 이전된 경우에는 여기에서 말하는 취거로 볼 수는 없다 할 것"(대판 1988. 2. 23, 87 도 1952).

12) "판결요지: 건물과 기계·기구에 근저당권을 설정하고도 담보유지의무를 위반하여, 건물을 철거 및 멸실등기하고, 기계·기구를 양도한 행위는 물건을 손괴 또는 은닉하여 피해자의 권리행사를 방해한 행위로서 권리행사방해죄가 성립한다"(대판 2021. 1. 14, 2020 도 14735).

13) "판결요지: 채무의 담보에 제공키 위하여 채권자명의로 등기를 하기로 합의한 바 있는 자기의 소유토지를 타에 매도하여 그 타인명의로 소유권이전등기를 하여 준 행위는 본조 소정의 취거, 은닉 또는 손괴행위의 어느 것에도 해당하지 않으므로 권리행사방해죄가 성립하지 아니한다"(대판 1972. 6. 27, 71 도 1072).

14) "판결요지: [1] 형법 제323조의 권리행사방해죄는 타인의 점유 또는 권리의 목적이 된 자기의 물건 또는 전자기록 등 특수매체기록을 취거, 은닉 또는 손괴하여 타인의 권리행사를 방해함으로써 성립한다. 여기서 '은닉'이란 타인의 점유 또는 권리의 목적이 된 자기 물건 등의 소재를 발견하기 불가능하게 하거나 또는 현저히 곤란한 상태에 두는 것을 말하고, 그로 인하여 권리행사가 방해될 우려가 있는 상태에 이르면 권리행사방해죄가 성립하고 현실로 권리행사가 방해되었을 것까지 필요로 하는 것은 아니다. [2] 피고인들이 공모하여 렌트카 회사인 갑 주식회사를 설립한 다음 을 주식회사 등의 명의로 저당권등록이 되어 있는 다수의 차량들을 사들여 갑 회사 소유의 영업용 차량으로 등록한 후 자동차대여사업자등록 취소처분을 받아 차량등록을 직권말소시켜 저당권 등이 소멸되게 함으로써 을 회사 등의 저당권의 목적인 차량들을 은닉하는 방법으로 권리행사를 방해하였다는 내용으로 기소된 사안에서, 피고인들은 처음부터 자동차대여사업자에 대한 등록취소 및 자동차등록 직권말소절차의 허점을 이용하여 권리행사를 방해할 목적으로 범행을 모의한 다음 렌트카 사업자등록만 하였을 뿐 실제로는 영업을 하지 아니함에도 차량 구입자들 또는 지입차주들로 하여금 차량을 관리·처분하도록 함으로써 차량들의 소재를 파악

에서의 권리란 소유권 이외의 물권 또는 채권을 말한다.

5. 주관적 구성요건

본죄의 고의는 타인의 점유 또는 권리의 목적이 된 자기의 물건 또는 전자 기록 등 특수매체기록이라는 것과 이를 취거·은닉·손괴함으로써 타인의 권리행사를 방해한다는 것에 대한 인식·인용이다. 미필적 고의로 족하다. 행위자가 소유자이므로 불법영득의 의사는 필요하지 않다.

6. 형   벌

5년 이하의 징역 또는 700만원 이하의 벌금에 처한다.

7. 친족간의 특례

본죄에는 친족간의 특례가 적용된다.[16]

<u>제328조 [친족간의 범행과 고소] 제1항</u> "직계혈족, 배우자, 동거친족, 호주, 가족 또는 그 배우자간의 제323조의 죄는 형을 면제한다."[17]
<u>제2항</u> "제1항 이외의 친족간에 제323조의 죄를 범한 때에는 고소가 있어야 공소를 제기할 수 있다."
<u>제3항</u> "전 2항의 신분관계가 없는 공범에 대하여는 전 2항을 적용하지 아니한다."

할 수 없게 하였고, 나아가 자동차대여사업자등록이 취소되어 차량들에 대한 저당권등록마저 직권말소되도록 하였으므로, 이러한 행위는 그 자체로 저당권자인 을 회사 등으로 하여금 자동차등록원부에 기초하여 저당권의 목적이 된 자동차의 소재를 파악하는 것을 현저하게 곤란하게 하거나 불가능하게 하는 행위에 해당함에도, 이와 달리 피고인들이 차량들을 은닉하였다고 단정할 수 없다는 이유로 무죄로 판단한 원심판결에 권리행사방해죄에 관한 법리오해의 잘못이 있다" (대판 2017. 5. 17, 2017 도 2230).

15) 김성돈, 467면; 이재상, 477면; 이형국, 479면; 정/박, 523면; 정영일, 455면; 진/이, 560면. 구체적 위험범설은 권오걸, 878면; 박상기, 444면; 배종대, 610면. 그 밖에 침해범설은 김성천, 1070면; 오영근, 580면. 또한 본죄를 추상적 위험범이라고 이해하면서도, '타인의 권리행사를 방해한다고 하는 결과'를 본죄의 구성요건요소가 아니라 객관적 처벌조건으로 해석하는 견해도 있다(김/서, 536면).

16) 피고인이 여러 사람의 권리행사를 방해한 경우에 수죄가 성립된다는 전제하에 수인의 피해자 중 일인에 대해서만 친족관계가 있다면, 그 일인의 권리행사방해죄에 대해서만 친족상도례가 적용된다는 판례로는 대판 2022. 6. 9, 2022 도 2817.

17) 제328조 제1항에 대해서는 2024. 6. 27.에 헌법재판소의 헌법불합치 결정(헌재 2024. 6. 27, 2020 헌마 468, 2020 헌바 341, 2021 헌바 420, 2024 헌마 146(병합))이 있었고, 2025. 12. 31.을 시한으로 국회의 개정이 있을 때까지 동 조항의 적용이 중지되었다.

Ⅱ. 점유강취죄·준점유강취죄

<u>제325조</u> [점유강취, 준점유강취] 제1항 "폭행 또는 협박으로 타인의 점유에 속하는 자기의 물건을 강취한 자는 7년 이하의 징역 또는 10년 이하의 자격정지에 처한다." <u>제2항</u> "타인의 점유에 속하는 자기의 물건을 취거(取去)하는 과정에서 그 물건의 탈환에 항거하거나 체포를 면탈하거나 범죄의 흔적을 인멸할 목적으로 폭행 또는 협박한 때에도 제1항의 형에 처한다." <u>제3항</u> "제1항과 제2항의 미수범은 처벌한다."

1. 점유강취죄

본죄는 "폭행 또는 협박으로 타인의 점유에 속하는 자기의 물건을 강취함으로써 성립하는 범죄"이다. 본죄는 강도죄에 대응하는 범죄이며, 다만 그 객체가 '타인의 점유에 속하는 자기소유의 물건'이고, 소유자를 배제할 의사인 불법영득의 의사가 필요하지 않다는 점에서, 강도죄와 다르다. 점유강취죄의 보호법익은 '자유권과 소유권 이외의 재산권'이고, 두 법익 모두 보호의 정도는 침해범이다.

공무소의 명령으로 타인이 관리하는 자기소유의 재물이라고 하더라도 폭행·협박으로 강취한 경우에는 공무상보관물무효죄($\frac{\text{제142}}{\text{조}}$)가 아니라 본죄가 성립한다. 폭행·협박에 의한 강취는 제142조의 행위태양에 해당하지 않기 때문이다.

실행행위는 폭행·협박으로 강취하는 것이다. 폭행·협박행위와 강취행위의 결합범이다. 본죄의 폭행·협박은 강도죄에서와 같이 '상대방의 반항을 억압할 정도'여야 한다.

본죄의 미수범은 ① 폭행·협박이 있었으나 재물을 강취하지 못한 경우, 또는 ② 폭행·협박이 있고 재물도 취득하였으나 상대방의 의사가 억압당하지 않은 경우에 성립한다.

2. 준점유강취죄

본죄는 "타인의 점유에 속하는 자기의 물건을 취거하는 과정에서 그 물건의 탈환에 항거하거나, 체포를 면탈하거나, 범죄의 흔적을 인멸할 목적으로 폭행·협박함으로써 성립하는 범죄"이다. 본죄는 준강도죄에 대응하는 범죄이며, 다만 그 객체가 '타인의 점유에 속하는 자기소유의 물건'이라는 점에서 차이가 난다.

본죄는 목적범이다. 주체는 취거자인데, 취거의 미수·기수를 불문한다. 실행행위는 폭행·협박이다. 폭행·협박의 정도는 준강도죄에서와 같이 상대방의 반항을 억압할 정도여야 한다. 폭행·협박은 취거의 기회에 행해져야 한다. 즉 폭행·협박은 취거의 실행에 착수한 후부터 종료 직후까지 행해져야 한다.

본죄의 미수범은 준강도죄의 경우와 같이 ① 취거행위가 미수에 그친 때, 또는 ② 취거의 기수에 이른 후 폭행·협박이 있었으나 상대방의 의사가 억압당하지 않은 경우에 성립한다.

Ⅲ. 중권리행사방해죄

제326조 [중권리행사방해] "제324조 또는 제325조의 죄를 범하여 사람의 생명에 대한 위험을 발생하게 한 자는 10년 이하의 징역에 처한다."

본죄는 "점유강취죄 또는 준점유강취죄를 범하여 사람의 생명에 대한 위험을 발생케 함으로써 성립하는 범죄"이다. 점유강취죄·준점유강취죄에 대한 부진정 결과적 가중범이다. 점유강취죄·준점유강취죄의 미수·기수는 본죄의 성립과 무관하다.

점유강취행위·준점유강취행위로 인하여 사람의 생명에 대한 위험이 발생해야 한다(구체적 위험범). 본죄는 사람의 생명에 대한 위험이 발생한 경우만을 구성요건화하고 있고, 점유강취행위·준점유강취행위로 인하여 사람이 사상에 이른 경우에는 강도치사상죄에 대응하는 규정이 없다. 그러므로 점유강취치사상의 경우에는 점유강취죄 또는 준점유강취죄와 폭행치사상죄의 상상적 경합으로 처벌할 수밖에 없다. 입법론으로는 점유강취치사상죄를 규정함이 타당하다.

Ⅳ. 강제집행면탈죄

제327조 [강제집행면탈] "강제집행을 면할 목적으로 재산을 은닉, 손괴, 허위양도

또는 허위의 채무를 부담하여 채권자를 해한 자는 3년 이하의 징역 또는 1천만원 이하의 벌금에 처한다."

1. 의의, 성격, 보호법익

본죄는 "강제집행을 면할 목적으로 재산을 은닉·손괴·허위양도 또는 허위의 채무를 부담하여 채권자를 해하는 범죄"이다. 권리행사방해죄와는 성격이 다른 '독자적 범죄'이지만, 소유권 이외에 '채권자의 채권'을 보호하고자 한다는 점에서 제37장에 규정한 것으로 해석된다. 부차적인 보호법익은 '강제집행의 기능'이다.[18] 법익보호의 정도는 추상적 위험범이다.

2. 구성요건

강제집행을 면할 목적으로 재산을 은닉·손괴·허위양도 또는 허위의 채무를 부담하여 채권자를 해하는 것이다.

(1) 행위의 주체

행위의 주체는 채무자에 국한되지 않고, 제3자도 주체가 될 수 있다는 것이 다수설이다.[19] 그러나 본죄는 구성요건상 ① 강제집행을 면할 목적으로 행해질 것을 필요로 하고, ② 행위태양을 허위'양도'와 허위의 '채무부담'이라고 규정하여 이에 대응하는 행위태양인 양수와 채권취득을 제외하고 있는 점을 보면, 강제집행의 위기에 처한 '채무자'만이 행위의 주체가 될 것을 전제로 한 규정이라고 해석함이 타당하고(불문(不文)의 진정신분범),[20] 제3자는 공범의 형태로만 처벌된다고 본다.[21]

---

18) 대판 1982. 10. 26, 82 도 2157.

19) 권오걸, 891면; 김성돈, 474면; 김종원, 273면; 배종대, 612면; 백형구, 274-5면; 오영근, 584면; 이재상, 481면; 이형국, 483면; 정/박, 532면; 정영일, 459면; 진/이, 564면; 황산덕, 265면.

20) 김성천, 1079면; 김/서, 540면; 박상기, 446면; 유기천, 상권, 344면; 이정원, 475면. 독일형법(제288조)의 입장이다.

21) "판결요지: 부동산의 1번 가등기권자(丙)와 제3취득자(甲)가 채무자(乙)인 부동산소유자의 이익을 위하여 후순위 채권자들에 의한 강제집행을 막고자, 甲이 그 부동산을 매수하고 그 매매대금의 일부로 그 부동산의 가등기권자에 대한 채무를 변제하되 일단 가등기권자(丙) 명의로의 소유권이전의 본등기를 경료하여 다른 채권자들의 가압류 및 강제경매의 기입등기를 직권말소케 하는 일련의 등기절차를 거치기로 상호 간에 사전에 협의·공모하였다면, 가등기권자(丙)는 채무자(乙)의 강제집행면탈죄에 가담하였다 할 것이므로, 설사 가등기권자(丙)가 자기의 채권담보의 실행책으로 소유권이전의 본등기를 하고 또 甲이 정당한 가격으로 그 부동산을 매수하였다 할지라도, 채무자(乙)의 강제집행면탈죄의 공범으로서의 죄책을 면할 수 없다"(**대판 1983. 5. 10, 82 도 1987**).

(2) 행위의 객체

강제집행의 대상이 될 수 있는 재산이다.[22] 재산은 동산·부동산을 불문하고, 물권·채권 기타의 재산권이라도 상관없다.[23] 다만 행위의 주체를 채무자로 한정하는 입장에서는 본죄의 재산은 '채무자의 재산'에 국한된다고 해석(제한해석)하는 것이 논리적이다. 그리고 채무자의 재산 중에서도 채권자가 민사집행법상 강제집행 또는 보전처분의 대상으로 삼을 수 있는 것만을 의미한다.[24] '장래의 권리'라도 채무자와 제3채무자 사이에 채무자의 장래청구권이 충분하게 표시되었거나 결정된 법률관계가 존재하면 재산에 해당하는 것으로 보아야 한다.[25]

(3) 강제집행을 받을 상태

본죄가 성립하기 위하여는 '강제집행을 받을 객관적 상태'가 존재해야 한다.[26]

---

22) "판결이유: 형법 제327조는 '강제집행을 면할 목적으로 재산을 은닉, 손괴, 허위양도 또는 허위의 채무를 부담하여 채권자를 해한 자'를 처벌함으로써 강제집행이 임박한 채권자의 권리를 보호하기 위한 것이므로, 강제집행면탈죄의 객체는 채무자의 재산 중에서 채권자가 민사집행법상 강제집행 또는 보전처분의 대상으로 삼을 수 있는 것이어야 한다. 한편 압류금지채권의 목적물이 채무자의 예금계좌에 입금된 경우에는 그 예금채권에 대하여 더 이상 압류금지의 효력이 미치지 아니하므로 그 예금은 압류금지채권에 해당하지 않지만, 압류금지채권의 목적물이 채무자의 예금계좌에 입금되기 전까지는 여전히 강제집행 또는 보전처분의 대상이 될 수 없는 것이므로, 압류금지채권의 목적물을 수령하는 데 사용하던 기존 예금계좌가 채권자에 의해 압류된 채무자가 압류되지 않은 다른 예금계좌를 통하여 그 목적물을 수령하더라도 강제집행이 임박한 채권자의 권리를 침해할 위험이 있는 행위라고 볼 수 없어 강제집행면탈죄가 성립하지 않는다"(대판 2017. 8. 18, 2017 도 6229).

23) "강제집행면탈죄에 있어서 재산에는 동산·부동산뿐만 아니라 재산적 가치가 있어 민사소송법에 의한 강제집행 또는 보전처분이 가능한 특허 내지 실용신안 등을 받을 수 있는 권리도 포함된다"(대판 2001. 11. 27, 2001 도 4759).

24) "강제집행면탈죄의 객체는 채무자의 재산 중에서 채권자가 민사집행법상 강제집행 또는 보전처분의 대상으로 삼을 수 있는 것만을 의미한다고 할 것인바, '보전처분 단계에서의 가압류채권자의 지위' 자체는 원칙적으로 민사집행법상 강제집행 또는 보전처분의 대상이 될 수 없는 것이므로 이러한 지위를 강제집행면탈죄의 객체에 해당한다고 볼 수 없고, 이는 가압류채무자가 가압류해방금을 공탁한 경우에도 마찬가지이다. 나아가 채무자가 가압류채권자의 지위에 있으면서 가압류집행해제를 신청함으로써 그 지위를 상실하는 행위는 형법 제327조에서 정한 '은닉, 손괴, 허위양도 또는 허위채무부담' 등 강제집행면탈행위의 어느 유형에도 포함되지 않는 것이므로, 이러한 행위를 처벌대상으로 삼을 수도 없다"(대판 2008. 9. 11, 2006 도 8721). 同旨, 대판 2017. 4. 26, 2016 도 19982.

25) 대판 2011. 7. 28, 2011 도 6115.

26) "강제집행면탈죄가 성립되려면 행위자의 주관적인 면탈의 의도가 있어야 할 뿐만 아니라 객관적으로 강제집행을 면탈할 상태하라야 할 것인 바"(대판 1974. 10. 8, 74 도 1798). "강제집행면탈죄가 성립되려면 행위자의 주관적인 강제집행을 면탈하려는 의도가 객관적으로 강제집행을 당할 급박한 상태하에서 나타나야 한다고 풀이해야 할 것"(대판 1979. 9. 11, 79 도 436).

행위자가 강제집행을 면할 목적을 갖기에 이르자면, 그리고 그 목적을 외부에서 인식할 수 있을 정도가 되자면, 적어도 채권자로부터 강제집행을 받을 객관적 상태에 도달해 있어야 할 것이기 때문이다. 이는 해석상 도출되는 '불문의' 객관적 구성요건요소라고 할 수 있다. 다만 이 구성요건요소는 법문에 명시되지 않은 이상 엄격하게 해석할 필요는 없다고 본다.

강제집행을 받을 객관적 상태란 민사소송에 의하여 강제집행·가압류·가처분 등의 집행을 당할 구체적 염려가 있는 상태를 말한다.[27] 강제집행을 받을 구체적 염려가 있는 상태로 인정되는 시기는 채권자가 가압류·가처분을 신청하거나 민사소송을 제기하고 있어야 하는 것은 아니고, 채권자가 채권확보를 위하여 그 보전신청이나 소송을 제기할 태세를 보이면 족하다고 하는 것이 판례의 입장이다.[28]

본죄에서의 강제집행은 벌금·몰수·추징 등 형사재판의 집행과 행정법상의 과태료·과징금 부과처분에 대한 행정재판의 집행은 제외되고, 민사집행법상의 강제집행이나 가압류·가처분만을 의미한다고 함이 타당하다.[29][30] 본죄의 입법취지는 채권자의 채권보호에 있다고 해야 할 것이지, 재판의 집행까지 보호하고자 하는 것으로 넓게 해석할 수는 없다. 따라서 벌금·몰수 등의 재판의 집행 또는 국세징수법에 의한 체납처분은[31] 본죄의 강제집행에 해당되

---

27) "형법 제327조에 규정된 강제집행면탈죄는 행위자에 있어 주관적으로 강제집행면탈의 의도가 있어야 할 뿐 아니라 객관적으로 강제집행을 면탈할 상태라야 할 것인바(당원 1974. 10. 8. 선고 74도1798 판결 참조), 여기서 강제집행을 면탈할 상태라 함은 민사소송법에 의한 강제집행 또는 이를 준용하는 가압류·가처분 등의 집행을 당할 구체적인 염려가 있는 상태를 말한다(당원 1971. 3. 9. 선고 69도2345 판결 참조)"(대판 1981. 6. 23, 81 도 588).

28) "집행을 당할 구체적인 위험이 있는 상태란 채권자가 이행청구의 소 또는 그 보전을 위한 가압류, 가처분신청을 제기하거나 제기할 태세를 보인 경우를 말한다 할 것"(**대판 1999. 2. 9, 96 도 3141**. 同旨, 대판 1996. 1. 26, 95 도 2526; 1986. 10. 28, 86 도 1553; 1984. 3. 13, 84 도 18).

29) 권오걸, 894면; 김성돈, 476면; 김성천, 1079면; 김/서, 543면; 박상기, 447면; 배종대, 613면; 손동권, 521면; 오영근, 585면; 이재상, 481면; 이형국, 485면; 정/박, 536면; 정영일, 459면; 진/이, 567면. 대판 1972. 5. 31, 72 도 1090.

30) "형법 제327조의 강제집행면탈죄가 적용되는 강제집행은 민사집행법 제2편의 적용대상인 '강제집행' 또는 가압류·가처분 등의 집행을 가리키는 것이고(대법원 1972. 5. 31. 선고 72도1090 판결, 대법원 2012. 4. 26. 선고 2010도5693 판결 참조), 민사집행법 제3편의 적용대상인 '담보권 실행 등을 위한 경매'를 면탈할 목적으로 재산을 은닉하는 등의 행위는 위 죄의 규율대상에 포함되지 않는다"(대판 2015. 3. 26, 2014 도 14909).

31) "형법 제327조의 강제집행면탈죄가 적용되는 강제집행은 민사집행법의 적용대상인 강제집행 또는 가압류·가처분 등의 집행을 가리키는 것이므로(대법원 1972. 5. 31. 선고 72도1090 판결 참조), 국세징수법에 의한 체납처분을 면탈할 목적으로 재산을 은닉하는 등의 행위는 위 죄의 규

지 않는다. 허위의 재산양도 등으로 재산형의 강제집행을 면탈한 경우에는 위계에 의한 공무집행방해죄가 성립할 수 있다.

강제집행은 그 전제로서 채권이 존재해야 한다. 채권자의 채권없이 강제집행만이 있을 수는 없기 때문이다. 따라서 채권이 존재하지 않는 때에는 본죄가 성립할 여지가 없다.[32]

(4) 실행행위

실행행위는 재산을 은닉·손괴·허위양도 또는 허위의 채무를 부담하는 것이다.

'은닉'이란 채권자에 대하여 자기의 재산의 발견을 불가능하게 하거나 곤란하게 하는 행위를 말한다. 있는 재산의 발견을 곤란하게 하는 것 이외에 재산의 소유관계를 불분명하게 하는 것도[33] 포함된다. 후순위 채권자들이 강제집행을 하지 못하게 할 목적으로 선순위 가등기권자에게 소유권이전의 본등기를 경료함과 동시에 후순위 채권자들의 가압류등기 등을 모두 직권말소하게 한 행위는 재산의 소유관계를 불분명하게 하는 행위로서, 재산의 은닉에 해당한다.[34] [35] '손괴'란 재산을 물질적으로 훼손하여 재산적 가치를 소멸·감소시키는 행위를 말한다.

'허위양도'란 실제로는 재산의 양도가 없음에도 불구하고 양도한 것으로 가장하여 재산의 명의를 변경하는 것을 말한다. 유상·무상을 불문한다. 임차권명의를 제3자에게 허위로 이전하거나,[36] 허위채권의 담보로서 부동산소유권의

율대상에 포함되지 않는다"(대판 2012. 4. 26, 2010 도 5693).

32) "현행형법상 강제집행면탈죄가 개인적 법익에 관한 재산범의 일종으로 규정되어 있는 점과 채권자를 해하는 것을 그 구성요건으로 규정하고 있는 점 등에 비추어 보면, 그 주된 법익은 채권자의 권리보호에 있다고 해석함이 상당하다. 그러므로 강제집행의 기본이 되는 채권자의 권리 즉 채권의 존재는 강제집행면탈죄의 성립요건이며, 그 채권의 존재가 인정되지 않을 때에는 강제집행면탈죄는 성립하지 않는다"(대판 1982. 10. 26, 82 도 2157). "집행할 채권이 이 건과 같은 조건부채권이라 하여도, 그 채권자는 이를 피보전권리로 하여 보전처분을 함에는 법률상 아무런 장해도 없다 할 것이니, 이와 같은 보전처분을 면할 목적으로 위 조항 소정행위를 한 이상 강제집행면탈죄는 성립되고, 그 후 그 조건의 불성취로 채권이 소멸되었다 하여도 일단 성립한 범죄에는 영향을 미칠 수 없다"(대판 1984. 6. 12, 82 도 1544).

33) 대판 2003. 10. 9, 2003 도 3387.

34) **대판 2000. 7. 28, 98 도 4558; 1983. 5. 10, 82 도 1987.**

35) 그러나 "채무자가 제3자 명의로 되어 있던 사업자등록을 또 다른 제3자 명의로 변경하였다는 사정만으로는 그 변경이 채권자의 입장에서 볼 때 사업장 내 유체동산에 관한 소유관계를 종전보다 더 불명하게 하여 채권자에게 손해를 입게 할 위험성을 야기한다고 단정할 수 없다"(대판 2014. 6. 12, 2012 도 2732).

등기를 이전하는 것[37] 등이 이에 해당한다. 다만 재산의 양도가 진실인 때에는 비록 강제집행을 면할 목적으로 행해졌고 채권자를 해할 경우라고 하더라도 본죄를 구성하지 않는다.[38]

'**허위의 채무를 부담**'한다는 것은 실제로는 채무가 없음에도 불구하고 채무를 부담한 것처럼 가장하는 것을 말한다.[39] 채무부담이 진실인 경우에는 본죄를 구성하지 않는다.[40]

(5) 채권자를 해할 것

채권자를 해한다고 함은 채권자가 현실적으로 해를 입을 것을 요하는 것이 아니라, 채권자를 해할 위험성이 있으면 충분하다.[41] 즉 강제집행면탈행위로 인하여 채권자를 해할 위험성이 있음으로써 본죄는 기수가 된다(추상적 위험범).[42] 따라서 채무자가 강제집행을 면할 목적으로 재산을 허위양도하였더라

---

36) 대판 1971. 4. 20, 71 도 319.

37) 대판 1982. 12. 14, 80 도 2403.

38) "횡령죄의 구성요건으로서의 횡령행위란 불법영득의 의사, 즉 타인의 재물을 보관하는 자가 자기 또는 제3자의 이익을 꾀할 목적으로 위탁의 취지에 반하여 권한없이 그 재물을 자기의 소유인 것처럼 사실상 또는 법률상 처분하려는 의사를 실현하는 행위를 말하고, 한편 강제집행면탈죄에 있어서 은닉이라 함은 강제집행을 면탈할 목적으로 강제집행을 실시하는 자로 하여금 채무자의 재산을 발견하는 것을 불능 또는 곤란하게 만드는 것을 말하는 것으로서 진의(眞意)에 의하여 재산을 양도하였다면 설령 그것이 강제집행을 면탈할 목적으로 이루어진 것으로서 채권자의 불이익을 초래하는 결과가 되었다고 하더라도 강제집행면탈죄의 허위양도 또는 은닉에는 해당하지 아니한다 할 것이다. 이와 같은 양 죄의 구성요건 및 강제집행면탈죄에 있어 은닉의 개념에 비추어 보면, 타인의 재물을 보관하는 자가 위 보관하고 있는 재물을 영득할 의사로 이를 은닉하였다면, 이는 횡령죄를 구성하는 것이고, 채권자들의 강제집행을 면탈하는 결과를 가져온다 하여 이와 별도로 강제집행면탈죄를 구성하는 것은 아니라고 할 것이다"(**대판** 2000. 9. 8, 2000 도 1447).

39) "판결요지: 재단법인의 이사장인 피고인이 강제집행을 면탈할 목적으로 재단법인에 대하여 채권을 가지는 양 가장하여, 이를 공동피고인에게 양도함으로써 재단법인으로 하여금 허위의 채무를 부담케 하고, 이를 담보한다는 구실 하에 재단법인의 소유토지를 공동피고인 명의로 가등기 및 본등기를 경료하게 하였다면, 강제집행면탈죄를 구성한다"(대판 1982. 12. 14, 80 도 2403).

40) "피고인 조○하가 정○설, 성○경에 대하여 장래에 발생할 특정의 위 조건부채권을 담보하기 위한 방편으로, 이 사건 각 부동산에 대하여 위 각 근저당권을 설정한 것이라면, 특별한 사정이 없는 한, 이는 장래 발생할 진실한 채무를 담보하기 위한 것으로 보여져(대법원 1993. 5. 25. 선고 93다6362 판결 참조), 피고인의 위 행위를 가리켜 강제집행면탈죄 소정의 '허위의 채무를 부담'하는 경우에 해당한다고 할 수 없다"(대판 1996. 10. 25, 96 도 1531).

41) "강제집행면탈죄에 있어서…채권자를 해할 위험이 있으면 강제집행면탈죄가 성립하고, 반드시 현실적으로 채권자를 해하는 결과가 야기되어야만 강제집행면탈죄가 성립하는 것은 아니고"(**대판** 2001. 11. 27, 2001 도 4759. 同旨, 대판 1998. 9. 8, 98 도 1949).

42) 김성돈, 474면; 박상기, 446면; 이재상, 483면; 이형국, 484면; 정/박, 534면; 정영일, 461면; 진/이, 566면. 그러나 '채권자를 해한다고 하는 결과'를 본죄의 구성요건요소가 아니라 객관

도 충분한 재산이 남아 있어서 채권자의 채권확보에 아무런 위험이 없다면, 본죄가 성립하지 않는다.[43] 본죄의 미수는 처벌하지 않는다.

채권자를 해할 위험성 여부는 행위시를 기준으로 하여 구체적으로 판단한다. 강제집행을 면할 목적이 달성되었느냐는 본죄의 성립에 영향이 없다.

(6) 주관적 구성요건

본죄의 고의는 재산을 은닉·손괴·허위양도 또는 허위의 채무를 부담하여 채권자를 해한다는 인식·인용이다. 미필적 고의로 족하다. 본죄는 고의 이외에 강제집행면탈의 목적이 있어야 한다(목적범). 목적의 달성 여부는 본죄의 성립에 영향이 없다.

3. 공 범

강제집행을 면할 목적으로 재산을 허위양도하거나 허위의 채무를 부담하고자 하는 행위자로부터 그 사정을 알면서 재산을 허위양수한 자 또는 허위의 채권자가 된 자는 본죄의 공범으로 처벌된다.

4. 형 벌

3년 이하의 징역 또는 1천만원 이하의 벌금에 처한다.

적 처벌조건으로 해석하는 견해도 있다(김/서, 539면).
43) "채권이 존재하는 경우에도 채무자의 재산은닉 등 행위시를 기준으로 채무자에게 채권자의 집행을 확보하기에 충분한 다른 재산이 있었다면, 채권자를 해하였거나 해할 우려가 있다고 쉽사리 단정할 것이 아니다"(대판 2011. 9. 8, 2011 도 5165). 기타 대판 1968. 3. 26, 67 도 1577.

제 4 편

사회적 법익에 대한 범죄

제1장 총 설

I. 사회적 법익에 대한 범죄의 의의

법은 '사회의 공존·공영조건을 보장하기 위한 강제규범'이다. '사회생활'에 있어서 인간의 공존·공영을 위한 기본적 법익을 보호하고자 하는 형벌법규가 '사회적 법익'에 대한 범죄군에 속한다. 사회적 법익에 대한 범죄는 국가의 존립과 기능이라는 '국가적 법익'에 대한 범죄와 함께 널리 '공공적 법익'에 대한 범죄를 구성한다. 이들 공공적 법익에 대한 범죄는 '개인생활'의 기본조건을 보장하고자 하는 '개인적 법익'에 대한 범죄, 즉 인격범죄와 재산범죄에 대비된다.

형법전 제5장과 제6장 그리고 제12장에서부터 제23장에 이르는 범죄가 사회적 법익에 대한 범죄에 속한다. 형법전에 규정되어 있는 사회적 법익에 대한 범죄를 유형별로 살펴보면, 공안을 해하는 죄, 폭발물에 관한 죄, 신앙에 관한 죄, 방화와 실화의 죄, 일수와 수리에 관한 죄, 교통방해의 죄, 먹는 물에 관한 죄, 아편에 관한 죄, 통화에 관한 죄, 유가증권·우표와 인지에 관한 죄, 문서에 관한 죄, 인장에 관한 죄, 성풍속에 관한 죄, 도박과 복표에 관한 죄 등 14가지로 구성되어 있다.

그 외에 건강하고 쾌적한 환경에서 생활할 권리(헌법 제35조 환경권)와 인류가 공존할 수 있는 환경보호의 중요성이 인식되면서, '환경에 관한 죄'(환경범죄)가 사회적 법익에 대한 범죄군에 새로이 추가되었다(신종범죄). 다만 환경범죄를 형법전에 규정할 것인가 아니면 별개의 단행법률에 규정할 것인가 하는 점에서 국가별로 차이를 보이고 있다. 우리나라는 후자의 입장이다.

Ⅱ. 사회적 법익에 대한 범죄의 분류

사회적 법익에 대한 범죄는 크게 보아 공공의 안전과 평온에 대한 범죄, 공공의 신용에 대한 범죄, 공중의 건강에 대한 범죄, 사회의 도덕에 대한 범죄로 분류할 수 있다.

'공공의 안전과 평온'을 보호법익으로 하는 범죄로는 공안을 해하는 죄(제5장), 폭발물에 관한 죄(제6장), 방화와 실화의 죄(제13장), 일수와 수리에 관한 죄(제14장), 교통방해의 죄(제15장)가 있다. 그리고 '공공의 신용'을 보호법익으로 하는 범죄로는 통화에 관한 죄(제18장), 유가증권·우표와 인지에 관한 죄(제19장), 문서에 관한 죄(제20장), 인장에 관한 죄(제21장)가 있으며, '공중의 건강'을 보호법익으로 하는 범죄로는 먹는 물에 관한 죄(제16장), 아편에 관한 죄(제17장)가 있고, '사회의 도덕적 질서'를 보호법익으로 하는 범죄로는 성풍속에 관한 죄(제22장), 도박과 복표에 관한 죄(제23장), 신앙에 관한 죄(제12장)가 있다.

환경범죄는 공중의 건강과 관련이 있으므로 일반적으로 먹는 물에 관한 죄 및 아편에 관한 죄의 인접영역으로 취급되고 있다.

제 2 장 공안을 해하는 죄

제 1 절 개   설

I. 의의, 성격, 보호법익

공안을 해하는 죄는 널리 "공공의 법질서 내지 공공의 안전과 평온을 해하는 범죄"라고 정의할 수 있다. 규정위치(제5장)로 보아 형법은 공안을 해하는 죄를 국가적 법익에 대한 범죄의 하나로 취급하고 있다.[1] 그러나 형법 제5장의 공안을 해하는 범죄군(犯罪群)은 크게 두 가지 성격으로 나누어져, 범죄단체조직죄와 소요죄 및 다중불해산죄는 공공의 안전이라는 '사회적 법익'에 대한 범죄이고, 전시공수계약불이행죄와 공무원자격사칭죄는 국가의 기능, 즉 국가적 법익에 대한 범죄로 해석된다.[2] 따라서 공안을 해하는 죄의 중심은 범죄단체조직죄·소요죄·다중불해산죄에 있다고 하겠다.

범죄단체조직죄·소요죄·다중불해산죄의 보호법익은 널리 '공공의 안전과 평온'이다. 그 보호의 정도는 '추상적 위험범'이다.

II. 공안을 해하는 죄의 체계

형법은 공공의 안전과 평온을 보호하기 위한 범죄로서 범죄단체조직죄(제114조)와 소요죄(제115조)를 각각 독립된 범죄유형으로 규정하고 있다. 그리고 소요죄의 예비단계를 진정부작위범형식의 독립된 범죄유형으로 규정한 다중불

---

[1] 공안을 해하는 죄의 성격을 국가적 법익에 대한 범죄로 이해하는 견해로는 유기천, 하권, 256면 이하.

[2] 김성돈, 481면; 김성천, 1085면; 박상기, 453면; 백형구, 445면; 이재상, 487면; 이정원, 481면; 이형국, 492면; 정/박, 539면; 정영일, 467면; 진/이, 731면.

해산죄($\frac{^{제116}}{^{조}}$)가 있다.

그 밖에 국가의 기능을 보호하기 위한 범죄로서 전시공수계약불이행죄($\frac{^{제117}}{^{조}}$)와 공무원자격사칭죄($\frac{^{제118}}{^{조}}$)가 있다. 이 둘은 국가적 법익에 대한 범죄인 만큼, 입법론상으로는 ① 전시공수계약불이행죄는 제2장 외환의 죄의 하나로서 전시군수계약불이행죄($\frac{^{제103}}{^{조}}$)와 병행하여 규정하든가, 아예 폐지함이 바람직하고,[3] ② 공무원자격사칭죄는 제8장 공무방해에 관한 죄의 하나로서 규정함이 타당하다고 본다.

제 2 절 개별적 범죄유형

Ⅰ. 범죄단체조직죄

제114조 [범죄단체 등의 조직] "사형, 무기 또는 장기 4년 이상의 징역에 해당하는 범죄를 목적으로 하는 단체 또는 집단을 조직하거나 이에 가입 또는 그 구성원으로 활동한 사람은 그 목적한 죄에 정한 형으로 처벌한다. 다만, 형을 감경할 수 있다."

1. 의의, 보호법익

본죄는 "사형, 무기 또는 장기 4년 이상의 징역에 해당하는 범죄를 목적으로 하는 단체 또는 집단을 조직하거나 이에 가입 또는 그 구성원으로 활동함으로써 성립하는 범죄"이다. 2013년 4월 5일의 형법개정에서 종래의 제114조 제1항의 법문이 변경되고, 제2항과 제3항이 삭제되었다.

범죄단체조직은 범죄의 예비·음모에 해당하는 단계이지만 '조직범죄'가[4] 발휘할 수 있는 위험성과 흉포화를 일찍 차단하기 위하여 특별히 처벌규정을 마련

---

[3] 전시공수계약불이행죄는 단순한 채무불이행을 범죄로 규정한 국수주의 형법의 잔재로서 삭제됨이 마땅하다는 입법론적 주장으로는 김/서, 550면; 배종대, 619면; 유기천, 하권, 265 및 236면; 이재상, 489면; 이정원, 487면; 이형국, 505면; 정/박, 540면; 정영일, 478면; 진/이, 732면.
[4] 조직범죄는 엄격한 통솔체계를 갖춘 조직에 의하여 행해지는 범죄라는 점에서 다수인의 의사연락에 의해 형성된 단순한 공동정범관계 및 우연히 형성된 범죄집단 내지 다중과 구별된다. 조직범죄는 조직 내부의 엄격한 계층구조와 그 계층구조에 의한 규율이 존재하는 통솔체계를 기반으로 해서 범죄행위가 치밀한 계획과 역할분담에 의해 행해지는 만큼, 다수인의 단순한 집합에서 나오는 힘보다 훨씬 월등한 힘을 발휘하게 되는 위험성이 있다.

한 것이다. 다만 목적한 범죄의 '실행행위'가 없음에도 불구하고 실행행위가 있은 것과 마찬가지로 간주하여 "목적한 죄에 정한 형"으로 처벌하도록 한 것은 '행위형법의 원칙'과 '죄형균형사상'에 위배된다고 하지 않을 수 없다. 범죄단체조직죄가 목적한 범죄의 예비·음모단계에 불과하다는 점을 고려하여, 이에 적합한 법정형을 규정함이 타당하다.[5]

본죄의 보호법익은 '공공의 안전과 평온'이고, 보호의 정도는 '추상적 위험범'이다. 범죄단체조직죄는 필요적 공범 중 집단범에 속한다.

2. 입 법 례

독일형법은 제129조에서 범죄단체조직·가입·선전·지원행위를 5년 이하의 자유형 또는 벌금형에 처하고 있고, 제129조a는 살인 등을 목적으로 하는 '테러단체'의 조직과 가입행위를 1년 이상 10년 이하의 자유형에 처하고 있다. 일본은 '폭력단원에 의한 부당행위의 방지 등에 관한 법률'에 의하여 폭력단을 규제하고 있는 특징을 보이고 있다. 미국은 '조직범죄규제법'(RICO법)과 'CCC법'(comprehensive crime control act)을 근간으로 하여 주로 조직범죄에 대처하고 있다.

우리나라는 테러단체와 테러범죄에 대처하기 위하여 '국민보호와 공공안전을 위한 테러방지법'(약칭: 테러방지법. 2016. 3. 3. 제정, 법률 제14071호)을 제정·시행하고 있다.

3. 구성요건

본죄의 구성요건은 사형, 무기 또는 장기 4년 이상의 징역에 해당하는 범죄를 목적으로 하는 단체 또는 집단을 조직하거나 이에 가입 또는 그 구성원으로 활동하는 것이다. 이하 분설하기로 한다.

(1) 객관적 구성요건

(가) 목적한 범죄　　목적으로 하는 범죄는 '사형, 무기 또는 장기 4년 이상의 징역에 해당하는 범죄'에 국한된다. 종래 목적하는 범죄는 하등 제한이 없이 범죄 일반이었으나, 2013. 4. 5.의 개정에서 사형, 무기 또는 장기 4년 이상

---

5) 김/서, 551면; 배종대, 621면; 백형구, 448면; 오영근, 597면; 이재상, 489면; 정/박, 540면; 진/이, 733면. 유기천 교수는 제114조 제1항이 위헌규정이라고 한다(동, 하권, 259면).

의 징역에 해당하는 비교적 중한 범죄로 축소되었다. 여기에 해당되는 한 형법전상의 범죄에 국한되지 않고, 행정형법 또는 특별형법이 규정하고 있는 범죄를 포함한다.

(나) 단 체   범죄목적의 '단체'란 공동목적을 가진 특정·다수인의 계속적인 결합체를 말한다. 본죄의 단체라고 하기 위해서는 '최소한도의 통솔체계'를 갖추고 있어야 한다(통설[6] 및 판례[7]). 따라서 다수인의 의사연락하에 형성된 단순한 공동정범관계 또는 후술하는 '집단'(다중의 집합)과는 구별된다. 범죄단체에 해당한다고 하기 위해서는 단체 내부에 조직적인 계층구조와 내부규율이 존재하고, 목적한 범죄행위는 치밀한 계획과 역할분담에 의해 수행될 것이 전제되는 등, '엄격해석'이 요구된다. 대법원은 어음사기를 위하여 전자제품도매상을 경영하는 것으로 가장하고 임무를 분담한 경우,[8] 그리고 소매치기를 공모하고 실행행위를 분담하기로 약정한 정도에 불과한 경우에[9] 범죄단체의 조직 및 가입으로 볼 수 없다고 하였다. 한편 범죄단체조직·가입을 인정한 판례로는 이른바 서진룸싸롱사건,[10] 성남 송리파사건,[11] 영천 우정파·소야파사건,[12] 보이스피싱 사기조직사건[13] 등이 있다.

한편 '국민보호와 공공안전을 위한 테러방지법'에 '테러단체'에 대한 정의 규정을 두고 있다. 테러방지법에서 사용하는 테러단체란 용어는 "국제연합 (UN)이 지정한 테러단체"를 말한다(제2조 제2호). 또 '테러'라는 용어의 정의에 관해서는 제2조 제1호를 참조.

(다) 집 단   형법전은 '단체'에 병렬하는 다수인의 집합으로서 '다중'이라는 용어를 일반적으로 사용하고 있고(예: 제261조 특수폭행죄, 제284조 특수협박

---

6) 김성돈, 483면; 김성천, 1089면; 김/서, 552면; 박상기, 455면; 배종대, 621-2면; 백형구, 447면; 손동권, 532면; 오영근, 598면; 이재상, 491면; 이정원, 483면; 정/박, 542면; 정영일, 469면; 진/이, 734면.

7) "형법 제114조 제1항 소정의 범죄를 목적으로 하는 단체라 함은 특정다수인이 일정한 범죄를 수행한다는 공동목적 아래 이루어진 계속적인 결합체로서 그 단체를 주도하는 최소한의 통솔체제를 갖추고 있음을 요한다"(**대판 1985. 10. 8, 85 도 1515**. 同旨, 대판 1981. 11. 24, 81 도 2608; 1977. 12. 27, 77 도 3463; 1976. 4. 13, 76 도 340).

8) 대판 1985. 10. 8, 85 도 1515.

9) 대판 1981. 11. 24, 81 도 2608.

10) 대판 1987. 10. 13, 87 도 1240.

11) 대판 1990. 2. 23, 89 도 2367.

12) 대판 1991. 5. 28, 91 도 739.

13) 대판 2017. 10. 26, 2017 도 8600.

죄), 특별형법에서는 '단체'에 병렬하여 다중 이외에 '집단'이라는 용어를 사용
한다(예: 폭처법 제3조, 제4조). 따라서 본죄의 '집단'을 해석함에 있어서는 단체
또는 다중과 구별되는 개념요소를 제시해야 할 것이다. 여기에서 '다중'이란
계속성·조직성이 필요하지 않은 다수인의 단순한 집합을 의미하고, '집단'은
다수인의 집합이되 목적 달성을 위한 '계속성'이 있어야 한다고 본다. 즉 집단
은 '다수인의 계속적 집합'이고, 이 계속성에서 다중과 구별될 수 있다. 그러나
'집단'은 다수인을 통솔하기 위하여 조직화될 필요까지는 없다는 점에서 '단
체'와 다르다고 해야 한다. 집단과 단체는 '조직성' 및 '통솔체계'에서 구별된
다. 판례에 의하면, 범죄'집단'은 범죄'단체'에서 요구되는 '최소한의 통솔체계'
를 갖출 필요는 없지만, 범죄의 계획과 실행을 용이하게 할 정도의 '조직적 구
조'를 갖추어야 한다.[14]

제114조는 행위형법의 원칙과 죄형균형의 원칙에 위배되는 독소조항이라
고 할 수 있기 때문에, 이 조문을 존치한다고 하더라도 가급적 축소 지향의
개정을 해야 할 것임에도 불구하고, 2013. 4. 5.의 개정에서 단체 이외에 '집단'
개념을 추가한 것 - 즉 기존의 범죄'단체'조직죄에서 범죄'집단'조직죄까지에로
확장한 것 - 은 이 부분에 관한 한 시대역행의 입법이라고 비판할 수 있다.

본조의 가혹한 적용을 덜어내기 위하여 '단체'란 통솔체계를 갖춘 결합체
일 필요가 있다는 엄격해석을 대법원이 견지해오고 있는 터에, '집단'개념을
추가함으로써 이 엄격해석을 와해시킬 수 있는 형법개정을 관철한 것이 과연
타당한가 자문해보아야 한다.

(라) 조직, 가입 또는 구성원으로서의 활동   범죄단체의 '조직'이란 특정·다
수인이 의사연락 하에 계속적 결합체를 형성하는 것이다. 단체에의 '가입'은
이미 조직된 단체의 구성원이 되는 것을 의미하는데, 그 맡은 역할을 불문하
며, 가입이 능동적이든 수동적이든 상관없다. '구성원으로 활동'한다는 것은
조직된 단체 또는 집단의 구성원으로서 범죄 목적을 달성하기 위하여 행동하
는 것을 말한다.

---

14) "판결요지: 형법 제114조에서 정한 '범죄를 목적으로 하는 집단'이란 특정 다수인이 사형,
무기 또는 장기 4년 이상의 범죄를 수행한다는 공동목적 아래 구성원들이 정해진 역할분담에 따
라 행동함으로써 범죄를 반복적으로 실행할 수 있는 조직체계를 갖춘 계속적인 결합체를 의미한
다. '범죄단체'에서 요구되는 '최소한의 통솔체계'를 갖출 필요는 없지만, 범죄의 계획과 실행을
용이하게 할 정도의 조직적 구조를 갖추어야 한다"(대판 2020. 8. 20, 2019 도 16263).

(마) 기수 및 계속범   본죄는 범죄목적의 단체를 조직하거나 가입한 때 기수가 되며, 목적한 범죄의 실행 여부 그리고 목적의 달성 여부는 본죄의 성립과 무관하다.

단체는 '계속적' 결합체이므로 단체의 조직과 가입으로 성립한 본죄는 '계속범'에 속한다.[15] 본죄의 종료시기는 ① 주모자의 경우 조직한 범죄단체를 해산시킨 때, ② 일반구성원의 경우 범죄단체에 탈퇴의사를 명시적으로 또는 묵시적으로 표시하고 탈퇴한 때이다. 따라서 본죄의 공소시효의 기산점은 범죄단체의 해산시나 단체로부터의 탈퇴시가 된다.[16]

(2) 주관적 구성요건

본죄의 주관적 구성요건은 소정의 범죄를 목적으로 하는 단체 또는 집단을 조직하거나 이에 가입 또는 그 구성원으로 활동한다는 것에 대한 고의이다. 단체에 '가입'한 범죄는 단체의 목적을 인식하고 가입했다는 고의가 필요하다.[17] 범죄단체구성원들과 어울렸다는 객관적 사실만으로는 부족하다. 대법원은 우연히 범죄단체조직원인 친구를 따라갔다가 범죄단체조직원들의 범행모의에 가담하여 실행행위를 분담하였을지라도, 이러한 사실만으로는 범죄단체가입죄로 처벌할 수 없다고 하였다.[18]

4. 죄 수

범죄단체를 조직한 후 나아가 목적한 범죄(예: 절도죄)를 '실행'한 경우에는 실행한 범죄(절도죄)만이 성립하고, 범죄단체조직죄는 이에 흡수된다고 본다(법조경합 중 보충관계). ① 범죄단체조직은 실행행위에 대하여 어디까지나 예비·음모단계에 불과하고, ② 또한 범죄단체조직죄는 행위형법의 원칙에 위배되는 과잉처벌규정이므로, 가급적 그 적용을 자제함이 바람직하기 때문이다. 이에 반하여 실행한 범죄와 범죄단체조직죄의 실체적 경합범이 된다는 견해도 있다.[19] 대법원은 사기목적의 보이스피싱 범죄단체 가입행위 또는 범죄단체 구성원으로서 활동하는 행위와 사기행위는 각각 별개의 범죄를 구성

---

15) 김성돈, 483면; 김/서, 552면; 박상기, 454면; 배종대, 623면.

16) '죄수론'에 있어서 범죄단체조직죄를 '즉시범'으로 본 대법원판결이 있다(대판 1992. 2. 25, 91 도 3192).

17) 대판 1969. 8. 19, 69 도 935.

18) 대판 1983. 12. 13, 83 도 2605.

19) 김성돈, 485면; 박상기, 457면; 백형구, 448면; 이형국, 497면; 정영일, 471면.

한다는 입장이다.[20]

범죄단체에 '가입'한 후 구성원으로서 '활동'한 경우, 즉 범죄단체의 조직,
가입 또는 구성원으로서의 활동이라는 세 가지 행위태양 중 두 가지 이상의
행위태양을 범한 경우에 이 모든 행위는 '협의의 포괄적 1죄'로서[21] 단순 1죄
만을 구성한다.

5. 형 벌

범죄단체조직죄는 그 목적한 죄에 정한 형으로 처벌한다. 단 그 형을 감경
할 수 있다.

'목적한 죄에 정한 형으로 처벌한다'라고 함은 예컨대 살인목적으로 단체
를 조직하거나 이에 가입하면 살인죄에 정한 법정형의 범위 내에서 처벌한다
는 뜻이다.

6. 특 칙

범죄단체의 조직과 가입행위에 대하여 가중처벌하는 특별규정이 있는 경
우에는 형법 제114조는 적용되지 않는다(법조경합 중 특별관계). 가중처벌규정
으로는 '폭력행위 등 처벌에 관한 법률'(약칭: 폭력행위처벌법) 제4조,[22][23] '국가

---

20) "판결요지: 피고인이 보이스피싱 사기 범죄단체에 가입한 후 사기범죄의 피해자들로부터
돈을 편취하는 등 그 구성원으로서 활동하였다는 내용의 공소사실이 유죄로 인정된 사안에서,
범죄단체 가입행위 또는 범죄단체 구성원으로서 활동하는 행위와 사기행위는 각각 별개의 범죄
구성요건을 충족하는 독립된 행위이고 서로 보호법익도 달라 법조경합 관계로 목적된 범죄인 사
기죄만 성립하는 것은 아니다"(대판 2017. 10. 26, 2017 도 8600; 이 판결에서 "법조경합 관계로"
라는 표현 부분은 "실체적 경합관계에 있으며,"라고 바로잡는 것이 정확하다고 본다).

21) "범죄단체의 구성이나 가입은 범죄행위의 실행 여부와 관계없이 범죄단체 구성원으로서의
활동을 예정하는 것이고, 범죄단체 구성원으로서의 활동은 범죄단체의 구성이나 가입을 당연히
전제로 하는 것이므로, 양자는 모두 범죄단체의 생성 및 존속·유지를 도모하는, 범죄행위에 대
한 일련의 예비·음모 과정에 해당한다는 점에서 그 범의의 단일성과 계속성을 인정할 수 있을
뿐만 아니라 피해법익도 다르지 않다. 따라서 범죄단체를 구성하거나 이에 가입한 자가 더 나아
가 구성원으로 활동하는 경우 이는 포괄일죄의 관계에 있다고 봄이 타당하다"(대판 2015. 9. 10,
2015 도 7081).

22) 폭력행위처벌법 제4조 [단체 등의 구성·활동] ① 이 법에 규정된 범죄를 목적으로 한 단
체 또는 집단을 구성하거나 그러한 단체 또는 집단에 가입하거나 그 구성원으로 활동한 자는 다
음의 구별에 의하여 처벌한다.
  1. 수괴는 사형, 무기 또는 10년 이상의 징역에 처한다.
  2. 간부는 무기 또는 7년 이상의 징역에 처한다.
  3. 그 외의 자는 2년 이상의 유기징역에 처한다.
수괴에의 해당판례는 대판 1991. 2. 25, 91 도 1195. 간부에의 해당판례는 대판 1991. 5. 24, 91

보안법' 제3조[24] 및 제4조 등이 있다.

'범죄수익은닉의 규제 및 처벌 등에 관한 법률'(2001. 9. 27. 법률 제6517호)(약칭: 범죄수익은 닉규제법; 세칭: 돈세탁처벌법)은 폭력단체자금제공죄(폭력행위 등 처벌에 관 한 법률 제5조 제2항)에 관계된 자금 또는 재산(제2조 제2호 나목: '범죄수익'이라 칭함) 및 이에서 유래한 재산 (제2조 제4호: 전자를 포함하여 '범죄수익 등'이라 칭함)의 취득 또는 처분에 관한 사실을 가장하거나, 범죄수익 등의 발생원인에 관한 사실을 가장하거나, 적법 하게 취득한 재산으로 가장할 목적으로 범죄수익 등을 은닉한 행위를 5년 이 하의 징역 또는 3천만원 이하의 벌금에 처하고(제3조), 정을 알면서 범죄수익 등 을 수수한 행위를 3년 이하의 징역 또는 2천만원 이하의 벌금에 처하며(제4조), 범죄수익 등을 몰수·추징할 수 있도록 규정하고 있다(제8-10조).

7. 테러방지법상의 처벌

'국민보호와 공공안전을 위한 테러방지법'(약칭: 테러방지법) 제17조는 테 러단체의 구성·지원·가입 등의 행위를 엄중 처벌하는 특별규정을 두고 있다.

제1항: 테러단체를 구성하거나 구성원으로 가입한 사람은 다음 각 호의 구분에 따라 처벌한다.

1. 수괴는 사형·무기 또는 10년 이상의 징역

2. 테러를 기획 또는 지휘하는 등 중요한 역할을 맡은 사람은 무기 또는 7 년 이상의 징역

3. 타국의 외국인테러전투원으로 가입한 사람은 5년 이상의 징역

4. 그 밖의 사람은 3년 이상의 징역

제2항: 테러자금임을 알면서도 자금을 조달·알선·보관하거나 그 취득 및 발생원인에 관한 사실을 가장하는 등 테러단체를 지원한 사람은 10년 이하 의 징역 또는 1억원 이하의 벌금에 처한다.

제3항: 테러단체 가입을 지원하거나 타인에게 가입을 권유 또는 선동한

도 551; 1991. 5. 28, 91 도 739.

23) 폭처법 제4조의 범죄단체에 관한 해석으로는 대판 1991. 5. 24, 91 도 551 참조.

24) 국가보안법 제3조 [반국가단체의 구성 등] ① 반국가단체를 구성하거나 이에 가입한 자 는 다음의 구별에 따라 처벌한다.

   1. 수괴의 임무에 종사한 자는 사형 또는 무기징역에 처한다.

   2. 간부 기타 지도적 임무에 종사한 자는 사형·무기 또는 5년 이상의 징역에 처한다.

   3. 그 이외의 자는 2년 이상의 유기징역에 처한다.

사람은 5년 이하의 징역에 처한다.

제4항에서는 제1항과 제2항의 미수범을, 제5항에서는 그 예비·음모의 처벌을 규정하고 있다.

Ⅱ. 소 요 죄

제115조 [소요] "다중이 집합하여 폭행, 협박 또는 손괴의 행위를 한 자는 1년 이상 10년 이하의 징역이나 금고 또는 1천500만원 이하의 벌금에 처한다."

1. 의의, 보호법익

본죄는 "다중이 집합하여 폭행·협박 또는 손괴의 행위를 함으로써 성립하는 범죄"이다. 다중의 집합을 요건으로 하는 '필요적 공범'이며, 내란죄와 같이 '집단범'에 속한다. 본죄의 보호법익은 '공공의 안전과 평온'이고, 그 보호의 정도는 '추상적 위험범'이다(통설).[25]

2. 구성요건

(1) 행위의 주체

본죄의 주체는 집합한 다중을 구성하는 개인이다.[26] '다중'이란 계속적 조직을 갖추지 아니하고 한 장소에 집결되어 있는 다수인을 말한다. 계속적 조직이 아니라는 점에서 단체와 구별된다. 다중을 구성하는 '인원수'는 한 지방의 평온을 해할 수 있을 정도의 폭행·협박·손괴를 하기에 족한 다수인으로 보아야 한다(통설).[27]

(2) 실행행위

실행행위는 집합하여 폭행·협박 또는 손괴하는 것이다.

'집합'이란 다수인이 일정한 장소에 모여 집단을 형성하는 것을 말한다. 내

---

25) 이에 반하여 구체적 위험범이라는 견해는 배종대, 624면; 서일교, 278면.

26) 김성돈, 486면; 김성천, 1093면; 김/서, 554면; 배종대, 624면; 이재상, 492면; 정/박, 545면; 정영일, 472면; 진/이, 738면. 이에 대하여 집합한 다중이 본죄의 주체라는 견해로는 박상기, 459면.

27) 김성천, 1093면; 김/서, 555면; 박상기, 459면; 배종대, 624면; 백형구, 450면; 오영근, 601면; 이재상, 493면; 이정원, 484면; 이형국, 499면; 정/박, 545면; 정영석, 105면; 정영일, 473면; 진/이, 738면.

란죄에서와 같이 조직적일 필요는 없다. 집합해 있기만 하면 충분하고, 공동 목적이 있을 것을 요하지 않으며, 처음부터 폭행·협박·손괴의 목적으로 집 합할 것을 요하지도 않는다. 주동자 및 통솔체계가 없어도 무방하다.

본죄의 '폭행·협박'개념은 최광의이다. 따라서 폭행이란 사람 또는 물건에 대한 일체의 유형력의 행사를 말하고, 협박이란 공포심을 일으키게 할 의사로 해악을 가할 것을 고지하는 일체의 행위를 말한다. 협박은 상대방의 의사결정 의 자유를 제한할 정도일 필요도 없고, 상대방이 현실적으로 공포심을 가졌을 필요도 없다. '손괴'는 유형력을 행사하여 재물의 효용을 해하는 일체의 행위 를 말한다. 물리적인 훼손뿐만 아니라 물건 본래의 용법에 적합하지 않은 상 태에 이르게 하는 것을 포함한다. 다중의 집합에 참가하였으나 폭행·협박· 손괴의 실행행위를 하지 않은 자는 본죄로 처벌되지 않는다.

소요죄에서의 폭행·협박·손괴는 공격적·적극적 행위일 것을 요한다.[28] 단순히 사람을 밀쳐내는 것과 같은 소극적 저항, 연좌농성, 바리케이드를 쌓 는 것 등은 본죄의 폭행에 해당하지 않는다.[29] 폭행·협박·손괴는 한 지방의 공공의 평온을 위태롭게 할 만한 '정도'여야 한다(현저성의 원칙).[30] 그리고 폭 행·협박·손괴에 의하여 공공의 평온이 침해될 것을 요하지 않는다(추상적 위험범). 본죄의 미수범처벌규정은 없다.

폭행·협박·손괴는 집합한 다중의 결집력에 의한 것이라야 한다. 다중의 모두가 폭행·협박·손괴행위를 할 필요는 없으나, 사회통념상 집단적 행동 이라고 취급될 만한 것이어야 한다. 그러므로 다중 속의 개개인의 행위로서는 부족하다.

(3) 주관적 구성요건

본죄의 고의는 다중이 집합하여 집단적으로 폭행·협박·손괴를 한다는 것에 대한 인식·인용이다. 집합하기 전에 사전모의나 계획이 있을 필요는 없 다. 적법하고도 평화적인 데모에 참가한 다수인이 데모 도중에 흥분하여 폭 행·협박·손괴의 고의를 갖게 되고 또한 폭행 등에 나아가게 되면, 본죄가

---

28) 김성돈, 486-7면; 김/서, 554면; 박상기, 459면; 배종대, 625면; 오영근, 602면; 이재상, 493 면; 정/박, 546면; 진/이, 738면.

29) Rudolphi, SK, §125 Rn. 6; Sch/Sch/Lenckner, StGB, §125 Rn. 6.

30) 김성돈, 486면; 김/서, 556면; 배종대, 625면; 백형구, 450면; 오영근, 602면; 이재상, 494 면; 이형국, 499면; 정/박, 546-7면; 진/이, 738면.

성립한다. 집단적인 폭행·협박·손괴의 의사없이 개별적으로 폭행·협박·손괴를 한 때에는 본죄가 아니라 개개의 행위에 의한 폭행죄·협박죄·손괴죄를 구성할 뿐이다.

3. 공범규정의 적용 여부

집합한 다중의 '내부'에서 폭행·협박·손괴행위를 한 자 사이에서는 총칙상의 공범규정이 적용될 여지가 없다. 그러므로 가담의 정도를 불문하고 모두 소요죄의 정범으로 처벌된다. 필요적 공범에 해당하는 집단범의 성격으로부터 이러한 해석이 도출된다.

집합한 다중의 '외부'에서 임의적 공범의 형태로 소요행위에 관여한 자, 즉 소요를 선동·교사하거나 격려·방조하는 경우에는 총칙상의 공범규정이 적용된다. 다만 집단범의 성격에 비추어 외부에서의 공동실행이란 별도로 있을 수 없기 때문에 공동정범규정($^{제30}_{조}$)만큼은 적용될 여지가 없고, 교사($^{제31}_{조}$)와 방조($^{제32}_{조}$)의 규정만이 적용된다고 본다($^{다수}_{설}$).[31]

4. 죄 수

폭행·협박·손괴죄는 소요죄에 흡수된다(법조경합 중 흡수관계). 그 외에 본죄보다도 법정형이 경한 특수폭행죄·특수협박죄·특수손괴죄·방화죄와 본죄에 수반될 수 있는 업무방해죄·공무집행방해죄 및 주거침입죄도 본죄에 흡수되지만(법조경합 중 흡수관계), 본죄보다도 법정형이 중한 살인죄·방화죄는 본죄와 상상적 경합의 관계에 선다($^{다수}_{설}$).[32]

소요죄의 폭행·손괴행위가 화염병을 사용하는 방법으로 행해져서 사람의 생명·신체·재산에 위험을 발생한 때(구체적 위험범)에는 화염병사용죄($^{화염병}_{사용 등}$의 처벌에 관한 법률 제3조)와 소요죄의 상상적 경합이 된다.

---

31) 김성천, 1095면; 배종대, 626면; 백형구, 451면; 오영근, 603면; 유기천, 하권, 263면; 이재상, 495면; 이정원, 485면; 정/박, 548면; 정영일, 474-5면; 진/이, 740면.
32) 김/서, 558면; 배종대, 626면; 서일교, 279면; 이건호, 104면; 이정원, 486면; 정/박, 549면; 정영석, 108면; 진/이, 740면; 황산덕, 35면. 공무집행방해죄나 주거침입죄는 보호법익을 달리하기 때문에 소요죄와 상상적 경합관계에 선다는 견해로는 김성천, 1095면; 박상기, 461면; 이재상, 496면; 이형국, 501면; 정영일, 475면.

5. 형 벌

1년 이상 10년 이하의 징역이나 1천5백만원 이하의 벌금에 처한다.

6. 집회 및 시위에 관한 법률(약칭: 집시법)

다중의 집합은 '집회'에 해당한다.[33] 폭행·협박·손괴의 행위가 없더라도, "집단적인 폭행·협박·손괴·방화 등으로 공공의 안녕질서에 직접적인 위협을 가할 것이 명백한 집회 또는 시위"를 '주최'한 자(집회 및 시위에 관한 법률 제5조 제1항 제2호)는 2년 이하의 징역 또는 200만원 이하의 벌금에 처하고(동법 제22조 제2항), 이 집회·시위에 그 정을 알면서 '참가'한 자는 6개월 이하의 징역 또는 50만원 이하의 벌금·구류 또는 과료에 처하며(동 제4항), 이 집회·시위를 '선전·선동'한 자는 1년 이하의 징역 또는 100만원 이하의 벌금에 처한다(동 제3항).

Ⅲ. 다중불해산죄

<u>제116조 [다중불해산]</u> "폭행, 협박 또는 손괴의 행위를 할 목적으로 다중이 집합하여 그를 단속할 권한이 있는 공무원으로부터 3회 이상의 해산명령을 받고 해산하지 아니한 자는 2년 이하의 징역이나 금고 또는 300만원 이하의 벌금에 처한다."

1. 의의, 성격

본죄는 "폭행·협박·손괴의 행위를 할 목적으로 다중이 집합하여 그를 단속할 권한이 있는 공무원으로부터 3회 이상의 해산명령을 받고 해산하지 아니함으로써 성립하는 범죄"이다. '진정부작위범'이며, '목적범'이다. 본죄의 취지는 다중이 폭행·협박·손괴행위를 할 목적으로 집합했지만, 아직 이러한 실행행위에 나아가기 전단계, 즉 소요죄의 '예비'단계를 보호법익의 중대성에 비추어 독립한 범죄로 처벌하고자 함에 있다. 그러므로 본죄를 범한 자가 더

---

33) 여기서의 집회에 '2인'이 모인 집회도 해당된다는 대법원판결이 있다. 즉, "구 집시법에 의하여 보장 및 규제의 대상이 되는 집회란 '특정 또는 불특정 다수인이 공동의 의견을 형성하여 이를 대외적으로 표명할 목적 아래 일시적으로 일정한 장소에 모이는 것'을 말하고, 그 모이는 장소나 사람의 다과에 제한이 있을 수 없으므로(대법원 1983. 11. 22. 선고 83도2528 판결, 대법원 2008. 6. 26. 선고 2008도3014 판결 등 참조), 2인이 모인 집회도 위 법의 규제 대상이 된다"(대판 2012. 5. 24, 2010 도 11381).

욱 나아가 폭행·협박·손괴행위를 한 경우에는 소요죄가 성립하고, 다중불해산죄는 이에 흡수된다(법조경합 중 보충관계).

2. 구성요건

(1) 행위의 주체

행위의 주체는 폭행·협박·손괴의 행위를 할 목적으로 집합한 다중을 구성하는 개인이다. 폭행·협박·손괴행위를 할 목적은 집합시부터 있을 필요는 없으나 늦어도 해산명령을 받기 전까지는 존재해야 한다.

(2) 실행행위

실행행위는 단속할 권한이 있는 공무원으로부터 3회 이상의 해산명령을 받고 해산하지 아니하는 것이다.

'단속할 권한이 있는 공무원'이란 해산명령권을 가진 공무원을 말한다. 해산명령권은 법령에 근거를 둔 것이어야 한다. 경찰관직무집행법 제6조 범죄예방을 위한 '제지'에는 해산명령을 포함하는 것으로 해석된다.[34]

'해산명령'은 권한있는 공무원의 적법한 명령이어야 한다. 명령의 방식은 불문이지만, 집합한 다중에게 인식될 수 있어야 한다.

'3회 이상'은 적어도 3회 이상임을 의미한다. 그리고 각 회마다 해산에 필요한 시간적 간격을 두어야 하며, 해산명령을 시간적 간격없이 3회 연달아 내리더라도 그것은 1회의 해산명령에 불과하다.[35] 본죄의 성립(기수)은 '최종의' 해산명령을 받은 시점을 기준으로 해서 판단해야 한다(통설).[36] 따라서 3회째의 해산명령에 응하지 않았으나 4회째의 해산명령을 받고 해산하였다면, 본죄가 성립하지 않는다.

'해산'이란 다중의 대부분이 흩어짐을 말한다. 집합한 채로 퇴거하는 것은 해산이 아니다. 다중의 대부분이 해산하지 않았더라도, 부분적 또는 개별적으로 해산한 자는 본죄를 구성하지 않는다.

---

34) 김성돈, 488면; 김/서, 559면; 백형구, 453면; 유기천, 하권, 264면; 이재상, 497면; 이형국, 502면; 정/박, 551면; 진/이, 741면.

35) 김성돈, 489면; 김성천, 1096면; 김/서, 559면; 배종대, 628면; 백형구, 453면; 서일교, 281면; 오영근, 605면; 유기천, 하권, 263면; 이재상, 497면; 이정원, 487면; 이형국, 502면; 정/박, 551면; 정영일, 476면; 진/이, 742면.

36) 김/서, 560면; 박상기, 462면; 배종대, 628면; 백형구, 454면; 오영근, 606면; 이재상, 497면; 이정원, 487면; 이형국, 502면; 정/박, 552면; 진/이, 742면.

본죄의 기수시기는 3회 이상 해산명령을 받고 해산하지 않은 때이다. 부작위 자체로 기수가 되기 때문에 본죄의 미수범은 성립할 수 없다(형식범).

(3) 주관적 구성요건

본죄의 고의는 집합한 다중이 권한있는 공무원의 해산명령을 3회 이상 받고도 해산하지 않는다는 것에 대한 인식·인용이다. 고의 이외에 폭행·협박·손괴의 행위를 할 목적으로 집합해야 한다(목적범).

3. 형   벌

2년 이하의 징역이나 금고 또는 3백만원 이하의 벌금에 처한다.

4. 집회 및 시위에 관한 법률(약칭: 집시법)

'집회 및 시위에 관한 법률'에 의하면, 폭행·협박·손괴행위를 할 목적의 집회가 아니라도, 신고없는 집회 등 일정한 집회·시위에 대하여 관할경찰서장은 상당한 시간 이내에 자진 해산할 것을 요청하고 이에 응하지 아니할 때에는 해산을 명할 수 있으며(제20조 제1항), 해산명령을 받은 모든 참가자는 지체없이 해산하여야 하고(동 제2항), 해산명령에 지체없이 해산하지 아니한 자는 6개월 이하의 징역 또는 50만원 이하의 벌금·구류 또는 과료에 처한다(동법 제24조).[37]

---

37) 집시법 제24조(벌칙) 제5호와 관련하여 헌재의 합헌 결정이 있다. "[결정요지] 1. 심판대상조항(집시법 제24조 제5호 중 '제20조 제2항' 가운데 '제6조 제1항에 따른 신고를 하지 아니한 시위'에 관한 부분)은 '신고하지 아니한 시위에 대하여 관할경찰관서장이 해산명령을 발한 경우에, 시위 참가자가 해산명령을 받고도 지체 없이 해산하지 아니한 행위'를 구성요건으로 하고 있고, '6개월 이하의 징역 또는 50만 원 이하의 벌금·구류 또는 과료'를 처벌 내용으로 하고 있으므로, 범죄 구성요건과 처벌의 내용을 성문의 법률로 규정하고 있다. 그리고 심판대상조항이 해산명령의 발령 여부를 관할 경찰관서장의 재량에 맡기고 있는 것은 미신고 시위 현장의 다양한 상황에 따라 탄력적·유동적으로 대응할 필요성이 있다는 점을 고려한 것일 뿐, 구성요건의 실질적 내용을 전적으로 관할 경찰관서장에게 위임한 것으로 볼 수 없다. 그러므로 심판대상조항은 죄형법정주의의 법률주의에 위반되지 아니한다. 2. 집시법은 미신고 시위가 타인의 법익이나 공공의 안녕질서에 대한 직접적인 위험을 초래한 경우에 해산명령을 할 수 있도록 규정하고 있다. 심판대상조항은 이러한 해산명령 제도의 실효성 확보를 위해 해산명령에 불응하는 자를 형사처벌하도록 한 것으로서 입법목적의 정당성과 수단의 적절성이 인정된다. 집시법상 해산명령은 미신고 시위라는 이유만으로 발할 수 있는 것이 아니라, 미신고 시위로 인하여 타인의 법익이나 공공의 안녕질서에 대한 위험이 명백하게 발생한 경우에만 발할 수 있고, 먼저 자진 해산을 요청한 후 참가자들이 자진 해산 요청에 따르지 아니하는 경우에 해산명령을 내리도록 하고 이에 불응하는 경우에만 처벌하는 점 등을 고려하면, 심판대상조항은 집회의 자유에 대한 제한을 최소화하고 있다. 해산명령에 불응하는 행위는 단순히 행정질서에 장해를 줄 위험성이 있는 정도의 의무태만 내지 의무위반이 아니고, 직접적으로 행정목적을 침해하고 나아가 공익을 침해할

Ⅳ. 전시공수계약불이행죄

제117조 [전시공수계약불이행] 제1항 "전쟁, 천재 기타 사변에 있어서 국가 또는 공공단체와 체결한 식량 기타 생활필수품의 공급계약을 정당한 이유없이 이행하지 아니한 자는 3년 이하의 징역 또는 500만원 이하의 벌금에 처한다."
제2항 "전항의 계약이행을 방해한 자도 전항의 형과 같다."
제3항 "전 2항의 경우에는 그 소정의 벌금을 병과할 수 있다."

본죄는 "전쟁·천재 기타 사변에 있어서 국가 또는 공공단체와 체결한 식량 기타 생활필수품의 공급계약을 정당한 이유없이 이행하지 않거나 이러한 계약이행을 방해함으로써 성립하는 범죄"이다. 국가비상시에 생활필수품의 원활한 공급으로 국민생활의 안정을 도모하려는 취지에서 둔 처벌규정이다. 전시군수계약불이행죄(제103조)에 평행하는 범죄이다. 본죄의 보호법익은 국가의

고도의 개연성을 띤 행위라고 볼 수 있으므로, 심판대상조항이 법정형의 종류 및 범위의 선택에 관한 입법재량의 한계를 벗어난 과중한 처벌을 규정하였다고도 볼 수 없다. 또한 심판대상조항이 달성하려는 공공의 안녕질서 유지 및 회복이라는 공익과 심판대상조항으로 인하여 제한되는 청구인의 집회의 자유 사이의 균형을 상실하였다고 보기 어려우므로, 심판대상조항은 과잉금지원칙을 위반하여 집회의 자유를 침해한다고 볼 수 없다"(헌재 2016. 9. 29, 2014 헌바 492). "[결정요지] 집시법은 옥외집회나 시위가 사전신고한 범위를 뚜렷이 벗어나 신고제도의 목적달성을 심히 곤란하게 하고, 그로 인하여 질서를 유지할 수 없게 된 경우에 공공의 안녕질서 유지 및 회복을 위해 해산명령을 할 수 있도록 하고 있다. 심판대상조항(집시법 제24조 제5호 중 '제20조 제2항' 가운데 '제16조 제4항 제3호에 해당하는 행위로 질서를 유지할 수 없는 집회 또는 시위'에 관한 부분)은 이러한 해산명령 제도의 실효성 확보를 위해 해산명령에 불응하는 자를 형사처벌하도록 한 것으로서 입법목적의 정당성과 수단의 적절성이 인정된다. 집시법은 집회·시위의 단순 참가자에 대해서는 신고 범위를 뚜렷이 벗어난 행위를 한 경우에 처벌하는 조항을 두고 있지 아니하고, 집회·시위의 주최자에 대하여만 처벌조항을 두고 있으므로 집회·시위의 단순 참가자들의 신고 범위를 벗어난 행위로 인하여 질서를 유지할 수 없게 된 때에 해산명령 외에 공공질서를 회복하기 위한 다른 수단이 없다. 심판대상조항은 신고 범위를 뚜렷이 벗어난 집회·시위로 인하여 질서를 유지할 수 없어 해산을 명령하였음에도 불구하고 불응한 경우에만 처벌하도록 하고 있고, 먼저 자진 해산을 요청한 후 참가자들이 자진 해산 요청에 따르지 아니하는 경우라야 해산명령을 하는 점을 고려하면 심판대상조항은 집회의 자유에 대한 제한을 최소화하고 있다. 해산명령에 불응하는 행위는 단순히 행정질서에 장해를 줄 위험성이 있는 정도의 의무태만 내지 의무위반이 아니고 직접적으로 행정목적을 침해하고 나아가 공익을 침해할 고도의 개연성을 띤 행위라고 볼 수 있으므로 심판대상조항이 법정형의 종류 및 범위의 선택에 관한 입법재량의 한계를 벗어난 과중한 처벌이라고도 볼 수 없다. 또한 심판대상조항이 달성하려는 공공의 안녕질서 유지 및 회복이라는 공익과 심판대상조항으로 인하여 제한되는 청구인들의 집회의 자유 사이의 균형을 상실하였다고 보기 어려우므로, 심판대상조항은 과잉금지원칙을 위반하여 집회의 자유를 침해한다고 볼 수 없다"(헌재 2016. 9. 29, 2015 헌바 309·332(병합)).

기능이라는 국가적 법익인 점은 전술하였다.

'정당한 이유없이'라 함은 법령, 계약의 내용 기타 사회통념에 따라 판단한
다. 불가항력적 사유도 정당한 이유에 해당할 수 있다. 정당한 이유있는 계약
불이행은 위법성이 조각된다.

V. 공무원자격사칭죄

제118조 [공무원자격의 사칭] "공무원의 자격을 사칭하여 그 직권을 행사한 자는
3년 이하의 징역 또는 700만원 이하의 벌금에 처한다."

1. 의의, 성격

본죄는 "공무원의 자격을 사칭하여 그 직권을 행사함으로써 성립하는 범죄"
이다. 본죄의 보호법익은 국가의 기능이며, 독립된 범죄유형으로 규정되어 있다.

2. 구성요건

본죄는 공무원의 자격사칭행위와 그 직권행사행위라는 두 개의 행위로 성
립한다(결합범).

(1) 공무원의 자격사칭

'공무원의 자격을 사칭'한다고 함은 공무원의 자격이 없는 자가 공무원의
자격을 가진 것처럼 오신하게 하는 일체의 행위를 말한다. 공무원이 아닌 민
간인이 공무원이라고 사칭하는 경우뿐만 아니라, 공무원이라고 하더라도 자
신의 직권을 벗어난 다른 공무원의 자격을 사칭한 경우를 포함한다. 공무원에
는 임시직 공무원도 포함된다.[38] 자격사칭의 방법에는 제한이 없다. 자신이 직
접 사칭할 필요도 없고, 스스로 착각에 빠진 피해자에 대하여 부작위로도 가능
하다.

(2) 직권행사

'그 직권을 행사'한다고 함은 사칭한 공무원의 직무에 관한 권한을 행사하
는 것을 말한다. 공무원의 직권행사가 있었더라도, 사칭한 당해 공무원의 직
권에 속한 것이 아닐 때에는 본죄가 성립하지 않는다. 대법원은 합동수사반원

---

38) 대판 1973. 5. 22, 73 도 884.

임을 사칭하여 채권을 추심하는 경우와[39] 청와대 민원비서관임을 사칭하여 전화국장에게 시외전화노선고장을 수리하게 한 경우에[40] 본죄의 성립을 부인하였다.

본죄의 미수범처벌규정이 없으므로, 공무원의 자격을 사칭하였으나 그 직권을 행사하는 행위가 없었다면, 본죄는 성립하지 않고 경범죄처벌법 제3조 제1항 제7호에 의하여 처벌될 따름이다.

(3) 고 의

공무원의 자격이 없음에도 불구하고 공무원의 자격을 사칭한다는 것과 사칭한 공무원의 직권을 행사한다는 것에 대한 인식 · 인용이 있어야 한다.

3. 죄 수

세무공무원을 사칭하여 납세자로부터 세금을 받은 때에는 본죄와 사기죄의 상상적 경합이 된다. 타인의 공무원신분증을 제시하여 공무원자격을 사칭하고 그 직권을 행사하면, 본죄와 공문서부정행사죄($\frac{제230}{조}$)의 상상적 경합이 된다. 행사의 목적으로 공무원신분증을 위조한 후 그 위조한 공무원신분증을 행사하여 공무원의 자격을 사칭하고 직권을 행사하였다면, 본죄와 위조공문서행사죄($\frac{제229}{조}$)의 상상적 경합이 된다. 이 때 공문서위조죄($\frac{제225}{조}$)는 위조공문서행사죄에 흡수된다(법조경합 중 보충관계).[41]

4. 형 벌

3년 이하의 징역 또는 7백만원 이하의 벌금에 처한다.

---

39) 대판 1981. 9. 8, 81 도 1955.
40) 대판 1972. 12. 26, 72 도 2552.
41) 이 점은 문서위조와 위조문서행사 사이의 죄수론 부분을 참조할 것.

제3장 폭발물에 관한 죄

제1절 개 설

I. 의의, 성격, 보호법익

폭발물에 관한 죄(폭발물죄)라 함은 "폭발물을 사용하여 사람의 생명·신체 또는 재산을 해하거나 그 밖에 공공의 안전을 문란하게 함으로써 성립하는 범죄"이다. 규정위치(제6장)로 보아 형법은 폭발물죄를 국가적 법익에 대한 범죄의 하나로 취급하고 있다.[1] 그러나 폭발물죄는 방화죄·일수죄와 같이 사회의 안전과 평온에 대한 공공의 위험발생을 처벌하고자 하는 '공공위험죄'의 성격을 지녔다고 함이 타당하다(통설).[2] 폭발물죄는 '한 지방'의 법질서를 교란하는 정도의 범죄이지, '국가적' 법질서를 위태롭게 할 만큼 강도높은 범죄는 아니라고 보기 때문이다.

따라서 폭발물죄의 보호법익은 사회적 법익으로서 '공공의 안전과 평온'이라고 해야 한다. 그 밖에 폭발물죄의 기본유형인 폭발물사용죄(제119조 제1항)에서 "사람의 생명·신체 또는 재산을 해하거나 그 밖에 공공의 안전을 문란하게 한자"라는 구성요건을 보면, 부차적인 보호법익으로서 '사람의 생명·신체·재산'이 고려되어 있다고 해석된다. 그리고 "공공의 안전을 문란하게" 한다는 것은 해석상 공공의 안전에 대한 구체적 위험의 야기를 의미하므로, 폭발물죄의 주된 보호법익인 공공의 안전은 '구체적 위험범'으로서 보호된다고 본다(보호의 정도).[3]

---

1) 폭발물죄의 성격을 국가적 법익에 대한 범죄로 이해하는 견해로는 유기천, 하권, 266면 이하.
2) 김성돈, 492면; 김성천, 1098면; 박상기, 465면; 배종대, 630면; 백형구, 441면; 서일교, 283면; 손동권, 539면; 오영근, 610면; 이재상, 500면; 이정원, 488면; 이형국, 509면; 정/박, 555면; 정영석, 111면; 정영일, 482면; 진/이, 746면.
3) 구체적 위험범설은 김성돈, 493면; 김성천, 1098면; 김/서, 564면; 박상기, 465면; 배종대, 630면; 백형구, 441면; 손동권, 541면; 이재상, 501면; 이정원, 488면; 이형국, 509면; 정/박, 556

부차적 보호법익인 사람의 생명·신체·재산은 '침해범'으로서 보호된다고 해석함이 타당하다. 폭발물사용죄의 미수범은 처벌한다($\frac{제119조}{제3항}$).

Ⅱ. 폭발물에 관한 죄의 체계

폭발물에 관한 죄는 폭발물사용죄($\frac{제119조}{제1항}$)를 기본유형으로 하고, 전시폭발물사용죄($\frac{제119조}{제2항}$)를 행위상황으로 인한 불법가중유형으로 한다. 또 전시폭발물사용죄의 준비단계(예비단계)라고 볼 수 있는 폭발물의 제조·수입·수출·수수·소지를 독립된 별개의 범죄($\frac{제121}{조}$)로 규정하고 있다. 폭발물사용죄를 범할 목적을 가진 예비·음모·선동죄도 처벌한다($\frac{제120}{조}$). 폭발물사용죄와 전시폭발물사용죄의 미수범은 처벌한다($\frac{제119조}{제3항}$).

폭발물에 관한 죄는 본장에 규정된 범죄 이외에도 방화와 실화의 죄(제13장)에서 규정된 범죄가 있다. 폭발성물건파열죄($\frac{제172}{조}$), 가스·전기 등 방류죄($\frac{제172}{조의 2}$), 가스·전기 등 공급방해죄($\frac{제173}{조}$)와 그 과실범($\frac{제173}{조의 2}$)이 그것이다. 입법론으로는 이들 범죄를 모두 폭발물죄의 장에 모아야 할 것이다.

제 2 절 개별적 범죄유형

Ⅰ. 폭발물사용죄

제119조 [폭발물사용] 제1항 "폭발물을 사용하여 사람의 생명, 신체 또는 재산을 해하거나 그 밖에 공공의 안전을 문란하게 한 자는 사형, 무기 또는 7년 이상의 징역에 처한다."

1. 의의, 보호법익

본죄는 "폭발물을 사용하여 사람의 생명·신체·재산을 해하거나 그 밖에 공공의 안전을 문란하게 함으로써 성립하는 범죄"이다. 폭발물죄의 기본유형이다. 본죄의 주된 보호법익은 '공공의 안전과 평온'이고, 부차적 보호법익은 '사람

면; 정영일, 482면; 진/이, 746면. 추상적 위험범설은 유기천, 하권, 268면.

의 생명·신체·재산'이다. 공공의 안전은 전술한 바와 같이 '구체적 위험범'으로서 보호되고, 사람의 생명·신체·재산은 '침해범'으로서 보호된다(보호의 정도). 폭발물사용죄의 미수범은 처벌한다(제119조 제3항).

본죄의 성립에 있어서 "사람의 생명·신체·재산을 해"하는 것, 즉 침해의 결과발생은 결과적 가중범으로 해석할 것이 아니다. 본죄는 폭발물사용뿐만 아니라 사람의 생명·신체·재산의 침해에 대해서도 고의가 있을 것을 요하는 '고의범'이다.

2. 구성요건

본죄의 구성요건은 폭발물을 사용하여 사람의 생명·신체·재산을 해하거나 그 밖에 공공의 안전을 문란하게 하는 것이다. 이하 분설하기로 한다.

(1) 폭발물의 사용

'폭발물'이란 점화 등 일정한 자극을 가하면 급격히 팽창 및 파열하는 성질을 가진 물질을 사용하여 제조한 물건을 말한다. 화약, 다이너마이트 등의 폭약, 화약 및 폭약을 써서 만든 화공품, 수류탄, 지뢰, 시한폭탄 등이 폭발물에 속한다.[4] 원자폭탄과 같은 핵폭발물도 폭발물에 해당한다고 본다.[5] 폭발물의 소유자가 누구인가는 불문한다.

폭발성을 이용하고자 제조한 물건은 아니지만 폭발용으로 사용할 수도 있는 물건인 제172조의 '폭발성있는 물건'과 본죄의 객체인 '폭발물'은 서로 구별된다.[6] 예컨대 고압가스는 폭발성있는 물건이지만 폭발물에 속하지는 않는다. 그 자체의 팽창 내지 파열에 의하여 파괴력을 갖고 있지 않은 물건, 예컨대 총포도 폭발물에 해당하지 않는다.

폭발물은 그 파괴력이 사람의 생명·신체·재산을 침해하거나 공공의 안전을 문란하게 할 정도의 위력을 가진 것이어야 한다(현저성의 원칙).[7][8] 예컨

---

4) 화약·폭약 및 화공품에 해당하는 물질에 관해서는 '총포·도검·화약류 등의 안전관리에 관한 법률'(약칭: 총포화약법) 제2조 제3항 참조.

5) 김성천, 1099면; 김/서, 565면; 오영근, 612면; 이형국, 512면. 반대설은 김성돈, 494면; 배종대, 631면; 유기천, 하권, 289면; 이재상, 502면; 정/박, 557면; 진/이, 747면.

6) '폭발성있는 물건'은 유개념이고, '폭발물'은 종개념이다.

7) 김성돈, 494면; 김/서, 566면; 배종대, 631면; 이재상, 502면; 이형국, 512면; 정/박, 557-8면; 진/이, 748면.

8) 피고인이 주가하락을 도모할 목적으로 자신이 제작한 폭발물을 배낭에 담아 고속버스터미널 등의 물품보관함 안에 넣어 두고 폭발하게 함으로써 공공의 안전을 문란하게 하였다고 하여

대 꽃불(폭죽)은[9] 폭발물에서 제외된다. 화염병은 살상력은 있지만 급격한 팽
창력, 즉 폭발력이 없으므로 폭발물에 해당하지 않는다.[10] 다만 화염병은 '화염
병 사용 등의 처벌에 관한 법률'(약칭: 화염병처벌법)의 적용대상이 된다. 방사
선 또는 방사성물질은 제172조의 2(가스·전기 등 방류죄)의 적용대상이 된다.

폭발물의 '사용'은 폭발물을 그 용법에 따라 폭발시키는 것을 말한다. 폭발
시키고자 시도(착수)하였으나 현실적인 폭발에 이르지 않으면, 본죄의 미수가
된다.

(2) 사람의 생명·신체·재산을 해하는 것

사람의 생명·신체·재산을 '해한다'고 함은 '침해'하는 것을 의미한다(침
해범). 따라서 생명의 침해는 살인에 해당하고, 신체의 침해는 상해에 해당하
며, 재산의 침해는 손괴 내지 방화에 해당한다. 살인죄, 상해죄, 손괴죄 내지
방화죄는 본죄에 흡수된다(법조경합 중 보충관계).

생명·신체·재산을 해하는 것은 공공의 안전의 문란의 예시이다. 형법은
폭발물사용으로 사람의 생명·신체·재산이 침해되면, 공공의 안전의 문란의
구체적 위험이 발생한 것으로 간주하는 취지라고 해석된다.

(3) 공공의 안전을 문란하게 하는 것

'공공의 안전을 문란하게 한다'고 함은 한 지방의 법질서를 교란하는 것을
말한다. '공공의 안전의 문란'은 그 문언상 이미 '공공의 안전에 대한 구체적
위험발생'을 내포하므로(당연해석), 이 점에 있어서 본죄는 '구체적 위험범'에
속한다.

폭발물사용으로 기소된 사안에서, 피고인이 제작한 물건의 구조, 그것이 설치된 장소 및 폭발 당
시의 상황 등에 비추어, 위 물건은 폭발작용 자체에 의하여 공공의 안전을 문란하게 하거나 사람
의 생명, 신체 또는 재산을 해할 정도의 성능이 없거나, 사람의 신체 또는 재산을 경미하게 손상
시킬 수 있는 정도에 그쳐, 사회의 안전과 평온에 직접적이고 구체적인 위험을 초래하여 공공의
안전을 문란하게 하기에는 현저히 부족한 정도의 파괴력과 위험성만을 가진 물건이므로, 형법
제172조 제1항에 규정된 '폭발성 있는 물건'에는 해당될 여지가 있으나, 이를 형법 제119조 제1항
에 규정된 '폭발물'에 해당한다고 볼 수는 없는데도, 위 제작물이 폭발물에 해당한다고 보아 폭발
물사용죄가 성립한다고 한 원심판결에 법리오해의 위법이 있다고 한 대법원판결(대판 2012. 4.
26, 2011 도 17254)이 있다.

9) '장난감 꽃불'에 해당하는 것은 '총포·도검·화약류 등의 안전관리에 관한 법률 시행규칙'
제4조가 자세히 규정하고 있다.

10) 김성돈, 494면; 김/서, 565면; 박상기, 466면; 배종대, 631면; 오영근, 612면; 유기천, 하권,
289면; 이재상, 502면; 이형국, 511-2면; 정/박, 557면; 진/이, 747면. 대판 1968. 3. 5, 66 도
1056.

(4) 미수 또는 기수

본죄의 실행의 착수시기는 폭발물의 사용에 있고, 기수시기는 사람의 생명·신체·재산이 침해된 때(침해범) 또는 공공의 안전의 문란이라는 구체적 위험이 발생한 때(구체적 위험범)이다.

폭발물의 사용에 착수하였지만, ① 폭발물이 현실적으로 폭발하지 않았거나, 폭발하였더라도 ② 사람의 생명·신체·재산이 침해되지 않았거나, ③ 공공의 안전의 문란이라는 구체적 위험이 발생하지 않은 경우에, 본죄의 미수범이 성립한다. 본죄의 미수범은 처벌한다(제119조제3항).

(5) 주관적 구성요건

본죄가 성립하자면, 폭발물사용에 대해서뿐만 아니라 사람의 생명·신체·재산을 침해한다는 고의 또는 공공의 안전을 문란하게 한다는 고의(구체적 위험발생에 대한 고의)가 있어야 한다(고의범).[11]

3. 죄   수

고의를 가지고 폭발물을 사용하여 타인의 현주건조물을 불태운 경우에는 '재산침해'가 발생했으므로 폭발물사용죄(제119조제1항)가 성립한다. 이 경우에 현주건조물방화죄(제164조제1항)는 폭발물사용죄에 흡수된다고 본다(법조경합 중 보충관계).

고의를 가지고 폭발물을 파열시켜 사람을 상해하게 되면, 부진정 결과적 가중범인 폭발성물건파열치'상'죄(제172조제2항)와의 상상적 경합이 아니라, 보다 더 중한 범죄인 폭발물사용죄(제119조제1항)만이 성립한다(법조경합 중 보충관계).

고의를 가지고 폭발물을 파열시켜 사람을 살해하는 행위는 처음부터 진정 결과적 가중범인 폭발성물건파열치'사'죄(제172조제2항)에 해당하지 않고, 본죄만이 성립한다.

본죄는 고의범이므로, 폭발물파열에 대해서는 고의가 있지만 사람의 생명·신체를 침해할 고의가 없이 '과실'로 침해의 결과를 야기한 경우에는 본죄가 아니라 폭발성물건파열죄에 대한 결과적 가중범인 폭발성물건파열치사상죄(제172조제2항)가 성립한다.

---

11) "형법 제119조를 적용하려면 사람의 생명, 신체 또는 재산을 해하거나 기타 공안을 문란한다는 고의가 있어야 한다"(대판 1969. 7. 8, 69 도 832).

4. 형   벌

사형, 무기 또는 7년 이상의 징역에 처한다. 본죄의 미수범은 처벌한다($\frac{제119}{조}$ $\frac{제3}{항}$).

Ⅱ. 전시폭발물사용죄

<u>제119조 제2항</u> "전쟁, 천재지변 그 밖의 사변에 있어서 제1항의 죄를 지은 자는 사형 또는 무기징역에 처한다."

1. 의의, 성격

본죄는 "전쟁·천재지변 그 밖의 사변에 있어서 폭발물사용죄를 범함으로써 성립하는 범죄"이다. '전쟁·천재지변 그 밖의 사변에 있어서'라는 '행위상황'으로 인하여 불법이 가중되는 범죄유형이다.

'전쟁시', 즉 '전시'라 함은 상대국이나 교전단체에 대하여 선전포고를 하였거나 적대행위를 취한 때로부터 당해 상대국이나 교전단체에 대한 휴전협정이 성립된 때까지의 기간을 말한다($\frac{군형법 제2}{조 제6호}$). '사변'(事變)이라 함은 전시에 준하는 동란(動亂)상태로서 전국 또는 지역별로 계엄이 선포된 기간을 말한다($\frac{동조}{제7호}$).

2. 형   벌

사형 또는 무기징역에 처한다. 본죄의 미수범은 처벌한다($\frac{제119조}{제3항}$).

Ⅲ. 폭발물사용예비·음모·선동죄

<u>제120조 제1항</u> [예비, 음모, 선동] "전조 제1항, 제2항의 죄를 범할 목적으로 예비 또는 음모한 자는 2년 이상의 유기징역에 처한다. 단, 그 목적한 죄의 실행에 이르기 전에 자수한 때에는 그 형을 감경 또는 면제한다."

<u>제2항</u> "전조 제1항, 제2항의 죄를 범할 것을 선동한 자도 전항의 형과 같다.

본죄는 "폭발물사용죄를 범할 목적으로 예비·음모 또는 선동함으로써 성립하는 범죄"이다. 폭발물사용죄의 공공위험성이 심대하므로 예외적으로 그

예비·음모·선동에 대한 처벌규정을 둔 것이다.

'선동'이란 불특정·다수인으로 하여금 폭발물을 사용하도록 교사·사주·충동·유인·권유·설득 등의 방법으로 정신적 영향을 주는 행위를 말한다. 상대방이 폭발물사용의 결의를 하였음을 요하지 않는다. '특정인'에 대한 선동은 교사범($\frac{제31}{조}$)에 있어서의 '교사'가 될 수 있다.

제1항의 예비·음모죄는 '목적범'이다.

Ⅳ. 전시폭발물제조 등 죄

제121조 [전시폭발물제조 등] "전쟁 또는 사변에 있어서 정당한 이유없이 폭발물을 제조, 수입, 수출, 수수 또는 소지한 자는 10년 이하의 징역에 처한다."

1. 의의, 성격

본죄는 "전쟁 또는 사변에 있어서 정당한 이유없이 폭발물을 제조·수입·수출·수수 또는 소지함으로써 성립하는 범죄"이다. 전시폭발물사용죄의 '예비단계'에 해당하는 성격의 범죄를 독립된 구성요건으로 규정한 것이다. 따라서 전시폭발물사용죄의 예비단계라고 볼 수 있는 폭발물의 제조·수입·수출·수수·소지가 전시에 폭발물사용죄를 범할 '목적'을 가지고 행해지면, 전시폭발물사용예비죄($\frac{제120조}{제1항}$)가 성립하고, 전시폭발물제조 등 죄($\frac{제121}{조}$)는 전자에 흡수된다(법조경합 중 특별관계).

2. 구성요건

'정당한 이유없이'란 법률의 근거 또는 행정당국의 허가가 없음을 의미한다. 예컨대 화약의 제조·판매·수출입·소지에 대한 허가는 '총포·도검·화약류 등의 안전관리에 관한 법률'(약칭: 총포화약법) 제4, 6, 9, 10조 및 '총포화약법 시행령'에 근거하여 경찰청장 또는 지방경찰청장이 행한다. 정당한 이유가 있으면 본죄의 위법성이 조각된다.[12]

화약의 제조 등의 행위가 있더라도 '전시 또는 사변시'라고 하는 행위상황이 존재하지 않으면, 본죄는 성립하지 않고 '총포·도검·화약류 등의 안전관

---

12) 김/서, 568면; 박상기, 469면; 배종대, 634면; 정영일, 486면.

리에 관한 법률' 제70조 이하의 벌칙규정이 적용된다.

3. 형　벌

10년 이하의 징역에 처한다. 본죄의 미수범처벌규정은 없다.

제 4 장 방화와 실화의 죄

제 1 절 개 설

I. 의의, 성격, 보호법익

1. 의의, 성격

방화와 실화의 죄(제13장)란 "고의로 불을 놓거나, 과실로 건조물 기타 물건을 불타게 함으로써 공공의 위험을 발생하게 하는 범죄"이다. 방화죄와 실화죄는 화재에 의한 공공위험죄란 점에서 본질이 같지만, 화재가 고의로 발생했는가 또는 과실로 발생했는가 하는 점에서 차이가 있다. 그 밖에 형법은 제13장에서 진화방해, 폭발성물건파열, 가스 등의 위험한 방출, 가스 등의 공급방해 등을 처벌하는 규정을 두고 있다. 다수인의 생명·신체·재산에 대하여 위험을 야기하는 행위를 처벌하고자 하는 '공공위험죄'(gemeingefährliche Straftaten)에는 방화와 실화의 죄 이외에 일수와 수리에 관한 죄(제14장), 교통방해의 죄(제15장) 등이 있다.

방화죄에 관한 입법주의에는 ① 공공의 안전에 대한 위험성에 착안하여 공공적 법익에 대한 범죄로 규정하는 입장과 ② 화재에 의하여 상실되는 재산적 법익에 착안하여 재산죄, 특히 손괴죄와 병행하여 규정하는 입장이 있다. 독일형법(제306조 이하), 오스트리아형법(제169조 이하), 스위스형법(제221조 이하)이 전자에 속한다. 미국 모범형법전은 제3부 재산에 대한 죄(offenses against property) 중 제220장에서 방화죄와 손괴죄를 함께 규정하고 있고, 프랑스형법은 제3권 재산에 대한 중죄 및 경죄 중 제2편 제2장 제2절에서 중손괴죄의 내용으로 방화죄를 규정하고 있는데, 이들 국가는 후자의 입법주의에 속한다.

2. 보호법익과 보호의 정도

(1) 보호법익

방화죄(및 실화죄)의 보호법익을 '공공의 안전'이라는 사회적 법익으로 이해하는 데 있어서 우리나라 학자들 사이에 이견은 없다. 여기에서 공공의 안전이라 함은 불특정·다수인의 생명·신체·재산에 대한 안전을 말한다. 방화죄가 공공의 안전 이외에 개인적 법익으로서 '재산'도 보호하는 것인가에 관하여 견해가 나뉜다.

(가) **재산적 법익 불포함설 – 공공위험죄설**   방화죄는 사회적 법익인 공공의 안전만을 보호법익으로 하는 순수한 공공위험죄라는 견해이다.[1] 이 견해는 방화죄의 보호법익에 재산은 포함되지 않는 것으로 이해한다. 우리 형법상 방화죄가 재산범죄와 별도로 분리되어 사회적 법익에 대한 죄로 규정되어 있고, 자기소유물건에 대한 방화라고 하더라도 공공의 위험을 발생하게 한 때에는 처벌하고 있으며(제166조 제2항, 제167조 제2항 참조), 타인소유물방화와 자기소유물방화에 있어서 처벌의 차이를 두고 있는 것은 불법의 차이를 고려한 것에 지나지 않는다는 점이 그 논거가 되고 있다.

(나) **재산적 법익 포함설**   방화죄의 주된 보호법익은 공공의 안전으로서 방화죄의 기본적 성격은 공공위험죄이지만, 부차적으로는 재산도 보호법익에 포함된다는 견해이다(다수설[2] 및 판례[3]). 이 견해는 방화죄의 성격을 공공위험죄인 동시에 재산죄로 파악한다.

(다) **결 론**   생각건대 형법이 자기소유물에 대한 방화죄(제166조 제2항, 제167조 제2항)와 타인소유물에 대한 방화죄(제166조 제1항, 제167조 제1항)에 있어서 법정형의 차등을 두고 있는 것은 재산이라고 하는 개인적 법익을 방화죄의 결과반가치로서 고려한 것이라고 해석할 수밖에 없다. 법정형의 차이는 '불법'의 차이에 상응하는 것이고(죄형균형사상), 방화죄의 불법의 차이에 재산이라는 결과반가치의 차이가 반영

---

1) 김성천, 1106면; 이재상, 507면.
2) 권오걸, 931면; 김성돈, 497면; 김/서, 576면; 박상기, 472면; 배종대, 636면; 백형구, 411면; 서일교, 285면; 오영근, 616면; 유기천, 하권, 19면; 이정원, 492면; 정/박, 562면; 정영석, 112면; 정영일, 487면; 진/이, 753면; 황산덕, 103면.
3) "형법 제164조 전단의 현주건조물에의 방화죄는 공중의 생명, 신체, 재산 등에 대한 위험을 예방하기 위하여 공공의 안전을 그 제1차적인 보호법익으로 하고 제2차적으로는 개인의 재산권을 보호하는 것"(**대판** 1983. 1. 18, 82 **도** 2341).

되어 있으며, 결국 입법자는 불법의 차이를 고려하여 법정형에 있어서도 차등을 두게 된 것이라고 보아야 한다. 불포함설도 타인소유물방화와 자기소유물방화에 있어서 처벌의 차이를 두고 있는 것은 불법의 차이를 고려한 것이라는 점을 인정하고 있다.[4] 그러므로 방화죄의 주된 보호법익은 사회적 법익으로서 '공공의 안전'이고, 부차적인 보호법익은 개인적 법익으로서 '재산'이라고 함이 타당하다.

(2) 법익보호의 정도

방화죄의 성립에 있어서 그 주된 보호법익인 공공의 안전은 침해될 것을 요하는 것이 아니라, 침해될 '위험'이 있음으로써 족하다. 다만 그 위험의 종류와 관련해서는 현주건조물방화죄($^{제164}_{조}$) · 공용건조물방화죄($^{제165}_{조}$) · 타인소유 일반건조물방화죄($^{제166조}_{제1항}$)의 경우에는 '추상적 위험범'으로서, 자기소유 일반건조물방화죄($^{제166조}_{제2항}$)와 일반물건방화죄($^{제167}_{조}$)의 경우에는 '구체적 위험범'으로서 보호된다. 구체적 위험범에 있어서는 행위자가 공공의 위험발생을 인식 · 인용하여야 한다(고의의 대상).

재산이라는 부차적 보호법익은 '침해범'으로서 보호된다.

II. 방화와 실화의 죄의 체계

방화와 실화의 죄는 방화죄와 실화죄 및 방화 · 실화에 준한 범죄로 3분된다.

방화죄는 타인소유 일반건조물방화죄($^{제166조}_{제1항}$)를 기본유형으로 하고,[5] 현주건조물방화죄($^{제164}_{조}$)와 공용건조물방화죄($^{제165}_{조}$)를 그 불법가중유형으로 하며, 자기소유 일반건조물방화죄($^{제166조}_{제2항}$)와 일반물건방화죄($^{제167}_{조}$)를 그 불법감경유형으로 한다.

실화죄는 실화죄($^{제170조}_{제1항}$)를 기본유형으로 하고, 자기소유물 실화죄($^{제170조}_{제2항}$)를 그 불법감경유형으로, 업무상실화 · 중실화죄($^{제171}_{조}$)를 그 가중유형으로 한다.

방화 · 실화에 준한 범죄로는 진화방해죄($^{제169}_{조}$), 폭발성물건파열죄($^{제172조}_{제1항}$),

---

4) 이재상, 507면.

5) 이에 대하여 일반물건방화죄(제167조)가 방화죄의 기본유형이라는 견해로는 권오걸, 932면; 김성돈, 498면; 배종대, 637면; 손동권, 547면; 오영근, 617면; 이재상, 510면; 이정원, 493면; 정/박, 563면; 정영일, 488면; 진/이, 755면.

가스·전기 등 방류죄($^{제172조의}_{2 제1항}$), 가스·전기 등 공급방해죄($^{제173조 제1}_{항, 제2항}$)가 있고, 과실범으로서 과실폭발성물건파열죄와 과실가스·전기 등 방류죄 및 과실가스·전기 등 공급방해죄를 제173조의 2에서 규정하고 있다.

현주건조물방화죄, 공용건조물방화죄, 타인소유 일반건조물방화죄, 폭발성물건파열죄, 가스·전기 등 방류죄, 가스·전기 등 공급방해죄의 미수범($^{제174}_{조}$)과 예비·음모죄($^{제175}_{조}$)를 처벌한다.

결과적 가중유형으로는 현주건조물방화죄의 결과적 가중범인 현주건조물방화치사상죄($^{제164조}_{제2항}$), 자기소유 일반건조물방화죄($^{제166조}_{제2항}$)와 자기소유 일반물건방화죄($^{제167조}_{제2항}$)의 결과적 가중범인 연소죄($^{제168}_{조}$), 폭발성물건파열죄의 결과적 가중범인 폭발성물건파열치사상죄($^{제172조}_{제2항}$), 가스·전기 등 방류죄의 결과적 가중범인 가스·전기 등 방류치사상죄($^{제172조의}_{2 제2항}$), 가스·전기 등 공급방해죄의 결과적 가중범인 가스·전기 등 공급방해치사상죄($^{제173조}_{제3항}$)가 있다.

입법론상 폭발성물건파열죄, 가스·전기 등 방류죄, 가스·전기 등 공급방해죄는 본장에서가 아니라 제6장 폭발물에 관한 죄에서 규정함이 타당하다.[6]

산림에 대한 방화죄는 산림보호법 제53조 제1항, 제2항, 제3항에 의하여, 산림에 대한 연소죄는 동조 제4항에 의하여, 산림에 대한 실화죄는 동조 제5항에 의하여 처벌된다.

제 2 절 개별적 범죄유형

I. 현주건조물방화죄

제164조 [현주건조물 등 방화] 제1항 "불을 놓아 사람이 주거로 사용하거나 사람이 현존하는 건조물, 기차, 전차, 자동차, 선박, 항공기 또는 지하채굴시설을 불태운 자는 무기 또는 3년 이상의 징역에 처한다."

---

6) 형법개정법률안 제안이유서, 200면 이하 참조. 김일수/서보학 공저는 폭발물죄에서 다루고 있다(동, 571-3면).

1. 의의, 보호법익

본죄는 "불을 놓아 사람이 주거로 사용하거나 사람이 현존하는 건조물·기차·전차·자동차·선박·항공기 또는 지하채굴시설을 불태움으로써 성립하는 범죄"이다. 행위의 객체가 주거용 또는 사람이 현존하는 건조물이라는 점에서 일반건조물을 객체로 한 방화죄($^{제166조}_{제1항}$)에 비하여 불법이 가중되는 유형으로 규정되어 있다. 본죄의 주된 보호법익은 사회적 법익으로서 공공의 안전이고, 부차적인 보호법익은 개인적 법익으로서 재산이다. 공공의 안전은 추상적 위험범으로 보호되고, 재산은 침해범으로서 보호된다(법익보호의 정도). 본죄의 미수범은 처벌한다($^{제174}_{조}$).

2. 구성요건

(1) 행위의 객체

행위의 객체는 사람이 주거로 사용하거나 사람이 현존하는 건조물·기차·전차·자동차·선박·항공기 또는 지하채굴시설이다.

(가) 사람이 주거에 사용하거나 현존하는 건조물   사람은 행위자 이외의 사람을 말한다. 행위자가 자기 혼자서 사는 집에 방화하면 자기소유 일반건조물 방화죄($^{제166조}_{제2항}$)의 죄책을 진다.

'주거로 사용'한다고 함은 일상생활의 장소로 사용한다는 뜻이다. 일시적 사용이든 계속적 사용이든 불문한다. 주거사용은 사실상의 의미이고, 반드시 적법일 것을 요하지 않는다.[7] 그리고 주거용인 이상, 행위시에 사람이 현존할 필요는 없다. 건물의 일부분이 주거로 사용되면 건물 전체가 주거용으로 인정된다.[8]

'사람이 현존'한다고 함은 방화시에 건조물 등의 내부에 행위자 이외의 사람이 존재하는 것을 뜻한다. 사람이 존재하는 경우에는 건물이 주거에 사용되느냐는 묻지 않는다. 따라서 비어 있는 사무실용 건물에 우연히 사람이 현존하고 있다면 본죄의 객체가 된다. 사람의 현존 여부는 방화시를 기준으로 판단한다.

---

7) 권오걸, 934면; 김성돈, 500면; 박상기, 472면; 배종대, 638면; 오영근, 618면; 이재상, 514면; 정/박, 565-6면.

8) 대판 1967. 8. 29, 67 도 925.

(나) 건조물·기차·전차·자동차·선박·항공기·지하채굴시설   '건조물'이
란 주택 또는 이에 준한 공작물로서 토지에 정착하여 사람이 체류할 수 있는
것을 말한다. 가건물, 천막도 이에 해당할 수 있다. 가옥과는 별도로 지어진
가축우리·헛간 등은 사람이 체류하기 곤란한 것인 한, 본죄의 건조물에 해당
하지 않는다.

기차·전차·자동차·선박·항공기·지하채굴시설도 사람이 주거에 사용
하거나 현존하고 있는 경우에 한하여 본죄의 객체가 된다. 그 크기·규모는 불
문한다. '지하채굴시설'(鑛坑)이란 광물을 채취하기 위한 지하시설을 말한다.

(2) 실행행위

실행행위는 불을 놓아 불태우는 것이다.

(가) 불을 놓아-방화(放火)   '불을 놓아', 즉 방화란 화력을 이용하여 목적
물을 불태우기에 적합한 일체의 행위를 말한다. 방화의 수단·방법에는 제한
이 없다. 목적물에 대하여 직접 방화하든지 매개물을 이용하여 간접적으로 방
화하든지, 작위 또는 부작위에 의한 방화이든 불문한다. 다만 부작위에 의한 방
화는 소화의무의 보증인적 지위에 있는 특별한 자의 부작위만이 구성요건해
당성이 있다. 형식범으로서 '일반인'의 단순한 소화의무불이행이라는 부작위
는 경범죄처벌법 제3조 제1항 제29호의 적용대상이 될 뿐이다.

방화의 실행의 착수시기는 목적물 또는 매개물에 발화 또는 점화한 때이다(다수
설[9] 및 판례[10]). 매개물에 발화된 때에는 아직 목적물인 건조물에 불이 옮겨 붙
지 아니하였더라도 방화죄의 미수범이 성립한다.

(나) 불태움-기수시기   방화죄는 목적물을 불에 태움으로써 기수가 된다.

---

9) 권오걸, 936면; 김성돈, 501면; 김성천, 1109면; 배종대, 639면; 백형구, 416면; 유기천, 하
권, 27면; 이형국, 522면; 정/박, 567면; 진/이, 758면.

10) "판결요지: 매개물을 통한 점화에 의하여 건조물을 소훼함을 내용으로 하는 형태의 방화
죄의 경우에, 범인이 그 매개물에 불을 켜서 붙였거나 또는 범인의 행위로 인하여 매개물에 불이
붙게 됨으로써 연소작용이 계속될 수 있는 상태에 이르렀다면, 그것이 곧바로 진화되는 등의 사
정으로 인하여 목적물인 건조물 자체에는 불이 옮겨 붙지 못하였다고 하더라도, 방화죄의 실행의
착수가 있었다고 보아야 할 것이다. 피고인이 방화의 의사로 뿌린 휘발유가 인화성이 강한 상태
로 주택 주변과 피해자의 몸에 적지 않게 살포되어 있는 사정을 알면서도 라이터를 켜 불꽃을
일으킴으로써 피해자의 몸에 불이 붙은 경우, 비록 외부적 사정에 의하여 불이 방화 목적물인 주
택 자체에 옮겨 붙지는 아니하였다 하더라도, 현존건조물방화죄의 실행의 착수가 있었다고 봄이
상당하다"(대판 2002. 3. 26, 2001 도 6641). "판결요지: 피고인이 불을 아직 방화 목적물 내지
그 도화물체에 점화하지 아니한 이상 방화의 착수로 논단하지 못할 것"(대결 1960. 7. 22, 4293
형상 213).

다만 목적물을 '어느 정도'로 불태움으로써 기수에 도달하는가가 해석상 문제
된다.

저자는 2020. 12. 8. 본조가 개정되기 전의 '소훼'(燒毀)개념이[11] 현행법상의
'불태움'이라는 기수시기에 대하여 유력한 해석지침을 제공한다고 생각한다.
구법상 방화죄의 기수시기인 소훼개념에 대하여는 다음과 같이 견해가 대립
하고 있었다.

(a) 독립연소설   불이 매개물을 떠나 목적물에 옮겨 붙어 독립하여 연
소(燃燒)할 수 있는 상태에 이르렀을 때 소훼가 있고, 방화죄는 기수가 된다
는 견해이다.[12] 판례가 이 입장에 선다.[13] 독일의 통설[14] 및 판례도[15] 이 입장이
다. 방화죄의 본질이 공공위험죄인 점에 비추어 기수시기도 공공의 위험을 야
기한 때를 기준으로 결정해야 한다는 것을 논거로 한다. 이 학설에 의하면, 건
조물방화의 경우에는 건물의 지붕·천정·벽·마루·문기둥·창틀에 불이
붙은 때에는 기수가 되지만, 가구·서가·카페트 등에 불이 붙은 데 지나지
않는 경우에는 이들이 건물에 접착되어 있다고 하더라도 독립연소로 볼 수 없
다고 한다. 즉 목적물 자체가 독립연소의 단계에 도달할 것을 필요로 한다.

(b) 효용상실설   독립연소로는 부족하고, 더 나아가 화력에 의하여 목
적물의 중요부분이 소실(燒失)되어 그 본래의 효용이 상실된 때 소훼가 있고,
방화죄는 기수가 된다는 견해이다.[16] 방화죄의 본질이 공공위험죄일 뿐만 아
니라 재산죄의 성격도 가지고 있다는 점을 고려하고, 구 형법이 독일형법과
달리 소훼를 명시하고 있다는 점, 같은 공공위험죄인 일수죄($\overset{제}{조}$177)와 폭발물
파열죄($\overset{제}{조}$172)에서의 침해(浸害) 또는 파열에 해당하는 효용상실이 소훼의 경
우에도 요구된다고 해석해야 한다는 점 등을 논거로 한다.

---

11) 개정 전 제164조 [현주건조물 등에의 방화] 제1항 "불을 놓아 사람이 주거로 사용하거나
사람이 현존하는 건조물, 기차, 전차, 자동차, 선박, 항공기 또는 광갱을 소훼한 자는 무기 또는
3년 이상의 징역에 처한다."

12) 권오걸, 938면; 김성천, 1110면; 박상기, 474면; 손동권, 551면; 이재상, 515면.

13) "방화죄는 화력이 매개물을 떠나 스스로 연소할 수 있는 상태에 이르렀을 때에 기수가 되
고, 반드시 목적물의 중요부분이 소실하여 그 본래의 효용을 상실한 때라야만 기수가 되는 것이
아니라고 할 것"(**대판 1970. 3. 24, 70 도 330**. 同旨, 대판 1961. 5. 15, 61 형상 89).

14) Sch/Sch/Cramer, StGB, §306 Rn. 9; Dreher/Tröndle, StGB, §306 Rn. 6; Horn, SK, §306
Rn. 12; Wessels, BT-1, S. 195.

15) RG 71/194; BGH St. 7/37, 16/109, 18/363, 20/246, 34/115.

16) 백형구, 416면; 서일교, 290면; 유기천, 하권, 22-4면; 정영석, 119면.

(c) **중요부분연소개시설**   목적물의 중요부분에 불이 붙기 시작한 때 소
훼가 있고, 방화죄는 기수가 된다는 견해이다.[17] 독립연소설의 기수범위가 지
나치게 확대되는 단점을 보완하기 위하여 목적물의 중요부분에 연소가 개시
될 것을 필요로 한다고 하면서, 연소의 개시만으로도 공공의 위험발생을 인정
할 수 있다는 점을 논거로 한다.

(d) **일부손괴설**   목적물의 중요부분이 손괴될 필요는 없고, 손괴죄의
성립에 필요한 손괴의 정도, 즉 목적물의 일부의 손괴가 있을 때 소훼가 있고,
방화죄는 기수가 된다는 견해이다.[18] 효용상실설의 내용을 일부 손괴의 정도
로 완화시키려는 입장이다. 이 견해는 공공의 위험발생과 연소시기를 일치시
킬 필요가 없고, 방화죄의 재산죄로서의 성격을 도외시해서는 안된다는 것을
논거로 한다.

(e) **2분설**   방화죄에 있어서 현주건조물방화죄와 같은 추상적 위험범
으로서의 방화죄의 기수시기는 독립연소설로 파악하고, 자기소유 일반건조물
방화죄와 같은 구체적 위험범으로서의 방화죄의 기수시기는 중요부분연소개
시설로 파악하고자 하는 견해이다.[19] 방화죄가 공공의 위험을 초래할 만한 전
형적인 특성을 지닌 행위태양으로서 소훼가 있는지의 여부는 추상적 위험범
인가 또는 구체적 위험범인가라는 위험범의 유형에 따라 달리 평가해야 한다
는 것을 논거로 한다.

(f) **사 견**   저자는 다음과 같은 논거로 일부손괴설을 지지하였다. ①
우리 형법이 방화죄의 행위태양으로 '소훼'라고 하는 개념을 규정(구 형법 제164조 제1항)하
고 있는 이상, 이에 부합한 '문언해석'을 해야 한다. 소훼(燒毀)에 있어서 '훼'
(毀)는 헐어버린다는 것, 즉 물리적 훼손이라는 결과의 야기를 내포하는 의미
이다.[20] 해석의 출발점은 문언해석이고, 해석의 한계도 문언해석에 있다. 독일
형법은 방화죄(제306조 이하)의 행위태양으로서 '불을 놓는 것'(in Brand setzen)과 목적

---

17) 이건호, 111면; 이형국, 524면; 정영일, 492면; 황산덕, 40면.
18) 김성돈, 502면; 오영근, 621면; 정/박, 571면.
19) 김/서, 581면; 배종대, 642면; 진/이, 759면.
20) 방화죄에 대응하는 일수죄에 있어서도 그 기본유형인 일반건조물일수죄(제179조 제1항)의
구성요건이 "기타 타인의 재산을 침해한" 자라고 규정하고 있는데, 여기서 침해란 물에 젖어(잠
겨) '해'를 입는 것을 의미하므로, '소훼'개념의 해석도 침해개념에 대응하여 독립연소만으로는
부족하고 일정한 해(害)를 줄 것, 즉 일정한 효용상실이 있을 것을 필요로 한다고 해야 한다(체
계해석).

물을 '방화에 의하여 전부 또는 부분적으로 파괴하는 것'(durch eine Brandlegung ganz oder teilweise zerstören)인 두 가지를 규정하고 있다. 전자의 행위태양에서의 setzen은 불을 '놓는' 행위 자체로서 성립하고(형식범), 하등 손괴의 결과가 필요하지 않다. 한편 후자의 행위태양은 목적물의 전부파괴(효용상실의 입장) 또는 일부파괴(일부손괴설의 입장)라는 결과를 요구하고 있다. 전자의 행위태양에 관한 한, 독일형법은 불을 놓아 목적물이 독립연소하는 것만으로도 방화죄의 '기수'를 인정하는 해석을 하기에 아무런 문제점이 없다. 요컨대 우리 형법상 소훼라는 개념과 독일형법상 in Brand setzen이라는 개념의 차이를 고려한 문언해석을 함이 타당하다.

② 방화죄의 기수시기를 정함에 있어서 범죄의 종류에 관한 침해범과 결과범의 분명한 구별이 전제되어야 한다. 침해범은 구성요건의 해석상 보호법익이 침해될 것을 필요로 하는 범죄로서 위험범에 대립되는 개념이다. 침해범에 있어서 법익의 침해가 있으면 기수, 법익침해가 없으면 미수가 된다. 결과범은 구성요건의 내용상 일정한 결과의 발생을 필요로 하는 범죄인데, 단순거동범(형식범)에 대립되는 개념이다. 결과범에서의 결과란 법익침해의 결과를 의미하는 것이 아니라, 외계에서의 (물리적·화학적) 상태의 변화를[21] 의미한다.[22] 결과범에 있어서 결과의 발생이 있으면 기수, 결과의 발생이 없으면 미수가 된다. 요컨대 기수와 미수의 구별은 법익침해 여부 또는 결과발생 여부라는 두 가지 기준으로 행해진다. 현행형법은 방화죄의 '미수'를 처벌하는 규정(제174조)을 두고 있는데, 방화죄에 있어서 공공의 안전이라는 주된 법익은 위험범으로서 보호되고 있기 때문에 공공의 안전이라는 법익침해 여부를 기준으로 해서 기수·미수를 구별하는 것은 불가능하다. 그렇다면 소훼라는 행위태양과 관련하여 목적물의 훼손이라는 결과의 발생 여부로 방화죄의 기수·미수를 구별함이 마땅하다. 방화죄는 위험범이면서 결과범인데, 위험범의 측면에서는 기수·미수를 구별할 수 없지만 결과범의 측면에서는 기수·미수를 구별할 수 있다는 것이다. '구체적' 위험범으로 규정된 자기소유 일반건조물방화죄(제166조 제2항)와 일반물건방화죄(제167조)는 형법상 그 미수범을 처벌하지 않으므로, 기수·미수를 구별

---

21) 달리 표현하자면, 결과범이란 구성요건상 행위 자체와는 구별될 수 있는 외계에서의 결과발생을 필요로 하는 범죄이다(Wessels/Beulke, AT, 29. Aufl., 1999, S. 7 참조).

22) 총론, 113-4면 참조.

할 법률적 실익이 없으나, 이론상으로는 구체적 위험의 발생 여부와 물리적 훼손결과의 발생 여부라는 두 가지 기준으로 기수·미수를 구별할 수 있다.[23]

③ 소훼개념에 훼손의 의미가 내포된다면, 다음으로는 어느 정도의 훼손으로 방화죄의 기수가 된다고 해석할 것인가의 문제가 남아있다. 목적물의 훼손은 방화죄의 부차적 보호법익인 '재산'의 침해를 가져온다. 이 때 목적물의 전부가 아니라 '일부'의 훼손이라고 하더라도 재산이라고 하는 법익의 침해가 긍정된다. 즉 소훼는 목적물의 중요부분이 훼손될 것, 따라서 목적물의 본래의 효용이 상실될 것을 요하는 것이 아니라, 일부분의 훼손만으로도 성립된다고 보아야 하고, 일부훼손이 있으면 방화죄는 기수가 된다고 하겠다.

④ 이상 설명한 바를 정리하자면, 방화죄의 기수·미수는 그 주된 보호법익인 공공의 안전을 기준으로 해서는 구별할 수 없고, 소훼개념의 문언해석에 의하되, 목적물의 일부훼손이라는 결과의 발생이 있으면 방화죄는 기수가 된다고 해석된다. 목적물의 전부 또는 일부의 훼손은 '동시에' 방화죄의 부차적 보호법익인 재산의 침해를 가져온다. 즉 목적물의 훼손 여부는 재산이라는 법익의 침해 여부와 직결된다. 따라서 방화죄에 있어서 재산이라는 부차적 보호법익은 침해범으로서 보호되며(보호의 정도), 재산이라는 법익의 침해가 없으면-환언하자면 목적물의 일부훼손이 없으면-방화죄는 미수가 된다.

⑤ 학설의 명칭에 있어서는 일부손괴설보다 '일부훼손설'이 구 형법상의 행위태양인 소훼개념에 더 적합하다고 본다. 일본형법은 제108조 이하에서 방화죄의 행위태양을 '소손'이라고 규정하고 있고, 소손(燒損)의 '손'(損)은 손괴의 의미를 내포하고 있다고 해석되어, 일부손괴설이라는 명칭이 일본형법에 어울린다고 생각한다.

⑥ 현행형법의 해석으로는 '목적물의 일부를 훼손할 정도로 불태움'으로써 방화죄의 '기수'가 성립한다고 본다.

(3) 주관적 구성요건

본죄의 고의는 불을 놓아 사람이 주거로 사용하거나 사람이 현존하는 건조물 등을 불태운다는 점에 대한 인식·인용이다. 미필적 고의로 충분하다. 행위자가 현주건조물을 일반건조물로 오인하고 방화한 때에는 구성요건적 착

---

23) 다만 구체적 위험범으로 규정된 폭발성물건파열죄(제172조 제1항)는 그 미수범을 처벌하고 있으므로(제174조 참조), 이러한 구별기준은 논의의 실익이 있다.

오가 발생한다. 이 때 죄질부합설을 적용하여 일반건조물방화죄(제166조 제1항)의 고의 · 기수범으로 처벌된다.

3. 죄　수

방화죄와 같은 공공위험죄의 죄수는 행위객체의 수가 아니라 공공의 안전이라는 보호법익을 기준으로 하여 결정함이 타당하다. 따라서 1개의 방화행위로 수채의 현주건조물을 불태운 때에도 1개의 현주건조물방화죄가 성립한다. 1개의 방화행위로 현주건조물과 일반건조물을 불태운 때에는 중한 범죄인 현주건조물방화죄 1죄가 성립한다.

방화행위로 인하여 타인의 건조물이 불태워진 것은 동시에 재물손괴를 가져오지만, 손괴죄는 방화죄에 흡수된다(법조경합 중 흡수관계).

화재보험금을 사취할 목적으로 건조물에 방화한 경우에 방화행위만으로는 사기의 예비에 불과하기 때문에 방화죄의 성립에 그친다.

4. 형　벌

무기 또는 3년 이상의 징역에 처한다. 본죄의 미수범은 처벌한다(제174조).

Ⅱ. 현주건조물방화치사상죄

제164조 제2항 "제1항의 죄를 지어 사람을 상해에 이르게 한 경우에는 무기 또는 5년 이상의 징역에 처한다. 사망에 이르게 한 경우에는 사형, 무기 또는 7년 이상의 징역에 처한다."

1. 의의, 성격, 보호법익

본죄는 "현주건조물방화죄를 지어 사람을 사망이나 상해에 이르게 함으로써 성립하는 범죄"이다. 현주건조물방화죄에 대한 '부진정 결과적 가중범'이다. 1995년의 형법개정 전에는 사망 또는 상해의 결과를 구별하지 않고 일률적으로 사형, 무기 또는 7년 이상의 징역을 법정형으로 규정하고 있었으나, 개정형법에서는 사망과 상해의 결과를 구분하여 각각에 상응한 법정형을 설정하였다.

본죄의 보호법익은 '공공의 안전과 사람의 생명 · 신체'이다. 보호의 정도는 침해범이다.

2. 구성요건

본죄의 성립에 필요한 '고의있는 기본범죄'는 현주건조물방화죄이다. 기본범죄가 초래한 제2의 중한 결과는 상해 또는 사망이다. 상해 또는 사망의 결과 발생은 행위자가 예견할 수 있었을 것($\frac{제15조}{제2항}$), 즉 '과실'이 있었을 것을 요한다.

제2의 중한 결과인 상해 또는 사망에 대하여 '고의'가 있었을 때에도 본죄가 성립하느냐에 관하여는 견해가 대립한다.[24]

중한 결과에 대하여 고의있는 부진정 결과적 가중범을 인정하는 이유는, 기본행위에 기하여 '고의'로 중한 결과를 발생시킨 경우에 '과실'있는 결과적 가중범보다 무겁게 처벌하는 규정이 마련되어 있지 않은 한, 중한 결과에 대하여 고의있는 경우까지도 결과적 가중범에 포함시키는 해석이 불가피하기 때문이다. 현주건조물방화치사죄($\frac{제164조}{항}\frac{제2}{후문}$)에 있어서 방화행위에 기하여 사망이라는 중한 결과가 과실로 발생한 경우에만 이 범죄가 성립된다고 해석하면, 사망이라는 중한 결과에 대하여 고의가 있는 경우에는 살인죄($\frac{제250조}{제1항}$)와 현주건조물방화죄($\frac{제164조}{제1항}$)의 상상적 경합($\frac{제40}{조}$)이 발생하고 결국 살인죄의 형으로 처벌하게 되는데, 살인죄의 법정형은 현주건조물방화치사죄의 법정형보다 낮은 까닭에 중한 결과에 대하여 고의있는 경우가 과실있는 경우보다 법정형이 낮다는 문제점이 대두한다. 그러므로 규정형식이 결과적 가중범으로 되어 있지만 현주건조물방화치사상죄를 중한 결과인 사망 또는 상해에 대하여 고의있는 경우도 포함하는 것으로 해석하여 법정형의 불균형이라는 문제점을 해소할 필요가 생긴다.

중한 결과에 대하여 고의있는 경우에 본죄의 성립을 부정하고 이른바 부진정 결과적 가중범을 인정하지 않는 견해도 있으나,[25] 상술한 이유로 해석상 부진정 결과적 가중범을 인정하지 않을 수 없다($\frac{통}{설}$).[26] 이러한 해석은 확장해석이 아니라 '당연해석'에 속하고, 죄형법정주의에 위배된다고 보지는 않는다. 판례도 긍정설의 입장이다.[27]

24) 제2의 중한 결과에 대하여 과실뿐만 아니라 '고의'가 있는 경우에도 결과적 가중범의 성립을 긍정하는 경우에 '부진정 결과적 가중범'이라고 한다.
25) 권오걸, 942면; 백형구, 418면; 정/박, 575면.
26) 김성돈, 505면; 김성천, 1111면; 김/서, 583면; 박상기, 475면; 배종대, 643면; 이재상, 517면; 이정원, 501면; 정영일, 492면; 진/이, 762면.

살인의 고의로 현주건조물에 방화하여 사람을 살해한 경우에 현주건조물방화치사죄와 살인죄의 상상적 경합이 성립한다.[28] 이 때 판례는 현주건조물방화치사죄만이 성립한다고 하며, 다만 존속살해죄와 현주건조물방화치사죄는 상상적 경합의 관계에 있다고 한다.[29][30]

본죄의 미수범처벌규정은 없다. 따라서 사람을 살해(또는 상해)할 고의로 현주건조물방화를 하였으나 사람을 살해(또는 상해)하지 못한 경우에는 현주건조물방화죄의 기수와 살인미수죄(또는 상해미수죄)의 상상적 경합이 된다.

사상의 결과는 방화행위로 직접 발생할 것을 요하지 않고, 방화의 기회에 또는 방화와 밀접히 관련된 행위에서 발생된 것이면 충분하다. 물론 방화행위와 사상의 결과 사이에 인과관계 및 결과의 객관적 귀속이 인정되어야 한다. 방화로 인하여 건물이 붕괴하면서 발생한 압사사고 또는 피해자가 불을 피하려고 고층건물에서 뛰어내려 사망한 경우에도 현주건조물방화치사죄가 성립한다. 그러나 피해자가 진화작업 중에 화상을 입었다든가 소사(燒死)한 경우에는 현주건조물방화치사상죄가 성립하지 않는다고 본다.

3. 형 벌

현주건조물방화죄를 범하여 사람을 상해에 이르게 한 때에는 무기 또는 5년 이상의 징역에 처하고, 사망에 이르게 한 때에는 사형·무기 또는 7년 이상의 징역에 처한다.

---

27) "형법 제164조 후단(저자 註: 현행형법 제164조 제2항에 해당)이 규정하는 현주건조물방화치사상죄는 그 전단이 규정하는 죄에 대한 일종의 가중처벌규정으로서 과실이 있는 경우뿐만 아니라, 고의가 있는 경우에도 포함된다"(**대판 1996. 4. 26, 96 도 485.** 同旨, 대판 1998. 12. 8, 98 도 3416; 1983. 1. 18, 82 도 2341).
28) 김성돈, 505면; 김/서, 585면; 배종대, 644면; 이재상, 517면; 정영일, 492면; 진/이, 762면.
29) "살해할 목적으로 현주건조물에 방화하여 사망에 이르게 한 경우에는 현주건조물방화치사죄로 의율하여야 하고, 이와 더불어 살인죄와의 상상적 경합범으로 의율할 것은 아니라고 할 것이고(대법원 1983. 1. 18. 선고 82도2341 판결 참조), 다만 존속살해죄와 현주건조물방화치사죄는 상상적 경합범관계에 있으므로, 법정형이 중한 존속살해죄로 의율함이 타당하다"(**대판 1996. 4. 26, 96 도 485**).
30) "피고인들이 피해자들의 재물을 강취한 후 그들을 살해할 목적으로 현주건조물에 방화하여 사망에 이르게 한 경우, 피고인들의 위 행위는 강도살인죄와 현주건조물방화치사죄에 모두 해당하고, 그 두 죄는 상상적 경합범관계에 있다"(**대판 1998. 12. 8, 98 도 3416**).

Ⅲ. 공용건조물 등 방화죄

제165조 [공용건조물 등 방화] "불을 놓아 공용(公用)으로 사용하거나 공익을 위해 사용하는 건조물, 기차, 전차, 자동차, 선박, 항공기 또는 지하채굴시설을 불태운 자는 무기 또는 3년 이상의 징역에 처한다."

1. 의의, 성격

본죄는 "불을 놓아 공용으로 사용하거나 공익을 위해 사용하는 건조물·기차·전차·자동차·선박·항공기 또는 지하채굴시설을 불태움으로써 성립하는 범죄"이다. 타인소유 일반건조물방화죄($^{제166조}_{제1항}$)에 대하여 행위의 객체로 인하여 불법이 가중되는 범죄유형이다.

2. 구성요건

공용건조물방화죄의 객체는 현주건조물방화죄의 객체에 비하여 공용 또는 공익에 사용된다는 점에서 차이가 있을 뿐이다. 공용 또는 공익에 사용되는 건조물이라도 사람이 주거에 사용하거나 사람이 현존하고 있으면, 본죄가 아니라 현주건조물방화죄가 성립한다(법조경합 중 보충관계). '공용으로 사용한다'는 것은 국가 또는 공공단체에서 사용한다는 뜻이고, '공익을 위해 사용한다'는 것은 일반 공중의 이익을 위하여 사용된다는 뜻이다. 공용 또는 공익에 사용되기만 하면 충분하고, 목적물의 소유자가 개인이더라도 상관없다.

3. 형 벌

무기 또는 3년 이상의 징역에 처한다. 본죄의 미수범은 처벌한다($^{제174}_{조}$).

Ⅳ. 일반건조물 등 방화죄

제166조 [일반건조물 등 방화] 제1항 "불을 놓아 제164조와 제165조에 기재한 외의 건조물, 기차, 전차, 자동차, 선박, 항공기 또는 지하채굴시설을 불태운 자는 2년 이상의 유기징역에 처한다."
제2항 "자기 소유인 제1항의 물건을 불태워 공공의 위험을 발생하게 한 자는 7년

이하의 징역 또는 1천만원 이하의 벌금에 처한다."

1. 의의, 성격

본죄는 "불을 놓아 현주건조물과 공용건조물에 해당하지 않는 일반건조물 등을 불태움으로써 성립하는 범죄"이다. 제1항의 타인소유 일반건조물방화죄 가 방화죄의 기본유형이고, 제2항의 자기소유 일반건조물방화죄는 그 불법감 경유형이다.

2. 구성요건

(1) 타인소유 일반건조물방화죄($^{제1}_{항}$)

타인소유 일반건조물방화죄의 객체는 사람의 주거에 사용되지 않아야 하 고, 사람이 현존하지도 않아야 하며, 또 공용·공익에 사용하지 않는 타인소 유의 건조물 등이다. 본죄는 현주건조물방화죄 또는 공용건조물방화죄에 대 하여 법조경합 중 보충관계에 있다. 타인소유의 현주건조물에 대한 방화에 있 어서 소유자 아닌 주거자 또는 현존하는 사람이 방화에 동의하는 경우에는 현 주건조물방화죄가 아니라 본죄가 성립한다고 본다.[31]

자기의 소유에 속하는 건조물 기타 물건이라도 압류 기타 강제처분을 받 거나 타인의 권리 또는 보험의 목적물이 된 때에는 타인의 물건으로 간주한다 ($^{제176}_{조}$). 강제처분에는 국세징수법에 의한 체납처분, 강제경매절차에서의 압류, 형사소송법에 의한 몰수물의 압류가 포함된다. 타인의 권리에는 저당권·전 세권·질권·임차권 등이 포함된다.

본죄는 공공의 위험발생을 요하는 구체적 위험범이 아니고, 추상적 위험범 이다.

(2) 자기소유 일반건조물방화죄($^{제2}_{항}$)

(가) 행위의 객체   제2항의 객체는 제1항의 객체와 동일하지만, 행위자의 소유에 속하는 건조물 기타 물건이라는 점에서 차이가 난다. 자기소유 일반건 조물방화죄는 타인소유 일반건조물방화죄에 대하여 객체로 인한 불법감경유 형이다. 객체가 공범자의 소유인 때, 소유자가 방화에 대하여 동의한 때, 무주

---

31) 진/이, 754면. 이에 대하여 현주건조물방화죄(제164조 제1항)가 성립한다는 견해로는 이재 상, 509면.

물인 때에는 자기소유로 간주된다.[32)]

(나) 공공의 위험발생   자기소유 일반건조물방화죄는 '공공의 위험발생'을 요하는 '구체적 위험범'이다. 공공의 위험이란 불특정·다수인의 생명·신체·재산을 침해할 위험을 말한다. 공공의 위험에 대한 판단은 행위자의 주관을 표준으로 하는 것이 아니고, 구체적 사정을 고려한 객관적 사후판단에 속한다. 그리고 공공의 위험은 일반인이 사회심리적 관점에서 느끼는 위험을 말한다.[33)] 구체적 위험범에 있어서 공공의 위험은 객관적 구성요건요소로서 '고의의 대상'이 된다.

3. 형   벌

타인소유 일반건조물방화죄는 2년 이상의 유기징역에 처하고, 자기소유 일반건조물방화죄는 7년 이하의 징역 또는 1천만원 이하의 벌금에 처한다. 타인소유 일반건조물방화죄의 미수범은 처벌하지만, 자기소유 일반건조물방화죄의 미수범은 처벌하지 않는다(제174조).

V. 일반물건방화죄

제167조 [일반물건 방화] 제1항 "불을 놓아 제164조부터 제166조까지에 기재한 외의 물건을 불태워 공공의 위험을 발생하게 한 자는 1년 이상 10년 이하의 징역에 처한다."
제2항 "제1항의 물건이 자기 소유인 경우에는 3년 이하의 징역 또는 700만원 이하의 벌금에 처한다."

1. 의의, 성격

본죄는 "불을 놓아 제164조 내지 제166조에 기재된 이외의 물건, 즉 현주건조물과 공용건조물 및 일반건조물 등에 해당하지 않는 일반물건을 불태워 공공의 위험을 발생하게 함으로써 성립하는 범죄"이다. 본죄, 즉 일반물건방화죄(제167조)는 방화죄의 기본유형인 타인소유 일반건조물방화죄(제166조제1항)에 대하

32) 권오걸, 945면; 김성돈, 508면; 김성천, 1113면; 박상기, 476면; 손동권, 555면; 오영근, 627면; 유기천, 하권, 33면; 이재상, 519면; 정/박, 577면; 정영일, 495면; 진/이, 529면.
33) 오영근, 627면; 유기천, 하권, 20-1면.

여 행위의 객체로 인한 불법감경유형에 속한다.

2. 구성요건

본죄의 객체는 현주건조물방화죄와 공용건조물방화죄 및 일반건조물방화죄의 객체에 해당하지 않는 물건에 한한다. 따라서 일반물건방화죄는 현주건조물방화죄, 공용건조물방화죄, 일반건조물방화죄에 대하여 법조경합 중 보충관계에 있다.

본죄의 객체가 타인의 소유인 때에는 타인소유 일반물건방화죄($^{제1}_{항}$)가 성립하고, 행위자의 소유인 때에는 자기소유 일반물건방화죄($^{제2}_{항}$)가 성립한다. 자기의 소유에 속하는 물건이라도 압류 기타 강제처분을 받거나 타인의 권리 또는 보험의 목적물이 된 때에는 타인의 물건으로 간주한다($^{제176}_{조}$).

본죄는 공공의 위험발생이 있어야 성립한다(구체적 위험범). 그러므로 타인소유의 일반물건에 방화하여 목적물을 불태웠더라도 공공의 위험발생이 없으면, 본죄는 성립하지 않고 손괴죄의 죄책을 질 따름이다. 본죄의 미수범처벌규정은 없다.

공공의 위험은 고의의 대상이 된다.

3. 죄   수

시체에 방화한 때에는 시체가 장례와 제사의 대상이 되는 한 제167조의 물건으로 취급할 수 없으므로, 방화죄($^{제167}_{조}$)는 성립하지 않고 시체손괴죄($^{제161조}_{제1항}$)만이 성립한다.

4. 형   벌

타인소유 일반물건방화죄는 1년 이상 10년 이하의 징역에 처하고, 자기소유 일반물건방화죄는 3년 이하의 징역 또는 700만원 이하의 벌금에 처한다.

VI. 연 소 죄

제168조 [연소] 제1항 "제166조 제2항 또는 전조 제2항의 죄를 범하여 제164조, 제165조 또는 제166조 제1항에 기재한 물건에 연소한 때에는 1년 이상 10년 이하의 징역에 처한다."

<u>제2항</u> "전조 제2항의 죄를 범하여 전조 제1항에 기재한 물건에 연소한 때에는 5년 이하의 징역에 처한다."

1. 의의, 성격

연소죄란 "자기소유의 건조물 또는 물건에 대한 방화가 현주건조물·공용건조물·타인소유 일반건조물 또는 타인소유 일반물건에 옮겨붙어 불태워짐으로써 성립하는 범죄"이다. 자기소유 건조물방화죄 또는 자기소유 일반물건방화죄의 '진정 결과적 가중범'이다.[34]

2. 구성요건

본죄는 고의있는 방화행위(기본범죄)와 이로 인하여 다른 목적물에 연소했다는 결과의 발생을 구성요건으로 한다.

본죄의 '연소'(延燒)란 고의의 방화행위가 있었으나 행위자가 인식·인용한 목적물을 초과하여 다른 목적물에 불이 옮겨 붙어 이를 불태우는 것을 말한다. 연소죄의 기본범죄인 자기소유 일반건조물방화죄나 자기소유 일반물건방화죄는 자기소유물이 불태워지고 공공의 위험도 발생한 기수범임을 요한다.[35] 자기소유 일반건조물방화죄와 자기소유 일반물건방화죄의 미수범은 처벌하지 않기 때문이다.

행위자는 자신의 방화행위로 인하여 다른 목적물로 연소될 가능성을 예견할 수 있었어야 한다(제15조 제2항). 즉 연소에 대한 '과실'이 있어야 한다(진정 결과적 가중범). 행위자가 처음부터 연소될 것을 인식하고 연소된 목적물에의 방화'고의'를 가진 경우에는 연소죄가 아니라, 직접 현주건조물방화죄·공용건조물방화죄·타인소유 일반건조물방화죄 또는 타인소유 일반물건방화죄가 성립한다.

3. 형 벌

자기소유 일반건조물방화죄 또는 자기소유 일반물건방화죄를 범하여 현주건조물, 공용건조물, 타인소유 일반건조물에 연소한 때에는 1년 이상 10년 이하의 징역에 처한다. 자기소유 일반물건방화죄를 범하여 타인소유 일반물건

---

34) 권오걸, 946면; 김성돈, 509면; 박상기, 478면; 배종대, 646면; 백형구, 422면; 오영근, 629면; 이재상, 520면; 이정원, 505면; 정/박, 579면; 정영일, 497면; 진/이, 766면.

35) 권오걸, 947면; 김성돈, 509면; 김성천, 1115면; 배종대, 646면; 백형구, 423면; 오영근, 630면; 이재상, 520면; 정/박, 579면; 진/이, 766면. 반대설은 김/서, 588면.

에 연소한 때에는 5년 이하의 징역에 처한다.

Ⅶ. 방화예비 · 음모죄

제175조 [예비, 음모] "제164조 제1항, 제165조, 제166조 제1항, 제172조 제1항, 제
172조의 2 제1항, 제173조 제1항과 제2항의 죄를 범할 목적으로 예비 또는 음모한
자는 5년 이하의 징역에 처한다. 단, 그 목적한 죄의 실행에 이르기 전에 자수한 때
에는 형을 감경 또는 면제한다."

본죄는 "현주건조물방화죄, 공용건조물방화죄, 타인소유 일반건조물방화
죄, 폭발성물건파열죄, 가스 · 전기 등 방류죄, 가스 · 전기 등 공급방해죄를 범
할 목적으로 예비 또는 음모함으로써 성립하는 범죄"이다. 보호법익의 중대성
에 비추어 방화나 폭발물파열 등이 있기 전에 그 '준비단계'의 행위를 처벌하
고자 함에 취지가 있다.

'예비'란 방화의 실행에 착수하기 이전의 외부적 준비행위를 말한다. 방화
하기 위하여 점화재료를 갖다 놓거나, 목적물에 휘발유를 붓는 행위 등이 이
에 해당한다.

Ⅷ. 진화방해죄

제169조 [진화방해]   "화재에 있어서 진화용의 시설 또는 물건을 은닉 또는 손
괴하거나 기타 방법으로 진화를 방해한 자는 10년 이하의 징역에 처한다."

1. 의의, 성격

본죄는 "화재시에 진화용의 시설 또는 물건을 은닉 또는 손괴하거나 기타
방법으로 진화를 방해함으로써 성립하는 범죄"이다. 본죄는 실행행위가 방화
가 아니라 진화방해이므로, 방화죄라기보다는 이에 준한 성격을 갖는 범죄,
이른바 '준방화죄'로 이해된다(통설).[36]

---

36) 권오걸, 947면; 김성돈, 510면; 김/서, 589면; 배종대, 647면; 백형구, 426면; 오영근, 635
면; 이재상, 521면; 이형국, 532면; 정/박, 580면; 진/이, 768면.

2. 구성요건

(1) 행위의 상황

본죄는 '화재에 있어서'(화재시)라는 행위상황에서 행해져야 한다. '화재에 있어서'라 함은 공공의 안전에 대한 추상적 위험이 있을 정도의 연소(燃燒)상태가 있는 것을 말한다. 화재의 원인은 방화·실화와 같은 인재(人災)이든 불가항력적 천재지변이든 불문한다.

(2) 행위의 객체

행위의 객체는 진화용의 시설 또는 물건이다. '진화용의 시설 또는 물건'이란 소화활동에 사용하는 기구로서, 본래의 제작목적이 소방용인 것을 말한다. 소화기·소화전·소방호스·소방차·화재경보시설·소화용저수시설등이 이에 해당한다. 소유자가 누구인가는 불문한다. 행위자의 소유물도 본죄의 객체가 될 수 있다.

(3) 실행행위

실행행위는 은닉 또는 손괴 기타 방법으로 진화를 방해하는 것이다. '은닉'이란 진화용의 시설 또는 물건의 발견을 불가능하게 하거나 곤란하게 하는 행위를 말한다. '손괴'란 물질적으로 훼손하여 그 효용을 해하는 행위를 말한다.

'기타 방법에 의한 진화방해'란 손괴·은닉 이외의 방법으로 소화활동을 방해하는 모든 행위를 말한다. 여기에는 소방관에 대한 폭행·협박이나 소방차의 진로를 방해하는 것과 같이 작위에 의한 진화방해도 있고, 진화의무자인 소방관이 고의로 화재발생보고를 하지 아니함으로써 진화를 방해하는 것과 같이 부작위에 의한 진화방해도 있다. '부작위'에 의한 진화방해죄는 법률상 진화의무있는 자만이 그 주체가 될 수 있다. 단순히 진화에 협력할 의무만을 부담하는 일반인은 협력요구에 응하지 않는 부작위가 있더라도 진화방해죄가 성립하는 것은 아니고, 경범죄처벌법 제3조 제1항 제29호의 적용대상이 될 뿐이다. 부작위에 의한 진화방해와 부작위에 의한 방화는 '고의'의 면에서 구별될 수 있다.

본죄는 진화를 방해할 만한 은닉·손괴 기타 방법에 의한 행위가 있음으로서 '기수'가 된다(추상적 위험범).[37] 진화가 현실적으로 방해될 필요는 없다.

---

37) 권오걸, 948면; 김성돈, 510면; 김/서, 591면; 박상기, 478면; 백형구, 428면; 이재상, 522

본죄의 미수범처벌규정은 없다.

(4) 고 의

본죄의 고의는 화재시라는 행위상황에 대한 인식과 진화를 방해한다는 인식·인용이다.

3. 형 벌

10년 이하의 징역에 처한다.

4. 소방기본법

소방기본법 제50조는 제1-4호에 해당하는 진화방해행위를 5년 이하의 징역 또는 5천만원 이하의 벌금에 처한다. 따라서 화재시의 진화방해행위는 형법 제169조의 진화방해죄와 소방기본법 제50조 위반범죄의 상상적 경합이 된다. 그리고 소방기본법에 의하면, 소방서장 등은 화재시에 일정한 강제처분을 할 수 있고(^{제25조 제1}_{항, 제2항}), 긴급출동시 소방자동차의 통행과 소방활동에 방해가 되는 주차 또는 정차된 차량 및 물건 등을 제거하거나 이동시킬 수 있으며 (^{동조}_{제3항}), 이러한 처분을 방해하거나 정당한 사유 없이 그 처분에 따르지 아니한 부작위행위를 처벌한다(^{제51조.}_{제52조}).

IX. 보통실화죄

제170조 [실화] 제1항 "과실로 제164조 또는 제165조에 기재한 물건 또는 타인소유인 제166조에 기재한 물건을 불태운 자는 1천500만원 이하의 벌금에 처한다." 제2항 "과실로 자기 소유인 제166조의 물건 또는 제167조에 기재한 물건을 불태워 공공의 위험을 발생하게 한 자도 제1항의 형에 처한다."

1. 의의, 성격, 보호법익

본죄는 "과실로 현주건조물 등 방화죄, 공용건조물 등 방화죄 또는 타인소유 일반건조물 등 방화죄의 객체가 되는 물건을 불태우거나, 과실로 자기소유 일반건조물 등 방화죄 또는 자기소유 일반물건방화죄의 객체가 되는 물건을 불태워 공공의 위험을 발생하게 함으로써 성립하는 범죄"이다. 본죄는 과실범

면; 이정원, 506면; 이형국, 533면; 정/박, 581면; 진/이, 769면.

($^{제14}_{조}$)이며, 실화죄의 기본유형이 된다.

실화죄의 주된 보호법익인 공공의 안전은 제1항의 경우에 추상적 위험범으로 보호되고, 제2항의 경우에는 구체적 위험범으로 보호된다. 실화죄의 부차적 보호법익도 방화죄의 경우와 마찬가지로 '재산'이며, 보호의 정도는 침해범이다.

2. 구성요건

실화죄의 공통적 구성요건은 과실로 인하여 목적물을 불태우는 것이다. '과실'이란 주의의무에 위반하여 목적물이 불에 탄다는 것을 인식하지 못하거나 회피하지 못한 경우를 말한다. 공동의 과실이 경합하여 화재가 발생한 경우에는 각각의 과실이 화재의 발생에 하나의 조건이 된 이상 그 공동원인을 제공한 각자가 실화죄의 책임을 진다.[38] '불에 탄다는 것'은 화력에 의하여 목적물의 전부 또는 일부가 훼손된 것을 말한다.

본죄가 성립하자면 제1항의 경우에는 목적물의 전부 또는 일부의 훼손이 있어야 하고(결과범), 제2항의 경우에는 목적물의[39] 전부 또는 일부의 훼손 및 공공의 위험발생(구체적 위험범)이 있어야 한다. 과실행위와 불에 탄 사실(결과) 사이에는 인과관계와 결과의 객관적 귀속이 인정되어야 한다. 실화로 사람을 사망이나 상해에 이르게 한 경우에는 본죄와 과실치사상죄의 상상적 경합이 성립한다.

실화죄는 작위뿐만 아니라 부작위에 의해서도 범할 수 있다. 부작위에 의한 실화죄는 방화(防火)책임자와 같은 보증인적 지위에 있는 자만이 그 주체가 될 수 있다.

---

38) 대판 2023. 3. 9, 2022 도 16120; 1983. 5. 10, 82 도 2279.

39) "형법 제170조 제2항에서 말하는 '자기의 소유에 속하는 제166조 또는 제167조에 기재한 물건'이라 함은 '자기의 소유에 속하는 제166조에 기재한 물건 또는 자기의 소유에 속하든, 타인의 소유에 속하든 불문하고 제167조에 기재한 물건'을 의미하는 것이라고 해석하여야 할 것이며, 제170조 제1항과 제2항의 관계로 보아서도 제166조에 기재한 물건(일반건조물 등) 중 타인의 소유에 속하는 것에 관하여는 제1항에서 이미 규정하고 있기 때문에 제2항에서는 그중 자기의 소유에 속하는 것에 관하여 규정하고, 제167조에 기재한 물건에 관하여는 소유의 귀속을 불문하고 그 대상으로 삼아 규정하고 있는 것이라고 봄이 관련조문을 전체적, 종합적으로 해석하는 방법일 것이다. 이렇게 해석한다고 하더라도 그것이 법규정의 가능한 의미를 벗어나 법형성이나 법창조행위에 이른 것이라고는 할 수 없어, 죄형법정주의의 원칙상 금지되는 유추해석이나 확장해석에 해당한다고 볼 수는 없을 것이다"(**대결** 1994. 12. 20, 94 모 32–전원합의체).

3. 형 벌

1천5백만원 이하의 벌금에 처한다.

X. 업무상실화·중실화죄

제171조 [업무상실화, 중실화] "업무상 과실 또는 중대한 과실로 인하여 제170조
의 죄를 범한 자는 3년 이하의 금고 또는 2천만원 이하의 벌금에 처한다."

1. 의의, 성격

본죄는 "업무상 과실 또는 중대한 과실로 인하여 실화죄를 범함으로써 성
립하는 범죄"이다. 업무상실화죄는 업무자라는 신분으로 인하여 보통실화죄
에 비하여 책임이 가중되는 유형이고, 중실화죄는 현저한 주의의무위반으로
인하여 불법이 가중되는 유형이다.

2. 구성요건

(1) 업무상실화죄

업무상실화죄에서 '업무상 과실'이란 업무상 필요한 주의의무를 위반하는
것이다. 본죄의 업무는 그 성질상 화재의 위험이 수반되는 업무를 말한다.[40] 주
유소·가스취급소와 같이 화재위험이 따르는 업무 이외에 극장·호텔과 같이
공중을 위한 화재방지의무를 부담하는 업무, 소방서와 같이 소화작업을 내용
으로 하는 업무 등이 있다.[41]

(2) 중실화죄

중실화죄에서 '중대한 과실'이란 현저한 주의의무위반이 있는 경우를 말한
다. 즉 행위자가 조금만 주의한다면 결과발생을 인식 내지 회피할 수 있는 경
우이다.[42] 그 판단은 사회통념에 의한다.[43] 성냥불로 담배를 붙인 다음 그 성냥

---

40) "형법 제171조 소정의 업무는 직무로서 화기로부터의 안전을 배려해야 할 사회생활상의
지위를 뜻한다"(대판 1988. 10. 11, 88 도 1273).

41) "업무상실화죄에 있어서의 업무에는 그 직무상 화재의 원인이 된 화기를 직접 취급하는
것에 그치지 않고, 화재의 발견, 방지 등의 의무가 지워진 경우를 포함한다"(대판 1983. 5. 10, 82
도 2279).

42) "형법 제171조가 정하는 중실화는 행위자가 극히 작은 주의를 함으로써 결과발생을 예견
할 수 있었는데도, 부주의로 이를 예견하지 못하는 경우를 말하는 것"(대판 1988. 8. 23, 88 도 855).

불이 꺼진 것을 확인하지 아니한 채 휴지가 들어 있는 플라스틱 휴지통에 던진 행위는 중대한 과실이 있다.[44]

3. 형   벌

3년 이하의 금고 또는 2천만원 이하의 벌금에 처한다.

XI. 폭발성물건파열죄, 폭발성물건파열치사상죄

제172조 [폭발성물건파열] 제1항 "보일러, 고압가스 기타 폭발성있는 물건을 파열시켜 사람의 생명, 신체 또는 재산에 대하여 위험을 발생시킨 자는 1년 이상의 유기징역에 처한다."
제2항 "제1항의 죄를 범하여 사람을 상해에 이르게 한 때에는 무기 또는 3년 이상의 징역에 처한다. 사망에 이르게 한 때에는 무기 또는 5년 이상의 징역에 처한다."

1. 폭발성물건파열죄($^{제1}_{항}$)

(1) 의의, 보호법익

본죄는 "보일러·고압가스 기타 폭발성있는 물건을 파열시켜 사람의 생명·신체 또는 재산에 위험을 발생시킴으로써 성립하는 범죄"이다. 본죄의 보호법익은 사람의 생명·신체·재산과 공공의 안전이며, 사람의 생명·신체·재산에 대한 보호의 정도는 구체적 위험범이다.

입법론상 폭발성물건파열죄는 가스·전기 등 방류죄, 가스·전기 등 공급방해죄와 더불어 제13장 방화와 실화의 죄에서가 아니라, 제6장 폭발물에 관한 죄에서 규정함이 타당하다.[45]

(2) 구성요건

행위의 객체는 보일러·고압가스 기타 폭발성있는 물건이다. 보일러·고압가스는 폭발성있는 물건의 예시이다. '보일러'는 밀폐된 강판제의 용기 안에서 물을 끓여 높은 압력의 증기를 발생시키는 장치이다. '고압가스'는 압축 또

---

43) "피고인에게 과실이 있었다고 하더라도 사회통념상 피고인의 그와 같은 과실을 중대한 과실이라고 평가하기는 어렵다"(대판 1989. 10. 13, 89 도 204). "중과실인가 경과실인가의 구별은 결국 구체적인 경우에 사회통념을 고려하여 결정될 문제라 할 것"(대판 1960. 3. 9, 59 도 761).
44) 대판 1993. 7. 27, 93 도 135.
45) 형법개정법률안 제안이유서, 200면 이하 참조. 김/서, 569면; 박상기, 470-1면.

는 액화된 고압상태의 기체를 말한다. '폭발성있는 물건'이란 급격히 파열하는 성질을 가진 물건을 말한다. 화약, 다이너마이트 같은 폭약 등도 이에 속한다. 그 자체의 파열에 의하여 파괴력을 갖고 있지 않은 물건, 예컨대 총포는 여기에 해당하지 않는다. 객체인 물건의 소유자가 누구인가는 불문한다.

본죄의 실행행위는 파열이다. '파열'이란 물체의 급격한 팽창력을 이용하여 폭발시키는 것을 말한다. 본죄는 파열행위로 인하여 사람의 생명·신체 또는 재산에 대한 위험이 발생한 때 기수가 된다(구체적 위험범). 여기에서 '사람'이라 함은 행위자 이외의 타인을 의미하며, 특정 1인이라도 상관없다. 파열행위에 착수하였으나 사람의 생명 등에 대한 구체적 위험이 발생하지 않으면, 본죄의 미수가 된다. 본죄의 미수범은 처벌한다($\frac{제174}{조}$). 공공의 위험발생은 본죄의 구성요건이 아니다.

본죄는 고의범이다. 고의는 폭발성있는 물건을 파열하여 사람의 생명·신체 또는 재산에 대한 위험을 발생시킨다는 인식·인용이다. 사람의 생명·신체·재산에 대한 위험발생도 고의의 대상이 된다.

(3) 죄 수

폭발물파열행위로 사람의 생명·신체 또는 재산을 '침해'한 경우에는 본죄가 아니라, 폭발물사용죄($\frac{제119조}{제1항}$)가 성립한다(법조경합 중 보충관계). 고의를 가지고 폭발물파열에 의하여 타인의 현주건조물을 불태운 경우에도 재산침해가 발생했으므로 본죄는 성립하지 않고, 폭발물사용죄($\frac{제119조}{제1항}$)만이 성립한다. 이 경우에 현주건조물방화죄($\frac{제164조}{제1항}$)는 폭발물사용죄에 흡수된다고 본다(법조경합 중 보충관계).

(4) 형 벌

1년 이상의 유기징역에 처한다. 본죄의 미수범($\frac{제174}{조}$) 및 예비·음모죄($\frac{제175}{조}$)는 처벌한다.

2. 폭발성물건파열치사상죄($\frac{제2}{항}$)

(1) 의의, 성격, 구성요건

본죄는 "폭발성물건파열죄를 범하여 사람을 상해 또는 사망에 이르게 함으로써 성립하는 범죄"이다. 폭발성물건파열죄에 대하여 폭발성물건파열치 '상'죄는 '부진정 결과적 가중범'이고, 폭발성물건파열치'사'죄는 '진정 결과적 가중

범'이다.[46] 따라서 '상해의 고의'를 가지고 폭발성물건을 파열시켜 사람을 상해
하면 폭발성물건파열치상죄가 성립한다.[47] 그러나 '살인의 고의'를 가지고 폭
발성물건을 파열시켜 사람을 살해하면 폭발성물건파열치사죄가 성립하지 않
고, 폭발성물건파열죄와 살인죄의 상상적 경합이 된다.

(2) 죄 수

폭발성물건이 아니라 '폭발물'을 파열시켜 고의로 사람을 상해하게 되면,
폭발성물건파열치상죄가 아니라, 보다 더 중한 범죄인 폭발물사용죄($^{제119조}_{제1항}$)만
이 성립한다(법조경합 중 보충관계).

폭발성물건이 아니라 '폭발물'을 파열시켜 고의로 사람을 살해하게 되면,
진정 결과적 가중범인 폭발성물건파열치'사'죄($^{제172조}_{제2항}$)의 구성요건해당성이 없
고, 처음부터 폭발물사용죄만이 성립한다.

폭발물을 파열시켜 과실로 사람의 생명·신체를 침해한 경우에는 고의범인
폭발물사용죄는 성립하지 않고, 폭발성물건파열치사상죄($^{제172조}_{제2항}$)가 성립한다.

(3) 형 벌

폭발성물건파열치상죄는 무기 또는 3년 이상의 징역에 처하고, 폭발성물건
파열치사죄는 무기 또는 5년 이상의 징역에 처한다.

본죄의 미수범처벌규정은 없다.

XII. 가스·전기 등 방류죄, 가스·전기 등 방류치사상죄

제172조의 2 [가스·전기 등 방류] 제1항 "가스, 전기, 증기 또는 방사선이나 방사
성 물질을 방출, 유출 또는 살포시켜 사람의 생명, 신체 또는 재산에 대하여 위험을
발생시킨 자는 1년 이상 10년 이하의 징역에 처한다."
제2항 "제1항의 죄를 범하여 사람을 상해에 이르게 한 때에는 무기 또는 3년 이상
의 징역에 처한다. 사망에 이르게 한 때에는 무기 또는 5년 이상의 징역에 처한다."

1. 가스·전기 등 방류죄($^{제1}_{항}$)

본죄는 "가스·전기·증기·방사선 또는 방사성 물질을 방출·유출·살포

---

46) 권오걸, 949면; 김성돈, 512면; 김/서, 570면; 박상기, 479면; 오영근, 639면; 이재상, 524
면; 이형국, 535면; 정영일, 500면.
47) 이 때 폭발성물건파열치상죄와 상해죄의 상상적 경합이 된다는 견해도 있으나(박상기, 479
면), 상해죄는 폭발성물건파열치상죄에 흡수된다고 본다.

시켜 사람의 생명·신체·재산에 대하여 위험을 발생시킴으로써 성립하는 범죄"이다. 본죄의 보호법익과 보호의 정도는 폭발성물건파열죄에서와 같다. 1995년 형법개정에서 신설된 범죄이다.

본죄의 객체는 가스·전기·증기·방사선 또는 방사성 물질이다. 원자력안전법 제2조의 정의규정에 의하면, '방사선'이라 함은 전자파 또는 입자선(粒子線) 중 직접 또는 간접으로 공기를 전리(電離)하는 능력을 가진 것을 말하고 (동제7호), '방사성 물질'이라 함은 핵연료물질·사용후 핵연료·방사성동위원소 및 원자핵분열생성물을 말한다(동제5호).

본죄의 실행행위는 방출·유출 또는 살포이다. '방출'이란 전기 또는 방사선 등을 외부로 노출시키는 것이고, '유출'이란 가스·증기 등의 기체를 밀폐된 용기 밖으로 새어 나가게 하는 것이며, '살포'란 분말 또는 미립자상태의 방사성 물질을 흩어지게 하는 것을 말한다.

본죄는 가스 등의 방류행위로 인하여 사람의 생명·신체 또는 재산에 대한 위험이 발생한 때 기수가 된다(구체적 위험범). 그리고 생명·신체·재산의 위험발생에 대한 인식·인용이 있어야 한다(고의범). 방류행위에 착수하였으나 사람의 생명 등에 대한 구체적 위험이 발생하지 않으면, 본죄의 미수가 된다. 공공의 위험발생은 본죄의 구성요건이 아니다. 본죄의 미수범(제174조) 및 예비·음모죄(제175조)는 처벌한다.

2. 가스·전기 등 방류치사상죄(제2항)

본죄는 "가스·전기 등 방류죄를 범하여 사람을 상해 또는 사망에 이르게 함으로써 성립하는 범죄"이다. 가스·전기 등 방류죄에 대하여 가스·전기 등 방류치'상'죄는 '부진정 결과적 가중범'이고, 가스·전기 등 방류치'사'죄는 '진정결과적 가중범'이다.[48]

본죄의 해석은 폭발성물건파열치사상죄에 준한다.

---

48) 권오걸, 950면; 김성돈, 513면; 김/서, 572면; 박상기, 480면; 오영근, 641면; 이재상, 525면; 이형국, 537면; 정영일, 501면.

XIII. 가스·전기 등 공급방해죄, 가스·전기 등 공급방해치사상죄

제173조 [가스·전기 등 공급방해] 제1항 "가스, 전기 또는 증기의 공작물을 손괴 또는 제거하거나 기타 방법으로 가스, 전기 또는 증기의 공급이나 사용을 방해하여 공공의 위험을 발생하게 한 자는 1년 이상 10년 이하의 징역에 처한다."
제2항 "공공용의 가스, 전기 또는 증기의 공작물을 손괴 또는 제거하거나 기타 방법으로 가스, 전기 또는 증기의 공급이나 사용을 방해한 자도 전항의 형과 같다."
제3항 "제1항 또는 제2항의 죄를 범하여 사람을 상해에 이르게 한 때에는 2년 이상의 유기징역에 처한다. 사망에 이르게 한 때에는 무기 또는 3년 이상의 징역에 처한다."

1. 가스·전기 등 공급방해죄($^{제1}_{항}$)

본죄는 "가스·전기 또는 증기의 공작물을 손괴·제거하거나 기타 방법으로 가스·전기 또는 증기의 공급이나 사용을 방해하여 공공의 위험을 발생하게 함으로써 성립하는 범죄"이다. 본죄의 보호법익은 공공의 안전 및 개인의 가스·전기 등의 공급 내지 사용이며, 공공의 안전은 '구체적 위험범'으로 보호된다(보호의 정도).

본죄의 객체는 가스·전기 또는 증기의 공작물이다. 실행행위는 손괴·제거하거나 기타의 방법으로 가스·전기 또는 증기의 공급이나 사용을 방해하는 것이다. '손괴'란 물질적 훼손을 말하고, '제거'란 공작물을 설치장소로부터 분리하여 없애는 것을 말한다. 본죄가 기수에 이르자면 실행행위만으로는 부족하고 공공의 위험이 발생해야 한다. 실행행위가 있었으나 공공의 위험이 발생하지 않으면, 본죄의 미수가 된다. 본죄의 미수범($^{제174}_{조}$) 및 예비·음모죄($^{제175}_{조}$)는 처벌한다.

2. 공공용가스 등 공급방해죄($^{제2}_{항}$)

본죄는 "공공용의 가스·전기 또는 증기의 공작물을 손괴·제거하거나 기타 방법으로 가스·전기 또는 증기의 공급이나 사용을 방해함으로써 성립하는 범죄"이다.

본죄의 객체는 공공용의 가스·전기 또는 증기의 공작물에 한한다. '공공용'이라 함은 불특정·다수인이 사용하는 용도를 말한다. 실행행위는 손괴·제거 기타의 방법으로 가스·전기 또는 증기의 공급이나 사용을 방해하는 것이다. 본죄의 객체는 공공용의 공작물이므로 이에 대한 손괴 등의 행위는 공공의 안전에 대한 위험을 내포한다고 볼 수 있기 때문에, 공공의 위험발생을 구성요건화하지 않았다. 따라서 본죄는 '추상적 위험범'에 속한다.

본죄의 미수범(제174조) 및 예비·음모죄(제175조)는 처벌한다. 본죄의 미수범은 공작물의 손괴·제거행위에 착수하였으나 손괴 내지 제거를 완료하지 못하였다든가, 손괴·제거하였더라도 가스·전기 등의 공급이나 사용을 방해하지 못한 경우에 성립한다.

3. 가스·전기 등 공급방해치사상죄(제3항)

본죄는 "가스·전기 등 공급방해죄 또는 공용가스 등 공급방해죄를 범하여 사람을 상해 또는 사망에 이르게 함으로써 성립하는 범죄"이다. 가스·전기 등 공급방해치'상'죄는 '부진정 결과적 가중범'이고, 가스·전기 등 공급방해치'사'죄는 '진정 결과적 가중범'이다.[49]

XIV. 과실폭발성물건파열 등 죄

<u>제173조의 2 [과실폭발성물건파열 등]</u> 제1항 "과실로 제172조 제1항, 제172조의 2 제1항, 제173조 제1항과 제2항의 죄를 범한 자는 5년 이하의 금고 또는 1천500만원 이하의 벌금에 처한다."
<u>제2항</u> "업무상 과실 또는 중대한 과실로 제1항의 죄를 범한 자는 7년 이하의 금고 또는 2천만원 이하의 벌금에 처한다."

1. 과실폭발성물건파열 등 죄(제1항)

본죄는 "과실로 폭발성물건파열죄, 가스·전기 등 방류죄, 가스·전기 등 공급방해죄, 공공용가스 등 공급방해죄를 범한 경우에 성립하는 범죄"이다. 본죄에는 과실범의 일반이론이 적용된다.

---

49) 권오걸, 950면: 김성돈, 513면: 김/서, 573면: 박상기, 480면: 오영근, 643면: 이재상, 526면: 이형국, 539면: 정영일, 502면.

2. 업무상과실·중과실 폭발성물건파열 등 죄(제2항)

본죄는 "업무상 과실 또는 중대한 과실로 폭발성물건파열죄, 가스·전기 등 방류죄, 가스·전기 등 공급방해죄, 공공용가스 등 공급방해죄를 범한 경우에 성립하는 범죄"이다. 업무상 과실 또는 중대한 과실로 인하여 형이 가중되는 유형이다.

제 5 장 일수와 수리에 관한 죄

제 1 절 개   설

Ⅰ. 의의, 성격, 보호법익

일수(溢水)에 관한 죄(제14장)란 "고의 또는 과실로 수재(水災)를 일으켜 공공의 위험을 발생하게 하는 범죄"이다. 일수죄는 방화·실화죄와 같이 '공공위험죄'에 속하므로, 그 체계와 해석에 있어서 서로 유사성을 보이고 있다. 다만 범행에 있어서 물을 수단으로 한 것인가 또는 불을 수단으로 한 것인가 하는 점에서 차이를 보일 뿐이다.

일수에 관한 죄의 주된 보호법익은 사회적 법익으로서의 '공공의 안전'이고, 부차적인 보호법익은 개인적 법익으로서의 '재산'이다. 공공의 안전이라는 법익보호의 정도는 원칙적으로 추상적 위험범이고, 자기소유 일반건조물일수죄($\binom{제179조}{제2항}$)와 과실일수죄($\binom{제181}{조}$)에 한하여 구체적 위험범이다. 재산이라는 법익보호의 정도는 침해범이다.

수리(水利)에 관한 죄로서는 수리방해죄가 있다. 수리방해죄의 보호법익은 '수리권'이며, 보호의 정도는 추상적 위험범이다. 이 죄는 공공위험죄는 아니지만, 수리권이 다수인의 이익과 직결되고 또한 물을 수단으로 한 범죄라는 공통점이 있기 때문에, 일수죄의 장에서 함께 규정하고 있다.

Ⅱ. 일수와 수리에 관한 죄의 체계

일수와 수리에 관한 죄는 일수에 관한 죄와 수리에 관한 죄로 구분된다. 일수죄는 타인소유 일반건조물일수죄($\binom{제179조}{제1항}$)를 기본유형으로 하고, 현주건조물일수죄($^{제177조}_{제1항}$)와 공용건조물일수죄($^{제176}_{조}$)를 그 불법가중유형으로 하며, 자기소유 일반건조물일수죄($^{제179조}_{제2항}$)를 그 불법감경유형으로 한다. 일수죄의 과실범도 처벌한다($^{과실일수죄:}_{제181조}$). 결과적 가중유형으로는 현주건조물일수죄의 결과적 가중범인 현주건조물일수치사상죄($^{제177조}_{제2항}$)가 있다. 일수에 준한 범죄로는 방수방해죄($^{제180}_{조}$)가 있다.

현주건조물일수죄, 공용건조물일수죄, 타인소유 일반건조물일수죄와 현주건조물일수치사상죄의 미수범($^{제182}_{조}$)과 예비·음모죄($^{제183}_{조}$)를 처벌한다. 방화죄의 미수범처벌대상인 범죄($^{제174}_{조}$)에서 현주건조물방화치사상죄($^{제164조}_{제2항}$)는 제외되어 있으나, 일수죄의 미수범처벌대상인 범죄에는 현주건조물일수치사상죄가 포함되어 있는 점에 유의할 필요가 있다.

수리에 관한 죄로는 수리방해죄($^{제184}_{조}$)라는 1개의 범죄만이 규정되어 있다.

제 2 절 개별적 범죄유형

I. 현주건조물일수죄

<u>제177조 [현주건조물 등에의 일수] 제1항</u> "물을 넘겨 사람이 주거로 사용하거나 사람이 현존하는 건조물, 기차, 전차, 자동차, 선박, 항공기 또는 광갱을 침해한 자는 무기 또는 3년 이상의 징역에 처한다."

1. 의의, 성격, 보호법익

본죄는 "물을 넘겨 사람이 주거로 사용하거나 사람이 현존하는 건조물·기차·전차·자동차·선박·항공기 또는 광갱을 침해함으로써 성립하는 범죄"이다. 행위의 객체가 주거용 또는 사람이 현존하는 건조물이라는 점에서 일반건조물을 객체로 한 일수죄($^{제179조}_{제1항}$)에 비하여 불법이 가중되는 범죄유형으로 규정되어 있다. 본죄의 주된 보호법익은 사회적 법익으로서 공공의 안전이고, 부차적인 보호법익은 개인적 법익으로서 재산이다. 공공의 안전은 추상적 위험범으로 보호되고, 재산은 침해범으로서 보호된다(법익보호의 정도). 본죄의 미수범은 처벌한다($^{제182}_{조}$). 현주건조물방화죄($^{제164조}_{제1항}$)에 대응하는 범죄이다.

2. 구성요건

행위의 객체는 '사람이 주거로 사용하거나 사람이 현존하는 건조물·기차·전차·자동차·선박·항공기 또는 광갱'인데, 그 해석은 현주건조물방화죄의 경우와 동일하다. 다만 형법 개정(법률 제17571호, 2020. 12. 8. 시행)에서 한자어 표현을 국민의 눈높이에 맞게 방화죄의 객체인 '광갱'을 '지하채굴시설'로 개정했음에도 본장에서 이를 개정하지 않은 것은 입법자의 실수이다.

실행행위는 '물을 넘겨 목적물을 침해하는 것'이다. 물을 넘긴다는 것, 즉 '일수'(溢水)라 함은 둑 등에 의하여 고여있거나 일정한 구역 안에 차단되어 있는 물을 경계 밖으로 범람하게 하는 것을 말한다. 물을 넘기는 수단·방법은 불문한다. 둑을 파괴하는 것, 수문을 열어놓는 것, 정상적인 물의 흐름을 막는 것 등이 있다.

'침해'(浸害)란 목적물이 물에 젖거나 잠기어 해를 입는 것을 말한다. 어느 정도의 해를 입어야 하는가는 구 형법상의 방화죄에서의 소훼(燒毁, 불태움)개념에 상응하는 해석을 해야 할 것이다. 따라서 목적물의 전부 또는 일부의 효용이 상실될 정도에[1] 이를 것을 요한다(일부손괴설 내지 일부효용상실설).[2] 물을 넘겼으나 목적물의 일부라도 침해에 이르지 못했다면 본죄의 미수범이 성립한다. 일수행위로 인하여 타인의 건조물이 침해된 것 또는 일수의 수단으로 수문을 파괴한 것 등은 재물손괴를 수반하지만, 이 경우에 손괴죄는 일수죄에 흡수된다(법조경합 중 흡수관계).

본죄의 고의는 물을 넘겨 침해한다는 것과 목적물이 사람의 주거에 사용하거나 사람이 현존한다는 것에 인식·인용이다.

3. 형   벌

무기 또는 3년 이상의 징역에 처한다. 본죄의 미수범은 처벌한다($\frac{제182}{조}$).

---

1) 권오걸, 957면; 김성돈, 519면; 김성천, 1125면; 김/서, 595면; 박상기, 486면; 배종대, 654-5면; 손동권, 565면; 오영근, 646면; 이재상, 529면; 정/박, 591면; 정영일, 509면; 진/이, 782면.
2) 방화죄에서의 '소훼'개념에 관한 독립연소설은 일수죄에서의 침해개념에 관한 일부손괴설(일부효용상실설)과 부합하지 않는다.

Ⅱ. 현주건조물일수치사상죄

제177조 제2항 "제1항의 죄를 범하여 사람을 상해에 이르게 한 때에는 무기 또는 5년 이상의 징역에 처한다. 사망에 이르게 한 때에는 무기 또는 7년 이상의 징역에 처한다."

1. 의의, 성격, 보호법익

본죄는 "현주건조물일수죄를 범하여 사람을 사망이나 상해에 이르게 함으로써 성립하는 범죄"이다. 현주건조물일수죄에 대한 '결과적 가중범'이다. 따라서 결과적 가중범의 일반이론이 적용된다.

다만 상해의 결과가 발생한 현주건조물일수치'상'죄의 경우는 '부진정' 결과적 가중범이고, 사망의 결과가 발생한 현주건조물일수치'사'죄의 경우는 '진정' 결과적 가중범으로 해석된다.[3] 즉 현주건조물일수치'상'죄는 중한 결과인 상해의 발생에 대하여 과실이 있는 경우뿐만 아니라 '고의'가 있는 경우에도 성립한다.

사상의 결과는 일수행위로 직접 발생할 것을 요하지는 않고, 일수의 기회에 또는 일수와 밀접히 관련된 행위에서 발생한 것이면 충분하다. 물론 일수행위와 사상의 결과 사이에 인과관계 및 결과의 객관적 귀속이 인정되어야 한다. 일수로 인하여 건물이 갑자기 붕괴하면서 피해자가 압사한 경우에도 현주건조물일수치사죄가 성립한다.

2. 미 수 범

일수죄의 미수범처벌규정인 제182조에서 현주건조물일수치사상죄($^{제177조}_{제2항}$)를 제외하고 있지 않으므로, 방화죄의 미수범처벌규정인 제174조와의 체계해석상 현주건조물일수치사상죄의 '미수범'을 처벌하는 것으로 해석하지 않을 수 없다. 현주건조물일수치사상죄의 미수범은 제2의 중한 사상의 결과가 발생했으나 기본행위인 일수행위가 미수에 그친 경우, 즉 목적물의 침해(浸害)에 이르지 못한 경우에 성립한다. 예컨대 일수의 수단으로 수문을 열고자 하면서 과실로

---

3) 권오걸, 957면; 김성돈, 520면; 김/서, 596면; 박상기, 486면; 오영근, 647면; 이형국, 544면.

수문지기를 사상케 하였지만 건조물을 침해하는 정도에는 이르지 못한 경우라든가, 일수 및 수문지기에 대한 상해의 고의를 가지고 수문의 파괴에 착수하였으나 상해의 결과만을 야기한 경우에 현주건조물일수치사상죄의 미수범이 성립한다.

3. 형 벌

현주건조물일수치'상'죄의 경우는 무기 또는 5년 이상의 징역에 처하고, 현주건조물일수치'사'죄의 경우는 무기 또는 7년 이상의 징역에 처한다.

Ⅲ. 공용건조물일수죄

제178조 [공용건조물 등에의 일수] "물을 넘겨 공용 또는 공익에 공하는 건조물, 기차, 전차, 자동차, 선박, 항공기 또는 광갱을 침해한 자는 무기 또는 2년 이상의 징역에 처한다."

본죄는 "물을 넘겨 공용 또는 공익에 공하는 건조물·기차·전차·자동차·선박·항공기 또는 광갱을 침해함으로써 성립하는 범죄"이다. 공용건조물일수죄의 객체는 현주건조물일수죄의 객체에 비하여 공용 또는 공익에 사용된다는 점에서 차이가 있을 뿐이다. 공용 또는 공익에 사용되는 건조물이라도 사람이 주거에 사용하거나 사람이 현존하고 있으면, 본죄가 아니라 현주건조물일수죄가 성립한다(법조경합 중 보충관계).

Ⅳ. 일반건조물일수죄

제179조 [일반건조물 등에의 일수] 제1항 "물을 넘겨 전 2조에 기재한 이외의 건조물, 기차, 전차, 자동차, 선박, 항공기 또는 광갱 기타 타인의 재산을 침해한 자는 1년 이상 10년 이하의 징역에 처한다."
제2항 "자기의 소유에 속하는 전항의 물건을 침해하여 공공의 위험을 발생하게 한 때에는 3년 이하의 징역 또는 700만원 이하의 벌금에 처한다."
제3항 "제176조의 규정은 본조의 경우에 준용한다."

본죄는 "물을 넘겨 현주건조물일수죄와 공용건조물일수죄의 객체가 되는 목적물 이외의 건조물 기타 물건을 침해함으로써 성립하는 범죄"이다. 제1항의 타인소유 일반건조물일수죄가 일수에 관한 죄의 기본유형이고, 제2항의 자기소유 일반건조물일수죄는 그 불법감경유형이다. 그리고 타인소유 일반건조물일수죄는 추상적 위험범인 반면에, 자기소유 일반건조물일수죄는 구체적 위험범으로 규정되어 있다. 제2항에서 자기의 소유라 함은 행위자의 소유를 말한다. 다만 자기의 소유에 속하는 건조물 기타 물건이라도 압류 기타 강제처분을 받거나 타인의 권리 또는 보험의 목적물이 된 때에는 타인의 물건으로 간주한다($\frac{제3}{항}$).

제1항의 타인소유 일반건조물일수죄는 "타인의 재산을 침해(浸害)"할 것을 요하는 결과범으로 규정되어 있다. 따라서 일수행위가 있었으나 타인의 재산의 침해에 이르지 못하면, 본죄의 미수범이 성립한다. 타인소유 일반건조물일수죄의 미수범은 처벌하지만, 자기소유 일반건조물일수죄의 미수범은 처벌하지 않는다($\frac{제182}{조}$).

V. 일수예비·음모죄

제183조 [예비, 음모] 제177조 내지 제179조 제1항의 죄를 범할 목적으로 예비 또는 음모한 자는 3년 이하의 징역에 처한다."

본죄는 "현주건조물일수죄, 공용건조물일수죄, 타인소유 일반건조물일수죄를 범할 목적으로 예비 또는 음모함으로써 성립하는 범죄"이다. 보호법익이 중대하고 공공에 대한 위험성이 큰 일수죄에 있어서 그 '준비단계'에 해당하는 행위를 처벌하고자 함에 취지가 있다. 방화예비·음모죄와 비교하여 일수예비·음모죄의 경우에 자수에 대한 형의 필요적 감면규정을 두지 않은 것은 입법의 미비라고 하겠다.

VI. 과실일수죄

제181조 [과실일수] "과실로 인하여 제177조 또는 제178조에 기재한 물건을 침해한 자 또는 제179조에 기재한 물건을 침해하여 공공의 위험을 발생하게 한 자는 1천만원 이하의 벌금에 처한다."

본죄는 "과실로 현주건조물일수죄 또는 공용건조물일수죄의 목적물인 물건을 침해하거나, 일반건조물일수죄의 목적물인 물건을 침해하여 공공의 위험을 발생하게 함으로써 성립하는 범죄"이다. 일수죄에 있어서 보통실화죄(제170조)에 대응하는 과실범이다.

현주건조물 또는 공용건조물 등에 대한 과실일수죄는 추상적 위험범이고, 일반건조물 등에 대한 과실일수죄는 구체적 위험범이다.

Ⅶ. 방수방해죄

> 제180조 [방수방해] "수재에 있어서 방수용의 시설 또는 물건을 손괴 또는 은닉하거나 기타 방법으로 방수를 방해한 자는 10년 이하의 징역에 처한다."

1. 의의, 성격

본죄는 "수재에 있어서 방수용의 시설 또는 물건을 손괴 또는 은닉하거나 기타 방법으로 방수를 방해함으로써 성립하는 범죄"이다. 진화방해죄에 대응하는 범죄로서, 준(準)일수죄에 속한다.

2. 구성요건

(1) 행위의 상황

본죄는 '수재에 있어서'(水災時)라는 행위상황에서 행해져야 한다. '수재에 있어서'라 함은 수재가 이미 발생한 경우뿐만 아니라 수재가 발생할 위험이 있는 상태도 포함한다.[4] 수재발생의 원인은 인재든 천재지변이든 불문한다.

(2) 행위의 객체

행위의 객체는 방수용(防水用)의 시설 또는 물건이다. '방수용의 시설 또는 물건'이란 방수활동에 사용하는 일체의 시설 및 기구를 말한다. 그 소유자가 누구인가는 불문한다. 행위자의 소유물도 본죄의 객체가 될 수 있다.

(3) 실행행위

실행행위는 손괴 또는 은닉 기타 방법으로 방수를 방해하는 것이다. 방수(防水)란 수재를 예방하기 위한 활동뿐만 아니라 이미 발생한 수재를 약화시

---

4) 김성돈, 522면; 김/서, 597면; 배종대, 656면; 오영근, 650면; 이재상, 531면; 이형국, 546-7면; 정/박, 593면; 정영일, 512면; 진/이, 786면.

키는 활동과 수재로 인하여 발생할 피해를 방지하거나 줄이는 활동을 포함한다.[5] 방수를 '방해한다'고 함은 방수활동이 현실적으로 방해될 필요는 없고, 방해될 위험이 있음으로써 족하다(추상적 위험범). 본죄의 미수범처벌규정은 없다.

방수에 대한 단순한 협력의무위반은 본죄를 구성하지 않고, 경범죄처벌법 제3조 제1항 제29호(공무원 원조불응)의 적용대상이 될 뿐이다.

(4) 고 의

본죄의 고의는 수재시라는 행위상황에 대한 인식과 방수활동을 방해한다는 인식·인용이다.

3. 형 벌

10년 이하의 징역에 처한다.

Ⅷ. 수리방해죄

제184조 [수리방해] "둑을 무너뜨리거나 수문을 파괴하거나 그 밖의 방법으로 수리(水利)를 방해한 자는 5년 이하의 징역 또는 700만원 이하의 벌금에 처한다."

1. 의의, 성격

본죄는 "둑을 무너뜨리거나 수문을 파괴하거나 그 밖의 방법으로 수리를 방해함으로써 성립하는 범죄"이다. 보호법익은 '수리권'이고 보호의 정도는 '추상적 위험범'이다.[6]

2. 구성요건

본죄의 구성요건은 둑을 무너뜨리거나 수문을 파괴하거나 그 밖의 방법에 의한 수리방해이다. 둑을 무너뜨리거나 수문을 파괴하는 것은 수리방해의 예시이다. '둑'은 물이 넘치거나 유출되는 것을 막기 위하여 축조한 토목건조물을 말한다. '무너뜨린다는 것'은 둑에 손상을 가하여 터지게 하는 것을 말한다.

---

5) 권오걸, 959면; 배종대, 656면; 오영근, 650면; 유기천, 하권, 45면; 이재상, 531면; 이형국, 547면; 정/박, 593면; 정영일, 512면; 진/이, 786면.
6) 권오걸, 960면; 김성돈, 523면; 김/서, 598면; 박상기, 487면; 정/박, 595면.

'수문'은 저수지·댐 등에 저장된 물의 유입·유출량을 조절하기 위하여 설치한 시설물을 말한다. '파괴'란 수문의 조절기능을 상실시키거나 현저히 감소시키는 손괴행위를 말한다. '그 밖의 방법에 의한 수리방해'는 수로를 폐쇄·변경하거나 저수를 함부로 유출시키는 등 타인의 수리를 해하는 일체의 행위를 말한다. 수리(水利)란 관개·목축·수력발전 등 물의 전반적인 이용을 말한다. 다만 교통상의 이용과 음료수로서의 이용은 제외된다고 본다. 행위태양이 개천이나 도랑 그 밖의 물길의 흐름을 방해하는 정도에 그친 경우에는 본죄가 아니라, 경범죄처벌법 제3조 제1항 제17호(물길의 흐름 방해)의 적용대상이 될 뿐이다.

수리를 '방해한다'고 함은 수리를 현실적으로 방해할 것을 요하는 것은 아니고 방해할 위험이 있음으로써 족하다(추상적 위험범). 다만 이 요건은 피해자에게 '수리권'이 있을 것을 전제로 한다. 수리권은 법령·계약 이외에 '관습'에 의하여 발생할 수도 있다.[7] 이 때 관습은 간접적 법원(法源)이 된다.

3. 형 벌

5년 이하의 징역 또는 7백만원 이하의 벌금에 처한다. 본죄의 미수범처벌규정은 없다.

---

7) "본건 몽리민들이 1944년경부터 계속하여 20년 이상 평온, 공연하게 본건 유지의 물을 사용하여 소유농지를 경작하여 온 것이라면, 민법 부칙 제2조, 민법 제294조, 제245조 제1항, 제291조, 제292조 등에 의하여 지역권취득기간의 경과로 본건 농지의 소유자들은 본건 유지소유자에 대하여, 그 저수를 관개에 이용할 수 있는 권리를 취득하였다 하여 용수지역권에 관한 등기를 청구할 수 있는 것이라 할 것이고, 이러한 몽리농민들은 본건 유지의 물을 사용할 권리가 있어 그 권리를 침해하는 행위는 수리방해죄를 구성하는 것"(대판 1968. 2. 20, 67 도 1677).

제6장 교통방해의 죄

제1절 개 설

I. 의의, 성격, 보호법익

교통방해죄란 "고의 또는 과실로 교통시설 또는 교통기관을 손괴하거나 기타 방법으로 교통을 방해함으로써 성립하는 범죄"이다. 교통의 안전과 원활한 소통은 현대생활에 필수불가결할 뿐만 아니라 경제활동에도 막중한 몫을 담당하고 있다. 그리고 교통기관의 대형화와 고속화는 불특정·다수인의 생명·신체·재산에 대한 중대한 위험요인이 되고 있으므로, 형법은 1개의 장을 두어 교통의 안전과 편의를 도모하고 있다.

교통방해죄의 보호법익이 '공공의 교통안전[1] 및 원활한 교통소통'이라는 점에 별다른 이견은 없지만, 그 외에 '공중의 생명·신체·재산에 대한 안전'도 부차적으로 보호되는가 하는 점이 문제된다. 공공의 교통상의 안전과 원활은 도로교통법이 달성코자 하는 입법목적에 해당하고, 형법상의 교통방해죄는 여기에서 한 걸음 더 나아가 공중의 생명·신체·재산에 대한 안전까지 보호하고자 하는 '공공위험죄'의 성격을 띤다고 보는 것이 타당하다(다수).[2] 법익보호의 정도는 추상적 위험범이다.

---

1) "형법 제185조의 일반교통방해죄는 일반공중의 교통안전을 그 보호법익으로 하는 범죄"(대판 1995. 9. 15, 95 도 1475).
2) 권오걸, 963면; 김성돈, 524면; 김/서, 600면; 박상기, 489면; 배종대, 658면; 백형구, 460면; 손동권, 570면; 유기천, 하권, 49면; 이재상, 533면; 이정원, 513면; 이형국, 549-50면; 정/박, 597면; 진/이, 790면.

Ⅱ. 교통방해죄의 체계

교통방해죄는 일반교통방해죄($\frac{제185}{조}$)를 기본유형으로 하고, 기차·선박 등 교통방해죄($\frac{제186}{조}$)와 기차 등 전복죄($\frac{제187}{조}$)를 그 불법가중유형으로 한다. 그 밖에 이들 범죄의 결과적 가중범으로 교통방해치사상죄($\frac{제188}{조}$)가 있다. 과실·업무상 과실·중대한 과실에 의한 일반교통방해죄·기차 등 교통방해죄·기차 등 전복죄도 처벌한다($\frac{제189}{조}$).

일반교통방해죄와 기차·선박 등 교통방해죄 및 기차 등 전복죄의 미수범을 처벌하며($\frac{제190}{조}$), 기차·선박 등 교통방해죄와 기차 등 전복죄의 예비·음모도 처벌한다($\frac{제191}{조}$).

제 2 절 개별적 범죄유형

Ⅰ. 일반교통방해죄

제185조 [일반교통방해] "육로, 수로 또는 교량을 손괴 또는 불통하게 하거나 기타 방법으로 교통을 방해한 자는 10년 이하의 징역 또는 1천500만원 이하의 벌금에 처한다."

1. 의의, 성격, 보호법익

본죄는 "육로·수로·교량을 손괴 또는 불통하게 하거나 기타 방법으로 교통을 방해함으로써 성립하는 범죄"이다. 교통방해죄의 기본유형이다. 본죄의 주된 보호법익은 '공공의 교통안전과 원활한 교통소통'이고, 부차적인 보호법익은 '공중의 생명·신체·재산에 대한 안전'이다. 그 보호의 정도는 추상적 위험범이다.

2. 구성요건
(1) 행위의 객체

행위의 객체는 육로·수로 또는 교량이다. '육로'란 공중의 왕래에 사용되는 육상도로이다. 불특정·다수인 또는 차량이 자유롭게 통행할 수 있는 공공성을 지닌 도로이면 족하다.[3] 도로법상 또는 도로교통법상의 도로일 필요는 없다. 도로의 소유자 내지 관리자가 누구인가도 불문한다.[4] 공로에 출입할 수 있는 다른 도로가 있는 상태에서 토지 소유자로부터 일시적인 사용승낙을 받아 통행하거나, 토지 소유자가 개인적으로 사용하면서 부수적으로 타인의 통행을 묵인한 장소에 불과한 도로는 본조의 육로에 해당하지 않는다.[5] '수로'란 선박의 항해에 사용되는 하천·바다·운하·해협 등을 말한다. 공해상의 해로도 수로에 포함된다(다수설).[6] '교량'은 공중의 교통에 사용되는 다리를 말한다. 하천 위에 가설된 다리 이외에 육교도 포함한다.

(2) 실행행위

실행행위는 손괴, 불통, 기타 방법으로 교통을 방해하는 것이다. 손괴와 불통은 교통방해의 예시이다. '손괴'란 교량을 파괴하는 등, 공중의 교통을 방해할 수 있을 정도의 물질적 훼손을 가하는 행위이다. '불통하게 한다'는 것은 장애물을 사용하여 교통을 방해하는 행위를 말한다. 차도에 바리케이드를 쌓아 차량소통을 차단하는 경우가 이에 해당한다.

'기타 방법'에 의한 교통방해의 예시로는 통행금지라는 허위의 교통표지판을 세워놓는 위계의 방법, 도로에서 불법집회·시위를 강행하거나[7] 폭력으로 통행을 차단하는[8] 등 유형력을 행사하는 방법 등이 있다. 다만 기타의 방법도 공중의 교통을 방해할 수 있을 정도에 달하여야 한다(현저성의 원칙).

'교통을 방해한다'고 함은 교통을 불가능하게 하거나 현저히 곤란하게 하는 것을 말한다. 교통이 현실적으로 방해될 필요는 없고, 방해될 위험이 있음으로써 본죄는 기수가 된다(추상적 위험범). 따라서 본죄의 미수는 교량 등의

---

3) 대판 1988. 5. 10, 88 도 262.
4) 대판 1989. 6. 27, 88 도 2264.
5) 대판 2017. 4. 7, 2016 도 12563.
6) 권오걸, 966면; 김성돈, 526면; 김성천, 1131면; 김/서, 601면; 배종대, 660면; 백형구, 461면; 손동권, 572면; 오영근, 657면; 유기천, 하권, 52면; 이재상, 536면; 이정원, 515면; 이형국, 552면 정/박, 600면; 정영일, 517면; 진/이, 793면.
7) '집회 및 시위에 관한 법률'에 따라 적법한 신고를 마친 집회 또는 시위라고 하더라도 당초에 신고한 범위를 현저히 벗어나거나 집시법 제12조에 따른 조건을 중대하게 위반하여 도로 교통을 방해함으로써 통행을 불가능하게 하거나 현저하게 곤란하게 하는 경우에는 형법 제185조의 일반교통방해죄가 성립한다(대판 2018. 1. 24, 2017 도 11408). 신고 없이 이루어진 집회의 경우 일반교통방해죄의 성립을 긍정한 판결로는 대판 2018. 5. 11, 2017 도 9146 참조.
8) 김성돈, 526면; 김성천, 1132면; 김/서, 602면; 배종대, 661면; 오영근, 658면; 이재상, 537면; 이정원, 515면; 이형국, 552면; 정/박, 600면; 진/이, 793면.

손괴 내지 불통행위에 착수하였으나 이를 완성하지 못한 경우에 성립한다. 본
죄의 미수범은 처벌한다($^{제190}_조$).

(3) 고 의

본죄의 고의에는 교통을 방해한다는 인식·인용이 필요하다. 미필적 고의
로도 족하다. 그러나 교통안전에 대하여 공공의 위험이 발생하리라는 인식은
필요하지 않다.

3. 집회·시위 참가자의 교통방해행위

판례에 의하면, "집회 및 시위에 관한 법률(이하 '집시법'이라고 한다)에 따
라 적법한 신고를 마친 집회 또는 시위라고 하더라도 당초 신고된 범위를 현
저히 일탈하거나 집시법 제12조에 따른 조건을 중대하게 위반하여 도로 교통
을 방해함으로써 통행을 불가능하게 하거나 현저하게 곤란하게 하는 경우에
는 형법 제185조의 일반교통방해죄가 성립한다. 그러나 이때에도 참가자 모두
에게 당연히 일반교통방해죄가 성립하는 것은 아니고, 실제로 참가자가 위와
같이 신고 범위를 현저하게 벗어나거나 조건을 중대하게 위반하는 데 가담하
여 교통방해를 유발하는 직접적인 행위를 하였거나, 참가자의 참가 경위나 관
여 정도 등에 비추어 그 참가자에게 공모공동정범의 죄책을 물을 수 있는 경
우라야 일반교통방해죄가 성립한다"($^{대판 2019. 12. 13.}_{2017 도 19737}$).

4. 죄 수

본죄는 계속범이다. 그러므로 이미 다른 참가자들에 의해 교통의 흐름이
차단되어 본죄가 기수에 도달한 이후에 집회에 참가함으로써 교통방해의 위
법상태를 지속시켰다고 평가할 수 있는 행위는 일반교통방해죄를 구성한다.[9]

---

9) "판결이유: 일반교통방해죄는 이른바 추상적 위험범으로서 교통이 불가능하거나 또는 현저
히 곤란한 상태가 발생하면 바로 기수가 되고 교통방해의 결과가 현실적으로 발생하여야 하는
것은 아니다. 또한 일반교통방해죄에서 교통방해 행위는 계속범의 성질을 가지는 것이어서 교통
방해의 상태가 계속되는 한 가벌적인 위법상태는 계속 존재한다. 따라서 신고 범위를 현저히 벗어
나거나 집회 및 시위에 관한 법률 제12조에 따른 조건을 중대하게 위반함으로써 교통방해를 유
발한 집회에 참가한 경우, 참가 당시 이미 다른 참가자들에 의해 교통의 흐름이 차단된 상태였더
라도 교통방해를 유발한 다른 참가자들과 암묵적·순차적으로 공모하여 교통방해의 위법상태를
지속시켰다고 평가할 수 있다면 일반교통방해죄가 성립한다"(대판 2018. 1. 24, 2017 도 11408).

5. 형 벌

10년 이하의 징역 또는 1천5백만원 이하의 벌금에 처한다. 본죄의 미수범은 처벌한다($\frac{제190}{조}$).

Ⅱ. 기차·선박 등 교통방해죄

<u>제186조 [기차, 선박 등의 교통방해]</u> "궤도, 등대 또는 표지를 손괴하거나 기타 방법으로 기차, 전차, 자동차, 선박 또는 항공기의 교통을 방해한 자는 1년 이상의 유기징역에 처한다."

1. 의의, 성격

본죄는 "궤도·등대·표지를 손괴하거나 기타 방법으로 기차·전차·자동차·선박·항공기의 교통을 방해함으로써 성립하는 범죄"이다. 행위의 객체가 중요한 교통기관에 제한되어 있다는 점에서 일반교통방해죄에 대한 불법가중유형으로 규정되어 있다.

2. 구성요건

행위의 객체는 궤도·등대 또는 표지이다. '궤도'란 사람이나 화물을 운송하는 데에 사용하기 위하여 지상에 부설한 레일(rail)을 말한다.[10] 철도법에서 규정하고 있는 철(鐵)의 궤도에[11] 국한하지 않는다. '등대'란 선박의 안전한 항해를 위하여 설치된 등화시설을 말한다. '표지'란 교통신호나 통행방법을 나타내기 위하여 설치된 표(標)를 말한다. 궤도·등대·표지의 소유자가 누구인가를 불문한다.

실행행위는 손괴하거나 기타 방법으로 기차·전차·자동차·선박·항공기의 교통을 방해하는 것이다. 기타 방법이란 교통을 방해할 수 있는 일체의 방법으로서 손괴 이외의 것을 말한다. 교통표지판을 옮기거나 가리는 것, 허위의 교통표지판을 세우는 것, 궤도 위에 장애물을 놓는 것, 등대의 등화를 꺼버리는 것 등이 여기에 해당한다.

기차·전차는 정해진 궤도 위를 달리는 교통기관으로서 자체 동력을 지닌

---

10) 궤도운송법 제2조 제1호 참조.
11) 철도안전법(2004. 10. 22. 법률 7245호 제정) 제2조 참조.

것을 말한다. 궤도가 모노레일인 경우도 포함된다. 케이블카와 같이 삭도(索道)를[12] 운행하는 차량은 제외된다고 본다.

교통방해란 기차·전차·자동차·선박·항공기의 교통을 불가능하게 하거나 또는 현저히 곤란하게 하는 것을 말한다. 교통이 현실적으로 방해될 필요는 없고, 방해될 위험이 있음으로써 본죄는 기수가 된다(추상적 위험범). 본죄의 미수는, 예컨대 기차의 교통을 방해하고자 궤도의 손괴에 착수하였으나 이를 완성하지 못한 경우에 성립한다. 본죄의 미수범은 처벌한다($\frac{제190}{조}$).

본죄가 성립하자면, 자동차 등의 교통을 방해하고자 하는 인식·인용이 있어야 한다(고의).

3. 형 벌

1년 이상의 유기징역에 처한다. 본죄의 미수범을 처벌하며($\frac{제190}{조}$), 예비·음모도 처벌한다($\frac{제191}{조}$).

Ⅲ. 기차 등 전복죄

제187조 [기차 등의 전복 등] "사람이 현존하는 기차, 전차, 자동차, 선박 또는 항공기를 전복, 매몰, 추락 또는 파괴한 자는 무기 또는 3년 이상의 징역에 처한다."

1. 의의, 성격

본죄는 "사람이 현존하는 기차·전차·자동차·선박·항공기를 전복·매몰·추락 또는 파괴함으로써 성립하는 범죄"이다. 행위의 객체가 사람이 현존하는 중요한 교통기관에 한정되어 있고, 행위태양이 무겁다는 점에서 일반교통방해죄에 대한 불법가중유형으로 규정되어 있다.

2. 구성요건

행위의 객체는 사람이 현존하는 기차·전차·자동차·선박·항공기이다. '사람이 현존'한다고 함은 행위자 이외의 사람이 타고 있다는 의미이다. 사람의 수를 불문하며, 승객이든 승무원이든 상관없다. 현존하느냐의 판단은 결과

---

12) '삭도'란 공중에 설치한 와이어로프에 궤도차량을 매달아 운행하여 사람이나 화물을 운송하는 것을 말한다(궤도운송법 제2조 제5호 참조).

발생시가 아니라 실행에 착수한 시기를 기준으로 한다($^{통}_{설}$).[13) 14)] 기차 등이 운행 중일 필요는 없고, 교통기관으로서의 기능이 유지되고 있는 이상 정차·정박 중이거나 차고에 들어가 있는 경우도 포함한다.

실행행위는 전복·매몰·추락·파괴에 한정된다. '전복'이란 교통기관을 넘어뜨리는 것을 말한다. '매몰'이란 교통기관을 땅속에 묻히게 하거나 선박을 침몰시키는 것이다. 선박의 좌초는 매몰과 구별된다. 매몰의 의사로 좌초케 한 경우에는 본죄의 미수범이 성립한다. '추락'이란 항공기나 자동차 등을 높은 곳에서 아래로 떨어지게 하는 것을 말한다. '파괴'란 교통기관으로서의 기능의 전부 또는 일부를 상실하게 할 정도의 손괴를 말한다(통설[15)] 및 판례[16)]). 자동차의 철판이 찌그러지거나 기차의 유리창이 깨진 것과 같은 경미한 손괴는 파괴에 해당하지 않는다. 파괴의 의사로 경미한 손상을 초래한 경우에는 본죄의 미수범이 성립한다.

본죄가 성립하기 위하여는 목적물에 사람이 현존하고 있음을 인식·인용하여야 한다(고의).

3. 형　벌

무기 또는 3년 이상의 징역에 처한다. 본죄의 미수범을 처벌하며($^{제190}_{조}$), 예비·음모도 처벌한다($^{제191}_{조}$).

---

13) 권오걸, 972면; 김성돈, 528면; 김성천, 1135면; 김/서, 604면; 배종대, 662-3면; 백형구, 463면; 서일교, 305면; 오영근, 662면; 유기천, 하권, 58-9면; 이재상, 540면; 정/박, 604면; 정영석, 141면; 정영일, 520면; 진/이, 796면.

14) "선박매몰죄의 고의가 성립하기 위하여는 행위시에 사람이 현존하는 것이라는 점에 대한 인식과 함께 이를 매몰한다는 결과발생에 대한 인식이 필요하며, 현존하는 사람을 사상에 이르게 한다는 등 공공의 위험에 대한 인식까지는 필요하지 않고, 사람의 현존하는 선박에 대해 매몰 행위의 실행을 개시하고 그로 인하여 선박을 매몰시켰다면, 매몰의 결과발생시 사람이 현존하지 않았거나 범인이 선박에 있는 사람을 안전하게 대피시켰다고 하더라도, 선박매몰죄의 기수로 보아야 할 것이지, 이를 미수로 볼 것은 아니다"(대판 2000. 6. 23, 99 도 4688).

15) 권오걸, 972면; 김성돈, 529면; 김성천, 1135면; 김/서, 605면; 배종대, 663면; 백형구, 464면; 서일교, 305면; 오영근, 662면; 이재상, 541면; 정/박, 604면; 정영일, 521면; 진/이, 796면.

16) "형법 제187조에… '파괴'의 뜻은 동 법조가 제15장 교통방해의 죄의 한 형태로 규정되고 있는 점에 비추어 생각하면, 기차, 전차, 자동차, 선박 또는 항공기의 교통기관으로서의 용법의 전부, 일부를 불가능하게 할 정도의 파손을 의미하고, 이 정도에 이르지 아니하는 단순한 경미한 손괴를 포함하지 않는다고 해석함이 상당하다"(**대판 1970. 10. 23, 70 도 1611**).

Ⅳ. 교통방해치사상죄

<u>제188조 [교통방해치사상]</u> "제185조 내지 제187조의 죄를 범하여 사람을 상해에 이르게 한 때에는 무기 또는 3년 이상의 징역에 처한다. 사망에 이르게 한 때에는 무기 또는 5년 이상의 징역에 처한다."

1. 의의, 성격, 구성요건

본죄는 "일반교통방해죄, 기차·선박 등 교통방해죄 또는 기차 등 전복죄를 범하여 사람을 사망이나 상해에 이르게 함으로써 성립하는 범죄"이다. 교통방해치'사'죄는 '진정 결과적 가중범'이고, 교통방해치'상'죄는 '부진정 결과적 가중범'이다.[17]

사망이나 상해의 결과는 실행행위로부터 직접 발생할 것을 요하지는 않고, 실행의 기회에 또는 실행행위와 밀접히 관련된 행위에서 발생된 것이면 충분하다. 그러므로 사망이나 상해의 피해자는 교통기관 안에 타고 있던 사람뿐만 아니라 보행자 기타 부근에 있던 사람을 포함한다.[18]

사망이나 상해를 일으킨 기본범죄는 기수·미수를 불문한다.

2. 형   벌

교통방해치상죄는 무기 또는 3년 이상의 징역에 처하고, 교통방해치사죄는 무기 또는 5년 이상의 징역에 처한다.

Ⅴ. 과실교통방해죄

<u>제189조 [과실, 업무상 과실, 중과실] 제1항</u> "과실로 인하여 제185조 내지 제187조의 죄를 범한 자는 1천만원 이하의 벌금에 처한다."
<u>제2항</u> "업무상 과실 또는 중대한 과실로 인하여 제185조 내지 제187조의 죄를 범한 자는 3년 이하의 금고 또는 2천만원 이하의 벌금에 처한다."

---

17) 권오걸, 974면; 김성돈, 530면; 김/서, 606면; 박상기, 493면; 배종대, 664면; 오영근, 663면; 이재상, 542면; 이형국, 555면; 정영일, 521면; 진/이, 797면.
18) 김성돈, 530면; 배종대, 663면; 백형구, 465면; 오영근, 664면; 유기천, 하권, 61면; 이재상, 541면; 정/박, 606면; 정영일, 521면; 진/이, 798면.

1. 과실교통방해죄($^{제1}_{항}$)

본죄는 "과실로 인하여 일반교통방해죄, 기차·선박 등 교통방해죄 또는 기차 등 전복죄를 범함으로써 성립하는 범죄"이다. 교통방해죄는 공공의 안전에 대한 위험이 다대하다는 점을 고려하여, 그 과실범을 처벌하는 규정을 둔 것이다.

2. 업무상과실·중과실 교통방해죄($^{제2}_{항}$)

본죄는 "업무상 과실 또는 중대한 과실로 일반교통방해죄, 기차·선박 등 교통방해죄 또는 기차 등 전복죄를 범함으로써 성립하는 범죄"이다. 본죄의 업무는 그 성질상 직접·간접으로 기차·전차 등 교통에 종사하는 자의 업무를 말한다.[19]

---

19) 권오걸, 974면; 김성돈, 531면; 김/서, 607면; 배종대, 664면; 이재상, 542면; 이형국, 556면; 정/박, 607면; 정영일, 522면; 진/이, 799면. "업무상 과실의 주체에 관하여 형법 제189조 제2항에서 말하는 '업무상 과실'의 주체는 기차, 전차, 자동차, 선박, 항공기나 기타 일반의 '교통왕래에 관여하는 사무'에 직접·간접으로 종사하는 자이어야 할 것"(대판 1997. 11. 28, 97 도 1740).

제 7 장 통화에 관한 죄

제 1 절 개 설

I. 의의, 성격, 보호법익

통화에 관한 죄(통화범죄)란 "행사할 목적으로 통화를 위조·변조하거나, 위조·변조한 통화를 행사·수입·수출·취득하거나, 취득 후에 위조·변조 통화임을 알고 행사하거나, 통화유사물을 제조함으로써 성립하는 범죄"이다.

본죄의 보호법익에 관하여는 ① 통화에 대한 공공의 신용과 거래의 안전이라는 사회적 법익으로 파악하는 견해(다수),[1] ② 국가의 통화발행권(화폐주권)이라는 국가적 법익과 통화의 진정에 대한 공공의 신용이라는 사회적 법익을 포함하는 것으로 파악하는 견해,[2] ③ 국가의 통화발행권과 통화에 대한 공공의 신용 이외에 불특정인의 재산상태의 위험도 보호하는 것이라는 견해[3] 등이 있다.

생각건대 본죄의 보호법익은 '통화거래의 안전과 통화에 대한 공공의 신용'이라는 사회적 법익으로 파악함이 타당하고, 국가의 통화발행권과 재산상태의 위험은 통화범죄를 처벌함에 의하여 반사적으로 보호될 따름이라고 본다. 보호의 정도는 추상적 위험범이다.

---

1) 김성돈, 548면; 김성천, 1139면; 김/서, 678면; 박상기, 495면; 배종대, 667면; 백형구, 486면; 손동권, 593면; 오영근, 688-9면; 유기천, 하권, 201면; 이재상, 545면; 이정원, 519면; 정/박, 673-4면; 정영석, 143면; 정영일, 542면; 진/이, 632-3면.
2) 서일교, 231면.
3) 황산덕, 122면.

Ⅱ. 통화에 관한 죄의 체계

통화범죄의 체계는 내국통화위조·변조죄($^{제207조}_{제1항}$)를 기본유형으로 하여, 행위객체를 달리하고 있는 내국유통외국통화위조·변조죄($^{제207조}_{제2항}$)와 외국통용외국통화위조·변조죄($^{제207조}_{제3항}$)를 그 불법감경유형으로 하고 있다. 그리고 위조·변조통화행사죄($^{제207조}_{제4항}$)를 행사죄의 기본유형으로 하면서, 그 책임감경유형인 위조통화취득후지정행사죄($^{제210}_{조}$)를 규정하고 있다. 그밖에 형법은 위조통화취득을 별도로 처벌한다($^{제208}_{조}$). 통화는 아니지만 통화유사물을 제조·수출입·판매하는 행위도 통화유사물제조 등 죄($^{제211}_{조}$)로서 처벌된다.

위조통화취득후지정행사죄를 제외한 모든 통화범죄의 미수범을 처벌하며($^{제212}_{조}$), 내·외국통화위조·변조죄($^{제207조\ 제1항\ ·}_{제3항}$)에 대한 예비·음모도 처벌한다($^{제213}_{조}$). 다만 실행에 착수하기 전에 자수한 때에는 형을 감경 또는 면제한다($^{제213조}_{단서}$).

그리고 통화의 국제적 유통성에 비추어 세계가 연대하여 통화범죄에 대처할 필요가 있기 때문에(세계주의), '외국인의 국외범'에 대해서도 우리 형법상의 통화에 관한 처벌규정이 적용된다($^{제5조}_{제4호}$).

제 2 절 개별적 범죄유형

Ⅰ. 내국통화위조·변조죄

제207조 [통화의 위조 등] 제1항 "행사할 목적으로 통용하는 대한민국의 화폐, 지폐 또는 은행권을 위조 또는 변조한 자는 무기 또는 2년 이상의 징역에 처한다.

1. 의의, 성격, 보호법익

본죄는 "행사할 목적으로 통용하는 대한민국의 화폐·지폐·은행권을 위조 또는 변조함으로써 성립하는 범죄"이다. 본죄는 통화범죄의 '기본유형'이라고 할 수 있으며, 진정목적범이다. 본죄의 보호법익은 '통화거래의 안전과 통화에 대한 공공의 신용'이라는 사회적 법익이고, 보호의 정도는 추상적 위험범이다.

2. 구성요건

(1) 행위의 객체

본죄의 객체는 통용하는 대한민국의 화폐·지폐·은행권, 즉 '대한민국의 통화'이다.

(가) 통 화   '통화'란 국가 기타 발행권자에 의하여 금액이 표시된 지급수단으로 발행되고 법률상 강제통용력이 부여된 교환의 매개물을 말한다. 화폐, 지폐, 은행권의 총칭이다.

'화폐'는 금속화폐인 경화(硬貨)를 말한다(통설). 우리나라의 금속화폐는 주화이다.[4] '지폐'는 정부 기타 발행권자가 발행한 화폐대용의 증권을 말한다. '은행권'은 지폐의 일종으로서, 법률상 발행권이 인정된 특정은행이 발행한다. 우리나라의 은행권과 주화의 발행권은 한국은행이 갖고 있다.[5] 그러므로 대한민국의 통화는 한국은행권과 주화이다.

(나) 통 용   '통용하는'이란 법률에 의하여 강제통용력이 부여되어 있다는 의미이다.[6] 통화는 법률상 강제통용력이 부여되어 있다는 점에서 수표 등의 유가증권과 구별된다. 통용은 유통과는 의미가 다르다. 유통이란 국내에서 '사실상 사용'된다는 뜻이다.

고화(古貨)나 폐화(廢貨)는 통용력이 없으므로 통화가 아니다. 통용기간이 경과했지만 교환 중인 구화(舊貨)는 강제통용력이 없는 이상, 통화에 해당하지 않는다고 함이 타당하다(다수설).[7]

'기념주화'에 대해서는 ① 강제통용력이 없으므로 통화에 해당하지 않는다는 견해(부정설)와[8] ② 유통보다는 수집의 대상이 되는 것으로서 통화에 해당한다는 견해(긍정설)가[9] 대립한다. 문제는 기념주화에 강제통용력이 있느냐에

---

4) 한국은행법 제53조 제1항 "한국은행은 주화를 발행할 수 있다."
5) 한국은행법 제47조 "화폐의 발행권은 한국은행만이 가진다." 제53조 제1항 "한국은행은 주화를 발행할 수 있다."
6) 한국은행법 제48조 "한국은행이 발행한 한국은행권은 법화(法貨)로서 모든 거래에 무제한 통용된다."
7) 김성천, 1140면; 배종대, 668면; 백형구, 487면; 이재상, 546면; 이정원, 521면; 이형국, 565면; 정/박, 676면; 정영일, 544면.
8) 권오걸, 991면; 김/서, 680면; 박상기, 497면; 진/이, 634면.
9) 김성천, 1141면; 오영근, 692면; 이재상, 546면.

달려 있다. 한국조폐공사법 제11조 제1항을 보면, 기념주화 및 기념은행권은 '판매용'으로 제작되고 있으며[10] 법률상 강제통용력은 없다고 해석되므로, 부정설이 타당하다고 하겠다.

(2) 실행행위

실행행위는 위조 또는 변조하는 것이다.

(가) 위 조   통화의 '위조'(nachmachen)란 통화를 발행할 권한이 없는 자가 진정한 통화의 외관을 가진 물건을 만드는 것을 말한다. 위조의 방법에는 제한이 없다. 인쇄·전자복사·사진제작의 방법을 취하든 수제작(手製作)이든 불문하며, 기존의 고화·폐화를 이용한 위조도 가능하다. 진화(眞貨)를 재료로 삼았더라도 다른 종류의 진화의 외관을 가진 전혀 새로운 물건을 제작했다면 위조에 해당한다.[11] 예컨대 우리나라의 500원짜리 주화를 가공하여 일본의 500엔(円)짜리 주화를 만들어냈다면, 변조가 아니라 위조라고 해야 한다.

위조가 성립하려면 위조의 대상인 진화(眞貨)가 실제로 존재해야 하는가가 문제된다. 통화발행이 예정되어 있는 단계에서 아직 진화가 존재하지 않더라도 진화로 오인할 위화(僞貨)를 제작하는 것이 가능하고, 이 때 통화의 신용이 위태롭게 되므로, 진화의 존재가 반드시 전제될 필요는 없다고 하겠다(통설).[12]

위조의 '정도'는 일반인이 진정한 통화라고 오인할 우려가 있는 외관을 갖추어야 한다.[13] 그러나 진화와의 식별이 불가능할 정도로 정교하게 제작되어야 하는 것은 아니다. 진화로 혼동할 수 있는 정도이면, 지질(紙質)·크기·숫자·문자·색채·인장·기호 등이 진화와 동일 내지 유사하지 않아도 된다.[14]

---

10) 한국조폐공사법 제11조 제1항 제6호에서는 한국조폐공사의 '업무'로서 "한국은행으로부터의 매입 또는 위탁이나 그 밖의 계약에 따른 기념주화·기념은행권의 판매"를 규정하고 있다.

11) 김성돈, 550면; 김/서, 680면; 배종대, 669면; 백형구, 489면; 오영근, 693면; 유기천, 하권, 205면; 이정원, 523면; 정/박, 676면; 진/이, 635면.

12) 김성돈, 550면; 김/서, 681면; 배종대, 669면; 백형구, 488면; 서일교, 233면; 손동권, 596면; 오영근, 693면; 이재상, 547면; 이형국, 565면; 정/박, 677면; 정영석, 145면; 진/이, 635면; 황산덕, 124면.

13) "그 복사상태가 정밀하지 못하고 진정한 통화의 색채를 갖추지 못한 흑백으로만 되어 있어 이는 객관적으로 진정한 것으로 오인할 정도에 이르지 못한 것에 불과하며…피고인들이 위조 행사하였다는 위조통화는 통화위조죄와 그 행사죄의 객체가 될 수 없어, 피고인들의 소위는 통화위조죄와 위조통화행사죄를 구성하지 않는다.…위조통화는 그 유통과정에서 일반인이 진정한 통화로 오인할 정도의 외관을 갖추어야 한다"(**대판** 1986. 3. 25, **86 도** 255. 同旨, 대판 1985. 4. 23, 85 도 570).

위조의 정도에 이르지 않은 물건의 제작은 통화유사물제조죄($^{제211조}_{제1항}$) 또는 통화위조미수죄에 해당한다.

위조의 기수시기는 일반인이 진정한 통화라고 오인할 정도의 외관을 갖춘 위조통화를 제작한 때이다(결과범).

(나) 변 조   통화의 '변조'(verfälschen)란 진정한 통화를 가공하여 그 금액이나 가치를 변경하는 것을 말한다. 변조는 기존의 진화를 가공재료로 할 것을 전제로 한다. 기존의 진화가 가공에 의하여 그 외관이나 동일성을 완전히 상실하면, 변조가 아니라 위조에 해당한다.

변조의 방법에는 통화의 모양 또는 숫자를 고쳐서 그 금액을 변경하는 것과 진화에 손상을 가하여 그 실가(實價)를 감소시키는 것이 있다. 전자의 예로는 1천원권을 가공하여 1만원권으로 고치는 경우가 있고, 후자의 예로는 금화를 감량하여 실질적 가치를 줄이는 경우가 있다.

변조의 정도도 위조와 마찬가지로 일반인이 진화로 오인할 정도가 되어야 한다.[15]

(3) 주관적 구성요건

본죄가 성립하자면, 고의 이외에 행사할 목적이 있어야 한다(진정목적범). 행사의 목적이란 위조·변조한 통화를 진정한 통화로서 유통에 놓겠다는 목적을 말한다. 기념용 또는 교육용으로 제작한 경우 그리고 자신의 신용력을 증명하기 위하여 타인에게 보일 목적으로 위조한 경우에는[16] 행사의 목적이 있다고 할 수 없다.

---

14) 김성돈, 550면; 김성천, 1142면; 김/서, 681면; 배종대, 669면; 백형구, 488면; 오영근, 693면; 유기천, 하권, 204면; 이재상, 547면; 이형국, 565면; 정/박, 677면; 정영일, 545면; 진/이, 635면.

15) "피고인들이 한국은행발행 500원짜리 주화의 표면 일부를 깎아내어 손상을 가하였지만 그 크기와 모양 및 대부분의 문양이 그대로 남아 있어, 이로써 기존의 500원짜리 주화의 명목가치나 실질가치가 변경되었다거나, 객관적으로 보아 일반인으로 하여금 일본국의 500¥짜리 주화로 오신케 할 정도의 새로운 화폐를 만들어 낸 것이라고 볼 수 없고, 일본국의 자동판매기 등이 위와 같이 가공된 주화를 일본국의 500¥짜리 주화로 오인한다는 사정만을 들어 그 명목가치가 일본국의 500¥으로 변경되었다거나 일반인으로 하여금 일본국의 500¥짜리 주화로 오신케 할 정도에 이르렀다고 볼 수도 없다 할 것이다. 같은 취지의 원심판결은 정당하고, 거기에 통화변조에 관한 법리 등을 오해한 위법이 없다"(**대판** 2002. 1. 11, 2000 도 3950).

16) "형법 제207조 소정의 '행사할 목적'이란 유가증권위조의 경우와 달리, 위조, 변조한 통화를 진정한 통화로서 유통에 놓겠다는 목적을 말하므로, 자신의 신용력을 증명하기 위하여 타인에게 보일 목적으로 통화를 위조한 경우에는 행사할 목적이 있다고 할 수 없다"(대판 2012. 3. 29, 2011 도 7704).

반드시 자기가 행사할 목적에 한하지 않고 타인으로 하여금 행사하게 할 목적이라도 무방하다. 이러한 목적이 있음으로써 족하고, 위조통화가 실제로 행사될 필요는 없다.

3. 죄　수

일련의 제작행위(예: 전자복사행위)에 의하여 동종통화를 다수 위조한 때에는 통화위조의 포괄1죄가 성립한다(연속범 내지 접속범). 여러 종류의 통화(예: 5천원권과 1만원권)를 위조한 때에는 종류만큼 통화위조죄의 실체적 경합범이 성립한다.

행사할 목적으로 통화를 위조·변조한 후에 위조·변조한 통화를 사용한 경우에, ① 통화위조·변조죄와 위조·변조통화행사죄의 실체적 경합이 된다는 견해와[17] ② 두 범죄의 상상적 경합이 된다는 견해가[18] 대립하고 있으나, ③ 위조·변조통화행사죄의 1죄만이 성립한다고 함이 타당하다(법조경합 중 보충관계). 이 점에 관하여는 문서위조죄와 위조문서행사죄 간의 죄수 부분을 참조할 필요가 있다.

4. 형　벌

무기 또는 2년 이상의 징역에 처한다. 10년 이하의 자격정지 또는 2천만원 이하의 벌금을 병과할 수 있다(제209조). 본죄의 미수범은 처벌한다(제212조). 본죄를 범할 목적으로 예비 또는 음모한 자는 5년 이하의 징역에 처한다. 단 그 목적한 죄의 실행에 이르기 전에 자수한 때에는 그 형을 감경 또는 면제한다(제213조).

통화위조죄를 가중처벌하는 '특정범죄가중처벌 등에 관한 법률' 제10조는 헌법재판소의 위헌결정(헌재 2014. 11. 27. 2014 헌바 224 – 전원재판부)을 받고, 2016. 1. 6.의 특가법 개정에서 삭제되었다.

Ⅱ. 내국유통 외국통화위조·변조죄

제207조 제2항 "행사할 목적으로 내국에서 유통하는 외국의 화폐, 지폐 또는 은행

---

17) 김성돈, 552면; 김성천, 1148면; 김/서, 684면; 박상기, 502면; 백형구, 490면; 유기천, 하권, 210면; 이정원, 525면; 이형국, 567면; 정/박, 679면; 진/이, 636면.
18) 배종대, 671면; 이재상, 548면.

권을 위조 또는 변조한 자는 1년 이상의 유기징역에 처한다."

1. 의의, 성격

본죄는 "행사할 목적으로 내국에서 유통하는 외국의 화폐·지폐·은행권을 위조 또는 변조함으로써 성립하는 범죄"이다. 행위의 객체가 내국유통 외국통화임에 비추어 내국통화위조·변조죄(제207조 제1항)에 대한 불법감경유형으로 규정되어 있다. 본죄는 진정목적범이다.

2. 행위의 객체

행위의 객체는 '내국에서 유통하는 외국의 통화'(화폐·지폐·은행권)이다. '내국'이란 대한민국영역 내를 뜻하며, 북한을 포함한다.[19]

'유통'이란 사실상 통용되고 있음을 의미한다.[20] 유통은 '사실상'의 의미 이므로, 외국통화의 통용이 국내에서 법적으로 금지되어 있거나, 국내에서 유통되고 있는 외국통화가 본국에서 강제통용력이 없더라도, 본죄의 객체가 된다.[21] 유통의 범위는 대한민국영역 전체에서 유통될 것을 요하지는 않고, 일부 지역에서 유통되어도 족하다.

'외국'은 국제법상 승인된 국가인가를 불문한다.

3. 형　벌

1년 이상의 유기징역에 처한다. 자격정지의 병과, 미수범의 처벌, 예비·음모의 처벌과 자수에 대한 특칙 등은 내국통화위조·변조죄의 경우와 동일하다.

Ⅲ. 외국통용 외국통화위조·변조죄

제207조 제3항 "행사할 목적으로 외국에서 통용하는 외국의 화폐, 지폐 또는 은행권을 위조 또는 변조한 자는 10년 이하의 징역에 처한다."

---

19) 대결 1949. 2. 22, 4281 형상 5; 1948. 3. 24, 4281 형상 10.
20) 대판 2003. 1. 10, 2002 도 3340.
21) 권오걸, 995면; 김성돈, 552면; 김성천, 1143면; 김/서, 684-5면; 서일교, 236면; 유기천, 하권, 206면; 이재상, 549면; 이형국, 567면; 정/박, 680면; 정영석, 139면; 진/이, 637면; 황산덕, 124면.

1. 의의, 성격

본죄는 "행사할 목적으로 외국에서 통용하는 외국의 화폐·지폐·은행권을 위조 또는 변조함으로써 성립하는 범죄"이다. 행위의 객체가 외국통용 외국통화이기 때문에 내국통화위조·변조죄($\frac{제207조}{제1항}$)에 대한 불법감경유형으로 규정되어 있다. 본죄도 진정목적범이다.

2. 행위의 객체

본죄의 객체는 '외국에서 통용하는 외국의 통화'(화폐·지폐·은행권)이다. '외국에서 통용하는'이란 외국에서 법률상 강제통용력이 인정되고 있다는 것을 의미한다. 그러므로 강제통용력이 없는 외국통화는 본죄의 객체가 될 수 없다. 다만 그러한 외국통화라고 하더라도 국내에서 사실상 유통되고 있는 한, 내국유통 외국통화위조·변조죄의 객체가 된다. 우리나라에서 사실상 유통되지 않는 외국통화는 본국에서 강제통용력이 있는 한, 본죄의 객체가 된다.

내국에서 유통하는 외국통용의 외국통화를 위조·변조한 때에는 내국유통 외국통화위조·변조죄만이 성립하고, 외국통용 외국통화위조·변조죄는 이에 흡수된다(법조경합 중 보충관계).

3. 형 벌

10년 이하의 징역에 처한다. 자격정지의 병과, 미수범의 처벌, 예비·음모의 처벌과 자수에 대한 특칙 등은 내국통화위조·변조죄의 경우와 동일하다.

Ⅳ. 위조·변조통화행사 등 죄

제207조 제4항 "위조 또는 변조한 전 3항 기재의 통화를 행사하거나 행사할 목적으로 수입 또는 수출한 자는 그 위조 또는 변조의 각 죄에 정한 형에 처한다."

1. 의의, 성격

본죄는 "위조 또는 변조한 통화를 행사하거나 행사할 목적으로 수입·수출함으로써 성립하는 범죄"이다. 본죄는 위조·변조통화행사죄의 기본유형이다. 행사죄의 경우에는 고의가 있음으로 족하고, 수입·수출죄의 경우에는 고의 이외에 행사할 목적이 있어야 한다(진정목적범).

2. 구성요건

(1) 행위의 객체

행위의 객체는 위조·변조한 내국통화, 내국유통 외국통화, 외국통용 외국통화이다.

(2) 실행행위

실행행위는 행사하거나 수입 또는 수출하는 것이다.

(가) 행 사 본죄의 '행사'란 위조·변조된 통화를 진정한 통화로 유통에 놓는 것을 말한다. 행사의 목적 내지 동기 여하, 유상·무상, 적법·위법을 불문한다. 거래의 대가로 위조통화를 지불하거나, 양로원에 위조통화를 기부하거나, 도박자금으로 제공하는 것 등이 행사에 해당한다. 공중전화기·자동판매기와 같은 기계설비에 위조주화를 투입하는 것도 행사가 된다.[22] 자기가 직접 행사하는 것 이외에, 위화임을 모르는 제3자로 하여금 행사하도록 교부하는 것도 행사가 된다. 다만 위화임을 모르는 제3자에게 위화를 교부하면서 특정물품을 사오라고 시킨 경우에는 제3자의 행사행위를 이용한 본죄의 간접정범이 성립한다. 여기에서 제3자에게 위화를 교부하는 행위는 간접정범의 실행의 착수에 불과하고, 제3자가 물건을 산 후 위화를 지불함으로써 기수가 된다고 하겠다.

행사는 통화를 '유통'에 놓아야 하므로, 단순히 진열장에 비치하거나, 자기의 신용을 과시하기 위하여 위조통화가 가득 든 가방을 보여주는 것만으로는 행사에 해당하지 않는다. 행사는 위화를 진화로서 사용하는 것을 말하므로, 상대방에게 위화임을 알린 후 값싸게 위화를 판매하는 것은 행사라고 할 수 없다. 그러나 위화를 화폐수집상에게 진화로 판매하는 것은 행사이다. 거래상대방에게 위화를 지불했으나 상대방이 곧 위화임을 알아차리고 이를 받지 않았다면, 위조통화행사죄의 미수범이 성립한다. 본죄의 미수범은 처벌한다($\frac{제212}{조}$).

(나) 수입·수출 '수입'이란 국외에서 국내로 반입하는 것이고, '수출'이란 국내에서 국외로 반출하는 것을 말한다. 수입의 기수시기는 위조통화의 양

---

22) 권오걸, 999면; 김성돈, 554면; 김성천, 1147면; 김/서, 687면; 박상기, 500면; 배종대, 672면; 백형구, 491면; 서일교, 234면; 오영근, 695면; 유기천, 하권, 207-8면; 이재상, 551면; 이정원, 524면; 이형국, 569면; 정/박, 681면; 정영석, 146면; 진/이, 639면; 황산덕, 125면.

륙시(揚陸時)이며, 수출의 기수시기는 이륙시(離陸時)이다(^{다수}).²³⁾

(3) 주관적 구성요건

행사죄의 경우에는 고의가 있음으로 족하고, 수입·수출죄의 경우에는 고의 이외에 행사할 목적이 있어야 한다.

3. 죄   수

다수의 위조통화를 ① 한꺼번에 행사한 경우에는 행사행위가 1개이므로 위조통화행사죄의 1죄만이 성립하고(단순1죄), ② 여러 번 나누어 사용한 경우에는 여러 개의 위조통화행사죄가 성립한다(실체적 경합범).

행사할 목적으로 통화를 위조한 후에 위조한 통화를 사용하면, 전술한 바와 같이 위조통화행사죄의 1죄만이 성립한다.

행사할 목적으로 위조통화를 수입한 후에 이를 행사한 경우에도 위조통화행사죄의 1죄만이 성립한다.²⁴⁾ 수입죄와 행사죄는 법조경합 중 보충관계에 있다고 본다.

위조·변조된 통화를 진화처럼 사용하는 행사죄는 기망행위를 내포하고 있고 재산적 이익의 취득도 있으므로, 위조·변조통화행사죄는 사기죄와 상상적 경합관계에 선다(^{다수}).²⁵⁾ 그러나 대법원은 양죄의 실체적 경합범이 성립한다고²⁶⁾ 한다.

V. 위조·변조통화취득죄

제208조 [위조통화의 취득] "행사할 목적으로 위조 또는 변조한 제207조 기재의 통화를 취득한 자는 5년 이하의 징역 또는 1천500만원 이하의 벌금에 처한다."

---

23) 권오걸, 1000면; 김/서, 687-8면; 박상기, 501면; 배종대, 672면; 백형구, 494면; 이재상, 551면; 이형국, 569-70면; 정/박, 682면; 정영석, 149면; 진/이, 639면.
24) 이 때 수입죄와 행사죄의 실체적 경합이라는 견해로는 진/이, 640면.
25) 권오걸, 1001면; 김성돈, 556면; 김성천, 1148면; 김/서, 689면; 박상기, 502면; 배종대, 672면; 백형구, 492면; 이재상, 552면; 이형국, 570면; 정/박, 682면; 진/이, 640면.
26) "통화위조죄에 관한 규정은 공공의 거래상의 신용 및 안전을 보호하는 공공적인 법익을 보호함을 목적으로 하고 있고 사기죄는 개인의 재산법익에 대한 죄이어서 양죄는 그 보호법익을 달리하고 있으므로 위조통화를 행사하여 재물을 불법영득한 때에는 위조통화행사죄와 사기죄의 양죄가 성립되는 것으로 보아야 할 것"(대판 1979. 7. 10, 79 도 840).

1. 의의, 성격

본죄는 "행사할 목적으로 위조·변조된 통화를 취득함으로써 성립하는 범죄"이다. 고의 이외에 행사할 목적이 있어야 한다(진정목적범).

2. 구성요건

행위의 객체는 위조·변조한 내국통화, 내국유통 외국통화, 외국통용 외국통화이다.

실행행위는 취득하는 것이다. '취득'이란 자기의 점유로 옮기는 일체의 행위를 말한다. 취득의 방법에는 제한이 없고, 유상·무상을 불문한다. 매입·교환·수증(受贈) 등 적법한 취득 이외에, 절취·편취 등 위법한 취득도 포함된다. 자기가 보관하는 타인의 위조통화를 행사의 목적으로 횡령한 행위는 점유의 이전이 없으므로 본죄의 취득에 해당하지 않는다.[27] 위조·변조행위의 공범자 사이에서 위조·변조한 통화를 수수하는 행위는 취득에 해당하지 않는다.

본죄는 주관적 구성요건으로 위조·변조통화라는 점에 대한 고의가 있을 것 이외에, 행사할 목적이 있어야 한다(진정목적범). 고의 및 행사할 목적은 늦어도 취득시에 존재해야 한다.

3. 죄   수

위조통화임을 알면서 행사할 목적으로 절취한 경우에, ① 위조통화는 금제품으로서 재산죄의 객체가 될 수 없기 때문에 본죄만이 성립한다는 견해가 있으나,[28] ② 위조통화도 국가의 소유임을 인정할 수 있는 이상 절도죄의 객체가 될 수 있다고 보아,[29] 본죄와 절도죄의 상상적 경합이 성립한다고 하겠다.

위조통화임을 알고 행사의 목적으로 취득한 후에 이를 행사한 경우에, ① 위조통화취득죄와 위조통화행사죄의 실체적 경합범이 성립한다는 견해가 있

---

27) 김성돈, 557면; 박상기, 503면; 배종대, 673면; 백형구, 495면; 오영근, 698면; 이재상, 553 면; 정/박, 684면; 정영석, 150면; 진/이, 641면. 반대견해로는 김성천, 1149면; 김/서, 690면; 이 정원, 528면; 정영일, 552면.

28) 배종대, 673면; 백형구, 495면; 진/이, 641면.

29) 본서, 335면 참조; 권오걸, 1003면; 김성천, 1149면; 김/서, 692면; 오영근, 698면; 정/박, 684면.

으나,[30] ② 위조통화행사죄의 1죄만이 성립한다고 함이 타당하다.[31] 취득죄와 행사죄는 법조경합 중 보충관계에 있다고 본다. 위조통화임을 모르고 취득한 후에 이를 알게 되고서도 행사하였다면, 위조통화취득후 지정행사죄($\text{제210}_\text{조}$)에 해당한다.

Ⅵ. 위조통화취득후 지정행사죄

제210조 [위조통화취득 후의 지정행사] "제207조에 기재한 통화를 취득한 후 그 사정을 알고 행사한 자는 2년 이하의 징역 또는 500만원 이하의 벌금에 처한다."

1. 의의, 성격

본죄는 "위조·변조한 통화임을 모르고 취득한 후에 그 사정을 알고 행사함으로써 성립하는 범죄"이다. 통화취득시에 선의였으나 취득 후에 비로소 위조통화라는 것을 알게 된다면, 자신의 손해를 면하기 위하여 취득한 위조통화를 계속 사용하는 것이 '인간의 본성상' 자연스러운 일이므로, 위조통화를 사용하지 아니할 적법행위의 '기대가능성'이 감소된다는 것을 이유로 해서, 행사죄의 책임감경유형으로 규정된 범죄이다. 본죄는 목적범이 아니다.

2. 구성요건

본죄의 구성요건은 위조·변조한 통화를 취득한 후 그 사정을 알고 행사하는 것이다. 본죄는 취득과 행사라고 하는 2개의 행위가 결합되어 있는 '결합범'이다. 본죄의 미수범은 처벌하지 않으므로, 결합범으로서의 실행의 착수시기를 논할 실익이 없다.

'취득'이라 함은 자기의 점유로 옮기는 일체의 행위를 말하고, 유상·무상, 적법·위법임을 불문한다. 위조통화임을 모르고 절취한 후에 그 사정을 알고 행사하였다면, 행위의 부분적 동일성에 의하여 절도죄와 본죄의 상상적 경합이 성립한다.

본죄가 성립하자면, 행위자는 취득시에 위조·변조통화임을 몰랐어야 한다. 취

---

30) 김성돈, 557면; 김성천, 1149면; 박상기, 503면; 백형구, 495면; 유기천, 하권, 210면; 이형국, 572면; 정/박, 684면; 진/이, 641면.

31) 同旨, 오영근, 699면.

득시에 이미 위조·변조통화임을 알았던 경우에는, 본죄가 성립할 여지는 없으며, ① 행사의 목적을 가지고 취득하였다면, 위조·변조통화취득죄($제208조$)가 성립하고, ② 취득시에 행사의 목적이 없었으나—예컨대 재미삼아 간직하려고 취득했으나—취득 후에 비로소 행사의 목적이 생겨서 이를 행사하였다면, 위조·변조통화행사죄($제207조 제4항$)가 성립한다.

'행사'란 진정한 통화로 유통에 놓는 것을 말한다. 행사도 유상·무상, 적법·위법임을 불문한다. 본죄의 행사는 기망행위를 내포하고 있으므로, 사기죄와 상상적 경합관계에 선다.[32]

3. 형 벌

2년 이하의 징역 또는 5백만원 이하의 벌금에 처한다. 본죄는 적법행위 기대가능성이 감소되기 때문에 법정형이 비교적 낮게 규정되어 있다.

Ⅶ. 통화유사물제조 등 죄

제211조 [통화유사물의 제조 등] 제1항 "판매할 목적으로 내국 또는 외국에서 통용하거나 유통하는 화폐, 지폐 또는 은행권에 유사한 물건을 제조, 수입 또는 수출한 자는 3년 이하의 징역 또는 700만원 이하의 벌금에 처한다."
제2항 전항의 물건을 판매한 자도 전항의 형과 같다."

1. 의의, 성격

본죄는 "판매할 목적으로 내·외국에서 통용·유통하는 통화유사물을 제조·수입·수출하거나, 통화유사물을 판매함으로써 성립하는 범죄"이다. 통화유사물의 제조·수입·수출죄는 판매할 목적을 요하는 진정목적범이다.

2. 구성요건

행위의 객체인 '통화유사물'이란 일반인이 진정한 통화로 오인할 정도의 외관을 지니지 않았기 때문에, 위조통화라고 볼 수 없는 수준의 모조품을 말한다.

---

32) 김성돈, 558면: 김/서, 694면: 박상기, 504면: 배종대, 674면: 백형구, 493면: 이형국, 573면: 정/박, 685면: 진/이, 642면.

실행행위는 제조·수입·수출·판매이다. '제조'란 통화의 발행권이 없는 자가 통화유사물을 만드는 행위이고, '수입'이란 국외에서 국내로 반입하는 행위이며, '수출'이란 국내에서 국외로 반출하는 행위이다.

'판매'란 유상으로 양도하는 것을 말한다. 불특정 또는 다수인에게 파는 것뿐만 아니라, 특정된 1인에게 파는 것도 판매에 해당한다고 본다.[33]

3. 형 벌

3년 이하의 징역 또는 700만원 이하의 벌금에 처한다. 본죄의 미수범은 처벌한다($\frac{제212}{조}$).

Ⅷ. 통화위조·변조의 예비·음모죄

제213조 [예비, 음모] "제207조 제1항 내지 제3항의 죄를 범할 목적으로 예비 또는 음모한 자는 5년 이하의 징역에 처한다. 단, 그 목적한 죄의 실행에 이르기 전에 자수한 때에는 그 형을 감경 또는 면제한다."

1. 의의, 입법취지

본죄는 "내국통화위조·변조죄($\frac{제207조}{제1항}$), 내국유통 외국통화위조·변조죄($\frac{동조}{제2항}$) 또는 외국통용 외국통화위조·변조죄($\frac{동조}{제3항}$)를 범할 목적으로 예비·음모함으로써 성립하는 범죄"이다. 통화를 위조·변조할 목적으로 예비·음모하는 준비행위만으로도 통화에 대한 거래의 안전과 공공의 신용을 해할 우려가 있고, 통화의 전국적·국제적 유통성에 비추어 통화유통의 혼란을 일찌감치 방지할 필요가 있어서, 본죄를 규정한 것이다.

2. 성립요건

통화를 위조·변조할 목적으로 예비 또는 음모하는 것이다.

본죄의 행위는 예비 또는 음모이다. '예비'란 범죄실현을 위한 외부적 준비행위로서 아직 실행의 착수에 이르지 않은 단계를 말한다. 통화의 위조·변조에 적합한 인쇄용 조판을 제작한다든가 지폐와 같은 지질을 가진 종이를 구입

---

33) 이와는 반대로 불특정 또는 다수인에게 파는 경우에 판매가 된다는 견해로는 배종대, 674면.

하는 것이 예비에 속한다. '음모'란 2인 이상이 범죄를 실현하기 위하여 모의하는 행위로서 아직 실행의 착수에 이르지 않은 단계를 말한다.

본죄의 방조범을 처벌할 수 있는가에 대하여는 부정설이[34] 타당하다.[35]

본죄는 목적범이다. 따라서 예비 · 음모한다는 고의 이외에 통화를 위조 · 변조할 목적이 있어야 한다.

통화위조 · 변조를 예비 · 음모한 후에 실행행위인 위조 · 변조에 나아간 때에는 본죄의 성립은 배제되고, 통화위조 · 변조죄만이 성립한다.[36]

3. 형 벌

5년 이하의 징역에 처한다. 단 그 목적한 죄의 실행에 이르기 전에 자수한 때에는 그 형을 감경 또는 면제한다(필요적 감면사유).

---

34) 권오걸, 1005면; 박상기, 505면; 배종대, 675면; 이재상, 555면; 이형국, 576면; 정/박, 687-8면.
35) 총론, 예비죄의 방조범 부분(398면)을 참조할 것.
36) 예비 · 음모는 미수 또는 기수에 대하여 법조경합 중 보충관계에 있다.

제 8 장 유가증권·우표와 인지에 관한 죄

제 1 절 개   설

I. 의의, 성격, 보호법익

유가증권에 관한 죄란 "행사할 목적으로 유가증권을 위조·변조·허위작성하거나, 위조·변조·허위작성한 유가증권을 행사·수입·수출함으로써 성립하는 범죄"를 말한다.

유가증권은 원래 권리·의무에 관한 문서에 속하는 것이지만, 재산권이 증권에 결합(화체)되어 있을 뿐만 아니라 그 유통성에 있어서 통화와 유사한 기능을 갖고 있기 때문에, 형법은 독립된 장(제19장)을 두어 유가증권에 대한 범죄를 처벌하고 있다. 우표와 인지는 유가증권의 일종으로 볼 수 있다.

유가증권에 관한 죄의 보호법익은 '유가증권에 대한 공공의 신용 및 거래의 안전'이며, 보호의 정도는 추상적 위험범이다.

유가증권은 통화에 준하는 지위에 있으므로, '외국의' 유가증권도 국제적으로 연대하여 보호할 필요가 있다. 따라서 유가증권·우표·인지에 관한 죄를 처벌하는 우리나라의 형법규정은 '외국인의 국외범'에 대해서도 적용된다(제5조 제5호 -세계주의).

II. 유가증권·우표와 인지에 관한 죄의 체계

형법 제19장의 죄는 크게 유가증권에 관한 죄와 우표·인지에 관한 죄로 나누어 볼 수 있다.

유가증권에 관한 죄는 그 기본유형인 유가증권위조·변조죄(제214조 제1항) 이외에, 기재의 위조·변조죄($^{동조}_{제2항}$), 자격모용에 의한 유가증권작성죄($^{제215}_{조}$), 허위유가증권작성 등의 죄($^{제216}_{조}$), 위조유가증권 등의 행사죄($^{제217}_{조}$)로 구성되어 있다. 그리고 이들 범죄의 미수범($^{제223}_{조}$) 및 제214조와 제215조의 죄에 대한 예비·음모($^{제224}_{조}$)를 처벌한다.

우표와 인지에 관한 죄는 그 기본유형인 우표·인지의 위조·변조죄($^{제218조}_{제1항}$) 이외에, 위조·변조된 우표·인지의 행사·수입·수출죄($^{제218조}_{제2항}$), 위조·변조된 우표·인지의 취득죄($^{제219}_{조}$), 우표·인지의 소인말소죄($^{제221}_{조}$), 우표·인지유사물제조죄($^{제222}_{조}$)로 구성되어 있다. 그 중 제218조와 제219조 및 제222조의 미수범을 처벌하고($^{제223}_{조}$), 우표·인지의 위조·변조죄($^{제218조}_{제1항}$)에 대한 예비·음모를 처벌한다($^{제224}_{조}$).

유가증권 중 '수표'에 대한 범죄는 '부정수표단속법'이 적용된다. 동법 제5조는 수표의 위조 또는 변조에 대하여 1년 이상의 유기징역과 수표금액의 10배 이하의 벌금에 처하도록 규정하고 있으므로, 수표의 위조·변조행위에 관한 형법 제214조 제1항이 적용될 여지는 없다(법조경합 중 특별관계). 그리고 동법 제2조는 부정수표에 해당하는 경우를 열거하고, 부정수표를 발행하거나 작성하는 행위를 5년 이하의 징역 또는 수표금액의 10배 이하의 벌금으로 처벌하고 있으며, 그 과실행위까지도 벌하고 있다.

제 2 절 개별적 범죄유형[1] – 유가증권에 관한 죄

I. 유가증권위조·변조죄

제214조 [유가증권의 위조 등] 제1항 "행사할 목적으로 대한민국 또는 외국의 공채증서 기타 유가증권을 위조 또는 변조한 자는 10년 이하의 징역에 처한다."

1. 의의, 보호법익

본죄는 "행사할 목적으로 대한민국 또는 외국의 공채증서 기타 유가증권을 위조 또는 변조함으로써 성립하는 범죄"이다. 유가증권에 관한 죄의 기본유형이다. 본죄의 보호법익은 유가증권에 대한 공공의 신용 및 거래의 안전이며,

보호의 정도는 추상적 위험범이다.

2. 구성요건

(1) 행위의 객체

행위의 객체는 '대한민국 또는 외국의 공채증서 기타 유가증권'이다. '공채증서'란 국가 또는 지방자치단체에서 발행하는 국채(예: 재정증권) 및 지방채(예: 지하철공채) 등의 유가증권을 말한다. 공채증서는 유가증권의 예시이다.

'유가증권'(Wertpapier)이란 "재산권이 화체된 증권으로서 권리의 행사와 처분에 그 점유를 필요로 하는 것"을 말하고, 그 개념요소는 ① 재산권이 증권에 화체될 것 ② 권리의 행사와 처분에 증권의 점유를 필요로 할 것이라는 두 가지이다.[1] 어음, 수표, 주식, 회사채, 화물상환증, 선하증권, 창고증권, 상품권, 복권, 영화관람권 등이 유가증권에 속한다. 유가증권 중 '수표'의 위조 또는 변조행위에 대하여는 '부정수표단속법' 제5조가 적용되므로, 형법 제214조 제1항이 적용될 여지는 없다(법조경합 중 특별관계). 유가증권은 반드시 유통성을 가질 필요는 없기 때문에(통설[2] 및 판례[3]), 유통성이 없는 버스 · 열차 · 지하철의 승차권 및 복권도 유가증권에 속한다. 그밖에 대법원은 공중전화카드를 유가증권에 해당한다고 한다.[4] 유가증권의 형식은 기명식, 무기명식, 지시식임을 불문한다.

①의 개념요소와 관련하여, 화체된 재산권은 물권, 채권, 사원권임을 묻지 않는다. 재산권이 화체(결합)되어 있다고 볼 수 없는 매매계약서, 영수증, 차

---

1) "형법 제214조의 유가증권이란 증권상에 표시된 재산상의 권리의 행사와 처분에 그 증권의 점유를 필요로 하는 것을 총칭하는 것으로서 그 명칭에 불구하고 재산권이 증권에 화체된다는 것과 그 권리의 행사와 처분에 증권의 점유를 필요로 한다는 두 가지 요소를 갖추면 족하고, 반드시 유통성을 가질 필요도 없다고 할 것"(**대판** 1995. 3. 14, 95 **도** 20. 同旨, 대판 1984. 11. 27, 84 도 1862; 1972. 12. 26, 72 도 1688).

2) 권오걸, 1008면; 김성돈, 563면; 김성천, 1153면; 김/서, 700면; 박상기, 506면; 배종대, 677면; 손동권, 610면; 오영근, 704면; 유기천, 하권, 185면; 이재상, 559면; 이정원, 536면; 이형국, 580면; 정/박, 693면; 정영석, 153면; 정영일, 560면; 진/이, 647면; 황산덕, 129면.

3) "형법 제214조의 유가증권이란…반드시 유통성을 가질 필요는 없다"(**대판** 2001. 8. 24, 2001 **도** 2832; 1995. 3. 14, 95 **도** 20).

4) "공중전화카드는 문자로 기재된 부분과 자기기록 부분이 일체로써 공중전화 서비스를 제공받을 수 있는 재산상의 권리를 화체하고 있고, 이를 카드식 공중전화기의 카드 투입구에 투입함으로써 그 권리를 행사하는 것으로 볼 수 있으므로, 공중전화카드는 형법 제214조의 유가증권에 해당한다고 봄이 상당하다"(대판 1998. 2. 27, 97 도 2483).

용증과 같은 증거증권(증명증서), 물품구입증[5] 등은 유가증권이 아니다. 신용카드가 유가증권인가에 관하여는 견해가 나뉜다.[6] 신용카드는[7] 그 제시를 통하여 신용카드회원이라는 사실을 증명하거나 현금자동인출기에 주입하는 등의 방법으로 신용카드업자로부터 현금서비스를 받을 수 있는 증표로서의 가치를 지님에 불과하고, 재산권이 화체되어 있다고 볼 수는 없으므로 유가증권에 속하지 않는다고 함이 타당하다.[8]

②의 개념요소와 관련하여, 권리의 행사에 그 점유를 필요로 하지 않는 예금증서, 물품예치표, 보관증, 철도수하물상환증과 같은 면책증권(자격증권)은[9] 유가증권이 아니다. 그러나 양도성예금증서(이른바 CD)는 유가증권에 속한다.[10]

유가증권의 '발행인'은 개인, 법인, 국가, 공공단체임을 불문한다. 발행인이

---

5) 대판 1972. 12. 26, 72 도 1688.

6) 신용카드의 유가증권성을 긍정하는 견해로는 권오걸, 1010면; 박상기, 506면. 부정하는 견해로는 김성돈, 562면; 김/서, 702면; 배종대, 678면; 이재상, 558면; 이정원, 535면; 이형국, 581면; 정/박, 691면; 정영일, 559면.

7) 신용카드라 함은 "이를 제시함으로써 반복하여 신용카드가맹점에서 물품의 구입 또는 용역의 제공을 받거나 결제할 수 있는 증표로서 신용카드업자가 발행한 것"을 말한다(여신전문금융업법 제2조 제3호).

8) 신용카드의 유가증권성을 부정한 대판 1999. 7. 9, 99 도 857: "신용카드업자가 발행한 신용카드는 이를 소지함으로써 신용구매가 가능하고 금융의 편의를 받을 수 있다는 점에서 경제적 가치가 있다 하더라도, 그 자체에 경제적 가치가 화체되어 있거나 특정의 재산권을 표창하는 유가증권이라고 볼 수 없고, 단지 신용카드회원이 그 제시를 통하여 신용카드회원이라는 사실을 증명하거나 현금자동지급기 등에 주입하는 등의 방법으로 신용카드업자로부터 서비스를 받을 수 있는 증표로서의 가치를 갖는 것". 그런데 신용카드의 유가증권성을 긍정한 것처럼 보이는 대판(1984. 11. 27, 84 도 1862)에서 "형법 제214조의 유가증권이란 증권상에 표시된 재산상의 권리의 행사와 처분에 그 증권의 점유를 필요로 하는 것을 총칭하는 것이므로 그것이 유통성을 반드시 가질 필요는 없는 것이나, 재산권이 증권에 화체된다는 것과 그 권리의 행사처분에 증권의 점유를 필요로 한다는 두 가지 요소를 갖추어야 하는 것이고, 위 두 가지 요소 중 어느 하나를 갖추지 못한 경우에는 형법 제214조에서 말하는 유가증권이라 할 수 없는 것인데(당원 1972. 12. 26. 선고 72도1688 판결 참조), 이 사건 신용카드는 한국외환은행 소비조합이 그 소속 조합원에게 그의 직번(일종의 구좌번호), 구입상품명 등을 기재하여 교부하고 조합원은 이를 사용할 때 연월일, 금액 등을 기입, 제시하여 엘칸토 양화점(위 소비조합과 할부판매약정을 한 상점)에서 상품을 신용구매하고 그 양화점을 통하여 위 은행 소비조합에 이를 제출시켜 3개월마다 정산하여 조합원으로부터 수금하는 방식을 취하는 경우로서, 이는 위 카드에 의해서만 신용구매의 권리를 행사할 수 있는 점에 있어서 재산권이 증권에 화체되었다고 볼 수 있으니 유가증권이라고 볼 것"이라고 판시한 내용을 정확히 보자면, 외환은행 소비조합의 할부판매티켓을 엘칸토양화점 측에서 신용카드라고 칭한 데에서 발생한 착오라고 판단된다.

9) 대판 1984. 11. 27, 84 도 2147.

10) 김성돈, 562면; 김/서, 702면; 박상기, 506면; 배종대, 678면; 오영근, 705면.

실재할 필요도 없다. 따라서 허무인명의라도 외관상 일반인으로 하여금 진정한 것이라고 오신시킬 만한 정도이면 유가증권위조죄가 성립한다(판례[11]).

(2) **실행행위**

본죄의 실행행위는 위조 또는 변조이다. 위조·변조는 기본적 증권행위에 대한 것이다. 따라서 배서·인수 등 부수적 증권행위의 기재사항을 위조·변조하는 제214조 제2항의 위조·변조와는 구별해야 한다.

(가) **위 조**   '위조'란 작성권한이 없는 자가 타인명의를 모용(사칭)하여 유가증권을 작성하는 것을 말한다. 대리권·대표권이 없는 자가 대리인·대표자임을 표시하여 본인명의의 유가증권을 작성한 경우에는 본죄가 아니라 자격모용에 의한 유가증권작성죄($_{조}^{제215}$)가 성립한다. 대리권·대표권이 있는 자가 권한을 초과하여-권한 외의 사항에 대하여-유가증권을 작성한 경우에도 자격모용에 의한 유가증권작성죄가 성립한다.[12]

위조의 방법에는 제한이 없다. 약속어음 액면란에 보충권의 범위를 초월하는 금액을 기입하는 행위,[13] 찢어서 폐지로 된 약속어음을 조합하여 어음의 외형을 갖춘 행위,[14] 또는 타인이 위조한 백지어음이라는 것을 알면서도 이를 구입하여 백지인 액면란에 금액을 기입하여 위조어음을 완성하는 행위[15] 등도 위조에 속한다.

(나) **변 조**   '변조'란 이미 진정하게 성립된 타인명의의 유가증권에 대하

---

11) "유가증권위조죄에 있어서의 유가증권이라고 함은 형식상 일반인으로 하여금 유효한 유가증권이라고 오신할 수 있을 정도의 외관을 갖추고 있으면 되는 것이므로, 그것이 비록 허무인명의로 작성되었거나 또는 유가증권으로서의 요건의 흠결 등 사유로 **법률상 무효**인 것이라고 하더라도 유가증권위조죄의 성립에는 아무런 영향이 없는 것"(**대판** 1979. 9. 25, 79 도 1980).

12) 권오걸, 1012면; 김성천, 1154면; 박상기, 508면; 백형구, 504-5면; 이재상, 560-1면; 이정원, 539면.

13) "피고인의 그 약속어음 액면금에 대한 보충권의 한계는 위 합의의 내용에 의하여 제약되는 것이라고 할 것인 바, 피고인은 그가 소지 중이던 위 약속어음의 액면금액란에 자의로 그 합의 내용에 반하여 합의된 금액의 한도를 엄청나게 넘는 금 150만원으로 기입하였던 것이었으니, 그 소위는 백지보충권의 범위를 초월하여 위 김○○의 서명날인있는 약속어음 용지를 이용한 새로운 약속어음의 발행에 해당되는 것이었다고 할 것이며, 따라서 그 소위가 유가증권위조죄를 구성한다고 할 것"(대판 1972. 6. 13, 72 도 897).

14) "찢어서 폐지로 된 타인발행명의의 약속어음 파지면을 이용하여 이를 조합하여 어음의 외형을 갖춘 경우에는 새로운 약속어음을 작성한 것으로서 그 행사의 목적이 있는 이상 유가증권위조죄가 성립하는 것이므로, 조합된 것임을 용이하게 식별할 수 있다 하여도 동죄의 성립에 아무런 소장이 있을 수 없다"(대판 1976. 1. 27, 74 도 3442).

15) 대판 1982. 6. 22, 82 도 677.

여 권한없는 자가 동일성을 해하지 않는 범위 내에서 내용상의 변경을 가하는 것을 말한다. 권한없이 어음의 액면금액, 발행일자, 지급인의 주소 등을 변경하는 것이 변조에 해당한다. 변조는 진정하게 성립된 유가증권을 전제로 한다.[16] 그러므로 이미 실효된 유가증권에 변경을 가하여 새로운 유가증권을 만들어내거나,[17] 유가증권용지에 필요한 사항을 임의로 기재하여 새로운 유가증권을 만들어 내면 변조가 아니라 위조가 된다. 간접정범에 의한 변조도 가능하다.[18]

변조는 타인명의의 유가증권의 내용을 변경하는 것이다. 따라서 타인이 소유하는 '자기'명의의 유가증권에 대하여 소유자의 동의없이 내용상의 변경을 가한 행위는 변조가 아니라,[19] 문서손괴죄 또는 허위유가증권작성죄를 구성할 뿐이다.

(다) 위조·변조의 정도   유가증권의 위조·변조행위는 사법상 유효요건을 모두 갖출 정도로 정교할 필요는 없고, 외관상 일반인이 유효한 증권으로 오인할 정도의 유가증권을 만들어내는 것으로 족하다.[20] 따라서 대표자의 날인이 없는 주권과 같이 필요적 기재사항을 결여하여 상법상 무효인 유가증권을 만들어내는 행위도 본죄에 해당할 수 있다.[21]

---

16) "유가증권변조죄에 있어서 '변조'는 진정하게 성립된 유가증권의 내용에 권한 없는 자가 그 유가증권의 동일성을 해하지 않는 한도에서 변경을 가하는 것을 의미하고(대법원 2006. 1. 26. 선고 2005도4764 판결 등 참조), 이와 같이 권한 없는 자에 의해 변조된 부분은 진정하게 성립된 부분이라 할 수 없다. 따라서 유가증권의 내용 중 권한 없는 자에 의하여 이미 변조된 부분을 다시 권한 없이 변경하였다고 하더라도 유가증권변조죄는 성립하지 않는다"(대판 2012. 9. 27. 2010 도 15206).
17) "폐공중전화카드의 자기기록 부분에 전자정보를 기록하여 사용가능한 공중전화카드를 만든 행위를 유가증권위조죄로 의율한 것은 정당하고"(대판 1998. 2. 27, 97 도 2483).
18) 대판 1984. 11. 27, 84 도 1862.
19) 대판 1978. 11. 14, 78 도 1904.
20) "판결요지: 본법 19장 소정의 유가증권은 실체법상으로 무효한 유가증권이라 할지라도 일반인으로 하여금 일견 유효한 유가증권으로 오신케 할 정도의 외관을 구비한 것을 총칭한다"(대결 1959. 7. 10, 4290 형상 355).
21) "형법 제19장 소정의 유가증권은 실체법상 유효한 유가증권만을 지칭하는 것이 아니고, 절대적 요건 결여 등 사유로서 실체법상으로는 무효한 유가증권이라 할지라도 일반인으로 하여금 일견 유효한 유가증권이라고 오신케 할 수 있을 정도의 외관을 구유한 유가증권을 총칭하는 것이라고 해석할 것인 바(대법원 1959. 7. 10. 선고 4290형상355 결정 참조), 원심판시의 주권이 비록 소론과 같이 대표이사의 날인이 없어 상법상으로는 무효라 할지라도, 발행인인 대표이사의 기명을 비롯한 그 밖의 주권의 기재요건을 모두 구비하고, 그 위에 회사의 사인까지 날인하였다면, 이와 같은 주권은 일반인으로 하여금 일견 유효한 주권이라고 오신시킬 정도의 외관을 갖추었다 할 것이고, 따라서 형법 제214조 소정의 유가증권에 해당한다 할 것"(대판 1974. 12. 24, 74 도 294).

위조한 약속어음을 구입하여 이를 완성하는 경우에도 유가증권위조죄가
성립한다.[22]

(3) 주관적 구성요건

본죄의 주관적 구성요건으로는 유가증권을 위조·변조한다는 고의 이외에
'행사할 목적'이 있어야 한다(진정목적범). 행사할 목적이란 위조·변조된 유
가증권을 진정한 것으로 사용할 목적을 뜻하며, 유가증권 본래의 용법에 따라
사용할 목적을 의미하는 것은 아니다.

3. 죄   수

유가증권위조·변조죄의 죄수는 원칙적으로 위조·변조된 유가증권의 매
수(枚數)에 따른다.[23] 따라서 1매의 유가증권에 수개의 변조행위가 있는 때에
는 1죄만이 성립한다(포괄일죄). 수매의 유가증권을 위조한 때에는 수죄의 실
체적 경합관계가 발생한다.[24]

타인의 인장·서명 등을 위조하여 유가증권을 위조·변조하면 인장위조죄
는 본죄에 흡수된다(법조경합 중 흡수관계).

행사할 목적으로 유가증권을 위조한 후에 위조유가증권을 사용하면, 위조
유가증권행사죄만이 성립한다(법조경합 중 보충관계).[25] 이 점에 관하여는 문서
위조죄와 위조문서행사죄 간의 죄수 부분을 참조할 필요가 있다.

1매의 유가증권에 기본적 증권행위와 부수적 증권행위에 대한 위조·변조
가 있는 때에는 제214조 제1항의 죄만이 성립하고, 제2항의 적용은 배제된다
(법조경합 중 보충관계).

---

22) 대판 1982. 6. 22, 82 도 677.

23) "유가증권위조죄의 죄수는 원칙적으로 위조된 유가증권의 매수를 기준으로 정할 것"(**대판**
1983. 4. 12, 82 도 2938).

24) "약속어음 2매의 위조행위를 포괄일죄로 보지 아니하고 경합범으로 본 원판결은 정당하
고"(대판 1983. 4. 12, 82 도 2938). 권오걸, 1015면; 김성천, 1157면; 박상기, 510면; 이형국, 583
면. 이 때 상상적 경합이 된다는 견해로는 김성돈, 566면; 김/서, 705면; 배종대, 680면; 이재상,
562면; 정/박, 696면; 진/이, 651면.

25) 이 때 유가증권위조죄와 위조유가증권행사죄의 상상적 경합이 된다는 견해로는 배종대, 681
면; 이재상, 562면. 실체적 경합이 된다는 견해로는 권오걸, 1015면; 김성돈, 566면; 김성천, 1157
면; 박상기, 515면; 백형구, 503면; 이정원, 541면; 이형국, 583면; 정/박, 703면; 진/이, 652면.

4. 형 벌

10년 이하의 징역에 처한다. 10년 이하의 자격정지 또는 2천만원 이하의 벌금을 병과할 수 있다($^{제220}_{조}$). 본죄의 미수범은 처벌한다($^{제223}_{조}$). 본죄를 범할 목적으로 예비 또는 음모한 자는 2년 이하의 징역에 처한다($^{제224}_{조}$).

Ⅱ. 기재의 위조ㆍ변조죄

제214조 제2항 "행사할 목적으로 유가증권의 권리의무에 관한 기재를 위조 또는 변조한 자도 전항의 형과 같다."

1. 의의, 성격

본죄는 "행사할 목적으로 유가증권의 권리의무에 관한 기재를 위조 또는 변조함으로써 성립하는 범죄"이다. 본죄는 부수적 증권행위에 있어서의 위조ㆍ변조를 처벌하고자 한다. 고의 이외에 행사할 목적이 있어야 한다(진정목적범).

2. 구성요건

(1) 행위의 객체

증권행위에는 발행ㆍ배서ㆍ보증ㆍ지급보증ㆍ인수 등이 있는데, 이 중 발행행위는 기본증권을 창조하는 행위이므로 '기본적 증권행위'라고 하고, 다른 행위는 '부수적 증권행위'(부속적 증권행위)라고 한다. 본죄의 객체는 발행행위의 객체인 유가증권 자체가 아니라, 유가증권의 권리의무에 관한 기재, 즉 배서ㆍ보증ㆍ인수와 같은 부수적 증권행위의 기재사항이다.

(2) 실행행위

위조ㆍ변조이다. 본죄의 '위조'란 기본적 증권행위가 이미 진정하게 성립한 후에 권한없는 자가 타인명의를 모용하여 배서ㆍ보증 등의 부수적 증권행위를 하는 것을 말한다. 본죄의 '변조'란 타인명의의 부수적 증권행위가 이미 진정하게 성립된 후에 권한없는 자가 부수적 증권행위에 속하는 사항의 내용을 변경하는 것을 말한다. 이미 진정하게 성립된 타인의 배서에 대하여 그 발행일자ㆍ수취일자를 변경하는 것이 변조에 해당한다. 유가증권의 발행인(기본적 증권행위자)이라고 하더라도 유가증권에 부수적 증권행위가 행해진 이상, 부

수적 증권행위자의 동의없이 그 기재내용에 변경을 가하였다면, 본죄의 변조
에 해당한다.[26]

Ⅲ. 자격모용에 의한 유가증권작성죄

제215조 [자격모용에 의한 유가증권의 작성] "행사할 목적으로 타인의 자격을 모
용하여 유가증권을 작성하거나 유가증권의 권리 또는 의무에 관한 사항을 기재한
자는 10년 이하의 징역에 처한다."

1. 의의, 성격

본죄는 "행사할 목적으로 타인의 자격을 모용하여 유가증권을 작성하거나
유가증권의 권리 또는 의무에 관한 사항을 기재함으로써 성립하는 범죄"이다.
고의 이외에 행사할 목적을 필요로 하는 진정목적범이다.

2. 구성요건

본죄에 특유한 구성요건은 '타인의 자격을 모용하여' 유가증권을 작성하거
나 유가증권의 권리 또는 의무에 관한 사항을 기재하는 것이다. 타인의 자격
을 모용한다고 함은 대리권 또는 대표권이 없는 자가 타인(본인)의 대리인 또
는 대표자로서의 자격을 사칭하는 것을 말한다. 자격의 모용에는 ① 처음부터
자격이 없는 자의 자격모용, ② 자격을 상실한 자의 자격모용,[27] ③ 자격이 있
는 자라고 하더라도 권한을 초월하거나 권한 외의 사항에 관하여 유가증권을
작성하는 경우가[28] 있다. 그러나 자격있는 자의 단순한 권한남용은 본죄에 해
당하지 않고,[29] 허위유가증권작성죄를 구성할 여지가 있다.

---

26) "판결요지: 형법 제214조 제2항에 규정된 '유가증권의 권리의무에 관한 기재를 변조한다'
는 것은 진정하게 성립된 타인명의의 부수적 증권행위에 관한 유가증권의 기재내용에 작성권한
이 없는 자가 변경을 가하는 것을 말하고(대법원 1989. 12. 8. 선고 88도753 판결 참조), 어음발
행인이라 하더라도 어음상에 권리의무를 가진 자가 있는 경우에는 이러한 자의 동의를 받지 아
니하고 어음의 기재내용에 변경을 가하였다면, 이는 유가증권의 권리의무에 관한 기재를 변조한
것에 해당한다"(**대판** 2003. 1. 10, 2001 **도** 6553).

27) 대판 1991. 2. 26, 90 도 577.

28) 김성돈, 568면; 김성천, 1159면; 박상기, 512면; 백형구, 504-5면; 오영근, 711면; 이재상,
563면; 이정원, 539면; 이형국, 585면; 진/이, 654면.

29) 김성천, 1159면; 김/서, 707-8면; 박상기, 512면; 백형구, 504-5면; 오영근, 711면; 이재상,
563면; 이정원, 539면; 이형국, 585면; 정/박, 608면; 진/이, 654면.

본죄에서의 '작성'이란 유가증권의 발행과 같은 기본적 증권행위를 말하고, '기재'란 배서·보증·인수와 같은 부수적 증권행위를 말한다.

Ⅳ. 허위유가증권작성죄

<u>제216조 [허위유가증권의 작성 등]</u> "행사할 목적으로 허위의 유가증권을 작성하거나 유가증권에 허위의 사항을 기재한 자는 7년 이하의 징역 또는 3천만원 이하의 벌금에 처한다."

1. 의의, 성격

본죄는 "행사할 목적으로 허위의 유가증권을 작성하거나 유가증권에 허위의 사항을 기재함으로써 성립하는 범죄"이다. 유가증권위조·변조죄와 자격모용에 의한 유가증권작성죄가 유가증권의 '유형위조'를 처벌하는 범죄임에 반하여, 허위유가증권작성죄는 유가증권의 '무형위조'를 처벌하는 범죄이다. 본죄도 행사할 목적을 요하는 진정목적범이다.

2. 구성요건

본죄의 객관적 구성요건은 허위의 유가증권을 작성하거나 유가증권에 허위의 사항을 기재하는 것이다.

'허위의 유가증권을 작성'한다고 함은 작성권한이 있는 자가 유가증권을 작성함에 있어서 타인의 작성명의를 모용함이 없이 유가증권의 '내용'만을 허위로 기재하는 것이다. '허위'란 객관적 진실에 반하는 것을 말한다. 발행인이 주권의 발행일자를 실제보다 소급기재하여 발행한 때,[30] 화물이 선적되기도 전에 선하증권을 발행한 경우[31] 등이 이에 해당한다.

---

30) 대판 1974. 1. 15, 73 도 2041.
31) "판결요지: 선하증권 기재의 화물을 인수하거나 확인하지도 아니하고 또한 선적할 선편조차 예약하거나 확보하지도 않은 상태에서 수출면장만을 확인한 채 실제로 선적한 일이 없는 화물을 선적하였다는 내용의 선하증권을 발행·교부하였다면, 피고인들은 위 선하증권을 작성하면서 진실에 반하는 허위의 기재를 하였음이 명백할 뿐만 아니라, 위 선하증권이 허위라는 사실을 인식하였다고 볼 것이고, 피고인들이 진실에 반하는 선하증권을 작성하면서 곧 위 물품이 선적될 것이라고 예상하였다고 하여 위 각 선하증권의 허위성의 인식이 없었다고 할 수 없으며, 화물이 선적되기도 전에 이른바 선하증권을 발행하는 것이 해운업계의 관례라고 하더라도 이를 가리켜 정상적인 행위라거나 그 목적과 수단의 관계에서 보아 사회적 상당성이 있다고 할 수는 없으

대리인 · 대표자가 그 권한을 단순히 남용하여 본인 또는 회사명의로 유가
증권을 발행한 경우에는 자격모용유가증권작성죄가 아니라, 허위유가증권작
성죄가 성립할 여지가 있다.

'유가증권에 허위의 사항을 기재'한다고 함은 진정하게 성립한 기존의 유
가증권에 대하여 기재권한이 있는 자가 기본적 증권행위 또는 부수적 증권행
위에 속하는 사항의 내용을 허위로 기재하는 것을 말한다.

대법원은 배서인의 주소만을 허위로 기재하는 등 권리관계에 아무런 영향
을 미치지 않는 허위기재,[32] 주권발행 전에 주식을 양도받은 자에게 주식을 발
행하는 등 권리의 실질관계에 부합하는 허위기재는[33] 본죄를 구성하지 않는다
고 한다.

본죄의 주관적 구성요건으로는 허위의 유가증권을 작성하거나 유가증권에
허위의 사항을 기재한다는 것에 대한 인식 · 인용(고의) 이외에 행사할 목적이
있어야 한다.

3. 형 벌

7년 이하의 징역 또는 3천만원 이하의 벌금에 처한다. 징역형에 처하는 경
우에 10년 이하의 자격정지 또는 2천만원 이하의 벌금을 병과할 수 있다($\frac{제220}{조}$).
본죄의 미수범은 처벌한다($\frac{제223}{조}$). 유가증권의 유형위조에 해당하는 제214조와
제215조의 범죄에 대한 예비 · 음모를 처벌하는 것과 달리, 유가증권의 '무형
위조'에 해당하는 본죄에 대한 예비 · 음모는 처벌하지 않는다($\frac{제224조}{참조}$).

므로, 피고인들이 위 행위가 죄가 되지 아니한다고 그릇 인식하였다고 하더라도 거기에 정당한
이유가 있는 경우라고 할 수 없으므로, 허위유가증권작성죄의 죄책을 면할 수 없다"(대판 1995.
9. 29, 95 도 803).

32) "판결요지: 배서인의 주소기재는 배서의 요건이 아니므로 약속어음 배서인의 주소를 허위
로 기재하였다고 하더라도 그것이 배서인의 인적 동일성을 해하여 배서인이 누구인지를 알 수
없는 경우가 아닌 한 약속어음상의 권리관계에 아무런 영향을 미치지 않는다 할 것이고, 따라서
약속어음상의 권리에 아무런 영향을 미치지 않는 사항은 그것을 허위로 기재하더라도 형법 제
216조 소정의 허위유가증권작성죄에 해당되지 않는다"(대판 1986. 6. 24, 84 도 547).

33) "판결요지: 피고인이 주권발행 전에 주식을 양도받은 자에 대하여 주권을 발행한 경우에
가사 그 주식양도가 주권발행 전에 이루어진 것이어서 상법 제335조에 의하여 무효라 할지라도,
권리의 실체관계에 부합되어, 허위의 주권발행의 범의가 있다고 할 수 없다"(대판 1982. 6. 22,
81 도 1935).

V. 위조 등 유가증권행사죄

제217조 [위조유가증권 등의 행사 등] "위조, 변조, 작성 또는 허위기재한 전 3조 기재의 유가증권을 행사하거나 행사할 목적으로 수입 또는 수출한 자는 10년 이하 의 징역에 처한다."

1. 의의, 구성요건

본죄는 "위조·변조·작성·허위기재한 유가증권을 행사하거나, 행사할 목적으로 수입·수출함으로써 성립하는 범죄"이다.

본죄의 객체인 유가증권은 위조된 유가증권의 원본을 말하고, 이를 복사한 사본은 포함되지 않는다.[34]

본죄의 실행행위는 행사, 수입, 수출이다.

'행사'란 위조·변조·작성·허위기재한 유가증권을 진정한 유가증권 또는 내용이 진실한 유가증권으로 사용하는 것을 말한다. 위조통화행사죄의 행사와는 달리, 유가증권을 반드시 유통에 놓을 필요는 없다. 제시·교부·비치만으로도 행사가 된다. 상대방이 진정한 유가증권으로 인식할 수 있는 상태에 둠으로써 본죄는 기수가 된다(추상적 위험범). 수입·수출은 위조통화행사죄에서의 수입·수출과 동일한 의미이다.

행사죄의 경우에는 고의만으로 족하고, 수입·수출죄의 경우에는 고의 이외에 행사할 목적이 있어야 한다(진정목적범).

2. 죄   수

위조한 유가증권을 진정한 것으로 사용하여 재물을 편취한 때에는 본죄와 사기죄의 상상적 경합이 된다.

행사할 목적으로 유가증권을 위조한 후 위조유가증권을 사용하면, 전술한 바와 같이 위조유가증권행사죄만이 성립한다.

수매의 위조유가증권을 일괄하여 행사한 때에는 1개의 행사죄만이 성립한

---

34) "위조유가증권행사죄에 있어서의 유가증권이라 함은 위조된 유가증권의 원본을 말하는 것이지, 전자복사기 등을 사용하여 기계적으로 복사한 사본은 이에 해당하지 않는다"(**대판 1998. 2. 13, 97 도 2922**).

다.[35] 1매의 위조어음을 할인받고자 여러 사람에게 여러번 제시한 경우에는 수개의 행사죄의 실체적 경합범이 성립한다.

3. 형 벌

10년 이하의 징역에 처한다. 10년 이하의 자격정지 또는 2천만원 이하의 벌금을 병과할 수 있다($\frac{제220}{조}$). 본죄의 미수범은 처벌한다($\frac{제223}{조}$).

VI. 예비·음모죄

제224조 [예비, 음모] "제214조, 제215조와 제218조 제1항의 죄를 범할 목적으로 예비 또는 음모한 자는 2년 이하의 징역에 처한다."

형법은 유가증권에 관한 죄 중 '유형위조'에 해당하는 유가증권위조·변조죄, 기재의 위조·변조죄 및 자격모용에 의한 유가증권작성죄에 대해서만 그 예비·음모를 처벌하고 있다. 통화에 관한 죄의 경우와는 달리, 실행의 착수에 이르기 전의 자수에 관한 특칙은 없다. 입법론으로는 자수에 관한 특칙을 두는 것이 바람직하다고 본다.

제 3 절   개별적 범죄유형[2] — 우표·인지에 관한 죄

I. 우표·인지 등 위조·변조죄

제218조 [인지·우표의 위조 등] 제1항 "행사할 목적으로 대한민국 또는 외국의 인지, 우표 기타 우편요금을 표시하는 증표를 위조 또는 변조한 자는 10년 이하의 징역에 처한다."

1. 의의, 성격

본죄는 "행사할 목적으로 대한민국 또는 외국의 인지, 우표 기타 우편요금

---

35) 이 때 수개의 행사죄의 상상적 경합이 된다는 견해로는 김/서, 711면; 이형국, 588면; 정/박, 703면; 진/이, 658면.

을 표시하는 증표를 위조 또는 변조함으로써 성립하는 범죄"이다. 유가증권위조·변조죄(제214조 제1항)에 대응하는 범죄이다. 본죄는 행사할 목적을 요하는 진정목적범이다.

2. 구성요건

행위의 객체는 '대한민국 또는 외국의 인지, 우표 기타 우편요금을 표시하는 증표'이다. '인지'란 인지법(예: '민사소송 등 인지법')에 의하여 수수료 또는 인지세의 납부방법으로 정부 기타 발행권자가 일정금액을 표시하여 발행한 증표를 말한다. '우표'란 우편법(제1조의 2 제5호, 제21조)에 의하여 우편요금의 선납과 우표수집 취미의 문화를 확산시키기 위하여 정부(과학기술정보통신부장관)가 일정금액을 표시하여 발행한 증표를 말한다. 일반우표 이외에 기념우표도 포함한다. '우편요금을 표시하는 증표'란 우표가 아니면서 우표에 대신하는 기능을 하는 증표를 말한다. 요금별납표시 등의 스탬프식 증표가 이에 속한다.

3. 예비·음모

형법은 우표와 인지에 관한 죄 중에서 인지·우표의 위조·변조죄(제218조 제1항)에 한하여 그 예비·음모를 처벌하고 있다(제224조).

4. 형 벌

10년 이하의 징역에 처한다. 10년 이하의 자격정지 또는 2천만원 이하의 벌금을 병과할 수 있다(제220조). 본죄의 미수범은 처벌한다(제223조).

Ⅱ. 위조 등 우표·인지행사죄

제218조 제2항 "위조 또는 변조된 대한민국 또는 외국의 인지, 우표 기타 우편요금을 표시하는 증표를 행사하거나 행사할 목적으로 수입 또는 수출한 자도 제1항의 형과 같다."

본죄는 "위조 또는 변조된 대한민국 또는 외국의 인지·우표 기타 우편요금을 표시하는 증표를 행사하거나, 행사할 목적으로 수입·수출함으로써 성립하는 범죄"이다. 위조 등 유가증권행사죄(제217조)에 대응하는 범죄이다. 행위

태양이 '행사'인 경우에는 비목적범(非目的犯)이고, '수출 또는 수입'인 경우에
는 진정목적범이다.

　본죄에서의 행사란 위조·변조된 인지·우표를 진정한 것으로 사용하는
것을 말한다. 반드시 우표나 인지의 본래 용도에 따라 사용하는 것에 국한되
지 않고, 우표수집의 대상으로 거래하는 경우도 포함한다.[36)]

Ⅲ. 위조 등 우표·인지취득죄

> 제219조 [위조인지·우표 등의 취득] "행사할 목적으로 위조 또는 변조한 대한민
> 국 또는 외국의 인지, 우표 기타 우편요금을 표시하는 증표를 취득한 자는 3년 이하
> 의 징역 또는 1천만원 이하의 벌금에 처한다."

　본죄는 "행사할 목적으로 위조 또는 변조한 대한민국 또는 외국의 인지·
우표 기타 우편요금을 표시하는 증표를 취득함으로써 성립하는 범죄"이다. 위
조·변조통화취득죄($_{조}^{제208}$)에 대응하는 범죄이다. '취득시'에 위조 또는 변조된
우표·인지라는 것에 대한 고의가 있어야 할 뿐만 아니라, 행사할 목적으로
취득할 것을 요한다(진정목적범).

Ⅳ. 우표·인지 등 소인말소죄

> 제221조 [소인말소] "행사할 목적으로 대한민국 또는 외국의 인지, 우표 기타 우
> 편요금을 표시하는 증표의 소인 기타 사용의 표지를 말소한 자는 1년 이하의 징역
> 또는 300만원 이하의 벌금에 처한다."

　본죄는 "외국의 인지, 우표 기타 우편요금을 표시하는 증표의 소인 기타
사용표지를 말소함으로써 성립하는 범죄"이다.

　행위의 객체는 인지·우표의 소인(消印)이나 우편요금을 표시하는 증표의
사용표지이다. 실행행위는 말소이다. '말소'란 우표·인지에 진정하게 찍혀 있
는 소인이나 우편요금표시증표가 사용된 흔적을 소멸시켜서 재차 사용할 수
있게 하는 일체의 행위를 말한다. 그 수단·방법은 불문한다. 고의 이외에 행

---

36) 대판 1989. 4. 11. 88 도 1105.

사할 목적이 있어야 한다(진정목적범).

V. 우표·인지 유사물제조 등 죄

<u>제222조 [인지·우표 유사물의 제조 등] 제1항</u> "판매할 목적으로 대한민국 또는 외국의 공채증서, 인지, 우표 기타 우편요금을 표시하는 증표와 유사한 물건을 제조, 수입 또는 수출한 자는 2년 이하의 징역 또는 500만원 이하의 벌금에 처한다." <u>제2항</u> "전항의 물건을 판매한 자도 전항의 형과 같다."

본죄는 "판매할 목적으로 대한민국 또는 외국의 공채증서·인지·우표 기타 우편요금을 표시하는 증표와 유사한 물건을 제조·수입·수출하거나, 이를 판매함으로써 성립하는 범죄"이다. 통화유사물제조죄($\frac{제211}{조}$)에 대응하는 범죄이다.

행위의 객체는 공채증서·인지·우표 기타 우편요금을 표시하는 증표와 '유사한 물건'(유사물)이다. 유사물이란 일반인이 진정한 공채증서·인지·우표 또는 우편요금표시증표로 오인할 정도의 외관을 지니지 않았기 때문에, 위조품이라고 볼 수 없는 수준의 모조품을 말한다.

제 9 장 문서에 관한 죄

제 1 절 개 설

Ⅰ. 의의, 성격, 보호법익

문서에 관한 죄(문서죄)란 "행사할 목적으로 문서를 위조·변조·허위작성하거나, 위조·변조·허위작성된 문서를 행사하거나, 진정한 문서를 부정행사하거나, 전자기록을 위작·변작함으로써 성립하는 범죄"이다.

범죄학적 관점에서 보자면, 문서에 관한 죄는 사기죄에 있어서 '기망'의 수단으로 행해지는 경우가 많다. 이러한 범죄학적 특성을 고려하여, 문서죄를 사기죄와 같은 장에서 함께 규정한다든지[1] 재산죄 중의 한 장으로 규정하고 있는[2] 입법례가 있다. 그러나 문서죄는 재산죄에 한하지 않고 증거인멸죄·공무원자격사칭죄 등 널리 다른 범죄의 수단이 될 수 있으므로, 재산범죄와는 별개의 성격을 지닌 범죄로 이해함이 타당하다. 우리 형법은 재산죄 내지 사기죄에 대한 문서죄의 '독자성'을 인정하여, 사회적 법익에 대한 범죄의 한 장(제20장)으로 규정하고 있다.

그리고 현행형법상 문서죄에 있어서 문서위조·변조죄, 자격모용에 의한 문서작성죄, 허위공문서작성죄 등은 "행사할 목적"을 요하는 '진정목적범'으로 규정되어 있다.

문서에 관한 죄의 보호법익은 '문서에 대한 공공의 신용'이며(통설[3] 및 판례[4]),

---

1) 예컨대 미국 모범형법전은 제224장에서 위조죄와 사기죄를 함께 규정하고 있다.
2) 예컨대 독일형법은 제23장에서 문서죄를 규정하고 있는데, 제22장 사기·배임죄와 제24장 파산죄의 사이에 위치하고 있으며, 또한 문서죄의 기본적 구성요건(제267-269조)에 "법적 거래에 있어서 기망하기 위하여"(zur Täuschung im Rechtsverkehr)라는 요건을 명시함으로써 문서죄의 기망수단으로서의 성격을 인정하고 있다.
3) 통설은 문서죄의 보호법익을 '문서에 대한 거래의 안전과 신용'이라고 하고 있으나, 독일형

사회적 법익에 속한다. 법익보호의 정도는 '추상적 위험범'이다(통설). 그러므로 문서죄가 성립하기 위하여 문서에 대한 공공의 신용이 훼손되거나 상대방에게 손해가 발생하거나 또는 이러한 구체적 위험이 발생할 필요는 없다.

II. 법익의 보호방식에 관한 입법주의

1. 형식주의와 실질주의

문서에 대한 공공의 신용을 보호함에 있어서도 그 보호방식에 있어서 차이가 있을 수 있다. 이에 관한 입법주의로서는 형식주의와 실질주의가 있다. 문서의 '성립의 진정'(Echtheit)에 대한 공공의 신용을 보호하고자 하는 입법주의를 「형식주의」라고 하고, 문서의 '내용의 진실'(inhaltliche Wahrheit)에 대한 공공의 신용을 보호하고자 하는 입법주의를 「실질주의」라고 한다. 형식주의는 문서의 내용이 진실에 합치하는가를 불문하고 작성명의를 모용(冒用: 사칭, 도용(盜用)을 의미함)하는 경우에[5] 문서죄의 성립을 인정하고자 함에 반하여, 실질주의는 작성명의의 모용이 없더라도 작성한 문서의 내용이 진실에 반하는 경우에 문서죄의 성립을 인정하고자 한다.

작성명의를 모용하는 행위, 즉 작성권한없이 타인명의의 문서를 작성하는 행위를 '유형위조'(有形僞造)라 하고, 작성권한있는 자가 진실에 반하는 내용의 문서를 작성하는 행위를 '무형위조'(無形僞造)라 한다. 그러므로 형식주의는 유형위조를 처벌하고자 하는 입법주의이고, 실질주의는 무형위조를 처벌하고자 하는 입법주의이다.

형식주의에 의하면, 문서의 작성명의인과 실제 작성자가 다른 경우-유형위조-에는 문서의 내용이 진실하더라도 문서위조죄가 성립하고, 작성명의인과 실제 작성자가 동일하다면 문서의 내용이 진실에 반하는 경우-무형위조

법처럼 "법적 거래에 있어서 기망하기 위하여"란 구성요건이 명시되지 않은 우리 형법의 해석으로는 '거래수단'으로서의 문서기능 이외에 '증명수단'으로서의 문서의 사회적 기능에 대한 신용을 포괄하는 의미에서 문서죄의 보호법익을 널리 '문서에 대한 공공의 신용'이라고 표현함이 보다 더 적절하다고 본다.

4) "문서위조 또는 변조 및 동 행사죄의 보호법익은 문서 자체의 가치가 아니고 문서에 대한 공공의 신용이므로"(대판 1993. 7. 27, 93 도 1435).

5) 작성명의의 모용이라 함은 문서의 작성자가 아무런 권한없이 타인명의의 문서를 작성함으로써 문서의 실제 작성자와 문서의 작성명의인이 불일치함을 의미한다.

-에도 문서위조죄가 성립하지 않는다. 그러나 실질주의에 의하면, 문서의 내용이 진실에 반하는 경우-무형위조-에는 작성명의인과 실제 작성자가 동일하다고 하더라도 문서위조죄가 성립하고, 문서의 내용이 진실하다면 작성명의인과 실제 작성자가 동일하지 않은 경우-유형위조-에도 문서위조죄가 성립하지 않는다.

독일형법은 형식주의($_{조}^{제267}$)를 원칙으로 하고, 예외적으로 실질주의($_{348조}^{제271,}$ $^{277, 279}$)를 채택하고 있다. 그러나 프랑스형법은 실질주의($_{조 제1항}^{제441-1}$)의 입장이다.[6]

2. 현행형법의 입장

현행형법은 원칙적으로 형식주의의 입장에 서 있으면서, 예외적으로 실질주의를 가미하고 있다($_{설}^{통}$). 우리 형법은 공문서인가 사문서인가를 불문하고 모든 문서에 대하여 작성명의 모용이 있으면 문서위조죄로 처벌한다($_{231조}^{제225,}$). 그러나 작성명의 모용이 없는 경우에는 공문서에 한하여 진실에 반하는 내용의 문서작성행위를 처벌하고($_{문서작성죄}^{제227조 허위공}$), 사문서에 대하여는 예외적으로 허위진단서작성죄($_{조}^{제233}$)에 한하여 허위문서작성행위를 처벌한다. 즉 우리 형법은 ① 사문서에 대하여는 a) 원칙적으로 유형위조만을 처벌하되, b) 예외적으로 허위진단서작성죄에 한하여 사문서의 무형위조를 처벌하고, ② 공문서에 대하여는 유형위조를 처벌할 뿐만 아니라 무형위조인 경우를 허위공문서작성죄로 처벌하고 있다.

판례도 타인명의의 사문서에 권한없이 변경을 가한 경우에 문서의 내용이 진실하다고 하더라도 사문서변조죄가 성립한다고 함으로써,[7] 사문서에 대한 유형위조를 처벌한다는 입장-사문서에 있어서의 형식주의-임을 밝히고 있는 한편, 사문서의 무형위조는 처벌대상이 되지 않는다고 한다.[8]

---

6) 프랑스형법 제441-1조 [문서위조] 제1항 "권리 또는 법률적 효력을 지니는 사실에 관하여 그 증명을 목적으로 하거나 그에 유용하게 쓰일 수 있는 문서에 대하여 또는 기타 모든 사상표현수단에 대하여 손해를 야기하는 불법한 변경을 가하여 그 진실을 해치는 모든 행위는 방법 여하를 불문하고 문서위조를 구성한다."

7) "사문서변조에 있어서 그 변조당시 명의인의 명시적, 묵시적 승낙없이 한 것이면 변조된 문서가 명의인에게 유리하여 결과적으로 그 의사에 합치한다 하더라도 사문서변조죄의 구성요건을 충족한다 할 것"(대판 1985. 1. 22, 84 도 2422).

8) "판결요지: 이사회를 개최함에 있어 공소 외 이사들이 그 참석 및 의결권의 행사에 관한 권한을 피고인에게 위임하였다면, 그 이사들이 실제로 이사회에 참석하지도 않았는데 마치 참석하여 의결권을 행사한 것처럼 피고인이 이사회 회의록에 기재하였다 하더라도, 이는 이른바 사문

Ⅲ. 문서의 개념

1. 협의의 문서

문서죄에 있어서 행위의 객체는 증명서, 영수증, 계약서 등과 같은 '문서'이다. 「문서」(Urkunde)란 개념은 "문자 또는 이를 대신할 부호에 의하여 사람의 의사 또는 관념이 표시된 물체"라고 정의할 수 있다. 문자와 같이 발음적 부호로 표시된 문서를 협의의 문서라고 하고, 여기에 상형적 부호로 표시된 도화(圖畵)를 포함하여 광의의 문서라고 한다. 문서죄의 보호법익은 문서에 대한 '공공의 신용'이므로, 모든 문서가 문서죄의 객체가 될 것은 아니고, 공공의 신용과 관련하여 보호가치가 있는 문서에 국한되어야 할 것이다.[9] 따라서 문서죄의 객체는 해석상 '법적으로 중요한 사실을 증명할 만한 문서'로 국한되고 있다(「제한해석」-통설[10] 및 판례[11]). 형법 제231조는 사문서위조·변조죄의 객체를 "권리의무 또는 사실증명에 관한 문서"로 한정해서 명시하고 있다.

이러한 문서개념의 설명으로부터, 문서죄에서의 문서란 a) 사람의 의사 또는 관념이 '문자 또는 부호에 의하여 지속적으로 표시될 것'(지속적 기능), b) '법적으로 중요한 사실을 증명할 만한 것'일 것(증명적 기능), c) 문서의 보증인으로 인식되는 '작성명의인이 표시될 것'(보증적 기능)이라는 세 가지 기능을 개념요소로 한다. 이 세 기능을 분설하기로 한다.

서의 무형위조에 해당할 따름이어서 현행형법 아래에서는 처벌대상이 되지 아니한다"(**대판** 1985. 10. 22, 85 도 1732. 同旨, 대판 1984. 4. 24, 83 도 2645; 1983. 4. 12, 83 도 328).

9) 문서를 '행위의 객체'로 하는 범죄는 문서죄 이외에 음란물죄(형법 제243조), 비밀침해죄(제316조), 손괴죄(제366조) 등이 있다. 각각의 범죄에 있어서의 문서개념은 서로 다른데, 범죄의 본질과 보호법익에 따라 달리 해석된다.

10) 권오걸, 1029면; 김성돈, 577면; 김/서, 720-1면; 박상기, 521면; 배종대, 690면; 손동권, 624면; 오영근, 722면; 이재상, 572면; 이정원, 547면; 이형국, 601면; 정/박, 614면; 정영일, 577면; 진/이, 664면.

11) "형법상 문서에 관한 죄에 있어서 문서라 함은 문자 또는 이에 대신할 수 있는 가독적 부호로 계속적으로 물체상에 기재된 의사 또는 관념의 표시인 원본 또는 이와 사회적 기능, 신용성 등을 동시할 수 있는 기계적 방법에 의한 복사본으로서 그 내용이 법률상, 사회생활상 주요사항에 관한 증거로 될 수 있는 것을 말하는 것"(대판 1995. 9. 5, 95 도 1269). "형법상 문서에 관한 죄에 있어서 문서라 함은 문자 또는 이에 대신할 수 있는 가독적 부호로 계속적으로 물체상에 기재된 의사 또는 관념의 표시로서 그 내용은 법률상, 사회생활상 주요사항에 관한 증거로 될 수 있는 것을 말하며"(대판 1985. 6. 25, 85 도 758).

(1) 지속적 기능

문서는 사람의 일정한 내용의 의사 또는 관념이 문자 또는 부호에 의하여 표시됨으로써 '지속성'이 있어야 한다.

(가) 의사·관념 표시의 지속성   문서는 의사 또는 관념의 표시가 물체에 고정되어 지속될 것을 필요로 한다. 문서의 지속성은 영구적일 필요는 없으나 사회통념상 어느 정도 지속성을 띠어야 한다. 따라서 구두에 의한 의사표현이라든가 흙이나 눈 위에 쓴 글 등은 지속성이 없으므로 문서가 될 수 없다. 그러나 지속성이 인정되는 한, 연필·잉크·먹으로 쓰여지거나, 수기(手記)뿐만 아니라 타자기·컴퓨터·인쇄기 등을 사용하여 쓰여진 물체도 문서가 될 수 있다.

의사가 표시된 물체(유체물)는 종이에 한하지 않고, 금속·목판·천·석재·피혁·도자기라도 무방하다.

(나) 의사 또는 관념의 표시   문서는 문서의 존재 자체가 아니라 문서에 '일정한 내용의 의사 또는 관념'이 표시된다는 점에 그 의의가 있다. 여기에서 의사의 표시라 함은 민법상의 의사표시를 의미하는 것은 아니고, 단순히 생각의 표현(Gedankenerklärung)을 뜻한다. 따라서 민법상의 의사표시처럼 표시의사가 필요한 것도 아니고, 민법상 무효라든가 또는 취소할 수 있는 의사표시라 할지라도 일정한 생각이 표현된 이상 본죄의 문서가 된다.

의사 또는 관념의 표시가 없고 단지 물체의 존재나 형상을 증명대상으로 삼는 '검증의 목적물'(예: 혈흔·지문이 묻은 종이)은 문서에 속하지 않는다.

(다) 의사 또는 관념의 표시방법   의사 또는 관념의 표시방법은 '문자'와 문자에 대신할 '시각적 부호'이다. 문자와 부호는 의사 또는 관념의 표현가능성과 해독가능성(가독성(可讀性))에 의의가 있다. 그러므로 문자는 한글 이외에 외국어 그리고 현재 사용되지 않더라도 가독성이 있는 한 고대문자를 포함한다.

부호는 문자에 대신할 수 있는 시각적·가독적 형상을 말한다. 속기용 부호, 전신부호, 수학·논리학·통계학의 상징기호가 이에 속한다. 맹인용 점자는 시각적 문자에 대신하여 시각장애인을 위하여 특별히 고안된 부호이다. 그러나 본인만이 또는 특정인 사이에서만이 해독할 수 있는 부호(예: 암호)로 표시된 물체는 문서가 아니다. 그리고 시각적 방법이 아니고 청각적 방법에 의하여 그 내용을 이해·공감하기 위한 음반·녹음테이프 등은 문서가 될 수 없다. 컴퓨터에 입력된 자료 기타 특수매체기록은 출력되지 않는 한, 문자·부호에 의한 시각적 가독성이 결여되어 있기 때문에 문서에 포함될 수 없다.

(협의의) 문서는 의사 또는 관념이 발음적 부호에 의하여 표시된 경우이고, '도화'는 상형적 부호에 의하여 표시된 경우이다. 건축설계도·기계설비제작도·지적도가 도화에 속한다. 자동차의 번호판이나 도로교통표지판은 '공인(公印) 등 위조·부정사용죄'($\frac{제238조}{제1항}$)의 객체인 공기호(公記號)에 속한다.

의사 또는 관념의 표시는 반드시 문장의 형식으로 행해질 필요는 없다. 문장의 일부 요소가 생략되어 문장형식을 갖추지 못한 '생략문서'라고 하더라도 그 자체로부터 일정한 의사 내지 관념을 해독할 수 있는 한 문서에 속한다.[12] 접수일부인(接受日附印)[13]·전세계약서의 확정일자인·금융기관의 지급전표나 입금전표·백지위임장 등이 그 예이다.

서화에 표시된 '예술가의 서명 또는 낙관'이 문서에 해당하는가에 관하여는 견해가 대립한다. 서명 또는 낙관은 예술가가 자기의 작품이라는 의사를 표시한 생략문서라고 보아 문서에 속한다는 견해가 있다.[14] 그러나 형법은 특정인이 자신의 동일성을 표시하는 상형(象形) 또는 문자를 인장 또는 서명으로 파악하여, 별도의 인장·서명위조죄($\frac{제239조}{제1항}$)를 규정하고 있는 이상, 예술가의 서명·낙관은 인장에 관한 죄의 객체가 될 뿐이라고 해석함이 타당하다($\frac{통}{설}$).[15]

'기계적 기록'은 문서에 속하지 않는다. 기계적 기록은 의사 또는 관념을 표시하는 것이 아니라 외부적 상황을 자동적으로 기록할 뿐이기 때문이다. 자동차의 주행미터기·택시요금미터기·전기 또는 수도의 사용미터기 등에 있어서의 기록이 그 예이다. 그리고 마이크로필름·컴퓨터디스켓과 같은 특수매체에 기록된 것이 프린터 등에 의하여 가시적 문자로 출력된 경우라고 하더라

---

12) "이른바 생략문서라는 것도 그것이 사람 등의 동일성을 나타내는 데에 그치지 않고 그 이외의 사항도 증명, 표시하는 한 이는 인장이나 기호가 아니라 문서로서 취급하여야 할 것이다"(대판 1995. 9. 5, 95 도 1269).

13) "신용장에 날인된 은행의 접수일부인이 사실증명에 관한 사문서에 해당되고, 피고인이… 위탁된 권한을 넘어서 이 건 신용장에 허위의 접수인을 날인한 것이 사문서위조행위에 해당한다"(대판 1979. 10. 30, 77 도 1879).

14) 김성천, 1172면; 이재상, 574면.

15) 권오걸, 1031-2면; 김성돈, 578면; 김/서, 723면; 박상기, 521면; 배종대, 689면; 오영근, 722면; 유기천, 하권, 135면; 이형국, 599-600면; 정/박, 616면; 황산덕, 134면.

도 작성명의인이 없는 한, 문서에 속하지 않는다. 다만 기계적 기록은 신설된 '전자기록위작·변작죄'($\begin{smallmatrix}제227조의 2\\제232조의 2\end{smallmatrix}$)의 객체가 될 수는 있다. 그러나 기계적 기록 내지 전자적 기록이 자기띠에 수록되어 있어도 이 자기띠가 카드번호와 카드 발행자 등이 문자로 인쇄된 플라스틱 카드에 부착되어 있는 경우에는 그 자기 띠 부분은 카드의 나머지 부분과 불가분적으로 결합되어 전체가 하나의 문서 를 구성한다($\begin{smallmatrix}판\\례\end{smallmatrix}$).[16]

(라) **의사·관념 표시의 정도**   의사 또는 관념은 '구체적·확정적'으로 표 시되어야 한다. 그러므로 구체적 의사가 기재되지 않은 서류양식이라든가, 소 설·시·노래가사 등의 예술작품 및 연애편지도 의사 또는 관념을 추상적으 로 표시한 데 불과하고 구체성이 없으므로 문서에 속하지 않는다.

〈**관련문제 1: 복본·등본·사본의 문서성**〉

문서란 의사 또는 관념이 표시·화체된 물체 자체를 말하기 때문에, 원본 (Original)만이 문서성을 가진다고 말할 수 있다. 그런데 복본(複本)은 작성명의인 이 증명용으로 수통의 문서를 작성한 것이므로, 정본(正本)뿐만 아니라 복본도 문 서에 속한다.

그러나 등본과 사본은 ① 의사 또는 관념이 표시된 물체 자체가 아니고 원본의 복사·재현에 불과하며, ② 명의인에 의한 보증적 기능이 결여되어 있으므로, 문서 에 속하지 않는다. 다만 원본과 상위(相違)없다는 취지의 '인증'(認證)이 있는 등본 과 사본은 문서의 세 개념요소를 충족하는 것으로서 문서에 속한다.

〈**관련문제 2: 복사문서의 문서성**〉

기계(예: 전자복사기, 모사전송기)로 사진복사된 '복사문서'(Fotokopie)는 원본이 아니고 사본에 해당하므로, 전통적인 문서개념에 의하면 인증이 없는 한 문서에 속 하지 않는다. 판례도 복사문서의 문서성을 부정하고 있었으나,[17] 1989년에 선고된

---

16) "사용자에 관한 각종 정보가 전자기록되어 있는 자기띠가 카드번호와 카드발행자 등이 문 자로 인쇄된 플라스틱 카드에 부착되어 있는 전화카드의 경우, 그 자기띠 부분은 카드의 나머지 부분과 불가분적으로 결합되어 전체가 하나의 문서를 구성"(**대판 2002. 6. 25, 2002 도 461**).

17) "위 부동산임대차계약서는 피고인이 위조한 부동산임대차계약서 자체가 아니라 이를 복사 한 사본이라는 것이니, 위조한 사문서의 사본을 제시한 것만으로는 형법 제234조가 규정한 위조 사문서의 행사죄에 해당한다고 볼 수 없다는 것이 당원의 일관된 견해(대법원 1969. 11. 26, 69 모 85 결정; 1981. 12. 22. 선고 81도2715 판결 등 참조)로서 소론과 같이 복사기술이 향상된 기 계적 방법에 의하여 복사된 사본의 경우는 원본과 같이 보아야 할 법리상 근거도 없으므로, 논지 는 독자적 견해에 불과하여"(대판 1985. 11. 26, 85 도 2138. 同旨, 대판 1986. 2. 25, 85 도 2835; 1983. 11. 8, 83 도 1948; 1978. 4. 11, 77 도 4068 – 전원합의체 등).

대법원의 전원합의체판결(대판1989. 9. 12.)에서 "사진기나 복사기 등을 사용하여 기계적인 방법에 의하여 원본을 복사한 문서, 이른바 복사문서는 사본이더라도 필기의 방법 등에 의한 단순한 사본과는 달리 복사자의 의식이 개재할 여지가 없고, 그 내용에서부터 규모, 형태에 이르기까지 원본을 실제 그대로 재현하여 보여주므로 관계자로 하여금 그와 동일한 원본이 존재하는 것으로 믿게 할 뿐만 아니라 그 내용에 있어서도 원본 그 자체를 대하는 것과 같은 감각적 인식을 가지게 하고, 나아가 오늘날 일상거래에서 복사문서가 원본에 대신하는 증명수단으로서의 기능이 증대되고 있는 실정에 비추어 볼 때 이에 대한 사회적 신용을 보호할 필요가 있으므로, 복사한 문서의 사본은 문서위조 및 동 행사죄의 객체인 문서에 해당한다"고 함으로써, 복사문서의 문서성을 인정하는 입장으로 전환하였다(판례변경).

1995년의 형법개정에서는 "전자복사기, 모사전송기 기타 이와 유사한 기기를 사용하여 복사한 문서 또는 도화의 사본도 문서 또는 도화로 본다"라고 하는 특별규정(제237조의2)을 신설함으로써, 상술한 대법원판결에 대하여 명시적인 법률근거를 마련하였다.[18] 오늘날 복사기술의 발달로 말미암아 원본과 똑같이 복사한 문서의 사본이—비록 인증이 없다고 하더라도—사회에서 증명수단으로서의 중요한 기능을 하고 있는 실정에 비추어, 복사문서에 대한 사회적 신용도 형법에 의하여 보호할 필요가 있다는 취지에서 신설된 조문이다.[19]

(2) 증명적 기능

문서는 '법적으로 중요한 사실을 증명할 만한 것'이어야 한다. 따라서 문서는 법적으로 중요한 사실을 ① 증명하기에 적합하고 확정적이어야 하며(객관적 증명능력), ② 증명하기 위하여 작성된 것이어야 한다(주관적 증명의사).

(가) 객관적 증명능력　　문서의 내용은 법률상 또는 사회생활상 중요한 사실을 증명할 만한 것이어야 한다(증명의 적합성). 매매계약서·은행예금인출청구서·유언장·고소장 등과 같이 권리의무의 발생·유지·변경·소멸과 관련된 법률상 중요사실을 표시한 문서와 주민등록표·등기부·신분증명서·회의록·영수증·이력서·추천서 등과 같이 권리의무 이외의 사항으로서 사회생활상 중요사실을 표시한 문서가 있다. 외부적으로 명백히 무효인 문서, 거래대상이 되지 않는 역사적 유물에 불과한 문서 등은 증명의 적합성이

---

18) 그러나 독일형법에는 복사문서의 문서성을 인정하는 조문이 없을 뿐더러, 학설상으로도 인증없는 복사문서의 문서성을 부정하는 견해가 다수설이다(Haft, BT, S. 241; D. Kienapfel, "Urkundenbegriff und Rechtserheblichkeit", ZStW 82. Bd., S. 360; Wessels, BT-1, S. 162. BGH St. 24/140).

19) 형법개정법률안 제안이유서, 233면.

없다.

'증명'이라 함은 의사 또는 관념의 표시가 그 자체의 내용상 또는 다른 상황과 결합하여 확신을 형성하거나 강화하는 데 기여함을 의미한다.

〈관련문제: 문서죄의 객체는 진정문서인가 또는 부진정문서인가?〉

증명의 '적합성'과 관련하여, 문서의 작성명의인과 실제 작성자가 일치하는 '진정문서'만이 문서죄의 객체가 되는가, 아니면 명의인과 작성자가 불일치하는 '부진정문서'도 문서죄의 객체가 되는가가 논의되고 있다. 다수설에 의하면,[20] 부진정문서는 해당문서가 위조 또는 변조되었다는 사실을 조사하기 위한 검증의 목적물에 불과하고, 또 부진정문서에 대해서까지 공공의 신용을 보호할 필요는 없다고 보아, 진정문서만이 문서죄의 객체가 된다고 한다.

그러나 문서'위조'란 작성자가 명의인인 것처럼 기망하는 '외관상의 문서'를 작성하는 행위이다.[21] 환언하자면, 문서'위조'란 외관상 진정문서'처럼' 보이는 '부진정'문서(unechte Urkunde) — 명의인과 작성자가 불일치하는 문서 — 를 권한없이 작성하는 행위이다. 이 때 명의인과 작성자가 일치하는 진정문서는 위조의 '모방대상'(模倣對象)으로 존재하거나 가상(假想)될 뿐이다.[22] 위조의 객체와 위조의 모방대상은 구별되어야 한다. 요컨대 문서'위조'죄에서 (물리적으로 지각가능한) 행위의 객체는 '부진정문서'라고 함이 타당하다.[23]

한편 문서'변조'는 명의인이 아닌 자가 이미 존재하는 진정문서의 내용을 권한없이 변경하는 행위이므로, 문서변조죄의 객체는 항상 '진정문서'가 된다. 대법원은 문서'변조'죄의 객체를 진정문서로 보고 있다.[24]

위조문서 또는 변조문서의 '행사'죄는 각각 부진정문서 또는 진정문서를 객체로 한다.

(나) 주관적 증명의사   문서는 법적으로 중요한 사실을 '증명하기 위한 것'이어야 한다. 따라서 '증명의사'가 필요하다. 증명의사의 발생시기와 관련하여,

---

20) 박상기, 522면; 배종대, 690면; 이재상, 575면; 정/박, 618면; 정영일, 579-80면; 진/이, 668면.
21) 문서위조죄의 객체가 '외관상 문서'라는 점을 자세히 밝히고 있는 견해로서는 류전철, "형법상 문서개념의 재구성", 형사법연구, 제11호, 1999. 5, 237-42면 참조.
22) 위조의 모방대상인 진정문서가 증명의 적합성(객관적 증명능력)을 갖고 있는가라는 점은 별개의 문제이다.
23) 비슷한 주장으로는 김일수, 572면.
24) "공문서변조라 함은 권한없이 이미 진정하게 성립된 공무원 또는 공무소명의 문서내용에 대하여 그 동일성을 해하지 아니할 정도로 변경을 가하는 것을 말한다 할 것인바, 본건에서의 폐품반납증은 이미 허위로 작성된 공문서이므로 형법 제225조 소정의 공문서변조죄의 객체가 되지 아니한다"(**대판** 1986. 11. 11, 86 도 1984).

처음부터 증명의사를 가지고 작성된 문서를 '목적문서'(目的文書)라 하고, 작성 후에 증명의사가 발생한 문서를 '우연문서'(偶然文書)라고 한다. 공문서는 항상 목적문서이지만, 사문서는 목적문서일 수도 있고 우연문서일 수도 있다.

증명의사는 '확정적'일 것을 요한다. 단순한 초안·초고, 개인의 일기 또는 비망록은 확정적 증명의사가 없으므로 문서에 속하지 않는다. 그러나 가계약서·가영수증 등과 같이 기한부 의사로 작성된 것도 확정적 증명의사가 있는 한, 문서에 속한다.

(3) 보증적 기능

문서에는 의사 또는 관념을 표시한 주체, 즉 '작성명의인'(Aussteller)이 있어야 한다. 문서에 대한 공공의 신용은 작성명의인에 대한 신용을 토대로 하고 있다. 명의인에 의하여 문서에 표시된 의사 또는 관념의 내용이 '보증'된다. 의사 또는 관념의 표시내용의 보증인(Garant)으로 인식되는 명의인이 존재하는 경우에 문서로서의 보호가치가 인정되는 것이다.

작성명의인이란 문서에 나타난 의사나 관념 표시의 주체이다. 육체적 관점이 아니라 정신적 관점에서 보아 의사 또는 관념 표시의 내용이 유래된 자(정신설(精神說)), 의사 또는 관념 표시의 내용이 귀속되는 자가 명의인이다. 따라서 대리인에 의한 의사표시에서는 대리인이 아니라 대리권수여자가 작성명의인이 된다. 대리권이 없음에도 불구하고 대리권이 있는 것으로 가장하여, 즉 대리인의 자격을 모용하여 문서를 작성한 경우에는 형법상 '자격모용에 의한 문서작성죄'(제226조·제232조)라고 하는 별도의 범죄가 성립한다.[25]

문서의 '작성자'란 문서를 실제로 작성한 자, 즉 의사나 관념 표시의 내용을 물체에 현실적으로 화체시킨 자를 말한다.

작성명의인은 의사나 관념 표시의 주체가 누구인가를 인식할 수 있어야 하므로, '특정'될 필요가 있다(「작성명의인의 인식가능성과 특정성」). 작성명의인이 없는 '무명'(無名)의 문서 또는 명의인이 불특정한 '명의인 불명(不明)'의 문서(예: 명의인이 정의의 수호자 홍길동으로 표시된 협박장)는 문서죄에서의 문서가 아니다. 명의인은 문서의 내용·전체맥락·형식·외관 등으로 보아 특정인임을 인식할 수 있을 정도가 되어야 하지만,[26] 반드시 성명이나 서명 내지 날인

---

25) 자격모용에 의한 문서작성은 유형위조에 속한다.
26) "허위공문서작성죄에 있어서의 객체가 되는 문서는 문서상 작성명의인이 명시된 경우뿐

이 있어야 하는 것은 아니다.[27] 명의인은 자연인에 국한되지 않고, 법인 또는 법인격없는 단체라도 가능하다.

작성명의인의 인식가능성 및 특정성과 관련하여 다음과 같은 문제가 있다.

〈문제: 사자 또는 허무인 명의의 문서〉

사자(死者) 또는 허무인(虛無人) 명의의 문서도 문서죄에서의 문서에 해당하는가가 논의된다. 이는 문서의 명의인이 특정되어 있다고 하더라도 그 특정인이 '실재'하는 생존인물이어야 하는가라는 문제이다. '익명'(匿名: 본 이름을 숨김)의 고발장·진정서가 허무인·가공인(架空人) 또는 사자의 명의로 작성되는 경우가 많은데, 이 때에도 문서위조죄의 성립을 긍정할 것인가가 문제된다.

대법원은 종래 '공문서'에는 명의인이 실재할 필요가 없다는 입장에서 허무인 명의의 공문서위조죄의 성립을 긍정하는[28] 반면에, '사문서'에는 명의인의 실재를 요한다는 취지에서 허무인 명의로 된 사문서위조죄의 성립을 부정하였으며,[29] 또한 사자 명의로 된 사문서에 있어서도 작성일자가 명의인의 생존 중의 일자로 된 경우가 아니라면 사문서위조죄는 성립하지 않는다고 하였다.[30] 그러나 최근 전원합의체 판결을 통하여 명의인이 허무인 또는 사자인 경우에 공문서나 사문서를 구별하지 않고 모두 문서위조죄가 성립한다고 판시함으로써[31] 통설과 같은 견지에 서게 되었다

아니라 작성명의인이 명시되어 있지 아니하더라도 문서의 형식·내용 등 그 문서 자체에 의하여 누구가 작성하였는가를 추지할 수 있을 정도의 것이라야만 위 죄의 객체가 될 수 있는 문서라고 할 수 있는 것"(대판 1973. 9. 29, 73 도 1765).

27) "사문서의 작성명의자의 인장이 찍히지 않았더라도, 그 사람의 상호와 성명이 기재되어 그 명의자의 문서로 믿을 만한 형식과 외관을 갖춘 경우에는 사문서에 해당된다"(대판 2000. 2. 11, 99 도 4819). "사문서의 작성명의자의 인장이 압날되지 아니하고 주민등록번호가 기재되지 않았다고 하더라도, 일반인으로 하여금 그 작성명의자가 진정하게 작성한 사문서로 믿기에 충분할 정도의 형식과 외관을 갖추었으면 사문서위조죄 및 동행사죄의 객체가 되는 사문서라고 보아야 할 것"(대판 1989. 8. 8, 88 도 2209).

28) "공문서위조죄는 그 작성된 문서가 일반인으로 하여금 공무원 또는 공무소의 권한 내에서 작성된 것이라고 믿을 수 있는 정도의 형식과 외관을 구비하면 성립되는 것이라고 할 것인 바, 이러한 요건이 구비된 이상,…그 작성 명의인이 실존하지 않는 허무인이라고 하더라도 공문서위조죄는 되는 것"(대판 1969. 1. 21, 68 도 1570).

29) "사문서의 작성명의인이 허무인인 경우에는 사문서위조죄를 구성하지 아니하는 것"(대판 1991. 1. 29, 90 도 2542).

30) "사문서의 작성명의인이 이미 사망한 자인 경우에는 그 문서의 작성일자가 명의인의 생존 중의 일자로 된 경우가 아니면 사문서위조죄나 그 행사죄를 구성하지 않는 것"(대판 1992. 12. 24, 92 도 2322).

31) "판결요지: 문서위조죄는 문서의 진정에 대한 공공의 신용을 그 보호법익으로 하는 것이므로 행사할 목적으로 작성된 문서가 일반인으로 하여금 당해 명의인의 권한 내에서 작성된 문서라고 믿게 할 수 있는 정도의 형식과 외관을 갖추고 있으면 문서위조죄가 성립하는 것이고, 위와 같은 요건을 구비한 이상 그 명의인이 실재하지 않는 허무인이거나 또는 문서의 작성일자 전

(판례변경).

문서죄의 보호법익은 문서에 대한 공공의 신용이므로, 사자 또는 허무인 명의의 문서라고 하더라도 '사회일반인으로 하여금 그러한 명의인이 실재하는 것으로 오신케 할 정도'라면, 공문서이든 사문서이든 불문하고 문서죄의 객체가 된다고 함이 타당하다(통설).32) 33) 다만 명의인이 사자 또는 허무인 내지 가명이라는 것이 '외관상 명백한 경우'에는 명의인의 특정성이 결여된 것으로 보아 문서가 될 수 없다고 해야 할 것이다.

2. 도화(圖畵)

광의의 문서에는 도화가 포함된다. 도화란 문자와 같은 발음적 부호가 아니라 상형적 부호에 의하여 의사 또는 관념이 표시된 경우를 말한다. 건축설계도·지적도·상해부위를 표시한 인체도·담배갑34) 등이 도화에 속한다.

IV. 문서의 종류

1. 공문서와 사문서

공문서란 우리나라의 공무원 또는 공무소가 직무와 관련하여 작성한 문서로서, 공무원 또는 공무소가 작성명의인으로 되어 있는 문서를 말한다. 외국의 공무원 또는 공무소 명의로 된 문서는 공문서에서 제외된다. 공문서는 사회일반인으로 하여금 공무원 또는 공무소의 권한 내에서 작성된 것이라고 오

에 이미 사망하였다고 하더라도 그러한 문서 역시 공공의 신용을 해할 위험성이 있으므로 문서위조죄가 성립한다고 봄이 상당하며, 이는 공문서뿐만 아니라 사문서의 경우에도 마찬가지라고 보아야 할 것이다. 이와 달리, 타인 명의의 문서를 위조하여 행사하였다고 하더라도 그 명의인이 실재하지 않는 허무인이거나 또는 문서의 작성일자 전에 이미 사망한 경우에는 사문서위조죄 및 동행사죄가 성립하지 않는다고 판시한 대법원 1957. 8. 30. 선고 4290형상214 결정 등은 이를 모두 변경하기로 한다(반대의견 없음)"(**대판 2005. 2. 24, 2002 도 18 - 전원합의체**).

32) 김성돈, 580면; 김/서, 728면; 박상기, 523면; 배종대, 692면; 백형구, 518면; 서일교, 249면; 유기천, 하권, 137면; 이재상, 577면; 이형국, 604면; 정/박, 620면; 정영석, 164면; 황산덕, 133면.

33) "사망한 사람 명의의 사문서에 대하여도 그 문서에 대한 공공의 신용을 보호할 필요가 있다는 점을 고려하면, 문서명의인이 이미 사망하였는데도 문서명의인이 생존하고 있다는 점이 문서의 중요한 내용을 이루거나 그 점을 전제로 문서가 작성되었다면 이미 그 문서에 관한 공공의 신용을 해할 위험이 발생하였다 할 것이므로, 그러한 내용의 문서에 관하여 사망한 명의자의 승낙이 추정된다는 이유로 사문서위조죄의 성립을 부정할 수는 없다"(**대판 2011. 9. 29, 2011 도 6223**).

34) 대판 2010. 7. 29, 2010 도 2705.

신할 만한 형식·외관을 구비하면 충분하고, 공무원·공무소의 직인이 없더라도 공문서가 될 수 있다.[35]

사문서란 사인(私人) 명의로 작성된 문서를 말한다. 사인에는 자연인 이외에 법인을 포함하고, 내·외국인을 불문한다.

2. 진정문서와 부진정문서

문서의 명의인과 작성자의 일치 여부에 따른 구분이다. 진정문서란 문서명의인과 문서작성자가 일치하는 문서를 말하고, 부진정문서란 문서명의인과 문서작성자가 일치하지 않는 문서를 말한다.

3. 목적문서와 우연문서

증명의사의 발생시기와 관련하여, 처음부터 증명의사를 가지고 작성된 문서를 '목적문서'라 하고, 작성 후에 증명의사가 발생한 문서를 '우연문서'라고 한다.

4. 생략문서와 완전문서

의사 또는 관념의 표시가 생략되거나 약식으로 되어 있어서 완전한 문장형식을 갖추지 못한 문서를 생략문서라고 하고, 문장형식을 갖추어 작성된 경우를 완전문서라고 한다. 은행의 입금전표, 지급전표가 생략문서에 속한다.

5. 개별문서, 전체문서, 결합문서, 복합문서

개별문서란 개개의 문서가 개별적으로 의사 또는 관념을 표시한 것으로 인정되는 독립된 문서를 말하며, 보통의 문서가 이에 속한다. 전체문서란 예금통장·상업장부·소송기록과 같이 개개의 문서가 계속적·전체적으로 결합하여 의사 또는 관념의 통일된 표시내용을 갖는 문서를 말한다. 결합문서란 X-ray사진을 첨부한 상해진단서와 같이 문서가 검증의 목적물과 함께 결합하여 통일된 증명내용을 가지는 문서를 말한다. 결합문서는 첨부물과 결합하여 하나의 개별문서로 인정된다. 복합문서란 1통의 용지에 두 종류 이상의 서로 다른 문서가 병존하고 있는 경우를 말한다. 확정일자인이 찍힌 전세계약서 또

---

35) 대결 1958. 9. 26, 4291 형상 359.

는 내용증명우편과 같이 공문서와 사문서가 병존해 있는 경우가 그 예이다.

V. 문서에 관한 죄의 체계

형법은 문서에 관한 죄(제20장)를 행위의 객체가 공문서이냐 사문서이냐에 따라 2대별하고 있으며, 사문서에 관한 죄($^{제231-}_{236조}$)를 기본유형으로 하고, 이에 대하여 공문서에 관한 죄($^{제225-}_{230조}$)를 (불법)가중유형으로 규정하고 있다고 해석된다($^{통}_{설}$).[36]

문서죄의 유형은 ① 문서의 위조·변조죄(제225조 공문서위조·변조죄, 제231조 사문서위조·변조죄, 제226조 자격모용 공문서작성죄, 제232조 자격모용 사문서작성죄), ② 허위문서작성죄(제227조 허위공문서작성죄, 제228조 공정증서원본등부실기재죄, 제233조 허위진단서작성죄), ③ 위조·변조·허위작성된 문서의 행사죄(제229조 위조 등 공문서행사죄, 제234조 위조 등 사문서행사죄), ④ 진정한 문서의 부정행사죄(제230조 공문서부정행사죄, 제236조 사문서부정행사죄) 등 넷으로 구분할 수 있다.

그리고 1995년의 형법개정에서 '전자기록 등 특수매체기록'(제227조의 2 공전자기록위작·변작죄, 제232조의 2 사전자기록위작·변작죄)과 '복사문서'($^{제237조}_{의 2}$)가 문서죄의 행위객체로서 특별히 신설·추가되었다.

문서위조·변조죄($^{제225조.}_{제231조}$), 자격모용 문서작성죄($^{제226조.}_{제232조}$), 허위공문서작성죄($^{제227}_{조}$), 전자기록위작·변작죄($^{제227조의 2.}_{제232조의 2}$)는 '진정목적범'으로 규정되어 있다.

사문서부정행사죄($^{제236}_{조}$)를 제외한 모든 문서죄의 '미수범'은 처벌한다($^{제235}_{조}$).

제 2 절 개별적 범죄유형[1]-문서위조·변조죄

I. 사문서위조·변조죄

제231조 [사문서 등의 위조·변조] "행사할 목적으로 권리·의무 또는 사실증명

---

36) 김성돈, 574면; 김/서, 716면; 박상기, 519면; 배종대, 694면; 이재상, 571면; 이정원, 545
면; 이형국, 605면; 정/박, 613면; 진/이, 663면.

에 관한 타인의 문서 또는 도화를 위조 또는 변조한 자는 5년 이하의 징역 또는
1천만원 이하의 벌금에 처한다."

1. 의의, 보호법익, 성격

본죄는 "행사할 목적으로 권리·의무 또는 사실증명에 관한 타인의 문서
또는 도화를 위조 또는 변조함으로써 성립하는 범죄"이다. 본죄의 보호법익은
'문서에 대한 공공의 신용'이며,[37] 보호의 정도는 '추상적 위험범'이다(통설).

사문서위조·변조죄는 문서에 관한 죄의 '기본유형'이라고 할 수 있다. 그
리고 본죄는 '진정목적범'에 속한다.

2. 행위의 객체

행위의 객체는 '권리·의무 또는 사실증명에 관한 타인의 문서 또는 도화'
이다. 사문서 중에서도 권리·의무 또는 사실증명에 관한 문서에 한정된다.

'권리·의무에 관한 문서'란 공법상 또는 사법상 권리·의무의 발생·변
경·소멸에 관한 법률관계를 직접적 내용으로 표시한 문서를 말한다. 매매계
약서, 임대차계약서, 예금인출청구서, 영수증, 유언장, 차용증, 보관증, 보증서,
고소·고발장, 위임장, 주민등록발급·인감증명교부·등기·여권발급 등의
신청서가 그 예이다.

'사실증명에 관한 문서'란 권리·의무의 발생·변경·소멸을 직접적 내용
으로 하는 문서 이외의 문서로서 법률관계에 있어서 중요한 사실을 증명하는
문서를 말한다.[38] 각종의 신분증이나 증명서, 이력서, 추천서, 인사장, 안내장
등이 그 예이다. 의사 또는 관념의 표시가 아니고 사물의 동일성을 표시함에
불과한 명함·명찰, 식당 교부의 신발표 등은 여기에 해당하지 않는다.

1995년의 형법개정에 의하여 복사기를 사용하여 문서를 복사·재현한 사
본, 즉 '복사문서'도 본죄의 객체인 문서에 포함된다(제237조의2). 따라서 진정한 원
본을 복사하는 과정에서 명의인을 모용하는 행위라든가 위조된 원본을 그대
로 복사하여 사본을 제작하는 행위도 본죄를 구성할 수 있게 되었다.

'타인의' 문서라 함은 타인소유가 아니라 '타인명의의' 문서를 말한다.

37) 대판 2016. 7. 14, 2016 도 2081.
38) 대판 2024. 1. 4, 2023 도 1178.

3. 실행행위

실행행위는 위조 또는 변조이다.

(1) 위 조

'위조'란 "작성권한없는 자가 타인명의를 모용(冒用: 사칭, 도용을 의미함)하여 문서를 작성하는 행위"이다. 문서의 실제 작성자가 권한없이 타인명의의 문서를 작성하는 것이므로, 위조란 작성자와 명의인이 불일치하는 '부진정문서'를 작성하는 행위이며, 본죄의 위조는 이른바 '유형위조'를 의미한다. 우리 형법은 문서의 내용을 허위로 작성하는 무형위조를 '작성'이라는 용어로 표현하고 있다.

(가) 작성권한없는 자   위조는 '작성권한이 없는 자'의 문서작성행위를 말한다. 작성권한이 없는 자란 타인명의의 문서를 작성할 정당한 권한이 없는 자를 뜻한다. 작성권한의 유무를 판단함에 있어서는 법규·계약·관례 등이 고려된다. 명의인의 사전승낙 또는 추정적 승낙이 있으면 위조가 되지 않지만,[39] 사후승낙은 본죄의 성립에 영향이 없다.[40] 문서작성에 관하여 포괄적 위임을 받은 경우에는 위임의 취지에 따른 문서작성인 이상, 위조가 되지 않는다. 예컨대 가등기담보권을 양수한 자가 임의로 양도인의 명의로 가등기말소신청서를 작성한 경우에 위조에 해당하지 않는다.[41]

① 대리권·대표권이 없는 자가 대리인·대표자임을 표시하여 본인명의의 문서를 작성한 경우(무권대리)에는 본죄가 아니라 자격모용에 의한 문서작성죄($^{제232}_{조}$)가 성립한다. ② 대리권·대표권이 있는 자가 권한을 초과하여－권한 외의 사항에 대하여－문서를 작성한 경우(월권대리)에는 문서위조죄가 성립한다는 견해가[42] 있으나, 앞의 경우와 마찬가지로 자격모용에 의한 문서작성

---

39) "판결요지: 사문서의 위·변조죄는 작성권한 없는 자가 타인명의를 모용하여 문서를 작성하는 것을 말하는 것이므로, 사문서를 작성·수정함에 있어 그 명의자의 명시적이거나 묵시적인 승낙이 있었다면 사문서의 위·변조죄에 해당하지 않고, 한편 행위 당시 명의자의 현실적인 승낙은 없었지만 행위 당시의 모든 객관적 사정을 종합하여 명의자가 행위 당시 그 사실을 알았다면 당연히 승낙했을 것이라고 추정되는 경우 역시 사문서의 위·변조죄가 성립하지 않는다"(대판 2003. 5. 30, 2002 도 235).

40) 공문서를 변조하고 사후에 상관의 승낙을 받은 경우에도 공문서변조죄의 성립에 아무런 영향이 없다고 한 대판 1970. 11. 25, 70 도 1981.

41) "가등기에 의한 담보권을 완전히 피고인에게 양도한 것이므로 피고인이 위 가등기를 말소함에 있어서 고소인 명의의 위 가등기말소등기신청서류 등을 임의로 작성하였다 하더라도 이는 결국 위 김○○으로부터 포괄적 위임 내지 승낙에 기한 것이어서 피고인이 가등기말소신청서 등을 위조하였다 할 수 없고"(대판 1984. 2. 14, 83 도 2650).

죄가 성립한다고 본다($\frac{\text{다수}}{\text{설}}$).[43] 그러나 ③ 대리권·대표권이 있는 자가 권한의 범위 내에서 단순히 권한을 남용하는 문서를 작성함에 불과한 경우(단순권한 남용)에는 문서위조죄가 성립하지 않을 뿐만 아니라(통설[44] 및 판례[45]), 자격모용에 의한 문서작성죄도 성립하지 않는다.[46]

(나) **타인명의의 모용**　위조는 타인명의를 모용하는 것이다. 타인명의의 모용이란 타인명의를 사칭하는 행위, 즉 의사 또는 관념 표시의 주체를 타인의 이름으로 기망하는 행위를 말한다. 문서위조는 문서의 실제 작성자가 작성명의인인 것처럼 기망함으로써, 작성자와 명의인이 불일치하는 '부진정문서'를 만들어내는 행위이다.[47] 문서위조에 있어서는 작성자와 명의인이 불일치하는 '동일성의 기망'(Identitätstäuschung)이 발생한다.

위조는 타인'명의'의 사칭으로 충분하고, 문서의 작성'내용'이 진실한가는 문제되지 않는다('유형위조'). 문서의 실제 작성자가 표시될 필요도 없다.

명의인이 '실재'해야 하는가에 관하여는 〈사자(死者) 또는 허무인(虛無人) 명의의 문서〉 부분에서 이미 설명하였다.

(다) **문서의 작성**　위조는 타인명의를 모용하여 문서를 작성하는 것이다. 문서작성의 방법에는 제한이 없다. 권한없이 타인명의의 영수증을 써주는 것처럼 새로운 문서를 작성하는 경우가 위조의 기본적 행위태양이다. 복사행위

---

42) 권오걸, 1043면; 김성돈, 587면; 김/서, 734면; 서일교, 253면; 이정원, 563면; 황산덕, 137면. "사문서위조죄는 작성권한없는 자가 타인의 명의를 모용하여 문서를 작성함으로써 성립하는 것인 바, 타인으로부터 그 명의의 문서작성을 위임받은 경우에도 위임된 권한을 초월하여 내용을 기재함으로써 명의자의 의사에 반하는 사문서를 작성하는 것은 작성권한을 일탈한 것으로서 사문서위조죄에 해당한다 할 것"(**대판 1997. 3. 28, 96 도 3191.** 同旨, 대판 1992. 12. 22, 92 도 2047; 1984. 6. 12, 83 도 2408; 1982. 10. 12, 82 도 2023).

43) 배종대, 697면; 백형구, 534면; 오영근, 745면; 유기천, 하권, 136면; 이재상, 581-2면; 이형국, 608면; 정/박, 627면; 진/이, 674면.

44) 권오걸, 1043면; 김성돈, 586면; 김/서, 734면; 이재상, 582면; 박상기, 527면; 배종대, 697면; 이형국, 608면; 정/박, 628면; 정영석, 167면; 진/이, 674면; 황산덕, 140면.

45) "토지매매계약은 피해자 백○○로부터 포괄적인 권한의 위임을 받은 피고인이 위 백○○를 대리하여 위 백○○ 명의로 체결한 것이 명백하다. 그렇다면 피고인에게는 피해자 백○○ 명의로 그 토지매매계약서를 작성할 적법한 권한이 있었다 할 것이므로, 피고인이 실제 매수가격보다 높은 가격을 매매대금으로 기재한 위 백○○ 명의의 매매계약서를 작성하였다 하더라도, 그것은 작성권한있는 자가 허위내용의 문서를 작성한 것이 될 뿐 사문서위조가 될 수는 없을 것이다"(**대판 1984. 7. 10, 84 도 1146.** 同旨, 대판 1983. 10. 25, 83 도 2257; 1983. 4. 12, 83 도 332).

46) 김성돈, 597면; 김/서, 745면; 박상기, 527면; 배종대, 703면; 이재상, 587면; 이형국, 608면; 정/박, 636면.

47) 위조행위에 의하여 문서의 '성립의 진정'(Echtheit)에 대한 공공의 신용이 위태롭게 된다.

도 문서작성에 해당하므로 문서위조죄가 성립할 수 있다.[48]

그러나 이미 작성되어 있는 '기존문서'를 이용하여 위조하는 것도 가능하다. 기존문서를 이용한 위조에는 다음과 같은 세 가지 행위태양이 있다. ① 증명서의 성명을 바꿔 쓰는 것처럼[49] 기존의 진정문서의 중요부분을 변경하여 변경 전의 문서와 별개의 문서를 작성하는 경우, ② 유효기간이 경과한 문서의 발행일자를 정정하는 것처럼[50] 무효가 된 문서에 가공하여 유효한 새로운 문서를 작성하는 경우, ③ 위임인 명의의 백지문서에 위임의 취지에 반하여 백지(白地)를 보충하는 것(이른바 '백지위조'-판례[51])처럼, 기존의 미완성문서에

---

48) "위조된 문서원본을 단순히 전자복사기로 복사하여 그 사본을 만드는 행위도 공공의 신용을 해할 우려가 있는 별개의 문서사본을 창출하는 행위로서 문서위조행위에 해당한다"(**대판** 1996. 5. 14, 96 도 785. 同旨, 대판 2000. 9. 5, 2000 도 2855). "판결요지: [1] 문서위조 및 동행사죄의 보호법익은 문서에 대한 공공의 신용이므로 '문서가 원본인지 여부'가 중요한 거래에서 문서의 사본을 진정한 원본인 것처럼 행사할 목적으로 다른 조작을 가함이 없이 문서의 원본을 그대로 컬러복사기로 복사한 후 복사한 문서의 사본을 원본인 것처럼 행사한 행위는 사문서위조죄 및 동행사죄에 해당한다. 또한 사문서위조죄는 명의자가 진정으로 작성한 문서로 볼 수 있을 정도의 형식과 외관을 갖추어 일반인이 명의자의 진정한 사문서로 오신하기에 충분한 정도이면 성립한다. [2] 변호사인 피고인이 대량의 저작권법 위반 형사고소 사건을 수임하여 피고소인 30명을 각 형사고소하기 위하여 20건 또는 10건의 고소장을 개별적으로 수사관서에 제출하면서 각 하나의 고소위임장에만 소속 변호사회에서 발급받은 진정한 경유증표 원본을 첨부한 후 이를 일체로 하여 컬러복사기로 20장 또는 10장의 고소위임장을 각 복사한 다음 고소위임장과 일체로 복사한 경유증표를 고소장에 첨부하여 접수한 사안에서, 변호사회가 발급한 경유증표는 증표가 첨부된 변호사선임서 등이 변호사회를 경유하였고 소정의 경유회비를 납부하였음을 확인하는 문서이므로 법원, 수사기관 또는 공공기관에 이를 제출할 때에는 원본을 제출하여야 하고 사본으로 원본에 갈음할 수 없으며, 각 고소위임장에 함께 복사되어 있는 변호사회 명의의 경유증표는 원본이 첨부된 고소위임장을 그대로 컬러 복사한 것으로서 일반적으로 문서가 갖추어야 할 형식을 모두 구비하고 있고, 이를 주의 깊게 관찰하지 아니하면 그것이 원본이 아닌 복사본임을 알아차리기 어려울 정도이므로 일반인이 명의자의 진정한 사문서로 오신하기에 충분한 정도의 형식과 외관을 갖추었기에, 피고인의 행위가 사문서위조죄 및 동행사죄에 해당한다"(대판 2016. 7. 14, 2016 도 2081).

49) 대판 1962. 12. 20, 62 도 183.

50) 대판 1980. 11. 11, 80 도 2126; 대결 1952. 5. 20, 4285 형상 80.

51) "백지의 동의서 양식에 인감도장을 날인하게 한 다음, 행사할 목적으로 그 동의서에 피해자들의 의사에 반하여 분묘소재지를 위 골재채취장 주변의 토지로 기재하였다는 것인 바, 사실이 그와 같다면 피고인과 위 김○○이 공모하여 작성한 피해자들 작성 명의의 각 동의서는 피해자들이 동의서의 양식에 인감도장을 날인하면서 그 공란을 기재하도록 승낙한 내용과 다른 것이고, 위 동의서의 공란을 기재하여 완성하도록 승낙한 취지에도 어긋나는 것이어서 피고인들은 피해자들이 승낙한 문서가 아닌 문서를 작성한 셈이 되고, 피해자들의 의사에 반하여 판시와 같은 내용의 동의서를 작성한 것이 되어 사문서를 위조한 경우에 해당한다고 보아야 할 것이고, 그 동의서에 미리 날인받은 피해자들의 인영이 진정한 것이었다고 하여 이것만 가지고 사문서를 위조한 것이 아니라고 할 수 없다"(대판 1992. 3. 31, 91 도 2815. 同旨, 대판 1984. 6. 12, 83 도 2408).

가공하여 명의인의 의사에 반하는 문서로 완성시키는 경우 등이 위조에 해당한다.

문서의 작성에는 작성자가 자필로 작성할 필요는 없고, 명의인의 착각을 이용하여 명의인으로 하여금 진의에 반하는 문서를 작성·서명하도록 하는 것과 같이 간접정범에 의한 위조도 가능하다.[52]

문서작성의 정도는 일반인이 진정문서로 오인할 수 있을 정도의 외관과 형식을 갖추면 충분하다.[53] 이러한 정도의 문서가 작성됨으로써 본죄는 '기수'가 된다(결과범). 문서성립의 진정에 대한 공공의 신용이 침해될 필요도 없고, 명의인에게 구체적인 손해가 발생할 필요도 없다(추상적 위험범).

(2) 변 조

'변조'란 "권한없는 자가 이미 진정하게 성립된 타인명의의 문서의 내용에 대하여 문서의 동일성이 상실되지 않을 정도로 변경을 가하는 행위"이다.

① '권한없는 자'란 이미 진정하게 성립된 문서의 내용에 변경을 가할 권한이 없는 자를 말한다. 단순한 자구수정이나 문서의 내용에 영향을 미치지 않는 사항을 기재한 것만으로는 변조라 할 수 없다.

② 변조의 '객체'는 이미 진정하게 성립된 타인명의의 문서, 즉 '진정문서'에 한한다.[54] 따라서 이미 위조된 부진정문서는 변조의 객체가 되지 않는다.[55] 타인의 소유에 속하는 '자기명의'의 문서에 권한없이 내용상 변경을 가하는 행위는 변조가 아니라 문서손괴에 해당한다.

③ 변조는 문서의 '내용'에 대한 변경이다. 영수증의 금액을 변경하거나 성적증명서의 성적을 변경하는 것이 그 예이다.[56] [57] 문서의 내용이 아니라 명의를 권

---

52) 대판 2000. 6. 13, 2000 도 778; 1970. 9. 29, 70 도 1759.

53) "판결요지: 사문서의 작성명의자의 인장이 찍히지 아니하였더라도 그 사람의 상호와 성명이 기재되어 그 명의자의 문서로 믿을 만한 형식과 외관을 갖춘 경우에는 사문서위조죄에 있어서의 사문서에 해당한다고 볼 수 있다"(**대판 2000. 2. 11, 99 도 4819**. 同旨, 대판 2016. 7. 14, 2016 도 2081; 1998. 4. 10, 98 도 164; 1997. 12. 26, 95 도 2221; 1989. 8. 8, 88 도 2209).

54) 대판 2017. 12. 5, 2014 도 14924.

55) "공문서변조라 함은 권한없이 이미 진정하게 성립된 공무원 또는 공무소명의 문서내용에 대하여 그 동일성을 해치지 아니할 정도로 변경을 가하는 것을 말한다 할 것인바, 본건에서의 폐품반납증은 이미 허위로 작성된 공문서이므로, 형법 제225조 소정의 공문서변조죄의 객체가 되지 아니한다"(**대판 1986. 11. 11, 86 도 1984**).

56) 인감증명서의 사용용도란의 기재를 변경하는 것에 관하여는 대판 2004. 8. 20, 2004 도 2767 참조.

57) "판결요지: 이사회 회의록에 관한 이사의 서명권한에는 서명거부사유를 기재하고 그에 대

한없이 변경하여 작성자와 명의인의 불일치를 초래하는 것은 위조에 해당한다.

④ 변조는 기존문서의 '동일성이 상실되지 않을 정도의 변경'을 가하는 것이다. 문서의 내용에 변경을 가하더라도, 그 중요부분에 변경을 가하여 기존문서와 다른 증명력을 가진 새로운 문서로 일반인이 오인할 정도가 되면, 변조가 아니라 위조에 해당한다. 타인의 신분증의 사진을 자신의 것으로 바꿔 붙이는 행위는 사진과 결부된 신분증의 증명력이 전혀 달라지므로 문서의 동일성이 상실된다고 보아 위조에 해당한다.[58]

(3) 미 수

본죄의 미수범은 처벌한다($^{제235}_{조}$). 본죄는 추상적 위험범이므로 법익보호의 정도에 따라 미수·기수를 구별할 수는 없고, 문서의 위조·변조행위에 착수하였으나 사실상 위조·변조를 완료하지 못한 경우에 미수범이 성립한다고 보아야 한다(결과범의 측면에서의 미수).

4. 주관적 구성요건

본죄의 성립에는 '고의' 이외에 초과주관적 구성요건요소로서 '행사할 목적'이 있어야 한다.

(1) 고 의

사문서위조·변조죄의 고의는 권리·의무 또는 사실증명에 관한 타인의 문서를 위조 또는 변조한다는 것에 대한 인식·인용이다. '문서'는 구성요건의 '규범적' 요소이므로 그 의미에 대한 인식이 필요하지만, 정확한 법적 의미의 인식이 아니라 '문외한으로서의 소박한 의미의 인식'으로 충분하다.

해 서명할 권한이 포함된다. 이사가 이사회 회의록에 서명함에 있어 이사장이나 다른 이사들의 동의를 받을 필요가 없는 이상 서명거부사유를 기재하고 그에 대한 서명을 함에 있어서도 이사장 등의 동의가 필요 없다고 보아야 한다. 따라서 이사가 이사회 회의록에 서명 대신 서명거부사유를 기재하고 그에 대한 서명을 하면, 특별한 사정이 없는 한 그 내용은 이사회 회의록의 일부가 되고, 이사회 회의록의 작성권한자인 이사장이라 하더라도 임의로 이를 삭제한 경우에는 이사회 회의록 내용에 변경을 가하여 새로운 증명력을 가져오게 되므로 사문서변조에 해당한다"(대판 2018. 9. 13, 2016 도 20954).

58) "주민등록증에 붙어있는 사진을 떼어내고 그 자리에 피고인의 사진을 붙였다면, 이는 기존 공문서의 본질적 또는 중요부분에 변경을 가하여 새로운 증명력을 가지는 별개의 공문서를 작성한 경우에 해당한다 할 것이므로, 원심이 이를 공문서위조죄로 다스린 것은 정당하고"(**대판** 1991. 9. 10, 91 도 1610).

(2) 행사할 목적

'행사할 목적'이란 위조 또는 변조한 문서를 진정하게 성립한 문서로 또는 내용이 진실한 문서로 사용할 목적을 말한다. 문서위조죄에서는 부진정문서를 진정문서로 사용할 목적을 말한다.

다만 문서에 대한 '공공의' 신용이라는 보호법익과 관련하여 해석하자면, '행사'란 '공공적' 거래에 있어서의 행사를 의미한다고 해야 할 것이므로,[59] 예컨대 부모를 안심시킬 목적으로 성적증명서를 변조하는 것과 같이 '사적인' 인간관계에서 사용할 목적은 본죄에서의 행사목적에 속한다고 보기 어렵다.[60]

5. 죄 수

(1) 죄수의 결정기준

문서죄에 있어서 죄수의 결정기준으로는 ① 문서에 표시된 명의인의 수를 기준으로 하는 견해(판례),[61] ② 문서의 수를 기준으로 하는 견해,[62] ③ 보호법익을 기준으로 하는 견해,[63] ④ 범죄의사를 기준으로 하는 견해[64] 등이 있다. 그러나 ⓐ 일차적으로는 위조'행위'의 개수에 따라 죄수가 결정되고, ⓑ 다음으로 1개의 위조행위로 수인의 명의를 모용한 경우에는 동종류의 상상적 경합을 인정할 것인가가[65] 문제되지만, 공공적 법익에 대한 범죄에 있어서는 원칙적으로 동종류의 상상적 경합이 성립되지 않는다고 함이 타당하므로,[66] 단순일죄가 성립한다고 본다.

(2) 문서위조죄와 위조문서행사죄간의 죄수

행사의 목적으로 문서를 '위조'한 범인이 문서위조 후 위조문서를 '행사'까지 한 경

---

59) 위조문서의 사용이라고 하더라도, 공공의 신용을 해할 가능성이 없는 사용은 위조문서의 '행사'에 해당하지 않는다는 견해로서는 大塚 仁, 刑法槪說 各論, 442面.

60) 그러나 위조한 공립고등학교 졸업증명서를 부친에게 제시한 경우에 위조공문서행사죄의 성립을 긍정한 외국판례로는 日最決, 昭和 42. 3. 30, 刑集 21/2/447.

61) "문서에 2인 이상의 작성명의인이 있을 때에는 각 명의자마다 1개의 문서가 성립되므로 2인 이상의 연명으로 된 문서를 위조한 때에는 작성명의인의 수대로 수개의 문서위조죄가 성립하고, 그 연명문서를 위조하는 행위는 자연적 관찰이나 사회통념상 하나의 행위라 할 것이므로, 위 수개의 문서위조죄는 형법 제40조가 규정하는 상상적 경합범에 해당한다고 볼 것"(**대판 1987. 7. 21, 87 도 564**. 同旨, 대판 1977. 7. 12, 77 도 1736; 1956. 3. 2, 4288 형상 343).

62) 정영석, 181면.

63) 서일교, 260면; 유기천, 하권, 172면.

64) 이건호, 137면; 황산덕, 141면.

65) 상술한 대판 1987. 7. 21, 87 도 564 참조.

66) 총론, 644면 참조.

우에, ① 문서위조죄와 위조문서행사죄의 실체적 경합범이 성립한다는 견해 (다수설[67] 및 판례[68]), ② 두 죄의 상상적 경합이 성립한다는 견해가[69] 있으나, ③ 문서위조죄는 위조문서행사죄에 대하여 법조경합 중 보충관계에 있다고 보아 '위조문서행사죄'만이 성립한다고 함이 타당하다.[70]

행사의 목적으로 문서를 위조하고 또 이를 행사하는 일련의 범행과정을 전체적으로 고찰해보면, 위조(목적실현을 위한 수단행위)는 행사(목적실현행위)에 대하여 필수적인 준비단계에 불과한 것으로 평가해야 할 것이고, 예비와 기수의 관계와 흡사하게 문서위조죄와 위조문서행사죄는 법조경합 중 보충관계에 서서, 준비수단으로서의 문서위조행위는 독자적인 의미를 잃고 위조문서행사죄만이 성립한다고 하겠다.[71] 물론 ⓐ 문서위조죄와 위조문서행사죄가 법조경합의 관계에 서는 것은 범인이 처음부터 문서를 행사할 '특정한' 목적을 가지고 위조한 후 이어서 행사한 경우이고, ⓑ 이에 반하여 범인이 장차 기회가 닿으면 행사하겠다는 '막연한' 목적을 가지고 일단 위조한 후 나중에 기회가 생겨서 행사하게 된 경우에는 문서위조죄와 위조문서행사죄의 '실체적 경합범'이 성립한다고 본다.

문서를 위조한 범인이 위조문서를 수차례 행사하였다면, 위조죄는 성립하지 않고 수개의 행사죄만이 실체적 경합관계에 놓이게 된다.

(3) 문서위조죄의 간접정범과 사기죄

명의인이 맹인 또는 문맹인임을 이용하여 이미 작성된 문서내용에 반하는 내용으로 구두·고지함으로써 내용을 오신한 명의인으로 하여금 문서에 서명

---

67) 권오걸, 1056면; 김성돈, 593면; 박상기, 530면; 백형구, 517면; 이정원, 572면; 이형국, 611면; 정/박, 634면; 정영석, 181면; 진/이, 680-1면; 황산덕, 141면.

68) "피고인이 예금통장을 강취하고 예금자명의의 예금청구서를 위조한 다음 이를 은행원에게 제출·행사하여 예금인출금명목의 금원을 교부받았다면, 강도, 사문서위조, 동 행사, 사기의 각 범죄가 성립하고, 이들은 실체적 경합관계에 있다 할 것"(**대판** 1991. 9. 10, **91 도** 1722. 同旨, 대판 1983. 7. 26, 83 도 1378).

69) 배종대, 702면; 이재상, 586면. 상상적 경합이 성립한다는 견해는 아마도 일본형법 제54조 제1항이 상상적 경합의 하나로서 '견련범'(牽連犯)을 인정하면서 "범죄의 수단 또는 결과인 행위로서 타(他)범죄에 걸릴 때에는 역시 가장 중한 벌로써 처단한다"라고 규정한 데에서 유래한 해석이 아닌가 생각한다.

70) 同旨, 오영근, 742면. 문서위조죄와 위조문서행사죄는 법조경합의 관계에 있으나, 이 때 후자가 전자에 흡수되어 '문서위조죄'만이 성립한다고 하는 견해로서는 김/서, 742면 및 BGH St. 5/293.

71) 이에 관하여 상세히는 임웅, 법률신문, 1992. 12. 14, 15면, 판례평석 참조.

하도록 한 경우에는 사문서위조죄의 간접정범이 성립하지만,[72] 정상인인 명의
인으로 하여금 문서에 표시된 내용사실을 오신케 하여 문서에 서명하도록 한
경우에는 사기죄의 문제가 된다.[73]

(4) 문서변조죄와 문서손괴죄

우리 형법은 사문서변조죄에서 무형위조를 처벌하지 않기 때문에, '자기명
의'의 '타인소유'의 문서'내용'을 작성명의인이 권한없이 – 즉 소유자의 동의없
이 – 변경하더라도 사문서변조죄가 성립하지는 않는다. 자기명의의 타인소유
의 문서를 권한없이 그 내용을 변경하면, 문서손괴죄가 성립할 따름이다.[74] 타
인명의로 작성된 문서는 비록 자기소유이더라도 명의인의 동의없이 그 내용
을 변경한 경우에는 사문서변조죄가 성립한다. 타인명의의 타인소유의 문서
를 명의인과 소유자의 동의없이 몰래 그 내용을 변경하였다면, 사문서변조죄
와 문서손괴죄의 문제가 발생하지만, 후자는 전자에 흡수되어 사문서변조죄
만이 성립한다(법조경합 중 특별관계).[75]

(5) 기타 범죄와의 관계

① 문서를 위조하기 위하여 명의인의 인장을 위조해서 사용한 경우에 인
장위조죄(제239조 제1항)는 문서위조죄에 흡수된다(법조경합 중 흡수관계).[76] ② 타인명
의로 위조한 고발장을 수사기관에 우송하여 무고한 경우에는 위조사문서행사
죄와 무고죄의 상상적 경합이 된다. 이 때 사문서위조죄의 성립은 배제된다
(위조사문서행사죄와 법조경합관계). ③ 분실 또는 도난된 타인명의의 신용카드
로 물품을 구입하면서 매출전표에 서명하고 이를 교부하는 행위는 사문서위
조죄와 위조사문서행사죄에 해당하는 동시에 여신전문금융업법 제70조 제1항

---

72) 예컨대 맹인 甲을 채무자로 하고 乙을 채권자로 기재한 문서(차용증서)를 미리 작성해 놓
은 丙이, 甲에게 허위로 고지하기를 甲이 채권자로 작성되어 있는 문서이니까 안심하고 서명·
날인해도 된다고 함으로써 목적을 달성한 경우에, 丙은 사문서위조죄의 간접정범이 된다.

73) 예컨대 임대계약서를 작성하면서 임대용으로 기재된 상가면적 70평이 공유면적을 포함한
분양면적이 아니라 실평수(實坪數)라고 기망함으로써 임차인의 서명·날인을 받아낸 경우에는
사기죄의 문제가 된다.

74) "약속어음의 수취인이 빌린 돈의 지급담보를 위하여 은행에 보관시킨 약속어음을 은행지
점장이 발행인의 부탁을 받고 그 지급기일란의 일자를 지움으로써 그 효용을 해하는 소위는 문
서의 손괴에 해당한다 할 것"(**대판** 1982. 7. 27, 82 **도** 223). "비록 자기명의의 문서라 할지라도
이미 타인(타기관)에 접수되어 있는 문서에 대하여 함부로 이를 무효화시켜 그 용도에 사용하지
못하게 하였다면, 일응 형법상의 문서손괴죄를 구성한다"(**대판** 1987. 4. 14, 87 **도** 177).

75) 김성돈, 593면; 김/서, 404면; 박상기, 437면; 이형국, 468면.

76) 대판 1978. 9. 26, 78 도 1787.

제3호의 신용카드부정사용죄(7년 이하의 징역 또는 5천만원 이하의 벌금)에 해당한다. 그런데 전 2자의 범죄는 후자의 범죄에 대하여 법조경합 중 흡수관계에 있으므로 신용카드부정사용죄만이 성립한다.[77] ④ 1개의 (복합)문서에 있어서 공문서위조와 사문서위조를 함께 행한 경우에는 공문서위조죄만이 성립한다 (법조경합 중 특별관계).[78]

6. 몰 수

위조·변조된 문서는 범행에 제공된 물건으로서 형법상 '몰수'의 대상이다 (제48조 제1항). 그러나 위조·변조문서라도 문서의 일부만이 위조·변조되어 그 '일부'가 몰수의 대상이 된 때에는 그 전부를 몰수할 수는 없고, 몰수에 해당하는 부분만을 '폐기'한다(통 제3항).

7. 형 벌

5년 이하의 징역 또는 1천만원 이하의 벌금에 처한다. 1995년의 형법개정에서 선택형으로서 벌금형을 추가하였다.

Ⅱ. 공문서위조·변조죄

제225조 [공문서 등의 위조·변조] "행사할 목적으로 공무원 또는 공무소의 문서 또는 도화를 위조 또는 변조한 자는 10년 이하의 징역에 처한다."

1. 의의, 성격

본죄는 "행사할 목적으로 공무원 또는 공무소의 문서 또는 도화를 위조 또는 변조함으로써 성립하는 범죄"이다. 행위의 객체가 공문서라는 점에서 사문서위조·변조죄에 대한 불법가중유형이다. 공문서는 사문서에 비하여 보다 두텁게 공공의 신용을 보호할 필요가 있기 때문이다.

---

77) 대판 1992. 6. 9, 92 도 77.
78) 김성돈, 592면; 김/서, 742면; 정/박, 633면; 진/이, 680면.

2. 구성요건

(1) 행위의 주체

행위의 주체에는 제한이 없다. 공무원이든 비공무원이든 관계없다. 공무원
이라 하더라도 권한 밖의 공문서를 작성하면 본죄가 성립한다. 공문서작성을
보조하는 공무원[79) 또는 보충기재의 권한만 위임받은 공무원이[80) 임의로 작성
권자 명의의 허위내용의 공문서를 작성한 경우에는 허위공문서작성죄가 아니
라 공문서위조죄가 성립한다.

(2) 행위의 객체

행위의 객체는 공문서 또는 공도화이다. '공문서'란 우리나라의 공무원 또
는 공무소가 직무와 관련하여 작성한 문서로서, 공무원 또는 공무소가 작성명
의인으로 되어 있는 문서를 말한다. 외국의 공무원 또는 공무소 명의로 된 문
서는 공문서에서 제외된다. '공무원'은 입법부, 사법부, 행정부, 지방자치단체,
지방의회 기타 공법상의 근무관계에 있는 자를 말한다.[81) '공무소'란 공무원이
직무를 집행하는 관공서 등의 관청을 말한다.[82) 주민등록증, 운전면허증, 부동
산등기부와 같은 각종 공부(公簿), 지방자치단체장의 명의로 발급된 영수증·
허가서, 국·공립학교의 졸업증명서·성적증명서 등이 공문서이다.

공문서는 사회일반인으로 하여금 공무원 또는 공무소의 권한 내에서 작성
된 것이라고 오신할 만한 형식·외관을 구비하면 충분하고,[83) 공무원·공무소

---

79) "허위공문서작성죄의 주체는 그 문서를 작성할 권한이 있는 명의인인 공무원에 한하고, 그
공무원의 문서작성을 보조하는 직무에 종사하는 공무원은 허위공문서작성죄의 주체가 되지 못
하는 것인 바, 이러한 보조직무에 종사하는 공무원이 허위공문서를 기안하여 허위인 정을 모르는
작성권자에게 제출하고 그로 하여금 그 내용이 진실한 것으로 오신케 하여 서명 또는 기명·날
인케 함으로써 공문서를 완성한 때에는 허위공문서작성죄의 간접정범이 될 것이나, 이러한 결재
절차를 거치지 아니하고 임의로 작성권자의 기명인이나 직인 등을 부정사용하여 허위내용의 문서
에 압날함으로써 공문서를 완성한 때에는 공문서위조죄가 성립함은 모르되 허위공문서작성죄의
간접정범도 성립할 여지가 없는 것"(대판 1981. 7. 28, 81 도 898. 同旨, 대판 2017. 5. 17, 2016 도
13912; 1996. 4. 23, 96 도 424; 1990. 10. 12, 90 도 1790; 1979. 12. 11, 79 도 704).

80) 대판 1991. 9. 10, 91 도 1610; 1984. 9. 11, 84 도 368.

81) "공무원이라 함은 법령의 근거에 의하여 국가 또는 지방자치단체 및 이에 준하는 공법인
의 사무에 종사하는 자로서 그 노무의 내용이 단순한 기계적·육체적인 것에 한정되어 있지 않
는 자를 가리킨다"(대판 1969. 9. 23, 69 도 1214).

82) 예컨대 등기소의 직인이 찍힌 등기필표시의 부동산등기권리증은 공무소가 작성한 공문서
에 해당한다.

83) 공문서라고 보기 어려울 정도로 외관과 형식을 갖추지 못하였기 때문에 공문서임을 부정
한 대판 1992. 5. 26, 92 도 699.

의 직인이 없더라도 공문서가 될 수 있다.[84] 또 작성명의의 공무원 또는 공무소가 실재하느냐는 묻지 않는다. 작성명의인이 허무인 또는 사자이더라도 공문서가 될 수 있다(통설 및 판례[85]).

공무원이 작성하더라도 '직무상' 작성한 것이 아니면 공문서가 아니다. 예컨대 공무원의 사신(私信)은 공문서가 아니다. 직무상 작성된 것이면 족하고, 공법관계에서 작성된 것인가 또는 사법관계에서 작성된 것인가를 불문한다. 권리·의무나 사실증명에 관한 문서일 것을 요하지 않는다. 소유자 내지 보관자가 공무원·공무소일 필요도 없다.

'공도화'란 공무원 또는 공무소가 직무상 작성한 도화를 말한다. 공무소가 발행한 지적도가 이에 해당한다.

(3) 실행행위

본죄의 실행행위는 위조 또는 변조이다. 위조란 작성권한없는 자가 공무원·공무소명의를 모용하여 문서를 작성하는 행위이고, 변조란 권한없는 자가 이미 진정하게 성립된 공문서의 내용에 대하여 문서의 동일성이 상실되지 않을 정도로 변경을 가하는 행위이다. 대법원은, 타인의 주민등록증에 붙어 있는 사진을 떼어내고 그 자리에 자신의 사진을 붙인 것은 기존 공문서의 본질적 또는 중요부분에 변경을 가하여 새로운 증명력을 가지는 별개의 공문서를 작성한 경우에 해당하므로 공문서위조죄가 성립한다고 하고,[86] 인터넷을 통하여 열람·출력한 등기사항전부증명서 하단의 열람 일시 부분을 수정 테이프로 지우고 복사한 행위는 등기사항전부증명서가 나타내는 권리·사실관계와 다른 새로운 증명력을 가진 문서를 만든 것에 해당하여 공문서변조죄가 성립한다고 한다.[87] 위조·변조의 구체적 내용은 사문서위조·변조죄에서와 같다.

(4) 주관적 구성요건

본죄도 고의 이외에 행사의 목적이 있어야 한다(진정목적범). 목적의 달성 여부는 범죄의 성립과 무관하다.

---

84) 대결 1958. 9. 26, 4291 형상 359.
85) 대판 1976. 9. 14, 76 도 1707; 1969. 1. 21, 68 도 1570 등.
86) 대판 1991. 9. 10, 91 도 1610.
87) 대판 2021. 2. 25, 2018 도 19043.

3. 형   벌

10년 이하의 징역에 처한다. 10년 이하의 자격정지를 병과할 수 있다($^{제237}_{조}$). 본죄의 미수범은 처벌한다($^{제235}_{조}$).

III. 자격모용에 의한 사문서작성죄

제232조 [자격모용에 의한 사문서의 작성] "행사할 목적으로 타인의 자격을 모용하여 권리·의무 또는 사실증명에 관한 문서 또는 도화를 작성한 자는 5년 이하의 징역 또는 1천만원 이하의 벌금에 처한다."

본죄는 "행사할 목적으로 타인의 자격을 모용하여 권리·의무 또는 사실증명에 관한 문서 또는 도화를 작성함으로써 성립하는 범죄"이다.

"타인의 자격을 모용"한다고 함은 대리권 또는 대표권이 없는 자가 타인(본인)의 대리인 또는 대표자로서의 자격을 사칭하는 것을 말한다. 대리인으로서의 자격모용에는 ① 무권대리($^{민법}_{제130조}$), ② 권한을 넘은 표현대리($^{민법}_{월권대리}$ $^{제126조}_{}$), ③ 대리권소멸 후의 표현대리($^{민법}_{제129조}$)가 있다. 본죄는 대리인의 자격을 모용함으로써 법률행위의 효력이 귀속되는 본인의 명의까지도 허위로 작출하게 되므로, 결국 성립이 부진정한 문서를 작성하는 행위 – 이른바 '유형위조'를 범하는 것이다($^{통}_{설}$).

그러나 대리권의 '단순한 남용'에 불과한 사문서작성은 본죄에 해당하지 않으며, 원칙적으로 다른 문서죄를 구성하지도 않는다.[88]

---

88) "타인의 대표자 또는 대리자가 그 대표명의 또는 대리명의를 써서 또는 직접 본인의 명의를 사용하여 문서를 작성할 권한을 가지는 경우에 그 지위를 남용하여 단순히 자기 또는 제3자의 이익을 도모할 목적으로 마음대로 그 대표자 또는 대리명의 또는 직접 본인명의로 문서를 작성한 때라고 할지라도 문서위조죄는 성립하는 것이 아니다. 왜냐하면 그 목적이 본인을 위하여서이거나 또는 자기 또는 제3자의 이익을 도모하는 때문이거나는 오직 본인과 대표자 또는 대리자 간에 있어서의 내부관계에 그치고 외부관계에 있어서는 아무런 차별이 있는 것이 아니며, 형식상 그 작성명의에 허위가 없으므로 이러한 문서에 있어서 행하여진 의사표시는 사법상 유효하고 직접 본인에 대하여 그 효력이 생기는 것이라고 하지 아니할 수 없기 때문이다"(대판 1983. 4. 12, 83 도 332). 기타 대판 2007. 10. 11, 2007 도 5838 참조.

Ⅳ. 자격모용에 의한 공문서작성죄

제226조 [자격모용에 의한 공문서 등의 작성] "행사할 목적으로 공무원 또는 공무소의 자격을 모용하여 문서 또는 도화를 작성한 자는 10년 이하의 징역에 처한다."

본죄는 "행사할 목적으로 공무원 또는 공무소의 자격을 모용하여 문서 또는 도화를 작성함으로써 성립하는 범죄"이다. 자격모용에 의한 사문서작성죄($_{조}^{제232}$)에 대한 불법가중유형이다. 본죄는 공무원이 아닌 자 또는 공무원이더라도 작성권한이 없는 자가[89] 자신의 명의로 작성하되, 공무원·공무소의 '자격'만을 모용하는 점에 특징이 있다. 공무원·공무소의 '명의'를 모용하는 공문서위조죄와 다르다. 공무원의 자격과 명의를 모두 모용하는 경우에는 본죄가 아니라 공문서위조죄가 성립한다.[90]

'자격을 모용하여 공문서를 작성'한다는 것은 자신의 명의로 작성하되 자신이 일정한 권한있는 공무원의 지위에 있지 않음에도 불구하고 그 지위에 있는 것으로 가장·표시하여 공문서를 작성하는 것을 말한다.

Ⅴ. 사전자기록위작·변작죄

제232조의 2 [사전자기록위작·변작] "사무처리를 그르치게 할 목적으로 권리·의무 또는 사실증명에 관한 타인의 전자기록 등 특수매체기록을 위작 또는 변작한 자는 5년 이하의 징역 또는 1천만원 이하의 벌금에 처한다."

1. 의의, 보호법익, 입법취지, 성격

본죄는 "사무처리를 그르치게 할 목적으로 권리·의무 또는 사실증명에 관한 타인의 전자기록 등 특수매체기록을 위작 또는 변작함으로써 성립하는 범죄"이다. 보호법익은 전자기록 등 특수매체기록에 대한 공공의 신용이며, 보호의 정도는 추상적 위험범이다.

---

89) "피고인이 동래구청장으로 전보된 후에 남구청장의 권한에 속하는 이 사건 건축허가에 관한 기안용지의 결재란에 서명을 하였다면, 이는 자격모용에 의한 공문서작성죄를 구성한다 할 것"(대판 1993. 4. 27, 92 도 2688).

90) 권오걸, 1074면; 김성돈, 598면; 김/서, 756-7면; 박상기, 537면; 배종대, 705면; 유기천, 하권, 147면; 이재상, 589면; 이형국, 615면; 정/박, 643-4면; 정영일, 596면; 진/이, 691면.

본죄는 공전자기록위작·변작죄와 더불어 컴퓨터범죄를 처벌하기 위하여 1995년의 형법개정에서 신설된 범죄이다. 컴퓨터 등에 수록되어 있는 특수매체기록은 출력되지 않는 한 문자·부호에 의한 시각적 가독성이 결여되어 있기 때문에 문서에 포함될 수 없지만, 오늘날의 정보통신사회에서는 종래의 문서를 대신하여 각종 전자기록이 정보의 기록과 전달에 있어서 문서나 다름없는 중요한 기능을 담당함으로써, 이에 대한 형법적 보호가 필요하게 되었다.

본죄는 "사무처리를 그르치게 할 목적"을 요하는 '진정목적범'이다.

2. 구성요건

(1) 행위의 객체

행위의 객체는 권리·의무 또는 사실증명에 관한 타인의 전자기록 등 특수매체기록이다. '전자기록'은 컴퓨터디스켓, CD-Rom, 집적회로 등과 같은 매체에 전기적·자기적 방식으로 저장된 기록을 말한다. '특수매체기록'은 전자기록 이외에 광기술이나 레이저기술을 이용하여 저장된 기록을 말한다. 여기에서 말하는 기록은 매체 그 자체(예: 디스켓)를 의미하는 것이 아니다. 그러므로 매체 자체에 대한 손상은 본죄가 아니라 재물손괴죄를 구성하며,[91] 전자기록에 대하여 위작·변작 이외의 행위태양으로 기록에 손상을 주는 행위는 특수매체기록손괴죄(제366조)를 구성한다. 또 본죄의 기록은 '저장된 상태의 기록'에 국한된다. 따라서 전송 중인 데이터나 처리 중에 있는 화상의 데이터는 포함되지 않는다. 마이크로필름기록은 단순히 문자의 축소 및 그 기계적 확대에 의한 재생에 불과하므로, 본죄의 객체에 포함되지 않는다.[92]

'권리·의무 또는 사실증명'이란 사문서위조·변조죄의 경우와 같은 의미이다. 본죄에서의 '타인'은 ① 사문서위조·변조죄에서와 같이 작성명의상의 타인을 의미한다는 견해, 즉 매체기록의 작성권자 이외의 자를 지칭한다는 견해와[93] ② 널리 특수매체기록의 소유·점유상의 타인까지를 포함한다는 견해의[94] 대립이 있다. 학설의 차이점은 매체기록의 작성권자(甲)가 매체기록을

---

91) 매체 자체에 대한 손상이 특수매체기록의 손상을 수반하는 경우에 특수매체기록손괴죄는 매체 자체에 대한 재물손괴죄에 흡수된다고 본다(법조경합 중 흡수관계).

92) 형법개정법률안 제안이유서, 229-230면.

93) 박상기, 533면; 이형국, 633면; 정영일, 619면.

94) 권오걸, 1062-3면; 김성돈, 599면; 김/서, 746면; 정/박, 637면.

넘겨주어 이를 소유·점유하게 된 자(乙)의 동의없이 넘겨준 매체기록을 무단변경한 경우에 甲에게 본죄의 성립을 긍정할 수 있는가에 있다. ①설에 의하면 甲은 본죄가 아니라 특수매체기록손괴죄($\frac{제366}{조}$)의 죄책을 지게 되는 반면에, ②설에 의하면 본죄가 성립하게 된다. 후술하는 바와 같이 사문서위조·변조행위와는 달리 본죄의 위작·변작행위를 유형위조뿐만 아니라 무형위조까지를 포함하는 의미로 해석한다면, ②설이 타당하다고 본다.

(2) 실행행위

본죄의 실행행위는 위작 또는 변작하는 것이다. 위작과 변작은 문서위조죄에서의 위조와 변조에 대응하는 개념인데, 전자기록의 처리과정이 가시적이지 않기 때문에 용어를 달리하였다. '위작'(僞作)이란 처음부터 권한없이 기록을 작성·입력하거나(유형위조에 해당) 허위내용의 기록을 작성·입력하는 행위(무형위조에 해당)를 말하고,[95] '변작'(變作)이란 권한없이 기존기록에 변경을 가하여 허위내용의 기록을 작성·입력하는 행위를 말한다.

공전자기록위작·변작행위는 유형위조와 무형위조를 포함하지만, 사전자기록위작·변작행위는 유형위조에 국한된다고 해석하는 견해가 있다.[96] 그러나 전자기록위작·변작죄의 입법취지는 공전자기록인가 사전자기록인가를 불문하고 무형위조까지도 처벌하고자 하는 데 있다고 판단된다.[97] ① 전자기록의 작성·입력에 있어서는 일반적으로 작성·입력의 정당한 권한이 있는 표시주체(보증적 기능)가 결여되고 있으며, ② 전자기록을 만드는 행위는 종류에 따라 고도의 기술성·전문성·신뢰성을 요하는 작업이기 때문에, 무형위조도 처벌할 필요가 있다고 하겠다.

판례에 의하면, 사전자기록이든 공전자기록이든 불문하고, 전자기록'위작'의 개념에 유형위조 이외에 무형위조가 포함된다고 한다.[98]

95) 작성권자가 허위내용의 기록을 만드는 경우(무형위조)에는 본죄가 성립하지 않는다는 견해로는 이재상, 611면.
96) 박상기, 532면. 이재상 교수도 사전자기록위작·변작죄에서는 작성권자가 허위내용의 기록을 만드는 경우에 범죄가 성립하지 않는다고 하면서, 공전자기록위작·변작죄에서는 권한있는 공무원이 허위의 전자기록을 만드는 경우에 범죄가 성립한다고 함으로써, 박교수와 같은 입장에 선다(동, 611-2면).
97) 형법개정법률안 제안이유서, 230 및 232면 참조.
98) "판결요지: [다수의견] 일반 국민은 형법 제20장에서 규정하고 있는 문서죄와 전자기록죄의 각 죄명에 비추어 형법 제227조의2와 제232조의2에서 정한 '위작(僞作)'이란 '위조(僞造)'와 동일한 의미로 받아들이기보다는 '위조(僞造)'에서의 '위(僞)'와 '허위작성(虛僞作成)'에서의 '작

위작·변작의 방법에는 제한이 없다. 사무처리를 그르치게 할 목적으로 타인의 전자기록을 무단조작하는 컴퓨터해킹(hacking)도 본죄에 의하여 처벌될 수 있다. 그리고 전자기록에 대한 위작·변작행위가 동시에 전자기록의 효용을 해하는 행위가 된다면, 본죄와 특수매체기록손괴죄($\frac{제366}{조}$)의 상상적 경합이 성립한다.[99] 본죄의 기수는 위작·변작한 기록이 입력된 때 성립한다고 본다.

(3) 주관적 구성요건

본죄의 고의는 권리·의무 또는 사실증명에 관한 타인의 전자기록 등 특수매체기록을 위작 또는 변작한다는 인식·인용이다. 고의 이외에 사무처리를 그르치게 할 목적이 있어야 한다(진정목적범). "사무처리를 그르치게 할 목적"이란 위작·변작된 기록을 사무처리전산시스템에 사용함으로써 정당하거

──────────

(作)'이 결합한 단어이거나 '허위작성(虛僞作成)'에서 '위작(僞作)'만을 추출한 단어로 받아들이기 쉽다. 형법에서의 '위작'의 개념은 형법이 그에 관한 정의를 하지 않고 있고, 해당 문언의 사전적 의미만으로는 범죄구성요건으로서의 적절한 의미 해석을 바로 도출해 내기 어려우므로, 결국은 유사한 다른 범죄구성요건과의 관계에서 체계적으로 해석할 수밖에 없다. 따라서 형법 제232조의2에서 정한 '위작'의 포섭 범위에 권한 있는 사람이 그 권한을 남용하여 허위의 정보를 입력함으로써 시스템 설치·운영 주체의 의사에 반하는 전자기록을 생성하는 행위를 포함하는 것으로 보더라도, 이러한 해석이 '위작'이란 낱말이 가지는 문언의 가능한 의미를 벗어났다거나, 피고인에게 불리한 유추해석 또는 확장해석을 한 것이라고 볼 수 없다. … 전자기록의 작성·수정·열람·삭제 등(이하 '작성 등'이라고 한다)을 위해 시스템이 요구하는 본인확인 절차를 거친 사람은 특별한 사정이 없는 한 해당 전자기록의 작성 등을 할 권한이 있다. 그런데 전자기록은 작성명의인을 특정하여 표시할 수 없고, 생성 과정에 여러 사람의 의사나 행위가 개재됨은 물론 개개의 입력한 정보가 컴퓨터 등 정보처리장치에 의하여 자동으로 기존의 정보와 결합하여 가공·처리됨으로써 새로운 전자기록이 만들어지므로 문서죄에서와 같은 작성명의인이란 개념을 상정하기 어렵다. 이러한 전자기록의 특성 이외에도 사전자기록등위작죄를 사문서위조죄와 비교해 보면 두 죄는 범행의 목적, 객체, 행위 태양 등 구성요건이 서로 다르다. 이러한 사정을 종합적으로 고려하면, 형법 제232조의2가 정한 사전자기록등위작죄에서 '위작'의 의미를 작성권한 없는 사람이 행사할 목적으로 타인의 명의를 모용하여 문서를 작성한 경우에 성립하는 사문서위조죄의 '위조'와 반드시 동일하게 해석하여 그 의미를 일치시킬 필요는 없다. … 사전자기록등위작죄가 성립하기 위해서는 '위작' 이외에도 '사무처리를 그르치게 할 목적'과 '권리·의무 또는 사실증명에 관한 타인의 전자기록 등 특수매체기록'이란 구성요건을 충족해야 한다. 형법 제232조의2에 정한 전자기록과 '사무처리를 그르치게 할 목적'에 관한 판례의 법리에 따르면 해당 전자기록이 시스템에서 쓰임으로써 예정된 증명적 기능을 수행하는 경우에 해당하지 않거나, 위 시스템을 설치·운영하는 주체의 의사에 반하더라도 사무처리를 그르치게 할 목적이 없다면 사전자기록등위작죄는 성립하지 않는다. 따라서 형법 제232조의2에서 정한 '위작'의 개념에 권한 있는 사람이 그 권한을 남용하여 허위의 정보를 입력함으로써 시스템 설치·운영 주체의 의사에 반하는 전자기록을 생성하는 행위를 포함하더라도 처벌의 범위가 지나치게 넓어져 죄형법정주의의 원칙에 반하는 것으로 볼 수도 없다"(대판 2020. 8. 27, 2019 도 11294 – 전원합의체).

99) 특수매체기록의 위작·변작행위 또는 특수매체기록의 손괴행위로 타인의 업무를 방해하면, 본죄 또는 특수매체기록손괴죄는 특수매체기록손괴 업무방해죄(제314조 제2항)에 흡수된다(법조경합).

나 정상적인 사무처리 이외의 하자있는 처리를 하게 할 목적을 말한다.[100] 기존방식과 다른 방식으로 저장하기 위하여 기존의 전자기록을 수정·변경하거나 능률적 사무처리를 위해서 전자기록에 변경을 가한 경우에는 본죄가 성립하지 않는다.

3. 형 벌

5년 이하의 징역 또는 1천만원 이하의 벌금에 처한다. 미수범은 처벌한다 (제235조).

VI. 공전자기록위작·변작죄

제227조의 2 [공전자기록위작·변작] "사무처리를 그르치게 할 목적으로 공무원 또는 공무소의 전자기록 등 특수매체기록을 위작 또는 변작한 자는 10년 이하의 징역에 처한다."

1. 의의, 보호법익, 입법취지, 성격

본죄는 "사무처리를 그르치게 할 목적으로 공무원 또는 공무소의 전자기록 등 특수매체기록을 위작 또는 변작함으로써 성립하는 범죄"이다. 사전자기록위작·변작죄(제232조의2)에 대한 불법가중유형이다. 보호법익은 전자기록 등 특수매체기록에 대한 공공의 신용이며, 보호의 정도는 추상적 위험범이다. 1995년의 형법개정에서 신설된 본죄의 입법취지는 사전자기록위작·변작죄의 경우와 동일하다.

본죄는 "사무처리를 그르치게 할 목적"을 요하는 '진정목적범'이다.

2. 구성요건

(1) 행위의 객체

행위의 객체가 공무원 또는 공무소의 전자기록 등 특수매체기록이라는 점 외에는 사전자기록위작·변작죄에서와 같다. '공무원 또는 공무소의 전자기록 등 특수매체기록'이란 공무원 또는 공무소의[101] 직무수행상 만들어지도록 되

---

100) 형법개정법률안 제안이유서, 229면 참조.
101) "'공무원'이란 원칙적으로 법령에 의해 공무원의 지위를 가지는 자를 말하고, '공무소'란

어 있거나 이미 만들어진 전자기록 등 특수매체기록을 말한다.[102] 주민등록이
나 등기부등본의 파일기록이 그 예이다. 전자기록은 전기적 기록과 자기적 기
록을 모두 포함하며, 특수매체기록에는 전자기록 이외에 광기술이나 레이저
기술을 이용한 기록도 포함된다.

(2) 실행행위

본죄의 실행행위는 위작 또는 변작하는 것이다. '위작'(僞作)이란 처음부터
권한없이 기록을 작성・입력하거나(유형위조에 해당) 허위내용의 기록을 작
성・입력하는 행위(무형위조에 해당)를 말하고,[103] '변작'(變作)이란 권한없이
기존기록에 변경을 가하여 허위내용의 기록을 작성・입력하는 행위를 말한
다. 공무원이 권한을 남용하여 허위내용의 전자기록을 작성・입력한 경우에
도 본죄가 성립한다.[104] [105]

3. 형   벌

10년 이하의 징역에 처한다. 10년 이하의 자격정지를 병과할 수 있다($^{제237}_{조}$).
본죄의 미수범은 처벌한다($^{제235}_{조}$).

공무원이 직무를 행하는 관청 또는 기관을 말하며, '공무원 또는 공무소의 전자기록'은 공무원 또
는 공무소가 직무상 작성할 권한을 가지는 전자기록을 말한다. 따라서 그 행위주체가 공무원과
공무소가 아닌 경우에는 형법 또는 특별법에 의하여 공무원 등으로 의제되는 경우를 제외하고는
계약 등에 의하여 공무와 관련되는 업무를 일부 대행하는 경우가 있더라도 공무원 또는 공무소
가 될 수 없다. 형벌법규의 구성요건인 공무원 또는 공무소를 법률의 규정도 없이 확장해석하거
나 유추해석하는 것은 죄형법정주의 원칙에 반하기 때문이다"(대판 2020. 3. 12, 2016 도 19170).

102) 형법개정법률안 제안이유서, 229면.

103) "형법 제227조의2에서 정하는 전자기록의 '위작'이란 전자기록에 관한 시스템을 설치・운
영하는 주체와의 관계에서 전자기록의 생성에 관여할 권한이 없는 사람이 전자기록을 작출하거
나 전자기록의 생성에 필요한 단위 정보의 입력을 하는 경우는 물론이고, 시스템의 설치・운영
주체로부터 각자의 직무 범위에서 개개의 단위 정보의 입력 권한을 부여받은 사람이 그 권한을
남용하여 허위의 정보를 입력함으로써 시스템 설치・운영 주체의 의사에 반하는 전자기록을 생
성하는 경우도 포함한다"(대판 2011. 5. 13, 2011 도 1415. 同旨, 대판 2007. 7. 27, 2007 도 3798;
2005. 6. 9. 선고 2004 도 6132).

104) 이재상, 612면.

105) "경찰관이 고소사건을 처리하지 아니하였음에도 경찰범죄정보시스템에 그 사건을 검찰에
송치한 것으로 허위사실을 입력한 행위는 공전자기록위작죄에서 말하는 '위작'에 해당한다"(대
판 2005. 6. 9, 2004 도 6132).

제3절 개별적 범죄유형[2]-허위문서작성죄

Ⅰ. 허위진단서 등 작성죄

제233조 [허위진단서 등의 작성] "의사, 한의사, 치과의사 또는 조산사가 진단서, 검안서 또는 생사에 관한 증명서를 허위로 작성한 때에는 3년 이하의 징역이나 금고, 7년 이하의 자격정지 또는 3천만원 이하의 벌금에 처한다."

1. 의의, 성격

본죄는 "의사, 한의사, 치과의사 또는 조산사가 진단서·검안서 또는 생사에 관한 증명서를 허위로 작성함으로써 성립하는 범죄"이다. 우리 형법은 원칙적으로 사문서의 '무형위조'를 처벌하지 않으나, 본죄에 한하여 예외적으로 처벌하고 있다. 작성권한이 있는 자라고 하더라도 의사 등 일정한 전문직종사자가 진실에 반하는 내용의 문서를 작성하는 행위를 처벌할 필요가 있기 때문이다.

2. 구성요건

(1) 행위의 주체

의사, 한의사, 치과의사 또는 조산사에 국한된다. 주체가 일정한 신분자로 한정되어 있는 '진정신분범'이다. 신분자가 신분없는 자(예: 병원사무장 또는 간호사)를 이용하여 간접정범의 형태로 범할 수는 있으나, 신분없는 자가 신분자를 이용하여 간접정범의 형태로 범할 수는 없다고 보아, 본죄는 '부진정자수범'에 속한다.[106]

'공무원신분'인 의사가 허위진단서를 작성한 경우에 본죄의 취지가 의사 등 일정한 전문직종의 특성을 고려하여 그들이 작성하는 문서의 내용에 대한 신용을 특별히 보호함에 있으므로, 본죄만이 성립하고 허위공문서작성죄와의 상상적 경합은 발생하지 않는다고 하는 견해가 있다.[107] 그러나 행위의 주체가

---

106) 권오걸, 1076면; 백형구, 536면; 정영일, 597면. 본죄를 자수범이라고 하나, 부진정자수범인지 진정자수범인지가 불분명한 견해로서는 배종대, 707면; 이재상, 590면.

107) 김/서, 759 및 770면.

공무원이면서 의사인 자가 직무와 관련하여 작성한 허위진단서인 이상, 본죄
와 허위공문서작성죄의 상상적 경합이 된다고 함이 타당하다.[108] 판례는 허위
공문서작성죄만이 성립한다고 한다.[109]

　의사가 아닌 자가 의사의 명의를 모용하여 허위진단서를 작성하면 사문서
위조죄가 성립한다.

(2) 행위의 객체

　진단서·검안서 또는 생사에 관한 증명서이다. 진단서란 의사 등이 사람의
건강상태를 증명하기 위하여 진찰결과인 사실 또는 진찰결과에 대한 판단을
표시한 문서를 말한다. 명칭은 불문하므로 소견서로 표시되더라도 무방하
다.[110] 검안서란 사람의 시체를 검시한 의사가 사인(死因)·사기(死期) 등 검
안결과를 기재한 문서를 말한다. 생사에 관한 증명서란 출생증명서, 사망진단
서 등과 같이 사람의 출생 또는 사망의 사실 및 사망원인을 증명하는 문서를
말한다.

(3) 실행행위

　진단서 등의 사문서를 '허위로 작성'하는 것이다. 허위의 작성은 사실에 관
한 것이든 판단에 관한 것이든[111] '진실에 반하는 내용'을 기재하는 것이다(무
형위조).[112] 병명·사인·사기·치료 유무·치료기간 등이 그 내용에 속한다.

---

108) 김성천, 1210면; 박상기, 538면; 백형구, 524면; 이재상, 597면; 이형국, 616면; 정/박, 656
면; 진/이, 692면.

109) "형법이 제225조 내지 제230조에서 공문서에 관한 범죄를 규정하고, 이어 제231조 내지
제236조에서 사문서에 관한 범죄를 규정하고 있는 점 등에 비추어 볼 때, 형법 제233조 소정의
허위진단서작성죄의 대상은 공무원이 아닌 의사가 사문서로서 진단서를 작성한 경우에 한정되
고, 공무원인 의사가 공무소의 명의로 허위진단서를 작성한 경우에는 허위공문서작성죄만이 성
립하고 허위진단서작성죄는 별도로 성립하지 않는다"(**대판** 2004. 4. 9, 2003 도 7762).

110) "비록 그 문서의 명칭이 소견서로 되어 있다 하더라도 그 내용이 의사가 진찰한 결과 알
게 된 병명이나 상처의 부위·정도 또는 치료기간 등의 건강상태를 증명하기 위하여 작성된 것
이라면 역시 위의 진단서에 해당하는 것"(대판 1990. 3. 27, 89 도 2083).

111) "허위의 기재는 사실에 관한 것이건 판단에 관한 것이건 불문하는 것"(대판 1990. 3. 27,
89 도 2083; 1978. 12. 13, 78 도 2343; 1976. 2. 10, 75 도 1888).

112) 다음은 허위진단서작성의 내용에 수형생활 또는 수감생활의 가능여부에 관한 의견도 포
함될 수 있다는 판례이다. "판결이유: 진단서에는 의료법 시행규칙 제9조 제1항, 제2항에서 정한
사항을 반드시 기재하여야 하나 그 밖의 사항은 반드시 기재하여야 하는 것이 아니다. 그리고 형
사소송법 제471조 제1항 제1호에서 정하고 있는 형집행정지의 요건인 '형의 집행으로 인하여 현
저히 건강을 해할 염려가 있는 때'에 해당하는지에 대한 판단은 검사가 직권으로 하는 것이고,
그러한 판단 과정에 의사가 진단서 등으로 어떠한 의견을 제시하였다고 하더라도 검사는 그 의
견에 구애받지 아니하며, 검사의 책임 하에 규범적으로 그 형집행정지 여부의 판단이 이루어진

의사가 주관적으로 허위라고 생각하고 작성하였지만 객관적으로 진실한 내용의 진단서라면, 본죄의 객관적 구성요건해당성이 부정된다.[113] 의사가 진찰한 사실이 없음에도 불구하고 진단서를 작성하는 것도 본죄에 해당한다.

(4) 주관적 구성요건

본죄의 고의에 있어서 행위자는 자신의 신분을 인식해야 할 뿐만 아니라, 진단서 등의 내용이 허위라는 것도 인식해야 한다.[114] 의사가 오진한 결과 객관적으로 진실에 반한 진단서를 작성함에 불과한 경우,[115] 환자의 허위 언동에 속아서 상해진단서를 작성해 준 경우에는[116] 고의가 없으므로 본죄가 성립하지 않는다.

본죄는 목적범이 아니다.

3. 형   벌

3년 이하의 징역이나 금고, 7년 이하의 자격정지 또는 3천만원 이하의 벌금에 처한다. 미수범은 처벌한다($제_{조}^{235}$).

다. 그렇지만 이 경우에 의사가 환자의 수형(受刑)생활 또는 수감(收監)생활의 가능 여부에 관하여 기재한 의견이 환자의 건강상태에 기초한 향후 치료 소견의 일부로서 의료적 판단을 기재한 것으로 볼 수 있다면, 이는 환자의 건강상태를 나타내고 있다는 점에서 허위진단서작성의 대상이 될 수 있다. 따라서 의사가 진단서에 단순히 환자의 수형생활 또는 수감생활의 가능 여부에 대한 의견만 기재한 것이 아니라, 그 판단의 근거로 그 환자에 대한 진단 결과 또는 향후 치료의견 등을 함께 제시하였고 그와 결합하여 수형생활 또는 수감생활의 가능 여부에 대하여 판단한 것이라면 그 전체가 환자의 건강상태를 나타내고 있는 의료적 판단에 해당한다고 할 수 있다. 그리고 그러한 판단에 결합된 진단 결과 또는 향후 치료 의견이 허위라면 수형생활 또는 수감생활의 가능 여부에 대한 판단 부분도 허위라고 할 수 있다. 그러나 그러한 판단에 결합된 진단 결과 내지 향후 치료의견이 허위가 아니라면, 수형생활 또는 수감생활의 가능 여부에 관한 판단을 허위라고 할 수 있기 위해서는 먼저 환자가 처한 구체적이고 객관적인 수형생활 또는 수감생활의 실체를 확정하고 위 판단에 결합된 진단 결과 내지 향후 치료의견에 의한 환자의 현재 및 장래 건강상태를 거기에 비추어 보아 환자의 실제 수형생활 또는 수감생활 가능 여부가 위 판단과 다르다는 것이 증명되어야 하고 또한 그에 대한 의사의 인식이 인정될 수 있어야 한다"(대판 2017. 11. 9, 2014 도 15129).

113) 권오걸, 1076면; 김성돈, 603-4면; 박상기, 539면; 이재상, 590면; 정/박, 646면; 정영일, 598면; 진/이, 693면. 불능미수가 된다는 견해로는 김/서, 761면; 오영근, 769면.

114) "본죄는 원래 허위의 증명을 금지하려는 것이므로 의사가 주관적으로 그 내용이 허위라는 인식이 필요함"(대판 1990. 3. 27, 89 도 2083).

115) 대판 1978. 12. 13, 78 도 2343.

116) 대판 1976. 2. 10, 75 도 1888.

Ⅱ. 허위공문서작성죄

<u>제227조 [허위공문서작성 등]</u> "공무원이 행사할 목적으로 그 직무에 관하여 문서 또는 도화를 허위로 작성하거나 변개한 때에는 7년 이하의 징역 또는 2천만원 이하 의 벌금에 처한다."

1. 의의, 보호법익, 성격

허위공문서작성죄는 "공무원이 행사할 목적으로 그 직무에 관하여 문서 또는 도화를 허위로 작성하거나 변개함으로써 성립하는 범죄"이다. 제227조 는 공문서에 대한 공공의 신용을 두터이 보호하기 위하여 공문서의 '무형위조' 까지도 처벌하고자 하는 구성요건이다. 본죄의 보호법익은 공문서의 '내용의 진 실'에 대한 공공의 신용이며,[117] 보호의 정도는 '추상적 위험범'이다.

허위공문서작성죄는 행사할 목적을 요하는 '진정목적범'이며, 행위의 주체 가 작성권한있는 공무원에 한정되는 '진정신분범'이고, 후술하는 바와 같이 '부 진정자수범'에 속한다.

2. 구성요건

(1) 행위의 주체

본죄는 공무원이 "직무에 관하여" 문서·도화를 허위작성한 경우에 처벌 하기 때문에, 해석상 행위의 주체는 '직무상 문서 또는 도화를 작성할 권한이 있는 공무원'이다. 즉 본죄의 '정범적격'은 '직무상 작성권한있는 공무원'이라는 신 분자에 국한된다(진정신분범).

작성권한있는 공무원이라 함은 문서를 '사실상' 작성할 권한이 있는 공무 원을 의미하는 것이 아니고, '자신의 명의로' 문서를 작성할 권한이 있는 공무 원을 의미한다. 다만 작성명의인이 아니더라도 전결권을 위임받은 공무원은 본죄의 주체가 될 수 있다.[118] 만일 공문서작성의 순서가 사실상 공문서를 기 안하는 하급공무원(보조공무원) 甲과 이 공문서를 중간결재하는 乙 및 공문서 의 최종결재권자 丙이 있어서 마지막에 丙의 명의로 공문서가 작성된다면, 丙

---

117) 대판 1970. 11. 24, 70 도 1791.
118) 대판 1977. 1. 11, 76 도 3884.

만이 작성권한있는 공무원으로서 본죄의 정범적격을 갖는다. 따라서 공무원이라 하더라도 문서의 작성권한이 없는 자는 본죄의 주체가 될 수 없다. 공무원이 작성권한 '밖의' 사항에 관하여 허위내용의 공문서를 작성한 경우에는 본죄가 아니라 공문서위조죄가 성립한다. 예컨대 사법경찰관의 직무권한이 없는 관세청 행정서기보가 피의자신문조서를 허위로 작성한 경우에 본죄가 성립할 수 없다.[119]

직무에 관하여 문서를 작성할 권한은 법률뿐만 아니라 명령·내규·관례에 기하여 발생할 수 있다.

(2) 행위의 객체

본죄의 객체는 직무에 관한 공문서 또는 공도화이다. 공문서란 우리나라의 공무원 또는 공무소가 직무와 관련하여 작성한 문서로서, 공무원 또는 공무소가 작성명의인으로 되어 있는 문서를 말한다. 공문서는 작성명의인인 공무원이 명시되어 있지 않더라도 문서의 형식·내용 등 문서 자체로 보아 작성명의인을 추측할 수 있을 정도이면 된다.[120] 대법원은 합동법률사무소명의로 작성된 공정증서[121] 및 건축사무기술검사원으로 위촉된 건축사가 작성한 준공검사조서도[122] 공문서로 보고 있다.

공문서는 대외적인 문서 이외에 대내적인 문서를 포함한다.[123]

(3) 실행행위

실행행위는 직무에 관하여 공문서·공도화를 '허위로 작성하거나 변개하는 것'이다.

(가) 허위작성   '허위로 작성'한다고 함은 공무원이 작성권한의 범위 내에서 공문서를 작성하되, 진실에 반하는 허위의 내용을 기재하는 것을 말한다.

---

119) "피고인은 행정서기보에 불과하여 사법경찰관 직무취급을 하는 권한이 있다 할 수 없고 사법경찰리의 직무를 취급하는 자에 불과하며, 간접정범이 인정될 수 있는 것과 같은 특별한 사정이 있으면 몰라도, 그렇지 않고서는 허위공문서작성의 주체가 될 수 없음"(**대판** 1974. 1. 29, 73 도 1854).

120) "허위공문서작성죄에 있어서의 객체가 되는 문서는 문서상 작성명의인이 명시된 경우뿐 아니라 작성명의인이 명시되어 있지 아니하더라도 문서의 형식·내용 등 그 문서 자체에 의하여 누구가 작성하였는가를 추지할 수 있을 정도의 것이라야만 위 죄의 객체가 될 수 있는 문서라고 할 수 있는 것"(대판 1973. 9. 29, 73 도 1765. 同旨, 대판 2019. 3. 14, 2018 도 18646).

121) 대판 1977. 8. 23, 74 도 2715.

122) 대판 1980. 5. 13, 80 도 177.

123) 대판 1981. 12. 8, 81 도 943.

허위란 객관적 진실에 반하는 것이다. 허위의 내용은 사실에 관한 것이든 판단 내지 의견에 관한 것이든 불문한다.

공문서허위작성의 예로는 세대주가 아닌 자를 세대주인 것으로 해서 주민등록표를 작성한 경우,[124] 무허가건물을 가옥대장에 허가받은 건물로 기재하는 경우,[125] 가옥대장에 기재된 내용과 다른 내용을 기재한 가옥증명서를 발급한 경우,[126] 준공검사를 하지 않고도 준공검사를 하였다고 준공검사조서에 기재한 경우[127] 등이 있다.

판례에 의하면, 공무원이 고의로 법령을 잘못 적용하여 공문서를 작성하였다고 하더라도, 그 법령적용의 전제가 된 사실관계에 대한 내용에 거짓이 없다면 허위공문서작성죄가 성립되지 않는다고 한다.[128]

'작성'이라 함은 문서에 내용을 기재하는 행위 이외에 명의인의 표시행위(기명·날인행위 또는 직인압날행위)까지를 의미한다. 그러므로 보조공무원 甲이 공문서를 허위로 기재하고 정을 모르는 작성명의인(작성권자) 丙의 결재를 받아 냈다면 허위공문서작성죄의 간접정범의 성립 여부가 논의될 여지가 있지만, 甲이 문서의 허위기재 이외에 더욱 나아가 권한없이 명의인 丙의 표시행위까지를 도용한 경우에는 유형위조로서 공문서위조죄가 성립한다.

허위작성은 작위 이외에 부작위로도 가능하다. 사법경찰관이 피의자신문조서를 작성함에 있어서 피의자의 자백사실을 고의로 누락한 경우에 부작위에 의한 허위공문서작성이 된다.

〈신고에 의한 공문서작성〉

사인(私人)의 신고에 의하여 공무원이 공문서를 작성하는 경우에 신고내용이 허위임을 알면서 그대로 기재한 경우에 허위공문서작성죄의 성립 여부가 문제된다.

---

124) 대판 1990. 10. 16, 90 도 1199.
125) 대판 1983. 12. 13, 83 도 1458.
126) 대판 1973. 10. 23, 73 도 395.
127) 대판 1983. 12. 27, 82 도 3063.
128) "판결요지: 허위공문서작성죄란 공문서에 진실에 반하는 기재를 하는 때에 성립하는 범죄이므로, 고의로 법령을 잘못 적용하여 공문서를 작성하였다고 하더라도, 그 법령 적용의 전제가 된 사실관계에 대한 내용에 거짓이 없다면 허위공문서작성죄가 성립될 수 없는바, 당사자로부터 뇌물을 받고 고의로 적용하여서는 안될 조항을 적용하여 과세표준을 결정하고 그 과세표준에 기하여 세액을 산출하였다고 하더라도, 그 세액계산서에 허위내용의 기재가 없다면 허위공문서작성죄에는 해당하지 않는다"(**대판 1996. 5. 14, 96 도 554**. 同旨, 대판 2000. 6. 27, 2000 도 1858).

① 토지대장·가옥대장의 작성에 있어서와 같이 작성공무원이 신고내용에 대하여 '실질적 심사권'을 가진 때에는 신고내용이 허위임을 알면서도 그대로 기재한 행위는 본죄를 구성한다. 그러나 ② 등기부·호적부의 작성에 있어서와 같이 작성공무원이 신고내용에 대하여 '형식적 심사권'만을 가진 때에는 학설이 대립한다. 학설로는 ⓐ 일정한 형식을 구비한 신고가 있으면 담당공무원은 직무상 문서를 작성해야 할 의무가 있으므로 설령 신고내용이 허위임을 알았다고 하더라도 본죄의 성립을 인정할 수 없다는 부정설.[129] ⓑ 신고사실이 허위임을 알면서 문서를 작성한다는 것은 공문서에 대한 공공의 신용을 침해한 것이며, 공무원은 그 기재를 거부할 수 있다고 해야 하므로 본죄의 성립을 인정하는 긍정설(다수),[130] ⓒ 작성공무원이 신고자와 공모하여 직무상의 의무를 불법하게 이용·작성한 경우에는 본죄가 성립하지만, 신고내용이 우연히 허위임을 알고 그대로 작성한 경우에는 본죄가 성립하지 않는다는 구별설[131] 등이 있다.

생각건대 공부(公簿)의 기재내용이 진실에 부합할 것이라는 공공의 신용을 보호하기 위해서는 신고내용이 허위임이 명백하고 담당공무원도 허위임을 알고 있는 경우에는 비록 형식적 심사권만을 가진 담당공무원이라고 하더라도 그 기재를 거부할 수 있다고 보아야 할 것이므로, 긍정설이 타당하다고 하겠다. 판례도 신고사항이 허위임을 알면서 호적부에 허위기재를 한 호적공무원에 대하여 본죄의 성립을 인정함으로써 긍정설의 입장에 있다.[132]

(나) 변 개 '변개'(變改)란 작성권한있는 공무원이 이미 진정하게 성립한 기존문서의 내용을 허위로 고치는 것을 말한다. 가필·정정 등 변개의 방법에는 제한이 없다. 변개는 기존의 진정공문서를 객체로 한다. 이 점에 있어서 변조와 같지만, 변개는 '작성권한있는 자'의 허위변경이라는 점에서 다르다. 그리고 변개는 '기존의' 공문서에 대하여 내용을 허위로 변경하는 것이지만, 작성은 처음부터 허위내용의 공문서를 만드는 것이라는 점에서, 양자는 구별된다.

(다) 기수와 미수   본죄는 공문서에 허위의 내용을 기재하고 명의인의 표

---

129) 손해목, 주석 형법각칙 상, 397면.

130) 김성돈, 608면; 김/서, 765면; 배종대, 710면; 백형구, 522면; 오영근, 754면; 유기천, 하권, 166면; 이재상, 594면; 이형국, 620면; 이정원, 580면; 진/이, 696면.

131) 정성근, 742면.

132) "신고사항이 허위인 것이 명백한 경우에 있어서는 호적리는 그 기재를 거부할 수 있다고 해석함이 법정신에 적합한 것이라 할 것이다. 그러므로 호적리는 신고사항이 허위인 것을 알고 있으면서 고의로 신고인의 뜻을 받아 이를 호적부에 기재한 때에는 형법 제227조의 허위공문서작성죄를 구성한다고 할 것"(**대판 1977. 12. 27, 77 도 2155**).

시행위를 함으로써 기수가 된다. 공문서에 허위기재를 하였으나 아직 작성명의인을 표시하지 못하였다면, 본죄의 미수범이 된다. 작성명의인은 반드시 명시될 필요는 없으나, 문서의 형식과 내용에 비추어 누구인가를 알 수 있는 정도는 되어야 한다.[133]

본죄의 미수범은 처벌한다(제235조).

(4) 주관적 구성요건

본죄의 주관적 구성요건은 고의와 행사의 목적이다(진정목적범). 행위자는 작성 또는 변개한 공문서의 내용이 허위라는 것 그리고 직무에 관한 것이라는 점을 인식·인용해야 한다. 허위내용임을 인식한 이상 상사 또는 상급관청의 양해 내지 지시가 있었더라도 고의가 부정되지는 않는다.[134] 대법원은 단순한 오기,[135] 사소한 오차가 있는 기재,[136] 선례나 업무상 관행에 따른 허위기재[137] 등의 경우에는 허위작성의 고의를 인정하지 않고 있다.

3. 허위공문서작성죄의 간접정범

허위공문서작성죄의 주체는 작성권한있는 공무원이라는 신분자에 국한되므로(진정신분범), ① 작성권한있는 공무원이 공무원아닌 자(비공무원)를 이용하거나, ② 비공무원이 작성권한있는 공무원을 이용하거나, ③ 작성권한있는 공무원이 작성권한없는 다른 공무원을 이용하거나, ④ 작성권한없는 공무원이 작성권한있는 다른 공무원을 이용하여, '간접정범'의 형태로 본죄를 범할 수 있는가가 논의되고 있다.

---

133) "허위공문서작성죄에 있어서의 객체가 되는 문서는 문서상 작성명의인이 명시된 경우뿐 아니라 작성명의인이 명시되어 있지 아니하더라도 문서의 형식·내용 등 그 문서 자체에 의하여 누구가 작성하였는가를 추지할 수 있을 정도의 것이라야만 위 죄의 객체가 될 수 있는 문서라고 할 수 있는 것"(대판 1973. 9. 29. 73 도 1765).

134) "기록에 의하면 피고인들이 위 공사준공연대 확인서를 작성할 당시 그 내용이 실지 내용과 맞지 않는 것이라는 정을 알고 있었음이 인정되는 바, 설사 피고인들의 위 준공연대 확인서의 작성 경위가 전시와 같은 사정하에 군(郡)당국의 사전 종용 또는 양해를 얻은 후에 이루어진 것이었다 할지라도, 그와 같은 사정이나 양해는 그 범죄에 대한 양형에 있어서 참작하여야 할 사유는 될지언정, 그 내용이 허위임을 인식하고 작성한 위 확인서 자체의 작성과 행사에 관한 범의를 부정할 사유는 될 수 없다"(대판 1971. 11. 9. 71 도 1775).

135) 대판 1978. 4. 11. 77 도 3781.

136) 대판 1985. 5. 28. 85 도 327.

137) 대판 1982. 7. 27. 82 도 1026.

(1) 작성권한있는 공무원이 비공무원을 이용한 경우

작성권한있는 공무원이 허위내용임을 모르는 비공무원으로 하여금 허위공 문서를 작성하게 한 경우에는 허위공문서작성죄의 간접정범이 된다.

(2) 비공무원이 작성권한있는 공무원을 이용한 경우

비공무원, 즉 사인(私人)이 작성권한있는 공무원으로 하여금 허위의 내용을 진실로 믿게 하여 허위공문서를 작성케 한 경우에 비공무원을 허위공문서 작성죄의 간접정범으로 처벌할 수 있는가가 문제된다. 본죄는 진정신분범으로서 공무원만이 정범적격이 있다고 보아, 공정증서원본부실기재죄($\frac{제228}{조}$)의 성립은 별론으로 하고, 비공무원은 허위공문서작성죄의 간접정범이 될 수 없다고 함이 타당하다($\frac{통}{설}$).

통설은 그 논거를 무엇보다도 제228조 공정증서원본부실기재죄의 성격과 입법 취지에 두고 있다. 공정증서원본부실기재죄는 비공무원이 허위신고를 하여 정을 모르는 공무원으로 하여금 공문서 중에서도 공정증서원본에 부실기재를 하게 한 행위를 특별히 처벌하고자 하는 조문으로서, 그 성격은 비공무원이 간접정범의 형태로 허위공문서작성죄를 범한 경우에 해당한다. 그런데 공정증서원본부실기재죄의 법정형이 허위공문서작성죄보다도 낮게 정해진 것을 보면, 비공무원이 허위공문서작성죄를 간접정범의 형태로 범한 때에, 공정증서원본부실기재죄에 해당하는 경우를 제외하고는, 일반적으로 그 성립을 부정하는 것이 형법의 취지라고 해석할 수밖에 없다(체계해석).

판례도 같은 취지에서 비공무원은 허위공문서작성죄의 간접정범이 될 수 없다는 입장이다.[138] 한편 (2)의 경우에 비공무원에게 허위공문서작성죄가 아니라 공문서위조죄의 간접정범이 성립할 수 없다고 판시한 대법원판결도 있다.[139]

공무원이 비공무원을 이용하여 간접정범의 형태로 본죄를 범할 수는 있으

---

138) "공문서의 무형위조에 대하여도 형법 제227조 이외에 특히 공무원에 대하여 허위신고를 하여 공정증서원본 또는 면허장·감찰·여권에 부실의 사실을 기재케 한 때에 한하여 형법 제228조의 처벌규정을 두어 전기 227조의 형보다도 현저히 경하게 벌하고 있음에 불과한 것으로 보아, 공무원 아닌 자가 허위공문서위조의 간접정범인 때에는 전기 228조의 경우 외에는 이를 처벌하지 않는 취지로 해석함이 상당하다"(**대결 1962. 1. 31, 4294 형상 595.** 同旨, 대판 1976. 8. 24, 76 도 151; 1970. 7. 28, 70 도 1044; 1962. 4. 24, 4294 형상 646).

139) "공무원이 아닌 자가 관공서에 허위내용의 증명원을 제출하여 그 내용이 허위인 정을 모르는 담당공무원으로부터 그 증명원 내용과 같은 증명서를 발급받은 경우 공문서위조죄의 간접정범으로 의율할 수는 없다 할 것"(대판 2001. 3. 9, 2000 도 938).

나. 비공무원이 공무원을 이용하여 간접정범의 형태로는 범할 수 없다는 점에서, 본죄는 '부진정자수범'에 속한다.

(3) 작성권한있는 공무원이 작성권한없는 다른 공무원을 이용한 경우

작성권한있는 공무원이 허위내용임을 모르는 작성권한없는 다른 공무원으로 하여금 허위공문서를 작성하게 한 경우에도 비공무원을 이용한 경우와 마찬가지로 본죄의 간접정범이 성립한다.

(4) 작성권한없는 공무원이 작성권한있는 다른 공무원을 이용한 경우

작성권한없는 공무원이 작성권한있는 다른 공무원을 이용함에는 ① 당해 문서작성과 전혀 무관한 공무원이 작성권한있는 다른 공무원으로 하여금 허위의 내용을 진실로 믿게 하여 허위공문서를 작성케 한 경우와 ② 작성권한이 없으나 하급공무원(甲)으로서 작성권한있는 상급공무원(乙)을 보좌하여 자신이 기안한 허위공문서를 그 정을 모르는 상사 乙에게 제출하고 상사의 결재(기명·날인)를 받은 경우로 나누어 볼 수 있다.[140] ①의 경우는 비공무원이 작성권한있는 공무원을 이용한 경우와 다름없다고 보아, 간접정범의 성립을 부정함이 타당하다.

논의의 핵심은 ②의 경우에 모아지고 있다. 이 때 하급공무원(보조공무원) 甲에게 허위공문서작성죄의 간접정범성립을 긍정할 수 있는가가 문제된다.

부정설은,[141] ⓐ 본죄가 공무원의 직권남용을 처벌하려는 것이 아니라 공문서의 신용력에 대한 공공의 신용을 보호하기 위한 범죄이고, ⓑ 본죄의 주체는 작성권한있는 공무원에 엄격히 제한되는 진정신분범이며, ⓒ 진정신분범에 있어서 비신분자가 신분자를 이용한 간접정범은 성립할 수 없다는 이유로, 甲을 허위공문서작성죄의 간접정범으로 처벌할 수 없다고 주장한다. 이 때 처벌의 흠결이 발생하는데 이는 입법에 의하여 보완해야 한다고 하거나,[142] 甲을 위계에 의한 공무집행방해죄 또는 직무유기죄 등으로 처벌할 수 있다고 한다.[143]

긍정설은, ⓐ 본죄의 본질이 공무원이라는 신분자의 권한남용을 방지하려

---

140) ②의 경우에도 甲이 허위문서의 기안에 그치지 않고 상사인 乙의 명의까지 모용했다면, 직접 공문서위조죄의 정범이 된다.

141) 권오걸, 1090면; 김성돈, 611면; 김/서, 769면; 박상기, 542면; 오영근, 758면; 이재상, 597면; 이정원, 583-5면; 이형국, 621면.

142) 이재상, 597면.

143) 김/서, 769면.

는 데 있다고 보고, 본죄의 공무원신분은 공무원 일반을 의미하는 것이 아니라 직무에 관하여 문서를 작성할 수 있는 공무원신분을 의미하므로, 비록 본죄는 자수범이지만 보조공무원의 간접정범성립을 긍정할 수 있다고 하거나,[144] ⓑ 기안을 담당하는 보조공무원은 문서의 작성명의인이 아니므로 직접정범은 될 수 없지만, 사실상 또는 실질적으로 공문서의 작성에 관여하고 있으므로 일반 사인(私人)과는 구별해야 하고, 따라서 허위공문서작성죄의 간접정범으로 처벌할 이유가 충분하다고 한다.[145]

생각건대 본죄의 정범적격은 작성권한있는 공무원에 국한되고 또 작성권한자란 사실상의 작성권자가 아니라 작성명의인을 의미하므로, 작성명의인이 아닌 보조공무원을 작성권한있는 공무원의 범위에 포함시킬 수 없으며, 결국 보조공무원에게는 허위공문서작성죄의 '정범적격'이 결여된다고 해야 한다. 그렇다면 ②의 경우에 甲을 본죄의 간접정범으로 처벌할 수는 없고, '위계에 의한 공무집행방해죄'($^{제137}_{조}$)의 성립은 가능하다고 본다.[146]

판례의 주류(主流)는 공문서의 작성권한있는 공무원을 보좌하여 공문서의 기안을 담당하는 보조공무원이 그 직위를 이용해서 행사의 목적으로 허위공문서를 기안한 후 그 정을 모르는 상사에게 제출하여 결재하도록 한 경우에 본죄의 간접정범성립을 인정해 오고 있다.[147] 그리고 허위공문서를 기안한 보조공무원과 공모한 사인(私人)에게는 허위공문서작성죄의 간접정범의 공범이 된다고 한다.[148]

그러나 허위공문서작성에 있어서 중간결재자인 공무원이 그 정을 모르는

144) 유기천, 하권, 171면.
145) 비슷한 취지로 김성천, 1189면; 배종대, 713면; 백형구, 523면; 정/박, 655-6면; 정영일, 600면; 진/이, 699면.
146) 이 때 甲이 공문서위조죄의 간접정범이 된다는 주장도 있을 수도 있으나, 작성권자(乙)의 '결재행위'가 있은 이상, 작성자와 명의인이 일치하고, 따라서 피이용자(乙)의 '위조'행위(유형위조) 자체가 존재하지 않는다.
147) "공문서의 작성권한이 있는 공무원의 직무를 보좌하는 자가 그 직위를 이용하여 행사할 목적으로 허위의 내용이 기재된 문서초안을 그 정을 모르는 상사에게 제출하여 결재하도록 하는 등의 방법으로 작성권한이 있는 공무원으로 하여금 허위의 공문서를 작성하게 한 경우에는 간접정범이 성립되고"(**대판** 1992. 1. 17, 91 **도** 2837. 同旨, 대판 2017. 5. 17, 2016 도 13912; 1990. 2. 27, 89 도 1816; 1986. 8. 19, 85 도 2728; 1977. 12. 13, 74 도 1990 등).
148) "방위병인 이○○은 공문서작성권한이 있는 공무원을 보좌하는 자신의 직위를 이용하여 정을 모르는 그 작성권자로 하여금 허위의 공문서를 작성하게 함으로써 허위공문서작성죄의 간접정범인 죄책을 지게 되었다 할 것이니, 그와 공모한 피고인으로서도 신분이 공무원인지 여부에 관계없이 그 공범으로서의 죄책을 면할 수 없는 것"(**대판** 1992. 1. 17, 91 **도** 2837).

최종결재자의 결재를 받아낸 경우에, 중간결재자에 대하여 '위계에 의한 공무
집행방해죄'의 성립을 긍정한 대법원판결이 등장함으로써 주목을 끌고 있다.
이 판결을 소개하기로 한다. "출원에 대한 심사업무를 담당하는 공무원이 출
원인의 출원사유가 허위라는 사실을 알면서도 결재권자로 하여금 오인, 착각,
부지를 일으키게 하고 그 오인, 착각, 부지를 이용하여 인·허가처분에 대한
결재를 받아낸 경우라면, 출원자가 허위의 출원사유나 허위의 소명자료를 제
출한 경우와는 달리 더 이상 출원에 대한 적정한 심사업무를 기대할 수 없게
되었다고 할 것이어서, 위와 같은 행위는 위계로써 결재권자의 직무집행을 방
해한 것이라고 하지 않을 수 없다. 원심이 피고인의 위와 같은 행위를 위계에
의한 공무집행방해죄로 처단한 것은 위와 같은 법리에 따른 것…피고인이 출
원인인 김○○가 어업허가를 받을 수 없는 자라는 사실을 알면서도 그 직무상
의 의무에 따른 적절한 조치를 취하지 않고 오히려 부하직원으로 하여금 어업
허가 처리기안문을 작성하게 한 다음 피고인 스스로 중간결재를 하는 등 위계
로써 농수산국장의 최종결재를 받았다면, 직무위배의 위법상태가 위계에 의
한 공무집행방해행위 속에 포함되어 있는 것이라고 보아야 할 것이므로, 이와
같은 경우에는 작위범인 위계에 의한 공무집행방해죄만이 성립하고, 부작위
범인 직무유기죄는 따로 성립하지 아니한다고 봄이 상당하다"(대판 1997. 2. 28.
96 도 2825).

4. 죄 수

공무원인 의사가 직무와 관련하여 허위진단서를 작성하면, 허위공문서작
성죄와 허위진단서작성죄의 상상적 경합이 된다.[149] 직무유기행위가 허위공문
서작성죄를 구성하는 경우에는 직무유기죄와 본죄는 법조경합의 관계에서 허
위공문서작성죄만이 성립한다(흡수관계).[150]

---

149) 김성천, 1210면; 박상기, 538면; 백형구, 524면; 이재상, 597면; 이형국, 616면; 정/박, 656
면; 진/이, 692면. 대결 1955. 7. 15, 4288 형상 74. 이에 반대하여 허위진단서작성죄만이 성립한
다고 주장하는 견해는 김/서, 759 및 770면. 대법원은 허위공문서작성죄만이 성립한다는 입장이
다. "판결요지: 공무원인 의사가 공무소의 명의로 허위진단서를 작성한 경우에는 허위공문서작성
죄만이 성립하고, 허위진단서작성죄는 별도로 성립하지 않는다"(대판 2004. 4. 9, 2003 도 7762).
150) 김성돈, 612면; 김/서, 770면; 배종대, 715면; 오영근, 758면; 이재상, 597-8면; 이정원,
586면; 이형국, 622면; 정/박, 656면; 진/이, 700면. 대판 1982. 12. 28, 82 도 2210; 1972. 5. 9, 72
도 722; 1971. 8. 31, 71 도 1176.

5. 형 벌

7년 이하의 징역 또는 2천만원 이하의 벌금에 처한다. 10년 이하의 자격정지를 병과할 수 있다($\frac{제237}{조}$). 본죄의 미수범은 처벌한다($\frac{제235}{조}$).

Ⅲ. 공정증서원본 등 부실기재죄

<u>제228조 [공정증서원본 등의 부실기재] 제1항</u> "공무원에 대하여 허위신고를 하여 공정증서원본 또는 이와 동일한 전자기록 등 특수매체기록에 부실의 사실을 기재 또는 기록하게 한 자는 5년 이하의 징역 또는 1천만원 이하의 벌금에 처한다."
<u>제2항</u> "공무원에 대하여 허위신고를 하여 면허증, 허가증, 등록증 또는 여권에 부실의 사실을 기재하게 한 자는 3년 이하의 징역 또는 700만원 이하의 벌금에 처한다."

1. 의의, 성격, 보호법익

본죄는 "공무원에 대하여 허위신고를 하여 공정증서원본 또는 이와 동일한 전자기록 등 특수매체기록, 면허증, 허가증, 등록증, 여권에 부실의 사실을 기재 또는 기록하게 함으로써 성립하는 범죄"이다.

본죄의 성격에 관하여는 ① 공무원을 이용한 간접적인 허위공문서작성죄(간접적인 무형위조)라는 견해가[151] 있으나, ② 허위공문서작성죄($\frac{제227}{조}$)의 간접정범 중 신빙력이 높은 공문서에 대한 경우만을 특별히 처벌하고자 하는 범죄라고 함이 타당하다.[152] 허위공문서작성죄의 '정범적격'은 공무원에 한정되므로 비공무원인 자가 공무원에게 허위신고를 하여 허위임을 모르는 공무원으로 하여금 허위의 공문서를 작성하게 한 때, 허위공문서작성죄의 간접정범으로 처벌할 수 없다. 그런데 간접정범형태의 비공무원의 허위공문서작성죄라고 하더라도 처벌해야 할 필요가 있는 경우 - 필벌성이 있는 경우 - 만큼은 공정증서원본부실기재죄로서 특별히 처벌하고자 제228조를 둔 것으로 이해된다. 만일 비공무원의 신고가 허위임을 알고도 공무원이 허위의 공문서를 작성한 때에는 공무원은 허위공문서작성죄의 정범이 되고, 비공무원은 허위공문서작성죄

---

151) 권오걸, 1094면; 배종대, 715면; 서일교, 263면; 이형국, 622면; 황산덕, 144면.
152) 김성돈, 613면; 유기천, 하권, 158면; 이재상, 598면; 정/박, 657면; 정영석, 167면; 정영일, 604면.

의 교사범 내지 방조범이 된다.

본죄의 보호법익은 공정증서원본 등의 '내용의 진실'에 대한 공공의 신용이며, 보호의 정도는 '추상적 위험범'이다. 본죄는 목적범이 아니다.

2. 구성요건

(1) 행위의 주체

행위의 주체에는 제한이 없다. 사인 이외에 직무와 무관한 공무원도 주체가 될 수 있다.

(2) 행위의 객체

행위의 객체는 공정증서원본 또는 이와 동일한 전자기록 등 특수매체기록, 면허증, 허가증, 등록증, 여권에 한한다. 본죄의 객체는 '한정적' 열거이다.

(가) 공정증서원본   '공정증서'란 일반적으로 공무원이 권한 내에서 적법하게 작성한 일체의 증서를 말한다. 그러나 본죄에서의 공정증서는 널리 '사실 일반'을 증명하는 효력을 가진 공문서가 아니라, '권리의무에 관한 사실'을 증명하는 효력을 갖는 공문서에 국한되는 것으로 축소해석함이 타당하다(통설[153] 및 판례[154]). 본죄에 있어서 제2항의 법정형이 3년 이하의 징역 또는 700만원 이하의 벌금임에 비하여, 제1항의 법정형은 5년 이하의 징역 또는 1천만원 이하의 벌금으로 제2항보다 중하게 규정되어 있으므로, 제2항의 행위객체인 면허증·허가증·등록증·여권보다도 엄격하게 제1항의 행위객체인 공정증서원본을 축소해석할 필요가 있기 때문이다.

권리의무에 관한 사실을 증명하는 효력을 갖는 공정증서로는 부동산등기부, 자동차등록부, 선박등기부, 상업등기부, 호적부 등이 있다.[155] 권리의무에

---

153) 김성돈, 613면; 김성천, 1194면; 김/서, 772면; 박상기, 543면; 배종대, 715면; 서일교, 246면; 이재상, 599면; 이형국, 623면; 정/박, 658면; 정영석, 176면; 정영일, 605면; 진/이, 702면; 황산덕, 145면.

154) "형법 제228조에서 말하는 공정증서란 권리의무에 관한 공정증서만을 가리키는 것이고, 사실증명에 관한 것은 이에 포함되지 아니하므로, 권리의무에 변동을 주는 효력이 없는 토지대장은 위에서 말하는 공정증서에 해당되지 아니한다"(**대판 1988. 5. 24, 87 도 2696.** 同旨, 대판 1971. 1. 29, 69 도 2238; 1970. 12. 29, 69 도 2059).

155) 그 외에 대법원은 전원합의체판결에서 "간이절차에 의한 민사분쟁사건처리특례법에 의하여 합동법률사무소명의로 작성된 공증에 관한 문서는 형법상의 공문서에 해당되고, 동 합동법률사무소의 구성원인 변호사에게 허위신고를 하여서 동 합동법률사무소 명의의 공정증서에 부실의 사실을 기재하게 한 행위는 형법 228조 1항에 해당된다고 하여야 할 것"이라고 함으로써 (**대판 1977. 8. 23, 74 도 2715**), 합동법률사무소의 명의로 작성된 공정증서를 본죄의 객체인 공

관한 사실증명이 아니라 단순히 사실증명을 목적으로 작성된 주민등록부,[156]
인감대장, 자동차운전면허대장,[157] 토지대장,[158] 가옥대장,[159] 임야대장, 선거인
명부, 공증인이 인증한 사서증서[160] 등은 본죄의 객체인 공정증서에 속하지 않
는다. 법원의 판결원본과 지급명령원본은 공정증서이지만 증명을 직접적인
목적으로 하지 않고 주로 처분문서의 성격을 갖는다는 점에서 본죄의 객체에
속하지 않는다.[161] 그러나 화해조서는 재판서와 같은 처분문서이지만 증명문
서의 성격도 강하므로 본죄의 객체인 공정증서에 속한다.[162]

공정증서는 사인의 허위신고를 그대로 믿은 공무원이 부실기재할 여지가
있는 성질의 것이어야 할 것이므로, 수사기관이 작성하는 진술조서, 민사조정
법상 조정절차에서 작성되는 조정조서,[163] 감정인의 감정서, 소송상의 각종 조
서는 본죄의 객체가 될 수 없다.[164]

본죄의 객체가 되는 공정증서는 '원본'이어야 한다. 따라서 공정증서라고
하더라도 원본이 아닌 등본·초본·사본은 본죄의 객체에 해당하지 않는다.
공정증서의 '정본'도 공정증서원본에 포함되지 않는다.[165] 주민등록증은 공문

정증서에 해당하는 것으로 판시하고 있다. 그러나 공증인이 인증한 사서증서(私書證書)는 공정
증서원본이 될 수 없다(대판 1984. 10. 23, 84 도 1217; 1975. 9. 9, 75 도 331).
　156) "주민등록부는 주민등록법 제1조에 규정하는 바와 같이 시·군의 주민을 등록하게 함으
로써 주민의 거주관계를 파악하고, 상시로 인구의 동태를 명확히 하여 행정사무의 적정하고 간
이한 처리를 도모하기 위하여 호적과 관계없이 원칙적으로는 호적 이외의 주소 또는 거소를 등
록하는 공부로서 권리의무의 득실변경 등의 증명을 목적으로 하는 공부가 아니므로, 형법 제228
조 소정 공정증서가 아니라 할 것"(대판 1969. 3. 25, 69 도 163. 同旨, 대판 1968. 11. 19, 68 도
1231).
　157) 대판 2010. 6. 10, 2010 도 1125.
　158) 대판 1988. 5. 24, 87 도 2696; 1971. 1. 29, 69 도 2238; 1970. 12. 29, 69 도 2059.
　159) 대판 1971. 4. 20, 71 도 359.
　160) "형법 제228조에서 말하는 공정증서란 권리의무에 관한 공정증서를 가리키는 것이라 할
것이므로, 이 사건에 있어서와 같은 이른바 공증인이 인증한 사서증서는 위 법조에서 말하는 공
정증서원본이 될 수 없는 것이다"(대판 1984. 10. 23, 84 도 1217. 同旨, 대판 1975. 9. 9, 75 도
331).
　161) 권오걸, 1096면; 김성돈, 614면; 김/서, 772면; 배종대, 716면; 오영근, 760면; 이형국,
623-4면; 정/박, 659면; 정영일, 605면; 진/이, 703면.
　162) 권오걸, 1095면; 김성돈, 614면; 김/서, 772-3면; 박상기, 543면; 배종대, 716면; 오영근,
760면; 이재상, 599면; 이정원, 587면; 이형국, 623면; 정/박, 658면; 정영일, 605면; 진/이, 703면.
　163) 대판 2010. 6. 10, 2010 도 3232.
　164) 권오걸, 1096면; 김성돈, 614면; 김/서, 773면; 박상기, 544면; 백형구, 525면; 오영근, 760
면; 이형국, 624면; 정/박, 659면; 정영일, 605면; 진/이, 703면.
　165) "형법 제229조, 제228조 제1항의 규정과 형벌법규는 문언에 따라 엄격하게 해석하여야 하
고, 피고인에게 불리한 방향으로 지나치게 확장해석하거나 유추해석하여서는 아니되는 원칙에 비

서이지만, 공정증서원본은 아니다.

(나) **전자기록 등 특수매체기록**   전자적 기록 또는 광기술을 이용한 특수매체기록으로서 '공정증서원본과 동일한 효력'을 갖는 것에 한한다. 전산자료화한 부동산등기파일, 자동차등록파일, 호적파일, 특허파일 등이 여기에 속한다.

(다) **면허증**   '면허증'이란 일정한 기능을 가진 특정인에게 한하여 그 기능을 수행할 수 있는 권능을 부여하는 공무원 또는 공무소 작성의 증서를 말한다. 의사면허증, 약사면허증, 간호사면허증, 조산사면허증, 자동차운전면허증, 수렵면허증, 침사(鍼士)자격증(의료법 제81조)[166] 등이 있다. 그러나 단순히 일정한 자격을 표시함에 불과한 시험합격증, 교사자격증은 여기의 면허증에 해당하지 않는다.

(라) **허가증**   '허가증'이란 특정인에게 일정한 영업 또는 업무를 허가하였음을 증명하는 공무소 작성의 공문서를 말한다. 중고품매매업·주류판매업·이용업·미용업 등의 영업허가증, 자동차·선박 등의 영업허가증이 여기에 해당한다.

(마) **등록증**   '등록증'이란 일정한 자격을 취득한 자에게 그 자격에 상응하는 업무를 수행할 수 있는 권능을 부여하는 공무원 또는 공무소 작성의 증서를 말한다. 변호사, 법무사, 공인중개사, 공인회계사, 전문의, 세무사, 노무사, 무역사, 통관사, 기술사, 변리사, 감정평가사 등의 등록증이 여기에 해당한다. 주민등록증이나 사업자등록증은[167] 여기에 해당하지 않는다.

(바) **여 권**   '여권'이란 공무소가 여행자에게 발행하는 여행허가증을 말한다. 이에는 외국여행에 필요한 여권, 가석방자에게 발행·교부하는 여행허가증이 있다. 여권발급신청에 있어서 허위사실을 기재하여 여권을 발급받은 경우에는 여권법 제24조에 의한 벌칙규정도 적용된다(본죄와의 상상적 경합관계[168]).

추어 볼 때, 위 각 조항에서 규정한 '공정증서원본'에는 공정증서의 정본이 포함된다고 볼 수 없다. 피고인이 부실의 사실이 기재된 공정증서의 정본을 그 정을 모르는 법원직원에게 교부한 행위는 형법 제229조의 부실기재공정증서원본행사죄에 해당하지 아니한다"(**대판** 2002. 3. 26, 2001 도 6503).

166) 대판 1976. 7. 27, 76 도 1709.
167) 대판 2005. 7. 15, 2003 도 6934.
168) "여권법 제13조 제2항 제1호(현행 제24조 – 저자 註) 위반죄와 형법 제228조 제2항의 죄

(3) 실행행위

공무원에 대하여 허위신고를 하여 부실의 사실을 기재 또는 기록하게 하는 것이다. 공정증서원본부실기재죄는 허위신고행위와 공무원의 부실기재행위라고 하는 두 개의 행위가 결합되어 있다(결합범). 여기에서 허위신고행위가 공무원의 부실기재행위를 이용하는 행위, 즉 간접정범에 해당하고, 공무원의 부실기재행위가 피이용자의 행위에 해당한다.

(가) 공무원에 대한 허위신고   '허위신고'라 함은 일정한 사실에 관하여 객관적 진실에 반하는 신고를 함을 말한다. 신고내용이 허위인 경우 이외에 신고인의 자격을 모용하는 경우를 포함한다. 허위신고없이 법원의 촉탁에 의하여 부실기재가 행해진 때에는 본죄가 성립하지 않는다.[169]

허위신고의 대상인 '공무원'은 공정증서원본 등에 신고사실의 기재권한을 가진 공무원을 의미하는데, 신고사실에 대하여 실질적 심사권을 가진 공무원뿐만 아니라 형식적 심사권을 가진 공무원도 포함된다.[170] 그리고 신고받은 공무원은 신고사실이 허위임을 몰라야 한다. 만일 신고사실이 허위임을 알고도 그대로 기재한 공무원은 허위공문서작성죄($\frac{제227}{조}$)의 정범이 되고, 허위신고한 자는 그 공범(교사범 또는 방조범)이 된다.

신고방법에는 제한이 없다. 행위자가 직접 하든지 대리인을 통해서 하든지, 구두나 서면, 자기명의 또는 타인명의의 신고이든 불문한다. 신고사항 또는 기재사항이 불법한 것일 필요도 없다. 법원을 기망하여 승소의 확정판결을 받고 이에 기하여 등기신청을 한 경우,[171] 화해조서내용이 허위임을 알면서 등기신청을 한 경우도[172] 허위신고에 해당한다.

기타 공무원에 대한 허위신고를 인정한 판례로는 사자명의로 소유권보존등기를 신청한 경우,[173] 당사자 간에 소유권이전의 의사없이 허위의 매매를 원인으로 소유권이전등기를 신청한 경우,[174] 주금(株金)을 가장납입하고 마치 주식인수인이 납입을 완료한 것처럼 해서 상업등기부원본에 증자등기를 신청한

는 형법 제40조 소정의 상상적 경합범으로 보아야 할 것"(대판 1974. 4. 9, 73 도 2334).
   169) 대판 1983. 12. 27, 83 도 2442; 1976. 5. 25, 74 도 568.
   170) 김/서, 774면; 오영근, 762면; 정영일, 606면.
   171) 대판 1968. 5. 30, 67 도 512.
   172) 대판 1981. 2. 24, 80 도 1584.
   173) 대판 1969. 1. 28, 68 도 1596.
   174) 대결 1960. 9. 14, 4293 형상 348.

경우,[175] 국내취업을 위한 입국목적으로 또는 해외이주목적으로 위장결혼하고 혼인신고를 한 경우[176] 등이 있다. 한편 해외이주목적으로 일시 이혼하기로 하고 이혼신고를 한 경우에 본죄의 성립을 부정한 대법원판결은[177] 의문이다.[178]

(나) **부실사실의 기재 또는 기록**　　'부실의 사실을 기재 또는 기록하게 한다'고 함은 공무원으로 하여금 객관적 진실에 반하는 사실을[179] 기재 또는 기록하게 하는 것을 말한다. 생년월일을 허위신고하여 호적부에 기재하게 한 경우, 채무를 가장하여 허위의 근저당설정등기를 한 경우,[180] 소유권이전등기의 원인이 증여인데 매매로 신고하여 등기한 경우에 부실의 기재·기록으로 인정된다.

부실의 기재는 '중요한 사항에 있어서' 진실에 반한 기재를 의미한다(축소해석).[181] 판례에 의하면, 권리·의무와 관계없는 사항에 관한 부실기재가 있

---

175) 판례는 주금액의 납입은 가장납입에 의하더라도 유효하다는 입장(대판 1997. 5. 23, 95 다 5790; 1983. 5. 24, 82 누 522)을 취하면서도, 증자의 등기신청에 대하여는 다음과 같이 공정증서원본부실기재죄의 성립을 인정하고 있다. "주금가장납입의 경우 현실적으로 주금액에 상당한 금원의 납입이라는 사실이 존재하기는 하나, 그 납입은 오로지 증자에 즈음하여 등기를 하기 위한 편법에 지나지 아니하고 실질적으로는 주금의 납입이 없는 가장납입으로서 이를 숨기고 마치 주식인수인에 의한 납입이 완료된 것처럼 등기공무원에 대하여 허위신고를 하여 증자를 한 취지의 등기신청을 함으로써 상업등기부의 원본에 그 기재를 하게 한 것이니, 이에 대하여 공정증서원본부실기재 및 동 행사죄가 성립한다"(대판 1987. 11. 20, 87 도 2072. 同旨, 대판 1986. 9. 9, 85 도 2297). 그 밖에 주금액의 가장납입행위는 상법 제628조의 납입가장죄로 처벌된다.

176) 대판 1996. 11. 22, 96 도 2049; 1985. 9. 10, 85 도 1481.

177) "원심은 피고인 등이 이혼할 의사없이 통모하여 형식상으로만 협의이혼한 것이라는 취지의 사실을 인정한 것이 아니고 피고인들이 해외로 이주할 목적으로 이혼하기로 하였다 하더라도, 피고인들은 일시적이나마 법률상 부부관계를 해소하고자 하는 의사의 합치가 있었다는 취지의 사실을 인정하고 있으며, 기록에 나타난 증거자료에 의하면 피고인들은 일시적이나마 이혼할 의사가 있었다고 보여지므로 원심의 위 인정은 정당하다 할 것이다. 그렇다면 혼인 및 이혼의 효력발생 여부에 있어서 형식주의를 취하는 이상 피고인 등의 이 건 이혼신고는 유효하다 할 것인 바, 같은 취지로 판단한 원심의 조치는 정당하고, 피고인 등의 이혼신고가 적법하다 함은 위 설시와 같으므로, 피고인 등이 피고인 최○○의 해외이주허가신청서와 여권발급신청서에 독신이라고 기재한 조치가 허위기재가 아님이 분명하며"(대판 1976. 9. 14, 76 도 107).

178) 가장혼인은 사법적으로 무효이므로 그 신고행위가 공정증서원본부실기재죄를 구성하는 반면에, 가장이혼은 사법적으로 유효하기 때문에 그 신고행위가 공정증서원본부실기재죄를 구성하지 않는다는 견해로서는 석동현, "가장이혼신고가 공정증서원본부실기재죄에 해당하는지 여부", 형사판례연구(6), 330면.

179) "판결이유: '부실의 사실'이라 함은 권리의무관계에 중요한 의미를 갖는 사항이 객관적인 진실에 반하는 것을 말한다"(대판 2020. 11. 5, 2019 도 12042).

180) 대판 1969. 11. 11, 69 도 1804.

181) 권오걸, 1102면; 김성돈, 615면; 김성천, 1196면; 김/서, 775면; 배종대, 717면; 이재상, 601면; 정/박, 661면; 정영일, 607면; 진/이, 705면.

다든가[182] 또는 절차상의 흠이 있는 부실기재라고 하더라도[183] '실체적 권리관계'에 부합하는 이상, 본죄의 부실기재에 해당하지 않는다고 한다.[184]

〈중간생략등기〉

중간생략등기란 등기명의인인 최초매도인 甲 → 중간매수인 겸 중간매도인 乙 → 최종매수인 丙의 순서로 부동산이 매매되었을 때 중간매도인인 乙을 생략하고 등기명의인인 최초매도인 甲으로부터 최종매수인 丙에게 직접 소유권이전등기가 행해지는 경우를 말한다. 중간생략등기는 등기명의인과 직접적인 매매계약을 체결한 바 없는 최종매수인이 그러한 계약이 체결된 것처럼 소유권이전등기를 하는 것을 특색으로 하고 있는데, 이 때 권리이전의 경로와 등기이전의 경로가 다르게 나타난다. 중간생략등기는 양도소득세·취득세·등록세 등 세금을 포탈하는 탈법수단 및 부동산투기수단으로 흔히 행해지고 있는데, 1990년에 제정된 '부동산등기 특별조치법'은 중간생략등기를 금지하고(제2조 제2항 및 제3항), 그 위반행위에 대하여 3년 이하의 징역이나 1억원 이하의 벌금형을 부과하고 있다(제8조 제1호).

중간생략등기에 대하여는 ⓐ 진실한 권리이전과정이 은폐되기 때문에 공정증서원본부실기재죄의 성립을 긍정하고 부동산등기특별조치법상의 범죄와의 상상적 경

---

182) "피고인은 그 예고등기를 부정하게 말소할 것을 기도하고 위 등기소 관계공무원에게 위 소송이 승소확정된 것같이 예고등기 말소등기신청을 하여 등기공무원으로 하여금(전혀 관계없는 판결 확정증명서 첨부) 토지등기부에 이를 말소하는 뜻의 부실기재를 하게 하고 이를 비치행사하였다는 검사의 공소사실에 관하여, 원심은 예고등기의 효력은 등기말소청구소송이 제기된 것을 제3자에게 예고하여 제3자로 하여금 소송의 결과 발생할 불측의 손해를 방지시키려는 목적에서 하는 것에 지나지 아니한 것으로, 예고등기는 공정증서의 권리의무에 관한 사항에 하등 영향을 주는 것이 아닐 뿐 아니라 전혀 관계없는 사항이며, 이 사건에 있어서 이미 피고인들 명의로 소유권이전등기가 경료되어 있어서 위 예고등기는 아무런 의미가 없는 상태에 있었으므로, 이를 말소한다 할지라도 공공의 신용을 해하는 바가 없다 할 것이니, 이로서 공정증서원본인 등기부에 허위의 사실을 신고하여 부실의 사실을 기재한 것이라고 볼 수 없다"(대판 1967. 7. 11. 65 도 592).

183) "피고인이 그 판시 이 사건 토지에 관하여 이미 사망한 등기명의자인 공소 외 박○○을 상대로 매매를 원인으로 하는 소유권이전등기절차 이행청구의 소를 제기하여 의제자백에 의한 피고인 승소의 판결을 받고 그 확정판결에 기하여 피고인 명의로 소유권이전등기를 경료한 사실은 인정되나, 1966년 2월경 공소 외 이○○이 점유할 당시에 이미 점유에 의한 부동산소유권 취득시효가 완성되었으므로, 그 후 그로부터 이를 증여받은 피고인이 경료한 피고인 명의의 위 소유권이전등기는 비록 위와 같은 절차상의 하자가 있다 하더라도 결국 실체적 권리관계에 부합하는 유효한 등기인 만큼, 그 등기의 원인관계표시가 이와 같지 아니하다는 이유만으로는 형사상으로 이러한 등기가 사실관계와 다른 부실의 등기라 할 수 없고"(대판 1982. 1. 12. 81 도 1702).

184) "비록 당사자들의 합의가 없이 경료된 소유권이전등기라 할지라도(이 사건의 경우는 명의신탁해지 원인이면서도 매매를 원인으로 한 이전등기 방법으로), 그것이 민사실체법상의 권리관계에 부합되어 유효인 등기라 할 수 있는 경우에는 형사상으로도 이러한 등기가 사실관계와 다른 이른바 부실의 등기라고는 볼 수 없다"(대판 1980. 12. 9. 80 도 1323).

합이 된다고 하는 소수설(긍정설)과[185] ⓑ 등기부의 기재내용이 당사자의 의사 또
는 실체적 권리관계와 일치하기 때문에 본죄가 성립하지 않는다는 다수설(부정설)
이[186] 대립하고 있다. 민법학에서는 등기에 공신력을 인정하지 않는 현행법제하에
서 거래의 안전을 위하여 중간생략등기의 유효성을 긍정하는 것이 다수설이며,[187]
이 입장에서는 부동산등기 특별조치법 제2조를 효력규정이 아니라 단속규정으로
이해하고 있다(판례[188]). 대법원은 중간생략등기에 대하여 민사상 원칙적으로 유효
하다고 하면서,[189] 형사상으로도 공정증서원본부실기재죄의 성립을 부정하는 입장
(부정설)에 선다.[190]

생각건대 ① 부정설은 부동산등기특별조치법상 중간생략등기의 금지규정과 벌
칙규정의 취지에 정면으로 배치되고, ② 중간생략등기는 당사자의 의사에는 합치될
지 몰라도, 진실한 소유권이전경로가 乙 → 丙임에도 불구하고 甲 → 丙으로 기재된
다는 점에서 허위의 기재라고 볼 수밖에 없으며, ③ 본죄의 성립에 있어서 신고를
받는 공무원이 실질적 심사권자인가 또는 형식적 심사권자인가를 불문하므로 형식
적 심사권만을 갖고 있는 등기공무원이라고 하더라도 본죄의 구성요건에 해당하므
로, 본죄의 성립을 긍정하는 견해가 타당하다고 본다. 사회적 관행과 거래의 안전을
이유로 해서 중간생략등기의 민사상 유효함과 형사상 불벌을 주장할 것이 아니라,

---

185) 박상기, 545면; 오영근, 766면; 황산덕, 146면.
186) 김성천, 1199면; 김/서, 777면; 배종대, 720면; 유기천, 하권, 161면; 이재상, 602면; 이형
국, 626면; 정/박, 663면; 정영일, 610면; 진/이, 707-8면.
187) 김증한, 물권법강의, 박영사, 1984, 74면; 이영준, 물권법, 박영사, 1990, 130면 등. 이에 대
하여 적극적 무효설은 곽윤직, 물권법, 박영사, 1999, 132-4면.
188) 대판 1993. 1. 26, 92 다 39112.
189) "부동산의 소유권양도계약이 차례로 여러 사람들 사이에 전전 이루어진 경우에 그 최종
양수인이 그 부동산에 대한 소유권이전등기를 경유함에 있어서 등기부상의 현 명의자로부터 직
접 그 소유권명의를 넘겨오려면, 그 중간 사람들의 명의를 거치지 아니하고 직접 자기 명의로 넘
겨와도 무방하다는 합의가 그 관계당사자 전원들 사이에 있어야 되고, - 이미 중간생략등기가 경
유되어버린 경우에 있어서는 그 관계 양도계약 당사자들 사이에 양도계약이 적법히 성립되어 이
행된 이상-중간생략등기에 관한 합의가 없었다는 사유만으로서는 그 등기를 무효라고 할 수 없
는 것"(대판 1969. 7. 8, 69 다 648. 同旨, 대판 1979. 7. 10, 79 다 847; 1978. 11. 28, 78 다 1818;
1967. 5. 30, 67 다 588 등).
190) "판결요지: 가장된 매매계약에 의한 소유권이전등기라 할지라도 등기권리자와 등기의무
자 간에 소유권이전의 합의가 있고 또한 관계당사자 간에 중간등기생략의 합의가 있는 이상 공
정증서원본부실기재가 되지 아니한다"(대판 1970. 5. 26, 69 도 826). "피고인의 망 부친 이상○
이가 약 10년 전 공소 외 이석○으로부터 이 사건 부동산을 매수하여 등기를 하지 아니하고 소
유 중, 1962. 6. 29. 사망하고, 피고인이 이를 상속하여 피고인소유가 된 바, 위 이석○과 피고인
이 협의하여 이석○명의로부터 직접 피고인명의로 1964. 7. 28. 매매를 원인으로 하여 소유권이
전등기를 하였다는 것이므로, 비록 그 원인날자가 실제의 날자와 다르다 하더라도, 그 등기는 피
고인이 소유권을 취득한 사실에 부합하고, 당사자의 합의에 의하여 적법한 절차를 거쳐 등기를
한 것이므로 공정증서원본에 부실의 사실을 기재하게 하였다 할 수 없으므로"(대판 1967. 9. 29,
67 도 1090).

그 탈법수단으로서의 폐해에 주목하여, 중간생략등기를 무효로 보고[191] 처벌하는 방향으로 나아가야 할 것이다.

결론을 내리자면, 등기신청자인 丙은 공정증서원본부실기재죄의 정범, 중간생략 등기에 가담한 甲과 乙은 그 공범으로 처벌된다. 다만 중간매수인인 乙이 자력(資力)이 부족하여 중도금 또는 잔금을 지급할 수 없는 불가피한 사정으로 인하여 매수한 부동산을 丙에게 매도하였을 경우에는, 乙 및 그 정을 알고 가담한 甲·丙 모두가 적법행위기대가능성이 없었다는 이유로 범죄성립이 조각될 수 있다.

만일 등기공무원이 중간생략등기임을 알고서도 등기해 주었다면 허위공문서작성죄의 정범이 되고, 등기신청한 丙은 허위공문서작성죄의 공범으로 처벌된다.

(다) 실행의 착수와 기수 본죄의 실행의 착수시기는 공무원에게 허위신고를 한 때이다. 허위의 신고서 내지 신청서를 담당공무원의 창구에 접수시킨 것만으로도 허위신고가 된다. 기수시기는 허위신고에 의하여 공정증서원본 등에 부실한 기재가 있게 된 때이다. 허위신고를 하였으나 아직 기재되지 않았다면, 본죄의 미수가 된다. 본죄의 미수범은 처벌한다($\frac{제235}{조}$).

그리고 공무원에 대한 허위신고와 부실한 사실의 기재 사이에는 인과관계가 있어야 한다. 부실의 기재·기록이 있음으로 족하고, 현실적 손해가 발생하였음을 요하지 않는다(추상적 위험범). 부실의 기재가 있은 후에 이해관계인의 추인에 의하여 객관적 권리관계와 일치하게 되었더라도 본죄의 성립에 영향이 없다.[192]

(4) 주관적 구성요건

본죄의 고의는 신고사실이 허위라는 것, 이를 공무원에게 신고한다는 것, 공무원으로 하여금 부실의 사실을 기재·기록하게 한다는 것에 대한 인식·인용이다. 허위의 사실임을 인식하지 못하고 신고한 경우에는 본죄가 성립하지 않는다.

---

191) 민법학자 중에서도 부동산등기특별조치법 제2조를 효력규정으로 이해함으로써 이에 위반한 중간생략등기는 무효라고 하는 견해가 있다(김상용, 물권법, 법문사, 1998, 138-9면).

192) "소유권보존등기나 소유권이전등기에 절차상 하자가 있거나 등기원인이 실제와 다르다 하더라도, 그 등기가 실체적 권리관계에 부합하게 하기 위한 것이거나 실체적 권리관계에 부합하는 유효한 등기인 경우에는 공정증서원본부실기재 및 동 행사죄가 성립되지 않는다고 할 것이나, 이는 등기 경료 당시를 기준으로 그 등기가 실체권리관계에 부합하여 유효한 경우에 한정되는 것이고, 등기 경료 당시에는 실체권리관계에 부합하지 아니한 등기인 경우에는 사후에 이해관계인들의 동의 또는 추인 등의 사정으로 실체권리관계에 부합하게 된다 하더라도 공정증서원본부실기재 및 동 행사죄의 성립에는 아무런 영향이 없다"(대판 2001. 11. 9, 2001 도 3959. 同旨, 대판 1998. 4. 14, 98 도 16; 1976. 1. 13, 74 도 1959).

본죄는 목적범이 아니다.

3. 죄   수

허위신고와 관련하여 위조문서를 공무원에게 제출함으로써 허위의 사실을 기재하게 한 경우에는 본죄와 위조문서행사죄의 상상적 경합이 성립한다.

이른바 소송사기에 기하여-법원을 기망하여 승소의 확정판결을 받고 이 확정판결에 기하여-소유권이전등기를 경료한 경우에는 사기죄와 본죄의 실체적 경합이 성립한다(대판 1983. 4. 26, 83 도 188). 이 경우에 확정판결원본이 아니라 부동산등기부가 본죄의 공정증서원본에 해당하므로 부실기재공정증서원본의 행사죄(제229조)는 성립하지 않는다.

주민등록에 관하여 허위의 사실을 신고함으로써 공무원으로 하여금 주민등록부에 부실의 사실을 기재하게 한 경우에는 주민등록부가 본죄의 공정증서원본에 해당하지 않으므로 본죄는 성립하지 않고, 주민등록법 위반으로 처벌될 따름이다.[193]

4. 형   벌

본죄는, 행위의 객체가 ① '공정증서원본 또는 이와 동일한 전자기록 등 특수매체기록'인 때에는 5년 이하의 징역 또는 1천만원 이하의 벌금에 처하고(제228조 제1항), ② 면허증·허가증·등록증 또는 여권인 때에는 3년 이하의 징역 또는 700만원 이하의 벌금에 처한다(제2항). 본죄의 미수범은 처벌한다(제235조).

제 4 절 개별적 범죄유형[3]-위조문서 등 행사죄

I. 위조사문서 등 행사죄

제234조 [위조사문서 등의 행사] "제231조 내지 제233조의 죄에 의하여 만들어진 문서, 도화 또는 전자기록 등 특수매체기록을 행사한 자는 그 각 죄에 정한 형에 처

---

193) 주민등록법 제37조 [벌칙]: "다음 각 호의 어느 하나에 해당하는 자는 3년 이하의 징역 또는 3천만원 이하의 벌금에 처한다. 제3의2호…주민등록 또는 주민등록증에 관하여 거짓의 사실을 신고 또는 신청한 사람."

한다."

1. 의의, 성격

본죄는 "위조·변조되거나 자격을 모용하여 작성한 사문서 또는 도화, 위작·변작된 사전자기록, 허위진단서 등을 행사함으로써 성립하는 범죄"이다. 문서'행사'죄의 '기본유형'이다.

2. 실행행위

본죄의 실행행위는 행사이다. '행사'란 "위조 또는 변조된 사문서 등을 진정한 문서 또는 내용이 진실한 문서인 것처럼 사용하는 것"을 말한다. 위조문서를 진정한 문서가 아니라 위조문서로 사용하는 것, 예컨대 위조문서를 위조죄의 증거물로 수사기관에 제출하는 것은 행사에 해당하지 않는다.

행사는 사문서를 인식할 수 있는 상태에 둠으로써 충분하고-'기수'가 되고-, 상대방이 현실적으로 인식할 필요는 없다. 사전자기록의 행사는 위작·변작된 기록을 정보처리할 수 있는 상태에 두는 것을 말한다. 행사는 소지 또는 휴대하는 것만으로는 부족하다.[194] 사문서의 제시, 제출, 교부, 송부, 비치 등이 행사에 해당한다. 그리고 대법원은 위조문서를 '모사전송(Fax전송)하는 방법으로' 타인에게 제시하는 행위를 '행사'에 해당하는 것으로 보고 있다.[195] 사문서를 우송한 경우에는 문서가 도달함으로써, 그리고 비치의 경우에는 열람가능한 장소에 비치함으로써 행사죄는 기수가 된다.

행사란 사문서가 작성된 본래의 용도로 사용할 것을 요하지는 않는다.

행사의 상대방에는 제한이 없다.[196] 다만 행사란 진정한 것처럼 사용하는 행위이므로, 상대방은 문서가 위조 또는 변조되었다는 사실을 몰라야 한다. 위조·변조된 사실을 아는 공범에게 제시·교부하는 것은 행사가 아니다.[197] 행사는 간접정범의 형태로도 가능하다.

---

194) "판결요지: 위조문서인 신분증을 항상 휴대하고 다닌 것만으로는 위조문서행사의 착수가 있었다고 할 수 없다"(대결 1956. 11. 2, 4289 형상 240).

195) "위조한 문서를 모사전송(facsimile)의 방법으로 타인에게 제시하는 행위도 위조문서행사죄를 구성한다고 보아야 할 것"(대판 1994. 3. 22, 94 도 4).

196) 따라서 "위조된 문서의 작성명의인도 그 상대방이 될 수 있다"(대판 2005. 1. 28, 2004 도 4663).

197) 대판 1986. 2. 25, 85 도 2798.

행사란 위조·변조된 사문서 '자체'를 사용하는 것이다. 따라서 위조·변조된 사문서의 인증없는 '사본'을 제시하는 것은 본죄의 행사라 할 수 없다. 그러나 1995년의 형법개정시 신설된 제237조의 2에 의하여 '전자복사한 문서사본'도 문서로 간주되므로, '위조문서를 전자복사한 사본의 제시'는 '행사'에 해당하게 되었다.[198]

3. 주관적 구성요건

행사죄는 행사하는 문서가 위조·변조된 문서라는 것을 알고 행사해야 성립한다(고의).

위조·변조사문서행사죄는 사문서위조·변조죄와는 달리 고의가 있으면 충분하고, 행사의 목적이 있을 것을 요하는 목적범이 아니다.

4. 죄   수

행사의 목적으로 사문서를 '위조'한 범인이 문서위조 후 위조사문서를 '행사'까지 한 경우에, ① 사문서위조죄와 위조사문서행사죄의 실체적 경합범이 성립한다는 견해(판례[199] 및 다수설)와 ② 두 죄의 상상적 경합이 성립한다는 견해가 대립하고 있으나, ③ 사문서위조죄는 위조사문서행사죄에 대하여 법조경합 중 보충관계에 있다고 보아 '위조사문서행사죄'의 1죄만이 성립한다고 함이 타당하다는 점은 전술하였다.

위조문서라는 것을 모르는 자에게 위조문서를 행사하는 것은 '기망'행위에 해당하므로, 위조사문서행사에 의하여 타인의 재물 또는 재산적 이익을 취득한 경우에는 위조사문서행사죄와 사기죄의 상상적 경합이 성립한다.

5. 형   벌

각 죄에 정한 형에 처한다. 미수범은 처벌한다($\frac{제235}{조}$).

---

198) 이 조문이 신설되기 전에 이미 대법원은 '판례변경'을 통하여 전자복사한 사본의 제시를 행사로 보고 있었다. 대판 1989. 9. 12, 87 도 506-전원합의체: "위조된 위임장을 사진복사한 문서의 사본을 제시·행사한 피고인들의 행위는 형법 제234조 소정의 위조사문서행사죄에 해당한다."
199) **대판** 1991. 9. 10, 91 **도** 1722; 1983. 7. 26, 83 **도** 1378.

Ⅱ. 위조공문서 등 행사죄

제229조 [위조 등 공문서의 행사] "제225조 내지 제228조의 죄에 의하여 만들어진 문서, 도화, 전자기록 등 특수매체기록, 공정증서원본, 면허증, 허가증, 등록증 또는 여권을 행사한 자는 그 각 죄에 정한 형에 처한다."

1. 의의, 성격

본죄는 "위조·변조한 공문서·공도화, 자격모용에 의하여 작성한 공문서, 허위로 작성한 공문서, 부실기재한 공정증서원본 또는 위작·변작된 공전자기록 등을 행사함으로써 성립하는 범죄"이다. 위조·변조사문서행사죄에 대하여 행사의 객체가 공문서·공도화이기 때문에 형이 가중되는 불법가중유형이다.

2. 구성요건

행위의 주체에는 제한이 없다. 공무원인가 사인인가를 불문한다.

본죄의 객체인 위조·변조된 공문서는 위법·유책한 행위로 만들어진 것일 필요는 없다. '행사'란 위조·변조된 공문서 등을[200] 진정한 문서 또는 내용이 진실한 문서인 것처럼 사용하는 것을 말한다. 소지만으로는 부족하고, 제시·교부·비치 등으로 상대방이 인식할 수 있는 상태에 두어야 한다. 그러나 상대방이 현실적으로 인식할 필요는 없다. '비치'는 행위자 자신이 비치한 경우에 행사죄를 구성하며, 관공서가 비치하는 행위와는 구별해야 한다고 본다(반대판례는 대판 1989. 12. 12, 89 도 1253).

행사란 공문서가 작성된 본래의 용도로 사용할 것을 요하지는 않는다.

3. 형 벌

각 죄에 정한 형에 처한다. 10년 이하의 자격정지를 병과할 수 있다(제237조). 본죄의 미수범은 처벌한다(제235조).

---

200) "판결요지: 위조문서행사죄는 문서의 형태로 위조가 완성된 것을 전제로 하는 것이므로, 공문서로서의 형식과 외관을 갖춘 문서에 해당하지 않아 공문서위조죄가 성립하지 않는 경우에는 위조공문서행사죄도 성립할 수 없다"(대판 2020. 12. 24, 2019 도 8443).

제 5 절   개별적 범죄유형[4] – 문서부정행사죄

I. 사문서부정행사죄

제236조 [사문서의 부정행사] "권리·의무 또는 사실증명에 관한 타인의 문서 또는 도화를 부정행사한 자는 1년 이하의 징역이나 금고 또는 300만원 이하의 벌금에 처한다."

1. 의의, 성격

본죄는 "권리·의무 또는 사실증명에 관한 타인의 문서 또는 도화를 부정행사함으로써 성립하는 범죄"이다. 타인의 '진정한' 사문서라고 하더라도 이를 부정하게 행사하는 행위를 처벌하고자 하는 것이다. 부정행사죄의 '기본유형'이다.

2. 구성요건

본죄의 객체는 진정하게 성립한 타인의 사문서, 즉 '진정문서'라는 점에서 위조사문서행사죄의 객체가 부진정문서인 것과 다르다.

본죄의 실행행위인 '부정행사'란 진정하게 성립한 타인의 사문서를 사용할 권한이 없는 자가 문서명의자로 가장하여 사용하는 것을 말한다.

사용권한이 있는 자가 본래의 사용목적과 다른 용도로 사용하는 행위를 부정행사로 볼 것인가에 관하여는 긍정설과[201] 부정설이[202] 대립한다. 판례는 긍정설의 입장이다.[203] 생각건대 ① 형법의 보충성을 고려하고, ② 사문서는 일반인이 그 본래의 사용용도를 쉽사리 알기 어렵기 때문에, 공문서부정행사죄의 경우와는 달리, 본래의 용도 외로 사용하더라도 사용권한이 있는 자의 사용이라

---

201) 배종대, 722면; 백형구, 539면; 정영일, 615면; 진/이, 714면.

202) 권오걸, 1117면; 김성돈, 623면; 김/서, 783면; 박상기, 549면; 오영근, 778면; 이정원, 594면; 이형국, 630면; 정/박, 669면.

203) "사문서부정행사죄에 있어서의 부정사용이란 사문서를 사용할 권한없는 자가 그 문서명의자로 가장 행세하여 이를 사용하거나 또는 사용할 권한이 있다 하더라도 문서를 본래의 작성목적 이외의 다른 사실을 직접 증명하는 용도에 이를 사용하는 것을 말하는 것"(대판 1985. 5. 28, 84 도 2999. 同旨, 1978. 2. 14, 77 도 2645).

면 처벌할 필요가 없다고 보아, 부정설이 타당하다고 하겠다.

대법원은 절취한 타인의 후불식 통신카드(전화카드)를 공중전화기에 넣어 사용한 행위는 사문서부정행사죄(제236조)에 해당한다고 판시하고 있다.[204]

3. 형 벌

1년 이하의 징역이나 금고 또는 300만원 이하의 벌금에 처한다. 본죄는 미수범처벌규정이 없다.

Ⅱ. 공문서부정행사죄

제230조 [공문서 등의 부정행사] "공무원 또는 공무소의 문서 또는 도화를 부정행사한 자는 2년 이하의 징역이나 금고 또는 500만원 이하의 벌금에 처한다."

1. 의의, 성격

본죄는 "공무원 또는 공무소의 문서 또는 도화를 부정행사함으로써 성립하는 범죄"이다. 사문서부정행사죄에 대하여 부정행사의 객체가 공문서이기 때문에 형이 가중되는 불법가중유형이다. 본죄는 '진정한' 공문서라고 하더라도 이를 부정하게 행사하는 행위를 처벌하고자 한다.

2. 구성요건

(1) 행위의 주체

행위의 주체에는 제한이 없다. 공무원인가 사인인가를 불문한다.

(2) 행위의 객체

본죄의 객체는 이미 진정하게 성립한 공문서, 즉 '진정문서'라는 점에서 위조공문서행사죄의 객체가 부진정문서인 것과 다르다. 이미 위조된 공문서는

---

204) "사용자에 관한 각종 정보가 전자기록되어 있는 자기띠가 카드번호와 카드발행자 등이 문자로 인쇄된 플라스틱 카드에 부착되어 있는 전화카드의 경우 그 자기띠 부분은 카드의 나머지 부분과 불가분적으로 결합되어 전체가 하나의 문서를 구성하므로, 전화카드를 공중전화기에 넣어 사용하는 경우 비록 전화기가 전화카드로부터 판독할 수 있는 부분은 자기띠 부분에 수록된 전자기록에 한정된다고 할지라도, 전화카드 전체가 하나의 문서로서 사용된 것으로 보아야 하고 그 자기띠 부분만 사용된 것으로 볼 수는 없다. 따라서 피고인이 절취한 전화카드를 공중전화기에 넣어 사용한 것은 권리의무에 관한 타인의 사문서를 부정행사한 경우에 해당한다"(**대판** 2002. 6. 25, 2002 도 461).

본죄의 객체가 될 수 없고,[205] 위조공문서행사죄의 객체가 된다. 그리고 이미 허위내용으로 작성된 공문서를 부정행사하는 경우에는 본죄가 아니라 허위작성공문서의 행사죄($\frac{제229}{조}$)가 성립한다고 본다. 그러나 자신의 사진과 지문이 찍힌 타인명의의 주민등록증을 발급받아 소지하다가 검문경찰에게 제시한 경우에는 문제된 주민등록증이 제227조의 허위작성공문서도 아니고[206] 제228조의 부실기재공정증서원본도 아니기[207] 때문에 본죄의 성립을 긍정하는 견해가[208] 타당하고, 제229조의 행사죄가 성립한다는 견해는[209] 부당하고 하겠다. 대법원은 전자의 견해를 취한다.[210]

판례는 본죄의 객체인 공문서를 사용권한자와 용도가 특정되어 작성된 공문서로 국한하는 해석을 하고 있다.[211]

(3) 실행행위

본죄의 실행행위는 부정행사이다. '부정행사'라 함은 이미 진정하게 성립한 진실한 내용의 공문서를 사용할 권한이 없는 자가 사용할 권한이 있는 자인 것처럼 가장하여 사용하는 것, 즉 ① '사용권한없는 자의 용도에 따른 사용'을 말한다. 예컨대 경찰관의 운전면허증제시요구에 대하여 타인의 운전면허증을 자신의 것으로 제시하는 행위, 신원확인을 위하여 타인의 주민증록증을 자신의 것으로 제시하는 행위,[212] 외국여행시 타인의 여권을 제시하는 행위[213] 등

---

205) 대판 1971. 12. 16, 70 노 481.

206) 작성공무원이 허위임을 모르고 작성하였고, 또 행사의 목적이 없었던 경우이다.

207) 주민등록증은 공정증서원본에 해당하지 않는다.

208) 김성천, 1203면; 배종대, 724면; 오영근, 774면; 이형국, 631면; 진/이, 716면.

209) 김성돈, 624면; 김/서, 784면; 박상기, 550면; 정/박, 670면.

210) "공문서부정행사죄는 그 사용권한자와 용도가 특정되어 작성된 공문서 또는 공도화를 사용권한없는 자가 그 사용권한있는 것처럼 가장하여 부정한 목적으로 행사한 때 또는 형식상 그 사용권한이 있는 자라도 그 정당한 용법에 반하여 부정하게 행사한 때에 성립한다고 해석할 것인 바, 이 사건에서 원심이 인정한 바에 의하면, 피고인은 문제된 주민등록증은 허위사실이 기재되어 발행되었다는 사실을 잘 알고 있는 것이므로 비록 그 문서가 형식상으로는 그 사용목적이 그에 부착된 사진상의 인물이 유○○의 신원사항을 가진 사람임을 증명하는 용도로 작성되어 있기는 하나 주민등록증의 발행목적상 피고인에게 위와 같은 허위사실을 증명하는 용도로 이를 사용할 수 있는 권한이 없다는 것을 충분히 인식하고 있었다고 인정되며, 그럼에도 불구하고, 이를 이와 같은 부정한 목적을 위하여 행사하였다면 이는 공문서부정행사죄를 구성한다고 하여야 할 것"(**대판** 1982. 9. 28, 82 **도** 1297).

211) "공문서부정행사죄는 사용권한자와 용도가 특정되어 작성된 공문서 또는 공도화를 사용권한없는 자가 사용권한이 있는 것처럼 가장하여 부정한 목적으로 행사하거나 또는 권한있는 자라도 정당한 용법에 반하여 부정하게 행사하는 경우에 성립되는 것"(**대판** 1999. 5. 14, 99 **도** 206; 1998. 8. 21, 98 **도** 1701; 1993. 5. 11, 93 **도** 127; 1983. 6. 28, 82 **도** 1985).

이다.

그런데 공문서부정행사에서의 사용은 사용권한이 있는 자라 하더라도 '본래의 사용용도를 벗어난 용도 외의 사용'을 포함하는 것으로 해석할 것인가, 즉 ② '사용권한있는 자의 용도 외 사용'을 포함하는 것으로 해석할 것인가에 관하여는 학설이 대립하고 있다. 판례는 긍정하고 있다(긍정설).²¹⁴⁾ 이에 대하여 사용권한없는 자의 본래의 사용용도에 따른 사용만을 의미한다고 축소해석하는 견해도 있다(부정설).²¹⁵⁾ 생각건대 공문서는 사문서와는 달리 그 사용용도가 사회일반인에게 주지되어 있으므로 공문서의 '용법'에 대한 공공의 신용을 보호할 필요가 있고, 사용권한있는 자가 공문서를 용도 외의 용법으로 악용하는 행위까지도 부정행사죄로 처벌할 당벌성이 있다고 보아 긍정설이 타당하다고 하겠다.²¹⁶⁾ 따라서 '자신의' 주민등록증을 신원확인용이 아니라 채무이행의 확보수단으로 제공하는 행위를 하였다면, 공문서부정행사죄와 주민등록법 제37조 제1항 제2호의²¹⁷⁾ 범죄와의 상상적 경합이 된다. 인감증명서와 같이 사용권한자가 특정되어 있지 않고 용도도 다양한 공문서를 문서 본래의 취지에 따른 용법으로 사용한 경우에는 부정행사가 되지 않는다.²¹⁸⁾

그 외에 ③ '사용권한없는 자의 용도 외 사용'도 문제되고 있다. ③의 경우에

---

212) 주민등록법은 타인의 주민등록증을 부정사용한 행위에 대하여 별도의 처벌규정을 두고 있다(제37조 제1항 제8호).

213) 여권법은 타인의 여권을 행사한 행위에 대하여 별도의 처벌규정을 두고 있다(제25조 제1호).

214) "공문서부정행사죄는 사용권한자와 용도가 특정되어 작성된 공문서 또는 공도화를 사용권한없는 자가 사용권한이 있는 것처럼 가장하여 부정한 목적으로 행사하거나 또는 권한있는 자라도 정당한 용법에 반하여 부정하게 행사하는 경우에 성립되는 것"(대판 1999. 5. 14, 99 도 206. 同旨, 대판 1998. 8. 21, 98 도 1701 등).

215) 권오걸, 1121면; 김성돈, 625면; 김성천, 1205면; 김/서, 786면; 박상기, 550면; 오영근, 775면; 이재상, 608면; 이정원, 595면; 이형국, 631면; 정영일, 616면.

216) 배종대, 723면; 백형구, 528면; 정/박, 671면; 진/이, 717면.

217) 주민등록법 제37조 제1항 [벌칙] "다음 각호의 어느 하나에 해당하는 자는 3년 이하의 징역 또는 3천만원 이하의 벌금에 처한다. 제2호 주민등록증을 채무이행의 확보 등의 수단으로 제공한 자 또는 그 제공을 받은 자."
여권법 제26조 제2호에서도 여권을 채무이행의 담보로 제공하거나 제공받은 행위를 처벌하고 있다.

218) "인감증명서와 같이 사용권한자가 특정되어 있는 것도 아니고 그 용도도 다양한 공문서는 그 명의자 아닌 자가 그 명의자의 의사에 반하여 함부로 행사하더라도 문서 본래의 취지에 따른 용도에 합치된다면, 공문서부정행사죄는 성립되지 않는다 할 것"(대판 1983. 6. 28, 82 도 1985. 同旨, 대판 1981. 12. 8, 81 도 1130; 1974. 7. 9, 73 도 1695).

도 본죄의 성립을 부정하는 견해[219] 및 판례와[220] 이를 긍정하는 견해가[221] 대
립하고 있다. 사용권한있는 자의 용도 외 사용을 부정행사죄로 처벌하는 긍정
설의 입장에 선다면, 그보다도 불법의 정도가 더 심한 사용권한없는 자의 용
도 외 사용도 본죄로 처벌하는 것이 타당하다고 생각한다. 따라서 '타인의' 주민
등록증을 신원확인용이 아니라 채무이행의 확보수단으로 제공하는 행위를 하
였다면, ②의 경우와 마찬가지로 공문서부정행사죄와 주민등록법 제37조 제2
호의 범죄와의 상상적 경합이 된다.

결론적으로 보아 본서는 위 ①, ②, ③의 모든 경우에 공문서부정행사죄의
성립을 긍정하는 입장에 선다.

참고로 ③의 경우와 관련된 판례를 살펴보자면, 종래 대법원은 타인의 운
전면허증을 '신분확인용'으로 제시한 행위에 대하여 신분확인이 운전면허증
본래의 용도가 아니라는 이유로 공문서부정행사죄의 성립을 부정해 왔다.[222]
그러나 대법원은 전원합의체판결($^{대판\ 2001.\ 4.\ 19.}_{2000\ 도\ 1985}$)에서 "운전면허증은 공문서로서
운전면허시험에 합격한 사람이라는 '자격증명'기능을 지니고 있는 동시에 내
보이는 사람이 바로 그 사람이라는 '동일인증명'의 기능을 가지고 있으므로…
제3자로부터 신분확인을 위해 신분증명서의 제시를 요구받고 다른 사람의 운
전면허증을 제시한 행위는 그 사용목적에 따른 행사로서 공문서부정행사죄에
해당한다"고 판시하여, 운전면허증도 신분증으로 사용될 수 있으며 신분확인
용으로 타인의 운전면허증을 제시한 경우에 '사용권한없는 자의 용도에 따른
사용'으로서 공문서부정행사죄의 성립을 긍정하는 입장으로 전환하였다(판례

---

219) 김성돈, 625면; 김/서, 786면; 이재상, 608면; 정영일, 617면.
220) "판결요지: 사용권한자와 용도가 특정되어 있는 공문서를 사용권한없는 자가 사용한 경
우에도 그 공문서 본래의 용도에 따른 사용이 아닌 경우에는 형법 제230조의 공문서부정행사죄
가 성립되지 아니한다. …피고인이 기왕에 습득한 타인의 주민등록증을 피고인 가족의 것이라고
제시하면서 그 주민등록증상의 명의 또는 가명으로 이동전화 가입신청을 한 경우, 타인의 주민
등록증을 본래의 사용용도인 신분확인용으로 사용한 것이라고 볼 수 없어 공문서부정행사죄가
성립하지 않는다"(**대판** 2003. 2. 26, 2002 도 4935). "피고인이 타인명의의 운전면허증을 습득하
여 소지하고 있다가 경찰관으로부터 제시 요구를 받고 신분확인을 위하여 이를 제시한 것이라
면, 이와 같은 운전면허증의 제시행위는 그 사용목적에 따른 제시행위라고 할 수 없어, 형법 제
230조가 규정한 공문서부정행사죄에 해당하지 아니한다고 할 것"(**대판** 1996. 10. 11, 96 도 1733.
同旨, 대판 1992. 11. 24, 91 도 3269; 1991. 5. 28, 90 도 1877; 1989. 3. 28, 88 도 1593 등).
221) 권오걸, 1121면; 박상기, 553-4면; 백형구, 528-9면; 오영근, 776면; 정/박, 671면; 진/이,
716면.
222) 앞의 판례(대판 1996. 10. 11, 96 도 1733; 1992. 11. 24, 91 도 3269; 1991. 5. 28, 90 도
1877; 1989. 3. 28, 88 도 1593 등) 참조.

변경).

또 언급할 판례가 있다. 대법원은, 자동차운전자가 운전 중에 경찰관으로부터 운전면허증의 제시를 요구받은 경우에 운전면허증의 특정된 용법에 따른 행사는 도로교통법 관계 법령에 따라 발급된 운전면허증 자체를 제시하는 것이라고 보아야 하므로, 자동차운전자가 경찰관에게 다른 사람의 운전면허증 자체가 아니라 이를 촬영한 이미지파일을 휴대전화 화면 등을 통하여 보여주는 행위는 운전면허증의 특정된 용법에 따른 행사라고 볼 수 없는 것이어서 공문서부정행사죄를 구성하지 않는다고 하였다(대판 2019. 12. 12. 2018 도 2560).

④ 그 밖에 대법원은 '주민등록표등본'과 같이 '사용권한자가 특정되어 있지 않고 그 용도도 다양한' 공문서인 경우에는, '타인'의 공문서(예: 인증된 주민등록표등본)를 자신의 것인 것처럼 행사했다고 하더라도 공문서부정행사죄가 성립하지 않는다고 한다.[223] 인감증명서나 등기필증의 경우도 마찬가지이다(대판 1983. 6. 28. 82 도 1985; 1981. 12. 8. 81 도 1130).

3. 형   벌

2년 이하의 징역이나 금고 또는 500만원 이하의 벌금에 처한다. 본죄의 미수범은 처벌한다(제235 조).

---

223) "공문서부정행사죄는 사용권한자와 용도가 특정되어 작성된 공문서 또는 공도화를 사용권한없는 자가 사용권한이 있는 것처럼 가장하여 부정한 목적으로 행사하거나 또는 권한있는 자라도 정당한 용법에 반하여 부정하게 행사하는 경우에 성립되는 것인 바(대법원 1998. 8. 21. 선고 98도1701 판결, 1981. 12. 8. 선고 81도1130 판결 등 참조), 주민등록표등본은 시장·군수 또는 구청장이 주민의 성명, 주소, 성별, 생년월일, 세대주와의 관계 등 주민등록법 소정의 주민등록사항이 기재된 개인별·세대별 주민등록표의 기재내용 그대로를 인증하여 사본·교부하는 문서로서 그 사용권한자가 특정되어 있다고 할 수 없고, 또 용도도 다양하며, 반드시 본인이나 세대원만이 사용할 수 있는 것이 아니므로(주민등록법 제18조 제2항: 현행 제29조 제2항-저자 註-의 규정에 의하면, 주민등록표등본의 교부신청은 본인 및 세대원뿐만 아니라 공무상 필요한 경우나 관계 법령에 의한 소송·비송사건·경매목적 수행상 필요한 경우 기타 대통령령이 정하는 경우에는 제3자도 할 수 있도록 되어 있다), 타인의 주민등록표등본을 그와 아무런 관련 없는 사람이 마치 자신의 것인 것처럼 행사하였다고 하더라도 공문서부정행사죄가 성립되지 아니한다"(**대판** 1999. 5. 14, 99 도 206).

제10장 인장에 관한 죄

제1절 개 설

I. 의의, 성격, 보호법익

인장에 관한 죄는 "행사할 목적으로 인장·서명·기명·기호를 위조 또는 부정사용하거나, 위조·부정사용한 인장·서명·기명·기호를 행사함으로써 성립하는 범죄"이다. 인장·서명 등은 특정인의 동일성을 표상하고, 문서 또는 유가증권과 결합하여 보증적 기능을 발휘한다. 인장·서명 등을 위조하거나 부정사용하면, 이와 결합된 문서·유가증권의 진정에 대한 공공의 신용 및 거래의 안전이 위태롭게 된다. 그러므로 우리 형법은 별도의 장(제21장)을 두어 인장에 관한 죄를 처벌하고 있다. 인장에 관한 죄는 인장 등의 '성립의 진정'만을 보호하고, 내용의 진실은 문제삼지 않는다. 이 점에서 문서죄 및 유가증권죄와 구별된다.

본죄의 보호법익은 인장·서명 등의 진정에 대한 공공의 신용과 거래의 안전이다. 보호의 정도는 추상적 위험범이다.

II. 인장에 관한 죄의 체계

인장에 관한 죄는 사인위조죄($\frac{제349조}{제1항}$)와 위조사인행사죄($\frac{동조}{제2항}$)를 기본유형으로 하고, 공인위조죄($\frac{제238조}{제1항}$)와 위조공인행사죄($\frac{동조}{제2항}$)를 그 불법가중유형으로 하고 있다. 이들 범죄의 미수범을 처벌하며($\frac{제240}{조}$), 공인위조죄와 위조공인행사죄에 한하여 자격정지를 병과할 수 있다($\frac{제238조}{제3항}$).

공인에 관한 죄의 처벌규정($\frac{제238}{조}$)은 '외국인의 국외범'에게도 적용된다($\frac{제5조}{제7호}$).

제 2 절 개별적 범죄유형

Ⅰ. 사인 등 위조·부정사용죄

제239조 [사인 등의 위조, 부정사용] 제1항 "행사할 목적으로 타인의 인장, 서명, 기명 또는 기호를 위조 또는 부정사용한 자는 3년 이하의 징역에 처한다."

1. 의의, 성격

본죄는 "행사할 목적으로 타인의 인장·서명·기명·기호를 위조 또는 부정사용함으로써 성립하는 범죄"이다. 인장위조죄의 기본유형이다.[1] 고의 이외에 행사할 목적을 요한다(진정목적범).

2. 구성요건

(1) 행위의 객체

행위의 객체는 타인의 인장·서명·기명·기호이다. '타인'이란 공무원·공무소 이외의 사인(私人)으로서 행위자를 제외한 사람을 말한다. 자연인·법인·법인격없는 단체를 불문한다. 타인이 실재할 필요가 있는가라는 문제는 문서죄에서와 동일한 법리가 적용된다. 따라서 타인이 실재하지 않는 경우, 예컨대 사자 또는 허무인 명의의 인장을 위조하는 경우라고 하더라도 일반인으로 하여금 실재하는 인물의 진정한 인장으로 오신케 할 정도에 이른다면, 인장위조죄의 성립을 긍정해야 할 것이다(통설).[2] 다만 판례는 사자(死者) 명의의 인장을 위조한 경우에 사인위조죄의 성립을 부정하고 있다.[3]

---

1) 형법 제239조 제1항 '사인 등 위조·부정사용죄'가 책임과 형벌간의 비례성의 원칙에 위반되지 아니한다는 헌법재판소의 합헌결정(헌재 2020. 2. 27. 2019 헌가 7)이 있다.

2) 권오걸, 1126면; 김성돈, 629면; 김/서, 788면; 박상기, 555면; 배종대, 727면; 손동권, 675면; 오영근, 782면; 유기천, 하권, 219면; 이재상, 616면; 이정원, 597면; 이형국, 638면; 정/박, 709면.

3) "이미 사망한 사람명의의 문서를 위조하거나 이를 행사하더라도 사문서위조나 동 행사죄는 성립하지 않는다는 문서위조죄의 법리에 비추어, 이와 죄질을 같이하는 인장위조죄의 경우에도 사망자 명의의 인장을 위조, 행사하는 소위는 사인위조 및 동 행사죄가 성립하지 않는다고 해석함이 상당하다"(대판 1984. 2. 28. 82 도 2064).

(가) 인 장　　인장(印章)은 자신의 동일성을 나타내기 위하여 사용하는 일정한 상형(象形)을 말한다. 본죄의 객체는 사인의 인장, 즉 사인(私印)이다. 인장은 반드시 성명을 표시하는 문자일 필요는 없고, 특정인의 동일성을 증명하기 위한 것인 한, 별명을 사용하거나 도형·지장으로 된 것도 인장이 될 수 있다.

인장은 권리의무에 관한 사항을 증명하기 위한 것일 필요는 없으나, 적어도 거래상 중요한 사실을 증명하기 위한 것이어야 한다.[4] 따라서 명승지의 기념스탬프는 인장이 아니다.

(a) 인영과 인과　　인영(印影)이란 일정한 사항을 증명하기 위하여 물체상에 현출시킨 문자 기타 부호의 영적(影跡)을 말하고, 인과(印顆)란 인영을 현출시키는 데 필요한 문자 기타 부호를 조각 또는 주조 등의 방법으로 조제해 놓은 물체(예: 도장)를 말한다. 인장은 인영에 한정된다는 견해가 있으나,[5] 인영과 인과의 양자를 모두 포함한다는 견해가 타당하다고 본다($\frac{통}{설}$).[6] 제239조 제1항에서 인장의 부정사용은 인과의 부정사용을 의미하고, 제2항에서 부정사용한 인장의 행사란 인과를 부정사용하여 현출된 인영을 행사한다는 의미이기 때문에, 형법은 인영과 인과의 양자를 포함한 의미로 인장이란 용어를 사용하는 것으로 해석된다. 그 밖에 인과의 위조만으로도 인영의 진정에 대한 공공의 신용을 해할 위험이 있으므로, 인과로서의 인장을 위조하는 행위 자체를 처벌할 필요가 있다.

(b) 인장과 생략문서의 구별　　생략문서란 의사 또는 관념의 표시가 생략되거나 약식으로 되어 있어서 완전한 문장형식을 갖추지 못한 문서를 말한다. 문장의 일부 요소가 생략되어 문장형식을 갖추지 못한 생략문서라고 하더라도 그 자체로부터 일정한 의사 내지 관념을 해독할 수 있는 한 문서에 속한다.[7] 따라서 일정한 서식에 찍힌 인장이 사람의 동일성을 나타내는 데에 그치

---

4) 김/서, 789면; 배종대, 728면; 이재상, 614면; 이형국, 638면; 정/박, 709면; 정영일, 626면; 진/이, 724면.

5) 유기천, 하권, 216면.

6) 권오걸, 1124면; 김성돈, 627면; 김성천, 1215면; 김/서, 789면; 박상기, 555면; 배종대, 728면; 백형구, 542면; 서일교, 272면; 오영근, 780면; 이재상, 614면; 이정원, 598면; 이형국, 639면; 정/박, 709면; 정영석, 183면; 정영일, 627면; 진/이, 724면; 황산덕, 149면.

7) 김성돈, 627면; 김/서, 789면; 박상기, 521면; 배종대, 689면; 오영근, 781면; 정/박, 710면; 정영일, 627면; 진/이, 724면.

지 않고 그 이외의 사항도 증명·표시하는 한, 인장과 결합한 생략문서를 문서로 취급해야 한다.[8] 접수일부인(接受日附印)[9]·전세계약서의 확정일자인·금융기관의 지급전표나 입금전표 등이 그 예이다.

(c) 서화에 표시된 예술가의 낙관·서명 등 　서화에 표시된 예술가·작가의 낙관 또는 서명이 인장에 해당하는가, 아니면 문서에 해당하는가에 관하여 견해가 대립한다. 낙관 또는 서명은 작가가 자기의 작품이라는 의사를 표시한 생략문서라고 보아 문서에 속한다는 견해가 있다.[10] 그러나 형법은 특정인이 자신의 동일성을 표시하는 상형(象形) 또는 문자를 인장 또는 서명으로 파악하여, 별도의 인장·서명위조죄를 규정하고 있는 이상, 작가의 낙관·서명은 인장에 관한 죄의 객체가 될 뿐이라고 해석함이 타당하다(통설)).[11]

(나) 서명, 기명, 기호 　'서명'이란 특정인이 자기임을 표시하기 위하여 성명 기타 호칭을 문자로 표기한 것을 말한다.[12] 아호(雅號)·성명 중 성(姓)만을 쓴 약칭·상호·옥호(屋號), 국문·한문·영문임을 불문한다. 다만 형법은 본죄의 객체로서 기명을 별도로 규정하고 있으므로, 서명은 자필서명(자서(自署))에 한한다. '기명'이란 서명과 같이 특정인이 자기임을 표시하기 위한 문자로서 자서가 아닌 경우를 말한다. 대필이나 인쇄 등에 의하여 특정인의 성

---

8) "이른바 생략문서라는 것도 그것이 사람 등의 동일성을 나타내는 데에 그치지 않고 그 이외의 사항도 증명, 표시하는 한, 이는 인장이나 기호가 아니라 문서로서 취급하여야 할 것이다"(대판 1995. 9. 5, 95 도 1269).
9) "신용장에 날인된 은행의 접수일부인이 사실증명에 관한 사문서에 해당되고, 피고인이… 위탁된 권한을 넘어서 이 건 신용장에 허위의 접수인을 날인한 것이 사문서위조행위에 해당한다"(대판 1979. 10. 30, 77 도 1879).
10) 김성천, 1172면; 이재상, 574면.
11) 권오걸, 1031-2 및 1125면; 김성돈, 578 및 628면; 김/서, 723 및 790면; 박상기, 521면; 배종대, 689면; 오영근, 722면; 유기천, 하권, 135면; 이형국, 599-600면; 정/박, 616면; 황산덕, 134면.
12) "판결이유: 사서명(私署名) 등 위조죄가 성립하려면 서명 등이 일반인으로 하여금 특정인의 진정한 서명 등으로 오신하게 할 정도에 이르러야 하고, 일반인이 특정인의 진정한 서명 등으로 오신하기에 충분한 정도인지 여부는 서명 등의 형식과 외관, 작성 경위뿐만 아니라 서명 등이 기재된 문서에 서명 등을 할 필요성, 문서의 작성 경위, 종류, 내용 그리고 일반거래에서 문서가 가지는 기능 등도 함께 고려하여 판단하여야 한다(대법원 2005. 12. 23. 선고 2005도4478 판결 참조). 원심은 이 사건 공소사실 중 사서명위조와 위조사서명행사 부분에 대하여, 피고인이 음주운전으로 단속되자 동생 공소외인의 이름을 대며 조사를 받다가 휴대용정보단말기(PDA)에 표시된 음주운전단속결과통보 중 운전자 공소외인의 서명란에 공소외인의 이름 대신 의미를 알 수 없는 부호(✍서명)를 기재한 행위는 공소외인의 서명을 위조한 것에 해당한다고 판단하여, 이를 유죄로 판단한 제1심판결을 그대로 유지하였다. … 원심판결에 … 사서명위조와 위조사서명행사죄의 성립에 관한 법리를 오해한 잘못이 없다"(대판 2020. 12. 30, 2020 도 14045).

명을 표시한 것이 기명에 해당한다.

'기호'란 물건에 압날하여 일정한 사항을 증명하는 문자 또는 부호로서, 광의의 인장에 속한다. 인장과 기호의 구별은 '증명목적'의 차이에 있다고 보아, 사람의 동일성을 증명하기 위한 것은 인장이고, 그 외의 사항을 증명하기 위한 것이 기호이다(ᵈᵘˢ).¹³⁾ 다만 형법은 인장과 기호를 함께 처벌하고 있으므로, 양자를 구별할 실익은 없다고 하겠다. 검사필, 납세필 등의 인장이 기호에 속한다.

(2) 실행행위

실행행위는 위조 또는 부정사용이다.

(가) 위 조   본죄의 '위조'란 권한없이 타인의 인장·서명·기명·기호를 작성하거나 기재하여 일반인으로 하여금 명의인의 진정한 것으로 오신케 하는 것을 말한다. 권한없는 경우와 권한 외의 사항에 관하여 서명·날인하는 경우도 포함한다.

위조의 방법에는 제한이 없다. 권한없이 타인의 인과를 제작하는 것, 타인의 인영을 그려내는 것 등이 위조에 해당한다. 위조의 정도는 일반인이 진정한 것으로 오인할 정도이면 족하다. 위조한 인장은 타인의 진정한 인장과 유사할 필요도 없다.¹⁴⁾ 통화 또는 우표의 경우와는 달리, 일반인이 사인(私人)의 진정한 인장을 모르는 수가 많기 때문이다. 전술한 바와 같이 타인인 명의인이 실재할 필요는 없다.¹⁵⁾

(나) 부정사용   본죄의 '부정사용'이란 타인의 진정한 인장·서명 등을 권한없는 자가 사용하거나, 권한있는 자라고 하더라도 권한 외의 사항에 관하여 사용하는 것을 말한다. 위조가 인장 자체, 즉 인과를 위작(僞作)하는 것임에 반하여, 부정사용은 이미 진정하게 만들어진 인과를 부정하게 사용함으로써 사용의 진정을 해하는 것이다. 부정사용이 있는 이상, 상대방 또는 일반인이

---

13) 권오걸, 1125면; 김성돈, 628면; 김/서, 791면; 박상기, 556면; 배종대, 728면; 오영근, 782면; 이재상, 616면; 이정원, 599면; 이형국, 640면; 정/박, 712면; 정영일, 627면; 진/이, 725-6면.

14) 권오걸, 1126면; 김성돈, 629면; 박상기, 556면; 오영근, 782면; 이재상, 616면; 이형국, 641면; 정/박, 712-3면; 정영일, 628면.

15) 그러나 판례는 사문서위조죄에 있어서와 같이 사망한 사람 명의로 인장을 위조한 경우에 인장위조죄의 성립을 부정하고 있다. "이미 사망한 사람 명의의 문서를 위조하거나 이를 행사하더라도 사문서위조나 동 행사죄는 성립하지 않는다는 문서위조죄의 법리에 비추어, 이와 죄질을 같이 하는 인장위조죄의 경우에도 사망자 명의의 인장을 위조·행사하는 소위는 사인위조 및 동 행사죄가 성립하지 않는다고 해석함이 상당하다"(대판 1984. 2. 28, 82 도 2064).

실제로 인식하였거나 타인에게 손해가 발생할 필요는 없다(추상적 위험범).

(3) 주관적 구성요건

사인'위조'죄는 고의 이외에 행사할 목적이 있어야 한다(진정목적범). 그러나 사인'부정사용'죄는 목적범이 아니다. 행사할 목적이란 위조한 인장 등을 진정한 인장인 것처럼 사용하겠다는 목적을 말한다. 행위자 자신이 행사할 목적뿐만 아니라 제3자로 하여금 행사하게 할 목적도 포함한다.

3. 죄   수

인장위조가 문서위조 또는 유가증권위조의 수단으로 행해진 경우에는 본죄는 문서위조죄 또는 유가증권위조죄에 흡수된다(법조경합 중 흡수관계).[16]

행사할 목적으로 인장을 위조한 후에 이를 행사한 때에는 ① 인장위조죄와 위조인장행사죄의 실체적 경합이 된다는 견해가 있으나,[17] ② 위조인장행사죄의 1죄만이 성립한다고 함이 타당하다(법조경합 중 보충관계). 이 점에 관하여는 문서위조죄와 위조문서행사죄 간의 죄수 부분을 참조할 필요가 있다.

4. 형   벌

3년 이하의 징역에 처한다. 본죄의 미수범은 처벌한다($^{제240}_{조}$).

II. 위조사인 등 행사죄

제239조 제2항 "위조 또는 부정사용한 타인의 인장, 서명, 기명 또는 기호를 행사한 때에도 전항의 형과 같다."

본죄는 "위조 또는 부정사용한 타인의 인장·서명·기명·기호를 행사함으로써 성립하는 범죄"이다. 본죄에서의 '행사'란 위조 또는 부정사용한 타인의 인장·서명·기명·기호를 진정한 것처럼 용법에 따라 사용하는 것을 말한다. 행사의 상대방이 인식·열람할 수 있는 상태에 두는 것으로 족하다.[18]

---

16) 대판 1978. 9. 26, 78 도 1787.

17) 권오걸, 1127면; 김성돈, 630면; 박상기, 557면; 이형국, 641면; 정/박, 713-4면; 진/이, 727면.

18) "위조인장행사죄에 있어서 행사라 함은 위조된 인장을 진정한 인장인 것처럼 용법에 따라 사용하는 행위를 말한다 할 것이므로, 위조된 인영을 타인에게 열람할 수 있는 상태에 두든지,

상대방이 실제로 인식하였거나 열람하였을 필요는 없다.

Ⅲ. 공인 등 위조·부정사용죄

<u>제238조 [공인 등의 위조, 부정사용] 제1항</u> "행사할 목적으로 공무원 또는 공무소의 인장, 서명, 기명 또는 기호를 위조 또는 부정사용한 자는 5년 이하의 징역에 처한다."

1. 의의, 성격

본죄는 "행사할 목적으로 공무원 또는 공무소의 인장·서명·기명·기호를 위조 또는 부정사용함으로써 성립하는 범죄"이다. 행위의 객체가 공인(公印)임에 비추어 사인위조죄에 대한 불법가중유형으로 규정되어 있다.

2. 구성요건

행위의 객체는 공무원 또는 공무소의 인장·서명·기명·기호이다. 외국의 공무원·공무소는 제외된다. '공무원의 인장'이란 공무원이 공무상 사용하는 인장을 말한다. 개인의 사인(私印)이라고 하더라도 공무원이 공무상 사용하면 공인이 된다. '공무원의 서명'은 공무원인 신분을 표시하기 위한 것이므로 보통 직명을 병기하게 된다.

'공무소의 인장'이란 공무소가 그 사무와 관련하여 문서에 사용하는 인장을 말한다. ○○부 장관의 직인(職印)이 그 예이다.

공무원 또는 공무소의 기호, 즉 공기호란 공무원 또는 공무소가 대상물의 동일성을 증명하기 위한 목적으로 사용하는 문자 또는 부호를 말한다. 부호로 표시된 도로교통표지판, 수도계량기·택시주행미터기에 부착된 납봉,[19] 차량등록번호판[20] 등이 공기호에 속한다.

인과의 경우에는 날인하여 일반인이 열람할 수 있는 상태에 두면, 그것으로 행사가 되는 것이고, 위조된 인과 그 자체를 타인에게 교부하는 것만으로는 위조인장행사죄를 구성한다고는 할 수 없다 할 것"(대판 1984. 2. 28, 84 도 90).

19) 대판 1982. 6. 8, 82 도 138.

20) 대판 1997. 7. 8, 96 도 3319; 1983. 10. 25, 83 도 2078.

3. 형 벌

5년 이하의 징역에 처한다. 7년 이하의 자격정지를 병과할 수 있다(제228조 제3항).
본죄의 미수범은 처벌한다(제240조).

Ⅳ. 위조공인 등 행사죄

제238조 제2항 "위조 또는 부정사용한 공무원 또는 공무소의 인장, 서명, 기명 또는 기호를 행사한 자도 전항의 형과 같다."

본죄는 "위조 또는 부정사용한 공무원 또는 공무소의 인장·서명·기명·기호를 행사함으로써 성립하는 범죄"이다. 위조사인행사죄에 대한 불법가중유형이다.

본죄에서의 '행사'란 위조 또는 부정사용한 공인·공기호 등을 진정한 것처럼 용법에 따라 사용하는 것을 말한다. 공범자 사이에서 사용하는 것은 본죄의 행사에 해당하지 않는다. 판례에 의하면, 절취한 타인의 차량등록번호판을 렌트카에 부착하고 운행한 경우에 공기호부정사용죄와 부정사용공기호행사죄의 실체적 경합이 성립한다고 한다.[21]

---

21) "형법 제238조 제1항에서 규정하고 있는 공기호인 자동차등록번호판의 부정사용이라 함은 진정하게 만들어진 자동차등록번호판을 권한없는 자가 사용하든가, 권한있는 자라도 권한을 남용하여 부당하게 사용하는 행위를 말하는 것이고, 같은 조 제2항에서 규정하고 있는 그 행사죄는 부정사용한 공기호인 자동차등록번호판을 마치 진정한 것처럼 그 용법에 따라 사용하는 행위를 말하는 것으로 그 행위개념을 달리하고 있다. 자동차등록번호판의 용법에 따른 사용행위인 행사라 함은 이를 자동차에 부착하여 운행함으로써 일반인으로 하여금 자동차의 동일성에 관한 오인을 불러일으킬 수 있는 상태, 즉 그것이 부착된 자동차를 운행함을 의미한다고 할 것이고, 그 운행과는 별도로 부정사용한 자동차등록번호판을 타인에게 제시하는 등 행위가 있어야 그 행사죄가 성립한다고 볼 수 없다. 따라서 피고인이 절취한 자동차등록번호판을 부착한 위 뉴그랜져 승용차를 운행하였다면, 이는 부정사용된 공기호행사죄에 해당한다"(대판 1997. 7. 8, 96 도 3319).

제11장 환경에 관한 죄

제1절 개 설

I. 의의, 성격, 보호법익

헌법 제35조 제1항은 "모든 국민은 건강하고 쾌적한 환경에서 생활할 권리를 가지며, 국가와 국민은 환경보전을 위하여 노력하여야 한다"라고 규정하여, '환경권'을 보장하고 있다. 우리나라는 고도산업사회로 이행하면서 환경오염이 심각한 사회문제로 대두하였다. 그러나 이제 환경오염은 한 국가의 문제가 아니라 세계적인 문제로서 환경오염으로 인한 생태계파괴는 인류공존의 터전인 지구를 위협할 지경에 이르고 있다. 따라서 개인의 환경권을 보호할 뿐만 아니라 인류가 공존할 수 있는 환경 그 자체도 보호해야 한다는 관점에서 세계 각국은 '환경에 관한 죄'(환경범죄)를 입법화하고 있다(신종범죄).

환경범죄의 보호법익은 '환경'이지만, 환경은 환경에 대한 인간의 생활이익 내지 환경권과 관련해서 보호된다(이중적 법익관련성).[1] 이러한 견해는 환경이라는 보호법익을 '생태학적·인본주의적' 입장에서 이해하고자 하는 것이다. 법익보호의 정도는 대체로 '위험범'이다.[2] 다만 우리나라의 '환경범죄 등의 단속 및 가중처벌에 관한 법률'(약칭: 환경범죄단속법) 제3조의 '오염물질불법배출죄'는 구체적 위험범(제1항의 범죄) 및 침해범(제2항과 제3항의 범죄)으로 규정되어 있다.

---

1) 심재무, "환경형법에 있어서 보호법익", 형사법연구, 제8호, 1995. 12, 185-7면: Sch/Sch/Cramer, StGB, §324 Vorb., Rn. 8; Haft, BT, S. 294.
2) Sch/Sch/Cramer, StGB, §324 Vorb., Rn. 9.

Ⅱ. 환경에 관한 죄의 체계 – 환경형법의 '행정종속성'

환경범죄를 형법전에 규정할 것인가 아니면 별개의 단행법률에 규정할 것인가가 문제된다. 법무부의 '형법개정법률안 제안이유서'(1992. 10.)에서는 가장 기본적인 환경범죄를 형법전에 1개의 장으로 신설하기로 하고, 환경오염죄·환경오염치사상죄·미수범·과실환경오염죄 등 4개의 조문을 입안하였으나,[3] 1995년의 형법개정에 반영되지 못하였다.

현재 우리나라는 환경보전을 위한 기본법으로서 '환경정책기본법'을 지주로 삼고, 환경범죄에 대하여는 '환경범죄 등의 단속 및 가중처벌에 관한 법률'(약칭: 환경범죄단속법), '물환경보전법', '대기환경보전법', '자연환경보전법', '토양환경보전법', '소음·진동관리법', '폐기물관리법', '화학물질관리법', '하수도법', '농약관리법' 등 특별형법과 행정형법의 형식으로 규율하고 있다.

이에 반하여 독일과 오스트리아는 중요한 환경범죄를 형법전에서 규율하고 있다(독일형법 제29장 제324조-제330조d; 오스트리아형법 제180조-제183조b).

형법전에 환경범죄를 규정하는 것은 환경보호에 대한 국민의 법의식을 고양시킬 수 있는 장점이 있다. 그러나 환경오염과 관련된 벌칙규정은 각종의 행정조치를 선행시킨다든가, 환경오염행위의 허용기준치 설정이 극히 기술적 성격을 띤다든가, 환경범죄의 범주와 성립요건이 급속한 과학발전과 밀접히 관련된다든가, 과징금부과를 비롯한 행정제재가 형벌보다 더 효과가 있을 수 있다든가 하는 특성 때문에 '행정형법'의 형식으로 규율되는 것이 타당하다고 본다. 환경형법은 성격상 환경행정법에 의존할 수밖에 없다(환경형법의 '행정종속성').

환경오염행위가 있고 나서 형벌과 같은 사후 제재수단으로 대처하는 것보다도 사전 대처, 즉 환경오염 '예방'이 지구의 환경보전에 훨씬 더 효과적임을 염두에 둔다면, 폐기물(쓰레기)을 자원으로 이해하는 관점에서 재활용(순환이용)을 꾀할 필요가 있다. '자원순환기본법'(법률 제14229호; 2016. 5. 29. 제정; 2018. 1. 1. 시행)은 이러한 관점에서 탄생한 법률이다. 이 법률은 "자원을 효율적으로 이용하여 폐기물의 발생을 최대한 억제하고 발생된 폐기물의 순환이용 및 적정한 처분을 촉진하여 천연자원과 에너지의 소비를 줄임으로써 환경

---

3) 형법개정법률안 제안이유서, 218-221면 참조.

을 보전하고 지속가능한 자원순환사회를 만드는 데 필요한 기본적인 사항을 규정함을 목적으로 한다"(^{제1}_조). 그리고 "모든 국민은 자연환경과 생활환경을 청결히 유지하고, 1회용품 사용을 자제하며, 폐기물이 적게 발생하는 제품 등을 우선 구매하여 내구연한(耐久年限)까지 최대한 사용하는 등 폐기물의 발생을 줄이기 위하여 노력하여야 한다"(^{제7조}_{제1항}). 또한 "모든 국민은 폐기물을 최대한 쉽게 순환이용할 수 있는 상태로 분리하여 배출하고, 자원순환사회로의 전환을 위한 국가 및 지방자치단체의 시책에 적극 협력하여야 한다"(^{동조}_{제2항}).

제 2 절   개별적 범죄유형

Ⅰ. 오염물질불법배출죄

환경범죄 등의 단속 및 가중처벌에 관한 법률 제3조 [오염물질 불법배출의 가중처벌] 제1항 "오염물질을 불법배출함으로써 사람의 생명이나 신체에 위해를 끼치거나 상수원을 오염시킴으로써 먹는 물의 사용에 위험을 끼친 자는 3년 이상 15년 이하의 유기징역에 처한다."
제2항 "제1항의 죄를 범하여 사람을 죽거나 다치게 한 자는 무기 또는 5년 이상의 유기징역에 처한다."
제3항 "오염물질을 불법배출한 자로서 다음 각 호의 어느 하나에 해당하거나「물환경보전법」제15조 제1항 제4호를 위반한 자로서 제3호에 해당하는 자는 1년 이상 7년 이하의 징역에 처한다.
1. 농업, 축산업, 임업 또는 원예업에 이용되는 300제곱미터 이상의 토지를 해당 용도로 이용할 수 없게 한 자.
2. 바다, 하천, 호소(湖沼) 또는 지하수를 별표 1에서 정하는 규모 및 기준 이상으로 오염시킨 자.
3. 어패류를 별표 2에서 정하는 규모 이상으로 집단폐사(集團斃死)에 이르게 한 자."

1. 의의, 성격

'환경범죄 등의 단속 및 가중처벌에 관한 법률'(약칭: 환경범죄단속법)은 제2조에서 '오염물질'과 '불법배출'의 정의규정을 두고 있다.

동법 제3조 제1항의 범죄는 오염물질불법배출행위가 사람의 생명·신체에 위해를 끼치거나 공중의 식수사용에 대한 위험을 발생시킬 것을 요하는 '구체적 위험범'이다. 따라서 행위자는 그 위험발생에 대한 고의를 갖고 있어야 한다.

제2항의 범죄는 제1항의 범죄에 대한 '결과적 가중범'이다. 결과적 가중범의 일반이론이 적용된다.

제3항의 범죄는 오염물질불법배출행위로 인하여 일정한 환경이 오염(침해)될 것을 요하는 '침해범'이다.

2. 인과관계의 개연성 및 추정

환경범죄 등의 단속 및 가중처벌에 관한 법률 제11조 [추정] "사람의 생명·신체, 상수원 또는 자연생태계 등(이하 "생명·신체 등"이라 한다)에 위해(제3조 제3항 각 호의 어느 하나에 해당하는 경우를 포함한다. 이하 이 조에서 같다)를 끼칠 정도로 오염물질을 불법배출한 사업자가 있는 경우 그 오염물질의 불법배출에 의하여 위해가 발생할 수 있는 지역에서 같은 종류의 오염물질로 인하여 생명·신체 등에 위해가 발생하고 그 불법배출과 발생한 위해 사이에 상당한 개연성이 있는 때에는 그 위해는 그 사업자가 불법배출한 물질로 인하여 발생한 것으로 추정한다."

동법 제11조는 오염물질불법배출행위와 사람의 생명·신체에 대한 (구체적) 위해발생 사이에 '상당한 개연성' 정도의 '인과관계'가 인정되면, 오염물질불법배출행위를 그 원인으로 '추정'하는 규정이다. 오염물질불법배출죄는 대부분 이 추정규정에 의하여 인과관계의 거증책임이 검사로부터 피고인에게 전환된다.

II. 업무상과실·중과실 오염물질불법배출죄

환경범죄 등의 단속 및 가중처벌에 관한 법률 제5조 [과실범] 제1항 "업무상 과실 또는 중대한 과실로 제3조 제1항의 죄를 범한 자는 7년 이하의 징역이나 1억원 이하의 벌금에 처한다."

본죄는 업무상 과실 또는 중대한 과실로 오염물질불법배출죄를 범한 경우이다. 과실범에 관한 일반이론이 적용된다.

제12장 먹는 물에 관한 죄

제1절 개   설

I. 의의, 성격, 보호법익

먹는 물에 관한 죄란 "일상생활에서 먹는 물로 사용하는 물 또는 수원에 독물 그 밖에 건강을 해하는 물질을 넣거나 수도 등의 시설을 손괴 기타 방법으로 불통하게 하여 공중의 건강과 먹는 물의 이용을 위태롭게 하는 것을 내용으로 하는 범죄"이다.

먹는 물과 호흡하는 공기는 인간생존의 필수조건이다. 본죄는, 공중이 먹는 물의 안전과 그 이용을 보전함으로써 궁극적으로는 공중의 건강을 보호하고자 하는 취지를 가지고 있다(공공위험죄). 따라서 본죄의 보호법익은 '공중의 건강'이라고 할 수 있으며, 보호의 정도는 '추상적 위험범'이다.

먹는 물의 안전과 위생은 근본적으로 '자연환경보호' 중에서 수자원의 오염과 고갈을 방지하려는 인간의 보호노력에 달려 있다. 그러므로 먹는 물에 관한 죄는 넓게 보자면 '환경형법'에 속할 범죄영역이며, 그 보호법익도 '환경권'(헌법 제35조 제1항)으로 파악될 수 있다. '물환경보전법'은 '물'을 보전하기 위하여 우리가 어떠한 노력을 기울여야 하는가를 가르쳐주고 있고, '환경범죄 등의 단속 및 가중처벌에 관한 법률' 제3조는 일정한 수질오염행위를 가중처벌하고 있다.

II. 먹는 물에 관한 죄의 체계

먹는 물에 관한 죄는 먹는 물 사용방해죄(제192조 제1항)를 기본유형으로 하고, 먹는 물 유해물혼입죄($\frac{제192조}{제2항}$)를 행위방법으로 인한 불법가중유형, 수돗물 사용방해죄($\frac{제193조}{제1항}$)를 행위객체로 인한 불법가중유형, 수돗물 유해물혼입죄($\frac{제193조}{제2항}$)와 수도불통죄($\frac{제195}{조}$)를 행위객체와 행위방법으로 인한 불법가중유형, 먹는 물 혼독치사상죄($\frac{제194}{조}$)를 결과적 가중유형으로 규정하고 있다.

먹는 물 유해물혼입죄와 수돗물 유해물혼입죄 및 수도불통죄의 미수범은 처벌하며($\frac{제196}{조}$), 이들 범죄를 범할 목적으로 예비·음모한 자를 처벌한다($\frac{제197}{조}$).

그리고 '환경범죄 등의 단속 및 가중처벌에 관한 법률' 제3조는 먹는 물에 관한 죄의 가중처벌규정을 두고 있다.

제 2 절   개별적 범죄유형

I. 먹는 물 사용방해죄

제192조 [먹는 물의 사용방해] 제1항 "일상생활에서 먹는 물로 사용되는 물에 오물을 넣어 먹는 물로 쓰지 못하게 한 자는 1년 이하의 징역 또는 500만원 이하의 벌금에 처한다."

1. 의   의

본죄는 "일상생활에서 먹는 물로 사용되는 물에 오물을 넣어 먹는 물로 쓰지 못하게 함으로써 성립하는 범죄"이다. 먹는 물에 관한 죄의 '기본유형'이다.

2. 구성요건

(1) 행위의 객체

행위의 객체는 일상생활에서 먹는 물로 사용되는 물이다.

'일상생활에서 먹는 물로 사용되는 물'이란 사람이 먹을 수 있을 정도로 깨끗한 물을 말한다. 소유자 또는 관리자가 누구인가를 불문한다. 자연수, 인공수인가도 불문한다. '일상생활에서 먹는 물로 사용된다'라고 함은 불특정 또는 다수인이 일상적으로 계속·반복하여 먹는 용도에 사용함을 의미한다.[1] 불특

---

1) 권오걸, 980면; 김성돈, 535면; 김/서, 610면; 박상기, 562면; 배종대, 733면; 백형구, 470면;
   오영근, 671면; 이재상, 621면; 이정원, 605면; 이형국, 649면; 정/박, 718면; 정영석, 181면; 정

정 또는 다수인이 먹는 데 사용할 것을 요하므로, 특정인이 먹기 위하여 물통에 담아둔 물은 여기에 해당하지 않는다. 한 가족이 먹는 물도 다수인이 먹는 물에 해당한다.[2] 계속·반복하여 먹는 데 사용하는 물이어야 하므로, 계곡에 흐르는 물과 같이 일시적으로 사용되는 물은 포함되지 않는다.

(2) 실행행위

실행행위는 오물을 넣어 먹지 못하게 하는 것이다.

'오물'이란 사용에 지장을 줄 만큼 물을 더럽히는 물질을 말한다. 대소변이나 쓰레기가 이에 속한다. 다만 독물 및 건강유해물질의 혼입은 먹는 물 유해물혼입죄($^{제192조}_{제2항}$)로 가중처벌되므로, 본죄의 오물에서 제외된다. '혼입'이란 물에 오물을 섞는 것을 말한다. 물질을 적극적으로 투입하는 것에 한하지 않고, 우물바닥의 흙을 들추어서 물을 흐리게 하는 행위도 포함한다. '먹는 물로 쓰지 못하게 한다'는 것은 먹는 물로 사용할 수 없을 정도에 이르게 하는 행위를 말한다. 이 정도에 이르지 않는 행위는 경범죄처벌법에 해당할 뿐이다($^{제3조 제1항}_{제10호}$). 먹을 수 없게 되는 것은 불쾌하다는 감정적·심리적 이유라도 무방하다. 그 정도는 사회통념에 비추어 먹기에 지장을 받을 정도로 족하다.

본죄가 성립하자면 공중의 건강이 침해될 필요는 없으나(추상적 위험범), 먹지 못하게 된 '결과'가 발생해야 한다(결과범). 본죄의 미수범은 처벌하지 않으므로, 먹지 못하게 된 결과가 발생하지 않으면 본죄는 성립하지 않고 경범죄처벌법($^{제3조 제1항}_{제10호}$)으로 처벌된다.

(3) 주관적 구성요건

본죄의 고의는 일상생활에서 먹는 물로 사용되는 물이라는 것에 대한 인식과 오물을 혼입하여 먹지 못하게 한다는 것에 대한 인식·인용이다. 먹지 못하게 한다는 인식은 불필요하다는 견해가 있으나,[3] 먹지 못하게 하는 행위가 본죄의 실행행위에 속하는 이상 이에 대한 인식이 당연히 있어야 한다.[4]

영일, 525면; 진/이, 619면.

2) 김/서, 610면; 박상기, 562면; 배종대, 733면; 백형구, 470면; 이재상, 621면; 이정원, 605면; 이형국, 649면; 정/박, 718면; 정영석, 181면.

3) 김/서, 611면; 박상기, 563면.

4) 김성천, 1224면; 백형구, 471면; 오영근, 672면; 이재상, 622면; 이형국, 650면; 정/박, 719면; 정영일, 527면.

3. 형   벌

1년 이하의 징역 또는 500만원 이하의 벌금에 처한다.

Ⅱ. 먹는 물 유해물혼입죄

제192조 제2항 "제1항의 먹는 물에 독물(毒物)이나 그 밖에 건강을 해하는 물질을 넣은 사람은 10년 이하의 징역에 처한다."

본죄는 "일상생활에서 먹는 물로 사용되는 물에 독물이나 그 밖에 건강에 유해한 물질을 넣음으로써 성립하는 범죄"이다. 행위방법으로 인한 불법가중 유형이다.

행위의 객체는 먹는 물이고, 실행행위는 독물 기타 건강을 해할 물건의 혼입이다. '독물'이란 소량만 흡수해도 건강에 유해한 물질을 말한다. 농약ㆍ청산가리ㆍ염산 등이 독물에 해당한다.[5] '건강을 해할 물건'이란 먹음으로써 사람의 건강에 장애를 줄 만한 유해물질을 말한다. 석유류 화학물질, 수인성전염병균 등이 여기에 속한다. 본죄의 성립에는 혼입행위가 있음으로써 족하고(기수), 먹지 못하게 되었다든가 실제로 건강이 침해될 필요는 없다(추상적 위험범).

본죄의 미수범($\frac{제196}{조}$)과 예비ㆍ음모($\frac{제197}{조}$)는 처벌한다.

Ⅲ. 수돗물 사용방해죄

제193조 [수돗물의 사용방해] 제1항 "수도(水道)를 통해 공중이 먹는 물로 사용하는 물 또는 그 수원(水原)에 오물을 넣어 먹는 물로 쓰지 못하게 한 자는 1년 이상 10년 이하의 징역에 처한다."

1. 의   의

본죄는 "수도를 통해 공중이 먹는 물로 사용하는 물 또는 그 수원에 오물을 넣어 먹는 물로 쓰지 못하게 함으로써 성립하는 범죄"이다. 행위의 객체로

---

5) '유독물질'에 관하여는 '화학물질관리법' 제2조 제2호가 규정하고 있다.

인한 불법가중유형이다.

2. 구성요건

(1) 행위의 객체

행위의 객체는 수도를 통해 공중이 먹는 물로 사용하는 물 또는 그 수원이다.

'수도'(水道)란 먹는 물을 공급하기 위한 인공적 설비를 말한다. 공설수도인가 사설수도인가를 불문한다. 수도는 물의 인공적 유통로를 의미하므로, 저수지나 정수지 또는 저수지에 이르는 자연적 수로는 수도라 할 수 없고, 수원에 해당할 수 있다. 수도는 반드시 적법한 수도일 필요는 없다.

'공중'이란 불특정 또는 다수인을 말한다. 여기에서 다수란 상당한 다수임을 요한다.[6] 따라서 한 가족만을 위한 전용수도는 본죄의 객체에서 제외된다. 공중이 먹는 물로 사용하는 물이란 공급 중인 물만을 의미한다. 공급이 끝나 가정집의 물통에 담긴 물은 여기에 해당하지 않는다.

'수원'(水原)이란 수도로 공급하기 이전 단계에 있는 물의 총체를 말한다. 저수지, 정수지, 저수지나 정수지에 이르는 수로 등의 물이 수원에 해당한다.

(2) 실행행위

실행행위는 오물을 넣어 먹지 못하게 하는 것이다. 본죄의 기수가 성립하자면 공중의 건강이 침해될 필요는 없으나(추상적 위험범), 먹지 못하게 된 결과가 발생해야 한다(결과범). 본죄의 미수범은 처벌하지 않으므로, 먹지 못하게 된 결과가 발생하지 않으면 본죄는 성립하지 않고 경범죄처벌법 제3조 제1항 제10호에 해당한다.

IV. 수돗물 유해물혼입죄

<u>제193조 제2항</u> "제1항의 먹는 물 또는 수원에 독물 그 밖에 건강을 해하는 물질을 넣은 자는 2년 이상의 유기징역에 처한다."

본죄는 "수도를 통해 공중이 먹는 물로 사용하는 물 또는 그 수원에 독물 그 밖에 건강을 해하는 물질을 넣음으로써 성립하는 범죄"이다. 행위객체와

---

6) 김성돈, 537면; 김/서, 613면; 배종대, 735면; 오영근, 674면; 유기천, 하권, 70면; 이재상, 624면; 이정원, 606면; 이형국, 652면; 정/박, 721면; 진/이, 621면.

행위방법으로 인한 불법가중유형이다. 행위의 객체는 수돗물 사용방해죄와 같고, 행위방법은 먹는 물 유해물혼입죄와 같다.

본죄는 2년 이상의 유기징역에 처하고, 미수범과 예비·음모도 처벌한다.

V. 먹는 물 혼독치사상죄

제194조 [먹는 물 혼독치사상] "제192조 제2항 또는 제193조 제2항의 죄를 지어 사람을 상해에 이르게 한 경우에는 무기 또는 3년 이상의 징역에 처한다. 사망에 이르게 한 경우에는 무기 또는 5년 이상의 징역에 처한다."

본죄는 "먹는 물 유해물혼입죄 또는 수돗물 유해물혼입죄를 지어 사람을 사망이나 상해에 이르게 함으로써 성립하는 범죄"이다. 먹는 물 유해물혼입죄 또는 수돗물 유해물혼입죄의 결과적 가중범이다. 따라서 결과적 가중범에 관한 일반원리가 적용된다.

본죄에 있어서 '사망'의 결과가 발생한 경우에는 진정 결과적 가중범이고, '상해'의 결과가 발생한 경우에는 부진정 결과적 가중범이다.[7]

VI. 수도불통죄

제195조 [수도불통] "공중이 먹는 물을 공급하는 수도 그 밖의 시설을 손괴하거나 그 밖의 방법으로 불통(不通)하게 한 자는 1년 이상 10년 이하의 징역에 처한다."

본죄는 "공중이 먹는 물을 공급하는 수도 그 밖의 시설을 손괴하거나 그 밖의 방법으로 불통하게 함으로써 성립하는 범죄이다." 행위객체와 행위방법으로 인한 불법가중유형이다.

행위의 객체는 공중이 먹는 물을 공급하는 수도 그 밖의 시설이다. '수도'란 먹는 물을 공급하기 위한 인공적 설비를 말한다. '그 밖의 시설'은 불특정 또는 다수인에게 먹는 물을 공급하기 위한 시설로서 수도 이외의 것을 말한다. 공중이 사용하는 양수용펌프가 그 예이다. 실행행위는 손괴하거나 그 밖

---

7) 김성돈, 538면; 김/서, 614면; 박상기, 565면; 배종대, 736면; 오영근, 675면; 이재상, 625면; 이형국, 654면; 정영일, 529면; 진/이, 622면.

의 방법으로 불통하게 하는 것이다. '손괴'란 물리적으로 훼손하여 그 효용을 해하는 행위이다. 손괴죄는 본죄에 흡수된다. 그 밖의 방법으로 불통하게 한다는 것은 손괴 이외의 방법으로 먹는 물의 공급을 불가능하게 하는 행위를 말한다. 공급차단행위가 여기에 속한다. 본죄는 먹는 물을 오염시키는 행위를 처벌하고자 하는 것이 아니고, 먹는 물 공급시설에 대한 손괴 등의 행위를 처벌하고자 함에 특징이 있다.

본죄는 먹는 물의 공급을 불통하게 함으로써 '기수'가 된다. 수도에 대한 손괴행위가 있었으나 불통에 이르지 아니하면, 본죄의 미수범이 성립한다. 본죄의 미수범($^{제196}_조$) 및 예비·음모($^{제197}_조$)는 처벌한다.

사설수도를 설치한 시장번영회가 수도요금을 체납한 회원에 대하여 사전경고를 한 후에 취한 단수행위는 위법하지 않다.[8]

---

8) 대판 1977. 11. 22, 77 도 103.

제13장 아편에 관한 죄

제1절 개 설

I. 의의, 성격, 보호법익

아편에 관한 죄는 "아편을 흡식하거나, 아편 또는 아편흡식기구를 제조·수입·판매·소지하거나, 아편흡식의 장소를 제공하여 이익을 취함으로써 성립하는 범죄"이다. 아편은 인간의 중추신경계에 작용하여 마비적 쾌감을 주는 물질인데, 그 반복적 흡식은 중독성을 띠고 흡식자를 육체적·정신적으로 황폐화시키는 무서운 물질이다. 이러한 관점에서 보자면, 아편에 관한 죄의 처벌은 '법률후견주의'(legal paternalism)로 이해될 측면이 존재한다. 아편흡식이 사회적으로 번져나가게 되면, 건전한 국민생활이 무너지고 퇴폐풍조가 성하게 되며 국민의 건강도 심각한 타격을 받게 되는 등, 망국의 병으로 등장한다.

아편에 관한 죄의 보호법익은 '공중의 건강'이다. 보호의 정도는 '추상적 위험범'이다. 이 점에 있어서 먹는 물에 관한 죄와 같다.

II. 아편에 관한 죄의 체계

형법은 아편에 관한 죄에 있어서 아편흡식죄($^{제201조}_{제1항}$)를 기본유형으로 하고, 그 방조유형으로 아편흡식장소제공죄($^{동조}_{제2항}$)를 규정하고 있다. 그리고 아편흡식의 예비단계에 해당하는 범죄인 아편 등 제조·수입·판매·판매목적소지죄($^{제198}_{조}$)와 아편흡식기제조·수입·판매·판매목적소지죄($^{제199}_{조}$)는 아편흡식을 조장한다는 측면에서 독립된 범죄유형으로 규정하고 있으며, 판매목적아편소지죄에 대하여 단순아편소지죄($^{제205}_{조}$)를 감경유형으로 하고 있다. 세관공무원의 아편 등 수입죄($^{제200}_{조}$)와 상습범($^{제203}_{조}$)은 책임가중유형이다.

형법 제17장 아편에 관한 죄는 그 특별법으로 제정된 '마약류 관리에 관한 법률'($^{2000.\ 1.\ 12.}_{법률\ 제6146호}$)이 우선 적용됨에 따라, 실제적 의의를 거의 상실하고 있다. 종전의 '마약법', '향정신성의약품관리법' 및 '대마관리법'은 폐지되고, 그 대체법률인 '마약류 관리에 관한 법률'(약칭: 마약류관리법)이 2000년 7월 1일부터 시행되고 있다($^{동\ 부칙\ 제1}_{조,\ 제2조}$).

이 법률은 아편을 마약의 일종으로 분류하고($^{제2조}_{제2호}$), 마약을 제조·수출입·매매하거나 매매의 알선을 한 자 또는 일정한 목적으로 소지·소유한 자를 무기 또는 5년 이상의 징역으로 가중처벌하고 있다($^{제58조}_{제1항}$). 또 이들 범죄의 예비·음모를 10년 이하의 징역에 처하고($^{동}_{제4항}$), 영리의 목적 또는 상습으로 한 자는 사형·무기 또는 10년 이상의 징역에 처한다($^{동}_{제2항}$). 그 밖에 마약을 흡식하는 등의 마약사용행위 및 장소제공행위는 10년 이하의 징역 또는 1억원 이하의 벌금에 처한다($^{제60조\ 제1}_{항\ 제1호}$). 마약류범죄에 제공된 물건·장비·자금뿐만 아니라 그로 인한 '불법수익금'까지도 몰수·추징한다($^{제67}_{조}$).

그리고 '특정범죄 가중처벌 등에 관한 법률'(약칭: 특정범죄가중법) 제11조는 마약류 관리에 관한 법률 제58조, 제59조, 제60조 중에서 마약과 관련된 일정 범죄를 범한 자를 마약가액에 따라 차등을 두어 가중처벌하고 있다.

마약류범죄에 대하여는 국제적으로 연대하여 대처할 필요성이 큰 만큼(이른바 세계주의), 이를 위하여 1988년 12월 20일 Wien에서 체결된 '마약 및 향정신성물질의 불법거래방지에 관한 국제연합협약'은 우리나라에서도 1999년 3월 28일부터 발효되었다($^{1999.\ 1.\ 19.}_{조약\ 제1476호}$). 마약류범죄에 관한 국제협약을 효율적으로 시행하기 위한 법률로서 '마약류 불법거래 방지에 관한 특례법'($^{1995.\ 12.\ 6.}_{법률\ 제5011호}$)(약칭: 마약거래방지법)이 있다. 이 법률에서도 마약류범죄로 인한 '불법수익'($^{제2조}_{제3항}$)과 '불법수익에서 유래한 재산'($^{동}_{제4항}$)을 몰수하도록 규정하고 있다($^{제13}_{조}$).

제 2 절 개별적 범죄유형

Ⅰ. 아편흡식죄

<u>제201조 [아편흡식 등, 동 장소제공] 제1항</u> "아편을 흡식하거나 몰핀을 주사한 자는 5년 이하의 징역에 처한다."

1. 의의, 보호법익

본죄는 "아편을 흡식하거나 몰핀을 주사함으로써 성립하는 범죄"이다. 아편에 관한 죄의 '기본유형'이다. 본죄의 보호법익은 '공중의 건강'이며, 보호의 정도는 '추상적 위험범'이다.

2. 구성요건

(1) 행위의 객체

행위의 객체는 아편 또는 몰핀이다. '아편'이라 함은 양귀비의 액즙이 응결된 것과 이를 가공한 것(의약품으로 가공한 것을 제외한다)을 말한다(마약류관리에 관한 법률 제2조 제2호 날). '몰핀'(morphine)은 양귀비·아편 또는 코카잎에서 추출되는 알카로이드로서(마약류관리에 관한 법률 제2조 제2호 라목), '마약류 관리에 관한 법률 시행령' [별표1]에서 정해진 것이다.

마약류 관리에 관한 법률에 의하면, 아편과 몰핀은 '마약'에 속하고, 마약과 향정신성의약품 및 대마를 합하여 '마약류'라고 정의하고 있다(제2조).[1]

(2) 실행행위

실행행위는 흡식 또는 주사이다. '흡식'이란 아편을 호흡기 또는 소화기를 통해 소비하는 것을 말한다. '주사'란 주사기에 의하여 신체의 혈관 속에 주입하는 것을 말한다. 흡식 또는 주사의 목적은 쾌락을 위한 것이든 고통을 제거

---

1) '향정신성의약품'(마약류 관리에 관한 법률 제2조 제3호)에 속하는 것은 '마약류 관리에 관한 법률 시행령' [별표 3]-[별표 7]에서 상세히 정하고 있다. '대마'란 대마초(칸나비스 사티바 엘)와 그 수지 및 대마초 또는 그 수지를 원료로 하여 제조된 모든 제품을 말한다. 다만, 대마초의 종자·뿌리 및 성숙한 대마초의 줄기와 그 제품은 제외한다(마약류 관리에 관한 법률 제2조 제4호).

하기 위한 것이든 불문한다. 치료의 목적으로 주사한 때에도 의사의 적법한
처방이 없었다면 본죄가 성립한다.

3. 죄   수

아편을 흡식하기 위한 목적으로 소지하였다가 아편을 흡식한 경우에는 소
지행위가 흡식의 예비단계에 불과하므로 아편흡식죄만이 성립한다. 그러나
판매할 목적으로 아편을 소지하였다가 자신이 흡식한 경우에는 판매목적아편
소지죄($\substack{제198 \\ 조}$)와 아편흡식죄의 실체적 경합범이 성립한다.

4. 형   벌

5년 이하의 징역에 처한다. 10년 이하의 자격정지 또는 2천만원 이하의 벌
금을 병과할 수 있다($\substack{제204 \\ 조}$). 본죄의 미수범은 처벌한다($\substack{제202 \\ 조}$). 본죄에 제공된
아편, 몰핀이나 그 화합물 또는 아편흡식기구는 몰수한다. 그를 몰수하기 불
가능한 때에는 그 가액을 추징한다($\substack{제206 \\ 조}$).

그러나 '마약류 관리에 관한 법률'은 아편흡식행위를 10년 이하의 징역 또
는 1억원 이하의 벌금으로 가중처벌하고 있으므로($\substack{제60조 제1 \\ 항 제2호}$), 제201조 제1항이
적용될 여지는 없다.

Ⅱ. 아편흡식장소제공죄

제201조 제2항 "아편흡식 또는 몰핀 주사의 장소를 제공하여 이익을 취한 자도
전항의 형과 같다."

본죄는 "아편흡식 또는 몰핀 주사의 장소를 제공하여 이익을 취득함으로
써 성립하는 범죄"이다. 아편흡식죄의 '방조'에 해당하는 행위유형이지만, 아편흡
식을 조장하여 공중건강에 미치는 위험이 크기 때문에 독립된 범죄로 규정한
것이다.

본죄에서 '장소를 제공'한다고 함은 아편흡식이나 몰핀 주사를 위한 장소를
마련해 주는 것을 말한다. 아편이나 몰핀을 조달·공급해 주는 것은 아니다.
'이익을 취'한다고 함은 장소제공의 대가를 얻는 것을 말한다. 재산상의 이익
에 한하지 않고, 장소제공과 관련된 일체의 적극적·소극적 이익을 포함한다.

본죄는 현실적으로 이익의 취득이 있은 때에 기수가 된다(결과범). 장소를 제공하였으나 아직 이익을 취득하지 못하였다면, 미수범이 성립한다. 본죄의 미수범은 처벌한다($_{조}^{제202}$). 그리고 장소제공과 이익취득 사이에는 대가관계가 있어야 한다.

그런데 '마약류 관리에 관한 법률'은 마약사용을 위한 장소제공행위를 10년 이하의 징역 또는 1억원 이하의 벌금으로 가중처벌하고 있으므로($_{항 제1호}^{제60조 제1}$), 아편흡식장소제공죄의 이익취득이라는 요건은 전혀 무의미하게 되었을 뿐만 아니라, 아예 적용될 여지조차 없어졌다.

Ⅲ. 아편 등 제조·수입·판매·판매목적 소지죄

제198조 [아편 등의 제조 등] "아편, 몰핀 또는 그 화합물을 제조, 수입 또는 판매하거나 판매할 목적으로 소지한 자는 10년 이하의 징역에 처한다."

1. 의 의

본죄는 "아편·몰핀 또는 그 화합물을 제조·수입·판매하거나 판매할 목적으로 소지함으로써 성립하는 범죄"이다.

2. 실행행위

본죄의 실행행위는 제조, 수입, 판매, 판매할 목적으로 소지하는 것이다.

'제조'란 아편·몰핀 또는 그 화합물을 만드는 것이다. '수입'이란 국외에서 국내로 반입하는 것이다. 기수시기는 육상운송의 경우에는 국경선을 넘은 때, 해상운송의 경우에는 선박으로부터 육지에 양륙된 때이다.[2] 항공운송의 경우에도 항공기에서 지상으로 운반된 때 기수가 된다고 본다.[3] '판매'란 불특정·다수인에게 계속·반복의 의사로 하는 유상양도를 말한다. 1회의 판매만으로도 본죄가 성립할 수 있다.

본죄의 '소지'란 점유보다도 넓은 의미로서[4] 목적물을 자기의 사실상의 지

---

2) 권오걸, 985면; 김성돈, 543면; 박상기, 568면; 배종대, 739면; 백형구, 478면; 이재상, 630면; 이형국, 662-3면; 정/박, 729면; 진/이, 628면.

3) 권오걸, 985면; 김성돈, 543면; 박상기, 568면; 배종대, 739면; 백형구, 478면; 이재상, 630면; 이형국, 663면; 정/박, 729면; 진/이, 628면.

4) 김/서, 619-20면; 배종대, 740면; 유기천, 하권, 79면; 이재상, 631면; 정영일, 536면.

배하에 두는 것을 말한다. 소지하게 된 원인은 불문한다. 따라서 아편을 절취하여 소지하는 경우에도 소지죄가 성립한다. 그리고 본죄의 소지는 '판매할 목적'이 있는 소지에 한하므로(부진정목적범), 판매목적이 없는 단순한 아편소지는 제205조의 아편소지죄(단순아편소지죄)로 처벌된다.

아편을 수입한 후에 판매할 목적으로 소지하다가 판매하였다면, '협의의 포괄적 일죄'로서 본죄가 성립한다.

3. 형   벌

제198조는 본죄를 10년 이하의 징역에 처하고 있지만, '마약류 관리에 관한 법률' 제58조 제1항은 마약의 수출입·제조·매매·매매알선·매매목적소지 행위를 무기 또는 5년 이상의 징역으로 가중처벌하고 있으며, '특정범죄 가중처벌 등에 관한 법률' 제11조는 이들 범죄를 마약가액에 따라 차등을 두어 가중처벌하고 있다.

그 밖에 '마약류 관리에 관한 법률'은 본죄의 예비·음모를 10년 이하의 징역에 처하고(제58조 제4항), 영리의 목적 또는 상습으로 본죄를 범한 자를 사형·무기 또는 10년 이상의 징역에 처하고 있다(동조 제2항). 그리고 본죄에 제공된 물건·장비·자금뿐만 아니라 그로 인한 '불법수익금'까지도 몰수·추징한다(동 제67조).

본죄는 10년 이하의 자격정지 또는 2천만원 이하의 벌금을 병과할 수 있으나(형법 제204조), '마약류 관리에 관한 법률' 제66조에 의하여 10년 이하의 자격정지 또는 1억원 이하의 벌금을 병과할 수 있는 것으로 가중되어 있다.

Ⅳ. 아편흡식기제조·수입·판매·판매목적소지죄

제199조 [아편흡식기의 제조 등] "아편을 흡식하는 기구를 제조, 수입 또는 판매하거나 판매할 목적으로 소지한 자는 5년 이하의 징역에 처한다."

본죄는 "아편을 흡식하는 기구를 제조·수입·판매하거나 판매할 목적으로 소지함으로써 성립하는 범죄"이다.

본죄의 객체인 '아편을 흡식하는 기구'란 아편흡식에 사용하기 위하여 특별히 제조된 기구를 말한다. 아편흡식용으로 사실상 사용되더라도 아편흡식을 위하여 특별히 제조된 것이 아닐 때에는 본죄의 객체에 해당하지 않는다.

따라서 아편을 주사하기 위한 일반 주사기는 아편흡식기구가 아니다.

V. 세관공무원의 아편 등 수입·수입허용죄

제200조 [세관공무원의 아편 등의 수입] "세관의 공무원이 아편, 몰핀이나 그 화합물 또는 아편흡식기구를 수입하거나 그 수입을 허용한 때에는 1년 이상의 유기징역에 처한다."

1. 의의, 성격

본죄는 "세관의 공무원이 아편·몰핀이나 그 화합물 또는 아편흡식기구를 수입하거나, 수입을 허용함으로써 성립하는 범죄"이다. 세관공무원이라는 신분으로 인한 책임가중유형이다(부진정신분범). 세관공무원의 수입'허용'행위는 비공무원의 수입행위에 대한 공범형태인데, 본죄에 의하여 가중처벌되고 있으므로 이 역시 부진정신분범으로 파악해야 한다.[5]

2. 구성요건

본죄의 주체는 세관공무원이다. 세관공무원이란 세관에서 수입사무에 종사하는 공무원을 말한다. 세관에서 근무하지만 수입사무에 종사하지 않는 공무원은 본죄의 주체가 될 수 없다.

실행행위는 수입하거나 수입을 허용하는 것이다. '수입을 허용'한다는 것은 명시적으로 수입을 허가·승인하는 것 이외에 들여오는 것을 묵인하는 것을 포함한다. 따라서 수입의 허용은 부작위에 의해서도 가능하다. 수입허용의 기수시기는 수입이 기수에 이른 때이다.[6] 본죄의 미수범은 처벌한다($\substack{제202 \\ 조}$).

3. 공범과 신분

'수입죄'의 경우에는 총칙상의 공범과 신분에 관한 규정($\substack{제33 \\ 조}$)이 적용된다. 신분자(세관공무원)가 비신분자와 같이 수입한 경우에 신분자는 본죄, 비신분자는 제198조 내지 제199조의 죄에 해당한다.

---

5) 김성돈, 544면; 김/서, 622면; 박상기, 569면; 배종대, 740면; 백형구, 479면; 이재상, 632면; 이형국, 665면; 정/박, 731면; 정영일, 537면; 진/이, 630면.
6) 김성돈, 545면; 김/서, 622면; 오영근, 686면; 이재상, 633면; 정/박, 731면; 정영일, 538면; 진/이, 630면.

'수입허용죄'의 경우에는 수입죄에 대한 공범으로서의 세관공무원의 범죄를 독립범죄로 규정한 것이기 때문에 제33조가 적용될 여지가 없다. 따라서 세관공무원의 수입허용에 의하여 아편을 수입한 자(비신분자)는 제198조의 수입죄로 처벌되고, 별도로 본죄의 공범이 성립하지는 않는다.

Ⅵ. 아편에 관한 죄의 상습범

제203조 [상습범] "상습으로 전 5조의 죄를 범한 때에는 각 조에 정한 형의 2분의 1까지 가중한다."

본죄는 "아편에 관한 죄를 상습으로 범한 때에 성립하는 범죄"이다. 상습성으로 인한 책임가중유형이다.

그 형벌은 각 조에 정한 형의 2분의 1까지 가중하는 것으로 규정되어 있으나, '마약류 관리에 관한 법률'은 더욱 엄한 가중처벌규정을 두고 있다(제58조 제2항·제59조 제2항 등 참조).

Ⅶ. 아편 등 소지죄

제205조 [아편 등의 소지] "아편, 몰핀이나 그 화합물 또는 아편흡식기구를 소지한 자는 1년 이하의 징역 또는 500만원 이하의 벌금에 처한다."

본죄는 "아편·몰핀이나 그 화합물 또는 아편흡식기구를 소지함으로써 성립하는 범죄"이다. 본죄는 아편흡식죄에 대한 예비행위의 성격을 띠고 있는 범죄를 독립된 구성요건으로 규정한 감경유형이다.

본죄는 '판매할 목적이 없는 소지'의 경우에 한하여 성립한다. 판매할 목적으로 소지한 경우에는 제198조의 판매목적아편소지죄가 성립한다.

아편을 소지하더라도 '마약류 관리에 관한 법률'에 의하여 마약류취급의료업자로부터 투약받아 소지하는 등 기타 일정한 사유로 소지하는 경우에는 그 위법성이 조각된다(동 법률 제4조 제2항).

'마약류 관리에 관한 법률' 제59조 제1항 제9호는 판매목적없는 단순한 마약소지행위를 1년 이상의 유기징역으로 가중처벌하고 있다.

제14장 성풍속에 관한 죄

제1절 개 설

I. 성범죄와 성풍속범죄, 성풍속범죄의 보호법익

인간의 '성적 생활영역'에서의 처벌대상인 범죄, 즉 광의의 성범죄는 ① 개인적 법익으로서 개인의 성적 (자기결정의) 자유를 보호하고자 하는 범죄군 (협의의 성범죄), ② 사회적 법익으로서 건전한 성풍속·성도덕을 보호하고자 하는 범죄군(성풍속범죄), ③ 미성년자의 건전한 성적 발육을 보호하고자 하는 범죄군으로 나누어 볼 수 있다.

①의 범죄군에 속하는 것으로서는 강간죄, 유사강간죄, 강제추행죄, 준강간죄 등이 있고, 형법 제32장 '강간과 추행의 죄' 및 '성폭력범죄의 처벌 등에 관한 특례법'에서 규율되고 있다. ②의 범죄군에 속하는 것으로서는 음란물죄, 공연음란죄, 윤락범죄 등이 있고, 형법 제22장 '성풍속에 관한 죄' 및 '성매매알선 등 행위의 처벌에 관한 법률'에서 규율되고 있다. ③의 범죄군에 속하는 것으로서는 미성년자간음·추행죄, 미성년자에 대한 음란물죄, 청소년의 성적 매매·알선죄, 아동·청소년성착취물제작·배포죄 등이 있고, '아동·청소년의 성보호에 관한 법률', '청소년보호법', '아동복지법' 및 형법 제305조가 '법률후견주의'의 입장에서 규율하고 있다.

②의 범죄군에 속하는 '성풍속에 관한 죄'(성풍속범죄)의 1차적인 보호법익은 사회적 법익으로서 '건전한 성풍속·성도덕'이다.

II. 성범죄의 특성과 비범죄화사상

인류의 성풍속·성도덕은 민족과 시대에 따라 극히 다양한 모습을 보이므로 시공을 초월해서 보편타당한 규범을 끌어내기가 매우 어려운 분야에 속한다. 더구나 1960년대에 서구에 밀어닥친 성혁명을 계기로 해서 성의 자유화 물결이 세계에 미쳤고, 그 여파로 입법과 사법에 있어서 '성범죄의 비범죄화'(非犯罪化)가 폭넓게 수행되었다.

그리고 오늘날 '성'(性)에 대한 연구가 매우 활발히 행해져서 성범죄의 해명을 보다 과학적으로 뒷받침해 주고 있으며, 기존 성범죄처벌규정－성형법(性刑法)－의 타당성과 유효성을 다시 검토하게끔 하는 계기를 마련해 주고 있다. 성범죄의 뿌리는 벌써 행위자의 초기－특히 유년기－의 인격형성과정에 두어져 있다는 인식이 주지됨과 더불어 성범죄의 규명과 효과적인 처우수단의 개발은 인간행동의 '정신적 내면세계'와 상관적으로 수행될 것을 요구하고 있다. 이러한 관심방향은 종래 행위형법의 원칙상 인간행동의 외면적 행태를 중심적인 연구대상으로 삼았던 전통적인 형법학의 태도와 크게 다르다고 하겠다. 또한 성형법은 사회의 금기와 완고한 도덕적 편견을 꺾고 인간의 원초적인 욕구로서의 성을 개개인이 자유롭고도 진솔하게 대면할 수 있도록 해야 한다는 사명을 아울러 지니고 있다. 특히 사생활영역에서의 성은 인간과 인간이 맺는 관계 중에서 가장 심도가 깊은 것이면서 은밀한 것이기 때문에 인간과 삶으로부터 절연한 채로 성 그 자체만을 가지고 규범화할 수는 없다는 인식과[1] 오늘날 성윤리가 급격히 변화하고 있음에 비추어 형법규범의 설정과 해석에 있어서 시대적 낙후를 면할 수 있는 시대감각이 입법자와 법관에게 요구되고 있다. 그리고 성적 생활영역에 대한 형법의 규제, 무엇보다도 음란물죄는 헌법상 보장된 '표현의 자유'($\frac{제21}{조}$) 및 '학문과 예술의 자유'($\frac{제22조}{제1항}$)와 예민한 충돌관계에 놓여 있다.

성범죄의 비범죄화에 있어서 무엇보다도 중요한 사상은 '성형법과 성도덕의 분리'이다. 성형법은 성도덕과 동일시되어서는 안된다. 다시 말하면 형벌권은

---

1) Herbert Jäger, "Möglichkeiten einer weiteren Reform des Sexualstrafrechts", in: Sexualtheorie und Sexualpolitik, 1984, S. 73.

국가적 제재 중 최후수단으로서 행사되어야 하기 때문에, 도덕 또는 풍속의 보호라고 하는 목적만으로는 국가형벌권의 행사가 정당화되지 않고 일정한 법익의 침해 내지 침해위험성이 존재해야 한다. 부도덕, 저속, 건전한 성풍속을 해하는 것, 국민 대다수의 윤리의식이나 국민의 기본적인 도덕관념에 반하는 것 등을 행위의 '당벌성'(Strafwürdigkeit)과 동일시해서는 안된다. 일정한 행위를 당벌적인 성범죄라고 하기 위해서는 그 행위가 건전한 성도덕 또는 선량한 성풍속에 반할 뿐만 아니라 사회의 기본적 공존·공영질서를 침해하거나 위태롭게 한다는 '법익'침해성까지를 갖추어야만 한다. 성풍속·성도덕과 같은 윤리적 가치가 그 자체로서 보호될 것은 아니고 항상 '사회적 유해성'의 관점에서 사회의 공존·공영질서를 현저히 교란할 때에 형법의 개입이 정당화된다고 해야 한다.[2] 성형법에 있어서는 "의심스러운 때에는 자유가 우선한다"라는 원칙이 강조되고 있다.

성범죄의 비범죄화사상에 비추어 성풍속범죄의 '보호법익'을 재고해 보자면, 음란물죄($\frac{제243조}{제244조}$) 및 공연음란죄($\frac{제245}{조}$)는 건전한 성풍속 이외에 2차적인 (부차적인) 보호법익으로서 '공공의 혐오감 내지 불쾌감'을 포함시켜야 하고, 간통죄($\frac{제241}{조}$)는 비범죄화함이 타당하다고 하겠다. 그 밖에 군형법 제92조의 6이 규정하고 있는 항문성교(남성간의 동성애행위)의 처벌도 비범죄화함이 타당하다.

Ⅲ. 성풍속에 관한 죄의 체계

성풍속범죄는 다음과 같은 세 가지 유형의 독립된 범죄로 구성되어 있다. ① 간통죄($\frac{구제}{241조}$)는 건전한 성도덕 이외에 '혼인과 가족생활'을[3] 보호하고자 하는 범죄로 이해할 수도 있으나, 2015년 2월 26일에 내려진 헌법재판소의 위헌결정($\frac{2009\,헌바\,17-}{전원재판부}$)으로 비범죄화(폐지)되었다. ② 음행매개죄($\frac{제242}{조}$)는 건전한 성풍속·성도덕 이외에 '피음행매개자의 성적 자유'를 부차적인 보호법익으로 한다. ③ 음란물죄($\frac{제243조,}{제244조}$)와 공연음란죄($\frac{제245}{조}$)는 건전한 성도덕 이외에 '공공의 성적 혐오감 내지 불쾌감'을 부차적인 보호법익으로 한다.

---

2) 상세히는 임웅, 비범죄화의 이론, 법문사, 1999, 제3장 "성범죄의 비범죄화" 부분을 참조.
3) 헌법 제36조 제1항 참조.

제 2 절 개별적 범죄유형

Ⅰ. 간통죄의 폐지

2015. 2. 26. 헌법재판소에 의하여 위헌결정된 '형법 제241조 간통죄 처벌규정'은 2016. 1. 6.의 형법개정에서 삭제되었다. 이로써 간통죄의 비범죄화가 '입법상' 달성되었다.[4) 우리나라에서 간통은 더 이상 범죄(형사상 불법)가 아니다. 그러므로 간통은 형사제재의 대상이 아니며, 민사상 불법으로서 손해배상책임 등 민사제재의 여지만을 남겨 놓고 있다. 간통이 도덕규범 및 종교규범의 영역에서 시시비비의 논제가 되는 것은 별개의 문제이다. 간통이 형법상의 구속으로부터 해방되는 만큼, 성생활의 자유가 확장된다고 말할 수 있다.

제241조에 대하여 헌법재판소의 위헌결정이 내려짐으로써 간통에 대한 형법규범적 시비(是非) 논쟁은 헌법적 차원에서 일단락되었다. 이곳에서는 제241조에 대한 헌법재판소의 위헌결정을 소개하고자 한다.

헌법재판소는 종래 간통죄처벌규정을 합헌이라고 판단하여 간통죄 존치론의 입장(헌재 2008. 10. 30. 2007 헌가 17-전원재판부. 기타 헌재의 합헌결정 1990. 9. 10. 89 헌마 82)을 유지해 오다가, 2015년 2월 26일 재판관 7(위헌) : 2(합헌)의 의견으로, 형법 제241조(간통죄)가 과잉금지원칙에 위배하여 국민의 성적 자기결정권 및 사생활의 비밀과 자유를 침해하는 것으로서 헌법에 위반된다는 역사적인 위헌결정을 선고하였다(간통죄의 폐지). 이 위헌결정과 반대의견(합헌의견)의 요지는 다음과 같다.

"결정요지 : [재판관 박한철, 재판관 이진성, 재판관 김창종, 재판관 서기석, 재판관 조용호의 위헌의견] 사회 구조 및 결혼과 성에 관한 국민의 의식이 변화되고, 성적 자기결정권을 보다 중요시하는 인식이 확산됨에 따라 간통행위를 국가가 형벌로 다스리는 것이 적정한지에 대해서는 이제 더 이상 국민의 인식이 일치한다고 보기 어렵고, 비록 비도덕적인 행위라 할지라도 본질적으로 개인의 사생활에 속하고 사회에 끼치는 해악이 그다지 크지 않거나 구체적 법익에 대한 명백한 침해가 없는 경우에는 국가권력이 개입해서는 안 된다는

---

4) 간통죄의 비범죄화에 관해서는 임웅, 비범죄화의 이론, 77면 이하 참조.

것이 현대 형법의 추세여서 전세계적으로 간통죄는 폐지되고 있다. 또한 간통죄의 보호법익인 혼인과 가정의 유지는 당사자의 자유로운 의지와 애정에 맡겨야지, 형벌을 통하여 타율적으로 강제될 수 없는 것이며, 현재 간통으로 처벌되는 비율이 매우 낮고, 간통행위에 대한 사회적 비난 역시 상당한 수준으로 낮아져 간통죄는 행위규제규범으로서 기능을 잃어가고, 형사정책상 일반예방 및 특별예방의 효과를 거두기도 어렵게 되었다. 부부 간 정조의무 및 여성 배우자의 보호는 간통한 배우자를 상대로 한 재판상 이혼 청구, 손해배상 청구 등 민사상의 제도에 의해 보다 효과적으로 달성될 수 있고, 오히려 간통죄가 유책의 정도가 훨씬 큰 배우자의 이혼수단으로 이용되거나 일시 탈선한 가정주부 등을 공갈하는 수단으로 악용되고 있기도 하다. 결국 심판대상조항은 과잉금지원칙에 위배하여 국민의 성적 자기결정권 및 사생활의 비밀과 자유를 침해하는 것으로서 헌법에 위반된다.

[재판관 김이수의 위헌의견] 간통죄의 본질은 자유로운 의사에 기하여 혼인이라는 사회제도를 선택한 자가 의도적으로 배우자에 대한 성적 성실의무를 위배하는 성적 배임행위를 저지른 데 있다. 혼인생활을 영위하고 있는 간통행위자 및 배우자 있는 상간자에 대한 형사처벌은 부부 간의 성적 성실의무에 기초한 혼인제도에 내포되어 있는 사회윤리적 기본질서를 최소한도로 보호하려는 정당한 목적 하에 이루어지는 것으로서 개인의 성적 자기결정권에 대한 과도한 제한이라고 하기 어렵다. 그러나 사실상 혼인관계의 회복이 불가능한 파탄상태로 인해 배우자에 대한 성적 성실의무를 더 이상 부담하지 아니하는 간통행위자나 미혼인 상간자의 상간행위 같이 비난가능성 내지 반사회성이 없는 경우도 있다. 그럼에도 불구하고, 심판대상조항이 일률적으로 모든 간통행위자 및 상간자를 형사처벌하도록 규정한 것은 개인의 성적 자기결정권을 과도하게 제한하는 국가형벌권의 과잉행사로서 헌법에 위반된다.

[재판관 이정미, 재판관 안창호의 반대(합헌)의견] 간통은 일부일처제에 기초한 혼인이라는 사회적 제도를 훼손하고 가족공동체의 유지·보호에 파괴적인 영향을 미치는 행위라는 점에서 개인의 성적 자기결정권의 보호영역에 포함되어 있다고 보기 어렵다. 배우자 있는 자의 간통 및 그에 동조한 상간자의 행위는 단순한 윤리적·도덕적 차원의 문제를 넘어서 사회질서를 해치고 타인의 권리를 침해하는 것이라고 보는 우리 사회의 법의식은 여전히 유효하다.

특히 간통죄의 폐지는 우리 사회 전반에서 성도덕 의식의 하향화를 가져오고 성도덕의 문란을 초래할 수 있으며, 그 결과 혼인과 가족 공동체의 해체를 촉진시킬 수 있다는 점에서, 간통죄를 형사처벌하도록 한 입법자의 판단이 자의적인 것이라고 보기는 어렵다. 부부공동생활이 파탄되어 회복될 수 없을 정도의 상태에 이르러 더 이상 배우자에 대한 성적 성실의무를 부담한다고 볼 수 없는 경우에는 간통행위가 사회윤리 내지 사회상규에 위배되지 아니하는 행위로서 위법성이 조각될 여지가 있으므로 과잉처벌의 문제는 발생하지 않을 수 있다. 심판대상조항은 징역형만을 규정하고 있으나 법정형의 상한 자체가 높지 않아 지나치게 과중한 형벌을 규정하고 있다고 볼 수 없고, 벌금형에 의할 경우 간통행위자에 대하여 위하력을 가지기 어려우므로 형벌체계상 균형에 반하는 것이라고 할 수도 없다. 또한 현행 민법상의 제도나 재판실무에 비추어보면, 간통죄를 폐지할 경우 수많은 가족공동체가 파괴되고 가정 내 약자와 어린 자녀들의 인권과 복리가 침해되는 사태가 발생하게 될 것을 우려하지 않을 수 없다. 따라서 심판대상조항은 과잉금지원칙에 위반된다고 할 수도 없다"(헌재 2015. 2. 26, 2009 헌바 17 등, 2011 헌가 31 등 병합-전원재판부).

II. 음행매개죄

제242조 [음행매개] "영리의 목적으로 사람을 매개하여 간음하게 한 자는 3년 이하의 징역 또는 1천500만원 이하의 벌금에 처한다."

1. 의의, 성격, 보호법익

본죄는 "영리의 목적으로 사람을 매개하여 간음하게 함으로써 성립하는 범죄"이다. 성풍속범죄 중 독립된 범죄의 성격을 지닌다. 그리고 영리의 목적을 요한다는 점에서 '목적범'이며, '이욕범'에 속한다.

본죄의 주된 보호법익은 '건전한 성풍속·성도덕'이고, '피음행매개자의 성적 자유'를 부차적인 보호법익으로 한다. 보호의 정도는 추상적 위험범이다.

2004년 3월 22일에 제정된 '성매매알선 등 행위의 처벌에 관한 법률'(법률 제7196호) (약칭: 성매매처벌법) 제21조 제1항은 "성매매를 한 사람"을[5] 1년 이하의 징역

_____

5) 동법 제2조(정의) 제1항 제1호 "성매매"란 불특정인을 상대로 금품이나 그 밖의 재산상의

이나 300만원 이하의 벌금·구류 또는 과료에 처하고,⁶⁾ 제19조 제1항은 "성매

───────────────

이익을 수수하거나 수수하기로 약속하고 다음 각목의 어느 하나에 해당하는 행위를 하거나 그 상대방이 되는 것을 말한다. 가. 성교행위. 나. 구강·항문 등 신체의 일부 또는 도구를 이용한 유사성교행위.

6) 단순 성매매행위(윤락행위)를 '비범죄화'해야 한다는 저자의 주장에 관하여는 임웅, 비범죄화의 이론, 법문사, 1999년, 105면 이하 참조. 한편 성매매행위를 형사처벌하는 '성매매알선 등 행위의 처벌에 관한 법률' 제21조 제1항(심판대상조항)이 합헌이라는 헌재 결정이 있다. "[결정요지] 1. 심판대상조항은 성매매를 형사처벌하여 성매매 당사자의 성적 자기결정권, 사생활의 비밀과 자유 및 성판매자의 직업선택의 자유를 제한하고 있다. 그런데 개인의 성행위 그 자체는 사생활의 내밀영역에 속하고 개인의 성적 자기결정권의 보호대상에 속한다고 할지라도, 그것이 외부에 표출되어 사회의 건전한 성풍속을 해칠 때에는 법률의 규제를 받아야 하는 것이다. 외관상 강요되지 않은 자발적인 성매매행위도 인간의 성을 상품화함으로써 성판매자의 인격적 자율성을 침해할 수 있고, 성매매산업이 번창하는 것은 자금과 노동력의 정상적인 흐름을 왜곡하여 산업구조를 기형화시키는 점에서 사회적으로 매우 유해한 것이다. 성매매는 그 자체로 폭력적, 착취적 성격을 가진 것으로 경제적 대가를 매개로 하여 경제적 약자인 성판매자의 신체와 인격을 지배하는 형태를 띠므로 대등한 당사자 사이의 자유로운 거래 행위로 볼 수 없고, 인간의 성을 상품화하여 성범죄가 발생하기 쉬운 환경을 만드는 등 사회 전반의 성풍속과 성도덕을 허물어뜨린다. 성매매를 형사처벌함에 따라 성매매 집결지를 중심으로 한 성매매 업소와 성판매 여성이 감소하는 추세에 있고, 성구매사범 대부분이 성매매처벌법에 따라 성매매가 처벌된다는 사실을 안 후 성구매를 자제하게 되었다고 응답하고 있는 점 등에 비추어 보면, 성매매를 형사처벌함으로써 사회 전반의 건전한 성풍속 및 성도덕을 확립하려는 심판대상조항의 입법목적은 정당하고 수단의 적절성도 인정된다. 한편, 성매매에 대한 수요는 성매매 시장을 형성, 유지, 확대하는 주요한 원인인바, 우리 사회는 잘못된 접대문화 등으로 인하여 성매매에 대한 관대한 인식이 팽배해 있으며, 성매매 집결지를 중심으로 한 전통적인 유형의 성매매뿐만 아니라 산업형(겸업형) 성매매, 신·변종 성매매 등 다양한 유형의 성매매 시장이 활성화되어 있고, 불법 체류자나 이주 노동자들의 성매매, 청소년·노인의 성매매 등 성매매의 양상도 점차 복잡해지고 있다. 이러한 상황에서 성매매에 대한 지속적인 수요를 억제하지 않는다면, 성인뿐만 아니라 청소년이나 저개발국의 여성들까지 성매매 시장에 유입되어 그 규모가 비약적으로 확대될 우려가 있고, 재범방지 교육이나 성매매 예방교육 등이 형사처벌과 유사하거나 더 높은 효과를 갖는다고 볼 수 없으므로 성구매자에 대한 형사처벌이 과도하다고 볼 수 없다. 성매매 공급이 확대되거나 쉽게 접근할 수 있는 길을 열어줄 위험과 불법적인 조건으로 성매매를 유도할 가능성이 있는 점 등을 고려할 때 성판매자도 형사처벌의 대상에 포함시킬 필요성이 인정된다. 사회구조적 요인이 성매매 종사에 영향을 미칠 수는 있으나 이는 성매매에만 국한된 특유한 문제라고 볼 수 없고, 만약 이들에게 책임을 묻기 어려운 사정이 있는 경우에는 성매매피해자로 인정되어 형사처벌의 대상에서 제외될 수 있는 가능성도 존재하는 점, 형사처벌 외에 보호사건으로 처리될 수도 있는 점, 성매매 피해자 등의 보호, 피해 회복 및 자립·자활을 지원하기 위하여 법적, 제도적 장치가 마련되어 있는 점 등에 비추어 성판매자에 대한 형사처벌도 과도하다고 볼 수 없다. 또한 나라별로 다양하게 시행되는 성매매에 대하여 정책의 효율성을 판단하는 것도 쉽지 않으므로, 전면적 금지정책에 기초하여 성매매 당사자 모두를 형사처벌하도록 한 입법을 침해최소성에 어긋난다고 볼 수 없다. 자신의 성 뿐만 아니라 타인의 성을 고귀한 것으로 여기고 이를 수단화하지 않는 것은 모든 인간의 존엄과 평등이 전제된 공동체의 발전을 위한 기본전제가 되는 가치관이므로, 사회 전반의 건전한 성풍속과 성도덕이라는 공익적 가치는 개인의 성적 자기결정권 등 기본권 제한의 정도에 비해 결코 작다고 볼 수 없어 법익균형성원칙에도 위배되지 아니한다. 따라서 심판대상조항은 개인의 성적 자기결정권, 사생활의 비밀과 자유, 직업선택의 자유를 침해하지 아니한다.

2. 불특정인을 상대로 한 성매매와 특정인을 상대로 한 성매매는, 건전한 성풍속 및 성도덕에 미치는 영향, 제3자의 착취 문제 등에 있어 다르다고 할 것이므로, 불특정인에 대한 성매매만을 금지대상으로 규정하고 있는 것이 평등권을 침해한다고 볼 수도 없다.

[재판관 김이수, 재판관 강일원의 일부 위헌의견] 심판대상조항의 입법목적이 정당하고, 성구매자에 대한 처벌이 헌법에 위반되지 않는다는 점은 다수의견과 같으나, 성판매자에 대한 형사처벌은 과잉금지원칙에 위배되는 과도한 형벌권 행사로 헌법에 위반된다. 성매매는 본질적으로 남성의 성적 지배와 여성의 성적 종속을 정당화하는 수단이자 성판매자의 인격과 존엄을 침해하는 행위이고, 여성과 모성 보호라는 헌법정신에 비추어도 여성 성판매자를 특별히 보호해야 한다. 이들이 성매매를 할 수밖에 없는 이유는 절박한 생존 문제 때문이고, 이는 사회구조적인 것으로 개인이 쉽게 해결할 수 있는 것이 아니다. 성판매자에 대한 형사처벌은 여성의 성이 억압되고 착취되는 상황을 악화시키고, 성매매 시장을 음성화하여 오히려 성매매 근절에 장해가 되므로 수단의 적합성이 인정되지 않는다. 성판매자로 하여금 성매매 이탈을 촉진하고 유입을 억제하려면 형사처벌 대신, 다른 경제활동을 할 수 있는 지원과 보호를 하는 것이 바람직하며, 성매매 예방교육, 성매매로 인하여 수익을 얻는 제3자에 대한 제재와 몰수, 추징 등의 방법으로 성산업 자체를 억제하는 방법이나 보호나 선도 조치 등과 같이 기본권을 보다 덜 제한하는 방법도 있으므로 성판매자에 대한 형사처벌은 침해최소성에도 반한다. 건전한 성풍속 내지 성도덕의 확립이라는 공익은 추상적이고 막연한 반면, 성판매자들이 받게 되는 기본권 침해의 정도는 중대하고 절박하다고 할 것이므로 법익균형성원칙에도 위배된다.

[재판관 조용호의 전부 위헌의견] 심판대상조항은 과잉금지원칙에 위배되어 성매매자(성판매자 및 성매수자)의 성적 자기결정권 및 사생활의 비밀과 자유를 침해하므로 헌법에 위반된다. 성인 간의 자발적 성매매는 본질적으로 개인의 사생활 중에서도 극히 내밀한 영역에 속하고, 그 자체로 타인에게 피해를 주거나 건전한 성풍속 및 성도덕에 해악을 미친다고 보기 어렵다. 건전한 성풍속 및 성도덕이라는 개념 자체가 추상적·관념적이고, 내밀한 성생활의 영역에 국가가 개입하여 형벌의 대상으로 삼는 것은 입법자가 특정한 도덕관을 확인하고 강제하는 것이다. 심판대상조항은 성매매 여성들의 생존을 위협하는 인권유린의 결과를 낳고 있으며, 국민에 대한 최소보호의무조차 다 하지 못한 국가가 오히려 생계형 자발적 성매매 여성들을 형사처벌하는 것은 또 다른 사회적 폭력이므로 입법목적의 정당성을 인정할 수 없다. 성매매처벌법이 시행된 지 10여 년이 지났음에도 심판대상조항은 성매매 근절에 전혀 기여하고 있지 못하므로 수단의 적합성도 인정되지 않는다. 성매매에 대한 최선의 해결책은 사회보장·사회복지정책의 확충을 통하여 성매매여성이 성매매로부터 벗어날 수 있도록 지원하는 것이다. 성매매 예방교육의 실시, 성산업 자체의 억제 또는 일정구역 안에서만 성매매를 허용하는 등 덜 제약적인 방법이 가능하므로 심판대상조항은 침해최소성원칙에도 위배된다. 특히 심판대상조항의 대향범(對向犯)적 성격에 비추어 볼 때, 성매수자만 처벌하는 것은 처벌의 불균형성과 성적 이중잣대를 강화할 수 있다. 지체장애인, 홀로 된 노인, 독거남 등 성적 소외자의 경우는 심판대상조항 때문에 인간으로서 가장 기본적인 성적 욕구를 충족시킬 수 없는 상황으로 내몰릴 수도 있다. 건전한 성풍속 및 성도덕의 확립은 추상적이거나 모호하여 헌법적 가치에 해당한다고 볼 수 없는 반면, 형사처벌이 가져오는 사적 불이익은 실질적이고 구체적이며 그 불이익의 정도가 크므로 법익균형성도 상실하였다. 한편, 특정인을 상대로 하든 불특정인을 상대로 하든 본질적으로 동일한 성매매임에도 불구하고, 불특정인을 상대로 한 경우에만 처벌하는 것은 합리적인 이유가 없으므로 심판대상조항은 평등원칙에도 위배된다.

[재판관 이정미, 재판관 안창호의 다수의견에 대한 보충의견] 헌법 제10조의 행복추구권에서 파생된 성적 자기결정권은 성적 폭력·착취·억압으로부터의 자유에서 연유하므로, 성을 상품화하여 거래 대상으로 삼으면서 사회의 건전한 성풍속과 성도덕을 해하는 성매매가 '성적 자기결정권'이라는 헌법적 테두리 안에서 보호되어야 하는지에 대하여는 강한 의문이 있다. 우리나라와

매알선 등 행위를 한 사람"($\substack{제1 \\ 호}$)을[7] 3년 이하의 징역이나 3천만원 이하의 벌금
에 처하며, '영업으로' 성매매알선 등 행위를 한 사람은 7년 이하의 징역 또는
7천만원 이하의 벌금으로 가중처벌되고($\substack{제19조 제2 \\ 항 제1호}$), 제20조는 성매매와 관련된
일정한 광고를 한 사람을 3년 이하의 징역이나 3천만원 이하의 벌금에 처하
며, 제18조 내지 제20조의 미수범을 처벌하고($\substack{제23 \\ 조}$), 제12조(보호사건의 처리)는
성매매를 한 사람에 대하여 '보호처분'에 처함이 상당하다고 인정하는 때에는
검사 또는 법원이 보호사건으로 관할법원에 송치할 것을 규정하고 있다. '성
매매알선 등 행위의 처벌에 관한 법률'의 제정으로 '윤락행위 등 방지법'은 폐
지되었다($\substack{부칙 \\ 제2조}$).

2. 구성요건

(1) 행위의 주체

행위의 주체에는 제한이 없다. 부모, 남편 또는 고용 등의 관계로 인한 보
호·감독자도 본죄의 주체가 될 수 있다. 다만 친족·고용 그 밖의 관계로 타
인을 보호·감독하는 것을 이용하여 성을 파는 행위를 하게 한 사람은 10년
이하의 징역 또는 1억원 이하의 벌금에 처한다($\substack{성매매알선 등 행위의 처벌에 \\ 관한 법률 제18조 제1항 제3호}$). 그리고 업
무·고용 기타의 관계로 인하여 자신의 보호 또는 감독을 받는 것을 이용하여
아동·청소년으로 하여금 아동·청소년의 성을 사는 행위의 상대방이 되게
한 자는 5년 이상의 유기징역에 처한다($\substack{아동·청소년의 성보호에 관 \\ 한 법률 제14조 제1항 제3호}$).

음행을 매개하여 간음하게 한 사람(음행매개자)과 간음행위를 한 사람(간

---

7) 동법 제2조(정의) 제1항 제2호 "성매매알선 등 행위"란 다음 각목의 어느 하나에 해당하는
행위를 하는 것을 말한다. 가. 성매매를 알선·권유·유인 또는 강요하는 행위. 나. 성매매의 장소
를 제공하는 행위. 다. 성매매에 제공되는 사실을 알면서 자금·토지 또는 건물을 제공하는 행위.

같이 성구매 경험자의 수치가 높은 나라에서 성매매를 전면 비범죄화할 경우 성산업의 팽창, 성
풍속과 성도덕의 훼손이 우려된다. 성매매를 허용하는 국가들의 경우 공통적으로 성산업 팽창
및 저개발국 여성들의 성매매 유입 증가와 같은 사회문제를 안고 있으므로 전부 위헌의견은 타
당하지 않다. 성판매자를 비범죄화해야 한다는 일부 위헌의견 역시 다른 범죄와의 처벌상 형평
성 문제, 보호의 필요성이 없는 성판매자들에 대해서까지 법적인 제재가 이루어지지 않는 점, 일
반 국민의 근로의욕을 저하시키는 점, 청소년들이 쉽게 돈을 벌 목적으로 성매매에 빠지도록 유
인할 가능성이 큰 점, 성판매자의 포주나 범죄조직에의 예속에 대한 해결책이 되지 못하는 점 등
에 비추어 타당하지 않다. 다만, 구체적인 사안을 고려하여 성매매처벌법 상의 '성매매피해자' 개
념을 유연하게 해석해야 하고, 성매매처벌법 상 보호처분을 적극 활용함으로써 성판매자들의 보
호 및 선도에 노력해야 하며, 입법목적과 부합하지 않는 단속이 있다면 이는 지양되어야 할 것이
다"(헌재 2016. 3. 31, 2013 헌가 2).

음행위자)은 필요적 공범이지만, 음행매개자만을 처벌하고자 하는 것이 본죄의 입법취지라고 해석되기 때문에, 간음행위자에게 공범규정은 적용되지 않는다고 본다.[8]

(2) 행위의 객체

행위의 객체는 사람이다. 영리의 목적으로 '13세 미만'의 사람을 매개하여 간음하게 한 때에는 음행매개죄와 13세미만자의제강간죄($\frac{제305}{조}$)의 공범의 상상적 경합이 성립한다.[9]

행위의 객체가 아동·청소년(19세 미만자)인 경우, 즉 아동·청소년을 매개하여 간음하게 하면 '아동·청소년의 성보호에 관한 법률'(약칭: 청소년성보호법)상의 여러 벌칙이 적용되어, 매개행위만으로도[10] 가중처벌되거나, 매개행위의 미수까지도 처벌된다. 이 법률 제14조 제1항 제4호는 "영업으로 아동·청소년을 아동·청소년의 성을 사는 행위의 상대방이 되도록 유인·권유한 자"를 5년 이상의 유기징역에 처하고, 그 미수범도 처벌하고 있다($\frac{동조}{제4항}$). "아동·청소년의 성을 사는 행위의 상대방이 되도록 유인·권유한 자"는 '영업으로 하지 아니하더라도' 7년 이하의 징역 또는 5천만원 이하의 벌금에 처한다($\frac{동조}{제3항}$). 행위의 객체가 '아동'(18세 미만자)인 경우에는 '아동복지법'상의 벌칙이 적용된다. 아동복지법 제17조 제2호는 "아동에게 음란한 행위를 시키거나 이를 매개하는 행위 또는 아동에게 성적 수치심을 주는 성희롱 등의 성적 학대행위"를 금지하고, 제71조 제1항 제1의2호는 그 위반에 대하여 10년 이하의 징역 또는 1억원 이하의 벌금에 처하도록 규정하고 있다.

(3) 실행행위

실행행위는 사람을 매개하여 간음하게 하는 것이다. '매개'란 사람으로 하여금 간음하도록 알선하는 행위를 말한다. 사람에게 간음의 의사가 있었는가는 불문한다. 따라서 매개가 반드시 간음의 교사에 해당할 필요는 없다. 그렇지만 간음을 알선하지 않고 남녀간의 미팅을 주선하는 것만으로는 본죄의 매개에 해당하지 않는다.

---

8) 김/서, 635-6면; 배종대, 751면; 백형구, 553면; 오영근, 801면; 이재상, 642면; 정/박, 740면; 정영일, 644면; 진/이, 580면.

9) 아동복지법과 성매매알선 등 행위의 처벌에 관한 법률의 벌칙규정은 논외로 한다.

10) 형법상 음행매개죄의 미수범을 처벌하지 않으므로, 음행의 매개행위가 있었으나 간음의 결과가 발생하지 않은 미수단계는 형법상으로는 불벌이다.

'간음'이란 배우자가 아닌 이성과의 성교행위를 말한다. 간음하게 하는 것을 요하므로 단순히 추행하게 하는 것 또는 동성애만으로는 본죄가 성립하지 않는다. 다만 간음이 매춘행위일 필요는 없으므로, 간음행위자가 재산적 대가를 취하지 않는다고 하더라도 매개자에게 영리의 목적이 있은 이상 본죄가 성립한다. 매개하여 간음하게 할 것을 요하므로, 본죄가 성립하기 위하여는 간음이란 결과가 발생해야 한다(결과범). 따라서 간음을 매개했지만 사람이 이에 불응하거나, 매개에 응하여 사람이 간음하고자 하였으나 간음에 이르지 않은 경우에는 본죄가 성립하지 않는다. 본죄의 미수범처벌규정은 없다.

(4) 주관적 구성요건

본죄의 주관적 구성요건으로는 고의 이외에 영리의 목적이 있어야 한다. '영리의 목적'이란 재산적 이익을 취득할 목적을 말한다. 일시적 이익이든 영구적 이익이든 불문한다. 재산적 이익을 현실로 취득했는가는 본죄의 성립과 무관하다.

3. 죄　수

영리의 목적으로 동일한 사람에 대하여 여러 차례 음행을 매개하고 간음하게 하면, 연속범의 요건을 갖춘 한, 포괄일죄가 된다.

4. 형　벌

3년 이하의 징역 또는 1천500만원 이하의 벌금에 처한다.

5. 특　칙

영업으로 성매매를 알선한 자는 그 알선행위만으로도 '성매매알선 등 행위의 처벌에 관한 법률' 제19조 제2항 제1호에 의하여 7년 이하의 징역 또는 7천만원 이하의 벌금에 처해진다. 또 '아동·청소년의 성보호에 관한 법률'은 ㉠ 영업으로 아동·청소년을 아동·청소년의 성을 사는 행위의 상대방이 되도록 유인·권유하는 경우, ㉡ 영업으로 아동·청소년의 성을 사는 행위를 하도록 유인·권유하는 경우, ㉢ 아동·청소년의 성을 사는 행위를 알선하거나 정보통신망에서 알선정보를 제공한 경우에는, 그 유인·권유·알선행위만으로도 ㉠의 경우에는 5년 이상의 유기징역에 처하고(제14조 제1항 제4호), ㉡과 ㉢의 경우에는 7년 이하의 징역 또는 5천만원 이하의 벌금에 처한다($\frac{M15\pm M2\vec{v} M}{1\bar{v} \ \psi \ M3\bar{v}}$). ㉢의 범죄를 "업으로" 하는 경우에는 7년 이상의 유기징역에 처한다($\frac{M15\pm M1}{\vec{v} \ M2\bar{v}}$).

Ⅲ. 음화반포 등의 죄

<u>제243조 [음화반포 등]</u> "음란한 문서, 도화, 필름 기타 물건을 반포, 판매 또는 임대하거나 공연히 전시 또는 상영한 자는 1년 이하의 징역 또는 500만원 이하의 벌금에 처한다."

1. 의의, 성격, 보호법익

본죄는 "음란한 문서·도화·필름 기타 물건을 반포·판매·임대하거나 공연히 전시 또는 상영함으로써 성립하는 범죄"이다. 1995년의 형법개정에서 필름을 본죄의 예시적 객체로 추가하면서 이에 대응하는 행위태양으로 상영을 아울러 규정하였다. 본죄(음란물반포죄)와 제244조의 음란물제조죄를 합하여 '음란물죄'(淫亂物罪)라 칭할 수 있는데, 음란물죄는 성풍속범죄 중 독립된 범죄의 성격을 지닌다.

본죄는 행위태양에 따라 음란물의 '반포·판매·임대'의 경우는 '즉시범'이고, 음란물의 '공연전시·상영'의 경우는 '계속범'이다. 또한 범죄학상으로는 영업범 내지 이욕범의 색채가 강하다.

본죄의 주된 보호법익은 '건전한 성도덕'이며, '공공의 성적 혐오감 내지 불쾌감'을 부차적인 보호법익으로 한다. 보호의 정도는 추상적 위험범이다.

2. 형사정책적 관점에서 본 음란물죄[11]

오늘날 우리가 얼마나 음란물·섹스물의 범람 속에서 살고 있는가 하는 것은 영화·TV·Video, 인터넷, 각종 광고 및 선전을 보기만 하더라도 쉽게 깨달을 수 있다. 이러한 현상은 성을 도구로 하여 큰 돈을 벌어보고자 하는 저질상업주의와 1960년대 이래 세계적으로 밀어닥친 성해방의 물결에 그 원인을 두고 있다. 성의 자유화는 한편으로 성에 대한 진부한 편견과 타부를 시정하고 성이 삶의 기쁨을 누릴 수 있기 위한 중요한 요소 중의 하나라는 사실

---

11) 이에 관하여는 임웅, 비범죄화의 이론, 90-9면 참조.

을 일깨워 주었으나, 타면으로는 일반인의 정상적인 수치심 또는 건전한 도의
감정을 해하거나 특히 자라나는 청소년에게 해로운 영향을 줄 수 있는 해독도
내포하고 있으므로, 성에 대한 법적 규제만큼 첨예하게 찬반논쟁을 불러일으
키는 문제영역도 드물다고 하겠다.

그런데 음란물의 해독에 대하여 형법적 규제를 함에 있어서 다시금 상기
해야 할 것은 형법의 '법익보호사상'이다. 입법자는 성과학(性科學)의 연구성
과를 고려하여 일정한 음란물·음란행위가 단순한 부도덕 이외에 사회적 유해
성까지 구비하는가를 판단해야 하며, 형벌부과의 사회적 필요성을 이성적이고
도 비판적인 검토가 가능한 토대 위에서 결정해야 한다. 그러므로 처벌의 필
요성을 국민감정 내지 국민정서－애매하고도 비합리적인 계기로서 사회적 편
견이나 법집행자의 자의(恣意)에 얼마든지 문을 열어놓고 있다고 볼 수 있는
개념－에서 구하는 것은 애초부터 용납되지 않는다. 오늘날의 형법은 법감정
의 산물이 아니라 사회적 공존조건에 관한 과학적 사고의 산물이다.[12] 만일 이
러한 형법의 발전사를 망각한다면, 타인의 침해로부터 개인의 자유를 지켜주
는 수단으로서의 형법이 압제의 도구 또는 개인의 자유제한을 위한 편협한 장
치로 전락하고 말 것이다.

그러므로 음란물의 형법적 규제에 있어서 흔히 그 보호법익으로서 제시되
는 '공공의 성적 수치심·도의심' 또는 '건전한 성도덕'이라고 하는 것은 내용
없는 공공식(空公式)에 불과하며,[13] 그 자체로서는 형법적 보호의 대상이 될
수 없다고 보아야 한다. 음란물이 성인의 도덕적 수준을 저하시킬 것이라는
우려도 그 처벌의 근거가 되지 못한다.[14] 형법전은 성인의 도덕적 품격을 유지
하고자 하는 개인 수신서가 아니다. 최근의 연구에 의하면 음란물이 성인의
도덕적 퇴폐를 조장한다는 증명보다는 그 반대로 변태적 인간을 정상화하는
요인을 내포하고 있으며, 역사상 자연스러운 성적 자극제로서 이용되어 왔다
는 긍정적 측면도 아울러 보여주고 있다.[15] 무엇보다도 음란물죄는 '성표현의

---

12) Roxin/Arzt/Tiedemann, Einführung in das Strafrecht und Strafprozeßrecht, UTB 1279, 1983, S. 37.

13) Ernst-Walter Hanack, "Zur verfassungsmäßigen Bestimmtheit und strafrechtlichen Auslegung des Begriffs〈unzüchtige Schrift〉", Juristenzeitung, 1970, S. 43.

14) Alternativ-Entwurf eines Strafgesetzbuches, Besonderer Teil, Sexualdelikte, 1968, S. 41.

15) AaO.

자유'라는 관점에서 헌법상 보장된 '표현의 자유'($\overset{제21}{조}$) 및 '학문·예술의 자유'
($\overset{제22조}{제1항}$)와 충돌할 수 있으므로, 음란개념의 정의를 가급적 명백히 해야 하고
음란개념을 엄격하고도 신중하게 해석해야 한다는 요청이 보다 더 강하게 제
기된다(엄격해석, 축소해석).

　근본적으로 보아 단순음란물반포·제조 등의 행위를 형법적 규제의 대상
으로 삼는 것은 형사정책상 재고해 볼 필요가 있다고 하겠다.[16] 음란물·음란
행위 처벌의 필요성은 다시금 '사회적 유해성'의 각도에서 일정한 침해 또는
침해위험성이 있느냐 없느냐로 판단되어야 한다.[17] 이 때 사회적 유해성을 구
비하는 구성요건요소로서 고려될 수 있는 관점은 '미성년자의 보호', '개인적
이익',[18] '영리의 목적' 등을 열거할 수 있다. 그렇다면 제243조의 단순음란물
반포 등의 죄는 비범죄화하고, 영리목적을 띠거나 미성년자에 해를 끼칠 행위
태양으로서의 음란물반포 등을 처벌하는 방향으로 전환하는 것이 타당하다고
생각한다.

　'청소년 보호법'은 청소년유해물건($\overset{제2조 제}{4호 나목}$)을 청소년에게 판매·대여·배포하
거나 시청·관람·이용하도록 제공하는 행위를 3년 이하의 징역 또는 3천만원
이하의 벌금에 처하고 있다($\overset{제16조.}{제58조.}$). 그 밖에 '정보통신망 이용촉진 및 정보보호
등에 관한 법률'은 음란한 부호·문언·음향·화상 또는 영상을 배포·판매·
임대하거나 공공연하게 전시한 자를 1년 이하의 징역 또는 1천만원 이하의 벌금
에 처한다고 규정하고 있다($\overset{제44조의7 제1항}{제1호 및 제74조}$). 청소년성보호법은 아동·청소년성착취
물($\overset{제2조}{제5호}$)의 제작·수입·수출·판매·대여·배포·제공·소지·운반·전시·
상영 등을 행위태양에 따라 무겁게 처벌하고 있다($\overset{제11}{조}$).

3. 구성요건

(1) 행위의 객체

　행위의 객체는 '음란한 문서·도화·필름 기타 물건', 즉 '음란물'이다. 본죄

---

16) 단순음란물반포행위의 비범죄화주장은 AaO.; Ernst-Walter Hanack, Empfiehlt es sich,
die Grenzen des Sexualstrafrechts neu zu bestimmen?, Gutachten zum 47. Deutschen
Juristentag, 1968, S. 233f.

17) AaO.; AE 1968, S. 41.

18) 예컨대 음란물에 접하지 않을 개인의 자유도 있는 것이므로, 타인으로부터 요청을 받지도
않고 그에게 음란물을 보내는 행위 또는 거리에서의 노골적인 음란물전시·첨부행위 등은 처벌
대상이 될 수 있다. 전자에 관해서는 독일형법 제184조 제1항 제6호 참조.

의 객체는 「음란」(obscene; unzüchtig, pornographisch)해야 한다(물건의 '음란성').

　　(가) 음란개념의 정의　　음란개념은 규범적 구성요건요소이며, 불명확한 개념으로서 법관의 가치충전적 해석을 필요로 하는 대표적인 개념이다.[19][20] 음

---

19) 음란개념의 해석에 관하여는 임웅, 비범죄화의 이론, 95-99면 참조.

20) "판결요지: [1] 정보통신망 이용촉진 및 정보보호 등에 관한 법률 제44조의7 제1항 제1호, 제74조 제1항 제2호에서 규정하는 '음란'이란 사회통념상 일반 보통인의 성욕을 자극하여 성적 흥분을 유발하고 정상적인 성적 수치심을 해하여 성적 도의관념에 반하는 것을 말한다. 음란성에 관한 논의는 자연스럽게 형성·발전되어 온 사회 일반의 성적 도덕관념이나 윤리의식 및 문화적 사조와 직결되고, 아울러 개인의 사생활이나 행복추구권 및 다양성과도 깊이 연관되는 문제로서, 국가 형벌권이 지나치게 적극적으로 개입하기에 적절한 분야가 아니다. 이러한 점을 고려할 때, 특정 표현물을 형사처벌의 대상이 될 음란 표현물이라고 하기 위하여는 표현물이 단순히 성적인 흥미에 관련되어 저속하다거나 문란한 느낌을 준다는 정도만으로는 부족하다. 사회통념에 비추어 전적으로 또는 지배적으로 성적 흥미에만 호소할 뿐 하등의 문학적·예술적·사상적·과학적·의학적·교육적 가치를 지니지 아니한 것으로서, 과도하고도 노골적인 방법에 의하여 성적 부위나 행위를 적나라하게 표현·묘사함으로써, 존중·보호되어야 할 인격체로서의 인간의 존엄과 가치를 훼손·왜곡한다고 볼 정도로 평가될 수 있어야 한다. 나아가 이를 판단할 때에는 표현물 제작자의 주관적 의도가 아니라 사회 평균인의 입장에서 전체적인 내용을 관찰하여 건전한 사회통념에 따라 객관적이고 규범적으로 평가하여야 한다.

　　[2] 음란물이 그 자체로는 하등의 문학적·예술적·사상적·과학적·의학적·교육적 가치를 지니지 아니하더라도, 음란성에 관한 논의의 특수한 성격 때문에, 그에 관한 논의의 형성·발전을 위해 문학적·예술적·사상적·과학적·의학적·교육적 표현 등과 결합되는 경우가 있다. 이러한 경우 음란 표현의 해악이 이와 결합된 위와 같은 표현 등을 통해 상당한 방법으로 해소되거나 다양한 의견과 사상의 경쟁메커니즘에 의해 해소될 수 있는 정도라는 등의 특별한 사정이 있다면, 이러한 결합 표현물에 의한 표현행위는 공중도덕이나 사회윤리를 훼손하는 것이 아니어서, 법질서 전체의 정신이나 그 배후에 놓여 있는 사회윤리 내지 사회통념에 비추어 용인될 수 있는 행위로서 형법 제20조에 정하여진 '사회상규에 위배되지 아니하는 행위'에 해당된다.

　　[3] 방송통신심의위원회(이하 '위원회'라고 한다) 심의위원인 피고인이 자신의 인터넷 블로그에 위원회에서 음란정보로 의결한 '남성의 발기된 성기 사진'을 게시함으로써 정보통신망을 통하여 음란한 화상 또는 영상인 사진을 공공연하게 전시하였다고 하여 정보통신망 이용촉진 및 정보보호 등에 관한 법률 위반(음란물유포)으로 기소된 사안에서, 피고인의 게시물은 다른 블로그의 화면 다섯 개를 갈무리하여 옮겨온 남성의 발기된 성기 사진 8장(이하 '사진들'이라 한다)과 벌거벗은 남성의 뒷모습 사진 1장을 전체 게시면의 절반을 조금 넘는 부분에 걸쳐 게시하고, 이어서 정보통신에 관한 심의규정 제8조 제1호를 소개한 후 피고인의 의견을 덧붙이고 있으므로 사진들과 음란물에 관한 논의의 형성·발전을 위한 학술적, 사상적 표현 등이 결합된 결합 표현물로서, 사진들은 오로지 남성의 발기된 성기와 음모만을 뚜렷하게 강조하여 여러 맥락 속에서 직접적으로 보여줌으로써 성적인 각성과 흥분이 존재한다는 암시나 공개장소에서 발기된 성기의 노출이라는 성적 일탈의 의미를 나타내고, 나아가 여성의 시각을 배제한 남성중심적인 성관념의 발로에 따른 편향된 관점을 전달하고 있어 음란물에 해당하나, 사진들의 음란성으로 인한 해악은 이에 결합된 학술적, 사상적 표현들과 비판 및 논증에 의해 해소되었고, 결합 표현물인 게시물을 통한 사진들의 게시는 목적의 정당성, 수단이나 방법의 상당성, 보호법익과 침해법익 간의 법익균형성이 인정되어 법질서 전체의 정신이나 그 배후에 놓여 있는 사회윤리 내지 사회통념에 비추어 용인될 수 있는 행위에 해당하므로, 원심이 게시물의 전체적 맥락에서 사진들을 음란물로 단정할 수 없다고 본 것에는 같은 법 제74조 제1항 제2호 및 제44조의7 제1항 제1호가

란물죄에 있어서 음란개념의 해석 여하에 따라 죄의 성립범위와 헌법상 보장된 표현의 자유 및 학문·예술의 자유가 큰 영향을 받게 된다. 법관은 음란개념의 해석을 통하여 성관념에 대한 시대적·사회적 변화에 융통성있게 적응할 수 있는 장점이 있는 반면에, 때로는 법관 개인의 보수적·청교도적인 또는 편협한 성윤리관에 입각하여 음란개념에 대하여 시대착오적인 해석을 내릴 여지도 적지 않다.[21]

일본 최고재판소는 '외설'개념을[22] "그 내용이 성욕을 흥분 또는 자극케 하고 또한 보통인의 정상적인 성적 수치심을 해하고 선량한 성적 도의관념에 반하는 것을 말한다"라고 해석하고 있다.[23] 이러한 해석이 우리나라에서도 '음란'개념의 정의로 받아들여져서, 통설[24] 및 판례의[25] 입장으로 되어 있다.[26] 이 정의는 ⓐ 성욕을 자극 또는 흥분시키겠다는 행위자의 주관적 의도 내지 목적을 음란의 개념요소에서 배제하고 있으며, ⓑ 음란성 여부의 판단을 보통인의 객관적 기준에 두고 있는 점에 특징이 있다.

그러나 전술한 바와 같은 법익보호사상에 비추어, 음란개념이 사용된 처벌규정은 성적 영역에 있어서 성인의 일정한 도덕적 수준을 보호하고자 하는 각도에서 해석하기보다는 공중에게 심한 성적 불쾌감을 준다거나 성질서를 교

규정하는 '음란'에 관한 법리오해의 잘못이 있으나, 공소사실을 무죄로 판단한 것은 결론적으로 정당하다"(대판 2017. 10. 26, 2012 도 13352).

21) 임웅, 비범죄화의 이론, 95면.

22) 일제시대의 구형법(제174-176조)은 외설(猥褻)이라는 개념을 사용하고, 현행형법(제243-245조)은 음란이라는 개념을 사용하고 있다. 독일형법은 음란에 해당하는 개념으로서 구형법(제184조) 등에서 unzüchtig라는 용어를 사용했으나, 현행형법(제184조)에서는 pornographisch라는 용어를 사용하고 있다.

23) 日最判, 昭和 32. 3. 13.

24) 김성돈, 640면; 박상기, 581면; 배종대, 755면; 백형구, 555면; 서일교, 209면; 오영근, 804면; 유기천, 하권, 88면; 이재상, 644면; 이정원, 624면; 이형국, 683면; 정/박, 742면; 정영석, 201면; 정영일, 647면; 진/이, 583면; 황산덕, 154면.

25) "형법 제243조에 규정된 '음란한 도화'라 함은 일반 보통인의 성욕을 자극하여 성적 흥분을 유발하고 정상적인 성적 수치심을 해하여 성적 도의관념에 반하는 것을 가리킨다고 할 것"(대판 2002. 8. 23, 2002 도 2889; 1997. 8. 22, 97 도 937. 同旨, 대판 1995. 6. 16, 94 도 1758; 1991. 9. 10, 91 도 1550; 1987. 12. 22, 87 도 2331; 1982. 2. 9, 81 도 2281). 그밖에 헌법재판소는 "'음란'이란 인간존엄 내지 인간성을 왜곡하는 노골적이고 적나라한 성표현으로서 오로지 성적 흥미에만 호소할 뿐 전체적으로 보아 하등의 문학적, 예술적, 과학적 또는 정치적 가치를 지니지 않은 것으로서, 사회의 건전한 성도덕을 크게 해칠 뿐만 아니라 사상의 경쟁메커니즘에 의해서도 그 해악이 해소되기 어렵다고 하지 않을 수 없다"라고 한다(헌재 1998. 4. 30, 95 헌가 16).

26) 음란개념과 판례의 변천에 관해서는 주광일, "형법상 음란의 개념", 법조 제26권 8호, 1977년 8월, 119면 이하 참조.

란하는 것을 제재해야 한다는 소위 '사회적 유해성'의 관점을 덧붙여서 해석
하는 것이 타당하다고 본다. 불명확한 가치개념인 음란을 정의함에 있어서 우
리가 목표로 해야 할 것은 가급적 법률외적(法律外的)·기술적(記述的) 개념
요소에 의하여 명백한 해석을 내리고자 하는 데 있다.[27]

사견으로는 음란개념을 "성욕을 자극·흥분시키는 내용으로서 성적 표현이 매우
조잡하거나 왜곡되어 사회의 건전한 성도덕에 반하고 공중에게 심한 성적 불쾌감을
주는 것"이라고 정의하고자 한다. 이러한 정의에 따라 음란의 개념요소는 ⓐ '표
현내용'이 성욕의 자극·흥분에 있고, ⓑ '표현방법'이 매우 조잡하거나 왜곡되
어 있으며, ⓒ '표현결과'가 사회의 건전한 성도덕에 반하고 공중에게 심한 성
적 불쾌감을 준다라는 세 가지로 도출될 수 있다.

(나) 음란개념의 판단   음란개념은 ① 사회일반인의 입장에서 ② 사회통
념에 따라 ③ 객관적이고 ④ 전체적인 관점에서 판단해야 한다.

---

27) 이러한 목적을 입법적으로 해결하고자 한 적절한 예는 미국 모범형법전 제251.4조 제1항에
있는 '음란'(obscenity)개념에 대한 정의규정이다. 동 조항은 음란개념을 "전체적으로 판단하여
어떤 물건의 튀는 매력이 호색적인 관심, 즉 나체, 성교 또는 배설물에 관한 수치스러운 또는 병
적인 관심에 대한 것이고 이에 추가하여 동 매력이 그러한 소재를 기술·묘사함에 있어서 솔직
성의 통상적 한계를 실질적으로 초월하는 때에는 음란물이다. 아동 기타 특별히 민감한 청중을
위하여 고안된 것임이 그 물건의 성격 또는 그 보급상황에서 명백하게 되지 아니하는 한, 튀는
매력은 일반 성인을 참작하여 판단하여야 한다. 음란물을 표출 또는 보급하기 위하여 가공 기타
의 행위가 필요함에도 불구하고 미(未)현상사진, 주형(鑄型), 인쇄원판 등은 음란한 것으로 간주
한다"라고 정의하고 있고, 동조 제4항에서는 음란의 판정을 위한 증거가 다음 각호의 1을 증명할
능력이 있어야 한다고 규정하고 있다.
  1. 그 물건이 의도되었던 또는 지향되었던 청중의 성격.
  2. 그 물건이 지향되었던 일반 성인 또는 특정의 청중에 대한 튀는 매력이 무엇인가, 또 있다
     면 그것은 그러한 사람들의 행동에 어떠한 영향을 미칠 것인가.
  3. 그 물건의 예술적, 문학적, 과학적, 교육적 또는 기타의 장점.
  4. 미합중국 내에서 그 물건의 공공수용(公共收用)의 정도.
  5. 그 물건의 광고 기타의 조장(助長)에 있어서, 호색적인 관심에 대한 매력 또는 이의 결여.
  6. 그 물건이 유래된 저자, 창작가, 발행자 기타의 자의 훌륭한 평판.
  우리나라에서 정의규정을 통하여 음란개념을 비교적 명백히 하고자 시도한 예는 '아동·청소
년의 성보호에 관한 법률'에서 찾아볼 수 있다. 동법 제11조는 아동·청소년이용음란물의 제작·
배포 등을 처벌하면서, 제2조 용어의 정의규정에서 "'아동·청소년이용음란물'은 아동·청소년
또는 아동·청소년으로 명백하게 인식될 수 있는 사람이나 표현물이 등장하여 제4호의 어느 하
나에 해당하는 행위를 하거나, 그 밖의 성적 행위를 하는 내용을 표현하는 것으로서 필름·비디
오물·게임물 또는 컴퓨터나 그 밖의 통신매체를 통한 화상·영상 등의 형태로 된 것을 말한다"
고 하고(제5호), 제4호의 해당행위를 "가) 성교 행위, 나) 구강·항문 등 신체의 일부나 도구를
이용한 유사성교행위, 다) 신체의 전부 또는 일부를 접촉·노출하는 행위로서 일반인의 성적 수
치심이나 혐오감을 일으키는 행위, 라) 자위 행위"로 규정해 놓고 있다.

① 음란성은 '사회일반인', 그 중에서도 '일반 성인'을[28] 기준으로 해서 판단해야 한다. 법관 개인도 아니고, 청교도라 할 만큼 고결한 자도 아니며, 성해방론자도 아닌, 사회의 평균인을 기준으로 해야 한다. 판례는 "음란성을 판단함에 있어 법관이 자신의 정서가 아닌 일반 보통인의 정서를 규준으로 하여 이를 판단하면 족한 것"이라고 한다.[29]

② 음란개념은 일정한 사회, 일정한 시대의 지배적 가치관에 종속하여 변동하는 상대적 개념이므로 '사회통념'에 따른 판단일 수밖에 없다. 판례도 "'음란'이라는 개념 자체가 사회와 시대적 변화에 따라 변동하는 상대적이고도 유동적인 것이고, 그 시대에 있어서 사회의 풍속·윤리·종교 등과도 밀접한 관계를 가지는 추상적인 것이므로, 결국 구체적인 판단에 있어서는 사회통념상 일반 보통인의 정서를 그 판단의 규준으로 삼을 수밖에 없다"고 한다.[30]

③ 음란개념은 성욕을 자극·흥분시키겠다는 행위자의 주관적 의도를 고려함이 없이,[31] 판단의 객체만을 가지고 사회일반인에게 성적 자극·흥분 및 성적 불쾌감을 야기했느냐 하는 '객관적' 판단으로 족하다. 강제추행죄($\frac{제298}{조}$)에서의 '추행'개념과는 달리 성욕을 자극 또는 흥분시키겠다는 행위자의 주관적 의도는 음란의 개념요소에 포함되지 않는다.[32] 강제추행죄에서의 추행은 '행위'개념으로서 행위자의 주관적 의도가 피해자와의 상관관계에서 개념의 속성을 이룬다고 해야겠지만, 음란물은 행위의 '객체'인 물건 자체가 행위자의 주관적 의도를 떠나 객관적으로 어떠한 평가를 받느냐의 문제라고 보아야 하기 때문이다. 판례도 "음란성은 그 제작자, 판매자의 주관적 의사에 좌우되는 것이 아니라 객관적으로 일반 보통인의 성욕을 자극하여 성적 흥분을 유발하고 정상적인 성적 수치심을 해하여 성적 도의관념에 반하는 것"이라고 한다.[33]

④ 음란개념은 판단대상인 문서 또는 도화 등 작품을 '전체적으로'[34] 고찰하여 판단해야 한다.[35] 대상물의 일부분을 분리해서 판단할 것이 아니라 작품

---

28) 미국 모범형법전 제251.4조 제1항 참조.

29) 대판 1995. 2. 10, 94 도 2266.

30) 대판 1995. 2. 10, 94 도 2266.

31) Sch/Sch/Lenckner, StGB, §184 Rn. 4; Dreher/Tröndle, StGB, §184 Rn. 7. BGH 5/348.

32) 김성돈, 640면; 김/서, 639면; 유기천, 하권, 88면; 이재상, 644면; 이형국, 683면; 정/박, 743면; 정영석, 201면; 정영일, 647면; 진/이, 584면; 황산덕, 154면.

33) 대판 1995. 2. 10, 94 도 2266. 同늘, 대판 1982. 2. 9, 81 도 2281.

34) 미국 모범형법전 제251.4조 제1항 참조.

35) Sch/Sch/Lenckner, StGB, §184 Rn. 5; Dreher/Tröndle, StGB, §184 Rn. 9; Horn, SK,

을 그 전체적 맥락에서 종합적으로 판단해야 한다. 판례도 "당해 도화를 전체로서 보았을 때 주로 독자의 호색적 흥미를 돋구는 것으로 인정되느냐의 여부 등을 검토, 종합하여…판단하여야 할 것"이라고 한다.[36]

(다) 상대적 음란개념이론 '상대적 음란개념이론'에 의하면, 예술작품 혹은 과학논문은 그 자체가 음란성을 가질 수 없지만 그것이 일간신문에 게재된다든가 복제되어 일반에게 반포되는 식으로 차원을 달리하여 공개될 때에는 상대적으로 음란하다는 개념에 들어갈 수 있다고 해석한다.[37] 고야의 작품 '나체의 마야'사건에 대한 대법원판결($\frac{1970.\ 10.\ 30.}{70\ \text{도}\ 1879}$)에서는 "명화집에 실려있는 그림이라 하여도 성냥갑 속에 넣어서 시판할 목적으로 이를 복사·제조하거나 시판한 경우 그 그림이 보는 사람으로 하여금 성욕을 자극하여 흥분케 할 뿐만 아니라 일반인의 정상적인 성적 정서와 선량한 사회풍교를 해칠 가능성이 있는 때에는 음화제조·판매죄가 성립한다고 보아야 한다"라고 하여, 상대적 음란개념에 입각한 해석을 하고 있다.

그러나 예술작품·과학논문의 공개대상이 되는 사람(독자·감상자 등)의 영역과 부류에 따라 음란개념이 좌우된다는 의미에서의 상대적 음란개념이론은 거부되고 있다.[38] 공개대상의 범위에 따라 음란성 여부가 달라질 수 있다는 것은 음란개념의 판단이 불명확하고 자의에 흐를 위험성이 있다는 점에서 거부론의 주장은 타당하다고 하겠다. 다만 작품이 전체적 관점에서는 음란하지

---

§184 Rn. 5.

36) 대판 2002. 8. 23, 2002 도 2889; 1997. 8. 22, 97 도 937. 同旨, 대판 1995. 6. 16, 94 도 1758 (누드사진첩 산타페사건). 대법원은 소설 '즐거운 사라'사건에서 "문서의 음란성의 판단에 있어서는 당해 문서의 성에 관한 노골적이고 상세한 묘사·서술의 정도와 그 수법, 묘사·서술이 문서 전체에서 차지하는 비중, 문서에 표현된 사상 등과 묘사·서술과의 관련성, 문서의 구성이나 전개 또는 예술성·사상성 등에 의한 성적 자극의 완화의 정도, 이들의 관점으로부터 당해 문서를 전체로서 보았을 때 주로 독자의 호색적 흥미를 돋구는 것으로 인정되느냐의 여부 등의 여러 점을 검토하는 것이 필요"하다고 하며(대판 1995. 6. 16, 94 도 2413), 또한 소설 '반노'(叛奴)사건에서 "그 전체적인 내용의 흐름이 인간에 내재하는 향락적인 성욕에 반항함으로써 결국 그로부터 벗어나 새로운 자아를 발견하는 과정으로 이끌어 매듭된 사실을 인정할 수 있으니, 이에 비추어 이 건 소설을 음란한 작품이라고 단정할 수 없다"고 함으로써(대판 1975. 12. 9, 74 도 976), '전체적 관점'에서 음란성 여부를 판단하고자 한다.

37) 이 이론은 '빈딩의 상대적 음란개념설'로 알려져 있다.

38) Sch/Sch/Lenckner, StGB, §184 Rn. 5a; Dreher/Tröndle, StGB, §184 Rn. 9. 그밖에 상대적 음란개념 자체를 부정하는 국내견해로서는 권오걸, 1150면; 김/서, 642면; 박상기, 586면; 배종대, 757-8면; 백형구, 560면; 이재상, 646면; 이형국, 684면; 정/박, 745면; 정영일, 648-9면; 진/이, 585면.

않으나 음란한 부분만을 분리하여 별도로 복제·제작하는 경우에는 그 복제품이 음란성을 띨 수 있다는[39] 의미에서는 '음란개념의 상대성'이 긍정된다.[40]

그리고 음란개념은 음란하다, 음란하지 않다라는 가부의 판단뿐만 아니라 음란성에 강약의 정도차이를 부여할 수 있다는 의미에서 상대적 개념에 속한다. 따라서 음란물은 음란의 정도가 심한 '강성(强性)음란물'(hard-core pornography)과 그 정도가 낮은 '연성(軟性)음란물'(soft-core pornography)로 구분될 수 있다.[41] 강간·수간·근친상간·혼음 등의 표현물은 전자의 예가 되고, 성기·비폭력적인 단순성행위 등의 표현물은 후자의 예가 된다. 이러한 관점에서 음란성과 선정성(煽情性, erotic)도 구별되어야 한다. 선정적이라 함은 성욕을 자극·흥분하는 내용으로서 성적 표현이 비록 원색적이며 조잡하더라도, 사회의 건전한 성도덕에 반하고 공중에게 심한 성적 불쾌감을 줄 정도에는 이르지 않은 것을 말한다. 성기를 포함한 나체의 표현이 선정적일 수는 있어도, 그 자체만으로 음란성을 띠는 것은 아니다.[42]

(라) **예술성·과학성과 음란성**　　예술작품·과학논문의 예술성·과학성이 음란성과 양립할 수 있는가—즉 예술작품·과학논문이 동시에 음란물이 될 수 있는가—라는 문제는 헌법상 보장된 학문·예술의 자유(제22조제1항)와의 관계에서 논의된다. 예술·과학을 실질적 개념으로 파악하는 입장(실질적 예술·과학개념설)에서는 예술성·과학성과 음란성은 전적으로 차원이 다른 개념으로서 결코 양립할 수 없고, 서로 배제되는 개념으로 본다(배제설).[43] 배제설은, 예술과 학문이 그 본질상 기성관념을 깨뜨리면서 발전해나가는 것이기 때문에, 법관이 성도덕이라고 하는 기존척도로써 예술과 학문을 단죄해서는 안된다는 사고를 바탕으로 하고 있다. 이에 반하여 예술·과학을 형식적 개념으로 파악하는 입장(형식적 예술·과학개념설)에서는 예술성·과학성과 음란성이 양립할 수 있으므로, 예술작품·과학논문도 음란물일 수 있다고 본다(양립설).[44] 형식

---

39) 박상기, 586면.
40) Sch/Sch/Lenckner, StGB, aaO.
41) 한국형사정책연구원, 음란물의 법적 규제 및 대책에 관한 연구, 1992, 144면 참조.
42) Sch/Sch/Lenckner, StGB, §184 Rn. 5; Dreher/Tröndle, StGB, §184 Rn. 8.
43) 배종대, 758면; 이재상, 645면. 반대견해로서는 김성천, 1245면; 김/서, 643면; 박상기, 585면; 이형국, 684면; 정영일, 648면; 진/이, 585면. 배제설은 독일의 통설이다. Dreher/Tröndle, StGB, §184 Rn. 11; Horn, SK, §184 Rn. 6; Lackner, StGB, §184 Rn. 2b.
44) "문학성 내지 예술성과 음란성은 차원을 달리하는 관념이므로, 어느 문학작품이나 예술작품에 문학성 내지 예술성이 있다고 하여 그 작품의 음란성이 당연히 부정되는 것은 아니라 할 것이

적 예술·과학개념설은 음란물도 표현의 주체와 표현형식에 따라 예술성·과학성을 띨 수 있다고 한다.[45]

생각건대 예술작품에서는 성적인 것이 미화(美化)되어 있고 정신적 가치로 승화되어 있기 때문에, 예술이라는 평가와 음란이라는 평가는 애당초 양립할 수 없다고 하겠다(평가개념의 상호배제성). 성을 다룬 과학논문도 연구결과가 비록 사회의 건전한 성도덕에 반하고 공중에게 심한 성적 불쾌감을 주는 것이라고 하더라도 과학적 표현방법에 의하여 학문적 가치를 담고 있는 것이라면, 처음부터 음란성이 부정된다고 보아야 한다. 예술작품·과학논문에 대하여 이와 같은 헌법상의 보호가 베풀어지는 것은 어디까지나 예술과 학문이 그 진정한 목적을 추구하여 예술성·과학성을 잃지 않는 범위에 한한다. 만일 예술가들조차도 위장된 예술작품에 대하여 그 예술성을 부정한다면, 헌법상 보장된 예술의 자유를 누릴 수 없음은 당연하다고 하겠다.[46]

(마) 문서·도화·필름 기타의 물건　문서·도화·필름은 기타 물건의 예시이다. 필름은 영화, 비디오 등으로 반복·재생될 수 있도록 제작된 물건을 말한다. 포괄개념인 기타의 물건에는 음란한 조각품·성기모조품[47]·음란음성녹음테이프·음반·CD-Rom 등이 있다. 물건이 아니고 음란행위 자체(예: live show)는 음란물죄가 아니라 공연음란죄($\frac{제245}{조}$)의 문제가 된다.

컴퓨터프로그램파일은 음란물에 해당하지 않으므로,[48] 컴퓨터 등 통신매체를 통하여 음란한 파일을 송신하는 행위는 형법 제243조가 아니라 정보통신망이용촉진 및 정보보호 등에 관한 법률 제74조 제1항 제2호[49] 또는 성폭력범

고, 다만 그 작품의 문학적·예술적 가치, 주제와 성적 표현의 관련성 정도 등에 따라서는 그 음란성이 완화되어 결국은 형법이 처벌대상으로 삼을 수 없게 되는 경우가 있을 수 있을 뿐이다"(**대판** 2000. 10. 27, 98 도 679-소설 '내게 거짓말을 해봐'사건. 同旨, 대판 2002. 8. 23, 2002 도 2889).

45) BVerfG E 67/226; 81/289; 81/305.

46) Horst Woesner, "Erneuerung des Sexualstrafrechts", NJW 1968, S. 677.

47) 음란물판매의 객체로서 '남성용 자위기구'가 '음란물'에 해당한다는 판결로는 대판 2003. 5. 16, 2003 도 988.

48) "형법 제243조는 음란한 문서, 도화, 필름 기타 물건을 반포, 판매 또는 임대하거나 공연히 전시 또는 상영한 자에 대한 처벌규정으로서, 피고인들이 판매하였다는 컴퓨터프로그램파일은 위 규정에서 규정하고 있는 문서, 도화, 필름 기타 물건에 해당한다고 할 수 없으므로, 피고인들의 위와 같은 행위에 대하여 전기통신기본법 제48조의 2의 규정을 적용할 수 있음은 별론으로 하고, 원심이 형법 제243조의 규정을 적용하여 유죄의 판결을 한 데에는 위 형법 제243조의 음화판매죄의 법리를 오해한 위법이 있다고 하지 않을 수 없다"(대판 1999. 2. 24, 98 도 3140. 同旨, 대판 2023. 12. 14, 2020 도 1669). 컴퓨터프로그램파일을 제243조의 기타 물건에 포함시킬 수 있다는 반대견해로는 박상기, 576면.

죄처벌법 제13조에[50] 의하여 처벌된다.

(2) 실행행위

본죄의 실행행위는 반포·판매·임대·공연전시·공연상영이다.

(가) 반 포   '반포'란 불특정 또는 다수인에게 무상으로 교부하는 것이다. 특정인에게 교부하더라도 이 특정인을 거쳐 불특정 또는 다수인에게 교부될 것을 예견한 경우에는 반포에 해당한다. 반포는 현실적으로 교부됨을 요하며, 교부된 때 기수가 된다. 본죄의 미수범처벌규정은 없다.

(나) 판 매   '판매'란 불특정 또는 다수인에게 유상으로 양도하는 것이다. 매매·교환이 아니더라도 대가관계가 인정되는 양도행위는 판매에 해당한다. 판매는 영업적으로 행해질 필요는 없다. 판매행위도 계약만으로는 부족하고 현실적으로 인도함을 요한다(기수).

(다) 임 대   '임대'란 유상으로 대여하는 것이다. 임대도 영업적으로 행해질 필요는 없으며, 1회의 임대행위로도 본죄가 성립한다. 임대행위도 계약만으로는 부족하고 현실적으로 교부됨을 요한다(기수).

(라) 공연전시   '공연히 전시'한다 함은 불특정 또는 다수인이 관람할 수 있는 상태에 두는 것이다. 현실적으로 관람했음을 요하지 않고, 관람가능한 상태로 족하다. 그리고 유상·무상을 불문한다. 다수인이 동시에 관람할 수 있어야 하는 것은 아니고 순차로 관람하는 것도 무방하다. 녹음테이프의 재생도 전시에 해당한다.[51]

(마) 공연상영   '상영'한다 함은 필름 등 영상자료를 화면에 비추어 보이는 것이다. 영사기·환등기·VTR 등 상영수단을 불문한다. '공연히'는 불특정 또는 다수인이 관람가능한 상태를 말하므로, 친구 두 사람 앞에서 도색영화를 상영하는 것과 같이 특정된 소수인 앞에서의 상영은 공연상영에 해당하지 않는다.[52]

---

49) 정보통신망이용촉진 및 정보보호 등에 관한 법률 제74조 [벌칙] 제1항 제2호 "제44조의7 제1항 제1호를 위반하여 음란한 부호·문언·음향·화상 또는 영상을 배포·판매·임대하거나 공공연하게 전시한 자"는 1년 이하의 징역 또는 1천만원 이하의 벌금에 처한다.

50) 성폭력범죄의 처벌 등에 관한 특례법 제13조 (통신매체를 이용한 음란행위) "자기 또는 다른 사람의 성적 욕망을 유발하거나 만족시킬 목적으로 전화·우편·컴퓨터 그 밖의 통신매체를 통하여 성적 수치심이나 혐오감을 일으키는 말, 음향, 글, 그림, 영상 또는 물건을 상대방에게 도달하게 한 사람은 2년 이하의 징역 또는 2천만원 이하의 벌금에 처한다."

51) 이재상, 647면; 정/박, 747면; 정영일, 650면; 진/이, 587면.

52) 대판 1973. 8. 21, 73 도 409.

(3) 주관적 구성요건

주관적 구성요건인 고의는 행위객체인 음란물에 대한 인식·인용과 행위
태양인 반포·판매·임대·공연전시·공연상영에 대한 인식·인용이다. 행위
의 객체가 '음란'하다는 것을 인식해야 하는데, 음란성은 규범적 구성요건요소이
므로 행위자는 그 의미를 인식해야 한다. '의미의 인식'은 문외한으로서의 소박
한 인식으로 충분하다. 그리고 전시와 상영에 있어서는 그 행위상황인 '공연
성'에 대한 인식도 필요하다.

4. 공   범

음란물의 반포·판매·임대·전시·상영에는 반드시 상대방이 있을 것을
전제로 하기 때문에, 본죄는 필요적 공범으로서 '대향범'에 속한다. 그런데 형법
은 음화판매 등의 죄에 있어서 매수자 등 그 상대방에 대한 처벌규정을 두고 있지
않다. 매수자 등 상대방은 '인간의 성적·자연적 본능'에 기하여 음화를 입수
하는 것이므로, 이러한 행위까지 형법이 개입하는 것은 바람직하지 못하다고
보아(이른바 형법의 보충성 내지 겸억주의), 상대방을 처벌하지 않으려는 것이
법의 취지라고 해석된다. 따라서 매수자가 판매자를 적극적으로 교사·방조하여
본죄를 범하게 한 경우에도 매수자를 본죄의 공범으로 처벌할 수 없다고 함이 타당
하다.[53]

5. 죄   수

음란물의 판매·임대행위가 다수인을 상대로 하여 여러 차례 행해졌다고
하더라도 동일한 의사적 경향에 기하여 반복된 것이라면, 이른바 '집합범'으로
서 포괄하여 일죄가 성립한다(포괄적 일죄).

6. 형   벌

1년 이하의 징역 또는 500만원 이하의 벌금에 처한다.

---

53) 오영근, 809면; 이재상, 647면; 정/박, 748면; 진/이, 588면 등. 이에 반하여 매수자가 적극
적으로 가담한 경우에 본죄의 공범성립을 긍정하는 견해로는 김성돈, 644면; 김일수, 651면.

IV. 음화 등 제조죄

<u>제244조 [음화제조 등]</u> "제243조의 행위에 공할 목적으로 음란한 물건을 제조, 소지, 수입 또는 수출한 자는 1년 이하의 징역 또는 500만원 이하의 벌금에 처한다."

1. 의의, 성격, 보호법익

본죄는 "반포·판매·임대·공연전시·공연상영의 목적으로 음란한 물건을 제조·소지·수입 또는 수출함으로써 성립하는 범죄"이다. 제244조는 제243조의 예비단계에 해당하는 행위를 독립된 범죄로 규정한 것이다. 본죄는 '목적범'이다. 따라서 판매 등의 목적이 없는 단순한 소지는 본죄를 구성하지 않는다.

본죄의 주된 보호법익은 '건전한 성도덕'이며, '공공의 성적 혐오감 내지 불쾌감'을 부차적인 보호법익으로 한다. 보호의 정도는 추상적 위험범이다.

2. 구성요건

행위의 객체는 음란한 물건이다. 그 해석은 제243조에서와 같다.[54]

실행행위는 제조·소지·수입·수출이다. '제조'란 음란한 물건을 제작하는 것이다. 창작이든 복제이든 불문한다. '소지'란 사실상의 지배하에 두는 것이다. 반드시 휴대할 필요는 없으며,[55] 창고에 보관하고 있는 것도 소지에 해당한다고 본다. '수입'은 국외에서 국내로 반입하는 것이다. '수출'은 국내에서 국외로 반출하는 것이다. 육로를 통한 수입·수출의 기수시기는 국경선을 넘은 때이고, 선박 또는 항공기를 이용한 수입의 기수시기는 양륙시(揚陸時), 수출의 기수시기는 이륙시(離陸時)이다. 본죄의 미수범처벌규정은 없다.

3. 형 벌

1년 이하의 징역 또는 500만원 이하의 벌금에 처한다.

---

54) 대판 2023. 12. 14, 2020 도 1669.
55) 김성돈, 644면; 김/서, 647면; 배종대, 760면; 이형국, 687면; 정/박, 749면; 정영일, 651면; 진/이, 589면.

V. 공연음란죄

제245조 [공연음란] "공연히 음란한 행위를 한 자는 1년 이하의 징역, 500만원 이하의 벌금, 구류 또는 과료에 처한다."

1. 의의, 성격, 보호법익

본죄는 "공연히 음란한 행위를 함으로써 성립하는 범죄"이다. 본죄는 음란행위 자체를 처벌하는 점에서 단순거동범(형식범)에 속한다. 본죄의 주된 보호법익은 건전한 성도덕이고, 부차적인 보호법익은 공공의 성적 혐오감 내지 불쾌감이다. 보호의 정도는 추상적 위험범이다.

2. 구성요건

본죄의 구성요건은 공연히 음란한 행위를 하는 것이다. 실행행위인 음란행위가 공연히 행해질 것을 요한다.

'공연히'라 함은 불특정 또는 다수인이 인식할 수 있는 상태를 말한다. 특정된 소수인을 상대로 한 경우에는 공연성이 없다. 공연성은 공중이 인식할 가능성이 있음으로써 족하고 실제로 인식했음을 요하지 않는다. 장소가 실내라고 하더라도 공중의 눈에 개방되어 있으면 공연성이 있다.

'음란한 행위'라 함은 "성욕을 자극·흥분시키는 행위로서 사회의 건전한 성도덕에 반하고 공중에게 심한 성적 불쾌감을 주는 것"을 말한다. 음란행위는 불명확한 가치개념으로서 한 사회의 시대관에 따라 법관이 판단할 사항이다. 행위의 음란성 여부는 그 행위 자체를 가지고 객관적으로 판단할 것이고, 행위자의 주관적 의도에 따라 좌우되지는 않는다.[56]

본죄의 음란행위는 성행위, 즉 성교행위나 자위행위에 국한된다고 해석하는 견해가 있으나,[57] 입법론이라면 몰라도 해석론으로서는 지지되기 어렵다고 생각한다.[58] 1인의 나체쇼도 심히 음탕한 동작을 함으로써 음란행위에 해당할

---

56) "연극공연행위의 음란성의 유무는 그 공연행위 자체로서 객관적으로 판단해야 할 것이고, 그 행위자의 주관적인 의사에 따라 좌우되는 것은 아니라고 할 것"(대판 1996. 6. 11, 96 도 980 - 연극 '미란다'사건).

57) 김/서, 649면; 박상기, 588면; 배종대, 761면; 이재상, 650면; 진/이, 590면.

58) 공연음란죄에 대하여 징역·벌금 이외에 구류 또는 과료라는 경미한 형벌이 규정된 것을

수 있다. 성기 또는 나체의 단순한 노출이 음란행위가 되는 것은 아니다.[59] 그리고 음담(淫談) 정도로는 음란행위라고 볼 수 없다.[60]

음란행위가 아니더라도, "공개된 장소에서 공공연하게 성기·엉덩이 등 신체의 주요한 부위를 노출하여 다른 사람에게 부끄러운 느낌이나 불쾌감을 준" 경우에는 '경범죄처벌법' 제3조 제1항 제33호의 '과다노출'행위로 처벌된다.[61]

본죄의 고의는 공연히 음란한 행위를 한다는 인식·인용이다. '공연히'라고 하는 행위상황에 대한 인식과 자신의 행위가 '음란'하다는 의미의 인식이 있어야 한다.

3. 죄 수

공연음란행위가 여러 차례 행해진 경우에 동일한 의사적 경향에 기하여 반복된 것이라면-특히 영업범으로 행해졌다면-, '집합범'이 되어, 포괄하여 일죄가 성립한다(포괄적 일죄). 강제추행이 공연히 음란하게 행해진 때에는 강제추행죄와 공연음란죄의 상상적 경합이 된다. 공중밀집장소에서의 추행이 공연히 음란하게 행해진 때에는 공중밀집장소추행죄와[62] 공연음란죄의 상상적 경합이 된다.

4. 형 벌

1년 이하의 징역 또는 500만원 이하의 벌금, 구류 또는 과료에 처한다.

보면, 성행위에 국한하는 해석은 부당하다고 본다.

59) 그러나 공중 앞에서 성기를 노출한 행위를 공연음란행위로 본 판례로는 "판결요지: 고속도로에서 승용차를 손괴하거나 타인에게 상해를 가하는 등의 행패를 부리던 자가 이를 제지하려는 경찰관에 대항하여 공중 앞에서 알몸이 되어 성기를 노출하였다면, 그 행위는 일반적으로 보통인의 정상적인 성적 수치심을 해하여 성적 도의관념에 반하는 음란한 행위라고 할 것이고, 또 타인의 정상적인 성적 수치심을 해하는 음란한 행위라는 인식도 있었다고 보아야 할 것이다"(대판 2000. 12. 22, 2000 도 4372).

60) 김성돈, 645면; 김/서, 649면; 배종대, 761면; 백형구, 555면; 이재상, 650면; 이정원, 628면; 이형국, 688면; 정/박, 750면; 정영일, 653-4면; 진/이, 590-1면.

61) "신체의 노출행위가 있었다고 하더라도 그 일시와 장소, 노출부위, 노출방법·정도, 노출동기·경위 등 구체적 사정에 비추어, 그것이 일반 보통인의 성욕을 자극하여 성적 흥분을 유발하고 정상적인 성적 수치심을 해하는 것이 아니라, 단순히 다른 사람에게 부끄러운 느낌이나 불쾌감을 주는 정도에 불과하다고 인정되는 경우, 그와 같은 행위는 경범죄처벌법 제1조 제41호(구법-저자 註)에 해당할지언정, 형법 제245조의 음란행위에 해당한다고 할 수 없을 것"(**대판** 2004. 3. 12, 2003 도 6514. 同旨, **대판** 2020. 1. 16, 2019 도 14056).

62) '성폭력범죄의 처벌 등에 관한 특례법' 제11조 (공중밀집장소에서의 추행) "대중교통수단, 공연·집회장소 그 밖에 공중이 밀집하는 장소에서 사람을 추행한 사람은 3년 이하의 징역 또는 3천만원 이하의 벌금에 처한다."

제15장 도박과 복표에 관한 죄

제1절 개 설

I. 의의, 성격, 보호법익

'도박과 복표에 관한 죄'란 "도박하거나 도박장소를 개설하거나, 복표를 발매·중개·취득함으로써 성립하는 범죄"이다. 본죄는 인간의 사행심과 일확천금을 노리는 배금풍조를 조장함으로써 건전한 근로의식 및 사회기풍을 혼탁하게 하고, 폭행·협박·사기·공갈과 같은 범죄, 심지어는 강도·살인 등의 중범죄를 유발하는 요인이 되기도 한다.

본죄의 보호법익은 '사회의 건전한 근로의식 내지 경제관념'으로 해석된다(통설[1] 및 판례[2]). 보호의 정도는 '추상적 위험범'이다.

II. 도박과 복표에 관한 죄의 체계

도박과 복표에 관한 죄는 우연에 좌우되는 재물의 득실(得失)행위를 처벌하고자 하는 점에서는 공통된다. 다만 형법은 도박과 복표에 관한 죄를 도박죄와 복표죄로 구분하고 있다. 도박죄에 있어서는 단순도박죄(제246조 제1항)를 기본

---

1) 김성돈, 647면; 박상기, 589면; 배종대, 763면; 백형구, 562-3면; 서일교, 212면; 손동권, 702면; 오영근, 813면; 유기천, 하권, 98면; 이재상, 651면; 이정원, 628면; 이형국, 689면; 정/박, 752면; 정영일, 655면; 진/이, 593면; 황산덕, 156면.

2) "형법 제246조 도박죄를 처벌하는 이유는 정당한 근로에 의하지 아니한 재물의 취득을 처벌함으로써 경제에 관한 건전한 도덕법칙을 보호하기 위한 것인 바, …동조의 입법취지가 건전한 근로의식을 배양·보호함에 있다"(대판 1983. 3. 22, 82 도 2151. 同旨, 대판 2008. 10. 23, 2006 도 736).

유형으로 하고, 상습도박죄($^{제246조}_{제2항}$)를 그 신분적 가중유형으로 하고 있으며, 도박죄의 공범유형(방조 내지 교사)인 도박장소개설죄($^{제247}_{조}$)를 특별히 규정하고 있다. 복표죄에 있어서는 복표발매죄($^{제248조}_{제1항}$)를 기본유형으로 하고, 복표발매중개죄($^{제248조}_{제2항}$)와 복표취득죄($^{제248조}_{제3항}$)를 그 불법감경유형으로 규정하고 있다.

제23장 도박과 복표에 관한 죄는 2013. 4. 5.의 형법개정에서 법문이 다소 변경되고, 법정형이 상향 조정되었다.

'사행행위 등 규제 및 처벌특례법'(약칭: 사행행위규제법) 제30조 제2항은 동법 제4조 제1항에서 요구하는 경찰청장 또는 지방경찰청장의 허가를 받지 않고 사행행위영업을[3] 한 자를 3년 이하의 징역 또는 2천만원 이하의 벌금에 처하고 있다.

그 밖에 '게임산업진흥에 관한 법률'(약칭: 게임산업법) 제44조(벌칙)는 (게임물을 이용하여) 제28조 제1항 제2호의 규정을 위반하여 도박 또는 그 밖의 사행행위를 하게 하거나 이를 하도록 내버려둔 자와 제28조 제1항 제3호의 규정을 위반하여 사행성을 조장한 자를 5년 이하의 징역 또는 5천만원 이하의 벌금에 처하고 있다.

Ⅲ. 도박·복표죄의 위법성조각

공법인의 복표발매행위는 '복권 및 복권기금법'($^{2004. 1. 29. 제정.}_{법률 제07159호.}$)(약칭: 복권법) 제4조 제1항 및 제3조에 의하여 폭넓게 허용되고 있다($^{형법 제20조 법령에}_{의한 위법성조각}$).[4]

---

3) 동법 제2조 제1항 제2호에서는 사행행위영업을 다음과 같이 정의하고 있다. "'사행행위영업'이라 함은 다음 각목의 어느 하나에 해당하는 영업을 말한다. 가. 복권발행업(福券發行業): 특정한 표찰(컴퓨터프로그램 등 정보처리능력을 가진 장치에 의한 전자적 형태를 포함한다)을 이용하여 여러 사람으로부터 재물 등을 모아 추첨 등의 방법으로 당첨자에게 재산상의 이익을 주고 다른 참가자에게 손실을 주는 행위를 하는 영업. 나. 현상업(懸賞業): 특정한 설문 또는 예측에 대하여 그 답을 제시하거나 예측이 적중하면 이익을 준다는 조건으로 응모자로부터 재물 등을 모아 그 정답자나 적중자의 전부 또는 일부에게 재산상의 이익을 주고 다른 참가자에게 손실을 주는 행위를 하는 영업. 다. 그 밖의 사행행위업: 가목 및 나목 외에 영리를 목적으로 회전판돌리기, 추첨, 경품(景品) 등 사행심을 유발할 우려가 있는 기구 또는 방법 등을 이용하는 영업으로서 대통령령으로 정하는 영업."

4) 종래 공법인의 복표발매행위에 대한 위법성조각의 법률상 근거였던 '주택법' 제74조, '국민체육진흥법' 제19조의 2, '기술개발촉진법' 제5조, '산림법' 제106조, '제주국제자유도시특별법' 제55조 등은 '복권 및 복권기금법'(약칭: 복권법) 부칙 제5조에 의하여 삭제되면서, 복표발매행위와 복표판매행위 및 이에 대한 규제가 복권 및 복권기금법이라는 하나의 단행법률로 통일되었다.

폐광지역 또는 관광특구 안에서의 카지노업(관광진흥법 제3조 제1항 제5호)은 폐광지역개발지원에 관한 특별법 제11조 또는 관광진흥법 제21조에 의하여 문화체육관광부장관의 허가를 받은 경우에 도박행위의 위법성이 조각된다.

내국인의 외국에서의 도박행위는 비록 외국법에 의하여 도박행위의 위법성이 조각된다고 하더라도, 외국법에 의한 위법성조각의 효과가 당연히 국내법에 미치는 것은 아니다(형법 제3조 내 국인의 국외범).[5] 그리고 도박자금으로 사용하기 위하여 외화 등의 지급수단을 불법하게 반출한 경우에는 외국환거래법 제29조 제1항 제4호에 의하여 처벌된다.

Ⅳ. 입 법 론

도박은 건전한 근로의식을 무너뜨리는 부정적 측면이 있는가 하면, 쌓인 스트레스를 해소시켜 줄 수 있는 오락으로서의 긍정적 측면도 있다.[6] 따라서 도박에 빠져들어 정상적인 경제활동을 등지게 되는 상습도박행위와 인간의 사행심을 이용하여 이득을 취하는 도박영업행위는 처벌하되, 근로의식과 무관하다고 볼 수 있는 '단순도박'은 비범죄화함이 타당하다고 본다.[7]

복표죄에 있어서는 일반 사인의 복표발매·취득행위를 형법으로 처벌하면서, 국가 또는 공법인의 복표발매행위는 '복권 및 복권기금법'으로 폭넓게 허용하는 모순적 태도는 입법정책상 바람직하지 않다고 생각한다. 공법인의 복표발매행위도 국민의 사행심을 조장하고 건전한 근로의식을 좀먹게 하는 부정적 측면에 있어서는 사인의 경우와 마찬가지이기 때문이다. 그리고 요즈음 우리나라의 복권열풍은 지나친 감이 있다. 사견으로는 건전한 사회기풍을 진작하기 위하여 공법인의 복표발매행위도 금지하는 것이 타당하다고 본다.[8] 복

---

5) "도박죄를 처벌하지 않는 외국 카지노에서의 도박이라는 사정만으로 그 위법성이 조각된다고 할 수 없으므로"(대판 2004. 4. 23, 2002 도 2518. 同旨, 대판 2001. 9. 25, 99 도 3337).

6) "일반 서민대중이 여가를 이용하여 평소의 심신의 긴장을 해소하는 오락은 이를 인정함이 국가정책적 입장에서 보더라도 허용된다 할 것으로, 일시 오락에 불과한 도박행위를 처벌하지 아니하는 이유가 여기에 있다"(대판 1983. 3. 22, 82 도 2151).

7) 김기춘, 형법개정시론, 546면; 김성돈, 648면; 배종대, 763면; 오영근, 814면; 이재상, 652면; 정/박, 753면; 진/이, 594면. 반대설은 권오걸, 1166면; 김/서, 652면; 박상기, 590면; 백형구, 563면.

8) 사행심이라고 하는 인간본능에 비추어 개인의 단순복표'취득'행위는 비범죄화함이 타당하다.

표죄를 비범죄화하거나, 최소한 형법에서 삭제하고 특별법의 규제대상으로 넘기자는 주장도 있다.[9]

제 2 절 개별적 범죄유형

Ⅰ. 단순도박죄

<u>제246조 [도박, 상습도박] 제1항</u> "도박을 한 사람은 1천만원 이하의 벌금에 처한다. 다만, 일시오락 정도에 불과한 경우에는 예외로 한다."

1. 의의, 성격, 보호법익

본죄는 "도박함으로써 성립하는 범죄"이다. 도박죄의 '기본유형'이다. 그리고 도박은 2인 이상이 행하는 것이므로 도박죄는 '필요적 공범'에 속한다. 본죄의 보호법익은 '사회의 건전한 근로의식'이고 보호의 정도는 '추상적 위험범'인데, 상술한 바와 같이 '단순'도박은 오락적 측면이 강하고 건전한 근로의식을 무너뜨릴 추상적 위험성조차 없다고 보아 비범죄화함이 타당하다.

2. 실행행위

본죄의 실행행위는 '도박'하는 것이다.

(1) 도 박

'도박'이란 "재물 기타 재산상의 이익을 걸고서 우연한 승부에 의하여 재물의 득실(得失)을 결정하는 것"을 말한다.[10] 도박은 '우연성'을 개념요소로 한다. 승부를 다툼에 있어서 우연성이 없으면 도박이라고 할 수 없다.

(가) 재물 기타 재산상의 이익   도박은 '재물 기타 재산상의 이익을 걸고서' 하는 것이다. 이는 "승자(勝者)에게 일정한 재물 기타 재산상의 이익을 주기

---

9) 권오걸, 1166면; 김성천, 1253면; 김/서, 652면; 박상기, 590면; 배종대, 763면; 이재상, 652면; 이형국, 693면; 정/박, 753-4면; 정영일, 663면; 진/이, 594면.

10) '사행행위 등 규제 및 처벌특례법' 제2조 제1항 제1호는 '사행행위'라는 용어를 다음과 같이 정의하고 있다. '사행행위'란 '여러 사람으로부터 재물이나 재산상의 이익(이하 "재물 등"이라 한다)을 모아 우연적(偶然的) 방법으로 득실(得失)을 결정하여 재산상의 이익이나 손실을 주는 행위'를 말한다.

로 약속하고"란 뜻이다. 본죄의 구성요건이 "재물로써 도박한 자"로 되어 있었던 것을 2013. 4. 5.의 형법 개정에서 "도박을 한 사람"으로 변경되었는데, 해석상 '도박'의 개념에 '재물 기타 재산상의 이익을 걸고서'라는 내포(개념요소)를 당연히 포함시켜야 한다.

여기서 '재물'과 '재산상의 이익' 개념은 재산범죄에서의 재물과 재산상의 이익 개념과 동일하게 해석하면 된다. 저자는 '재산상의 이익'을 일반개념(유개념)으로, '재물'을 특수개념(종개념)으로 파악하고 있다.

'재물'이란 '시각과 촉각에 의하여 특정화될 수 있는 개개의 재화'를 말하며, '재산상의 이익'이란 '전체적으로 고찰할 때 재산상태의 증가를 가져오는 일체의 이익 내지 가치'를 의미한다. 도박에 거는 재물의 전형은 금전이며, 재산상의 이익에 속하는 것으로는 유럽여행 시켜주기와 같은 채권 취득, 채무면제, 노동이나 서비스의 제공 등을 생각할 수 있다.

승자에게 주기로 약속한 재물은 미리 현장에 제공하여 둘 필요는 없다. 재물의 액수는 교부시에 확정할 수 있으면 족하고 처음부터 확정되어 있을 것을 요하지 않는다. 또 패자가 승자에게 직접 재물을 교부할 필요도 없다.

(나) 우연성　　도박에 있어서 승패는 우연에 의하여 결정되어야 한다. '우연'이란 승패를 당사자가 확실히 예견하거나 영향을 미칠 수 없음을 의미한다. 당사자의 일방이 승패를 절대적으로 좌우할 수 있는 것은 아니지만 승패에 결정적 영향을 미칠 수 있을 때에는 다소의 우연적 요소가 있다고 하더라도 도박에 해당하지 않는다고 해야 한다.[11] '사기도박'이 그 예이다. 사기도박에 있어서 기망자가 승패에 영향을 미칠 수 있는 한, 이미 도박행위는 존재하지 아니하고 기망행위만이 문제된다. 이 때 기망자가 사기죄의 죄책을 지는 것은 당연하다고 하더라도, 사기도박이 도박이 아닌 이상 기망당한 상대방을 도박죄에 문의할 수는 없다(통설[12] 및 판례[13]). 승패의 우연성이 당사자의 일방에게만

---

11) "도박의 의미는 '재물을 걸고 우연에 의하여 재물의 득실을 결정하는 것'을 말하는바, 여기서 '우연'이라 함은 주관적으로 '당사자에 있어서 확실히 예견 또는 자유로이 지배할 수 없는 사실에 관하여 승패를 결정하는 것'을 말하고, 객관적으로 불확실할 것을 요구하지 아니하며, 당사자의 능력이 승패의 결과에 영향을 미친다고 하더라도 다소라도 우연성의 사정에 의하여 영향을 받게 되는 때에는 도박죄가 성립할 수 있다"(대판 2008. 10. 23, 2006 도 736).

12) 권오걸, 1170면; 김성돈, 649면; 김성천, 1254면; 박상기, 590면; 배종대, 765면; 오영근, 816면; 이재상, 654면; 이형국, 694면; 정/박, 755면; 정영일, 657면; 진/이, 595면.

13) "판결요지: 도박당사자의 일방이 사기의 수단으로 승패의 수를 지배하는 경우에는 사기죄

있는 경우를 말하는 이른바 '편면적 도박'은 도박으로서 성립될 수 없다.

(다) 경기에서의 도박성　　테니스·골프·당구 등과 같은 운동경기 또는 바둑·체스 등과 같은 오락성경기에서는 당사자의 기량·체력·승부욕·집중도와 같은 개인적 요소가 승패에 큰 영향을 미치지만, 어느 정도 우연적 요소가 작용하는 이상, 재물을 걸고 경기의 승패를 다투는 경우에는 도박이 될 수 있다고 본다.[14) 15)] 당사자 또는 제3자가 상금을 건 경기(운동시합)와 도박은 구별되어야 한다. 다만 화투·포커·마작 등과 같이 개인적 기량보다는 우연적 요소가 더 강하게 작용하여 승패를 결정하는 놀이는 도박에 해당한다. 경기라고 하더라도 자신의 기량을 상대방에게 속이고－예컨대 바둑의 급수를 속이고－재물로써 시합한 경우에는 사기가 된다.

(2) 기수시기

본죄의 기수는 도박행위에 착수함으로써 성립하고, 승패가 결정되거나 현

만이 성립되고, 도박죄는 성립하지 아니한다"(**대결 1960. 11. 16, 4293 형상 743**).

14) 종래 부정설의 견해를 제3정판에서는 도박죄 긍정설로 변경하기로 한다. 긍정설은 김/서, 655면; 박상기, 591면; 백형구, 564면; 오영근, 815면; 이정원, 631면; 이형국, 694면; 정/박, 756면; 진/이, 596면. 부정설은 김성돈, 650면; 배종대, 765면; 이재상, 653-4면; 정영일, 657면.

15) 대법원은 "골프는 당사자의 기량에 대한 의존도가 높은 경기의 일종이지만, 경기자의 기량이 일정한 경지에 올라 있다고 하여도 매 홀 내지 매 경기의 결과를 확실히 예견하는 것은 전혀 가능하지 않은 점, 골프가 진행되는 경기장은 자연상태에 가까워서 선수가 친 공이 날아가는 방향이나 거리가 다소간 달라짐에 따라 공이 멈춘 자리의 상황이 상당히 달라지기 쉽고 이는 경기의 결과에 지대한 영향을 미치게 되는데, 대단히 우수한 선수라고 하더라도 자신이 치는 공의 방향이나 거리를 자신이 원하는 최적의 조건으로 또는 경기결과에 영향이 없을 정도로 통제할 수는 없는 점, 도박죄에서 요구하는 우연은 선수들의 기량, 투지, 노력 등에 대비되어 다소 부정적인 의미가 내포된 '우연'이 아니라 '당사자 사이에 있어서 결과를 확실히 예견하거나 자유로이 지배할 수 없는' 성질을 가리키는 것으로서 가치평가와 무관한 개념이어서 선수들의 기량 등을 모두 고려하더라도 경기의 결과를 확실히 예견할 수 없고 어느 일방이 그 결과를 자유로이 지배할 수 없을 때에도 이를 도박죄에서 말하는 우연의 성질이 있는 것으로 볼 수 있는 점, 골프를 비롯한 운동경기와 화투, 카드, 카지노 등 사이에 승패의 결정에 경기자의 기능과 기량이라는 요인과 이와 무관한 우연이라는 요인이 영향을 미치는 정도는 매우 상대적인 점, 설사 기량차이가 있는 경기자 사이의 운동경기라고 하더라도 핸디캡의 조정과 같은 방식으로 경기자 간에 승패의 가능성을 대등하게 하거나 승리의 확률이 낮은 쪽에 높은 승금을 지급하고 승리의 확률이 높은 쪽에 낮은 승금을 지급하는 방식을 채택함으로써 재물을 거는 당사자 간에 균형을 잃지 않게 하여 실제로 우연이라는 요소가 중요하게 작용할 수 있는 도박의 조건을 얼마든지 만들 수 있는 점, 내기 골프에 있어 승금은 정당한 근로에 의한 재물의 취득이라고 볼 수 없고 내기 골프를 방임할 경우 경제에 관한 도덕적 기초가 허물어질 위험이 충분하므로, 이를 화투 등에 의한 도박과 달리 취급하여야 할 아무런 이유가 없는 점 등과 같은 원심 판시 사정에 비추어 내기 골프도 도박죄의 구성요건이 요구하는 행위의 정형성을 갖추고 있고 그 정도가 일시 오락에 불과하지 않는 한 도박죄의 보호법익을 침해하는 행위로 도박에 해당한다"라고 한 원심(서울고법 2006. 1. 11, 2005 노 2065)의 판단을 정당한 것으로 인정하고 있다(대판 2008. 10. 23, 2006 도 736).

실적으로 재물의 득실이 행해질 필요는 없다(추상적 위험범).[16] 예컨대 화투나 카드를 배부함으로써 기수가 되고, 판돈이 오갈 필요는 없다. 본죄의 미수범 처벌규정은 없다.

3. 위 법 성

단순도박이 '일시 오락 정도에 불과한 때'에는 처벌하지 않는다(제246조 제1항 단서). 본 조항의 단서규정은 위법성조각사유로 해석된다(통설[17] 및 판례[18]). 도박이 일시 오락 정도인가는 재물의 가액의 대소라는 한 가지 요소만에 의해 판단할 것이 아니라, 도박의 시간과 장소, 도박자의 사회적 지위 및 재산 정도, 재물의 근 소성, 그 밖에 도박에 이르게 된 경위 등 모든 사정을 참작하여 구체적으로 판단해야 한다(다수설[19] 및 판례[20]).

대법원은 생선회 3인분과 소주 2병 등 음식값을 마련하기 위한 도박,[21] 패 자가 승자에게 200원씩을 주기로 하고 점심 및 술내기로 육백을 친 경우는[22] 일시 오락의 정도에 불과하여 무죄라고 판시하고 있다.

---

16) 권오걸, 1173면; 김성돈, 650면; 김/서, 655면; 배종대, 765면; 백형구, 564면; 유기천, 하 권, 105면; 이재상, 654면; 이정원, 633면; 이형국, 695면; 정/박, 756면; 정영일, 658면; 진/이, 596면.

17) 권오걸, 1174면; 김성돈, 650면; 김성천, 1255면; 박상기, 591면; 배종대, 765면; 백형구, 565면; 이재상, 654면; 이정원, 634면; 이형국, 695면; 정/박, 756면; 정영일, 658면; 진/이, 596-7면. 구성요건해당성 배제사유설은 김/서, 655면.

18) "일시 오락 정도에 불과한 도박은 그 재물의 경제적 가치가 근소하여 건전한 근로의식을 침해하지 않을 정도이므로, 건전한 풍속을 해할 염려가 없는 정도의 단순한 오락에 그치는 경미 한 행위에 불과하고, 일반 서민대중이 여가를 이용하여 평소의 심신의 긴장을 해소하는 오락은 이를 인정함이 국가정책적 입장에서 보더라도 허용되는 것이라는 점을 아울러 고려하면, 피고인 의 이 사건 풍속법위반 행위는 사회통념에 비추어 용인될 수 있는 행위로서 사회상규에 위배되 지 아니하는 행위에 해당하여 위법성이 조각된다"(대판 2004. 4. 9, 2003 도 6351).

19) 권오걸, 1174면; 김성돈, 650면; 김성천, 1256면; 김/서, 656면; 배종대, 766면; 백형구, 565 면; 오영근, 817면; 이재상, 655면; 이정원, 635면; 정/박, 757면; 정영일, 659면; 진/이, 597면. 재물의 가액만으로 판단함이 타당하다는 반대견해는 박상기, 592면; 유기천, 하권, 106-7면; 정 영석, 204면; 황산덕, 157면.

20) "도박죄에 있어서의 위법성의 한계는 도박의 시간과 장소, 도박자의 사회적 지위 및 재산 정도, 재물의 근소성, 그밖에 도박에 이르게 된 경위 등 모든 사정을 참작하여 구체적으로 판단 하여야 할 것"(대판 1985. 11. 12, 85 도 2096. 同旨, 대판 1990. 2. 9, 89 도 1992; 1984. 4. 10, 84 도 194; 1983. 3. 22, 82 도 2151; 대결 1959. 6. 12, 4291 형상 335).

21) 대판 1983. 5. 10, 83 도 68.

22) 대판 1983. 12. 27, 83 도 2545.

4. 죄　수

며칠 동안 밤마다 모여 도박을 계속한 때에는 연속범의[23] 성립요건을 갖춘다면 도박죄의 포괄일죄가 성립한다. 영리의 목적으로 도박장소를 개설한 자가 스스로 도박에 참가한 때에는 도박장소개설죄($^{제247}_{조}$)와 도박죄($^{제246}_{조}$)의 실체적 경합범이 성립한다.

5. 형　벌

1천만원 이하의 벌금에 처한다.

Ⅱ. 상습도박죄

<u>제246조 제2항 [상습도박]</u> "상습으로 제1항의 죄를 범한 사람은 3년 이하의 징역 또는 2천만원 이하의 벌금에 처한다."

1. 의의, 성격

본죄는 "상습으로 도박죄를 범함으로써 성립하는 범죄"이다. 상습성으로 인한 책임가중유형이다. 상습성은 행위자의 신분에 속한다(부진정신분범).

2. 상　습　성

상습도박죄에 있어서 '상습성'이란 반복하여 도박행위를 하는 습벽을 말한다. 도박의 습벽을 판단함에는 도박의 전과나 도박횟수 등이 중요한 판단자료가 될 것이지만,[24] 도박전과가 없다고 하더라도 도박의 성질과 방법, 도금의 규모, 피고인이 도박에 가담하게 된 태양 등의 제반사정을 참작하여 도박의 습벽이 인정될 수도 있다.[25] 따라서 한 두번의 도박행위만으로도 도박의 상습

---

23) 접속범은 연속범 안에 포섭될 수 있다(총론, 637면).

24) "상습도박죄에 있어서의 상습성이라 함은 반복하여 도박행위를 하는 습벽으로서 행위자의 속성을 말한다 할 것인데, 이러한 습벽의 유무를 판단함에 있어서는 도박의 전과나 도박횟수 등이 중요한 판단자료가 된다"(대판 1995. 7. 11, 95 도 955. 同旨, 대판 1994. 3. 8, 93 도 3608; 1990. 12. 11, 90 도 2250).

25) "도박전과가 없다 하더라도 도박의 성질과 방법, 도금의 규모, 피고인이 도박에 가담하게 된 태양 등의 제반사정을 참작하여 도박의 습벽이 인정되는 경우에는 상습성을 인정하여도 무방하다"(대판 1995. 7. 11, 95 도 955. 同旨, 대판 1985. 6. 11, 85 도 748). "판결요지: 피고인에게

성이 인정될 수 있다.²⁶⁾ 그러나 상습성이 없는 도박은 빈번히 행해졌다고 하더라도 단순도박죄의 연속범 또는 실체적 경합범이 성립할 따름이다.

일시 오락의 정도로 행해진 도박은 상습도박이 될 수 없다.²⁷⁾

상습도박죄가 성립한 때에 또다시 누범가중의 규정(제35조)이 적용될 수 있다.²⁸⁾

3. 공   범

상습도박죄는 신분으로 인하여 형이 가중되는 부진정신분범이므로, 상습자와 비상습자가 공범관계에 있는 경우에는 제33조 단서가 적용된다. 따라서 상습자에게는 본죄가 성립하고, 비상습자에게는 단순도박죄가 성립한다. 예컨대 상습도박자가 단순도박을 교사·방조한 때에는 상습도박죄의 교사범·방조범으로 처벌된다.²⁹⁾

4. 죄   수

상습도박죄는 '집합범'이므로 다수의 도박행위는 '포괄적 일죄'가 되어 1개의 상습도박죄로 처벌된다.³⁰⁾ 판례도 같은 입장이다.³¹⁾ 이 때 수죄로서 실체적

아무 전과가 없다 하더라도 2개월 10일 동안 9회에 걸쳐 도박을 하였다면 상습성이 있다"(대판 1983. 10. 25, 83 도 2448).

26) "1회의 도금 및 승패금과 압수된 금원 등을 볼 때 일시적인 오락으로 한 것으로는 볼 수 없고, 단시일 내에 전후 6회에 걸쳐 판돈 3,000,000원 여가 오간 점을 볼 때 여기에는 상습성이 있다고 할 것"(대판 1985. 6. 11, 85 도 748).

27) 권오걸, 1181-2면; 박상기, 593면; 배종대, 767면; 유기천, 하권, 107면; 이재상, 656면; 정/박, 758면; 정영일, 659면; 진/이, 599면.

28) 김/서, 658면; 배종대, 768면; 백형구, 567면; 이재상, 656면; 정/박, 759면; 정영일, 660면; 진/이, 599-600면.

29) "상습도박의 죄나 상습도박방조의 죄에 있어서의 상습성은 행위의 속성이 아니라 행위자의 속성으로서 도박을 반복해서 거듭하는 습벽을 말하는 것인 바, 도박의 습벽이 있는 자가 타인의 도박을 방조하면 상습도박방조의 죄에 해당하는 것이며, 도박의 습벽이 있는 자가 도박을 하고 또 도박방조를 하였을 경우 상습도박방조의 죄는 무거운 상습도박의 죄에 포괄시켜 1죄로서 처단하여야 할 것"(대판 1984. 4. 24, 84 도 195).

30) 권오걸, 1182면; 김/서, 659면; 배종대, 766면; 백형구, 566면; 서일교, 215면; 손동권, 705면; 오영근, 820면; 유기천, 하권, 110면; 이형국, 697면; 정/박, 760면; 정영석, 206면; 정영일, 660면; 진/이, 600면; 황산덕, 155면.

31) "상습범이라 함은 수다한 동종의 행위가 상습적으로 반복될 때 이를 일괄하여 하나의 죄로 처단하는 소위 과형상의 1죄를 말하는 것이니, 동종의 수개의 행위에 상습성이 인정된다면 그 중 형이 중한 죄에 나머지 행위를 포괄시켜 처단하는 것이 상당한 바, 위 판시가 본건 범죄를 상습범으로 인정하면서도 실질적인 경합범으로 보아 형법 제37조, 제38조를 적용하여 경합 가중하

경합범이 된다는 견해도[32] 있으나, 부당하다고 본다.

5. 형 벌

3년 이하의 징역 또는 2천만원 이하의 벌금에 처한다. 징역형을 과할 경우에는 1천만원 이하의 벌금을 병과할 수 있다($\frac{제249}{조}$).

Ⅲ. 도박장소개설죄

제247조 [도박장소 등 개설] "영리의 목적으로 도박을 하는 장소나 공간을 개설한 사람은 5년 이하의 징역 또는 3천만원 이하의 벌금에 처한다."

1. 의의, 성격

본죄는 "영리목적으로 도박을 하는 장소나 공간을 개설함으로써 성립하는 범죄"이다. 도박의 방조 내지 교사에 해당하는 행위를 독립된 범죄로 규정한 가중유형이다. 또 본죄는 영리의 목적을 요하는 '목적범'이다.

2. 구성요건

본죄의 구성요건은 영리의 목적으로 도박을 개장하는 것이다.

(1) 실행행위 – 도박장소개설

본죄의 실행행위는 '도박을 하는 장소나 공간을 개설하는 것'이다. 도박하는 사람들에게 공간적 편의를 제공하는 일체의 행위를 말한다. 설비의 규모와 정도, 장소개설의 상설 여부를 불문한다. 인터넷 사이트에서의 도박개설도 가능하다.[33] 도박장소를 개설한 자가 도박에 참가할 필요는 없다. 도박장소의 개설은 도박의 주재자가 되어 도박장소에 대한 지배권이 있어야 한다고 축소해석함으로써, 만일 단순히 도박장소를 제공한 것에 지나지 않으면 본죄가 아니라 도박방조죄가 성립할 뿐이라고 주장하는 견해가 있다.[34] 그러나 주재자의

였음은 법률위반이 있다고 할 것"(대판 1982. 9. 28, 82 도 1669).

32) 박상기, 593면; 이재상, 656면.

33) "판결요지: 인터넷 고스톱게임 사이트를 유료화하는 과정에서 사이트를 홍보하기 위하여 고스톱대회를 개최하면서 참가자들로부터 참가비를 받고 입상자들에게 상금을 지급한 행위는 도박개장죄에 해당한다"(대판 2002. 4. 12, 2001 도 5802).

34) 김성돈, 652면; 배종대, 768-9면; 오영근, 821면; 유기천, 하권, 112면; 이재상, 658면; 이형

의미가 불분명하다는 문제점이 있고 본죄가 목적범인 점에 비추어, 도박장소의 단순한 제공도 영리의 목적으로 행해진 이상, 본죄를 구성한다고 함이 타당하다.[35)]

도박장소의 개설을 방조한 행위는 본죄의 방조범이 되고, 별도로 도박죄의 방조범이 성립하는 것은 아니다.[36)]

본죄의 기수시기는 영리의 목적으로 도박장소를 개설한 때이다. 그러므로 도박장에서 도박이 사실상 행해졌을 필요는 없다.[37)] 본죄의 미수범처벌규정은 없다.

(2) 영리의 목적

본죄가 성립하기 위해서는 고의 이외에 주관적 구성요건으로서 영리의 목적이 있어야 한다(목적범). 영리의 목적이란 재산상의 이익을 얻으려는 목적을 말한다. 도박장소 개설의 대가로 입장료 또는 판돈의 일정비율을 수수료로 받는 경우가 여기에 해당하고, 도박장소개설자가 도박에 참가하여 따는 재산을 의미하는 것은 아니다. 영리목적이 있음으로써 족하고, 목적의 달성여부, 즉 현실로 재산적 이익을 얻었음을 요하지 않는다. 영리의 목적이 없는 도박장소개설은 본죄가 아니라 도박죄의 방조범으로 처벌된다.

3. 죄   수

영리의 목적으로 도박장을 개설하여 다수의 도박손님으로부터 여러 차례 수수료를 받은 행위는 '집합범'으로서 '포괄일죄'가 된다(영업범으로서의 집합범). 물론 장소와 일시를 달리하여 별개의 의사로 도박장을 수 차례 개설한 때에는 실체적 경합범이 된다.

영리의 목적으로 도박장소를 개설한 자가 스스로 도박에 참가한 때에는 도박장소개설죄와 도박죄의 실체적 경합범이 된다.

4. 형   벌

5년 이하의 징역 또는 3천만원 이하의 벌금에 처한다. 징역형을 과할 경우

국, 698면; 정/박, 761면; 진/이, 601면.

35) 同旨, 권오걸, 1185면; 박상기, 594면.

36) 김성돈, 653면; 오영근, 822면; 이재상, 658면; 정/박, 761면; 진/이, 602면.

37) Sch/Sch/Eser, StGB, §284 Rn. 12; Samson, SK, §284 Rn. 13.

에는 1천만원 이하의 벌금을 병과할 수 있다(제249
조).

Ⅳ. 복표발매죄

제248조 [복표의 발매 등] 제1항 "법령에 의하지 아니한 복표를 발매한 사람은 5
년 이하의 징역 또는 3천만원 이하의 벌금에 처한다."
제2항 "제1항의 복표발매를 중개한 사람은 3년 이하의 징역 또는 2천만원 이하의
벌금에 처한다."
제3항 "제1항의 복표를 취득한 사람은 1천만원 이하의 벌금에 처한다."

1. 의의, 성격, 보호법익

본죄는 "법령에 의하지 아니한 복표를 발매 · 발매의 중개 · 취득함으로써
성립하는 범죄"이다. 복표에 관한 죄도 승패가 우연에 의하여 결정된다는 점
에서 광의의 도박죄에 해당하지만, 형법은 협의의 도박죄와는 별개의 독립된
범죄유형으로 규정하였다. 복표의 발매죄와 취득죄는 필요적 공범 중 '대항범'에
속한다. 다만 형벌에 있어서 차등을 두고 있다. 그리고 본죄의 성립에는 영리
의 목적을 요하지 않는다.

'사행행위 등 규제 및 처벌특례법'(약칭: 사행행위규제법)은 제2조 제1항 제
2호에서 사행행위영업의 하나로 '복권발행업'을 들고, 이를 "특정한 표찰(컴퓨
터프로그램 등 정보처리능력을 가진 장치에 의한 전자적 형태를 포함한다)을 이용하
여 여러 사람으로부터 재물 등을 모아 추첨 등의 방법으로 당첨자에게 재산상
의 이익을 주고 다른 참가자에게 손실을 주는 행위를 하는 영업"이라고 정의
하며, 제30조 제2항에서는 경찰청장 또는 지방경찰청장의 허가를 받지 않고
사행행위영업(복권발행업)을 한 자를 3년 이하의 징역 또는 2천만원 이하의
벌금에 처하고 있다. 따라서 복권발매를 영업으로 하는 자에게는 '사행행위
등 규제 및 처벌특례법'이 적용된다. 이 특례법이 규제하는 복권에 본죄의 복
표가 포함된다고 본다. 따라서 복표발매를 영업으로 한 경우에는 이 특례법
제30조 제2항의 범죄와 형법상의 복표발매죄(제248조
제1항)의 상상적 경합으로 처벌
되고, 영업이 아닌 복표발매행위는 '복권 및 복권기금법'(약칭: 복권법) 제34조
제1항의 범죄와 형법상의 복표발매죄의 상상적 경합으로 처벌된다.

복표죄의 보호법익은 '사회의 건전한 근로의식 내지 경제관념'이며, 보호의 정도는 추상적 위험범이다.

2. 구성요건

(1) 행위의 객체

행위의 객체는 복표이다. '복표'란 다수인으로부터 금품을 모아 추첨 등의 방법에 의하여 당첨자에게 재산상의 이익을 주고 다른 참가자에게 손실을 주는 표찰을 말한다.[38]

도박과 복표의 차이점은 ① 재물상실의 위험부담자가 도박에서는 참가자 전원이 되지만, 복표에서는 취득자이며 복표발매자는 재물상실의 위험을 부담하지 않는다는 것, ② 승패의 결정방식이 복표에서는 추첨인데 반하여, 도박은 추첨 이외의 우연한 사정에 있다는 것, ③ 도박에서는 승패에 걸려 있는 재물의 소유권이 승부가 결정될 때까지 당사자에게 있음에 반하여, 복표에서는 복표취득의 대가로 제공된 재물의 소유권이 발매자에게 이전된다는 것 등에 있다.[39]

복표가 '복권 및 복권기금법' 제4조 제1항에 의하여 발행된 경우에는 복표발매죄의 '위법성이 조각'된다.[40]

경품권도 그 당첨이 추첨에 의하여 결정되지만, 경제적 거래에 부수되는 특별한 이익급부행위이므로 복표에 해당하지 않는다.[41] 다만 경품이 영리를 목적으로 사행심을 유발할 우려가 있는 방법으로 허가없이 행해진 경우에는 '사행행위 등 규제 및 처벌특례법' 제2조 제1항 제2호 다목, 제4조 제1항 및 제30조 제2항 제1호에 의하여 처벌된다.

---

38) 이러한 정의는 '사행행위 등 규제 및 처벌특례법' 제2조 제1항 제2호 가목 및 '복권 및 복권기금법' 제2조 제1호를 참조.

39) 권오걸, 1191면; 김성돈, 654면; 김성천, 1261면; 김/서, 661면; 박상기, 595면; 배종대, 770면; 백형구, 569면; 오영근, 823면 각주 1); 이재상, 659면; 이형국, 700면; 정/박, 762면; 정영석, 207면; 정영일, 664면; 진/이, 603면.

40) 김성돈, 654면; 김성천, 1261면; 박상기, 595-6면; 배종대, 769면; 정/박, 762면; 진/이, 603면. 한편 법령에 의하여 발행된 복표는 복표발매죄의 객체에 해당하지 않는다고 보아(권오걸, 1191면; 김/서, 661면; 이재상, 660면; 이형국, 700면; 정영일, 663면), 구성요건해당성이 배제된다는 이론구성방법도 있다.

41) 권오걸, 1189면; 김성돈, 654면; 김성천, 1261면; 김/서, 661면; 박상기, 595면; 오영근, 824면; 이형국, 700면; 정/박, 762면; 정영일, 664면; 진/이, 603면.

(2) 실행행위

본죄의 실행행위는 발매, 발매의 중개 또는 취득이다. '발매'란 취득자가 추첨 등의 방법에 의하여 우연히 재산적 이익을 얻을 수 있는 복표를 발행·판매하는 것을 말한다. '발매를 중개'한다는 것은 발매자와 취득자(구매자) 사이에서 발매를 알선하는 모든 행위를 말한다. 직접·간접 여부, 보수의 유무를 불문한다. '취득'이란 법령에 의하지 아니한 복표를 입수하여 가지는 것을 말한다. 점유(소지) 또는 소유의 취득을 포함하며, 유상·무상을 불문한다.

3. 형　벌

복표를 발매한 자는 5년 이하의 징역 또는 3천만원 이하의 벌금에 처하고, 복표발매를 중개한 자는 3년 이하의 징역 또는 2천만원 이하의 벌금에 처하며, 복표를 취득한 자는 1천만원 이하의 벌금에 처한다. 복표발매행위에 대하여 징역형을 과할 때에는 1천만원 이하의 벌금을 병과할 수 있다($^{제249}_{조}$).

제16장 신앙에 관한 죄

제 1 절 개 설

I. 의의, 성격, 보호법익

신앙에 관한 죄는 종교적 평온 또는 사자에 대한 숭앙심을 보호하고자 한다. 우리나라는 국교가 인정되지 않고 헌법상 종교의 자유($\substack{제20 \\ 조}$)가 보장되고 있으므로, 형법 제12장은 특정한 종교 자체를 보호하려는 것이 아니라 종교활동 일반 내지 사람의 신앙심·종교감정을 보호하고자 하는 것이다. 그리고 제12장은 시체에 관한 죄를 포함하고 있는데, 이 부분은 신앙과 무관하다고 할 수 있기 때문에 '신앙에 관한 죄'라는 제목은 부적절하다고 본다.[1]

제12장의 보호법익은 일률적으로 제시할 수 없고, 다음과 같이 세분해서 보아야 한다. ① 장례식 등 방해죄($\substack{제158 \\ 조}$)는 종교적 평온 또는 사자에 대한 숭앙심을, ② 시체 등의 오욕죄($\substack{제159 \\ 조}$)·분묘발굴죄($\substack{제160 \\ 조}$)·시체 등의 유기죄($\substack{제161 \\ 조}$)는 사자에 대한 숭앙심을 보호법익으로 한다. 그러나 ③ 변사체검시방해죄($\substack{제163 \\ 조}$)는 좁게 보자면 범죄수사를, 넓게는 공무집행을 보호법익으로 하고 있다고 해석되므로, 제12장이 아니라 공무방해에 관한 죄의 장(제8장)에 편입시키는 것이 타당하다.[2]

법익보호의 정도는 장례식 등 방해죄와 변사자검시방해죄에서는 추상적 위험범이고, 시체 등의 오욕죄·분묘발굴죄·시체 등의 유기죄에서는 침해범으로 해석된다.

---

1) 박상기, 596면; 오영근, 825면; 진/이, 605면.
2) 김성천, 1262면; 배종대, 771면; 오영근, 825면; 유기천, 하권, 4면; 이재상, 662면; 이정원, 637면; 이형국, 702면; 정/박, 764-5면; 정영일, 665면.

Ⅱ. 신앙에 관한 죄의 체계

형법은 신앙에 관한 죄에서 종교적 평온을 보호하기 위하여 장례식 등 방해죄(제158조)를 규정하고, 사자에 대한 숭앙심을 보호하기 위하여 시체 등의 오욕죄(제159조)·분묘발굴죄(제160조)·시체 등의 유기죄(제161조)를 규정하고 있다. 이들 범죄는 각각 독립된 범죄유형이다. 분묘발굴죄와 시체 등의 유기죄의 미수범은 처벌한다(제162조). 그리고 범죄수사에 대한 방해를 방지하고자 변사체검시방해죄(제163조)를 규정하고 있는데, 상술한 바와 같이 이 범죄는 공무방해에 관한 죄(제8장)의 범주에 속한다.

제 2 절 개별적 범죄유형

Ⅰ. 장례식 등 방해죄

제158조 [장례식 등의 방해] "장례식, 제사, 예배 또는 설교를 방해한 자는 3년 이하의 징역 또는 500만원 이하의 벌금에 처한다."

1. 의의, 보호법익

본죄는 "장례식·제사·예배 또는 설교를 방해함으로써 성립하는 범죄"이다. 본죄의 보호법익은 '종교적 평온 또는 사자에 대한 숭앙심'이며, 보호의 정도는 추상적 위험범이다.[3] 따라서 본죄가 성립하기 위하여는 장례식·제사·예배·설교 등을 방해할 위험있는 행위가 있음으로써 족하고, 현실적으로 방해되었음을 요하지 않는다.

2. 구성요건

(1) 행위의 객체

행위의 객체는 장례식·제사·예배 또는 설교에 한정된다. 따라서 결혼식,

---

3) 대판 2013. 2. 14, 2010 도 13450.

정치적·학술적 강연회, 기념식 등은 비록 교회에서의 회합이라도 본죄의 객체가 되지 않고,[4] 행위태양에 따라 업무방해죄의 문제가 된다.

'장례식'이란 사자를 장사지내는 의식을 말한다. 사자와의 영결·고별행사가 이에 해당한다. 반드시 종교의식일 필요는 없고 비종교적인 민간전래의 습속이라도 무관하다. 장례식에 시체가 현존할 필요도 없다.[5] '제사'란 사자 또는 신령에게 추모와 공경을 표하는 의식을 말한다. '예배'란 종교단체의 규칙과 관례에 따라 다수인이 모여 신에게 경배를 올리는 의식을 말한다. 장소는 불문하므로, 교회·사원에서의 예배뿐만 아니라 가정집이나 야외에서의 예배를 포함한다. 혼자서 보는 예배는 제외된다. '설교'란 종교상의 신조와 교의 등을 가르치는 것을 말한다. 종교적 학술강연은 설교가 아니다.

(2) 실행행위

실행행위는 방해하는 것이다. '방해'란 의식 또는 설교의 평온한 진행에 지장을 주는 일체의 행위를 말한다. 폭행·협박 이외에 소음·혼란에 의한 방해 등 그 수단·방법을 불문한다. 방해행위는 의식 또는 설교의 진행 중이거나 그 집행과 시간적으로 밀접불가분한 관계에 있는 준비단계에서 행해져야 한다.[6] 본죄는 추상적 위험범이므로,[7] 방해행위는 의식 또는 설교를 방해할 위험이 있음으로써 족하고(기수), 현실적으로 방해되었을 것을 요하지 않는다.

3. 형   벌

3년 이하의 징역 또는 500만원 이하의 벌금에 처한다.

Ⅱ. 시체 등의 오욕죄

제159조 [시체 등의 오욕] "시체, 유골 또는 유발(遺髮)을 오욕한 자는 2년 이하의 징역 또는 500만원 이하의 벌금에 처한다."

---

4) 권오걸, 1193면; 김성돈, 656면; 김/서, 663면; 백형구, 572면; 유기천, 하권, 7면; 이재상, 662면; 이형국, 705면; 정/박, 765면; 정영일, 667면; 진/이, 606면.

5) 권오걸, 1193면; 김성돈, 656면; 김/서, 664면; 오영근, 826면; 이재상, 662면; 이형국, 705면; 정/박, 765면; 정영일, 666면.

6) 대판 1982. 2. 23, 81 도 2691.

7) 권오걸, 1194면; 김성돈, 656면; 김/서, 663면; 오영근, 826면; 유기천, 하권, 9면; 이재상, 663면; 이정원, 637면; 이형국, 706면; 정/박, 767면; 정영일, 667면; 진/이, 608면.

1. 의의, 보호법익

본죄는 "시체·유골 또는 유발을 오욕함으로써 성립하는 범죄"이다. 본죄의 보호법익은 '사자에 대한 숭앙심'이고, 보호의 정도는 침해범으로 해석된다.[8]

2. 구성요건

(1) 행위의 객체

행위의 객체는 시체·유골 또는 유발이다. '시체'란 사람의 시신을 말한다. 죽은 태아(死胎)도 인체의 형태를 갖춘 이상 시체에 포함된다(통설).[9] 그 논거로서는 '장사 등에 관한 법률' 제2조(정의) 제1호 "'매장'이란 시체(임신 4개월 이후에 죽은 태아를 포함한다. 이하 같다.)나 유골을 땅에 묻어 장사하는 것을 말한다"라고 한 규정이 제시된다. 시체라 함은 시체의 전부뿐만 아니라 그 일부도 지칭한다.[10] 따라서 머리·팔·다리·장기도 본죄의 객체가 된다.

'유골'이란 사자에 대한 제사·추모·공경을 위하여 보존하는 유해이다. 학술표본으로 된 유골은 제사 등의 대상이 아니므로 본죄의 객체에서 제외된다. '유발'이란 사자에 대한 제사·추모·공경을 위하여 보존하는 모발을 말한다.

(2) 실행행위

실행행위는 오욕하는 것이다. '오욕'(汚辱)이란 폭행 기타 유형력에 의한 모욕행위를 말한다.[11] 시체에 오물을 투기하거나 시체를 절단하거나 시간(屍姦)하는 등의 행위가 오욕에 해당한다. 고인을 욕되게 하는 말을 하는 등, 언어에 의한 무형적 모욕은 사자명예훼손죄(제308조)의 성립은 별론으로 하고, 본죄를 구성하지 않는다. 본죄는 침해범이므로, 시체·유골·유발에 대한 오욕행위가 시체 등의 온전을 침해한 때, 따라서 사자에 대한 숭앙심을 해치게 된 때에 기

---

8) 추상적 위험범설은 권오걸, 1195면; 김/서, 666면; 오영근, 828면; 정/박, 767면; 진/이, 608면.

9) 김성돈, 658면; 김성천, 1264면; 김/서, 667면; 배종대, 772면; 백형구, 574면; 서일교, 220면; 오영근, 829면; 유기천, 하권, 11면; 이재상, 664면; 이정원, 638면; 이형국, 707면; 정/박, 767면; 정영일, 668면; 진/이, 609면.

10) 김성돈, 658면; 김성천, 1264면; 배종대, 772면; 오영근, 829면; 유기천, 하권, 11면; 이재상, 664면; 이정원, 638면; 이형국, 707면; 정/박, 767면; 정영일, 668면; 진/이, 609면.

11) 권오걸, 1196면; 김성돈, 658면; 김/서, 667면; 박상기, 597면; 배종대, 772면; 백형구, 574면; 오영근, 829면; 유기천, 하권, 8면; 이재상, 665면; 이정원, 638면; 이형국, 707면; 정/박, 768면; 정영일, 669면; 진/이, 609면.

수가 된다. 본죄의 미수범처벌규정은 없다.

3. 형   벌

2년 이하의 징역 또는 500만원 이하의 벌금에 처한다.

Ⅲ. 분묘발굴죄

제160조 [분묘의 발굴] "분묘를 발굴한 자는 5년 이하의 징역에 처한다."

1. 의의, 보호법익

본죄는 "분묘를 발굴함으로써 성립하는 범죄"이다. 보호법익은 사자에 대한 숭앙심이며, 보호의 정도는 침해범이다. 본죄의 미수범은 처벌한다($\frac{제162}{조}$).

2. 구성요건

(1) 행위의 객체

행위의 객체는 분묘이다. '분묘'란 시체나 유골을 매장하는 시설을 말한다 ($\frac{'장사 등에 관한 법률'}{제2조 제6호 참조}$). 적법하게 매장된 분묘일 필요는 없다. 그러나 시체 또는 유골이 매장되어 있지 않으면 분묘가 아니다. 시체나 유골이 분해되었거나 사자가 누구인지 불분명하거나 분묘의 소유자 또는 관리자가 없다고 하더라도, 후손에게 제사·추모의 대상으로 남아 있는 한 본죄의 객체가 된다.[12] 다만 고분은 본죄의 분묘에 속하지 않는다. 사태(死胎)를 제159조의 시체에 포함시키는 해석을 한 이상, 인체의 형상을 갖춘 사태를 매장한 시설도 분묘에 속한다고 함이 타당하다.

(2) 실행행위

실행행위는 발굴이다. '발굴'이란 복토(覆土)의 전부 또는 일부를 제거하거나 묘석 등을 파괴하여 분묘를 손괴하는 것을 말한다. 본죄의 기수시기는 발굴

---

12) 권오걸, 1196면; 김성돈, 659면; 김/서, 668면; 박상기, 598면; 배종대, 772면; 백형구, 575면; 오영근, 830면; 유기천, 하권, 9면; 이재상, 665면; 이형국, 708면; 정/박, 768-9면; 정영일, 670면; 진/이, 610면. "분묘발굴죄의 객체인 분묘는 사람의 사체, 유골, 유발 등을 매장하여 제사나 예배 또는 기념의 대상으로 하는 장소를 말하는 것이고, 그 사자가 누구인지 불명하다고 할지라도 현재 제사·숭경하고 종교적 예의의 대상으로 되어 있고 이를 수호·봉사하는 자가 있으면 여기에 해당한다"(대판 1990. 2. 13, 89 도 2061).

에 의하여 관이나 시체 또는 유골이 외부에 표출된 때이다(외부표출설).[13] 그러나 대법원은 사체가 외부로부터 인지될 수 있는 상태까지 현출될 필요가 없다고 한다(복토제거설).[14] 본죄의 미수범처벌규정($\overset{\text{제162}}{\text{조}}$)이 있는 것을 보면, 외부표출설이 타당하다고 본다.

3. 위 법 성

분묘발굴이 법에 의하여 허용되는 경우가 있다(법령에 의한 위법성조각). 형사소송법상 검증($\overset{\text{제140}}{\text{조}}$) 또는 감정($\overset{\text{제173}}{\text{조}}$)으로 발굴하는 경우가 그 예이다. 그밖에 선조의 유해를 이장하기 위한 분묘발굴은 사회상규에 위배되지 않는다.

4. 형   벌

5년 이하의 징역에 처한다. 본죄의 미수범은 처벌한다($\overset{\text{제162}}{\text{조}}$).

Ⅳ. 시체 등의 유기죄

제161조 [시체 등의 유기 등] 제1항 시체, 유골, 유발 또는 관 속에 넣어 둔 물건을 손괴(損壞), 유기, 은닉 또는 영득(領得)한 자는 7년 이하의 징역에 처한다."
제2항 "분묘를 발굴하여 제1항의 죄를 지은 자는 10년 이하의 징역에 처한다."

1. 의의, 성격

본죄는 "시체·유골·유발 또는 관 속에 넣어 둔 물건을 손괴·유기·은닉 또는 영득함으로써 성립하는 범죄"이다. 사자에 대한 숭앙심을 보호법익으로 하고, 보호의 정도는 침해범이다. 본죄의 미수범은 처벌한다($\overset{\text{제162}}{\text{조}}$).

2. 구성요건

(1) 행위의 객체

행위의 객체는 시체·유골·유발 또는 관 속에 넣어 둔 물건이다. 시체·

---

13) 권오걸, 1197면; 김성돈, 659면; 김성천, 1265면; 김/서, 669면; 박상기, 598면; 배종대, 772면; 백형구, 575-6면; 유기천, 하권, 10면; 이재상, 666면; 이형국, 709면; 정/박, 769면; 정영석, 210면; 정영일, 670면; 진/이, 611면; 황산덕, 103면.
14) "판결요지: 분묘발굴죄에 있어서의 분묘의 발굴행위에는 유골·시체가 외부로부터 인지할 수 있는 상태까지 현출함이 필요치 않다"(대결 1962. 3. 29, 4294 형상 539).

유골·유발의 개념은 시체 등의 오욕죄($\frac{제159}{조}$)에서와 같다. '관 속에 넣어 둔 물건'이란 기념 또는 유언에 따라 시체와 함께 관 속에 넣어 둔 부장품을 말한다. 관 자체는 관내장치물이라고 할 수 없다.

시체·유골·유발은 인격자의 유해로서 장례와 제사의 대상이 되는 한, '재물'로 취급할 수 없다($\frac{통}{설}$).[15] 따라서 시체·유골·유발의 영득행위는 재산죄를 구성하지 않는다. 다만 시체도 해부용으로 제공되는 등 유해로서의 성격을 상실하는 경우에는 재물이 될 수 있다. 관내장치물은 본죄의 객체인 동시에 재산죄의 객체인 재물에 속한다.

(2) **실행행위**

본죄의 실행행위는 손괴·유기·은닉 또는 영득하는 것이다.

(가) 손 괴   '손괴'란 유족의 숭앙심을 해할 정도로 물리적 손상을 가하는 행위를 말한다. 시체의 일부를 절단하거나 불태우는 행위가 이에 해당한다.

(나) 유 기   '유기'란 종교적·사회적 관례상 매장이라고 인정되는 방법에 의하지 않고, 시체 등을 방기하는 행위를 말한다. 시체 등의 장소적 이전을 요하지 않고, 매장의무자의 부작위에 의한 유기도 가능하다.

(다) 은 닉   '은닉'이란 시체 등의 발견을 불가능하게 하거나 곤란하게 하는 행위를 말한다. 살인을 은폐하고자 시체를 흙 속에 파묻거나 강물에 가라앉히는 행위가 이에 해당한다. 사람을 살해한 후 그대로 방치하고 도주하는 것만으로는 은닉이 되지 않는다.[16]

(라) 영 득   '영득'이란 시체 등을 불법하게 점유하는 행위를 말한다. 점유취득의 방법을 불문한다. 직접·간접, 유상·무상을 가리지 않는다. 시체를 영득한 자로부터 재차 영득한 때에도 본죄가 성립한다.

(3) **결합범 - 분묘발굴 및 시체유기죄**

제161조 제2항은 '분묘발굴행위'와 '시체 등의 유기행위'를 '결합범'의 형식으로 규정하여 가중처벌하고 있다. 그 구성요건의 해석은 분묘발굴죄와 시체 등의 유기죄에서와 동일하다. 시체를 영득하고자 분묘를 발굴하였으나 시체를 영득하지 못한 경우에는 분묘발굴죄($\frac{제160}{조}$)의 기수범이 아니라 분묘발굴 및

---

15) 강구진, 248면; 김/서, 670면; 김종원, 177면; 박상기, 247면; 배종대, 773면; 백형구, 129
면; 오영근, 832면; 이재상, 667면; 정영석, 309면; 정영일, 672면; 황산덕, 272면.
16) 대판 1986. 6. 24, 86 도 891.

시체유기죄($\frac{제161조}{제2항}$)의 미수범으로 처벌된다.

3. 죄 수

시체를 일부 손괴하여 유기하고 다른 일부는 영득하였다면, 이들 행위를 포괄하여 시체 등의 유기죄의 1죄로서 처벌한다(협의의 포괄적 일죄). 살인 후 시체를 은닉하면, 살인죄와 시체은닉죄의 실체적 경합범이 된다. 시체 등은 장례와 제사의 대상이 되는 한, '물건'으로 취급할 수 없으므로, 방화·불태움의 방법으로 시체를 손괴한 경우에 방화죄($\frac{제167}{조}$)는 성립하지 않고 시체손괴죄만이 성립한다.

4. 형 벌

시체 등의 유기죄의 경우에는 7년 이하의 징역에 처하고, 분묘발굴 및 시체유기죄의 경우에는 10년 이하의 징역에 처한다. 본죄의 미수범은 처벌한다($\frac{제162}{조}$).

V. 변사체 검시 방해죄

제163조 [변사체 검시 방해] "변사자의 시체 또는 변사(變死)로 의심되는 시체를 은닉하거나 변경하거나 그 밖의 방법으로 검시(檢視)를 방해한 자는 700만원 이하의 벌금에 처한다."

1. 의의, 보호법익, 성격

본죄는 "변사자의 시체 또는 변사로 의심되는 시체를 은닉하거나 변경하거나 그 밖의 방법으로 검시를 방해함으로써 성립하는 범죄"이다. 본죄의 보호법익은 좁게 보자면 범죄수사, 넓게는 공무집행이다. 따라서 본죄는 공무방해에 관한 죄(제8장)에 편입시켜 규정함이 타당하다. 법익보호의 정도는 추상적 위험범으로 해석된다.

본죄는 범죄수사의 목적을 달성하기 위한 행정범의 성격이 강하다. 검시의 방해에 이르지 아니한 변사체의 은닉·변경행위에는 '경범죄처벌법'이 적용된다. 동법 제3조 제1항 제5호(시체 현장변경 등)는 "사산아를 감추거나 정당한 이유없이 변사체 또는 사산아가 있는 현장을 바꾸어 놓은 사람"을 10만원 이하의 벌금, 구류 또는 과료의 형으로 벌한다.

2. 구성요건

(1) 행위의 객체

행위의 객체는 변사자의 시체 또는 변사로 의심되는 시체이다. '변사자'란 자연사 또는 통상의 병사로 인하지 아니한 시체를 말한다.[17] 형사소송법 제222조 제1항은 "변사자 또는 변사의 의심있는 사체가 있는 때에는 그 소재지를 관할하는 지방검찰청검사가 검시하여야 한다"라고 규정하고 있다.

(2) 실행행위

실행행위는 은닉하거나 변경하거나 그 밖의 방법으로 검시를 방해하는 것이다. '은닉'이란 시체를 매장하는 등 그 발견을 불가능하게 하거나 곤란하게 하는 일체의 행위를 말한다. '변경'이란 시체의 원상을 바꾸는 행위를 말한다. 시체 내부의 변경이든 외부의 변경이든 불문한다. '그 밖의 방법'이란 검시관을 폭행·협박하는 등 은닉·변경 이외의 방법으로 검시를 방해하는 일체의 행위를 말한다.

'검시'라 함은 사망의 원인이 범죄가 아닌가를 판단하기 위하여 수사기관이 시체의 사인을 조사하는 행위를 말한다. '검시를 방해'한다고 함은 검시를 불가능하게 하거나 현저히 곤란하게 하는 경우를 말한다. 검시가 현실적으로 방해되었을 것을 요하지 아니하고, 방해될 위험이 있음으로 족하다(추상적 위험범). 본죄의 미수범처벌규정은 없다.

검시하는 공무원을 폭행·협박하여 검시를 방해한 경우에는 본죄가 공무집행방해죄의 성격을 가진 점에 비추어 공무집행방해죄만이 성립한다고 본다.[18]

3. 형 벌

700만원 이하의 벌금에 처한다.

---

17) 범죄로 인하여 사망한 것이 명백한 자의 시체를 본죄의 객체에서 제외하고 있는 다음 대법원판결은 의문이다. "형법 제163조의 변사자라 함은 부자연한 사망으로서 그 사인이 분명하지 않은 자를 의미하고, 그 사인이 명백한 경우는 변사자라 할 수 없으므로, 범죄로 인하여 사망한 것이 명백한 자의 사체는 같은 법조 소정의 변사체검시방해죄의 객체가 될 수 없다"(**대판** 2003. 6. 27, 2003 도 1331).

18) 김성돈, 663면; 백형구, 580면; 오영근, 836면; 이재상, 670면; 이형국, 772면; 정영일, 674면; 진/이, 616면. 이에 대하여 본죄와 공무집행방해죄의 상상적 경합이 성립한다는 견해로는 권오걸, 1203면; 김/서, 675면; 박상기, 600면.

제 5 편

국가적 법익에 대한 범죄

제1장 총 설

I. 국가적 법익에 대한 범죄의 의의

'국가적 법익에 대한 범죄'는 국가의 존립과 권위 또는 국가의 기능을 위태롭게 하는 범죄이다. 그러므로 국가적 법익에 대한 범죄의 보호법익은 널리 '국가의 존립과 권위 및 국가의 기능'이라고 할 수 있다. 국가적 법익에 대한 범죄는 '사회적 법익'에 대한 범죄와 더불어 '공공적 법익'에 대한 범죄를 구성한다. 이들 공공적 법익에 대한 범죄는 개인생활의 기본조건을 보호하고자 하는 '개인적 법익'에 대한 범죄에 대비된다.

형법전에 규정되어 있는 국가적 법익에 대한 범죄를 유형별로 살펴보면, 내란의 죄, 외환의 죄, 국기에 관한 죄, 국교에 관한 죄, 공무원의 직무에 관한 죄, 공무방해에 관한 죄, 도주와 범인은닉의 죄, 위증과 증거인멸의 죄, 무고의 죄 등 9가지로 구성되어 있다.

II. 국가적 법익에 대한 범죄의 분류

이들 9가지 유형의 국가적 법익에 대한 범죄는 국가의 존립과 권위에 대한 범죄와 국가의 기능에 대한 범죄로 2대별할 수 있다.

'국가의 존립'을 보호법익으로 하는 범죄로는 국가의 대내적 존립을 보호하기 위한 내란의 죄(제1장)와 국가의 대외적 존립을 보호하기 위한 외환의 죄(제2장)가 있다. '국가의 권위'를 보호법익으로 하는 범죄로는 국기에 관한 죄(제3장)가 있고, '우리나라의 대외적 지위와 외국의 이익'을 함께 보호하고자 하는 범죄로서 국교에 관한 죄(제4장)가 있다.

'국가의 기능'을 보호법익으로 하는 범죄로는 공무원의 직무에 관한 죄(제7장), 공무방해에 관한 죄(제8장), 도주와 범인은닉의 죄(제9장), 위증과 증거인멸의 죄(제10장), 무고의 죄(제11장)가 있다.

공무원의 직무에 관한 죄는 공무원에 '의하여' 범해지는 직무범죄임에 비하여, 공무방해에 관한 죄는 공무를 집행하는 공무원에 '대하여' 범해지는 범죄이다. 도주와 범인은닉의 죄, 위증과 증거인멸의 죄, 무고의 죄는 국가의 기능 중에서도 사법기능−심판기능과 수사기능 및 구금기능 등−을 보호하고자 하는 범죄이다.

제 2 장 내란의 죄

제 1 절 개   설

I. 의의, 성격, 보호법익

내란죄는 "대한민국 영토의 전부 또는 일부에서 국가권력을 배제하거나 국헌을 문란하게 할 목적으로 폭동함으로써 성립하는 범죄"이다. 내란죄는 국가 '내부'로부터 국가의 존립과 헌법질서를 위태롭게 한다. 외환죄는 국가 '외부'로부터 국가의 존립을 위태롭게 하는 범죄라는 점에서 내란죄와 구별된다. 내란죄와 외환죄는 국가의 정치적 기본구조를 실정화한 헌법질서를 위태롭게 한다는 점에서 '정치범죄'에 포괄될 수 있으며, 이를 규율하는 법규를 '정치형법'이라고 한다.

내란죄의 보호법익은 '국가의 존립과 헌법질서'이며,[1] 널리 '국가의 내부적 안전'이라고 할 수 있다. 그 보호의 정도는 '추상적 위험범'이다.[2] 내란목적살인죄(제88조)의 보호법익은 '사람의 생명과 국가의 내부적 안전'이다. 생명보호의 정도는 침해범이다.

II. 내란의 죄의 체계

형법은 내란의 죄에 있어서 내란죄(제87조)와 내란목적살인죄(제88조)를 기본적

---

1) 대한민국 영토의 전부 또는 일부에서 국가권력을 배제할 목적을 가진 내란을 '영토내란죄'라고 하고, 국헌을 문란하게 할 목적을 가진 내란을 '헌법내란죄'라고 한다.

2) 김성돈, 668면; 김성천, 1272면; 박상기, 603면; 오영근, 843면; 이정원, 645면; 이형국, 722면; 정영일, 679면. 그러나 구체적 위험범이라는 견해로는 김/서, 947면; 배종대, 786면; 백형구, 691면; 정/박, 931면; 진/이, 953면.

범죄유형으로 규정하고 있다. 이 두 범죄의 미수(제조[89])와 예비·음모·선동·선전(제조[90])도 처벌한다.

내란죄의 처벌규정은 국외에서 본죄를 범한 외국인에게도 적용된다(제5조 제1호). 보호주의의 표현이다.

내란죄와 관련된 우리나라의 대표적인 정치형법은 '국가보안법'이다. 특별형법인 국가보안법은 형법상의 내란죄에 대하여 우선 적용된다(법조경합 중 특별관계). 최근 우리나라에서는 국가보안법의 폐지 또는 개정에 관한 논의가 활발히 전개되고 있다.[3]

군인의 내란행위는 군형법상의 반란죄(제조[5])로서 가중처벌된다.

제 2 절 개별적 범죄유형

I. 내 란 죄

제87조 [내란] "대한민국 영토의 전부 또는 일부에서 국가권력을 배제하거나 국헌을 문란하게 할 목적으로 폭동을 일으킨 자는 다음 각 호의 구분에 따라 처벌한다.
1. 우두머리는 사형, 무기징역 또는 무기금고에 처한다.
2. 모의에 참여하거나 지휘하거나 그 밖의 중요한 임무에 종사한 자는 사형, 무기 또는 5년 이상의 징역이나 금고에 처한다. 살상, 파괴 또는 약탈 행위를 실행한 자도 같다.
3. 부화수행(附和隨行)하거나 단순히 폭동에만 관여한 자는 5년 이하의 징역 또는 금고에 처한다."

1. 의의, 성격, 보호법익

본죄는 "대한민국 영토의 전부 또는 일부에서 국가권력을 배제하거나 국헌을 문란하게 할 목적으로 폭동을 일으킴으로써 성립하는 범죄"이다. '필요적 공범' 중 '집단범'에 속한다. 그리고 본죄는 '목적범'이다. 국헌문란 등의 목적이 없는 폭동은 소요죄(제조[115])에 해당한다.

---

3) 저자의 국가보안법 폐지주장에 관하여는 임웅, 비범죄화의 이론, 제4장 '정치범죄의 비범죄화—국가보안법 폐지론'과 제7장 '판례평석—국가보안법위반사건' 부분을 참조.

본죄의 보호법익은 '국가의 존립과 헌법질서'이며, 널리 '국가의 내부적 안전'이라고 할 수 있다. 보호의 정도는 '추상적 위험범'이다.[4]

2. 구성요건

(1) 행위의 주체

주체에는 제한이 없다. 내국인·외국인을 불문한다. 그런데 대한민국 영토의 전부 또는 일부에서 국가권력을 배제하거나 국헌을 문란하게 할 목적으로 폭동을 일으키고자 한다면, 그 성격상 소수인으로는 부족하고 상당한 수의 조직화된 다수인이 주체가 되어야 한다. 형법은 내란죄의 주체를 그 지위와 관여의 정도에 따라 ① 우두머리($\frac{제87조}{제1호}$), ② 모의참여자·지휘자·중요임무종사자($\frac{통}{제2호}$), ③ 부화수행자·단순관여자($\frac{통}{제3호}$)로 구별하고, 각각 그 처벌을 달리하고 있다.

'우두머리'란 폭동을 조직·지도·통솔하는 자이다. 1인일 필요는 없으며, 폭동현장에 있지 않아도 된다. '모의참여자'란 우두머리를 보좌하여 내란모의 과정에 참여하는 자이다. '지휘자'란 폭동에 가담한 전부 또는 일부를 통솔하는 자이다. 지휘의 시점은 폭동의 전후를 불문하고, 또 현장에서 지휘할 것을 요하는 것도 아니다. 기타 '중요임무종사자'란 모의참여자 및 지휘자 이외의 자로서 폭동에 중요한 역할을 담당하는 자이다. 폭동시에 살상·파괴·약탈 행위를 한 자($\frac{제87조 제2호}{후문 참조}$), 자금과 물자를 조달한 자가 이에 해당한다. '부화수행자'와 '단순폭동관여자'는 확고한 정치적 신조가 없이 막연히 폭동에 참가하여 폭동세력을 확장·증대시킨 자를 말한다. 기계적 노무에의 종사, 투석 등을 행한 자가 이에 해당한다.

행위의 주체가 군인인 경우에는 군형법상의 반란죄($\frac{제5}{조}$)로서 가중처벌된다.

(2) 실행행위

실행행위는 폭동이다. '폭동'이란 다수인이 결합하여 폭행·협박·파괴·방화·약탈·납치·살상 등의 행위를 함으로써 적어도 한 지방의 평온을 교란하는 것을 말한다. 폭동의 내용 중 '폭행'은 '최광의'의 개념에, '협박'은 '광의'

---

4) 김성천, 1272면; 박상기, 603면; 오영근, 843면; 이정원, 645면; 이형국, 721면; 정영일, 679면. 그러나 구체적 위험범이라는 견해로는 김/서, 947면; 배종대, 786면; 백형구, 691면; 손동권, 714면; 정/박, 931면; 진/이, 953면.

의 개념에 해당한다. 즉 폭행은 사람과 물건에 대한 일체의 유형력의 행사를 뜻하고, 협박은 공포심을 일으키게 할 의사로 해악을 가할 것을 고지하는 것을 말한다. 내란목적으로 행한 파업·태업·시위 등에서도 폭행·협박이 수반될 수 있다. 제87조 제2호 후문은 폭동의 내용으로서 살상·파괴·약탈의 행위를 예시하고 있다. 약탈이란 다수인의 재물을 함부로 강취(强取)함을 말한다.

폭행·협박·파괴 등은 국헌문란 등의 목적을 위한 수단일 것을 요한다. 그러므로 내란의 목적과 무관한 폭행·협박·파괴는 폭동에서 제외되어, 별개의 범죄를 구성한다.

폭행·협박·파괴 등은 적어도 한 지방의 평온을 교란할 정도의 것이어야 한다(현저성의 원칙).[5] 폭동이 한 지방의 평온을 교란할 정도에 달하면 내란죄는 '기수'가 되고, 폭동, 즉 다수인이 폭행·협박·파괴 등에 착수하였으나 한 지방의 평온을 교란할 정도에 이르지 못하였으면, 내란죄의 '미수'가 성립한다(통설[6] 및 판례[7]). 폭동으로 인하여 한 지방의 평온을 교란할 정도에 이른다는 것과 내란죄의 보호법익인 국가의 존립과 헌법질서가 위태롭게 된다는 것은 구별해야 한다. 폭동이 한 지방의 평온을 교란할 정도에 이르러 내란죄의 기수가 성립함에 있어서 그 보호법익인 국가의 존립과 헌법질서가 침해되거나 법익에 대한 구체적 위험이 발생할 필요는 없다(추상적 위험범).

폭동의 내용인 폭행·협박·파괴·방화·약탈·납치·살상·치사상 등은 내란죄에 흡수된다고 본다(법조경합 중 흡수관계).[8] [9] 다만 살인이라고 하더라

---

5) "실행행위인 폭동행위는…그 정도가 한 지방의 평온을 해할 정도의 위력이 있음을 요한다"(대판 2015. 1. 22, 2014 도 10978-전원합의체).

6) 김성돈, 669면; 김성천, 1274면; 김/서, 921면; 배종대, 788면; 백형구, 692면; 서일교, 373면; 손동권, 714면; 오영근, 847면; 유기천, 하권, 231면; 이재상, 678면; 이정원, 649면; 이형국, 722면; 정/박, 935면; 진/이, 955면; 황산덕, 19면.

7) "판결요지: 내란죄는 국토를 참절하거나 국헌을 문란할 목적으로 폭동한 행위로서, 다수인이 결합하여 위와 같은 목적으로 한 지방의 평온을 해할 정도의 폭행·협박행위를 하면 기수가 되고, 그 목적의 달성 여부는 이와 무관한 것으로 해석되므로, 다수인이 한 지방의 평온을 해할 정도의 폭동을 하였을 때 이미 내란의 구성요건은 완전히 충족된다고 할 것이어서 상태범으로 봄이 상당하다"(대판 1997. 4. 17, 96 도 3376).

8) 김성돈, 671면; 김성천, 1277면; 김/서, 949면; 배종대, 788면; 백형구, 692면; 서일교, 370면; 오영근, 850면; 이형국, 722면; 정/박, 938면; 정영석, 19면; 정영일, 682면; 진/이, 957면; 황산덕, 20면. 이에 반하여 살인·상해·강도·방화는 내란죄와 상상적 경합관계에 선다는 견해로는 박상기, 607면; 이재상, 678면; 이정원, 649면.

9) "판결요지: 내란의 실행과정에서 폭동행위에 수반하여 개별적으로 발생한 살인행위는 내란

도 후술하는 바와 같이 폭동에 수반되지 않고 별개로 행해진 내란목적의 살인
은 내란목적살인죄($\frac{M88}{\Delta}$)에 해당하고, 본죄를 구성하지 않는다.

(3) 주관적 구성요건

본죄의 주관적 구성요건으로는 다수인이 폭동한다는 고의 이외에 대한민
국 영토의 전부 또는 일부에서 국가권력을 배제하거나 국헌을 문란하게 할 목
적이 있어야 한다(진정목적범). 그 목적의 달성여부는 본죄의 성립(기수·미
수)과 무관하다.[10]

'대한민국 영토의 전부 또는 일부에서 국가권력을 배제할 목적'이란 대한
민국의 영토고권(領土高權)이 미치는 영토의 전부 또는 일부에 대해서 영토고
권을 배제하려는 목적을 말한다(영토내란).

'국헌을 문란하게 할 목적'이란 대한민국의 기본적 헌법질서를 교란할 목
적을 말한다(국헌내란). 기본적 헌법질서란 자유민주주의라고 하는 헌법의 기
본질서를 중핵으로 한다. 형법 제91조는 국헌문란의 목적을 정의하고 있다.
즉 ① 헌법 또는 법률에 정한 절차에 의하지 아니하고 헌법 또는 법률의 기능
을 소멸시키는 것, ② 헌법에 의하여 설치된 국가기관을 강압에 의하여 전복
또는 그 권능행사를 불가능하게 하는 것을 목적으로 하는 것이다. 권력분립주
의·법치주의·의회주의·사법권독립 등 국가의 기본조직 및 헌법제도를 파
괴·변혁하고자 하는 것이 ①의 예이고, 국회·대통령·사법부·국무회의 등

행위의 한 구성요소를 이루는 것이므로, 내란행위에 흡수되어 내란목적살인의 별죄를 구성하지
아니한다"(**대판** 1997. 4. 17, **96 도** 3376 - 전원합의체).

10) 내란의 목적을 달성한 것은 그 내란이 성공한 것이고 내란의 주도세력이 정치권력을 장악
한 것을 의미하므로, 일반적으로 '성공한 내란'은 처벌받지 않는다고 한다. 그러나 우리의 역사는
성공한 내란도 그 주도세력이 권력을 상실한 시점에서는 처벌될 수 있다는 엄연한 사실을 보여
주고 있다. "헌정질서파괴범죄의 공소시효 등에 관한 법률"(1995. 12. 21. 법률 제5028호)을 제정
하여, 공소시효가 완성된 헌정질서파괴범죄, 즉 내란죄를 범한 두 전직대통령을 처벌한 실례가
그것이다. "판결요지: 우리나라는 제헌헌법의 제정을 통하여 국민주권주의, 자유민주주의, 국민
의 기본권보장, 법치주의 등을 국가의 근본이념 및 기본원리로 하는 헌법질서를 수립한 이래 여
러 차례에 걸친 헌법개정이 있었으나, 지금까지 한결같이 위 헌법질서를 그대로 유지하여 오고
있는 터이므로, 군사반란과 내란을 통하여 폭력으로 헌법에 의하여 설치된 국가기관의 권능행사
를 사실상 불가능하게 하고 정권을 장악한 후 국민투표를 거쳐 헌법을 개정하고 개정된 헌법에
따라 국가를 통치하여 왔다고 하더라도 그 군사반란과 내란을 통하여 새로운 법질서를 수립한
것이라고 할 수는 없으며, 우리나라의 헌법질서 아래에서는 헌법에 정한 민주적 절차에 의하지
아니하고 폭력에 의하여 헌법기관의 권능행사를 불가능하게 하거나 정권을 장악하는 행위는 어
떠한 경우에도 용인될 수 없다. 따라서 그 군사반란과 내란행위는 처벌의 대상이 된다 - 다수의
견"(**대판** 1997. 4. 17, **96 도** 3376 - 전원합의체).

헌법기관 자체의 존속을 폐지·전복함으로써 그 기능을 정지시키고자 하는 것이 ②의 예이다. 구체적으로 구성된 정부 내지 내각[11] 또는 대통령 개인을 타도·실각시키려는 것은 국헌문란의 목적에 해당하지 않는다.[12]

3. 공범규정의 적용 여부

필요적 공범인 집단범의 성격상 내란조직의 '내부'에서 폭행·협박의 실행행위를 분담하거나 폭행·협박 등을 지시·격려하는 등, 내란죄의 주체 사이에서는 총칙상의 공범규정이 적용될 여지가 없다. 그러므로 그 지위와 관여의 정도에 따라 제87조가 규정한 법정형의 범위 내에서 각자가 '정범'으로 처벌된다.

내란조직의 '외부'에서 임의적 공범의 형태로 관여한 자, 즉 주모자에게 국헌문란의 신조·의지를 불러일으키거나 내란자금을 지원하는 자 등에게 총칙상의 공범규정이 적용되는가에 관하여는 견해가 대립한다. 총칙상의 공범규정은 임의적 공범에 관한 것이므로 내란죄와 같은 필요적 공범에게는 적용되지 않는다는 부정설이 있다.[13] 생각건대 형법 제87조는 내란죄의 '공동정범'의 다양한 가담형태를 구분하여 규정한 것이고, 또 집단범의 성격에 비추어 외부에서의 공동실행이란 별도로 있을 수 없기 때문에, 적어도 공동정범규정($\frac{제30}{조}$)만큼은 내란죄에 적용될 여지가 없다고 하겠다. 다만 내란에 가담하지는 않은 채로 외부에서 개인적으로 내란을 교사 또는 방조하는 것은 가능하므로, 교사($\frac{제31}{조}$)와 방조($\frac{제32}{조}$)의 규정만은 내란죄에 적용될 수 있다고 본다($\frac{다수}{설}$).[14] 이러한 결론은 소요죄에 있어서와 같다.

---

11) "원심은…한일회담이 우리나라에 불리하게 체결될 것을 우려한 나머지 국민여론을 환기시켜 이를 시정하거나 정권교체를 기도하였을 뿐, 피고인들이 현 정치적 기본조직제도 자체의 변혁을 기도하였음을 인정할 증거가 없다는 취지에서 내란선동죄에 대하여 무죄를 선고하고 있는 바, 이를 기록에 의하여 살펴보면 피고인들에게 직접적으로 국가의 기본조직을 강압으로 전복 또는 그 권능행사를 불가능케 할 목적으로 폭동을 선동한 것이라 단정할 증거있다 할 수 없으므로(당원 1968. 3. 5. 선고 66도1056 판결 참조), 원심의 위와 같은 조처는 수긍될 수 있는 바라 할 것"(대판 1977. 2. 22, 72 도 2265).

12) 김성돈, 670면; 김/서, 950면; 배종대, 789면; 오영근, 846면; 이재상, 680면; 이형국, 723면; 정/박, 936면; 정영일, 683면; 진/이, 956면.

13) 김/서, 951면; 서일교, 373면; 이정원, 649면; 이형국, 723면; 정영석, 22면.

14) 김성돈, 671면; 김성천, 1276면; 박상기, 605면; 배종대, 787면; 백형구, 693면; 오영근, 848면; 유기천, 하권, 226-7면; 이재상, 676면; 이형국, 723면; 정/박, 937면; 정영일, 685-6면; 진/이, 957면; 황산덕, 20면.

4. 형 벌

우두머리는 사형·무기징역 또는 무기금고에 처하고($\frac{제87조}{제1호}$), 모의참여자·지휘자·중요임무종사자는 사형·무기 또는 5년 이상의 징역이나 금고에 처하며($\frac{동}{제2호}$), 부화수행자·단순폭동관여자는 5년 이하의 징역 또는 금고에 처한다($\frac{동}{제3호}$). 본죄의 미수범($\frac{제89}{조}$)과 예비·음모죄($\frac{제90조}{제1항}$)도 처벌한다.

5. 국가보안법

'국가보안법'은 제2조에서 정부를 참칭하거나 국가를 변란할 것을 목적으로 하는 국내외의 결사 또는 집단으로서 지휘통솔체제를 갖춘 단체를 '반국가단체'라고 정의하고, 제3조 제1항에서 반국가단체를 구성하거나 이에 가입한 자를 구별하여, 수괴의 임무에 종사한 자는 사형 또는 무기징역에 처하고($\frac{제1}{호}$), 간부 기타 지도적 임무에 종사한 자는 사형·무기 또는 5년 이상의 징역에 처하며($\frac{제2}{호}$), 그 이외의 자는 2년 이상의 유기징역에 처한다고($\frac{제3}{호}$) 규정하고 있다. 그리고 이 죄의 미수범을 처벌하며($\frac{동조}{제3항}$), 그 예비·음모도 처벌한다($\frac{동조}{제4. 5항}$). 반국가단체구성죄에 대한 예비·음모는 내란죄에 대한 예비·음모의 예비·음모에 해당한다. 반국가적 음모에 대해서는 그 싹에서부터 철저히 대처하고자 하는 정치형법의 특성을 읽을 수 있다(형법의 정치적 성격).

국가보안법은 형법상의 내란죄규정에 대하여 특별법의 위치에 선다. 다만 내란목적의 '폭동행위'로까지 나아간 때에는 국가보안법상 해당 구성요건이 없으므로 형법상의 내란죄규정만이 적용된다.

II. 내란목적살인죄

<u>제88조 [내란목적의 살인]</u> "대한민국 영토의 전부 또는 일부에서 국가권력을 배제하거나 국헌을 문란하게 할 목적으로 사람을 살해한 자는 사형, 무기징역 또는 무기금고에 처한다."

1. 의의, 보호법익

본죄는 "대한민국 영토의 전부 또는 일부에서 국가권력을 배제하거나 국헌을 문란하게 할 목적으로 사람을 살해함으로써 성립하는 범죄"이다. 본죄의 보호법익은 '국가의 내부적 안전과 사람의 생명'이다. 국가의 내적 안전은 추상적 위험범으로 보호되고, 사람의 생명은 침해범으로 보호된다(보호의 정도). 본죄의 미수범을 처벌하는데($\frac{제89}{조}$), 기수·미수의 구별은 생명의 침해 여부를 기준으로 한다.

2. 성 격

내란죄 제87조 제2호 후문에서 '살'상(殺傷)의 행위를 명시하여 처벌하고 있으므로, 제88조의 내란목적살인죄는 제87조의 내란살상죄에 대하여 어떠한 관계에 있는가가 문제된다. 이에 관하여는 다음과 같은 견해가 대립한다. ① 두 범죄는 행위의 객체로 구별된다고 보아, '요인'(국가원수 및 군수뇌부 등)을 객체로 한 내란목적살해는 내란목적살인죄($\frac{제88}{조}$)에 해당하고, '일반인'을 객체로 한 내란목적살해는 내란살상죄($\frac{제87}{조}$)에 해당한다는 견해. 본죄는 요인암살을 내용으로 하는 내란죄의 독립된 범죄유형이라는 입장이다(독립범죄설).[15] ② 내란목적으로 일반인을 살해하는 것도 내란목적살인죄에 해당하며, 따라서 본죄는 살인죄에 대한 가중적 구성요건이라는 견해(살인죄의 가중유형설).[16] 제88조를 제87조 제2호 후문에 대한 특별규정으로 이해하는 입장도[17] 여기에 속한다고 본다. ③ 내란목적살인이 '폭동에 수반되어' 행해진 경우에는 제87조의 내란죄에 해당하고, '폭동에 수반되지 않고 별개로' 행해진 경우에는 제88조의 내란목적살인죄에 해당한다는 견해(판례[18]). 살인과 폭동의 관련성으로 구별하는 입장(폭동관련구별설)이다.[19]

생각건대 제87조의 내란살상죄는 다수인의 폭동행위시에 군중심리에 지배되어 우발적 살상에 나아간 행위를 처벌하고자 하는 것이 입법취지라고 해석

---

15) 김성천, 1278면; 김/서, 953면; 박상기, 609면; 이정원, 651-2면; 정영일, 687면.

16) 배종대, 790면; 이재상, 681면; 정/박, 940면.

17) 유기천, 하권, 233면; 진/이, 959면.

18) "판결요지: 내란목적살인죄는 국헌을 문란할 목적을 가지고 직접적인 수단으로 사람을 살해함으로써 성립하는 범죄라 할 것이므로, 국헌문란의 목적을 달성함에 있어 내란죄가 '폭동'을 그 수단으로 함에 비하여 내란목적살인죄는 '살인'을 그 수단으로 하는 점에서 두 죄는 엄격히 구별된다. 따라서 내란의 실행과정에서 폭동행위에 수반하여 개별적으로 발생한 살인행위는 내란행위의 한 구성요소를 이루는 것이므로 내란행위에 흡수되어 내란목적살인의 별죄를 구성하지 아니하나, 특정인 또는 일정한 범위 내의 한정된 집단에 대한 살해가 내란의 와중에 폭동에 수반하여 일어난 것이 아니라 그것 자체가 의도적으로 실행된 경우에는 이러한 살인행위는 내란에 흡수될 수 없고 내란목적살인의 별죄를 구성한다"(대판 1997. 4. 17, 96 도 3376 – 전원합의체).

19) 김성돈, 672면; 오영근, 849면; 이형국, 724면.

되는 반면에, 제88조의 내란목적살인죄는 살인행위 자체가 구체적 인물을 대상으로 계획적으로 행해진 경우를 처벌하고자 하는 취지로 이해된다. 그렇다고 하지만 내란목적살인죄의 객체를 요인으로 한정해석할 특별한 이유도 없고, 또 요인에 해당하는 인물의 범위획정도 곤란한 까닭에 위 ③ 판례의 견해가 타당하다고 하겠다. 이 때 '폭동에 수반된' 살인이란 폭동행위시에 군중심리에 지배되어 행해진 살인을 의미하고, '폭동에 수반되지 않고 별개로' 행해진 살인이란 폭동의 전후를 불문하고 폭동과는 무관하게 살인행위 자체가 내란목적을 달성하기 위한 수단으로서 계획적 · 의도적으로 행해진 경우를 의미한다.

그리고 본죄는 대한민국 영토의 전부 또는 일부에서 국가권력을 배제하거나 국헌을 문란하게 할 목적을 요하는 '목적범'이다.

3. 구성요건

행위의 객체는 사람이다. 여기의 사람을 일반인이 아닌 '요인'에 한정된다고 해석하는 견해가[20] 있으나, 이렇게 축소해석(제한해석)할 특별한 이유가 없다고 본다. 누구가 요인에 해당하는가의 기준설정도 곤란하다고 하겠다.

실행행위는 살해하는 것이다. 살해행위는 폭동의 시점에 행해질 필요는 없다. 폭동에 착수하기 전이든, 폭동행위시이든, 폭동이 종료된 이후이든 불문한다.[21]

본죄는 사람을 살해한다는 고의 이외에 대한민국 영토의 전부 또는 일부에서 국가권력을 배제하거나 국헌을 문란하게 할 목적이 있어야 한다(부진정목적범). 이러한 목적이 없으면 단순살인죄($^{제250}_{조}$)를 구성할 뿐이다.

4. 죄 수

폭동의 '준비'단계에서 내란목적으로 '일반인'을 살해하면 내란예비죄와 내란목적살인죄의 상상적 경합이 된다.[22] 이 때 본죄의 성격에 관한 독립범죄설에서는 내란예비죄와 단순살인죄의 상상적 경합이 된다고 한다.[23]

---

20) 김/서, 953면; 박상기, 609면; 이정원, 652면.
21) 김성돈, 673면; 김성천, 1279면; 김/서, 954면; 박상기, 610면; 배종대, 790면; 손동권, 717면; 오영근, 850면; 이재상, 682면; 이정원, 652면; 이형국, 725면; 정/박, 940면; 진/이, 960면.
22) 김성돈, 674면; 이재상, 682면; 정/박, 941면.

내란목적으로 '폭동행위시에' 사람을 살해한 경우에는 ⓐ 폭동에 수반된 살인이라면 내란죄($\frac{제87}{조}$)가 성립하고, ⓑ 폭동에 수반되지 않은 별개의 살인이라면 내란목적살인죄가 성립한다. 이러한 구별없이 본죄의 성격에 관한 가중유형설을 취한다고 하더라도 제88조가 제87조의 가중규정인 이상 내란목적살인죄만이 성립한다고 함이 타당하다.[24] 독립범죄설은 폭동행위시의 살해의 객체가 일반인이면 내란죄가 성립하고, 요인이면 내란목적살인죄가 성립한다고 한다.[25]

폭동 전에 내란목적으로 사람을 살해하고 그 후 폭동에 참가한 경우에는 내란목적살인죄와 내란죄의 실체적 경합범이 성립한다.

5. 형   벌

사형·무기징역 또는 무기금고에 처한다. 본죄의 미수범($\frac{제89}{조}$)과 예비·음모($\frac{제90조}{제1항}$)도 처벌한다.

Ⅲ. 내란예비·음모·선동·선전죄

제90조 [예비, 음모, 선동, 선전] 제1항 "제87조 또는 제88조의 죄를 범할 목적으로 예비 또는 음모한 자는 3년 이상의 유기징역이나 유기금고에 처한다. 단, 그 목적한 죄의 실행에 이르기 전에 자수한 때에는 그 형을 감경 또는 면제한다."
제2항 "제87조 또는 제88조의 죄를 범할 것을 선동 또는 선전한 자도 전항의 형과 같다."

본죄는 "내란죄 또는 내란목적살인죄를 범할 목적으로 예비·음모하거나, 이들 범죄를 범할 것을 선동·선전함으로써 성립하는 범죄"이다.

'예비'란 내란을 범할 목적으로 하는 외부적 형태의 준비행위이다. 내란을 위한 자금이나 무기를 조달·구입하는 것이 그 예이다. '음모'는 2인 이상이 내란을 범할 목적으로 모의하는 것이다.[26] 내란예비·음모에 대한 교사·방조는

---

23) 김/서, 955면; 박상기, 610면; 이정원, 651면; 이형국, 725면.

24) 가중규정설을 취하면서 내란목적살인죄와 내란죄의 상상적 경합이 된다고 하는 주장(이재상, 682면; 정/박, 941면)은 부당하다고 하겠다.

25) 김/서, 955면; 박상기, 610면; 이정원, 652면.

26) 특정 정당 소속의 국회의원 피고인 갑(이석기) 및 지역위원장 피고인 을을 비롯한 피고인들이, 이른바 조직원들과 회합을 통하여 회합 참석자 130여 명과 한반도에서 전쟁이 발발하는 등

처벌되지 않는다.[27] 내란을 예비·음모한 자가 실행에 이르기 전에 자수한 때에는 그 형을 감경 또는 면제한다.

'선동'이란 불특정·다수인에게 정신적 영향을 주어 선동자가 의도하는 방향으로 결의하게 하거나 이미 가진 결의를 강화하도록 하는 행위를 말한다.[28]

유사시에 상부 명령이 내려지면 바로 전국 각 권역에서 국가기간시설 파괴 등 폭동할 것을 통모함으로써 내란죄를 범할 목적으로 음모하였다는 내용으로 기소된 사안에서, 대법원은 피고인들에게 무죄를 선고한 원심판단을 정당하다고 판시하면서, 내란음모에 관하여 다음과 같은 요지의 해석을 하고 있다('이석기 등 내란죄 사건'). 다수의견은 내란음모의 성립을 부정한 것이고, 반대의견은 긍정한 것이다. "판결요지: [다수의견] (가) 음모는 실행의 착수 이전에 2인 이상의 자 사이에 성립한 범죄실행의 합의로서, 합의 자체는 행위로 표출되지 않은 합의 당사자들 사이의 의사표시에 불과한 만큼 실행행위로서의 정형이 없고, 따라서 합의의 모습 및 구체성의 정도도 매우 다양하게 나타날 수밖에 없다. 그런데 어떤 범죄를 실행하기로 막연하게 합의한 경우나 특정한 범죄와 관련하여 단순히 의견을 교환한 경우까지 모두 범죄실행의 합의가 있는 것으로 보아 음모죄가 성립한다고 한다면, 음모죄의 성립범위가 과도하게 확대되어 국민의 기본권인 사상과 표현의 자유가 위축되거나 그 본질이 침해되는 등 죄형법정주의 원칙이 형해화될 우려가 있으므로, 음모죄의 성립범위도 이러한 확대해석의 위험성을 고려하여 엄격하게 제한하여야 한다. (나) 2인 이상의 자 사이에 어떠한 폭동행위에 대한 합의가 있는 경우에도 공격의 대상과 목표가 설정되어 있지 않고, 시기와 실행방법이 어떠한지를 알 수 없으면 그것이 '내란'에 관한 음모인지를 알 수 없다. 따라서 내란음모가 성립하였다고 하기 위해서는 개별 범죄행위에 관한 세부적인 합의가 있을 필요는 없으나, 공격의 대상과 목표가 설정되어 있고, 그 밖의 실행계획에 있어서 주요 사항의 윤곽을 공통적으로 인식할 정도의 합의가 있어야 한다. 나아가 합의는 실행행위로 나아간다는 확정적인 의미를 가진 것이어야 하고, 단순히 내란에 관한 생각이나 이론을 논의한 것으로는 부족하다. 또한, 내란음모가 단순히 내란에 관한 생각이나 이론을 논의 내지 표현한 것인지 실행행위로 나아간다는 확정적인 의미를 가진 합의인지를 구분하기가 쉽지 않다는 점을 고려하면, 내란음모죄에 해당하는 합의가 있다고 하기 위해서는 단순히 내란에 관한 범죄결심을 외부에 표시·전달하는 것만으로는 부족하고 객관적으로 내란범죄의 실행을 위한 합의라는 것이 명백히 인정되고, 그러한 합의에 실질적인 위험성이 인정되어야 한다. 그리고 내란음모가 실질적 위험성이 있는지 여부는 합의 내용으로 된 폭력행위의 유형, 내용의 구체성, 계획된 실행시기와의 근접성, 합의 당사자의 수와 합의 당사자들 사이의 관계, 합의의 강도, 합의 당시의 사회정세, 합의를 사전에 준비하였는지 여부, 합의의 후속 조치가 있었는지 여부 등을 종합적으로 고려하여 판단하여야 한다.
[반대의견] 내란의 모의가 일반적·추상적인 합의를 넘는 실질적 위험성이 있는 합의인지는 단순히 합의의 내용뿐만 아니라 그 합의를 둘러싸고 있는 여러 사정도 함께 고려하여 종합적으로 판단하여야 하는 것이므로, 일정한 시기에 내란을 실행하자는 내용의 의사합치는 이루어졌으나 구체적인 공격의 대상과 목표, 방법 등에 관하여는 확정적인 합의에 이르지 못하고 논의하는 데 그쳐 합의의 구체성이 다소 떨어지는 경우라고 하더라도, 모의 참가자들이 합의한 일정한 시기에 자신들이 논의했던 방법이나 그와 유사한 방식으로 내란의 실행행위로 나아갈 개연성이 크다고 인정되면, 이는 일반적·추상적 합의를 넘어서는 실질적 위험성이 있는 내란 실행에 관한 합의로서 내란음모죄를 구성한다. 따라서 내란음모죄의 성립에 반드시 구체적인 공격의 대상과 목표, 방법 등이 설정되어 있어야 할 필요는 없다"(**대판** 2015. 1. 22, 2014 **도** 10978－전원합의체).
  27) 김성돈, 674면; 김성천, 1280면; 박상기, 611면; 이재상, 683면; 이형국, 725면; 정/박, 941면; 정영일, 690면. 반대설은 김/서, 957면; 이정원, 652면.

'선전'이란 불특정·다수인으로 하여금 내란에 동조하도록 내란의 취지와 당위성을 널리 주지시키는 행위를 말한다.

---

28) 특정 정당 소속의 국회의원 피고인 갑(이석기) 및 지역위원장 피고인 을이 공모하여, 이른바 조직원들과 두 차례 회합을 통하여 회합 참석자 130여 명에게 한반도에서 전쟁이 발발하는 등 유사시에 상부 명령이 내려지면 바로 전국 각 권역에서 국가기간시설 파괴 등 폭동을 할 것을 주장함으로써 내란죄를 범할 것을 선동하였다는 내용으로 기소된 사안에서, 대법원은 피고인들에게 유죄를 선고한 원심판단을 정당하다고 판시하면서, 내란선동에 관하여 다음과 같은 요지의 해석을 하고 있다('이석기 등 내란죄 사건'). 다수의견은 내란선동의 성립을 긍정한 것이고, 반대의견은 부정한 것이다. "판결요지: [다수의견] 내란선동이란 내란이 실행되는 것을 목표로 하여 피선동자들에게 내란행위를 결의, 실행하도록 충동하고 격려하는 일체의 행위를 말한다. 내란선동은 주로 언동, 문서, 도화 등에 의한 표현행위의 단계에서 문제되는 것이므로 내란선동죄의 구성요건을 해석함에 있어서는 국민의 기본권인 표현의 자유가 위축되거나 본질이 침해되지 아니하도록 죄형법정주의의 기본정신에 따라 엄격하게 해석하여야 한다. 따라서 내란을 실행시킬 목표를 가지고 있다 하여도 단순히 특정한 정치적 사상이나 추상적인 원리를 옹호하거나 교시하는 것만으로는 내란선동이 될 수 없고, 그 내용이 내란에 이를 수 있을 정도의 폭력적인 행위를 선동하는 것이어야 하고, 나아가 피선동자의 구성 및 성향, 선동자와 피선동자의 관계 등에 비추어 피선동자에게 내란 결의를 유발하거나 증대시킬 위험성이 인정되어야만 내란선동으로 볼 수 있다. 언어적 표현행위는 매우 추상적이고 다의적일 수 있으므로 그 표현행위가 위와 같은 내란선동에 해당하는지를 가림에 있어서는 선동행위 당시의 객관적 상황, 발언 등의 장소와 기회, 표현 방식과 전체적인 맥락 등을 종합하여 신중하게 판단하여야 한다. 다만 선동행위는 선동자에 의하여 일방적으로 행해지고, 그 이후 선동에 따른 범죄의 결의 여부 및 그 내용은 선동자의 지배영역을 벗어나 피선동자에 의하여 결정될 수 있으며, 내란선동을 처벌하는 근거가 선동행위 자체의 위험성과 불법성에 있다는 점 등을 전제하면, 내란선동에 있어 시기와 장소, 대상과 방식, 역할분담 등 내란 실행행위의 주요 내용이 선동 단계에서 구체적으로 제시되어야 하는 것은 아니고, 또 선동에 따라 피선동자가 내란의 실행행위로 나아갈 개연성이 있다고 인정되어야만 내란선동의 위험성이 있는 것으로 볼 수도 없다.
[반대의견] 내란음모죄와 달리 '2인 이상의 합의'를 필요로 하지 아니하는 내란선동죄에서의 선동은 선동자가 일방적으로 한 언어적 표현행위에 불과하고 피선동자가 현실적으로 영향을 받을 것을 요건으로 하지도 아니한다는 측면에서 내란선동죄는 내란음모죄보다도 성립범위가 지나치게 확장될 우려가 더 크다. 아울러 내란선동은 대개 내란음모의 전 단계에 위치하는 것으로서 내란음모보다 내란의 직접적인 실현가능성이 높지 아니함에도 형법은 내란선동죄를 내란음모죄와 동일한 법정형으로 규정하고 있는 점에서도, 내란선동죄는 내란음모죄에 상응한 정도의 위험성이 있는 경우에 한하여 범죄 성립을 인정하여야 하고, 이를 위하여는 구성요건을 객관적인 기준에 의하여 더욱 엄격하게 해석·적용할 필요가 있다. 따라서 내란선동죄에서도 내란음모죄와 마찬가지로 객관적으로 보아 내란의 주요한 부분, 즉 시기, 대상, 수단 및 방법, 실행 또는 준비에 관한 역할분담 등 윤곽에 관하여 어느 정도 개략적으로 특정된 선동이라는 것이 명백히 인정되고 이러한 선동에 따라 피선동자가 내란으로 나아갈 실질적인 위험성이 인정되는 경우에 한하여 범죄가 성립한다고 보아야 한다"(**대판** 2015. 1. 22, 2014 **도** 10978-전원합의체).

제3장 외환의 죄

제1절 개 설

I. 의의, 성격, 입법론, 보호법익

외환의 죄란 "외국과 통모하여 외환을 유치하거나, 대한민국에 항적하거나, 적국에 인적·물적 이익을 제공하여 국가의 존립을 위태롭게 하는 범죄"이다. 외환죄는 국가 '외부'로부터 국가의 존립을 위태롭게 하는 범죄이다. 국가의 외부적 안전을 위태롭게 하는 범죄라는 점에서 국가의 내부적 안전을 위태롭게 하는 내란죄와 함께 '정치범죄'에 속한다.

외환의 죄 중에서 '이적죄'($^{제94-}_{99조}$)는 '적국을 위하여' 행할 것, 즉 이적성(利敵性) 및 이적의사가 있을 것을 필요로 하는 범죄이다. 이적의사는 초과주관적 요소이다.

우리 형법상의 외환죄규정은 국수주의적 색채가 짙은 '일본형법가안'의 영향을 받았다. 특히 사법상의 계약의무위반에 불과한 전시군수계약불이행죄를 형법에서 처벌함은 부당하므로 형법에서 삭제해야 한다는 주장이 강하게 제기되고 있다.[1]

본죄의 보호법익은 '국가의 존립' 내지 '국가의 외부적 안전'이다. 그 보호의 정도는 '추상적 위험범'이다.[2]

---

[1] 김기춘, 형법개정시론, 570면; 김/서, 959면; 오영근, 853면; 유기천, 하권, 236면; 이재상, 685면; 이정원, 663면; 이형국, 727면; 정영일, 691면; 진계호, 724면. 반대설은 박상기, 621면.
[2] 구체적 위험범이라는 견해로는 김/서, 958면; 배종대, 792면; 백형구, 682면; 정/박, 932면; 진/이, 962면.

Ⅱ. 외환의 죄의 체계

　　형법상 외환의 죄는 외환유치죄($^{제92}_{조}$), 여적죄($^{제93}_{조}$), 이적죄($^{제94-97조}_{및 제99조}$), 간첩죄($^{제98}_{조}$), 전시군수계약불이행죄($^{제103}_{조}$)를 독립된 범죄유형으로 하고 있다. 이적죄의 범죄군은 일반이적죄($^{제99}_{조}$)를 기본유형으로 하고, 모병이적죄($^{제94}_{조}$)·시설제공이적죄($^{제95}_{조}$)·시설파괴이적죄($^{제96}_{조}$)·물건제공이적죄($^{제97}_{조}$)를 그 가중유형으로 한다. 전시군수계약불이행죄를 제외한 모든 외환죄의 미수범($^{제100}_{조}$) 및 예비·음모·선동·선전죄($^{제101}_{조}$)를 처벌한다.

　　외환죄의 처벌규정은 국외에서 본죄를 범한 외국인에게도 적용된다($^{제5조}_{제2호}$). 보호주의의 표현이다.

　　'군인'의 이적죄는 '군형법'에 의하여 무겁게 처벌된다. 군형법상 군용시설제공이적죄($^{제11}_{조}$)·군용시설파괴이적죄($^{제12}_{조}$)·간첩죄($^{제13}_{조}$)·일반이적죄($^{제14}_{조}$)가 가중처벌되고 있다.

　　형법 제98조 제2항은 '군사상의 기밀'을 적국에 누설한 행위를 간첩죄로 처벌하고 있다. 이와 관련하여 '군사기밀보호법'은 군사기밀의 개념을 정의하고($^{제2}_{조}$), 군사기밀을 탐지·수집한 행위를 10년 이하의 징역에 처하며($^{제11}_{조}$), 군사기밀을 누설한 행위를 일반누설($^{제12}_{조}$)과 업무상누설($^{제13}_{조}$)로 구분하여 처벌하면서, 이들 범죄를 '외국 또는 외국인을 위하여' 범한 때에는 그 죄에 정한 형의 2분의 1까지 가중처벌하고 있다($^{제15}_{조}$). '군인'이 군사상의 기밀을 적에게 누설한 때에는 '군형법' 제13조 제2항에 의하여 사형 또는 무기징역으로 처벌된다.

제 2 절　개별적 범죄유형

Ⅰ. 외환유치죄

<u>제92조 [외환유치]</u> "외국과 통모하여 대한민국에 대하여 전단을 열게 하거나 외국인과 통모하여 대한민국에 항적한 자는 사형 또는 무기징역에 처한다."

제104조 [동맹국] "본장의 규정은 동맹국에 대한 행위에 적용한다."

1. 의의, 보호법익

본죄는 "외국과 통모하여 대한민국에 대하여 전단을 열게 하거나 외국인과 통모하여 대한민국에 항적함으로써 성립하는 범죄"이다. 본죄의 보호법익은 '국가의 존립'이며, 그 보호의 정도는 '추상적 위험범'이다.[3]

2. 구성요건

본죄의 구성요건은 두 가지이다. 즉 ① 외국과 통모하여 대한민국에 대하여 전단을 열게 하는 것, 또는 ② 외국인과 통모하여 대한민국에 항적하는 것이다. 이하 분설하기로 한다.

(1) 외국 또는 외국인과의 통모

'외국'이란 대한민국 이외의 국가를 말한다. 다만 제93조(여적죄)와의 체계해석상, 적국 이외의 국가로 제한된다.[4] 국제법상 승인되지 않은 국가도 포함된다. 여기에서의 국가란 국가를 대표하는 정부·외교사절·군대 등 정부기관을 의미한다.[5] '외국인'이란 외국을 대표하는 정부기관 이외의 외국인 개인 또는 사적인 단체를[6] 말한다. '통모'란 의사의 연락에 의하여 모의하는 것을 말한다. 통모는 일방적인 의사표시로는 부족하고, 상호 합의할 것을 요한다. 그러나 누구가 발의했는지, 의사연락의 방법이 어떠한지는 묻지 않는다.

(2) 전단을 열게 하는 것

'전단(戰端)을 연다'는 것은 전투행위를 개시하는 일체의 행위를 말한다. 전투행위는 국제법상의 의미에 한하지 않고, 사실상의 전투이면 족하다. 통모하여 사실상 전투를 개시하게 함으로써 본죄는 기수가 된다.[7] 통모하여 전투개시의 의사를 일으키게 하였지만, 아직 전투의 개시가 없으면, 본죄의 미수가 된다.

---

3) 구체적 위험범이라는 견해는 김/서, 958면; 배종대, 792면; 정/박, 932면; 진/이, 964면.

4) 김성돈, 677면; 김/서, 960면; 배종대, 793면; 이재상, 685면; 이형국, 728면; 정/박, 943면; 정영일, 692면; 진/이, 964면.

5) 김성돈, 677면; 김/서, 960면; 배종대, 793면; 오영근, 854면; 이재상, 685면; 이형국, 728면; 정/박, 943면; 진/이, 964면.

6) 외국인의 단체를 적국으로 간주하는 제102조는 본죄에는 적용되지 않는다.

7) 김성돈, 677면; 김/서, 961면; 배종대, 793면; 백형구, 683면; 유기천, 하권, 238면; 이재상, 686면; 정/박, 944면; 정영일, 693면; 진/이, 964면; 황산덕, 23면.

(3) 항 적

항적(抗敵)이란 외국 또는 외국인의 군사적 업무에 종사하면서 대한민국에 적대행위를 하는 것을 말한다. 전투원이건 비전투원이건 불문한다.

(4) 인과관계

통모행위와 전단의 개시 또는 항적 사이에는 인과관계가 있어야 한다.

3. 형 벌

사형 또는 무기징역에 처한다. 본죄의 미수범($\frac{제}{조}$100)과 예비·음모·선동·선전죄($\frac{제}{조}$101)를 처벌한다.

Ⅱ. 여 적 죄

제93조 [여적] "적국과 합세하여 대한민국에 항적한 자는 사형에 처한다."
제102조 [준적국] "제93조 내지 전조의 죄에 있어서는 대한민국에 적대하는 외국 또는 외국인의 단체는 적국으로 간주한다."
제104조 [동맹국] "본장의 규정은 동맹국에 대한 행위에 적용한다."

1. 의의, 성격

본죄는 "적국과 합세하여 대한민국에 항적함으로써 성립하는 범죄"이다. 제92조의 외환유치죄는 '외국과 통모'하여 대한민국에 항적하는 것임에 비하여, 본죄는 '적국과 합세'하여 대한민국에 항적한다는 점에서 차이가 난다. 본죄는 해석상 이미 외국과의 교전상태를 전제로 하여 성립한다는 점에 그 특징이 있다.

2. 구성요건

본죄의 구성요건은 적국과 합세하여 대한민국에 항적하는 것이다.

'적국'이란 국제법상 선전포고를 하고 대한민국과 전쟁상태에 있는 국가에 한하지 않고, 대한민국과 사실상 전쟁을 수행하고 있는 외국도 포함된다.[8] 따라서 본죄는 해석상 '외국과의 교전상태'를 전제로 한다.[9] 대한민국에 적대하는

---

8) 김성돈, 677면; 김성천, 1283면; 김/서, 962면; 박상기, 612-3면; 배종대, 794면; 백형구, 684면; 오영근, 856면; 유기천, 하권, 239면; 이재상, 687면; 이정원, 655면; 이형국, 729면; 정/박, 944면; 정영일, 693면; 진/이, 965면.

외국 또는 외국인의 단체는 적국으로 간주된다($\frac{제102}{조}$).

적국과 '합세'한다고 함은 적국에 가담하거나 협력하는 것을 말한다. 전투원으로서 활동함을 요하지 않고, 전략·의료·병참·잡역 등에 있어서 적국을 위하여 유형·무형의 수단을 제공하는 것을 말한다.

'항적'이란 적국의 군사적 업무에 종사하면서 대한민국에 적대행위를 하는 것을 말한다. 적국과 합세하였으나 아직 항적행위가 없으면, 본죄의 미수범이 성립한다.

3. 형 벌

사형에 처한다. 형법전에서 유일하게 사형을 절대적 법정형으로 규정해 놓고 있는 범죄이다. 입법론상 재고를 요한다. 본죄의 미수범($\frac{제100}{조}$)과 예비·음모·선동·선전죄($\frac{제101}{조}$)를 처벌한다.

Ⅲ. 이 적 죄

1. 모병이적죄

제94조 [모병이적] 제1항 "적국을 위하여 모병한 자는 사형 또는 무기징역에 처한다."
제2항 "전항의 모병에 응한 자는 무기 또는 5년 이상의 징역에 처한다."
제102조 [준적국] "제93조 내지 전조의 죄에 있어서는 대한민국에 적대하는 외국 또는 외국인의 단체는 적국으로 간주한다."

본죄는 "적국을 위하여 모병하거나, 모병에 응함으로써 성립하는 범죄"이다.
'모병'이란 전투에 종사할 인원을 모집하는 것을 말하고, 모병에 '응한다'고 함은 모병에 자발적으로 지원하는 것을 말한다.

본죄의 구성요건 중 '적국을 위하여'라고 함은 '적국을 이롭게 하기 위하여'라는 의미이다. 따라서 모병행위 또는 모병에 응한 행위는 '이적성'(利敵性)을 띠어야 한다. 그리고 본죄의 주관적 구성요건으로는 모병 또는 모병에 응한다는 고의 이외에 적국을 위한다는 '이적의사'가 있어야 한다.[10] 이적의사는 초과

---

9) 이재상, 687면; 진/이, 965면.
10) 국가보안법 제7조 제5항은 목적범으로서 '이적행위를 할 목적'을 어떻게 판단할 것인가?

주관적 요소이다.

2. 시설제공이적죄

제95조 [시설제공이적] 제1항 "군대, 요새, 진영 또는 군용에 공하는 선박이나 항공기 기타 장소, 설비 또는 건조물을 적국에 제공한 자는 사형 또는 무기징역에 처한다." 제2항 "병기 또는 탄약 기타 군용에 공하는 물건을 적국에 제공한 자도 전항의 형과 같다."

본죄는 "군용의 시설이나 물건을 적국에 제공함으로써 성립하는 범죄"이다. '군용에 공하는' 시설 또는 물건이라 함은 군사목적에 직접 사용하기 위한 시설 또는 물건을 말한다. 행위의 객체가 군용물이라는 점에서 물건제공이적죄(제97조)와 구별된다.

3. 시설파괴이적죄

제96조 [시설파괴이적] "적국을 위하여 전조에 기재한 군용시설 기타 물건을 파괴하거나 사용할 수 없게 한 자는 사형 또는 무기징역에 처한다."

본죄는 "군용의 시설 또는 물건을 파괴하거나 사용할 수 없게 함으로써 성립하는 범죄"이다. 본죄도 행위의 이적성과 이적의사가 있을 것을 요한다.

4. 물건제공이적죄

제97조 [물건제공이적] "군용에 공하지 아니하는 병기, 탄약 또는 전투용에 공할 수 있는 물건을 적국에 제공한 자는 무기 또는 5년 이상의 징역에 처한다."

본죄는 "군용이 아닌 물건이지만 전투용으로 사용될 수 있는 물건을 적국에 제공함으로써 성립하는 범죄"이다. 행위의 객체가 '비군용'의 물건이라는 점에서 제95조 제2항의 시설제공이적죄와 구별된다.

5. 일반이적죄

제99조 [일반이적] "전 7조에 기재한 이외에 대한민국의 군사상 이익을 해하거나 적국에 군사상 이익을 공여한 자는 무기 또는 3년 이상의 징역에 처한다."

그리고 그 증명책임은 누구에게 있고, 증명 방법은 어떠한가에 관하여는 대판 2018. 8. 30, 2014도 14573 참조.

본죄는 "일반적으로 대한민국의 군사상 이익을 해하거나 적국에 군사상 이익을 제공함으로써 성립하는 범죄"이다.

이적죄의 기본적 범죄유형으로서, 외환유치죄·여적죄·모병이적죄·시설제공이적죄·시설파괴이적죄·물건제공이적죄·간첩죄에 대한 보충규정이다(법조경합 중 보충관계). 다만 본죄는 대한민국의 '국가적' 이익 일반이 아니라, '군사적' 이익을 직접적인 보호법익으로 한다.

판례에 의하면, 간첩이 아닌 자가 직무와 관계없이 지득한 군사기밀을 누설하는 행위는 본죄에 해당한다고 한다.[11]

본죄의 미수($제_{조}^{100}$)와 예비·음모·선동·선전($제_{조}^{101}$)도 처벌된다.

IV. 간 첩 죄

제98조 [간첩] 제1항 "적국을 위하여 간첩하거나 적국의 간첩을 방조한 자는 사형, 무기 또는 7년 이상의 징역에 처한다."
제2항 "군사상의 기밀을 적국에 누설한 자도 전항의 형과 같다."
제102조 [준적국] "제93조 내지 전조의 죄에 있어서는 대한민국에 적대하는 외국 또는 외국인의 단체는 적국으로 간주한다."

1. 의의, 성격, 보호법익, 형법의 정치적 성격(정치형법)

본죄는 "적국을 위하여 간첩하거나, 적국의 간첩을 방조하거나, 군사상의 기밀을 적국에 누설함으로써 성립하는 범죄"이다. '적국을 위하여'한다는 이적성 및 이적의사를 필요로 한다. 따라서 본죄는 일반이적죄($제_{조}^{99}$)에 대한 가중유형이라고 할 수 있다.

본죄의 보호법익은 '국가의 외부적 안전'이고, 보호의 정도는 추상적 위험범이다.

우리나라와 같은 분단국가에서는 정치적 적대자를 '간첩죄'로 몰아서 사형을 과하는 '사법살인'이 행해질 수 있다. 이른바 '진보당사건'(또는 조봉암사건)이 그 적례(適例)이다. 조봉암선생은 간첩죄로 사형당한 후 52년 만에 재심판결($\frac{대판\ 2011.\ 1.\ 20,\ 2008}{재도\ 11-전원합의체}$)에 의하여 무죄선고를 받았다.

---

11) "직무에 관하여 위와 같은 기밀을 지득한 자가 이를 적국에 누설한 경우에는 위 같은 법 제98조 제2항의 죄가 성립하고, 간첩도 아니며 또 직무와도 관계없이 그 알고 있는 위와 같은 기밀을 적국에 누설한 때에는 위 같은 법 제99조 소정의 죄가 성립한다고 함은 당원의 확립된 견해이다"(대판 1982. 11. 23, 82 도 2201. 同旨, 대판 1982. 7. 13, 82 도 968; 1971. 8. 10, 71 도 1143).

2. 구성요건

본죄의 구성요건은 ① 적국을 위하여 간첩하는 것(간첩), ② 적국의 간첩을 방조하는 것(간첩방조), ③ 군사상의 기밀을 적국에 누설하는 것(군사상 기밀누설) 등 세 가지가 있다. 이하 분설하기로 한다.

(1) 간 첩

'간첩'이란 적국을 위하여 국가기밀을 탐지·수집하고 이를 적국에 누설하는 것을 말한다.

(가) 적 국   '적국'이란 국제법상 선전포고를 하고 대한민국과 전쟁상태에 있는 국가에 한하지 않고, 대한민국과 사실상 전쟁을 수행하고 있는 외국도 포함된다.[12] 대한민국에 적대하는 외국 또는 외국인의 단체는 적국으로 간주된다(제102조). 대법원은 간첩죄의 성립에 있어서 '북한'을 적국에 준하는 것으로 보고 있다.[13]

그런데 입법론으로 보아 간첩죄 등 외환의 죄에서 적국개념을 삭제하고 '외국'이란 개념으로[14] 대체하는 것이 타당하다.[15] 오늘날의 국제정세와 남·북한관계에 비추어 적국과 우방국의 확연한 구별은 무의미하다. 외국을 적국 내지 반국가단체가 아니면 우방국이라고 일도양단한 후 적국 내지 반국가단체를 이롭게 하는 활동은 외환죄가 된다고 하는 흑백논리에 집착할 것이 아니라, 비록 우방국이라 할지라도 우리나라의 존립을 위태롭게 한다든가 헌법질서를 문란케 하는 구체적인 법익침해 내지 위태화행위가 있다면 내란·외환죄가 성립한다고 볼 것이다. 문제의 초점은 적국이냐 우방국이냐가 아니라 보호법익을 해할 구체적인 행위가 있느냐 없느냐에 있다.

'적국을 위하여' 간첩할 것을 요하므로, 이적의사가 있어야 한다. 이적의사는 초과주관적 요소이다. 그리고 적국과 의사의 연락이 있어야 하며, 편면적 간첩은 있을 수 없다.[16] 일방적인 기밀의 탐지·수집행위는 간첩예비에 해당한다.

---

12) 배종대, 796면; 진/이, 968면.
13) "북한괴뢰집단은 우리 헌법상 반국가적인 불법단체로서 국가로 볼 수 없음은 소론과 같으나, 간첩죄의 적용에 있어서는 이를 국가에 준하여 취급하여야 한다는 것이 당원의 판례이며"(대판 1983. 3. 22, 82 도 3036. 同旨, 대판 1971. 9. 28, 71 도 1498; 대결 1959. 7. 18, 4292 형상 180).
14) 독일형법 제94조 등 참조.
15) 이에 관하여는 임웅, 비범죄화의 이론, 138-9면 참조. 同旨, 박상기, 612면.
16) 김성돈, 680면; 김/서, 964면; 배종대, 796면; 백형구, 686면; 유기천, 하권, 242면; 이재상,

(나) 국가기밀　'국가기밀'이란 "대한민국의 외부적 안전에 중대한 불이익을 초래할 위험을 방지하기 위하여 외국 내지 외세(外勢)에 대하여 비밀로 해야 할 사실이나 대상물 또는 지식으로서 제한된 사람에게만 접근이 허용된 것"을 말한다.[17] 이러한 정의는 '실질적 기밀개념'에 입각한 것으로서 독일형법 제93조 국가기밀개념(Begriff des Staatsgeheimnisses)의 정의규정을 참고한 것이다.

실질적 국가기밀개념을 설명하자면 다음과 같다.

① 국가기밀 여부는 국가기관이 기밀임을 표시했는가 또는 국가기관이 기밀로 할 의사가 있는가에 의하여 좌우되지 않는다. 문제된 사항이 공개·누설될 경우에 대한민국에 불이익을 초래할 것인가가[18] 국가기밀의 중요한 판단표지가 된다.[19] 즉 누설될 경우 국가의 안전보장에 위험을 초래할 것이기 때문에 비밀로서 보호할 가치가 있어야 한다(비밀로서의 실질적 보호가치 내지 비밀보호필요성).

② 국내에서 일반인에게 '공지된 사실'은 국가기밀이 될 수 없고, 한정된 범위의 사람에게만 접근이 허용된 사실이 '기밀성'(機密性)을 띤다(비공지성(非公知性) 내지 제한적 지득가능성(制限的 知得可能性)).[20] 대법원은 과거에 국민에게 널리 알려진 사실,[21] 신문·잡지·라디오에 보도되어 알려진 사실,[22] 일간신문에 보도된 사실[23] 등 '공지의 사실'도 국가기밀에 포함될 수 있다는 입장을 취하고 있었다.[24] 그러나 최근 전원합의체판결을 통하여 공지된 사실은 국

690면; 이형국, 733면; 정/박, 948면; 정영일, 702면; 진/이, 968면.

17) 김성돈, 680면; 김/서, 964면; 박상기, 616-7면; 백형구, 686면; 손동권, 723면; 이재상, 691면; 이정원, 658면; 이형국, 733면; 정/박, 948면; 정영일, 699면; 진/이, 968면.

18) "누설할 경우 실질적 위험성이 있는지 여부는 그 기밀을 수집할 당시의 대한민국과 북한 또는 기타 반국가단체와의 대치현황과 안보사항 등이 고려되는 건전한 상식과 사회통념에 따라 판단하여야 할 것이며, 그 기밀이 사소한 것이라 하더라도 누설될 경우 반국가단체에는 이익이 되고 대한민국에는 불이익을 초래할 위험성이 명백하다면 이에 해당한다 할 것"(대판 1997. 7. 16, 97 도 985).

19) 김성돈, 680면; 박상기, 617면; 배종대, 796면; 백형구, 686면; 손동권, 723면; 이재상, 691면; 이정원, 657면; 이형국, 733면; 정/박, 949면; 진/이, 968면.

20) 김성돈, 680면; 김성천, 1288면; 김/서, 964면; 박상기, 618면; 배종대, 796면; 백형구, 686면; 손동권, 725면; 오영근, 861면; 이재상, 692면; 이형국, 733면; 정/박, 950면; 정영일, 700면.

21) 대판 1987. 5. 26, 87 도 432; 1986. 7. 22, 86 도 808 등.

22) 대판 1982. 11. 9, 82 도 2239.

23) 대판 1991. 3. 12, 91 도 3; 1987. 9. 8, 87 도 1446 등.

24) "현행 국가보안법 제4조 제1항 제2호 (나)목 소정의 국가기밀과 구 국가보안법 제4조 제1

가기밀이 될 수 없다고 함으로써[25] '판례를 변경'하였다. 변경된 판례는 실질적 국가기밀개념설을 채택한 것으로 이해된다.

공지의 사실과 관련하여, 개별적 사실로는 공지의 사실이라 하더라도 이를 종합하면 전체로서 결합하여 새로운 중요사실을 판단할 수 있는 사항이 됨으로써 국가기밀이 될 수 있다는 '모자이크(Mosaik)이론'이 있다. 그러나 개별사실이 공지된 것인 한 행위자의 기밀성에 대한 고의는 부정된다고 보아야 하고, 모자이크를 결합할 것을 전제로 하여 그 전체적 양상에 대한 기밀성을 행위자가 예견·인식하기는 어렵다고 본다. 즉 고의의 측면에서 비판하건대, 모자이크이론의 적용에 의하여 기밀성의 범위를 확장하는 경향은 피하는 것이 타당하다고 생각한다.[26]

③ 국가기밀의 범위는 군사기밀에 제한되지 않는다. 대법원도 "간첩죄에 있어서의 국가기밀이란 순전한 의미에서의 국가기밀에만 국한할 것이 아니고, 정치, 경제, 사회, 문화 등 각 방면에 걸쳐서 대한민국의 국방정책상 북한에 알리지 아니하거나 확인되지 아니함이 이익이 되는 모든 기밀사항을 포함

항 제2호 소정의 국가기밀이라 함은, 반국가단체에 대하여 비밀로 하거나 확인되지 아니함이 대한민국의 이익을 위하여 필요한 모든 정보자료로서, 순전한 의미에서의 국가기밀에 한하지 않고 정치, 경제, 사회, 문화 등 각 방면에 관한 국가의 모든 기밀사항이 포함되며, 그것이 국내에서의 적법한 절차 등을 거쳐 널리 알려진 공지의 사항이라도 반국가단체인 북한에게는 유리한 자료가 되고, 대한민국에는 불이익을 초래할 수 있는 것이면 국가기밀에 속한다 할 것"(대판 1993. 10. 8, 93 도 1951. 同旨, 대판 1992. 10. 27, 92 도 2068; 1990. 6. 8, 90 도 646; 1983. 3. 22, 82 도 3036; 1978. 6. 13, 78 도 75 등).

25) "현행 국가보안법 제4조 제1항 제2호 (나)목에 정한 기밀을 해석함에 있어서 그 기밀은 정치, 경제, 사회, 문화 등 각 방면에 관하여 반국가단체에 대하여 비밀로 하거나 확인되지 아니함이 대한민국의 이익이 되는 모든 사실, 물건 또는 지식으로서, 그것들이 국내에서의 적법한 절차 등을 거쳐 이미 일반인에게 널리 알려진 공지의 사실, 물건 또는 지식에 속하지 아니한 것이어야 하고, 또 그 내용이 누설되는 경우 국가의 안전에 위험을 초래할 우려가 있어 기밀로 보호할 실질가치를 갖춘 것이어야 할 것이다. 다만 국가보안법 제4조(목적수행)가 반국가단체의 구성원 또는 그 지령을 받은 자의 목적수행행위를 처벌하는 규정이므로 그것들이 공지된 것인지 여부는 신문, 방송 등 대중매체나 통신수단 등의 발달 정도, 독자 및 청취의 범위, 공표의 주체 등 여러 사정에 비추어 보아 반국가단체 또는 그 지령을 받은 자가 더 이상 탐지·수집이나 확인·확증의 필요가 없는 것이라고 판단되는 경우 등이라 할 것…따라서 이와 일부 다른 견해를 취한 대법원 1993. 10. 8. 선고 93도1951 판결, 1994. 5. 24. 선고 94도930 판결, 1995. 7. 28. 선고 95도1121 판결, 1995. 9. 26. 선고 95도1624 판결 및 이와 같은 취지의 종전 판결들은 이를 변경하기로 한다"(대판 1997. 7. 16, 97 도 985 - 전원합의체).

26) 모자이크이론의 적용에 반대하는 견해로는 김성돈, 680면; 김성천, 1289면; 김/서, 965면; 박상기, 618면; 배종대, 797면; 오영근, 861면; 이재상, 692면; 이형국, 734면; 정/박, 950면; 정영일, 700면.

하고, 지령에 의하여 민심동향을 파악, 수집하는 것도 이에 해당한다"라고 한다.[27]

④ 국가보안법은 제4조 제1항 제2호에서 "형법 제98조에 규정된 행위를 하거나 국가기밀을 탐지·수집·누설·전달하거나 중개한 때에는 다음의 구별에 따라 처벌한다. 가. 군사상 기밀 또는 국가기밀이 국가안전에 대한 중대한 불이익을 회피하기 위하여 한정된 사람에게만 지득이 허용되고 적국 또는 반국가단체에 비밀로 하여야 할 사실, 물건 또는 지식인 경우에는 사형 또는 무기징역에 처한다. 나. 가목 외의 군사상 기밀 또는 국가기밀의 경우에는 사형·무기 또는 7년 이상의 징역에 처한다"라고 규정하고 있다. 국가보안법은 제4조 제1항 제2호 가목에서 일견 국가기밀의 개념에 제한을 가하여 죄형법정주의의 내용인 '명확성의 원칙'을 지키려는 것처럼 보인다. 그러나 문제는 나목에서 "가목 외의 군사상 기밀 또는 국가기밀의 경우에는 사형·무기 또는 7년 이상의 징역에 처한다"라는 규정에 그대로 남게 되어, 가의 구성요건을 유명무실하게 만들고 있다. 특히 가, 나의 법정형을 비교해 본다면, 국가기밀개념을 한정하지 않은 나목의 구성요건 이외에 개념한정을 한 가목의 구성요건을 만들 필요성이 어디에 있었는지 전혀 납득이 가지 않는다. 가목에서는 명확성의 원칙에 따른 '전시용의' 구성요건을 두고, 나목에서는 불명확한 개념을 그대로 답습함으로써 국가기밀개념의 무한정한 확대해석의 여지를 여전히 남기고 있다.[28]

(다) 국가기밀의 탐지·수집·누설행위　　간첩행위는 국가기밀을 '탐지·수집·누설하는 행위'이다. 제98조 제2항과 대비해서 해석하더라도(체계해석), 간첩행위는 국가기밀을 탐지·수집하는 것에 그치지 않고 '누설'행위를 포함하는 개념으로 해석함이 타당하다고 본다.[29] 따라서 간첩죄의 '기수'시기는 국가기밀을 적국에 '누설한 때'이다. 이에 반하여 간첩행위를 국가기밀을 '탐지·수집'하는 것으로 이해하는 견해에서는 국가기밀을 탐지·수집한 때에 간첩죄의 기수가 된다고 한다(^{달수}).[30]

---

27) **대판 1988. 11. 8, 88 도 1630.** 同늘, 대판 1986. 7. 8, 86 도 861; 1985. 11. 12, 85 도 1939 등.

28) 임웅, 비범죄화의 이론, 132-3면 참조.

29) 同늘, 박상기, 615면.

30) 김성돈, 681면; 김성천, 1290면; 김/서, 965면; 배종대, 800면; 백형구, 687면; 오영근, 865

간첩죄의 '실행의 착수시기'는 적국을 위하여 국가기밀을 '탐지·수집하기 시작한 때'이다($\frac{통}{설}$). 국가기밀을 탐지·수집하였으나 아직 적국에 알리지 못하였다면, 본죄의 '미수'가 된다고 본다. 판례의 일관된 입장은 국가기밀의 탐지·수집에 착수하지 않았으나 간첩하기 위하여 국내에 잠입·입국한 것만으로 간첩죄의 실행의 착수, 즉 미수범이 성립한다고 한다.[31] 판례의 입장은 실행의 착수에 관한 '주관설'에 속하는 것으로서 '행위형법의 원칙'에 위배되는 해석이라고 생각한다. 북한에서 국내에 상륙·잠입한 것만으로는 국가보안법상의 잠입죄($\frac{제6조}{제1항}$)에 해당하는 것은 별론으로 하고, 간첩죄의 실행의 착수를 인정할 수 없다고 함이 타당하다.[32]

(2) 간첩방조

'적국의 간첩을 방조'한다는 것은 적국의 간첩임을 알면서 그의 간첩행위를 용이하게 하도록 원조하는 일체의 행위를 말한다. 방조의 수단·방법에는 제한이 없다. 다만 방조는 간첩의 '실행행위', 즉 국가기밀의 '탐지·수집·누설행위'를 돕는 것에 국한된다.[33] 간첩임을 알았으나 국가기밀의 탐지·수집·누설행위와는 무관하게, 간첩자에게 단지 숙식을 제공한다거나,[34] 안부편지를 전달해 준다거나,[35] 간첩을 은닉해 주거나,[36] 간첩의 무전기 매몰을 망보아주는 것만으로는[37] 간첩방조가 되지 않는다.

간첩방조는 그 본질상 정범인 간첩행위에 대한 방조에 속하는 것을 각칙에 독립된 범죄로 규정한 것이므로, 총칙상의 방조범규정($\frac{제32}{조}$)이 간첩방조에 적용될 수는 없다.[38] 본죄의 미수는 방조행위 자체가 미수에 그친 경우에 성립

면; 이재상, 692면; 이정원, 660면; 이형국, 734면; 정/박, 951면; 정영일, 703면; 진/이, 970면.

31) "간첩의 목적으로 외국 또는 북한에서 국내에 침투 또는 월남하는 경우에는 기밀탐지가 가능한 국내에 침투·상륙함으로써 실행의 착수가 있다"(**대판 1984. 9. 11, 84 도 1381.** 同旨, 대판 1971. 9. 28, 71 도 1333; 1964. 9. 22, 64 도 290; 대결 1960. 9. 30, 4293 형상 508; 1958. 10. 10, 4291 형상 294).

32) 김성돈, 681면; 김성천, 1290면; 김/서, 965면; 박상기, 619면; 배종대, 800면; 백형구, 687면; 손동권, 726면; 오영근, 865면; 이재상, 692면; 이형국, 734면; 정영일, 702면; 진/이, 970면.

33) 김성천, 1291면; 김/서, 966면; 박상기, 619면; 배종대, 800면; 백형구, 687면; 오영근, 863면; 이재상, 693면; 이정원, 661면; 이형국, 734면; 정/박, 952면; 정영일, 703면; 진/이, 971면.

34) 대판 1986. 2. 25, 85 도 2533; 1967. 1. 31, 66 도 1661; 1965. 8. 17, 65 도 388.

35) 대판 1966. 7. 12, 66 도 470.

36) 대판 1979. 10. 10, 79 도 1003.

37) 대판 1983. 4. 26, 83 도 416.

38) 김성돈, 681면; 김성천, 1291면; 김/서, 966면; 박상기, 619면; 배종대, 800면; 백형구, 687면; 오영근, 863면; 이재상, 693면; 이정원, 662면; 이형국, 734면; 정/박, 952면; 정영일, 703면;

한다.

(3) 군사상 기밀누설

'군사상의 기밀을 적국에 누설'한다고 함은 군사기밀임을 알면서 이를 적국 또는 간첩에게 알리는 것을 말한다. '군사상의 기밀'은 제98조 제1항의 국가기밀의 일종이다(유개념에 대한 종개념에 해당). '군사기밀보호법'은 '군사기밀'을 "일반인에게 알려지지 아니한 것으로서 그 내용이 누설되면 국가안전보장에 명백한 위험을 초래할 우려가 있는 군관련문서·도화(圖畫)·전자기록 등 특수매체기록 또는 물건으로서 군사기밀이라는 뜻이 표시 또는 고지되거나 보호에 필요한 조치가 이루어진 것과 그 내용을 말한다"라고 정의하고 있다($\frac{제2}{조}$).

제2항의 군사상 기밀누설행위는 제1항과의 체계해석상 '기밀의 수집·탐지행위를 하지 않고, 직무상 알고 있는 군사기밀을 누설하는 행위'를 의미하는 것으로 해석해야 한다.[39] 스스로 군사기밀을 수집·탐지하여 적국에 누설하는 행위는 직접 제1항의 간첩행위에 해당하고, 직무와 관계없이 알게 된 기밀을 적국에 누설하는 행위는 일반이적죄($\frac{제99}{조}$)에 해당한다고 보아야 하기 때문이다(판례[40]). 그러므로 제2항의 군사상 기밀누설죄는 직무상 지득한 기밀을 누설할 때에만 성립하는 '신분범'이다(해석상의 신분범).

누설의 수단·방법에는 제한이 없다. 구두·문서에 의하든, 유선·무선의 통신에 의하든 불문이다.

'군사기밀보호법'은 군사기밀을 누설한 행위를 일반누설($\frac{제12}{조}$)과 업무상누설($\frac{제13}{조}$)로 구분하여, 제12조에서는 "군사기밀을 탐지하거나 수집한 사람이 이를 타인에게 누설한 경우에는 1년 이상의 유기징역" 처하고($\frac{제1}{항}$), "우연히 군사기밀을 알게 되거나 점유한 사람이 군사기밀임을 알면서도 이를 타인에게 누설한 경우에는 5년 이하의 징역 또는 5천만원 이하의 벌금"에 처하며($\frac{제2}{항}$), 제13

진/이, 971면.

39) 김성돈, 682면; 김성천, 1292면; 박상기, 620면; 배종대, 801면; 이재상, 693면; 이정원, 663면; 이형국, 735면; 정/박, 925면; 정영일, 704면; 진/이, 971면. 대판 1971. 8. 10, 71 도 1143. 반대설은 오영근, 864면.

40) "직무에 관하여 위와 같은 기밀을 지득한 자가 이를 적국에 누설한 경우에는 위 같은 법 제98조 제2항의 죄가 성립하고, 간첩도 아니며 또 직무와도 관계없이 그 알고 있는 위와 같은 기밀을 적국에 누설한 때에는 위 같은 법 제99조 소정의 죄가 성립한다고 함은 당원의 확립된 견해이다"(대판 1982. 11. 23, 82 도 2201. 同旨, 대판 1982. 7. 13, 82 도 968; 1971. 8. 10, 71 도 1143).

조(업무상누설)에서는 "업무상 군사기밀을 취급하는 사람 또는 취급하였던 사람이 그 업무상 알게 되거나 점유한 군사기밀을 타인에게 누설한 경우에는 3년 이상의 유기징역"에 처하고($\frac{제1}{항}$), "제1항에 따른 사람 외의 사람이 업무상 알게 되거나 점유한 군사기밀을 타인에게 누설한 경우에는 7년 이하의 징역"에 처한다($\frac{제2}{항}$)고 규정하고 있다. 또한 이 법률은 제14조에서 "과실로 제13조 제1항의 죄를 범한 사람은 2년 이하의 징역 또는 2천만원 이하의 벌금에 처한다"라고 규정하여, 업무상 과실에 의한 군사기밀누설행위도 처벌하고 있다.[41] 그리고 제15조에서는 "외국 또는 외국인을 위하여 제11조부터 제13조까지에 규정된 죄를 범한 경우에는 그 죄에 해당하는 형의 2분의 1까지 가중처벌한다"라고 규정하고 있다.

형법 제98조 제2항은 군사기밀보호법상의 업무상군사기밀누설죄(제13조 및 제15조의 가중처벌규정)에 대하여 **특별법**의 위치에 선다(법조경합 중 특별관계). 제98조 제2항에서의 누설의 상대는 '타인'이 아니라 '적국'이고, 그 불법을 고려한 결과 법정형도 매우 무겁게 설정되어 있기 때문이다.

3. 형   벌

사형·무기 또는 7년 이상의 징역에 처한다. '군인'이 간첩죄를 범한 때에는 '군형법'제13조에 의하여 사형 또는 무기징역으로 처벌된다. 본죄의 미수범($\frac{제100}{조}$)과 예비·음모·선동·선전죄($\frac{제101}{조}$)를 처벌한다.

Ⅴ. 외환예비·음모·선동·선전죄

제101조 [예비, 음모, 선동, 선전] 제1항 "제92조 내지 제99조의 죄를 범할 목적으로 예비 또는 음모한 자는 2년 이상의 유기징역에 처한다. 단 그 목적한 죄의 실행에 이르기 전에 자수한 때에는 그 형을 감경 또는 면제한다."
제2항 "제92조 내지 제99조의 죄를 선동 또는 선전한 자도 전항의 형과 같다."

본죄는 "외환유치죄·여적죄·모병이적죄·시설제공이적죄·시설파괴이적죄·물건제공이적죄·간첩죄·일반이적죄를 범할 목적으로 예비·음모하거

---

41) 업무상 과실에 의한 군사기밀누설을 처벌해야 한다는 입법론(박상기, 620면)은 군사기밀 보호법에 이미 반영되어 있다.

나 선동·선전함으로써 성립하는 범죄"이다. 본죄는 내란예비·음모·선동·선전죄($\frac{제90}{조}$)에 대응하는 범죄이다.

　판례에 의하면, 적국과 아무런 의사연락없이 편면적으로 적국을 위하여 군사기밀을 수집한 행위는 제98조 제2항의 예비에 해당한다고 하고,[42] 월북기도 자체만으로는 간첩예비죄를 구성하지 못한다고 한다.[43]

Ⅵ. 전시군수계약불이행죄

　　제103조 [전시군수계약불이행] 제1항　전쟁 또는 사변에 있어서 정당한 이유없이 정부에 대한 군수품 또는 군용공작물에 관한 계약을 이행하지 아니한 자는 10년 이하의 징역에 처한다."
　　제2항　"전항의 계약이행을 방해한 자도 전항의 형과 같다."

　본죄는 "전쟁 또는 사변에 있어서 정당한 이유없이 정부에 대한 군수품 또는 군용공작물에 관한 계약을 이행하지 아니하거나, 그 계약이행을 방해함으로써 성립하는 범죄"이다. 제1항의 계약불이행죄는 '진정부작위범'이다.

　국가비상시에 군작전에 필요한 물품 또는 시설을 제공하는 계약을 고의로 이행하지 않거나 계약이행을 방해함으로써 국가존립을 위태롭게 할 우려가 있는 행위를 외환죄의 하나로서 처벌하고자 함에 입법취지가 있다.[44]

　본죄에서 '정부'란 행정부를 의미한다. 중앙관서 이외에 정부를 대표하여 군수계약을 체결할 수 있는 지방관서를 포함한다. 군수품 또는 군용공작물이란 군작전상 필요한 물품 또는 시설을 말한다.

---

　42) "형법 제98조 제1항에 간첩이라 함은 동조 제2항의 규정과 대조·고찰할 때 적국을 위하여 적국의 지령·사주 기타의 의사의 연락하에 군사상(총력전하에서는 정치·경제·사회·문화에 관한 분야를 포함한 광의로 해석하여야 할 것임)의 기밀사항 또는 도서물건을 탐지·수집하는 것을 의미한다고 해석하여야 할 것이므로, 본 안건과 같이 적측과 아무런 의사연락없이 편면적으로 취학을 주된 목적으로 하고 월북하여 그곳 관헌의 호의를 사기 위하여 누설코저 군사에 관한 정보를 수집하였다면, 그는 형법 제98조 제2항의 군사상 기밀누설의 예비행위라고 보는 것이 타당하다"(대판 1959. 5. 18, 59 도 34).
　43) 대결 1960. 10. 7, 4292 형상 1070.
　44) 김/서, 967-8면; 배종대, 801면; 백형구, 688면; 이재상, 694면; 이형국, 735면; 정/박, 953면; 정영석, 27면; 정영일, 705면.

제4장 국기에 관한 죄

제1절 개 설

I. 의의, 보호법익

국기에 관한 죄는 "대한민국을 모욕할 목적으로 국기 또는 국장을 손상·제거·오욕하거나 비방함으로써 성립하는 범죄"이다. 국기와 국장은 국가권위의 상징물이다. 국민의 애국심·자긍심을 심어주고 단결심을 고취시키는 상징적 수단이자, 공적 의식(儀式)에서 국가에 대한 공경심을 표하는 대상물이 바로 국기와 국장이다. 따라서 국기에 관한 죄의 보호법익은 '국가의 권위'라고 할 수 있고, 그 보호의 정도는 '추상적 위험범'이다.[1]

II. 국기에 관한 죄의 체계

형법은 국기에 관한 죄(제3장)를 국기·국장모독죄($_조^{제105}$)와 국기·국장비방죄($_조^{제106}$)의 둘로 나누어, 목적범의 형태로 규정하고 있다. 외국의 국기와 국장은 국교에 관한 죄의 장(제4장)에서 보호하고 있다($_조^{제109}$).

국기에 관한 죄의 처벌규정은 대한민국의 영역 외에서 죄를 범한 외국인에게도 적용된다($_{제3호}^{제5조}$). 보호주의의 표현이다.

---

[1] 이에 반하여 구체적 위험범이라는 견해로는 권오걸, 1228면; 배종대, 802면; 백형구, 669면; 정/박, 954면; 정영일, 707면; 진/이, 949면.

제 2 절   개별적 범죄유형

Ⅰ. 국기·국장모독죄

<u>제105조 [국기, 국장의 모독]</u> "대한민국을 모욕할 목적으로 국기 또는 국장을 손상, 제거 또는 오욕한 자는 5년 이하의 징역이나 금고, 10년 이하의 자격정지 또는 700만원 이하의 벌금에 처한다."

1. 의의, 성격, 보호법익

본죄는 "대한민국을 모욕할 목적으로 국기 또는 국장을 손상·제거 또는 오욕함으로써 성립하는 범죄"이다.[2] 모욕할 목적을 요하는 목적범이다. 본죄의 보호법익은 국가의 권위이고, 추상적 위험범으로[3] 보호된다.

2. 구성요건

행위의 객체는 국기 또는 국장이다. '국기'란 태극기를 말한다. '국장'은 국가를 상징하는 국기 이외의 휘장을 말한다. 이에 관하여는 '나라문장규정(紋章規程)'이 있다. 국기·국장은 공용에 한하지 않고, 사용(私用)에 제공된 것도 포함된다.[4] 국기·국장의 소유자가 누구인가도 묻지 않는다.

실행행위는 손상·제거 또는 오욕이다. '손상'은 국기·국장을 불태우거나 절단하는 것과 같이 물질적 파괴 내지 훼손을 말한다. 손괴죄에서의 손괴와 같은 뜻이다. '제거'는 국기·국장 자체를 손상하지 않고 현재 사용하고 있는 장소에서 철거하거나 숨기는 것을 말한다. '오욕'은 국기·국장을 불결하게 만드는 일체의 행위를 말한다. 국기·국장에 오물을 끼얹는 것, 침을 뱉는 것 등

---

2) 형법 제105조 '국기·국장모독죄'가 명확성원칙과 과잉금지원칙에 위배되지 아니하고, 표현의 자유의 본질적 내용을 침해하지 아니한다는 헌법재판소의 합헌결정(헌재 2019. 12. 27, 2016헌바 96)이 있다.

3) 그러나 구체적 위험범이라는 견해로는 권오걸, 1228면; 배종대, 803면; 백형구, 669면; 이재상, 696면; 이형국, 740면; 정/박, 956면; 정영일, 708면; 진/이, 949면.

4) 김성돈, 685면; 김성천, 1295면; 김/서, 971면; 배종대, 803면; 백형구, 668면; 서일교, 369면; 유기천, 하권, 248면; 이재상, 695면; 이정원, 664면; 이형국, 739면; 정/박, 955면; 정영석, 36면; 정영일, 708면; 진/이, 950면; 황산덕, 28면.

이 그 예이다. 손상으로 인한 손괴죄($\frac{제366}{조}$)는 본죄에 흡수된다(법조경합 중 보충관계). 모욕죄($\frac{제311}{조}$)는 '사람'을 모욕하는 것이므로 본죄와 죄수론이 논의될 여지가 없다.

손상·제거·오욕은 대한민국의 권위를 떨어뜨릴 정도의 행위임을 요한다(현저성의 원칙).

본죄는 국기·국장을 손상·제거·오욕한다는 고의 이외에 대한민국을 모욕할 목적이 있어야 한다(목적범). 모욕이란 모욕죄에서의 모욕과 같은 의미로서, 경멸의 의사를 표시하는 것이다. 목적의 달성 여부는 본죄의 성립과 무관하다.

3. 형   벌

5년 이하의 징역이나 금고, 10년 이하의 자격정지 또는 700만원 이하의 벌금에 처한다.

Ⅱ. 국기·국장비방죄

제106조 [국기, 국장의 비방] "전조의 목적으로 국기 또는 국장을 비방한 자는 1년 이하의 징역이나 금고, 5년 이하의 자격정지 또는 200만원 이하의 벌금에 처한다."

본죄는 "대한민국을 모욕할 목적으로 국기 또는 국장을 비방함으로써 성립하는 범죄"이다. 본죄도 대한민국을 모욕할 목적을 요하는 목적범이다.

본죄의 객체는 국기·국장모독죄와 동일하고, 다만 행위태양이 비방이라는 점만 다르다. '비방'이라 함은 언어·거동·글·그림 등의 방법으로 모욕의 의사를 표현하는 것이다. 이 점에서 물질적·물리적으로 모욕의 의사를 표현하는 '모독'($\frac{제105}{조}$)과 구별된다. 비방이라고 하기 위해서는 해석상 공연성이 인정되어야 한다.[5]

모욕죄($\frac{제311}{조}$)는 '사람'을 모욕하는 것이므로 본죄와 죄수론이 논의될 여지가 없다.

---

5) 김성돈, 686면; 박상기, 622면; 배종대, 804면; 백형구, 669-700면; 이재상, 696면; 정/박, 956면; 정영일, 710면; 진/이, 951면.

제5장 국교에 관한 죄

제1절 개 설

Ⅰ. 의의, 보호법익

국교에 관한 죄는 "외국과의 평화로운 국제관계를 위태롭게 하는 범죄"이다.

본죄의 보호법익은 ① 국가주의적 견지에서 '우리나라의 대외적 지위'라고 파악하는 입장,[1] ② 국제주의적 견지에서 '국제법상의 의무에 기한 외국의 이익'이라고 파악하는 입장,[2] ③ 양자 모두가 보호법익이라는 입장(달수)이[3] 대립한다.

생각건대 본죄는 국제법상 존중되어야 할 외국의 이익을 보호함으로써 우리나라의 대외적 지위도 아울러 보전하고자 하는 취지를 가진 것으로 보아야 한다. 따라서 이중적 법익으로 파악하는 다수설이 타당하다. 보호의 정도는 '추상적 위험범'이다.

국교에 관한 죄의 '입법주의'에는 당해 외국과 외교관계가 수립되어 있고 그 외국법에 동일한 규정이 있는 경우에 한하여 내국법의 적용을 인정하는 '상호주의'와[4] 당해 외국법이 동일한 규정을 두고 있는가에 관계없이 독자적으로 내국법의 적용을 인정하는 '단독주의'가 있다. 우리 형법은 단독주의를 취하고 있다.

---

1) 배종대, 804면.
2) 서일교, 379면; 정영석, 30면.
3) 권오걸, 795면; 김성돈, 686-7면; 김성천, 1296면; 김/서, 974면; 박상기, 623면; 백형구, 673면; 오영근, 871면; 이재상, 697면; 이정원, 666면; 이형국, 741면; 정/박, 958면; 정영일, 711면; 진/이, 974면.
4) 상호주의의 예는 독일형법 제104조a.

II. 국교에 관한 죄의 체계

형법상 국교에 관한 죄에는 세 가지 유형이 있다. ① 첫째 유형은 외국원수·외국사절·외국국기에 대한 범죄이다. 외국원수에 대한 폭행·협박·모욕·명예훼손죄($^{제107}_{조}$), 외국사절에 대한 폭행·협박·모욕·명예훼손죄($^{제107}_{조}$), 외국국기·국장에 대한 손상·제거·오욕죄($^{제109}_{조}$)가 이에 속한다. 이들 범죄는 외국정부의 명시한 의사에 반하여 공소를 제기할 수 없다($^{제110}_{조}$). ② 둘째 유형은 외국에 대한 국제적 의무나 평화로운 국제관계에 대한 범죄이다. 외국에 대한 사전죄($^{제111}_{조}$)와 중립명령위반죄($^{제112}_{조}$)가 이에 속한다. ③ 셋째 유형은 외교관계에 대한 범죄인데, 외교상기밀누설죄($^{제113}_{조}$)가 이에 속한다. 이 죄는 외환죄로서의 성격도 지니고 있다.[5]

제 2 절   개별적 범죄유형

I. 외국원수에 대한 폭행 등 죄

<u>제107조 [외국원수에 대한 폭행 등]</u> 제1항 "대한민국에 체재하는 외국의 원수에 대하여 폭행 또는 협박을 가한 자는 7년 이하의 징역이나 금고에 처한다."
<u>제2항</u> "전항의 외국원수에 대하여 모욕을 가하거나 명예를 훼손한 자는 5년 이하의 징역이나 금고에 처한다."
<u>제110조 [피해자의 의사]</u> "제107조 내지 제109조의 죄는 그 외국정부의 명시한 의사에 반하여 공소를 제기할 수 없다."

1. 의의, 성격

본죄는 "대한민국에 체재하는 외국의 원수에 대하여 폭행·협박·모욕을 가하거나 명예를 훼손함으로써 성립하는 범죄"이다. 행위의 객체가 대한민국에 체재하는 외국원수이기 때문에 일반인에 대한 폭행죄·협박죄·모욕죄·

---

5) 권오걸, 1235면; 김성돈, 687면; 배종대, 805면; 오영근, 872면; 유기천, 하권, 251면; 이재상, 698면; 이형국, 743면; 정/박, 958면; 진/이, 974면.

명예훼손죄에 비하여 불법이 가중되는 범죄유형이다. 그리고 해당 외국정부의 명시한 의사에 반하여 공소를 제기할 수 없는 '반의사불벌죄'이다($\frac{제110}{조}$).

2. 구성요건

행위의 주체에는 제한이 없다.

행위의 객체는 대한민국에 체재하는 외국의 원수이다. '원수'란 대통령·군주 등 해당 국가의 헌법상 국가를 대표하는 권한이 있는 자를 말한다. 내각책임제국가의 수상은 원수라고 할 수 없다. 본죄의 객체가 되는 외국원수는 대한민국에 체재하는 자에 한한다. '외국'이란 국가로서의 요건을 갖추고 있는 대한민국 이외의 국가를 말한다. 우리나라와 정식 외교관계를 맺고 있는 국가임을 요하지 않는다.[6]

실행행위는 폭행·협박·모욕·명예훼손이다. 이들 행위개념은 폭행죄·협박죄·모욕죄·명예훼손죄에서와 같다. 다만 모욕과 명예훼손에서 '공연성'이라는 행위상황을 요건으로 하지 않는다는 점, 명예훼손죄의 위법성조각($\frac{제310}{조}$)에 관한 규정이 없는 점, 모욕죄가 친고죄임에 반하여 본죄에서는 반의사불벌죄로 규정된 점 등이 다르다.

3. 형 벌

폭행·협박을 가한 자는 7년 이하의 징역이나 금고에 처하고, 모욕을 가하거나 명예를 훼손한 자는 5년 이하의 징역이나 금고에 처한다.

Ⅱ. 외국사절에 대한 폭행 등 죄

제108조 [외국사절에 대한 폭행 등] 제1항 "대한민국에 파견된 외국사절에 대하여 폭행 또는 협박을 가한 자는 5년 이하의 징역이나 금고에 처한다."
제2항 "전항의 외국사절에 대하여 모욕을 가하거나 명예를 훼손한 자는 3년 이하의 징역이나 금고에 처한다."
제110조 [피해자의 의사] "제107조 내지 제109조의 죄는 그 외국정부의 명시한 의사에 반하여 공소를 제기할 수 없다."

---

6) 권오걸, 1231-2면; 김성돈, 688면; 김성천, 1297면; 김/서, 975면; 박상기, 624면; 배종대, 805면; 이재상, 699면; 이정원, 668면; 이형국, 744면; 정/박, 959면; 정영일, 713면; 진/이, 976면.

본죄는 "대한민국에 파견된 외국사절에 대하여 폭행·협박·모욕을 가하거나 명예를 훼손함으로써 성립하는 범죄"이다. 본죄도 행위의 객체가 대한민국에 파견된 외교사절이기 때문에 일반인에 대한 폭행죄·협박죄·모욕죄·명예훼손죄에 비하여 불법이 가중되는 범죄유형이다. 그리고 해당 외국정부의 명시한 의사에 반하여 공소를 제기할 수 없는 '반의사불벌죄'이다(제110조).

외교사절이란 대사·공사 등을 말하며, 외교사절의 가족·수행원은 본죄의 객체에 포함되지 않는다. 또 외교사절은 대한민국에 파견된 사절에 한한다.

Ⅲ. 외국의 국기·국장모독죄

제109조 [외국의 국기, 국장의 모독] "외국을 모욕할 목적으로 그 나라의 공용에 공하는 국기 또는 국장을 손상, 제거 또는 오욕한 자는 2년 이하의 징역이나 금고 또는 300만원 이하의 벌금에 처한다."
제110조 [피해자의 의사] "제107조 내지 제109조의 죄는 그 외국정부의 명시한 의사에 반하여 공소를 제기할 수 없다."

본죄는 "외국을 모욕할 목적으로 그 나라의 공용에 공하는 국기 또는 국장을 손상·제거 또는 오욕함으로써 성립하는 범죄"이다. 모욕할 목적을 요하는 '목적범'이다.

행위의 객체는 공용에 공하는 외국의 국기·국장이다. '공용에 공한다'고 함은 해당 국가의 권위를 나타내기 위하여 대사관과 같은 공적 기관이나 공무소에서 사용함을 말한다. 외국의 국기·국장이라 하더라도 공용에 공하는 것이 아니면, 본죄의 객체가 되지 않는다. '외국'은 제107조에서와 같은 개념이다. 유엔과 같은 국제조직 및 외국군대는 본죄의 외국에 해당하지 않으므로, 국제연합기나 외국의 군기(軍旗)는 객체에서 제외된다. 손상·제거·오욕이라는 행위개념은 제105조에서와 같다.

Ⅳ. 외국에 대한 사전죄

제111조 [외국에 대한 사전] 제1항 "외국에 대하여 사전한 자는 1년 이상의 유기 금고에 처한다."

제2항 "전항의 미수범은 처벌한다."

제3항 "제1항의 죄를 범할 목적으로 예비 또는 음모한 자는 3년 이하의 금고 또는 500만원 이하의 벌금에 처한다. 단, 그 목적한 죄의 실행에 이르기 전에 자수한 때에는 감경 또는 면제한다."

1. 의   의

본죄는 "외국에 대하여 사전함으로써 성립하는 범죄"이다. 국민이 사적으로 외국과 전투를 벌이는 것은 평화로운 국제관계를 위태롭게 하기 때문에 처벌할 필요가 있다는 데 취지를 두고 있다.

2. 구성요건

본죄의 구성요건은 외국에 대한 사전이다. 사전의 상대방은 외국이다. 외국은 제107조의 외국개념과 같다. 우리나라와 정식 외교관계를 맺고 있는 국가일 필요는 없다. 또한 외국의 국가권력을 지칭하는 것이므로, 특정의 외국인 또는 외국인집단을 상대로 하는 전투는 본죄에 해당하지 않는다.

실행행위는 사전이다. '사전'(私戰)이란 국가의 의사와 관계없이 사사로이 외국에 대하여 전투행위를 하는 것이다. '사전'이라고 할 수 있기 위해서는 무력에 의한 조직적 공격이 있어야 한다.

3. 사전예비 · 음모죄

사전예비 · 음모죄란 "외국에 대하여 사전할 목적으로 예비 또는 음모함으로써 성립하는 범죄"이다(제111조 제3항). 사전할 목적을 요하는 목적범이다. 본죄는 일반적인 예비 · 음모를 규정한 것에 불과하다.[7] 그러므로 본죄에 대한 방조는 처벌되지 않는다.

4. 형   벌

사전한 자는 1년 이상의 유기금고에 처한다. 그 미수범도 처벌한다(제111조 제2항). 사전할 목적으로 예비 · 음모한 자는 3년 이하의 금고 또는 500만원 이하의 벌금에 처한다. 단 그 목적한 죄의 실행에 이르기 전에 자수한 때에는 그 형을 감경 또는 면제한다(제111조 제3항).

---

7) 백형구, 678면; 오영근, 875면; 유기천, 하권, 253면; 이재상, 701면; 진/이, 979면.

V. 중립명령위반죄

<u>제112조 [중립명령위반]</u> "외국간의 교전에 있어서 중립에 관한 명령에 위반한 자는 3년 이하의 금고 또는 500만원 이하의 벌금에 처한다."

1. 의의, 성격

본죄는 "외국간의 교전에 있어서 중립에 관한 명령에 위반함으로써 성립하는 범죄"이다. 외국간의 전쟁시에 중립명령을 지키지 않게 되면 국가의 외교적 안전을 해하며 심지어는 국가의 존립을 위태롭게 할 수도 있으므로 처벌할 필요가 있다는 데 취지를 두고 있다.

중립명령의 위반 여부는 국가의 중립명령에 좌우되므로, 본죄는 구성요건의 일부가 중립명령에 위임된 '백지형법'에 속한다. 또 본죄는 중립명령이 내려져 있는 동안만 성립할 수 있기 때문에 '한시법'에 속한다.[8]

2. 구성요건

본죄는 '외국간의 교전에 있어서'(교전시)라는 행위상황을 요하는 범죄이다. '외국간의 교전'이란 우리나라가 개입하지 않는 전쟁이 둘 이상의 외국간에 행하여지고 있는 상태를 말한다.

실행행위는 중립명령에 위반하는 것이다. '중립'이란 교전국의 어느 편에도 가담하지 않는 입장을 말한다. '명령'은 대통령령·부령과 같은 협의의 명령에 한정되지 않는다.[9] 현실적으로 중립명령이 내려져 있고 그 명령에 위반한 때 본죄는 성립한다. 국제법상의 중립위반이 있어도 우리나라의 중립명령에 위반한 것이 아니면 본죄가 성립하지 않는다.

---

8) 권오걸, 1234면; 김성돈, 690면; 김성천, 1300면; 김/서, 978면; 박상기, 626면; 배종대, 807면; 유기천, 하권, 254면; 이재상, 702면; 이정원, 669면; 이형국, 748면; 정/박, 962면; 정영일, 718면; 진/이, 980면.
9) 권오걸, 1235면; 김성돈, 690면; 김/서, 978면; 배종대, 807면; 이형국, 749면; 정/박, 962면; 정영일, 718면; 진/이, 980면.

VI. 외교상기밀누설죄

제113조 [외교상 기밀의 누설] 제1항 "외교상의 기밀을 누설한 자는 5년 이하의 징역 또는 1천만원 이하의 벌금에 처한다."
제2항 "누설할 목적으로 외교상의 기밀을 탐지 또는 수집한 자도 전항의 형과 같다."

1. 의   의

본죄는 "외교상의 기밀을 누설하거나, 누설할 목적으로 외교상의 기밀을 탐지 또는 수집함으로써 성립하는 범죄"이다. 외환죄의 성격도 포함하고 있는 범죄이다.

2. 구성요건

본죄의 주체에는 제한이 없다. 이 점에서 신분범인 공무상비밀누설죄($\frac{제127}{조}$)와 차이가 난다. 행위의 객체는 외교상의 기밀이다. '외교상의 기밀'이란 외국과의 관계에서 국가가 비밀로 할 이익이 있고, 한정된 사람에게만 접근이 허용되어 있는 사항을 말한다. 국내에서 공지된 사실은 외교상의 기밀이 될 수 없다.[10] 외국언론에 이미 보도되어 외국에서 공지된 사실도 외교상의 기밀이라고 할 수 없다.[11] 외교상의 기밀도 국가기밀에 포괄되므로, 외교상의 기밀을 탐지하여 '적국'에 누설하는 경우에는 간첩죄($\frac{제98조}{제1항}$)에 해당하고, 본죄는 성립하지 않는다고 본다(법조경합 중 보충관계). 따라서 본죄는 외교상의 기밀을 적국이 아닌 외국에 누설하는 경우에만 성립한다.[12]

실행행위는 누설하거나 누설할 목적으로 탐지·수집하는 것이다. '누설'이란 외교상의 기밀을 외국에 알리는 것이다. 탐지·수집행위는 누설의 예비단

---

10) 권오걸, 1235-6면; 김성돈, 691면; 김성천, 1300면; 김/서, 979면; 박상기, 626면; 배종대, 807-8면; 백형구, 679면; 이재상, 703면; 이정원, 670면; 이형국, 749면; 정/박, 963면; 정영일, 719면; 진/이, 981면.

11) 대판 1995. 12. 5, 94 도 2379.

12) 권오걸, 1237면; 김성돈, 691면; 김/서, 979면; 배종대, 808면; 유기천, 하권, 255면; 이재상, 703면; 이정원, 670면; 이형국, 750면; 정/박, 963면; 진/이, 981면. 반면, 반드시 외국에 누설하는 때뿐만 아니라 국내에서 누설하는 경우를 포함한다는 견해로는 김성천, 1300면; 박상기, 626면; 정영일, 720면.

계이지만, 누설행위와 동일한 형으로 처벌된다. 탐지·수집죄는 고의 이외에
누설할 목적을 요하는 목적범이다.

제 6 장 공무원의 직무에 관한 죄

제 1 절 개 설

I. 의의, 보호법익

공무원의 직무에 관한 죄란 "공무원이 직무에 위배하거나 직권을 남용하거나 뇌물을 수수함으로써 성립하는 범죄"이다. 공무원의 직무와 관련된 범죄이기 때문에 일반적으로 '직무범죄'라고도 한다.

본죄의 보호법익은 널리 '국가의 기능'이고, 보호의 정도는 기본적으로 '추상적 위험범'이다. 본죄는 국가기능이 국가기관의 '내부'로부터 침해되는 것을 방지하고자 한다. 공무원의 직무범죄는 공정한 국가기능을 해할 뿐만 아니라 직무의 상대방인 국민 개인의 권리와 이익도 해치게 되며, 나아가 국가권력에 대한 국민의 신뢰감을 저해하는 악영향도 초래한다.

II. 공무원의 직무에 관한 죄의 체계

형법상 공무원의 직무에 관한 죄는 다음 세 가지 유형으로 분류될 수 있다. ① 첫째로 '직무위배죄'의 유형이 있다. 이는 공무원의 직무상 의무를 위배한 범죄로서, 직무유기죄($\frac{제122}{조}$), 피의사실공표죄($\frac{제126}{조}$), 공무상비밀누설죄($\frac{제127}{조}$)가 이에 속한다. 이들 범죄는 각각 독립된 유형이다. ② 둘째는 '직권남용죄'의 유형이다. 이는 공무원이 직접 국민의 권리를 침해하는 범죄로서, 직권남용죄($\frac{제123}{조}$), 불법체포·감금죄($\frac{제124}{조}$), 폭행·가혹행위죄($\frac{제125}{조}$), 선거방해죄($\frac{제128}{조}$)가 이에 속한다. 이들 범죄도 각각 독립된 유형이다. 불법체포·감금죄의 미수범은 처벌한다($\frac{제124조}{제2항}$). 공무원의 직무에 관한 죄 중에서도 직권남용죄($\frac{제123}{조}$), 불법체포 · 감금죄($_{조}^{제124}$), 폭행 · 가혹행위죄($_{조}^{제125}$) 및 피의사실공표죄($_{조}^{제126}$)는 형사소송법상($_{이하}^{제260조}$), '고소인'뿐만 아니라 '고발인'도 법원에 재정신청을 할 수 있는 대상 범죄이다. ③ 마지막으로 '뇌물죄'의 유형이 있다. 뇌물죄는 단순수뢰죄($_{제1항}^{제129조}$)를 기본유형으로 하여, 사전수뢰죄($_{제2항}^{제129조}$), 제3자뇌물제공죄($_{조}^{제130}$), 수뢰후 부정처사죄($_{제1항}^{제131조}$), 사후수뢰죄($_{항, 제3항}^{제131조 제2}$), 알선수뢰죄($_{조}^{제132}$), 증뢰죄($_{조}^{제133}$) 등이 그 수정유형으로 규정되어 있다.

그리고 공무원이 직권을 이용하여 본장 이외의 죄를 범한 때에는 그 죄에 정한 형의 2분의 1까지 가중하는데, 공무원의 신분에 의하여 특별히 형이 규정된 때에는 예외로 한다($_{조}^{제135}$).

Ⅲ. 공무원의 개념과 범위

공무원의 직무범죄는 행위의 주체가 공무원이라는 신분을 구비해야 하는 '신분범'이다. 형법에는 공무원의 개념에 관한 정의규정이 없으므로, 원칙적으로 공법상의 공무원개념이 형법해석에 적용된다.[1]

'공무원'이란 "법령에 의하여 국가 또는 공공단체의 사무에 종사하는 모든 사람"을 말한다.[2] 공무원의 범위는 원칙적으로 국가공무원법과 지방공무원법에 의하여 정해지지만, 다른 법률에 의하여 그 범위가 확장되고 있다. 예컨대 한국은행법은 한국은행의 임 · 직원을 형법 기타 법률에 의한 벌칙적용시에 공무원으로 간주하고($_{조}^{제106}$), 국회의원과 지방의회의원도[3] 국가공무원법($_{항 제1호}^{제2조 제3}$)과

---

1) 권오걸, 1239면; 김성돈, 694면; 김성천, 1301면; 김/서, 797-9면; 배종대, 809면; 오영근, 880면; 유기천, 하권, 276면; 이재상, 706면; 이정원, 672면; 이형국, 753면; 정/박, 777면; 정영일, 723면.

2) "일반적으로 공무원이라 함은 광의로는 국가 또는 공공단체의 공무를 담당하는 일체의 자를 의미하며, 협의로는 국가 또는 공공단체와 공법상 근무관계에 있는 모든 자를 말한다"(대판 1997. 3. 11, 96 도 1258).

3) "지방자치법 제32조에 의하면 지방의회의원은 명예직으로서 의정활동비와 보조활동비, 회기 중 출석비를 지급받도록 규정하고 있을 뿐 정기적인 급여를 지급받지는 아니하나, 지방공무원법 제2조 제3항에 의하면 특수경력직 공무원 중 정무직 공무원으로 '선거에 의하여 취임하는 자'를 규정하고 있고, 지방자치법 제35조 이하에 의하면 지방의회의원은 여러 가지 공적인 사무를 담당하도록 규정하고 있으며, 공직자윤리법에 의하면 지방의회의원도 공직자로 보아 재산등록 대상자로 규정하고 있는 점 등에 비추어 볼 때, 비록 지방의회의원이 일정한 비용을 지급받을 뿐 정기적인 급여를 지급받지는 아니한다고 하더라도 공무를 담당하고 있는 이상 지방의회의원은 형법상 공무원에 해당한다"(대판 1997. 3. 11, 96 도 1258).

지방공무원법($^{제2조 제3}_{항 제1호}$)이 정하는 바, 선거에 의하여 취임하는 '정무직 공무원'
으로서 공무원에 포함된다. 우편집배원, 청원경찰($^{청원경찰}_{법 제3조}$), 사법연수원생, 집행
관, 공증인도 공무원에 속한다.

　형법 제127조와 제129조부터 제132조까지의 처벌 등 벌칙 규정의 적용에
있어서 '확실'을 기하기 위하여 최근 '공무원으로 의제하는 규정'이 증가하는
추세에 있다. 예컨대 '보호관찰 등에 관한 법률' 제12조의2, '형의 집행 및 수
용자의 처우에 관한 법률' 제111조 제7항, 제120조 제4항, '순환경제사회 전환
촉진법' 제48조 등이 있다.

　환경미화원, 청소부, 인부, 사환과 같이 단순한 기계적·육체적 노무에 종사하
는 '고용직 공무원'을 공법상 공무원에 포함시키고 있었던 국가공무원법 제2조
제3항 제4호와 지방공무원법 제2조 제3항 제4호가 삭제되었으므로, 고용직 단
순노무자는 공무원개념에서 제외된다.

Ⅳ. 직무범죄의 종류

　공무원의 직무범죄는 다음과 같은 종류로 구분될 수 있다.

1. 진정직무범죄와 부진정직무범죄

　진정직무범죄란 공무원만이 주체가 될 수 있는 범죄를 말하고(진정신분범),
부진정직무범죄란 공무원이 아닌 자도 범할 수 있지만 공무원이 범한 경우에 형
이 가중되는 범죄를 말한다(부진정신분범). 진정직무범죄에서의 공무원신분은
범죄구성적 신분이다. 직무유기죄($^{제122}_{조}$), 수뢰죄($^{제129}_{조 등}$), 공무상비밀누설죄($^{제127}_{조}$),
선거방해죄($^{제128}_{조}$) 등이 진정직무범죄에 속한다. 불법체포·감금죄($^{제124}_{조}$), 폭
행·가혹행위죄($^{제125}_{조}$), 간수자의 도주원조죄($^{제148}_{조}$), 세관공무원의 아편 등 수
입죄($^{제200}_{조}$) 등은 부진정직무범죄에 속한다.

　이 구별의 실익은 공무원이 아닌 자가 공무원의 직무범죄에 공범으로 가담
했을 경우에 나타난다. 즉 진정직무범죄에 가담한 자는 비공무원은 제33조 본
문이 적용되어 직무범죄의 공범으로 처벌되지만, 부진정직무범죄에 가담한
비공무원은 제33조 단서가 적용되어 직무범죄가 아닌 일반범죄의 공범으로
처벌된다.

2. 일반직무범죄와 특수직무범죄

일반직무범죄란 모든 공무원이 행위의 주체가 될 수 있는 범죄이고, 특수직무범죄란 구성요건상 특수한 지위에 있는 공무원만이 행위의 주체가 될 수 있는 범죄이다. 수뢰죄($^{제129}_{조 등}$), 직권남용죄($^{제123}_{조}$), 공무상비밀누설죄($^{제127}_{조}$) 등이 일반직무범죄에 속하고, 불법체포·감금죄($^{제124}_{조}$), 폭행·가혹행위죄($^{제125}_{조}$), 피의사실공표죄($^{제126}_{조}$), 선거방해죄($^{제128}_{조}$) 등이 특수직무범죄에 속한다.

제 2 절   개별적 범죄유형[1] – 직무위배의 죄

I. 직무유기죄

제122조 [직무유기] "공무원이 정당한 이유없이 그 직무수행을 거부하거나 그 직무를 유기한 때에는 1년 이하의 징역이나 금고 또는 3년 이하의 자격정지에 처한다."

1. 의의, 성격, 보호법익

본죄는 "공무원이 정당한 이유없이 그 직무수행을 거부하거나 그 직무를 유기함으로써 성립하는 범죄"이다.

공무원은 국민 전체에 대한 봉사자로서($^{헌법 제7조}_{제1항}$), 국가공무원법상 성실의무($^{제56}_{조}$), 복종의무($^{제57}_{조}$), 직장이탈금지의무($^{제58}_{조}$), 친절·공정의무($^{제59}_{조}$), 비밀엄수의무($^{제60}_{조}$), 청렴의무($^{제61}_{조}$)와 품위유지의무($^{제63}_{조}$)를 지며, 이에 위반하거나 직무를 태만하였을 때에는 징계처분을 받는다($^{제78}_{조}$). 지방공무원법도 마찬가지의 규정을 두고 있다($^{제48-53조, 제55}_{조, 제69조}$).

그러나 형법은 행정법상 '성실히 직무를 수행해야 할 의무'($^{국가공무원법 제56조,}_{지방공무원법 제48조}$)에 대한 위반 및 이에 대한 징계처분과는 별도로, 그 위반이 국가의 기능을 저해하며 국민에게 피해를 야기시킬 가능성이 있는 정도의 행위에 이르렀을 때 당벌성이 있다고 보아, 직무유기죄로 처벌하고자 한다. 따라서 직무유기죄의 보호법익은 공무원의 성실의무가 아니라 '국가의 기능'이며,[4] 보호의 정도는

---

4) 권오걸, 1241면; 김성돈, 696면; 김성천, 1303면; 김/서, 801면; 박상기, 629면; 배종대, 812

'추상적 위험범'이다.[5] 판례도 본죄의 취지가 국가의 기능을 보호하는 데 있다고 한다.[6]

직무유기죄는 직무수행의 거부나 유기로써 기수가 되지만, 직무수행의 거부 또는 유기가 계속되는 한 직무유기죄도 종료하지 아니하고 계속되는 범죄, 즉 '계속범'이라고 해석된다.[7] 판례도 비슷한 취지로 해석하고 있다.[8]

2. 구성요건

구성요건은 공무원이 정당한 이유없이 그 직무수행을 거부하거나 그 직무를 유기하는 것이다.

(1) 행위의 주체

행위의 주체는 공무원이다. 진정신분범이며, 진정직무범죄에 속한다. 공무원의 개념과 범위에 관하여는 전술하였다.

(2) 실행행위

실행행위는 직무수행을 거부하거나 직무를 유기하는 것이다. 행위태양은 직무수행을 거부하는 것 또는 직무를 유기하는 것이라는 두 가지이다. 그런데 직무수행을 거부하는 것은 직무를 유기하는 행위의 일종으로 해석된다.

여기에서 '직무'란 국가공무원법 및 지방공무원법에 따라 수행해야 할 본래의 직무를 말한다. 공무원신분으로 인하여 부수적·파생적으로 발생하는 직

면: 백형구, 656면: 오영근, 883면: 유기천, 하권, 302면: 이재상, 708면: 이형국, 755면; 정/박, 781면: 진/이, 808면.

5) 김성돈, 696면; 김성천, 1303면; 박상기, 629면: 오영근, 884면: 이정원, 678면. 그러나 구체적 위험범이라는 견해로는 권오걸, 1241면: 김/서, 801면: 배종대, 812면: 백형구, 656면: 유기천, 하권, 302면: 이재상, 708면: 이형국, 755면: 정/박, 781면; 정영일, 726면: 진/이, 808면.

6) "형법 제122조에서 공무원이 정당한 이유없이 그 직무를 유기한 때라 함은 공무원이 법령, 내규 또는 지시 및 통첩에 의한 추상적인 충근의 의무를 태만히 하는 일체의 경우를 이르는 것이 아니고, 직장의 무단이탈, 직무의 의식적인 포기 등과 같이 그것이 국가의 기능을 저해하며 국민에게 피해를 야기시킬 가능성이 있는 경우를 말하는 것"(대판 1970. 9. 29, 70 도 1790. 同旨, 대판 1966. 3. 15, 65 도 984).

7) 권오걸, 1241면: 김성돈, 699면: 김성천, 1302면: 김/서, 801면; 박상기, 629면: 배종대, 812면: 오영근, 884면: 유기천, 하권, 303면: 이형국, 755면: 정/박, 781면: 진/이, 808면.

8) "직무유기죄는 그 직무를 수행하여야 하는 작위의무의 존재와 그에 대한 위반을 전제로 하고 있는 바, 그 작위의무를 수행하지 아니함으로써 구성요건에 해당하는 사실이 있었고 그 후에도 계속하여 그 작위의무를 수행하지 아니하는 위법한 부작위상태가 계속되는 한 가벌적 위법상태는 계속 존재하고 있다고 할 것이며, 형법 제122조 후단은 이를 전체적으로 보아 1죄로 처벌하는 취지로 해석되므로 이를 즉시범이라고 할 수 없다"(대판 1997. 8. 29, 97 도 675. 同旨, 대판 1965. 12. 10, 65 도 826).

무는 제외된다.[9] 예컨대 직무상 부수적으로 발생할 수 있는 수사기관에의 고발의무는 본죄의 직무에 포함되지 않는다.[10]

본죄의 직무란 추상적 권한에 속하는 모든 직무가 아니고, 법령에 근거가 있거나 특별한 지시·명령이 있기 때문에[11] 적시에 수행해야 할 '구체적인' 직무로 해석해야 한다.[12] 따라서 근무시간 중 잠을 자는 것과[13] 같이 직무를 태만한다고 해서 직무유기죄를 구성하는 것은 아니다.[14]

'직무수행을 거부한다'고 함은 직무를 적극적으로 수행할 의무가 있는 공무원이 직무를 수행하지 않는 것을 말한다. 직무수행의 거부는 작위 이외에 부작위에 의해서도 가능하다. 신고서류를 접수·처리해야 할 의무가 있는 공무원이 도착한 서류를 우편으로 반송해버린 경우에는 작위에 의한 직무수행 거부에 해당한다.

---

9) 권오걸, 1243면; 김성돈, 697면; 김성천, 1305면; 김/서, 802면; 배종대, 812면; 손동권, 741면; 이재상, 708면; 이형국, 756면; 정/박, 782면; 정영일, 727면; 진/이, 809면.

10) 조세범처벌절차법에 따른 통고처분이나 고발을 할 권한이 없는 세무공무원이 그 권한자에게 범칙사건 조사결과에 따른 통고처분이나 고발조치를 건의하지 않은 경우에 직무유기죄의 성립을 부정한 판례로는 "판결요지: 세무서에서 근무하는 공무원이 조세범처벌절차법시행령 제1조에 의하여 그 관할 검찰청 검사장으로부터 범칙사건을 조사할 수 있는 자로 지명을 받지 않은 경우, 범칙사건 조사결과에 따른 통고처분이나 고발 여부는 국세청장, 지방국세청장 또는 세무서장의 직무에 속할 뿐 범칙사건을 조사한 세무공무원에게는 조세범처벌절차법에 따른 통고처분이나 고발을 할 권한이 없다. 통고처분이나 고발을 할 권한이 없는 세무공무원이 그 권한자에게 범칙사건 조사결과에 따른 통고처분이나 고발조치를 건의하는 등의 조치를 취하지 않았다고 하더라도, 구체적 사정에 비추어 그것이 직무를 성실히 수행하지 못한 것이라고 할 수 있을지언정 그 직무를 의식적으로 방임 내지 포기하였다고 볼 수 없다"(대판 1997. 4. 11, 96 도 2753). "약사법 제70조에 의하면 약사감시원은 같은 법 제64조 제1항, 제65조 제2항의 규정에 의한 공무원의 직무를 집행하는 권한이 있을 뿐이고, 사법경찰리의 직무를 할 법적 근거가 없고, 또 일건 기록에 의하면, 피고인은 위 무허가 약국개설자를 조사하여 상사인 보건소장에게 보고하여 그 지시에 의하여 시말서를 받고 약국을 폐쇄토록 하였음을 엿볼 수 있으므로, 수사관서에 고발하지 아니하였다 하여 그 직무를 유기하였다고 보기 어렵다 할 것"(대판 1969. 2. 4, 67 도 184).

11) 대판 1976. 10. 12, 75 도 1895.

12) 권문택, 7인 공저, 682면; 권오걸, 1243면; 김성돈, 697면; 김성천, 1304면; 김/서, 801면; 박상기, 630면; 배종대, 812면; 백형구, 657면; 오영근, 885면; 이재상, 708-9면; 이형국, 756면; 정/박, 782면; 정영일, 726면; 진/이, 809면.

13) "피고인이 순찰 및 검사 등을 하지 아니하고 잠을 잔 것은 일직사관으로서의 직무를 성실하게 수행하지 아니하여 충근의무에 위반한 허물이 있다고 하겠으나, 근무장소에서 유사시에 즉시 깨어 직무수행에 임할 수 있는 상황에서 잠을 잔 것이므로, 피고인이 고의로 일직사관으로서의 직무를 포기하거나 직장을 이탈할 것이라고는 볼 수 없다"(대판 1984. 3. 27, 83 도 3260).

14) 권문택, 주석 각칙 상, 93면; 권오걸, 1243면; 김성돈, 697면; 김성천, 1304면; 김/서, 802면; 박상기, 630면; 백형구, 657면; 오영근, 885면; 이재상, 708면; 이형국, 756면; 정/박, 782-3면; 정영일, 727면; 진/이, 809면.

'직무유기'란 직무를 의식적으로 방임하거나 포기하는 행위를 말한다.[15] 유기는 직무수행의 거부와 마찬가지로 작위에 의할 수도 있고, 부작위에 의할 수도 있다.[16] 수행해서는 안될 직무상의 의무가 있는 경우에 그 직무를 적극적으로 수행하는 행위는 작위에 의한 직무유기죄를 구성한다.[17] 다만 직무를 적극적으로 수행한 행위가 별개의 범죄를 구성하는 경우에는 형법상의 직무유기죄는 그 범죄에 흡수된다(법조경합 중 흡수관계).[18]

부작위에 의한 직무유기죄는 부진정부작위범이 된다. 판례는 직무유기죄를 부진정부작위범이라고 한다.[19]

직무수행의 거부나 직무유기는 공무원의 태만·분망·착각 등으로 인하여 직무를 성실히 수행하지 아니한 경우나 형식적으로 또는 소홀히 직무를 수행하였기 때문에 성실한 직무수행을 못한 것에 불과한 경우를 포함하는 것이 아니고,[20] 국가의 기능을 저해하며 국민에게 피해를 야기시킬 가능성이 있는 정

---

15) "교육기관 등의 장이 징계의결을 집행하지 못할 법률상·사실상의 장애가 없는데도 징계의결서를 통보받은 날로부터 법정 시한이 지나도록 그 집행을 유보하는 모든 경우에 직무유기죄가 성립하는 것은 아니고, 그러한 유보가 직무에 관한 의식적인 방임이나 포기에 해당한다고 볼 수 있는 경우에 한하여 직무유기죄가 성립한다"(대판 2014. 4. 10, 2013 도 229).

16) 권오걸, 1243면; 김성돈, 697면; 김/서, 801면; 박상기, 631면; 배종대, 812면; 오영근, 886면; 유기천, 하권, 303면; 이재상, 709면; 이형국, 756면; 정/박, 783면; 정영일, 727면; 진/이, 809면.

17) "판결요지: 차량번호판의 교부담당직원은 자동차운수사업법 제32조 제1항의 규정에 비추어 행정처분에 의하여 자동차의 사용이 정지된 경우에는 특별한 사정이 없는 한 그 번호판을 재교부하여서는 안되는 직무상의 의무가 있다고 보아야 하고, 운행정지처분을 받은 자동차에 대하여 번호판을 재교부한 것은 직무유기죄에 해당한다"(대판 1972. 6. 27, 72 도 969). "인감증명서의 본적, 주소, 주민등록번호, 성명, 생년월일란에 하등 기재치 않음은 물론, 인감란에 인영을 현출하거나 신고된 인감과의 상위 여부를 확인함이 없이 직무를 포기하고, 발행일자 및 동장명의의 고무인과 동장직인 및 계인을 압날하여, 위 김춘호에게 교부함으로써 그 직무를 유기한 것이라 함에 있는 바, 피고인의 위 행위는 직무유기죄에 해당한다"(대판 1971. 6. 22, 71 도 778).

18) 후에 소개하는 대판 1999. 12. 24, 99 도 2240; 1996. 5. 10, 96 도 51 등 참조.

19) "형법 제122조 소정의 직무유기죄는 이른바 부진정부작위범으로서 구체적으로 그 직무를 수행하여야 할 작위의무가 있는데도 이러한 직무를 버린다는 인식하에 그 작위의무를 수행하지 아니한 사실이 있었어야 한다"(**대판 1975. 11. 25, 75 도 306**. 同旨, 대판 1983. 3. 22, 82 도 3065; 1972. 9. 12, 72 도 1175; 1965. 12. 10, 65 도 826).

20) "형법 제122조 후단 소정의 공무원이 정당한 이유없이 직무를 유기한 때라 함은 직무에 관한 의식적인 방임 내지 포기 등 정당한 사유없이 직무를 수행하지 아니한 경우를 의미하는 것이므로, 공무원이 태만, 분망, 착각 등으로 인하여 직무를 성실히 수행하지 아니한 경우나 형식적으로 또는 소홀히 직무를 수행하였기 때문에 성실한 직무수행을 못한 것에 불과한 경우에는 직무유기죄는 성립하지 아니한다"(**대판 1997. 8. 29, 97 도 675**. 同旨, 대판 2022. 6. 30, 2021 도 8361; 1997. 4. 11, 96 도 2753; 1994. 2. 8, 93 도 3568).

도의 것으로[21] 해석된다(제한해석). 또 직무를 집행했으나 내용이 불성실한 것만으로는 직무유기가 되지 않는다.[22]

대법원은 당직사관이 술을 마시고 내무반에서 화투놀이를 한 후 애인과 함께 자고 나서 당직근무의 인계·인수없이 퇴근한 경우,[23] 경찰관이 방치된 오토바이가 있다는 신고를 받고 이를 오토바이 상회 운영자에게 연락하여 수거해가도록 하고 그 대가로 돈을 받은 경우,[24] 세무공무원이 담당구역 내에 거주하는 자에 관한 양도소득세 과세자료를 다른 공무원이 은닉하고 있는 사실을 발견하고도 이를 방치한 경우,[25] 차량번호판의 교부담당공무원이 운행정지처분을 받은 자동차에 대하여 번호판을 재교부한 경우,[26] 농지사무를 담당하고 있는 군직원이 농지불법전용 사실을 알게 되고서도 이 사실을 외면하고 아무런 조치를 취하지 않은 경우,[27] 인감증명발급사무를 담당하는 공무원이 청탁을 받고 인감증명서의 주민등록번호·성명·생년월일란에 아무런 기재를 하지 않고 또한 신고한 인감과의 상위 여부를 확인함이 없이 동장직인 및 계인을 압날하여 증명신청인에게 교부한 경우,[28] 자동차에 편승했던 경찰관이 운전사가 일으킨 교통사고를 인지하고서도 의법조치하지 않은 경우에는[29] 직무유기죄가 성립된다고 하였다. 그리고 판례에 의하면, 사법경찰관리가 범죄혐의를 포착하였음에도 불구하고 수사에 착수하지 아니한 경우에 직무유기죄가 성립한다고 한다.[30]

---

21) "직무를 유기한 때라 함은 공무원이 법령, 내규 등에 의한 추상적인 충근의무를 태만히 하는 일체의 경우를 이르는 것이 아니고, 직장의 무단이탈, 직무의 의식적인 포기 등과 같이 그것이 국가의 기능을 저해하며 국민에게 피해를 야기시킬 가능성이 있는 경우를 말하는 것"(**대판** 1997. 4. 22, 95 도 748. 同旨, 대판 2007. 7. 12, 2006 도 1390; 1993. 12. 24, 92 도 3334; 1983. 3. 22, 82 도 3065; 1970. 9. 29, 70 도 1790).

22) 대판 1969. 8. 19, 69 도 932.

23) 대판 1990. 12. 21, 90 도 2425.

24) 대판 2002. 5. 17, 2001 도 6170.

25) 대판 1984. 4. 10, 83 도 1653.

26) 대판 1972. 6. 27, 72 도 969.

27) 대판 1993. 12. 24, 92 도 3334.

28) 대판 1971. 6. 22, 71 도 778.

29) 대결 1956. 10. 19, 4289 형상 244.

30) "정당한 사유없이 교통사고 수사직무를 수행하지 아니한 경우에 해당한다고 할 것이고, 피고인이 위 양○○의 신호위반 사실을 알고 있으면서도 수사에 착수하지 아니하고 그 후에도 그 작위의무를 수행하지 아니하는 위법한 부작위상태가 계속되어 그 가벌적 위법상태는 계속 존재한 것이므로, 원심이 같은 취지로 피고인의 행위가 전체적으로 보아 1죄로서 직무유기죄에 해당한다고 판단한 조치는 옳다"(대판 1997. 8. 29, 97 도 675. 기타 대판 1984. 7. 24, 84 도 705 참조).

반면에, 경찰관이 경미한 범죄혐의사실을 인지하고 혐의자를 훈방조치하
여 검사의 수사지휘를 받지 않은 경우,³¹⁾ 조세범처벌절차법에 따른 통고처분
이나 고발을 할 권한이 없는 세무공무원이 그 권한자에게 범칙사건 조사결과
에 따른 통고처분이나 고발조치를 건의하지 않은 경우,³²⁾ 교도소 보안과 출정
계장이 호송교도관들에게 재소자의 호송업무를 지시한 후 그 수행에 대한 구
체적인 확인·감독을 소홀히 한 결과 피호송자인 재소자들이 집단도주한 경
우에³³⁾ 직무유기죄의 성립을 부정하고 있다.

본죄는 직무수행을 거부함으로써 또는 직무를 유기함으로써 곧바로 기수
가 되고, 이로 인하여 국민의 권리 및 국가의 기능이 침해되거나 이에 대한
구체적 위험이 발생할 필요는 없다(추상적 위험범).³⁴⁾ 본죄의 미수범처벌규정

---

31) "사법경찰관은 형사소송법과 사법경찰관리직무규정 등이 정하는 바에 따라 검사의 지휘를
받아 수사를 하여야 하나, 형사소송법 제196조의 검사의 수사지휘권에 관한 규정은 일반적·포
괄적인 규정이라고 풀이할 것이며, 사법경찰관리직무규정의 범죄 인지보고는 그에 열거되어 있
는 따위의 중요사건에 관한 것이고, 범죄의 혐의가 있으면 그 어떠한 경우를 막론하고 반드시 검
사에게 범죄 인지보고를 하여 그 지휘를 받아 수사를 하여야 되는 것은 아니라고 할 것이다.…경
미사범이거나 공무집행방해죄에 해당하지 아니한다고 판단하여 훈계방면한 사실 등을 확정하고,
이에 의하면 피고인은 직무집행의사로 위법사실을 조사하여 이들을 타일러 보내는 등, 어떠한
형태로든지 그 직무집행행위를 하였다 할 것이고, 그 직무집행 내용에 있어서 위와 같은 이유로
형사피의사건으로 입건·수사하지 아니하였다 하여, 직무집행을 정당한 이유없이 의식적으로 포
기하거나 방임한 것이 아니어서, 형법 제122조 소정의 직무유기죄의 구성요건을 충족한 것이라
고 볼 수 없다.…사법경찰관리는 일체의 모든 범죄혐의에 관하여 검사에게 인지보고하고 그 지
휘에 따라 수사를 할 따름이며 피의자에 대한 기소·불기소 등 처분은 전혀 검사만이 할 수 있
고 사법경찰관리에게는 입건 수사하거나 또는 형사사건으로 입건하지 아니하고 훈계 방면하는
등에 관하여 아무 재량권도 없다는 취지의 소론 논지는 독자적 견해로서 채용할 수 없으므로 상
고논지는 그 이유없음에 돌아간다"(**대판** 1982. 6. 8, 82 **도** 117).

32) **대판** 1997. 4. 11, 96 **도** 2753.

33) "판결요지: 형법 제122조에서 공무원이 정당한 이유없이 직무를 유기한 때라 함은 정당한
사유없이 의식적으로 직무를 포기하거나 직무 또는 직장을 이탈하는 것을 말하고, 공무원이 직
무를 수행함에 있어서 태만 또는 착각 등으로 이를 성실하게 수행하지 아니한 경우까지 포함하
는 것은 아니라 할 것인바, 교도소 보안과 출정계장과 감독교사가 호송지휘관 및 감독교사로서
호송교도관 5명을 지휘하여 재소자 25명을 전국의 각 교도소로 이감하는 호송업무를 수행함에
있어서, 시간이 촉박하여 호송교도관들이 피호송자 개개인에 대하여 규정에 따른 검신 등의 절
차를 철저히 이행하지 아니한 채 호송하는데도, 위 호송교도관들에게 호송업무 등을 대강 지시
한 후에는 그들이 이를 제대로 수행할 것으로 믿고 구체적인 확인·감독을 하지 아니한 잘못으
로 말미암아, 피호송자들이 집단도주하는 결과가 발생한 경우, 위 출정계장과 감독교사가 재소자
의 호송계호업무를 수행함에 있어서 성실하게 그 직무를 수행하지 아니하여 충근의무에 위반한
잘못은 인정되나, 고의로 호송계호업무를 포기하거나 직무 또는 직장을 이탈한 것이라고는 볼
수 없으므로, 형법상 직무유기죄를 구성하지 아니한다"(대판 1991. 6. 11, 91 도 96).

34) 김성돈, 696면; 김성천, 1303면; 박상기, 629면; 오영근, 884면; 이정원, 678면. 이에 반하여
구체적 위험범설은 권오걸, 1241면; 김/서, 801면; 배종대, 812면; 백형구, 656면; 유기천, 하권,

은 없다.

(3) 주관적 구성요건

본죄의 고의는 직무를 유기한다는 인식·인용이다. 이러한 인식·인용없이, 단지 태만·분망·착각 기타 일신상 또는 객관적인 사정으로 인하여 부당한 결과를 초래한 때에는 직무유기죄가 성립하지 않는다.[35]

3. 위 법 성

공무원이 '정당한 이유'를 가지고 그 직무수행을 거부하거나 직무를 유기하는 경우에는 위법성이 조각된다. 즉 직무유기에 있어서 정당한 이유는 위법성조각사유로 해석된다.[36]

4. 죄 수

공무원이 뇌물을 받고 그 대가로 직무수행을 유기한 때에는 행위의 부분적 동일성에 의하여 수뢰후 부정처사죄($^{제131조}_{제1항}$)와 본죄의 상상적 경합이 성립한다.

공무원이 위법사실을 적극적으로 은폐할 목적으로 허위공문서를 작성·행사한 경우에 직무유기죄는 허위공문서작성죄 및 동 행사죄에 흡수된다(법조경합 중 흡수관계).[37]

검사로부터 범인을 검거하라는 지시를 받은 경찰관이 오히려 범인을 도피하게 한 경우에 직무유기죄는 범인도피죄($^{제151조}_{제1항}$)에 흡수된다(법조경합 중 흡수관계).[38] [39] 한편 검사가 긴급체포 등 강제처분의 적법성에 의문을 갖고 대면조

302면; 이재상, 708면; 이형국, 755면; 정/박, 781면; 정영일, 726면; 진계호, 808면.

35) "직무유기죄가 성립하려면 주관적으로는 직무를 버린다는 인식과 객관적으로는 직무 또는 직장을 벗어나는 행위가 있어야 하고, 다만 직무집행에 관하여 태만, 분망, 착각 등 일신상 또는 객관적 사정으로 어떤 부당한 결과를 초래한 경우에는 형법상의 직무유기죄는 성립하지 않는다"(대판 1983. 1. 18, 82 도 2624).

36) 김/서, 804면; 박상기, 631면; 이정원, 681면; 정/박, 784면; 진/이, 812면.

37) "공무원이 어떠한 위법사실을 발견하고도 직무상 의무에 따른 적절한 조치를 취하지 아니하고 위법사실을 적극적으로 은폐할 목적으로 허위공문서를 작성, 행사한 경우에는 직무위배의 위법상태는 허위공문서작성 당시부터 그 속에 포함되는 것으로, 작위범인 허위공문서작성, 동 행사죄만이 성립하고, 부작위범인 직무유기죄는 따로 성립하지 아니한다"(**대판 1999. 12. 24, 99 도 2240**. 同旨, 대판 1993. 12. 24, 92 도 3334).

38) "피고인이 검사로부터 원심 상피고인 양○○을 검거하라는 지시를 받고서도 그 직무상의 의무에 따른 적절한 조치를 취하지 아니하고 오히려 위 양○○에게 전화로 도피하라고 권유하여 그를 도피케 하였다는 원심이 유지한 제1심 판시 범죄사실만으로는 직무위배의 위법상태가 범인

사를 위한 피의자 인치를 명하였으나, 이를 이행하지 않은 사법경찰관에게는 인권옹호직무방해죄($\frac{제139}{조}$)와 직무유기죄가 모두 성립하고, 두 죄는 상상적 경합관계에 있다.[40]

직무상 불법건축물의 단속의무가 있는 공무원이 타인을 교사하여 불법건축을 하게 한 경우에 직무유기죄는 건축법위반교사죄에 흡수된다(법조경합 중 흡수관계[41]).[42]

5. 형 벌

1년 이하의 징역이나 금고 또는 3년 이하의 자격정지에 처한다.

공무원의 직무상 위법행위로 인하여 손해를 받은 자는 국가·지방자치단체에 대하여 손해배상청구권이 있다($\frac{국가배상법}{제2조 제1항}$).

6. 특 칙

'폭력행위 등 처벌에 관한 법률' 제9조 제1항은 사법경찰관리로서 동 법률에 규정된 죄를 범한 자를 수사하지 아니하거나 범인을 알면서 체포하지 아니하는 직무유기행위를 1년 이상의 유기징역에 처하도록 규정하고 있다. '특정범죄가중처벌 등에 관한 법률' 제15조는 범죄수사의 직무에 종사하는 공무원이 동 법률에 규정된 죄를 범한 자를 인지하고 그 직무를 유기한 때에는 1년

도피행위 속에 포함되어 있는 것으로 보아야 할 것이므로, 이와 같은 경우에는 작위범인 범인도피죄만이 성립하고, 부작위범인 직무유기죄는 따로 성립하지 아니한다"(**대판** 1996. 5. 10, **96 도** 51. 同旨, 대판 1993. 12. 24, 92 도 3334; 1972. 5. 9, 72 도 722; 1971. 8. 31, 71 도 1176).

39) "경찰서 방범과장이던 피고인이 부하직원으로부터 오락실을 음반·비디오물 및 게임물에 관한 법률 위반혐의로 단속하여 범죄행위에 제공된 증거물로 오락기의 변조 기판을 압수하여 위 방범과 사무실에 보관중임을 보고받아 알고 있었음에도, 그 직무상의 의무에 따라 위 압수물을 같은 경찰서 수사계에 인계하고 검찰에 송치하여 범죄혐의의 입증에 사용하도록 하는 등의 적절한 조치를 취하지 않고, 오히려 부하직원에게 위와 같이 압수한 변조 기판을 돌려주라고 지시하여 오락실 업주에게 이를 돌려주었다면, 직무위배의 위법상태가 증거인멸행위 속에 포함되어 있는 것으로 보아야 할 것이므로, 이와 같은 경우에는 작위범인 증거인멸죄만이 성립하고 부작위범인 직무유기(거부)죄는 따로 성립하지 아니한다"(**대판** 2006. 10. 19, 2005 **도** 3909 ‒ 전원합의체. 同旨, 대판 1997. 2. 28, 96 도 2825 등).

40) "형법 제139조에 규정된 인권옹호직무명령불준수죄와 형법 제122조에 규정된 직무유기죄의 각 구성요건과 보호법익 등을 비교하여 볼 때, 인권옹호직무명령불준수죄가 직무유기죄에 대하여 법조경합 중 특별관계에 있다고 보기는 어렵고, 양 죄를 상상적 경합관계로 보아야 한다"(대판 2010. 10. 28, 2008 도 11999).

41) 김/서, 807면; 오영근, 889면; 진/이, 813면.

42) 대판 1980. 3. 25, 79 도 2831.

이상의 유기징역에 처한다고 규정하고 있다.

Ⅱ. 피의사실공표죄

제126조 [피의사실공표] "검찰, 경찰 그 밖에 범죄수사에 관한 직무를 수행하는
자 또는 이를 감독하거나 보조하는 자가 그 직무를 수행하면서 알게 된 피의사실을
공소제기 전에 공표(公表)한 경우에는 3년 이하의 징역 또는 5년 이하의 자격정지
에 처한다."

1. 의의, 보호법익

본죄는 "검찰·경찰 그 밖에 범죄수사에 관한 직무를 수행하는 자 또는 이
를 감독하거나 보조하는 자가 그 직무를 수행하면서 알게 된 피의사실을 공소
제기 전에 공표함으로써 성립하는 범죄"이다. 피의사실을 공소제기 전에 공표
하는 것은 증거인멸 등으로 범죄수사에 큰 지장을 초래할 뿐만 아니라 피의자
의 명예를 손상할 우려가 있으므로, 이를 방지하고자 함에 입법취지가 있다.
따라서 본죄의 보호법익은 '국가의 범죄수사기능과 피의자의 인권'이다.[43] 보호법
익을 '피의자의 인권'만으로 보고, 본죄를 개인적 법익에 대한 범죄로 파악하
는 것이 타당하다는 견해도 있다.[44] 그러나 본죄는 수사공무원이 직무상 지득
한 피의사실을 공표, 즉 누설하는 행위를 처벌하는 것이므로 실질적으로는 공
무상비밀누설죄(제127조)의 범주에 들어간다고 할 수 있다. 이러한 입장에서 보
자면 본죄의 주된 보호법익은 수사상 비밀(피의사실)의 누설에 의하여 위태롭
게 될 수 있는 국가의 범죄수사기능(국가적 법익)이고, 부차적 보호법익은 피
의자의 인권(개인적 법익)이라고 함이 타당하다. 보호의 정도는 '추상적 위험범'
이다.

2. 수사관행상의 문제점

우리나라의 수사관행을 보면, 수사기관이 본죄의 취지에 역행하여 피의사
실을 공표하는 사례가 비일비재하고, 이러한 행위가 현실적으로 처벌되지 않

---

43) 권오걸, 1250면; 김성돈, 701면; 김/서, 807면; 배종대, 815면; 백형구, 658면; 오영근, 890
면; 이재상, 711면; 이정원, 682면; 이형국, 759면; 정/박, 785면; 정영일, 731-2면; 진/이, 814면.
44) 김성천, 788면; 박상기, 633면.

고 있다. 국민의 알 권리의 충족, 여론조성의 필요성, 범죄수사에 관한 국민의 협조필요성 등의 관점에서 수사기관은 별 거리낌없이 피의사실을 공표하고 있다. 그러나 확정판결이 있기까지는 무죄추정을 받는 범죄피의자·혐의자가 수사기관의 피의사실공표로 인하여 언론에 보도되는 것은 인격살인이라고 할 만큼 개인적 피해가 막심하므로, 이러한 관행은 지양함이 마땅하다.[45]

3. 구성요건

본죄의 구성요건은 검찰·경찰 그 밖에 범죄수사에 관한 직무를 수행하는 자 또는 이를 감독하거나 보조하는 자가 그 직무를 수행하면서 알게 된 피의사실을 공소제기 전에 공표하는 것이다.

행위의 주체는 검찰·경찰 그 밖에 범죄수사에 관한 직무를 수행하는 자 또는 이를 감독·보조하는 자이다. 주체가 특수공무원에 한하므로, 본죄는 진정신분범이며, 진정직무범죄 및 특수직무범죄에 속한다. 법관도 범죄수사에 관한 직무를 감독하는 자의 지위에 있게 되는 경우에는 본죄의 주체가 될 수 있다.[46] 예컨대 법관이 구속영장을 발부하면서 알게 된 피의사실을 공표할 경우에 본죄를 구성할 수 있다.

행위의 객체는 범죄수사에 관한 직무를 수행하면서 알게 된 피의사실이다. 피의사실은 진실한 것이든 아니든 불문한다. 직무수행과 하등 관계없이 알게 된 단순한 사실은 본죄의 객체에 해당하지 않는다.

실행행위는 공소제기 전에 피의사실을 공표하는 것이다. 따라서 공소제기 후에 피의사실을 공표하는 것은 본죄를 구성하지 않는다. 공소제기 전이라는 시점은 구성요건요소 중 '시간적 행위상황'에 속한다. '공표'란 불특정 또는 다수인에게 그 내용을 알리는 것을 말한다. 공연히 알릴 것을 요하지 않는다.[47] 특정한 1인에게 알린 때에도 이로 인하여 불특정·다수인에게 전파될 가능성이 있으면 공표에 해당한다. 피의자의 가족·변호인에게 피의사실을 알리는 것은 공표에 해당하지 않는다. 공표의 수단·방법에는 제한이 없다. 작위·부작

45) 비슷한 취지의 지적으로 박상기, 633면.

46) 권오걸, 1251면; 김성돈, 701면; 김/서, 808면; 박상기, 633면; 백형구, 659면; 오영근, 890면; 이형국, 759면; 정/박, 786면; 정영일, 732면; 진/이, 815면.

47) 권오걸, 1251면; 김성돈, 701면; 김/서, 808면; 배종대, 815면; 이재상, 712면; 이정원, 683면; 이형국, 759면; 정/박, 786면; 정영일, 733면; 진/이, 815면. 반대견해로 김성천, 789면; 박상기, 633면; 오영근, 890면.

위를 불문한다. 부작위의 예로는 신문기자의 수사기록열람을 묵인하는 것이
있다.

본죄는 피의사실을 공표함으로써 기수가 된다. 공표로 인하여 수사기능이
침해되거나 피의자의 명예(인권)에 대한 침해 또는 구체적 위험이 발생할 필
요는 없다(추상적 위험범). 또한 공표로 인하여 공표대상자가 피의사실을 알게
되었느냐도 묻지 않는다.

4. 위 법 성

피해자인 피의자의 승낙은 본죄의 성립에 아무런 영향을 주지 못한다.

수사상 필요에 의하여 피의자를 공개수배함으로써 피의사실을 공표하게
되는 경우에는 피의자의 명예라는 이익과 공개수사로 인한 이익을 비교형량
하여 후자가 우월할 때 정당화적 긴급피난으로서 위법성이 조각된다고 본
다.[48] 국민의 알 권리를 충족하기 위한 피의사실공표에도 마찬가지의 원리가
적용될 수 있다.

2024. 1. 25. 시행된 '특정중대범죄 피의자 등 신상정보 공개에 관한 법률'
(법률 제19743호, 2023.10. 24. 제정)에 의하면 내란·외환죄, 범죄단체조직죄, 폭발물사용죄, 살인
등 강력범죄, 성폭력범죄, 일부 아동·청소년대상 성범죄, 일부 마약범죄 등을
신상정보 공개 대상이 되는 특정중대범죄로 정의하면서(제2조), 범행수단이 잔
인하고 중대한 피해가 발생하였을 것(범죄단체조직죄, 폭발물사용죄, 살인 등 강
력범죄, 성폭력범죄 등으로 제한), 피의자가 그 죄를 범하였다고 믿을 만한 충분
한 증거가 있을 것, 국민의 알권리 보장, 피의자의 재범 방지 및 범죄예방 등
오로지 공공의 이익을 위하여 필요할 것을 요건으로 법률에 정한 절차에 따라
'피의자 및 피고인'의 얼굴 성명 및 나이와 같은 '신상정보를 공개'할 수 있도
록 하고 있다(제4조 제1항 및제5조 제1항).

5. 재정신청에 의한 기소강제절차

피의사실공표죄에 대하여 고소 또는 고발을 한 자는 검사의 불기소처분이

---

48) 김성천, 790면. 또한, 이 경우 정당행위로서 위법성이 조각된다는 견해로는 김/서, 809면.
한편 위법성이 조각될 수 없다는 반대설로는 박상기, 634면; 이재상, 712면; 이형국, 760면; 정/
박, 787면; 정영일, 734면; 진/이, 814면. 국민의 알 권리를 보장하기 위한 피의사실공표의 경우
에 정당행위로서 위법성이 조각된다는 견해로는 권오걸, 1252면; 김성돈, 702면; 백형구, 659면.

있는 경우에 형사소송법이 규정하는 재정신청($\substack{제260조\\이하}$)에 의하여 법원에 그 당부에 관한 재정을 신청할 수 있고, 그 신청이 이유있다는 법원의 결정(공소제기 결정)이 내려지면 검사는 그 사건에 대하여 공소를 제기하여야 한다($\substack{제262조\ 제2\\항·제6항}$). 이러한 기소강제절차는 기소편의주의에 대한 예외로서 사법적 심사에 의해서 검사의 부당한 불기소처분을 시정하려는 데 목적이 있다.

형사소송법 개정($\substack{2007.\ 6.\ 1.\ 개정,\\2008.\ 1.\ 1.\ 시행}$)으로 재정신청의 대상이 모든 범죄로 확대되었는데(고소인의 경우), 다만 고발인의 경우는 직권남용의 죄($\substack{형법\ 제123-\\125조}$)에 한정되었다가, 다시 개정 형사소송법($\substack{2011.\ 7.\ 18.\ 개정,\\2012.\ 1.\ 1.\ 시행}$)에서 그 대상을 피의사실공표죄 ($\substack{형법\\제126조}$)에 대한 고발사건까지로 추가 확대하되, 피공표자의 명시한 의사에 반하여 할 수 없도록 하였다($\substack{제260조\\제1항}$). 또한 재정신청에 항고전치주의를 도입하여 원칙적으로 검찰항고($\substack{검찰청법\\제10조}$)를 사전에 거치도록 요구하고 있다($\substack{제260조\\제2항}$).

Ⅲ. 공무상비밀누설죄

> 제127조 [공무상 비밀의 누설] "공무원 또는 공무원이었던 자가 법령에 의한 직무상 비밀을 누설한 때에는 2년 이하의 징역이나 금고 또는 5년 이하의 자격정지에 처한다."

1. 의의, 보호법익

본죄는 "공무원 또는 공무원이었던 자가 법령에 의한 직무상 비밀을 누설함으로써 성립하는 범죄"이다. 본죄의 보호법익은 공무상의 비밀 자체가 아니라, 공무상 비밀의 누설에 의하여 위태롭게 될 수 있는 '국가의 기능'이라고 함이 정확하다(다수설[49] 및 판례[50]). 보호의 정도는 '추상적 위험범'이다.

---

49) 권오걸, 1252면; 김성돈, 702면; 김성천, 1314면; 박상기, 634면; 배종대, 815면; 백형구, 660면; 오영근, 892면; 이재상, 713면; 이정원, 683면; 이형국, 761면; 정/박, 788면; 정영일, 735면; 진/이, 816면. 또한 기본적인 보호법익은 '국가의 기능'이라고 하면서 범위를 직무상 비밀유지와 그에 따른 국가적 이익으로 구체화하는 견해(김/서, 810면)도 있다.

50) "본죄는 기밀 그 자체를 보호하는 것이 아니라 공무원의 비밀엄수의무의 침해에 의하여 위험하게 되는 이익, 즉 비밀의 누설에 의하여 위협받는 국가의 기능을 보호하기 위한 것"(대판 1996. 5. 10, 95 도 780).

2. 구성요건

구성요건은 공무원 또는 공무원이었던 자가 법령에 의한 직무상 비밀을 누설하는 것이다.

(1) 행위의 주체

행위의 주체는 공무원 또는 공무원이었던 자이다. 본죄는 진정신분범이며, 진정직무범죄 및 일반직무범죄에 속한다. 공무원은 공무원법상 재직 중은 물론 퇴직 후에도 직무상 알게 된 비밀을 엄수할 의무가 있다(국가공무원법 제60조, 지방공무원법 제52조). 본죄는 공무원의 '비밀엄수의무'위반을 처벌하고자 하는 것이다.

(2) 행위의 객체

행위의 객체는 법령에 의한 직무상 비밀이다.

'비밀'이란 공지되지 않은 사실로서 국가가 비밀로 할 만한 이익이 있는 것을 말한다. 비밀의 개념요소는 사실의 비공지성(非公知性)과 비밀로서의 이익 내지 보호가치라고 하는 두 가지이다.

'직무상 비밀'이란 본죄의 주체인 공무원이 직무집행상 알게 된 비밀을 뜻한다. 따라서 직무와 무관하게 알게 된 단순한 비밀은 여기에 포함되지 않는다. 직무집행상 알게 된 비밀인 이상, 자신의 직무뿐만 아니라 타인의 직무와 관련된 것도 포함한다. 직무상 비밀은 법령에 의한 것이어야 한다. '법령에 의한 비밀'은 법령에 의하여 비밀로 분류된 것을 의미한다고 해석된다(다수).[51] 그러나 판례는 반드시 법령에 의하여 비밀로 규정되었거나 비밀로 분류·명시된 사항에 한하지 아니하고, 객관적·일반적인 입장에서 외부에 알려지지 않는 것에 상당한 이익이 있는 사항도 포함한다고 한다.[52]

(3) 실행행위

실행행위는 누설이다. '누설'이란 비밀을 모르고 있는 제3자에게 알리는 일

---

51) 김성돈, 703면; 김성천, 1315면; 김/서, 811면; 박상기, 634면; 백형구, 661면; 오영근, 892면; 이형국, 761면; 정/박, 788면; 진/이, 817면. 다수설에 반대하여 판례의 입장을 지지하는 견해로는 권오걸, 1253면; 이재상, 714면; 정영일, 735면.

52) "법령에 의한 직무상 비밀이란 반드시 법령에 의하여 비밀로 규정되었거나 비밀로 분류·명시된 사항에 한하지 아니하고, 정치, 군사, 외교, 경제, 사회적 필요에 따라 비밀로 된 사항은 물론, 정부나 공무소 또는 국민이 객관적, 일반적인 입장에서 외부에 알려지지 않는 것에 상당한 이익이 있는 사항도 포함하는 것이나, 동조에서 말하는 비밀이란 실질적으로 그것을 비밀로서 보호할 가치가 있다고 인정할 수 있는 것이어야 할 것"(대판 1996. 5. 10, 95 도 780. 同旨, 대판 2018. 2. 13, 2014 도 11441).

체의 행위를 말한다. 이미 알고 있는 사람에게 알리는 것은 누설에 해당하지 않는다.[53] 비밀의 누설은 상당할 정도로 구체적인 사항을 알려야 하며, 막연한 고지는 누설이라고 할 수 없다. 누설의 수단·방법에는 제한이 없다. 작위·부작위를 불문한다. 직무상 비밀이 기재된 문서를 열람하는 제3자의 행위를 묵인하는 경우가 부작위에 의한 비밀누설에 해당한다.

본죄는 누설함으로써 기수가 되고, 상대방이 비밀을 알게 될 필요는 없다.

3. 위 법 성

공무원의 비밀누설행위가 공직자의 부패행위를 국민권익위원회에 신고하는 것인 때에는 '부패방지 및 국민권익위원회의 설치와 운영에 관한 법률'(약칭: 부패방지권익위법) 제56조에 의하여 위법성이 조각된다(법령에 의한 정당행위).

4. 죄 수

시험을 정리하는 공무원이 수험자로부터 금품을 받고 시험문제를 가르쳐 준 때에는 수뢰후 부정처사죄($_{제1항}^{제131조}$)와 본죄의 상상적 경합이 된다.[54]

2021년 5월 18일 '공직자의 이해충돌 방지법'(약칭: 이해충돌방지법)[55]이 제정되어 2022년 5월 19일부터 시행되었다. 동법에 의하면, 공무원이 직무상 지득한 비밀을 사적 이익을 위하여 이용(누설)하거나 제3자로 하여금 이용하게 하는 행위($_{제3항}^{제14조}$), 직무상 비밀을 이용하여 재물 또는 재산상의 이익을 취득하거나 제3자로 하여금 취득하게 하는 행위($_{제1항}^{제14조}$) 및 이해충돌방지업무과정에서 지득한 비밀을 누설하는 행위($_{조}^{제23}$)는 제27조(벌칙)에 따라 처벌되고, 공무상비밀누설죄는 이에 흡수된다(법조경합 중 특별관계).

5. 형 벌

2년 이하의 징역이나 금고 또는 5년 이하의 자격정지에 처한다.

---

53) 권오걸, 1255면; 김성돈, 703면; 김성천, 1315면; 김/서, 811면; 박상기, 635면; 배종대, 816-7면; 백형구, 661면; 손동권, 753면; 오영근, 893면; 이재상, 714면; 이정원, 685면; 이형국, 761면; 정/박, 789면; 정영일, 736면; 진/이, 818면.
54) 대판 1970. 6. 30, 70 도 562.
55) 이해충돌방지법은 공직자의 직무수행과 관련한 사적 이익추구를 금지함으로써 공직자의 직무수행 중 발생할 수 있는 이해충돌을 방지하여 공정한 직무수행을 보장하고 공공기관에 대한 국민의 신뢰를 확보하는 것을 목적으로 한다(제1조).

제 3 절   개별적 범죄유형[2] - 직권남용의 죄

I. 직권남용죄

<u>제123조 [직권남용]</u> "공무원이 직권을 남용하여 사람으로 하여금 의무없는 일을 하게 하거나 사람의 권리행사를 방해한 때에는 5년 이하의 징역, 10년 이하의 자격정지 또는 1천만원 이하의 벌금에 처한다."

1. 의의, 성격, 보호법익

본죄는 "공무원이 직권을 남용하여 사람으로 하여금 의무없는 일을 하게 하거나 사람의 권리행사를 방해함으로써 성립하는 범죄"이다. 본죄는 강요죄(제324조)에 대하여 공무원이라는 신분으로 인하여 책임이 가중된 부진정신분범이[56] 아니라, '국가기능의 공정한 행사'를 보호법익으로[57][58] 하는 독립된 '진정신분범'이다(닭수). 강요죄와 달리 본죄의 행위태양은 폭행·협박이 아니고 공무원의 직권남용이기 때문이다. 그러므로 공무원이 폭행·협박을 가하여 타인의 권리행사를 방해한 때에는 본죄와 강요죄의 상상적 경합이 된다.[59] 법익보호의 정도는 '추상적 위험범'이다.[60]

---

56) 이러한 견해로는 권오걸, 1257면; 배종대, 817면; 서일교, 313면; 유기천, 하권, 279면; 황산덕, 44면.

57) 김성돈, 704면; 김성천, 1311면; 박상기, 636면; 백형구, 655면; 이재상, 715면; 이정원, 686면; 정/박, 790면; 정영일, 737면; 진/이, 819-20면. 본죄의 보호법익을 국가의 기능뿐 아니라 의사결정의 자유도 보호한다는 견해(오영근, 894면)도 있다.

58) "제123조의 죄가 원판결 설시와 같이 그 보호객체(법익)가 국권의 공정에 있고, 이 법익침해는 침해결과의 발생의 위험이 있으면 족하다고 보아야 하는 점에서 강학상 위태범"(대판 1978. 10. 10, 75 도 2665).

59) 권오걸, 1263면; 김성돈, 706면; 김성천, 1313면; 김/서, 817면; 백형구, 654면; 이재상, 715면; 이형국, 766면; 정/박, 791면; 정영일, 738면; 진/이, 820면.

60) 권오걸, 1257면; 김성돈, 704면; 김성천, 1311면; 박상기, 636면; 백형구, 655면; 유기천, 하권, 280면; 이재상, 716면; 이형국, 766면; 정/박, 790면; 정영일, 738면; 진/이, 820면. 침해범이라는 견해로는 김/서, 813면; 이정원, 685면. 또한 국가기능에 대해서는 추상적 위험범, 부차적으로 의사결정의 자유는 침해범이라는 견해(오영근, 895면)도 있다.

2. 구성요건

본죄의 구성요건은 공무원이 직권을 남용하여 사람으로 하여금 의무없는 일을 하게 하거나 사람의 권리행사를 방해하는 것이다.

(1) 행위의 주체

행위의 주체는 공무원이다. 따라서 본죄는 진정신분범이며, 진정직무범죄 및 일반직무범죄에 속한다. 여기에서의 공무원은 본죄의 취지에 비추어 강제력을 수반하는 직무를 행하는 공무원으로 해석된다(통설).[61]

(2) 실행행위

실행행위는 직권을 남용하여 사람으로 하여금 의무없는 일을 하게 하거나 권리행사를 방해하는 것이다. 이하 분설하기로 한다.

(가) 직권남용 '직권을 남용한다'고 함은 일반적 직무권한에 속하는 사항을 위법·부당하게 처리하는 것을 말한다.[62] 직무집행의 형식·외관을 갖고 있으나 실질적으로는 위법·부당한 직무집행인 경우이다.[63] 예컨대 상급 경찰관이 부하 경찰관들의 수사를 중단시키거나 사건을 다른 경찰관서로 이첩하게 한 경우에 직권남용이 된다.[64] [65]

공무원이 자신의 직무권한에 속하는 사항에 관하여 실무 담당자로 하여금 직무집행을 보조하게 한 행위가 법령에 정한 기준과 절차에 위반하여 보조하게 한 경우에는 후술하는 '의무 없는 일을 하게 한 때'에 해당한다.[66]

---

61) 권문택, 주석 각칙 상, 685면; 김/서, 814면; 배종대, 817면; 백형구, 654면; 서일교, 313면; 오영근, 895면; 유기천, 하권, 279면; 이재상, 715면; 이정원, 686면; 이형국, 765면; 정/박, 791면; 정영일, 738면; 진/이, 820면. 그러나 반드시 법률상의 강제력을 수반하는 직무권한일 필요는 없다는 판례로는 대판 2004. 5. 27, 2002 도 6251. 판례와 같은 취지의 견해로는 권오걸, 1258면; 김성돈, 705면.

62) 대판 2018. 2. 13, 2014 도 11441; 2019. 3. 14, 2018 도 18646.

63) "형법 제123조의 직권남용권리행사방해죄에서 '직권의 남용'이란 공무원이 일반적 직무권한에 속하는 사항을 불법하게 행사하는 것, 즉 형식적, 외형적으로는 직무집행으로 보이나 그 실질은 정당한 권한 이외의 행위를 하는 경우를 의미하고, 남용에 해당하는지는 구체적인 직무행위의 목적, 그 행위가 당시의 상황에서 필요성이나 상당성이 있는 것이었는지 여부, 직권행사가 허용되는 법령상의 요건을 충족했는지 등의 여러 요소를 고려하여 결정하여야 한다"(대판 2022. 10. 27, 2020 도 15105).

64) 대판 2010. 1. 28, 2008 도 7312.

65) 해군본부 법무실장이 국방부 검찰수사관에게 군내 납품비리 수사와 관련한 기밀사항을 보고하게 한 경우에도 직권남용죄가 성립한다고 한 판례가 있다(대판 2011. 7. 28, 2011 도 1739).

66) "판결이유: 공무원이 자신의 직무권한에 속하는 사항에 관하여 실무 담당자로 하여금 그 직무집행을 보조하는 사실행위를 하도록 하더라도 이는 공무원 자신의 직무집행으로 귀결될 뿐

일반적 직무권한과 아무 관련이 없는 사항에 대한 행위는 본죄를 구성하지 않는다. 예컨대 집행관이 채무자를 체포하는 것은 직권남용죄가 아니라 단순히 체포죄를 구성할 뿐이다. 직권을 남용하는 행위는 작위·부작위를 불문한다.

(나) 의무없는 일을 하게 하거나 권리행사를 방해하는 것   '의무없는 일을 하게 한다'는[67) 것은 법률상 의무없는 일을 하도록 하는 경우뿐만 아니라 법률상

─────────

이므로 원칙적으로 직권남용권리행사방해죄에서 말하는 '의무 없는 일을 하게 한 때'에 해당한다고 할 수 없으나, 직무집행의 기준과 절차가 법령에 구체적으로 명시되어 있고 실무 담당자에게도 직무집행의 기준을 적용하고 절차에 관여할 고유한 권한과 역할이 부여되어 있다면 실무 담당자로 하여금 그러한 기준과 절차에 위반하여 직무집행을 보조하게 한 경우에는 '의무 없는 일을 하게 한 때'에 해당한다"(대판 2020. 10. 29, 2020 도 3972).

67) 직권남용죄에 있어서 '의무없는 일을 하게 한다'라는 구성요건에 관한 해석으로 다음 대법원 전원합의체판결─이른바 블랙리스트 사건─이 있다. 이 사건에서, 대법원은 대통령비서실장의 좌파성향단체에 대한 지원배제지시는 직권남용이지만, 한국문화예술위원회·영화진흥위원회 직원들로 하여금 문화체육관광부 공무원에게 각종 명단을 송부하게 한 행위, 공모사업 진행 중 수시로 심의진행상황을 보고하게 한 행위는 직권남용에 해당하지 않는 것으로 판시했다.

"[다수의견] '의무 없는 일'에 해당하는지는 직권을 남용하였는지와 별도로 상대방이 그러한 일을 할 법령상 의무가 있는지를 살펴 개별적으로 판단하여야 한다. 직권을 남용한 행위가 위법하다는 이유로 곧바로 그에 따른 행위가 의무 없는 일이 된다고 인정하면 '의무 없는 일을 하게 한 때'라는 범죄성립요건의 독자성을 부정하는 결과가 되고, '권리행사를 방해한 때'의 경우와 비교하여 형평에도 어긋나게 된다. 직권남용 행위의 상대방이 일반 사인인 경우(밑줄─저자) 특별한 사정이 없는 한 직권에 대응하여 따라야 할 의무가 없으므로 그에게 어떠한 행위를 하게 하였다면 '의무 없는 일을 하게 한 때'에 해당할 수 있다. 그러나 상대방이 공무원이거나 법령에 따라 일정한 공적 임무를 부여받고 있는 공공기관 등의 임직원인 경우(밑줄─저자)에는 법령에 따라 임무를 수행하는 지위에 있으므로 그가 직권에 대응하여 어떠한 일을 한 것이 의무 없는 일인지 여부는 관계 법령 등의 내용에 따라 개별적으로 판단하여야 한다. 행정조직은 날로 복잡·다양화·전문화되고 있는 현대 행정에 대응하는 한편, 민주주의의 요청을 실현하는 것이어야 한다. 따라서 행정조직은 통일된 계통구조를 갖고 효율적으로 운영될 필요가 있고, 민주적으로 운영되어야 하며, 행정목적을 달성하기 위하여 긴밀한 협동과 합리적인 조정이 필요하다. 그로 인하여 행정기관의 의사결정과 집행은 다양한 준비과정과 검토 및 다른 공무원, 부서 또는 유관기관 등과의 협조를 거쳐 이루어지는 것이 통상적이다. 이러한 협조 또는 의견교환 등은 행정의 효율성을 높이기 위하여 필요하고, 동등한 지위 사이뿐만 아니라 상하기관 사이, 감독기관과 피감독기관 사이에서도 이루어질 수 있다. 이러한 관계에서 일방이 상대방의 요청을 청취하고 자신의 의견을 밝히거나 협조하는 등 요청에 응하는 행위를 하는 것은 특별한 사정이 없는 한 법령상 의무 없는 일이라고 단정할 수 없다. 결국 공무원이 직권을 남용하여 사람으로 하여금 어떠한 일을 하게 한 때에 상대방이 공무원 또는 유관기관의 임직원인 경우에는 그가 한 일이 형식과 내용 등에 있어 직무범위 내에 속하는 사항으로서 법령 그 밖의 관련 규정에 따라 직무수행 과정에서 준수하여야 할 원칙이나 기준, 절차 등을 위반하지 않는다면 특별한 사정이 없는 한 법령상 의무 없는 일을 하게 한 때에 해당한다고 보기 어렵다"(대판 2020. 1. 30, 2018 도 2236─전원합의체).

검찰국장의 검사 전보인사조치에 대하여 실무 담당자에게 '의무없는 일을 하게 한 때'에 해당하지 않으므로 직권남용죄의 성립을 부정한 판결로는 "[판결요지] 형법 제123조의 직권남용권

의무가 있는 일이라도 의무의 내용을 불리하게 또는 과중하게 변경하는 경우를 포함한다.[68] 예컨대 납세의무가 없는 자로 하여금 세금을 납부하게 하거나,

---

리행사방해죄에서 말하는 '사람으로 하여금 의무 없는 일을 하게 한 때'란 공무원이 직권을 남용하여 다른 사람으로 하여금 법령상 의무 없는 일을 하게 한 때를 의미한다. 따라서 공무원이 자신의 직무권한에 속하는 사항에 관하여 실무 담당자로 하여금 직무집행을 보조하는 사실행위를 하도록 하더라도 이는 공무원 자신의 직무집행으로 귀결될 뿐이므로 원칙적으로 의무 없는 일을 하게 한 때에 해당한다고 할 수 없다. 그러나 직무집행의 기준과 절차가 법령에 구체적으로 명시되어 있고 실무 담당자에게도 직무집행의 기준을 적용하고 절차에 관여할 고유한 권한과 역할이 부여되어 있다면 실무 담당자로 하여금 그러한 기준과 절차를 위반하여 직무집행을 보조하게 한 경우에는 '의무 없는 일을 하게 한 때'에 해당한다. 공무원의 직무집행을 보조하는 실무 담당자에게 직무집행의 기준을 적용하고 절차에 관여할 고유한 권한과 역할이 부여되어 있는지 여부 및 공무원의 직권남용행위로 인하여 실무 담당자가 한 일이 그러한 기준이나 절차를 위반하여 한 것으로서 법령상 의무 없는 일인지 여부는 관련 법령 등의 내용에 따라 개별적으로 판단하여야 한다. 법무부 검찰국장인 피고인이, 검찰국이 마련하는 인사안 결정과 관련한 업무권한을 남용하여 검사인사담당 검사 甲으로 하여금 2015년 하반기 검사인사에서 부치(部置 - 저자 註)지청에 근무하고 있던 경력검사 乙을 다른 부치지청으로 다시 전보시키는 내용의 인사안을 작성하게 함으로써 의무 없는 일을 하게 하였다고 하여 직권남용권리행사방해로 기소된 사안에서, 검사에 대한 전보인사는 검찰청법 등 관련 법령에 근거한 것으로서 법령에서 정한 원칙과 기준에 따라야 하나, 한편 전보인사는 인사권자의 권한에 속하고, 검사는 고도의 전문지식과 직무능력, 인격을 갖출 것이 요구되므로 인사권자는 법령의 제한을 벗어나지 않는 한 여러 사정을 참작하여 전보인사의 내용을 결정할 필요가 있고 이를 결정함에 있어 상당한 재량을 가지며, 인사권자의 지시 또는 위임에 따라 검사인사에 관한 직무집행을 보조 내지 보좌하는 실무 담당자도 그 범위에서 일정한 권한과 역할이 부여되어 재량을 가진다고 볼 수 있는 점, 위 인사안 작성 당시 경력검사 부치지청 배치제도가 인사기준 내지 고려사항의 하나로 유지되고 있었더라도, 이는 부치지청에서 근무한 경력검사를 차기 전보인사에서 배려한다는 내용에 불과하며, 관련 법령이나 검찰인사위원회의 심의·의결사항 등을 전제로 한 여러 인사기준 또는 다양한 고려사항들 중 하나로서, 검사인사담당 검사가 검사의 전보인사안을 작성할 때 지켜야 할 일의적·절대적 기준이라고 볼 수 없고, 다른 인사기준 내지 다양한 고려사항들보다 일방적으로 우위에 있는 것으로 볼 만한 근거도 찾기 어려운 점 등의 사정을 종합하면, 피고인이 甲으로 하여금 위 인사안을 작성하게 한 것을 두고 피고인의 직무집행을 보조하는 甲으로 하여금 그가 지켜야 할 직무집행의 기준과 절차를 위반하여 법령상 의무 없는 일을 하게 한 때에 해당한다고 보기 어렵다"(대판 2020. 1. 9, 2019 도 11698).

한편 대법원은, 대통령비서실장이 전국경제인연합회에 자금지원을 하도록 한 사건-이른바 화이트리스트 사건-에서는 '의무없는 일'을 하게 하여 직권남용죄가 성립한다고 판시하였다. "[판결요지] 공무원이 한 행위가 직권남용에 해당한다고 하여 그러한 이유만으로 상대방이 한 일이 '의무 없는 일'에 해당한다고 인정할 수는 없다. '의무 없는 일'에 해당하는지는 직권을 남용하였는지와 별도로 상대방이 그러한 일을 할 법령상 의무가 있는지를 살펴 개별적으로 판단하여야 한다. 직권남용 행위의 상대방이 일반 사인인 경우(밑줄 - 저자) 특별한 사정이 없는 한 직권에 대응하여 따라야 할 의무가 없으므로 그에게 어떠한 행위를 하게 하였다면 '의무 없는 일을 하게 한 때'에 해당할 수 있다"(대판 2020. 2. 13, 2019 도 5186). 반면에 서울중앙지방법원 형사수석부장판사의 재판관여행위를 부당하거나 부적절한 것으로 판단하면서도 피고인에게 재판에 관여할 일반적 직무권한이 없는 점, 담당법관으로 하여금 의무없는 일을 하게 한 것으로 볼 수 없는 점, 피고인의 행위와 결과 사이에 상당인과관계를 인정할 수 없는 점 등을 이유로 직권남용죄 성립을 부정한 판례로는 대판 2022. 4. 28, 2021 도 11012.

납세의무자라고 하더라도 부당히 높은 세액을 납부하게 하는 것이다.

'권리행사를 방해한다'는 것은 권리에 한하지 않고 널리 법령상 허용된 행위를 행하지 못하게 하는 것을 포함한다.[69]

(다) 기수시기   본죄는 현실적으로 의무없는 일을 하게 되거나 구체적인 권리행사가 방해된 결과가 발생한 때 기수가 되는 '결과범'이다(다수).[70] 판례도 본죄가 기수에 이르려면 권리방해의 결과가 발생한 것을 필요로 한다고 한다.[71] 따라서 검사가 고발사건을 불기소했다는 것만으로는 권리행사가 방해되었다고 할 수 없다.[72] 본죄의 미수범처벌규정은 없다.

본죄가 성립하기 위하여 '국가기능의 공정한 행사'라고 하는 법익이 침해될 필요는 없다(추상적 위험범).

---

68) 김/서, 815면; 배종대, 818면; 오영근, 896면; 이재상, 715면; 이형국, 765면; 정/박, 792면; 정영일, 740면; 진/이, 821면.

69) "판결요지: 현행범인 체포의 요건을 갖추었는지에 관한 검사나 사법경찰관 등의 판단에는 상당한 재량의 여지가 있으나, 체포 당시 상황으로 보아도 요건 충족 여부에 관한 검사나 사법경찰관 등의 판단이 경험칙에 비추어 현저히 합리성을 잃은 경우 그 체포는 위법하다. 그리고 범죄의 고의는 확정적 고의뿐만 아니라 결과 발생에 대한 인식이 있고 이를 용인하는 의사인 이른바 미필적 고의도 포함하므로, 피고인이 인신구속에 관한 직무를 집행하는 사법경찰관으로서 체포 당시 상황을 고려하여 경험칙에 비추어 현저하게 합리성을 잃지 않은 채 판단하면 체포 요건이 충족되지 아니함을 충분히 알 수 있었는데도, 자신의 재량 범위를 벗어난다는 사실을 인식하고 그와 같은 결과를 용인한 채 사람을 체포하여 권리행사를 방해하였다면, 직권남용체포죄와 직권남용권리행사방해죄가 성립한다"(대판 2017. 3. 9, 2013 도 16162).

70) 권오걸, 1262면; 김성돈, 706면; 김성천, 1313면; 김/서, 816면; 박상기, 637면; 배종대, 818면; 백형구, 655면; 오영근, 897면; 이재상, 716면; 정/박, 793면; 정영일, 741면; 진/이, 822면.

71) "형법 제123조의 죄가 기수에 이르려면 의무없는 일을 시키는 행위 또는 권리를 방해하는 행위가 있었다는 것만으로는 부족하고, 지금 당장에 피해자의 의무없는 행위가 이룩된 것 또는 권리방해의 결과가 발생한 것을 필요로 한다고 해석하여야 법문에 충실한 해석이라 하겠다. 따라서 공무원의 직권남용이 있다 하여도 현실적으로 권리행사의 저해가 없다면 본죄의 기수를 인정할 수 없다.…도청장치를 하였다가 뜯겨서 도청을 못하였다면 회의진행을 도청당하지 아니할 권리(기타 권리)가 침해된 현실적인 사실은 없다 하리니 직권남용죄의 기수로 논할 수 없음이 뚜렷하고, 미수의 처벌을 정한 바 없으니, 도청을 걸었으나 뜻을 못 이룬 피고인의 행위는 다른 죄로는 몰라도 형법 제123조를 적용하여 죄책을 지울 수는 없다고 하겠다. 제123조의 죄가 원 판결 설시와 같이 그 보호객체(법익)가 국권의 공정에 있고, 이 법익침해는 침해결과의 발생의 위험이 있으면 족하다고 보아야 하는 점에서 강학상 위태범이라 함은 옳으나, 이 문제와 행위객체로서의 범죄구성요건에 있어서의 행위에 결과가 있어야 그 요건이 충족된다 함은 다르기 때문에, 위태범이라는 이유를 들어 제123조의 죄에 있어서 권리침해사실이 현실적으로 있을 필요가 없다고 할 수는 없다"(대판 1978. 10. 10, 75 도 2665. 同旨, 대판 2005. 4. 15, 2002 도 3453).

72) "검사가 고발사건을 불기소결정하여 피고발인으로 하여금 처벌받게 하려는 고발인의 의도가 이루어질 수 없게 되었다 하여 고발인의 권리행사를 방해하였다고는 말할 수 없는 것"(대결 1986. 6. 30, 86 모 12).

3. 형　벌

5년 이하의 징역, 10년 이하의 자격정지 또는 1천만원 이하의 벌금에 처한다.

4. 재정신청에 의한 기소강제절차

직권남용죄에 대하여 고소 또는 고발을 한 자는 검사의 불기소처분이 있는 경우에 형사소송법이 규정하는 재정신청($^{제260조}_{이하}$)에 의하여 법원에 그 당부에 관한 재정을 신청할 수 있고, 그 신청이 이유있다는 법원의 결정(공소제기결정)이 내려지면 검사는 그 사건에 대하여 공소를 제기하여야 한다($^{제262조\ 제2}_{항\cdot 제6항}$). 이러한 기소강제절차는 기소편의주의에 대한 예외로서 사법적 심사에 의해서 검사의 부당한 불기소처분을 시정하려는 데 목적이 있다. 개정 형사소송법($^{2007.\ 6.\ 1.\ 개정}_{2008.\ 1.\ 1.\ 시행}$)은 재정신청의 대상을 모든 범죄로 확대하였으며(고소인의 경우), 다만 고발인의 경우는 직권남용의 죄($^{형법\ 제123-}_{125조}$) 및 피의사실공표죄($^{형법}_{제126조}$)에 한정하고 있다($^{제260조}_{제1항}$). 또한 항고전치주의를 도입하여 원칙적으로 검찰항고($^{검찰청법}_{제10조}$)를 사전에 거치도록 요구하고 있다($^{제260조}_{제2항}$).

Ⅱ. 특수공무원 불법체포·감금죄

제124조 [불법체포, 불법감금] 제1항 "재판, 검찰, 경찰 기타 인신구속에 관한 직무를 행하는 자 또는 이를 보조하는 자가 그 직권을 남용하여 사람을 체포 또는 감금한 때에는 7년 이하의 징역과 10년 이하의 자격정지에 처한다."
제2항 "전항의 미수범은 처벌한다."

1. 의의, 보호법익, 성격

본죄는 "재판·검찰·경찰 기타 인신구속에 관한 직무를 행하는 자 또는 이를 보조하는 자가 그 직무를 남용하여 사람을 체포 또는 감금함으로써 성립하는 범죄"이다. 본죄의 취지는 수사공무원 등 인신구속에 관한 직무를 수행하는 특수공무원에 의하여 국민의 기본권인 신체의 자유($^{헌법\ 제12}_{조\ 제1항}$)가 침해되는 것을 방지하고자 함에 있다. 본죄의 주된 보호법익은 '국가의 인신구속권행사의 공정'이고, 부차적인 보호법익은 '개인의 신체적 활동의 자유'이다. 보호의 정도는 '침해범'이다. 본죄의 미수범은 처벌한다($^{제124조}_{제2항}$).

본죄의 성격에 관하여는 ① 단순체포·감금죄($\frac{제276조}{제1항}$)와는 별개의 독립된 범죄로서 진정신분범으로 파악하는 견해가[73] 있으나, ② 체포·감금죄에 대하여 특수공무원이라는 신분으로 인하여 책임이 가중되는 유형, 즉 '부진정신분범'이라고 함이 타당하다($\frac{다}{수}$).[74] 공무원이 아닌 자가 수사공무원의 불법체포·감금행위에 가공한 경우에, 공무원이 아닌 자의 죄책은 ①설에 의하면 제33조 본문의 적용에 의하여 본죄의 공범으로 처벌되고, ②설에 의하면 제33조 단서의 적용에 의하여 단순체포·감금죄의 공범으로 처벌되는 차이점이 있다.

2. 구성요건

구성요건은 재판·검찰·경찰 기타 인신구속에 관한 직무를 행하는 자 또는 이를 보조하는 자가 그 직권을 남용하여 사람을 체포 또는 감금하는 것이다.

(1) 행위의 주체

행위의 주체는 재판·검찰·경찰 기타 인신구속에 관한 직무를 행하는 자 또는 이를 보조하는 자이다. 본죄는 부진정신분범이며, 부진정직무범죄 및 특수직무범죄에 속한다. '기타 인신구속에 관한 직무를 행하는 자 또는 이를 보조하는 자'는 '사법경찰관리의 직무를 수행할 자와 그 직무범위에 관한 법률'(약칭: 사법경찰직무법)에 상세히 규정되어 있다. 교도소장·구치소장·감호소장·소년원장·교정공무원·출입국관리공무원·산림보호공무원과 같은 특별사법경찰관이 이에 해당한다. 보조하는 공무원에는 사법경찰리, 법원·검찰의 서기 등이 있다.

(2) 실행행위

실행행위는 직권을 남용하여 체포 또는 감금하는 것이다. 경찰관이 구속영장없이 함부로 피의자를 구금하거나, 임의동행한 피의자를 조사 후에 귀가시키지 않고 피의자의 의사에 반하여 경찰서 조사실 또는 보호실에 계속 유치하는 것은 본죄에 해당한다.[75] 수사공무원의 체포·감금행위라고 하더라도 직권과 관계없거나 직권의 범위를 벗어난 경우에는 단순체포·감금죄($\frac{제276조}{제1항}$)를 구

---

73) 권오걸, 1263면; 이재상, 716면; 이정원, 690면; 정/박, 796면; 정영일, 742면.
74) 김성돈, 707면; 김성천, 655면; 김/서, 818면; 박상기, 637면; 배종대, 819면; 백형구, 651면; 서일교, 314면; 오영근, 898면; 유기천, 하권, 281면; 이형국, 767면; 정영석, 40면; 진/이, 823면; 황산덕, 45면.
75) 대결 1985. 7. 29, 85 모 16.

성할 뿐이다.

'체포'란 사람의 신체에 직접적 속박을 가하여 신체적 활동의 자유를 박탈하는 행위를 말한다. '감금'이란 사람으로 하여금 일정한 장소로부터 벗어날 수 없게 하거나 현저히 곤란케 함으로써 신체적 활동의 자유를 제한하는 행위를 말한다.[76] 체포·감금은 결박과 같은 유형적 방법, 협박과 같은 무형적 방법, 작위 또는 부작위 등 수단·방법을 불문한다. 구속기간이 만료된 피의자를 경찰관이 고의로 석방하지 않는 것은 부작위에 의한 감금죄가 성립한다.

실행의 착수시기는 행위자가 체포·감금의 고의로 타인의 신체적 활동의 자유에 대한 침해를 개시한 때이다. 본죄의 기수시기는 신체적 활동의 자유가 현실적으로 침해됨으로써 본죄의 보호법익인 국가의 인신구속권행사의 공정이 침해되었을 때이다(침해범). 본죄의 미수범은 처벌한다(제124조 제2항).

체포·감금죄는 피해자의 신체적 활동의 자유가 현실적으로 침해되어 기수에 달한 이후에도 법익침해가 계속되는 한 실행행위도 계속되고, 법익침해가 종료된 시점, 즉 피해자가 신체적 활동의 자유를 회복한 시점에 실행행위가 종료되는 것으로 평가되는 계속범이다. 그러므로 본죄도 '계속범'에 속한다.

3. 위 법 성

본죄는 피해자의 승낙이 있더라도 위법성이 조각되지 않는다.[77] 국가의 인신구속권행사의 법률적 하자가 피해자 개인의 승낙에 의하여 치유될 수는 없다고 보기 때문이다.

4. 형 벌

7년 이하의 징역과 10년 이하의 자격정지에 처한다. 미수범은 처벌한다(제124조 제2항).

'특정범죄 가중처벌 등에 관한 법률' 제4조의 2는 본죄를 범하여 사람을 치

---

76) "감금죄에 있어서의 감금행위는 사람으로 하여금 일정한 장소 밖으로 나가지 못하도록 하여 신체의 자유를 제한하는 행위를 가리키는 것이고, 그 방법은 반드시 물리적, 유형적 장애를 사용하는 경우뿐만 아니라 심리적, 무형적 장애에 의하는 경우도 포함되는 것인 바, 설사 재항고인이 경찰서 안에서 판시와 같이 식사도 하고 사무실 안팎을 내왕하였다 하여도 재항고인을 경찰서 밖으로 나가지 못하도록 그 신체의 자유를 제한하는 유형, 무형의 억압이 있었다면, 이는 바로 감금행위에 해당할 수도 있는 것"(대결 1991. 12. 30, 91 모 5).
77) 김성돈, 708면; 김/서, 820면; 박상기, 639면; 오영근, 899면; 정영일, 744면.

상한 때에는 1년 이상의 유기징역, 치사한 때에는 무기 또는 3년 이상의 징역에 처하도록 규정하고 있다.

5. 재정신청에 의한 기소강제절차

특수공무원 불법체포·감금죄에 대하여 고소 또는 고발을 한 자는 검사의 불기소처분이 있는 경우에 형사소송법이 규정하는 재정신청(제260조)에 의하여 법원에 그 당부에 관한 재정을 신청할 수 있고, 그 신청이 이유있다는 법원의 결정(공소제기결정)이 내려지면 검사는 그 사건에 대하여 공소를 제기하여야 한다(제262조 제2항·제6항). 이러한 기소강제절차는 기소편의주의에 대한 예외로서 사법적 심사에 의해서 검사의 부당한 불기소처분을 시정하려는 데 목적이 있다. 개정 형사소송법(2007. 6. 1. 개정, 2008. 1. 1. 시행)은 재정신청의 대상을 모든 범죄로 확대하였으며(고소인의 경우), 다만 고발인의 경우는 직권남용의 죄(형법 제123-125조) 및 피의사실공표죄(형법 제126조)에 한정하고 있다(제260조 제1항).

Ⅲ. 특수공무원 폭행·가혹행위죄

제125조 [폭행, 가혹행위] "재판, 검찰, 경찰 그 밖에 인신구속에 관한 직무를 수행하는 자 또는 이를 보조하는 자가 그 직무를 수행하면서 형사피의자나 그 밖의 사람에 대하여 폭행 또는 가혹행위를 한 경우에는 5년 이하의 징역과 10년 이하의 자격정지에 처한다."

1. 의의, 보호법익, 성격

본죄는 "재판·검찰·경찰 그 밖에 인신구속에 관한 직무를 수행하는 자 또는 이를 보조하는 자가 그 직무를 수행하면서 형사피의자나 그 밖의 사람에 대하여 폭행 또는 가혹행위를 함으로써 성립하는 범죄"이다. 본죄의 취지는 특수공무원의 인권침해행위를 방지하고, 특히 '고문을 금지'하는 헌법규정(제12조 제2항)을 구현하고자 함에 있다.

본죄의 주된 보호법익은 '국가의 인신구속권행사의 공정'이고, 부차적인 보호법익은 '개인의 신체의 안전 내지 인격권'이다. 보호의 정도는 '추상적 위험범'이다.[78]

---

78) 권오걸, 1266면; 김성돈, 708면; 오영근, 900면; 정/박, 796면; 정영일, 745면; 진/이, 826면. 그러나 본죄를 침해범으로 보는 견해로는 김/서, 821면; 박상기, 640면; 이정원, 691면.

본죄의 미수범처벌규정은 없다.

본죄의 성격은 폭행죄($^{제260조}_{제1항}$) 또는 학대죄($^{제273조}_{제1항}$)에[79] 대하여 특수공무원이
라는 신분으로 인하여 책임이 가중되는 유형, 즉 '부진정신분범'에 속한다.

2. 구성요건

구성요건은 재판·검찰·경찰 그 밖에 인신구속에 관한 직무를 수행하는
자 또는 이를 보조하는 자가 그 직무를 수행하면서 형사피의자나 그 밖의 사
람에 대하여 폭행 또는 가혹행위를 하는 것이다.

(1) 행위의 주체와 객체

행위의 주체는 재판·검찰·경찰 그 밖에 인신구속에 관한 직무를 수행하
는 자 또는 이를 보조하는 자이다. 본죄는 부진정신분범이며, 부진정직무범죄 및
특수직무범죄에 속한다. 본죄의 주체에 관한 해석은 불법체포·감금죄($^{제124조}_{제1항}$)
에서와 같다.

행위의 객체는 형사피의자나 그 밖의 사람이다. '그 밖의 사람'이란 피고
인·증인·참고인 등 수사나 재판에 있어서 조사의 대상이 된 사람을 말한다.

(2) 실행행위

실행행위는 직무를 수행하면서 폭행 또는 가혹행위를 하는 것이다.

'직무를 수행하면서'란 직무를 행하는 기회에 있어서란 뜻이다. '직권을 남
용하여'보다는 넓은 의미이다. 다른 직권남용의 죄($^{제123조}_{124조}$)에서 '직권을 남용하
여'라는 문언을 사용한 것과는 달리 '직무를 수행하면서'라는 표현을 쓴 것은
폭행·가혹행위 자체가 원래 직권에 속한 행위가 될 수 없다는 점을 고려한
것이다.[80] [81]

'폭행'이란 사람의 신체에 대한 유형력의 행사를 말하고, '가혹행위'란 육체
적·정신적으로 고통을 주는 일체의 행위로서 폭행 이외의 것을 말한다. 자백
을 강요하며 협박을 가하거나, 음식물을 제공하지 않거나, 잠을 재우지 않거
나, 추행 또는 간음을 하는 행위가 가혹행위에 해당한다. 다만 강제추행을 한

---

[79] 학대죄의 보호법익인 인격권의 보호의 정도는 추상적 위험범이다(본서, 138면 참조).

[80] 김/서, 822면; 박상기, 640면; 배종대, 821면; 오영근, 900면; 이재상, 718면; 정/박, 796면; 진/이, 826면.

[81] 인권침해를 예방할 의무가 있는 특수공무원이 직무 수행 중 폭행 가혹행위를 함으로써 그
직무를 더럽혔다는 의미에서, 실무상으로는 독직(瀆職)폭행죄 또는 독직(瀆職)가혹행위죄라는
죄명이 사용된다.

경우에는 본죄와 강제추행죄($^{제298}_{조}$)의 상상적 경합이 성립하고, 간음한 경우에는 본죄와 피구금자간음죄($^{제303조}_{제2항}$)의 상상적 경합이 성립한다.[82]

폭행 또는 가혹행위는 직무와 '내용적 관련성'이 있어야 한다($^{다수}_{설}$).[83] 직무와 무관하게 개인적 이유로 가해진 폭행·가혹행위는 본죄에 해당하지 않는다. 그러나 폭행·가혹행위는 직무와 장소적·시간적 관련성이 있으면 족하고 내용적 관련성까지 필요로 하지는 않는다는 반대설도 있다.[84] 반대설에 의하면 경찰관이 자신의 채무자를 직무시간 중에 경찰서로 불러 채무변제를 요구하면서 폭행한 경우에도 본죄가 성립한다고[85] 하지만, 본죄의 취지와 보호법익에 비추어 부당한 결론이라고 생각한다. 이 때에는 단순폭행죄($^{제260조}_{제1항}$)를 구성할 뿐이다.

본죄는 직무를 수행하면서 폭행 또는 가혹행위를 하는 행위가 있음으로써 즉시 기수가 된다(추상적 위험범).

3. 위 법 성

본죄는 피해자의 승낙이 있더라도 위법성이 조각되지 않는다.[86] 국가의 인신구속권행사의 법률적 하자가 피해자 개인의 승낙에 의하여 치유될 수는 없다고 보기 때문이다.

4. 형   벌

5년 이하의 징역과 10년 이하의 자격정지에 처한다. 본죄의 미수범처벌규정은 없다. '특정범죄가중처벌 등에 관한 법률' 제4조의 2는 본죄를 범하여 사람을 치상한 때에는 1년 이상의 유기징역, 치사한 때에는 무기 또는 3년 이상의 징역에 처하도록 규정하고 있다.

---

82) 권오걸, 1268면; 김성돈, 709면; 김/서, 823면; 박상기, 640면; 백형구, 654면; 서일교, 315면; 정/박, 797면; 정영일, 746면; 진/이, 827면.

83) 권오걸, 1267면; 김/서, 822면; 배종대, 821면; 오영근, 900면; 이재상, 718면; 이형국, 769면; 정/박, 797면; 진/이, 827면.

84) 김성돈, 709면; 박상기, 640면.

85) 박상기, 640면.

86) 김성돈, 709면; 오영근, 901면; 이형국, 769면; 정/박, 797면; 정영일, 747면; 진/이, 828면.

5. 재정신청에 의한 기소강제절차

특수공무원 폭행·가혹행위죄에 대하여 고소 또는 고발을 한 자는 검사의 불기소처분이 있는 경우에 형사소송법이 규정하는 재정신청($_{이하}^{제260조}$)에 의하여 법원에 그 당부에 관한 재정을 신청할 수 있고, 그 신청이 이유있다는 법원의 결정(공소제기결정)이 내려지면 검사는 그 사건에 대하여 공소를 제기하여야 한다($_{항·제6항}^{제262조 제2}$). 이러한 기소강제절차는 기소편의주의에 대한 예외로서 사법적 심사에 의해서 검사의 부당한 불기소처분을 시정하려는 데 목적이 있다. 개정 형사소송법($_{2008. 1. 1. 시행}^{2007. 6. 1. 개정,}$)은 재정신청의 대상을 모든 범죄로 확대하였으며(고소인의 경우), 다만 고발인의 경우는 직권남용의 죄($_{125조}^{형법 제123-}$) 및 피의사실공표죄($_{제126조}^{형법}$)에 한정하고 있다($_{제1항}^{제260조}$).

IV. 선거방해죄

<u>제128조 [선거방해]</u> "검찰, 경찰 또는 군의 직에 있는 공무원이 법령에 의한 선거에 관하여 선거인, 입후보자 또는 입후보자되려는 자에게 협박을 가하거나 기타 방법으로 선거의 자유를 방해한 때에는 10년 이하의 징역과 5년 이상의 자격정지에 처한다."

1. 의의, 보호법익, 성격

본죄는 "검찰·경찰 또는 군의 직에 있는 공무원이 법령에 의한 선거에 관하여 선거인·입후보자 또는 입후보자가 되려는 자에게 협박을 가하거나 기타 방법으로 선거의 자유를 방해함으로써 성립하는 범죄"이다. 본죄의 보호법익은 '선거의 자유'이고, 보호의 정도는 '추상적 위험범'이다.

본죄의 성격은 직권남용죄($_{제1항}^{제123조}$)의 **특별유형**이라고 본다(법조경합 중 특별관계). 직권남용죄와 비교하여 볼 때, 본죄의 주체는 특수공무원에 한정되고, 행위태양은 선거의 자유라고 하는 특별한 권리행사를 방해하는 것으로 규정되어 있기 때문이다.

2. 구성요건

구성요건은 검찰·경찰 또는 군의 직에 있는 공무원이 법령에 의한 선거에 관하여 선거인·입후보자 또는 입후보자가 되려는 자에게 협박을 가하거나 기타 방법으로 선거의 자유를 방해하는 것이다.

행위의 주체는 검찰·경찰 또는 군의 직에 있는 공무원이다. 군의 직에 있는 공무원에는 군인 이외에 군속을 포함한다. 주체가 특수공무원에 한정되므로, 본죄는 진정신분범이며, 또한 진정직무범죄 및 특수직무범죄에 속한다.

행위의 객체는 법령에 의한 선거에 관하여 선거인·입후보자 또는 입후보자가 되려는 자이다. '법령에 의한 선거'란 법령에 근거를 둔 선거를 말한다. 공공단체의 선거라도 법령에 규정되지 않은 경우는 여기에 해당하지 않는다. '입후보자가 되려는 자'라 함은 정당의 공천을 받으려는 자 또는 후보자등록 절차를 밟고 있는 자를 말한다.

실행행위는 협박 기타 방법으로 선거의 자유를 방해하는 것이다. 방해의 수단·방법에는 제한이 없다. 작위·부작위를 불문한다. 본죄는 선거의 자유를 방해할 위험이 있는 행위가 있음으로써 성립하고, 선거의 자유가 현실적으로 방해될 필요는 없다(추상적 위험범). 본죄의 미수범처벌규정은 없다.

제 4 절 개별적 범죄유형[3] – 뇌물죄

I. 서 론

1. 뇌물죄의 의의

뇌물죄란 널리 "공무원 또는 중재인이 직무행위의 대가로 이익을 취득하거나 공무원·중재인에게 이익을 제공하는 범죄"를 말한다. 뇌물죄는 뇌물을 취득하는 수뢰죄와 뇌물을 제공하는 증뢰죄의 두 가지로 분류할 수 있다. 증뢰죄는 그 주체가 공무원이 아니지만 수뢰죄에 대응해서 논의되기 때문에 형법상 뇌물죄에 포괄하여 함께 다루어진다.

뇌물죄는 공무원이 물질적으로 부패함으로써 국가의 기능이 와해되는 것을 방지하고자 함에 그 취지가 있다. 우리나라에서는 뇌물범죄가 만연하여 망국병으로 지탄받을 정도로 심각한 사회문제로 대두했으며, 그 범죄학적 원인 규명과 형사정책적 방지대책의 강구가 시급한 과제로 되어 있다.[87]

2. 뇌물죄의 본질과 보호법익

뇌물죄의 '본질'을 파악함에는 연혁적으로 보아 두 가지 근본사상이 대립하고 있다.

그 하나는 로마법에 기원을 둔 것으로서 직무와 관련하여 공무원이 뇌물을 받는 모든 행위를 철저히 금지하려는 사상인데, 공무원이 부정한 직무행위를 하느냐는 관건이 되지 않으므로, 직무행위의 불가매수성(不可買收性, Unkäuflichkeit)에 뇌물죄의 본질이 있다고 한다.

다른 하나는 게르만법에 기원을 둔 것으로서 매수에 의하여 공무원이 '의무에 위배한'(pflichtwidrig) 부정한 직무행위를 한다는 점, 즉 매수에 의하여 직무행위의 순수성(Reinheit)이 훼손된다는 점에서 뇌물죄의 본질을 구하는 사상이다.

독일형법은 의무위배가 없는 수뢰행위($^{제331}_{조}$)와 의무위배가 있는 수뢰행위($^{제332}_{조}$)를 모두 처벌하고 있으므로, 두 가지 근본사상이 융화되어 있다. 오스트리아형법도 마찬가지이다(의무위배가 있는 수뢰는 제304조 제1항, 의무위배가 없는 수뢰는 동조 제2항). 다만 의무위배가 있는 수뢰를 의무위배없는 수뢰에 비하여 무겁게 처벌한다.

우리 형법은 제129조에서 부정한 직무행위를 하지 않은 공무원의 수뢰행위를 처벌하는 한편, 제131조에서는 부정한 직무행위를 한 수뢰의 경우에 특히 형을 가중하고 있는 것을 볼 때, 로마법적 사상을 기본으로 하면서 게르만법적 사상도 가미한 입법태도를 취하고 있다고 판단된다.

우리 형법은 로마법적 사상을 기본으로 하고 있으므로, 뇌물죄의 보호법익은 '직무행위의 불가매수성'이다.[88] 그런데 요즈음은 직무행위의 불가매수성 이외에 '직무행위의 공정성에 대한 사회일반인의 신뢰'까지를 보호법익으로 파악하는 견해(이른바 종합설)가 유력한 지지를 받고 있다.[89] 우리나라의 현실을 보면 공무원의 수뢰행위가 만연하여 공무의 공정성에 대한 국민의 신뢰기반이 동

---

87) 임웅, "뇌물범죄에 관한 연구", 한국형사정책학회, 형사정책, 제10호, 1998. 9, 263-86면 참조.

88) 배종대, 823면; 정영일, 750면.

89) 권오걸, 1271-2면; 김성돈, 711면; 김성천, 1317면; 김용세, "뇌물죄의 보호법익과 구성요건체계", 형사법연구 제8호, 1995. 12, 85면; 김/서, 827면; 김종원, "뇌물죄", 고시계, 1987. 10, 15면; 박상기, 642면; 오영근, 904면; 이재상, 721면; 이정원, 695면; 이형국, 775면; 정/박, 800면; 진/이, 831면.

요될 만큼 심각한 국가적·사회적 문제로 대두하고 있고(범죄학적 관점), 수뢰
죄의 구성요건 중 공무원의 범위, 직무와의 관련성 등을 해석함에 있어서 유
용한 판단척도를 제공해 줄 수 있다는 점(형법해석학적 관점)에 비추어 보아,
직무행위의 공정성에 대한 사회일반인의 신뢰를 보호법익에 포함시키는 견해
(종합설)가 타당하다고 생각한다. 법익보호의 정도는 '**추상적 위험범**'이다.[90] 뇌
물죄의 미수범처벌규정은 없다.

판례는 뇌물죄의 보호법익을 종래 직무행위의 불가매수성이라고 했으나,[91]
최근에는 일관해서 '직무집행의 공정과 이에 대한 사회의 신뢰 및 직무행위의
불가매수성'이라고 밝히고 있다.[92] 판례의 이러한 견해는 종합설에 속한다.

3. 수뢰죄와 증뢰죄의 관계 및 공범규정의 적용

수뢰죄와 증뢰죄는 서로 필요적 공범인가라는 문제와 뇌물죄에 총칙상의
공범규정(제30~33조)이 적용되는가라는 문제와 관련하여, 수뢰죄와 증뢰죄의 관계
가 논의되고 있다.

(1) 수뢰죄와 증뢰죄의 관계

수뢰죄와 증뢰죄의 관계에 있어서 다음과 같은 학설이 제시되고 있다.

(가) **필요적 공범설**   수뢰죄와 증뢰죄는 필요적 공범관계에 있다는 견해
이다. 양자는 1개의 범죄의 양면에 불과하고, 형법은 범인의 신분에 따라 형의
경중만을 구별하고 있다고 한다.[93]

(나) **별개범죄설**   수뢰죄와 증뢰죄는 필요적 공범이 아니라, 서로 별개의
독립된 범죄라는 견해이다.[94] 수뢰죄가 공무원의 직무범죄임에 비하여, 증뢰
죄는 비신분범으로서 공무의 집행을 방해하는 범죄인 점에서, 서로 성격을 달

---

90) 공무원이 직무에 관하여 뇌물을 '요구 또는 약속'한 것만으로도 수뢰죄가 성립하므로 법익
보호의 정도는 '추상적 위험범'이라고 함이 타당하다.

91) 대판 1984. 8. 14, 84 도 1139; 1965. 5. 31, 64 도 723.

92) "뇌물죄가 직무집행의 공정과 이에 대한 사회의 신뢰 및 직무행위의 불가매수성을 그 보호법
익으로 하고 있음에 비추어 볼 때, 공무원이 그 이익을 수수하는 것으로 인하여 사회일반으로부
터 직무집행의 공정성을 의심받게 되는지 여부도 뇌물죄의 성부를 판단함에 있어서의 판단기준
이 된다"(**대판 2000. 1. 21, 99 도 4940**. 同旨, 대판 1998. 3. 10, 97 도 3113). "뇌물죄는 직무집행
의 공정과 이에 대한 사회의 신뢰에 기하여 직무수행의 불가매수성을 그 직접의 보호법익으로
하고 있으므로"(대판 1997. 12. 26, 97 도 2609. 同旨, 대판 1996. 1. 23, 94 도 3022; 1992. 2. 28,
91 도 3364 등).

93) 김성돈, 713면; 김성천, 1326면; 남흥우, 358면.

94) 서일교, 318면; 정영석, 46면; 황산덕, 50면.

리하는 별개의 범죄라고 한다.

(다) **구분설**　뇌물의 '수수(收受)·공여·약속'으로 성립하는 뇌물죄의 경우에는 수뢰죄와 증뢰죄가 필요적 공범관계에 있으나, 뇌물의 '요구'나 뇌물 '공여의 의사표시'로 성립하는 뇌물죄의 경우에는 양자가 별개의 독립된 범죄라는 견해이다(통).[95]

(라) **결 론**　사회통념상 수뢰는 당연히 증뢰를 전제로 하고 있다. 그러나 해석론으로는 우리 형법이 뇌물죄의 행위태양으로서 뇌물을 주고 받는 공여와 수수 또는 약속 이외에, 수뢰하는 측의 '일방적 의사표시'인 요구와 증뢰하는 측의 '일방적 의사표시'인 공여의 의사표시도 처벌하는 것으로 규정하고 있는 점을 고려하지 않을 수 없다. 따라서 뇌물의 수수·공여·약속의 경우에는 수뢰죄와 증뢰죄는 필요적 공범관계에 있고(대향범), 뇌물의 요구나 공여의 의사표시의 경우에는 양자가 별개 독립된 범죄라고 하는 통설이 타당하다고 하겠다.

판례는 뇌물공여죄와 뇌물수수죄가 필요적 공범관계에 있다고 하면서도,[96] 뇌물'공여'죄의 성립에 반드시 상대방 측의 뇌물수수죄가 성립되어야 하는 것을 뜻하는 것은 아니라고 한다.[97]

(2) **공범규정의 적용**

뇌물죄에 총칙상의 공범규정이 적용되는가라는 문제점을 상술한 통설의 입장에서 정리해보자면 다음과 같다.

① 수뢰죄와 증뢰죄가 필요적 공범관계에 있는 경우, 즉 뇌물의 수수·공여·약속의 경우에 ⓐ '필요적 공범 상호간'에는 총칙상의 공범규정(제30-33조)이 적용되지 않지만, ⓑ 제3자가 수뢰자측이나 증뢰자 측에 각각 가공하였다면 '제3자와 수뢰자 사이에' 또는 '제3자와 증뢰자 사이에' 공범규정이 적용된다. 비

---

95) 권오걸, 1274면; 김/서, 829면; 박상기, 646면; 배종대, 824면; 오영근, 915면; 유기천, 하권, 285면; 이재상, 722면; 이형국, 784면; 정/박, 801면; 진/이, 831면.

96) "뇌물수수죄는 필요적 공범으로서 형법 총칙의 공범이 아니므로, 이에 소론과 같이 형법 제30조를 따로 적용하여야 하는 것이 아니다"(**대판** 1971. 3. 9, 70 **도** 2536).

97) "뇌물공여죄와 뇌물수수죄가 필요적 공범관계에 있다 함은 소론이 지적하는 바와 같으나, 필요적 공범이라는 것은 법률상 범죄의 실행이 다수인의 협력을 필요로 하는 것을 가리키는 것으로서 이러한 범죄의 성립에는 행위의 공동을 필요로 하는 것에 불과하고 반드시 협력자 전부가 책임이 있음을 필요로 하는 것은 아니다. 다시 말하면 뇌물공여죄가 성립되기 위하여서는 뇌물을 공여하는 행위와 상대방 측에서 금전적으로 가치가 있는 그 물품 등을 받아들이는 행위(부작위 포함)가 필요할 뿐이지, 반드시 상대방 측에서 뇌물수수죄가 성립되어야만 한다는 것을 뜻하는 것은 아니다"(**대판** 1987. 12. 22, 87 **도** 1699).

신분자가 수뢰죄(진정신분범)에 가공한 때에는 제33조 본문이 적용되어 수뢰죄의 공범이 성립하고, 비신분자가 증뢰죄(비신분범)에 가공한 때에는 증뢰죄의 공범이 성립하며 처음부터 제33조의 적용 여부를 논할 문제가 아니다.

② 수뢰죄와 증뢰죄가 각각 별개의 독립범죄인 경우, 즉 뇌물의 요구나 공여의 의사표시의 경우에 ⓐ 비신분자인 제3자가 뇌물요구죄(진정신분범)에 가공하면 제33조 본문의 적용으로 뇌물요구죄의 공범이 성립하되 가공형태에 따라 제30-32조의 적용에 따른 죄책을 지게 되고, ⓑ 비신분자인 제3자가 뇌물공여의사표시죄(비신분범)에 가공하면 뇌물공여의사표시죄의 공범이 성립하되 가공형태에 따라 제30-32조의 적용에 따른 죄책을 지게 된다. ②-ⓑ의 경우도 처음부터 제33조의 적용 여부가 문제될 사항이 아니다.

4. 뇌물죄의 체계

형법상 뇌물죄는 수뢰죄와 증뢰죄로 분류할 수 있다.

수뢰죄는 단순수뢰죄($^{제129조}_{제1항}$)를 기본유형으로 하고, 사전수뢰죄($^{제129조}_{제2항}$)를 그 불법감경유형으로 하며, 제3자뇌물제공죄를 그 수정유형으로 한다. 공무원이 수뢰와 관련하여 '부정한 행위'까지 한 경우를 가중처벌하는 수뢰후 부정처사죄($^{제131조}_{제1항}$)는 앞의 세 범죄에 대한 불법가중유형으로 규정되어 있으며, 사후수뢰죄($^{제131조 제2}_{항, 제3항}$)는 그 수정유형이라고 할 수 있다.

증뢰죄는 단순수뢰죄에 대응하는 단순증뢰죄($^{제133조}_{제1항}$)를 기본유형으로 하고, 제3자증뢰물교부죄($^{제133조}_{제2항}$)를 그 수정유형으로 한다.

5. 뇌물범죄에 대한 특별법

뇌물범죄에 대하여는 다음과 같은 특별법이 적용된다.

(1) 부정청탁 및 금품 등 수수의 금지에 관한 법률

2015. 3. 27.에 제정되고 2016. 9. 28.부터 시행되는 '부정청탁 및 금품 등 수수의 금지에 관한 법률'(약칭: 청탁금지법; 세칭: 김영란법)은 뇌물범죄에 대하여 혁명적이라고 할 만한 특별법이다.

청탁금지법의 핵심은 "공직자 등은 직무 관련 여부 및 기부·후원·증여 등 그 명목에 관계없이 동일인으로부터 1회에 100만원 또는 매 회계연도에 300만원을 초과하는 금품 등을 받거나 요구 또는 약속해서는 아니 된다"라고 규정한 제8조 제1항과 이에 위반한 공직자를 3년 이하의 징역 또는 3천만원 이하의 벌금에 처한다고 규정한 제22조 제1항 제1호이다. 제8조 제1항은 뇌물죄의 핵심적 구성요건요소인 '직무에 관련한 대가성'을 요구하지 않는다는 점에서 혁명적이다.

공직자가 직무와 무관하게 또한 명목이야 어떻든지 간에 소정의 약소한 금액을 상회하는 금품을 받는 행위를 광범위하게 처벌한다는 것은 그 입법취지를 "공직자는 국가가 주는 급여만으로 살아라"라고 하는 형법의 지상명령으로 이해해야 할 것이다.

형법상 '뇌물죄'의 보호법익은 직무'행위'의 불가매수성 및 직무행위의 공정성에 대한 사회일반인의 신뢰라고 하겠으나, '공직자금품수수죄'(제22조 제1항/제1호)는 직무행위와 무관하게 성립하는 점 – 따라서 직무행위의 존재조차 필요하지 않다는 점 – 에서 그 '보호법익'이 공직'자'의 '청렴성'에 있다고 해석된다. 비록 금품수수 · 약속행위가 구성요건적 행위로서 범죄성립에 필요하지만, 공직자금품수수죄는 '행위'형법이라기보다 '행위자'형법에 가깝다. 그만큼 '공직자의 청렴의무'를 요구하는 처벌조항이라는 의미이다.

(2) 특정범죄 가중처벌 등에 관한 법률

'특정범죄 가중처벌 등에 관한 법률'(약칭: 특정범죄가중법)은 형법 제129조 · 제130조 또는 제132조에 규정된 뇌물범죄를 범한 경우에 뇌물의 가액(수뢰액)이 1억원 이상인 때에는 무기 또는 10년 이상의 징역, 5천만원 이상 1억원 미만인 때에는 7년 이상의 유기징역, 3천만원 이상 5천만원 미만인 때에는 5년 이상의 유기징역에 처하도록 하는 가중처벌규정을 두고(제2조/제1항), 동시에 그 죄에 대하여 정한 형에 수뢰액의 2배 이상 5배 이하의 벌금을 필요적으로 병과하도록 하여(제2조/제2항) 뇌물범죄에 대한 처벌을 강화하고 있다.

또한 이 법률 제3조는 행위자가 비공무원이라고 하더라도 "공무원의 직무에 속한 사항의 알선에 관하여 금품이나 이익을 수수 · 요구 또는 약속한 자는 5년 이하의 징역 또는 1천만원 이하의 벌금"에 처하는 '알선수재죄'를 규정하고 있음에 특징이 있다.

(3) 특정경제범죄 가중처벌 등에 관한 법률

'특정경제범죄 가중처벌 등에 관한 법률'(약칭: 특정경제범죄법) 제5조 제1항은 "금융회사 등의 임 · 직원이 그 직무에 관하여 금품이나 그 밖의 이익을 수수 · 요구 또는 약속하였을 때에는 5년 이하의 징역 또는 10년 이하의 자격 정지에 처한다"라 하고, 동 제4항에서는 뇌물가액(수수액)이 1억원 이상일 때 에는 무기 또는 10년 이상의 징역, 5천만원 이상 1억원 미만일 때에는 7년 이 상의 유기징역, 3천만원 이상 5천만원 미만일 때에는 5년 이상의 유기징역으 로 가중처벌함과 동시에, 동 제5항에서는 이러한 경우에 그 수수액의 2배 이 상 5배 이하의 벌금을 필요적으로 병과하도록 규정하고 있다.

제5조의 범행에서 금융회사 임 · 직원에 대한 증재(贈財)의 경우에는 5년 이하의 징역 또는 3천만원 이하의 벌금에 처하여지고(제6조), "금융회사의 임 · 직원의 직무에 속한 사항의 알선에 관하여 금품 기타 이익을 수수 · 요구 또는 약속한 사람 또는 제3자에게 이를 공여하게 하거나 공여하게 할 것을 요구 또 는 약속한 사람은 5년 이하의 징역 또는 5천만원 이하의 벌금에 처한다"는 '알선수재죄'도 규정하고 있다(제7조).

(4) 공무원범죄에 관한 몰수 특례법

1995년 1월 5일에 제정된 '공무원범죄에 관한 몰수 특례법'(약칭: 공무원범 죄몰수법)은 특정공무원범죄를 범한 사람이 그 범죄행위를 통하여 취득한 불 법수익 등을 철저히 추적 · 환수하기 위하여 몰수 등에 관한 특례를 규정함으 로써 공직사회의 부정부패요인을 근원적으로 제거하고 깨끗한 공직풍토를 조 성함을 목적으로 하고 있다(제1조).

이 법률의 특색은 몰수의 대상이 되는 불법재산을 수뢰행위로 얻은 '불법 수익'에 국한하지 아니하고 '불법수익에서 유래한 재산'에까지 확대한 점에 있는 데(제2조제4호), '불법수익에서 유래한 재산'이라 함은 "불법수익의 과실(果實)로서 얻은 재산, 불법수익의 대가로서 얻은 재산, 이들 재산의 대가로서 얻은 재산 등 불법수익이 변형되거나 증식되어 형성된 재산"으로 정의하고 있다(제2조제3호). 몰 수할 수 없는 불법재산은 그 가액을 추징하며(제6조), 이 추징은 '범인 외의 자 가 그 정황을 알면서 취득한 불법재산 및 그로부터 유래한 재산에 대하여 그 범인 외의 자를 상대로 집행할 수 있다'(제9조의2). 이 특례법에 의한 '몰수 · 추징의 시효는 10년'으로 되어 있다(제9조의4). 이 시효 규정은 공소시효가 아니라 형법 제78조 '형의 시효'에 대한 특칙이다. 그 밖에 뇌물범죄와 불법재산취득과의 인과관계는 '상당한 개연성'의 입증으로 인정할 수 있도록 규정하고 있다(제7조).

불법재산의 추징 대상자를 범인 이외의 일반인에게까지 확대한 제9조의2

와[98] 시효에 관한 제9조의4는 이 특례법을 2013. 7. 12.에 개정하면서 신설한 조문이다(세칭 '전두환 추징법').

(5) 부패방지 및 국민권익위원회의 설치와 운영에 관한 법률

2008년 2월 29일에 제정·시행된 '부패방지 및 국민권익위원회의 설치와 운영에 관한 법률'($^{법률}_{제8878호}$)(약칭: 부패방지권익위법)은 부패방지기구로서 '국민권익위원회'의 설치와 기능($^{제11-}_{30조}$), 부패행위신고자(이른바 내부비리제보자)의 보호 및 보상($^{제55-}_{71조}$), 국민의 부패감사청구권($^{제72-}_{76조}$) 등을 규정하고 있다.

뇌물범죄는 매우 은밀하게 행해지고, 드러날 위험이 있는 경우에도 온갖 은폐수단을 동원하기 때문에 그 적발과 입증을 거쳐 최종적으로 처벌에 이르기가 쉽지 않다. 따라서 범죄사실을 가장 잘 알고 있을 내부로부터의 제보 또는 고발이 강력한 제동수단이 된다. 이러한 이유로 동 법률이 뇌물범죄의 효과적인 통제수단인 부패행위신고자를 보호하고 보상하는 제도를 마련한 것은 부패추방에 큰 전기가 될 것으로 기대한다.

(6) 뇌물범죄방지를 위한 국제적 연대

뇌물범죄에서는 법망의 교묘한 회피수단으로 범인의 해외도피와 해외자금 도피가 흔히 행해지기 때문에 국제적으로 연대하여 뇌물범죄에 대처하는 노력이 필요하다. 그리고 부패추방을 위한 국제운동도 행해지고 있는데, 예컨대 OECD(경제협력개발기구)의 뇌물방지국제협약($^{1997. 12. 17.}_{회원국조인}$)과 세계은행의 반부패규약이 있고, 국제투명성기구(Transparency International)는 세계적인 부정부패 척결운동을 벌이고 있다.

OECD의 뇌물방지국제협약에 기하여, 우리나라도 국제상거래에 있어서 외국의 공무원들에게 뇌물을 제공하는 행위를 처벌하기 위하여 '국제상거래에

---

98) 특정공무원범죄의 범인에 대한 추징판결을 범인 외의 자가 그 정황을 알면서 취득한 불법재산 및 그로부터 유래한 재산에 대하여 그 범인 외의 자를 상대로 집행할 수 있도록 규정한 '공무원범죄에 관한 몰수 특례법' 제9조의2(심판대상조항)가 적법절차원칙에 위반되지 않는다는 헌법재판소의 합헌 결정이 있다. "결정요지: 심판대상조항의 입법목적은 국가형벌권의 실현을 보장하고 불법재산의 철저한 환수를 통해 공직사회의 부정부패 요인을 근원적으로 제거하는 것이다. 심판대상조항은 제3자에게 범죄가 인정됨을 전제로 제3자에 대하여 형사적 제재를 가하는 것이 아니라, 특정공무원범죄를 범한 범인에 대한 추징판결의 집행 대상을 제3자가 취득한 불법재산 등에까지 확대하여 제3자에게 물적 유한책임을 부과하는 것이다. 확정된 형사판결의 집행에 관한 절차를 어떻게 정할 것인지는 입법자의 입법형성권에 속하는 사항이므로, 심판대상조항에 따라 추징판결을 집행함에 있어서 형사소송절차와 같은 엄격한 절차가 요구된다고 보기는 어렵다"(헌재 2020. 2. 27, 2015 헌가 4-전원재판부).

있어서 외국공무원에 대한 뇌물방지법'($\frac{\text{1998. 12. 28.}}{\text{법률 제5588호}}$) (약칭: 국제뇌물방지법)을 제
정·시행하고 있다.

(7) 범죄수익은닉의 규제 및 처벌 등에 관한 법률

'범죄수익은닉의 규제 및 처벌 등에 관한 법률'($\frac{\text{2001. 9. 27.}}{\text{법률 제6517호}}$) (약칭: 범죄수익은
닉규제법; 세칭: 돈세탁처벌법)은 수뢰죄(제2조 제1호 라목에 의하면 동호 가목의
사형, 무기 또는 장기 3년 이상의 징역이나 금고에 해당하는 죄를 중대범죄라 칭함.
형법 제2편 제7장 공무원의 직무에 관한 죄 중 제129조 내지 제133조의 죄의 법정형
이 모두 장기 3년 이상으로 중대범죄에 해당)에 해당하는 범죄행위에 의하여 생
긴 재산 또는 그 범죄행위의 보수로 얻은 재산(제2조 제2호 가목: '범죄수익'이라
칭함) 및 이에서 유래한 재산 및 이들 재산과 그 외의 재산이 합쳐진 재산(제2
조 제4호: 전자를 포함하여 '범죄수익 등'이라 칭함)의 취득 또는 처분에 관한 사
실을 가장하거나, 범죄수익의 발생원인에 관한 사실을 가장하거나, 특정범죄
조장 목적 혹은 적법하게 취득한 재산으로 가장할 목적으로 범죄수익 등을 은
닉한 행위를 5년 이하의 징역 또는 3천만원 이하의 벌금에 처하고($\frac{\text{제3}}{\text{조}}$), 그 정
황을 알면서 범죄수익 등을 수수한 행위를 3년 이하의 징역 또는 2천만원 이
하의 벌금에 처하며($\frac{\text{제4}}{\text{조}}$), 범죄수익 등을 몰수·추징할 수 있도록 규정하고 있
다($\frac{\text{제8~}}{\text{10조}}$).

'범죄수익은닉규제법'은 2014. 11. 19.의 개정에서 제10조의2(추징 집행의 특
례)를 신설하면서, "다중인명피해사고 발생에 형사적 책임이 있는 개인, 법인
및 경영지배·경제적 연관 또는 의사결정에의 참여 등을 통해 그 법인을 실질
적으로 지배하는 자에 대한 이 법에 따른 몰수대상재산에 관한 추징은 범인
외의 자가 그 정황을 알면서 취득한 몰수대상재산 및 그로부터 유래한 재산에
대하여 그 범인 외의 자를 상대로 집행할 수 있다"라고 규정함으로써, 불법적
으로 제3자 명의를 통해 은닉한 재산을 환수할 수 있도록 추징 집행의 대상을
'일반인'에게까지 대폭 확대하고 있다(세칭 '김우중 추징법').

(8) 불법정치자금 등의 몰수에 관한 특례법

2005년 8월 4일에 제정·시행된 '불법정치자금 등의 몰수에 관한 특례법'
($\frac{\text{법률}}{\text{제7652호}}$) (약칭: 불법정치자금법)은 불법정치자금의 몰수 등에 관한 특례를 규정
함으로써 불법정치자금 등의 조성을 근원적으로 막고, 정치자금의 투명성을
제고함을 그 목적으로 하고 있다($\frac{\text{제1}}{\text{조}}$). 이러한 취지에서 동법은 「정치자금법」

에 의한 정치자금 부정수수죄, 선거직 공무원이 범한 「형법」상의 뇌물죄 및
알선수재죄, 「공직자의 이해충돌 방지법」에 의한 업무상 비밀이용의 죄 등을
통하여 취득한 불법수익을 철저히 몰수하기 위하여 당해 범죄로 직접 얻은 불
법정치자금뿐만 아니라 불법정치자금 등에서 유래한 재산까지 몰수하거나 추
징하도록 규정하고 있다($^{제2-}_{6조}$). 또한 범인 외의 자가 범죄 후 그 정을 알면서
불법정치자금 및 불법정치자금에서 유래한 재산을 취득한 경우에는 범인 외
의 자에 대하여도 몰수할 수 있도록 하고, 제3자가 정당인 경우 정당대표자·
회계책임자 또는 회계사무보조자가 그 정을 알았을 때에는 정당이 안 것으로
간주한다($^{제5}_조$). 그리고 불법재산의 입증과 관련해서도, 범인이 취득한 재산이
불법으로 형성되었다고 볼 만한 상당한 개연성이 있는 경우 엄격한 증명이 없
더라도 이를 인정할 수 있도록 입증책임을 완화하되, 개연성의 판단자료로서
취득재산의 가액, 범인의 재산운용상황, 불법정치자금 등의 금액 및 재산취득
시기 등 제반요소를 고려하도록 하고 있다($^{제7}_조$).

(9) 부패재산의 몰수 및 회복에 관한 특례법

'부패재산의 몰수 및 회복에 관한 특례법'($^{2008. 3. 28. 제정.}_{법률 제8993호.}$)(약칭: 부패재산몰수법)
은 「국제연합부패방지협약」 및 그 밖의 관련 국제협약을 효율적으로 이행하기
위하여 부패재산의 몰수 및 추징, 환수 등에 관한 특례를 규정함으로써 부패
범죄를 조장하는 경제적 요인을 근원적으로 제거하여 부패범죄를 효과적으로
방지·척결하고 청렴한 국제사회질서 확립에 이바지함을 목적으로 한다($^{제1}_조$).

이 법률은 '부패범죄'(제2조 제1호 및 [별표]에 규정된 범죄)의 범죄행위에 의
하여 생긴 재산('범죄수익': 제2조 제2호 가목)과 '범죄수익에서 유래한 재산'(동
나목) 등 '부패재산'($^{제2조}_{제2호}$)에 대한 '몰수'($^{제3조.}_{제4조}$)와 '추징'($^{제5}_조$), 범죄피해재산($^{제2조}_{제3호}$)
의 피해자에의 '환부'($^{제6}_조$), 외국과의 '국제공조'($^{제7}_조$) 등에 관하여 특례를 규정
하고 있다.

II. 단순수뢰죄

<u>제129조 [수뢰, 사전수뢰] 제1항</u> "공무원 또는 중재인이 그 직무에 관하여 뇌물을
수수, 요구 또는 약속한 때에는 5년 이하의 징역 또는 10년 이하의 자격정지에 처
한다."

<u>제134조 [몰수, 추징]</u> "범인 또는 사정을 아는 제3자가 받은 뇌물 또는 뇌물로 제공하려고 한 금품은 몰수한다. 이를 몰수할 수 없을 경우에는 그 가액을 추징한다."

1. 의의, 성격, 보호법익

본죄는 "공무원 또는 중재인이 그 직무에 관하여 뇌물을 수수·요구·약속함으로써 성립하는 범죄"이다. 수뢰죄의 기본유형이다. 행위의 주체가 공무원 또는 중재인에 국한되는 점에서 진정신분범이며, 진정직무범죄 및 일반직무범죄에 속한다.

본죄의 보호법익은 '직무행위의 불가매수성과 직무행위의 공정성에 대한 사회일반인의 신뢰'이다(종합설). 보호의 정도는 '추상적 위험범'이다.

2. 구성요건

본죄의 구성요건은 공무원 또는 중재인이 그 직무에 관하여 뇌물을 수수·요구·약속하는 것이다. 이하 분설하기로 한다.

(1) 행위의 주체

행위의 주체는 공무원 또는 중재인이다(진정신분범).

(가) 공무원·중재인의 개념　'공무원'이란 "법령에 의하여 국가 또는 공공단체의 사무에 종사하는 모든 사람"을 말한다. 공무원의 범위에 관하여는 상술한 바 있다. '중재인'이란 노동조합 및 노동관계조정법·중재법 등 법령에 의하여 중재의 직무를 담당하는 자를 말하고, 단순한 사적(私的) 조정자는 제외된다. 중재법(제12조)에 근거를 두고 중재합의에 의하여 선정된 자도 본죄의 중재인에 포함된다.[99]

(나) 수뢰죄의 주체의 확장　한국전력공사, 한국방송공사와 같은 '공법인'의 직원을 공무원에 포함시킬 것인가의 문제는 죄형법정주의와의 관계상 해석에 의하여 함부로 확장할 것은 아니다. 그런데 이 문제에 관하여는 입법적 해결이 내려져 있어서, '특정범죄가중처벌 등에 관한 법률' 제4조는 대통령령으로 정하는 일정한 기관 또는 단체의 간부직원을 형법 제129조 내지 제132조의 적용에 있어서 공무원으로 간주하고 있고, 동 시행령에서 여기에 속하는 기관

---

99) 김성돈, 719면; 김성천, 1318면; 김/서, 841면; 박상기, 649면; 배종대, 830면; 백형구, 643면; 오영근, 918면; 이재상, 728면; 이정원, 700면; 이형국, 781면; 정/박, 813면; 정영일, 752; 진/이, 843면.

또는 단체와 그 간부직원의 범위를 세밀히 규정하고 있으므로, 이 법령에 명시된 범위의 사람만이 수뢰죄의 주체인 공무원개념에 포함된다고 해야 한다.

그리고 '특정경제범죄가중처벌 등에 관한 법률' 제5조 제1항은 "금융회사 등의 임·직원이 그 직무에 관하여 금품이나 그 밖의 이익을 수수·요구 또는 약속하였을 때에는 5년 이하의 징역 또는 10년 이하의 자격정지에 처한다"라고 규정함으로써, 금융회사 임·직원의 신분을 공무원에 준한 것으로 취급하여 실질적으로 수뢰죄의 주체를 확장하고 있다.

(다) 공무원신분의 존재시기　본죄의 주체는 현재 공무원의 지위에 있는 자에 한정된다.[100] 중재인도 마찬가지다. 따라서 공무원·중재인의 자격이 상실된 후의 뇌물수수는[101] 사후수뢰죄($^{제131조}_{제3항}$)를 구성할 뿐이다. 장차 공무원이 될 자는 본죄의 주체가 되지 않고, 사전수뢰죄($^{제129조}_{제2항}$)를 구성할 수 있다.

(라) 특칙과 그 문제점: 공직자금품수수죄의 주체　'부정청탁 및 금품 등 수수의 금지에 관한 법률'(청탁금지법; 김영란법) 제2조(용어 정의 규정) 제2호는 '공직자 등'이란 ㉮ 국가공무원법과 지방공무원법 및 기타 관련 법률에 따른 공무원 ㉯ 공직자윤리법과 공공기관의 운영에 관한 법률에 따른 공직유관단체 및 기관의 임직원 ㉰ 각급 교육법에 따른 각급 학교(저자 註: 국·공립학교 일반)의 교직원 및 사립학교법에 따른 각급 학교(저자 註: 사립학교 일반)의 교직원 ㉱ 언론중재 및 피해구제 등에 관한 법률에 따른 언론사의 임직원을 말한다고 함으로써, 공직자금품수수죄의 '주체'인 공직자의 범위를 사립학교의

---

100) "법령에 기한 임명권자에 의하여 임용되어 공무에 종사하여 온 사람이 나중에 그가 임용결격자이었음이 밝혀져 당초의 임용행위가 무효라고 하더라도, 그가 임용행위라는 외관을 갖추어 실제로 공무를 수행한 이상 공무 수행의 공정과 그에 대한 사회의 신뢰 및 직무행위의 불가매수성은 여전히 보호되어야 한다. 따라서 이러한 사람은 형법 제129조에서 규정한 공무원으로 봄이 상당하고, 그가 그 직무에 관하여 뇌물을 수수한 때에는 수뢰죄로 처벌할 수 있다"(대판 2014. 3. 27, 2013 도 11357).

101) "판결요지: 도시 및 주거환경정비법(이하 '도시정비법'이라고 한다) 제84조의 문언과 취지, 형법상 뇌물죄의 보호법익 등을 고려하면, 정비사업조합의 임원이 정비구역 안에 있는 토지 또는 건축물의 소유권 또는 지상권을 상실함으로써 조합 임원의 지위를 상실한 경우나 임기가 만료된 정비사업조합의 임원이 관련 규정에 따라 후임자가 선임될 때까지 계속하여 직무를 수행하다가 후임자가 선임되어 직무수행권을 상실한 경우, 그 조합 임원이 그 후에도 조합의 법인 등기부에 임원으로 등기되어 있는 상태에서 계속하여 실질적으로 조합 임원으로서의 직무를 수행하여 왔다면 직무수행의 공정과 그에 대한 사회의 신뢰 및 직무행위의 불가매수성은 여전히 보호되어야 한다. 따라서 그 조합 임원은 임원의 지위 상실이나 직무수행권의 상실에도 불구하고 도시정비법 제84조에 따라 형법 제129조 내지 제132조의 적용에서 공무원으로 보아야 한다"(대판 2016. 1. 14, 2015 도 15798).

교직원과 언론사의 임직원에 이르기까지 대폭 확장하고 있다.

종래 '사인(私人) 내지 민간인'의 범주에 속한다고 할 수 있는 '사립학교의 교직원과 언론사의 임직원'을 공직자(등 으)로 보는 위 정의규정은 언어(용어)의 통상적인 의미 범위를 벗어난다는 점에서 죄형법정주의에 위배되는 위헌규정이 아닌가 하는 논의를 불러올 여지가 있다. 이와 관련하여 헌법재판소는 2016. 7. 28.에 '김영란법'이 합헌이라는 결정($^{2015\ 헌마\ 236}_{-전원재판부}$)을 선고하였다. 헌법재판소는 사립학교 관계자와 언론인에게는 공직자에 맞먹는 청렴성 및 업무의 불가매수성이 요청된다고 하면서, 이들을 '공직자 등'에 포함시켜 이들에게 부정청탁하는 것을 금지하고 이들이 정당한 이유 없이 금품 등을 수수하는 것도 금지한 입법자의 선택은 수긍할 수 있다고 보았다. 결론적으로 사립학교 관계자와 언론인에 대한 부정청탁금지조항과 금품수수금지조항이 과잉금지원칙을 위반하여 이들의 일반적 행동자유권을 침해한다고 보기 어렵다는 합헌의 견을 내놓았다.[102]

보다 더 근본적으로는 공직자금품수수죄의 주체인 공직자의 범위 확장을 형법의 '단편적(斷片的) 성격(fragmentary character) 내지 예외적 성격'의 관점에서 진지하게 검토할 필요가 있다.

바람직하지 못한 일정한 행위－여기서는 금품수수행위－를 범죄화함에 있

---

102) "결정요지: 부패를 없애고 공정한 사회를 만들기 위해서는 공직부문뿐 아니라 민간부문에서도 직무수행에서 청렴성이 높아져야 한다. … 교육과 언론이 국가나 사회 전체에 미치는 영향력이 크고, 이들 분야의 부패는 그 파급효가 커서 피해가 광범위하고 장기적인 반면 원상회복은 불가능하거나 매우 어렵다는 점에서 사립학교 관계자와 언론인에게는 공직자에 맞먹는 청렴성 및 업무의 불가매수성이 요청된다. 그래야만 교육은 학생에게 올바른 가치관과 공동체 의식을 심어줄 수 있게 되고, 언론은 정확하게 사실을 보도하고 정치·경제·사회의 모든 권력과 세력을 견제할 수 있게 되어 사회통합에 효율적으로 이바지할 수 있게 된다. 부패와 비리 문제가 계속 발생하고 있는 교육과 언론 부문의 현실, 사립학교 관계자 및 언론인이 사회 전체에 미치는 영향, 부정청탁 관행을 없애고자 하는 청탁금지법의 목적, 교육 및 언론의 공공성과 이를 근거로 한 국가와 사회의 각종 지원 등 여러 사정을 종합하여 보면, 사립학교 관계자 및 언론인을 '공직자 등'에 포함시켜 이들에게 부정청탁하는 것을 금지하고 이들이 정당한 이유 없이 금품 등을 수수하는 것도 금지한 입법자의 선택은 수긍할 수 있다. 부정청탁 및 금품수수 관행을 근절하여 공적 업무에 종사하는 사립학교 관계자 및 언론인의 공정한 직무수행을 보장함으로써 국민의 신뢰를 확보하고자 하는 부정청탁금지조항과 금품수수금지조항의 입법목적은 그 정당성이 인정되고, 사립학교 관계자와 언론인을 청탁금지법상 '공직자 등'에 포함시켜 이들이 법령과 사회상규 등에 위배하여 금품 등을 수수하지 않도록 하고 누구든지 이들에게 부정청탁하지 못하도록 하는 것은 입법목적을 달성하기 위한 적정한 수단이다. … 부정청탁금지조항과 금품수수금지조항이 과잉금지원칙을 위반하여 청구인들의 일반적 행동자유권을 침해한다고 보기 어렵다"(헌재 2016. 7. 28, 2015 헌마 236－전원재판부).

어서는 범죄를 저지를 가능성이 있는 잠재적 범죄자 군(群)을 전면적으로 넓히기보다는 부분적·국지적(局地的)으로 한정해서 포착해야 한다는 것이 형법의 '단편적' 성격이다. 쉬운 비유로 표현하자면, 형법은 일반 국민 속에 숨어 있는 범죄자를 저인망(底引網) 식으로 훑어내고자 할 것이 아니라 투망(投網) 식으로 솎아내고자 해야 한다는 말이다. 과잉범죄화에 대한 경계, 또 과유불급(過猶不及)이라는 성구는 범죄의 주체에 대해서도 타당하다. 범죄자 층(層)이 과잉 확대되면 범죄의 주체(범죄자)는 예외적이 아니라 일반화된다. 누구든지 언제든지 범법자가 될지도 모를 문을 넓게 열어 놓은 형법조항은 결국에는 '지켜지지 않는다'. 그리고 범죄의 주체의 과잉 확대는 법집행의 단계에서는 필연적으로 공평성의 문제를 야기한다.

공직자금품수수죄의 주체를 사립학교의 교직원과 언론사의 임직원에 이르기까지 확대한 것은 '부패공화국을 정화(淨化)하기 위하여 손을 씻어야 할 사람이 많으면 많을수록 좋다'라는 사고방식인지는 모르겠다. 그러나 형법의 단편적·예외적 성격의 관점에서 그 주체는 정통적 의미의 공직자에 국한하는 것이 타당하다. 공직자의 청렴성이라는 보호법익을 일반 사인(私人)에게까지 확장해서 관철할 것은 아니다. 사인의 금품수수는 가장 강력한 공권력의 발동 수단인 형벌로써 처벌할 것이 아니라, 윤리의 영역에서, 또 이들이 속한 조직체의 '내부적 제재'로 규율될 성질의 것이다. 공직자금품수수죄의 주체를 정통적인 의미의 공직자에 국한한다고 하더라도 청탁금지법은 직무관련성을 불문한다는 점에서 이미 혁명적인 장점을 가진 법이다. 입법자의 과욕이 씨앗이 된 범죄주체의 과잉 확대가 이 법의 자멸(自滅)을 초래한다면 참으로 애석한 일일 것이다.

(2) 행위의 객체

행위의 객체는 뇌물이다.[103] '뇌물'이란 "직무에 관한 불법한 대가로서 사람의 수요와 욕망을 충족시킬 수 있는 일체의 유형적·무형적 이익"을 말한다.

(가) 불법한 대가관계   뇌물은 직무에 대하여 급부와 반대급부라는 '대가적 관계'에 있어야 하고,[104] 행위자는 뇌물이 대가관계에 있음을 인식해야 한

---

103) 박성민, "공무원 유착비리 해결을 위한 뇌물개념의 패러다임 변화", 법학연구, 제23권 제4호, 경상대학교 법학연구소, 2015.
104) "뇌물죄에서의 수뢰액은 그 많고 적음에 따라 범죄구성요건이 되므로('특정범죄 가중처벌 등에 관한 법률' 제2조-저자 註) 엄격한 증명의 대상이 된다. 이때 공무원이 수수한 금품에

다. 그러나 대가관계는 개개의 특정한 직무행위에 대하여 존재할 필요는 없고,[105] '포괄적으로' 보아 인정될 수 있으면 충분하다(이른바 '포괄적 대가관계' 또는 '포괄적 뇌물개념'). 판례도 뇌물은 개개의 특정한 직무행위와 대가적 관계에 있을 필요는 없다고 한다.[106]

뇌물의 '용도'는 불문한다. 수뢰한 공무원이 사리(私利)를 취하지 않고 부하직원들을 위하여 소비하였더라도 수뢰죄가 성립한다.[107]

〈문제: 사교적 의례로서의 선물과 뇌물〉

여기에서 문제되는 것은 명절 때의 '사교적 의례로서의 선물' 또는 경조사 때의 축의금·부조금과 뇌물의 구별이다. 이에 관하여는 사교적 의례로서의 선물이 직무에 대한 대가로서 제공된 경우에도 사회관습상 승인되는 정도이면 뇌물이 아니라고 하는 견해가 있다.[108] 그러나 제공된 선물이 의례적이고 설사 금액이 근소하다고 하더라도 직무와 대가관계가 있는 한 그 뇌물성을 부정할 수는 없고, 다만 사교적 의례의 범위 내에서 행해진 것이라면 '사회상규에 위배되지 아니하는 행위'($제20조$)로서 위법성이 조각된다고 하는 것이[109] 범죄불성립이라고 하는 결론에 있어서는 앞의 학설과 동일하지만 이론구성에 있어서는 보다 더 합당하다고 생각된다. 최근의

그 직무행위에 대한 대가로서의 성질과 직무 외의 행위에 대한 대가로서의 성질이 불가분적으로 결합되어 있는 경우에는 그 수수한 금품 전부가 불가분적으로 직무행위에 대한 대가로서의 성질을 가진다. 다만 그 금품의 수수가 수회에 걸쳐 이루어졌고 각 수수 행위별로 직무 관련성 유무를 달리 볼 여지가 있는 경우에는 그 행위마다 직무와의 관련성 여부를 가릴 필요가 있다"(대판 2024. 3. 12, 2023 도 17394).

105) 권오걸, 1281면; 김성돈, 716면; 김/서, 833면; 박상기, 643-4면; 배종대, 828면; 오영근, 910면; 이형국, 778면; 정/박, 806면; 정영일, 754면; 진/이, 833면.

106) "국회의원이 그 직무권한의 행사로서의 의정활동과 전체적·포괄적으로 대가관계가 있는 금원을 교부받았다면, 그 금원의 수수가 어느 직무행위와 대가관계에 있는 것인지 특정할 수 없다고 하더라도, 이는 국회의원의 직무에 관련된 것으로 보아야 하고"(대판 1997. 12. 26, 97 도 2609). "뇌물은 직무에 관하여 수수된 것으로 족하고 개개의 직무행위와 대가적 관계에 있을 필요는 없으며, 그 직무행위가 특정된 것일 필요도 없다. 또 정치자금, 선거자금, 성금 등의 명목으로 이루어진 금품의 수수라 할지라도, 그것이 정치가인 공무원의 직무행위에 대한 대가로서의 실체를 갖는 한 뇌물의 성격을 잃지 않는 것이다"(대판 1997. 4. 17, 96 도 3378; 1997. 4. 17, 96 도 3377).

107) "뇌물죄에 있어서 금품을 수수한 장소가 공개된 장소이고, 금품을 수수한 공무원이 이를 부하직원들을 위하여 소비하였을 뿐 자신의 사리를 취한 바 없다 하더라도, 그 뇌물성이 부인되지 않는다"(대판 1996. 6. 14, 96 도 865. 同旨, 대판 1985. 5. 14, 83 도 2050; 1984. 2. 14, 83 도 3218).

108) 권문택, 7인 공저, 700면; 김/서, 834면; 배종대, 828면; 유기천, 하권, 291면; 이재상, 726면; 이형국, 780면; 정/박, 807면.

109) 김성돈, 717면; 김성천, 1323면; 김종원, 앞의 글, 18면; 오영근, 913면; 정영일, 757면; 진/이, 836면.

판례는[110] 사회상규상 사교적 의례로 받은 금품은 '직무와의 관련성'이 없다는 논지의 이론구성방법을 취함으로써, 비록 사교적 의례의 형식을 빌렸다고 하더라도 직무와의 관련성과 대가성이 인정되는 이상 뇌물로 취급하는 입장에 있는 것으로 판단된다.

뇌물은 직무에 대한 '**불법한**' 대가이어야 한다. 직무에 대하여 정당한 보수로서 인정되는 봉급, 수당, 여비, 수수료, 상여금 등은 뇌물이 될 수 없다. 그러나 직무행위에 대한 불법한 대가로서의 실체를 가지는 한, 정치자금[111]·선거자금·성금·축의금·선물 등 어떠한 명목으로 제공된다고 하더라도 뇌물로서의 성격을 잃지 않는다.[112]

(나) 이 익   뇌물의 내용인 이익은 금전·물품 등 '재산적 이익'뿐만 아니라, 사람의 수요·욕망을 충족시킬 수 있는 것이라면 '비재산적 이익'까지도 포함한다.[113] 따라서 금융의 이익,[114] 향응의 제공,[115] 예인(藝人)의 연예, 이성간의 정교,[116] 취직알선, 무료골프초대, 별장 또는 자동차의 무료대여, 도박에서

---

110) "공무원이 그 직무의 대상이 되는 사람으로부터 금품 기타 이익을 받은 때에는 그것이 그 사람이 종전에 공무원으로부터 접대 또는 수수받은 것을 갚는 것으로서 사회상규에 비추어 볼 때에 의례상의 대가에 불과한 것이라고 여겨지거나, 개인적인 친분관계가 있어서 교분상의 필요에 의한 것이라고 명백하게 인정할 수 있는 경우 등 특별한 사정이 없는 한 직무와의 관련성이 없는 것으로 볼 수 없고, 공무원의 직무와 관련하여 금품을 수수하였다면 비록 사교적 의례의 형식을 빌어 금품을 주고 받았다 하더라도 그 수수한 금품은 뇌물이 되는 것"(**대판 2001. 1. 21, 99 도 4940.** 同旨, 대판 1999. 7. 23, 99 도 390; 1999. 1. 29, 98 도 3584; 1998. 2. 10, 97 도 2836).

111) '정치자금'과 뇌물의 구별에 있어서는 '정치자금법'이 정치자금의 정의 및 정치자금의 수수요건과 절차를 상세히 규정하고 있고, '공직선거법' 제230조 이하의 벌칙조항에서 선거자금·정치자금의 명목이라고 하더라도 공직선거와 관련하여 제공하거나 제공받아서는 아니될 금품 및 재산상의 이익이 규정되어 있으므로, 두 법률에 의하여 정치자금과 뇌물의 한계선이 그어진다고 하겠다.

112) "정치자금, 선거자금, 성금 등의 명목으로 이루어진 금품의 수수라 하더라도, 그것이 정치인인 공무원의 직무행위에 대한 대가로서의 실체를 가지는 한 뇌물로서의 성격을 잃지 아니한다"(대판 1997. 4. 17, 96 도 3377).

113) "뇌물의 내용인 이익이라 함은 금전·물품 기타의 재산적 이익뿐만 아니라 사람의 수요·욕망을 충족시키기에 족한 일체의 유형·무형의 이익을 포함하는 것이다"(대판 2001. 1. 5, 2000 도 4714; 1995. 9. 5, 95 도 1269).

114) "일차진급 평정권자인 피고인이 그 평정업무와 관련하여 공소외인으로 하여금 피고인의 은행대출금채무에 연대보증하게 한 행위는 직무에 관련하여 이익인 뇌물을 받은 것에 해당된다"(**대판 2001. 1. 5, 2000 도 4714**).

115) 대판 1967. 10. 31, 67 도 1123.

116) "뇌물죄에서 뇌물의 내용인 이익이라 함은 금전, 물품 기타의 재산적 이익뿐만 아니라 사람의 수요·욕망을 충족시키기에 족한 일체의 유형·무형의 이익을 포함하며(대법원 2002. 11. 26. 선고 2002도3539 판결 등 참조), 제공된 것이 성적 욕구의 충족이라고 하여 달리 볼 것이 아

져주기, 투기사업에 참여할 기회의 제공,[117] 시가앙등이 예상되는 주식의 액면
가 매수기회제공[118] 등은 뇌물이 될 수 있다. 다만 욕망충족에 있어서도 명예
심·허영심·호기심을 만족시키는 무형적 이익에까지 뇌물개념을 지나치게
확장하는 것은 부당하므로, 사람의 경제적·법적·인격적 사정을 '객관적으로
향상시킬 수 있는 이익'에 국한된다고 해석함이 타당하다.[119]

그 밖에 뇌물의 내용인 이익은 약속 또는 제공 당시에 현존하거나 확정적
일 필요는 없고, 장차 예상되는 이익이거나 조건부 이익이라도 무방하다.

(다) 특 칙   형법상의 뇌물죄에 대한 특별법의 지위에 있는 '부정청탁 및
금품 등 수수의 금지에 관한 법률'(김영란법) 제22조 제1항 제1호(공직자금품수
수죄) 및 제8조 제1항(공직자금품수수금지)은 수수한 금품에 대한 '직무관련성'
을 묻지 않는다는 점을 명시적으로 규정하고 있기 때문에, 직무에 관한 불법한
대가로서의 뇌물이어야 한다는 구성요건요소는 청탁금지법의 적용에 관한 한
전혀 필요하지 않게 되었다.

(3) 실행행위

실행행위는 직무에 관하여 수수·요구 또는 약속하는 것이다.

(가) 직 무   수뢰죄에서의 '직무'란 "법령·훈령·행정처분 또는 관례에
의하여 당해 공무원의 일반적·추상적 권한에 속하는 일체의 사무"를 말하고,
현재 구체적으로 담당하고 있는 사무임을 요하지 않는다. 또한 직무와 관련하
여 사실상 처리하고 있는 행위도 직무행위에 포함된다.[120] 직무가 독립적인 권
한에 기한 것이든 상사의 직무를 보조하는 지위에 기한 것이든 불문하므로,[121]
결정권자를 보좌하거나 영향을 줄 수 있는 직무행위도 포함된다.[122]

니다. …… 원심이 이 사건 유사성교행위 및 성교행위가 '뇌물'에 해당한다고 보고 또한 그 직무
관련성을 인정하여, 이 사건 공소사실 중 뇌물수수의 점을 유죄로 인정한 것은 정당하다"(**대판**
2014. 1. 29, 2013 도 13937).

117) "판결요지: 직무와 관련하여 장래 시가앙등이 예상되는 체비지의 지분을 낙찰원가에 매
수한 것은 투기적 사업에 참여할 기회를 제공받은 것으로 뇌물수수죄에 해당된다"(대판 1994.
11. 4, 94 도 129).

118) 대판 1979. 10. 10, 78 도 1793.

119) Jescheck, LK, §331, Rn. 7.

120) "수뢰죄에 있어 직무라는 것은 공무원의 법령상 관장하는 직무행위뿐만 아니라 그 직무
와 관련하여 사실상 처리하고 있는 행위 및 결정권자를 보좌하거나 영향을 줄 수 있는 직무행위
도 포함된다"(**대판 1996. 6. 14, 96 도 865**. 同旨, 대판 1994. 9. 9, 94 도 619; 1985. 5. 14, 83 도
2050).

121) 대판 1994. 3. 22, 93 도 2962.

내부적인 사무분배에 의하여 현실적으로 담당하고 있지 않는 사무라든가 미래에 담당할 사무[123] 또는 과거에 담당했던 사무라 할지라도 일반적인 직무권한에 속하는 이상 수뢰죄가 성립한다.[124] 그러나 최소한 당해 공무원의 '일반적인' 권한에 속하는 사무이어야 하므로 전혀 관계없는 사항에 관하여는 수뢰죄가 성립할 수 없다.[125]

직무행위가 정당한 것인가 부정한 것인가는 묻지 않는다. 다만 부정한 직

---

122) "수뢰죄에 있어 직무라는 것은 공무원의 법령상 관장하는 직무행위뿐만 아니라 그 직무와 관련하여 사실상 처리하고 있는 행위 및 결정권자를 보좌하거나 영향을 줄 수 있는 직무행위도 포함된다 할 것인바(대법원 1985. 5. 14. 선고 83도2050 판결, 1994. 9. 9. 선고 94도619 판결 등 참조), 기록에 의하면 위 피고인은 부산시 주차관리공단의 영업1과장으로서 부산시내 중구 등 6개구에 설치된 공영주차장의 관리 및 주차료 징수업무 총괄과 직원 채용에 관한 추천 및 심의업무에 종사할 뿐 아니라 위 공단의 인사위원으로 되어 있어, 위 공단 인사에 영향을 미칠 수 있는 직위에 있었고, 공소 외 전용○는 위 공단 관리과의 지도계장으로 위 피고인보다 하위직에 있었으며, 당시 위 피고인과 사이가 좋지 않아 인사상의 불이익을 모면하기 위하여 판시 금원을 위 피고인에게 교부한 점 등을 알 수 있는바, 그렇다면 위 피고인이 위 전용○로부터 받은 판시 금원은 자신의 직무와 관련하여 뇌물을 수수한 것이라고 할 것"(**대판 1996. 6. 14, 96 도 865**). "토지소유자들이 구획정리사업조합을 설립하여 시행하는 위의 토지구획정리사업에 관하여는 실무상 시의회의 심의를 거치도록 되어 있음을 알 수 있고, 울산시의회 의장직에 있던 피고인은 위 토지구획정리사업에 대한 시의회의 심의와 관련하여 영향을 미칠 수 있는 지위에 있다 할 것이므로, 직무관련성이 있다 할 것이다"(**대판 1996. 11. 15, 95 도 1114**).

123) 다음은 '미래'에 담당할 사무에 속하는 사항이 '막연하고 추상적'이라면 직무관련성이 부정된다는 판례이다. "판결이유: 형법 제129조 제1항의 뇌물수수죄가 성립하려면 공무원이 그 직무에 관하여 뇌물을 수수하여야 한다. 따라서 공무원이 이익을 수수한 행위가 공무원의 직무와 관련이 없다면 뇌물수수죄는 성립하지 않는다. 공무원이 장래에 담당할 직무에 대한 대가로 이익을 수수한 경우에도 뇌물수수죄가 성립할 수 있지만, 그 이익을 수수할 당시 장래에 담당할 직무에 속하는 사항이 그 수수한 이익과 관련된 것임을 확인할 수 없을 정도로 막연하고 추상적이거나, 장차 그 수수한 이익과 관련지을 만한 직무권한을 행사할지 여부 자체를 알 수 없다면, 그 이익이 장래에 담당할 직무에 관하여 수수되었다거나 그 대가로 수수되었다고 단정하기 어렵다"(대판 2017. 12. 22, 2017 도 12346).

124) "과거에 담당하였거나 장래 담당할 직무 및 사무분장에 따라 현실적으로 담당하지 아니하는 직무라 하더라도 뇌물죄에 있어서의 직무에 해당할 수 있는 것"(대판 1994. 3. 22, 93 도 2962. 同旨, 대판 1984. 9. 25, 84 도 1568).

125) "판결요지: 법원의 참여주사가 공판에 참여하여 양형에 관한 사항의 심리내용을 공판조서에 기재한다고 하더라도, 이를 가지고 형사사건의 양형이 참여주사의 직무와 밀접한 관계가 있는 사무라고는 할 수 없으므로, 참여주사가 형량을 감경케 하여 달라는 청탁과 함께 금품을 수수하였다고 하더라도, 뇌물수수죄의 주체가 될 수 없다"(대판 1980. 10. 14, 80 도 1373). "판결요지: 교과서의 내용검토 및 개편수정은 발행자나 저작자의 책임에 속하는 것이고, 이를 문교부 편수국 공무원인 피고인들의 직무에 속한다고 할 수 없으므로, 피고인들이 교과서의 내용검토 및 개편수정작업을 의뢰받고 그에 소요되는 비용을 받았다 하더라도, 이를 직무에 관한 뇌물로서 부정하게 수수한 것이라고 볼 수 없다"(대판 1979. 5. 22, 78 도 296). "판결요지: 경찰청 정보과 근무 경찰관의 직무와 중소기업협동조합중앙회장의 외국인산업연수생에 대한 국내 관리업체 선정업무는 직무관련성이 없다"(대판 1999. 6. 11, 99 도 275).

무행위를 한 경우에는 수뢰후부정처사죄·사후수뢰죄($^{제131}_{조}$)와 같은 가중유형을 구성할 수 있다. 직무행위는 작위·부작위를 불문한다. 수사공무원이 수사를 하지 않거나 세무공무원이 세금을 부과하지 않는 부작위도 직무행위에 포함된다.

(나) 직무에 관하여   '직무에 관하여'(직무관련성)는 폭넓게 해석된다. 따라서 ① 그 권한에 속하는 직무행위뿐만 아니라, 직무행위에는 속하지 않더라도 ② 직무와 '밀접한 관계'가 있는 행위와[126] ③ 직무와 관련하여 '사실상' 처리하고 있는 행위까지를 포함한다.[127] 판례도 같은 입장이다.[128]

직무와의 관련성을 가장 폭넓게 해석하는 태도는 '소극적 공제(控除)판단형식'에 의하여, '직무에서 제외된다고 볼 수 없는 이상, 직무와의 관련성을 인정하기에 충분하다'라고 해석하는 방법이다.[129] 즉 당해 행위가 전적으로 직무권한의 범위 밖에 속하는 것이 아니고 또 그 성질상 직무와 소원(疏遠)한 관계에 있는 것이 아니라면, 직무와의 관련성이 인정된다고 하는 태도이다.[130]

어떤 행위가 당해 공무원의 직무권한의 범위에 속하는가, 아닌가 하는 사

---

126) "국회의원이 다른 의원의 직무행위에 관여하는 것이 국회의원의 직무행위 자체라고 할 수는 없으나, 국회의원이 자신의 직무권한인 의안의 심의·표결권 행사의 연장선상에서 일정한 의안에 관하여 다른 동료의원에게 작용하여 일정한 의정활동을 하도록 권유·설득하는 행위 역시 국회의원이 가지고 있는 위 직무권한의 행사와 밀접한 관계가 있는 행위로서, 그와 관련하여 금원을 수수하는 경우에도 뇌물수수죄가 성립한다"(**대판 1997. 12. 26, 97 도 2609**). "토지개발공사 서울지사 공사부장으로서 정아건설이 시공하는 위 창현지구 택지개발현장에서의 공사관리를 총괄하는 직무를 담당하는 피고인이 공사현장에서 발생하는 건축물 폐재류의 처리공사를 담당할 하도급업체를 정아건설이 선정함에 있어 청한기업이 하도급 받을 수 있도록 정아건설에 청탁하는 것은 피고인의 직무와 밀접한 관계가 있는 행위라고 봄이 상당하다 할 것이므로, 피고인이 위와 같은 청탁의 대가로 청한기업으로부터 금원을 수수한 이상 수뢰죄가 성립한다"(**대판 1998. 2. 27, 96 도 582**).

127) 권오걸, 1279면; 김성돈, 714면; 김성천, 1318면; 김/서, 831면; 김종원, 앞의 글, 17면; 박상기, 643면; 백형구, 640면; 이재상, 724면; 이정원, 696면; 이형국, 776면; 정/박, 804면; 진/이, 833면.

128) "특정경제범죄가중처벌 등에 관한 법률 제5조 제1항 소정의 '금융기관의 임·직원이 그 직무에 관하여'라 함은 금융기관의 임·직원이 그 지위에 수반하여 취급하는 일체의 사무를 말하는 것으로서, 그 권한에 속하는 직무행위뿐만 아니라 이에 밀접한 관계가 있는 경우와 그 직무에 관련하여 사실상 처리하고 있는 행위까지도 모두 포함되고, 또한 그 직무가 독립적인 권한에 기한 것이든 상사의 직무를 보조하는 지위에 기한 것이든 구별할 것이 아닌 것이다"(**대판 1994. 3. 22, 93 도 2962**. 同旨, 대판 1989. 7. 25, 89 도 890). 이 판례평석에 관하여는 신동운, 판례백선 형법각론 1, 경세원, 163-5면 참조.

129) 임웅, "수뢰죄의 본질과 구성요건", 고시연구, 1992. 12, 84-5면 참조.

130) 독일의 판례 BGH St 3/145; 11/127; 14/123; 16/37 참조.

회일반인의 인식은 사실 매우 막연한 것이어서 명백히 당해 공무원의 직무에 속하지 않는 사항이 아닌 이상은 대체로 직무와의 관련성이 있겠거니 하고 판단하게 될 것이다. 그렇다면 뇌물죄의 보호법익인 직무행위의 공정성에 대한 '사회일반인'의 신뢰를 보호하기 위해서라도 '직무에 관하여'라고 하는 구성요건을 소극적 공제판단방법에 의하여 폭넓게 해석하는 것이 타당하다고 생각한다.

판례가 "공무원이 그 직무의 대상이 되는 사람으로부터 금품 기타 이익을 받은 때에는 그것이 그 사람이 종전에 공무원으로부터 접대 또는 수수받은 것을 갚는 것으로서 사회상규에 비추어 볼 때에 의례상의 대가에 불과한 것이라고 여겨지거나, 개인적인 친분관계가 있어서 교분상의 필요에 의한 것이라고 명백하게 인정할 수 있는 경우 등 특별한 사정이 없는 한 직무와의 관련성이 없는 것으로 볼 수 없고, 공무원이 직무와 관련하여 금품을 수수하였다면 비록 사교적 의례의 형식을 빌어 금품을 주고 받았다 하더라도 그 수수한 금품은 뇌물이 된다"라고 판시하고 있는 것(대판 2002. 7. 26, 2001 도 6721. 同旨. 대판 2001. 10. 12, 2001 도 3579; 2000. 1. 21, 99 도 4940 등)은 직무와의 관련성을 적극적으로 밝히지 않고 '소극적인 방법'으로 판단하는 태도를 취하는 것으로 이해할 수 있으며, 따라서 '소극적 공제판단방법'에 접근한 것이 아닌가 한다.

'직무'와의 관련성이 있어야 하므로 비록 공무원이 직장에서 근무시간 중에 직무상 취득한 지식과 경험을 이용했다고 하더라도 '사적'(私的) 행위에 대한 대가로서 이익을 취득한 것이라면 수뢰죄는 성립하지 않는다.

공무원이 '전직(轉職)한 후에 전직 전의 직무에 관하여' 뇌물을 받은 경우에도 '직무에 관하여'라는 요건을 충족한다고 볼 것인가의 문제도 전직 전의 직무행위의 공정성에 대한 '사회일반인'의 신뢰가 존재할 수 있고 또 이를 보호할 필요가 있기 때문에 긍정하는 것이 타당하다고 본다(통).[131]

'부정청탁 및 금품 등 수수의 금지에 관한 법률'(청탁금지법: 김영란법) 제22조 제1항 제1호(공직자금품수수죄) 및 제8조 제1항(공직자금품수수금지)은 수수한 금품에 대한 '직무 관련[132] 여부를 구성요건상 명시적으로 배제'하고 있

---

131) 권문택, 7인 공저, 702면; 김성돈, 714면; 김성천, 1319면; 김/서, 832면; 박상기, 644면; 배종대, 826면; 오영근, 906면; 유기천, 하권, 297면; 이재상, 725면; 이형국, 777면; 정/박, 805면; 정영일, 753면; 진/이, 833면.

132) 임상규, "청탁금지법상의 '직무관련성' 개념과 그 문제점", 형사정책, 제29권 제1호, 한국

기 때문에, 직무관련성에 관한 형법상의 해석과 형사소송법상의 입증은 청탁금지법의 적용에 관한 한 아무런 의미가 없게 되었다. 공직자금품수수죄의 성립에 필요한 실행행위는 '금품 등을 받거나 요구 또는 약속'하는 행위로 충분하고, 직무행위가 존재할 필요조차 없다. 공직자금품수수죄는 직무와 무관하게 받았다고 하더라도 소정의 금액을 초과하는 금품을 수수·요구·약속하기만 하면 성립한다.

(다) 수수·요구·약속 수뢰죄가 성립하기 위하여는 뇌물의 수수·요구·약속행위가 있으면 족하고, 공무원이 청탁을 받았느냐의 여부 또 공무원이 직무행위를 했느냐의 여부는 본죄의 성립과 무관하다. 뇌물죄의 미수범처벌규정은 없다.

수수와 약속행위는 증뢰죄에 있어서의 공여와 약속행위에 각각 대응하는 개념이며, 그 결과 서로 필요적 공범관계에 놓이게 된다.

(a) 수 수 '수수'(收受)란 뇌물을 취득하는 행위를 말한다. 뇌물이 유형의 재물인 경우에는 점유의 현실적인 취득이 있을 때, 무형의 이익인 경우에는 현실적인 향수(享受)가 있을 때 수수가 된다. 수수라고 하기 위하여는 행위자에게 '영득의 의사'―자기의 것으로 하겠다는 의사―가 있어야 한다.[133] 판례도 뇌물을 수수한다는 것은 영득의 의사로서 받는 것이라고 한다.[134] 따라서 반환할 의사로 잠시 받아둔 것에 불과하면 수수라고 할 수 없고,[135] 일단 영득의 의사로 받은 것이라면 후일 반환하였다고 하더라도 수수행위가 성립한다.

동일인에 대하여 순차로 뇌물을 요구·약속·수수한 경우에는 포괄하여 1개의 뇌물수수죄만이 성립한다(협의의 포괄적 1죄).

(b) 요 구 '요구'란 뇌물을 취득할 의사로 상대방에게 뇌물의 공여를 청구하는 것이다. 공무원 측의 일방적 청구가 있으면 충분하고, 상대방이 이

형사정책학회, 2017. 4.

133) 권오걸, 1302면; 김성돈, 719면; 김성천, 1324면; 배종대, 830면; 백형구, 643면; 오영근, 918면; 이재상, 729면; 이형국, 782면; 진/이, 843면. 부정설의 입장으로는 김/서, 842면; 정/박, 814면; 정영일, 759면.

134) "뇌물을 수수한다는 것은 영득의 의사로서 받은 것을 말함"(**대판** 1979. 6. 12, 78 도 2125). "영득의 의사로 뇌물을 수수한 것이라면 후일 이를 반환하였다 하더라도 뇌물죄의 성립에는 영향이 없는 것"(대판 1983. 3. 22, 83 도 113. 同旨, 대판 1982. 11. 23, 82 도 1431).

135) "뇌물을 수수한다는 것은 영득의 의사로 받은 것을 말하고, 후일 기회를 보아서 반환할 의사로서 일단 받아둔 데 불과하다면 뇌물의 수수라고 할 수 없다"(대판 1989. 7. 25, 89 도 126).

에 응하였는가는 문제되지 않는다. 또 요구가 있으면 족하고, 상대방의 현실적인 뇌물공여가 없어도 되는 것은 물론이다.

(c) 약 속   '약속'이란 양측 당사자가 뇌물을 수수하기로 합의하는 것을 말한다. 장차 뇌물을 수수하기로 약정하는 것이므로, 객체인 이익이 약속 당시에 현존하거나 가액이 확정될 필요는 없고 후일의 수수(授受)를 예상할 수 있는 것으로 충분하다.

(4) 주관적 구성요건

본죄의 고의는 직무에 관하여 뇌물을 수수·요구 또는 약속하는 것에 대한 인식·인용이다. 행위의 객체가 '뇌물'이라는 것을 인식해야 하므로, 일정한 이익이 '직무와 불법한 대가관계'에 있는 것이라는 인식이 필요하다. 만일 공무원이 직무행위와 대가적 관계에 있는 이익인 줄은 알았지만 의례적인 선물로서 관행상 허용되는 한도 내의 것이라고 오신하여 허용되는 것이라고 생각한 경우에는 '위법성의 착오'($\frac{제16}{조}$)의 문제가 된다.

뇌물을 '수수'하는 경우에는 전술한 바와 같이 '영득의 의사'가 있어야 한다. 자기도 모르는 사이에 금품을 놓고 간 것을 발견하고 연락해서 반환한 경우,[136] 후일 반환할 의사로 일단 받아둔 것에 불과한 경우에는[137] 영득의 의사가 부정된다.

뇌물을 받은 대가로 공무원이 실제로 직무행위를 할 의사가 있었느냐는 본죄의 성립과 관계가 없다.

본죄의 고의에는 공무원 또는 중재자라는 신분에 대한 인식도 필요하다.

3. 죄   수

(1) 수뢰죄와 공갈죄의 관계

공무원이 직무행위와 관련하여 상대방을 협박하여 금품을 교부받은 경우에 수뢰죄와 공갈죄의 성부가 문제된다. 예컨대 경찰관이 불구속수사를 하면서 피의자에게 돈을 가져오지 않으면 구속수사하겠다고 협박하여 돈을 받은 경우이다.

그 죄책은, 사실관계를 검토하여 ① 받은 금품이 직무와 관련성이 있고 또

---

136) 대판 1978. 1. 31, 77 도 3755.
137) 대판 1989. 7. 25, 89 도 126; 1979. 7. 10, 79 도 1314.

한 직무와 대가성이 있다고 인정되며, 직무와 관련시킨 협박행위가 공포심을 일으킬 정도가 되는 경우에는 수뢰죄와 공갈죄의 상상적 경합이 성립하고, ② 피공갈자의 금품제공이 직무와의 관련성 및 대가성이 없지만, 직무와 관련시킨 협박행위가 공포심을 일으킬 정도가 되는 경우에는 공갈죄만 성립한다고 본다. 두 경우 모두 공무원에게 '직무집행의 의사'가 있었느냐의 여부는 묻지 않는다.

수뢰죄는 '공무원이 금품을 받은 대가로 실제로 직무집행을 할 의사가 있었느냐를 불문하고'[138] - 직무집행을 빙자했을 뿐인 때에도 -, 직무와의 관련성 및 대가성이 인정되면 수뢰죄가 성립하기 때문에, 다수설[139] 및 판례가[140] 공무원에게 직무집행의 의사가 있었느냐 없었느냐에 따라 수뢰죄의 성립을 좌우하는 것은 부당하다.

위 ①의 경우, 즉 공무원에게 수뢰죄의 성립이 인정되는 경우에 피공갈자인 상대방에게 '증뢰죄'(제133조)의 죄책을 지울 것인가가 문제된다. 피공갈자의 의사는 비록 외포되어 하자있는 의사라고 하더라도 그 의사에 반한 것이라고 할 수 없는 까닭에 증뢰죄의 성립을 긍정하는 견해가[141] 있으나, 피공갈자의 뇌물제공은 진의에 합치되는 것이라고 볼 수 없기 때문에 증뢰죄의 성립을 부정함이 타당하다. 물론 공무원의 수뢰죄성립이 부정되는 ②의 경우에는 피공갈자의 증뢰죄도 당연히 성립하지 않는다.[142]

(2) 수뢰죄와 사기죄의 관계

공무원이 직무에 관하여 타인을 기망하여 금품을 교부받으면 수뢰죄와 사기죄의 상상적 경합이 성립한다.[143]

---

138) 김성돈, 721면; 김/서, 845면; 배종대, 831면; 이재상, 730면; 정/박, 815면.

139) 강구진, 341면; 박상기, 362면; 배종대, 515면; 이재상, 384면; 이형국, 405면; 정/박, 410면; 진/이, 845면; 황산덕, 314면.

140) "공무원이 직무집행에 빙자하여 타인을 공갈해 재물을 교부케 한 경우에는 공갈죄만 성립한다"(**대판** 1969. 7. 22, 65 **도** 1166).

141) 서일교, 323면; 이재상, 384면.

142) "판결요지: 공무원이 직무집행의 의사없이 또는 직무처리와 대가적 관계없이 타인을 공갈하여 재물을 교부하게 한 경우에는 공갈죄만이 성립하고, 이러한 경우 재물의 교부자가 공무원의 해악의 고지로 인하여 외포의 결과 금품을 제공한 것이라면, 그는 공갈죄의 피해자가 될 것이고 뇌물공여죄는 성립될 수 없다고 하여야 할 것이다"(**대판** 1994. 12. 22, 94 **도** 2528. 同旨, 대판 1966. 4. 6, 66 **도** 12).

143) 대판 1985. 2. 8, 84 도 2625; 1977. 6. 7, 77 도 1069.

(3) 수뢰죄의 연속범

공무원이 자신의 직무와 관련하여 동일한 상대방으로부터 동종의 방법에 의해서 여러 차례 반복하여 수뢰한 경우에는 '연속범'의 성립요건이 갖추어지는 한, 수뢰죄의 포괄적 1죄로 처벌된다. 판례도 이 경우에 포괄1죄의 성립을 긍정한다.[144]

4. 뇌물의 몰수와 추징

(1) 의 의

제134조는 "범인 또는 사정을 아는 제3자가 받은 뇌물 또는 뇌물로 제공하려고 한 금품은 몰수한다. 이를 몰수할 수 없을 경우에는 그 가액을 추징한다"라고 함으로써, '제48조에 대한 특칙'으로 뇌물의 '필요적' 몰수와 추징을 규정하고 있다. 본조의 취지는 뇌물죄의 특성에 비추어 범죄와 관련된 부정한 이익을 보유하지 못하게 하는 데 있다.

(2) 몰수 · 추징의 대상

몰수와 추징의 대상은 범인 또는 사정을 아는 제3자가 받은 뇌물 또는 뇌물로 제공하려고 한 금품이다. 수수한 뇌물에 한하지 않고, 약속에 그쳐서 아직 수수하지 않은 뇌물도 포함하는 점에 특징이 있다.

수뢰죄의 객체인 뇌물은 적어도 '특정'될 수 있는 정도가 되어야만 몰수 또는 추징이 가능하다.[145]

(3) 몰수 · 추징의 상대방

몰수 또는 추징을 누구로부터 해야 할 것인가에 관하여 명문규정이 없으나, 필요적 몰수를 규정한 취지에 비추어 뇌물을 현재 보유하고 있는 자로부터 몰수해야 한다. 따라서 뇌물이 수뢰자의 수중에 있으면 수뢰자로부터, 증뢰자의 수중에 있으면 증뢰자로부터 몰수한다. 뇌물 '자체가' 수뢰자로부터 증뢰자에게 반환된 때에는 증뢰자로부터 몰수 · 추징한다.[146] 그러나 수뢰자가 수뢰

---

144) "수뢰죄에 있어서 단일하고도 계속된 범의 아래 동종의 범행을 일정기간 반복하여 행하고 그 피해법익도 동일한 것이라면, 돈을 받은 일자가 상당한 기간에 걸쳐 있고, 돈을 받은 일자 사이에 상당한 기간이 끼어 있다 하더라도, 각 범행을 통틀어 포괄일죄로 볼 것이다"(**대판 2000. 1. 21, 99 도 4940.** 同旨, 대판 1978. 12. 13, 78 도 2545).

145) "뇌물로 약속된 위 승용차대금 명목의 금품은 특정되지 않아 이를 몰수할 수 없었으므로 그 가액을 추징할 수 없는 것"(대판 1996. 5. 8, 96 도 221).

146) "[판결요지] 몰수 · 추징은 수뢰자가 뇌물을 그대로 보관하다가 증뢰자에게 반환한 때에는 증뢰자로부터 할 것이지, 수뢰자로부터 할 것은 아니다"(대판 2020. 6. 11, 2020 도 2883. 同旨,

한 뇌물을 소비한 후 같은 금액을 증뢰자에게 반환하거나,[147] 수뢰한 돈을 은행에 예치한 후 같은 금액의 돈을 증뢰자에게 반환한 경우에는[148] 수뢰자로부터 추징해야 한다. 수뢰한 돈을 같이 근무하는 직원들의 숙식비·차량운영비 등으로 소비했더라도 수뢰자로부터 가액을 추징한다.[149]

공무원이 수수한 뇌물의 전부 또는 일부를 다시 다른 공무원(제2수뢰자)에게 공여(증뢰)한 때에는 제1수뢰자로부터 추징해야 한다는 견해와[150] 제2수뢰자에게서 몰수하고 제1수뢰자로부터는 잔액만 추징해야 한다는 견해가[151] 대립하고 있다. 수뢰한 뇌물을 다른 공무원에게 공여하는 것도 수뢰한 뇌물을 소비하는 한 가지 방법이므로, 제1수뢰자로부터 추징해야 한다는 전자의 견해가 타당하다고 본다(판례[152]).

(4) 몰수·추징의 방법

여러 사람이 공동하여 뇌물을 수수한 때에는 각자가 실제로 수수한 금품을 몰수하거나 그 가액을 개별적으로 추징해야 하며, 수수한 뇌물을 함께 소비했거나 분배액을 알 수 없는 경우에는 평등하게 추징해야 한다.[153]

대판 1984. 2. 28, 83 도 2783).

147) 대판 1986. 10. 14, 86 도 1189; 1984. 2. 14, 83 도 2871.

148) "뇌물로 받은 돈을 은행에 예금한 경우 그 예금행위는 뇌물의 처분행위에 해당한다 할 것이므로 그 후 수뢰자가 같은 액수의 돈을 증뢰자에게 반환하였다 하더라도 이를 뇌물 자체의 반환이라고 볼 수 없으므로, 이러한 경우에는 수뢰자로부터 그 가액을 추징하여야 할 것"(대판 1985. 9. 10, 85 도 1350).

149) "피고인이 수수한 뇌물 중에서 그 후에 이를 소비하는 방법으로 다른 사람에게 피고인의 비위사실을 무마하여 달라는 취지에서 이를 제공한 것이 있다거나 또는 피고인과 같이 공무에 종사하는 자들을 위한 숙식비나 차량운영비에 충당한 사실이 있다고 하더라도 피고인이 수수한 뇌물인 이상, 피고인으로부터 이를 추징하는 것"(대판 1970. 12. 22, 70 도 2250).

150) 김성돈, 722면; 김성천, 1329면; 김/서, 838면; 배종대, 841면; 서일교, 322면; 오영근, 923면; 이재상, 731면; 이형국, 845면; 정/박, 810면; 진/이, 839면.

151) 남흥우, 365면; 유기천, 하권, 301면; 황산덕, 52면.

152) "피고인들이 각 뇌물로 받은 돈을 그 후 다른 사람에게 뇌물로 공여하였다 하더라도 그 수뢰의 주체는 어디까지나 각 피고인들이고 그 수뢰한 돈을 다른 사람에게 공여한 것은 수뢰한 돈을 소비하는 방법에 지나지 아니하므로, 피고인들로부터 그 수뢰액 전부를 각 추징한 원심의 조치는 정당하고"(**대판 1986. 11. 25, 86 도 1951.** 同旨, 대판 1982. 6. 22, 81 도 2459).

153) 대판 1975. 4. 22, 73 도 1963. "판결요지: 피고인이 증뢰자와 함께 향응을 하고 증뢰자가 이에 소요되는 금원을 지출한 경우, 이에 관한 피고인의 수뢰액을 인정함에 있어서는 먼저 피고인의 접대에 요한 비용과 증뢰자가 소비한 비용을 가려내어 전자의 액수를 가지고 피고인의 수뢰액으로 하여야 하고, 만일 각자에 요한 비용액이 불명일 때에는 이를 평등하게 분할한 액을 가지고 피고인의 수뢰액으로 인정하여야 할 것이고, 피고인이 향응을 제공받는 자리에 피고인 스스로 제3자를 초대하여 함께 접대를 받은 경우에는, 그 제3자가 피고인과는 별도의 지위에서 접대를 받는 공무원이라는 등의 특별한 사정이 없는 한, 그 제3자의 접대에 요한 비용도 피고인의 접

뇌물의 전부 또는 일부를 몰수할 수 없을 경우에는 그 가액을 추징한다.[154] 몰수할 수 없게 된 이유는 불문한다. 추징의 전제인 '몰수할 수 없을 경우'란 향응·서비스와 같은 비재산적 이익을 제공받은 경우뿐만 아니라, 금품을 수수한 후에 소비·멸실·가공 등으로 그 존재 또는 동일성이 상실되거나 선의의 제3자에게 소유권이 이전되어 몰수가 불가능한 경우를 포함한다. 다만 비재산적 이익을 제공받은 경우에 추징이 가능하려면 적어도 금전적 가치로 평가할 수 있는 정도에 이르러야 한다.

(5) 추징가액 산정기준

뇌물의 추징가액의 산정기준에 대하여는 ① 뇌물수수시의 가액을 기준으로 해야 한다는 견해,[155] ② 판결선고시를 기준으로 해야 한다는 견해,[156] ③ 몰수할 수 없게 된 사유가 발생한 때를 기준으로 해야 한다는 견해(다수설)[157] 등이 대립하고 있다. 제134조의 취지가 범인으로 하여금 부정한 이익을 보유하지 못하게 하는 데 있는 것이고, 추징은 몰수에 대신하는 것이라는 점에서 다수설이 타당하다고 본다. 판례는 판결선고시의 가액을 기준으로 해야 한다는 입장이다.[158]

대에 요한 비용에 포함시켜 피고인의 수뢰액으로 보아야 한다"(**대판** 2001. 10. 12, 99 도 5294).

154) '금품의 무상대여'를 통한 뇌물 취득의 경우 추징할 대상 및 추징가액 산정 방법에 관하여, 대법원은 다음과 같이 판시하고 있다. 즉, "형법 제134조의 규정에 의한 필요적 몰수 또는 추징은 같은 법 제129조 내지 133조를 위반한 자에게 제공되거나 공여될 금품 기타 재산상 이익을 박탈하여 그들로 하여금 부정한 이익을 보유하지 못하게 함에 그 목적이 있다. 금품의 무상대여를 통하여 위법한 재산상 이익을 취득한 경우 범인이 받은 부정한 이익은 그로 인한 금융이익 상당액이라 할 것이므로 추징의 대상이 되는 것은 무상으로 대여받은 금품 그 자체가 아니라 위 금융이익 상당액이라고 봄이 상당하다. 한편 여기에서 추징의 대상이 되는 금융이익 상당액은 객관적으로 산정되어야 할 것인데, 범인이 금융기관으로부터 대출받는 등 통상적인 방법으로 자금을 차용하였을 경우 부담하게 될 대출이율을 기준으로 하거나 그 대출이율을 알 수 없는 경우에는 금품을 제공받은 피고인의 지위에 따라 민법 또는 상법에서 규정하고 있는 법정이율을 기준으로 하여, 변제기나 지연손해금에 관한 약정이 가장되어 무효라고 볼 만한 사정이 없는 한 금품수수일로부터 약정된 변제기까지 금품을 무이자로 차용하여 얻은 금융이익의 수액을 산정한 뒤 이를 추징하여야 한다(대법원 2008. 9. 25. 선고 2008도2590 판결 참조). 나아가 그와 같이 약정된 변제기가 없는 경우에는, 판결 선고일 전에 실제로 차용금을 변제하였다거나 대여자의 변제 요구에 의하여 변제기가 도래하였다는 등의 특별한 사정이 없는 한, 금품수수일로부터 판결선고시까지 금품을 무이자로 차용하여 얻은 금융이익의 수액을 산정한 뒤 이를 추징하여야 할 것"(대판 2014. 5. 16, 2014 도 1547).

155) 권문택, 7인 공저, 710면; 황산덕, 53면.

156) 김성돈, 723면; 김/서, 839면; 이정원, 710면; 진/이, 840면.

157) 권오걸, 1295면; 김성천, 1330면; 박상기, 647면; 배종대, 842면; 서일교, 321면; 오영근, 924면; 유기천, 하권, 301면; 이재상, 732면; 정/박, 811면.

158) "[판결요지] 몰수는 범죄에 의한 이득을 박탈하는 데 그 취지가 있고, 추징도 이러한 몰수의 취지를 관철하기 위한 것인 점 등에 비추어 볼 때, 몰수할 수 없는 때에 추징하여야 할 가

(6) 공무원범죄에 관한 몰수 특례법

'공무원범죄에 관한 몰수 특례법'은 몰수의 대상이 되는 불법재산을 수뢰 행위로 얻은 '불법수익'에 국한하지 아니하고 '불법수익에서 유래한 재산'에까 지 확대하며($\frac{제2조}{제3조}$), 몰수할 수 없는 불법재산은 범인 및 범인 외의 자(그 정황 을 알고 취득한 경우)를 상대로 그 가액을 추징하도록 규정하고 있다($\frac{제6조, 제9}{조의 2}$).

5. 형 벌

5년 이하의 징역 또는 10년 이하의 자격정지에 처한다. '특정범죄가중처벌 등에 관한 법률'은 뇌물의 가액(수뢰액)이 1억원 이상인 경우에는 무기 또는 10년 이상의 징역, 5천만원 이상 1억원 미만인 경우에는 7년 이상의 유기징역, 3천만원 이상 5천만원 미만인 경우에는 5년 이상의 유기징역에 처하도록 하 는 가중처벌규정을 두고 있다($\frac{제2}{조}$). 공무원이 '정치자금법'을 위반하여 정치자 금을 받은 경우에는 동법 제45조의 범죄와 수뢰죄의 상상적 경합이 성립한다.

Ⅲ. 사전수뢰죄

<u>제129조 제2항</u> "공무원 또는 중재인이 될 자가 그 담당할 직무에 관하여 청탁을 받고 뇌물을 수수, 요구 또는 약속한 후 공무원 또는 중재인이 된 때에는 3년 이하 의 징역 또는 7년 이하의 자격정지에 처한다."

1. 의의, 성격

본죄는 "공무원 또는 중재인이 될 자가 그 담당할 직무에 관하여 청탁을 받고 뇌물을 수수·요구 또는 약속한 후 공무원 또는 중재인이 된 때에 처벌 되는 범죄"이다. 본죄는 공무원으로 취임하기 '전의' 수뢰행위를 처벌하기 위 한 것이다. 단순수뢰죄에 대한 불법감경유형이다.

2. 구성요건

본죄는 공무원 또는 중재인이 될 자가 그 담당할 직무에 관하여 청탁을 받

액은 범인이 그 물건을 보유하고 있다가 몰수의 선고를 받았더라면 잃었을 이득상당액을 의미한 다고 보아야 하므로, 다른 특별한 사정이 없는 한 그 가액산정은 재판선고시의 가격을 기준으로 하여야 한다"(대판 2020. 6. 11, 2020 도 2883).

고 뇌물을 수수·요구 또는 약속함으로써 성립하지만, 그 '처벌'은 공무원 또는 중재인이 되었을 때에 가능하다. 즉 공무원 또는 중재인이 '되는 것'은 구성요건요소가 아니라, '객관적 처벌조건'으로 해석된다(통설).[159]

(1) 행위의 주체

행위의 주체는 공무원 또는 중재인이 될 자이다. 공무원 또는 중재인이 될 것으로 예정되어 있는 자를 뜻한다. 예컨대 국회의원당선자가 여기에 해당한다.

(2) 실행행위

실행행위는 그 담당할 직무에 관하여 청탁을 받고 뇌물을 수수·요구 또는 약속하는 것이다. '청탁'이란 일정한 직무행위를 할 것을 부탁하는 것이다. 직무행위가 부정할 것을 요하지 않는다.[160] 작위·부작위를 불문한다. '청탁을 받고'란 일정한 직무행위를 해 줄 것을 부탁받아 이에 응하기로 약속하고라는 뜻이다.

본죄는 공무원·중재인이 될 자가 뇌물을 수수·요구·약속함으로써 성립한다.

Ⅳ. 제3자뇌물제공죄

제130조 [제3자뇌물제공] "공무원 또는 중재인이 그 직무에 관하여 부정한 청탁을 받고 제3자에게 뇌물을 공여하게 하거나 공여를 요구 또는 약속한 때에는 5년 이하의 징역 또는 10년 이하의 자격정지에 처한다."

1. 의의, 성격

본죄는 "공무원 또는 중재인이 그 직무에 관하여 부정한 청탁을 받고 제3자에게 뇌물을 공여하게 하거나 공여를 요구·약속함으로써 성립하는 범죄"이다. 본죄는 본인이 직접 수뢰하지 아니하고 제3자에게 증뢰하게 함으로써 간접적으로 수뢰하는 행위를 처벌하기 위한 것이다(간접수뢰).[161] 간접수뢰를

---

159) 권오걸, 1309면; 김성돈, 723면; 김성천, 1331면; 김/서, 848면; 박상기, 651면; 배종대, 832면; 백형구, 645면; 서일교, 325면; 오영근, 926면; 이재상, 733면; 이정원, 702면; 이형국, 787-8면; 정/박, 816면; 정영석, 52면; 정영일, 763면; 진/이, 846면.

160) 대판 1999. 7. 23, 99 도 1911.

161) 권문택, 주석 각칙 상, 117면; 권오걸, 1311면; 김/서, 849면; 백형구, 647면; 이형국, 788면; 정/박, 819면.

인정하지 않으면서 본죄를 수뢰죄의 일종으로 보는 견해도 있다.[162]

2. 구성요건

구성요건은 공무원 또는 중재인이 그 직무에 관하여 부정한 청탁을 받고 제 3자에게 뇌물을 공여하게 하거나 공여를 요구·약속하는 것이다. 본죄에 있어서 '제3자'란 본인과 공동정범자[163] 및 본인에 준하는 가족을 제외한 자를 말한다.[164] [165] 본인의 처 등 '가족'에게 공여하게 함으로써 가족이 뇌물을 수수한 경우에는 공무원에게 본죄가 아니라 단순수뢰죄($\frac{제129조}{제1항}$)의 죄책을 지움이 타당하다. 물론 이 때 공무원의 가족은 단순수뢰죄의 공범이 될 수 있다.

더욱 나아가 가족뿐만 아니라, 공무원의 심부름꾼 또는 대리인이 뇌물을

---

162) 김성돈, 725면; 김성천, 1332면; 배종대, 833면; 오영근, 926면; 유기천, 하권, 295면; 이재상, 734면; 이정원, 703면; 진/이, 847면.

163) "판결이유: 신분관계가 없는 사람이 신분관계로 인하여 성립될 범죄에 가공한 경우에는 신분관계가 있는 사람과 공범이 성립한다(형법 제33조 본문 참조). 이 경우 신분관계가 없는 사람에게 공동가공의 의사와 이에 기초한 기능적 행위지배를 통한 범죄의 실행이라는 주관적·객관적 요건이 충족되면 공동정범으로 처벌한다. 공동가공의 의사는 공동의 의사로 특정한 범죄행위를 하기 위하여 일체가 되어 서로 다른 사람의 행위를 이용하여 자기의 의사를 실행에 옮기는 것을 내용으로 한다. 따라서 비공무원이 공무원과 공동가공의 의사와 이를 기초로 한 기능적 행위지배를 통하여 공무원의 직무에 관하여 뇌물을 수수하는 범죄를 실행하였다면 공무원이 직접 뇌물을 받은 것과 동일하게 평가할 수 있으므로 공무원과 비공무원에게 형법 제129조 제1항에서 정한 뇌물수수죄의 공동정범이 성립한다. 형법은 제130조에서 제129조 제1항 뇌물수수죄와는 별도로 공무원이 그 직무에 관하여 뇌물공여자로 하여금 제3자에게 뇌물을 공여하게 한 경우에는 부정한 청탁을 받고 그와 같은 행위를 한 때에 뇌물수수죄와 법정형이 동일한 제3자뇌물수수죄로 처벌하고 있다. 제3자뇌물수수죄에서 뇌물을 받는 제3자가 뇌물임을 인식할 것을 요건으로 하지 않는다. 그러나 위에서 본 것처럼 공무원이 뇌물공여자로 하여금 공무원과 뇌물수수죄의 공동정범 관계에 있는 비공무원에게 뇌물을 공여하게 한 경우에는 공동정범의 성질상 공무원 자신에게 뇌물을 공여하게 한 것으로 볼 수 있다. 공무원과 공동정범 관계에 있는 비공무원은 제3자 뇌물수수죄에서 말하는 제3자가 될 수 없고, 공무원과 공동정범 관계에 있는 비공무원이 뇌물을 받은 경우에는 공무원과 함께 뇌물수수죄의 공동정범이 성립하고 제3자뇌물수수죄는 성립하지 않는다"(대판 2019. 8. 29, 2018 도 2738-전원합의체).

164) 권문택, 7인 공저, 703면; 권오걸, 1311면; 김성돈, 725-6면; 김성천, 1333면; 김/서, 849면; 백형구, 647면; 유기천, 하권, 295면; 이재상, 734면; 이형국, 789면; 정/박, 820면; 진/이, 848면. BGH St 35/128. Lackner, StGB, §331, Rn. 6.

165) "공무원이 뇌물공여자로 하여금 공무원과 뇌물수수죄의 공동정범 관계에 있는 비공무원에게 뇌물을 공여하게 한 경우에는 공동정범의 성질상 공무원 자신에게 뇌물을 공여하게 한 것으로 볼 수 있다. 공무원과 공동정범 관계에 있는 비공무원은 제3자뇌물수수죄에서 말하는 제3자가 될 수 없고, 공무원과 공동정범 관계에 있는 비공무원이 뇌물을 받은 경우에는 공무원과 함께 뇌물수수죄의 공동정범이 성립하고, 제3자뇌물수수죄는 성립하지 않는다"(대판 2019. 8. 29, 2018 도 13792-전원합의체).

수수하는 등 사회통념상 공무원 본인이 직접 수수한 것과 동일시할 수 있는 경우에
도 단순수뢰죄를 구성한다고 보아야 한다(^판_례).¹⁶⁶⁾ 본죄는 단순수뢰죄와 달리 '부
정한 청탁을 받을 것'을 구성요건으로 규정하고 있기 때문에 이러한 해석이
불가피하다고 하겠다.

본죄의 교사범과 방조범은 제3자에 포함될 수 있다.¹⁶⁷⁾

뇌물을 수수하는 제3자가 본죄의 주체인 공무원과 어떠한 (이해)관계에 있
느냐는 불문한다.

본죄는 공무원 또는 중재인이 그 직무에 관하여 부정한 청탁을 받는 것을
구성요건으로 한다. 부정한 청탁을 요건으로 하지 않는 사전수뢰죄와 구별된
다. '부정한 청탁'은 위법뿐만 아니라 부당한 것도 포함한다.

본죄는 제3자에게 뇌물을 공여하게 함으로써 또는 제3자에게 공여를 요
구·약속함으로써 성립한다. 제3자가 뇌물을 현실적으로 수수할 것을 요하지
않으며, 또 제3자가 그 정을 알고 있느냐의 여부도 본죄의 성립과 무관하다.

V. 수뢰후부정처사죄

<u>제131조 [수뢰후 부정처사, 사후수뢰] 제1항</u> "공무원 또는 중재인이 전 2조의 죄
를 범하여 부정한 행위를 한 때에는 1년 이상의 유기징역에 처한다."

1. 의의, 성격

본죄는 "공무원 또는 중재인이 단순수뢰죄·사전수뢰죄·제3자뇌물제공

---

166) "공무원이 직접 뇌물을 받지 아니하고, 증뢰자로 하여금 다른 사람에게 뇌물을 공여하도
록 하고 그 다른 사람으로 하여금 뇌물을 받도록 한 경우라 할지라도, 그 다른 사람이 공무원의
사자 또는 대리인으로서 뇌물을 받은 경우나 그밖에 예컨대 평소 공무원이 그 다른 사람의 생활
비 등을 부담하고 있었다거나 혹은 그 다른 사람에 대하여 채무를 부담하고 있었다는 등의 사정
이 있어서 그 다른 사람이 뇌물을 받음으로써 공무원은 그만큼 지출을 면하게 되는 경우 등 사회
통념상 그 다른 사람이 뇌물을 받은 것을 공무원이 직접 받은 것과 같이 평가할 수 있는 관계가 있
는 경우에는 형법 제129조 제1항의 단순수뢰죄가 성립할 것이다"(**대판** 1998. 9. 22, 98 **도** 1234.
同旨, 대판 2004. 3. 26, 2003 도 8077; 2002. 4. 9, 2001 도 7056).
167) "판결요지: 제3자뇌물수수죄에서 제3자란 행위자와 공동정범 이외의 사람을 말하고, 교
사자나 방조자도 포함될 수 있다. 그러므로 공무원 또는 중재인이 부정한 청탁을 받고 제3자에게
뇌물을 제공하게 하고 제3자가 그러한 공무원 또는 중재인의 범죄행위를 알면서 방조한 경우에
는 그에 대한 별도의 처벌규정이 없더라도 방조범에 관한 형법총칙의 규정이 적용되어 제3자뇌
물수수방조죄가 인정될 수 있다"(대판 2017. 3. 15, 2016 도 19659).

죄를 범하여 부정한 행위를 함으로써 성립하는 범죄"이다. 공무원이 수뢰한 후에 더욱 나아가 부정한 행위를 함으로써 직무행위의 순수성(공정성)을 침해하였기 때문에 불법이 가중되는 유형이다. 본죄는 〈수뢰행위＋부정행위〉의 형식으로 결합되어 있는 '결합범'이다.

2. 구성요건

구성요건은 공무원 또는 중재인이 단순수뢰죄·사전수뢰죄·제3자뇌물제공죄를 범하여 부정한 행위를 하는 것이다. '부정한 행위'란 직무에 위배하는 일체의 행위를 말한다. 위법한 행위 이외에 부당한 행위를 포함하고, 작위·부작위를 불문한다. 직무에 위배하는 행위는 직무 자체뿐만 아니라 직무와 관련된 행위도 포함한다. 단순수뢰죄·사전수뢰죄·제3자뇌물제공죄와 본죄의 관계는 법조경합 중 특별관계에 있으므로, 예컨대 뇌물을 수수한 후 부정한 행위를 하면 수뢰후부정처사죄만이 성립한다.

공무원이 동일인으로부터 반복적으로 뇌물을 수수하던 중에 부정한 행위를 하면, 부정한 행위 전후의 여러 뇌물수수행위와 부정한 행위는 수뢰후부정처사죄의 포괄1죄로 처벌된다.[168]

불법한 인·허가처분을 해주는 것, 세금을 면탈·감액시켜 주는 행위, 피의자신문조서의 일부를 파기·소각하는 행위, 구속된 피의자가 도주하는 것을 묵인하는 행위 등이 부정한 행위에 해당한다. 부정한 행위가 허위공문서작성죄($\frac{제227}{조}$),[169] 공용서류무효죄($\frac{제141조}{제1항}$) 또는 간수자도주원조죄($\frac{제148}{조}$)를 구성하는 때에는 본죄는 허위공문서작성죄·공용서류무효죄·간수자도주원조죄와 상상적 경합관계에 선다.

뇌물의 수수·요구·약속과 부정한 행위 사이에는 불법한 대가관계가 필요하다.

---

168) "판결이유: 단일하고도 계속된 범의 아래 일정 기간 반복하여 일련의 뇌물수수행위와 부정한 행위가 행하여졌고, 그 뇌물수수행위와 부정한 행위 사이에 인과관계가 인정되며 피해법익도 동일하다면, 최후의 부정한 행위 이후에 저질러진 뇌물수수행위도 최후의 부정한 행위 이전의 뇌물수수행위 및 부정한 행위와 함께 수뢰후부정처사죄의 포괄일죄로 처벌함이 타당하다"(대판 2021. 2. 4, 2020 도 12103).

169) "판결요지: 예비군 중대장이 그 소속예비군으로부터 금원을 교부받고 그 예비군이 예비군훈련에 불참하였음에도 불구하고 참석한 것처럼 허위내용의 중대학급편성명부를 작성·행사한 경우라면, 수뢰후 부정처사죄 외에 별도로 허위공문서작성 및 동행사죄가 성립하고, 이들 죄와 수뢰후 부정처사죄는 각각 상상적 경합관계에 있다"(대판 1983. 7. 26, 83 도 1378).

3. 형   벌

1년 이상의 유기징역에 처한다. 10년 이하의 자격정지를 병과할 수 있다 $\left(\substack{\text{제131조} \\ \text{제4항}}\right)$.

Ⅵ. 사후수뢰죄

<u>제131조 제2항</u> "공무원 또는 중재인이 그 직무상 부정한 행위를 한 후 뇌물을 수수, 요구 또는 약속하거나 제3자에게 이를 공여하게 하거나 공여를 요구 또는 약속한 때에도 전항의 형과 같다."
<u>제3항</u> "공무원 또는 중재인이었던 자가 그 재직 중에 청탁을 받고 직무상 부정한 행위를 한 후 뇌물을 수수, 요구 또는 약속한 때에는 5년 이하의 징역 또는 10년 이하의 자격정지에 처한다."

1. 의의, 성격

사후수뢰죄란 "공무원 또는 중재인이 직무상 부정행위를 한 후에 수뢰하거나 제3자에게 증뢰하게 하는 경우($\substack{\text{제}2 \\ \text{항}}$)와 공무원 또는 중재인이었던 자가 재직 중에 청탁을 받고 직무상 부정행위를 한 후 퇴직해서 수뢰하는 경우($\substack{\text{제}3 \\ \text{항}}$)에 성립하는 범죄"이다. 부정행위와 부정행위 후의 수뢰행위가 결합하여 형이 가중되는 범죄유형이다. 따라서 본죄는 '결합범'이다.

2. 구성요건

사후수뢰죄는 제2항과 제3항의 두 가지 구성요건으로 규정되어 있다.
제2항의 구성요건은 공무원 또는 중재인이 그 직무상 부정한 행위를 한 후 뇌물을 수수·요구 또는 약속하거나 제3자에게 이를 공여하게 하거나 공여를 요구 또는 약속하는 것이다. 현재 공무원·중재인의 지위에 있는 자가 먼저 부정행위를 하고 그 후에 수뢰행위를 한다는 점〈부정행위 + 수뢰행위의 결합〉에서 수뢰후부정처사죄($\substack{\text{제}1 \\ \text{항}}$)와 비교하여 결합의 순서가 역으로 되어 있을 뿐이다. 따라서 두 범죄의 법정형은 동일하다.
제3항의 구성요건은 공무원 또는 중재인이었던 자가 그 재직 중에 청탁을 받고 직무상 부정한 행위를 한 후 뇌물을 수수, 요구 또는 약속하는 것이다.

부정행위를 한 후 퇴직해서 수뢰하는 것을 처벌하고자 하는 구성요건이다. 따라서 본 구성요건은 〈재직시의 부정행위＋퇴직 후의 수뢰행위〉의 결합형식이다. '퇴직 후'의 수뢰이므로 그 형벌은 5년 이하의 징역 또는 10년 이하의 자격정지로 낮아져 있다. 재직 중에 부정행위를 하고 '전직한' 후에 수뢰한 경우에는 제2항에 해당한다.

Ⅶ. 알선수뢰죄

<u>제132조 [알선수뢰]</u> "공무원이 그 지위를 이용하여 다른 공무원의 직무에 속한 사항의 알선에 관하여 뇌물을 수수, 요구 또는 약속한 때에는 3년 이하의 징역 또는 7년 이하의 자격정지에 처한다."

1. 의의, 성격

본죄는 "공무원이 그 지위를 이용하여 다른 공무원의 직무에 속한 사항의 알선에 관하여 뇌물을 수수·요구 또는 약속함으로써 성립하는 범죄"이다. 본죄의 취지는 공무원이 자신의 지위나 영향력을 이용하여 다른 공무원의 직무에 관한 사항을 알선하고 수뢰함으로써 간접적으로 직무행위의 공정성을 해하는 행위를 방지하고자 함에 있다. 본죄도 직무행위의 불가매수성과 직무의 공정성에 대한 사회일반인의 신뢰를 보호법익으로 한다는 점에서 수뢰죄와 본질이 같다.

2. 구성요건

본죄의 구성요건은 공무원이 그 지위를 이용하여 다른 공무원의 직무에 속한 사항의 알선에 관하여 뇌물을 수수·요구 또는 약속하는 것이다.

(1) 행위의 주체

행위의 주체는 공무원이다. 본죄에서의 공무원은 구성요건이 '그 지위를 이용하여'라고 규정한 점으로 보아 직무를 처리하는 공무원과 직무상 직접·간접의 연관을 가지고 법률상 또는 사실상 영향을 미칠 수 있는 지위에 있는 공무원일 것을 요한다고 제한해석하는 견해가 있다(다수설[170] 및 판례[171]). 그러나

---

170) 권오걸, 1320면; 김성돈, 729면; 김성천, 1336면; 김/서, 854면; 배종대, 835면; 백형구, 647면; 오영근, 933면; 이재상, 737면; 이정원, 706면; 이형국, 792면; 정/박, 825면; 정영일, 770

뇌물범죄 중에서 '정실형(情實型) 수뢰'가 큰 비중을 차지하는 우리나라에서 알선수뢰죄는 관료사회의 연고(緣故)관계로 행해지는 수가 많으며, 하급공무원이 상급공무원의 직무에 속한 사항을 알선수뢰하는 것도 얼마든지 가능하므로 공무원의 지위를 제한해석할 이유는 없다고 생각한다.[172]

(2) 실행행위

실행행위는 지위를 이용하여 다른 공무원의 직무에 속한 사항의 알선에 관하여 뇌물을 수수·요구·약속하는 것이다.

'지위를 이용하여'란 공무원으로서의 신분에 있음을 이용하여라는 정도로 넓게 해석하여야 한다. 다만 판례는 이것만으로는 부족하고 다른 공무원이 취급하는 업무처리에 법률상 또는 사실상 영향을 줄 수 있는 공무원이 그 지위를 이용하는 경우로 제한하고 있다.[173]

지위를 이용하는 공무원이 알선대상인 공무원에게 임면권을 갖고 있거나 압력을 가할 수 있는 법적 관계에 있거나 상하관계·협동관계·감독권한 등이 있을 것을 요하지 않는다.[174] 그러나 최소한 '공무원의 지위의 이용행위'가 있어야 하므로 공무원이라고 하더라도 사적인 관계를 이용하여 개인자격으로 부탁하는 것은 본죄에 해당하지 않는다.

면: 진/이, 854면.

171) "형법 제132조에 규정한 알선수뢰죄의 성립요건 중에 '공무원이 그 지위를 이용하여'라 함은 공무원의 종류와 직위의 여하를 불문하고 공무원의 신분만 있으면 당해 직무를 처리하는 다른 공무원과 아무런 관계가 없어도 이 범죄의 주체가 된다고 보기는 어렵고, 적어도 당해 직무를 처리하는 공무원과 직무상 직접·간접의 연관관계를 가지고 법률상이거나 사실상이거나를 막론하고 어떠한 영향력을 미칠 수 있는 지위에 있는 공무원이라야 이 범죄의 주체가 될 수 있다고 해석함이 상당하다"(**대판** 1982. 6. 8, 82 도 403. 同旨, 대판 1973. 2. 13, 66 도 403).

172) 비슷한 견해로 박상기, 655면. 이러한 관점에서 알선수뢰죄의 성립을 부정한 다음 대법원 판결은 비판의 소지가 있다. "피고인 문병○은 당시 위 순천지청 검찰사무주무(검찰주사)로서 위 임제○ 등 5인의 관세법위반 피의사건의 수사사무를 담당하였던 검사 김성○에게 직무상 어떠한 연관관계를 가지고 법률상 또는 사실상 어떤 영향력을 미칠 수 있는 지위에 있었다고도 보기 어렵다 할 것"(대판 1982. 6. 8, 82 도 403).

173) "형법 제132조 소정의 알선수뢰죄에 있어서 '공무원이 그 지위를 이용하여'라고 함은 친구, 친족관계 등 사적인 관계를 이용하는 경우이거나 단순히 공무원으로서의 신분이 있다는 것만을 이용하는 경우에는 여기에 해당한다고 볼 수 없으나, 다른 공무원이 취급하는 업무처리에 법률상이거나 사실상으로 영향을 줄 수 있는 공무원이 그 지위를 이용하는 경우에는 여기에 해당하고, 그 사이에 반드시 상하관계, 협동관계, 감독권한 등의 특수한 관계에 있거나 같은 부서에 근무할 것을 요하는 것은 아니라고 할 것"(대판 1994. 10. 21, 94 도 852. 同旨, 대판 2001. 10. 12, 99 도 5294; 1993. 7. 13, 93 도 1056).

174) 대판 2001. 10. 12, 99 도 5294; 1993. 7. 13, 93 도 1056; 1992. 5. 8, 92 도 532; 1971. 3. 31, 70 도 2743.

'다른 공무원의 직무에 속한 사항'이라는 요건에 있어서 알선의 상대방인 다른 공무원이나 그 직무의 내용이 구체적으로 특정될 필요는 없다.[175]

'알선'이란 다른 공무원이 일정한 직무행위를 하도록 매개·주선하는 것을 말한다. 알선의 수단·방법에 특별한 제한은 없다. 명함에 '선처를 바랍니다' 라고 기재하는 것도 알선에 해당할 수 있다. 알선하고자 하는 직무행위는 정당한 행위이든 부정한 행위이든 불문한다.[176] 본죄의 구성요건은 '알선에 관하여'라고 규정하고 있으므로 '알선행위를 하고 수뢰하는 것'뿐만 아니라 '장차 알선하기로 약속하고 수뢰하는 것'도 알선수뢰죄를 구성한다고 해석된다. 즉 본죄가 성립하기 위하여 현실적으로 알선행위가 있을 필요는 없다.[177]

알선수뢰한 금품 중 일부를 알선대상인 다른 공무원에게 증뢰한 때에는 본죄와 증뢰죄의 실체적 경합범이 성립한다.

3. 형   벌

3년 이하의 징역 또는 7년 이하의 자격정지에 처한다.

4. 비공무원의 알선수재죄의 처벌

'특정범죄가중처벌 등에 관한 법률' 제3조는 행위자가 비공무원이라고 하더라도 "공무원의 직무에 속한 사항의 알선에 관하여 금품이나 이익을 수수·요구 또는 약속한 사람은 5년 이하의 징역 또는 1천만원 이하의 벌금"에 처하

---

175) "판결이유: 형법 제132조에서 말하는 '다른 공무원의 직무에 속한 사항의 알선에 관하여 뇌물을 수수한다'라고 함은, 다른 공무원의 직무에 속한 사항을 알선한다는 명목으로 뇌물을 수수하는 행위로서 반드시 알선의 상대방인 다른 공무원이나 그 직무의 내용을 구체적으로 특정할 필요까지는 없다. 알선행위는 장래의 것이라도 무방하므로, 뇌물을 수수할 당시 상대방에게 알선에 의하여 해결을 도모하여야 할 현안이 반드시 존재하여야 할 필요는 없지만, 알선뇌물수수죄가 성립하려면 알선할 사항이 다른 공무원의 직무에 속하는 사항으로서 뇌물수수의 명목이 그 사항의 알선에 관련된 것임이 어느 정도는 구체적으로 나타나야 한다. 단지 상대방으로 하여금 뇌물을 수수하는 자에게 잘 보이면 어떤 도움을 받을 수 있다거나 손해를 입을 염려가 없다는 정도의 막연한 기대감을 갖게 하는 정도에 불과하고, 뇌물을 수수하는 자 역시 상대방이 그러한 기대감을 가질 것이라고 짐작하면서 수수하였다는 사정만으로는 알선뇌물수수죄가 성립하지 않는다"(대판 2017. 12. 22, 2017 도 12346).
176) "알선수뢰죄에 있어서 '다른 공무원의 직무에 속한 사항의 알선행위'는 그 공무원의 직무에 속하는 사항에 관한 것이면 되는 것이지, 그것이 반드시 부정행위라거나 그 직무에 관하여 결재권한이나 최종결정권한을 갖고 있어야 하는 것도 아니라고 할 것"(대판 1992. 5. 8, 92 도 532).
177) 대판 2017. 1. 12, 2016 도 15470. 권오걸, 1323면; 김성돈, 731면; 김/서, 856면; 박상기, 655면; 배종대, 837면; 백형구, 648면; 유기천, 하권, 298면; 이재상, 738면; 이형국, 792면; 정/박, 827면; 진/이, 856면.

는 '알선수재죄'를 규정하고 있다. 또 '특정경제범죄가중처벌 등에 관한 법률'
제7조는 "금융회사 등의 임·직원의 직무에 속한 사항의 알선에 관하여 금품
이나 그 밖의 이익을 수수·요구 또는 약속한 사람 또는 제3자에게 이를 공여
하게 하거나 공여하게 할 것을 요구 또는 약속한 사람은 5년 이하의 징역 또
는 5천만원 이하의 벌금에 처한다"고 함으로써, 역시 '알선수재죄'를 규정하고
있다.

알선수'재'죄의 특징은 ① 행위의 주체를 한정하지 않음으로써 비공무원도
범할 수 있다는 점과 ② 알선수'뢰'죄에서의 '지위를 이용하여'와 같은 구성요
건이 없으므로 공무원이라도 지위의 이용행위가 없으면 알선수재죄를 구성하
게 된다는 점에 있다.

알선수뢰죄에 비하여 알선수재죄의 구성요건이 보다 더 포괄적이고 법정
형이 상대적으로 중하기는 하지만, 알선수뢰죄는 직무범죄인 점과 특가법상
뇌물가액에 따라 가중처벌하는 규정(제2조)이 있는 점 그리고 알선수뢰죄에는
자격정지의 형이 규정되어 있는 점 등에 비추어 보아, 공무원이 그 지위를 이
용한 알선수뢰죄를 범한 경우에 알선수뢰죄와 특가법상의 알선수재죄의 상상
적 경합이 성립한다고 생각한다.[178]

5. 변호사법 제111조

변호사법 제111조는 "공무원이 취급하는 사건 또는 사무에 관하여 청탁
또는 알선을 한다는 명목으로 금품·향응 그 밖의 이익을 받거나 받을 것을
약속한 자 또는 제3자에게 이를 공여하게 하거나 공여하게 할 것을 약속한
자"를 5년 이하의 징역 또는 1천만원 이하의 벌금에 처하거나 이를 병과할 수
있도록 규정하고 있다.

이 벌칙규정은 행위의 주체에 제한을 두지 않으므로 비공무원이 범할 수도
있다. 비공무원 또는 공무원이 범한 변호사법 제111조의 범죄가 특가법상의
알선수재죄 또는 형법상의 알선수뢰죄에도 해당하는 경우에는 이들 범죄는
상상적 경합관계에 선다고 본다.[179] [180]

────────────

178) 특가법상의 알선수재죄가 형법상의 알선수뢰죄에 대하여 특별법의 지위에 있다는 견해로
는 김용세, 앞의 글, 93면.
179) 다만 판례는 변호사법위반의 범죄가 성립하는 경우에는 형법상의 알선수뢰죄 내지 증뢰
물전달죄는 성립할 여지가 없다는 입장을 취하고 있다. "공무원이 취급하는 사무에 관한 청탁을

Ⅷ. 증 뢰 죄

제133조 [뇌물공여 등] 제1항 "제129조부터 제132조까지에 기재한 뇌물을 약속, 공여 또는 공여의 의사를 표시한 자는 5년 이하의 징역 또는 2천만원 이하의 벌금 에 처한다."

1. 의의, 성격

증뢰죄는 "뇌물을 약속·공여 또는 공여의 의사를 표시함으로써 성립하는 범죄"이다. 본죄는 비공무원이 공무원의 수뢰행위를 방조·교사하는 공범적 성 격의 행위를 독립된 범죄유형으로 규정한 것이다.[181] 증뢰죄는 수뢰죄에 대응하 는 범죄로서 '비신분범'이다.

2. 구성요건

본죄의 구성요건은 뇌물을 약속·공여 또는 공여의 의사를 표시하는 것이다.

(1) 행위의 주체

행위의 주체는 제한이 없다. 비공무원은 물론, 공무원도 다른 공무원에게 증뢰할 수 있으므로 본죄의 주체가 될 수 있다.

(2) 실행행위

실행행위는 (뇌물을) 약속, 공여 또는 공여의 의사표시이다. '약속'이란 장 차 뇌물을 주고 받기로 합의하는 것을 말한다. 상대방인 공무원의 요구에 수 동적으로 응락하는 경우도 있고, 능동적으로 먼저 뇌물공여의 의사표시를 하 고 이에 상대방이 응락하는 경우도 있다. '공여'란 뇌물을 제공하여 상대방으 로 하여금 그 뇌물을 수수하도록 하는 것이다.[182] '공여의 의사표시'란 상대방

받고, 청탁상대방인 공무원에게 제공할 금품을 받아 그 공무원에게 단순히 전달한 경우와는 달 리, 자기자신의 이득을 취하기 위하여 공무원이 취급하는 사건 또는 사무에 관하여 변호사법 제 78조 제1호(현행 변호사법 제111조－저자 註)의 위반죄가 성립되고, 이와 같은 경우 알선수뢰죄 나 증뢰물전달죄는 성립할 여지가 없다"(대판 1986. 3. 25, 85 도 436. 同旨, 대판 1983. 3. 9, 81 도 2765; 1976. 12. 24, 76 도 3391 등).

180) 변호사법 제111조의 범죄는 형법상의 알선수뢰죄에 대하여 특별법의 지위에 있다는 견해 로는 김용세, 앞의 글, 93면.

181) 김성돈, 733면; 김/서, 857면; 배종대, 839면; 오영근, 937; 유기천, 하권, 298면; 이재상, 739면; 이형국, 793면; 정/박, 828면; 정영일, 775면; 진/이, 859면.

182) "판결요지: 배임수재자가 배임증재자에게서 그가 무상으로 빌려준 물건을 인도받아 사용

에게 뇌물을 제공하겠다는 의사를 일방적으로 표시하는 것이다. 의사표시의 방법에는 제한이 없으므로 구두 또는 서면에 의하거나, 명시적 또는 묵시적이거나를 불문한다.

증뢰죄의 행위태양 중 약속과 공여는 수뢰죄의 행위태양 중 약속과 수수에 대응하는 것으로서, 상호간에 필요적 공범관계에 있다. 그러나 공여의 의사표시는 일방적인 것이므로 수뢰죄와는 별개의 독립된 범죄를 구성한다.

뇌물을 약속 또는 뇌물공여의 의사표시를 한 후에 실제로 뇌물을 공여한 때에는 뇌물공여죄의 포괄1죄가 성립한다.

증뢰죄의 구성요건에는 '직무에 관하여'라는 문언이 명시되어 있지 않지만, 증뢰자의 입장에서도 공무원의 직무에 대한 대가로 증뢰하는 것이 당연할 것이므로 뇌물개념의 해석에 있어서 '직무와의 관련성 내지 대가성'을 개념요소로 해야 한다(당연해석).[183] 판례도 같은 취지이다.[184]

3. 형   벌

5년 이하의 징역 또는 2천만원 이하의 벌금에 처한다.

IX. 제3자증뢰물교부죄(증뢰물전달죄)

<u>제133조 제2항</u> "제1항의 행위에 제공할 목적으로 제3자에게 금품을 교부한 자 또

하고 있던 중에 공무원이 된 경우, 그 사실을 알게 된 배임증재자가 배임수재자에게 앞으로 물건은 공무원의 직무에 관하여 빌려주는 것이라고 하면서 뇌물공여의 뜻을 밝히고 물건을 계속하여 배임수재자가 사용할 수 있는 상태로 두더라도, 처음에 배임증재로 무상 대여할 당시에 정한 사용기간을 추가로 연장해 주는 등 새로운 이익을 제공한 것으로 평가할 만한 사정이 없다면, 이는 종전에 이미 제공한 이익을 나중에 와서 뇌물로 하겠다는 것에 불과할 뿐 새롭게 뇌물로 제공되는 이익이 없어 뇌물공여죄가 성립하지 않는다"(대판 2015. 10. 15, 2015 도 6232).

183) 김성돈, 733면; 김/서, 858면; 배종대, 839면; 백형구, 650면; 서일교, 330면; 오영근, 938면; 이재상, 740면; 이형국, 794면; 정/박, 829면; 진/이, 860면.

184) "증뢰죄의 판시에 있어서 죄로 될 사실의 적시는 공무원의 직무 중 개개의 직무행위에 대한 대가관계에 있는 사실까지를 판시할 필요는 없다 할지라도 적어도 공무원의 어떠한 직무권한의 범위에 관한 것인가에 대하여는 구체적으로 판시할 필요가 있다"(**대판 1982. 9. 28, 80 도 2309.** 同旨, 대판 1971. 3. 9, 69 도 693). "뇌물공여죄에 있어서 '직무에 관하여'라 함은 당해 공무원이 그 지위에 수반하여 공무로서 취급하는 일체의 사무를 말하는 것으로서, 그 권한에 속하는 직무행위뿐만 아니라 이에 밀접한 관계가 있는 경우와 그 직무에 관련하여 사실상 처리하고 있는 행위까지도 포함된다"(대판 1987. 11. 24, 87 도 1463. 同旨, 대판 1985. 2. 8, 84 도 2625; 1983. 7. 26, 82 도 1208).

는 그 사정을 알면서 금품을 교부받은 제3자도 제1항의 형에 처한다."

본죄는 "증뢰행위에 제공할 목적으로 제3자에게 금품을 교부하거나 그 사정을 알면서 교부를 받음으로써 성립하는 범죄"이다. 교부의 경우에는 '목적범'으로 규정되어 있다. 또 금품을 교부한 자와 그 사정을 알면서 교부받은 자는 '필요적 공범' 중 '대향범'의 관계에 있다.

본죄는 제3자에게 증뢰용 금품을 교부함으로써 또는 제3자가 증뢰용 금품이라는 것을 알면서 교부받음으로써 즉시 성립한다. 제3자가 교부받은 금품을 후에 수뢰할 공무원에게 전달했는가는 본죄의 성립에 영향이 없다.[185]

본죄에 있어서 '제3자'의 의미는 제3자뇌물제공죄($^{제130}_{조}$)에서와 같다.

---

185) "제3자의 증뢰물전달죄는 제3자가 증뢰자로부터 교부받은 금품을 수뢰할 사람에게 전달하였는지의 여부에 관계없이 제3자가 그 정을 알면서 금품을 교부받음으로써 성립하는 것이며(대법원 1985. 1. 22. 선고 84도1033 판결 참조), 나아가 제3자가 그 교부받은 금품을 수뢰할 사람에게 전달하였다고 하여 증뢰물전달죄 외에 별도로 뇌물공여죄가 성립하는 것은 아니라고 보아야 할 것이다"(**대판 1997. 9. 5, 97 도 1572**).

제7장 공무방해에 관한 죄

제1절 개 설

Ⅰ. 의의, 보호법익

공무방해에 관한 죄는 "국가 또는 공공기관이 행사하는 기능을 방해하는 범죄"이다. 본죄는 국가기능으로서의 공무를 보호하려는 데 그 취지가 있다. 공무원의 직무에 관한 죄가 공무원에 '의하여' 범해지는 직무상의 범죄임에 반하여, 공무방해에 관한 죄는 공무를 집행하는 공무원에 '대하여' 범해지는 일반인의 범죄이다.

공무방해에 관한 죄의 보호법익은 널리 '국가의 기능'이라고 할 수 있고, 보다 구체적으로는 '공무'이다($\frac{통}{설}$). 공무 그 자체 이외에 '공무원의 지위'도 보호되는 것이 아닌가 하고 생각해 볼 수 있으나, 공무원의 지위가 보호되는 것은 공무원에 의해 수행되는 공무를 보호함에 의하여 반사적으로 보호되는 효과에 불과하다.[1][2] 공무방해에 관한 죄에 있어서 '행위의 객체'는 공무를 수행하는 '공무원'이지만, '보호의 객체'(보호법익)는 공무원에 의해 수행되는 '공무'이다. 공무방해죄에 있어서는 행위의 객체와 보호의 객체를 구별할 필요가 있다.

법익보호의 정도는 '추상적 위험범'이다.[3]

---

1) 권오걸, 1333면; 김성돈, 736면; 박상기, 659면; 손동권, 779면; 오영근, 940면; 유기천, 하권, 307면; 이재상, 741면; 이정원, 710면; 이형국, 795면; 정/박, 834면; 정영일, 782면; 진/이, 864면.

2) 다만 후술하는 바와 같이 직무강요죄(제136조 제2항)에 있어서는 공무 이외에 공무원의 지위도 보호법익이 된다.

3) 김성돈, 736면; 김/서, 863면; 박상기, 659면; 백형구, 587면; 오영근, 940면; 이정원, 710면; 정/박, 834면; 정영일, 781면; 진/이, 864면. 구체적 위험범이라는 견해로는 권오걸, 1333면; 배종대, 844면.

Ⅱ. 공무방해에 관한 죄의 체계

공무방해에 관한 죄의 기본유형은 공무집행방해죄($^{제136조}_{제1항}$)이다. 직무강요죄
($^{제136조}_{제2항}$)와 위계에 의한 공무집행방해죄($^{제137}_{조}$)는 행위방법으로 인한 수정유형
이다.

법정·국회회의장모욕죄($^{제138}_{조}$), 인권옹호직무방해죄($^{제139}_{조}$), 공무상 비밀표시
무효죄($^{제140}_{조}$), 부동산강제집행효용침해죄($^{제140조}_{의 2}$), 공용서류 등 무효죄($^{제141조}_{제1항}$),
공용물파괴죄($^{제141조}_{제2항}$) 및 공무상 보관물무효죄($^{제142}_{조}$)는 행위의 객체 또는 행위
방법이 달라짐에 따라 '특수한 공무'를 보호법익으로 하고 있는 독립된 범죄
유형이다. 특수공무방해죄($^{제144조}_{제1항}$)는 행위방법으로 인한 불법가중유형이고, 특
수공무방해치사상죄($^{제144조}_{제2항}$)는 특수공무방해죄에 대한 결과적 가중유형이다.
공무상 비밀표시무효죄, 부동산강제집행효용침해죄, 공용서류 등 무효죄, 공
용물파괴죄 및 공무상 보관물무효죄의 미수범은 처벌한다($^{제143}_{조}$).

법정모욕죄($^{제138}_{조}$)는 사법권의 독립을 보장하기 위하여 법원의 권한으로 규
정되어 있는 법정경찰권($^{법원조직법}_{제61조}$)과 그 입법목적이 중복된다. 그리고 인권옹호
직무방해죄($^{제139}_{조}$)는 그 입법목적을 행정법상의 징계처분으로 충분히 달성할
수 있다고 보아, 형법에서 삭제하자는 주장이 제기되고 있다.[4]

제 2 절   개별적 범죄유형

Ⅰ. 공무집행방해죄

제136조 [공무집행방해] 제1항 "직무를 집행하는 공무원에 대하여 폭행 또는 협
박한 자는 5년 이하의 징역 또는 1천만원 이하의 벌금에 처한다."

---

4) 권오걸, 1369면; 김성천, 1355면; 박상기, 668면; 유기천, 하권, 306면; 이재상, 742면; 이정
원, 723면; 정/박, 855면; 진/이, 865면.

1. 의의, 보호법익

본죄는 "직무를 집행하는 공무원에 대하여 폭행 또는 협박을 함으로써 성립하는 범죄"이다. 본죄는 공무방해에 관한 죄의 기본유형이다. 본죄의 보호법익은 '공무'이고, 보호의 정도는 '추상적 위험범'이다(통설·).[5]

2. 구성요건

본죄의 구성요건은 직무를 집행하는 공무원에 대하여 폭행 또는 협박하는 것이다.

(1) 행위의 주체

주체에는 제한이 없다. 직무집행의 상대방일 필요는 없고, 직무집행과 무관한 제3자도 주체가 될 수 있다. 그리고 다른 공무원도 본죄의 주체가 될 수 있다.

(2) 행위의 객체

행위의 객체는 직무를 집행하는 공무원이다.

(가) **공무원**   '공무원'이란 법령에 근거하여 국가 또는 지방자치단체 및 이에 준하는 공법인의 사무에 종사하는 자를 말한다. 청원경찰은 공무원에 속한다(청원경찰법 제3조 참조).[6] 외국의 공무원은 객체에서 제외된다.

(나) **직무집행**   '직무를 집행하는'이라 함은 '공무원이 직무상 취급할 수 있는 사무를 행하고 있는'이란 뜻이다. '직무'란 공무원이 지위와 권한에 따라 법령에 근거하여 처리하는 사무를 말한다. 반드시 강제력을 행사하는 사무일 필요는 없다(다수).[7] 우리 형법은 구성요건상 직무집행의 내용에 아무런 제한을 두고 있지 않기 때문에 강제력을 행사하는 권력작용에 한정할 이유가 없다. '집행'이란 공무원이 그 직무에 속하는 사무를 처리하는 일체의 행위를 말한다. 사람에 대한 것이든 물건에 대한 것이든 불문하고, 또 내부적 사무처리도 포함한다. 따라서 하부직원에 대하여 감독사무를 집행하는 공무원도 본죄의 객체가 된다.

---

5) 대판 2018. 3. 29, 2017 도 21537.
6) 대판 1986. 1. 28, 85 도 2448.
7) 권오걸, 1335면; 김석휘, 주석 각칙 상, 129면; 김성돈, 738면; 김성천, 1341면; 박상기, 660면; 배종대, 846면; 오영근, 942면; 유기천, 하권, 308면; 이재상, 743면; 이정원, 713면; 이형국, 800면; 정/박, 835면; 정영일, 783면; 진/이, 866면. 반대설은 김/서, 865면.

'집행하는'이란 방해행위가 있는 시점에 구체적으로 직무를 집행하고 있음을 의미한다. 시간적으로 보아 직무집행을 개시하여 종료하기 전까지를 말한다.[8] 그러나 직무집행과 밀접한 관련이 있으면, 직무집행 직전의 준비행위 및 직무시간 중에 정해진 자리에 앉아 있거나[9] 대기 중인 경우,[10] 직무집행이 종료한 직후도[11] 직무집행에 해당한다. 그러나 직무집행이 장차 예상되는 것만으로는 부족하다. 따라서 직무집행을 위하여 출근하는 공무원을 폭행하는 것은 본죄를 구성하지 않는다.[12] 직무집행을 종료한 공무원에 대한 폭행도 본죄를 구성하지 않는다.

(다) 직무집행의 적법성

(a) 의 의   우리 형법은 공무원의 직무집행이 '적법'할 것을 명시하고 있지 않다. 이에 비하여 독일형법(제113조 제3항)은 공무원의 직무집행이 '적법'(rechtmäßig)하지 않을 경우에 공무집행방해를 불가벌로 규정하고 있고, 오스트리

---

8) "형법 제136조 제1항 소정의 공무집행방해죄에 있어서 '직무를 집행하는'이라 함은 공무원이 직무수행에 필요한 행위를 현실적으로 행하고 있는 때만을 가리키는 것이 아니라 공무원이 직무수행을 위하여 근무 중인 상태를 포괄한다 할 것"(대판 1999. 9. 21, 99 도 383).

9) "과장이 때마침 어떠한 구체적 사무를 현실적으로 집행 중에 있지 않다 할지라도 소정 집무시간 중 과장이 그의 정석에 착석하고 있는 이상, 의연 감독사무집행 중에 있다고 해석함이 타당하므로, 이에 대하여 폭행을 가한 경우에 있어서는 공무원집행방해죄가 성립한다"(대결 1957. 3. 29, 4290 형상 48).

10) "판결요지: 공무집행방해죄에서 '직무를 집행하는'이라 함은 공무원이 직무수행에 직접 필요한 행위를 현실적으로 행하고 있는 때만을 가리키는 것이 아니라, 공무원이 직무수행을 위하여 근무중인 상태에 있는 때를 포괄하고, 직무의 성질에 따라서는 그 직무수행의 과정을 개별적으로 분리하여 부분적으로 각각의 개시와 종료를 논하는 것이 부적절하고, 여러 종류의 행위를 포괄하여 일련의 직무수행으로 파악함이 상당한 경우가 있으며, 나아가 현실적으로 구체적인 업무를 처리하고 있지는 않다 하더라도 자기 자리에 앉아 있는 것만으로도 업무의 집행으로 볼 수 있을 때에는 역시 직무집행 중에 있는 것으로 보아야 하고, 직무 자체의 성질이 부단히 대기하고 있을 것을 필요로 하는 것일 때에는 대기 자체를 곧 직무행위로 보아야 할 경우도 있다. 노동조합관계자들과 사용자측 사이의 다툼을 수습하려 하였으나 노동조합측이 따르지 않자, 경비실 밖으로 나와 회사의 노사분규 동향을 파악하거나 파악하기 위해 대기 또는 준비 중이던 근로감독관을 폭행한 행위는 공무집행방해죄를 구성한다"(대판 2002. 4. 12, 2000 도 3485).

11) "판결요지: 공무집행방해죄에 있어서 '직무를 집행하는'이라 함은 공무원이 직무수행에 직접 필요한 행위를 현실적으로 행하고 있는 때만을 가리키는 것이 아니라, 공무원이 직무수행을 위하여 근무중인 상태에 있는 때를 포괄한다 할 것이고, 직무의 성질에 따라서는 그 직무수행의 과정을 개별적으로 분리하여 부분적으로 각각의 개시와 종료를 논하는 것이 부적절하고, 여러 종류의 행위를 포괄하여 일련의 직무수행으로 파악함이 상당한 경우가 있다. 불법주차 차량에 불법주차 스티커를 붙였다가 이를 다시 떼어 낸 직후에 있는 주차단속 공무원을 폭행한 경우, 폭행 당시 주차단속 공무원은 일련의 직무수행을 위하여 근무중인 상태에 있었다고 보아야 하므로 공무집행방해죄가 성립한다"(대판 1999. 9. 21, 99 도 383).

12) **대판 1979. 7. 24, 79 도 1201.**

아형법($\substack{제269조\\제4항}$)은 공무원이 직무를 집행할 '정당한 권한'(berechtigt)이 없는 경우에 공무집행방해를 처벌하지 않는다고 규정하고 있다.

명문규정이 없는 우리 형법의 해석에 있어서도 통설[13] 및 판례는[14] 직무집행의 '적법성'을 공무집행방해죄의 요건으로 파악하고 있다. 불법인 공무집행에 대한 저항행위(폭행·협박 등)는 '정당방위'로서 허용되며(판례[15]), 따라서 공무집행방해죄가 성립하지 않는다.[16]

(b) 적법성의 요건　　직무집행의 적법성은, ① 직무행위가 당해 공무원의 추상적·일반적 권한범위 내에 속할 것, ② 당해 공무원이 직무를 집행할 구체적 권한을 갖고 있을 것, ③ 직무행위가 법정의 절차와 방식을 따를 것이라는 세 가지를 그 요건으로 한다.[17] 판례도 이러한 요건을 제시하고 있다.[18] 이들 요건을

---

13) 권오걸, 1337면; 김석휘, 주석 각칙 상, 132면; 김성돈, 738면; 김성천, 1342면; 김/서, 866면; 박상기, 660면; 배종대, 846면; 백형구, 588면; 서일교, 333면; 오영근, 944면; 이완규, "공무집행방해죄에 있어서 직무집행의 적법성", 형사판례연구(3), 237면 이하; 이재상, 744면; 이정원, 715면; 이형국, 801면; 정/박, 837면; 정영석, 59면; 정영일, 784면; 진/이, 867면; 황산덕, 63면.

14) "형법 제136조가 규정하는 공무집행방해죄는 공무원의 직무집행이 적법한 경우에 한하여 성립한다"(**대판 2017. 9. 21, 2017 도 10866**. 同旨, 대판 1994. 9. 27, 94 도 886; 1994. 3. 11, 93 도 958; 1992. 5. 22, 92 도 506; 1976. 7. 19, 76 도 2703 등).

15) "김○○ 등의 행위는 앞서 본 바와 같이 이미 적법한 공무집행을 벗어나 피고인을 불법하게 체포한 것으로 볼 수밖에 없으므로, 피고인이 그 체포를 면하려고 반항하는 과정에서 그들에게 상해를 가한 것은 이러한 불법체포로 인한 신체에 대한 현재의 부당한 침해에서 벗어나기 위한 행위로서 정당방위에 해당하여 위법성이 조각된다"(**대판 2000. 7. 4, 99 도 4341**. 同旨, 대판 2002. 5. 10, 2001 도 300; 1999. 12. 28, 98 도 138). "판결요지: 형법 제136조가 규정하는 공무집행방해죄는 공무원의 직무집행이 적법한 경우에 한하여 성립한다. 이때 적법한 공무집행은 그 행위가 공무원의 추상적 권한에 속할 뿐 아니라 구체적 직무집행에 관한 법률상 요건과 방식을 갖춘 경우를 가리킨다. 경찰관이 적법절차를 준수하지 않은 채 실력으로 피의자를 체포하려고 하였다면 적법한 공무집행이라고 할 수 없다. 그리고 경찰관의 체포행위가 적법한 공무집행을 벗어나 불법하게 체포한 것으로 볼 수밖에 없다면, 피의자가 그 체포를 면하려고 반항하는 과정에서 경찰관에게 상해를 가한 것은 불법체포로 인한 신체에 대한 현재의 부당한 침해에서 벗어나기 위한 행위로서 정당방위에 해당하여 위법성이 조각된다. 경찰관들이 체포영장을 소지하고 메트암페타민(일명 필로폰) 투약 등 혐의로 피고인을 체포하려고 하자, 피고인이 이에 거세게 저항하는 과정에서 경찰관들에게 상해를 가하였다고 하여 공무집행방해 및 상해의 공소사실로 기소된 사안에서, 피고인이 경찰관들과 마주하자마자 도망가려는 태도를 보이거나 먼저 폭력을 행사하며 대항한 바 없는 등 경찰관들이 체포를 위한 실력행사에 나아가기 전에 체포영장을 제시하고 미란다 원칙을 고지할 여유가 있었음에도, 애초부터 미란다 원칙을 체포 후에 고지할 생각으로 먼저 체포행위에 나선 행위는 적법한 공무집행이라고 보기 어렵다는 등의 이유로 피고인에게 정당방위의 성립을 인정하여 무죄를 선고한 원심판단이 정당하다"(대판 2017. 9. 21, 2017 도 10866).

16) 권오걸, 1338면; 박상기, 660면; 배종대, 847면; 백형구, 589면; 오영근, 944면; 이재상, 745면; 정/박, 837면.

17) 권오걸, 1339면; 김성돈, 739면; 김/서, 867면; 박상기, 661면; 배종대, 847면; 오영근,

분설하자면 다음과 같다.

(aa) 추상적·일반적 권한범위　　　공무원의 직무권한의 범위는 사물적(事物的)·장소적·대인적(對人的)으로 정해져 있다. 따라서 이 범위를 넘어서는 직무집행은 적법한 직무집행이 아니다. 예컨대 경찰관은 조세징수권한이 없고, 군수사관은 민간인의 일반범죄에 대한 수사권한이 없다. 다만 내부적 분담에 의하여 구분된 직무의 전체는 추상적 직무권한에 속한다.

(bb) 구체적 권한　　　당해 공무원이 직무를 집행할 구체적 권한을 갖고 있어야 한다는 것은 구체적 직무집행이 '법령이 정한 요건'을 구비해야 한다는 의미이다. 예컨대 사법경찰관은 피의자를 체포할 추상적·일반적 권한이 있지만, 우연히 목격하게 된 피의자를 영장없이 긴급체포하고자 하는 경우에는 긴급체포의 요건($^{형소법 제200}_{조의 3 제1항}$)을 갖춘 경우에만 가능하고, 이 요건이 구비되지 않으면 적법한 공무집행이 아니라 불법체포가 된다. 또 경찰관직무집행법상 경찰관은 불법집회·시위를 제지할 추상적·일반적 권한이 있지만, 특정지역(예: 서울)에서 불법집회·시위가 개최될 것이 예상된다고 하더라도 이와 시간적·장소적으로 근접하지 않은 다른 지역(예: 광주)에서 그 집회·시위에 참가하기 위하여 출발 또는 이동하는 행위를 함부로 제지하는 것은 공무집행방해죄의 보호대상이 되는 공무원의 적법한 직무집행에 포함될 수 없다.[19]

판례에 따르면, 현행범인이라 하더라도 영장없이 체포할 수 없는 경미사건($^{형소법}_{제214조}$)에서 동행을 거절하는 사람을 강제로 연행하려는 경우,[20] 교통경찰관이 운전면허증제시요구에 응하지 않는 사람을 교통초소로 강제연행하려는 경

944-6면; 이재상, 744-6면; 이형국, 803-5면; 정/박, 838-9면; 진/이, 867-9면.

18) "공무집행방해죄는 공무원의 적법한 공무집행이 전제가 되고, 그 공무집행이 적법하기 위하여는 그 행위가 당해 공무원의 추상적인 직무권한에 속할 뿐 아니라 구체적으로도 그 권한 내에 있어야 하며, 또한 직무행위로서의 중요한 방식을 갖추어야 한다"(**대판** 2002. 4. 12, 2000 **도** 3485. 同旨, 대판 2024. 7. 25, 2023 도 16951; 2022. 3. 17, 2021 도 13883; 1994. 9. 27, 94 도 886; 1991. 5. 10, 91 도 453).

19) "비록 장차 특정 지역에서 구 집회 및 시위에 관한 법률에 의하여 금지되어 그 주최 또는 참가행위가 형사처벌의 대상이 되는 위법한 집회·시위가 개최될 것이 예상된다고 하더라도, 이와 시간적·장소적으로 근접하지 않은 다른 지역에서 그 집회·시위에 참가하기 위하여 출발 또는 이동하는 행위를 함부로 제지하는 것은 경찰관직무집행법 제6조 제1항에 의한 행정상 즉시강제인 경찰관의 제지의 범위를 명백히 넘어서는 것이어서 허용될 수 없으므로, 이러한 제지 행위는 공무집행방해죄의 보호대상이 되는 공무원의 적법한 직무집행에 포함될 수 없다"(대판 2009. 6. 11, 2009 도 2114).

20) 대판 1992. 5. 22, 92 도 506.

우,[21] 법정형이 긴급체포사유에 해당하지 않는 범죄의 혐의로 기소중지된 사람을 경찰관이 강제연행하려는 경우[22] 등에 있어서, 그 연행은 적법한 공무집행이라고 볼 수 없으므로 연행을 제지하기 위하여 경찰관에게 폭행한 경우에도 공무집행방해죄를 구성하지 않는다고 한다.

음주측정을 위하여 하차를 요구받은 운전자가 차량에서 내리자마자 도주한 경우에 운전자를 추격하여 도주를 제지한 경찰관의 행위는 정당한 직무집행에 해당한다.[23]

(cc) **법정의 절차와 방식**   당해 공무원의 구체적 직무집행은 '법정의 절차와 방식'을 준수해야 한다. 예컨대 사법경찰관이 피의자를 구속할 때에는 구속영장을 발부받아($\frac{형소법}{제201조}$), 이를 제시하고($\frac{동 제209조.}{제85조}$), 범죄사실의 요지와 변호인선임권을 고지($\frac{동 제209조.}{제87조}$)하는 등 형사소송법이 정하는 절차에 따라야 한다.[24] 이 절차를 위반한 피의자구속은 적법한 공무집행이 아니라 불법구속이 된다. 사법경찰관이 벌금형에 따르는 노역장 유치를 집행하기 위하여 구인하려면, 검사로부터 발부받은 형집행장을 상대방에게 제시하여야 한다.[25]

법정의 절차와 방식이라고 하더라도 사소한 것일 경우[26] 또는 훈시규정에

---

21) 대판 1992. 2. 11, 91 도 2797.

22) 대판 1991. 5. 10, 91 도 453.

23) "판결요지: 음주운전 신고를 받고 출동한 경찰관이 만취한 상태로 시동이 걸린 차량 운전석에 앉아있는 피고인을 발견하고 음주측정을 위해 하차를 요구함으로써 도로교통법 제44조 제2항이 정한 음주측정에 관한 직무에 착수하였다고 할 것이고, 피고인이 차량을 운전하지 않았다고 다투자 경찰관이 지구대로 가서 차량 블랙박스를 확인하자고 한 것은 음주측정에 관한 직무 중 '운전' 여부 확인을 위한 임의동행 요구에 해당하고, 피고인이 차량에서 내리자마자 도주한 것을 임의동행 요구에 대한 거부로 보더라도, 경찰관이 음주측정에 관한 직무를 계속하기 위하여 피고인을 추격하여 도주를 제지한 것은 앞서 본 바와 같이 도로교통법상 음주측정에 관한 일련의 직무집행 과정에서 이루어진 행위로서 정당한 직무집행에 해당한다"(대판 2020. 8. 20, 2020 도 7193).

24) "피의자를 구속영장없이 현행범으로 체포하든지 긴급구속하기 위하여는(헌법 제12조 제3항 단서, 형사소송법 제212조, 제206조), 체포 또는 긴급구속 당시에 헌법 및 형사소송법에 규정된 바와 같이 피의자에 대하여 범죄사실의 요지, 체포 또는 구속의 이유와 변호인을 선임할 수 있음을 말하고 변명할 기회를 준 후가 아니면 체포 또는 긴급구속할 수 없다고 할 것인데(헌법 제12조 제5항, 형사소송법 제213조의 2, 제209조, 제72조, 당원 1993. 11. 23. 선고 93다35155 판결 참조), 기록에 의하면…이러한 절차가 준수되었다고 볼 아무런 자료가 없으므로, 피고인을 적법하게 현행범으로 체포하거나 긴급구속한 것이라고 볼 수는 없고"(대판 1994. 3. 11, 93 도 958. 同旨, 대판 1994. 10. 25, 94 도 2283).

25) 대판 2010. 10. 14, 2010 도 8591.

26) 권오걸, 1338면; 김/서, 868면; 박상기, 661면; 배종대, 848면; 오영근, 946면; 유기천, 하권, 310면; 이재상, 746면; 이정원, 717면; 이형국, 804면; 진/이, 869면.

불과한 경우에는[27] 이에 위반한 직무집행을 불법이라고 할 수는 없다.

상관의 명령이 적법성의 요건을 구비하지 못한 위법한 명령인 경우에, 이 명령에 따른 부하공무원의 직무집행은 당연히 위법하다고 해야 한다(통설).[28] 상관의 위법한 명령에는 부하가 법적으로 복종할 의무가 없다.[29]

(c) **적법성의 판단기준과 판단시점** 직무집행의 적법성을 판단하는 기준으로는 ① '법원이' 법령을 해석하여 적법 여부를 판단할 것이라는 객관설(통설),[30] ② 직무를 집행하는 '공무원이' 적법하다고 믿었는가 또는 성실한 검토의무를 다하여 그 적법함을 믿었는가에 따른다는 주관설,[31] ③ 주관적·객관적 기준을 모두 고려해야 한다는 절충설,[32] ④ 일반인의 입장에서 공무원의 직무집행으로 인정할 수 있으면 적법한 것으로 보아야 한다는 일반인표준설 등이 있다.[33]

주관설은 공무원의 판단-오판일 수도 있다-에 의하여 공무집행방해죄의 성립이 좌우될 위험성이 있고, 절충설은 판단기준이 불안정하며, 일반인표준설은 법령을 모르는 일반인이 직무집행의 외관만을 보고 적법 여부를 판단하게 되는 것이므로 그 정확성에 문제점이 있다. 따라서 '객관설'이 타당하다고 본다. 또한 객관설은 당해 공무원으로 하여금 직무집행의 적법성을 신중히 준수하도록 촉구·경고하는 장점이 있다.

직무집행의 적법성 여부에 대한 판단시점은 법원에 의한 재판시(재판시표준설)가 아니라 '공무집행 당시'를 기준으로 판단해야 한다는 '행위시표준설'이 타당하다.[34]

(d) **적법성의 체계적 지위** 직무집행의 적법성의 체계적 지위에 관하여

---

27) 김/서, 868면; 오영근, 946면; 이형국, 804면; 정/박, 839면; 진/이, 869면.

28) 김봉태, 7인 공저, 604면; 김/서, 869면; 배종대, 851면; 백형구, 589면; 서일교, 334면; 오영근, 947면; 이재상, 748면; 이형국, 806면; 정/박, 841면; 정영석, 60면; 진/이, 870면.

29) 군형법 제44조 참조.

30) 권오걸, 1339면; 김봉태, 7인 공저, 622면; 김석휘, 주석 각칙 상, 140면; 김성돈, 740면; 김/서, 869면; 박상기, 662면; 배종대, 851면; 백형구, 588면; 서일교, 334면; 오영근, 947면; 이재상, 748면; 이형국, 805면; 정/박, 840면; 정영일, 786면; 진/이, 870면.

31) Dreher/Tröndle, StGB, §113 Rn. 13.

32) 유기천, 하권, 311면.

33) 대결 1961. 8. 26, 4293 형상 852.

34) "어떠한 공무집행이 적법한지 여부는 행위 당시의 구체적 상황에 기하여 객관적·합리적으로 판단하여야 하고, 사후적으로 순수한 객관적 기준에서 판단할 것은 아니라고 할 것"(대판 1991. 5. 10, 91 도 453).

는 다음과 같은 학설이 대립한다.

(aa) 객관적 처벌조건설[35]   이 학설에 의하면, 직무집행의 적법성은 객관적 처벌조건이지 고의의 대상이 아니므로, 이에 대한 착오는 고의를 조각하지 않는다고 한다.

(bb) 위법성요소설[36]   이 학설에 의하면, 직무집행의 적법성은 위법성의 요소이고, 위법한 직무집행에 대한 저항(폭행·협박 등)은 '위법성조각사유'가 된다고 한다. 이 때 위법성조각의 실질적 근거는 '정당방위'($^{제21조}_{제1항}$) 내지 '사회상규에 위배되지 아니하는 행위'($^{제20}_{조}$)에 있다고 본다. 이 학설에서는 직무집행의 적법성에 대한 착오는 '위법성의 착오'($^{제16}_{조}$)가 된다고 하는데,[37] 이론적으로 정확히 고찰하자면 '위법성조각사유의 전제사실에 관한 착오'에 해당한다고 하겠다.

(cc) 구성요건요소설[38]   이 학설에 의하면, 직무집행의 적법성은 객관적 구성요건요소로서 고의의 대상이 되며,[39] 이에 대한 착오는 '구성요건적 착오'로서 고의를 조각한다고 한다.

(dd) 결 론   우리 형법은 직무집행의 적법성을 구성요건으로 명시하고 있지 않기 때문에 이를 구성요건요소로 파악할 불가피성은 없다고 본다. 실제로는 위법한 직무집행에 대하여 정당방위로 저항할 수 있다는 이론구성이 필요한 만큼, 직무집행의 적법성을 위법성의 요소로 이해하는 것이 범죄체계론상 적절하다고 생각한다. 객관적 처벌조건설은 직무집행의 적법 여부를 처벌조건으로 이해하기 때문에, 위법한 직무집행에 대하여 정당방위를 허용할 수 없다는 문제점을 내포하고 있다.

(3) 실행행위

실행행위는 폭행 또는 협박이다.

---

35) 서일교, 333면. Haft, BT, S. 6; Wessels, BT-1, S. 125.

36) 권오걸, 1342면; 오영근, 948면; 유기천, 하권, 313면; 정/박, 842면; 진/이, 871면. Bubnoff, LK, §113 Rn. 23.

37) 권오걸, 1343면; 유기천, 하권, 313면; 진/이, 871면.

38) 김석휘, 주석 각칙 상, 152면; 김성돈, 741면; 김/서, 866면; 배종대, 851면; 이재상, 749면; 이형국, 803면; 정영일, 789면.

39) 구성요건요소설을 취하되, 순전히 형사정책적 이유에서 직무집행의 적법성이 고의의 대상에 속하지 않는다고 주장하는 '수정된 구성요건요소설'(Sch/Sch/Eser, StGB, §113 Rn. 20; Rudolphi, SK, §136 Rn. 30)은 책임주의에 위배된다고 본다(이러한 비판은 Wessels, BT-1, S. 126).

(가) **폭행·협박의 의의**　　'폭행'이란 공무원에 대한 직접·간접의 유형력의 행사를 의미한다(광의의 폭행). 유형력은 공무원의 신체에 직접 가해질 필요는 없다.[40] 공무원의 보조자에 대한 유형력의 행사[41] 또는 물건에 대한 유형력의 행사이더라도[42] 간접적으로 공무원에 대한 것으로 인정되면, 본죄의 폭행에 해당한다. '협박'이란 공무원으로 하여금 공포심을 일으키게 할 의사로 해악을 가할 것을 고지하는 것이다. 협박은 상대방의 의사결정의 자유를 제한할 정도, 즉 상대방이 현실적으로 공포심을 일으킬 정도일 필요는 없다(광의의 협박). 판례는 새벽 4시에 파출소로 찾아가서 경찰관 2명에게 "이 순사새끼들 죽고 싶으냐"라고 폭언한 것도 협박에 해당한다고 판시한 바 있다.[43] 해악을 고지하는 방법에는 제한이 없다. 언어든 문서든, 명시적이든 묵시적이든, 직접적이든 간접적이든 불문한다.

(나) **폭행·협박과 현저성의 원칙**　　폭행·협박은 그 성질상 공무집행을 방해할 수 있을 정도의 적극적 행위여야 한다(현저성의 원칙).[44] 따라서 소극적인 반항이나 단순한 불복종 또는 경미한 정도의 폭행·협박은 본죄에 해당하지 않

---

40) 대판 2018. 3. 29, 2017 도 21537.

41) "집달리 대리가 아니고 그 인부라 하더라도, 동인에 대하여 폭행을 함으로써 집달리 대리민○○에 대하여 간접으로 폭행을 한 것"(대판 1970. 5. 12, 70 도 561).

42) "형법 제136조에 규정된 공무집행방해죄에 있어서의 폭행은 공무를 집행하는 공무원에 대하여 유형력을 행사하는 행위를 말하는 것으로, 그 폭행은 공무원에 직접적으로나 간접적으로 하는 것을 포함한다고 해석되며(당원 1970. 5. 12. 선고 70도561 판결 참조)…피고인이 공소 외 순경 조○○이 공무를 집행하고 있는 경찰관 파출소 사무실 바닥에 인분이 들어 있는 물통을 던지고 또 책상 위에 있던 재떨이에 인분을 퍼담아 동 사무실 바닥에 던지는 행위는 동 순경 조○○에 대한 폭행이라 할 것"(**대판 1981. 3. 24, 81 도 326**).

43) "공무집행방해죄에 있어서 협박이라 함은 상대방에게 공포심을 일으킬 목적으로 해악을 고지하는 행위를 의미하는 것으로서…행위 당시의 여러 사정을 종합하여 객관적으로 상대방으로 하여금 공포심을 느끼게 하기에 족하면 되고, 상대방이 현실로 공포심을 품게 될 것까지 요구되는 것은 아니며, 다만 그 협박이 경미하여 상대방이 전혀 개의치 않을 정도인 경우에는 협박에 해당하지 않는다고 할 것이다(당원 1976. 5. 11. 선고 76도988 판결 참조). 이 사건의 경우…새벽 4시의 이른 시각에 파출소에까지 뒤쫓아가서 '우리 집에 무슨 감정이 있느냐, 이 순사새끼들 죽고 싶으냐'는 등의 폭언을 한 것이고, …피고인의 성향, 폭언을 하게 된 동기 및 경위, 그 내용 등을 종합하여 보면, 피고인의 위 행위를 단순히 경찰관에 대한 불만의 표시나 감정적인 욕설을 한 것에 그친다고 볼 수는 없고, 경찰이 계속하여 단속하는 경우에 생명, 신체에 어떤 위해가 가해지리라는 것을 통보함으로써 공포심을 품게 하려는 데 그 목적이 있었다 할 것이고, 또 이는 객관적으로 보아 상대방으로 하여금 공포심을 느끼게 하기에 족하다 할 것"(대판 1989. 12. 26, 89 도 1204).

44) 권오걸, 1347면; 김성돈, 742면; 김성천, 1345면; 김/서, 870면; 박상기, 662면; 배종대, 852면; 백형구, 589면; 오영근, 949면; 유기천, 하권, 312면; 이재상, 750면; 이형국, 807면; 정/박, 843면; 정영일, 790면; 진/이, 872면.

는다. 예컨대 공무원이 들어오지 못하도록 잠긴 문을 열어주지 않는 소극적 거동, 공무원에게 체포당하지 않으려고 손을 뿌리치고 도주하는 행동은 본죄의 폭행에 해당하지 않는다.

(다) 기수시기   본죄는 공무원에 대한 폭행·협박이 가해짐으로써 기수가 되며, 공무원의 직무집행이 현실적으로 방해될 것을 요하지 않는다(추상적 위험범). 본죄의 미수범처벌규정은 없다.

(4) 주관적 구성요건

본죄의 고의는 ① 상대방이 공무원이라는 것, ② 상대방이 직무를 집행하는 중이라는 것, ③ 상대방에 대하여 폭행·협박한다는 것 등에 대한 인식·인용이다. 미필적 고의로도 족하다. 직무집행을 방해할 의사는 불필요하다(^{다수}).[45] 상대방이 공무원이라는 것을 몰랐다든가, 공무원임은 알았으나 직무집행 중임을 몰랐다면, 본죄의 고의가 부정된다.

직무집행의 '적법성'은, 이를 구성요건요소로 파악하는 학설에 의하면 고의의 대상이 되고 그 착오는 구성요건적 착오로서 고의를 조각하게 된다. 그러나 위법성의 요소로 파악하는 학설에 의하면, 고의의 대상이 되지 않고, 직무집행의 적법성에 대한 착오를 위법성의 착오 혹은 위법성조각사유의 전제사실에 관한 착오로 취급하게 된다.

3. 죄   수

공무집행방해죄의 죄수는 '공무'의 수에 따라 결정함이 타당하다.[46] 다만 판례는 공무원의 수에 따라 결정해야 한다는 입장에서, 1개의 폭행행위로 동시에 수인의 공무집행을 방해한 경우에 상상적 경합이 된다고 한다.[47] 1개의 공무를 여러 공무원이 공동하여 집행하는 경우에 각각의 공무원에게 폭행을

---

45) 권오걸, 1349-50면; 김석휘, 주석 각칙 상, 151면; 김성천, 1346면; 김/서, 871면; 박상기, 663면; 배종대, 853면; 백형구, 590면; 이재상, 751면; 이정원, 716면; 이형국, 807면; 정/박, 844면; 정영석, 61면; 정영일, 790면; 진/이, 873면.

46) 권오걸, 1351면; 김성천, 1347면; 김/서, 872면; 박상기, 663면; 배종대, 854면; 서일교, 331면; 유기천, 하권, 307면; 이재상, 752면; 이정원, 718면; 이형국, 807면; 정/박, 845면; 정영일, 791면; 진/이, 873면.

47) "같은 공무를 (동시에) 할 때 여러 사람이 같이 집행하는 경우에 이에 대하여 폭행을 하고 그 공무집행을 방해하는 경우에는…하나의 행위로서 여러 죄명에 해당하는 소위 상상적 경합의 경우에 해당"(**대판 1961. 9. 28, 61 도 415**). 판례와 같이 공무원의 수를 기준으로 하는 견해로는 김성돈, 743면.

가하여 공무집행을 방해하면, 포괄1죄가 성립한다.

본죄의 행위태양인 폭행·협박의 죄는 본죄에 흡수된다(법조경합 중 흡수관계). 그러나 단순한 폭행·협박의 정도를 넘어서 상해·살인·강도의 행위태양을 취한 경우에는 이들 범죄와 공무집행방해죄의 상상적 경합이 된다.

공무집행방해죄와 업무방해죄($^{제314조}_{제1항}$)의 관계, 즉 공무를 업무방해죄의 업무에 포함된다고 볼 것인가가 해석상 문제되고 있다. 이에 관하여는 ① 공무는 업무방해죄의 업무에 포함되지 않는다는 견해(부정설),[48] ② 원칙적으로 공무가 포함되지 않지만 비공무원에 의한 공무수행이나 비권력적 공무수행 또는 위력에 의한 공무집행방해의 경우에는 공무도 포함된다는 견해,[49] ③ 원칙적으로 공무가 포함되지 않지만 위력에 의한 공무집행방해의 경우에만 공무가 포함된다는 견해[50] 등이 대립하고 있다. 그러나 ④ 공무원이 공무집행 중임에도 불구하고 행위자가 공무원의 공무임을 인식하지 못하고 단순히 업무방해의 고의를 가지고 방해행위를 했을 경우(착오의 경우)에 공무집행방해죄의 '고의'가 없으므로 공무집행방해죄는 성립하지 않는다고 하더라도 업무방해죄의 성립은 긍정해야 할 것이므로, 본죄의 업무에 공무를 전면적으로 포함시키는 '긍정설'이 타당하다.[51] 그렇다면 공무집행방해죄($^{제136조}_{제137조}$)와 업무방해죄는 법조경합 중 특별법과 일반법의 관계에 있다고 본다.

4. 형   벌

5년 이하의 징역 또는 1천만원 이하의 벌금에 처한다. 본죄의 미수범처벌 규정은 없다.

Ⅱ. 직무강요죄

제136조 제2항 "공무원에 대하여 그 직무상의 행위를 강요 또는 저지하거나 그 직을 사퇴하게 할 목적으로 폭행 또는 협박한 자도 전항의 형과 같다."

---

48) 권오걸, 1351면; 김성돈, 743면; 김성천, 1347면; 김/서, 872면; 김종원, 168면; 박상기, 663면; 배종대, 307면; 백형구, 366면; 오영근, 951면; 이재상, 752면; 정영일, 791면; 진/이, 874면.
49) 정/박, 846면; 황산덕, 241면.
50) 이형국, 808면.
51) 업무방해죄의 업무에 공무가 포함된다는 긍정설은 서일교, 112면; 이정원, 718면; 정영석, 293면.

1. 의의, 보호법익, 성격

본죄는 "공무원에 대하여 그 직무상 행위를 강요·저지하거나, 그 직을 사퇴하게 할 목적으로 폭행 또는 협박을 함으로써 성립하는 범죄"이다. 본죄의 보호법익은 '공무 및 공무원의 지위의 안전'이다.[52] 본죄의 구성요건 중 공무원을 사직하게 할 목적으로 폭행·협박하는 경우는 공무원의 지위의 안전을 보호하고자 하는 취지로 해석해야 한다. 보호의 정도는 '추상적 위험범'이다.

공무집행방해죄가 현재 집행 중인 공무를 보호하고자 함에 반하여, 본죄는 장래 집행하게 될 공무를 보호하고자 하는 점에서 차이가 난다. 또한 본죄는 공무집행방해죄와는 달리 '목적범'으로 규정되어 있다.

2. 구성요건

본죄의 구성요건은 공무원에 대하여 그 직무상의 행위를 강요 또는 저지하거나 그 직을 사퇴하게 할 목적으로 폭행 또는 협박하는 것이다.

행위의 객체는 공무원이다. 다만 본죄의 공무원은 현재 직무를 집행하는 공무원일 것을 요하지 않고, 장래에 직무를 집행할 공무원이면 족하다. 본죄의 실행행위는 폭행 또는 협박하는 것이다. 폭행·협박의 의미는 공무집행방해죄에서와 같다. 본죄는 일정한 목적으로 폭행·협박을 가함으로써 기수가 된다. 일정한 목적의 달성 여부는 본죄의 성립과 무관하다.

본죄의 주관적 구성요건으로는 폭행·협박에 대한 고의 이외에 '직무상의 행위를 강요 또는 저지하거나 그 직을 사퇴하게 할 목적'이 있어야 한다(목적범). '강요'란 직무에 관계되는 처분을 적극적으로 하게 하는 것을 말하고, '저지'란 공무원으로 하여금 직무를 하지 못하도록 하는 것을 말한다. '그 직을 사퇴하게 한다'는 것은 직무집행을 방해하기 위하여 사직하게 하는 경우뿐만 아니라 직무집행과 관계없이 개인적 사정으로 그 직을 사직하게 하는 경우를 포함한다.[53]

'직무상의 행위'의 '범위'에 관하여는 ① 당해 공무원의 직무행위와 관계있

52) 권오걸, 1352면; 김성돈, 744면; 김성천, 1348면; 박상기, 664면; 배종대, 854면; 백형구, 591면; 손동권, 792면; 이재상, 753면; 이형국, 808면; 정/박, 847면; 정영일, 793면; 진/이, 875면.
53) 권오걸, 1354면; 김성돈, 745면; 배종대, 855면; 오영근, 954면; 이재상, 754면; 이형국, 809면; 정/박, 849면; 정영일, 795면; 진/이, 875면.

는 행위이면 족하고, 권한 내의 행위인가 아닌가는 불문한다는 견해,[54] ② 당해 공무원의 구체적 권한에 속하지는 않아도 추상적 권한에 속한 행위여야 한다는 견해,[55] ③ 공무원의 직무권한에 속한 행위여야 한다는 견해가[56] 대립한다. 본죄의 주된 보호법익이 공무라는 점을 고려한다면, 당해 공무원의 '추상적 권한'에 속한 행위여야 한다는 ②설이 타당하다고 본다.

직무상의 행위는 '적법'할 것을 요하는가가 문제된다. '강요'목적의 폭행·협박은 직무상 행위의 적법·위법을 불문하지만, '저지'목적의 폭행·협박은 직무상 행위가 적법해야 한다.[57] 위법한 직무상의 행위를 저지할 목적으로 폭행·협박하는 것은 공무집행방해죄에서와 마찬가지로 위법성이 조각된다고 본다.

3. 죄 수

본죄의 행위태양인 폭행·협박의 죄는 본죄에 흡수된다(법조경합 중 흡수관계). 그리고 본죄는 강요죄와 상상적 경합관계에 있다.[58]

Ⅲ. 위계에 의한 공무집행방해죄

<u>제137조 [위계에 의한 공무집행방해]</u> "위계로써 공무원의 직무집행을 방해한 자는 5년 이하의 징역 또는 1천만원 이하의 벌금에 처한다."

1. 의의, 성격

본죄는 "위계로써 공무원의 직무집행을 방해함으로써 성립하는 범죄"이다. 행위방법으로 인한 수정유형이다. 본죄가 공무집행방해죄와 다른 점은 행위방법이 폭행·협박이 아닌 '위계'라는 것과 행위의 객체가 현재 직무집행중인 공무원에 한하지 않고 장차 직무를 집행하게 될 공무원도 포함한다는 것

---

54) 박상기, 664면; 백형구, 592면; 정영석, 64면.
55) 권오걸, 1353면; 김성돈, 745면; 김성천, 1349면; 배종대, 855면; 서일교, 337면; 오영근, 954면; 이재상, 754면; 이정원, 719-720면; 이형국, 809면; 정/박, 848면; 정영일, 794면; 진/이, 875면.
56) 김석휘, 주석 각칙 상, 157면; 김/서, 874면.
57) 권오걸, 1353면; 김성돈, 745면; 김/서, 874면; 배종대, 855면; 백형구, 592면; 오영근, 954면; 이재상, 754면; 이형국, 809면; 정/박, 848면; 정영일, 794면; 진/이, 876면.
58) 권오걸, 1354면; 김성돈, 745면; 김성천, 1349면; 김/서, 874면; 배종대, 855면; 백형구, 593면; 이재상, 754면; 이정원, 720면; 이형국, 810면; 정/박, 849면; 정영일, 795면; 진/이, 876면.

이다.

2. 구성요건

구성요건은 위계로써 공무원의 직무집행을 방해하는 것이다.

'위계'란 타인의 부지 또는 착오를 이용하는 일체의 행위를 말한다. 위계는 '기망'의 수단을 사용한 경우에 한한다. '유혹'의 수단을 사용한 경우를 위계에 포함시키는 견해는[59] 부당하다고 본다. 형법은 기망 이외에 유혹의 수단을 포함하는 경우에는 '유인'이라는 용어를 쓰고 있다(예: 제287조).

판례에 의하면, 개인택시 운송사업을 양도할 수 없는 사람이 허위의 진단서를 첨부하여 직접 운전을 할 수 없는 것처럼 행정관청을 기망하고 이를 신뢰한 행정관청으로부터 양도인가처분을 받은 경우,[60] 출원에 대한 심사업무를 담당하는 공무원이 출원인의 출원사유가 허위라는 사실을 알면서도 결재권자로 하여금 착각·부지를 일으키게 하고 그 착각·부지를 이용하여 인·허가처분에 대한 결재를 받아낸 경우,[61] 입학시험문제를 사전에 입수하여 미리 알

---

[59] 김성돈, 746면; 배종대, 856면; 백형구, 593면; 이재상, 755면; 이형국, 810면; 정/박, 850면; 정영일, 796면; 진/이, 877면.

[60] "판결요지: 행정관청이 출원에 의한 인·허가처분을 함에 있어서는 그 출원사유가 사실과 부합하지 아니하는 경우가 있음을 전제로 하여 인·허가할 것인지의 여부를 심사, 결정하는 것이므로, 행정관청이 사실을 충분히 확인하지 아니한 채 출원자가 제출한 허위의 출원사유나 허위의 소명자료를 가볍게 믿고 인가 또는 허가를 하였다면, 이는 행정관청의 불충분한 심사에 기인한 것으로서 출원자의 위계가 결과 발생의 주된 원인이었다고 할 수 없어, 위계에 의한 공무집행방해죄를 구성하지 않는다고 할 것이지만, 출원자가 행정관청에 허위의 출원사유를 주장하면서 이에 부합하는 허위의 소명자료를 첨부하여 제출한 경우, 허가관청이 관계법령이 정한 바에 따라 인·허가요건의 존부 여부에 관하여 나름대로 충분히 심사를 하였으나 출원사유 및 소명자료가 허위임을 발견하지 못하여 인·허가처분을 하게 되었다면, 이는 허가관청의 불충분한 심사가 그의 원인이 된 것이 아니라 출원인의 위계행위가 원인이 된 것이어서 위계에 의한 공무집행방해죄가 성립된다. 피고인이 개인택시 운송사업면허를 받은 지 5년이 경과되지 아니하여 원칙적으로 개인택시 운송사업을 양도할 수 없는 사람 등과 사이에 마치 그들이 1년 이상의 치료를 요하는 질병으로 인하여 직접 운전할 수 없는 것처럼 가장하여 개인택시 운송사업의 양도·양수인가를 받기로 공모한 후, 질병이 있는 노숙자들로 하여금 그들이 개인택시 운송사업을 양도하려고 하는 사람인 것처럼 위장하여 의사의 진료를 받게 한 다음, 그 정을 모르는 의사로부터 환자가 개인택시 운송사업의 양도인으로 된 허위의 진단서를 발급받아 행정관청에 개인택시 운송사업의 양도·양수 인가신청을 하면서 이를 소명자료로 제출하여, 진단서의 기재 내용을 신뢰한 행정관청으로부터 인가처분을 받은 경우, 위계에 의한 공무집행방해죄가 성립한다"(**대판** 2002. 9. 4, 2002 **도** 2064).

[61] "판결요지: 출원에 대한 심사업무를 담당하는 공무원이 출원인의 출원사유가 허위라는 사실을 알면서도 결재권자로 하여금 오인·착각·부지를 일으키게 하고, 그 오인·착각·부지를 이용하여 인·허가처분에 대한 결재를 받아낸 경우에는 출원자가 허위의 출원사유나 허위의 소

고 응시한 경우,[62] 시험감독관의 눈을 피하여 답안쪽지를 전달한 경우,[63] 운전
면허시험에 대리로 응시한 경우,[64] 시험응시자격을 증명하는 수료증명서를 허
위로 작성·제출한 경우[65] 등은 위계에 해당한다고 하였으나, 수사기관에 대하
여 피의자 또는 참고인으로서 허위의 진술을 한 경우,[66] 행정관청의 허가출원

명자료를 제출한 경우와는 달리, 더 이상 출원에 대한 적정한 심사업무를 기대할 수 없게 되었다
고 할 것이어서, 그와 같은 행위는 위계로써 결재권자의 직무집행을 방해한 것에 해당하므로, 위
계에 의한 공무집행방해죄가 성립한다"(대판 1997. 2. 28, 96 도 2825).

62) 대판 1966. 4. 26, 66 도 30.

63) 대판 1967. 5. 23, 67 도 650.

64) 대판 1986. 9. 9, 86 도 1245.

65) 대판 1982. 7. 27, 82 도 1301.

66) "판결요지: 수사기관이 범죄사건을 수사함에 있어서는 피의자나 피의자로 자처하는 자 또는
참고인의 진술여하에 불구하고 피의자를 확정하고 그 피의사실을 인정할 만한 객관적인 제반증거
를 수집·조사하여야 할 권리와 의무가 있는 것이라고 할 것이므로, 피의자나 참고인이 아닌 자가
자발적이고 계획적으로 피의자를 가장하여 수사기관에 대하여 허위사실을 진술하였다 하여, 위
계에 의한 공무집행방해죄가 성립된다고 할 수 없다. 이와 같이 보지 않는다면, 형사피의자나 그
밖의 모든 사람은 항상 수사기관에 대하여 진실만을 진술하여야 할 법률상의 의무가 있는 결과
가 되어, 이는 형사피의자와 수사기관이 대립적 위치에서 서로 공격방어를 할 수 있는 취지의 형
사소송법의 규정과 법률에 의한 선서를 한 증인이 허위로 진술을 한 경우에 한하여 위증죄가 성
립된다는 형법의 규정취지에 어긋나기 때문이다. 따라서 계획적으로 피의자를 가장하여 수사기
관에 대하여 허위사실을 진술한 경우에 범인은닉죄만이 성립한다"(**대판 1977. 2. 8, 76 도 3685**).
"형사피의자는 진술거부권, 묵비권이 있고, 또 진실을 진술하여야 할 법률상의 의무가 없으며,
허위로 그 피의사실을 자백하였다 하더라도 수사기관은 그 자백 유무에 불구하고 진실을 발견할
수 있는 증거를 조사 수집하여야 할 권리의무가 있을 뿐 아니라 자백이 그 진실에 부합되는 자
백이라 하더라도 그 자백이 객관적으로 진실에 부합되는 것임을 인정할 수 있는 보강증거가 없
는 이상, 그 범죄사실을 인정할 유일한 증거가 되지 못하며, 그 자백이 자유의사에 의한 것인지
혹은 다른 특별한 사정에 의하여 부득이 허위자백을 하게 된 것인지의 여부를 구별하기 어렵고,
수사기관과 그 피의자와는 서로 공격 방어를 하는 위치에서 서로 대립적 위치에 있는 당사자라
할 수 있음에도 불구하고, 그 당사자 중의 일방인 피의자가 그 상대방의 질문에 대하여 가사 허
위로 그 피의사실을 자백하였다고 하여서 곧 그 상대방의 공무집행을 방해한 것이라고는 해석할
수 없다 할 것이라는 점 등을 종합하여 고찰하면, 피고인 '갑'이 그 공소장 기재와 같은 사실을
수사기관에게 대하여 피의자로서 심문을 당함에 있어서 허위로 자백을 하였다는 사실만으로서
는 위계에 의한 공무집행방해죄가 성립된다고는 할 수 없고, 또 피고인 '갑'의 교사에 의하여 공
동피고인들이 수사기관에서 참고인으로서 진술하면서 그 공소장 기재와 같은 허위사실을 진술
하였다 하더라도 법률에 의하여 선서를 한 증인이 허위로 공술을 한 경우에 한하여 위증죄가 성
립된다는 점과를 대비할 때에, 선서를 시키고 진술을 하게 할 수 없는 참고인이 수사기관에게 대
하여 허위진술을 하였다 하더라도, 이를 곧 공무집행방해에 해당된다고는 해석할 수 없는 이
상"(**대판 1971. 3. 9, 71 도 186. 同旨**, 대판 1972. 10. 10, 72 도 1974).
  그러나 피의자가 '적극적으로 허위의 증거를 조작하고 제출한 경우'에 위계에 의한 공무집행방
해죄의 성립을 '긍정'한 다음과 같은 대법원판결이 있다. "판결요지: 수사기관이 범죄사건을 수
사함에 있어서는 피의자 등의 진술 여하에 불구하고 피의자를 확정하고 그 피의사실을 인정할
만한 객관적인 모든 증거를 수집·조사할 권한과 의무가 있다. 한편 피의자는 진술거부권 및 자
기에게 유리한 진술을 할 권리와 유리한 증거를 제출할 권리를 가질 뿐이고, 수사기관에 대하여

사유에 허위신고를 한 경우,[67] 민사소송을 제기함에 있어서 피고의 주소를 허위로 기재하여 법원공무원으로 하여금 변론기일소환장 등을 허위주소로 송달케 한 경우에는[68] 위계에 의한 공무집행방해죄에 해당하지 않는다고 보았다.

'공무원의 직무집행을 방해한다'는 것은 직무집행을 방해할 위험성이 있는 행위가 있음으로써 족하고, 직무집행이 현실적으로 방해될 필요는 없다(추상적 위험범).[69] [70]

본죄의 고의는 위계로써 공무원의 직무집행을 방해한다는 인식·인용이다.

본죄의 고의성립에 직무집행을 방해할 의사는 불필요하다는 견해가 있다(불필요설).[71] 그러나 공무집행방해죄의 구성요건은 "직무를 집행하는 공무원에 대하여 폭행 또는 협박한 자"로 되어 있지만, 위계에 의한 공무집행방해죄의 구성요건은 "위계로써 공무원의 직무집행을 방해한 자"로 되어 있는 이상, 후자의 경우에 공무원의 직무집행을 방해할 의사를 요한다고 해석할 수밖에 없다(필요설).[72] 판례도 필요설의 입장을 견지해 오고 있다.[73]

진실만을 진술하여야 할 의무가 있는 것은 아니다. 따라서 피의자 등이 수사기관에 대하여 허위사실을 진술하거나 피의사실 인정에 필요한 증거를 감추고 허위의 증거를 제출하였더라도, 수사기관이 충분한 수사를 하지 않은 채 이와 같은 허위의 진술과 증거만으로 증거의 수집·조사를 마쳤다면, 이는 수사기관의 불충분한 수사에 의한 것으로서 피의자 등의 위계에 의하여 수사가 방해되었다고 볼 수 없어 위계에 의한 공무집행방해죄가 성립된다고 할 수 없다. 그러나 피의자 등이 적극적으로 허위의 증거를 조작하여 제출하고 그 증거 조작의 결과 수사기관이 그 진위에 관하여 나름대로 충실한 수사를 하더라도 제출된 증거가 허위임을 발견하지 못할 정도에 이르렀다면, 이는 위계에 의하여 수사기관의 수사행위를 적극적으로 방해한 것으로서 위계공무집행방해죄가 성립된다"(대판 2019. 3. 14, 2018 도 18646).

67) "일반적으로 출원 등에 의한 행정관청의 인·허가처분은 그 인·허가요건을 신청서기재와 부속소명자료 등에 의하여 그 인·허가 여부를 심사·결정하는 것이며, 이는 출원사유가 사실과 부합하지 아니하는 경우가 있음을 전제로 하는 것이므로, 출원자가 그 출원사유에 허위의 사실을 기재하고 허위의 소명자료를 첨부하였는데 행정관청이 그 출원사유가 진실한 것이라고 경신하고 이를 받아들였다면, 이는 행정관청의 불충분한 심사에 기인한 것으로 그 출원자의 위계에 의한 것이었다고는 할 수 없을 것"(대판 1982. 12. 14, 82 도 2207. 同旨, 대판 1997. 2. 28, 96 도 2825; 1976. 4. 27, 76 도 371; 1975. 7. 8, 75 도 324).

68) "판결요지: 민사소송을 제기함에 있어 피고의 주소를 허위로 기재하여 법원공무원으로 하여금 변론기일소환장 등을 허위주소로 송달케 하였다는 사실만으로는 이로 인하여 법원공무원의 구체적이고 현실적인 어떤 직무집행이 방해되었다고 할 수는 없으므로, 이로써 바로 위계에 의한 공무집행방해죄가 성립한다고 볼 수는 없다"(대판 1996. 10. 11, 96 도 312).

69) 김석휘, 주석 각칙 상, 160면; 김성돈, 746면; 김/서, 875면; 박상기, 665면; 이재상, 757면; 이정원, 721면; 이형국, 811면; 정/박, 851면; 진/이, 880면.

70) 이와 관련하여 의문스러운 대법원판결이 있다. 대판 2021. 4. 29, 2018 도 18582 참조.

71) 김석휘, 주석 각칙 상, 161면; 이재상, 757면; 정영일, 800.

72) 권오걸, 1364면; 김성돈, 749면; 김성천, 1353면; 김/서, 877-8면; 배종대, 858면; 오영근,

Ⅳ. 법정·국회회의장모욕죄

<u>제138조 [법정 또는 국회회의장모욕]</u> "법원의 재판 또는 국회의 심의를 방해 또는 위협할 목적으로 법정이나 국회회의장 또는 그 부근에서 모욕 또는 소동한 자는 3년 이하의 징역 또는 700만원 이하의 벌금에 처한다."

1. 의의, 보호법익

본죄는 "법원의 재판 또는 국회의 심의를 방해 또는 위협할 목적으로 법정이나 국회회의장 또는 그 부근에서 모욕 또는 소동함으로써 성립하는 범죄"이다. 본죄의 보호법익은 '법원의 재판기능 또는 국회의 심의기능'이고, 보호의 정도는 '추상적 위험범'이다. 본죄는 '목적범'이다.

2. 구성요건

행위의 주체는 제한이 없다. 따라서 피고인·증인·방청인뿐만 아니라, 검사·변호인·국회의원도 주체가 될 수 있다. 본죄의 실행행위는 법정·국회회의장 또는 그 부근에서 모욕 또는 소동하는 것이다.

'모욕'이란 경멸의 의사를 표시하는 것을 말한다. 모욕의 상대방은 법관이나 국회의원임을 요하지 않고, 특정한 대상이 없이 재판진행 자체나 국회의 회의 자체를 방해할 목적으로 모욕하는 경우를 포함한다. 정당한 이유로 선서를 거부한다거나 증언을 거부하는 것은 경멸의 의사표현에 해당하지 않는다.

'소동'이란 법원의 재판 또는 국회의 심의를 방해할 정도로 문란한 행위를 하는 것이다. 그러나 내란죄의 폭동이나 소요죄의 폭행·협박에 이르지 않은 정도의 소란행위를 말한다. 소리를 지르거나 발을 구르는 등의 방법이 소동에 해당한다.

모욕이나 소동의 '장소'는 법정·국회회의장 또는 그 부근이어야 한다. '부근'이라 함은 본죄의 취지상 재판이나 심의에 영향을 미칠 수 있는 거리 내에

958-9면; 이형국, 811면; 정/박, 852면; 진/이, 880면; 황산덕, 70면.

73) "형법 제137조가 규정한 위계에 의한 공무집행방해죄가 성립하려면, 자기의 위계행위로 인하여 공무집행을 방해하려는 의사가 있는 경우에 한한다 함이 당원의 견해인 바"(**대판 1973. 6. 26, 72 도 2698**. 同旨, 대판 1971. 3. 9, 71 도 186; 1970. 1. 27, 69 도 2260).

있는 장소를 의미한다. 예컨대 법원의 정문 밖은 제외된다고 본다.

모욕이나 소동의 '시기'는 엄밀히 재판 중 또는 국회의 심의 중임을 요하는 것은 아니고, 재판 또는 심의가 개시되기 직전이나 종료된 직후를 포함한다고 본다. 그러나 재판 또는 심의가 예상되는 시점 또는 종료 후 어느 정도 시간이 경과한 시점에서의 모욕·소동은 본죄를 구성하지 않는다.

본죄는 법정이나 국회회의장 또는 그 부근에서 모욕 또는 소동함으로써 기수가 되고, 재판이나 국회의 심의가 현실적으로 방해될 필요는 없다(추상적 위험범).

본죄는 고의 이외에 법원의 재판 또는 국회의 심의를 방해 또는 위협할 목적이 있어야 한다(목적범). '재판 또는 심의를 방해·위협할 목적'이라 함은 결국 법원의 재판기능 또는 국회의 심의기능을 해하겠다는 목적을 말한다. 목적의 달성 여부는 본죄의 성립에 영향이 없다.

3. 법원조직법 제61조와의 관계

법원조직법 제61조 제1항은 "법원은 직권으로 법정 내·외에서 제58조 제2항의 명령 또는 제59조에 위배하는 행위를 하거나 폭언·소란 등의 행위로 법원의 심리를 방해하거나 재판의 위신을 현저하게 훼손한 자에 대하여 결정으로 20일 이내의 감치 또는 100만원 이하의 과태료에 처하거나 이를 병과할 수 있다"라고 규정하고 있다(이른바 법정경찰권). 이 규정의 취지는 법정의 질서와 권위를 해하는 행위를 법원이 직권으로 제재함으로써 법원의 재판기능을 보호하고자 함에 있다. 따라서 법원조직법상의 법정경찰권은 형법상의 법정모욕죄와 그 입법목적이 중복된다고 할 수 있다. 다만 법정모욕죄는 재판을 방해·위협할 목적을 요하는 목적범이고, 행위태양이 모욕 또는 소동에 제한되어 있다는 점에서 법정경찰권의 경우와 차이가 있다. 그런데 '제재수단'의 측면에서 보자면, 법정모욕죄의 경우는 '형벌'이고, 법정경찰권의 경우는 감치 또는 과태료라고 하는 '행정질서벌'이므로, 두 규정의 성격은 전혀 다르다고 하겠다. 즉 법정모욕행위에 대하여는 형법 제138조와 법원조직법 제61조 제1항이 상상적 경합관계에서 적용될 수 있는 것이 아니고, 별개의 독립된 제재가 병행해서 부과될 수 있다고 해석해야 한다.[74]

---

74) 권오걸, 1368면; 김성돈, 751면; 김성천, 1355면; 김/서, 881면; 박상기, 667면; 배종대, 859

입법론으로는 형법상의 법정모욕죄를 삭제함이 타당하다는 주장이 있다.[75]

V. 인권옹호직무방해죄

제139조 [인권옹호직무방해] "경찰의 직무를 행하는 자 또는 이를 보조하는 자가 인권옹호에 관한 검사의 직무집행을 방해하거나 그 명령을 준수하지 아니한 때에는 5년 이하의 징역 또는 10년 이하의 자격정지에 처한다."

1. 의의, 보호법익

본죄는 "경찰의 직무를 집행하는 자 또는 이를 보조하는 자가 인권옹호에 관한 검사의 직무집행을 방해하거나 그 명령을 준수하지 아니함으로써 성립하는 범죄"이다. 본죄의 보호법익은 국가의 기능 중에서도 '검사의 인권옹호에 관한 직무집행기능'이고, 보호의 정도는 '추상적 위험범'이다.

입법론상 본죄의 타당성에 관하여 의문을 표시하는 견해가 많다.[76]

2. 구성요건

행위의 주체는 경찰의 직무를 행하는 자 또는 이를 보조하는 자이다(진정신분범). 일반사법경찰관리 이외에 특별사법경찰관리를 포함한다.

실행행위는 인권옹호에 관한 검사의 직무집행을 방해하거나 그 명령을 준수하지 않는 것이다. 인권옹호에 관한 검사의 직무에는 포괄적인 인권존중의무(형소법 제198조 제2항), 각종의 강제처분에 대한 검사의 집행지휘(동 제81조 제1항, 제115조 제1항, 제209조), 검사의 체포·구속장소감찰(동 제198조의2) 등이 있다. 방해의 방법에는 제한이 없다. 폭행·협박·위계를 사용한 경우도 포함한다. 이 경우에는 인권옹호직무방해죄 이외에 공무집행방해죄(형법 제136, 137조)가 성립한다. 양자의 범죄는 상상적 경합관계에 선다.

검사의 명령은 적법해야 한다.[77][78] 경찰관이 검사의 위법한 명령에 따를 의

면: 백형구, 596면; 이재상, 759면; 이형국, 813면; 정/박, 855면; 정영일, 802면; 진/이, 882면.

75) 오영근, 962면; 이재상, 759면.

76) 권오걸, 1369면; 김성천, 1355면; 박상기, 668면; 배종대, 860면; 유기천, 하권, 317면; 이재상, 759면; 이정원, 723면; 이형국, 816면; 정/박, 855면; 정영일, 803면.

77) 권오걸, 1369면; 김석휘, 주석 각칙 상, 165면; 김성돈, 752면; 김성천, 1355면; 박상기, 668면; 배종대, 860면; 백형구, 597면; 오영근, 964면; 이재상, 760면; 이형국, 814면; 정/박, 856면;

무는 없다. '명령을 준수하지 아니한다'라고 함은 검사의 명령을 이행하지 아니하는 것을 말한다(진정부작위범). 전면적인 명령불이행이든 부분적인 명령불이행이든 불문한다.

종래 '검사와 사법경찰관의 관계'를 상명하복관계로 규정하였던 형소법 제196조는 2020. 2. 4. 개정에서 삭제되고, 제195조의 '상호협력관계'로 전환되었다.[79] 그리고 2020. 2. 4. 형소법 개정에서 신설된 제197조의3은 사법경찰관의 '인권침해'가 의심되는 사실을 인식하게 된 검사는 사법경찰관에게 시정조치를 요구할 수 있고($^{제1}_{6항}$), 각급 검사장은 인권침해가 있은 해당 사법경찰관에 대하여 징계를 요구할 수 있다고 규정하고 있다($^{제7}_{항}$). 이 조항들에서 검사가 사법경찰관에게 시정조치를 '명령'하는 것이 아니라 '요구'할 수 있다는 문언을 사용한 것을 보면, 형법 제139조 인권옹호직무방해죄 중에서 인권옹호'명령'불이행죄 부분은 실제로 적용되기 어렵고, 징계처분이라는 행정제재로 그칠 여지가 크다.

본죄는 인권옹호에 관한 검사의 직무집행을 방해하거나 명령을 준수하지 않음으로써 기수가 되고, 검사의 직무집행이 현실적으로 방해되었을 필요는 없다(추상적 위험범).

VI. 공무상비밀표시무효죄

1. 공무상봉인 등 표시무효죄

제140조 [공무상 비밀표시무효] 제1항 "공무원이 그 직무에 관하여 실시한 봉인 또는 압류 기타 강제처분의 표시를 손상 또는 은닉하거나 기타 방법으로 그 효용을

정영일, 803면; 진/이, 884면. 반대설은 김/서, 882면; 유기천, 하권, 317면; 정영석, 67면; 황산덕, 72면.

78) "형법 제139조에 규정된 '인권옹호에 관한 검사의 명령'은 사법경찰관리의 직무수행에 의하여 침해될 수 있는 인신 구속 및 체포와 압수·수색 등 강제수사를 둘러싼 피의자, 참고인, 기타 관계인에 대하여 헌법이 보장하는 인권 가운데 주로 그들의 신체적 인권에 대한 침해를 방지하고, 이를 위해 필요하고도 밀접불가분의 관련성있는 검사의 명령 중 '그에 위반할 경우 사법경찰관리를 형사처벌까지 함으로써 준수되도록 해야 할 정도로 인권옹호를 위해 꼭 필요한 검사의 명령'으로 보아야 하고, 나아가 법적 근거를 가진 적법한 명령이어야 한다"(대판 2010. 10. 28, 2008 도 11999).

79) 형소법 제195조(검사와 사법경찰관의 관계 등) 제1항 "검사와 사법경찰관은 수사, 공소제기 및 공소유지에 관하여 서로 협력하여야 한다."

해한 자는 5년 이하의 징역 또는 700만원 이하의 벌금에 처한다."

(1) 의의, 보호법익

본죄는 "공무원이 그 직무에 관하여 실시한 봉인 또는 압류 기타 강제처분의 표시를 손상 또는 은닉하거나 기타 방법으로 그 효용을 해함으로써 성립하는 범죄"이다. 본죄의 보호법익은 국가의 기능 중에서도 강제처분의 표시기능이고, 보호의 정도는 '침해범'이다. 본죄의 미수범은 처벌한다($\frac{제143}{조}$).

(2) 구성요건

본죄의 구성요건은 공무원이 그 직무에 관하여 실시한 봉인 또는 압류 기타 강제처분의 표시를 손상 또는 은닉하거나 기타 방법으로 그 효용을 해하는 것이다.

(가) 행위의 객체　　행위의 객체는 공무원이 그 직무에 관하여 실시한 봉인 또는 압류 기타 강제처분의 표시이다. '봉인'이란 물건에 대한 임의처분을 금지하기 위하여 그 물건에 실시한 봉함 기타의 설비를 말한다. 공무원의 인장을 사용할 필요는 없으며, 압류한다는 취지의 문자를 기입한 종이를 첨부하는 것도 봉인이다.[80] '압류'란 공무원이 그 직무상 보관할 물건을 자기의 점유하로 옮기는 강제처분을 말한다. 민사집행법에 의한 유체동산의 압류·가압류·가처분 및 국세징수법에 의한 압류 등이 있다. '기타 강제처분'이란 물건을 공무원의 점유하로 옮기지 않고 타인에게 일정한 작위 또는 부작위를 명하는 처분을 말한다. '표시'란 압류나 강제처분이 있다는 것을 명시하기 위하여 실시한 표시로서 봉인 이외의 것을 말한다. 강제처분의 표시는 행위 당시에 현존하고 있어야 한다.[81]

봉인·압류·강제처분의 표시는 '유효'한 직무집행일 것을 요건으로 한다.[82] 그리고 강제처분이 이미 완결된 이후에는 본죄가 성립할 여지가 없다.[83] 그러나 압류가 해제되지 않은 이상, 채무변제 등으로 압류의 원인이 없어졌다고

---

80) 대판 1972. 9. 12, 72 도 1441.

81) 대판 1997. 3. 11, 96 도 2801.

82) "형법 제140조에 규정된 공무원이 그 직무에 관하여 실시한 봉인 또는 압류 기타 강제처분의 표시는 법률상 유효히 실시된 것이라야 법률에 의한 보호를 받을 가치가 있는 것이므로, 봉인·압류 기타 강제처분의 표시가 법률상 전혀 효력을 발생할 수 없는 무효의 것이라면, 설혹 그 표시를 손괴 기타 방법으로 이를 무효케 하였다 하여도 형법 제140조의 공무상표시무효죄가 성립될 여지가 없을 것"(대판 1965. 9. 25, 65 도 495).

83) 대판 1985. 7. 23, 85 도 1092; 1965. 9. 25, 65 도 495.

해서 압류의 효력이 부정되는 것은 아니다.[84]

봉인·압류·강제처분의 표시는 '적법'한 것이어야 한다.[85] 부적법한 강제처분의 표시는 보호가치가 없기 때문이다. 다만 공무집행절차상의 하자가 있었다고 해서 항상 위법한 강제처분의 표시라고 할 수는 없다.[86]

(나) **실행행위**   실행행위는 봉인·압류 기타 강제처분의 표시를 손상 또는 은닉하거나 기타 방법으로 그 효용을 해하는 것이다. '손상'이란 표시를 물질적으로 훼손하여 그 효용을 상실하게 하는 행위를 말한다. '은닉'이란 그 소재의 발견을 곤란하게 만드는 행위를 말한다.

'기타 방법'이란 손상과 은닉 이외의 방법으로 효용을 해하는 일체의 행위를 말한다. 출입금지표시를 무시하고 출입하는 경우, 영업금지가처분에 대하여 고시내용과 저촉되는 판매업무를 계속하는 경우가[87] 이에 해당한다. 채무자가 가압류된 유체동산을 제3자에게 양도하고 그 점유를 이전하는 행위도 가압류표시 자체의 효력을 해하는 행위에 해당한다.[88] 강제처분의 내용에 저촉되어 기타의 방법으로 효용을 해하는 행위를 할 수 있는 자는 강제처분의 대상이 된 채무자에 한정된다.[89] 예컨대 남편을 채무자로 한 출입금지가처분을 무시하고 처가 출입한 경우에는[90] 본죄가 성립하지 않는다.

'효용을 해한다'는 것은 압류 등의 법률상의 효력을 상실시키는 것이 아니라, 그 '사실상의' 효력을 소멸·감소시키는 것을 말한다. 본죄는 압류 등의 표시

---

84) 대판 1981. 10. 13, 80 도 1441.

85) 김석휘, 주석 각칙 상, 170면; 김성돈, 754면; 김성천, 1356면; 김/서, 884면; 박상기, 669면; 배종대, 861면; 백형구, 598면; 서일교, 340면; 오영근, 965면; 이재상, 761면; 이형국, 817면; 정/박, 859면; 정영석, 68면; 정영일, 805면; 진/이, 887면.

86) "공무원이 그 직권을 남용하여 위법하게 실시한 봉인 또는 압류 기타 강제처분의 표시임이 명백하여 법률상 당연무효 또는 부존재라고 볼 수 있는 경우에는 그 봉인 등의 표시는 공무상표시무효죄의 객체가 되지 아니하여, 이를 손상 또는 은닉하거나 기타 방법으로 그 효용을 해한다 하더라도 공무상표시무효죄가 성립하지 아니한다 할 것이지만, 공무원이 실시한 봉인 등의 표시에 절차상 또는 실체상의 하자가 있다고 하더라도 객관적·일반적으로 그것이 공무원이 그 직무에 관하여 실시한 봉인 등으로 인정할 수 있는 상태에 있다면, 적법한 절차에 의하여 취소되지 아니하는 한 공무상표시무효죄의 객체로 된다"(대판 2001. 1. 16, 2000 도 1757. 同旨, 대판 2000. 4. 21, 99 도 5563).

87) 대판 1971. 3. 23, 70 도 2688.

88) 대판 2018. 7. 11, 2015 도 5403.

89) 김/서, 885면; 배종대, 862면; 오영근, 965면; 이재상, 762면; 이형국, 818면; 정/박, 860면; 진/이, 886면.

90) 대판 1979. 2. 13, 77 도 1455.

의 효용이 사실상 훼손되었을 때 기수가 된다(침해범). 본죄의 미수범은 처벌한다($\frac{제143}{조}$).

(다) 주관적 구성요건　　본죄의 고의는 공무원이 직무상 실시한 봉인·압류 기타 강제처분의 표시를 손상·은닉 기타 방법으로 효용을 해한다는 것에 대한 인식·인용이다.

(3) 죄　수

봉인·압류 기타 강제처분의 표시를 한 물건을 절취 또는 횡령하면 본죄와 절도죄 또는 횡령죄의 상상적 경합이 성립한다. 그러나 봉인 또는 강제처분의 표시를 손상한 후 그 물건을 절취한 때에는 본죄와 절도죄의 실체적 경합범이 된다. 봉인 또는 압류의 표시가 되어 있는 물건 자체를 손상하는 1개의 행위로써 표시의 효용과 재물의 효용을 한꺼번에 침해하면 본죄와 손괴죄의 상상적 경합이 된다.

2. 공무상비밀침해죄

제140조 제2항 "공무원이 그 직무에 관하여 봉함 기타 비밀장치한 문서 또는 도화를 개봉한 자도 제1항의 형과 같다."
제3항 "공무원이 그 직무에 관하여 봉함 기타 비밀장치한 문서, 도화 또는 전자기록 등 특수매체기록을 기술적 수단을 이용하여 그 내용을 알아낸 자도 제1항의 형과 같다."

본죄는 "공무원이 그 직무에 관하여 봉함 기타 비밀장치한 문서 또는 도화를 개봉하거나, 봉함 기타 비밀장치한 문서·도화 또는 전자기록 등 특수매체기록을 기술적 수단을 이용하여 그 내용을 알아냄으로써 성립하는 범죄"이다. 비밀침해죄($\frac{제316}{조}$)에 대한 불법가중유형이다. 본죄의 보호법익은 '공무상의 비밀'이다. 보호의 정도는 제2항의 경우에는 '추상적 위험범'이고, 제3항의 경우에는 '침해범'이다. 제3항은 1995년의 형법개정에서 신설된 규정이다.

행위의 객체는 공무원이 그 직무에 관하여 봉함 기타 비밀장치한 문서, 도화 또는 전자기록 등 특수매체기록이다. 실행행위는 개봉하는 것($\frac{제2}{항}$) 또는 기술적 수단을 이용하여 그 내용을 알아내는 것($\frac{제3}{항}$)이다.

본죄는 제2항의 경우에는 개봉하는 것만으로 기수가 되고, 문서 또는 도화의 내용을 알아낼 필요는 없다. 그러나 제3항의 경우에는 그 내용을 알아낸 때 기수가 된다. 본죄의 미수범은 처벌한다($^{제143}_{조}$).

Ⅶ. 부동산강제집행효용침해죄

<u>제140조의 2 [부동산강제집행효용침해]</u> "강제집행으로 명도 또는 인도된 부동산에 침입하거나 기타 방법으로 강제집행의 효용을 해한 자는 5년 이하의 징역 또는 700만원 이하의 벌금에 처한다."

1. 의의, 보호법익

본죄는 "강제집행으로 명도 또는 인도된 부동산에 침입하거나 기타 방법으로 강제집행의 효용을 해함으로써 성립하는 범죄"이다. 본죄의 보호법익은 '국가의 강제집행의 효용'이고, 보호의 정도는 '침해범'이다.

1995년의 형법개정에서 신설된 범죄이다. 신설된 취지는 강제집행으로 명도·인도된 부동산에 침입하는 등, 명도집행 후의 부동산을 불법점유함으로써 부동산에 대한 국가의 강제집행을 무력화하는 행위를 처벌하고자 하는 것이다.

2. 구성요건

구성요건은 강제집행으로 명도 또는 인도된 부동산에 침입하거나 기타 방법으로 강제집행의 효용을 해하는 것이다.

행위의 주체에는 제한이 없다. 강제집행을 받은 채무자뿐만 아니라 그 친족·종업원 등 제3자도 주체가 될 수 있다.

행위의 객체는 강제집행으로 명도 또는 인도된 부동산이다. 강제집행에 의한 부동산의 점유이전방법에는 명도와 인도의 두 가지가 있다. '명도'란 임대차 등으로 채무자가 거주하고 있는 부동산으로부터 거주하는 사람과 그 자의 동산을 배제하고 완전한 지배를 채권자에게 넘겨주는 것이고, '인도'란 부동산의 점유만을 이전하는 것이다.[91] 그 밖에 강제집행은 적법해야 한다.

실행행위는 강제집행으로 명도 또는 인도된 부동산에 침입하거나 기타 방법으로 강제집행의 효용을 해하는 것이다. '침입'이란 권리자의 의사 또는 추정적

---

91) 그런데 부동산의 점유이전에 해당하는 용어로서 구 민사소송법 제690조 제1항에서 사용되던 '인도'와 '명도'라는 두 용어는 2002년 7월 1일부터 시행되는 '민사집행법' 제258조 제1항에서 '인도'라고 하는 하나의 용어로 통일되었다.

의사에 반하여 외부로부터 당해 부동산의 경계 안으로 들어가는 것을 말한다. 침입의 수단·방법은 불문한다. 따라서 공연한 침입이든 아니든, 폭력을 행사하는 침입이든 아니든 관계없다. 본죄의 실행의 착수시기는 강제집행으로 명도·인도된 부동산에 침입 또는 방해행위를 개시한 때이고, 기수시기는 침입 등으로 강제집행의 효용이 침해된 때이다(침해범). 본죄의 미수범은 처벌한다(제143조).

본죄의 고의는 강제집행으로 명도·인도된 부동산이라는 것과 이에 침입하거나 기타 방법으로 강제집행의 효용을 해한다는 것에 대한 인식·인용이다. 강제집행의 효용을 해할 의사가 있어야 한다. 미필적 고의로도 족하다.

강제집행의 효용을 해할 의사로 명도된 주택에 침입하거나 주택을 손괴한 경우에 주거침입죄 또는 손괴죄는 본죄에 흡수된다(법조경합 중 보충관계).

Ⅷ. 공용서류 등 무효죄

제141조 [공용서류 등의 무효, 공용물의 파괴] 제1항 "공무소에서 사용하는 서류 기타 물건 또는 전자기록 등 특수매체기록을 손상 또는 은닉하거나 기타 방법으로 그 효용을 해한 자는 7년 이하의 징역 또는 1천만원 이하의 벌금에 처한다."

1. 의의, 성격, 보호법익

본죄는 "공무소에서 사용하는 서류 기타 물건 또는 전자기록 등 특수매체기록을 손상 또는 은닉하거나 기타 방법으로 그 효용을 해함으로써 성립하는 범죄"이다.

본죄는 물건의 효용을 해하는 점에서 기본적으로 손괴죄(제366조)의 일종이지만, 행위의 객체가 공무소에서 사용하는 서류 기타 물건이라는 점에서 손괴죄에 대한 불법가중유형으로 규정된 것이다. 그러므로 본죄의 보호법익은 '공용서류·공용물건 등의 효용'이고, 보호의 정도는 '침해범'이다. 본죄의 미수범은 처벌한다(제143조).

1995년의 형법개정에서 행위의 객체에 전자기록 등 특수매체기록이 추가되고, 벌금도 선택형으로 신설되었다.

2. 구성요건

구성요건은 공무소에서 사용하는 서류 기타 물건 또는 전자기록 등 특수매체기록을 손상 또는 은닉하거나 기타 방법으로 그 효용을 해하는 것이다.

(1) 행위의 객체

행위의 객체는 공무소에서 사용하는 서류 기타 물건 또는 전자기록 등 특수매체기록이다. '공무소'란 공무원이 직무를 집행하는 관공서 등의 관청을 말한다. 공공조합·영조물법인·공법인도 포함된다.

공무소에서 사용하는 서류 기타 물건이란 공무소에서 사실상 보관하고 있는 일체의 서류 기타 물건을 말한다. '서류'는 문서보다 광의의 개념이다. 서류가 공무소에 정식절차를 밟아 접수되었는가, 정부공문서규정에 따라 접수·작성되었는가를 불문한다. 그리고 작성명의인이 있든 없든, 공문서이든 사문서이든, 위조된 것이든 무효소인이 찍힌 것이든 불문한다. 예컨대 증거서류로서 검찰청이 보관하고 있는 위조사문서도 공무소에서 사용하는 공용서류에 해당한다. 작성 중인 미완성의 피의자신문조서[92] 또는 수사기록에 편철되지 않은 진술조서도[93] 본죄의 객체에 속한다.

'기타 물건'이란 서류를 제외한 일체의 물건을 말한다. 동산·부동산, 전기와 같은 동력도 이에 해당한다. 재산적 가치가 근소하여 재물이라고 할 수 없는 물건도 공무소에서 증거물로 보관되고 있으면, 본죄의 객체가 된다. 서류나 물건의 소유자는 불문한다. '전자기록 등 특수매체기록'은 전자기록, 전기적 기록, 광기술을 이용한 기록을 말하고, 컴퓨터 등 정보처리장치에 사용되는 기록에 국한된다.

(2) 실행행위

실행행위는 손상·은닉 기타 방법으로 그 효용을 해하는 것이다. '손상'이란 서류 기타 물건의 전부 또는 일부를 물질적으로 훼손함으로써 그 효용을 소멸·감소시키는 일체의 행위를 말한다. 문서를 불태우거나 공정증서원본에 부착된 인지를 떼어내는 것도 손상에 해당한다. 손상된 문서를 다시 작성할 수 있는가는 본죄의 성립에 영향이 없다. '은닉'이란 소재의 발견을 곤란하게

---

92) 대판 1987. 4. 14, 86 도 2799.
93) 대판 1982. 10. 12, 82 도 368.

하는 것이다. 은닉행위에 불법영득의 의사는 불필요하다. 불법영득의 의사로 공용물건을 가져가면, 본죄 이외에 절도죄가 성립할 수 있다(상상적 경합관계). '기타 방법'이란 손상·은닉 이외의 방법으로 그 효용을 해하는 일체의 행위를 말한다. 판결원본의 일부를 말소하는 경우,[94] 자신이 제출한 건축허가신청서에 첨부되어 군에서 보관 중인 설계도면을 떼어내고 전연 별개의 설계도면을 권한없이 바꾸어 넣은 경우[95] 등이 여기에 해당한다.

본죄는 손상 등의 행위로 공용서류·공용물건의 효용이 침해되었을 때 기수가 된다(침해범). 본죄의 미수범은 처벌한다($\frac{제143}{조}$).

(3) 주관적 구성요건

본죄의 고의는 공무소에서 사용하는 서류 기타 물건 또는 전자기록 등 특수매체기록이라는 것과 이를 손상·은닉 기타 방법으로 그 효용을 해한다는 것에 대한 인식·인용이다. 고의의 성립에 효용을 해한다는 의사도 필요하다. 미필적 고의로 족하다.

공무원이 정당한 권한을 가지고 공용서류를 파기하는 행위는 공용서류의 효용을 해할 의사가 없으므로 본죄를 구성하지 않는다. 공무소에서 사용하는 물건인가 아닌가에 대한 착오는 구성요건적 착오에 속한다.

IX. 공용물파괴죄

> 제141조 제2항 "공무소에서 사용하는 건조물, 선박, 기차 또는 항공기를 파괴한 자는 1년 이상 10년 이하의 징역에 처한다."

1. 의의, 성격, 보호법익

본죄는 "공무소에서 사용하는 건조물·선박·기차 또는 항공기를 파괴함으로써 성립하는 범죄"이다. 손괴죄($\frac{제366}{조}$)에 대하여 행위의 객체로 인하여 불법이 가중되는 범죄유형이다. 본죄의 보호법익은 '특수한 공용물의 효용'이고, 보호의 정도는 '침해범'이다. 본죄의 미수범은 처벌한다($\frac{제143}{조}$).

---

94) "판결요지: 피고인이 판결원본의 일부기재 부분을 청잉크로 그었다면, 이로 인하여 판결원본의 해당부분이 손상되어 그 효용이 해되었다 아니할 수 없어, 공용서류무효죄에 해당한다"(대결 1960. 5. 18, 4292 형상 652).
95) 대판 1982. 12. 14, 81 도 81.

2. 구성요건

구성요건은 공무소에서 사용하는 건조물·선박·기차 또는 항공기를 파괴하는 것이다. 행위의 주체는 제한이 없다. 공용물의 소유자도 본죄의 주체가 될 수 있다. 행위의 객체는 공무소에서 사용하는 건조물·선박·기차 또는 항공기이다. 이는 한정적 열거이다. 따라서 공용의 '자동차'는 본죄의 객체가 되지 못하고, 제141조 제1항의 공용물건에 해당한다.

실행행위는 파괴하는 것이다. '파괴'란 본래의 용도에 사용할 수 없을 정도, 즉 효용의 중요부분을 상실할 정도의 물리적 훼손을 가하는 행위를 말한다. 손괴보다 중한 개념이다.

본죄는 공용물이 파괴된 때 기수가 된다(결과범이면서 침해범). 본죄의 미수범은 처벌한다(제143조). 따라서 파괴의 정도에 이르지 않은 행위가 있을 때, ① 파괴의 의사로 착수했으나 파괴하지 못한 경우에는 본죄의 미수범이 되고, ② 처음부터 손괴의 의사로 착수하였기 때문에 파괴의 정도에 이르지 못한 경우에는 제141조 제1항의 범죄가 성립한다.

본죄를 범하여 사람을 사망이나 상해에 이르게 한 때에는 본죄와 중손괴치사상죄(제368조 제2항)의 상상적 경합이 된다.

X. 공무상보관물무효죄

제142조 [공무상 보관물의 무효] "공무소로부터 보관명령을 받거나 공무소의 명령으로 타인이 관리하는 자기의 물건을 손상 또는 은닉하거나 기타 방법으로 그 효용을 해한 자는 5년 이하의 징역 또는 700만원 이하의 벌금에 처한다."

1. 의의, 성격, 보호법익

본죄는 "공무소로부터 보관명령을 받거나 공무소의 명령으로 타인이 관리하는 자기의 물건을 손상·은닉하거나 기타 방법으로 그 효용을 해함으로써 성립하는 범죄"이다. 자기소유인 물건의 효용을 해하는 범죄라는 점에서 재산범죄인 권리행사방해죄(제323조)에 상응하는 규정이지만, 행위의 객체가 특수한 점을 고려하여 국가기능을 보호하고자 특별유형으로 규정하였다. 본죄의 보호법익은 '공무소로부터 보관명령을 받은 물건의 효용'이고, 보호의 정도는 '침해범'

이다. 본죄의 미수범은 처벌한다($\frac{제143}{조}$).

2. 구성요건

구성요건은 공무소로부터 보관명령을 받거나 공무소의 명령으로 타인이 관리하는 자기의 물건을 손상·은닉하거나 기타 방법으로 그 효용을 해하는 것이다.

행위의 주체는 공무소로부터 보관명령을 받거나, 공무소의 명령으로 타인이 관리하는 물건의 소유자이다(신분범). 행위의 객체는 공무소로부터 보관명령을 받거나, 공무소의 명령으로 타인이 관리하는 자기소유의 물건이다. 공무소의 보관명령 등은 법령에 근거를 둔 적법한 것이어야 한다. 민사집행법에 의하여 동산을 압류한 집행관이 채무자에게 보관을 명한 경우가 여기에 해당한다. '공무소의 명령으로 타인이 관리한다'는 것은 공무소의 처분으로 물건에 대한 소유자의 지배를 배제하여 제3자의 지배하에 두는 것을 의미한다. 여기에서의 타인은 공무소일 수도 있다.

실행행위는 손상·은닉 기타 방법으로 그 효용을 해하는 것이다. 본죄는 손상 등의 방법으로 물건의 효용이 침해된 때에 기수가 된다(침해범).

XI. 특수공무방해죄·특수공무방해치사상죄

제144조 [특수공무방해] 제1항 "단체 또는 다중의 위력을 보이거나 위험한 물건을 휴대하여 제136조, 제138조와 제140조 내지 전조의 죄를 범한 때에는 각조에 정한 형의 2분의 1까지 가중한다."
제2항 "제1항의 죄를 범하여 공무원을 상해에 이르게 한 때에는 3년 이상의 유기징역에 처한다. 사망에 이르게 한 때에는 무기 또는 5년 이상의 징역에 처한다."

특수공무방해죄($\frac{제1}{항}$)는 "단체 또는 다중의 위력을 보이거나 위험한 물건을 휴대하여 공무집행방해죄, 직무강요죄, 법정·국회회의장모욕죄, 공무상비밀표시무효죄, 부동산강제집행효용침해죄, 공용서류등무효죄, 공용물파괴죄, 공무상보관물무효죄 및 그 미수죄를 범함으로써 성립하는 범죄"이다. 본죄는 행위방법의 위험성으로 인하여 불법이 가중된 범죄유형이다. "단체 또는 다중의 위력을 보이거나 위험한 물건을 휴대하여"라고 하는 행위방법의 해석은 제

261조의 특수폭행죄에서와 같다.

'휴대'란 '몸에 지닌다'라는 뜻으로, 이용 또는 사용이란 용어와는 구별해야 함에도 불구하고(문언해석), 대법원이 '자동차의 사용'을 특수공무방해죄에서의 '위험한 물건을 휴대하여'에 해당한다고 판결한 것은[96] 부당하다고 하겠다.

특수공무방해치사상죄($^{제2}_{항}$)는 특수공무방해죄($^{제1}_{항}$)에 대한 결과적 가중범이다. 특수공무방해치'사'죄는 '진정 결과적 가중범'이지만, 특수공무방해치'상'죄는 '부진정 결과적 가중범'이다.[97] 따라서 상해의 결과에 대하여 과실이 있는 경우뿐만 아니라 고의를 가지고 특수공무방해죄를 범한 때에도 특수공무방해치상죄가 성립한다(판례[98]).

96) "형법 제144조 특수공무집행방해죄에 있어서의 위험한 물건이라 함은 비록 흉기는 아니라고 하더라도 널리 사람의 생명, 신체에 해를 가하는 데 사용할 수 있는 일체의 물건을 포함한다고 풀이할 것…한편 이러한 물건을 '휴대하여'라는 같은 법조 소정의 휴대라는 말은 소지뿐만 아니라 널리 이용한다는 뜻도 있으므로, 원심이 적법하게 확정한 바와 같이 피고인은 향토예비군설치법위반으로 피고인을 연행하려는 경찰관을 뿌리치고 도망가다가 경찰관 구○○의 추격을 당하자 부근에 세워두었던 서울 4가96XX호 승용차에 올라 타 문을 잠그고 출발하여 도주하려고 하던 중, 위 구○○가 위 승용차 본넷트 위에 뛰어 올라 운전석 앞 유리창을 몸으로 막고 도주하지 못하게 하여 피고인을 체포하려고 하자 그대로 약 500미터 가량을 시속 30킬로미터로 진행하다가 진행방향을 갑자기 오른쪽으로 바꾸어 위 구○○를 도로에 나가 떨어지게 하여, 그로 하여금 약 6주일의 치료를 요하는 좌측 측두골골절상 및 뇌진탕 등의 상해를 입게 하였다는 것이므로, 피고인의 소위는 위험한 물건인 자동차를 이용하여 위 구○○의 공무집행을 방해하고 그로 인하여 구○○에게 상해를 입게 하였다고 할 것인즉, 같은 취지에서 피고인의 소위에 대하여 형법 제144조 제2항, 제1항, 제136조를 적용한 원심조치에 소론과 같은 위법이 있다고 할 수 없으므로 상고는 그 이유가 없다"(**대판** 1984. 10. 23, 84 **도** 2001).
97) 김성돈, 763면; 김/서, 895면; 박상기, 675면; 배종대, 867면; 오영근, 977면; 이재상, 768면; 이정원, 727면; 이형국, 826면; 정영일, 816면.
98) "특수공무집행방해치상죄는 원래 결과적 가중범이기는 하지만, 이는 중한 결과에 대하여 예견가능성이 있었음에 불구하고 예견하지 못한 경우에 벌하는 진정 결과적가중범이 아니라, 그 결과에 대한 예견가능성이 있었음에도 불구하고 예견하지 못한 경우뿐만 아니라 고의가 있는 경우까지도 포함하는 부진정 결과적가중범이다"(대판 1995. 1. 20, 94 도 2842. 同旨, 대판 1990. 6. 26, 90 도 765).

제8장 도주와 범인은닉의 죄

제1절 개 설

I. 의의, 보호법익, 입법례

1. 도주의 죄

도주의 죄란 "법률에 의하여 체포·구금된 자가 도주하거나, 법률에 의하여 구금된 자를 탈취 또는 도주하게 함으로써 성립하는 범죄"이다. 도주죄의 보호법익은 '국가의 구금권 내지 구금기능'이고, 보호의 정도는 '침해범'이다.[1]

도주의 죄에 있어서 독일, 오스트리아, 프랑스 등 대부분의 입법례를 보면, 자기도주 내지 단순도주는 처벌하지 않고, 특수도주죄 또는 도주원조죄만을 처벌하고 있다.[2] 그러나 우리 형법은 자기도주를 처벌하고 있다. 구금된 자가 자유를 찾아 도주하는 것은 '인간의 본성'에 비추어 자연스러운 행동이며, 구금된 자가 도주하지 않도록 기대할 수 없으므로(기대불가능성), 그리고 구금된 자를 도주하지 못하도록 하는 것은 국가의 형벌의무에 속한 것이므로, 입법론상 단순도주죄(제145조 자기도주죄)는 폐지함이 타당하다고 생각한다.[3]

2. 범인은닉죄

범인은닉죄란 "벌금 이상의 형에 해당하는 죄를 범한 자를 은닉 또는 도피하게 함으로써 성립하는 범죄"이다. 범인은닉죄의 보호법익은 '국가의 형사사법

---

1) 권오걸, 1388면; 김성돈, 764면; 김성천, 1366면; 김/서, 898면; 박상기, 675면; 배종대, 869면; 백형구, 604면; 손동권, 811면; 오영근, 979면; 이재상, 769면; 이정원, 728면; 정/박, 873면; 정영일, 817면; 진/이, 900면.
2) 독일형법 제120-121조, 오스트리아형법 제300조, 프랑스형법 제434-27조 이하 참조.
3) 비슷한 취지로는 서일교, 344면; 손동권, 815면; 오영근, 980면; 정영석, 72면.

기능'이고, 보호의 정도는 '추상적 위험범'이다.[4]

범인은닉죄는 연혁적으로 보건대 사후종범의 하나로 인정되어 왔다. 현행 독일형법에서도 이 흔적을 찾아볼 수 있다. 즉 독일형법은 우리 형법상 범인 은닉죄에 해당하는 범죄를 '범인비호(Begünstigung)와 장물(Hehlerei)'의 죄의 장(제21장: 제257조 이하)에서 장물죄와 함께 규정하고 있다. 이에 비하여 우리 형법은 범인은닉죄를 순전히 국가적 법익에 대한 범죄로 규정하고 있는 특색 을 보이고 있다.

Ⅱ. 도주와 범인은닉의 죄의 체계

형법상 도주와 범인은닉의 죄는 도주죄, 도주원조죄, 범인은닉죄라고 하는 세 가지 독립유형으로 나누어 볼 수 있다. ① 도주죄의 기본유형은 단순도주죄 (제145조 제1항)이고, 특수도주죄(제146조)는 행위태양으로 인한 불법가중유형이며, 집합명 령위반죄(제145조 제2항)는 진정부작위범형태의 도주죄를 특별히 규정한 것이다. ② 도주원조죄의 기본유형은 단순도주원조죄(제147조)이고, 간수자도주원조죄(제148조) 는 신분으로 인한 책임가중유형이다. 모든 도주죄의 미수범은 처벌되며(제149조), 도주원조죄는 예비·음모까지도 처벌한다(제150조). ③ 형법상 범인은닉죄는 1개 의 범죄(제151조 제1항)로 구성되어 있다. 그리고 범인은닉죄에 있어서는 친족간의 특 례가 규정되어 있다(제151조 제2항).

제 2 절 개별적 범죄유형

Ⅰ. 단순도주죄

제145조 [도주, 집합명령위반] 제1항 "법률에 따라 체포되거나 구금된 자가 도주 한 경우에는 1년 이하의 징역에 처한다."

---

4) 권오걸, 1396면; 김성돈, 764면; 김성천, 1366면; 김/서, 898면; 박상기, 675면; 오영근, 979 면; 이재상, 769면; 이정원, 728면; 정/박, 873면; 정영일, 827면; 진/이, 901면.

1. 의의, 보호법익

본죄는 "법률에 따라 체포·구금된 자가 도주함으로써 성립하는 범죄"이다. 도주죄의 기본유형이다. 본죄의 보호법익은 '국가의 구금권 내지 구금기능'이고, 보호의 정도는 '침해범'이다.[5]

2. 구성요건

본죄의 구성요건은 법률에 따라 체포·구금된 자가 도주하는 것이다.

(1) 행위의 주체

행위의 주체는 법률에 따라 체포되거나 구금된 자이다(진정신분범). '법률에 따라 체포되거나 구금된 자'란 법률에 따라 적법하게 신체의 자유를 박탈당한 자로 해석된다. 따라서 형사소송법상의 체포 또는 구금이라는 형식적 자구에 구애되지 않고, 체포·구금 이외에 구속·구인·감정유치·감호처분·보호처분 등 '법률에 따라 실질적으로 신체의 자유를 박탈당한 자'는 본죄의 주체가 된다고 보아야 한다. 본죄는 국가의 구금권, 즉 신체의 자유에 대한 박탈권을 보호하고자 하는 것이기 때문이다. 형사소송법 제69조도 "본법에서 구속이라 함은 구인과 구금을 포함한다"라고 규정함으로써, 구속·구금·구인을 함께 취급하고 있다.

본죄의 주체에 속하는 자로서는 유죄의 확정판결을 받고 자유형을 집행 중인 수형자, 재판확정 전의 미결구금자(구속된 피고인·피의자),[6] 벌금미납으로 인한 환형처분으로 노역장에 유치된 자(형법 제69조), 영장에 의하지 않고 긴급체포된 자(형소법 제200조의 3), 현행범으로 체포되어 수사기관에 인도된 자(형소법 제212조, 제213조, 제213조의 2), 감정유치된 자(형소법 제172조 제3항)가[7] 있다. 구인도 실질적으로 체포와 동일하기 때문에 '구인'된 피고인(형소법 제71조)과 피의자(형소법 제201조의 2 제2항)도 본죄의 주체가 된다.[8] 그 밖에

---

5) 권오걸, 1388면; 김성돈, 765면; 김성천, 1366면; 김/서, 899면; 박상기, 675면; 백형구, 604면; 오영근, 980면; 이재상, 769면; 이정원, 728면; 정/박, 873면; 정영일, 817면; 진/이, 900면.

6) 실형을 선고받은 후 법원이 발부한 구속영장이 집행되어 교도관에 의해 법정 내 피고인대기실에 인치된 자도 도주죄의 주체로 판단한 판례로는 대판 2023. 12. 28, 2020 도 12586.

7) 권오걸, 1389면; 김석휘, 주석 각칙 상, 194면; 배종대, 870면; 백형구, 605면; 오영근, 982면; 이재상, 771면; 정/박, 875면; 진/이, 902면.

8) 권오걸, 1389면; 김성돈, 766면; 김/서, 900면; 배종대, 870면; 오영근, 981면; 유기천, 하권, 324면; 이정원, 730면; 이재상, 771면; 정/박, 876면; 진/이, 903면. 반대설은 김성천, 1367면; 박상기, 676면; 배종대, 870면.

소년법($\frac{제32조 제1항}{제8-10호}$)에 따라 소년원에 수용된 자,[9] 치료감호법($\frac{제12조}{제16조}$)에 따라 치료감호시설에 수용된 자(피치료감호자)도 주체에 포함된다. 치료감호시설에 수용된 피치료감호자의 도주는 특별히 치료감호법 제52조 벌칙규정의 적용을 받지만,[10] 피치료감호자가 도주죄의 주체가 될 수 있다는 기본적 해석원리에는 변함이 없다.

구인영장에 의하여 '구인된 증인'($\frac{형소법 제152}{조, 제155조}$)의 경우에는 구인의 취지가 증인의 신체의 자유를 박탈하는 데 있는 것이 아니라 증언을 받기 위함에 있으므로, 국가의 구금권과는 무관하다고 보아, 본죄의 주체가 되지 않는다고 함이 타당하다($\frac{}{다수}$).[11] '사인'에 의하여 현행범으로 체포된 자($\frac{형소법}{제212조}$)는 수사기관에 인도되기 전까지는 국가의 구금권을 침해할 여지가 없으므로 주체가 될 수 없다고 본다.[12] 경찰관직무집행법($\frac{제4}{조}$)에 따라 보호조치 중에 있는 자, 감염병의 예방 및 관리에 관한 법률($\frac{제47조 제3호 및 제}{49조 제1항 제14조}$)에 따라 격리수용된 자, 아동복지시설에 수용된 자는 구금된 자가 아니므로 본죄의 주체에 해당하지 않는다. 가석방 중인 자, 보석 중인 자, 형집행이 정지된 자는 신체의 자유를 누리고 있으므로, 애당초 도주의 개념과 상용(相容)되지 않는 자이다.

(2) 실행행위

실행행위는 도주하는 것이다. '도주'란 신체의 자유를 박탈당한 상태로부터 이탈하는 것을 말한다. 특수도주죄($\frac{제146}{조}$)에 규정된 행위방법을 제외하고는 작위이든 부작위이든, 이탈의 수단·방법을 불문한다. 일시적 이탈도 도주에 해당한다.

도주의 실행의 착수시기는 체포·구금기능이 침해되기 시작한 때이다. 도주의 기수시기는 간수자의 실력적 지배에서 벗어난 때, 즉 국가의 구금기능이 침해된 때이다(침해범). 아직 추적을 받고 있거나 수용시설에서 벗어나지 못한

---

9) 권오걸, 1390면; 김성돈, 767면; 김성천, 1367면; 김/서, 901면; 박상기, 676면; 배종대, 871면; 백형구, 605면; 오영근, 982면; 이재상, 772면; 정/박, 876면; 진/이, 903면. 반대설은 서일교, 344면; 유기천, 하권, 324면.

10) 치료감호법 제52조는 형법 제145조 제1항에 대하여 특별법의 위치에 선다.

11) 권오걸, 1390면; 김성돈, 767면; 김성천, 1367면; 박상기, 676면; 배종대, 870면; 서일교, 345면; 오영근, 982면; 이재상, 771면; 정/박, 876면; 정영일, 818면; 진/이, 903면. 반대설은 김석휘, 주석 각칙 상, 194면; 백형구, 605면; 정영석, 73면.

12) 김성천, 1367면; 김/서, 900면; 박상기, 677면; 배종대, 870면; 백형구, 604-5면; 이재상, 771면; 정/박, 875면; 진/이, 902면. 반대설은 오영근, 982면; 정영석, 73면; 정영일, 819면.

경우에는 기수라고 할 수 없다. 본죄의 미수범은 처벌한다($^{제149}_{조}$).

도주죄는 간수자의 실력적 지배를 벗어나면 곧바로 기수가 되지만, 도주행위가 계속되고 있는 한―도주 중인 한―도주죄가 종료하지 아니하고 계속되는 것으로 평가되는 범죄로서, '계속범'에 속한다. 기수 이후에도 도주 중인 범인을 방조한 자는 도주죄의 방조범이 되며,[13] 도주 중인 자를 누구든지 현행범으로 체포할 수 있고, 공소시효는[14] 도주행위가 종료된 시점, 즉 도주자가 다시 체포된 시점에서부터 진행한다고 본다. 따라서 도주죄를 즉시범이라고 하는 학설($^{다수}_{설}$)[15] 및 판례와[16] 도주 중에도 공소시효가 진행한다고 본 대법원판결은[17] 부당하다고 하겠다.

3. 형   벌

1년 이하의 징역에 처한다. 미수범은 처벌한다($^{제149}_{조}$).

II. 집합명령위반죄

제145조 제2항   "제1항의 구금된 자가 천재지변이나 사변 그 밖에 법령에 따라 잠시 석방된 상황에서 정당한 이유없이 집합명령에 위반한 경우에도 제1항의 형에 처한다."

1. 의의, 성격

본죄는 "법률에 의하여 구금된 자가 천재지변이나 사변 그 밖에 법령에 따라 잠시 석방된 상황에서 정당한 이유없이 집합명령에 위반함으로써 성립하는 범죄"이다. 본죄는 집합명령에 위반함, 즉 집합명령에 응하지 '아니함'에 의하여 성립하기 때문에 '진정부작위범'에 속한다.[18] 그리고 집합명령에 응하지

---

13) 이 때 도주죄의 방조범과 범인은닉죄의 상상적 경합이 성립한다.
14) 단순도주죄의 공소시효는 3년이다.
15) 권오걸, 1390면; 김/서, 899면; 박상기, 677면; 배종대, 871면; 오영근, 983면; 이재상, 772면; 이형국, 832면; 정영일, 819면; 진/이, 902면.
16) "도주죄는 즉시범으로서 범인이 간수자의 실력적 지배를 이탈한 상태에 이르렀을 때에 기수가 되어 도주행위가 종료하는 것"(**대판** 1991. 10. 11, 91 **도** 1656).
17) "도주죄에 대하여서는 시효가 진행 안된다는 소론은 독자적 견해에 불과"(**대판** 1979. 8. 31, 79 **도** 622).
18) 김성돈, 768면; 김성천, 1368면; 김/서, 903면; 박상기, 677면; 배종대, 872면; 백형구, 607

아니하는 부작위행위가 계속되는 한, 집합명령위반죄는 종료하지 아니하고 계속되는 것으로 평가될 것이기 때문에 '계속범'에 속한다.[19]

2. 구성요건

본죄의 구성요건은 법률에 의하여 구금된 자가 천재지변이나 사변 그 밖에 법령에 따라 잠시 석방된 상황에서 정당한 이유없이 집합명령에 위반하는 것이다.

행위의 주체는 법률에 의하여 구금된 자이다(진정신분범). 천재지변·사변 또는 이에 준하는 상태에서 불법으로 출소한 자는 본죄의 주체가 되지 않고, 도주죄를 구성한다.

'정당한 이유없이'란 집합명령에 응할 수 없는 적법한 이유가 없음을 말한다. 정당한 이유에는 불가항력적 사유도 포함된다. 정당한 이유가 있으면 행위의 위법성이 조각된다고 본다.

'형의 집행 및 수용자의 처우에 관한 법률'은 천재지변 기타 사변으로 인하여 교정시설에서 석방된 자는 석방 후 24시간 내에 교정시설 또는 경찰관서에 출석하여야 한다고 규정하고($^{제102조}_{제4항}$), 정당한 이유없이 이에 위반한 자는 1년 이하의 징역에 처하도록 하고 있다($^{제134조}_{제1호}$).

본죄는 집합명령에 응하지 않음으로써 즉시 '기수'가 된다(진정부작위범). 그러므로 본죄의 미수범처벌규정($^{제149}_{조}$)이 있다고 하더라도, 실제로 본죄의 미수범이 성립하기는 어렵다.

Ⅲ. 특수도주죄

제146조 [특수도주] "수용설비 또는 기구를 손괴하거나 사람에게 폭행 또는 협박을 가하거나 2인 이상이 합동하여 전조 제1항의 죄를 범한 자는 7년 이하의 징역에 처한다."

면; 오영근, 984면; 이재상, 773면; 이형국, 833면; 정/박, 879면; 진/이, 905면.

19) 김성돈, 768면; 김/서, 902면; 박상기, 677면; 배종대, 872면; 백형구, 606면; 유기천, 하권, 325면; 정/박, 879면; 진/이, 905면.

1. 의의, 성격

본죄는 "법률에 의하여 체포·구금된 자가 수용설비 또는 기구를 손괴하거나, 사람에게 폭행 또는 협박을 가하거나, 2인 이상이 합동하여 도주함으로써 성립하는 범죄"이다. 단순도주죄에 대하여 행위태양으로 인한 불법가중유형이다.

2. 구성요건

구성요건은 법률에 의하여 체포·구금된 자가 수용설비 또는 기구를 손괴하거나, 사람에게 폭행 또는 협박을 가하거나, 2인 이상이 합동하여 도주하는 것이다.

행위의 주체는 법률에 의하여 체포·구금된 자이다(진정신분범).

행위태양에는 다음 세 가지가 있다. 즉 ① 수용설비 또는 기구를 손괴하여 도주하는 것, ② 사람에게 폭행 또는 협박을 가하여 도주하는 것, ③ 2인 이상이 합동하여 도주하는 것.

①과 ②의 경우는 손괴행위 또는 폭행·협박행위와 도주행위의 '결합범'이다. 따라서 그 실행의 착수시기는 손괴행위 또는 폭행·협박행위의 개시에 있고, 기수시기는 도주한 때이다.

(1) 수용설비 또는 기구의 손괴

'수용설비'란 신체의 자유를 계속적으로 박탈하거나 제한하기 위한 설비를 말한다. 교도소·구치소·소년교도소·치료감호시설·경찰서의 유치장(형의집행 및수용자의 처우에 관한 법률 제87조) 등의 구금·구속장소가 여기에 해당한다. 피고인·수형자 등의 호송용 내지 이감용 차량도 이에 해당한다. '기구'란 신체를 직접 속박하는 데 사용되는 장비를 말한다. 포승·수갑 등의 보호장비(형의 집행 및 수용자의 처우에 관한 법률 제98조)가 여기에 해당한다. '손괴'란 수용설비·기구를 물리적으로 훼손하는 것을 말한다. 손괴죄에서의 손괴는 재물의 효용을 해한다는 관점에서 파악하지만, 본죄의 손괴는 효용과는 무관하게 물리적 훼손의 관점에서 파악한다.[20] 따라서 구금장소의 자물통을 열거나, 단순히 수갑을 풀고 달아나는 것만으로는 단순도주죄를

20) 김성돈, 769면; 김/서, 905면; 배종대, 872면; 백형구, 607면; 오영근, 987면; 유기천, 하권, 325면; 이재상, 774면; 이정원, 733면; 이형국, 834면; 정/박, 881면; 정영일, 822면; 진/이, 907면.

구성할 뿐이다. 그리고 손괴는 도주의 수단으로 행해져야 한다. 수갑을 찬 채로 도주하고 나서, 나중에 수갑을 풀기 위하여 손괴하였다면, 본죄가 아니라 단순도주죄와 손괴죄의 문제가 된다. 도주할 의사로 수용설비·기구를 손괴하기 시작한 때, 본죄의 실행의 착수가 인정된다.

(2) 사람에 대한 폭행·협박

'폭행'은 사람의 신체에 대한 직접·간접의 유형력의 행사를 말한다(광의의 폭행). '협박'은 해악을 가할 것을 고지하는 것인데, 상대방의 의사결정의 자유를 제한할 정도임을 요하지 않는다(광의의 협박). 따라서 상대방이 현실적으로 공포심을 가졌을 필요는 없다. 사람에 대한 폭행·협박은 도주의 수단으로 간수자나 그 협력자에게 행해져야 한다. 본죄의 착수시기는 도주의 의사로 폭행·협박하기 시작한 때이다.

(3) 2인 이상의 합동도주

2인 이상의 합동은 합동범에 있어서의 합동을[21] 의미한다. 즉 '시간적·장소적 협동'을 뜻한다(현장설). 2인 이상의 자는 모두 법률에 의하여 구금된 자이어야 하고, 제3자는 본죄의 주체가 되지 못한다. 제3자의 도주협력행위는 도주원조죄($\frac{제147}{조}$)를 구성한다. 합동도주는 합동한 각자가 모두 도주에 착수하여야 한다. 반드시 동시일 필요는 없지만 동일한 기회에 도주하여야 한다. 기수·미수는 합동한 각자를 기준으로 하여 개별적으로 논한다.

2인 이상이 합동으로 수용시설을 손괴하고 또 간수자를 폭행하여 도주한 때에는 포괄일죄가 성립한다.

3. 형　벌

7년 이하의 징역에 처한다. 미수범은 처벌한다($\frac{제149}{조}$).

Ⅳ. 단순도주원조죄

제147조 [도주원조] "법률에 의하여 구금된 자를 탈취하거나 도주하게 한 자는 10년 이하의 징역에 처한다."

---

21) 총론, 484-5면 참조.

1. 의의, 성격

본죄는 "법률에 의하여 구금된 자를 탈취하거나 도주하게 함으로써 성립하는 범죄"이다. 본죄는 도주죄의 '방조 또는 교사'에 해당하는 행위를 '독립된 구성요건'으로 규정한 것이다.[22] 따라서 본죄에는 총칙상의 공범규정이 적용되지 않는다.

구금되지 않고 신체의 자유를 누리고 있는 제3자가 구금된 자를 도주하게 하는 행위는 구금된 자가 스스로 자유를 찾아 도주하는 행위($\substack{제145\\조}$)에 비하여 적법행위기대가능성이 높다고 보아, 본죄는 단순도주죄에 비하여 법정형이 훨씬 높게 설정되어 있다.

2. 구성요건

본죄의 구성요건은 법률에 의하여 구금된 자를 탈취하거나 도주하게 하는 것이다.

(1) 행위의 주체

법률에 의하여 구금된 자(본죄의 객체에 해당하는 자)를 제외한 모든 사람은 본죄의 주체가 될 수 있다. 법률에 의하여 구금된 자는 도주죄($\substack{제145조\\제146조}$)의 주체가 될 수 있을 뿐이다.

(2) 행위의 객체

행위의 객체는 법률에 의하여 구금된 자이다. 구금은 적법한 것이어야 한다. 아직 구금단계에 도달하지 못하고, 체포되어 연행 중인 자는 본죄의 객체가 될 수 없다.[23]

(3) 실행행위

실행행위는 탈취하거나 도주하게 하는 것이다.

'탈취'란 피구금자를 간수자의 실력적 지배로부터 자기 또는 제3자의 지배하에 옮기는 것을 말한다. 피구금자를 해금(解禁)하되 자기 또는 제3자의 지

---

22) 권오걸, 1394면; 김성돈, 770면; 박상기, 678면; 배종대, 873면; 손동권, 817면; 오영근, 988면; 이재상, 774면; 이정원, 734면; 이형국, 835면; 정/박, 882면; 정영일, 824면; 진/이, 908면.
23) 김성돈, 770면; 김성천, 1370면; 김/서, 908면; 배종대, 873면; 오영근, 988면; 유기천, 하권, 326면; 이재상, 775면; 이정원, 734면; 이형국, 836면; 정/박, 883면; 정영일, 824면; 진/이, 909면.

배하에 옮기지 않는 것은 탈취가 아니고 도주하게 하는 것에 해당한다. 탈취의 수단·방법은 폭행·협박·기망·매수·유혹 등을 불문한다. 피구금자의 동의 여부나 도주의사의 유무도 묻지 않는다. 탈취의 착수시기는 구금상태를 배제하기 시작한 때이고, 기수시기는 피구금자를 자기 또는 제3자의 실력적 지배하에 두었을 때이다.

'도주하게 한다'는 것은 피구금자의 도주행위를 야기시키거나 도주행위를 용이하게 하는 일체의 행위를 말한다. 도주의 의사가 없던 피구금자로 하여금 도주의사를 갖도록 교사하여 도주행위를 야기하든, 도주를 돕는 방조이든 불문한다. 감방문을 열어주는 것, 수갑을 풀어주는 것, 도주를 막는 간수자를 폭행·협박하는 것 등이 여기에 해당한다. 본죄의 기수시기는 피구금자가 간수자의 실력적 지배로부터 이탈한 때이다. 본죄의 착수시기는 도주행위가 야기된 시점 혹은 도주에 대한 방조행위가 개시된 시점이다. '교사'의 방법을 취한 경우에, 도주의 의사를 야기하는 교사행위만으로는 본죄의 실행의 착수를 인정할 수 없으며, 교사행위로 인하여 도주행위가 현실적으로 야기된 시점에 실행의 착수가 있다고 본다.

이미 도주한 범인을 사후에 돕는 행위는 도주죄의 방조범과 범인은닉죄의 상상적 경합이 성립하고, 도주원조죄를 구성하지는 않는다.[24]

3. 형 벌

10년 이하의 징역에 처한다. 미수범은 처벌한다($\frac{제149}{조}$). 본죄를 범할 목적으로 예비·음모한 자는 3년 이하의 징역에 처한다($\frac{제150}{조}$).

V. 간수자도주원조죄

제148조 [간수자의 도주원조] "법률에 의하여 구금된 자를 간수 또는 호송하는 자가 이를 도주하게 한 때에는 1년 이상 10년 이하의 징역에 처한다."

---

24) "도주원조죄는 도주죄에 있어서의 범인의 도주행위를 야기시키거나 이를 용이하게 하는 등 그와 공범관계에 있는 행위를 독립한 구성요건으로 하는 범죄이므로, 도주죄의 범인이 도주행위를 하여 기수에 이르른 이후에 범인의 도피를 도와주는 행위는 범인도피죄에 해당할 수 있을 뿐, 도주원조죄에는 해당하지 아니한다"(대판 1991. 10. 11. 91 도 1656).

1. 의의, 성격

본죄는 "법률에 의하여 구금된 자를 간수 또는 호송하는 자가 이를 도주하게 함으로써 성립하는 범죄"이다. 간수자 또는 호송자라는 신분으로 인하여 책임이 가중되는 범죄유형이다. 본죄는 '부진정신분범'이다.[25]

2. 구성요건

행위의 주체는 법률에 의하여 구금된 자를 간수 또는 호송하는 자이다. '간수 또는 호송하는 자'란 간수 또는 호송의 임무를 가진 자를 말한다. 간수 또는 호송의 임무는 법령의 근거를 요하지 않고 현실적으로 그 임무에 종사하면 족하다.[26] 따라서 반드시 공무원일 필요는 없다.

행위의 객체는 법률에 의하여 구금된 자이다. 현행범을 체포한 사인이 아직 체포단계에 있는 자를 수사기관에 인도하지 않고 풀어준 것은 본죄를 구성하지 않는다.

실행행위는 도주하게 하는 것이다. 부작위로도 가능하다. 이미 도주의사를 가진 자의 도주행위를 용이하게 하는 방조도 본죄에 해당한다. 피구금자가 도주한 때 본죄는 기수가 되고, 도주하게 했으나 피구금자가 도주하지 못한 때에 미수가 성립한다.

3. 공범과 신분

본죄는 부진정신분범이므로 간수자라는 신분이 없는 자(비신분자)가 간수자(신분자)에게 가공하여 피구금자를 도주하게 한 경우에 '이론상' 형법 제33조 '단서'가 적용된다. 다만 단순도주원조죄(제147조)는 도주에 대한 '비신분자'의 '공범형태'까지도 포함하여 특별히 독립된 '정범'형식의 구성요건으로 규정하였으므로, 비신분자의 죄책을 논함에 있어서 이 점을 고려하여야 한다. 따라서 위의 경우에 신분자는 간수자도주원조죄(제148조)의 정범으로 처벌되고, '비신분자'는 '단순도주원조죄'(제147조)의 '정범'으로 처벌된다.

---

25) 권오걸, 1395면; 김성돈, 771면; 김성천, 1370면; 김/서, 910면; 박상기, 679면; 오영근, 990면; 유기천, 하권, 326면; 이정원, 735면; 이형국, 837면; 정/박, 884면.

26) 권오걸, 1395면; 김성돈, 771면; 김성천, 1370면; 김/서, 910면; 배종대, 874면; 오영근, 990면; 이재상, 776면; 이정원, 735면; 이형국, 837면; 정/박, 884면; 정영일, 825면; 진/이, 910면.

4. 형   벌

1년 이상 10년 이하의 징역에 처한다. 미수범은 처벌한다($\frac{제149}{조}$). 본죄를 범할 목적으로 예비·음모한 자는 3년 이하의 징역에 처한다($\frac{제150}{조}$).

Ⅵ. 범인은닉죄

<u>제151조 [범인은닉과 친족간의 특례] 제1항</u> "벌금 이상의 형에 해당하는 죄를 범한 자를 은닉 또는 도피하게 한 자는 3년 이하의 징역 또는 500만원 이하의 벌금에 처한다."
<u>제2항</u> "친족 또는 동거의 가족이 본인을 위하여 전항의 죄를 범한 때에는 처벌하지 아니한다."

1. 의의, 성격, 보호법익

본죄는 "벌금 이상의 형에 해당하는 죄를 범한 자를 은닉 또는 도피하게 함으로써 성립하는 범죄"이다. 범인은닉죄는 본범이 성립한 후에 본범인 범인을 비호하는 행위를 처벌하고자 하는 독립된 범죄유형이다. 따라서 본죄는 도주원조죄, 증거인멸죄, 장물죄와 함께 '범인비호적 성격'을 갖는다.

본죄의 보호법익은 '국가의 형사사법기능'이고, 보호의 정도는 '추상적 위험범'이다.[27]

2. 구성요건

본죄의 구성요건은 벌금 이상의 형에 해당하는 죄를 범한 자를 은닉 또는 도피하게 하는 것이다.

(1) 행위의 주체

행위의 주체는 본범 이외의 자이면, 아무런 제한이 없다. 여기에서 '본범'(本犯, Vortat)이라[28] 함은 '벌금 이상의 형에 해당하는 죄를 범한 자'를 말한다. 본범 자신은 본죄의 구성요건해당성이 없다.[29] 친족간의 특례($\frac{제151조}{제2항}$)는 본범과 친족

---

27) 권오걸, 1396면; 김성돈, 772면; 김성천, 1366면; 박상기, 679면; 오영근, 992면; 이재상, 769면; 이정원, 728면; 정/박, 885면; 정영일, 827면; 진/이, 901면.
28) 본범이라는 용어는 장물죄 중 제365조 제2항에서 등장한다.
29) 이 점을 명백히 하고 있는 견해로서는 배종대, 875면; 오영근, 992면; 이재상, 777면; 정/

관계에 있는 자를 일신상의 사유로 처벌하지 않는 것(책임조각사유)일 뿐이지, 친족 등이 본죄의 주체가 될 수 없는 것은 아니다.

본범과 공동정범관계에 있는 자가 본범을 도피시키면 본죄가 성립한다.[30] 본범 이외의 자는 누구나 본죄의 주체가 될 수 있기 때문이다.

본범이 제3자를 교사하여 자신을 은닉·도피하게 한 경우에 본죄의 교사범이 성립하는가가 문제된다. 긍정설은 타인을 교사하여 본죄를 범하게 하는 것은 자기비호권의 한계를 일탈한 것으로서 교사범의 성립을 인정하여야 한다고 한다.[31] 그러나 타인을 교사하여 자신을 은닉하게 하는 것도 자기비호의 연장으로서 보아 교사범의 성립을 부정함이 타당하다(달수).[32] 또 정범이 될 수 없는 본범을 교사범으로 처벌할 수 있다는 것은 본죄의 취지에도 부합하지 않는 것으로 생각된다.

판례는 범인이 자신을 위하여 타인으로 하여금 허위의 자백을 하게 함으로써 범인도피죄를 범하게 한 경우에 방어권의 남용으로 범인도피교사죄의 성립을 긍정한다(대판 2000. 3. 24.\n2000 도 20).[33] [34]

(2) 행위의 객체

행위의 객체는 벌금 이상의 형에 해당하는 죄를 범한 자이다.

박, 885면.

30) 대결 1958. 1. 14, 4290 형상 393.

31) 백형구, 613면; 정영석, 80면; 정영일, 829면; 황산덕, 85면.

32) 김성천, 1371면; 김/서, 912면; 박상기, 680면; 배종대, 875면; 서일교, 352면; 오영근, 992면; 이재상, 777면; 이형국, 838면; 정/박, 886면; 진/이, 912면. 제한긍정설의 견해로는 권오걸, 1398면; 김성돈, 773면.

33) "판결요지:범인이 자신을 위하여 타인으로 하여금 허위의 자백을 하게 하여 범인도피죄를 범하게 하는 행위는 방어권의 남용으로 범인도피교사죄에 해당하는바, 이 경우 그 타인이 형법 제151조 제2항에 의하여 처벌을 받지 아니하는 친족, 호주 또는 동거가족에 해당한다 하여 달리 볼 것은 아니다. 무면허 운전으로 사고를 낸 사람이 동생을 경찰서에 대신 출두시켜 피의자로 조사받도록 한 행위는 범인도피교사죄를 구성한다"(대판 2006. 12. 7, 2005 도 3707).

34) "범인 스스로 도피하는 행위는 처벌되지 아니하는 것이므로, 범인이 도피를 위하여 타인에게 도움을 요청하는 행위 역시 도피행위의 범주에 속하는 한 처벌되지 아니하는 것이며, 범인의 요청에 응하여 범인을 도운 타인의 행위가 범인도피죄에 해당한다고 하더라도 마찬가지이다. 다만 범인이 타인으로 하여금 허위의 자백을 하게 하는 등으로 범인도피죄를 범하게 하는 경우와 같이 그것이 방어권의 남용으로 볼 수 있을 때에는 범인도피교사죄에 해당할 수 있다(대법원 2000. 3. 24. 선고 2000도20 판결 등 참조). 이 경우 방어권의 남용이라고 볼 수 있는지 여부는, 범인을 도피하게 하는 것이라고 지목된 행위의 태양과 내용, 범인과 행위자의 관계, 행위 당시의 구체적인 상황, 형사사법의 작용에 영향을 미칠 수 있는 위험성의 정도 등을 종합하여 판단하여야 할 것"(대판 2014. 4. 10, 2013 도 12079).

(가) 벌금 이상의 형에 해당하는 죄   '벌금 이상의 형에 해당하는 죄'란 법정형에 벌금 이상의 형을 포함하고 있는 범죄를 말한다. 법정형 중에 벌금 이상의 형이 규정되어 있는 한, 선택형으로 벌금보다 경한 구류·과료가 규정되어 있어도 무방하다. 형법전 각칙상의 범죄는 모두 벌금 이상의 형에 해당하는 죄에 속한다.

(나) 죄를 범한 자   '죄를 범한 자'는 정범뿐만 아니라 교사범과 방조범을 포함한다. 기수범·미수범 이외에 예비·음모죄를 범한 자도 포함한다. 유죄판결이 확정된 자뿐만 아니라 공소가 제기된 자(피고인) 또는 아직 기소되지 않고 단지 수사의 대상으로 되어 있는 자(피의자)도 여기에 해당한다.

본범이 피고인·피의자인 경우에는 본범이 범죄의 세 가지 성립요건을 갖추어야 할 뿐만 아니라 처벌요건 및 소추요건까지를 구비하여, 공소제기의 가능성과 유죄판결의 가능성이 있어야 한다.[35] 따라서 무죄판결이나 면소판결이 확정된 자, 공소시효의 완성·형의 폐지·사면으로 인하여 처벌할 수 없는 자는 본죄의 객체가 될 수 없다.

'친고죄'를 범한 자는 아직 피해자의 고소가 없더라도 고소기간이 경과하지 않아서 장차 피해자가 고소할 가능성이 있는 한 본죄의 객체가 된다(통).[36] 그러나 친고죄에서도 고소기간이 경과하거나 고소가 취소되는 등, 피해자의 고소권이 소멸함으로써 고소가능성이 없는 경우에는 본죄의 객체가 되지 않는다.[37]

본범이 검사에 의하여 '불기소처분'을 받은 경우에는 본죄의 객체가 된다는 긍정설과[38] 부정설이[39] 대립한다. 검사의 불기소처분이 확정되면 수사가 사실상 종결되고 피의자의 지위가 소멸하기 때문에, 본죄의 객체가 되지 않는다는

---

35) 권오걸, 1399면; 김성돈, 774면; 김성천, 1372면; 배종대, 876면; 백형구, 611면; 오영근, 993면; 이재상, 778면; 이형국, 838면; 정/박, 886면; 진/이, 912면.

36) 권오걸, 1401면; 김성돈, 774면; 김/서, 912면; 백형구, 611면; 서일교, 349면; 오영근, 993면; 유기천, 하권, 328면; 이재상, 778면; 이정원, 737면; 이형국, 839면; 정/박, 886면; 정영석, 77면; 진/이, 913면; 황산덕, 83면. 반대설은 배종대, 876면.

37) 권오걸, 1401면; 김성돈, 774면; 김/서, 912면; 백형구, 611면; 오영근, 993면; 유기천, 하권, 328면; 이재상, 778면; 이형국, 838면; 정/박, 886면; 진/이, 912면.

38) 김석휘, 주석 각칙 상, 205면; 김성천, 1373면; 김/서, 912면; 유기천, 하권, 328면; 이정원, 737면; 정/박, 887면; 정영일, 831면; 진/이, 913면.

39) 권오걸, 1401면; 김성돈, 774면; 배종대, 876면; 오영근, 996면; 이재상, 778면; 이형국, 839면. 백형구 변호사는 피의자의 도피를 이유로 기소중지한 피의자를 은닉한 경우에는 범인은닉죄가 성립하고, 그 외의 이유로 불기소처분한 경우에는 범인은닉죄가 성립하지 않는다고 하는데(동, 612면), 기본적으로는 부정설의 입장이다.

부정설이 타당하다고 본다.

죄를 범한 자가 '진범인'(眞犯人)이어야 하는가에 관하여 견해가 대립한다. ① 긍정설은[40] 본죄의 구성요건이 죄를 '범한' 자로 명시되어 있다는 점과 진범이 아닌 자의 은닉행위는 국가의 형사사법기능을 해할 위험이 없다는 것을 논거로 해서, 본죄의 객체를 실제로 죄를 범한 진범인에 한정하고자 한다. ② 단계적 구분설은[41] 수사개시 전의 단계에서는 진범이어야 하고, 수사단계에서는 진범 또는 진범이라고 강하게 의심되는 자이어야 하며, 소추·재판단계 및 형의 집행단계에서는 진범여부를 불문한다고 한다. ③ 그런데 진범인은 유죄판결이 확정되어야 비로소 알 수 있기 때문에 긍정설의 입장에서는 아직 진범인가의 여부가 불확실한 피의자·피고인을 은닉시킨 경우에는 본죄의 성립을 부정하게 되는 문제점이 있고, 더욱이 본범이 진범이 아니라고 오신하고 은닉한 행위자는 항상 본죄의 '고의'가 없는 것이 되어, 본죄의 입법목적을 달성하기 어렵게 된다. 단계적 구분설에서도 이러한 문제점은 남아있다. 현실적으로 대부분의 범인은닉죄는 진범의 확정단계 이전인 수사·소추단계에 있는 자의 은닉이 문제되고, 이 단계에서의 국가의 형사사법기능을 보호할 필요가 있다고 보아, '부정설'이[42] 타당하다고 생각한다. 그러므로 본죄의 객체는 진범인뿐만 아니라, 범죄혐의를 받아 수사 또는 소추를 받고 있는 자도 포함한다.[43] 후에 본범이 불기소처분을 받거나 무죄판결이 확정되더라도 본죄의 성립에 영향이 없다.

판례도 부정설의 입장이다.[44]

---

40) 권오걸, 1402면; 서일교, 349면; 오영근, 994면; 유기천, 하권, 327-8면; 이재상, 779면; 정/박, 888면.

41) 김/서, 913-4면; 정영일, 830면.

42) 김성돈, 775면; 김성천, 1373면; 박상기, 681면; 배종대, 876면; 백형구, 611면; 이정원, 738면; 이형국, 839면; 정영석, 77면; 진/이, 914면.

43) 수사대상이 되기 전에도 범인도피죄의 객체가 된다는 판례로는 "벌금 이상의 형에 해당하는 죄를 범한 자라는 것을 인식하면서도 도피하게 한 경우에는 그 자가 당시에는 아직 수사대상이 되어 있지 않았다고 하더라도 범인도피죄가 성립한다"(대판 2003. 12. 12, 2003 도 4533).

44) "범인은닉죄는 형사사법에 관한 국권의 행사를 방해하는 자를 처벌하고자 하는 것이므로, 형법 제151조 제1항의 이른바 죄를 범한 자라 함은 그 입법의 목적에 비추어 범죄의 혐의를 받아 수사대상이 되어 있는 자를 포함한다고 함이 당원의 판례(1960. 2. 24. 선고 4292형상555 결정 참조)로 하는 바이니, 가사 소론과 같이 구속수사의 대상이 된 공소 외 김○○이 그 후 무혐의로 석방되었다 하더라도 피고인에 대한 범인은닉죄의 성립에는 영향이 없다"(**대판 1982. 1. 26, 81 도 1931**).

(3) **실행행위**

실행행위는 은닉 또는 도피하게 하는 것이다.

'은닉'이란 수사기관의 발견·체포 또는 형의 집행을 면하거나 곤란하게 하기 위하여 범인을 숨겨주는 일체의 행위를 말한다. '도피하게 한다'는 것은 은닉 이외의 방법으로 수사기관의 발견·체포나 형의 집행을 곤란하게 하는 일체의 행위를 말한다.[45] 도피자금을 제공함으로써 도피를 방조하는 것, 자기가 범인이라고 수사기관에 허위신고하여 진범의 발견·체포에 지장을 주는 것,[46] 범인이 아닌 자를 범인으로 가장하게 하여 수사를 받도록 하는 것[47] 등이 '도피하게 하는 것'에 해당한다.

실행행위는 작위뿐만 아니라 부작위에 의해서도 가능하다. 다만 '부작위'에 의한 은닉·도피는 범인을 체포해야 할 보증인적 지위에 있는 자(예: 수사관)만이 그 주체가 될 수 있다. 그러므로 일반 사인이 범인을 신고하지 않거나 체포한 범인을 수사기관에 인도하지 않은 부작위만으로는 본죄를 구성하지 않는다.[48] 이 경우에 국가보안법($\frac{제10}{조}$)에 의하여 일정한 불고지행위가 처벌되는 것은 별개의 문제이다.

'작위'에 의하여 본범을 도피하게 하는 행위는 본범의 도주·피신을 '적극적으로' 용이하게 하는 것이어야 한다.[49] 단지 본범이 용이하게 도피할 수 있는 결과를 간접적으로 초래함에 그친 경우는 본죄에 해당하지 않는다. 따라서 수사기관에 참고인으로 출두하여 적극적으로 허위진술을 한 것이 아니라 단순히 범인으로 체포된 사람과 자기가 목격한 사람이 다르다는 정도의 허위진술을 함으로써 진범을 석방하는 결과를 가져온 경우에는 위계에 의한 공무집행방해죄의 성립은 별론으로 하고, 본죄를 구성하지는 않는다.[50] 공범 중 1인이

---

45) 대판 2018. 8. 1, 2015 도 20396; 1992. 6. 12, 92 도 736; 1990. 12. 26, 90 도 2439.
46) 대판 1996. 6. 14, 96 도 1016; 1977. 2. 22, 76 도 3685.
47) 대판 1967. 5. 23, 67 도 366.
48) 대판 1984. 2. 14, 83 도 2209.
49) 비슷한 취지로 박상기, 683면.
50) "원래 수사기관은 범죄사건을 수사함에 있어서 피의자나 참고인의 진술 여하에 불구하고 피의자를 확정하고 그 피의사실을 인정할 만한 객관적인 제반증거를 수집·조사하여야 할 권리와 의무가 있는 것이므로, 참고인이 범인아닌 다른 자를 진범이라고 내세우는 경우 등과 같이 적극적으로 허위의 사실을 진술하여 수사관을 기만, 착오에 빠지게 함으로써 범인의 발견·체포에 지장을 초래케 하는 경우와는 달리, 참고인이 수사기관에서 진술을 함에 있어 단순히 범인으로 체포된 사람과 동인이 목격한 범인이 동일함에도 불구하고 동일한 사람이 아니라고 허위진술을 한 정도의 것만으로는 참고인의 그 허위진술로 말미암아 증거가 불충분하게 되어 범인을 석방하

그 범행에 관한 수사절차에서 참고인 또는 피의자로 조사받으면서 자기의 범행을 구성하는 사실관계에 관하여 허위로 진술하고 허위 자료를 제출하는 행위는 자신의 범행에 대한 방어권 행사의 범위를 벗어난 것으로 볼 수 없으므로, 다른 공범을 도피하게 하는 결과가 된다고 하더라도 범인도피죄가 성립하지 않으며, 이때 공범이 이러한 행위를 교사하였더라도 범죄가 될 수 없는 행위를 교사한 것에 불과하여 범인도피교사죄가 성립하지 않는다.[51] 그리고 피고인이 수사받는 과정에서 공범의 이름을 묵비한 경우,[52] 도피 중인 범인에게 그 정을 알면서 안부를 묻거나 통상적인 인사말을 한 경우[53] 등은 본죄에 해당하지 않는다. 변호사가 피의자·피고인으로 하여금 진술거부권을 남용하게 하더라도 형사소송법상의 권리를 행사하게 하는 이상, 본죄에 해당한다고 할 수 없다.[54]

(4) 계속범

본죄는 본범을 은닉하거나 도피하게 함으로써 기수가 되지만, 본범을 은닉하는 행위 또는 본범의 도피를 용이하게 하는 행위가 계속되는 한, 본죄는 종료되지 아니하고 계속되는 것으로 평가해야 한다. 따라서 본죄는 '계속범'이다.[55] 판례도 같은 입장이다.[56]

게 되는 결과가 되었다 하더라도 바로 범인도피죄를 구성한다고 할 수는 없다"(대판 1987. 2. 10, 85 도 897). "참고인이 수사기관에서 범인에 관하여 조사를 받으면서 그가 알고 있는 사실을 묵비하거나 허위로 진술하였다고 하더라도, 그것이 적극적으로 수사기관을 기만하여 착오에 빠지게 함으로써 범인의 발견 또는 체포를 곤란 내지 불가능하게 할 정도의 것이 아니라면, 범인도피죄를 구성하지 아니한다고 할 것이다(대법원 1991. 8. 27. 선고 91도1441 판결 참조). 그리고 참고인이 실제의 범인이 누군지도 정확하게 모르는 상태에서 수사기관에서 실제의 범인이 아닌 어떤 사람을 범인이 아닐지도 모른다고 생각하면서도 그를 범인이라고 지목하는 허위의 진술을 한 경우에는 참고인의 허위진술에 의하여 범인으로 지목된 사람이 구속기소됨으로써 실제의 범인이 용이하게 도피하는 결과를 초래한다고 하더라도, 그것만으로는 그 참고인에게 적극적으로 실제의 범인을 도피시켜 국가의 형사사법의 작용을 곤란하게 할 의사가 있었다고 볼 수 없어, 그 참고인을 범인도피죄로 처벌할 수는 없다"(대판 1997. 9. 9, 97 도 1596).

51) 대판 2018. 8. 1, 2015 도 20396.
52) 대판 1984. 4. 10, 83 도 3288.
53) 대판 1992. 6. 12, 92 도 736.
54) 김성돈, 776면; 백형구, 612면; 이재상, 780면; 정/박, 889면; 정영일, 832면.
55) 박상기, 682면; 오영근, 995면; 정/박, 889면; 정영일, 833면; 진/이, 916면.
56) "범인도피죄는 범인을 도피하게 함으로써 기수에 이르지만, 범인도피행위가 계속되는 동안에는 범죄행위도 계속되고 행위가 끝날 때 비로소 범죄행위가 종료된다고 할 것이고, 공범자의 범인도피행위의 도중에 그 범행을 인식하면서 그와 공동의 범의를 가지고 기왕의 범인도피상태를 이용하여 스스로 범인도피행위를 계속한 자에 대하여는 범인도피죄의 공동정범이 성립한다"(대판 1995. 9. 5, 95 도 577).

(5) 주관적 구성요건

본죄의 고의는 벌금 이상의 형에 해당하는 죄를 범한 자를 은닉 · 도피하게 한다는 것에 대한 인식 · 인용이다. 미필적 고의로도 족하다. 그러나 본범의 성명 등 인적 사항, 본범이 범한 죄의 구체적 내용을 알 필요는 없다. 범인은닉의 목적이나 동기도 불문한다.

본범의 죄가 벌금 이상의 형에 해당하는 죄가 아니라고 오인한 때에는 구성요건적 착오로서 고의를 조각한다.

3. 죄　　수

동일한 범인을 은닉한 후 도피하게 하면 포괄일죄가 된다. 동일사건에 관한 수인의 범인을 1개의 은닉행위로 숨겨준 경우에는 동종류의 상상적 경합이 성립한다.[57]

4. 형　　벌

3년 이하의 징역 또는 5백만원 이하의 벌금에 처한다. 본죄의 미수범처벌 규정은 없다.

5. 친족간의 특례

(1) 의의, 성격

제151조 제2항은 친족 또는 동거의 가족이 본인을 위하여 범인은닉죄를 범한 때에는 처벌하지 아니한다는 특례를 규정하고 있다. 이 특례의 법적 성격은 인적 처벌조각사유가 아니라, '책임조각사유'이다(다수).[58] 책임조각의 근거는 친족간의 정의에 비추어 본죄를 범하지 않을 것을 기대할 수 없다는 '적법행위 기대불가능성'에 있다. 그러므로 본 특례에 해당되면, 형면제의 판결을 할 것이 아니라 무죄판결을 해야 한다.

(2) 적용요건

본 특례는 친족 · 동거가족이 본인을 위하여 범인은닉죄를 범한 경우에 적

57) 김/서, 918면; 배종대, 878면; 백형구, 614면; 이재상, 781면; 이형국, 841면; 정/박, 891면; 진/이, 917면.

58) 권오걸, 1409면; 김성천, 1376면; 김/서, 917면; 박상기, 684면; 배종대, 879면; 백형구, 613면; 서일교, 351면; 오영근, 998면; 이재상, 782면; 이형국, 841면; 정/박, 891면; 정영일, 835면; 진/이, 918면.

용된다. 친족·가족의 범위는 민법에 의한다.[59] 입법취지가 적법행위 기대불
가능성에 있음에 비추어 내연관계에 있는 자와 그 출생자는 특례에 포함된다
고 해석해야 한다.[60] 그러나 대법원은 사실혼관계에 있는 자 및 생부에 대해
혼인외 출생자의 관계에 있는 자를 본 조항의 친족에 해당하지 않는다고 한
다.[61] 가족은 동거가족에 한정되므로, 분가한 가족은 친족이 아니면 특례의 적
용을 받지 못한다.

'본인'이란 벌금 이상의 형에 해당하는 죄를 범한 본범을 말한다. '본인을
위하여'란 본인의 형사처벌상의 이익을 위하여라는 뜻이다. 재산상의 이익을
의미하는 것이 아니다. 본인의 공범자의 이익을 위한 경우에는 특례가 적용되
지 않는다. 그러나 본인의 이익을 위한 것이 동시에 공범자의 이익도 위하게
되는 경우에는 특례가 적용된다고 보아야 한다.[62]

친족관계라는 신분은 책임조각요소이므로 특례의 적용을 받는 자의 고의
의 대상이 아니라고 할 수 있다. 그러나 본 특례의 입법취지가 적법행위 기대
불가능성에 있다는 점을 고려한다면, 자신과 친족관계에 있다는 것을 인식하고
은닉할 것을 요한다고 해야 한다(주관적 적용요건). 특히 법문이 "본인을 위하
여"라고 규정한 것은 본인을 위한다는 '의사'를 가지고 행할 것을 요한다고 해
석해야 하며, 본인을 위한 의사는 친족관계로 인한 기대불가능성과 직결된다
고 본다. 따라서 본범과 친족관계가 없지만 친족관계가 있다고 오신하고 은닉
해 준 경우에는 본 특례의 객관적 적용요건이 결여되므로, 또 본범과 친족관
계가 있지만 이를 모르고 은닉해 준 경우에는 주관적 적용요건이 결여되므로,
각각 본 특례가 적용되지 않는다고 하겠다.

(3) 특례와 공범관계

본 특례는 친족이라는 신분관계가 있는 자 사이에서만 적용되므로, 친족과
비친족이 공동하여 범인은닉죄를 범한 경우에 친족에 대해서만 특례가 적용된다. 비

---

59) 2005. 3. 31.의 민법개정 부칙 제7조 제27항으로 특례의 적용범위에서 "호주"는 삭제되었다
(시행일은 2008. 1. 1.).

60) 권오걸, 1409면; 김성돈, 779면; 김성천, 1376면; 김/서, 917면; 박상기, 684면; 배종대, 879
면; 백형구, 796면; 오영근, 999면; 이재상, 783면; 이형국, 841면; 정/박, 892면; 진/이, 919면.

61) 사실혼관계의 배우자에게 친족간의 특례규정을 적용하지 않은 판례로는 대판 2003. 12. 12,
2003 도 4533. 한편, 혼인외 출생자가 본범인 생부를 도피하게 한 경우에 마찬가지 취지의 판례
로는 대판 2024. 11. 28, 2022 도 10272.

62) 권오걸, 1409면; 김성돈, 779면; 김/서, 917면; 오영근, 999면; 이정원, 742면; 정영일, 835
면; 진/이, 919면. 반대설은 박상기, 684면; 배종대, 879면; 이재상, 783면; 정/박, 892면.

친족이 친족을 교사·방조하여 본죄를 범하게 한 경우에 친족은 처벌되지 않지만 비친족에게는 범인은닉죄의 교사범·방조범이 성립한다. 공범의 종속형식 중 제한종속형식을 적용한 결과이다.

친족이 비친족을 교사·방조하여 본죄를 범하게 한 경우에는 범인비호권의 남용이 되므로 친족에게 본죄의 공범성립을 인정하는 견해가[63] 있으나, 부정함이 타당하다고 본다.[64] 적법행위 기대불가능성은 친족이 직접 본범을 은닉하든지 타인을 교사하여 은닉하게 하든지 간에 동일하다고 생각하기 때문이다. 따라서 비친족은 본죄의 정범이 되지만, 친족은 본죄의 공범으로서의 형사책임을 지지 않는다.

---

63) 백형구, 614면; 서일교, 352면; 유기천, 하권, 332면; 정영석, 79면; 황산덕, 86면.

64) 권오걸, 1410면; 김성돈, 780면; 김성천, 1377면; 김/서, 918면; 박상기, 685면; 배종대, 879면; 오영근, 1000면; 이재상, 783면; 이정원, 743면; 이형국, 842면; 정/박, 893면; 정영일, 836면; 진/이, 919면.

제9장 위증과 증거인멸의 죄

제1절 개 설

I. 의의, 성격, 보호법익

위증의 죄란 "법률에 의하여 선서한 증인이 허위의 진술을 하거나, 법률에 의하여 선서한 감정인·통역인 또는 번역인이 허위의 감정·통역 또는 번역을 함으로써 성립하는 범죄"이다.

증거인멸의 죄란 "타인의 형사사건 또는 징계사건에 관한 증거를 인멸·은닉·위조·변조하거나, 위조·변조한 증거를 사용하거나, 타인의 형사사건·징계사건에 관한 증인을 은닉·도피하게 함으로써 성립하는 범죄"이다.

서양에서 원래 위증죄는 신에 대한 서약, 즉 진실을 진술하기로 한 신과의 약속에 대한 위반으로 보고 처벌하였다. 독일에서는 1919년 바이마르헌법에 의하여 종교의 자유가 보장되면서 위증죄에서 종교적 색채가 사라지게 되었다. 독일형법은 1943년의 개정에서 선서위반의 위증뿐만 아니라 '선서없이' (uneidlich) 허위진술을 한 경우를 처벌하는 조문($\frac{제153}{조}$)을 신설함에 따라, 위증죄를 국가적 법익에 대한 범죄로 이해하게 되었다.

우리 형법도 일본형법가안의 영향을 받아 위증죄를 증거인멸죄와 더불어 국가적 법익에 대한 죄로 규정하고 있다. 다만 독일형법이 위증죄를 선서없는 허위진술($\frac{제153}{조}$)과 선서한 허위진술($\frac{제154}{조}$)로 나누어 처벌함에 비하여, 우리 형법은 '선서한 허위진술만을' 위증죄로 처벌하는 특징을 보이고 있다.

위증죄와 증거인멸죄의 보호법익은 모두 '국가의 사법기능'이다. 위증죄가 허위진술 등 무형적인 방법으로 증거의 증명력을 해하는 범죄임에 비하여, 증거인멸죄는 유형적인 증거의 증명력을 해하는 범죄라는 점에서 서로 다르다. 이러한 의미에서 위증죄는 증거인멸죄에 대하여 특별관계에 있다고 할 수 있다. 법익보호의 정도는 모두 '추상적 위험범'이다.

Ⅱ. 위증과 증거인멸의 죄의 체계

1. 위증의 죄

위증의 죄에 있어서 형법은 단순위증죄($^{제152조}_{제1항}$)를 기본유형으로 하고, 모해위증죄($^{제152조}_{제2항}$)를 그 불법가중유형으로 하며, 특별한 신분유형으로 허위감정·통역·번역죄($^{제154}_{조}$)를 독립해서 규정하고 있다. 그리고 단순위증과 모해위증을 범한 자의 자백·자수에 대한 특칙을 두고 있다($^{제153}_{조}$).

그 밖에 '국회에서의 증언·감정 등에 관한 법률' 제14조는 국회의 본회의 또는 위원회에서의 허위진술이나 허위감정을 1년 이상 10년 이하의 징역으로 처벌하고 있다. 또 국가보안법 제12조 제1항은 타인으로 하여금 형사처분을 받게 할 목적으로 국가보안법이 정한 죄에 대하여 위증을 한 자를 그 각조에 정한 형에 처하도록 규정하고 있다. 특허법 제227조는 특허심판원에 대한 위증죄를 5년 이하의 징역 또는 5천만원 이하의 벌금에 처한다고 규정하고 있다. 테러방지법 제18조 제1항은 타인으로 하여금 형사처분을 받게 할 목적으로 테러범죄에 대하여 위증을 한 사람을 가중처벌하고 있다.

2. 증거인멸의 죄

증거인멸의 죄에 있어서 형법은 단순증거인멸죄($^{제155조}_{제1항}$)와 증인은닉·도피죄($^{제155조}_{제2항}$)를 각각 독립된 범죄유형으로 규정하고, 이 둘에 대한 모해목적범죄($^{제155조}_{제3항}$)를 불법가중유형으로 규정하고 있다. 증거인멸의 죄에 있어서는 '친족간의 특례'가 적용된다($^{제155조}_{제4항}$).

그 밖에 국가보안법 제12조 제1항은 타인으로 하여금 형사처분을 받게 할 목적으로 국가보안법이 정한 죄에 대하여 증거를 날조·인멸·은닉한 자를 그 각조에 정한 형에 처벌하도록 규정하고 있다. 테러방지법 제18조 제1항은 타인으로 하여금 형사처분을 받게 할 목적으로 테러범죄에 대하여 증거를 날조·인멸·은닉한 사람을 가중처벌하고 있다.

제 2 절 개별적 범죄유형

I. 위 증 죄

<u>제152조 [위증, 모해위증] 제1항</u> "법률에 의하여 선서한 증인이 허위의 진술을 한 때에는 5년 이하의 징역 또는 1천만원 이하의 벌금에 처한다."
<u>제153조 [자백, 자수]</u> "전조의 죄를 범한 자가 그 공술한 사건의 재판 또는 징계 처분이 확정되기 전에 자백 또는 자수한 때에는 그 형을 감경 또는 면제한다."

1. 의의, 보호법익, 성격

본죄는 "법률에 의하여 선서한 증인이 허위의 진술을 함으로써 성립하는 범죄"이다. 언어에 의한 무형적 방법으로 증거의 증명력을 해하여 국가의 사법작용을 위태롭게 하는 범죄이다. 위증죄의 보호법익은 '국가의 사법기능'이고,[1] 보호의 정도는 '추상적 위험범'이다.

본죄는 법률에 의하여 선서한 증인만이 정범적격이 있는 '진정신분범'이며, '자수범'에 속한다. 본죄는 목적범이 '아니다'.

2. 구성요건

본죄의 구성요건은 법률에 의하여 선서한 증인이 허위의 진술을 하는 것이다. 이하 분설하기로 한다.

(1) 행위의 주체

주체는 법률에 의하여 선서한 증인이다(진정신분범). 본죄는 법률에 의하여 선서한 증인만이 주체가 될 수 있다는 점에서 '진정신분범'이고, 선서한 증인이 증인아닌 자를 이용하거나, 증인아닌 자가 선서한 증인을 이용하여 간접정범의 형태로 범할 수 없다는 점에서 '진정자수범'에 속한다.[2] 즉 법률에 의하여

---

1) "위증죄는 선서를 한 증인이 허위의 진술을 함으로써 성립하는 죄이며, 국가의 재판권, 징계권을 적정하게 행사하기 위한 것이 그 주된 입법이유이다"(대판 1987. 7. 7, 86 도 1724).
2) 김성천, 1378면; 김/서, 927면; 박상기, 686면; 배종대, 880면; 백형구, 616면; 손동권, 829면; 오영근, 1003면; 유기천, 하권, 335면; 이재상, 785면; 이정원, 743면; 이형국, 848면; 정/박, 895면; 진/이, 920면.

선서한 증인만이 본죄의 '정범적격'을 갖는다.

(가) **법률에 의한 선서** '법률'이라 함은 형사소송법($\frac{제156}{조}$) · 민사소송법($\frac{제319}{조 이하}$) · 비송사건절차법($\frac{제10}{조}$) · 법관징계법($\frac{제22}{조}$) · 검사징계법($\frac{제26}{조}$) · 특허법($\frac{제227}{조}$) 등과 같은 법률뿐만 아니라 법률의 위임에 의한 명령을 포함한다.[3]

'선서'는 법률에 규정된 절차에 따라 유효하게 행해질 것을 요한다. 선서를 받을 권한이 있는 기관에 대한 선서이어야 하고, 선서의 취지를 이해하지 못하는 선서무능력자($\frac{형소법 제159조.}{민소법 제322조.}$)는 본죄의 주체가 되지 못한다. 선서무능력자가 (착오로 인하여) 선서하고 진술한 경우에 그 진술은 유효하지만, 선서는 무효가 되므로[4] 위증을 하더라도 위증죄의 책임을 지지 않는다.[5]

선서나 증언절차에 있어서 사소한 하자는 문제되지 않는다. 따라서 위증의 벌을 경고($\frac{형소법 제158조.}{민소법 제320조}$)하지 않고 선서했거나, 선서한 법원에 관할위반이 있거나, 기소절차가 부적법한 것만으로는 선서가 무효로 되지 않는다.

증언거부사유가 있음에도 불구하고 재판장으로부터 증언거부권을 고지받지 못함으로 인하여 그 증언거부권을 행사하는 데 사실상 장애가 초래되었다고 볼 수 있는 경우에는 위증죄의 성립이 부정된다.[6] 한편 재판장에게 증언거

---

3) 권오걸, 1412면; 김성돈, 782면; 배종대, 881면; 이재상, 787면; 이형국, 849면; 정/박, 896면; 정영일, 839면; 진/이, 923면.

4) 대결 1957. 3. 8, 4290 형상 23.

5) 권오걸, 1412면; 김성돈, 782면; 김성천, 1379면; 박상기, 688면; 배종대, 882면; 백형구, 617면; 서일교, 354면; 오영근, 1003면; 이재상, 787면; 이형국, 849면; 정/박, 897면; 진/이, 923면.

6) "위증죄의 의의 및 보호법익, 형사소송법에 규정된 증인신문절차의 내용, 증언거부권의 취지 등을 종합적으로 살펴보면, 증인신문절차에서 법률에 규정된 증인 보호를 위한 규정이 지켜진 것으로 인정되지 않은 경우에는 증인이 허위의 진술을 하였다고 하더라도 위증죄의 구성요건인 "법률에 의하여 선서한 증인"에 해당하지 아니한다고 보아 이를 위증죄로 처벌할 수 없는 것이 원칙이다. 다만, 법률에 규정된 증인 보호 절차라 하더라도 개별 보호절차 규정들의 내용과 취지가 같지 아니하고, 당해 신문 과정에서 지키지 못한 절차 규정과 그 경위 및 위반의 정도 등 제반 사정이 개별 사건마다 각기 상이하므로, 이러한 사정을 전체적 · 종합적으로 고려하여 볼 때, 당해 사건에서 증인 보호에 사실상 장애가 초래되었다고 볼 수 없는 경우에까지 예외 없이 위증죄의 성립을 부정할 것은 아니라고 할 것이다.… 증언거부권 제도는 앞서 본 바와 같이 증인에게 증언의무의 이행을 거절할 수 있는 권리를 부여한 것이고, 형사소송법상 증언거부권의 고지 제도는 증인에게 그러한 권리의 존재를 확인시켜 침묵할 것인지 아니면 진술할 것인지에 관하여 심사숙고할 기회를 충분히 부여함으로써 침묵할 수 있는 권리를 보장하기 위한 것임을 감안할 때, 재판장이 신문 전에 증인에게 증언거부권을 고지하지 않은 경우에도 당해 사건에서 증언 당시 증인이 처한 구체적인 상황, 증언거부사유의 내용, 증인이 증언거부사유 또는 증언거부권의 존재를 이미 알고 있었는지 여부, 증언거부권을 고지받았더라도 허위진술을 하였을 것이라고 볼 만한 정황이 있는지 등을 전체적 · 종합적으로 고려하여 증인이 침묵하지 아니하고 진술한 것이 자신의 진정한 의사에 의한 것인지 여부를 기준으로 위증죄의 성립 여부를 판단하여야 한

부권 고지의무가 인정되지 아니하는 민사소송절차에서, 적법하게 선서한 증인이 증언거부권을 고지받지 못한 채 허위진술을 하였더라도 특별한 사정이 없는 한 위증죄가 성립한다.[7]

선서는 증언 전에 하는 것이 원칙이나 증언 후에 할 수도 있다(형소법 제156조 단서, 민소법 제319조 단서). 따라서 본죄의 성립에 있어서 선서의 시기는 증언 전후를 불문한다(통설 및 판례[8]).

(나) 증 인　'증인'이란 법원·법관에 대하여 과거의 경험사실을 진술하는 제3자를 말한다. 따라서 형사피고인이나 민사소송의 당사자는 주체에서 제외된다. 참고인이 검사 앞에서 허위진술을 한 경우에는 당연히 본죄를 구성하지 않는다.

'공범자 또는 공동피고인'이 증인으로서 선서한 경우에 본죄의 주체가 될 수 있

다. 그러므로 헌법 제12조 제2항에 정한 불이익 진술의 강요금지 원칙을 구체화한 자기부죄거부 특권에 관한 것이거나 기타 증언거부사유가 있음에도 증인이 증언거부권을 고지받지 못함으로 인하여 그 증언거부권을 행사하는 데 사실상 장애가 초래되었다고 볼 수 있는 경우에는 위증죄의 성립을 부정하여야 할 것이다. 이와 달리, 피고인이 증인으로 선서한 이상 진실대로 진술한다고 하면 자신의 범죄를 시인하는 진술을 하는 것이 되고 증언을 거부하는 것은 자기의 범죄를 암시하는 것이 되는 처지에 있다 하더라도 증인에게는 증언을 거부할 수 있는 권리를 인정하여 위증죄로부터의 탈출구를 마련하고 있는 만큼 적법행위의 기대가능성이 없다고 할 수 없고 선서한 증인이 허위의 진술을 한 이상 증언거부권 고지 여부를 고려하지 아니한 채 위증죄가 바로 성립한다는 취지로 대법원 1987. 7. 7. 선고 86도1724 전원합의체 판결에서 판시한 대법원의 의견은 위 견해에 저촉되는 범위 내에서 이를 변경하기로 한다"(대판 2010. 1. 21, 2008 도 942 – 전원합의체. 밑줄은 저자). 그 밖에 증언거부권을 고지받지 못한 상태에서 허위 진술을 한 사안에서, 위증죄의 성립을 긍정한 판결로 대판 2010. 2. 25, 2007 도 6273이 있고, 위증죄의 성립을 부정한 판결로 대판 2010. 2. 25, 2009 도 13257이 있다.

7) "형사소송법은 증언거부권에 관한 규정(제148조, 제149조)과 함께 재판장의 증언거부권 고지의무에 관하여도 규정하고 있는 반면(제160조), 민사소송법은 증언거부권 제도를 두면서도(제314조 내지 제316조) 증언거부권 고지에 관한 규정을 따로 두고 있지 않다. 우리 입법자는 1954. 9. 23. 제정 당시부터 증언거부권 및 그 고지 규정을 둔 형사소송법과는 달리, 그 후인 1960. 4. 4. 민사소송법을 제정함에 있어 증언거부권 제도를 두면서도 그 고지 규정을 두지 아니하였고, 2002. 1. 26. 민사소송법을 전부 개정하면서도 같은 입장을 유지하였다. 이러한 입법의 경위 및 규정 내용에 비추어 볼 때, 이는 양 절차에 존재하는 그 목적·적용원리 등의 차이를 염두에 둔 입법적 선택으로 보인다. 더구나 민사소송법은 형사소송법과 달리, '선서거부권 제도'(제324조), '선서면제 제도'(제323조) 등 증인으로 하여금 위증죄의 위험으로부터 벗어날 수 있도록 하는 이중의 장치를 마련하고 있어 증언거부권 고지 규정을 두지 아니한 것이 입법의 불비라거나 증언거부권 있는 증인의 침묵할 수 있는 권리를 부당하게 침해하는 입법이라고 볼 수도 없다. 그렇다면 민사소송절차에서 재판장이 증인에게 증언거부권을 고지하지 아니하였다 하여 절차위반의 위법이 있다고 할 수 없고, 따라서 적법한 선서절차를 마쳤음에도 허위진술을 한 증인에 대해서는 달리 특별한 사정이 없는 한 위증죄가 성립한다"(대판 2011. 7. 28, 2009 도 14928).

8) 대판 1974. 6. 25, 74 도 1231.

는가라는 문제가 있다. ① 공범자가 아닌 공동피고인은 증인적격이 있으므로 본
죄의 주체가 될 수 있으나, ② 공범자인 공동피고인은 증인적격이 없으므로 본
죄의 주체가 될 수 없다고 함이 타당하다(답수).[9]

'증언거부권자'(형소법 제148-149조,)가 증언거부권을 행사하지 않고 증언하기로 선
민소법 제314-315조
서하면 본죄의 주체가 될 수 있다(통설[10] 및 판례[11]). 증언거부권은 증인의 권
리이지 의무는 아니기 때문이다. 증언으로 인하여 자신이나 친족이 형사소추
를 당할 위험이 있는 자도 증언거부권이 있으므로(형소법), 형사소추가 두려워
제148조
서 선서하고 위증을 한 때에는 본죄가 성립한다.

(2) 실행행위

실행행위는 허위의 진술을 하는 것, 즉 위증이다.

(가) 허 위   진술이 허위인가의 여부는 증언의 단편적인 구절에 구애될
것이 아니라 당해 신문절차에서의 증언 전체를 일체로 파악해서 판단해야 한
다.[12]

'허위'의 해석에 관하여는 객관설과 주관설이 대립하고 있다.

(a) 객관설   객관설은 허위를 진술내용이 '객관적 진실에 반하는 것'으
로 해석하고, 증인의 기억과 일치하는가는 묻지 않는다(소수).[13] 독일의 다수
설[14] 및 판례의[15] 입장이다. 객관설에 의하면, 증인이 자신의 기억에 반하는 진
술을 하더라도 그 내용이 객관적 진실과 합치하면 위증죄가 성립하지 않는다.
위증죄는 증인의 진실의무를 벌하려는 것이 아니라 국가의 사법기능에 대한

---

9) 권오걸, 1414면; 김성돈, 783면; 김성천, 1380면; 김/서, 929면; 박상기, 688면; 배종대, 882
면; 오영근, 1004면; 이재상, 788면; 이정원, 746면; 이형국, 850면; 정/박, 898면; 진/이, 924면.

10) 권오걸, 1414면; 김성돈, 784면; 김성천, 1380면; 김/서, 929면; 박상기, 688-9면; 배종대,
882면; 백형구, 617면; 서일교, 354면; 오영근, 1004면; 유기천, 하권, 336면; 이재상, 789면; 이
정원, 747면; 이형국, 850면; 정/박, 898면; 정영일, 841면; 진/이, 924면.

11) "증언을 거부할 수 있는 권리를 인정하여 위증죄로부터의 탈출구를 마련하고 있는 만큼
적법행위의 기대가능성이 없다고 할 수 없고, 선서한 증인이 증언거부권을 포기하고 허위의 진
술을 한 이상 위증죄의 처벌을 면할 수 없다 할 것이다. 자기에게 형사상 불리한 진술을 강요당
하지 아니할 권리(헌법 제11조 제2항)는 결코 적극적으로 허위의 진술을 할 권리를 보장한 취지
는 아닌 것이다. 이러한 견해와 저촉되는 당원 1961. 7. 13. 선고 4294형상194 판결은 폐기하기로
한다"(**대판 1987. 7. 7, 86 도 1724**-전원합의체).

12) 대판 1993. 6. 29, 93 도 1044; 1988. 12. 6, 88 도 935.

13) 김성천, 1381면; 김/서, 931면; 이재상, 791면; 이정원, 748면.

14) Eser, Strafrecht Ⅲ, S. 213; Haft, BT, S. 46; Sch/Sch/Lenckner, StGB, Vor §153, Rn.
6; Dreher/Tröndle, StGB, Vor §153, Rn. 5; Wessels, BT-1, S. 148.

15) BGH St 7/148; RG 76/96, 65/27, 64/278.

침해를 처벌하고자 함에 그 취지가 있으므로, 객관적 진실에 부합하는 증언은 국가의 사법기능을 해할 염려가 없다는 것을 논거로 한다.

(b) 주관설   주관설은 허위를 증인이 '기억에 반하는 진술을 하는 것'으로 해석하고, 진술내용이 객관적 진실과 합치하는가는 묻지 않는다(다수).[16] 판례는 주관설에 선다.[17] 주관설에 의하면, 증인이 자신의 기억에 반하는 진술을 하는 경우에는 그 내용이 객관적 진실과 합치하더라도 위증죄가 성립한다. 증인에게 기억 이상의 진실을 진술해 줄 것을 기대할 수 없고, 증인이 기억에 반하는 진술을 하는 것만으로도 이미 국가의 사법기능에 대한 추상적 위험이 발생한 것으로 보아야 한다는 것을 논거로 한다.

(c) 사 견   우리 형법의 해석론으로는 독일형법과의 두 가지 차이점에 유의하여 결론을 내려야 한다고 생각한다. 먼저 ⓐ 독일형법 제161조는 '과실로' 선서위증죄(Meineid)를 범한 경우를 처벌하고 있다. 과실위증을 처벌한다는 것은 허위진술할 고의가 없었으나 과실로 객관적 진실에 반하는 진술을 하게 되는 경우를 처벌하는 것이므로, 독일형법의 해석론으로는 객관설이 수용될 여지가 크다. 그러나 과실위증죄의 처벌규정이 없는 우리 형법에서는 객관설을 그대로 따를 이유가 없다. 다음으로 ⓑ 독일형법은 선서없는 위증(제153조)과 선서한 위증(제154조)을 모두 처벌한다. 그러나 우리 형법은 선서한 위증만을 처벌한다. 즉 우리 형법에 의하면, 위증죄는 항상 진정신분범으로서 선서한 증인만이 정범적격을 갖는다. 이는 선서와 위증죄가 불가분의 관계에 있음을 의미하는 것이다.[18] 그러므로 선서에[19] 대한 위배를 처벌하고자 하는 것, 즉 자신의 기억에 반하는 비양심적인 진술을 처벌하고자 하는 것이 위증죄의 기본취지

---

16) 권오걸, 1417면; 김성돈, 785면; 배종대, 885면; 서일교, 355면; 오영근, 1006면; 유기천, 하권, 338면; 정/박, 901면; 정영일, 844면; 진/이, 926면. 독일에서 주관설을 지지하는 학자로서는 Gallas, "Zum Begriff der Falschheit der eidlichen und uneidlichen Aussage", GA, 1957, S. 315; Rudolphi, SK, Vor §153, Rn. 43; Willms, LK, Vor §153, Rn. 8ff.

17) "위증죄에 있어서의 허위의 공술이란 증인이 자기의 기억에 반하는 사실을 진술하는 것을 말하는 것으로서 그 내용이 객관적 사실과 부합한다고 하여도 위증죄의 성립에 장애가 되지 않는다"(**대판 1989. 1. 17, 88 도 580**. 同旨, 대판 1988. 12. 13, 88 도 80; 1984. 2. 28, 84 도 114 등). "타인으로부터 전해들은 금품의 전달사실을 마치 피고인 자신이 전달한 것처럼 진술한 것은 피고인의 기억에 반하는 허위진술이라고 할 것이므로, 위 진술부분을 위증으로 본 원심판단은 정당하다"(**대판 1990. 5. 8, 90 도 448**).

18) 유기천, 하권, 337면.

19) 선서의 내용은 "양심에 따라 숨김과 보탬이 없이 사실 그대로 말하고 만일 거짓이 있으면 위증의 벌을 받기로 맹서합니다"라는 것이다(형소법 제157조 제2항).

라고 보아야 한다. 결론적으로 우리 형법의 해석론으로는 '주관설'이 타당하다.

주관설 및 객관설이 교차하는 조합(組合)유형을 만들어, 각각의 유형에 학설을 적용해보자면 다음과 같다.

① 증인이 자신의 기억에 따라 진술하였는데, 그 내용이 객관적 진실에도 합치한 경우. 이 때에는 주관설에 의하든 객관설에 의하든 형법상 아무런 문제가 되지 않는다.

② 증인이 자신의 기억에 따라 진술하였는데, 그 내용이 객관적 진실에 반한 경우. 이 때 주관설에 의하면 위증죄가 성립하지 않지만, 객관설에 의하면 일견 위증죄가 성립하는 것으로 보인다. 그런데 증인이 '자신의 기억에 따라' 진술한다는 것은 논리적으로 판단하건대 자신의 진술이 객관적 진실에 합치한다고 '믿고' 진술하는 것을 의미한다. 이 상황을 객관설의 입장에서 분석해본다면, 객관적 진실에 반하는 허위의 사실을 증인은 주관적으로 '진실한 사실로 오신'하고 진술하는 것이므로, 행위자에게 '구성요건적 착오'가 발생하고 결국 행위자의 고의를 부정하게 되는 결론에 도달한다.[20] 따라서 이 유형은 객관설에 의하더라도 위증죄가 성립하지 않는다. 과실에 의한 위증죄의 성립을 고려할 수 있지만, 독일형법과 달리 우리 형법은 과실위증죄를 처벌하지 않으므로, 주관설에 의하든 객관설에 의하든 무죄가 된다.

③ 증인이 자신의 기억에 반하는 진술을 하였는데, 그 내용이 객관적 진실에 합치하는 경우. 이 때 주관설에 의하면 위증죄가 성립하지만, 객관설에 의하면 위증죄가 성립하지 않는다.

④ 증인이 자신의 기억에 반하는 진술을 하였는데, 그 내용이 객관적 진실에도 반하는 경우. 이 때 주관설에 의하든 객관설에 의하든 위증죄가 성립한다.

⑤ 증인이 자신의 기억에는 반하지만 객관적 진실에 합치하는 내용이라고 믿고 진술하였는데, 진술내용이 객관적 진실에 반하는 것으로 밝혀진 경우.[21] 이 때 주관설에 의하면 위증죄가 성립하지만, 객관설에 의하면 고의가 부정되

---

20) 객관설에 의하면, 위증죄의 고의는 행위자가 객관적으로 허위인 사실에 대하여 주관적으로도 허위라고 인식·인용하면서 진술하는 것을 말한다. 이 때 행위자가 객관적으로 허위인 사실을 주관적으로 진실한 사실이라고 인식-오신하는 것이 된다-하면서 진술하면, 고의가 부정된다.

21) 예컨대 증인 甲이 A와 B 두 사람 중에서 A를 범인이라고 기억하고 있지만, 신문의 보도나 다른 증인들의 확신에 찬 진술의 영향을 받아 자신의 기억과는 달리 B가 범인이라고 믿고 법정에서 B가 범인이라고 진술하였는데, 뒤늦게 A의 자백과 물증제시로 인하여 A가 진범인 것으로 밝혀진 경우가 이에 해당한다.

어 위증죄가 성립하지 않는다.

이상 검토해 본 바에 의하면, 두 학설이 실제로 차이가 나는 것은 ③과 ⑤의 유형에서이다.

(나) 진 술 '진술'이란 증인이 체험한 사실을 기억하는 대로 표명하는 것이다. 진술의 대상은 경험한 '사실'에 한정되고, 주관적 평가 또는 의견은 제외된다.[22] 진술대상인 사실에는 외계에 존재하는 '외부적 사실'과 확신 여부·감정 여하·식별 여부·동기 여하와 같이 내심의 세계에 존재하는 '내부적 사실'이 있다. 예컨대 "甲이 살인을 하였다"라는 진술은 외부적 사실에 대한 것이고, "앞에 앉아 있는 피고인이 살인범임에 틀림없다"라는 진술은 내부적 사실에 대한 것이다. 일반적으로 진술은 외부적 사실을 대상으로 한다.

진술의 방법에는 제한이 없다. 구두·몸짓·표정 등으로 가능하다. 그러나 단순한 진술거부는 증언거부의 책임을 질 수는 있어도 진술에 해당하지는 않는다. 다만 신문사항에 속하는 일정한 사실을 진술하지 않음으로써 전체적인 진술내용이 허위가 되면, 부작위에 의한 위증이 성립할 수도 있다.[23]

진술의 내용은 증인신문의 대상이 되는 사항이면 족하다. 요증사실에 대한 것으로서 재판결과에 영향을 미치는 것일 필요가 없다.[24] 직접신문·반대신문은[25] 물론 인정신문에[26] 대한 진술도 포함한다. 지엽적 사실에 대한 진술,[27] 동기나 내력(來歷)에 대한 진술도[28] 포함한다.

(다) 기수시기 위증죄는 진술 전에 선서한 경우에는 증인에 대한 신문절차가 종료한 때에 기수가 되고,[29][30] 진술 후에 선서한 경우에는 선서가 종료한

---

22) 대판 1984. 2. 14, 83 도 37; 1981. 8. 25, 80 도 2019.
23) 권오걸, 1423면; 김성돈, 785-6면; 김/서, 932면; 배종대, 885면; 오영근, 1008면; 이재상, 792면; 이형국, 854면; 정/박, 902면.
24) 대판 1990. 2. 23, 89 도 1212; 1987. 3. 24, 85 도 2650 등.
25) 대판 1967. 4. 18, 67 도 254.
26) 박상기, 692면; 배종대, 885면; 오영근, 1008면; 이재상, 792면; 이형국, 854면; 정/박, 903면; 정영일, 846면; 진/이, 927면.
27) 대판 1982. 6. 8, 81 도 3069.
28) 대판 1969. 6. 24, 68 도 1503.
29) 권오걸, 1424면; 김성돈, 786면; 김성천, 1381면; 김/서, 933면; 박상기, 692면; 배종대, 885면; 백형구, 619면; 서일교, 356면; 오영근, 1009면; 유기천, 하권, 339면; 이재상, 792면; 이형국, 854면; 정/박, 903면; 정영일, 846면; 진/이, 927면.
30) "제9회 공판기일에 증인으로 출석하여 허위의 진술을 하고 그 신문절차가 그대로 종료됨으로써 공소외 3의 위증죄는 이미 기수에 이른 것으로 보아야 하고, 그 후 공소외 3이 다시 증인으로 신청·채택되어 제21회 공판기일에 출석하여 종전 신문절차에서 한 허위 진술을 철회하였

때 기수가 된다.[31] 1회의 증인신문절차에서 행한 증언은 포괄적으로 1개의 행위로 평가되기 때문이다. 그러므로 처음에 허위진술을 했더라도 신문이 끝나기 전에 이를 철회·시정하면 본죄가 성립하지 않는다.[32]

본죄의 미수범처벌규정은 없다.

(3) 주관적 구성요건

본죄는 고의범이다. 본죄의 고의는 법률에 의하여 선서한 증인이라는 신분과 허위의 사실을 진술한다는 인식·인용이다. 미필적 고의로 족하다.

진술의 '허위성'에 대한 고의는 자신의 기억에 반한다는 인식·인용을 말한다(주관설). 착오에 의한 진술,[33] 20년이 경과하여 잘못 기억하고 행한 진술[34] 등은 기억에 반한 진술이라고 할 수 없다.

위증의 동기나 목적은 묻지 않는다. 다만 타인을 모해할 목적이 있는 경우에는 모해위증죄(제152조제2항)로 가중처벌된다.

3. 공   범

본죄는 진정자수범으로서 법률에 의하여 선서한 증인만이 '정범적격'을 갖는다. 따라서 법률에 의하여 선서한 증인 이외의 사람은 본죄의 간접정범이나 공동정범이 될 수 없다. 그러나 교사범·방조범의 성립은 가능하다.

〈관련문제: 형사피고인의 위증교사죄의 성립 여부〉

형사피고인이 자기의 형사사건에 관하여 타인을 교사하여 위증하게 한 경우에 피고인을 위증교사죄로 처벌할 수 있는가가 문제된다.

① 긍정설은[35] ⓐ 교사는 새로운 범죄인을 창조한다는 점에서 특수한 반사회성

다 하더라도 이미 성립한 위증죄에 영향을 미친다고 볼 수는 없다(대판 2010. 9. 30, 2010 도 7525).

31) "증인의 증언은 그 전부를 일체로 관찰·판단하는 것이므로, 선서한 증인이 일단 기억에 반한 허위의 진술을 하였더라도 그 신문이 끝나기 전에 그 진술을 취소·시정한 경우에는 위증이 되지 아니한다고 봄이 상당하며, 따라서 위증죄의 기수시기는 신문·진술이 종료한 때로 해석할 것이다(진술 후에 선서를 명하는 경우는 선서종료한 때 기수가 될 것이다)"(대판 1974. 6. 25, 74 도 1231).

32) "증인의 증언은 그 전부를 일체로 관찰·판단하는 것이므로, 선서한 증인이 일단 기억에 반하는 허위의 진술을 하였다 하더라도 그 신문이 끝나기 전에 그 진술을 철회·시정한 경우에는 위증이 되지 아니한다"(대판 1993. 12. 7, 93 도 2510).

33) 대판 1991. 5. 10, 89 도 1748; 1986. 7. 8, 86 도 1050.

34) 대판 1985. 3. 26, 84 도 1098.

35) 김성돈, 787면; 김성천, 1383-4면; 백형구, 620면; 유기천, 하권, 336-7면; 황산덕, 91면.

이 있으며 변호권의 남용이라고 할 수 있고, ⓑ 피고인이 본죄의 정범이 될 수 없는 것은 적법행위 기대가능성이 없기 때문인데, 타인에게 위증을 교사하는 경우까지 기대가능성이 없다고 할 수 없으며,[36] ⓒ 피교사자가 위증죄로 처벌되는 이상 교사자를 처벌함이 타당하다는 것을 논거로 한다.

② 부정설(^{닷수})은[37] ⓐ 정범으로 처벌되지 않는 피고인을 교사범으로 처벌하는 것은 부당하고, ⓑ 피고인이 타인을 교사하여 위증하게 하는 것은 피고인 자신이 허위의 진술을 하는 것과 차이가 없으며, ⓒ 형사피고인의 위증교사는 자기비호의 연장으로서 위증을 교사하지 않도록 기대할 수 없다고 해야 한다는 것(기대불가능성)을 논거로 한다.

③ 제155조의 증거인멸죄는 '타인의' 형사사건에 한하여 증거인멸·위조 또는 증인은닉 등을 처벌하고 있다. '자기의' 형사사건에 관한 증거인멸이나 증인은닉행위는 '인간의 본성'에 비추어 처벌하기 곤란하다는 것이 법의 정신이라고 해석된다. 그런데 위증의 교사는 실질적으로 보면 제155조 제1항 증거의 위조·변조의 일환으로 파악할 수 있으므로, 자기의 형사사건에 관한 위증교사는 자기의 형사사건에 관한 증거위조에 준한다고 보고, 처벌하지 않는 것이 법의 취지에 합당하다고 생각한다(부정설). 다만 피교사자는 위증죄의 정범으로 처벌된다.

④ 판례는 긍정설의 입장에서 다음과 같이 위증교사죄의 성립을 인정한다. "피고인이 자기의 형사사건에 관하여 허위의 진술을 하는 행위는 피고인의 형사소송에 있어서의 방어권을 인정하는 취지에서 처벌의 대상이 되지 않으나, 법률에 의하여 선서한 증인이 타인의 형사사건에 관하여 위증을 하면 형법 제152조 제1항의 위증죄가 성립되므로, 자기의 형사사건에 관하여 타인을 교사하여 위증죄를 범하게 하는 것은 이러한 방어권을 남용하는 것이라고 할 것이어서 교사범의 죄책을 부담케 함이 상당할 것이다"(^{대판 2004. 1. 27.}_{2003 도 5114}).

4. 죄   수

동일한 사건에서 증인으로 수회의 증인신문절차에서 여러 사실에 관하여 위증을 한 경우에 위증죄의 포괄1죄가 성립한다. 타인을 무고한 후 이로 인하여 재판에서 위증을 한 경우에는 무고죄와 위증죄의 실체적 경합범이 된다.

5. 자백·자수의 특례

위증죄를 범한 자가 허위진술한 사건의 재판 또는 징계처분이 확정되기

---

36) 김봉태, 7인 공저, 662면; 황산덕, 91면.
37) 권오걸, 1428면; 김/서, 934면; 박상기, 694면; 배종대, 887면; 서일교, 354면; 오영근, 1011면; 이재상, 795면; 이정원, 750면; 이형국, 856면; 정/박, 905면; 정영석, 85면; 진/이, 928면.

전에 자백 또는 자수한 때에는 그 형을 감경 또는 면제한다($\frac{제153}{조}$). 위증으로 인한 오판을 미연에 방지하기 위한 정책적 규정이다.

'자백'이란 허위진술을 한 사실을 고백하는 것이다. 자발적으로 고백한 경우뿐만 아니라 법원 또는 수사기관의 신문을 받아 자백한 경우도 포함한다.[38] 적극적으로 진실을 진술할 필요는 없고, 자신의 진술이 허위였다는 사실의 고백으로 족하다. '자수'는 범인이 자발적으로 수사기관에 자기의 범죄사실을 신고하여 그 소추를 구하는 의사표시이다.

자백 또는 자수는 위증한 사건의 재판 또는 징계처분이 확정되기 전에 해야 한다. 법원 또는 징계기관에서 이미 위증이 있었다는 사실을 파악하고 있었더라도 상관없다.

공범의 자백·자수에 대해서도 본 특례가 적용된다. 다만 형의 필요적 감면은 자백 또는 자수한 자에게만 혜택이 있다.

6. 형 벌

5년 이하의 징역 또는 1천만원 이하의 벌금에 처한다.

'국회에서의 증언·감정 등에 관한 법률'(약칭: 국회증언감정법) 제14조는 국회의 본회의 또는 위원회에서의 허위진술이나 허위감정을 1년 이상 10년 이하의 징역으로 처벌하고 있다.

II. 모해위증죄

제152조 제2항 "형사사건 또는 징계사건에 관하여 피고인, 피의자 또는 징계혐의자를 모해할 목적으로 전항의 죄를 범한 때에는 10년 이하의 징역에 처한다."
제153조 [자백, 자수] "전조의 죄를 범한 자가 그 공술한 사건의 재판 또는 징계처분이 확정되기 전에 자백 또는 자수한 때에는 그 형을 감경 또는 면제한다."

1. 의의, 성격

본죄는 "형사사건 또는 징계사건에 관하여 피고인·피의자 또는 징계혐의자를 모해할 목적으로 법률에 의하여 선서한 증인이 허위의 진술을 함으로써

---

38) 대판 1977. 2. 22, 75 도 3316.

성립하는 범죄"이다. 위증죄에 대하여 모해할 목적으로 인한 '불법가중유형'
이다(부진정목적범). 국가보안법 제12조 제1항은 타인으로 하여금 형사처분을
받게 할 목적으로 국가보안법이 정한 죄에 대하여 위증을 한 자를 그 각조에
정한 형에 처하도록 규정하고 있다.

2. 구성요건

본죄의 구성요건은 형사사건 또는 징계사건에 관하여 피고인·피의자 또
는 징계혐의자를 모해할 목적으로 위증죄를 범하는 것이다.

'모해할 목적'이란 피고인·피의자·징계혐의자에게 불이익을 줄 일체의 목
적을 말한다. 목적의 달성 여부는 본죄의 성립과 무관하다. 피고인 이외에 '피
의자'를 포함시킨 것은 형사소송법상 증거보전절차($\frac{제184}{조}$)와 증인신문의 청구
($\frac{제221조}{의 2}$)에 의하여 공소제기 전이라도 판사의 증인신문이 가능하고, 이 때 위증
이 있으면 피의사건에 관한 사법기능이 위태롭게 되기 때문이다.

3. 공   범

모해할 목적을 가진 자(甲)가 모해할 목적이 없는 자(乙)를 교사하여 위증
하도록 한 경우에 어떠한 형사책임을 질 것인가가 문제된다. 판례는 '모해할
목적'도 형법 제33조(공범과 신분)에 규정된 '신분'에 해당한다고 보아, 교사자
(甲)는 모해위증죄의 교사범으로 처벌되고, 피교사자(乙)는 단순위증죄로 처
벌된다고 한다.[39] 그러나 다수설은 목적이 제33조의 신분에 해당할 수 없다고
함으로써,[40] 공범의 종속성 및 제한종속형식을 적용하여 정범인 피교사자(乙)
는 단순위증죄, 교사자(甲)도 단순위증죄의 교사범이 된다고 한다.[41]

---

39) "위증을 한 범인이 형사사건의 피고인 등을 '모해할 목적'을 가지고 있었는가 아니면 그러
한 목적이 없었는가 하는 범인의 특수한 상태의 차이에 따라 범인에게 과할 형의 경중을 구별하
고 있으므로, 이는 바로 형법 제33조 단서 소정의 "신분관계로 인하여 형의 경중이 있는 경우"에
해당한다고 봄이 상당하다. 따라서 피고인이 위 이○○을 모해할 목적으로 위 정○○에게 위증
을 교사한 이상, 가사 정범인 위 정○○에게 모해의 목적이 없었다고 하더라도, 형법 제33조 단
서의 규정에 의하여 피고인을 모해위증교사죄로 처단할 수 있다"(**대판** 1994. 12. 23, 93 도 1002).
40) 총론, 533-4면 참조.
41) 김성돈, 787면; 김성천, 1385면; 김/서, 936면; 박상기, 696면; 배종대, 892면; 오영근, 1013
면; 이정원, 751면; 이형국, 858면; 정영일, 848면.

Ⅲ. 허위감정·통역·번역죄

<u>제154조 [허위의 감정, 통역, 번역]</u> "법률에 의하여 선서한 감정인, 통역인, 또는 번역인이 허위의 감정, 통역 또는 번역을 한 때에는 전 2조의 예에 의한다."

본죄는 "법률에 의하여 선서한 감정인·통역인 또는 번역인이 허위의 감정·통역 또는 번역을 함으로써 성립하는 범죄"이다. 본죄도 위증죄와 마찬가지로 감정·통역·번역의 적정을 도모함으로써 국가의 사법기능을 보호하고자 함에 취지가 있다. 추상적 위험범이다.

본죄의 주체는 법률에 의하여 선서한 감정인·통역인·번역인이다(진정신분범). '감정인'이란 특수한 지식·경험을 가진 자로서 이를 기초로 하여 내린 판단을 법원 또는 법관에 보고하는 자를 말한다. 수사기관으로부터 감정을 위촉받은 자(_{형소법}제221조)는 법률에 의하여 선서한 감정인이 아니다. 특수한 지식·경험에 의하여 알게 된 사실을 보고하는 감정증인은 증인에 해당하고, 본죄의 감정인에 속하지 않는다.

'허위'의 해석은 위증죄에서와 같다. 주관설에 의하면, 자기의 판단에 반하는 것 또는 자기가 외국어로 옮기고자 하는 어의(語義)에 반하는 것을 의미한다. 객관설에 의하면, 감정·통역·번역의 내용이 객관적 진실에 반하는 것을 의미한다. 허위의 감정·통역·번역으로 인하여 재판 또는 징계처분에 영향을 미쳤을 것을 요하지 않는다.

감정·통역·번역의 결과를 서면으로 제출한 경우에는 서면제출시에, 구두로 보고하는 경우에는 진술의 모든 과정이 종료한 시점에 본죄는 '기수'가 된다.

본죄에도 자백·자수의 특례가 적용된다.

Ⅳ. 증거인멸죄

<u>제155조 [증거인멸 등과 친족간의 특례] 제1항</u> "타인의 형사사건 또는 징계사건에 관한 증거를 인멸, 은닉, 위조 또는 변조하거나 위조 또는 변조한 증거를 사용한 자는 5년 이하의 징역 또는 700만원 이하의 벌금에 처한다."

제4항 "친족 또는 동거의 가족이 본인을 위하여 본조의 죄를 범한 때에는 처벌하지 아니한다."[42]

1. 의의, 성격

본죄는 "타인의 형사사건 또는 징계사건에 관한 증거를 인멸·은닉·위조·변조하거나 위조 또는 변조한 증거를 사용함으로써 성립하는 범죄"이다. 본죄는 유형적 방법으로 증거의 증명력을 해하여 국가의 사법기능을 위태롭게 하는 범죄이다. 따라서 본죄의 보호법익은 '국가의 사법기능'이며, 보호의 정도는 '추상적 위험범'이다.

본죄는 목적범이 '아니다'.

2. 구성요건

본죄의 구성요건은 타인의 형사사건 또는 징계사건에 관한 증거를 인멸·은닉·위조·변조하거나 위조 또는 변조한 증거를 사용하는 것이다.

(1) 행위의 주체

행위의 주체에는 제한이 없다. 본인의 친족도 본죄의 주체가 될 수 있다. 다만 친족인 경우에는 기대불가능성을 이유로 책임이 조각될 수 있다.

(2) 행위의 객체

행위의 객체는 타인의 형사사건 또는 징계사건에 관한 증거이다.

(가) 타 인   증거는 '타인의' 사건에 관한 것이어야 한다. '자기의' 사건에 대해서는 본죄가 성립하지 않는다(구성요건해당성의 배제).

'자기의' 형사사건에 관한 증거를 인멸하기 위하여 '타인을 교사'하여 증거인멸행위를 하도록 한 경우에 본죄의 교사범이 성립하는가가 문제된다. 판례는 이를 긍정한다.[43] 그러나 형사피고인이 자기의 형사사건에 관하여 타인을 교사하여

---

42) 2005. 3. 31.의 민법개정 부칙 제7조 제27항으로 형법 제155조 제4항이 규정하는 특례의 적용범위에서 "호주"는 삭제되었다(시행일은 2008. 1. 1.).

43) "피고인이 그 판시와 같이 피고인에 대한 형사사건 또는 징계사건의 증거가 될 석유난로를 은닉케 할 의사로 공소 외 육○○에게 교사하여 이를 숲속에 버리게 한 사실이 넉넉히 인정되고…위 인정사실에 의하면 피고인을 증거은닉의 교사범으로 의율·처단한 원심조치는 정당하고"(대판 1982. 4. 27, 82 도 274). "제155조 제1항의 증거인멸죄는 국가형벌권의 행사를 저해하는 일체의 행위를 처벌의 대상으로 하고 있으나, 범인 자신이 한 증거인멸의 행위는 피고인의 형사소송에 있어서의 방어권을 인정하는 취지와 상충하므로 처벌의 대상이 되지 아니한다. 그러나 타인이 타인의 형사사건에 관한 증거를 그 이익을 위하여 인멸하는 행위를 하면 본법 제155조 제1항의 증거인멸죄가 성립되므로, 자기의 형사사건에 관한 증거를 인멸하기 위하여 타인을 교

위증하게 한 경우와 마찬가지로 자기사건의 증거인멸교사는 자기비호의 연장으로서 증거인멸을 교사하지 않도록 기대할 수 없다고(기대불가능성) 보아야 하고, 따라서 부정설(^{다수})이[44] 타당하다고 하겠다.

'공범자'의 형사사건에 관한 증거를 '타인의' 형사사건에 관한 증거라고 할 수 있는가도 문제되고 있다. 공범자와 자기에게 공통된 증거도 타인의 형사사건에 관한 증거로 볼 수 있다는 긍정설도 가능하다. 부정설은 공범자와 자기 사이에서 당해 증거가 누구에게 이익이 되는가를 구별할 수 없다는 이유로, 공범자의 형사사건에 관한 증거는 '자기의' 형사사건에 관한 증거라고 파악하면서, 공범자의 형사사건에 관한 증거인멸죄가 성립할 수 없다고 한다.[45] 절충설은 공범자만을 위한 증거인멸은 타인의 형사사건에 관한 것으로 보아 본죄를 구성하지만, 자기만을 위하거나 자기와 공범자의 이익을 위한 증거인멸은 본죄를 구성하지 않는다고 한다.[46] 공범자의 형사사건에 관한 증거는 공범자 상호간에 대체로 이해가 공통되지만, 상반되는 경우도 있을 수 있기 때문에 '절충설'이 타당하다고 생각한다. 판례는 자기의 이익을 위한 증거인멸이 동시에 공범자의 이익이 된 경우에 본죄의 성립을 부정하고 있다.[47]

(나) 형사사건·징계사건   본죄의 객체인 증거는 형사사건 또는 징계사건에 관한 것으로 한정된다. 따라서 민사사건·행정사건·선거사건에 관한 증거는 제외된다. 형사사건인 한, 범죄의 경중이나 유죄판결의 선고 여부는 문제되지 않는다. 따라서 형사사건인 한, 재심이나 비상상고사건도 포함된다.

형사'피의'사건이 포함되느냐에 관하여는 견해가 대립하고 있다. 부정설도[48] 있으나, 범인은닉죄와의 체계해석을 고려하고 피의사건단계에서도 국가의 사

사하여 죄를 범하게 한 자에 대하여도 교사범의 죄책을 부담케 함이 상당할 것"(**대판** 1965. 12. 10, 65 **도** 826).

44) 김성천, 1387면; 김/서, 920면; 박상기, 698면; 배종대, 896면; 오영근, 1016면; 이재상, 799면; 이정원, 753면; 정/박, 911면; 진/이, 933면.

45) 권오걸, 1435면; 배종대, 896면; 오영근, 1016면; 이재상, 800면; 황산덕, 94면.

46) 김성돈, 792면; 김/서, 919면; 박상기, 698면; 백형구, 626면; 정/박, 912면; 정영석, 92면; 정영일, 854면; 진/이, 934면.

47) "증거인멸죄는 타인의 형사사건 또는 징계사건에 관한 증거를 인멸하는 경우에 성립하는 것으로서, 피고인 자신이 직접 형사처분이나 징계처분을 받게 될 것을 두려워한 나머지 자기의 이익을 위하여 그 증거가 될 자료를 인멸하였다면, 그 행위가 동시에 다른 공범자의 형사사건이나 징계사건에 관한 증거를 인멸한 결과가 된다고 하더라도, 이를 증거인멸죄로 다스릴 수는 없다"(**대판** 1995. 9. 29, 94 **도** 2608. 同旨, 대판 1976. 6. 22, 75 **도** 1446).

48) 유기천, 하권, 341면.

법기능이 위태롭게 될 수 있다는 점에서 긍정설($\frac{통}{설}$)이[49] 타당하다. 이러한 관점에서 형사사건인 한, '수사가 개시되기 전'의 사건도 포함된다고 본다(다수설[50] 및 판례[51]).

'징계사건'은 무고죄에 있어서와 같이 공법상의 특별권력관계에 기한 징계사건($\frac{별관징계법}{검사징계법}$ 등)으로 해석된다. 본죄의 취지는 '국가의' 징계권행사의 적정을 보호하고자 함에 있다고 보아야 하기 때문이다.

(다) 증 거   '증거'란 범죄의 성부, 형의 가중 · 감면, 정상참작($\frac{제53}{조}$) 등을 인정할 수 있는 자료를 말한다.[52] 피고인 · 피의자에게 유리한 것인가 또는 불리한 것인가를 불문한다. 다만 '증인'에 대하여는 별개의 증인은닉죄($\frac{제155조}{제2항}$)가 성립하므로, 여기에서의 증거는 증인 이외의 증거에 한정된다.[53]

(3) 실행행위

실행행위는 증거를 인멸 · 은닉 · 위조 · 변조하거나, 위조 · 변조한 증거를 사용하는 것이다.

(가) 인멸 · 은닉 · 위조 · 변조   '인멸'이란 증거를 사용하지 못하도록 방해하는 행위뿐만 아니라 증거의 가치나 효력을 멸실 또는 감소시키는 일체의 행위를 말한다. '은닉'이란 증거를 숨기거나 그 발견을 곤란하게 하는 행위를 말한다. '위조'는 새로운 증거를 만들어 내는 행위를 말한다. '변조'는 기존의 증거에 가공하여 증거의 가치나 효과를 변경시키는 행위를 말한다. 다만 본죄에서의 위조 · 변조의 개념은 문서죄에서와는 달리 문서의 작성권한의 유무나

---

49) 권오걸, 1437면; 김성돈, 792면; 김/서, 920면; 배종대, 896면; 백형구, 626면; 서일교, 360면; 이재상, 800면; 이정원, 753면; 정/박, 912면; 정영일, 855면; 진/이, 934면.

50) 김봉태, 7인 공저, 667면; 김성돈, 793면; 김/서, 920면; 백형구, 626면; 정/박, 912면; 정영석, 92면; 진/이, 934면. 반대설은 배종대, 896면; 서일교, 360면; 오영근, 1017면; 유기천, 하권, 340-1면; 이재상, 801면.

51) "제155조 제1항의 증거은닉죄에 있어서 '타인의 형사사건 또는 징계사건'이라 함은 이미 수사가 개시되거나 징계절차가 개시된 사건만이 아니라, 수사 또는 징계절차 개시 전이라도 장차 형사사건 또는 징계사건이 될 수 있는 사건을 포함한 개념이라고 해석할 것"(**대판 1982. 4. 27, 82 도 274**).

52) "판결이유: 형법 제155조 제1항의 증거위조죄에서 말하는 '증거'란 타인의 형사사건 또는 징계사건에 관하여 수사기관이나 법원 또는 징계기관이 국가의 형벌권 또는 징계권의 유무를 확인하는 데 관계있다고 인정되는 일체의 자료를 뜻한다. 따라서 범죄 또는 징계사유의 성립 여부에 관한 것뿐만 아니라 형 또는 징계의 경중에 관계있는 정상을 인정하는 데 도움이 될 자료까지도 본조가 규정한 증거에 포함된다"(대판 2021. 1. 28, 2020 도 2642).

53) 배종대, 897면; 이재상, 799면; 정/박, 913면; 정영석, 93면; 정영일, 855면; 진/이, 934면.

내용의 진위 여부는 불문한다.[54]

(나) 위조·변조한 증거의 사용   위조·변조한 증거를 사용한다고 함은 위조·변조한 증거를 진정한 증거로서 제공하는 것을 말한다. 법원·수사기관 또는 징계사건의 감독기관에 진정한 증거인 것처럼 제출하는 것이 여기에 해당한다. 사용은 자발적인 제공에 한하지 않고, 수사기관의 요구에 따라 피동적으로 제출하는 것도 포함한다.

(4) 주관적 구성요건

본죄의 고의는 타인의 형사사건 또는 징계사건에 관한 증거를 인멸·은닉·위조·변조 또는 위조·변조한 증거를 사용한다는 것에 대한 인식·인용이다. 미필적 고의로도 족하다. 타인의 형사사건을 자기의 형사사건으로 오인한 때에는 본죄의 고의가 부정된다.

3. 죄   수

본죄의 행위태양인 인멸·은닉·위조·변조는 '협의의 포괄적 일죄'를 구성한다. 증거를 위조하고 위조한 증거를 사용한 경우에는 위조행위가 사용행위의 예비단계에 불과하므로, 위조죄는 사용죄에 흡수된다(법조경합 중 보충관계).[55]

타인의 형사사건에 관한 증거를 인멸하기 위하여 타인이 점유하던 장물을 자신이 은닉·보관해 두고 있는 때에는 증거인멸죄와 장물보관죄의 상상적 경합이 된다. 타인의 형사사건에 관한 증거로서 문서를 위조한 경우에는 본죄와 문서위조죄의 상상적 경합이 된다.

타인의 형사사건에 관한 증거를 인멸하기 위하여 타인의 증거물을 절취하여 은닉한 경우에는 절도죄와 본죄의 실체적 경합범이 성립한다.

위증죄는 본죄에 대하여 법조경합 중 특별관계에 있다(답수).[56]

4. 형   벌

5년 이하의 징역 또는 7백만원 이하의 벌금에 처한다.

---

54) 김/서, 923면; 이재상, 801면; 진/이, 935면.
55) 김/서, 923면; 오영근, 1019면; 진/이, 936면.
56) 배종대, 888면; 서일교, 361면; 이재상, 801면; 정/박, 906면; 진/이, 936면; 황산덕, 95면. 이에 반하여 법조경합 중 택일관계라는 견해로는 김/서, 935면.

5. 친족간의 특례

친족 또는 동거의 가족이 본인을 위하여 본죄를 범한 때에는 처벌하지 아니한다(제155조 제4항). 이 친족간의 특례는 범인은닉죄에서와 같이 친족간의 정의를 고려한 정책적 규정이다. 즉 친족간에는 본인을 위하여 증거인멸 등의 행위를 하지 않도록 기대할 수 없다(기대불가능성)는 이유로 책임이 조각된다. 친족의 범위도 범인은닉죄에서와 같다.

V. 증인은닉·도피죄

제155조 제2항 "타인의 형사사건 또는 징계사건에 관한 증인을 은닉 또는 도피하게 한 자도 제1항의 형과 같다."
제4항 "친족 또는 동거의 가족이 본인을 위하여 본조의 죄를 범한 때에는 처벌하지 아니한다."

본죄는 "타인의 형사사건 또는 징계사건에 관한 증인을 은닉 또는 도피하게 함으로써 성립하는 범죄"이다.

본죄의 객체는 타인의 형사사건 또는 징계사건에 관한 증인이다.[57] 본죄의 증인에는 법률에 의하여 선서한 증인 이외에 수사기관에서 조사하는 '참고인'을 포함한다(통설).[58]

실행행위는 은닉 또는 도피하게 하는 것이다. '은닉'이란 증인의 출석을 방해하는 일체의 행위를 말한다. '도피하게 한다'라는 것은 증인의 도피를 야기 또는 방조하는 일체의 행위를 말한다. 타인의 피의사건에 관하여 수사기관에서 허위의 진술을 하도록 교사한 것만으로는 증인을 은닉 또는 도피하게 한 것에 해당하지 않는다.[59]

---

57) "피고인 자신이 직접 형사처분이나 징계처분을 받게 될 것을 두려워한 나머지 자기의 이익을 위하여 증인이 될 사람을 도피하게 하였다면, 그 행위가 동시에 다른 공범자의 형사사건이나 징계사건에 관한 증인을 도피하게 한 결과가 된다고 하더라도, 이를 증인도피죄로 처벌할 수 없는 것"(**대판** 2003. 3. 14, 2002 도 6134).

58) 권오걸, 1441면; 김석휘, 주석 각칙 상, 228면; 김성천, 1389면; 김/서, 924면; 박상기, 700면; 배종대, 898면; 백형구, 628면; 서일교, 360면; 오영근, 1020면; 유기천, 하권, 343면; 이재상, 802면; 이형국, 863면; 정/박, 916면; 정영일, 857면; 진/이, 937면; 황산덕, 94면.

59) "단순히 타인의 형사피의사건에 관하여 수사기관에서 허위의 진술을 하거나 허위의 진술

친족 또는 동거의 가족이 본인을 위하여 본죄를 범한 때에는 처벌하지 아니한다($\frac{제155조}{제4항}$).

VI. 모해증거인멸죄

<u>제155조 제3항</u> "피고인, 피의자 또는 징계혐의자를 모해할 목적으로 전 2항의 죄를 범한 자는 10년 이하의 징역에 처한다."
<u>제4항</u> "친족 또는 동거의 가족이 본인을 위하여 본조의 죄를 범한 때에는 처벌하지 아니한다."

본죄는 "피고인·피의자 또는 징계혐의자를 모해할 목적으로 타인의 형사사건 또는 징계사건에 관한 증거를 인멸·은닉·위조·변조하거나, 위조·변조된 증거를 사용하거나, 타인의 형사사건 또는 징계사건에 관한 증인을 은닉·도피하게 함으로써 성립하는 범죄"이다.

본죄는 '부진정목적범'이다. '모해할 목적'이란 피고인·피의자·징계혐의자에게 형사처분 또는 징계처분을 받게 할 목적을 말한다. 목적의 달성 여부는 본죄의 성립과 무관하다.

친족간의 특례($\frac{제155조}{제4항}$)는 본죄에도 적용된다.

국가보안법 제12조 제1항은 타인으로 하여금 형사처분을 받게 할 목적으로 국가보안법이 정한 죄에 대하여 증거를 날조·인멸·은닉한 자를 그 각조에 정한 형에 처벌하도록 규정하고 있다.

을 하도록 교사한 것이라 함에 귀착되는 바, 이 정도의 것으로서는 타인의 형사사건에 관한 증인을 은닉 또는 도피하게 한 것에 해당되지 아니함은 물론, 증거의 현출을 방해하여 증거로서의 효과를 멸실 또는 감소시키는 증거인멸 등의 적극적 행위에 나선 것으로는 볼 수 없다 할 것이므로, 증거를 위조하고 또는 그 위조를 교사한 죄를 구성한다고 볼 수 없다"(대판 1977. 9. 13, 77도 997).

제10장 무고의 죄

제1절 개 설

Ⅰ. 의의, 본질, 보호법익

무고죄란 "타인으로 하여금 형사처분 또는 징계처분을 받게 할 목적으로 공무소 또는 공무원에 대하여 허위의 사실을 신고함으로써 성립하는 범죄"이다.

무고죄의 '본질'은 보호법익을 어떻게 파악하느냐와 관련되는데, ① 국가의 적정한 사법기능 내지 징계권행사를 보호법익으로 파악함으로써 무고죄는 '국가적 법익'에 대한 범죄라는 견해,[1] ② 피무고자인 개인이 부당한 형사처분 또는 징계처분으로부터 받을 불이익을 방지하고자 함에 취지가 있다고 보아, 국가의 사법기능 내지 징계권행사에 있어서의 개인의 이익을 보호법익으로 파악함으로써 무고죄는 '개인적 법익'에 대한 범죄라는 견해,[2] ③ 국가의 적정한 사법기능뿐만 아니라 피무고자인 개인의 이익도 보호법익이 된다고 함으로써 무고죄는 국가적 법익 및 개인적 법익 양자에 대한 범죄라고 하는 절충적 견해(통설)가[3] 있다.

생각건대 무고죄의 입법취지가 기본적으로는 국가의 사법기능 내지 징계권행사의 적정을 도모하고자 함에 있다는 것은 분명하다. 그러나 무고당한 개인이 받을 엄청난 손실과 고통을 고려한다면, 피무고자도 '피해자'로 파악하여야 할 것이고, 따라서 '피무고자의 법적 안전'이라는 개인적 이익을 무고죄의 부차적 보

---

1) 서일교, 363면; 정영일, 861면. Rudolphi, SK, §164 Rn. 1.
2) H. J. Hirsch, "Zur Rechtsnatur der falschen Verd·chtigung", Gedächtnisschrift für Horst Schröder, 1978, S. 321.
3) 권오걸, 1443면; 김성돈, 796면; 김/서, 938면; 박상기, 701면; 배종대, 901면; 백형구, 629-30면; 손동권, 846면; 오영근, 1022면; 유기천, 하권, 345면; 이재상, 804면; 이정원, 755면; 정/박, 919면; 정영석, 95면; 진/이, 939면; 황산덕, 97면. Lackner, StGB, §164 Rn. 1.

호법익으로 이해함이 타당하다고 본다. 법익보호의 정도는 추상적 위험범이다.

Ⅱ. 무고죄의 체계

형법상 무고죄는 1개의 범죄($_{조}^{제156}$)로 구성되어 있다. 그밖에 무고한 자가 무고한 사건의 형사처분 또는 징계처분이 확정되기 전에 자백 또는 자수한 때에는 그 형을 감경·면제하는 규정을 두고 있다($_{조}^{제157}$).

'국가보안법' 제12조 제1항은 타인으로 하여금 형사처분을 받게 할 목적으로 국가보안법이 정한 죄에 대하여 무고한 자를 그 각조에 정한 형에 처하도록 규정하고 있다. '특정범죄가중처벌 등에 관한 법률' 제14조는 동 법률에 규정된 죄에 대하여 형법상의 무고죄를 범한 때에는 3년 이상의 유기징역에 처한다고 규정하고 있다. 테러방지법 제18조 제1항은 타인으로 하여금 형사처분을 받게 할 목적으로 테러범죄에 대하여 무고한 사람을 가중처벌하고 있다.

제 2 절   개별적 범죄유형

Ⅰ. 무 고 죄

제156조 [무고] "타인으로 하여금 형사처분 또는 징계처분을 받게 할 목적으로 공무소 또는 공무원에 대하여 허위의 사실을 신고한 자는 10년 이하의 징역 또는 1천500만원 이하의 벌금에 처한다."
제157조 [자백, 자수] "제153조는 전조에 준용한다."

1. 의의, 보호법익, 성격

본죄는 "타인으로 하여금 형사처분 또는 징계처분을 받게 할 목적으로 공무소 또는 공무원에 대하여 허위의 사실을 신고함으로써 성립하는 범죄"이다. 무고죄의 주된 보호법익은 '국가의 적정한 사법기능 내지 징계권행사'이고 부차적 보호법익은 '피무고자 개인의 법적 안전'이다. 보호의 정도는 '추상적 위험범'이다.

본죄는 타인으로 하여금 형사처분 또는 징계처분을 받게 할 목적을 요하는 '진정목적범'이다.

우리나라는 '사법(私法)의 형사화'라고 할 만큼 민사사건에까지 개인이 거래상대방을 사기죄로 고소하는 등, 형사상 고소·고발사건이 많고, 피고소인·피고발인은 이에 맞서서 고소·고발인을 무고죄로 맞고소하는 경우가 빈번하다.

2. 구성요건

본죄의 구성요건은 타인으로 하여금 형사처분 또는 징계처분을 받게 할 목적으로 공무소 또는 공무원에 대하여 허위의 사실을 신고하는 것이다. 이하 분설하기로 한다.

(1) 행위의 주체

주체에는 제한이 없다. 공무원이 직무상 본죄를 범할 수도 있다.[4] 다만 공무원신분으로 인하여 그 형의 2분의 1까지 가중된다($^{제135}_{조}$).

(2) 실행행위

허위의 사실을 신고하는 것이다.

(가) 허위의 사실 '허위의 사실'이라 함은 "객관적 진실에 반하는 사실"을 말한다(통설 및 판례[5]). 위증죄에서의 허위가 증인 개인의 주관적 기억에 반하는 것과 다르다. 따라서 행위자가 허위라고 오신하더라도 신고한 사실이 객관적 진실에 합치되면 본죄가 성립하지 않는다. 행위자가 진실한 것으로 믿고 신고한 사실이 허위로 밝혀진 경우에는 본죄의 고의가 부정된다.

신고사실이 허위인가의 여부는[6] 사실의 핵심부분 내지 본질적 부분이 객관적 진실에 합치하느냐에 따라 판단한다.[7] 그러므로 사실 또는 정황을 다소 과장한 경우라든가 허위인 일부사실의 존부가 범죄사실 또는 징계사유의 성

---

4) 국가보안법 제12조 제2항 참조.

5) "무고죄는 타인으로 하여금 형사처분 등을 받게 할 목적으로 신고한 사실이 객관적 진실에 반하는 허위사실인 경우에 성립되는 범죄로서, 신고자가 그 신고내용을 허위라고 믿었다 하더라도 그것이 객관적으로 진실한 사실에 부합할 때에는 허위사실의 신고에 해당하지 않아 무고죄는 성립하지 않는 것"(대판 1991. 10. 11, 91 도 1950).

6) "[판결요지] 무고죄는…신고한 사실이 객관적 진실에 반하는 허위사실이라는 요건은 적극적 증명이 있어야 하고, 신고사실의 진실성을 인정할 수 없다는 소극적 증명만으로 곧 그 신고사실이 객관적 진실에 반하는 허위의 사실이라 단정하여 무고죄의 성립을 인정할 수는 없다"(대판 2019. 7. 11, 2018 도 2614. 同旨, 대판 2024. 5. 30, 2021 도 2656).

7) "신고한 사실의 허위 여부는 그 범죄의 구성요건과 관련하여 신고사실의 핵심 또는 중요내용이 허위인가에 따라 판단하여 무고죄의 성립 여부를 가려야 할 것이다"(대판 1991. 10. 11, 91 도 1950. 同旨, 대판 2019. 7. 11, 2018 도 2614).

부에 직접 영향을 줄 정도에 이르지 않는 경우에는 허위사실이라고 할 수 없다.[8] 예컨대 단순히 구타당했을 뿐인데 구타로 상해를 입었다고 고소하는 경우에는 무고죄를 구성하지 않는다.[9]

그리고 객관적 사실관계를 사실 그대로 신고한 이상, 법률평가를 잘못하였거나 처벌법규 또는 죄명을 잘못 기재한 것에 불과한 경우에는 허위신고라고 할 수 없다.[10] 예컨대 횡령을 절도라고 기재하였다고 해서 허위신고한 것으로 볼 수 없다.[11] 형사책임을 져야 할 자를 '잘못' 기재하였더라도 신고한 사실이 진실이라면, 무고죄는 성립하지 않는다.[12]

범죄의 성립을 조각하는 사유가 있음을 알고서도 이를 숨기고 신고한 경우에는 허위신고에 해당한다.[13]

신고한 허위사실은 피신고자가 형사처분 또는 징계처분을 받게 될 위험이 있을 '정도'가 되어야 한다. 즉 수사권 또는 징계권의 발동을 촉구할 수 있는 정도가 되어야 한다. 신고내용이 허위라도 처벌법규가 없어서 범죄가 되지 않는다든가,[14] 사면,[15] 친고죄에서 고소기간의 경과[16] 또는 공소시효의 완성으

---

8) "무고죄에 있어서 허위의 사실이라 함은 그 신고된 사실로 인하여 상대방이 형사처분이나 징계처분 등을 받게 될 위험이 있는 것이어야 하고, 비록 신고내용에 일부 객관적 진실에 반하는 내용이 포함되었다고 하더라도 그것이 독립하여 형사처분 등의 대상이 되지 아니하고 단지 신고사실의 정황을 과장하는 데 불과하거나 허위의 일부 사실의 존부가 전체적으로 보아 범죄사실의 성립 여부에 직접 영향을 줄 정도에 이르지 아니하는 내용에 관계되는 것이라면 무고죄가 성립하지 아니한다"(대판 1996. 5. 31, 96 도 771. 同旨, 대판 1995. 12. 22, 95 도 414; 1994. 1. 11, 93 도 2995).
9) "구타를 당하여 상해를 입었다는 고소내용은 하나의 폭력행위에 대한 고소사실이다. 이를 분리하여 폭행에 관한 고소사실과 상해에 관한 고소사실의 두 가지의 고소내용이라고 할 수는 없다. 그러므로 피고인이 이 사건에서 위 오○○로부터 구타를 당한 것이 사실인 이상 이를 고소함에 있어서 입지 않은 상해사실을 포함시켰다 하더라도, 이는 고소내용의 정황의 과장에 지나지 않는다고 보고, 이 고소사실에서 위 상해부분만이 따로이 무고죄를 구성한다고 할 수는 없다"(대판 1973. 12. 26, 73 도 2771. 同旨, 대판 1996. 5. 31, 96 도 771; 1983. 1. 18, 82 도 2170).
10) "신고자가 객관적 사실관계를 사실 그대로 신고한 이상 그 객관적 사실을 토대로 한 나름 대로의 주관적 법률평가를 잘못하고 이를 신고하였다 하여, 그 사실만을 가지고 허위사실을 신고한 것에 해당하여 무고죄가 성립한다고 단정할 수는 없는 것"(대판 1985. 6. 25, 83 도 3245. 同旨, 대판 2024. 5. 30, 2021 도 2656).
11) 대판 1985. 9. 24, 84 도 1737.
12) "무단주차 및 회차사실이 진실한 사실로서 허위사실을 신고한 것이 아닌 이상, 그 신고된 사실에 대한 형사책임을 부담할 자를 잘못 택하였다고 하여 무고죄가 성립한다고는 할 수 없다"(대판 1982. 4. 27, 81 도 2341).
13) 대판 1986. 12. 9, 85 도 2482.
14) "판결이유: 타인에게 형사처분을 받게 할 목적으로 '허위의 사실'을 신고한 행위가 무고죄를 구성하기 위해서는 신고된 사실 자체가 형사처분의 대상이 될 수 있어야 하므로, 가령 허위의

로[17] 인하여 공소권이 소멸된 범죄사실임이 명백한 때에는 국가의 사법기능을 위태롭게 할 소지가 없으므로 무고죄가 성립하지 않는다. 그러나 공소시효가 완성된 사건을 완성되지 않은 것처럼 허위신고한 경우에는 무고죄를 구성할 수 있다.[18]

허위사실의 기재는 수사관서 또는 감독관서에 대하여 수사권 또는 징계권의 발동을 촉구할 수 있는 정도의 것이면 충분하고, 신고내용에 범죄구성요건사실 또는 징계요건사실을 구체적으로 기재할 필요는 없으며,[19] 법률적 평가를 명시할 필요도 없다.[20] 다만 막연히 추상적 사실을 신고한 것만으로는 부족하고,[21] 그 내용이 형사처분 또는 징계처분을 받을 수 있을 만큼의 구체성을 지녀야 한다.[22]

(나) 신 고　'신고'란 자진하여 사실을 고지하는 것을 말한다. 신고는 '자발적으로' 행해질 것을 요한다. 그러므로 정보원 또는 수사관의 요청을 받고 자신이 알고 있는 정보를 제공하거나,[23] 수사관의 신문을 받는 과정에서 허위진술을 하는 것은[24] 본죄의 신고에 해당하지 않는다. 그러나 고소장에 기재하

사실을 신고하였더라도 신고 당시 그 사실 자체가 형사범죄를 구성하지 않으면 무고죄는 성립하지 않는다. 그러나 허위로 신고한 사실이 무고행위 당시 형사처분의 대상이 될 수 있었던 경우에는 국가의 형사사법권의 적정한 행사를 그르치게 할 위험과 부당하게 처벌받지 않을 개인의 법적 안정성이 침해될 위험이 이미 발생하였으므로 무고죄는 기수에 이르고, 이후 그러한 사실이 형사범죄가 되지 않는 것으로 판례가 변경되었더라도 특별한 사정이 없는 한 이미 성립한 무고죄에는 영향을 미치지 않는다(대판 2017. 5. 30, 2015 도 15398. 同旨, 대판 2007. 4. 13, 2006 도 558; 1976. 10. 26, 75 도 1657).
　15) 대판 1970. 3. 24, 69 도 2330.
　16) 대판 1998. 4. 14, 98 도 150.
　17) 대판 1994. 2. 8, 93 도 3445; 1985. 5. 28, 84 도 2919.
　18) 대판 1995. 12. 5, 95 도 1908.
　19) 대판 1985. 2. 26, 84 도 2774.
　20) "무고죄에 있어서 허위사실의 적시는 수사관서 또는 감독관서에 대하여 수사권 또는 징계권의 발동을 촉구하는 정도의 것이라면 충분하고, 그 사실이 해당될 죄명 등 법률적 평가까지 명시하여야 하는 것은 아니다"(대판 1987. 3. 24, 87 도 231).
　21) 따라서 당해관청의 직권을 발동할 수 있는 정도이면 추상적 사실의 신고라도 족하다는 입장에서 단순히 좌익분자라고 허위신고한 경우에 무고죄로 처단한 판례(대결 1960. 10. 26, 4293 형상 259)는 부당하다고 본다.
　22) 김성돈, 799면; 김/서, 940면; 박상기, 702면; 배종대, 902면; 백형구, 633면; 오영근, 1025면; 유기천, 하권, 349-50면; 이재상, 806면; 이형국, 871면; 정/박, 922면; 진/이, 941면.
　23) 대결 1955. 3. 18, 4287 형상 209.
　24) "검사의 추문(推問)에 대한 대답일 뿐 피고인의 자발적 진정내용에 해당된다고 보여지지 아니하여 무고죄를 구성하지 않는다"(대판 1990. 8. 14, 90 도 595). "무고죄는 당국의 추문을 받음이 없이 자진하여 타인으로 하여금 형사처분 또는 징계처분을 받게 할 목적으로 공무소 또는

지 않은 사실을 수사기관에서 고소보충조서를 받을 때 자진하여 진술한 경우에는 무고죄에 있어서의 신고에 해당한다.[25] 신고의 방법에는 제한이 없다. 서면이나 구두를 불문하고, 서면의 경우에는 그 명칭이 고소장이든 진정서이든 상관없다.[26] 신고는 자신의 이름으로 하는 경우뿐만 아니라 타인의 이름으로 하는 경우는 물론 익명으로 하는 경우도 포함한다.[27] 피무고자의 성명도 명시할 필요는 없고, 객관적으로 누구인가를 추측할 수 있는 정도이면 충분하다.[28]

'부작위'에 의한 신고가 가능한가가 문제된다. 예컨대 허위인 사실임을 모르고 신고한 자가 후에 신고사실이 허위임을 알고서도 그대로 방치한 경우에 선행행위로 인한 무고죄의 부작위범이 성립할 수 있는가라는 문제이다.[29] 무고죄에서의 신고는 자발적으로 행해질 것을 요하므로, 부작위에 의한 무고는 성립할 수 없다고 함이 타당하다(다수).[30]

(다) 기수시기   무고죄는 신고한 허위사실이 공무소 또는 공무원에 도달한 때에 '기수'가 된다.[31] 구두로 신고한 경우에는 진술과 동시에 기수가 되지만, 문서로 우송한 경우에는 발송시가 아니라 도달시에 기수가 된다. 본죄는 미수범처벌규정이 없으므로, 우편으로 발송했으나 아직 도달하지 아니한 때에는 본죄가 성립하지 않는다.

공무원에 대하여 허위의 사실을 신고한 경우에 한하여 성립되는 것이라고 할 것인 바, 일건기록에 의하면 위 홍○○은 사기 등의 죄로 경찰에 구속된 뒤 그 범행경위에 대한 조사를 받는 과정에서 사법경찰관 사무취급 및 검사의 신문에 따라 피고인의 본건 범죄사실을 진술한 것임이 분명하므로, 가사 위 홍○○의 진술내용이 허위라고 하더라도 이를 무고라고는 할 수 없는 것"(대판 1985. 7. 26, 85 모 14).

25) "판결요지: 무고죄에 있어서의 신고는 자발적인 것이어야 하고, 수사기관 등의 추문에 대하여 허위의 진술을 하는 것은 무고죄를 구성하지 않는 것이지만, 당초 고소장에 기재하지 않은 사실을 수사기관에서 고소보충조서를 받을 때 자진하여 진술하였다면, 형법 제156조 소정의 무고죄에 있어서의 신고에 해당한다"(대판 1996. 2. 9, 95 도 2652. 同旨, 대판 1988. 2. 23, 87 도 2454; 1984. 12. 11, 84 도 1953).

26) 대판 1985. 12. 10, 84 도 2380.

27) 김성돈, 800면; 김성천, 1398면; 김/서, 941면; 배종대, 903면; 오영근, 1028면; 유기천, 하권, 350면; 이재상, 808면; 이형국, 872면; 정/박, 924면; 진/이, 944면.

28) 김성천, 1398면; 김/서, 941-2면; 배종대, 903면; 오영근, 1028면; 이재상, 808면; 이형국, 872면; 정영일, 866면; 진/이, 944면.

29) 이 때 무고죄의 부작위범성립을 긍정하는 견해로는 Sch/Sch/Lenckner, StGB, §164 Rn. 21.

30) 김성돈, 800면; 김성천, 1398면; 배종대, 903면; 백형구, 633면; 이재상, 808면; 이정원, 757면; 이형국, 872면; 정/박, 924면; 진/이, 944면.

31) 김성돈, 800면; 김/서, 942면; 배종대, 903면; 백형구, 635면; 오영근, 1032면; 이재상, 811면; 이형국, 872면; 정/박, 924면; 정영일, 866면; 진/이, 944면.

본죄는 신고함으로써 기수가 되고, 신고를 받은 공무원이 수사에 착수하였 거나[32] 공소를 제기했을 필요는 없다(추상적 위험범). 그러나 허위신고를 한 이 상, 도달한 문서를 후에 되돌려 받았다고 하더라도 본죄의 성립에 아무런 영 향이 없다.[33]

(3) 허위신고의 대상

허위신고의 대상은 공무소 또는 공무원이다. 본죄에서의 '공무소 또는 공 무원'이란 신고를 받고 형사처분 또는 징계처분을 내릴 권한이 있는 담당관서 또는 그 소속공무원을 말하고, 형사처분 또는 징계처분을 촉구할 수 있는 기 관이나 상급자까지를 포함한다. 형사처분의 경우에는 수사기관인 검사·사법 경찰관 및 그 보조자가 이에 해당한다. 수사기관을 통할하는 대통령이나[34] 관 내 경찰서장을 지휘·감독하는 도지사도[35] 여기에 포함된다.

(4) 주관적 구성요건

(가) 고 의   본죄의 고의는 공무소 또는 공무원에 대하여 허위의 사실을 신고한다는 인식·인용이다. 특히 신고사실이 '허위'라는 것을 인식해야 한다. 만 일 객관적으로 허위인 사실이라고 하더라도 행위자가 진실로 오신하고 신고 한 때에는 고의가 부정되어 무고죄가 성립하지 않는다.[36]

신고한 사실이 허위라는 것에 대한 고의는 '확정적 고의'여야 한다는 견해 와[37] '미필적 고의'로도 충분하다는 견해가[38] 대립하고 있다. 판례는 신고사실 이 허위라는 것을 확신할 필요가 없다고 하면서 미필적 고의로 족하다는 입장 을 취하고 있다.[39]

---

32) "무고죄는 다른 사람으로 하여금 형사처분을 받게 할 목적으로 수사기관에 대하여 허위의 신고를 함으로써 성립하는 것이고, 그 신고를 받은 공무원이 수사에 착수하였는지의 여부는 그 범죄의 성립에 영향을 주지 않는 것"(대판 1983. 9. 27, 83 도 1975).

33) "피고인의 행위는 피고인이 최초에 작성한 허위내용의 고소장을 경찰관에게 제출하였을 때 이미 허위사실의 신고가 수사기관에 도달되어 무고죄의 기수에 이른 것이라 할 것이고, 그 후 그 고소장을 되돌려 받았다는 점은 위와 같이 이미 기수에 이른 무고죄의 성립에 영향을 미칠 사유가 못된다"(대판 1985. 2. 8, 84 도 2215).

34) 대판 1977. 6. 28, 77 도 1445.

35) 대판 1982. 11. 23, 81 도 2380.

36) 대판 1987. 3. 24, 86 도 2632; 1982. 12. 28, 82 도 1622.

37) 김/서, 942면; 배종대, 904면; 서일교, 366면; 이재상, 809면; 이형국, 873면; 정/박, 925면.

38) 권오걸, 1458면; 김성돈, 801면; 김성천, 1399면; 박상기, 704면; 오영근, 1029면; 유기천, 하권, 347면; 이정원, 758면; 정영석, 98면; 정영일, 867면; 진/이, 945면; 황산덕, 99-100면.

39) "무고죄에 있어서 범의는 반드시 확정적 고의임을 요하지 아니하고 미필적 고의로서도 족 하다 할 것이므로, 무고죄는 신고자가 진실하다는 확신없는 사실을 신고함으로써 성립하고, 그

생각건대 많은 법적 분쟁은 사실의 진위(眞僞)가 불분명하기 때문에 발생한다. 이 때 당사자는 분쟁을 종식시키기 위해 수사기관에 사실의 진위를 가려달라고 요청할 수 있다. 당사자가 사안의 진위를 몰라서, 즉 한편으로는 진실일 가능성도 있다고 인식하면서 동시에 다른 한편으로는 허위일 가능성도 있다고 인식하는 경우에 그 진위를 유권적으로 판단받기 위하여 상대방을 처벌해달라는 내용으로 수사기관에 대한 고소·고발의 수단을 취하는 것은 궁극적으로 '국민의 재판을 받을 권리'(헌법제27조 제1항)에 속한다고 본다. 그러므로 신고사실이 허위일 가능성을 미필적으로 인식한 것만으로는 부족하고, '허위임을 확정적으로 인식했음에도 불구하고 신고한 경우'에[40] 무고죄가 성립한다고 함이 타당하다(확정적 고의설). 타인으로 하여금 형사처분 또는 징계처분을 받게 할 목적도 무고자가 신고사실의 허위성에 대한 확정적 고의를 갖고 있을 경우에 한하여 의미가 있다고 본다.

(나) 목 적　본죄는 고의 이외에 '타인으로 하여금 형사처분 또는 징계처분을 받게 할 목적'이 있어야 한다(진정목적범). 이러한 목적없이 단순히 혐의사실의 흑백을 가려달라는 취지의 신고를 한 경우에는 무고죄가 성립하지 않는다.[41]

(a) 타 인　'타인'이란 신고자(무고자) 이외의 자로서 특정된 생존자를 말한다. 자연인 이외에 법인을 포함한다. 타인은 형사처분 또는 징계처분을 받을 자격을 구비하고 있을 필요는 없다. 따라서 책임무능력자에 대한 무고도 가능하다. '자기'에 대한 무고(자기무고)는 구성요건해당성이 없다. 타인에게 자기를 무고하도록 교사하는 '자기무고의 교사'도 범죄를 구성하지 않는다. 그러나 판례는 제3자를 교사·방조하여 자기를 무고하게 한 경우에 무고죄의 교사·방조범 성립을 긍정한다.[42] 이와 달리, 자기 자신을 무고하기로 제3자와

신고사실이 허위라는 것을 확신함을 필요로 하지 않는 것"(대판 1996. 5. 10, 96 도 324. 同旨, 대판 2022. 6. 30, 2022 도 3413; 2007. 4. 26, 2007 도 1423; 1997. 3. 28, 96 도 2417; 1991. 12. 13, 91 도 2127; 1988. 2. 9, 87 도 2366).

40) 이와 관련하여 독일형법 제164조는 "wider besseres Wissen"이라는 표현을 쓰고 있다.

41) "전후 문맥을 종합하여 볼 때 전체적으로는 피고인이 죄인취급을 받는 것은 억울하니 공정한 수사를 하여 흑백을 가려달라는 취지로 이해할 수도 있어, 피고인의 변소대로 타인을 무고할 목적은 아니었다고 볼 여지가 없지 않다"(대판 1978. 8. 22, 78 도 1357).

42) "스스로 본인을 무고하는 자기무고는 무고죄의 구성요건에 해당하지 아니하여 무고죄를 구성하지 않는다. 그러나 피무고자의 교사·방조 하에 제3자가 피무고자에 대한 허위의 사실을 신고한 경우 제3자의 행위는 무고죄의 구성요건에 해당하여 무고죄를 구성하므로, 제3자를 교사·

공모하고 무고행위에 가담한 경우, 무고죄의 '공동정범'이 성립하지 않는다는 대법원판결이 있다.[43] 자기와 타인이 공범관계에 있다고 허위신고하는 '공동무고'의 경우에는 타인에 대한 부분에 한해서 본죄가 성립한다.[44]

'사자'(死者)나 '허무인'에 대한 무고는 본죄를 구성하지 않는다(통설).[45] 국가의 적정한 사법기능 또는 징계권행사가 위태롭게 될 우려가 없기 때문이다.

본죄의 주된 보호법익은 국가적 법익이므로, 피무고자인 타인의 승낙이 있더라도 무고죄의 위법성이 조각되지 않는다.

(b) 형사처분 또는 징계처분   '형사처분'은 형벌 이외에 보안처분(예: 치료감호법상의 치료감호처분, 소년법상의 보호처분)을 포함한다. '징계처분'은 공법상의 특별권력관계 내지 감독관계에 기한 징계처분으로 해석된다(다수).[46] [47] 본죄의 취지는 '국가의' 징계권행사의 적정을 보호하고자 함에 있기 때문이다. 따라서 변호사[48] · 법무사 · 공인회계사 · 의사 · 사립학교 교원[49]에 대한 징계

방조한 피무고자에 대하여도 교사 · 방조범으로서의 죄책을 부담케 함이 상당하다"(대판 2008. 10. 23, 2008 도 4852).

43) "판결요지: [1] 형법 제30조에서 정한 공동정범은 공동으로 범죄를 저지르려는 의사에 따라 공범자들이 협력하여 범행을 분담함으로써 범죄의 구성요건을 실현한 경우에 각자가 범죄 전체에 대하여 정범으로서의 책임을 지는 것이다. 이러한 공동정범이 성립하기 위해서는 주관적 요건으로서 공동가공의 의사와 객관적 요건으로서 공동의사에 의한 기능적 행위지배를 통한 범죄의 실행사실이 필요하고, 이때 공동가공의 의사는 공동의 의사로 특정한 범죄행위를 하기 위하여 일체가 되어 서로 다른 사람의 행위를 이용하여 자기의 의사를 실행에 옮기는 것을 내용으로 하는 것이어야 한다. 따라서 범죄의 실행에 가담한 사람이라고 할지라도 그가 공동의 의사에 따라 다른 공범자를 이용하여 실현하려는 행위가 자신에게는 범죄를 구성하지 않는다면, 특별한 사정이 없는 한 공동정범의 죄책을 진다고 할 수 없다. [2] 형법 제156조에서 정한 무고죄는 타인으로 하여금 형사처분 또는 징계처분을 받게 할 목적으로 허위의 사실을 신고하는 것을 구성요건으로 하는 범죄이다. 자기 자신으로 하여금 형사처분 또는 징계처분을 받게 할 목적으로 허위의 사실을 신고하는 행위, 즉 자기 자신을 무고하는 행위는 무고죄의 구성요건에 해당하지 않아 무고죄가 성립하지 않는다. 따라서 자기 자신을 무고하기로 제3자와 공모하고 이에 따라 무고행위에 가담하였더라도 이는 자기 자신에게는 무고죄의 구성요건에 해당하지 않아 범죄가 성립할 수 없는 행위를 실현하고자 한 것에 지나지 않아 무고죄의 공동정범으로 처벌할 수 없다"(대판 2017. 4. 26, 2013 도 12592).

44) 김성돈, 802면; 김/서, 943면; 배종대, 905면; 이재상, 809면; 정/박, 926면; 정영일, 868면; 진/이, 946면.

45) 김성돈, 802면; 김/서, 944면; 박상기, 703-4면; 배종대, 905면; 오영근, 1030-1면; 유기천, 하권, 346면; 이재상, 809면; 이정원, 758면; 이형국, 869면; 정/박, 926면; 진/이, 946면; 황산덕, 97면.

46) 김성돈, 802면; 박상기, 704면; 백형구, 634면; 서일교, 364면; 오영근, 1031면; 유기천, 하권, 346면; 이재상, 810면; 정/박, 926-7면; 정영일, 869면; 진/이, 946면.

47) "형법 제156조에서 '징계처분'이란 공법상의 감독관계에서 질서유지를 위하여 과하는 신분적 제재를 말한다"(대판 2014. 7. 24, 2014 도 6377. 同旨, 대판 2010. 11. 25, 2010 도 10202).

처분은 여기에 포함되지 않는다.

(c) 목적의 인식 정도   목적의 인식 정도에 관하여는 형사처분 또는 징
계처분이라는 결과의 발생을 '의욕'(희망)해야 한다는 견해와50) 결과발생에 대
한 미필적 인식으로 충분하다는 견해가51) 대립한다. 판례는 미필적 인식으로
족하다는 입장이다.52)

---

48) 이와 달리 대법원은, 변호사에 대한 징계처분도 형법 제156조의 '징계처분'에 포함되며, 그
징계 개시의 신청권이 있는 지방변호사회의 장은 '공무소 또는 공무원'에 포함된다고 판시하고
있다. 즉, "구 변호사법(2008. 3. 28. 법률 제8991호로 개정되기 전의 것, 이하 같다) 제92조, 제95
조, 제96조, 제100조 등 관련 규정에 의하면 변호사에 대한 징계가 대한변호사협회 변호사징계위
원회를 거쳐 최종적으로 법무부의 변호사징계위원회에서 결정되고 이에 불복하는 경우에는 행
정소송을 할 수 있는 점, 구 변호사법 제93조, 제94조, 제101조의2 등은 판사 2명과 검사 2명이
위원으로 참여하여 대한변호사협회 변호사징계위원회나 법무부의 변호사징계위원회를 구성하
고, 서류의 송달, 기일의 지정이나 변경 및 증인·감정인의 선서와 급여에 관한 사항에 대하여
'형사소송법'과 '형사소송비용 등에 관한 법률'의 규정을 준용하도록 정하고 있는 점, 위와 같은
절차를 마련한 것은 변호사의 공익적 지위에 기인하여 공법상의 특별권력관계에 준하여 징계에
관하여도 공법상의 통제를 하려는 의도로 보여지는 점 등을 고려하여 보면, 변호사에 대한 징계
처분은 형법 제156조에서 정하는 '징계처분'에 포함된다고 봄이 상당하고, 구 변호사법 제97조의
2 등 관련 규정에 의하여 그 징계 개시의 신청권이 있는 지방변호사회의 장은 형법 제156조에서
정한 '공무소 또는 공무원'에 포함된다고 할 것"(대판 2010. 11. 25, 2010 도 10202).

49) "사립학교 교원은 학교법인 또는 사립학교경영자가 임면하고(사립학교법 제53조, 제53조
의2), 그 임면은 사법상 고용계약에 의하며, 사립학교 교원은 학생을 교육하는 대가로 학교법인
등으로부터 임금을 지급받으므로 학교법인 등과 사립학교 교원의 관계는 원칙적으로 사법상 법
률관계에 해당한다. 비록 임면자가 사립학교 교원의 임면에 대하여 관할청에 보고하여야 하고,
관할청은 일정한 경우 임면권자에게 해직 또는 징계를 요구할 수 있는 등(사립학교법 제54조)
학교법인 등에 대하여 국가 등의 지도·감독과 지원 및 규제가 행해지고, 사립학교 교원의 자격,
복무 및 신분을 공무원인 국·공립학교 교원에 준하여 보장하고 있지만, 이 역시 이들 사이의 법
률관계가 사법상 법률관계임을 전제로 신분 등을 교육공무원의 그것과 동일하게 보장한다는 취
지에 다름 아니다. 따라서 학교법인 등의 사립학교 교원에 대한 인사권의 행사로서 징계 등 불리
한 처분은 사법적 법률행위의 성격을 가진다. …위와 같은 법리를 종합하여 보면, 사립학교 교원
에 대한 학교법인 등의 징계처분은 형법 제156조의 '징계처분'에 포함되지 않는다"(대판 2014. 7.
24, 2014 도 6377).

50) 권오걸, 1459면; 김/서, 944면; 배종대, 905면; 서일교, 364면; 오영근, 1032면; 이재상, 811
면; 이형국, 874면; 정/박, 927면; 정영일, 869면; 황산덕, 99-100면.

51) 김성돈, 802면; 박상기, 705면; 유기천, 하권, 347면; 이정원, 759면; 정영석, 98면; 진/이,
947면.

52) "무고죄에 있어서 형사처분 또는 징계처분을 받게 할 목적은 허위신고를 함에 있어서 다
른 사람이 그로 인하여 형사 또는 징계처분을 받게 될 것이라는 인식이 있으면 족한 것이고, 그
결과발생을 희망하는 것을 요하는 것은 아닌 바, 피고인이 원심 적시의 고소장을 수사기관에 제
출한 이상 그러한 인식은 있었다 할 것이니, 피고인이 이 사건 고소를 한 목적이 피고소인들을
처벌받도록 하는 데에 있지 아니하고 단지 회사 장부상의 비리를 밝혀 정당한 정산을 구하는 데
에 있다 하여 무고의 범의가 없다 할 수 없다"(대판 1991. 5. 10, 90 도 2601. 同旨, 대판 2022. 6.
30, 2022 도 3413; 1986. 8. 19, 86 도 1259; 1973. 1. 16, 72 도 1136).

목적범에 있어서의 목적은 고의와는 달리 결과발생을 향한 '확정적 인식'을 가져야 하고, 본죄에 한하여 그 해석을 완화할 아무런 이유가 없다고 생각한다.

3. 죄   수

무고죄의 주된 보호법익은 국가적 법익이지만 부차적 보호법익은 개인적 법익이므로, 무고죄의 죄수결정은 피무고자의 수를 기준으로 함이 타당하다. 또 피무고자에 따라 국가의 사법기능이 개별적으로 위태롭게 되는 측면도 고려해야 한다. 따라서 1개의 서면신고행위로 수인을 무고한 때에는 무고죄의 동종류의 상상적 경합이 발생한다.[53)][54)] 1개의 신고행위로 동일인에 대한 수개의 허위범죄사실을 무고한 때에는 단순1죄가 성립한다. 동일인에 대하여 동일한 허위사실을 가지고 수차례 반복하여 동일한 수사기관에 신고한 때에는 연속범의 요건이 갖추어지는 한, 포괄1죄가 된다.

무고를 한 후 피무고자에 대한 재판에서 위증을 한 때에는 본죄와 위증죄의 실체적 경합범이 성립한다. (타인 혹은 자신이) 위조한 문서를 우송하여 무고한 때에는 위조문서행사죄와 무고죄의 상상적 경합이 된다.

4. 자백·자수

무고한 자가 무고한 사건의 형사처분 또는 징계처분이 확정되기 전에 자백 또는 자수한 때에는 그 형을 감경 또는 면제한다($\frac{제157}{조}$).[55)]

---

53) 권오걸, 1459면; 김성돈, 803면; 김/서, 945면; 배종대, 906면; 백형구, 635면; 서일교, 336면; 오영근, 1032면; 이재상, 812면; 이형국, 875면; 정/박, 928면; 정영석, 101면; 정영일, 870면; 진/이, 947면. 이 때 단순1죄가 된다는 견해로는 유기천, 하권, 346면.

54) 대판 1991. 5. 10, 90 도 2601.

55) "판결요지: 형법 제157조, 제153조는 무고죄를 범한 자가 그 신고한 사건의 재판 또는 징계처분이 확정되기 전에 자백 또는 자수한 때에는 그 형을 감경 또는 면제한다고 하여, 이러한 재판확정 전의 자백을 필요적 감경 또는 면제사유로 정하고 있다. 위와 같은 자백의 절차에 관해서는 아무런 법령상의 제한이 없으므로 그가 신고한 사건을 다루는 기관에 대한 고백이나 그 사건을 다루는 재판부에 증인으로 다시 출석하여 전에 그가 한 신고가 허위의 사실이었음을 고백하는 것은 물론 무고 사건의 피고인 또는 피의자로서 법원이나 수사기관에서의 신문에 의한 고백 또한 자백의 개념에 포함된다. 형법 제153조에서 정한 '재판이 확정되기 전'에는 피고인의 고소사건 수사 결과 피고인의 무고 혐의가 밝혀져 피고인에 대한 공소가 제기되고 피고소인에 대해서는 불기소결정이 내려져 재판절차가 개시되지 않은 경우도 포함된다"(대판 2018. 8. 1, 2018 도 7293).

국가의 사법기능 또는 징계권행사의 적정에 대한 침해를 미연에 방지하기 위한 정책적 규정으로서, 위증죄에 있어서의 자백·자수($\frac{제153}{조}$)와 같은 취지에서 나온 것이다.

5. 형   벌

10년 이하의 징역 또는 1천5백만원 이하의 벌금에 처한다. '국가보안법'($\frac{제12}{제1항}$)과 '특정범죄가중처벌 등에 관한 법률'($\frac{제14}{조}$)은 무고죄에 관한 특별규정을 두고 있다.

판례색인

사항색인

[ㅊ]

저자약력

• 임 웅(任 雄)
1949년 生
1972. 2. 서울대학교 법과대학 졸업
1982. 8. 서울대학교 대학원 법학박사
1987. 9.~1989. 8. 독일 Max-Planck 외국형법연구소에서 연구
   (독일 Humboldt재단 초청)
사법시험, 행정고등고시, 입법고등고시 시험위원 역임
성균관대학교 법과대학 학장 및 비교법연구소장 역임
한국형사법학회 회장 및 한국형사정책학회 회장 역임
2009년 법무부 변호사시험 형사법분야 문제유형 연구위원회 위원장
2009년 경찰청(본청) 집회 · 시위자문위원회 위원장
2010년 '법의 날'에 홍조근정훈장 수훈
2013년 제1회 유기천법률문화상 수상

1983. 3.~2014. 2. 성균관대학교 법과대학 및 법학전문대학원 교수
2014. 3.~현재 성균관대학교 법학전문대학원 명예교수
(E-mail: wyim@hanmail.net)

• 이현정(李炫政)
성균관대학교 법과대학 법학사
성균관대학교 대학원 법학과 법학석사
성균관대학교 대학원 법학박사
현, 신한대학교 경찰행정학과 교수

• 박성민(朴成敏)
성균관대학교 법과대학 법학사
성균관대학교 대학원 법학과 법학석사
성균관대학교 대학원 법학박사
현, 경상국립대학교 법과대학 교수

刑法各論 [第15訂版]

2000년 10월 5일 형법각론(상) 발행	2016년 8월 25일 제7정판 발행
2001년 10월 5일 초판(형법각론) 발행	2017년 8월 30일 제8정판 발행
2003년 3월 15일 개정판 발행	2018년 8월 25일 제9정판 발행
2005년 8월 30일 개정판 보정 발행	2019년 7월 31일 제10정판 발행
2009년 11월 10일 개정판 제2보정 발행	2020년 8월 20일 제11정판 발행
2011년 2월 28일 제3정판 발행	2021년 8월 25일 제12정판 발행
2011년 7월 15일 제3정판 보정 발행	2023년 2월 15일 제13정판 발행
2012년 2월 15일 제4정판 발행	2024년 2월 25일 제14정판 발행
2013년 8월 30일 제5정판 발행	2025년 2월 25일 제15정판 1쇄 발행
2015년 7월 25일 제6정판 발행	

저 자 任　雄政
　　　 李　炫政
　　　 朴　成敏

발행인 裵　孝善

발행처 도서출판 法文社

주 소 10881 경기도 파주시 회동길 37-29
등 록 1957년 12월 12일 제 2-76호 (倫)
전 화 031-955-6500~6, 팩스 031-955-6500
e-mail(영업) : bms @ bobmunsa. co. kr
　　　(편집) : edit66 @ bobmunsa. co. kr
홈페이지 http : //www. bobmunsa. co. kr

조 판 법 문 사 전 산 실

정가 54,000 원

ISBN 978-89-18-91588-3